岩見宣治　唯野邦男　傍士清志［編著］

世界の空港事典

成山堂書店

photo / Warren Rohner

ヒースロー空港（イギリス・ロンドン）
Heathlow Airport ▶ p5

photo / Fraport AG

フランクフルト空港
（ドイツ・フランクフルト）
Heathlow Airport ▶ p55

photo / Vienna International Airport

ウィーン国際空港（オーストリア・ウィーン）
Vienna International Airport ▶ p89

photo / Vienna International Airport

イスタンブール新空港
（トルコ・イスタンブール）
Istanbul new airport ▶ p135

photo / iGA

photo / iGA

プルコヴォ空港
（ロシア・サンクトペテルブルク）
Pulkovo Airport ▶ p153

photo / Pulkovo International Airport

photo / CHICAGO DEPARTMENT OF AVIATION

photo / CHICAGO DEPARTMENT OF AVIATION

photo / CHICAGO DEPARTMENT OF AVIATION

シカゴ・オヘア国際空港 （アメリカ合衆国・シカゴ）
O'HARE International Airport ◐ p200

ジョージ・ブッシュ・インターコンチネンタル空港
（アメリカ合衆国・ヒューストン）
George Bush Intercontinental Airport ◐ p231

photo / Houston Airport System

ダラス・
フォートワース国際空港
（アメリカ合衆国・ダラス・フォートワース）
Dallas / Fort Worth International Airport

➲ p234

フェニックス・スカイハーバー国際空港
（アメリカ合衆国・フェニックス）
Phoenix Sky Harbor International Airport ➡ p243

photo / Phoenix Sky Harbor International Airport

photo / McCarran International Airport

マッカラン国際空港 （アメリカ合衆国・ラスベガス）
McCarran International Airport ▶ p250

photo / Doc Searls

デンバー国際空港 （アメリカ合衆国・デンバー）
Denver International Airport ▶ p239

photo / Foster and Partners

メキシコシティ国際空港 （メキシコ・メキシコシティ）
Mexico City International Airport ▶ p265

photo / Shenzhen Bao'an International Airport

深圳宝安国際空港（中国・深圳）
Shenzhen Bao'an International Airport ▶ p337

photo / S.Shibasaki

香港国際空港（中国・香港）
Hong Kong International Airport
▶ p349

photo / K.Hoji

台湾桃園国際空港
（台湾・台北）
Taiwan Taoyuan International Airport
▶ p359

photo / Bharatahs

インディラ・ガンジー国際空港（インド・デリー）
Indira Gandhi International Airport ⟶ p454

チャトラパティ・シヴァージー国際空港
（インド・ムンバイ）
Chhatrapati Shivaji International Airport ⟶ p457

ハマド国際空港（カタール・ドーハ）
Hamad International Airport ⟶ p487

photo / Hamad International Airport

O.R. タンボ国際空港
（南アフリカ・ヨハネスブルグ）
O.R.Tambo International Airport ● p507

イブラヒム・ナシル国際空港
（モルディブ・マレ）
Ibrahim Nasir International Airport
 p462

セントヘレナ国際空港
（セントヘレナ・ジェームズタウン）
Saint Helena Airport ◐ p510

キングスフォード・スミス空港
（オーストラリア・シドニー）
Kingsford Smith Airport
◐ p515

東京国際空港
Tokyo International Airport ◉ p601

photo / 日本空港ビルデング

中部国際空港
Chubu Centrair International Airport
▶ p632

成田国際空港
Narita International Airport ▶ p609

photo / 成田国際空港

photo / S.Shibasaki

関西国際空港
Kansai International Airport
▶ p642

photo / S.Shibasaki

大阪国際空港
Osaka International Airport
▶ p647

photo / S.Shibasaki

はじめに

　人類が自由に空を駆けまわる翼を手に入れてからわずか 110 年余りの間に、航空機はめざましい進化を遂げ、それに合わせて空港もまた急激な進歩を果たした。今日、世界中のあらゆる地域を航空機が結んでいるが、その運航を可能にしているのが、世界各地に配置された数多くの大小様々な空港である。

　年間 1 億人を超える旅客が利用する米国アトランタ国際空港や国際線だけで年間 8,300 万人以上の旅客が行き交う中東のドバイ国際空港、また中国北京首都国際空港、英国ロンドンヒースロー空港をはじめとする巨大空港が地球規模の航空ネットワークのハブを形成している。一方で、太平洋の島々の空港や大西洋の絶海の孤島セントヘレナ国際空港、さらには南極大陸にまで多くの空港が建設され、航空ネットワークの一翼を担っている。

　今や航空自由化（オープンスカイ）が世界の潮流となり、数多くの格安航空会社（LCC）の参入が大量の新たな航空需要を掘り起こし、またアジアの経済成長が航空需要を強力に押し上げている。世界の航空輸送は拡大の一途を辿っており、これにともなって、各国の空港はダイナミックな変貌を遂げている。特に中国をはじめとするアジア地域では、今世紀に入って巨大新空港が次々に開港し、世界の空港勢力図を塗り替える勢いである。一方で、航空の黎明期から空港整備を進めてきたヨーロッパや北米などの航空先進国では、周辺の都市化など様々な制約の中で、ターミナルの拡張や再整備などによって、空港容量の拡大や利便性の向上に取り組んでいる。

　わが国においても、外国人観光客の飛躍的な増加を背景に、羽田空港の国際化の進展や成田空港のLCC ターミナルの供用など主要空港や地方空港の変貌が著しい。またこれと並行して、関西国際空港、伊丹空港の運営権売却に端を発する空港運営の民営化の波が各地の空港に押し寄せている。

　今般、このような大きな変化の時代にあって、空港への関心の高まりに応え、変貌著しい世界の主要209 空港と国内全 97 空港の概要をコンパクトにとりまとめた「世界の空港事典」を刊行する運びとなった。

　本書は、長年にわたり世界と日本の空港整備に携わってきた空港技術者が、最新のデータと写真・図面を駆使しながら各空港の背景や沿革、施設の概要、運用の特性、更には今後の展望などについて、分かりやすく解説したものであり、最初のページから、あるいは興味のあるどこかの空港から、じっくりとご覧いただけたら幸いである。

2018 年 8 月

編者

航空を愛した渡邉正己氏に捧げる

世界の空港と日本の空港を網羅して、その概要、諸元などをわかりやすくまとめた本書『世界の空港事典』を出版しようという企画は、編集委員の渡邉正己さんの発案でした。出版の方針が決まると、すぐに得意のグラフィックデザインで仕上がりのイメージを描き出し、足を運んで同朋らに分担執筆を依頼してまわりながら、自らもイギリスをはじめ諸空港の原稿を書き進めておられました。定期的な編集会議を重ねて、ようやく完成への道筋が見え始めた矢先、病魔に侵され入院治療を余儀なくされました。懸命の治療にもかかわらず、2017 年 9 月 12 日に逝去されました。さぞ無念であったろうと思います。誰よりも本書の完成を待ち望み、努力を惜しまなかった渡邉正己さんに本書を捧げます。

2018 年 8 月
『世界の空港事典』編集委員一同

ヨーロッパの空港

南北アメリカの空港

アジアの空港

中東・アフリカの空港

オセアニアの空港

日本の空港

column

photo / S.Shibasaki

航空機の進歩と空港の変遷

空港は航空機の進歩と歩調を合わせながら発展を遂げてきた。航空機は、より安全な乗り物として、より快適に、より多くの旅客・貨物を乗せてより速く、より長距離を飛べるように進化を続け、また空港は、それを可能とするために、滑走路・誘導路を整備し、航空無線・航空灯火を備え、十分な大きさのターミナルビルと快適な設備を提供してきた歴史がある。さらに近年では、低燃費、低騒音、高度なセキュリティなどの新たなニーズが生まれて、航空機と空港双方の改善努力が求められてきた。

個々の空港については本編をご覧頂くこととして、ここでは航空機と航空輸送の進化をレビューしながら、世界の空港がどのような変遷を遂げて来たのかを辿ってみたい。

1. 航空輸送の幕開け 　1920年代

航空機と航空輸送

1903年にライト兄弟が動力機で初めて空を飛ぶという偉業を成し遂げた後、様々な飛行機が製作されたが、旅客機の歴史が幕を開けたのは第一次大戦後の19年の欧州においてであった。同大戦終了により軍籍を離れたパイロットが、払い下げられた軍用機を使用して航空輸送を行った時代である。旅客は緊急目的でやむを得ず利用した一部の政治家・外交官等に限られ、パイロットと同様、安全ベルトと風防眼鏡を着用してむき出しの座席に座った。輸送対象の主流は人間よりも郵便物の時代であった。巡航速度は時速150km前後、座席数は3〜15席程度であった。

空港の概況

この時代の空港はまだ離着陸場という呼び方が似合う貧弱なものであり、航空機が離着陸する滑走帯は草地であった。強い横風を受けると航空機が離着陸できないため、滑走帯は方向を変えて複数設置されることが多かった。航空機運航を支援する空港施設は無く、飛行はパイロットの目だけが頼りであった。

2. 贅沢で優雅な乗り物 　1930年代

航空機と航空輸送

30年代には米国主導による航空旅客輸送が世界的な広がりを見せ始めた。旅客機の主流は胴体全体が金属で覆われた新開発旅客機（飛行艇・陸上機）に変わり、航続距離約5,000km、巡航速度時速300km前後、座席数30席程度の航空機が現れた。旅客は現在のファーストクラス並の高額な料金を支払えるごく一部の人間に限られた。

（右）ファルマンF.60ゴリアト（F.60 Goliath）：1920年前半の欧州において最も一般的だった旅客機の1つである／（下）1920年にロンドン南部に開港したクロイドン空港（1925年撮影）

1920年代

（右）ダグラスDC-3：1936年に就航して以来、1万機以上が製造された不朽のベストセラー機／（下）かつて世界最大の規模を誇ったマイアミのパンアメリカン国際空港は水上飛行場であった（1930年代撮影）

1930年代

空港の概況

　まだ陸上飛行場の数が少なく、その飛行場さえも施設は粗末なものが多かった。そのため、静穏な海や湖沼の岸辺に桟橋を作るだけで、長い滑走水面を、風向きに応じて様々な方向に使用できる水上飛行場が数多く作られ、飛行艇型旅客機が就航していた。特に大洋横断路線において、飛行艇は万一の時に着水により、救助が期待できるという利点があった。

　わが国では31年、東京飛行場が水陸両用飛行場として開設された。

3. 長距離国際線確立　　1940年代

航空機と航空輸送

　米国においては第二次世界大戦中も旅客機が大量に生産・使用され、4発大型陸上機の安全性が確認された。その結果、この4発機による長距離国際線が確立され、旅客機としての飛行艇は撤退して行った。大戦後、米国国内では航空旅客需要が増大し、より速く、より快適な航空機が生産された。座席数は約60〜90席となり、与圧装置が完成して高高度を飛べるようになったため、巡航速度約500km／時で航続距離約5,000〜9,000kmを飛行する旅客機が出現した。

空港の概況

　第二次世界大戦の間、当事国は国内及び国外の各地に舗装された滑走路、誘導路、駐機場を有する数多くの航空基地（飛行場）を建設した。終戦によってそれらの多くが不用となり、民間空港に転用された。民間空港への転換に当たっては、離着陸の安全性、運航の安定性、快適性、旅客・手荷物の取扱い、便利な地上交通などが要求され、このため、滑走路の改修・延長、エプロンとビルが一体となった旅客ターミナルの新設、構内道路・駐車場とアクセス道路の整備などが行われた。ロンドン・ヒースロー空港（1946年）、パリ・オルリー空港（1946年）、ニューヨークJFK空港（1948年）などがこの時期に開港している。また、航空灯火、30年代末に実用化されたILS(計器着陸装置)、大戦中に開発され改良された航空管制レーダー等が各主要空港に次第に設置され始めた。

4. ジェット旅客機誕生　　1950年代

航空機と航空輸送

　第二次世界大戦中ドイツと英国で開発されたジェット機が、この時代にジェット旅客機として登場した。従来のプロペラ機に比べて2倍近い速度を持ち、振動の少ないジェット旅客機は、高速で快適な航空機として迎えられた。最初に登場したのは英国製のコメット

（右）4発航空機時代の幕開けを告げたロッキードコンステレーションは1943年に初飛行／（下）4発機が駐機する1940年代のアリゾナ州フェニックス空港（現スカイハーバー空港）

1940年代

（右）1957年に初飛行したB707はダグラスDC-8と並んで第1世代ジェット旅客機を代表する機種（写真はカンタス航空B707-100）／（下）ジェット機時代の到来にあわせて1955年に開港したシカゴ・オヘア国際空港（写真は1962年）

1950年代

であったが、空中爆発事故の発生や36席という座席数の少なさから敬遠され、本格的なジェット旅客機の時代は57年に初飛行した米国製B707（生産機数1,010機）によって開かれた。巡航速度約980km／時、最大座席数約190席、航続距離約8,000kmの4発ジェット旅客機は画期的であり、航空会社の利益に結びつく航空機であった。翌58年にはライバルとなるダグラス社のDC-8（生産機数556機）が初飛行した。

空港の概況

ジェット旅客機の就航は本格的な旅客輸送時代の幕開けであった。

この時代を迎え、世界の主要空港では受け入れのための施設整備が行われ始めた。座席数と燃料搭載量が増加して在来機に比べて所要滑走路長が増えたため、より長い滑走路の整備が行われた。また空港に就航する航空機の増加に対応するため、離着陸をより効率的に行うための誘導路整備や滑走路の増設や、航空機を駐機させるためのエプロンの増設が行われた。更に増加した旅客や貨物を取り扱うターミナル施設の拡張も行われた。

一方、航空機運航の安全性や確実性を向上させるための航空無線・航空灯火が普及した。また、様々な事情から既存空港の拡張が難しい都市では、ジェット旅客機就航に対応する新空港の建設が行われた。シカゴ・オヘア国際空港はこの時期（1955年）に開港している。

わが国では52年に東京国際空港が米軍から返還され、滑走路延長等の施設整備が行われた。

5. 旅客機大衆化　　　1960・70年代

航空機と航空輸送

B747（通称ジャンボジェット、最大座席数約520席）が69年に初飛行し、翌70年に路線就航した。この他にも、座席数の多い2通路型のワイドボディ機として、ダグラスDC-10やロッキードL1011（トライスター）などが登場した。これにより、乗客一人当たりの運航経費が大幅に引き下げられた。先進国の経済成長という後押しもあり、従来一部の富裕層や会社重役の出張にしか使用されなかった航空機が一般人の乗り物に変わった。それがまた航空機の相対的な製造コストや運航コストを下げ、航空輸送は一般大衆に広く普及し、先進国に続く多くの国々も巻き込んで、世界の航空需要が急激に拡大した。

一方で、更なる高速化を図るべく、超音速旅客機（コンコルド）が開発され1976年に就航したが、経済性、騒音問題等から比較的短命で退役を余儀なくされた。

空港の概況

世界の空港は、大型ジェット旅客機の就航と航空需

（右）ジャンボの名で親しまれるB747は1969年初飛行（写真はパンアメリカン航空B747-100）／（下）1974年に開港したダラス・フォートワース国際空港（1973年撮影：by Paula Bosse）

（右）経済性や静粛性に優れ、現在も世界のエアラインの主力機として活躍するB777／（下）1980年代のサンフランシスコ国際空港。多くの米国の空港と同様、現在のエアサイドの基本形状は既にこの時点で確立されている

1960・70年代

1980・90年代

要の飛躍的増加により、これらに対応するための空港施設整備が盛んに行われた。施設別に見てみよう。

　まず、滑走路や誘導路については、大型ジェット旅客機の離着陸が可能な長さ・幅・強度を有するものに改修されるか、それを満たす新たな滑走路が建設された。既存の滑走路だけで航空機の離着陸回数を取扱えない場合には、新滑走路が増設され、複数の平行滑走路が配置されるようになった。これと並行して、大都市の大規模空港では小型プロペラ機が他の周辺小型機用空港に移され、小型プロペラ機用の横風用滑走路を誘導路に転用するなどして、大型ジェット機の取扱い能力が拡大された。また、航空機による滑走路の占有時間を短縮し、処理能力を向上させるための平行誘導路・高速脱出誘導路等の整備も行われた。

　次に旅客ターミナルについて見ると、航空機が大型化し、駐機する航空機数や取扱旅客数が増加するにつれ、ターミナルビルの無用な拡大を防ぎ、旅客の歩行移動距離を一定限度以下に抑える必要が生じた。このため、エプロンと旅客ターミナルビルを一体的に組み合わせた形態（ターミナルコンセプト）の提案が欧米の空港を中心に行われ、次々と新しい旅客ターミナル建設が行われた。また旅客の上下移動を少なくし、安全・快適に乗降させるために搭乗橋（ボーディングブリッジ：PBB）が60年代初めに導入され、次第に普及していった。

　一方で、既存空港の拡張では十分な対応ができない場合には新空港の建設が行われた。アムステルダム・スキポール空港が開港したのは1967年であり、円形のビルとサテライトが斬新なパリ・シャルル・ド・ゴール空港（1974年）、半円形のターミナルビルを並べたダラス・フォートワース新空港（1974年）等もこの時期に開港している。

　この時期、我が国ではジェット機の就航に対応した空港整備が熊本や鹿児島、長崎など首都圏から離れた九州地方を皮切りに始まり、次第に全国に広がって行った。成田国際空港（開港当時は新東京国際空港）も78年に開港している。

6. 経済性／環境との調和 1980・90年代

航空機と航空輸送

　航空機に求められる方向は、運航コストの低廉化、低騒音化及び機内の快適性とセキュリティの向上であった。航法（ナビゲーション）と操縦装置の電子化が進み、操縦要員の負担軽減と減員（4人体制→3人体制→2人体制）が可能となった。低騒音・高出力でありながら低燃費の高バイパス比エンジンが開発・搭載され、また機体の改良（軽い機体、効率的な翼の形等）も、低燃費に貢献した。従来はジェットエンジンの信頼性が低く、洋上飛行は3発以上の航空機に限定されていたが、信頼性が向上し双発機でもそれが可能となり、メンテナンスコストの低減に繋がった。この当時の代表的機材としてB767が82年に就航し、95年には航続距離がより長く、提供座席数も一回り大きいB777が就航したことで、運航の経済性が格段に向上し、また航空機騒音も著しく低下した。

空港の概況

航空の大量輸送時代が進展し、大型ジェット旅客機就航と航空機離着陸回数急増の更なる波が既存空港に襲いかかった。これに対して世界の各空港において空港の整備が活発に行われ、大都市圏においては複数の大規模空港が立地するようになった。

　航空機の低騒音化は周辺市街地への騒音影響を減少させ、その空港の離着陸容量拡大の受け入れに大きく貢献した。一方で、ハイジャック事件の発生から航空機のセキュリティ対策の強化が求められることとなり、この点はコスト面でも旅客の煩わしさの面でも負担が増加している。

　わが国では、関西国際空港が94年に開港し、騒音問題から廃港を求められていた大阪国際空港の継続使用も決定した。

　ハイジャックを防止するため、旅客ターミナルビル内に保安検査場を設けて搭乗客検査（金属探知機）と機内持込手荷物検査（X線探知機）を行うセキュリティ対策が、多くの空港で一般化した。

7. 豪華化と低廉化　

航空機と航空輸送

　21世紀に入ると総2階建ての巨人機A380（就航07年、座席数550〜850席）が登場し、空の旅に画期的な快適性と豪華さを提供した。一方ボーイングは、低燃費と快適性を更に向上させた中型ジェット機B787（就航11年、座席数約210〜290席）を市場に投入した。両メーカーの戦略は異なり、前者は、ハブ・アンド・スポーク型航空ネットワークに対応したハブ空港間輸送を担う航空機であり、後者はダイレクト型航空ネットワークの拡大を担う航空機であった。

　サウスウエスト航空やライアンエアーのLCC（格安航空会社）ビジネスモデルの成功を受けて、1990年代後半から2000年代初頭にかけて、アジア・オーストラリア・中南米などでLCCの起業が相次いだ。LCCは運賃の安さを武器に新たな航空需要も掘り起こし、すさまじい勢いで世界の航空市場に拡大した。単一航空機（通常、小型ジェット機）の使用、国内・短中距離国際線の就航、多頻度運航等を特徴としている。

　一方で、2001年の米国同時多発テロ（9.11）以降、セキュリティ対策強化の要求は格段に高まった。

　世界経済のグローバル化、国際交流の活性化を背景に、航空運賃の低廉化が後押しをして、世界の航空需要は急激な増加を続けている。ちなみに、1986年の世界の国際線旅客数は2.8億人であったが、30年後の2016年には37億人へと約14倍の伸びを示している。

空港の概況

　アジア各国の経済成長や中東各国のハブ空港化戦略などを背景に、これらの国における巨大空港の建設が飛躍的に進められた。

　A380はB747に比べて翼幅が長く座席数も多いため就航を受け入れる空港においては、これに対応できる誘導路やスポットの確保、搭乗橋の増設などが行われた。A380に対応していることをアピールしている空港が数多くみられ、本編で紹介している。

　主要空港においては、フルサービスキャリア（FSC）が争って豪華な搭乗待合ラウンジを建設し、高額負担旅客の囲い込みを行うようになった。

　一方、格安運賃を売りにする航空会社であるLCCが空港に求めているのは、可能な限り安い施設使用料である。世界の空港はこの要求に対応するため、安価なLCC専用ターミナルの新設、使用されていなかった古いターミナルのLCCターミナルとしての再利用等を行った。母都市から遠隔の地にあったため、近距離にある空港との競争に負けて衰退していた空港が、LCCの就航によって活気づいたケースもある。

　セキュリティ対策の強化のためには、旅客ターミナルビル内でクリーンエリア（保安検査後エリア）とダーティエリア（保安検査前エリア）をより明確に区分し、また精密な旅客搭乗客・手荷物検査装置や爆発物・揮発物等検査装置の導入等が行われた。

　21世紀最初の20年目がまもなく訪れようとしている。現代は世界が一体化し、社会、経済、文化、観光など、様々な面において、地域、国、都市の相互依存・相互交流関係が大変強固なものとなった。この傾向は、現在開発途上といわれているエリアも巻き込んで、今後ますます強まって行くことだろう。そのような近未来の世界の中で、航空輸送の果たす役割はますます強まり、要求に応える航空機や航空輸送システムの開発が行われるに違いない。新たな航空機の出現や航空輸送形態の変化に対応して、空港はどのように変貌を遂げるのであろう。

（右）2007年に就航した世界最大の旅客機A380は空港計画に大きなインパクトを与えたが、生産機数は伸び悩んでいる／（下）21世紀の航空におけるアジアの台頭を象徴する北京首都国際空港第3ターミナル

2000・10年代

現代の空港事情

空港はその時代の社会環境を反映して変化しており、本編においては、そのような背景を含めて、個々の空港事情を紹介している。ここでは、空港を取り巻く主要な社会環境を取り上げ、現代の空港事情にどう反映しているかを大局的な視点で見ることとしたい。

(1)アジアの台頭と空港

先進国が廉価な労働力を求めてアジアの諸国に生産拠点を求めた結果、それらの国々の経済力が中国を筆頭に飛躍的発展を遂げ、アジアに大規模な市場が形成された。航空需要が大幅に増加し、アジアの各国は空港整備に力を入れ、国際競争力のある国際空港を含め、数多くの空港が建設された。日本によるODAも大いに貢献しており、アジアの巨大空港の建設にわが国の資金や技術が供与された事例としては、クアラルンプール国際空港（1998年）、上海浦東国際空港（99年）、バンコク・スワンナプーム新空港（2006年開港）などがあげられる。また、その他にもわが国は幅広くアジア諸国の航空の発展の礎を築いており、その形態は、単にプロジェクトへのファイナンスにとどまらず、技術支援、人材育成など幅広い分野に及んでいる。

(2)空港間のハブ競争

国際空港においては、数多くの路線が集まり大規模な乗継ぎが行われる「ハブ空港」となることが、その空港を活性化させ、収入を増やして経営を安定させることに繋がる。このため、その地域におけるハブ空港の地位を形成すべく、各国間・各空港間でしのぎを削る競争が行われている。ハブ空港化には空港施設の取扱容量（離着陸容量・旅客取扱容量）が十分にあることが不可欠であり、ハブ空港とするための戦略的な空港開発が行われている（事例：アムステルダム・スキポール空港、シカゴ・オヘア国際空港、ソウル・仁川空港、上海浦東国際空港、シンガポール・チャンギ空港）。

(3)LCCと空港

1970年代に英国・米国で始まった格安航空会社（LCC）は、米国のサウスウエスト航空やアイルランドのライアン・エアーのビジネスモデルの成功へと繋がった。オープンスカイ政策の広がりの下、90年代後半から2000年代初頭にかけ、アジア、オーストラリア、中南米などでも国内線・近距離国際線を運航するLCCが相次いで誕生した。LCCの台頭は航空輸送の競争力を高め、それまで航空機を利用しなかった旅行者を含む新たな航空需要を大規模に発掘し、鉄道との競争に敗れ衰退していた国内航空輸送の再起に繋がった国もあった（事例：LCCによるドイツ国内航空需要の活発化）。また、ロンドン・ルートン空港に見られるように、大都市圏の遠隔地に立地し、都心部に近い空港との競争に負けていた空港の旅客需要増大にも繋がった例もある。

LCC受け入れのため、安価な旅客ターミナルを整備した空港も多い。たとえば、わが国でいち早くLCC専用ターミナルとして整備された関西国際空港の第2ターミナルは、わが国のLCC時代の端緒を開いたし、成田空港においても今やLCCが需要の牽引役を担っており、2015年4月に開業したLCC専用の第3ターミナルが19年度中には増築される予定である。

(4)空港の民営化

本編では空港運営者がどのような組織であるかを紹介しており、国、地方公共団体、公団・公社、第三セクター、民間会社等様々である。空港運営が民営化している空港があるが、その目的は、国家財政の負担軽減、民間からの資金調達、経営における民間ノウハウの導入・創意工夫の発揮などであり、国や空港の事情により異なる。1986年の英国空港公団の株式会社化と翌年の株式上場に始まった空港運営民営化は90年代から欧州を中心に拡大し、次いでオセアニア、中南米に拡大し、今世紀に入ってからはアジアでも見られるようになった。一方、空港大国である米国では公共用5,190空港のうち、個人・私企業が所有する1,040空港を除く4,150空港のすべてが公営空港であり、民営化の動きはない。

空港の主要施設

本編においては、それぞれの空港を構成する主要施設の配置や諸元、計画の特徴などを紹介している。ここではそれらの施設の機能や成り立ち、特性などについて概説しておきたい。

1. 滑走路

⑴滑走路長

航空機性能と滑走路長： 滑走路は言うまでもなく航空機が離着陸する施設で、空港の最も基本的な施設である。滑走路長は基本的に、航空機性能に基づく「離陸・着陸に必要な距離」をベースに求められるが、ほとんどの場合、離陸距離が決定要因として作用する。大型機になるほど離陸距離が長くなる傾向があり、同型機でも（燃料搭載量が多くなる）長距離路線ほど長くなる。世界の空港においては、航空機の大型化、長距離路線化に応じて滑走路長の拡大が行われてきた。

標高・気温の作用： 一方、空港の標高はこの離陸距離に大きく影響する。航空機の揚力は空気密度が薄くなるほど低下するため、空港標高が高いほど長い滑走路が必要となる。また高温地帯にある空港も、同様の空気密度低下の理由で滑走路長を長くする必要がある。

着陸滑走路の短縮運用： 一般的に、航空機の着陸距離は離陸距離よりも短い。このため空港によっては航空機騒音の影響の軽減等の理由から、運用上、着陸滑走路長を短縮している空港がある。

⑵滑走路方位

滑走路方位と就航率： 滑走路の方位は、その空港の就航率に影響する重要な要素の1つである。基本的には、その滑走路方位に対するウィンドカバレッジ（航空機の離着陸時の風向・風速の許容範囲）ができるだけ高くなるよう、滑走路方位が決められる。ウィンドカバレッジとは、「風向・風速の組み合わせの年間出現率図（ウィンドローズ：風配図）」と「航空機の横風限界速度」から求められる「年間平均就航率」のことである。ジェット旅客機では横風成分が20ノットを超えると離着陸に支障を及ぼすとされるため、それを

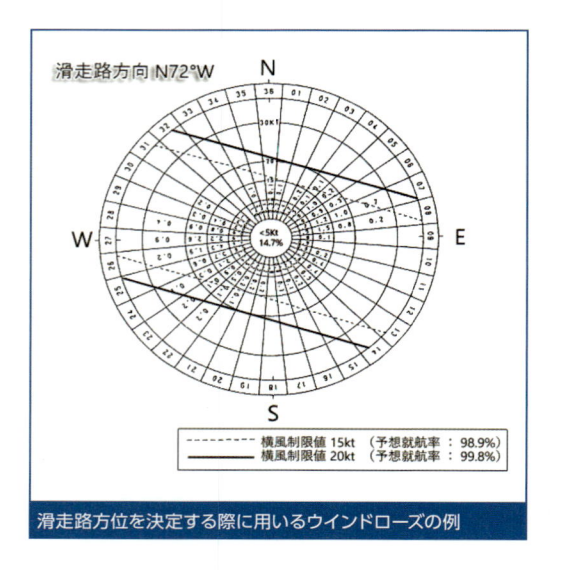

滑走路方向 N72°W

- - - - 横風制限値 15kt （予想就航率：98.9%）
—— 横風制限値 20kt （予想就航率：99.8%）

滑走路方位を決定する際に用いるウインドローズの例

限界値とした場合の年間平均就航率が少なくとも95%以上となる方位を設定する必要がある。本来的には就航率が最大となる滑走路方位を設定することが望ましいが、一方で滑走路方位は空港の敷地範囲からの制約、航空機騒音影響の軽減、また周辺空港との空域・飛行経路との干渉を避けるなどの観点から総合的に決定されるので、必ずしも就航率が最大となる方位で決定されるとは限らない。

横風用滑走路： 小型プロペラ機はジェット機よりも横風限界速度が小さい（つまり横風に弱く、限界は概ね10ノット程度）ため、小型機が数多く離着陸する空港では横風用滑走路を設置して就航率を高めている空港がある。また小型プロペラ機が飛んでいた時代に作られた空港が、方位の異なる複数の滑走路を有しているのは、当時就航率を上げようとしていたなごりである。

⑶滑走路容量

滑走路の離着陸容量は基本的に、「滑走路1本当たりの容量」、及び「滑走路の本数とその相互配置」で決まる。

滑走路1本当たりの容量：「滑走路1本当たりの容量」は航空機の「滑走路占有時間」によって変わり、それが短いほど容量が大きくなる。占有時間短縮に大きな

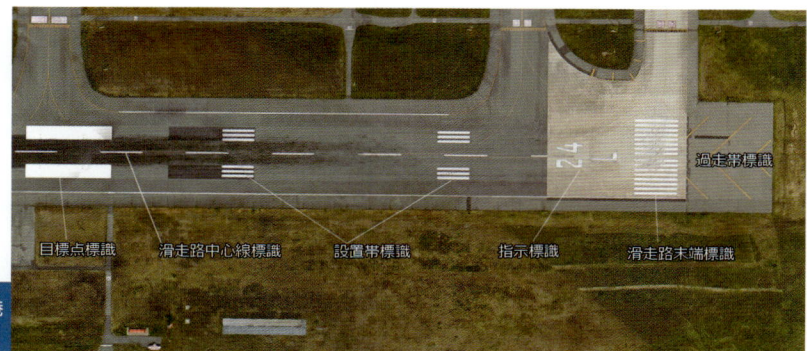

目標点標識　　滑走路中心線標識　　設置帯標識　　指示標識　　滑走路末端標識

過走帯標識

滑走路標識（関西国際空港
24L：A滑走路北端）の例

影響を与えるのが誘導路であり、平行誘導路と取付誘導路があれば、離陸・着陸する航空機による占有時間は短くなる。更に着陸機が高速のまま滑走路を離脱することを可能にする高速脱出誘導路が適切な位置に配置されていれば、占有時間はさらに短くなる。

滑走路の平行配置：「滑走路の本数とその配置」については、2本の滑走路の場合、交差する配置よりも平行する配置の方が大きな容量を得ることができる。

オープンパラレルとクロースパラレル：更に平行な2本の滑走路中心線間隔を1,310m以上とする配置（オープンパラレル）の方が、それ未満とする配置（クロースパラレル）よりも容量が大きくなる（ICAO基準による）。前者は、2本の滑走路で同時離着陸を行う独立運用が可能であり、1本の滑走路容量の2倍とすることができる（ただし、両滑走路の飛行経路が分離できない場合には、単純に2倍にはならない。羽田空港がその事例にあたる。）。後者は、お互いの運用が干渉し、一方が離陸専用、他方が着陸専用という離着陸形態に限定されるため、1本の滑走路容量の1.3倍程度に止まる。更なる容量増を図り、例えばクロースパラレル配置の2本の滑走路を2組、オープンパラレルに配置（総滑走路数4本）する空港もある。この場合の容量は理論上、1本の滑走路の2.6倍程度となる。

⑷滑走路標識

パイロットへの視覚情報：空港の航空写真を拡大す

ると、滑走路上に白色か黄色のペイントにより滑走路標識が描かれているのを見ることができる。滑走路標識は、パイロットに多くの視覚情報を提供する施設であり、運航の安全上重要である。例えば、「滑走路末端標識」は着陸機のパイロットにそこが滑走路の末端であることを示し、「目標点標識」は滑走路末端から内側300m付近の位置に設置され、そこが着陸目標地点であることを示している。

滑走路の識別情報：「指示標識（パイロットから見た滑走路磁方位を上2桁の数字で表示）」はパイロットに対して滑走路方位を示しているのみならず、滑走路の使用方向の区別を含めた滑走路識別情報でもある。2本の平行滑走路がある場合、同じ数字に加えて、左側の滑走路にはLを、右側にはRを描き識別する。4本の滑走路の場合は、L、LC、RC、Rを描く方法と、一組の滑走路の数字に対して他方の組の数字の一桁目を1つ増減し、それぞれの滑走路にL、Rを描いて識別する方法がある（事例：米国アトランタ空港は、8L/26R、8R/26L、9L/27R、9R/27L）。2本の平行滑走路でも、例えば中国の深圳（シンセン）空港のように、15/33、16/34と、一桁目の数字を1ずらすことによって区別している空港もある。

⑸滑走路舗装の種類

アスファルトとコンクリート：旅客機が就航する民間空港の滑走路舗装にはアスファルトを使用すること

航空自衛隊 F15 戦闘機のアフターバーナー

VOR/DMEは中心に位置するDMEアンテナと、それを取り囲むように配置されるVORアンテナによって構成される

が多い。破損箇所の補修や老朽化に対する嵩上げ等の工事を短時間に行い、それを繰り返すことによって、工事に伴う空港運用への影響を極力少なくできるという理由からである。しかし、コンクリート舗装は耐久性が高いためその滑走路を有する空港も見られる。戦闘機のアフターバーナーによるアスファルト舗装への影響を避けるため、軍用飛行場ではコンクリート舗装が使用されることが多く、軍民共用空港や軍用飛行場からの転用空港にそれが見られる。

また米国では、コンクリート舗装の方が建設費は高いが打替え無しで長期間使用することができる、また多数の滑走路を持つ空港では1本の滑走路を長時間掛けて改修しても、空港全体の運用に大きな影響を与えずに済む、という理由から、大規模空港にはコンクリート滑走路を、小規模空港にはアスファルト滑走路を使用する傾向が見られる。

2. 航行援助施設 （無線施設・航空灯火）

計器情報と視覚情報： 無線施設は、視界の悪い気象状態の中や夜間を含めて、無線電波により航空機コクピットにある計器盤を通して情報を提供し、パイロットに対し着陸また進入・出発を援助する施設である。航空灯火は同様な状態の中で、パイロットの視覚に直接作用することによって、離陸・着陸また進入を支援する施設である。いずれも現代の空港において、航空機が気象状態に左右されずに、安定して就航できる環境づくりの上で、重要な役割を果たしている。

(1) 無線施設

無線施設には、目的・機能に応じて様々なものがあるが、ここでは中でも代表的なVOR/DMEとILSについて触れる。

VOR/DME（VHF Omnidirectional Radio Range / Distance Measuring Equipment）： 指向性の電波を発することによって航空機に、そこからの方位を知らせるVORと、そこからの距離を知らせるDMEを組み合わせた施設。空港だけでなく出発進入経路や航空路にも配置されている。かつて広く普及していた無指向性無線施設（NDB：Non-Directional Beacon）は施設の位置だけを知らせる電波灯台のようなもので、近年では精度が高いVORにほぼ置き換えられ、既に日本の空港からは姿を消している。

ILS（Instrument Landing System）： 進入する航空機に対して、空港から指向性誘導電波を射出し、視界不良時にも安全に滑走路上まで誘導する計器進入システム。進入経路（水平方向）を示すローカライザーと、降下経路（鉛直方向）を示すグライドパス、及びに着陸地点までの距離を示す3つのマーカーにより構成される。ICAOでは、ILSをその設置状況や運用精度によりカテゴリーⅠ、Ⅱ、Ⅲa、Ⅲb、Ⅲcの5つのカテゴリー（略して「CAT-Ⅰ」等と記述）に分類しており、カテゴリーが高いほど高い性能を発揮して、より視程・雲高が低い場合にも自動操縦によって精密進入を安全に行うことがでる。我が国では、ジェット機が就航する空港では標準的にカテゴリーⅠのILSが設置されており、霧の発生などにより低視程の気象条件が起きや

ILSグライドパスアンテナ

進入灯

ILSローカライザーアンテナ

滑走路の左手に見えるのがPAPI。正しい降下角度で進入している場合、左から白、白、赤、赤の順に見える

すい熊本空港、広島空港など7空港においてカテゴリーⅢbのILSが設置されている。

(2)航空灯火

　航空灯火は、進入灯、滑走路中心線灯、滑走路末端灯等、多数の様々な灯火で構成され、低視程時や夜間においてパイロットが滑走路の中心や末端等を視認する上で大いに役立つ。ここでは代表的な航空灯火である進入灯とPAPIについて触れる。

進入灯：進入灯は進入時の航空機がまだ滑走路を視認できない時点で、滑走路中心線に対する位置と機体の傾き状態に関する視覚情報をパイロットに与える重要な機能を有している。

PAPI（Precision Approach Path Indicator）：進入角指示灯はパイロットに正しい進入角度の視覚情報を与える施設であり、多くの空港において、昼間を含めて使用されている。世界を見渡せば、VASI（S）

など他の進入角指示灯も存在するが、我が国をはじめ主要国ではPAPIが主流である。

3. 旅客ターミナル
（旅客ターミナルビル＋エプロン）

(1)ターミナルコンセプト

ターミナルコンセプトの概念：航空旅客による円滑で効率的な航空機乗降を考慮すると、旅客を取扱う建物である旅客ターミナルビルと航空機が駐機するエプロンを一体的に捉え、「旅客ターミナル」という包括的な施設として計画することが合理的である。その旅客ターミナルの基本構成は「ターミナルコンセプト」として、時代や需要規模（取扱旅客数・駐機数）を背景に様々なタイプが考案され、取り入れられてきた。

ターミナルコンセプトの変遷：「ターミナルコンセプト」は世界的に見ると、例えば、シャルル・ド・ゴール空港では、当初は円形状本館とサテライトからなる

ユニット（現在のターミナル1）をいくつも連ねるコンセプトとしていたが、その後は様々なコンセプトのターミナルを次々に建設している。また、シンガポール・チャンギ国際空港では、異なるコンセプトの複数の旅客ターミナルビルを組み合わせて一体的に作り上げているなど、各地で様々に工夫を凝らした事例が数多くある。ここでは米国の空港を中心に、「ターミナルコンセプト」の変遷を見る。

①単純ユニットターミナル（フロンタルターミナル）

　初期の空港の旅客ターミナルは、1つの航空会社を対象に全ての旅客取扱機能を1棟の建物に収容した集中型で、「単純ユニットターミナル」と呼ばれ、エプ

ロンはターミナルビル本館前面に配置された。その規模が拡大し、複数の航空会社が使用するターミナルとなって、「複合ユニットターミナル」となった。航空機への搭乗方法は当時、エプロン上の歩行によるものが一般的であった。このコンセプトはターミナルビル本館前面にエプロンがある形態から「フロンタルターミナル」とも呼ばれ、現在ではエプロン上を歩いて搭乗する小規模空港のほか搭乗橋を使用する中規模空港でも数多く採用されている。

　大都市圏における大規模空港のターミナルビルは各航空会社によって建設され、それぞれの旅客ターミナルは独自のユニットターミナルとして機能し、「複数ユ

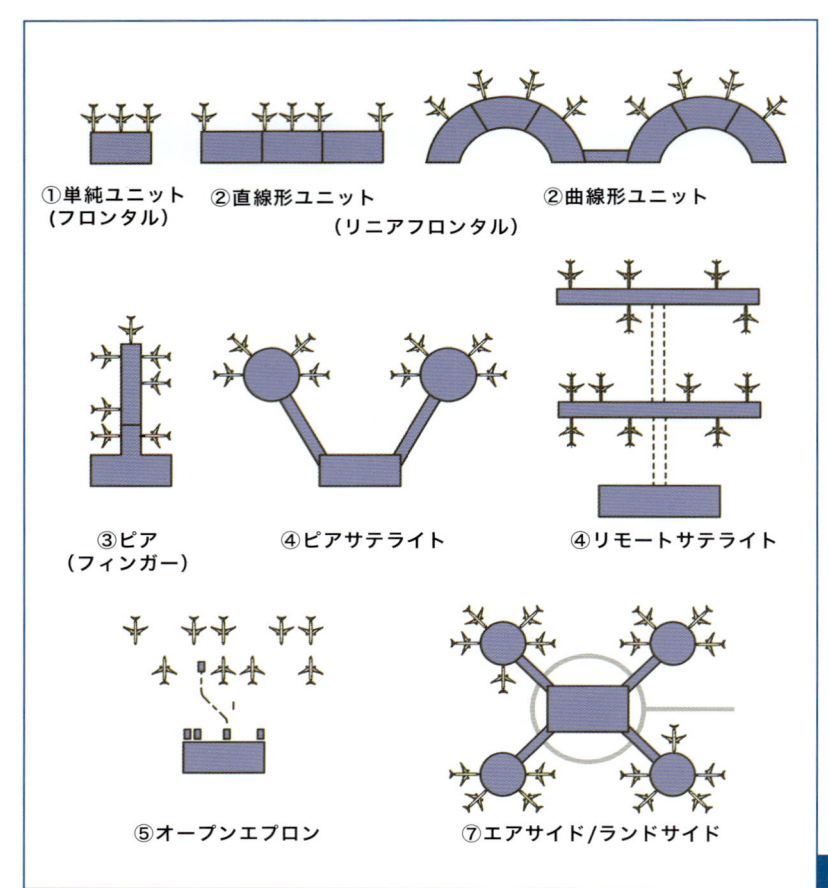

①単純ユニット
（フロンタル）
②直線形ユニット
（リニアフロンタル）
②曲線形ユニット

③ピア
（フィンガー）
④ピアサテライト
④リモートサテライト

⑤オープンエプロン
⑦エアサイド／ランドサイド

様々なターミナルコンセプト

ニットターミナル」と呼ばれた。(事例：ニューヨーク
JFK 国際空港)。このコンセプトの狙いは、航空機搭乗
までの旅客動線の最短化である。また、この時期には
搭乗橋が広く使われるようになってきた。

**②直線形ユニットターミナル／曲線形ユニット
　ターミナル（リニアフロンタルターミナル）**

　需要が増え空港規模が拡大するに従い、単純ユニッ
トを横にいくつも並べた形の「直線形ユニットターミ
ナル」が作られた。場合によっては、ランドサイド側
の駐車場／エントランスとエアサイド側ゲート間の最
短歩行距離を確保しながらより多くの航空機がノーズ
イン駐機することが可能なよう、ターミナルを曲線状
に湾曲させた「曲線形ユニットターミナル」が作られ
た。(事例：ダラス・フォートワース国際空港)。これ
らのコンセプトは合わせて「リニアフロンタル」とも
呼ばれる。

　このコンセプトでは、旅客の増加によりターミナル
が大きくなればゲート間の距離が長くなり、特に乗継
ぎ客の歩行距離が長くならざるを得ないという欠点が
ある。

③ピア（フィンガー）ターミナル

　50年代になると、コンセプトは「ピア（またはフィ
ンガー）ターミナル」へと進化した。ピアは、より少
ない施設で駐機数を最大化することができた。ピア
ターミナルはユニット型の機能集中型に対して分散型
であり、旅客ターミナルビル機能が、「本館」と航空
機乗降機能に特化した「ピア」に分かれた。その後、ゲー
トラウンジ、搭乗橋、本館での立体的出到着分離等
の機能が導入され、ピア（フィンガー）ターミナルは
大変高度で複雑な形状のコンセプトとして開発されて
いった。今日多くの空港でこのコンセプトが採用され
ている。

　このコンセプトには旅客動線の方向性がわかりにく
いことや、ピアを拡張した場合、本館・ピア末端間の
動線距離が遠くなるという欠陥がある。もう1つの欠
陥はコンコース部分の追加・延長が航空機の駐機・マ
ヌバリングエリアを減少させ、本館近くに駐機する航
空機の移動を制約する傾向があることである。

**④ピアサテライトターミナル／　リモートサテラ
　イトターミナル**

　本館から伸びたピア形コンコースの先端に円形のア
トリウムサテライトを持ち、その周囲に航空機が駐機
する「ピアサテライトターミナル」が現れた。サテラ
イトには通常、各ゲート共用の旅客待合エリアが設け
られた。

　60～70年代になると、ピアサテライトコンセプト
は、本館と大規模なサテライトの間を地下通路で繋ぐ
「リモートサテライトターミナル」へと進化した。この
コンセプトの利点は、複数のサテライトを直列配置で
建設することができることであり、さらに必要に応じ、
本館とサテライト間の航空機走行に有効な空間を残
しながらサテライトを拡張することができる点である。
また本館・サテライト間の距離が長くなるので、「APM：
全自動無人運転車両」（AGT：自動案内軌条式旅客輸
送システムと呼ぶこともある。）や「動く歩道」を設置
して歩行距離短縮を図ることが可能であり、更に本館
を比較的コンパクトにすることができるという利点も
ある。一方で、特に乗継ぎ客にとっての旅客ターミナ
ルビル内の移動距離が長くなり、利用ゲートにアクセ
スしにくいという欠点を抱えている。

　これらのコンセプトは工夫が加えられながら、現在
も使用されている（典型的な事例としては、ターミナ
ルビル本館とエアサイドに5本の平行なサテライトコ
ンコースを配置したアトランタ国際空港の例が挙げら
れる）。

⑤オープンエプロンターミナル

　62年、新たなジェット旅客機の時代に対応する最
初の空港としてデザインされたワシントンダレス国際
空港が開港した。そのコンセプトはオープンエプロン
ターミナルの一方式である「モービルラウンジ・ター
ミナル」という画期的なコンセプトであった。「多数
のスポット」と「旅客ターミナルビル」を互いに離し
て配置し、その間をモービルラウンジと呼ぶ「動く搭
乗待合室」で移動し、昇降式で航空機搭乗口に直結す
るというコンセプトである。搭乗旅客は、本館前にず
らりと並んだモービルラウンジのうち、自分が乗る便

に向かうラウンジに乗り込んでその出発を待つ。旅客ターミナルビルは比較的小型でよく、旅客歩行動線は短く、需要の増加にはモービルラウンジの台数を追加するだけで対応できる、という理想であった。しかし実際は、モービルラウンジの出発時刻に乗り遅れないよう早々に乗り込む客で車内は過度に混雑し、60年代末に大型ジェット機が就航すると、その混雑はピークに達した。またモービルラウンジはメンテナンスに費用がかかり過ぎ、運用コストの増加に繋がった。90年代半ば、同空港は「モービルラウンジ・ターミナル」を放棄し、それに代わるサテライトや中央コンコースを建設した。このモービルラウンジ・コンセプトを採用する空港は、その後現れることがなかったが、ランプバスによりビルから離れたオープンエプロンで航空機乗降する方式は各地で行われており、搭乗橋つきの固定ゲートが不足した場合に補完的に使われていることが多い。

⑥ハイブリッドターミナル

　70年代に大型ジェット機と航空旅客が増加し、また航空路線構成の変化が激しくなった。それらの環境変化に対応するため、ターミナルの拡張、改修が繰り返された。結果として多くの空港のターミナル形状はその場しのぎの方法で拡大し、2つ以上のコンセプトを組み込んだ「ハイブリッドターミナル」となった（事例：シカゴオヘア国際空港のリニア、ピア、サテライトを組み合わせたコンセプト）。初めから「ハイブリッドターミナル」として計画される空港も現れた。

⑦エアサイド／ランドサイドターミナル

　「航空機の取扱施設（エアサイド施設）」と「旅客・地上交通の取扱施設（ランドサイド施設）」を物理的に分離するコンセプトである「エアサイド／ランドサイドターミナル」は、米国のタンパ国際空港の開港によって出現し、ピッツバーグ国際空港、オーランド国際空港へと広がった。エアサイド施設は、航空機の乗降と搭載・積卸し、給油等の効果的な処理に焦点を当て、ランドサイド施設は旅客処理機能の他、飲食店・物品販売店・アトリウム等の豊かな快適施設の提供に焦点が当てられた。その両施設が自動化した旅客移

動システム（APM等）で結ばれた。2つの処理機能を分離し、いずれの環境の変化にも対応する、という大きな柔軟性を持ったコンセプトである。

⑵旅客ターミナルビルの階層方式

　旅客ターミナルビルには大きく分けて3つの階層方式があり、1層方式、1層半方式、2層方式と呼ばれている。

1層方式： 1層方式は主に小規模空港で使われ、通常平屋のビルで、出発到着動線を平面的に分離する方式である。航空機乗降は基本的に地上歩行による方法が採用される。

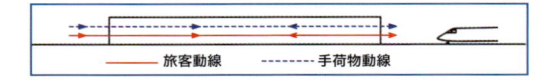

　1層半方式： 1層半方式は中規模空港で使われ、通常2階建てのビルで、出発到着動線を、ビルのランドサイド側では平面的に、エアサイド側は立体的に分離する方式である。基本的に搭乗橋を使用した航空機乗降方法が採用される。

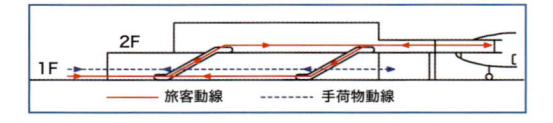

2層方式： 2層方式は大規模空港で使われ、通常多層階建てのビルで、出発到着動線を全体的に立体分離する方式である。エアサイド側における航空機搭乗には搭乗橋を使用し、ランドサイド側の道路はダブルデッキとする。

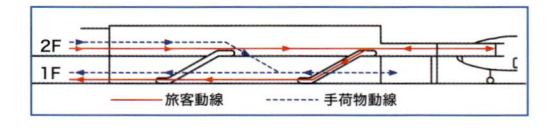

⑶旅客ターミナルビルのセキュリティゾーン設定

　ダーティとクリーン： 旅客ターミナルビル内はセ

キュリティ上、人と携行手荷物の保安検査を受けていない「ダーティゾーン」と検査済みの「クリーンゾーン」に分けられ、その完全な分離を考慮したレイアウトを行う。

乗り継ぎ：国際線旅客ターミナルビルにおいて、乗継ぎ客の保安検査をどのポイントで行うかは、その旅客ターミナルビルの作り方に大きく関わってくる。到着機から降機した旅客を一度本館側に誘導して集約し、乗り継ぎ保安検査を行った上でクリーンゾーンである出発ラウンジに導く方法をとっている空港（事例：成田国際空港など）が数多くある。これに対して降機した旅客をそのまま出発ラウンジに入れる方法を取っている空港（事例：チャンギ国際空港など）がある。後者は前者に比べて乗継ぎ動線が短くなる傾向にあり、また乗継ぎ客は降機して早々に快適空間を味わうことができる。しかし、様々な国の事情から保安検査レベルが異なることを考慮すると、後者の場合保安検査をまだ受けていない乗継ぎ客が混ざった出発ラウンジはクリーンゾーンではなく、ダーティゾーンとの中間のいわば「グレイゾーン」として扱う必要があり、チャンギ空港では全ての搭乗客を搭乗ゲート前で再度検査する方法が取られている。

本書の見方・読み方・活用の仕方

1. 見方・読み方

(1)全体構成

本編：本書の中心テーマは、世界の主要空港の個別の紹介であり、本編で211空港を掲載している。また合わせて、日本の97空港すべてを紹介した。

序論：本編に先立ち序論を設け、「航空機の進歩と空港の変遷」、「現代の空港事情」、「空港の主要施設」について解説している。これらは本編に描かれている各空港の沿革、運用状況、施設計画等の内容を横断的に俯瞰し、解説したものである。

コラム：また、様々なコラム欄を設け、「空港のちょっと専門的な話」、「知って得するよもやま話」、「空港に係わる世界遺産の話」など、興味深い内容を載せている。

空港用語の解説：本書で使用されている専門用語の理解を深めるため、巻末に空港用語の解説を掲載している。

(2)本編の地域区分と掲載空港数

　本編は大きく、世界の空港と日本の空港に分かれている。世界の空港は更に、6つのエリアに区分し、ヨーロッパは29か国／60空港、南北アメリカは18か国／56空港、アジアは22か国等／59空港、中東・アフリカは13か国等／15空港、オセアニアは9か国等／19空港をそれぞれ取り上げている。また、南極大陸の空港を紹介している。日本の空港は地方ごとに分け、北から順に紹介している。

(3)国の空港概観

　複数の空港を掲載した主要国（14か国）については、その国の「空港概観」を初めに紹介している。空港の背景にあるその国の近代史、地理、政治制度等、また空港の分類、数、管理運営制度など、その国に応じた内容の紹介である。

(4)各空港紹介内容の構成

　各空港については基本的に、「テンプレート」に示す構成で内容を紹介している。

2. 活用の仕方

　本書は、空港を利用する手続きやサービス内容を案内するガイドブックではなく、その空港の特徴を多角的に浮き彫りにする専門的書籍である。そのため、空港を特徴づけているバックグラウンドや成り立ちに言及した上で、施設や運用についての様々な特徴を掘り出している。

　本書は、次のような活用がなされることを期待して作成されている。

①航空関係者（航空会社・関連会社）の方々：路線を形成また検討している様々な空港について、歴史、施設・運用の特性、将来計画に対する知見の取得。また造詣の深化。

②空港運営者（空港会社・航空局・地方自治体）の方々：世界の様々な空港の現状や方向性について、自らの知識として吸収。担当空港の運営・整備に関する改善や戦略づくりへの活用。

③旅行会社の方々：旅行商品開発のための導入知識の取得。また観光ガイドの素材としての活用。

④海外進出企業の方々：進出地域の玄関となる空港、またビジネス対照となる空港を知るための足がかり。また現地企業担当者とのコミュニケーションツールの1つとしての活用。

⑤大学・研究機関の方々：教育材料としての使用。また研究の手がかりとしての活用。

⑥航空や空港に興味をお持ちの一般の方々：空港を知り、世界に思いを馳せつつ、読み下していく読み物としての使用。また、旅行中に立ち寄ることになった空港の内容や歴史等、旅の味付け。更に、本書の中に描かれたターミナルビルの建築デザインやローカリティの疑似体験。背景として描かれている、その国の様々な事情への興味の拡大。

　もちろん、他の様々なフィールドで活躍されている方々による、本書の意外な活用がなされれば、大変嬉しく思うところである。

　この本の中に広がる空港の世界を大いに楽しんで頂ければ幸いである。

---

❶ #009

❷ ダブリン空港 （アイルランド・ダブリン）

❸ Dublin Airport

❹ EIDW / DUB

❺ 中規模ながら年間2,500万人が利用する、アイルランド国内10空港を代表する首都空港

❻ 1. 背景

アイルランドは、北大西洋のアイルランド島に位置する。面積7万km²（日本の18.7%）、人口460万人（同3.6%）の共和国である。英国による植民地状態が続いてが、1919年にアイルランド独立戦争が発生し、21年に両国間の条約が締結されて翌年アイルランド自由国が成立し、英国の自治領となった。この時、北アイルランドにある6州は英国領に止まり、今日に続く問題を残すことになった。38年に英国による独立承認がなされ、49年にはそれを離脱した。このような経緯からアイルランドは反英感情を有しながら、一方で、経済力があり隣国である英国との人的、経済的な結びつきが強い。また、かつて数多くのアイルランド移民を受け入れた米国には好感を持っており、経済的な結びつきも強い。このような背景から、旅客数の多い上位10路線のうち、英国の空港が6空港を占め、8位に米国のJFK空港が入っている。

アイルランドには空港が10、免許飛行場（Licensed aerodrome：アイルランド航空局から免許を受けている私営飛行場）が19、その他の飛行場が11ある。このうち、ダブリン空港、シャノン空港、コーク空港、及びアイルランド・ウエスト空港が主要国際空港であり、前者2空港は大西洋横断と英国・ヨーロッパへの路線を有している。

なお、北アイルランドの主要空港としては、首都ベルファストにベルファスト国際空港がある。

2. 沿革

ダブリン空港はアイルランドの首都ダブリン中心部の北方10km、コリンズタウンに位置する。1936年民間航空会社が設立され、ダブリン南西部のバルドネル地区にあるケースメントン軍用飛行場での運航を開始した。その後飛行場に代わる民間空港の建設が決定され、用地の選定が行われた結果、第一次世界大戦に英国空軍基地として使われながら22年以降使用されていなかったコリンズタウンが選ばれた。37年に新空港の建設が開始し、39年末までに草地滑走路、駐機場、構内道路、電力・照明施設等が整備され、40年1月に開港した。一方、38年に建設工事が始められていた旅客ターミナルビルが41年初めにオープンした。47年になると、3本のコンクリート舗装の滑走路が完成し、50年代には、旅客数や航空機離着陸回数の増加に対応して、滑走路延長やターミナルの増強が行われた。71年になるとB747が就航し、これに対応するため、72年に年間500万人の取扱能力を有する新旅客ターミナルがオープン。さらに89年には長さ2,640mの滑走路が供用開始し、90年代には急速に施設拡張を続け、旅客ターミナルに新たなピアが2本建設された。

3. 施設

ダブリン空港の標高は74mである。滑走路は2本あり、主滑走路は長さ2,637m×幅45m、方向は10/28で、アスファルト舗装である。副滑走路は長さ2,072m×幅57m、方向16/34で、アスファルト舗装である。両滑走路共にILSが設置されている。主滑走路には平行誘導路と高速脱出誘導路が配置されており、副滑走路の一部区間には平行誘導路がある。

旅客ターミナルは主滑走路東端部の北東付近に配置されており、ターミナル1とターミナル2に分かれている。ターミナル1は、本

---

❽

ターミナル地域

館及び一つのサテライト（搭乗橋付き8ゲートを設置）と2本のピア（搭乗橋無の32ゲートを設置：遠隔スポット使用を含む）から構成されている。（当初設計では同形状の第2サテライト建設が計画されていたが変更された）ターミナル2は、本館及び1本のピア（搭乗橋付き19ゲートを設置）から構成されている。

4. 運用状況

ダブリン空港の運営者は国営民間会社であるダブリン空港公社（DAA）である。同社は2004年に策定された国家空港法に基づき、旧アイルランド空港公団のすべての資産等を受け継いでおり、現在ではコーク空港を含めて運営を行っている。

当空港の運航路線は24時間で、定期便・チャーター便を合わせて34航空会社が180地点に就航している。1日580回を越える離

着陸が行われており、2016年の航空旅客数は2,800万人であった。これは11年の約1.5倍に相当し、近年大きな伸びを示している。

5. 将来計画

新滑走路（北側滑走路）の建設が進められている。2007年、主滑走路の北方に1,600m離して、長さ3,110mの滑走路をオープンパラレルで建設するプロジェクトが許可されたが、景気低迷と旅客数の減少により、09年に保留扱いとなった。しかし、ここ数年における旅客数の急激な増加から、同プロジェクトは復活し、用地造成工事が16年後半に開始された。滑走路建設工事は17年に開始される予定である。同滑走路計画は1970年代から地域及び都の開発計画と調和してきているもので、その開発用地は40年以上前に確保されており、新滑走路は既存空港敷地内に設置されることになる。

旅客ターミナルについては、将来必要になった場合にはターミナル2の両側に1本ずつのピアを増設する計画である。

（唯野邦男）

❾

■空港の諸元
・空港運営者：ダブリン空港公社（DAA）
・滑走路（長さ×幅）：2本
　10/28：2,637m×45m
　16/34：2,072m×57m

■輸送実績（2016年）
・総旅客数　27,907,384人
・国際旅客　27,641,025人
・国内旅客　93,731人
・貨物量　141,188トン
・離着陸回数　215,078回

31　32

---

❶ 空港の掲載番号：世界編で209空港、日本編で97空港掲載している

❷ 空港の正式名称（国名・母都市名）
日本の空港については、空港のロゴマークや運営者のマークがある場合は、それらが右端に入れられている

❸ 空港の英語表記

❹ ICAO/IATAコード

❺ リード：空港の概要、特徴などを簡潔に記述している

❻ 本文：各空港の背景、沿革、施設概要、運用状況、アクセス、将来計画などについて詳しく解説している

❼ 空港全体図：Google Earthをベースに作成。滑走路、旅客ターミナル、貨物施設ほか、主要施設の配置を表している

❽ ターミナル地域など：ターミナル全景や主要施設の画像を掲載

❾ 空港の諸元：空港の所有者／運営者をはじめ、面積、滑走路の本数や輸送実績について記載。世界の空港の輸送実績については、国際空港協議会（Airports Council International, ACI）発刊の "2017 ACI World Airport Traffic Report" に基づく2016年データ（一部例外あり）。日本の空港の輸送実績については、国土交通省航空局の集計による2016年（平成28）の統計値（トランジット旅客がある場合は表示、離着陸回数は航空局が集計した着陸回数を2倍）

ケプラヴィーク国際空港
Iceland

Sweden

Finland

Russia

Norway

オスロ・ガーデモエン空港

ヘルシンキ・ヴァンター空港

プルコヴォ国際空港

ストックホルム・アーランダ空港／
ストックホルム・ブロンマ空港／
ストックホルム・スカブスタ空港

タリン空港
Estonia

シェレメテボ国際空港／
ドモジェドボ国際空港／
ヴヌーコボ国際空港

United Kingdom

ダブリン空港
Ireland

マンチェスター空港

Denmark

Latvia

リガ国際空港

リバプール・ジョン・レノン空港

コペンハーゲン・カストラップ空港

Lithuania

ヴィリニュス空港

Netherlands

Belgium

Germany

ワルシャワ・ショパン空港

Poland

ボリースピリ国際空港

Ukraine

France

Switzerland

Austria

Czech

ブダペスト・リスト・フェレンツ国際空港

Hungary

ソチ国際空港

Spain

アドルフォ・スアレス・
マドリード・バラハス空港

アンリ・コアンダ国際空港

Romania

Portugal

リスボン・
ウンベルト・デルガード空港

バルセロナ・エル・プラット空港

Italy

サラエボ国際空港

Bosnia and Herzegovina

ソフィア空港

Bulgaria

レオナルド・ダ・ヴィンチ国際空港

イスタンブール・アタトゥルク空港

Greece

Turkey

エレフテリオス・ヴェニゼロス国際空港

ヨーロッパの空港

イギリスの空港概観

欧州航空輸送の先駆け。サッチャー政権で早くも1980年代から空港の民営化を推進

イギリス（英国）はグレートブリテン島、アイルランド島北東部からなるグレートブリテン及び北アイルランド連合王国（United Kingdom of Great Britain and Northern Ireland）の一般的な呼称であり、欧州大陸の北西岸に位置し、北海及び大西洋に面する島嶼国である。

人口は約6,500万人（2015年）と日本の半分、国土面積は日本の6割ほどであるが、古くから航空輸送が発展し、2015年現在、大小127の空港と6つのヘリポートが存在しており、国内外へ広がる稠密な航空ネットワークは国民の移動手段として定着している。

127の空港のうち、定期便が就航しているのは50空港ほど、その他の空港や飛行場においてはチャーター便やビジネスジェット、飛行クラブなど多様に利用されている。

元来、英国の主要空港は中央政府が直接運営を行っていたが、増大する

イギリスとアイルランドの空港分布

需要や航空輸送技術の進展等に速やかに対応するため、1965年に空港公団法（Airport Authority Act）を施行し、政府出資の法人として英国空港公団（BAA：British Airports Authority）が設立された。66年にヒースロー、ガトウィック、スタンステッド、プレストウィックの各空港、71年にエディンバラ空港、75年にアバディーン空港、同年さらにグラスゴー市からグラスゴー空港の運営が移管され、同公団は7つの空港を運営することとなる。79年のサッチャー政権の誕生とともに、政府の歳出削減と規制緩和による市場の活性化のため、公共事業は民営化へと向かう。空港については87年にBAAを継承する英国空港会社（BAA plc：BAA public limited company）の株式が上場され、主要7空港が民営化された。この動きは欧州を中心に空港民営化の動きが広まる契機となった。86年

制定の空港法では、一定規模の収入を確保できる空港の株式を売却できることとされており、政府の財政上の制約も相まって、90年のリバプール空港、93年のイースト・ミッドランズ空港、ベルファスト・インターナショナル空港と民営化の流れは加速して行った。

現在では、英国の主要空港すべてが民営化されているが、ヒースロー空港のように公的機関の株式持ち分を上場・売却するケース、リバプール空港のように株式を特定の民間企業へ売却するケース、あるいはルートン空港のように近年のわが国に見られる一定期間の運営権を民間企業へ売却するコンセッション方式によるケース、また民間企業が建設し一定期間後に所有権を公的機関に移管するBOT（Build, Operation and Transfer）によるケースなど、その民営化の形態は様々である。一方で、マンチェスター空港のように空

港における公共性を重視し、関連自治体が依然として株式の過半を保有し続ける空港などもある。なお、株式上場した英国空港会社（BAA plc）は、2006年になるとスペイン企業のフェロビアルを中心とするコンソーシアムに買収されBAA Limitedとなった。ロンドン圏の主要空港を手にした同社に対して行政当局は公正な競争促進を理由にガトウィック空港の売却を命じた。その結果、世界的インフラファンドであるグローバル・インフラストラクチャー・パートナーズ（GIP）が買収し、09年3月、ガトウィック空港を傘下に収めた。売却後BAA Limitedは社名をヒースロー・エアポート・ホールディングスに改めた。ロンドンの広域圏には一般の旅客が利用している空港としてヒースロー空港、ガトウィック空港、スタンステッド空港、ルートン空港、シティ空港、ファンボロー空港の6空港がある。

ヒースロー空港が最も中心的な空港で国際・国内の玄関口である。

ガトウィック空港が第2の空港であり、年間4,000万人もの旅客を扱う大規模空港である。

これに次ぐ第3の空港は、スタンステッド空港でLCCの運航基地として大きな役割を果たしている。第4のルートン空港は、LCCと貨物航空に利用されているが、他3空港に比べ小規模である。また、シティ空港は、都心部に立地する交通至便の空港でビジネス向けのシャトル便が運航している。さらにファンボロー空港があるがこれは自家用機やビジネス機に特化した小規模空港である。

（渡邉正己）

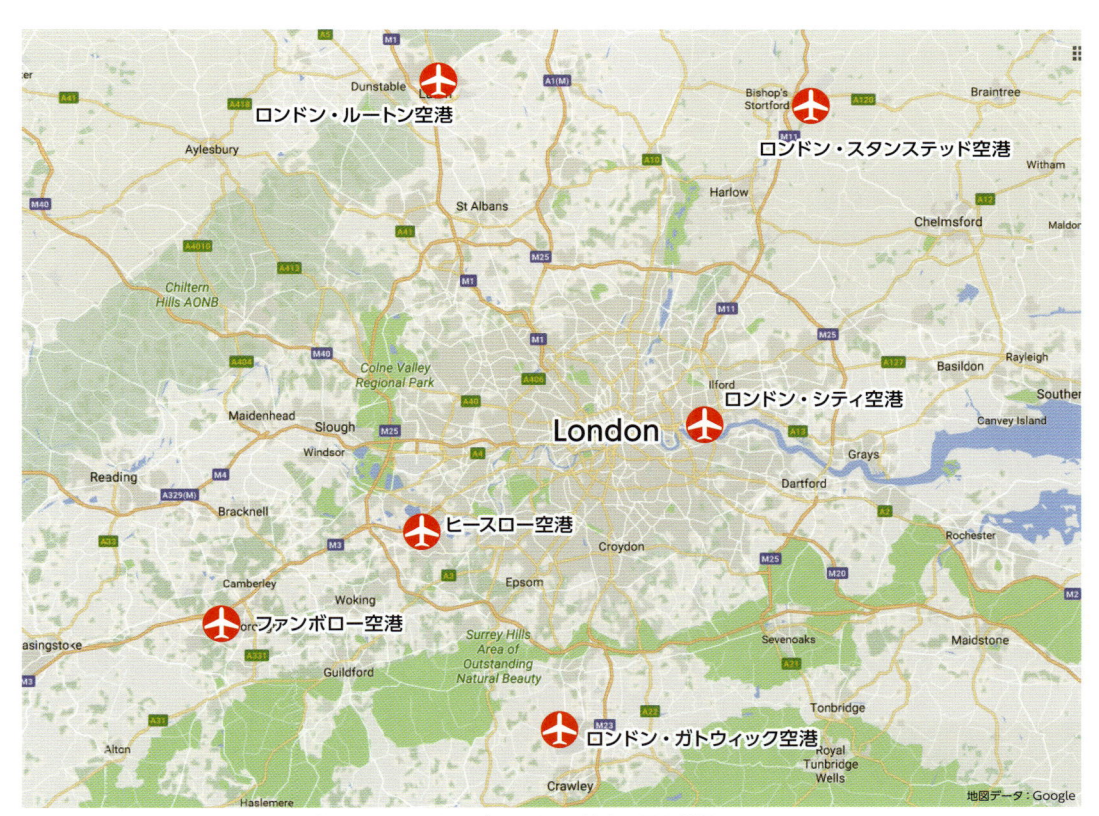

ロンドンの空港分布：規模や機能が異なる6つの空港がロンドンの航空需要を分担する

#001
ヒースロー空港 （イギリス・ロンドン）

Heathlow Airport **EGLL/LHR**

狭隘な敷地にあえぎながら、リノベーションを繰り返して発展する欧州随一の国際空港

1. 概要

ヒースロー空港は欧州の玄関としてその地位を確たるものにして久しい。利用者数は2016年に7,600万人と欧州最多であり、パリのシャルル・ド・ゴール空港6,600万人やフランクフルト空港6,100万人に大きな差をつける。ヒースロー空港の全旅客数に占める国際線の旅客数は93%を超えており、これも玄関としての傾向を示している。一方、年間の発着回数はヒースロー空港の47.5万回に対し、シャルル・ド・ゴール空港が47.9万回、フランクフルト空港は46.3万回と肩を並べている状況にある。

2. 空港前史

ロンドンの空の玄関口として、クロイドン飛行場（Croydon Aerodrome）が1920年3月に、それまでの小さな2つの飛行場を統合して生まれている。パリ、アムステルダム、ロッテルダムと路線が開設され、旅客、郵便物、貨物輸送の拠点となっていく。28年にはホテルを併設した新ターミナルが完成、新時代の空港ターミナルの到来を印象付けた。第二次世界大戦を経ると時代はジェット機の時代へと移り、クロイドン飛行場は徐々に役割を終え59年に閉鎖された。

グレート・ウエスト飛行場（Great West Aerodrome）は1929年に、ロンドンのヒースロー地区に民間の航空機試験飛行場として開設された。30年から本格的に運用が始まり、44年には空軍に接収され、そこで開発された軍用機は戦場に投入されていった。第二次世界大戦を経て46年1月に英国運輸省に返還され、同年3月ロンドン空港（London Airport）として新たに供用を開始している。31年に供用開始した東京飛行場（現東京国際空港）も同世代の空港として挙げることができ

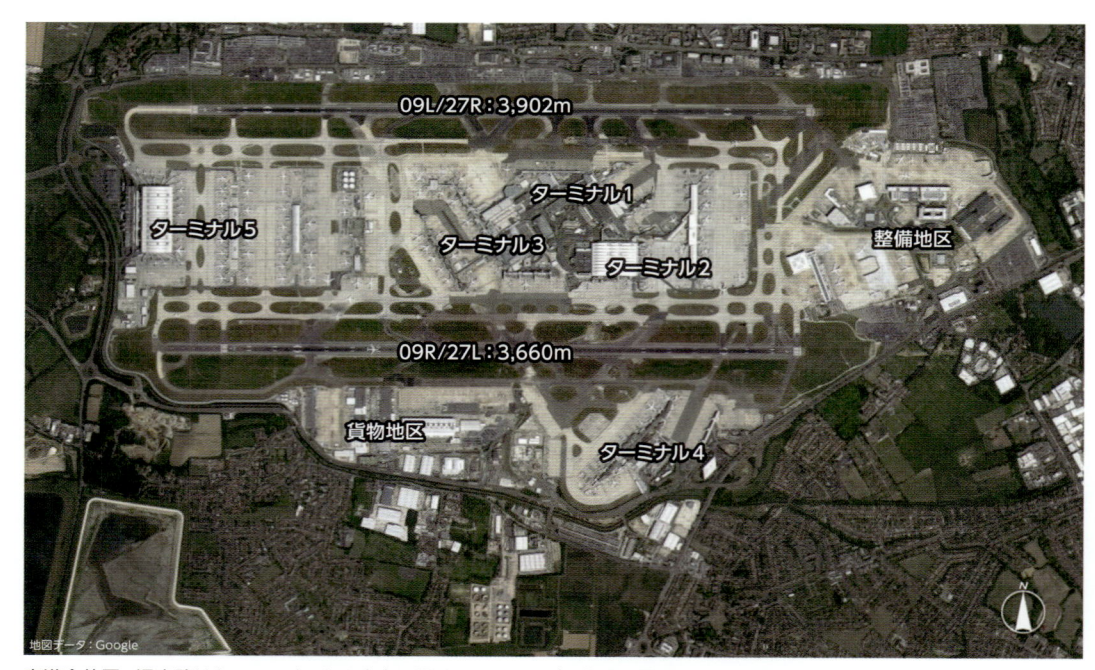

空港全体図：滑走路はかつていくつもの方向に設けられていたが、施設の整備に合わせ現在の形に

る。もっとも前身であるクロイドン飛行場まで遡れば、その開港は20年であり、当時の羽田空港の地はいまだ葦が茂る鴨場であった。ヒースロー空港は、クロイドン飛行場が築いた欧州の拠点空港という地位をグレート・ウエスト飛行場の地に展開した空港といえる。

3. 沿革

　終戦を迎えて民間航空が再開し、ヒースロー空港は1946年3月25日に供用開始式典が行われ、運用が始まっている。最初の管制塔はレンガで建設され、急造のターミナルはテント製でオープンした。46年5月に完全に民間空港となり、47年に1,920m、2,804m、2,042mと3本の滑走路が空港中央のターミナルエリアを囲むように整備され、今日まで残る空港の骨格が形作られた。当時の航空機は横風に弱く、離着陸する航空機は風向きに正対することが基本であることから、滑走路がターミナ

ルビルを取り囲むように配置されている。離陸に必要な滑走路の長さも今日に比べればはるかに短くて済んだ時代であり、上空から空港を見るとダビデの星を思わせるような滑走路配置であった。

　ヒースロー空港へのジェット機就航は極めて早く、英国が開発した世界初のジェット旅客機デハビラント・コメット（De Havilland DH106 Comet）が1952年にヒースロー空港を起点に商用飛行を開始している。

　注目を集めるこのジェット旅客機のために、1953年には平行滑走路の延長などを行い受け入れ態勢を整えた。華々しく登場し就航したコメットであったが、短期間に墜落事故が連続して発生した。機体に繰り返しかかる気圧、窓の開口部隅部に集中する応力がもたらす金属疲労がその原因とされ、後の航空機設計手法に一石を投じることとなった。コメットはわが国への路線に就航することはなかったが、52年に羽田空港に飛

来した際にはスマートな機体デザインと世界初のジェット旅客機という話題とが相まって空港ターミナルには大勢の見学者が集まったという。

　1955年に高さ38.8mの新管制塔が完成し、後にターミナル2、次いでターミナル3が供用を開始している。61年になると滑走路10L/28R（現在の09L/27R）は2,839m、10R/28L（09R/27L）は3,352m、05L/23Rは1,907m、05R/23Rは2,361m、15R/33Lは2,304mに延長され、ジェット機の大型化にあわせた整備がなされている。

　1966年にロンドン空港からヒースロー空港へと名称が変更され、68年5月ターミナル1がオープンした。70年に滑走路10L/28R、10R/28Lは、各国へ向けて次々と就航するB747への対応として3,900mまで延長され、ヒースロー空港の主たる滑走路となり、これに伴い05/28、15/33は廃止された。

　1976年1月に英仏両国で開発した超音速旅客機コンコルド（Concorde）が運航を開始した。最高速度はマッハ2を超える時速2,130kmに至り、ニューヨークのケネディ空港とヒースロー空港の間をそれまでのジェット機の半分以下となる3時間を切って運航した。大西洋を渡り、米国までの旅が午後の一時を過ごす感覚で移動可能となったのである。

　1977年には地下鉄ピカデリー

1955年当時と現在のヒースロー空港滑走路配置：英国公文書館資料をもとに作成

ターミナル1・2・3：
ターミナル1は休止中。
ターミナル3も2019年に閉鎖の予定

線が乗り入れ、86年には新たなターミナル4がオープンした。

一方、商業用超音速旅客機として脚光を浴びたコンコルドであったが、2000年7月25日に発生したエールフランス機の墜落事故が契機となり、3年後の03年に運航の中止が決まった。

4. 施設と運用状況

(1) 運用状況

年間の発着回数は47.5万回（世界12位）、旅客数7,570万人（7位）（国際旅客数では7,100万人：2位）と主要空港のなかでは一発着あたりの旅客数が160人と多く、また成田空港の年間23.6万回と比較しても、2本の滑走路での運用が能力の限界に近づいていることを示している。

新管制塔：2007年に供用開始

(2) 施設

様々な方角に設けられていた滑走路は、エプロンの拡張やターミナルビルの整備のため順次廃止され、現在は東西へ伸びる3,902m（幅50m、アスファルト）の09L/27Rと3,660m（同）の09R/27Lのみとなった。旅客ターミナル等の主要施設はほとんど1,420mの間隔をおく2本の滑走路の間に配置されている。2007年にオープンした新管制塔はシンプルな造形を持ち、ターミナルエリア走行航空機を視認するため、86mの高さとされた。ターミナル1～3、5は2本の滑走路の間に位置し、ターミナル4は空港の南側、平行滑走路の外側に位置している。

(3) ターミナル 1

ターミナル1（延床面積約5万㎡）は近距離国際線の取り扱いを中心とするターミナルとして1968年に供用開始した、ヒースロー空港で最も古いターミナルであるが、空港の再開発計画の一環として、2015年6月に運用を中止した。

(4) ターミナル 2

ターミナル2は、1955年完成の旧ターミナルに代わり建設され、2014年にフェーズ1が供用開始した。クイーンズターミナルとも呼ばれ、本館部分（ターミナル2A）とサテライト部分（ターミナル2B）の2つの部分からなる。スターアライアンス・グループが主に使用し、シンガポール航空、タイ航空がA380を投入している。

1階はホテル、スタッフ関係のバス乗降場、2階は到着ラウンジ、バゲージクレーム、イミグレーション及び税関、3階がゲートラウンジのフロア（ターミナル2B）、4階は免税店を中心とするショッピング、セキュリティ、エアラインラウンジ、5階はチェックインフロア、セキュリティチェックが配置されている。2019年までには新ターミナル2のフェーズ2がオープンし、ターミナル3が撤去される予定である。

(5) ターミナル 3

ターミナル3は1961年に供用し、長距離路線のターミナルとして使われてきた。70年には到着ビルが付加され拡大された。現在の規模は9.9万㎡で、ワンワールドグループが利用の中心となっている。2019年にはターミナル2の拡張に伴い閉鎖される予定であ

地図データ：Google
ターミナル4

ターミナル4：2本の滑走路の外側に位置

る。エミレーツ航空、カンタス航空、ブリティッシュ・エアウェイズがA380を路線に投入している。

　1階は地下鉄駅のコンコース、チェックインとバゲージクレーム・フロア及び税関、カーブサイド、2階が飲食とショッピング、セキュリティ、イミグレーション、ゲートラウンジへのコンコースである。

(6) ターミナル4

　ターミナル4のみ2本の滑走路の外側、空港の南側に配置されている。1986年4月にオープンし、ブリティッシュ・エアウェイズを中心とするスカイチームが入居した。今日のターミナルビルでは一般的となっている出発旅客と到着旅客の動線を物理的に分離する設計としている。セキュリティ上のリスクは減少する一方、ゲートラウンジやコンコーススペースが区画されることによる狭隘感が伴う施設と感じられ、あわせてターミナル1～3間の乗り継ぎ利便や手荷物処理システムの改良への不満の声が大きくなった。これらに対応するため、2008年にターミナル5へブリティッシュ・エアウェイズの大半の便が移ったタイミングをとらえ、施設の改良や拡張を開始し、チェックインエリア・出

発ラウンジの拡張、新バゲージハンドリングシステムの導入、2つのA380用スポット設置等が行われた。延床面積は11万㎡となった。

　1階には地下鉄、ヒースローエクスプレス乗り場へのコンコース、中間階にバゲージクレーム、2階はセキュリティと物販中心の店舗、3階がチェックインというフロア構成である。

(7) ターミナル5

　ターミナル5は、ヒースロー空港が将来へ向け変貌すべく大きく舵を切ったことを示す新たなターミナルコンセプトを展開した。オープンパラレルに配置された2本の滑走路間を、航空機が短い動線でスムーズに行き来することを可能とするマスタープランへ移行

しようとしている。乗継旅客比率が高い空港であるアトランタ空港で使用されているこのターミナルコンセプトの採用からは欧州の玄関口としてのみならず、乗り継ぎ拠点としての地位をより確固たるものにしようとする姿勢が見られる。排水処理場跡に2002年より建設開始し、08年3月に供用を開始したこの5番目のターミナルは、ターミナル5Aと呼ばれる本館、ターミナル5B、5Cと呼ばれるサテライト及び駐車場ビルからなる。ターミナル本館は延床面積46.5万㎡、5層からなる。ターミナル5A～Cの間は地下を走る新交通システムが結ぶ。ターミナル5Aの1階は国内とアイルランドからの到着用バゲージクレームと国際バゲージクレーム、税関、ターミナル5A、5B、5Cの上部階がゲートラウンジ、店舗で構成されている。

地図データ：Google
5A
5B
5C
ターミナル5

ターミナル5：ブリティッシュ・エアウェイズの占用

第3滑走路（3,200m）の計画位置

(8) アクセス

　ヒースロー空港の鉄道アクセスとしては、ヒースロー・エクスプレス、ヒースロー・コネクト、地下鉄ピカデリー線があり、旅行者にはエクスプレスがよく利用される。

　ヒースロー空港には鉄道駅が3か所あり、ターミナル1～3が集まる空港中心部のヒースロー・セントラル駅、ターミナル4駅及びターミナル5駅がある。空港内の各駅間を利用する場合は無料となり、ターミナル間の連絡手段としての役割も鉄道に持たせている。ロンドン中心部のパディントン駅まで直行のヒースロー・エクスプレスを利用し所要時間約20分、通常列車では30分ほどの所要時間である。エクスプレスはターミナル4には止まらないため、セントラル駅でコネクトに乗り換える必要がある。ヒースロー・エクスプレスはセントラル駅（ターミナル1～3）とターミナル5を結び、ヒースロー・コネクトはセントラル駅とターミナル4、5を結び市内までの途中5駅に停車する。ヒースローエクスプレスは15分毎に運行され、市内との間は所要時間20分、早朝から深夜まで運行されている。

　地下鉄はピカデリー線が空港に乗り入れ、空港内各ターミナルと市内を結んでいる。空港内地下鉄各駅とロンドン・ピカデリーとの所要時間は約50分、こちらも早朝から深夜まで運行されている。

　リムジンバスは、ターミナル1～3エリアのセントラルバス・ステーション、ターミナル4及びターミナル5を発着し、市内中央のビクトリア・エリアとの間は1～1.5時間ほどを要する。

5. 将来計画

　ヒースロー空港がその地位を維持するためには、空港発着能力の拡大と乗継拠点としての利便性を向上させることが必須となる。現在進行中の第5ターミナルにおけるサテライトの増設とターミナル2の拡張、2015年6月に閉鎖されたターミナル1の撤去、その跡地へのターミナル2の拡張、さらにその後ターミナル3の撤去と跡地への新たなサテライトの建設計画が予定されている。

　さらに中長期計画として、空港容量増大の抜本対策として第3滑走路計画の検討が進んでおり、現在の09L/27R滑走路の北側に長さ3,200mの滑走路をオープンパラレルに配置する計画を持っている。これらの計画の実現は周辺地域に対する環境影響増大の懸念もあり、政治課題の1つとして挙げられていたが、先般、最終レポートが政府に提出されるに至った。レポートでは、ターミナル5のサテライト増設、ターミナル6の新設などを以て現在の48万回から74万回へ、発着能力増大を行うとされている。ヒースロー空港への着陸時に外を眺めれば思いのほか市街化が進んでいることに気付く。一方、テムズ川河口へ新空港を建設するという以前からの構想も引き続き検討が進められており、ヒースロー空港の能力拡大については、なお議論が重ねられそうである。

（渡邉正己）

■空港の諸元
・空港運営者：ヒースロー空港㈱
　　　　　（Heathrow Airport Limited）
・滑走路（長さ×幅）：2本
　　09L/27R：3,902m × 50m
　　09R/27L：3,660m × 50m

■輸送実績（2016年）
・総旅客数　　75,715,474人
　国際旅客　71,030,114人
　国内旅客　 4,646,330人
・貨物量　　 1,640,400トン
・離着陸回数　　474,983回

#002
ガトウィック空港（イギリス・ロンドン）

Gatwick Airport

EGKK / LGW

ヒースロー空港に次ぐロンドン第2位の歴史ある大空港。年間4,000万人の旅客を扱う

1. 概要

　ガトウィック空港はロンドン中心部から南40km程に位置し、ヒースロー空港とともに大ロンドン圏の航空需要を担う空港である。年間旅客数は4,000万人を超え、ミュンヘン空港やローマ空港とともに欧州で十指に入る。空港から市内中心のビクトリア駅までガトウィック・エクスプレスが30分ほどで結び、鉄道駅と空港ターミナルは一体となっており、アクセスは良い。

2. 沿革

　空港は英国の飛行愛好家の飛行場として1930年に現在の地に誕生している。空港名は、現在のノースターミナル付近の農園を所有していたガトウィック家（Gatwick）に由来している。33年に商業飛行が開始され、翌年に公共用飛行場として認可を受け、35年にガトウィック駅とともに空港ターミナルがオープン。円形の旅客ターミナルビルが話題を集めた。36年5月にはパリのル・ブルジェ空港へ向け最初の定期便が出発した。39年からは軍用飛行場へと転じ民間航空輸送は中断、戦後の46年から旅客、貨物のチャーターフライトにより運航が再開された。58年に入ると空港は大きな変化を遂げる。滑走路が2,100mに延長されるとともに、世界で初めて鉄道駅と一体化した空港ターミナルが供用開始する。新ターミナルは航空機の間近までダイレクトにアクセスでき、雨に濡れないターミナルと評判になり、62年には2本のピアが追加された。

　1983年にはサウスターミナルに円形サテライトが増設され、移動手段として英国で初めて新交通システム（AGT：Automated Guideway Transit）が導入された。88年にノースターミナルが完成、サウスターミナルとの連絡も新交通システムを採用している。2005年に新設されたピア（Pier 6）は大型航空機が行き来する誘導路を空中で横断する大胆な構造を採用し大きな話題を呼んだ。

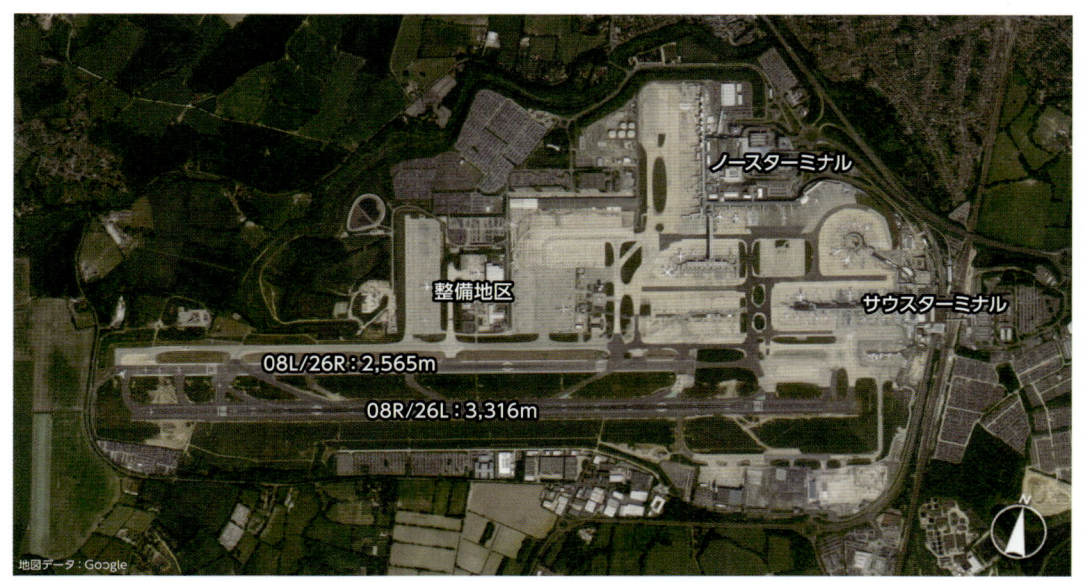

ノースターミナル
整備地区
サウスターミナル
08L/26R：2,565m
08R/26L：3,316m
地図データ：Google

空港全体図：南北の2つのターミナルはガトウィック空港トランジット（新交通システム）で接続

滑走路は1964年以降、航空機の大型化に伴い度々延長され、83年には、従来の平行誘導路に航空灯火や滑走路標識を備え、緊急用滑走路としての機能を追加した。通常は誘導路としての使用を前提としつつも、滑走路トラブルに備え、空港の運用中断のリスクを下げようとするものである。98年の4度目の延長工事を経て滑走路は現在3,316mの長さとなっている。

地図データ：Google

ノースターミナル：誘導路を跨ぐ陸橋とピア6（手前）

3. 経営母体の変遷

英国政府により運営されていたガトウィック空港は、1966年の空港公団法により英国空港公団（BAA）が運営者となり、87年の民営化政策により英国空港会社（BAA plc）へと母体が変わった。2006年になるとスペインの建設会社フェロビアル（Ferrovial）がBAAを買収。上場廃止となり社名はBAA Ltd.となるが、09年に英国競争委員会（Competition Commission）は、英国空港会社（BAA Ltd.）がロンドン及びイングランド南東部の空港運営市場を独占しているとし、スタンステッド、ガトウィック両空港と、エディンバラまたはグラスゴー空港のいずれか、3空港を2年以内に売却するよう命じた。これを受けBAAはガトウィック空港を09年12月に米投資グループのグローバル・インフラストラクチャー・パートナーズ（GIP）へ売却している。10年2月には空港の運営権は引き続きGIPが保有するものの、株式の一部をアブダビ投資庁と韓国年金基金に売却した。

4. 施設と運用状況

ガトウィック空港には、クロスパラレルの2本の滑走路があり、滑走路の離隔距離は200mである。北側の滑走路（08L/26R）は

ノースターミナル本館とピア6をつなぐ陸橋：陸橋の下を航空機が走行

サウスターミナル：改築とともに航空会社の再配置も行われている

2,565m（08L着陸は320m、26R着陸は410m短縮運用）、南側の滑走路（08R/26L）は3,316m（08R着陸は330m、26L着陸は420m短縮運用）の長さがある。しかしながら、通常南側の長い滑走路をメインとして運用しており、北側の滑走路はメイン滑走路が閉鎖された時のみ使用される。メイン滑走路には、CAT-ⅢのILSが設置されているが、北側の滑走路にはILSが設置されていない。したがって、北側の滑走路を使用する場合には、パイロットは距離計測装置あるいはGNSS（衛星測位システム）によるRNAV進入方式を使用して着陸する必要がある。

ターミナルは2つあり、ノースターミナルは延床面積16万㎡、サウスターミナルは9.8万㎡であり、自動運転の新交通システム「ガトウィック空港トランジット」によって2つのターミナル間1,210mが接続されている。

ノースターミナルの建設は1983年に開始され、88年に開業し、91年に拡張された。さらに2005年の改修でピア6がオープンした。ピア6は11の搭乗橋を備えており、ノースターミナルと誘導路を跨ぐ陸橋によって結ばれており、この陸橋の下を航空機が通過するようになっている。

サウスターミナル及びピアの主要な搭乗橋は1956年から58年にかけて建設された。旅客の増加に伴い、円形のサテライトが開業した。83年には「ガトウィック空港トランジット」により、ノースターミナルとつながった。最初のピアは85年に広範囲にわたり改築され、ターミナル全体としては現在2回目の改築中である。

現在、ノースターミナル、サウスターミナルを使用している航空会社の再配置を行っており、ノースターミナルは主にイージージェットが使用し、サウスターミナルは主にブリティッシュ・エアウェイズ、ヴァージン・アトランティック航空が使用することで移転が進行している。

（渡邉正己／武田洋樹）

■空港の諸元	■輸送実績（2016年）
・空港運営者：ガトウィック空港㈱ （Gatwick Airport Limited） ・滑走路（長さ×幅）：2本 　08L/26R：2,565m × 45m 　08R/26L：3,316m × 45m	・総旅客数　　43,136,795人 　国際旅客　39,264,495人 　国内旅客　　3,872,300人 ・貨物量　　　　83,299トン ・離着陸回数　　280,089回

#003
ロンドン・ルートン空港 （イギリス・ロンドン）

London Luton Airport

一時は施設の老朽化により空港利用が低迷するも、近代化に舵を切りLCCに活路を見出す

1. 沿革

ルートン空港は1938年に開設され、第二次世界大戦中は英国空軍戦闘機の基地であった。大戦後飛行場は地方議会に返還され、商業用民間空港としての運用が開始された。60年代半ばからはビジネスジェットに使用されるようになり、その後チャーター運航会社の運航拠点となって、72年には英国で最も収益性の高い空港であったが、チャーター会社の破産を機に需要が後退した。80年代になり、議会は独立した経営陣による空港運営を決め、同空港の再開発に着手した。その後15年間に新国際線ターミナル、自動手荷物処理施設、最新の航空管制システムを備えた新管制塔、新貨物ターミナルを供用した。80年代の終わりには従来からあった滑走路は廃止され、08/26滑走路1本の現在の姿となった。同滑走路の機能向上が図られ、縦断勾配の整形、ILS（CAT-Ⅲ）の設置などが行われた。90年には、首都ロンドンに対する近接性を強調するため、空港名称をそれまでのルートン国際空港からロンドン・ルートン空港に変更した。91年、本空港からアイルランドに就航していたライアンエアーがロンドンの運航拠点をスタンステッド空港に移転するという曲折を経て90年代後半には、エアツアーズのチャーター運航と、イージージェットのLCC運航が本空港での就航を開始した。97年8月、議会は空港拡張の資金を調達するため、ロンドン・ルートン空港運営会社（空港グループ・インターナショナルとバークレイズ・プライベート・エクイティの共同企業体）との間で30年間の空港運営を委託するコンソーシアム契約を締結した。

1998年における施設開発の目玉は、アルミニウムとガラスでできた旅客ターミナルの新設であり、99年11月に正式にオープンした。この旅客ターミナルには、60台のチェックインカウンター、手荷物搬送設備、フライト情報システム等が設置され、広々とした

整備地区

ターミナル

08/26：2,162m

地図データ：Google

空港全体図：滑走路両端側への平行誘導路設置、滑走路延長など、いくつかの課題を抱える

ターミナル地域：搭乗橋をもたないため、地上歩行、もしくはランプバスによる搭乗

ショップ、レストラン、バーを有することになった。2005年7月、北・東エプロン間に200mのフィンガーが増設され、またセキュリティ、税関、入管の施設が移転して、壮大なアーチ天井を特徴とする新出発ホールも供用を開始した。これにより搭乗ゲートの数は以前の19から26に増加した。05年1月、ロンドン・ルートン空港運営会社は、スペイン企業であるアベルティス・インフラ社（Abertis Infraestructuras）（90%）とアエナ・インターナショナル社（Aena Inter-national）（10%）が所有する空港譲渡開発会社によって買収された。

2. 施設

　　ロンドン・ルートン空港は、ロンドン市中心部の北47km（ルー

トン市中心部から3km）に位置し、標高は160mである。滑走路は1本で、方向08/26、長さ2,162m x 幅45m、アスファルト舗装であり、ILS（CAT-Ⅲb）が設置されている。平行誘導路は滑走路中央部にだけ設置されており、滑走路両端にはターニングパッドが設置されている。

　　旅客ターミナルは滑走路の北側の奥まった位置にあり、S字曲線状と直線状の2本の誘導路が平行誘導路と旅客ターミナルを結んでいる。旅客ターミナルは、本館及びエプロン前面に直線状に配置されたフィンガーから構成されている。旅客ターミナルビルには平屋と2階建ての部分があり、1階には62のチェックインカウンター、独立した保安検査場、いくつかのショップ、サービスカウンター、到着施設を備えたメインホールが

ある。保安検査場通過後2階に上がると、店舗、レストラン、25の出発ゲートがある。搭乗橋はなく、フィンガーに設置された各ゲートからの地上歩行搭乗か、遠隔ゲートからのランプバス利用搭乗である。駐車場は旅客ターミナルビルから離れた位置（最も遠い駐車場は道のりで約2km）に4か所あり、短時間駐車場、長時間駐車場、エグゼクティブ駐車場に分けられている。旅客ターミナルビルへの構内道路はアクセス道路から分岐後、エプロン内誘導路を地下で横断して大きく迂回する配置となっている。

　　エプロンの北側には、トムソン航空、モナーク航空、イージージェットなどの航空会社の一連の格納庫やその他の整備施設、及び本社ビルが並んでいる。

　　アクセス鉄道があり、旅客ター

ミナルビルの南西1.2km（直線距離）の位置にルートン空港パークウェイ駅が設置されていて、両者間をシャトルバスが運行している。

3. 運用

空港の運営者はロンドン・ルートン空港運営会社（London Luton Airport Operations Ltd）である。同社資本の90％を所有するアベルティス社はヨーロッパのインフラストラクチャー・プロバイダーであり、残り10％を所有するアエナ社はスペイン国内の空港と航空管制組織の国際ビジネス部門である。空港の所有者はルートン市議会（Luton Borough Council）である。

本空港からは14の航空会社が約130の空港に運航している（季節運航、チャーター運航を含む）。また貨物専用機は、6つの航空会社により、16の空港への運航が行われている。2016年の需要実績は、旅客数が1,500万人、貨物量が2.6万トン、離着陸回数が13万回である。

本空港は元々、ロンドン郊外に位置する小規模空港であったが、現在では数多くのLCCが就航しており、英国のLCCであるイージー

ジェット、モナーク航空の本拠地となっている。2017年2月、ハンガリーのLCCであるウィズエアは、ロンドン・ルートン空港からテルアビブ（イスラエル）、プリスティナ（コソボ共和国）、クタイシ（ジョージア）への運航開始と同空港での英国初の拠点開設を発表した。こうした状況から、ロンドン・ルートン空港は英国の空港民営化で最も成功した事例の1つといわれている。

4. 将来計画

ロンドン・ルートン空港は、滑走路両端側に平行誘導路が未設置、長距離の運航を行うためには既存の滑走路長2,162mが不十分、旅客ターミナルが滑走路から離れており航空機の無駄な地上走行が発生、旅客ターミナルビルが機能的な形態ではないなど、その施設に様々な問題を抱えている。LCCを主とする、廉価な施設投資と維持

管理が求められる空港ではあるが、空港施設が全体として機能的に作られていないという状況にある。

政府は2004年、十分な長さを有する第2滑走路と新旅客ターミナルの整備を含む空港拡張計画を公表したが、騒音公害、交通問題、記念碑破壊などを理由に地元団体が反対し、財政上の理由を含めて撤回された。これに対し運輸省（Department for Transport：DfT）は空港当局に対し、既存滑走路延長（3,000m化）、誘導路システム拡充などの計画作成を助言した。

従来からルートン空港パークウェイ駅とターミナルビル間のシャトルバスを軌道に置き換える方法が提案されてきたが、2016年に、軽量軌道システムを建設する計画が発表された。17年の建設開始、20年末までの供用開始が期待されている。

（唯野邦男）

■空港の諸元
- 空港運営者：
  ロンドン・ルートン空港運営会社
  （London Luton Airport Operations Ltd）
- 滑走路（長さ×幅）：1本
  08/26：2,162m × 45m

■輸送実績（2016年）
- 総旅客数　　14,645,607人
  国際旅客　13,598,884人
  国内旅客　　1,043,386人
- 貨物量　　　　　25,749トン
- 離着陸回数　　128,519回

#004
ロンドン・スタンステッド空港（イギリス・ロンドン）

London Stansted Airport

EGSS / STN

英国の建築家ノーマン・フォスターによる矩形モジュールのターミナルデザインが話題に

1. 概要と沿革

ロンドン・スタンステッド空港は、ヒースロー、ガトウィックに次ぐロンドン圏3番目の規模の空港である。ロンドン中心部のビクトリア地区から北東へ約50㎞、イングランド東部のエセックス州に位置している。ロンドン市街へのアクセスは、スタンステッド空港から急行（Stansted Express）でトッテナムヘイル駅まで36分、ここを経由し金融街の一角、シティに位置するリバプール・ストリート駅まで11分と便利である。空港駅からは、ランカスター、ケンブリッジ、バーミンガムなど多方面に路線が広がっている。

空港に1942年、後の米国空軍となる合衆国陸軍航空部隊（United States Army Air Force）により滑走路が整備され、英空軍（Royal Air Force）のスタンステッド・マウントフィチェット飛行場（Stansted Mountfitchet Airfield）として開設された。戦後の45年、航空省（Air Ministry）が設立され、民間航空機と英空軍との共同使用が始まった。当時都心に近いヒースロー空港は旅客便が使用し、スタンステッドでは貨物便が運航された。49年に民間専用の空港となり旅客チャーター便の運航が始まっている。

スタンステッド空港は、マンチェスター空港グループ（Manchester Airports Group：MAG）傘下の空港であり、空港の運営をMAGのスタンステッド空港会社（Stansted Airport Limited）が行っている。MAGは1986年の空港民営化により、それまでのマンチェスター国際空港公団に代わり地元自治体を中心として発足した会社であり、他にボーンマス、イースト・ミッドランズ空港を所有する。

2. 施設と運用状況

スタンステッド空港はライアンエアー（Ryanair）が拠点とする空港であり、イージージェット（easyJet）、フライビー（Flybe）等、多くのLCCが就航しており、ヒースロー空港に対するセカンダリー空港の1つである。LCC12社が乗り入れ、30か国150都市以上へ路線が広がり、利用客数は2,400万人（2016年）と大変多く、英国

05/23：3048m

整備地区　整備地区　貨物地区　ターミナル

地図データ：Google

空港全体図：滑走路1本と1つのターミナルのシンプルな構成

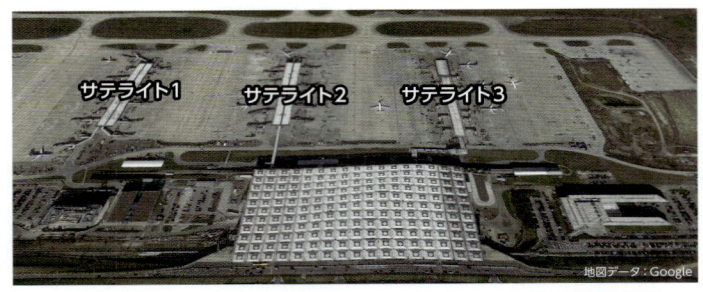

ターミナル地域：商業施設を充実させるため、2倍近くへの大幅な拡張を計画

では4番目、わが国に置き換えると中部空港や福岡空港といった空港を上回り、関西国際空港程度の利用者数である。また、フェデックス、UPSといった航空貨物輸送のインテグレーターも就航している。

空港は、長さ3,048mの滑走路1本と1つのターミナルのシンプルな構成であるが、A380やB747-800といった超大型機にも対応している。滑走路南東側に平行誘導路が2本設けられており、ピーク時の航空機動線の輻輳を防ぐとともに、北西側には旧飛行場時代の土地を利用した小型機、整備施設へアクセスするための平行誘導路が設けられ、1本の滑走路の離着陸能力を最大限引き出そうとする工夫が見られる。

ターミナルビルは1991年に供用を開始、著名な英国人建築家ノーマン・フォスター（Norman Foster）による設計であり、矩形のターミナル本館と3つのサテライトにより構成され、延床面積は4万6,000㎡である。本館、サテライト、スポットレイアウトも矩形をもとにした明快な形状であるが、本館の平面計画は国際・国内、出発・到着をワンフロアに収めた巧みな計画となっている。カーブサイド側から見て右手3分の1が国際到着エリア、残り3分の2のカーブサイド側がチェックインスペース、エアサイド側がショッピングゾーンとなっており、地上階は主に手荷物のハンドリングスペース、鉄道駅に用いられている。ショッピング、リテールのスペースは合計1万㎡、80の小売店を擁し、その約60％がセキュリティチェック後に設けられている。現在この部分の改修が行われており、より店舗数、面積を増やし、セキュリティチェック通過後の旅客動線を大きく湾曲させるマンチェスター空港と同様のコンセプトへの変更が進んでいる。

カーブサイドからチェックインロビーに入るとアイランドが4つ、合計125のチェックインデスクが並ぶ。セキュリティチェックのポイントにはファストトラックが設けられており£4.5（約700円）で利用でき、事前予約も可能

となっている。

3つのサテライトのうち最も南側のサテライト1（ターミナルC）は国際線用、サテライト2（ターミナルB）は国際線と国内線で使用、2003年に完成したサテライト3(ターミナルA)は国際線用として用いられている。サテライト1、2とターミナル本館の間は、全長3.2kmに及ぶスタンステッド・エアポート・トランジット・システム（Stansted Airport Transit System）と呼ばれる自動運行車両システムによってつながれている。

これらサテライト周りのスポットは、大型機1機もしくは小型機の2機同時駐機を可能とする柔軟性を持たせた使用形態となっており、小型機を最大限受け入れると110スポット、大型機を中心に小型機も配置すると70のスポットが確保できる。また、サテライト3の北側にはサテライト4の増設用地が確保されている。

市内からの鉄道は空港の西側で地下に入り、滑走路、エプロンの下部を通過し、ターミナルビル近傍で地表面に出て、ターミナル本館のカーブサイド側に設けられた空港駅に至る。空港の従業員約1万人を含め空港を出入りする人々の50％は鉄道を中心とする公共交通機関を利用している。ターミナルビル前の駐車スペースは限られているが、長時間駐車場などを含むと2万6,000台分と非常に広いスペースを用意しており、これ

らのリモート駐車場とはシャトルバスで結ばれている。

　ターミナルビルにアクセスする道路の左手、貨物地区の隣接地に1996年に新設された管制塔がある。建設された当時は英国で最も高い管制塔で60mの高さを誇った。サテライトのガラスと色調を合わせた緑色のガラスを用いている。

　空港西側には軍用機用のスポットも残っており、旧空軍飛行場時代の面影が残る。

3. 将来計画

　2013年に空港がMAGの傘下となって以来、ターミナルの再開発に着手した。商業施設の充実がその中心であり、セキュリティチェック通過後のエアサイド側のリテール面積を15年時点の5,900㎡から一挙に1万1,000㎡に増やす計画で、すべての旅客動線がこれらの店舗沿いとなるように平面計画を変更する。免税店、飲食スペースも3割ほど増加させるものであり、これにより非航空収益の大幅な向上を目指している。

　　　　　　　　　　　　（渡邉正己）

ターミナル前の緑地

photo / Henna

サイドブル・アンビリフト：車いすに乗ったまま乗降ができる（ドイツ製）

photo / SB2017GRK

■空港の諸元
・ 空港運営者：スタンステッド空港会社
　　　　　　　（Stansted Airport Limited）
・ 滑走路（長さ×幅）：1本
　　05/23：3,048m × 46m

■輸送実績（2016年）
・ 総旅客数　　24,320,071人
　　国際旅客　22,267,799人
　　国内旅客　　2,050,596人
・ 貨物量　　　　246,007トン
・ 離着陸回数　　180,430回

#005
ロンドン・シティ空港 （イギリス・ロンドン）

London City Airport

EGLC / LCY

都心に近いリバーフロントの小規模空港。ニューヨークへの直行便がビジネス客に人気

1. 沿革

ロンドン・シティ空港は、ロンドン東部のウォーターフロント開発地区、ロイヤル・ドックスにあり、都心から11Kmと非常に近い位置にある。ロンドン市内に一番近いため、ロンドンで働くビジネスマンがパリやアムステルダムなどにシャトル便で行く時に多く使用されている。

1981年、ロンドン・ドックランズ開発公社（London Docklands Development Corporation:LDDC）は、造船ヤードの再開発計画として、STOL（短距離離着陸機）用の空港建設計画を公表した。ロンドン都心の再開発計画であったため、騒音、安全性等の問題に関する検討・ヒアリングに非常に多くの時間を費やし

造船ヤードであった頃の風景

photo / London City Airport

た後、ようやく86年に建設に着手し、87年にエリザベス女王が正式にオープニングを宣言した。

当初の滑走路長は1,080mと短く、騒音対策の関係上7.5°という急角度で滑走路に降下しなければならなかった。当初の定期便

は、プリムス（英国南西部の都市）、パリ、アムステルダム、ロッテルダムに就航していた。その後、旅客が増加するにつれ、滑走路延長の計画が持ち上がり、1992年に現在の滑走路長になり、あわせて進入角が5.5°に改善された（他の

09/27：1,508m

ターミナル

N

地図データ：Google

空港全体図：ロンドン東部のウォーターフロント開発地区に位置。空港の南を流れるのはテムズ川

滑走路27への進入機とカナリー・ワーフ（Canary Wharf）のビル群

photo / A Christy

多くの空港において、進入角度は3°である）。

2. 施設と運用状況

　ロンドン・シティ空港には、東西方向に滑走路1本、（09/27：長さ1,508m×幅30m）がある。利用する航空機は、固定翼の双発以上のエンジンを備え、通常の倍近い5.5°という急角度で滑走路に降下しなければならず、その上滑走路長も1,508mと短いので、就航可能な航空機はかなり制限される。現在は主にATR 72やアブロRJシリーズなどの小型機が発着している。この空港を利用できる最大の航空機は、A318である。
　ブリティッシュ・エアウェイ

ズは全席ビジネスクラス仕様のA318型機で、ニューヨーク（JFK空港）便を2009年9月から運航開始した。ロンドン・シティ発の往路では滑走路長が短いため、離陸重量軽減のために搭載する燃油量を制限し、アイルランドのシャノン空港を経由して給油している。シャノン空港では米国の入国・通関手続きを事前に済ますことができるようになっている。復路は直行で運航している。

　この空港のターミナルは2階建ての建物1棟である。1階にはチェックインデスク、2階にはセキュリティチェック、搭乗待合室のほか、物販、食堂などの施設がある。このターミナルには、搭乗橋は設置されておらず、1階から歩いて搭乗する。

（渡邉正己／武田洋樹）

■空港の諸元
・空港運営者：ロンドン・シティ空港㈱
　　　　　　（London City Airport Ltd.）
・滑走路（長さ×幅）：1本
　　09/27：1,508m × 30m

■輸送実績（2016年）
・総旅客数　　　4,526,102人
・国際旅客　　　3,463,810人
・国内旅客　　　1,062,292人
・貨物量　　　　　　1,973トン
・離着陸回数　　　80,454回

#006
ファンボロー空港 （イギリス・ロンドン）

Farnborough Airport

FHSH / FAB

ビジネスジェットや自家用機専用の飛行場。隔年で開催される航空ショーが有名

1. 沿革と運営主体

　ファンボローはロンドン中心から南西におおよそ50㎞、ロンドン・ウォータールー駅から急行で30分ほどの距離にあるイングランド・ハンプシャー州の街である。空港は国際的な航空ショー（Farnborough International Airshow）の開催地として有名であり、パリ航空ショーの舞台であるル・ブルジェ空港と隔年でショーが開かれている。最寄り駅は空港の北側2kmにあるが、ビジネス航空の拠点という空港の性格上、鉄道を利用して空港を訪れる人は少なく、自動車によりアクセスする人が大半である。空港近傍に高速道路の出口がありロンドン市街までは1時間ほどである。

　空港の歴史は古く、1908年王立飛行船工場として英国初の動力有人飛行が行われ、空港の運用が始まった。97年までは空軍基地として使用されていたが、98年軍が去り商業飛行のみとなった。99年テクニーク・ダバンギャルド（Techniques d' Avant Garde：TAG）グループ に属するTAG航空が空港を購入し、2003年より自家用機やビジネスジェットに特化した空港としてオープンし、今日に至っている。

　TAG社は空港用地、ターミナルビルなど空港諸施設を保有し、空港の運用のほか、管制業務、航空機整備、給油など包括的なオペレーションを行うほか、乗員用のホテル、パイロット訓練用のシミュレーターなども備えている。

2. 施設と運用状況

　定期便は乗り入れておらず、すべての発着はビジネス用途を中心とする小型ジェット機で、多い日には1日あたり150機ほどが発着している。ロンドン都市圏では小型機の発着はファンボロー空港が最も多く、次いでルートン空港、ヒースロー空港、シティ空港となっている。

　空港周辺には住宅も多いことから、周辺への騒音影響を軽減するため、着陸時に滑走路端部を北東側（24）は610m、南西側（06）は500m短縮する運用を行っている。さらに運用時間を平日は7：00～22:00、週末と休日は8:00～20:00に制約している。これ以外の時間帯は近傍のルートン空港などが利用されている。

空港全体図：滑走路長は2,440mだが、周辺に住宅が多いことから着陸の短縮運用が行われている

ファンボロー空港の利用層は大企業、石油富豪などが多く、身元の確実な特定少数である。飛行計画（Flight Plan）を離陸4時間前までに提出することで空港の利用が可能となり、空港入り口のゲートにおいて身元確認を済ませれば、以降はセキュリティチェックに類するものは一切なく、チェックイン手続きもない。出入国手続きなども機内で行われるため、空港へアクセスした自動車でそのまま航空機に直行できる。また、到着時も同様に手続きはないため、着陸後は5分茳で空港を後にできる。

管制塔、格納庫、ターミナルビルなど主だった建築施設はデザインポリシーが統一されており、独特の空港の景観を描いている。

ターミナルビルの機能もホテルのコンシェルジュのような受付カウンター、パーティーも行えるラウンジ、ビジネス機利用者を送迎するドライバー用休憩室、運航を支援する飛行情報室などにより構成され、一般のターミナルとはまったく異なる。利用者の80%はターミナルに立ち寄ることなく航空機に直行するとのことである。空港利用者のどのような注文にも応えることを旨としており、送迎時のパーティー準備、その際に指定される花やワインの種類など顧客サービスはきめ細かい。

格納庫は6棟あり最大機材はB737クラスまで格納可能で、運航に伴う整備についても実施するとともに、各ビジネスジェットの

旅客ターミナルビル：洗練されたデザイン。右手は格納庫

格納庫の前面にはビジネスジェットが並ぶ

photo / Milborne One

メーカー技術者も常駐するなど万全のサービスを提供している。

3. 将来計画

ファンボロー空港におけるビジネスジェットの利用層は中東やアジアへと拡大が見込まれ、航空機については比較的大型のビジネスジェット機の利用が増加しているという。ビジネス航空のスペシャリストとして、これらに対応するべく80名ほどが寛げるラウンジの整備や、搭乗までをさらにスピードアップするため空港外からダイレクトに航空機までアプローチできる方策などの検討を進めている。

（渡邉正己）

■空港の諸元	■輸送実績（2016年）
・空港運営者：TAG航空	・総旅客数　　　—
・滑走路（長さ×幅）：1本	国際旅客　　　—
06/24：2,440m×46m	国内旅客　　　—
	・貨物量　　　　—
	・離着陸回数　　—
	＊ACIデータなし

#007
マンチェスター空港 （イギリス・マンチェスター）

Manchester Airport

英国北部の基幹空港。ヒースロー、ガドウィックに次ぐ第3位の旅客数を誇る

1. 沿革

マンチェスターはイングランド北西部に位置し、人口40万人ほどを擁する全英9番目の都市であり、北部イングランドを代表する都市である。周辺地域を含めたマンチェスター都市圏はバーミンガムとともにロンドンに次ぐ経済規模とされる。19世紀半ばから後半にかけて起こる産業革命の中心となった都市と記憶されている方も多いであろう。空港は中心街から13kmほど南へ下がった市の南端にある。

マンチェスターにおける空港の歴史は長く、今日まで幾つかの飛行場が存在している。1911年には最初の飛行場として、市の中心部に近いトラフォードパークに飛行場（Trafford Park Aerodrome）が開設され、18年まで使用されていた。18年～24年の間はアレキサンドラパーク飛行場（Alexandra Park Aerodrome）が供用しており、次いでウッドフォード飛行場（Woodford Aerodrome）が現在の空港の東8kmほどの場所に24年に開設され、2011年まで使用されている。1929年～30年の間は、近傍のウィゼンショーに飛行場（Wythenshawe Aerodrome）が一時的に置かれた。新たな飛行場として現在の空港の北西15km程の場所にバートン飛行場（Barton Aerodrome）が31年に完成、後にマンチェスター・シティ空港（City Airport Manchester）となり、現在も小型機や回転翼機が使用している。

1930年代に入り、マンチェスター市議会は、将来主流となる大型航空機の発着はバートン飛行場では困難と判断し、現在の空港の地に新たな空港の建設を決定した。101haの空港用地に520mの滑走路を持つリングウェイ空港（Ringway Airport）が38年に供用を開始した。39年に同空港は英国軍の管理下となり、大戦中の41年に滑走路が増設され910mの滑走路2本となる。43年に滑走路は四発航空機に対応するため、それぞれ1,000m、1,300mへと延長されている。まさに航空の歴史が長い英国の空港ならではの沿革である。

戦後、民間航空に活気が戻ると、1952年に滑走路が3,048mに延ばされ、翌年10月、初の大西洋横断路線としてニューヨーク線が開設された。62年に現在のター

空港全体図：2本の滑走路が400mほどの距離で平行するクロースパラレル配置

ターミナル2
貨物地区
整備地区
ターミナル1
ターミナル3
05L/23R：3048m
05R/23L：3050m
地図データ：Google

ミナル1が供用を開始、89年にターミナル3が完成、93年にターミナル2がオープンし、同時に鉄道が乗り入れ、空港駅が開業している。

増大する需要に対処し、発着能力を高めるため、新滑走路の建設が決定され、1997年政府の認可が下り工事に着工、2002年に現在の3,045mの新滑走路（05R/23L）が供用を開始し、3,000m級の滑走路2本を持つ空港となった。13年6月にヒースロー空港に次ぐ高さとなる60mの新管制塔が供用を開始、ターミナル1上部に設けられていた管制塔からコントロール業務を引き継いだ。

ターミナル地域：ターミナル1が北米路線などを有する最大のターミナル

2. 運営主体

1986年の空港民営化により、53年より空港の管理運営を行っていたマンチェスター国際空港公団に代わりマンチェスター空港グループ（Manchester Airports Group：MAG）が空港を所有することとなった。空港の運営は傘下のマンチェスター空港会社（Manchester Airports Plc）が行っている。MAGはマンチェスター市議会（The Councils of the City of Manchester）が35.5%、オーストラリア投資グループ（IFM）が35.5%、近郊9自治体（Greater Manchester Borough Councils）が29%の株式をもつホールディングスである。マンチェスター空港以外に

南部観光地のボーンマス空港（Bournemouth Airport）、ヒースローに次ぐ貨物量を取り扱うイースト・ミッドランズ空港（East Midlands Airport）を所有しており、2013年からは英国4番目の旅客を取り扱うスタンステッド空港（London Stansted Airport）も加わっている。これにより英国ではヒースロー空港を持つHeathrow Airport Holdings：HAH（旧BAA：British Airports Authority）に次ぐ規模の空港会社となり、15年は合計4,850万人の旅客を取り扱った。HAHはスペインの建設事業を核とするフェロビアル社（Ferrovial）に買収されたことから、英国最大の空港会社はMAGであるとする向きもある。

3. 運用状況

マンチェスター空港の2016年における旅客輸送実績は2,600万人、英国ではヒースロー、ガト

ウィックについて3番目の利用者数であり、19.2万回の発着回数も3番目である。貨物取扱量は11万トンと、ヒースロー、イースト・ミッドランド、スタンステッドに次いで4番目であり、ほぼすべてがEUを含む国際貨物である。欧州各地、中東を中心に50を超える国・地域へ1日500便が就航し、乗入航空会社は70社を超える。13年の旅客数比で見るとライアンエアー（Ryanair）が40%、次いでイージージェット（easyJet）が12%と、このLCC2社で過半を占めている。

7時台に出発便が集中し、MAGが2本の平行滑走路の限界としている時間当たり60回に達している。出発、到着便とも、ほぼすべての時間に離着陸が見られる24時間運用の空港である。

4. 施設

(1) 滑走路

2本の滑走路（05L/23R：

3,048m×46m、05R/23L：3,050m×45m）は400mの間隔を有するクロースパラレル配置である。ターミナルビル側の05L/23Rは従来からある滑走路であり、05R/23Lが2002年から運用を開始した新滑走路である。この滑走路に付随する平行誘導路は用地取得の問題から全域が完成していないため、北東側（23L）から着陸した航空機は滑走路端で大きくUターンしてターミナルへ向かうこととなる。滑走路の処理能力向上のため平行誘導路の完成が待たれる。

(2) ターミナル1

　ターミナル1は、1962年に建設され幾度かの改修を経て今日に至っている。西及び南に延びる2本のピアに合計28の固定スポットがあり、うち17が搭乗橋（PBB）を持っている。西に延びるピアの先端はサテライトとなっており、南に延びるピアの半数はPBBを持たないスポットである。旅客取扱のキャパシティは年間1,100万人といわれ、これに近づいている。LCC大手のイージージェット（easyJet）はアムステルダム、ミュンヘン、ベルリン、コペンハーゲンなどEU内を中心に最も多くの路線網を広げている。次いでマンチェスターを第2の拠点とするジェットツー・コム（Jet2.com）がスペイン、ポルトガルの地方空港やローマ、ヴェネツィアなどへ路線を持ち、トーマス・クック

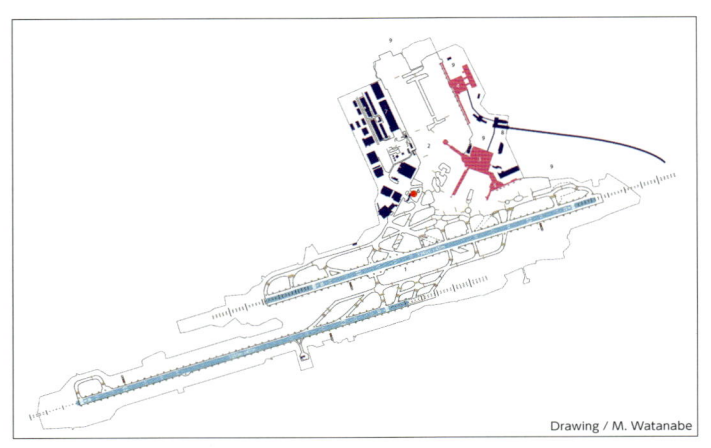

Drawing / M. Watanabe

マンチェスター空港のレイアウト図

航空はニューヨーク、オーランド、ラスベガスなど北米に多くの路線を展開している。その他大小26の航空会社が入居する最大のターミナルである。

(3) ターミナル2

　ターミナル2は、1992年に供用を開始した最も新しいターミナルで滑走路から離れた北側の袋小路状の土地に位置するフロンタル形式のシンプルな形状のターミナルである。16の固定スポットを有し、うち14がPBBを備える。カーブサイドは上層が出発フロア、下層が到着フロアへ接続するダブルデッキ道路となっている。到着旅客のピックアップは立体駐車場を利用させることにより道路混雑を防いでいる。ビル前には4層の立体駐車場が配置される。ターミナルビルは本館と左右に延びる600mの長さのウイングで構成され、北側には拡張余地を残している。

ターミナルビル前の固定スポットは超大型機のA380からB737クラスの小型ジェット機まで幅広く対応できる。

　航空会社は、スペイン、ポルトガル方面へ多くの路線を設けるモナーク航空、チャーター便最大手のトムソン航空、ニューヨークへ路線を持つデルタ航空などが入居、キャパシティは年間800万人とされている。

(4) ターミナル3

　ターミナル3は、1989年にターミナル1の一部を構成するように計画され、13の固定スポットを持ち、うち11がPBBを有する。キャパシティは580万人とされている。エールフランス、アメリカン航空、ブリティッシュ・エアウェイズ、KLMオランダ航空といったFSC（フルサービスキャリア）大手に加え、フライビー（Flybe）やライアンエアーといったLCCも

ターミナル2：本館と長さ600mのウイングで構成

photo / Milborne One

入居している。

(5) 駐車場・アクセス

各ターミナルの前面に立体駐車場が設けられており、短時間駐車場として用いられるほか到着旅客のピックアップ機能を担っている。長時間用の駐車場はターミナルビルから離れた場所に設けられ、バスで送迎サービスされている。

1993年にオープンした鉄道駅がターミナルエリアの中央に位置し、各ターミナルにはスカイリンク（Skylink）と呼ばれるコンコースで直接結ばれている。

5. 商業施設

チェックインからセキュリティへと至る手続きのための空間を通過すると、旅客をとりまく周辺の印象は一変し、華やかな商業施設の空間に入る。旅客の移動する動線は緩やかに湾曲しつつ、多くのテナントの前を通過し搭乗ゲートのあるピアに至るよう工夫されている。目的のゲートまでの所要歩行時間や距離、ボーディングの状況などを随所で提供し、出発間際まで買い物を楽しむことができる。動線に沿った店舗の間口を狭く抑え、ゲートまでの限られた距離で多くの店舗を配置し、類似の店舗は排除することにより、様々な表情を見せる空間をつくり出している。出発のゲートラウンジが狭いことと相まって、ほとんどの人がこの空間で時間を費やす。

6. 将来計画

ターミナルビルやエプロン、駐車場等は2030年を目標に将来計画が検討されている。

3つのターミナルの合計キャパシティ2,500万人を5,000万人まで引き上げようとするものである。ターミナル2は現在オープンスポットとなっているターミナルビル前面にピアを建設、28の固定スポットを計画している。さらに空港の北側へエプロンを拡張し、15のスポットを設ける。

ターミナル3については、現在のピアを東側に延伸し、現在の長時間駐車場をエプロンとすることでターミナル1とあわせ55の固定スポットを備える計画である。また地上交通の改良として、駐車場の立体化、鉄道の西側延伸、高速道路の拡幅を挙げている。これらの実現のためには現在の空港用地625haを800haに拡張する必要がある。これらの拡張用地の取得を速やかに進めるとともに、平行誘導路の整備や点在するターミナル諸施設の利便性改善も重要であろう。

（渡邉正己）

■空港の諸元	■輸送実績（2016年）	
・空港運営者：マンチェスター空港 （Manchester Airport Plc） ・滑走路（長さ×幅）：2本 　05L/23R：3,048m × 46m 　05R/23L：3,050m × 45m	・総旅客数 　国際旅客 　国内旅客 ・貨物量 ・離着陸回数	25,702,321人 23,311,346人 2,302,687人 113,416トン 192,200回

#008

リバプール・ジョン・レノン空港（イギリス・リバプール）

Liverpool John Lennon Airport

FHSH / HLE

ビートルズが生まれ育ったリバプール。空港ターミナルはあたかも記念館の様相

1. 沿革

リバプール市はイングランド・マージーサイド州の中心都市であり、ロンドンの北西300kmほどに位置する。アイリッシュ海に面し、13世紀以来貿易港として発展し、1830年には世界初の鉄道路線（Liverpool and Manchester Railway）がマンチェスターとの間に開設されたことで知られる。近年では、ビートルズのメンバー4人が成長し、グループを結成した町として思い浮かべる人が多い。

空港はリバプール市街から10kmほど南東に下ったマージー川東岸のスピーク（Speke）地域にある。空港の歴史は古く、1930年に現在の空港の北側にあった農場と建物を利用し、当時としては大型の軍用機、アームストロング・ホイットワース・アーゴシー（Armstrong Whitworth Argosy：翼幅35m×全長27mの四発機）を用いて、マンチェスター、バーミンガムを経由しロンドン南部のクロイドン空港（Croydon Airport）までの運用を開始した時代に遡ることができる。33年に正式にスピーク空港（Speke Airport）となり、30年代後半にかけて管制塔、旅客ターミナル、格納庫が順次整備された。

1939年、第二次世界大戦のため英空軍の管理下となり、民間空港としての運用は制約を受けることとなる。戦後は民間航空省、地元自治体の管理となり、66年に当時の空港から2km南東の現空港の場所に滑走路09/27（長さ2,285m）のみがオープンした。86年に新ターミナルが現空港の位置に整備され、空港の移転が完了した。旧空港のターミナルビルと管制塔は残り、現在はエアポートホテルとして使用されている。エプロンであった場所には古い飛行機が展示され、昔日を偲ばせる佇まいを保っている。

1990年、英国空港の民営化政策のもと、国有会社であるブリティッシュ・エアロスペース（British Aerospace）が空港運営者となり、97年に英国不動産投資会社ピールグループ（Peel Holding Group）が空港経営に参画。2000年に株式の76%を取得して、経営はピールグループに移る。01年1月2日にジョン・レノン夫人ヨーコ・オノ氏によりリバ

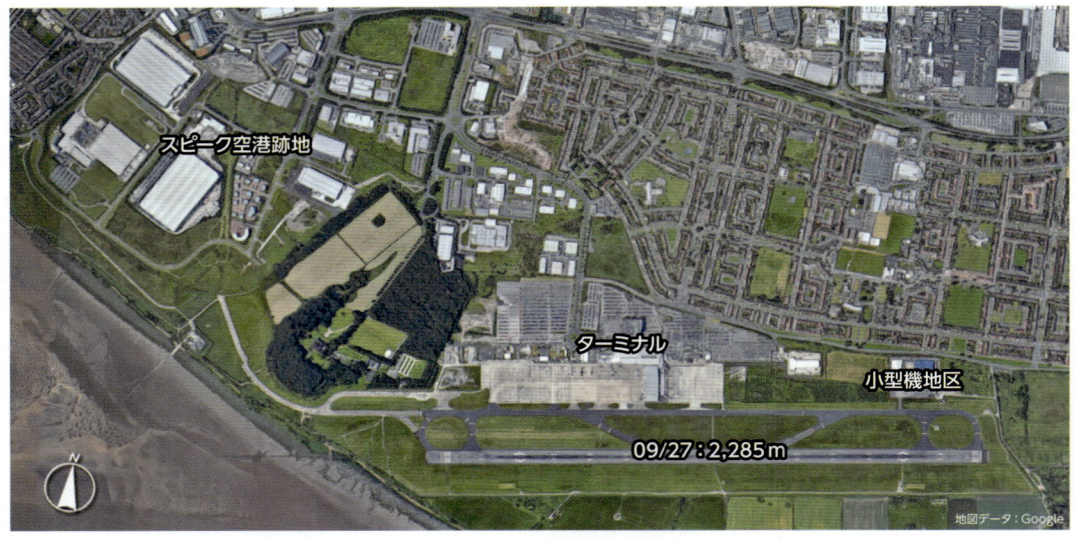

空港全体図：マージー川に並行する滑走路。長さ2,285mは近距離国際線発着に必要な最小限の長さ

プール・ジョン・レノン空港と命名され、翌年1月25日にターミナルの拡張・リノベーションが完了。女王を招きオープニングセレモニーが行われた。

　2010年にはカナダのバンクーバー空港を有するバンテージ空港グループ（Vantage Airport Group）が65%の株式を取得、リバプール空港の経営を手にするも、14年に同グループの財務上の問題から北米の空港の運営に注力することとなり、ピールグループがこの65%を再取得してリバプール空港の経営に復帰し、今日に至っている。

2. 施設と運用状況

　乗入れ航空会社はイージージェット（easyJet）、ライアンエアー（Ryanair）、フライビー（Flybe）、ブルー・エアー（Blue Air）といったLCCがほとんどであり、LCCの伸長とともに旅客が急増した空港として知られる。民間資本が空港経営に参画する前年の1996年の年間旅客数は62万人、この時点の旅客輸送シェアはFSC（既存航空会社）が50%、LCCが30%、チャーター便が20%であった。2001年に旅客数は225万人となり、この時点のLCCシェアは80%ほどに急増、07年には旅客数は500万人を超え、チャーターを除きほぼすべてがLCCの利用客となった。現在、1日あたり80便ほどが発着し、路

旧空港のターミナルと管制塔：今はエアポートホテルとして利用されている

線はバルセロナ、アムステルダム、パリなど近距離国際線を中心にナポリ、ブカレストなどへもネットワークが広がっている。就航機材はA320/319シリーズやB737シリーズといった小型ジェットがほぼすべてで、国内のベルファスト、エディンバラ等ごく一部の路線にDHC-8やATRといった小型ターボプロップ機が就航している。飛行クラブなどによる小型機の発着約2万回を含み、年間離着陸回数は約5.6万回である。

　空港へのアクセスは、自家用車利用が66%、タクシー20%、バス他が14%となっており、一般的な英国地方空港のアクセス機関分担率に比してバスの比率が高い。これは空港の3km北西にあるサウス・パークウェイ駅（South Parkway St.）からバスを利用して空港に来る利用者が多いためと思われる。駅からはバスで乗り継ぎ10分ほどで空港に至る。市街中央からはバスで25分ほどの所

要時間である。

　滑走路はマージー川とほぼ平行に東西（09/27）方向に配置され、長さは2,285mと近距離国際線の発着に必要な最小限の長さである。2007年に、1966年の滑走路新設以来40年目にして初めての滑走路、誘導路の大規模リハビリテーション事業が完了している。

　両方向にILS（計器着陸装置）が設置され、滑走路09側がCAT-Ⅰ、27側はCAT-Ⅱと高精度の進入を可能にし、霧や雨の多い当地の就航率向上に寄与している。空港周辺は良好な住宅地であり、23:00～07:00の夜間時間帯を中心に着陸時の逆噴射やエンジン試運転の抑制、騒音軽減出発進入方式の運用など、航空機騒音が周辺地域に与える影響を軽減するための措置がとられている。

　平行誘導路は幅23m、西端にはかつて運用していた旧空港のエプロンへの誘導路跡が残る。1組の高速脱出誘導路が設けられ、東

ターミナルビルカーブサイド：「ジョン・レノン」と青い字で掲げられている

西いずれの方向からの着陸機も、ターミナルビルへの地上走行距離を短縮可能な位置に設けられている。

定期便用のスポットはターミナルビル前に小型ジェット機を中心に21スポット、格納庫東側に急増する需要に対応すべく、2004年に整備された新エプロンの中型ジェット機用6スポットがある。これに加え、滑走路東端近くに飛行学校、フライングクラブ、使用事業者の小型機や回転翼機、ビジネスジェットが駐機する小型機のターミナルエリアが設けられている。

2002年には新たな管制塔を滑走路南側に整備。将来のターミナルビル、エプロンの拡張エリアも見渡せるよう55mと2倍ほどの高さとなった。リバプール空港を訪れると旧空港の管制塔、先代の管制塔、現在の管制塔と3つの管制塔の移り変わりを目にすることができる。

旅客ターミナルビルは、2002年の拡張とリノベーションによりキャパシティは年間旅客700万人に対応できるものに増強され、それまでの3倍の能力を有する施設となり、イメージを一新した。05年以降もコンコースの新設、搭乗

橋の増設など段階的に整備を続け今日に至っている。

3. ターミナルビルの工夫

2002年のリノベーション事業のオープニングにあわせ、ピールグループはジョン・レノンを空港のブランディング・イメージに据えた。企業のスローガン（Corporate Slogan）についても彼が歌う"imagine"の歌詞から"above us only sky"を挙げ、ターミナルビル前にはビートルズが歌った"Yellow Submarine"のオブジェを設置した。また、館内各所におかれたメンバー縁（ゆかり）の品々などにより、ターミナルビルをさながらビートルズ記念館のように設え、海外からも話題を集めた。

非航空収益の中心となるリテール・レストラン等の店舗については、セキュリティ通過後の制限区域に集約し充実させ、バーやパブ、ゲームセンターなどバラエティに富んだ店舗展開がなされている。反面、一般的には華やかなチェックインロビーや到着ロビーには小規模な売店を置くのみとした。

このような店舗展開戦略を補完するため、セキュリティ機器を増

設するとともに移動動線をショートカットできるファストトラックを設置し、検査にかかる平均所要時間を23分から8分に短縮している。チェックインの終わった旅客を制限区域内へ速やかに移動させることで旅客がショッピングに費やす時間が20分から60分に増加し、非航空分野の収益向上に結び付いたという。また、空港の職員や航空愛好家、一般の人々からなるファンクラブ（FoLA；Friends of Liverpool Airport）が設けられており、空港関連の種々のイベント企画や来港者の見学案内など、空港と地域のインターフェイスに効果を上げている。

4. 将来計画

イージージェット（easyJet）をはじめとするLCC効果と民営化により急増してきたリバプール空港の利用者数は、2007年をピークに近年停滞している。

リバプール空港の利用促進のためには、列車により2時間かけロンドンのヒースロー空港を利用している150万人に上るリバプール住民を取り込むことがポイントであると空港運営者は見ている。

14か国、24都市と結ばれ充実する海外路線に比べ、国内路線は5都市と限られているが、この国内路線を充実させることができれば、リバプール空港と結ばれるスキポール空港やシャルル・ド・ゴール空港の海外ネットワークを各地

から利用できるようになり、域外の需要開拓とともにリバプール住民の利便性向上も図れると考えられる。

空港の将来計画については、ピールグループが策定した2030年を目標とした空港の拡張計画において、滑走路の東側への314m延伸、既存ターミナル西側に接した第2ターミナルの建設と駐機スポットの増設、滑走路南側へのエプロン新設などが示されていた。ところがこの計画の最中、リバプール空港の経営権はピールグループの手を離れ、一旦海外資本傘下に入り、再び同グループに戻るという環境変化があり、17年6月、改めて「マスタープラン2050（Master Plan to 2050）」が発表された。この計画の目標年次は30年と50年で、滑走路の東方向への延長、旅客ターミナルの増築と高品質化、駐車場拡張、ホテルの増設、滑走路南側（既存ターミナルと反対側）における航空関連施設（ビジネスジェット、ジェネラルアビエーション施設等）の大規模な展開等が盛り込まれている。

本空港は、マンチェスター空港とは50km程しか離れておらず、目的地への発着時刻や駐車場料金などで空港を選択する利用者も多い。このような環境下で、リバプール空港はコストに敏感なLCC各社を繋ぎ止めつつ、需要拡大にかかる様々な施策を進めて行くこととなる。

（渡邉正己）

■空港の諸元
・空港運営者：リバプール空港㈱
　　　　　　（Liverpool Airport
　　　　　　 public limited company）
・滑走路（長さ×幅）：1本
　　09/27：2,285m×46m

■輸送実績（2016年）
・総旅客数　　4,778,939人
　　国際旅客　3,785,412人
　　国内旅客　　991,584人
・貨物量　　　　　　258トン
・離着陸回数　　　62,441回

Beatles と空港

（渡邉正己）

空港ターミナルから道路を渡るとアプトン・グリーン（Upton Green）と呼ばれる住宅街が広がっている。1955年の冬、この住宅街から1人の少年が市内の学校へ向かうためバスに乗ると、途中から乗った少年が隣に座った。2人は話を重ねると音楽好きという共通の趣味があることを知る。先にバスに乗ったのがジョージ・ハリスン少年であり当時12歳、隣に座るのがポール・マッカートニー少年13歳の時である。これが後にビートルズとなるメンバーの最初の遭遇である。2年後の57年7月6日、空港から4kmほど北にあるセント・ピーターズ教会のパーティで歌うジョン・レノン少年にマッカートニー少年が声をかけ、メンバー3人がそろう。ビートルズとしてレコードデビューするのは5年後の62年、この時にリンゴ・スター氏が加わりビートルズのメンバー4人がそろう。64年7月10日、スピーク空港はワールドツアーを成功させたビートルズの凱旋を迎えようとする人々により興奮の坩堝と化している。

1980年12月8日、40歳を迎えたジョン・レノン氏はニューヨークで凶弾に倒れ、ジョージ・ハリスン氏は2001年11月29日、58歳で生涯を閉じている。残る2人のビートルズには末永い活躍を願うばかりである。

ターミナルにはビートルズの写真が掲げられている

#009
ダブリン空港（アイルランド・ダブリン）

Dublin Airport   **EIDW / DUB**

中規模ながら年間 2,500 万人が利用する、アイルランド国内 10 空港を代表する首都空港

1. 背景

アイルランドは、北大西洋のアイルランド島に位置する、面積7万k㎡（日本の18.7%）、人口460万人（同3.6%）の共和国である。英国による植民地状態が続いたが、1919年にアイルランド独立戦争が発生し、21年に両国間の条約が締結されて翌年アイルランド自由国が成立し、英国の自治領となった。この時、北アイルランドにある6州は英国領に止まり、今日に続く問題を残すことになった。38年に英国による独立承認がなされ、英国連邦内の共和国になったが、49年にはそれを離脱した。このような経緯からアイルランドは反英感情を有しながら、一方で、経済力があり隣国である英国との人的、経済的な結びつきが強

い。また、かつて数多くのアイルランド移民を受け入れた米国には好感を持っており、経済的な結びつきも強い。このような背景から、旅客数の多い上位10路線のうち、英国の空港が6空港を占め、8位に米国のJFK空港が入っている。

アイルランドには空港が10あり、免許飛行場（Licensed aerodrome：アイルランド航空局から免許を受けている私営飛行場）が19、その他の飛行場が11ある。このうち、ダブリン空港、シャノン空港、コーク空港、及びアイルランド・ウエスト空港が主要国際空港であり、前者2空港は大西洋横断と英国・ヨーロッパへの路線を有している。

なお、北アイルランドの主要空港としては、首都ベルファストにベルファスト国際空港がある。

2. 沿革

ダブリン空港はアイルランドの首都ダブリン中心部の北方10km、コリンズタウンに位置する。1936年民間航空会社が設立され、ダブリン南西部のバルドネル地区にあるケースメントン軍用飛行場での運航を開始した。その後同飛行場に代わる民間空港の建設が決定され、用地の選定が行われた結果、第一次世界大戦中に英国空軍基地として使われながら22年以降使用されていなかったコリンズタウンが選ばれた。37年に新空港の建設が開始され、39年末までに草地滑走路、駐機場、構内道路、電力・照明施設等が整備されて、40年1月に開港した。一方、38年に建設工事が始められていた旅客ターミナルビルが41年初

空港全体図：現在2本の滑走路を有し、3本目を建設中

地図データ：Google

ターミナル地域

めにオープンした。47年になると、3本のコンクリート舗装の滑走路が完成し、50年代には、旅客数や航空機離着陸回数の増加に対応して、滑走路延長やターミナルの増強が行われた。71年になるとB747が就航し、これに対応するため、72年に年間500万人の取扱能力を有する新旅客ターミナルがオープンした。さらに89年には長さ2,640mの滑走路が供用開始し、90年代には急速に施設拡張を続け、旅客ターミナルビルに新たなピアが2本建設された。

3. 施設

　ダブリン空港の標高は74mである。滑走路は2本あり、主滑走路は長さ2,637m×幅45m、方向は10/28で、アスファルト舗装である。副滑走路は長さ2,072m×幅57m、方向16/34で、アスファルト舗装である。両滑走路共にILSが設置されている。主滑走路には平行誘導路と高速脱出誘導路が設置されており、副滑走路の一部区間には平行誘導路がある。

　旅客ターミナルは主滑走路東端部の北東付近に配置されており、ターミナル1とターミナル2に分かれている。ターミナル1は、本館及び1つのサテライト（搭乗橋付き8ゲートを設置）と2本のピア（搭乗橋のない32ゲートを設置：遠隔スポット使用を含む）から構成されている。（当初設計では同形状の第2サテライト建設が計画されていたが変更された。）ターミナル2は、本館及び1本のピア（搭乗橋付き19ゲートを設置）から構成されている。

4. 運用状況

　ダブリン空港の運営者は国営民間会社であるダブリン空港公社（DAA）である。同社は2004年に策定された国家空港法に基づいて設立され、旧アイルランド空港公団のすべての資産等を受け継いでおり、現在ではコーク空港を含めて運営を行っている。

　当空港の運用時間は24時間で、定期便・チャーター便を合わせて34航空会社が180地点に就航している。1日580回を超える離

着陸が行われており、2016年の航空旅客数は2,800万人であった。これは11年の約1.5倍に相当し、近年大きな伸びを示している。

5. 将来計画

　新滑走路（北側滑走路）の建設が進められている。2007年、主滑走路の北方に1,600m離して、長さ3,110mの滑走路をオープンパラレル配置で建設するプロジェクトが許可されたが、景気低迷と旅客数の減少により、09年に保留扱いとなった。しかし、ここ数年における旅客数の急激な増加から、同プロジェクトは復活し、用地造成工事が16年後半に開始された。滑走路建設工事は17年に開始された。同滑走路計画は1970年代から地域及び郡の開発計画と調整してきているもので、その開発用地は40年以上前に確保されており、新滑走路は既存空港用地内に設置されることになる。

　旅客ターミナルについては、将来必要になった場合にはターミナル2の南側にもう1本のピアを増設する計画である。

（唯野邦男）

■空港の諸元
・空港運営者：ダブリン空港公社（DAA）
・滑走路（長さ×幅）：2本
　10/28：2,637m × 45m
　16/34：2,072m × 57m

■輸送実績（2016年）
・総旅客数　　27,907,384人
　国際旅客　27,641,025人
　国内旅客　　　93,731人
・貨物量　　　141,188トン
・離着陸回数　　215,078回

フランスの空港概観

日本の2倍の約200空港が分布する空港先進国。なかでも首都圏は欧州随一の空の玄関口

1. フランス概観

　フランス共和国、通称フランスは、西ヨーロッパの領土並びに複数の海外地域及び領土からなる単一主権国家である。フランス本土及び本土外の4海外県の総面積は64万㎢、人口は6,700万人である。

　国土は西ヨーロッパに位置する本土のほか、地中海に浮かぶコルシカ島、南米のフランス領ギアナ、カリブ海のマルティニーク、グアドループ、インド洋のレユニオンといった4海外県、さらにはニューカレドニアやフランス領ポリネシアなどオセアニアの属領をも含んでいる。その面積は西ヨーロッパ最大であり、フランス本土だけで日本の約1.5倍あり、可住地の広さは日本のおよそ約3.5倍にも達する。

　首都で最大都市のパリは主要な文化及び商業の中心地である。

2. フランスの空港

　フランスには、ICAO登録空港（民間用、民間／軍用、軍用を含む）として約450空港が存在するが、その多くは小型機専用の極めて小規模な「飛行場」であり、もっぱらレジャー用途に限定される。商用航空機が就航するIATA登録空港は約190空港で、日本（97空港）の約2倍にあたる。

　フランスの主要空港のなかで最大の旅客数を誇るのは、パリ・シャルル・ド・ゴール空港（CDG）であり、年間6,600万人（2016年）を取り扱い、世界第10位に位置する。次いで、パリ・オルリー空港（ORY）が3,100万人、ニース空港（NCE）1,200万人、リヨン空港（LYS）960万人、マルセイユ空港（MRS）850万人、トゥールーズ空港（TLS）810万人と続いている。

3. 首都圏空港の運営

　1945年10月、「パリから50Km圏の民間用空港及び飛行場の整備・運営を行う公的法人」としてパリ空港公団（Aéroports de Paris: ADP）が設立された。

パリ空港公団は、オルリー空港のターミナルの整備、シャルル・ド・ゴール空港の建設等、首都圏の空港建設・拡張を行ってきた。

　パリ空港公団は、2005年4月、空港関連法により株式会社組織に転換され、パリ空港会社（Paris Aéroport）となった。法令により、当分の間国が株式の過半を所有することと定められているが、06年に証券取引所に上場し株式が公開されており、国の持分比率は徐々に低下している。16年末の主要株主は、国：50.6%、スキポール・グループ：8.0%、バンシエアポート（Vinci Airports）：8.0%、プレディカ（Predica）：4.8%等となっている。現在同社は、シャルル・ド・ゴール空港（CDG）、オルリー空港（ORY）、ル・ブルジェ空港（LBG）の主要3空港及びパリ周辺の11空港の管理・運営を行っている。

　主要3空港の運営について、同社はパリにおける将来の航空需要に適切に対処するため、それらの空港をどのように役割分担させながら施設拡張を図るかを示している。シャルル・ド・ゴール空港には4本の独立した滑走路を持つ主要国際線空港、オルリー空港には3本の滑走路を持つ第2主要空港、ル・ブルジェ空港には3本の滑走路を持つビジネスジェット専用の空港としての役割を持たせている。パリ空港会社は、この10本の滑走路容量が将来的に飽和する可能性は低く、各空港のターミナル容量に問題があると考えている。

　パリ空港会社は民営化以前から、リエージュ空港（ベルギー）の運営会社への25.6%出資（1999年）と新ターミナルビル建設等の技術支援、メキシコの北中部13空港の運営を担う空港法人に25.5%出資（2000年）するなどの国外展開を開始していた。日本においても関西国際空港のターミナルビル（現第1ターミナル）のターミナルコンセプト・基本計画を手がけている。株式会社移行後は、その活動はより活発化し、2007年にサウジアラビアのジッダ空港とヨルダンのアンマン空港、08年にインド洋のモーリシャス空港、12年にクロアチアのザグレブ空港等に出資し、海外空港プロジェクトを積極的に推進している。

4. 地方主要空港の運営

　フランスにおいては、2002年〜05年にかけて、大規模な空港制度改革が行われた。首都圏を除く「国際空港及び国家的ミッションに使用されうる空港」（概ね年間利用者100万人以上の空港）は、05年空港関連法により、それまでの国−商工会議所間のコンセッション契約から、特定目的の株式会社（地域空港法人）による運営へと転換されることが決まった。ただし、設立時の地域空港法人は、国：60％、商工会議所：25％、自治体：15％の割合で、当分の間は100％公的主体によって構成されることとなった。

　これに沿って、リヨン空港（2007年）を皮切りに、トゥールーズ空港（07年）、ボルドー空港（07年）、ニース空港（08年）、モンペリエ空港（09年）、ストラスブール空港（11年）、マルセイユ空港（14年）と組織転換が順次完了した。また、各地域空港法人は、同地域の小空港を合わせて一体運営しているケースがある。例えば、ニースの地域空港法人は、社名を「コート・ダジュール空港会社」として、ニース、カンヌ、モール・サントロペの3空港を運営している。

　2007年の地域空港法人設立から7年後の14年、政府は民営化の第1弾として、トゥールーズ・ブラニャック空港の国持分のうち6分の5（全株式の49.99％）について、売却のための入札を実施した。その結果、中国企業及び香港の投資ファンドのコンソーシアムにより落札された。また、15年には、ニース、リヨン空港の売却手続きが承認されており、今後同様の民営化が更に進むものと想定されている。

5. その他の地方空港の運営

　その他の地方空港（2003年当時、国所有で年間利用者数が100万人以下の空港）は、所有権も含めて自治体へと全面的に移管されることとなった。まず、コルス州における分権を進めるコルス関連法（02年）により、コルシカ島の4つの民間航空用空港（アジャクシオ空港、バスティア空港、フィガリ空港、カルヴィ空港）がコルス州に移管された。

　国所有の183空港のうち、首都圏空港と大都市の拠点空港、軍民共用空港を除く150の空港がこの枠組みにより自治体への移管の対象とされた。州の地方長官が、複数の立候補自治体がある場合の自治体間の調整、立候補自治体がない場合の自治体の指名等、移管先となる自治体の選定に関与し、07年に移管が完了した。

　近年自治体では、コンセッションで空港業務を民間企業へ運営委託するケースが増加している。これに対し、フランスの企業であるバンシエアポート（Vinci Airports）は民営化に積極的に参画しており、2004年グルノーブル空港を皮切りに、15年現在フランス西部、南部の空港を中心に11空港のコンセッション契約を締結し、空港運営を行っている。また、同社は海外での空港運営にも積極的に進出しており、16年からは関西国際空港、大阪国際空港の運営に参画するなど、2017年8月現在で世界35空港の運営に参画しており、18年からは神戸空港の運営にも参画している。

（武田洋樹）

フランスの空港分布

#010
パリ・シャルル・ド・ゴール空港 （フランス・パリ）

Paris Charles de Gaulle Airport

LFPG/CDG)

新空港で繰り広げられる建築デザインの斬新さは、さながらターミナルビルの見本市

1. 沿革と概要

　1960年代、パリにはオルリー空港 (Orly) とル・ブルジェ空港 (Le Bourget) の2つの国際空港が存在していた。しかし、この2空港ではB707やシュド・カラベルなどの大型ジェット機の就航により急激に拡大する航空輸送をさばききれないとの見込みから、62年より、大規模な新空港建設の計画が検討され始めた。こうしてパリ・シャルル・ド・ゴール空港 (Paris Charles de Gaulle Airport) は、ロワシー地区 (Roissy) に用地を確保し、66年に着工し、74年に開港した。開港に合わせて供用開始したターミナル1は、10階建ての円形建物で、7つのサテライトを有するという非常に近代的な建築で注目を浴びた。

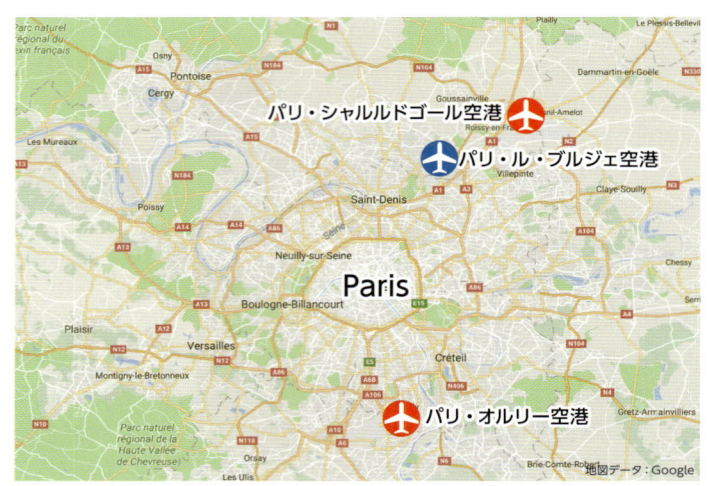

それぞれの役割を明確に分担するパリの主要3空港

　現在、シャルル・ド・ゴール空港はフランス最大の空港として、首都圏における主要旅客・貨物路線の発着を受け持っている。これに対し、第2空港であるオルリー空港は、フランス・ヨーロッパ域内及び旧フランス領土への旅客・貨物路線の発着に利用され、第3空港であるル・ブルジェ空港は、チャーター便、プライベート便の発着やパリ航空ショーの会場として利用されている。こ

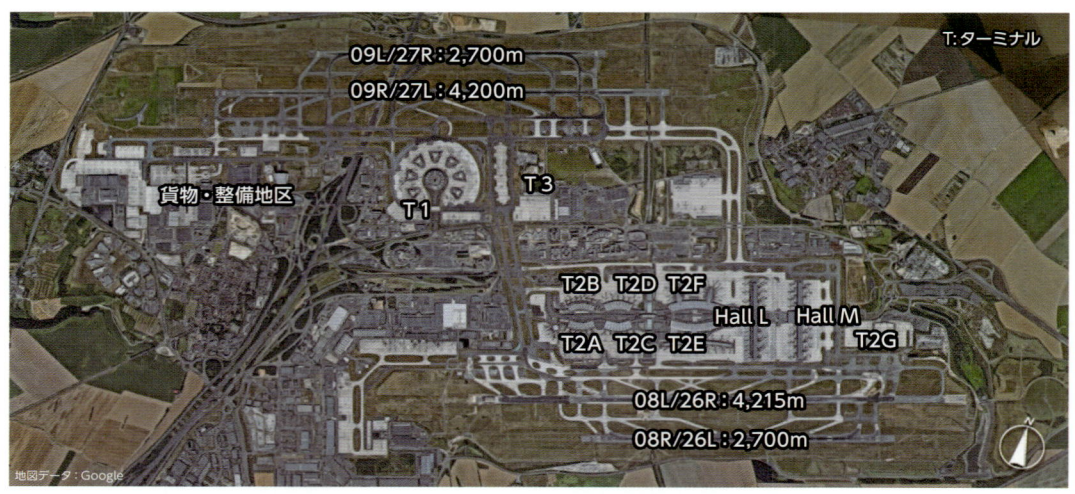

空港全体図：空港南側と北側にそれぞれ2本ずつ、合計4本の滑走路がほぼ東西方向に配置されている

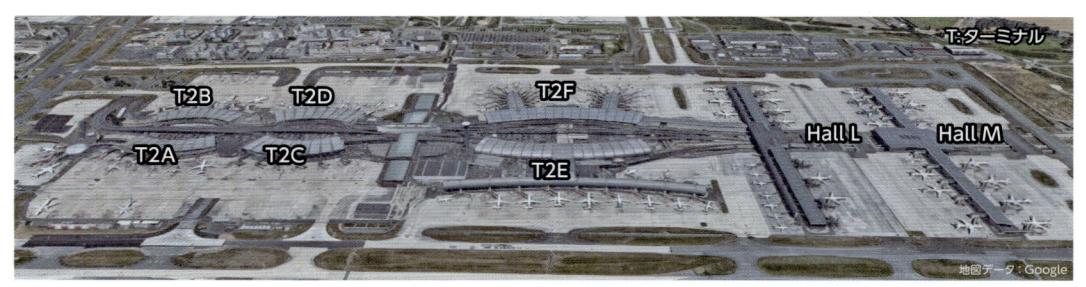

ターミナル：様々なニンセプトのターミナルやサテライトで構成

れらパリの3空港は、パリ空港会社（Aéroports de Paris）により一括して管理運営が行われている。

パリ・シャルル・ド・ゴール空港は、パリ市街の北東25kmのロワシー地区に位置しているため、地名を取って「ロワシー空港」と呼ばれることもある。空港名は、第二次世界大戦時の英雄であり、空港建設開始時の大統領でもあったシャルル・ド・ゴールにちなんで命名された。2016年の輸送実績は、離着陸回数48万回、旅客数6,600万人を記録している。

2. 計画と施設

(1) 滑走路と旅客ターミナル

空港には、ほぼ東西方向に平

ターミナル1：円筒形のメインターミナルと7つのサテライトで構成

行な4本の滑走路が設置されている。空港南側にクロスパラレル配置の08L/26R（長さ4,215m×幅45m）、08R/26L（2,700m×60m）の2本1組、空港の北側にはクロスパラレル配置の09L/27R（2,700m×60m）、09R/27L（4,200m×45m）の2本1組の合計4本の滑走路がある。また、08L/26Rと09R/27Lの離隔距離は3Kmと十分にとってあり、同時進入、同時出発の独立運用が可能となっている。

旅客ターミナルビルは、北側の滑走路と南側滑走路の間に位置しており、北側の滑走路に面するターミナル1、ターミナル3、南側の滑走路に面するターミナル2A〜2F、ホールL（第3サテラ

イト）、ホールM（第4サテライト）、ターミナル2Gで構成されている。

当初計画では、サテライトターミナルを6か所に作るプランが描かれていたが、第2期のターミナル2では大きくコンセプトを変更し、ゆるやかにカーブする4棟のユニットターミナル（モジュール）を並べるリニアフロンタルのコンセプトに変更された。さらに3期のターミナル2Fではフィンガーコンセプト。さらにホールL、ホールMではリニアのリモートコンコースによるターミナルとなっている。さながらターミナルコンセプトのデパートである。

ターミナル1からターミナル3を経てターミナル2は、「CDGVAL」（Charles de Gaulle Véhicule Automatique Léger：シャルル・ド・ゴール軽量自動車両）という空港内シャトルシステムで結ばれており、2階レベルからアクセス可能となっている。

(2) ターミナル1

ターミナル1は円筒形のメインターミナルと、地下道で結ばれ

ターミナル2F：2004年に供用された。エアサイドに突き出た2本のピアが特徴

た7つのサテライトからなり、タコをイメージして設計された。開港時から使用されている最も古いターミナルであり、供用開始から30年以上が経過し老朽化が進んでいるため、近年はいつも改修が行われている。主に国際線で使用され、スターアライアンス加盟航空会社やアジアやアフリカ諸国の航空会社が利用する。円筒形のメインターミナルは、1階が機械室、2階がレストラン、店舗、3階がチェックインカウンター、4階が出発、5階が到着となっており、通常のターミナルビルの設計とは上下が逆になっている。3階、4階、5階へのアクセスは、透明の円筒ガラス内に設置されているエスカレーターで結合されており、さながら宇宙船内を移動しているように感じさせる。サテライトの周辺を航空機が走行できるというこのコンセプトは、従来例のなかった斬新なアイデアであり、比較的狭いスペースで多くのゲートを設置できるメリットがあった。しかし、メインビルの動線は複雑で円形ゆえに見通しが悪く、標識やサインが見えにくいというデメリットも発生した。

(3) ターミナル2(2A ～ 2G)

　ターミナル2の内、2A、2B、2C、2Dは相似形をしており、2A、2Cが南側に面し、2B、2Dが北側に面している。これらの4つのターミナルは内部の回廊で連結されている。このターミナル2は、主にシェンゲン圏内路線に就航する航空会社が利用している。現在2Bは建物改修中で閉鎖されている。

　ターミナル2Eは、2008年に供用され国際線航空会社が専用に使用している。このターミナルにはホールKが隣接して建設されており、搭乗はここから搭乗橋を利用して行われる。ターミナル2Eの

ゲートKと表示されている。また、ターミナル2Eには、リモートサテライトとして、ホールL（サテライト3）、ホールM（サテライト4）が建設されており、「LISA」(Liaison Interne Satellite Aérogare： サテライトターミナル内部リンク）という空港内シャトルシステムで結ばれている。

　ホールL（サテライト3）は2007年供用され、750mの長さがありA380のような大型航空機をもっぱら取り扱うサテライトとなっている。ターミナル2EのゲートLと表示されている。チェックイン機能、手荷物ハンドリング機能はターミナル2Eで提供され、搭乗専用のホールである。

　ホールM（サテライト4）は2012年に供用され、長距離国際線専用として使用されている。16スポットの固定ゲートを有し、年間800万人の処理容量を持っている。ターミナル2EのゲートMと表示されている。チェックイン機能、手荷物ハンドリング機能は同様にターミナル2Eで提供され、搭乗専用のホールである。

　ターミナル2Fは、2004年に供用され、本館部とエアサイドに突き出た2本のピア部によって構成されている。各ピアはそれぞれ13の固定ゲートを有し、西ピアはシェンゲン協定加盟国間を移動する便、東ピアは一般的な国際便に分かれている。航空機間のクリアランスを確保しつつ、より多くの固定ゲートを確保するため、駐

機位置が建物から離れており、固定橋と搭乗橋が長いのが特徴である。

ターミナル2Gは、2008年エアーエールフランスの地域航空路線用に建設され、空港の東端に位置している。このターミナルにアクセスするためには、フリーシャトルを利用することとなる。このターミナルは小型機（150人乗りまで）専用であり、徒歩で搭乗かバス輸送による搭乗となる。このターミナルにはCQ施設（税関、出入国管理、検疫施設）がないため、フランス内の地域航空、シェンゲン圏内の近距離航空が使用している。

(4) ターミナル3

ターミナル3（Aérogare 3）は、元来は大規模なハンガーとして計画された建物を改装したもので、ロワシーポール（Roissypole）に近接している。T0（ターミナル・ゼロ）と呼ばれる計画だったが、新ターミナルという意味でT9（フランス語のneufには「9」と「新しい」という2つの意味がある）として供用を開始し、後に現在の名称に変わった。格安航空会社や

チャーターなど不定期便の発着が中心である。

3. アクセス

鉄道アクセスとして2つの路線が乗り入れており、1つはRER（地域急行鉄道網：Réseau Express Régional）であり、もう1つはフランス国鉄（SNCF）が運行するTGV（高速鉄道：Train à Grande Vitesse）である。

ターミナル2にはRER B線の「ロワシー・アエロポールC.D.G2駅」があり、パリ北駅などのパリ市内の駅との間を25〜30分程度で結んでいる。なお今後、パリ東駅までノンストップで運転するCDGエクスプレスの導入を予定している。同じくターミナル2にはTGVが乗り入れており、リール（Lille）、

ストラスブール（Strasbourg）、リヨン（Lyon）、マルセイユ（Marseille）、ルマン（Le Mans）等と接続されている。

公共用のバスとしては、エールエールフランスがエトワール広場やアンヴァリッド、リヨン駅やモンパルナスなどパリ市内数か所へ「Les Cars Air France（エールフランス・エアポートバス）」と呼ばれる直行バスを15分間隔で運行する他、RATPが運行する、「ロワシーバス」と呼ばれる、パリ市内のオペラ座への直行バスが15分〜20分間隔で運行されている。

シャルル・ド・ゴール空港では、現在の第1ターミナルの7つのサテライトを統合し、規模の大きいサテライトにしてターミナル容量を拡大する計画を持っている。

（武田洋樹）

■空港の諸元
・空港運営者：パリ空港会社
　　　　　（Aéroports de Paris）
・空港面積：3,104ha
・滑走路（長さ×幅）：4本
　08L/26R：4,215m × 45m
　08R/26L：2,700m × 60m
　09L/27R：2,700m × 60m
　09R/27L：4,200m × 45m

■輸送実績（2016年）
・総旅客数　　65,933,145人
　国際旅客　60,384,622人
　国内旅客　5,480,263人
・貨物量　　2,135,172トン
・離着陸回数　479,199回

#011
パリ・オルリー空港（フランス・パリ）

Paris Orly Airport

LFPO/ ORY

かつてはパリの航空需要を一手に担った首都空港で、今も年間 3,000 万人が利用する

1. 沿革と概要

1932年にヴィルヌーヴ・オルリー空港（Villeneuve-Orly Airport）として開港し、ル・ブルジェ空港とともにパリの主要空港として役割を果たした。その後ル・ブルジェ空港が国内線及びプライベート機専用空港とされ、70年代初頭にシャルル・ド・ゴール国際空港が開港するまでは、パリの唯一の国際空港であった。

パリ・オルリー空港は、パリ・シャルル・ド・ゴール空港と並ぶパリの玄関口の1つであり、パリ市街地の13 km南に位置している。エアーフランス（Air France）の国内線、国際線のセカンダリー・ハブであり、トランサ

ターミナル地域：2階建てのウエストターミナルと6階建てのサウスターミナル

ヴィア航空（Transavia France）のホームでもあり、主にヨーロッパ域内、中近東、アフリカ、カリブ海方面へのフライトが就航している。主要な国際線はシャルル・ド・ゴール国際空港に移転したが、パリ・オルリー空港は国内線を中心としてフランス内で2番目にトラフィックの大きい空港である。2016年の輸送実績は、離着陸回数24万回、旅客数3,100万人を記録している。

06/24：3,650m

貨物地区

ウエストターミナル

サウスターミナル

02/20：2,400m

08/26：3,320m

空港全体図：市街地に囲まれた空港で、滑走路を短縮運用（着陸）

サウスターミナル：店舗やオフィスが集中する。背後に管制塔が見える

2. 計画と施設

同空港には、2,400m（02/20）、3,650m（06/24）、3,320m（08/26）の３本の滑走路がある。02/20は幅60mでアスファルト舗装であるが、他の2本は幅45mでコンクリート舗装である。すべてにILSが設置されている。市街地に囲まれた空港であり、騒音対策のため06、26着陸は短縮運用されている。

この空港にはターミナルが2つあり、ウエストターミナル（Terminal Ouest）とサウスターミナル（Terminal Sud）と呼ばれている。ウエストターミナルは、滑走路06/24と滑走路08/26に挟まれており、両滑走路に容易にアクセスできる。サウスターミナルは、滑走路08/26に面している。

ウエストターミナルは、2階建てのビルで4つのフィンガー（ゲートエリア）を持っている。1階は到着用で8基のバゲージ・コンベアが設置されている。2階は出発階となっており、ホール1～4（搭乗ゲート）が配置されている。ウエストターミナル全体で23のゲートにボーディングブリッジが

設置されている。

サウスターミナルは、6階建てのビルで、地下階、3階、4階、5階には店舗、レストラン、オフィスが配置されている。1階が到着階で2階が出発階となっており、サウスターミナル全体で15のゲートにボーディングブリッジが備わっている。

3. アクセス

アクセス鉄道として、RER（イル・ド・フランス地域圏急行鉄道網）B線が乗り入れており、パリ・シャルル・ド・ゴール空港とも結ばれている。また、トラムも乗り入れている。公共バスも複数路線が乗り入れており、パリ市内各地にアクセス可能である。

（武田洋樹）

■空港の諸元
- 空港運営者：パリ空港会社
  （Aéroports de Paris）
- 空港面積： 1,534ha
- 滑走路（長さ×幅）：3本
  02/20：2,400m × 60m
  06/24：3,650m × 45m
  08/26：3,320m × 45m

■輸送実績（2016年）
- 総旅客数　31,237,865人
  国際旅客 20,351,136人
  国内旅客 10,885,566人
- 貨物量　　107,988トン
- 離着陸回数　237,571回

#012
マルセイユ・プロヴァンス空港 （フランス・マルセイユ）

Marseille Provence Airport

LFML/MRS

フランス第3の都市マルセイユの空の玄関口。滑走路はベール湖を埋め立てて延長

1. 沿革と概要

　マルセイユは、フランス南部プロヴァンス地域の中核都市で、都市圏人口はパリとリヨンに次ぐ第3位である。地中海リオン湾を臨むフランス最大の港湾都市で、南フランスにおける貿易・商工業の中心地である。

　マルセイユ・プロヴァンス空港は、マルセイユの市街地から北西27kmに位置する。空港の起源は1922年、水上機の基地としてオープンし、パンアメリカン航空が定期便を開設したことに遡る。31年にはアエロポスタルとユニオン航空によって、アンティーブ（カンヌとニースの間に位置する都市）までの定期航空路が開設された。第二次世界大戦中はドイツ空軍によって使用されたが、44年に連合軍が奪還した。戦後はフランスに返還され、58年にターミナルビルが建設された後、96年にはターミナルビルの近代化工事が行われ、現在の旅客ターミナルが完成した。2006年に新ターミナルであるホールMP2が格安航空会社（LCC）のために供用された。13年にはターミナルビルの拡張が行われ、約30の店舗、レストランが追加導入された。

　この空港は、内外110地点を結び運航を行っており、フランス国内で5番目に旅客規模の大きい空港である。2016年の輸送実績と

ターミナル地域：MP2はLCCが使用

空港全体図：空港の起源は水上機の基地。写真左はベール湖

ホールMP2：LCCが使用

ホール1：非シェンゲン圏国際線を運航する会社が使用

社が利用しており、ホール3／4はシェンゲン圏、国内線を運航する航空会社が利用している。ホールMP2は、格安航空会社（LCC）が利用している。

空港アクセスとして鉄道が利用可能であるが、直接空港に乗り入れてはおらず、近隣のフランス国鉄（ＳＮＣＦ）ヴィトロル駅（Vitrolles Aéroport mp）まで移動する必要がある。空港のホール1、ホールMP2からフリーシャトルバスが利用可能であり、鉄道駅まで約5分で行くことができる。また、公共用バスが運行されており、8路線のバスが利用可能である。

3. 将来計画

現在、空港アクセス道路の改良、ターミナルビルの拡張・改良等の工事が進行中である。

（武田洋樹）

して、離着陸回数11万回、旅客数850万人を記録している。

2. 施設と運用状況

本空港には、北東・南西方向に2本のクロースパラレル滑走路（13L/31R：3,500m×45m、13R/31L：2,370m×45m)がある。滑走路13L/31Rは、ベール湖（Berre）を埋め立てて延長されている。なお、13L着陸は約340m、31R着陸は約660mの短縮運用が行われている。滑走路13L/31Rには平行誘導路・高速脱出誘導路が設置されている。

ターミナルは3つで、ホール1、ホール3／4、ホールMP2と呼ばれている。ホール1は、非シェンゲン圏国際線を運航する航空会

■空港の諸元
・空港運営者：マルセイユ商工会議所
　　　(Marseille Provence Chamber
　　　of Commerce and Industry)
・滑走路（長さ×幅）：2本
　　13L/31R：3,500m × 45m
　　13R/31L：2,370m × 45m

■輸送実績（2016年）
・総旅客数	8,474,349人
国際旅客	4,919,987人
国内旅客	3,475,699人
・貨物量	59,390トン
・離着陸回数	113,304回

#013
リヨン・サン・テグジュペリ空港（フランス・リヨン）

Lyon–Saint-Exupéry Airport

LFLL/LYS

新幹線 TGV が乗り入れるリヨン・サトラス駅と連絡橋で結ばれた空路と陸路の結節点

1. 沿革と概要

　リヨンはフランス南東部に位置する都市で、フランス第2の都市圏人口を有する。

　リヨン・サン・テグジュペリ空港は、リヨン市街地から南西に20 kmの位置にあり、1975年4月、リヨン・サトラス空港（Lyon-Satolas Airport）として開港した。92年には2本目の滑走路が供用し、94年にはTGV鉄道が導入されたことによりパリとマルセイユに接続された。翼を広げたような特異なデザインのサトラス駅（現リヨン・サン・テグジュペリTGV駅）の設置に合わせ、97年にはターミナルビルの再整備が行われた。2000年には、リヨン出身の著名な操縦士であり、「星の王子様」などの著作でも知られ

ターミナル（奥）と鉄道空港駅（手前）：歩道橋で連絡

るアントワーヌ・ド・サン・テグジュペリの生誕100年を記念して、リヨン・サン・テグジュペリ空港（Lyon–Saint-Exupéry Airport）と名称が変更された。05年にはターミナル2が供用し、11年にはターミナル3が供用した。また10年には、ローヌ・エクスプレス

（Rhônexpress Tram）がTGVの鉄道駅に乗り入れ、リヨン市街地にアクセスが可能となった。

　2016年の輸送実績としては、離着陸回数11万回、旅客数960万人（フランスで第4位）を記録している。

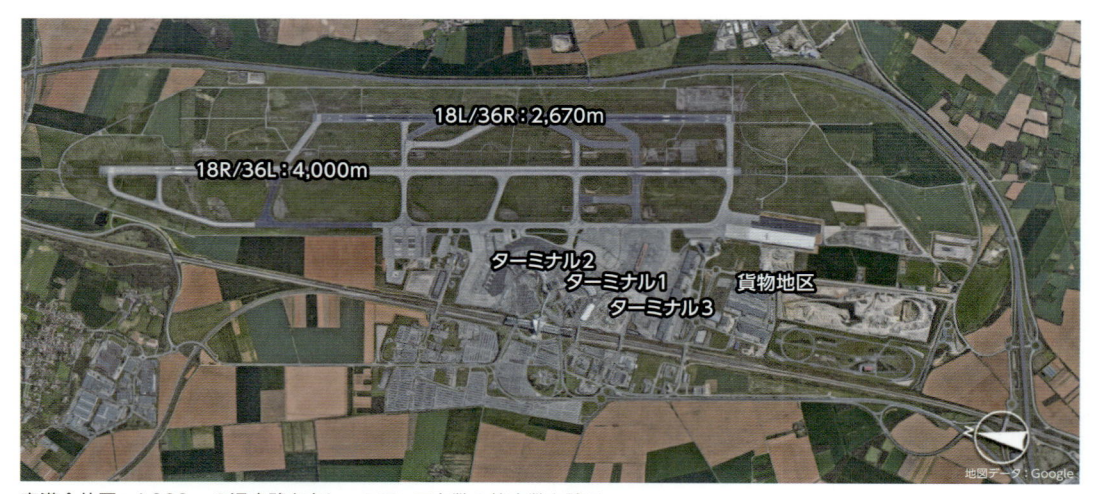
18L/36R : 2,670m
18R/36L : 4,000m
ターミナル2
ターミナル1
ターミナル3
貨物地区

空港全体図：4,000mの滑走路を有し、フランス有数の旅客数を誇る

ターミナル地域：ターミナル1はシェンゲン圏と国内線、2は非シェンゲン圏と国際線、3はLCCが主に使用

2. 施設

　この空港には、南北方向に2本のクロースパラレル滑走路があり、主滑走路が4,000m（18R/36L）であり、副滑走路が2,670m（18L/36R）である。平行誘導路及びILS（両滑走路）が設置されている。

　3つのターミナルがあり、一番北側がターミナル2で半円形の端からコンコースが伸びた複合形状で、中央に位置するターミナル1は半円形、一番南側のターミナル3は簡易な本館部分と遠隔コンコースを組み合わせた形状で格安航空（LCC）が利用している。これら3つのターミナルを合わせた容量は、年間960万人である。

3. 運用状況

　ターミナル1はシェンゲン圏、国内線を運航する航空会社が主に利用しており、ターミナル2は非シェンゲン圏、国際線が利用している。ターミナル3は、格安航空会社専用となっている。1994年にTGVとの接続駅であるサトラス駅（現リヨン・サン・テグジュペリTGV駅）が空港ターミナルの正面に開業し、連絡橋で結ばれた。また、2010年には市内と空港を直通するローヌ・エクスプレスが空港に乗り入れ、市内のパールデュー駅まで所要時間30分、15分間隔で運行している。

4. 将来計画

　2014年リヨン空港公社は、延床面積7万㎡の新ターミナルを建設することを決定した。このターミナルは従来のターミナルの2倍の規模で年間1,400万〜1,500万人対応となる。A380も取り扱うことができるこの建物は新ターミナル1と呼ばれることになっており、既存のターミナル3の前面に建設中である。18年夏に全面開業（17年9月に一部オープン）予定であり、新ターミナルの供用後、ターミナル3は撤去されることになっている。

（武田洋樹）

■空港の諸元
・空港運営者：リヨン空港公社
　　　　　　　（Aéroport de Lyon）
・滑走路（長さ×幅）：2本
　　18R/36L：4,000m × 45m
　　18L/36R：2,670m × 45m

■輸送実績（2016年）
・総旅客数　　　9,553,250人
　　国際旅客　　6,351,780人
　　国内旅客　　3,146,938人
・貨物量　　　　58,354トン
・離着陸回数　　107,566回

#014
トゥールーズ・ブラニャック空港（フランス・トゥールーズ）

Toulouse Blagnac Airport

LFBO/TLS

欧州4か国連合の巨大航空機メーカー、エアバス社が生産拠点を置く南西部の基幹空港

1. 沿革と概要

トゥールーズ・ブラニャック空港は、トゥールーズ市街地の北西7kmに位置し、オート・ガロンヌ県トゥールーズ北西部及びブラニャック西部に跨がっている。

本空港の起源は1945年に遡り、49年に滑走路が2,500mに延長されている。53年、トゥールーズ商工会議所は最初のターミナルビルを建設し、民間航空の幕を開けた。64年滑走路が3,000mに延長され、68年には2本目の滑走路（3,500m）が供用した。

1978年には新ターミナル（現在のホールB）が供用され、93

ターミナル地域：AからDまで4つのホールで構成

年には別の新ターミナル（現在のホールC）が供用された。また、2004年にはホールAが供用、10年にはホールDが供用され現在に至っている。

2005年の空港関係法に基づき、07年、同空港の運営は商工会議所から、新設されたトゥールーズ・ブラニャック空港運営会社（Toulouse–Blagnac Airport S.A.）に移譲された。フランス政府からの46年までのフランチャイズ契約という形態である。同社の持ち株構成は当初、国60%、

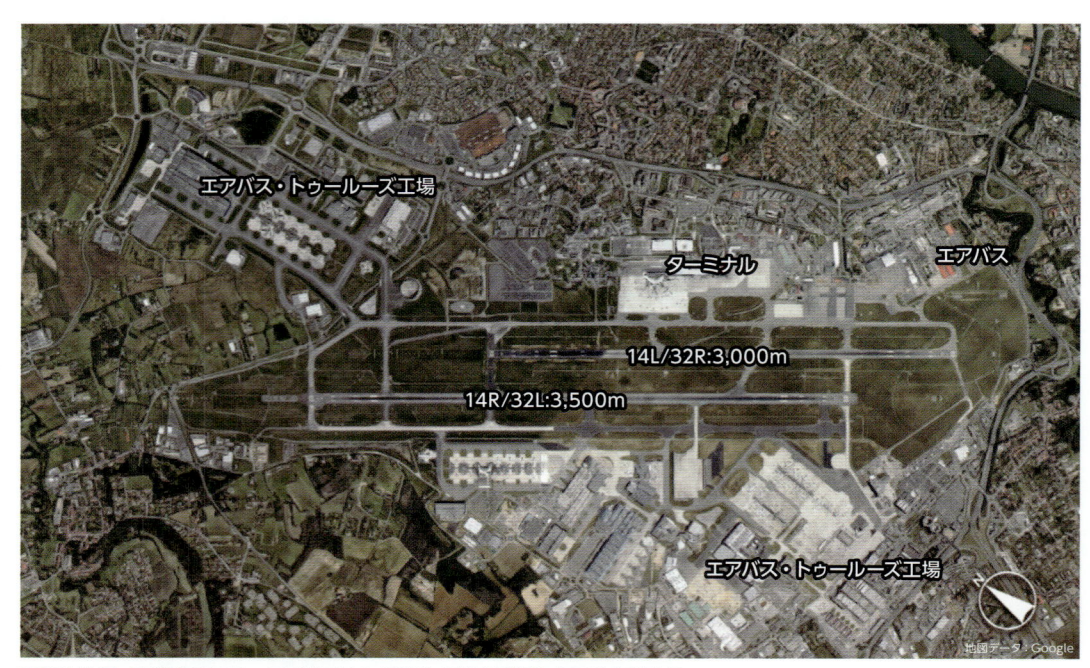

空港全体図：空港北部には、エアバス社とATR社の航空機組み立て拠点が立地

空港に接するエアバス工場：部品輸送用のエアバスベルーガが並ぶ

商工会議所25%、自治体15%であったが、14年、国は持ち分の6分の5（49.99%）を民間に売却することとし、競争入札の結果中国のコンソーシアム会社（Casil Europe）がこれを買収した。地元からの強い反対があったものの、同社が同空港運営に参加した。

本空港は旅客便使用空港としての役割だけでなく、エアバス、ATRの組み立て拠点にもなっている。両社で製造された航空機はこの空港でテスト飛行を実施するほか、機体の部品を輸送する大型輸送機（エアバス・ベルーガ）が飛来する。新型機の発表などもこの空港において行われることが多い。

2016年の輸送実績は、離着陸回数9.5万回、旅客数810万人を記録している。

2. 施設と運用状況

この空港には、北西・南東方向に2本のクロースパラレル滑走路がある。主滑走路は3,500m（14R/32L）であり、副滑走路は3,000m（14L/32R）である。平行誘導路とILS（両滑走路）が設置されている。

ターミナルは1つの建物であるが、航空会社、目的地別によって利用するホール(Hall)は異なり、ホールAからホールDまで4つある。ホールAは2004年に供用され、延床面積1万㎡であり、地域航空により利用されている。

ホールBは最も古い建物であり、1978年に供用し、2007年に改築工事が行われた。延床面積は2万㎡あり、エアーフランスの国内線及びシェンゲン圏の航空路線で利用されている。

ホールCは1993年に供用され、延床面積3万㎡でシェンゲン圏及び国内線を運航する格安航空会社が利用している。

ホールDは最も新しい建物であり、2010年に供用した。スチールとガラスを多用したモダンな建物であり、延床面積4万㎡で長距離国際線の航空会社が利用している。

3. 鉄道アクセス

鉄道として、2015年4月空港駅と市南部のパレ・ド・ジュスティス（Palais de Justice）駅を結ぶトラムのT2系統が開業した。アリーナ（Arènes）駅でメトロA線と、またパレ・ド・ジュスティス駅でメトロB線と接続する。

トゥールーズ市街地と空港を結ぶシャトルバスがホールB前から20分間隔で運行されており、市街地までの所要時間は約20分である。

4. 将来計画

格安航空会社の参入により、国際線、シェンゲン圏に多くの路線がはられ、年率4%の伸びを示している。この伸びに対処するため、空港の処理容量を年間1,200万人とする施設拡張計画が策定されている。ホールDの拡張工事等が検討されている。

（武田洋樹）

■空港の諸元
・空港運営者：
　トゥールーズ・ブラニャック空港運営会社
　（Toulouse-Blagnac Airport S.A.）
・滑走路（長さ×幅）：2本
　14R/32L：3,500m × 45m
　14L/32R：3,000m × 45m

■輸送実績（2016年）
・総旅客数　　8,081,179人
　国際旅客　3,480,550人
　国内旅客　4,567,862人
・貨物量　　　　67,312トン
・離着陸回数　　95,195回

#015
ニース・コート・ダジュール空港 （フランス・ニース）

Nice Côte d'Azur Airport

LFMN/NCE

世界的な観光都市への空の玄関。ビジネスジェット、バカンス利用の小型機も多く発着

1. 沿革と概要

ニース・コート・ダジュール空港は、ニース市街地から6km南西に位置しており、パリ・シャルル・ド・ゴール空港、パリ・オルリー空港に次ぐフランスで3番目に利用客の多い空港である。地中海に面した世界的に有名な保養地・観光都市であるため、ビジネスジェット、ジェネラルアビエーションの利用が多く、滑走路の北側には小型機専用の駐機場が整備されている。2016年の輸送実績は、離着陸回数18万回、旅客数1,200万人を記録している。

2. 施設と運用状況

この空港には、北東・南西方向

ターミナル1

ターミナル2

ターミナル地域：1km以上離れているターミナル1と2の間はシャトルバスで連絡

に2本のクロースパラレル滑走路があり、ターミナルに近い滑走路が長さ2,570m（04L/22R）、海寄りの滑走路が2,960m（04R/22L）である。平行誘導路・高速脱出誘導路・ILSが設置されている。

この空港には、古くからあるターミナル1と、新しく建設されたターミナル2の2つのターミナルがある。両ターミナルは道のり

にして1Km以上離れているため、無料のシャトルバスで接続されている。

ターミナル1は、滑走路の中央部に位置し、延床面積5万2,000㎡で、25のゲートを有している。このターミナルからは、シェンゲン圏線（シェンゲン協定により、ヨーロッパの国家間において国境検査なしで国境を越えることが

ターミナル1

ターミナル2

04L/22R：2,570m

04R/22L：2,960m

空港全体図：地中海に張り出し、海岸線に平行配置された2本の滑走路

ターミナル1：シェンゲン圏線及び非シェンゲン圏線の航空会社が使用

ターミナル2：主に長距離国際線が使用

photo / Aéroports de la Côte d' Azur

/ 年となっている。

　滑走路は、地中海を埋め立てて建設されているため、深刻な騒音問題は起きていない。

3. 運用状況

　鉄道アクセスとしては、フランス国鉄（SNCF）のニース・サントーギュスタン駅（Nice-Saint-Augustin）が、ターミナル1から700mの場所にある。空港とこの駅の間は、ターミナル1、ターミナル2から出ている路線バスで接続されている。また、公共用バスもリーニュ・ダジュールのバスが一定の間隔で市街地を結んでおり、所要時間は20分から30分である。

4. 将来計画

　ターミナル1は2016年に1,200㎡、ターミナル2は17年に4,000㎡それぞれ増築され、次のフェーズとして20年までにターミナル2の旅客処理容量をさらに400万人/年に拡張するための投資が行われる計画である。

（武田洋樹）

許された国）及び非シェンゲン圏の航空会社が利用しており、ターミナル取扱容量は450万人/年である。

　ターミナル2は滑走路の南寄りに位置し、採光豊かな円形の空間を中央に配した延床面積5万7,800㎡のビルで、29のゲートを有している。このターミナルからは、主に長距離国際線が運航しており、ターミナル容量は850万人

■空港の諸元
・空港運営者：コート・ダジュール空港会社（Aéroports de la Côte d'Azur (ACA)）
・滑走路（長さ×幅）：2本
　04L/22R：2,570m × 45m
　04R/22L：2,960m × 45m

■輸送実績（2016年）
・総旅客数　　12,427,427人
　国際旅客　　7,930,301人
　国内旅客　　4,494,202人
・貨物量　　　　15,050トン
・離着陸回数　　176,931回

ドイツの空港概観

道路・鉄道網が発達したドイツの航空は国際輸送が中心ながら、LCCの台頭で国内線も活発に

1. 背景

ドイツの正式国名はドイツ連邦共和国であり、ヨーロッパ中西部に位置する議会制共和国で、限定的統治権を有する16の州で構成されている。国土面積は35万7,000㎢（日本の94.4%）、人口は8,108万人（同63.8%）である。名目GDPで世界第4位の経済力を有している。

1945年第二次世界大戦に敗北し、ドイツは米英仏ソ4か国に分割占領された。49年、ボンを暫定首都とするドイツ連邦共和国（西ドイツ：資本主義）と、東ベルリン（西ベルリンは西ドイツの領土）を首都とするドイツ民主共和国（東ドイツ：社会主義）に分裂した。飛び地となった西ベルリンに通じる地上交通施設がすべて封鎖されたため、空輸とそれを支える空港（突貫工事で建設された西ベルリンのテーゲル空港）が重要な役割を果たした。ソ連のペレストロイカの影響による東ドイツの民主化運動によりベルリンの壁が崩壊し、90年にドイツは再統一を果たした。そして2001年にはベルリンへの首都機能移転が完了した。

2. 航空輸送の状況

ドイツでは道路網・鉄道網が整備されているため、国内旅行における航空輸送の競争力は弱く、2002年には航空機による国内移動者数は全体の約1%にすぎなかった。しかしLCCの参入により航空料金が低廉化したことにより、国内航空旅行は活発化してきている。13年時点において、ドイツは世界で第5位（1億500万人）の国内航空輸送市場となっている。ドイツ最大の航空会社は、かつてのフラッグキャリアであり、1990年代に民営化を果たしたルフトハンザドイツ航空である。同社のグループ会社として、地域航空会社のルフトハンザ・リージョナル、LCCのユーロウィング、ジャーマンウィングがある。ルフトハンザドイツ航空は国内、欧州、大陸間の路線に就航している。

ドイツで2番目に大きな航空会社はFSCに近いLCCに位置付けられるエア・ベルリンであり、国内、欧州、アフリカ、北・中米に就航している。ドイツの貨物専用会社にはルフトハンザ・カーゴ等がある。

3. 航空関連事業規制

ドイツにおいては航空の事業免許・路線参入・運賃について、1992年の航空自由化に関するEC規則が適用され、自由化されている。航空市場はドイツ発着の国際線・国内線共に、EU加盟国の免許を有する航空会社に対して開放されている。

4. 空港使用の状況

ドイツには民間空港が63空港あり（建設中のベルリン・ブランデンブルグ新空港開港後は既存のベルリン2空港が閉鎖されるため62空港になる）、そのうち民間の定期便が就航している空港は32空港（同31空港）である。

フランクフルト空港がドイツ最大の空港であり、2016年の旅客数で世界13位（国際線旅客は世界8位）に位置するヨーロッパの主要ハブ空港である。

フランクフルト空港（2016年：6,100万人）に次ぐのは、ミュンヘン空港（同4,200万人）、デュッセルドルフ空港（同2,400万人）、ベルリン・テーゲル空港（同2,100万人）の順である。これを母都市域の人口1人当たりの年間旅客数で見ると、それぞれ84.8、28.7、37.5、8.4人／人であり、フランクフルト空港がヨーロッパのハブ空港としての機能を発揮している一方で、首都であるベルリンの2空港が十分なネット

■ドイツ主要空港の年間旅客数と母都市人口

空港	年間旅客数 （万人／年） ※2015年	母都市人口 （万人） ※2014年	母都市人口 一人当たり の旅客数
フランクフルト	6,103	72	84.8
ミュンヘン	4,098	143	28.7
デュッセルドルフ	2,250	60	37.5
ベルリン2空港計	2,954	350	8.4

ワークやマーケットを形成しきれていないことが分かる。

　ベルリン・ブランデンブルク新空港の開港によりベルリンの空港機能の集約化が行われ、空港容量の拡大と利便性の向上がなされた後の需要の変化に注目したい。またドイツ全体に分布する主要空港の旅客取扱数トップ10を見ると、ベルリンの2空港がそれぞれ4位と8位にランクしている以外はすべて旧西ドイツに位置する空港である。旧東ドイツの空港に比べて旧西ドイツの空港の活性化が顕著であり、その背景にある各都市の経済力の差が依然存在しているものと推測される。

ドイツの空港分布

5. 空港の整備と運営

　ドイツにおいては空港配置政策として、「分散空港システム」を採用しており、国際空港を中核に、各州の中心都市にある地方空港、その他の飛行場が相互にネットワークを形成している。ドイツは州の権限が大きい連邦制統治体制であり、またかつては各地に小国家が分立していた歴史的経緯から、空港の整備・運営は大規模ハブ空港を含めて、州が中心になって進めてきた。連邦政府は、国際的な航空交通ネットワークにおけるドイツの地位の強化、空港と他の航空機関とのネットワーク形成の観点からのみ空港政策に関与し、個別空港の整備は基本的に州のイニシアチブによっている。ドイツでは空港経営組織に関する法規制はなく、空港別に経営主体が選定されている。主要空港の場合、機動的な経営、柔軟な財政運営が可能な民間会社形式が採用されているが、その場合の出資者は連邦、州、市町村などの公的機関である場合がほとんどである（下表参照）。主要空港の場合、空港経営は整備の段階から民間資金（銀行からの借り入れ等）を導入して行われており、空港収入をベースにした空港毎の独立採算性が目標とされ、連邦による直接の助成は上記出資金以外にはない。

（唯野邦男）

■ドイツ主要空港会社への出資割合

(%)

空港会社		公的機関				その他
		連邦政府	州政府	市町村	合計	
フランクフルト	フラポートAG	-	31.62	20.19	51.8	48.19
ミュンヘン	ミュンヘン空港GmbH	26	51	23	100	-
デュッセルドルフ	デュッセルドルフ空港GmbH	-	-	50	50	50
シュトゥットガルト	シュトゥットガルト空港GmbH	-	66	34	100	-
ハンブルク	ハンブルク空港GmbH	-	51	-	51	49
ケルン・ボン	ケルン・ボン空港GmbH	30.94	30.94	38.12	100	-
ベルリン	ベルリン・ブランデンブルク空港GmbH	26	74	-	100	-

#016
ベルリン・シェーネフェルト空港（ドイツ・ベルリン）

Berlin Schönefeld Airport

EDDB/SXF

旧東ベルリン所在。隣接地にベルリン2空港を統合したブランデンブルク空港を建設中

1. 沿革

　1934年、ベルリンにヘンシェル航空機生産工場に付随する施設としてシェーネフェルト飛行場がオープンした。第二次世界大戦末期の45年4月、同飛行場はソ連軍に占領され、46年にはソ連空軍がジョハンニスタ飛行場から同飛行場に移転し、あわせて民間航空会社のアエロフロートも移転した。47年には、在独ソ連軍政府はその場所における民間空港の建設を承認した。大戦後の米・英・仏・ソ4か国協定によって、ベルリン市内における航空輸送は同4か国に限定され、ドイツの航空会社の就航は全面的に禁止された。しかしシェーネフェルト空港はベ

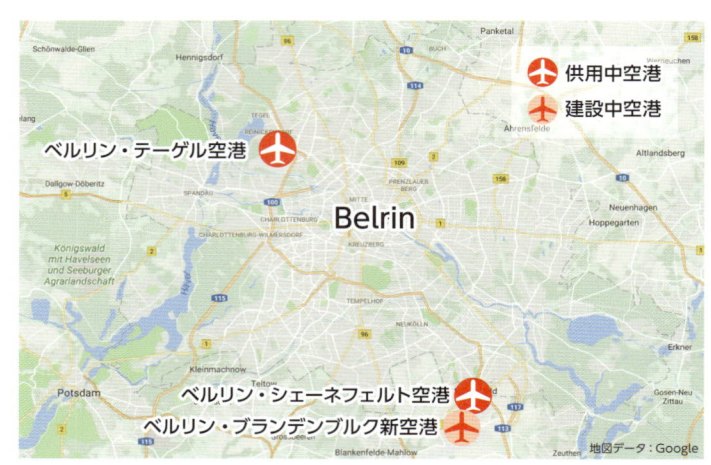

ベルリンの空港分布：東西ドイツそれぞれに所在したベルリンの2空港

ルリン市域の外側に位置していたためこの制限は適用されず、そのため、西ドイツの航空会社であるルフトハンザドイツ航空がベルリン市内にあるテーゲル空港やテン

ペルホーフ空港への就航を拒まれている間に、東ドイツのフラッグキャリアであるインターフルークはシェーネフェルト空港での飛行を始めたのであった。90年の

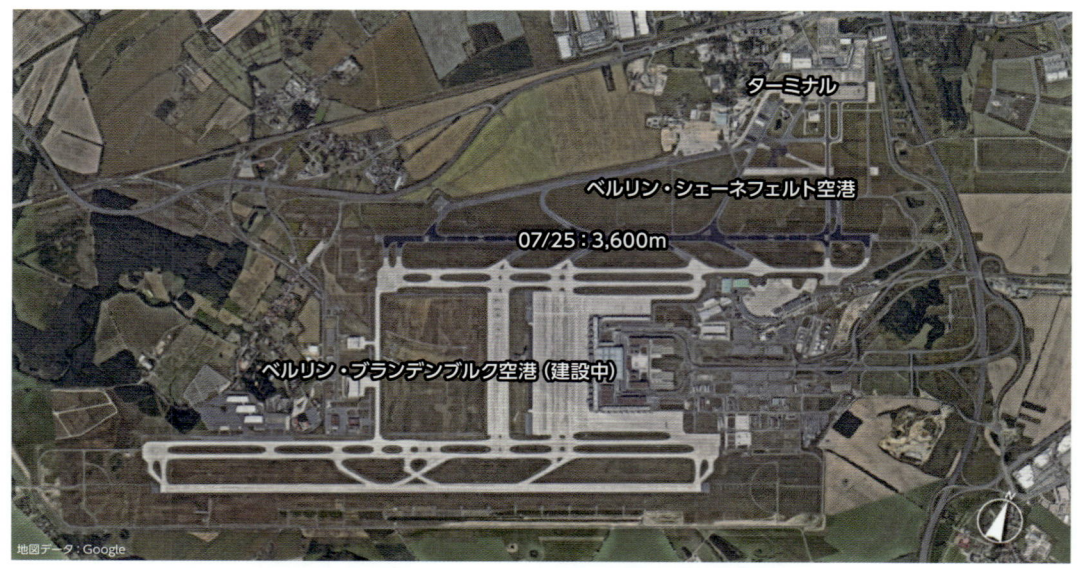

空港全体図：現在のシェーネフェルト空港の南側に、新空港となるブランデンブルク空港が建設中

供用開始を待つ新ターミナル

地図データ：Google

ドイツ統一後、ベルリンでの異なる3つの空港の運用は費用負担を大きく増大させるようになり、より効率的で、航空機騒音の減少に繋がる単一空港の建設計画が提唱された。ベルリン市街に最も近い空港であったテンペルホーフ（Tempelhof）空港が2008年に閉鎖され、シェーネフェルト空港に隣接する用地において、ベルリン・ブランデンブルク新空港を建設することが決定された。開港は当初12年の予定であったが、様々な問題から16年以降に延期されている（ブランデンブルク空港については後述）。

2. 施設

シェーネフェルト空港はベルリン中心部の南東18kmに位置している。標高は48mである。滑走路は1本で、方向07/25、長さ3,600m（07着陸、25着陸は3,290mに短縮運用）、幅45m、アスファルト舗装である。斜めに取り付けられた平行誘導路と高速脱出誘導路を有している。ILS（CAT-Ⅱb）が設置されている（なお、同滑走路はブランデンブルク新空港の07L/25R滑走路となる）。

旅客ターミナルは滑走路25端付近の北側に配置されている。L字型のフロンタル形式で、A～Dの4つのターミナルビルがある。ターミナルAには搭乗橋を有する3つの固定スポットがあり、その他のビルは地上歩行による搭乗方式の固定スポットあるいは遠隔スポットに対応している。合計52のスポットがあり、その他にジェネラルアビエーション用のエプロンがある。ビルの総延床面積は1万7,000㎡を超え、47のチェックインカウンターを備えている。ビルのランドサイド側（チェックイン側）は4つに分かれているが、エアサイド側は共通のコンコースによって繋がっている。十分なスペースがないため、他の国際線空港のような豊富な利便施設はない。

都市高速鉄道（S-バーン）のシェーネフェルト空港駅が旅客ターミナルビルから500mの位置にあり、地上アクセスとして使用できる（なお、これらの旅客ターミナルは、ブランデンブルク新空港開港後は閉鎖される）。

3. 運用状況

空港運営者はベルリン・ブランデンブルク空港GmbH（略称FBB）であり、株式の37％ずつをベルリン市及びブランデンブルク市がそれぞれ所有し、残りをドイツ政府（運輸省、財務省）が所有している。同社はベルリン・テーゲル空港の運営者でもあり、ベルリン・ブランデンブルク国際空港の建物の所有者であって、同空港開港後はその運営者となる。同空港においては、20の航空会社が103の地点に就航している（季節便を含め、季節チャーター便を除く）。また貨物専用機は、2社が3地点に就航させている。

2016年の航空旅客数は1,200万人であり、うち国際線は1,100万人、国内線は77万人である。離着陸回数は9.7万回、貨物取扱量は7,000トンであった。

4. 隣接地への拡張移転

前述のように、本空港の南側において、新空港（の建設が行われており、シェーネフェルト空港の既存滑走路がブランデンブルク空港の2本の滑走路のうちの1本になる。新旅客ターミナルが両滑走路間に整備され、新空港開港後、既存ターミナルは閉鎖される。

（唯野邦男）

■空港の諸元	■輸送実績（2016年）	
・空港運営者：ベルリン・ブランデンブルク空港GmbH	・総旅客数	11,652,922人
	国際旅客	10,872,768人
・滑走路（長さ×幅）：1本	国内旅客	765,311人
07/25：3,600m × 45m	・貨物量	7,883トン
	・離着陸回数	96,558回

#017
ベルリン・テーゲル空港（ドイツ・ベルリン）

Berlin Tegel Airport

EDDT/TXL

旧西ベルリンに所在。東西統合前は四方を東独に囲まれ空路が人・物の唯一の輸送手段

1. 沿革

テーゲル空港の用地は元々貴族の狩猟場であったが、その後砲兵射撃場、飛行船テスト場として使用され、第一次世界大戦勃発後の1914年、空中偵察隊の軍事訓練に使用された。

第二次世界大戦後の1948年6月、ソ連によって、西ベルリンに通じるすべての道路・鉄道を封鎖する「ベルリン封鎖」が行われた。米国主導によるベルリン空輸において、それまでの主要空港であったテンペルホーフ空港がすべての救援航空機を受け入れるには十分な規模ではなかったため、急遽テーゲル空港を拡張整備することとなった。同空港を担当していたフランス軍当局は、長さ2,428mの滑走路と仮設の建物・インフラ設備の建設に着手し、わずか90日後の11月5日には米国空軍の

ダグラスC-54がテーゲル新空港に初着陸した。11月17日には英国の航空機が定期的な運航を開始するなど、テーゲル空港は封鎖された西ベルリンにおける輸送の拠点となった。60年にはエールフランスが初めての民間定期便をテーゲル空港に就航させ民間航空が利用する空港となったが、冷戦終結・ドイツ再統一後の94年7月まで、ベルリンにおける空軍拠点として使用された。

一方、1950年代後半、民間航空が使用していた西ベルリン中心部のテンペルホーフ空港は新世代のジェット機に対応できなくなり、民間航空にとってのテーゲル空港の重要性が高まった。なお冷戦時代、東ドイツのなかにある飛び地の西ベルリンに通じる空中回廊の使用は、戦勝国である米英仏3か国の航空会社に限定され、ルフトハンザドイツ航空をはじめとする

西ドイツの航空会社は当空港に就航できなかった。当初民間航空はすべて、滑走路北側のプレハブ建てターミナルビルを使用していた（現在は軍用施設として使用）。

1960年代に空港南側に六角形の新旅客ターミナル複合施設が建設され、次いで74年には滑走路が延長されるとともに、ターミナルビルと市内を繋ぐ高速道路と一般道路が供用開始した。そして翌75年、西ベルリンの主要空港がテンペルホーフ空港からテーゲル空港に置き換えられた。

1990年10月、ドイツの再統一により旧西ベルリンの空港へのすべての制限が解除され、ルフトハンザドイツ航空を含む各国の航空会社が就航可能となった。

2. 施設

テーゲル空港はベルリン市中

T：ターミナル

08L/26R：3,023m
08R/26L：2,428m

TA/TB　TC

貨物地区　TD/TE

地図データ：Google

空港全体図：2本のクロスパラレル滑走路とA〜Eの5つのターミナルを有する

ターミナル地域：特徴的な六角形の旅客ターミナル

地図データ：Google

心部の北西8kmに位置している。標高は37mである。滑走路はクロースパラレル（中心線間隔205mに配置された2本で、08L/26R が長さ3,023m、幅45mであり、03R/26L が長さ2,428m（26L着陸に2,100mに短縮運用）、幅45mである。両滑走路ともアスファルト舗装であり、ILS（CAT-Ⅲb）が設置されている。平行誘導路があり、08L/26R 滑走路には高速脱出誘導路が設置されている。

旅客ターミナルは滑走路中央部の南側に配置されており、ターミナルA〜Eに分けられている。

ターミナルAは六角形のメインのターミナルであり、その中央部は駐車場、タクシースタンド、バス停留場を有する六角形状の内部周回道路で構成されている。同ターミナルは16のチェックインカウンター（A00〜A15）に対応する14の搭乗橋付きゲートを備えている。各ゲートには独自のセキュリティ検査設備はなく、乗り継ぎ客は到着旅客出口から一旦出て、同検査を受けた後再度ゲートエリアに戻る必要がある。主に大陸間路線や欧州ハブ空港路線に就航する大手航空会社の出発・到着がこのターミナルで行われている。

ターミナルBはターミナルAに隣接し、バス使用の遠隔スポット用のゲートに対応するチェックインカウンター（B20 〜B39）がある。

ターミナルCは、他のターミナルが満杯になったために仮設的に建設され、2007年にオープンした。26のチェックインカウンターがあり、C38〜51、C60〜67、C80〜89のゲートに対応している。

ターミナルDは2001年にオープンし、22のチェックインカウンター（D70〜91）を有している。2つの地上歩行乗降の固定スポットとバス使用の遠隔スポットがあり、本空港で唯一24時間運用している。ターミナルDの1階到着エリアはターミナルEと呼ばれている。元々はターミナルAと同じ六角形のターミナル2が建設される計画であったが、予算上の制約及びブランデンベルグ新空港計画の浮上から取りやめとなった。

ターミナル全体でのスポット総数は50である。

3. 運用状況

空港運営者は、シェーネフェルト空港の運営者と同じくベルリン・ブランデンブルク空港GmbHである。本空港においては、54の航空会社が134の地点に就航し

ており、また貨物専用便は2つの航空会社が3つの地点に就航している。2016年の旅客数は2,100万人で、うち国際線1,300万人、国内線780万人、離着陸回数は18万6,000回、貨物取扱量は4.2万トンである。

4. 空港閉鎖と用地利用

ベルリン・シューネフェルト空港の隣接地に建設中のベルリン・ブランデンブルク新空港が開港した後、ベルリン・テーゲル空港は閉鎖される。既存の空港用地面積は466haあり、空港閉鎖後の土地利用が課題となっている。2008年、テーゲルプロジェクトチームは空港閉鎖後の用地利用について提案作成の取り組みを開始した。将来の緑化技術を使用した研究・産業パークが設置され、更に住宅エリアの建設や公園・緑地の造成がなされることになる。

（唯野邦男）

■空港の諸元	■輸送実績（2016年）	
・空港運営者： 　ベルリン・ブランデンブルク空港 GmbH	・総旅客数	21,253,959人
	国際旅客	13,477,681人
・空港面積：466ha	国内旅客	7,773,108人
・滑走路（長さ×幅）：2本	・貨物量	42,488トン
08L/26R：3,023m × 45m	・離着陸回数	185,500回
08R/26L：2,428m × 45m		

#018
フランクフルト空港 （ドイツ・フランクフルト）

Frankfurt Airport

EDDF/FRA

1936年に開港した欧州最大のハブ空港。今なお精力的に空港の拡張整備に取り組む

1. 概要

フランクフルト空港は、ライン・マイン空港／空軍基地として1936年に開設された。第二次世界大戦中は、ベルリンのテンペルホーフ空港に次ぎ、ドイツ第2の空港として活躍した。戦後はベルリン空輸で西ドイツ政府の主要な輸送基地として使われた。フランクフルト空港が国際的なハブ空港として使われるようになるのは、72年に旅客用の新ターミナル（現在のターミナル1）が開設されてからである。

ドイツ最大の空港である本空港の所有者及び運営者であるフラポート（Fraport AG）は、空港サービスの提供者として長い歴史を持っている。2001年6月、フラポートは株式市場に上場された。同社は何十年もの間培ってきたフランクフルト空港での経験を活かし、世界各地で空港運営ビジネスに積極的に参入している。

今日、フランクフルト空港は世界の航空輸送の最も重要なハブの1つであり、スターアライアンス航空会社の世界ネットワークにおけるヨーロッパの主要ハブとして機能している。当空港は乗換えの速さ、数多くの国際線接続、また航空と地上交通輸送（鉄道・道路）間の繋がりの良さを誇っている。また空港都市として進化しており、魅力的なビジネスの立地とあいまって世界中に繋がる都市センターとして発展している。

2. 沿革

(1) 空港前史

1936年の開港当初は、北側は固定翼機が使い、最南端部は飛行船の基地として使われ、後に飛行船ツェッペリン号やヒンデンブルグ号の基地ともなった。しかし、37年5月にヒンデンブルグ号が

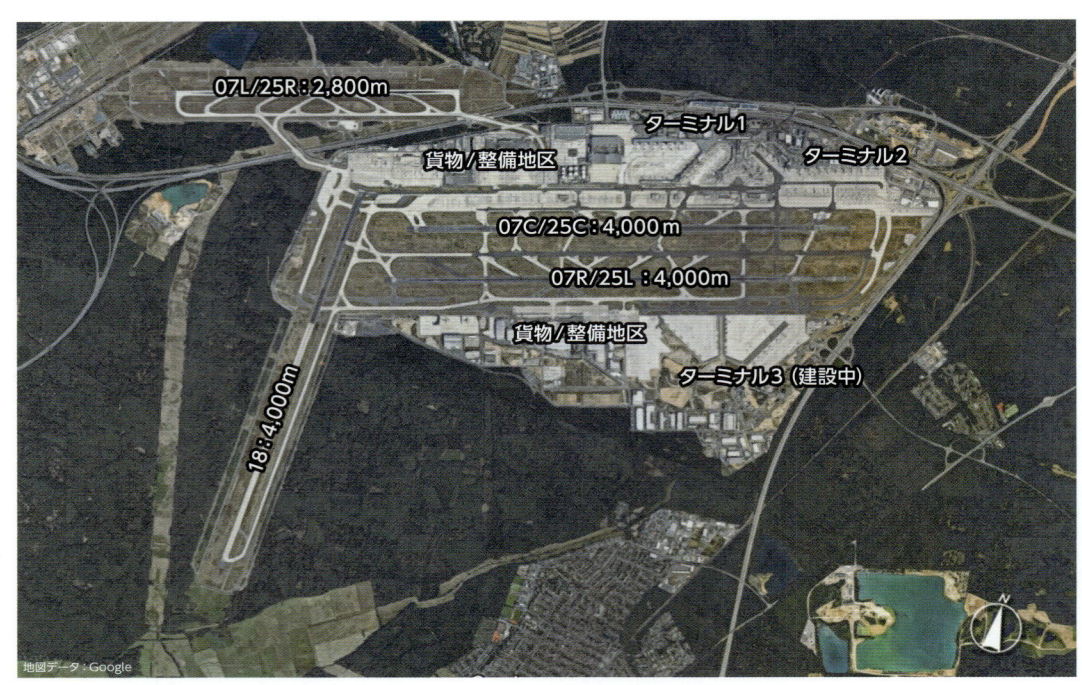

空港全体図：4本ある滑走路のうち、南北に伸びる滑走路18は18離陸専用、滑走路07L/25Rは着陸専用

米国のノイクハースト海軍飛行場で爆発・炎上する大事故が発生したことで、飛行船の時代は幕を閉じ、巨大な格納車は取り壊された。ドイツ空軍の技術者たちは滑走路を延長し、ドイツ空軍機のための格納庫やその他の施設を建設した。第二次世界大戦中、ドイツ空軍は散発的に、戦闘機の基地やジェット機の試験場としてこの基地を使用したのである。

(2) 第二次世界大戦

1939年に第二次世界大戦が始まった後、すべての外国航空会社はフランクフルト空港を去り、航空交通管制はドイツ空軍が掌握した。40年5月には最初の爆撃機がフランスを攻撃するために同空港を飛び立った。44年の8月から11月にかけて、本空港に近いバルファルクに強制収容所が作られ、ユダヤ人女性たちが空港で強制労働をさせられた。連合軍は44年の空爆で本空港の滑走路を破壊し、ドイツ国防軍は、米軍が同空港を制圧する45年3月の直前に自らの手で建物や燃料貯蔵施設を爆破した。ドイツの降伏でヨーロッパ戦線は終結を迎え、占領米軍はフランクフルト空港に仮設滑走路を建設し、その南側の部分を、ヨーロッパにおける米空軍基地建設のために使用した。

(3) ベルリン緊急空輸

1943年にソ連は西側同盟諸国の管理下にあった西ベルリンへの鉄道と道路を封鎖した。これに対し、西側同盟諸国はベルリン緊急空輸体制を整え、西ベルリン市民に物資を空輸した。フランクフルト空港、ハノーファー空港が同盟国の主要な航空機基地となった。「ロージネン・ボンバー（レーズンを落としてくれる爆撃機）」と呼ばれた輸送機の過度の使用はフランクフルト空港の滑走路にダメージを与えることとなり、米軍は第2滑走路を建設せざるを得なくなった。

(4) 空港の成長

1951年にはドイツ人の航空旅行に対する制限が解かれ、航空輸送は再び成長を始めた。52年にフランクフルト空港は年間40万人以上を取り扱い、1年後には50万人以上となり、およそ100〜120機の航空機が毎日フランクフルト空港を離着陸した。55年にはルフトハンザがフランクフルト空港での運航を再開し、ドイツ共和国連邦は連合軍から領空権を取り戻した。57年には、北側の滑走路が延長（最初は3,000mに、次に3,900mに）され、ジェット旅客機が利用できるようになった。

再開からわずか4年で、既存ターミナルは需要に対して小さすぎることが明らかになった。1958年に新しい旅客ターミナル（ターミナル東）が空港の北西部に完成し、同空港における国際線主要航空会社のハブ化が進行した。61年にはフランクフルト空港は既に220

万人の旅客を取り扱い、8.1万回の離着陸が行われ、ロンドンのヒースロー空港に次ぐ、ヨーロッパで2番目に忙しい空港になっていた。62年、年間3,000万人の処理能力を持つ新ターミナルを建設することが決定され、その建設が65年に始まった。南側の滑走路は70年に3,750mまで延長され、同年、6機のジェット機を格納できる当時世界最大の航空機格納庫が落成した。

(5) 新メインターミナル

新中央ターミナル（現在はターミナル1と呼ばれる）が、3つのコンコース（A、BとC）、56のゲート、自動手荷物処理システムを有するターミナルとして1972年3月に供用開始した。当時、次の30年間はターミナルの処理容量は十分であると考えられていた。新ターミナルとともに、ドイツ連邦初の空港鉄道駅であるフランクフルト空港駅がオープンした。これに伴い、古いターミナル東は閉鎖された。

(6) 第3滑走路

滑走路18西と呼ばれる第3滑走路の計画が1973年に始まったが、このプロジェクトは住民や環境保護グループの大規模な反対運動を引き起こした。争点は騒音・大気汚染の増加及びフランクフルト市森林保護林の伐採であった。結果的に反対運動と訴訟が同滑走路建設を阻止することはなかった

が、第3滑走路建設が引き起こした環境保全問題は80年代の環境保護運動の1つの大きな結束点となった。反対運動は87年に滑走路が供用された後も続き、2人の警官が銃撃されて死亡した。この事件が第3滑走路反対運動を終わらせることとなった。

第3滑走路は南北方向の配置のため、東西方向を向いている他の2つの滑走路に比べるとその利用は限られる。利用する場合にも他の滑走路の航空機離着陸に支障を来さないよう、同滑走路の運用は南側への離陸に限られる。この制限のため北風の強い時にはこの滑走路は使用できなくなる。

(7) ターミナル2

1990年に新ターミナル(ターミナル2)の建設が始まったが、それは中央ターミナルの処理能力が予想外に早くその限界に達する見込みとなったからである。ターミナル2はコンコースDとEに分かれ、既存ターミナルの東側の、以前ターミナル東があった場所に建設された。94年の供用開始により、フランクフルト空港は年間

地図データ：Google

鉄道の空港駅と一体的に整備された「ザ・スクワイヤ」：ドイツ最大のオフィスビル

5,400万人の処理能力を持つこととなった。同ターミナルの供用と共に、スカイライン（Sky Line）と呼ばれるピープルムーバー・システムが作られ、ターミナル2と中央ターミナル（現在はターミナル1と名称変更）との間の高速接続が提供された。走行時間は2分ほどで、日中は2から3分間隔で運行されている。

(8) 鉄道駅とスクワイア

1999年にケルン－フランクフルト新高速鉄道の一部として、長距離都市間高速鉄道ICEが開通し、2番目の空港駅（フランクフルト空港長距離列車駅と呼ばれる）がターミナル1前面にオープンした。

スカイライン：ターミナル1と2を結ぶ。日中は2、3分間隔で運行

photo / Fraport AG

同時に、地方と地域鉄道のサービスが行われていた既存の地下駅はフランクフルト空港地域駅と改称された。

2011年にはザ・スクワイア(The Squaire)と呼ばれる事務所ビルが長距離列車駅の直上に建設された。スクワイアは14万㎡の延床面積を持つドイツ最大のオフィスビルで、主なテナントはKPMG(オランダを本部とする世界148か国にわたるグローバルネットワークを持つ会計事務所)と2つのヒルトンホテルである。

(9) ライン・マイン空軍基地閉鎖と跡地活用

2005年、フランクフルト空港の南側にあるライン・マイン空軍基地が閉鎖され、米空軍はラムスタイン空軍基地に移転した。その敷地はフラポートに返還され、新しい旅客ターミナルの用地として利用されることとなった（同用地に建設中の第3ターミナルについては後述）。兵舎エリアはフランクフルト市に返還され、ビジネス

滑走路07L/25Rとターミナルを結ぶ誘導路
photo / Fraport AG

区域として利用されることになった。

(10)A380 への対応

　ルフトハンザが将来のA380航空機基地を望んだため、2005から07年にかけて巨大なA380の整備施設がフランクフルト空港に建設されたが、景気後退もあり、その施設は今のところ計画の半分ほどしか建設されていない。2つのターミナルもA380を取り扱うために大きな改修が行われ、いくつかのゲートには3本目の搭乗橋が設置された。ルフトハンザの最初のA380は10年6月に就航した。

(11) 第4滑走路

　1997年以降、フランクフルト空港に4番目の滑走路の建設計画が進められてきたが、第3滑走路の建設に伴う激しい衝突があったため、フラポートは相互の理解が得られる解決策を求めて住民グループや環境保護者をそのプロセスに参加させた。2000年にタスクフォースがその結論を明らかにしたが、それは新滑走路の建設を認めるものの、短い長さ(他の3本の4,000m級の滑走路に対し、長さ2,800m)とし、小型機の着陸専用として使用するというものであった。騒音対策などの要求が加えられ、空港全体で厳密に午後

11時から午前5時までの夜間飛行を禁止するとされた。その計画は07年ヘッセン州によって承認されたが、要望された夜間飛行禁止については、フランクフルト空港のような国際空港には、夜間の運航が、特に国際線の貨物輸送には必要との議論により、棚上げされた。滑走路の建設は09年の初頭に始まり、11年10月に正式に供用開始された。その中心線は既存滑走路からおよそ1,400m離れている。これにより、従来離隔距離が短いために既存の平行滑走路ではできなかった計器着陸システム(ILS)での同時着陸が可能になり、時間当たりの離着陸処理能力は83から126回に増えた。

(12) 夜間飛行禁止

　2011年10月、ヘッセン行政裁判所は、第4滑走路の供用以降フランクフルト空港で認められていた午後11時から午前5時までの夜間飛行を禁止する判決を下し、夜間に17便の定期便飛行を認め

ターミナル地域：ターミナル1に隣接する形でピアAプラスを建設したことで旅客処理能力が大幅に向上

ターミナル3予定地：先行してオープンスポットとして
利用されている

ターミナル3完成予想図

ていたヘッセン州政府の承認を取り消した。12年4月、ドイツ連邦行政裁判所はこの判決を確定し、同時間帯の夜間飛行を禁止する判決を下した。

(13) ターミナル1の拡張

2020年に予想される9,000万人の旅客を取り扱えるよう、ターミナル1隣接地に600万人の能力を持つ施設が12年10月に供用した。それはピアAプラス（Flugsteig A-Plus）と呼ばれ、主にルフトハンザの長距離路線用に使われている。ピアAプラスは8つの駐機スポットがあり、A380を4機、またはB747を7機同時に処理することができる。

3. 施設

空港用地面積は2,300haであり、滑走路は4本で、うち3本は平行滑走路である。07C/25Cは長さ4,000m×幅60m、07R/25Lは長さ4,000m×幅45mで、両滑走路ともアスファルト舗装で

あり、ILSが設置されている。両滑走路の中心線間隔は約517mで、クロスパラレル配置であり、間に平行誘導路が設置されている。両滑走路ともに高速脱出誘導路を備えている。07L/25Rは長さ2,800m×幅45mでコンクリート舗装であり、着陸専用で、ILSが設置されている。07C/25Cとの中心間隔は約1,400mでオープンパラレル配置となっている。平行誘導路と高速脱出誘導路が設置されており、2本の連絡誘導路でターミナルエリアに繋がっている。滑走路18（18離陸専用で、反対側の指示標識は設置されていない。）は長さ4,000m×幅45mで、一部アスファルト、一部コンクリート舗装である。

ターミナル1は、2つのターミナルのなかで古くて大きい方である。機能的に3層に分かれ、2階が出発、1階が到着、地下階が鉄道駅と地下駐車場になっている。およそ年間5,000万人の旅客処理能力がある。

ターミナルコンセプトは典型

的なフィンガー方式で、ジェット化、大型ジェット機への移行時にもフィンガーの基本形を変えずに増改築を繰り返してきた。大規模化すればするほど旅客の歩行距離が長くなり、また手荷物搬送用ベルトコンベアはターミナル1と2で総延長が55kmに及ぶなどの非効率も生じているが、設備の創意と工夫により克服してきた歴史もある。

ピアA＋と呼ばれる部分はターミナル1が西側に800m延長されたもので、これによりA380等の大型機用スポットが提供されている。

ターミナル2は、年間約1,500万人の旅客処理能力がある。コンコースDとEに分けられている。コンコースDはターミナル1のコンコースCとエアサイド側で直接結ばれている。JALなどの外国航空会社が主に利用し、大韓航空のA380も利用可能である。

ルフトハンザは、専用のファーストクラスのターミナルをターミナル1の近くで運用しており、

200人のスタッフが毎日300人の利用者にサービスをしている。一般用とは別に、保安検査、パスポート、税関検査を行っている。高級レストラン、バレーパーキングなどがあり、航空機への送迎はベンツなどの高級車が使われる。

ターミナル1の前にあるヒルトンホテルと国際会議場のあるエリアは、フランクフルト空港都市（エアポートシティ）と呼ばれザ・スクワイアやゲートウェイ・ガーデンなどが展開され、スーパーマーケットやレストランなどが配置されている。

地域鉄道駅はターミナル1のコンコースBの地下にあり、Sバーンが運行している。長距離鉄道駅はアウトバーン3号線と4車線の道路43号線の間にあり、ターミナル1と高速道路を跨いだ連絡通路で結ばれている。時速300kmで、ケルン経由でドイツ南部とライン・ルール大都市圏、オランダやベルギーを結ぶケルン－フランクフルト高速鉄道の終着駅である。

4. 運用状況

フランクフルト空港からは98の航空会社が、103ヶ国、250の地点に就航している。同空港はドイツでは群を抜いて忙しい空港であり、2016年の旅客数（6,100万人）は世界で12番目にランクされている。また、210万トンの貨物を扱い、ヨーロッパの空港で1番にランクされている。

フランクフルト空港を運営しているフラポートは、国際的な空港ビジネスにおける先導的なグループ会社である。同空港は、ドイツで最大の雇用の場になっており、500以上の会社と組織が8万人以上の人々に雇用の場を提供している。空港運営分野におけるフルサービスのプロバイダーとして、フラポートは投資や子会社化を通じて世界各地で活発に活動している。フラポートの主要株主は、ヘッセ州（31.3％）、フランクフルト市公益事業持ち株会社（Stadtwerke Frankfurt am Main Holding GmbH）（20.0％）、ルフトハンザ（8.5％）等である。

5. 将来計画

フランクフルト空港の旅客数は2021年までに6,800万人～7,300万人に達すると予測され、現在のターミナル処理能力である6,400万人を超えると見込まれている。フラポートはターミナルビルの全体処理能力を増大し、需要を満たすため、ターミナル3の建設に着手している。ターミナル3は空港南側の、以前米軍の基地があった場所に建設されており、第1建設段階では、2つのピアと24の固定ゲートをもつターミナルビル本館が建設される。新ターミナルは年間1,400万人の旅客処理能力を持つように計画されている。新しいターミナルと既存の空港施設との接続のために、手荷物の搬送システムと旅客輸送システム「スカイライン」が共に延長される。さらに、第1建設段階では、道路やターミナル3まわりのアクセス関連施設が、アウトバーンの出入り口の追加と共に整備される。第2建設段階の拡張は、現時点では未定である。

新しいターミナルの計画では、空港処理能力の増大という目標の他に、可能な限りCO_2の排出を抑えたエネルギー効率の改善も狙っている。エネルギー源として化石燃料をまったく使わない運用や供給もまた、その建物の技術的なコンセプトに含まれている。ターミナル3は遅くとも2022年までには、運用開始される予定である。

（荒尾和史）

■空港の諸元
・空港運営者：フラポート
・空港面積：2,300ha
・滑走路（長さ×幅）：4本
　07R/25L：4,000m×45m
　07C/25C：4,000m×60m
　07L/25R：2,800m×45m（離陸専用）
　18　　　：4,000m×45m（離陸専用）

■輸送実績（2016年）
・総旅客数　　60,786,937人
　国際旅客　53,707,953人
　国内旅客　6,978,156人
・貨物量　　　2,113,594トン
・離着陸回数　　462,885回

#019
フランツ・ヨーゼフ・シュトラウス（ミュンヘン）空港（ドイツ・ミュンヘン）

Franz Josef Strauss（Munich）Airport **EDDM/MUC**

2003年に新ターミナルが完成し、高い機能を発揮する主要都市ミュンヘンのハブ空港

1. 概要

　1992年5月17日に新空港として供用を開始したミュンヘン空港は、バーバリア州の州都ミュンヘンの北東部29kmのエルディンガー・ムース（Erdinger Moos）に位置する。同空港は、フランクフルトに次ぐルフトハンザドイツ航空のハブ空港であり、ドイツで2番目、ヨーロッパで7番目に旅客数の多い空港である。正式名称はバイエルン州の州首相やドイツの連邦財務大臣を務めた政治家、フランツ・ヨーゼフ・シュトラウスの名を冠するが、通常はミュンヘンエアポート（Munich Airport）と呼ばれる。

　当空港は、バーバリア州などが株を保有する会社が運営する空港であり、急速に旅客数を伸ばし、需要増に計画的に対処する空港施設拡充を図るとともに、旅客サービス向上に努め、2015年にはヨーロッパで初のスカイトラックス社の5スター空港となった。

2. 沿革

　1939年から92年にかけて、ミュンヘンではミュンヘン・ライム空港（Munich-Riem Airport）が利用されていた。需要の増加と周辺地域の稠密な人口密度から、69年にバーバリア州政府によって、エルディンガー・ムース（Erdinger Moos）に新空港を建設する決定がなされた。80年、建設が開始され、フランツァイム（Franzheim）村ではおよそ500人の住民移転がなされた。

　新空港は1992年5月、旧空港からの移転を完了し、運用を開始した。2003年6月にはルフトハンザと共同で建設したターミナル2が供用を開始し、16年4月にはターミナル2のサテライトビルが供用を開始している。

3. 施設

　ミュンヘン空港は1,618haの敷地を有し、空港のほとんどの施設は2本の滑走路の間に配置されている。進入道路と鉄道がターミナル地域西側部分を南側（貨物と整備施設）と北側（管理施設、供給施設、長期駐車場やビジターセンターなど）に分けている。主要ターミナル施設は、ターミナル1、ミュンヘン空港センター（MAC）、ターミナル2、東側エプロンが西から順に整然と配置されている。

(1) 滑走路

　本空港にはコンクリート舗

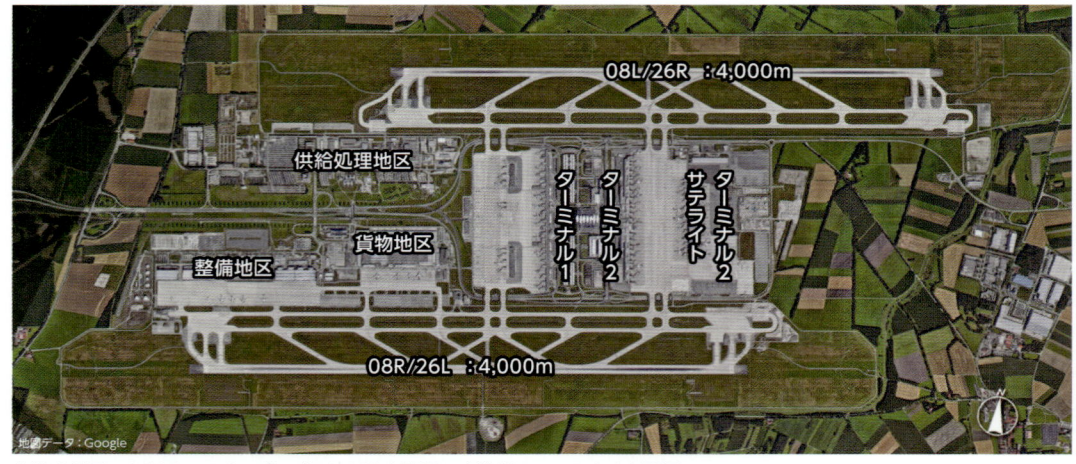

空港全体図：4,000mのオープンパラレル滑走路間に直線状のターミナルを配置

（図中）
08L/26R ：4,000m
08R/26L ：4,000m
供給処理地区
貨物地区
整備地区
ターミナル1
ターミナル2
ターミナル2サテライト
地図データ：Google

ターミール地域：リニアユニット型のターミナル1。ウイング＋サテライト型のターミナル2

装のオープンパラレル滑走路（08R/26Lと08L/26R）があり、それぞれ長さ4,000m×幅60mである。両滑走路ともに2重の平行誘導路と高速脱出誘導路を備えており、ILSが設置されている。

(2) ターミナル1

ターミナル1は空港開港と同時に共用開始されたターミナルで、その処理能力は年間2,500万人である。AからEまでの5つのモジュールに分かれており、AからDまでのモジュールは出到着に必要な施設を備え、別々の構内道路と駐車場ももっているが、モジュールEは到着専用である。基本的にはそれぞれのモジュールがそれ自体で自立したサブターミナルとなるように計画されている。モジュールAとDはシェンゲン条約地域内のフライトに使われており、モジュールBとCはそれ以外の目的地向けのフライトを扱っている。ホールFはそこから離れてターミナル2近くに配置され、厳重な保安強化を必要とするフライ

ト、例えばイスラエルへの便などを取り扱っている。さらに、ターミナル1から出発するいくつかのフライトのチェックインカウンターは中央エリアZ（ドイツ語のZentralbereich：中央エリア）に配置されているが、そこには鉄道駅やこのターミナルのほとんどの商業・飲食施設が集約されている。

長さ1,081mのピアには21の搭乗橋があり、そのうちの2つはバス乗り換えのための待合室に改修されている。ターミナル1のな

かで1ゲートのみ3基の搭乗橋が装備され、エミレーツ航空が定期的に使用するA380を取り扱うことができるように改造されている。西側エプロンには計60のスポットがあるが、そのいくつかは遠隔スポットでありながら搭乗橋を有している。旅客はターミナルのバスラウンジからバスに乗り換えなければならないが、乗降時に風雨から完全に保護される。AGTで接続されたサテライトターミナルのような大きな投資なしで一定の

搭乗橋を備える遠隔ゲート

62

旅客利便が確保できるユニークなコンセプトである。

ターミナル1は現在、スターアライアンス以外のすべての航空会社と同アライアンスメンバーとして例外的にトルコ航空が利用している。2015年12月、処理能力の増大やセントラルセキュリティと商業施設のためのターミナル中央部の拡張を含む大規模な改修が準備中である。

(3) ターミナル2

2003年に供用開始されたターミナル2の設計処理能力は年間旅客数2,500万人で、ルフトハンザとスターアライアンス（トルコ航空を除く）専用である。スターアライアンスのパートナーのエアマルタ、ルクスエアとブリティッシュ・ミッドランド航空もターミナル2を使用している。

ハブ運航用のターミナルとして設計されており、ターミナル1のようなモジュールにはなっていない。チェックインカウンターやバゲージクレーム、CIQ施設などは中央のプラザの周辺に配置されている。当初計画で到着と出発の旅客動線を分離していなかったため、保安強化のため新しい階層としてレベル06が2009年に付加された。

ピアは980mの長さがあり、24の搭乗橋が設置されている。ターミナル1とターミナル2の取扱便数のアンバランスのため、東側エプロンの合計75のスポットでは足りず、ターミナル2発着便が西側エプロンのスポットを利用することがあり、旅客はランプバスで移動する。ターミナル2はA380を取り扱うことも可能であるが、ターミナル2サテライトビルが供用されるまでは、専用のスポットと搭乗橋はなかった。

このターミナル2は、ミュンヘン空港会社（60%）と、ルフトハンザ（40%）が所有する「ターミナル2運営会社」が運営している。これによりターミナル2はドイツで初めて航空会社と共同で運営されるターミナルとなっている。

ターミナル2は最短乗継時間（MCT：Minimum Connecting Time）が30分と、驚異的な早さを誇っているが、それを支えているのが、ハブオペレーションセンターである。航空会社と空港会社が連携しながら、運用を行っており、ヨーロッパでのACDM（空港協調的意思決定）の先導的な空港の1つであることもうなづける。

(4) ターミナル2サテライトビル

ターミナル1に十分な処理能力が残っていたが、ルフトハンザとスターアライアンスのパートナーから2013年までに2,750万人の旅客を取り扱えるようターミナル2を拡張するよう求められた。これを受けて、1つのターミナルの中で乗り換えが容易にでき、多くの搭乗橋が装備された待合いエリアを持つ新たな施設が建設されることとなった。ターミナル2とその東側のエプロンが03年に整備された時には、既にサテライトビルの準備が行われていた。

サテライトビルは2012年に建設が始まり16年4月から旅客の取り扱いが始まった。このターミナル2の拡張は、東側エプロン上に既にあった手荷物仕分け場を改修・拡張する形で行われた。手荷物搬送用のトンネルに加え、ターミナル2のエプロンの地下には予め3つのトンネルが設置されていたが、その1つにボンバルディアトランスポーテーションの完全自動走行のピープルムーバーが設置され、ターミナル2の本館と新しいサテライトが結ばれた。

この新しいサテライトビルは609mの長さがあり、延床面積は12.5万㎡で、年間1,100万人の旅客を取り扱うことができる。合計27の駐機スポットを使用する52のゲートが設置され、その内の11スポットでA380を取り扱うことができる。このサテライトはエアサイド専用の施設であり、チェックインや到着施設はターミナル2の本館に配置されている。将来、同サテライトをT字形に拡張し、第2サテライトを新設し、更に第3ターミナルを建設することが計画されている。

(5) ミュンヘン空港センター（MAC）

ミュンヘン空港センターは2つのターミナルの中間に位置し、ショッピングやビジネス、レク

レーション施設からなる建物であり、地下には鉄道駅がある。

MACにはバーベリア州の閉店法が免除されている同州唯一の日曜営業のスーパーマーケットが入居している。

(6) 駐車場

現在、5つの立体駐車場と6つの地下駐車場があり、合わせて3万台の駐車スペースがあるが、そのうちおよそ1万5500台は屋根つきである。

4. 運用状況

(1) アクセス

通常のタクシーやレンタカー、乗り合いサービスに加え、Sバーン鉄道が2路線を運行している。経路は異なるが、両路線とも市街地や中央駅及びドイツ全域につながる主要な乗換駅へ運行している。鉄道駅はエアポートセンター（MAC）の地下にある。列車は10分おきに運行しており、旅客の3分の1近くが利用している。

(2) 需要の状況

4,200万人（2016年）に上る旅客のうち3,300万人を国際旅客が占め、さらにそのうち乗り換え客が37％を占める。

かつてルフトハンザは、その基地であるフランクフルト空港の処理能力の限界に苦しんでおり、ミュンヘン空港を第2のハブとした。現在、ルフトハンザはヨーロッパ域内の路線はミュンヘン空港を多く使う一方、フランクフルト空港では大陸間路線に比重を置いている。

開港から4年後の1996年にはデュッセルドルフを抜いてドイツで2番目に旅客数が多い空港になり、現在はデュッセルドルフ空港（2,300万人）のほぼ2倍を取り扱っている。

(3) 所有形態と統制

ミュンヘン空港はその株式をバーベリア自由州（51％）、ドイツ連邦政府（26％）、ミュンヘン市（23％）の公的セクター三者が所有するミュンヘン空港会社が運営している。同社は数多くの子会社を保有し、その子会社を通じて、コンセッション、航空会社や他のテナントが一般顧客に提供するサービスを実質的に管理している。

5. 将来計画

既存の2本の滑走路システムはピーク時にはその最大処理能力に達しており、航空会社からの追加のスロット要求に応えることができない状況にある。フランクフルトに続くドイツで2番目の主要なハブであり、さらなる需要の増大が見込まれることから、空港運営者であるミュンヘン空港会社（FMG）は、第3滑走路（09/27）の建設を計画している。滑走路の整備により、定期便の運航回数を1時間当たり90回から120回に増加させることが可能になるという。第3滑走路は既存滑走路と平行で、北側滑走路の北東に計画されており、空港用地を大幅に拡張する必要がある。

2007年、ミュンヘン空港会社がオーバーバイエルン政府に計画の許可を求めたことを契機に、大規模な反対運動が巻き起こった。住民投票や裁判などの紆余曲折を経て、15年、ドイツ連邦行政裁判所は、第3滑走路の建設許可の判決を下した。ただ、計画の実行には、株主3者全員一致の承認を得る必要があり、ミュンヘン市が12年に実施された住民投票以来、この計画に反対していることから、建設着手は遅れる見込みである。

（荒尾和史）

■空港の諸元
・空港運営者：ミュンヘン空港会社
・空港面積：1,618ha
・滑走路（長さ×幅）：2本
　08R/26L：4,000m×60m
　08L/26R：4,000m×60m

■輸送実績（2016年）
・総旅客数　42,251,309人
　国際旅客　32,569,420人
　国内旅客　9,603,408人
・貨物量　353,650トン
・離着陸回数　394,430回

#020
デュッセルドルフ空港（ドイツ・デュッセルドルフ）

Düsseldorf Airport

EDDL / DUS

ドイツ最大の都市圏デュッセルドルフ地方の航空需要を受け持つドイツ第3の空港

1. 概要

デュッセルドルフ空港はドイツのノルトライン・ヴェストファーレン州の州都であるデュッセルドルフの空港で、同市都心から北に7km、ドイツ最大の大都市圏であるライン・ルール地域のエッセンから南西に20kmに位置する。デュッセルドルフ空港は、フランクフルト、ミュンヘンに次ぐドイツで3番目に大きな空港であり、欧州内外の50か国、180都市へ向けた便が就航している。1990年代初めまで、JALが成田空港からアンカレッジ経由で就航していたがその後廃止され、代わって全日空が成田空港線を2014年から就航している。

2. 沿革

(1) 初期

最初の空港は1927年に開港し、ルフトハンザドイツ航空がベルリン、ハンブルグへの路線を開設した。しかし第2次世界大戦が始まると39年に民間利用は止められ、軍に移管されている。

(2) 戦後

大戦後の1948年に民間利用が再開され、英国の管理下で英国ヨーロッパ航空により英空軍のノースホルト基地（ロンドン）との路線が開設された。50年に主滑走路が2,475mに延長され、64年には140万人の処理能力を持つ新ターミナルビルの建設が始まり、69年には主滑走路がさらに3,000mまで延長された。73年には中央ビルとターミナルBがオープンし、75年にはデュッセルドルフ中央駅との間の鉄道路線が整備された。ターミナルAが77年に、86年にはターミナルCがオープンしている。また、92年には第2滑走路が建設されている。

(3) デュッセルドルフ空港の火災

1996年4月に起きたデュッセルドルフ空港の火災は、今日までで最悪の空港火災とされる。ターミナルA到着エリア前の高架道路での溶接作業と、不十分な耐火構造が重なって起きたもので、旅客エリアの大半を焼失した。ターミナルAとBは完全に建て直されることになり、その建設中、旅客は

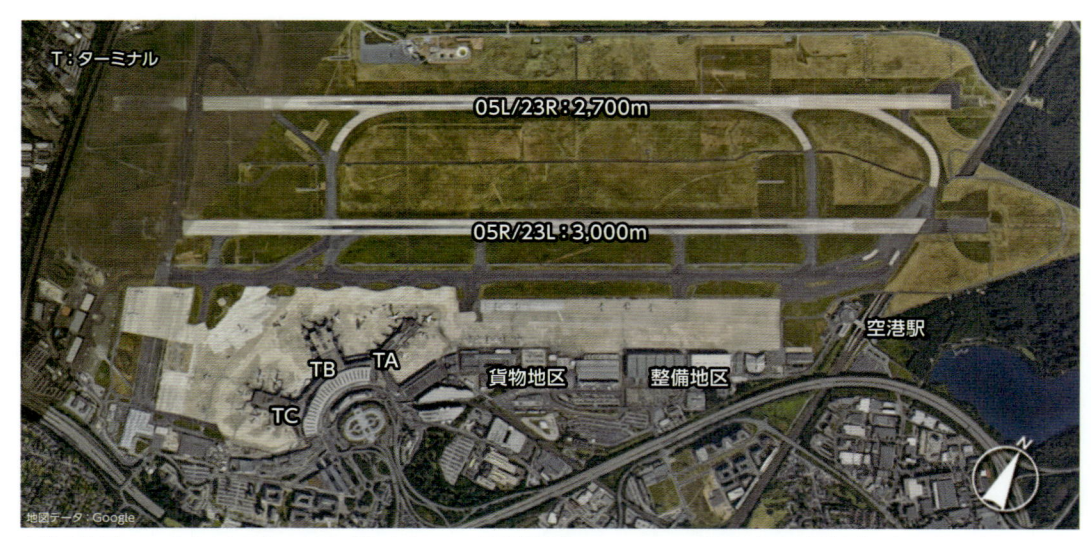

空港全体図：ターミナルから東へ2.5km離れたところに長距離鉄道の、ターミナル地下に都市近郊鉄道の各空港駅がある

ターミナル地域：円弧形状の中央本館と3つのピアで構成されたターミナル

大きなテントで取り扱われた。97年11月、ターミナルCが完全に修復され、3つの軽量構造のホールが出発エリアとして使われた。また、新たな都市鉄道駅の建設が空港の東端部で始まった。再建されたターミナルAが98年にオープンし、空港名称が「ライン・ルール空港」から「デュッセルドルフ国際空港」に改められた。また、中央本館とターミナルBの再建工事が同じ年に開始されている。

(4) 2000 年代以降の開発

再建計画である"エアポート2000＋"プログラムの第1段階の工事が1999年に開始され、新デュッセルドルフ空港駅が2000年にオープンしている。01年には中央本館とターミナルBが、次いで02年に再建された東棟がオープンし、旅客ターミナルとインター・シティ空港駅間の2.5Kmがスカイトレインと呼ばれる懸架式のモノレールで結ばれている。13年、空港の正式名称から

「国際」が削られ、「デュッセルドルフ空港」となった。15年には、エミレーツ航空のドバイ・デュッセルドルフ路線へのA380の投入計画に合わせて、誘導路拡幅や3基の搭乗橋を持つスポットの整備等が行われている。

3. 施設

(1) 滑走路

本空港には、クロースパラレルに配置された2本の滑走路がある。05R/23Lは長さ3,000m x 幅45mであり、05L/23Rは長さ2,700m x 幅45mである。4方向とも着陸滑走路は、300mずつ短縮されている。両滑走路ともコンクリート舗装で、ILSが設置されており、05L/23Rには高速脱出誘導路が設置されている。05L/23Rは3,000mまで延長する計画があるが、市街地が進入経路の下にあるためにその拡張を実現できていない。空港全体では107のスポットがある。

(2) 旅客ターミナル

デュッセルドルフ空港の旅客ターミナルは、円弧形状の1つの中央本館と3つのピア（ターミナルA、B、C）で構成されている。ターミナルビルの処理能力は年間2,200万人であるが、近隣住民との合意により航空機運航回数が制限されており、処理容量が逼迫することはないものと見込まれる。

ターミナルAは16のゲートを持ち、そのうち11は搭乗橋を有する固定ゲートである。ルフトハンザドイツ航空とジャーマンウイングス及びそのパートナーとスターアライアンス航空会社が利用している。

ターミナルBは11のゲートを持っており、うち9つは搭乗橋が設置された固定ゲートである。スターアライアンス・メンバー数社によって国内線とEU路線に使用されている。

ターミナルCは8つのゲートを持っており、すべてに搭乗橋が設置されている。スターアライアン

全自動懸架式モノレール「スカイトレイン」

photo / Dusseldorf Airport

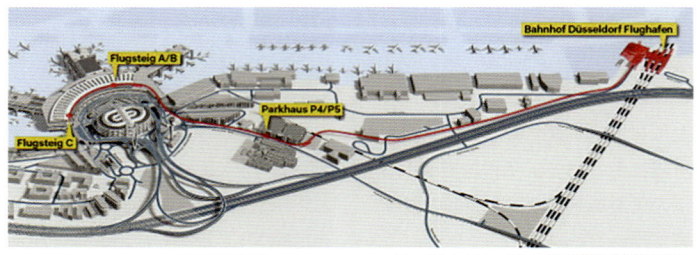

スカイトレインは、長距離鉄道とターミナルを結ぶ（赤線部分）　map / Dusseldorf Airport

スカイトレインと呼ばれる全自動懸架式のモノレールが長距離鉄道の駅と駐車場・旅客ターミナルを結んでおり、ターミナル間の接続にもそれが使われている。

空港へは、自動車道A44からアクセスでき、自動車道ネットワークとつながっている。バス路線が近隣エリアやデュッセルドルフ都心部と空港を結んでいる。

4. 運用状況

デュッセルドルフ空港は官民パートナーシップ（PPP）の空港で、デュッセルドルフ空港㈱が運営している。その構成はデュッセルドルフ市50%、空港パートナー有限会社50%である。

2016年の旅客数は2,400万人（05年の1.5倍）であり、一方、離着陸回数は22万回（1.1倍）である。

旅客数の伸びに比べ離着陸回数はほとんど変わっていないが、航空機騒音問題から運航回数を制限している影響と考えられる。

（荒尾和史）

ス以外の航空会社のシェンゲン外の路線に使われている。ターミナルCにはこの空港で唯一、3基の搭乗橋を持つスポットがあり、A380に対応している。この他、ジェットアビエーションが自家用機とビジネスジェット専用の小さなターミナルであるエグゼクティブターミナルを運営している。

なお2003年以降、空港ターミナル南西部の23haのエリアが、「デュッセルドルフ空港シティ」として再開発されており、延床面積25万㎡の建物が16年に完成している。

(3) アクセス

デュッセルドルフ空港には都市近郊鉄道（Sバーン、S11）と長距離鉄道の2つの空港駅がある。長距離鉄道の駅はターミナルから2.5Km離れた所にあり、ICE高速鉄道を含むドイツのすべての鉄道が乗り入れている。Sバーンの駅は、ターミナルの地下にあり、空港にはS11が乗り入れていて、空港駅はその終着駅となっている。

■空港の諸元
・空港運営者：
　デュッセルッドルフ空港㈱
・滑走路（長さ×幅）：2本
　05R/23L：3,000m × 45m
　05L/23R：2,700m × 45m

■輸送実績（2016年）
・総旅客数　　23,521,782人
　国際旅客　19,008,072人
　国内旅客　4,502,259人
・貨物量　　　　93,587トン
・離着陸回数　　217,572回

#021
ミラノ・マルペンサ空港（イタリア・ミラノ）

Milano Malpensa Airport

LIMC / MXP

「マルペンサ 2000 計画」により滑走路・ターミナルを整備し、ミラノ第1の空港に！

1. ミラノの3空港

　ミラノを母都市とする空港にはミラノ・マルペンサ空港、ミラノ・リナーテ空港、オーリオ・アル・セーリオ国際空港（ベルガモ空港）の3空港がある。マルペンサ空港はミラノ市の北西40kmに、ベルガモ空港も北東45kmに位置するのに対し、リナーテ空港は東方7kmと近い。かつてはリナーテ空港がミラノを代表する空港であったが、狭隘化により2000年前後からその主な機能がマルペンサ空港に移転され、旅客数・便数ともにマルペンサ空港が第1の空港となった。03年にナショナルフラッグキャリアであるアリタリア航空がその拠点をローマのフィウミチーノ空港に移してからは同空港の需要が一時低減したが、その穴をLCCのイージー・ジェットが埋めている。現在は、マルペンサ空港は長距離国際路線、欧州内LCC路線、チャーターに、リナーテ空港は欧州内のシティ・トゥ・シティ等のハイイールド路線に、ベルガモ空港はLCC（とりわけライオン・エア）に、大きく集中している。このようにミラノにおける3つの空港は、意図されたかは別として、それぞれの旅客のニーズに応じた役割分担をしている。

　マルペンサ空港とリナーテ空港の管理運営会社であるミラノ空港運営会社（Società Esercizi Aeroportuali Aeroporti di Milano：SEA）は、第3セクターであり、その資本の55％をミラノ市が、35％を空港株式会社が、9％を公共投資基金が、残りをその他の公的団体や民間企業が所有している。ベルガモ空港はオリオ・アル・セリオ民間空港協会（Società per l'Aeroporto Civile di Bergamo Orio al Serio：SACBO）が運営しているが、マルペンサ空港及びリナーテ空港を運営するSEAが31％、ベルガモに本社を置く金融機関UBIバンカが18％を出資し、残りを自治体

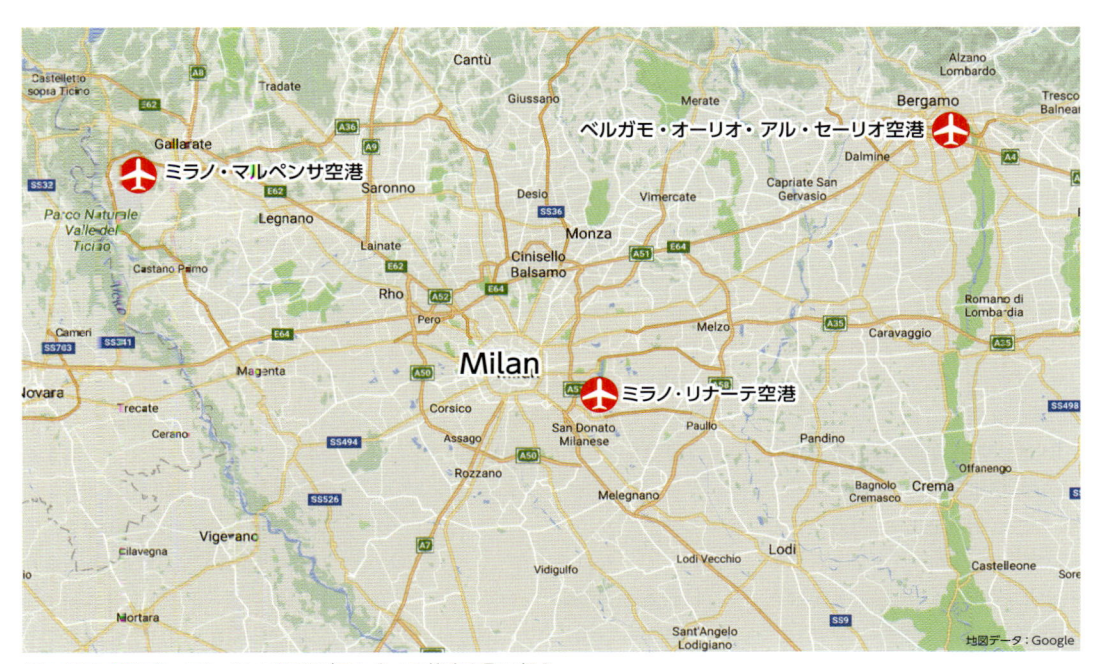

ミラノの空港分布：マルペンサ空港が最も多くの旅客を取り扱う

空港全体図：離れた位置に配置された2つのターミナル

等が出資している。

2. 沿革

　1909年に試作航空機用の飛行場として使われたのが始まりである。48年、軍の滑走路を利用して空港を整備するためブスト空港会社が設立された。滑走路は1,800mの舗装で、ターミナルビルはまだ木造であった。50年、国際基準に合致した航空灯火が整備され、夜間の就航と大西洋横断のような長距離国際線就航が可能となり、2月にはTWA便が初めてニューヨークへ就航した。53年には新ターミナルが開業した。57年、SEAがリナーテ空港とマルペンサ空港両方の運営者となり、SEAは国際線をマルペンサ空港に移すことを計画した。58年2本目の滑走路がオープンし、新ターミナルも開業し、外国の主要航空会社は、一度はマルペンサをハブとしたもののアクセスの悪さから、リナーテ空港に戻ってしまった。65年新しい駐車場がオープンし、貨物ビルも拡張され能力が2倍になった。80年代にはリナーテ空港が限界に達し、拡張もできないことから、主要機能のマルペンサ空港への移転が計画された。「マルペンサ2000計画」である。90年、同計画に基づく最初の旅客ターミナルが完成し、93年には2本目の滑走路が現在の形に整備された。98年10月にはマルペンサ2000計画の主眼であるターミナル1が開業し、2002年には計画全体が完成した。ただし第3サテライトの完成は10年となった。11年ターミナルに直結するシェラトンホテルが開業し、14年には貨物ターミナルが増設された。

3. 施設

(1) 離着陸施設

　ほぼ南北方向の2本の平行滑走路（17L/35R、17R/35L）があり、双方とも長さ3,920m x幅60mである。アスファルト舗装であるが35R、17R、17Lの各末端部はコンクリート舗装となっている。平行滑走路の間隔は800mであり、その中央に平行誘導路が配置されている。高速脱出誘導路はないが、古いターミナルが北側に寄っているためか取り付け誘導路は斜めに取りついている。

　旅客ターミナルは、マルペンサターミナル1とマルペンサターミナル2から構成され、滑走路17R/35Lを挟んで東西に分かれて立地している。

(2) ターミナル1

　ターミナル1は現在メインのターミナルとなっており、滑走路の西側ほぼ中央部に位置する。エプロンはアスファルト舗装であるが駐機箇所はコンクリートとなっている。ターミナル1にはメインビルから突き出すように3つのサテライトが設置され、それぞれ8

ターミナル：主要ターミナルで利用者も多いため駐車場も充実

地図データ：Google

つの固定ゲートに配置される。固定ゲートにはそれぞれ2基のボーディングブリッジが設置されている。床面積は26万m²であり、設計者は関西国際空港と同じレンゾ・ピアノである。貨物専用機用と合わせ105の駐機スポット（面積100万m²）がある。地下には鉄道駅、ハイヤー乗り場、7,000m²を超える面積のショッピングエリア（70以上の飲食物販店、30以上のブランドショップ）がある。1階は到着階で10基のバゲージクレーム・ターンテーブル（時間当たり処理数1万1,400個）とバスの駐車場がある。2階は出発階であり、ここには22の手荷物預け入れが可能なチェックインカウンターがある。21のセキュリティチェックブース、28の出国手続きブースがある。3階も出発階となっており256のチェックインカウンター、26のチケットカウンターがあり、出国手続きのためには2階に降りる。サテライトには2階レベルで連絡する。南側のサテライトはゲートAで、主に国内線とシェンゲン協定締結国向けのゲートである。中央Cサテライト

はゲートB、北側のサテライトはゲートCで、両ゲート共にシェンゲン協定締結国以外の国及び大陸間路線の使用となっている。

ターミナル1には安価なものから利便性重視のものまで4つの駐車場がある。メインビルの南側にあるP1は長期駐車用であり、屋外で1,200台分がある。7日以上の駐車を対象に最も安い価格で提供されている。ターミナル1からは徒歩約4分かかる。P2はチェックインエリアに直結する位置に2,700台分の屋内駐車場があり、高級車用の130台の枠や長期駐車の500台分の枠もある。P3は1,600台分でターミナル1に面した屋外駐車場である。ターミナルから歩いて3分程度である。駐車枠が多数の円形の車両動線に沿って配置されたユニークな配置となっている。メインビルの北側にはP4があり長期駐車に適した1,200台分の屋外駐車場がある。ターミナルから歩いて4分の距離である。

(3) ターミナル2

ターミナル2はかつてメインの

ターミナルであったが、現在はLCCのイージージェットとチャーター便が利用しており、床面積は7万9,000m²である。2本の滑走路の間の滑走路北側先端近くに位置する。エプロンは30万m²、コンクリート舗装でビル周りにコの字の形に並んでいる。ターミナル2には34の駐機スポットがある。スポットはビル周りに18あり、その他はリモートスポットである。ターミナル2の地上階出発エリアには54のチェックインカウンター、6のチケットカウンター、9のセキュリティチェックと10の出国手続きブースがある。地上階到着エリアには5基のバゲージクレーム・ターンテーブル（時間当たり処理数3,600個）と駐車場がある。2階には11のゲートがある。

ターミナル2には歩いて約2分の距離に3,000台分の屋外駐車場がある。

(4) 貨物ターミナル

ターミナル1の南側に隣接して貨物地区が広がり、約18万m²のエリアを占めている。貨物上屋前面にリニアに並んだ貨物機用ス

マルペンサ・カーゴ・シティ：約18万㎡もの敷地を有する貨物取扱施設

ポット、及びそれらに平行に並んだ貨物機用リモートスポットがある。イタリアのみならず近隣諸国を含めた産業集積地に近いことからイタリアで最大の貨物取扱量を誇っている。貨物地区の中心的施設が マルペンサ・カーゴ・シティ（MALPENSA CARGO CITY）である。施設としては、2万㎡の貨物上屋が2棟あり、効率的なハンドリング設備と10のトラック自動積み込みレーンを有している。合計4,500㎡の温度調節倉庫が検疫検査場とともに設置されている。その他管理事務所や税関事務所などがあり、ランドサイドはトラック150台のマヌーバリングに対応している。施設キャパシティーは年間100万トンとされている。

(5) その他

ターミナル1とターミナル2との間には24時間無料のシャトルバスが走っている。通常7分間隔、夜間は30分間隔で、所要時間は約15〜20分である。旅客ターミナル1と貨物地区の間に管制塔がある。

4. アクセス

ターミナル1から前面道路を跨いだ駐車場ビルの地下に鉄道駅がある。鉄道によるアクセスは、ミラノ・カドルナ駅とターミナル1との間に直通が1日22往復、所要29分である。途中ミラノ・ボビサ、サロンノ、ブストアルシジオ等に停車する便（所要36〜43分）が43往復ある。また、シャトルバス（コーチ）によるアクセスが、ミラノ中央駅、フィエラシティー、リナーテ空港その他ロンバルディー、ピエドモント、リグリア地方の主要都市との間にある。タクシー乗り場は到着フロアにあり、ミラノ市街地までは90ユーロ、フィエラまで65ユーロ、リナーテ空港まで100ユーロ程度である。

5. 就航便

旅客便はアリタリア航空等84社（うち、イージー・ジェットのみがターミナル2）が就航し、貨物便はアリタリア航空など22社が就航している。就航先は180都市に上る。

路線別旅客数としてはシェンゲン協定締結国ではバルセロナ、パリ、ロンドン、マドリードが、それ以外ではニューヨークとドバイが突出しており、年間50万人以上の路線となっている。国内線ではナポリが最も多く40万人台である。

（長谷川浩）

■空港の諸元
・空港運営者：ミラノ空港運営会社
　（Società Esercizi Aeroportuali
　Aeroporti di Milano：SEA）
・滑走路（長さ×幅）　2本
　17L/35R：3,920m × 60m
　17R/35L：3,920m × 60m

■輸送実績（2016年）
・総旅客数　　19,411,709人
　国際旅客　16,617,377人
　国内旅客　　2,694,188人
・貨物量　　　548,769トン
・離着陸回数　　164,683回

#022
ミラノ・リナーテ空港（イタリア・ミラノ）

Milano Linate Airport

LIML: / LIN

3方を市街地に囲まれ拡張が不可能と判断。ミラノ第1位の座をマルペンサに譲る

1. 沿革

　空港は1930年代ミラノのイドロスカロに作られた飛行場が始まりであり、当時すでにあったタリエド空港が商業空港には狭すぎたため建設された。

　1957年、SEAがマルペンサとリナーテの両空港を運営することになり、58年ターミナルの改修、道路アクセスや電力供給の改良などが計画された。61年にはジェネラルアビエーション用の特別滑走路の建設、翌年ターミナルビルの完成、63年には急激な貨物の増大に伴う1万1,000㎡の貨物ビルの建設と施設整備が相次ぎ、さらに68年には滑走路が200m延長され、80年代にエアバス導入のためエプロンとター

ミナルビルが拡張された。88年、混雑のためすべてのチャーター便はマルペンサに移された。93年搭乗橋（PBB）のある固定ゲートが運用開始した。

　1998年、国際線をマルペンサに移転する決定がなされたが、欧州主要航空会社の抵抗により3分の1が残ることとなった。しかし2001年以来、時間当たり便数を32から22に減らし、国内線とEU域内路線に限る政策がとられた。この年は10月にスカンジナビア航空コペンハーゲン行きの便が霧のなかでビジネスジェットと衝突するという大きな事故にも見舞われた。また05年6月には軽飛行機が滑走路36Rと間違えて誘導路に着陸した。このインシデントを受けて滑走路番号を間違えな

いよう、07年7月、18R/36Lは17/35に、18L/36Rは18/36に変更された。

2. 施設

　敷地は325haしかなく3方は市街地で、残る東側はイドロスカロという水上航空機用の湖水面であるため拡張余地がない。

　滑走路は2本の平行滑走路があり、ほぼ南北に向いている。メインの滑走路(18/36)は長さ2,442m×幅60m、もう1本は17/35：601m×22mで、ジェネラルアビエーション用の滑走路である。メインの滑走路には平行誘導路があり、北側にあるターミナルへ向けて取付誘導路が斜めに配置されている。

空港全体図　滑走路は2本。短い副滑走路はジェネラルアビエーション用

地図データ：Google

ターミナル地域：ジェネラルアビエーション用のVIPターミナルもある

ターミナル地域は滑走路の東側北端にあり、エプロンは約40万㎡で、41スポットある。旅客ターミナルビルは3階建てが1棟で延床面積7万㎡。カーブサイドはダブルデッキで、1階はチェックインとバゲージクレーム、サービスカウンターとバスによる搭乗のための出発ラウンジがある。2階はショップやレストランのあるメインの出発階である。3階はオフィスである。71のチェックインカウンター、12の手荷物チェックインカウンター、8の出入国検査ブース、35のショップ／ブランドショップ、19のレストラン／カフェ、24のゲートがあり、うち5つは搭乗橋付きゲートである。

リナーテ空港はジェネラルアビエーションやエグゼクティブにとっても重要である。北西の角にあるVIPターミナルはATAによって運営されておりATAはハンドリングや給油、灯火の維持も行っている。エグゼクティブの主な行先はローマ・シャンピーノのほか、ロンドン、パリ、フランクフルトなどヨーロッパの主要都市である。

立体駐車場が2棟あり、ターミナルビルに近いP1には1,300台分駐車スペースがあり、3階にある通路でチェックインエリアに直結している。P2はP1の背後に位置し、下層階がP2-EXECTIVEと呼ばれる2,000台収容の屋内駐車場で、ターミナルへは徒歩1分。P2の5階と屋上階はP2-HOLIDAYと呼ばれる500台分の長時間駐車対応駐車場となっている。

3. アクセス

空港は都市の環状ハイウェイの一部であるA51に連絡しており、どの方向からも容易にたどり着ける。路線バスがミラノサンバビラ広場まで10分間隔で運行し、シャトルバス（コーチ）がミラノ中央駅まで30分おきに、またマルペンサ空港とモンザまで5往復／日運行している。タクシーは1階の到着口付近から利用可能で、フィエラ（ミラノ市内）まで40ユーロ、マルペンサ空港まで85ユーロ程度である。

4. 路線就航会社

就航会社はアリタリアの他、エールフランス、ブリティッシュ・エアウェイズ、イージージェット、スカンジナビア航空など19社。路線は、国際線ではパリ、ベルリン、ロンドン、デュッセルドルフ、アムステルダムなど、国内線はローマ、パレルモ、ナポリなどとなっている。国内線ではローマ、シシリー、ナポリが年間50万人以上の路線となっており、ヨーロッパ路線ではロンドン、パリ・シャルル・ド・ゴール、アムステルダムが年間50万人を超えている。

(長谷川浩)

■空港の諸元	
・空港運営者：空港運営会社	
（SEA：Società Esercizi Aeroportuali）	
・滑走路（長さ×幅）：2本	
18/36：2,442m × 60m	
17/35：　601m × 22m	

■輸送実績（2016年）	
・総旅客数	9,638,496人
国際旅客	4,737,815人
国内旅客	4,898,406人
・貨物量	15,364トン
・離着陸回数	107,572回

#023
オーリオ・アル・セーリオ空港（イタリア・ミラノ）

Orio al Serio Airport

LIME/BGY

ミラノから45km離れたベルガモ市に立地し、年間1,000万人の多くはLCCの利用客

1. 概要

オーリオ・アル・セーリオ空港はベルガモ市中心部の南東5kmのオーリオ・アル・セーリオ地区に立地し、イル・カラヴァッジオ国際空港（Il Caravaggio International Airport）とも呼ばれている。

同空港は1970年に民間航空に開放されるまで軍用輸送になく、その後も30年に渡り需要は伸びず、2001年の旅客数は106万人であった。しかし、02年にLCCのライアン・エアがフランクフルト・ハーン空港との間に就航すると様相は変わり、その成功はブルーエアーなど他のヨーロッパのLCCの就航を掻き立てた。年間旅客数は12年には8.9万人まで跳ね上がった。空港の再整備は05

LCCが並ぶターミナルと2010年供用の新しい管制塔

photo / Luigi Chiesa

年に開始され、北側エプロンの拡張、1,400台分の駐車場、シェンゲン方面の搭乗エリアが拡張された。さらに時間あたり2,700個の処理能力をもつ手荷物搬送システムとともに新しいチェックインエリアがオープンし、ターミナルのリノベーションは10年に完了した。

2. 施設

滑走路は2本で、主滑走路（10/28）はほぼ東西方向に配置され、長さ2,939m×幅45mを有している。主滑走路とは離れた位置に副滑走路（12/30：778m×17mがあり、主に自家用機に使われている。2本の滑走路で、時間当たり24便の処理が可能で

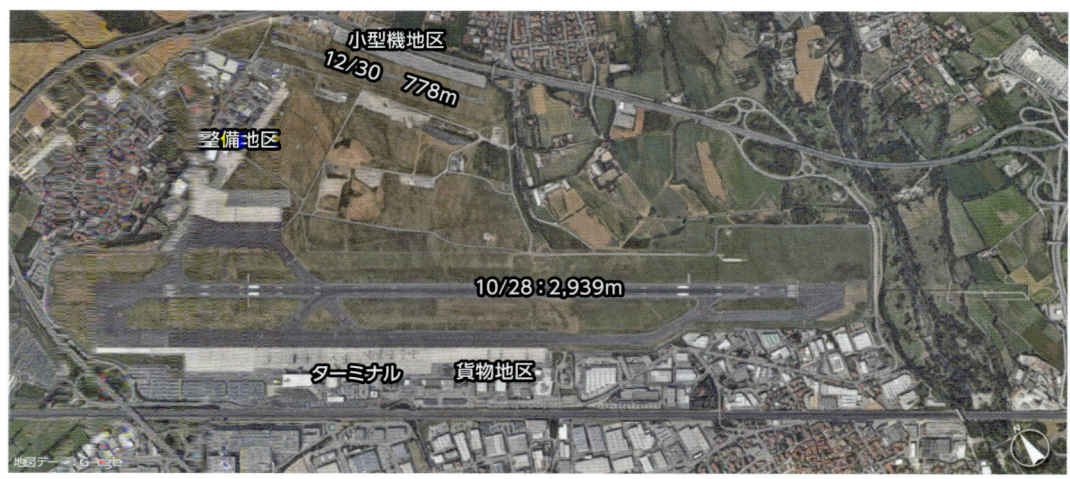

空港全体図

ターミナル地域：フロンタル形式のターミナル。LCCを中心に就航

ある。

主滑走路の平行誘導路と外側を平行に走るハイウェイとの間の奥行の狭いエリアに、5つの固定ゲートを持つフロンタル形式のターミナルがある。ターミナルに到着出発双方を扱う長いホールがあり、47のチェックインデスク、ビジネスクラスとVIPのためのファーストレーンを含む11のセキュリティチェックブースが配置されている。

エプロンはB747対応も含め36スポットあり、間口長さは1.4kmに及ぶ。2010年に高さ37mの管制塔が供用した。

3. 運用状況

シャトルバスが30分間隔で運行されており、ミラノ中心駅まで45分から90分かかる。

現在、本空港にはエアードロミティー（地域航空／ルフトハンザドイツ航空の子会社）、ペガサス航空（トルコのLCC）、ライオン・エア、ウィズエアー（ハンガリーのLCC）など14社が就航している。貨物取扱量に関してはマルペンサ空港、フィウミチーノ空港に次ぐイタリア第3位の地位を占める。このほとんどは1986年に本空港にハブを作ったDHLと、87年に就航したUPSによる。DHLは9機がここをベースとし、9つの空港と結んでいる。UPSはそのヨーロッパのメインゲートであるケルン・ボン空港との間で767-200Fによる1日2便のサービスを行っている。

（長谷川浩）

■空港の諸元
・空港運営者：
オーリオ・アル・セーリオ民間空港協会
（Società per l'Aeroporto Civile di Bergamo Orio al Serio：SACBO）
・滑走路（長さ×幅）：2本
　10/28：2,939m × 45m
　12/30：　778m × 17m

■輸送実績（2016年）
・総旅客数　　11,157,318人
　国際旅客　　8,026,186人
　国内旅客　　3,128,462人
・貨物量　　　　117,659トン
・離着陸回数　　　79,953回

#024
レオナルド・ダ・ヴィンチ国際空港（イタリア・ローマ）

Leonardo ca Vinci International Airport

LIRF/FCO

1960年ローマ・オリンピックに向けて建設され、改良を繰り返し首都空港の役割を果たす

1. 概要

レオナルド・ダ・ヴィンチ国際空港は、ローマ市郊外のフィウミチーノ市にあり、首都ローマを母都市とするイタリア最大の空港である。フィウミチーノ空港とも呼ばれ、イタリアのフラッグキャリアであるアリタリア航空のハブ空港である。1956年から61年にかけてチャンピーノ空港に代わる新たなローマの国際空港として建設された。その後航空機の大型化と乗り入れ便数の増加に伴い、拡張が繰り返されている。敷地面積は2,900haあり、イタリアを代表する芸術家であるレオナルド・ダ・ヴィンチにちなんで命名された。

チャンピーノ空港と合わせてローマ空港会社（Aeroporti di Roma SpA）が運営している。同社の資本は地方自治体も有するが、ほとんどは建設会社であるアトランティア社が有する。

2. 沿革

1961年1月、それまでのチャンピーノ空港に代わって2本の滑走路で公式に開港したが、その開港に先立って、60年8月には運用開始していた。これは同年に開催されたローマ・オリンピックに際し、チャンピーノ空港の混雑を緩和するためであった。チャンピーノ空港は今でも国内線、チャー

ター便と一部のLCCに使われている。60年代にはアリタリア航空が、格納庫やメンテナンスセンターを整備するなど大きな投資を行った。またこの時期に3本目の滑走路である東側の平行滑走路（16L/34R）が整備された。

2005年にはILS/CAT-Ⅲが整備され、さらに07年には同システムの性能向上により、濃霧時における時間当たり処理能力が10便から30便へと向上した。10年にはバゲージハンドリングシステムが拡充された他、コジェネレーションシステム（排熱利用型発電）も導入された。

空港全体図：4本の滑走路を有するが、滑走路16L/34Rと16C/34Cはどちらか一方のみの運用

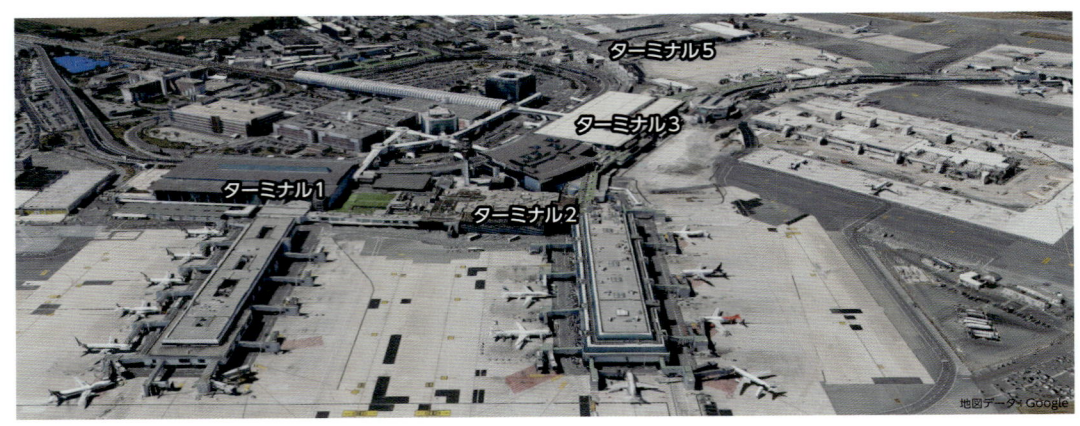

ターミナル地域：ターミナルは4つあり、主要ターミナルはターミナル3

3. 施設

(1) 基本施設

　ローマの市街地中心部から南西に22km離れた地中海の海岸沿いに位置し、海岸線にほぼ平行する滑走路から海岸までは1.3kmである。4,000mの間隔をもつ1対のオープンパラレル滑走路（16L/34R、16R/34L）とそれにほぼ直行する滑走路（07/25）があり、ユの字型の滑走路配置となっている。平行滑走路のうち東側の滑走路（16L/34R）の脇には普段は平行誘導路として使用されているバックアップ用の滑走路（使用する時は滑走路番号は16C/34Cになるが、通常はそれを示す指示標識を消去している）がある。したがって物理的には4本の滑走路を有することになる。ただし、16C/34Cを使用する場合には16L/34Rは使用しない。また、横風用滑走路07/25は西方向の利用に限られる。滑走路にはそれぞれ平行誘導路が整備され、滑走路と平行する誘導路との間隔は中心線で約250mである。また平行滑走路にはそれぞれ高速脱出誘導路

が整備されている。16R/34Lは長さ3,900m×幅60m、16L/34Rは3,900m×幅60m、07/25は3,307m×45m、16C/34Cは3,700m×45mであり、すべてアスファルト舗装である。

　各滑走路末端には長さ60m×幅150mのクリアウェイと90m×滑走路幅の2倍の滑走路端安全区域（RESA）がある。

　平行滑走路の間で、直行する滑走路の南側にターミナル地域が広がる。エプロンの駐機スペースはコンクリート舗装であるがエプロン内誘導路はアスファルト舗装の部分が多い。駐機スポットは貨物や整備地区含む全体で143スポットが設定されている。

(2) ターミナル

　ターミナルは4つに分かれており、周回道路に沿って駐車スペースを取り囲むように配置されている。配置は東側からターミナル1、2、3、5の順でターミナル2と3の間に管制塔がある。

　ターミナル1には12の固定ゲートをもつピアがあり、ゲートB群を構成している。主にアリタリア

航空の短距離便が使用し、同じスカイチームのKLMオランダ航空、エールエールフランス等も使用している。セキュリティチェック手前には、物販店その他の店舗が7店ほどであるが、チェック後のエリアには、飲食6、物販店20が並ぶ。

　ターミナル2には10の固定ゲートを持つピアがあり、ゲートC群を形成している。主にLCCのイージージェットが使用しており、他のLCCも使用している。ターミナル内エリアCには、飲食4、物販12の店舗がある。

　ターミナル3は最も大きなターミナルで、ゲートC、D、Hがあり、アリタリア航空の長距離便やイタリアの他航空会社またその他多数の外国航空会社（LCCも含む）が使用している。ターミナル3とその西側にある14の固定ゲートを持つサテライトC（ゲートG）との間は約600mあり、新交通システム「スカイブリッジ」によって連絡している。ターミナル内エリアDには、22の店舗がある。

　ターミナル1、2、3のカーブサイドはダブルデッキとなっており、その上を立体駐車場に至る歩道通

路が渡っている。

ターミナル5にはゲートH、Gがある。固定ゲートはなく、アメリカ系及びイスラエル系航空会社によるアメリカ及びイスラエル行き直行便が主として使用している。ターミナル内エリアGには16の免税店を含む28の店舗が、エリアHには12の店舗がある。

なお、各ターミナル間には無料連絡バスが平均15分間隔で運行している。

(3) 駐車場

各種のニーズに対応した駐車場が用意されている。「エコノミー駐車場」には4,000台以上の駐車スペース（屋内／屋外）があり、高速道路から直接アクセスでき、各ターミナルまでは無料エアポートシャトルバスが連絡している。「パレット駐車場」は、駐車場到着時に、専門スタッフが自動車を預かる監視付き安全駐車場となっている。「kiss & go」は、各ターミナルの出発及び到着ロビーの正面路上にある1時間以上利用のパーキングメーター付き駐車場であり、「15分無料駐車場」は最長1時間のショートステイ向けの屋内／屋外駐車場である。

(4) ホテル

旅客ターミナルと連絡通路で直結した「ヒルトン・ローマ・エアポート」がある他、空港周辺に複数のホテルがある。

4. アクセス

空港への鉄道アクセスは、高速鉄道のフレッチャルジェン（Frecciargento）、レオナルド・エクスプレス、ローマ近郊鉄道FL1線が乗り入れている。フレッチャルジェンはフィレンツェ、ボローニャ経由でヴェネツィア・サンタ・ルチア駅行きの列車が運行している。レオナルド・エクスプレスはローマ・テルミニ駅までノンストップで走る直通特急列車で30分毎に運行している。所要時間は32分である。ローマ近郊鉄道FL1線はローマ市内の駅に、15分毎（休日は30分毎）に運行している。

バスのアクセスは、近郊鉄道料金よりわずかに安い料金設定であり、深夜時間帯に運行される便もある。

5. 航空路線

国内線は、アリタリア航空が19都市へ、アリタリアシティーライナーが10都市へ運航している他、ダーウィンエアライン、ミストラル航空、イージージェット

が運航している。

国際線は、アリタリア航空が、欧州、中東、アフリカ、アジア、南北アメリカの主要都市へ合計51路線が就航している。外国航空会社は、FSC、LCCを合わせて98社が運航している。

国際線ではパリ・シャルル・ド・ゴール、バルセロナ、マドリード、ロンドン、アムステルダムが年間100万人以上の路線であり、国内線ではシシリー島とミラノが年間100万人以上となっている。

6. 将来計画

現在ターミナル3の前面に16基の搭乗橋（PBB）を有する新たなピアを建設中で、国際線に充てられる予定である。さらに長期計画である「フィウミチーノ空港北部開発マスタープラン（Masterplan Fiumicino Nord）」には2本の新滑走路と4つの新ターミナルの建設が含まれ、年間1億人の旅客に対応することが想定されている。

（長谷川浩）

■空港の諸元
・空港運営者：ローマ空港会社 （Aeroporti di Roma SpA.）
・滑走路（長さ×幅）：4本 　16R/34L：3,900m × 60m 　16L/34R：3,900m × 60m 　16C/34C：3,700m × 45m 　（通常は誘導路として使用の予備滑走路） 　07/25　：3,307m × 45m

■輸送実績（2016年）	
・総旅客数	41,738,524人
国際旅客	29,096,160人
国内旅客	12,472,878人
・貨物量	160,867トン
・離着陸回数	314,167回

#025
ヴェネツィア・テッセラ空港（イタリア・ヴェネツィア）

Venezia Tessera Airport

LIPZ / VCE

別名「マルコ・ポーロ国際空港」。ヴェネツィア本島の外の陸地と干潟の境界域に位置する

1. 沿革と概要

ヴェネツィアは中世にはヴェネツィア共和国の首都として栄えた都市で、「水の都」、「アドリア海の真珠」などと呼ばれる。英語では「Venice」と表記され、これに由来して日本語でベニスと呼称されることもある。ヴェネツィア市の面積は413㎢に及ぶが、そのうち世界的な観光地として知られる狭義のヴェネツィアは、面積5.17㎢のヴェネツィア本島の上に築かれた、運河が縦横に走る水の都である。島の入り口までは鉄道及び道路が通じているが、縦横に走る運河で区画されており、島内の移動手段は水上交通に限られている。

このような地理的特性から空港も島外にあり、ヴェネツィア本島の北北東7kmのテッセラ地区に位置している。ヴェネツィア出身の旅行家であり、東方見聞録の著者として知られるマルコ・ポー

空港位置図：空港は陸と干潟の境界線に位置する

ロにちなんでマルコ・ポーロ国際空港（Malco Polo International Airport）とも呼ばれる。

利用旅客960万人の内、830万人が国際線旅客であり、国際的観光都市ヴェネツィアのゲートウェイ機能を果たしていることが理解できる。年間発着回数は9万回である。

本空港からヨーロッパ各地に

様々な航空会社が路線を展開しており、アメリカ合衆国との間にもアトランタ、ニューヨーク（JFK）路線が就航している。アジアでは唯一の直行便ルートとして2014年から成田路線が運航されていたが、現在は運休している。

空港運営者はイタリアで旅客サービス事業などを展開するSAVE㈱（SAVE S.p.A.）であり、

空港全体図：干潟を埋め立てて建設された2本の滑走路。一般のターミナルのほか水上バスが発着する水上ターミナルも

ターミナル地域：利用者が増加傾向にあり、2002年オープンの新ターミナルもすでに手狭

ヴェネツィアの空港分布

後述のヴェネツィアのもう1つの空港であるトレヴィーゾ空港とともに一元的に運営を行っている。

2. 施設

空港は陸と干潟（ラグーン）の境界線に建設され、1960年代前半に開港した。滑走路部分は干潟を埋め立てて建設される一方、ターミナル地域はもともとの陸地部に位置している。

2002年には狭隘化したターミナルに代わって現在のターミナルに建て替えられ、旧ターミナルエリアはジェネラルアビエーション（小型航空機）地区となっている。

滑走路は04R/22L（長さ3,300m）と04L/22R（2,780m）の2本で、両滑走路の間隔が200mのクロースパラレル配置となっている。04Rに精密進入用のILSが備わっている。

ターミナルは滑走路に対して45度斜めに配置されており、3階建てである。1階が到着、2階が出発のダブルデッキ構造で、ボーディングブリッジを持った固定ゲートが7つある。日本の空港と比較すると中部国際空港（旅客数1,010万人）に比較的近い輸送規模であるが、両者のターミナルビルを比べると、当空港のターミナ

ルビルは格段にコンパクトであり、当初想定を上回るペースで旅客が増加した結果、狭隘化が進行していることがうかがえる。

3. アクセス

空港からヴェネツィア本島へはバスがローマ広場へ乗り入れているほか、ターミナルの南側が入り江になっており、水上ターミナルが整備されている。旅客ターミナルと水上ターミナルは動く歩道付のコンコースで結ばれており所要時間は7分である。水上バスは本島各ポイントやムラーノ島、リド島をダイレクトに結んでいる。水上バスが利用できる点は水の都ヴェネツィアの空港ならではの特徴といえる。

4. トレヴィーゾ空港

ヴェネツィアのもう1つの民間空港であるトレヴィーゾ空港

(Treviso Airport) は、トレヴィーゾ市街地の西3km、ヴェネツィアの北北西25kmに位置しており、LCC（格安航空会社）が利用している。イタリア出身の著名な彫刻家にちなんで、アントニオ・カノーヴァ空港とも呼ばれる。

アイルランドのライオン・エア(Ryanair)、ハンガリーに拠点を置くウィズエアー(Wizz air)が乗り入れている。滑走路は2,420m×44mの1本で、ターミナルビルは小規模ながら2007年に建設された真新しく、年間240万人が利用している。イタリアで旅客サービス事業などを展開するSAVE S.p.A.がテッセラ空港とともに空港を運営している。同空港からローマ広場までを直接結ぶシャトルバスが運行している。

(傍士清志)

■空港の諸元
- 空港運営者：SAVE ㈱
    （SAVE S.p.A.）
- 滑走路（長さ×幅）：2本
    04R/22L：3,300m × 45m
    04L/22R：2,780m × 45m

■輸送実績（2016年）
- 総旅客数　9,611,170人
    国際旅客　8,292,770人
    国内旅客　1,311,487人
- 貨物量　49,035トン
- 離着陸回数　90,084回

#026
アドルフォ・スアレス・マドリード・バラハス空港 (スペイン・マドリード)

Adolfo Suárez Madrid–Barajas Airport

LEMD/MAD

イベリア航空が拠点を置く首都空港。滑走路4本はいずれも3,500m以上

1. スペインの空港

スペイン（正式名称：スペイン王国）はヨーロッパ南西部のイベリア半島に位置し、本土以外に西地中海（バレアンス諸島）、大西洋（カナリア諸島）、北アフリカ（セウタ・メリリャ）等に領土を所有している。国土面積は約50万㎢（日本の1.3倍）、人口は4,700万人（同37%）で、首都はマドリードである。公共用空港が本土に39空港、本土外には16空港ある。そのなかで旅客数の最も多い空港

は、マドリードとバルセロナの空港である。

マドリード空港（正式名称：アドルフォ・スアレス・マドリード・バラハス空港）は、マドリード市街地から13Km北西に位置し、ここに本拠を置くイベリア航空（Iberia）のハブ空港である。敷地面積は3,050haで、欧州ではパリ・シャルル・ド・ゴール空港に次ぐ第2位の敷地規模を誇る屈指の大空港である。

空港の正式名称に冠せられている「アドルフォ・スアレス」

は、スペイン民主化の立役者と称されるかつての首相の名であり、2014年に同氏が死去した際、その功績を称えて空港の名称に付け加えられた。なお、バラハスは空港の所在地の地名である。

本空港の運営者はスペイン航空・空港会社（Aena SME,S.A：2017年4月改名）であり、同社は世界最大の利用者数を持つ空港運営会社である。スペイン国内の46空港と2ヘリポートを運営するほか、グループ会社を通じてメキシコにおける12空港とジャ

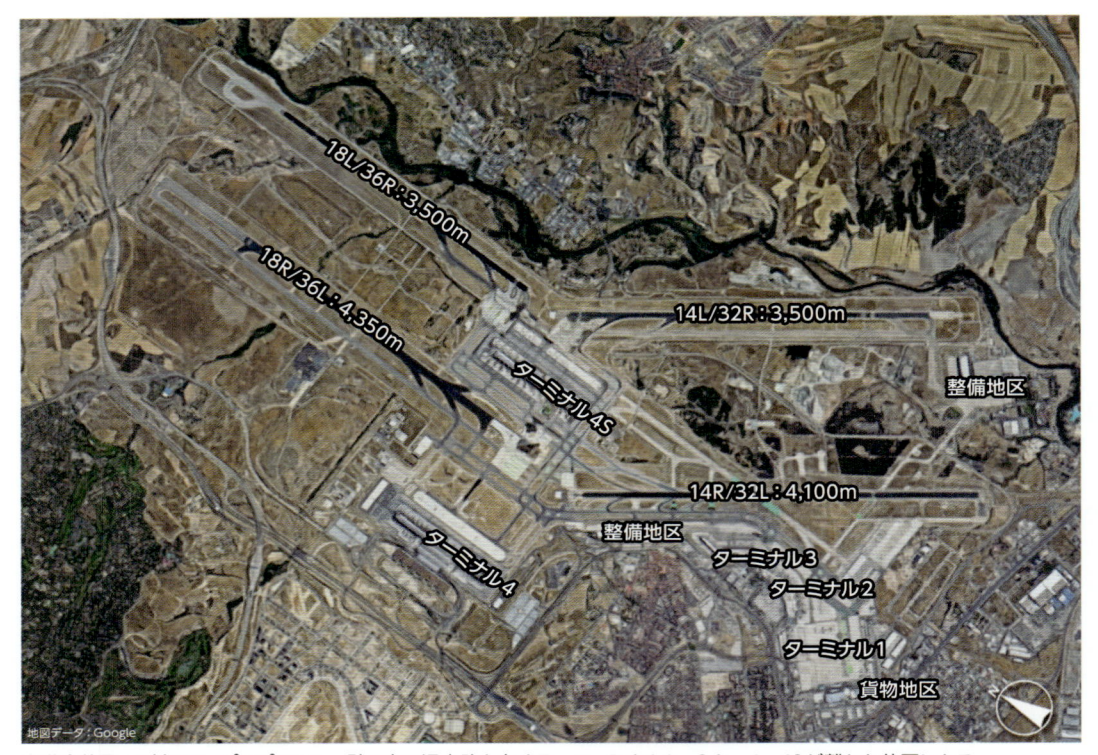

18L/36R：3,500m
18R/36L：4,350m
14L/32R：3,500m
整備地区
ターミナル4S
14R/32L：4,100m
整備地区
ターミナル4
ターミナル3
ターミナル2
ターミナル1
貨物地区
地図データ：Google

空港全体図：2対のオープンパラレル、計4本の滑走路を有する。ターミナル1〜3と、4、4Sが離れた位置にある

スペインの空港分布

マイカにおける1空港、コロンビアにおける2空港を運営し、また2013年にはロンドン・ルートン空港の株式の過半数を買収している。スペイン公共企業体の航空管制公社（ENAIRE）が株式の51%を保有している。

2. 沿革

本空港は1931年に開港し、最初の定期フライトが、スペインポスト航空（Lineas Aéreas Postales Españolas：LAPE）によってバルセロナとの間に就航した。また、国際線としては欧州

域内の他、アフリカにも就航した。40年代に入り1,400mの舗装された滑走路が建設され、それ以降2本の滑走路が建設されるなど拡張・整備が行われた（ただし、当時の滑走路は既に撤去されている）。第二次世界大戦後の50年代には5本の滑走路を有し、ニューヨーク直行便も運航されるようになった。また、70年代に入るとジャンボジェットの登場に合わせ、国際線ターミナル（現在のターミナル1）が供用開始され、97年にはノース・ドック（現在のターミナル3）、99年にはサウス・ドック（現在のターミナル2）が供用されている。98年には、当空港で最も長い滑走路長となる4,350mの新滑走路(18R/36L)が供用している。また、2006年には、本空港の主力ターミナルであるターミナル4及びターミナル4Sが供用開始された。

これと同時に新滑走路18L/36R

ターミナル地域：ターミナル1～3は元は別々に建設されたが、現在は一体化している

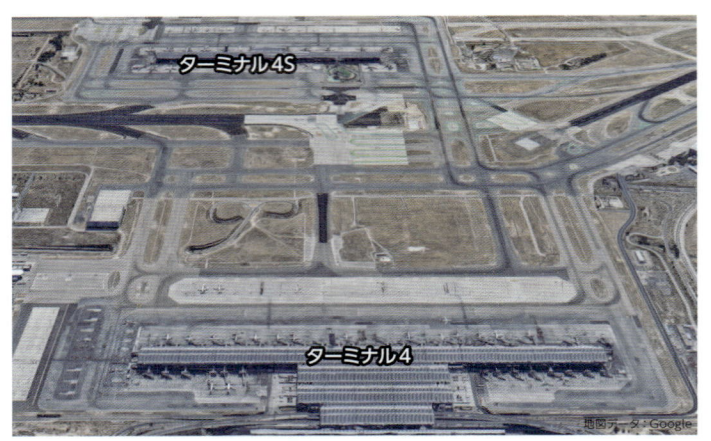

ターミナル4・4S：地下を走るピープル・ムーバーで接続

ターミナル4S（手前）とターミナル4（奥）：遠くにマドリードの高層ビル群を望む

photo / Flo Weis

3. 施設

　本空港には、南北方向に2本1組のオープンパラレル滑走路、北西・南東方向にも2本1組のオープンパラレル滑走路の計4本の滑走路が設置されている。南北方向の滑走路は18R/36L（4,350m：

と14L/32Rの2本が供用され、南北方向のオープンパラレル、北西・南東方向のオープンパラレル滑走路システムが完成した。

18Rは約1,000m短縮運用）と18L/36R（3,500m：18L着陸は約560m短縮運用）であり、両滑走路の離隔距離は1,800mで、同時離着陸が可能である。また、北西・南北方向の滑走路は14R/32L（4,100m：32L着陸は約1,040m短縮運用）と14L/32R（3,500m：32R着陸は約560m短縮）であり、両滑走路の離隔距離は2,500mで、こちらも同時離着陸が可能である。

　本空港には、ターミナル1、ターミナル2、ターミナル3、ターミ

ナル4、ターミナル4Sと5つのターミナルがある。

　ターミナル1、ターミナル2、ターミナル3は別々の時期に建設された建物であるが、一体化されており、スカイチーム、スターアライアンス等の航空会社が利用している。ゲート番号は、3つのターミナルで連続しており、A1〜E89と表示されている。

　ターミナル4は延床面積47万㎡の本館部分と約2.5Km離れた延床面積29万㎡のサテライト4Sとで構成される巨大複合ターミナルである。ターミナル4と4Sの間は地下のピープルムーバー（ボンバルディア社製）で接続されている。本ターミナルの設計者は著名な英国人建築家であるリチャード・ロジャースで、同氏はパリの「ポンピドゥー・センター」をレンゾ・ピアノ（関西国際空港ターミナル1の設計者）と組んで手がけた他、後にヒースローの第5ターミナルも設計している。ターミナル4/4Sは、イベリア航空及びイベリア航空の系列航空会社が主に使用しており、ゲート番号は、ターミナル4がH、J、K、サテライトがM、R、S、Uと表示されている。

　この空港には全部で228のゲート、355のスポットがあり、121の搭乗橋が設置されている。

4. 運用状況

　本空港の2016年の取扱旅客数は5,000万人であり、年間旅客

ターミナル4 バゲージクレームエリア：大屋根や空調ダクトのデザインがユニーク

取扱数としては世界第25位、欧州内では第6位に位置する。また、同年の離着陸回数は38万回（世界35位）に達している。16年において、本空港から79の航空会社が、67か国202地点に就航している。そのなかで最も多いのは、国内線ではバルセロナ路線（230万人）、国際線ではロンドン路線（130万人）である。運用時間は24時間である。

5. 空港アクセス

鉄道アクセスとしてマドリードの地下鉄線が乗り入れており、空港駅とマドリードの市中心部ヌエボス・ミニステリオス駅（Nuevos Ministerios）とをつないでいる。ターミナル2とターミナル4に駅がある。また、通勤列車セルカニアス線（Cercanías Line：C-1）がターミナル4から運行されており、マドリードの市中心部チャマルティン駅（Chamartín Station）をつないでいる。
公共用バスも多数運行されてお

り、マドリード市内の主要地点にアクセスしている。

6. 将来計画

この空港の主要施設の配置を見ると、ターミナル1、2、3は、滑走路14R/32Lの西側にあり、東側の滑走路14L/32Rとの間には幅2,500mの空港用地がほぼ未利用の状態で広がっている。また、最新のターミナル4は滑走路18R/36Lの西側に、用地の南側に寄せて配置されており、北側には広大な未利用地がある。更に、同滑走路と滑走路18L/36Rとの中心線間距離は1,800mあるが、ターミナル4の遠隔サテライトであるターミナル4Sは、2つの滑走路の

新管制塔：4本の滑走路のほぼ中央に配置

間に、南側に寄せて配置されており、北側には同様の施設を建設することが可能な広大な用地が残されている。これらのことから、本空港は将来の航空需要の大幅な増大に十分対応できるように計画されていることが分かる。

（武田洋樹）

■空港の諸元
・空港運営者：スペイン航空・空港会社
　　　　　　（Aena SME,S.A）
・空港面積：3,800ha
・滑走路（長さ×幅）：4本
　　18R/36L：4,350m × 60m
　　18L/36R：3,500m × 60m
　　14R/32L：4,100m × 60m
　　14L/32R：3,500m × 60m

■輸送実績（2016年）
・総旅客数　　50,397,928人
　国際旅客 36,074,688人
　国内旅客 14,279,682人
・貨物量　　　441,216トン
・離着陸回数　378,150回

#027
バルセロナ・エル・プラット空港（スペイン・バルセロナ）

Barcelona-El Prat Airport

LEBL/BCN

1992年のバルセロナ・オリンピックを機に大規模な拡張・開発が行われ、近代的な空港に

1. 概要

バルセロナ（Barcelona）は、スペイン・カタルーニャ州の州都で地中海沿岸に位置する港湾都市である。人口は行政市としては約160万人であるが、都市圏人口は421万人に達し、首都マドリードに次ぐスペイン第2の都市である。19世紀から20世紀初頭にかけて活躍した建築家アントニオ・ガウディによる建築物が多く残されているが、とりわけサグラダ・ファミリア教会は世界的に有名でバルセロナ市のシンボルとなっている。

バルセロナ・エル・プラット空港は、バルセロナ市街地の南西12kmに位置し、標高は4mである。スペインでマドリード空港に次いで、2番目に旅客数・離着陸数の多い空港である。

空港運営者は、マドリード空港と同じスペイン航空・空港会社（Aena SME,S.A）である。

2. 沿革

本空港は1916年に開港し、初めてのフライトがツールーズ（フランス）から飛来している。当時は主に飛行クラブやスペイン海軍の飛行船基地として利用されていたが、27年に初めての定期便としてイベリア航空がマドリードとの間に路線を開設している。第二次世界大戦後の48年には現在の07L/25R滑走路に当たる滑走路が建設され、同年にパンアメリカン航空が空港初の国際便であるニューヨーク便を開設した。52年には1本目の滑走路と垂直方向の16/34滑走路が建設され、誘導路や空港ターミナルビルも完成した。63年には管制塔やエプロンが建設され、既存のターミナルが拡張された。68年には新ターミナルがオープンしたが、これは今日でもターミナル2Bとして現役で使用されている。

1970年代末から本空港の旅客数や空港に対する投資は停滞したが、86年に92年バルセロナ・オリンピック開催が決定すると、既存ターミナル（ターミナルB）の近代化や拡張などの大規模な開発が行われ、ターミナルBの両脇にターミナルAとターミナルCという2つのターミナルが新設された。その後2009年6月には新しくターミナル1が完成し、ターミナルA、ターミナルB、ターミナルCは、それぞれターミナル2A、ターミナル2B、ターミナル2Cと名称を変更した。また、空港が所在するアル・プラド・ダ・リュブラガット市議会の要請を受けて、11年6月に空港の名称が公式にバルセロナ・エル・プラット空港に変更された。

当空港とマドリード・バラハス空港を結ぶ路線は、かつて「空の架け橋」（Puente Aéreo）と呼ばれ、2007年における週あたり便数は971便にも上り、世界で最も便数が多い路線として知られていた。08年にマドリードとバルセロナ間の高速鉄道が開業すると減便され、旅客数も半減したが、16年時点でも1,400万人もの旅客がこの路線を利用している。

3. 施設

本空港には滑走路が3本あり、オープンパラレル（離隔距離約1,500m）に配置された2本の滑走路として、07L/25R（3,743m：07L着陸は約800m短縮運用）と07R/25L（2,660m）があり、これらに対して斜めに配置された滑走路として02/20（2,528m）がある。

この空港には、2つのターミナルがあり、ターミナル1（南側）、ターミナル2（北側）と呼ばれている。

ターミナル1はオープンパラレル滑走路の間に位置し、本館とそこから真っ直ぐに伸びるピア、両側に配置された2本のピアで構成され、当空港を発着する便のうち、およそ7割が本ターミナルを使用している。ターミナル1のフロア面積は54.8万㎡、エプロンの面積は60万㎡である。主に、各国のフルサービスキャリアと、LCCを含むスペインの全航空会社が利用している。

空港全体図：オープンパラレル滑走路間のターミナル1と北側に位置するターミナル2に分かれた配置

ターミナル2は旧ターミナルで、滑走路07L/25Rに面しており、ターミナル2A、2B、2Cで構成され、リニアテンタル形式である。1992年のバルセロナ・オリンピック開催に合わせて改修されている。ターミナル1開業後に使用料の値下げを行い、現在は主にLCCやチャーター便に使われている。ターミナル2Cにイージージェットとイージージェット・スイスのチェックインエリア、ターミナル2Bはそれ以外の航空会社のチェックインエリア及び到着エリア、ターミナル2Aは到着専用ターミナルとなっている。

この空港には全体で150の搭乗ゲートと駐機スポットがあり、73の搭乗橋が設置されている。

4. 運用状況

2016年における本空港の旅客数は約4,400万人、離着陸回数は31万回である。16年において、185の航空会社が54か国、203地点に就航している。空港運用は24時間である。

5. アクセス

鉄道アクセスとして、ロダリーズ線（Rodalies Barcelona commuter train：R2Nord）の始発駅がターミナル2にあり、マカネット・マサネス（Maçanet Massanes）まで接続されており、約30分間隔で運行されている。その間、多くの駅で地下鉄や他の鉄道システムと接続されている。なお、ターミナル1と空港駅とは、無料のシャトルバスで連絡されている。このほか、2016年2月にバルセロナ地下鉄9号線南部区間（L9S）が開業し、ターミナル1駅を始発とし、ターミナル2駅を経由して、バルセロナ市街地まで結ぶ路線が利用可能となった。また、公共用バスも複数運行されており、バルセロナ市の各地と繋がっている。

（武田洋樹）

■**空港の諸元**
- 空港運営者：スペイン航空・空港会社（Aena SME,S.A）
- 滑走路（長さ×幅）：3本
  07L/25R：3,743m × 45m
  07R/25L：2,660m × 45m
  02/20　：2,528m × 45m

■**輸送実績（2016年）**
- 総旅客数　　44,131,031人
  国際旅客　32,316,655人
  国内旅客　11,804,563人
- 貨物量　　　133,904トン
- 離着陸回数　307,864回

#028
リスボン・ウンベルト・デルガード空港 （ポルトガル・リスボン）

Lisbon Humberto Delgado Airport

LPPT/LIS

都心部から10kmと利便性が高い反面、市街地上空を飛行する航空機の騒音問題が課題

1. 沿革と概要

ポルトガル（正式名：ポルトガル共和国）はイベリア半島西端に位置し、国土面積92㎢（日本の24%）、人口1,0600万人（8%）で、首都はリスボンである。本土の他に、大西洋上のアソーレス諸島、マデイラ諸島を領有している。本土に15の、また2つの諸島に6つの公共用空港がある。

リスボン・ウンベルト・デルガード空港は、リスボン中心部から10Km北東に位置する首都空港である。市街地と近接しており、アクセスが良好である反面、離着陸機が市街地の直上を通るため騒音問題を抱えている。

空港は第二次世界大戦のさなか、1942年10月に供用開始され、大戦中は、中立国の空港として、敵対するドイツと英国両方の航空会社に使用されていた。50年代には長さ1,024mから1,350mまでの4本の滑走路が45度の交差角で配置されていたが、それらの内2本は廃止され、残り2本が延長・改良されながら現在に至っている。62年には滑走路(03/21)が、B707やDC-8が就航できるよう3,130mに延長され、大西洋横断直行フライトが可能となった。最初の直行フライトは、トランス・ワールド航空（TWA）のB707によるニューヨーク便であった。72年、TAPポルトガル航空のB747導入に合わせて、5スポットの大型駐機場が建設され、ターミナルビルの拡張も行われた。

1998年には、リスボン空港をはじめとする、ポルト空港、ファロー空港等、島嶼地域を含む同国内の主要10空港の運営を公社化（ANA Aeroportos de Portugal）したが、2013年にはこの公社をフランスのVINCIエアポートが子会社とした。従来は空港の所在地名からポルテラ空港（Portela Airport）と呼ばれてきたが、2016年5月、反サラザール派の将軍であったウンベルト・デルガードにちなんで、リスボン・ウンベルト・デルガード空港に改称された。

整備地区
ターミナル1
17/35：2,304m
03/21：3,805m
ターミナル2
地図データ：Google

空港全体図：滑走路03/21が離着陸の90%以上を占める

地図データ：Google

ターミナル1：本空港のメインターミナル

2. 施設

　この空港には滑走路が2本あり、主滑走路03/21は長さ3,805m（21着陸は約600m短縮運用）×幅45mであり、ILSが設置されている。これに交差する滑走路17/35は長さ2,304m×幅45mである。03/21滑走路の運用が離着陸全体で90%以上を占めている。

　ターミナルは2棟あり、主ターミナルが滑走路17/35の東側に位置するターミナル1で、空港南側に位置するターミナル2はLCC用である。ターミナル1は、国内、国際のほとんどの航空会社が利用しており、チェックインはホール1（13カウンター）とホール2（68カウンター）に分かれている。出発は29ゲートあり、そのうち7ゲートは国際線専用となっている。TAPポルトガル航空（TAP Portugal）及びスターアライアンスの航空会社を含むほとんどの航空会社が利用している。ターミナル2は、LCC専用として2007年8月に供用された。メインユーザーは、イージージェット（easyJet）とライオン・エア（Ryanair）である。ターミナル1と2は無料のシャトルバスで結ばれている。

3. 運用状況

　2016年の輸送実績は、離着陸回数18万回、旅客数2,200万人である。本空港には59の航空会社と4つの貨物専用機会社が就航している。路線別旅客数を見ると、欧州内では近隣のスペイン、フランス、英国への路線が多く、大陸間では歴史的な結びつきの強いアンゴラ、ブラジルへの路線が多い。

4. アクセス

　鉄道アクセスとして、リスボン地下鉄（Metro de Lisbon）がターミナル1に乗り入れている。地下鉄レッドラインは空港駅が始発となっており、サン・セバスティアン駅まで繋がっている。途中、アラメダ駅でグリーンライン、サルダーニャ駅でイエローライン、そして終点サン・セバスティアン駅でブルーラインに接続しており、1回乗り換えるだけですべての地下鉄駅にアクセスすることができる。また、オリエンテ駅からはポルトガル国内各地向けの列車が発着しており、国内の乗り継ぎも便利となっている。

　公共用バスとして、複数のバス路線が張られており、リスボン各地と結ばれている。

5. 将来計画

　この空港は市街地に囲まれているため、騒音問題がかつてから大きな問題であった。このため、現空港を継続使用するか、あるいは新空港を建設するかが長年に渡って議論されてきた。ポルトガル政府は、2008年に一旦アルコシェテ（Alcochete）に新空港を建設することを決定したが、ポルトガルの経済低迷を受け、13年に新空港建設の計画は白紙に戻されている。

　この計画に代わって、現在、リスボン市の対岸（サモウコ）にある空軍基地を転用することが検討されている。ANAによりマスタープランも作成されているが、具体的なスケジュールは未定である。

（武田洋樹）

■空港の諸元
・空港運営者：ポルトガル空港公社
　　　　　　（ANA Aeroportos de Portugal）
・滑走路（長さ×幅）：2本
　　03/21：3,805m × 45m
　　17/35：2,304m × 45m

■輸送実績 （2016年）
・総旅客数　　22,449,289人
　国際旅客　19,376,171人
　国内旅客　 3,057,759人
・貨物量　　　 101,666トン
・離着陸回数　 182,927回

#029
ウィーン国際空港（オーストリア・ウィーン）

Vienna International Airport

2012年に第3ターミナルがオープンした、欧州鉄道網と結ばれる空路・陸路の要衝

1. 沿革と概要

オーストリア共和国は、中部ヨーロッパに位置し、国土面積84㎢（日本の22%）、人口840万人（同7%）で、首都はウィーンである。

ウィーン国際空港は、ウィーン中心部の南東20kmに位置する空港である。市内と空港とは、快速特急や都市空港鉄道で結ばれており、アクセスの利便性は非常に高い。また長距離鉄道の空港駅を利用して、周辺の都市とのアクセスも容易に可能である。

オーストリア国内だけでなく、チェコ共和国、スロバキア、ハンガリー、スロベニアを含めると、車で2時間以内に空港へ到達可能

な人口は1,180万人、3時間以内で2,340万人に達するという状況にあり、こうした周辺国のインフラ整備や経済復興が、ウィーン国際空港の需要増大をさらに加速させている。

当空港は1938年に空軍基地として開設され、第二次世界大戦後、ウィーン市内にあった民間空港の機能が移転された。当初は英国軍に接収されていたが、54年にウィーン空港運営会社が運営の移管を受けた。60年に新ターミナルビルが供用を開始し、73年には年間旅客数が200万人を超えたため、2本目の滑走路（16/34：3,600m）の整備計画が持ち上がり、77年に供用を開始した。続いて88年には8つのボーディン

グブリッジを有する東ピア（現在のコンコースD）が供用を開始した。

1992年、公的な空港運営者であったウィーン空港㈱（Flughafen Wien AG）が、部分的に民営化することとなった。最大の株主は、欧州空港グループ（Airports Group Europe）（29.9%）で、次いで、ウィーン市とニーダーエスターライヒ州がそれぞれ20%、ウィーン空港（Flughafen Wien）労働者基金が10%、残りの20.1%が浮動株式で市場で売買されている。

1992年には新ターミナル1が供用を開始し、96年には12のボーディングブリッジを有する西ピア（現在のコンコースB及びC）が供

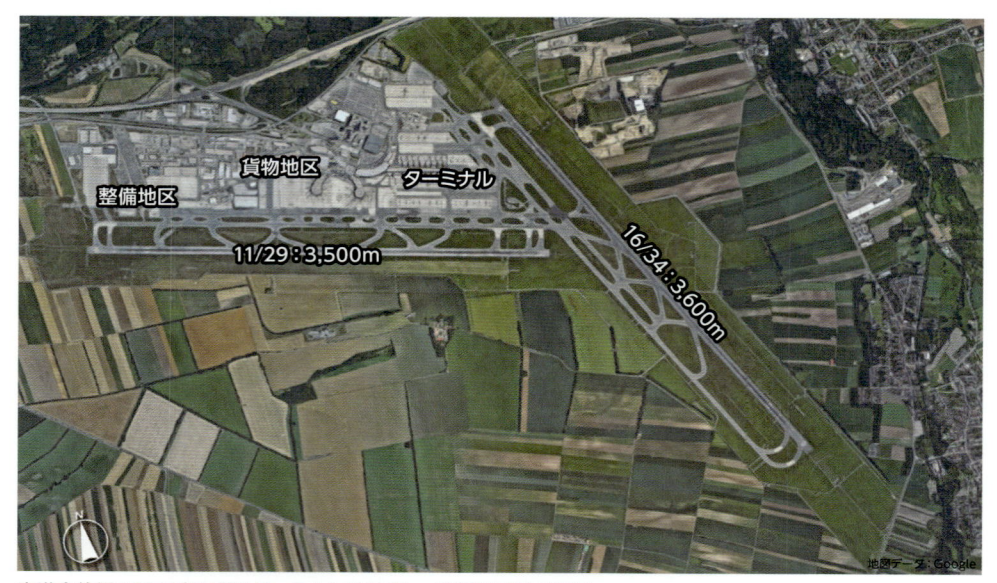

空港全体図：2012年に第3ターミナルが完成し、取扱旅客数が増加

用を開始した。

1998年、空港会社は、大規模なターミナル拡張のマスタープランを発表した。このマスタープランは、新たな旅客ターミナルビルのみならず、新たなオフィスパーク、鉄道駅、貨物基地、ジェネアビセンター、管制塔など多くの施設整備が含まれるものであった。このプランに基づき、2012年、待望の第3ターミナルと17のボーディングブリッジを有する北ピア（現在のコンコースF及びG）が供用を開始した。これにより空港は年間3,000万人規模の取り扱いが可能となった。

2. 施設

滑走路は、11/29（3,500m）と16/34（3,600m）の2本である。両滑走路とも、幅45m、アスファルト舗装で、2本の平行誘導路と高速脱出誘導路を備えている。

旅客ターミナルは滑走路11/29に面する位置にあり、4つの本館（ターミナル1、1A、2、3）と、そこから伸びる3つのピア（西ピア、東ピア、北ピア：5つのコンコース）から構成されている。ターミナル1は、主として、エア・ベルリン、ニキ航空、及び他のワンワールドとスカイチーム・メンバーにより利用されている。ターミナル1Aはターミナル1の反対側に立地する独立したビルで、LCCのチェックイン用として利用されている。ターミナル2は数多くの

外国航空会社に利用されていたが、改装中であり、2017年までには再供用の予定である。ターミナル3はコンコースFとGに接続する最新のターミナルビルであり、オーストリアの航空会社グループ、及びスターアライアンス・メンバーにより利用されている。一方ピアについては、コンコースBは西ピアの1階部分であり、バスによる搭乗ゲートがあって、シェンゲン協定区域用である。コンコースCは西ピアの2階部分で、搭乗橋（PBB）による搭乗とバスによる搭乗の双方を有する。コンコースDは東ピアのコンコースであり、ノンシェンゲン用で入国審査施設を有している。コンコースFは北ピアの1階部分で、シェンゲン協定区域用である。コンコースGは北ピアの3階部分で、ノンシェンゲン用であり、入国審査施設を有する。

3. 運用状況

当空港では、前述のような地理的優位性を生かし、東中央ヨーロッパの主要ハブとしての地位を築いてきており、現在、75か国の181都市との間に航空ネットワークが形成されている。2016

年の利用実績をみると、年間の発着回数は24万回、航空旅客数は2,300万人（前年比2.5%の増加）である。旅客数の約3割にあたる630万人がトランジット客であり、ハブ空港として機能していることが見て取れる。就航する航空会社は62社で、その中心はオーストリア航空が担っており、続いて、ニキ航空、LCC大手のイージージェット、ユーロ・ウィングス（ルフトハンザの子会社）、エア・ベルリンなどが比較的多くの便数を就航させている。方面別にみると、輸送量の多い順にフランクフルト、チューリッヒ、ロンドン、デュッセルドルフ、ベルリンとなっており、ドイツとの間の流動が多い。

4. 将来計画

ウィーン空港は当初、2016年までに第3滑走路が必要になると予測されていた。現在はその必要時期を25年に修正しているが、環境団体や一部の地域社会はその建設に反対している。同滑走路建設の差し止めを求める訴訟の行政裁判所の判決時期は15年後半に予定されていたが、16年現在判決は出されていない。

（干山善幸）

■空港の諸元	
・空港運営者：ウィーン空港㈱	
（Flughafen Wien AG）	
・滑走路（長さ×幅）：2本	
11/29：3,500m × 45m	
16/34：3,600m × 45m	

■輸送実績（2016年）	
・総旅客数	23,352,016人
国際旅客	22,743,166人
国内旅客	507,714人
・貨物量	216,415トン
・離着陸回数	244,887回

#030
チューリッヒ空港 （スイス・チューリッヒ）

Zürich Airport

LSZH/ZRH

エアサイドセンターをコア施設としてターミナルを構成するスイス航空の拠点

1. 沿革と概要

　永世中立国として知られるスイス（正式名称：スイス連邦）は、6つの国に囲まれた内陸国で、面積は4万1,000km²（九州よりやや小さい）である。国際連合ジュネーヴ事務局や世界保健機関（WHO）、国際オリンピック委員会（IOC）といった様々な国際機関の本部が置かれている。1人当たりのGDPは世界トップクラスで、世界で最も国際競争力の高い国の1つである。首都はベルン市であるが、都市の規模としては、チューリッヒが最大でジュネーヴが第2の都市である。スイスには21の公共空港があり、そのうち7空港に定期便が就航している。

　チューリッヒにおける民間航空は1910年に開港したデューベン

ドルフ航空基地において、スイス航空の前身であるアド・アストラ・エアロ（Ad Astra Aero）社が19年に民間航空機の運航を開始したのが始まりである。以来、第二次世界大戦の終戦まで同基地が民間航空と軍用機に共同利用されていた。戦後すぐ現在の位置に、民間専用の新空港のための用地（655ha）取得が行われ、2本の滑走路やターミナルが建設され、開港直後の47年にはすでに年間13万人の航空旅客の取り扱いがあった。53年以降、数次に渡る空港拡張が行われ、ターミナルAが71年に開業し、76年に滑走路14/32が供用された。2000年に空港が民営化され、チューリッヒ空港公社（Flughafen Zürich AG）が運営することとなった。03年にはミッド・フィールド・ター

ミナル（ターミナルE）が供用され、地下トンネルを走るピープルムーバーも運用開始された。

2. 施設

　チューリッヒ空港は、チューリッヒ市の北13Kmのクローテンに位置する、スイス最大規模の国際空港である。空港には3本の滑走路があり、10/28：2,500m、14/32：3,300m、16/34：3,700m（34着陸は約450m短縮運用）となっている。通常、滑走路14が着陸用、滑走路16、滑走路28が離陸用として運用されているが、早朝、深夜については一部運用方式が異なる。

　空港には、2003年に供用されたエアサイドセンター（Airside Center）と呼ばれるビルを中心に

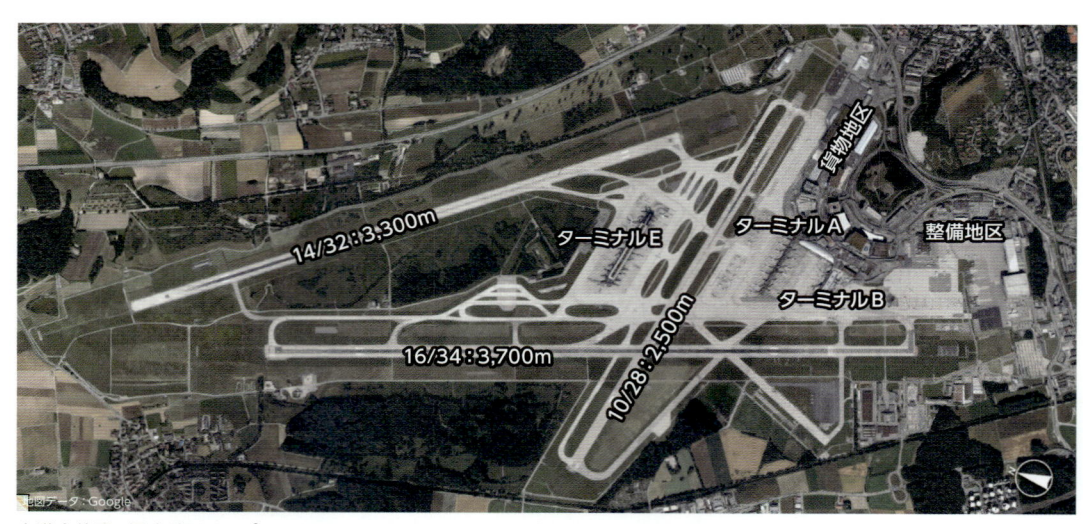

空港全体図：滑走路はオープンVとインターセクションの組み合わせ。あらゆる風向に対応

ターミナル地域：ターミナルEとエアサイドセンター間は地下のピープルムーバーで連絡

3つのターミナルが存在している。エアサイドセンターは複数のビルで構成され、航空会社のチェックインカウンター、ショッピングモール、鉄道の駅、バス、トラム、駐車場等の機能を提供している。このエアサイドセンターに3つのターミナルが接続されている。

ターミナルAは1971年に建設され、ゲートAと表示されており、シェンゲン圏線（シェンゲン協定により、ヨーロッパの国家間において国境検査なしで国境を越えることが許された国）及びスイス国内線が利用している。

ターミナルBは75年に建設され、ゲートBとゲートDと表示されており、シェンゲン圏と非シェンゲン圏（国際線）の航空会社が利用している。

ターミナルEは滑走路10/28の反対側に位置し、滑走路14/32、滑走路16/34にもアクセスが可能である。地下でスカイメトロ（Skymetro）と呼ばれるピープルムーバーでエアサイドセンターと接続されており、非シェンゲン圏（国際線）専用で使用され、ゲートEと表示されている。

3. 運用状況

チューリッヒ空港は、スイスのフラッグキャリア、スイス・インターナショナル・エアラインズ（Swiss International Air Lines）の本拠地であり、ベルエアー（Belair）、エーデルワイズ航空（Edelweiss Air）他3つの航空会社がここをハブ空港として利用している。本空港は現在62か国、196地点と結ばれている。2016年の輸送実績として、離着陸回数27万回、旅客数2,800万人を記録している。

鉄道駅がエアサイドセンターに設置されており、エスバーン（S-Bahn）、インターレジオ（InterRegio）、インターシティ（InterCity）、ユーロシティ（EuroCity）という各種の鉄道サービスが提供されている。また、公共用バス、トラムが多数運行され

ており、タクシーを含め市街地に簡単に移動することが可能である。

本空港は深刻な騒音問題を抱えており、1972年からは夜間の運用制限（カーフュー）が法制化され、80年には騒音に対する課金が行われた。また、空港がドイツ国境に近いことから84年には出発、到着に利用されるドイツ空域の制限も条約化された。加えて、2001年にはドイツとの間で新しい条約が交わされ、22時以降のフライトについては滑走路28を使用することが義務化された。空港周辺では、民家防音工事、騒音監視等の対策が行われている。

3. 将来計画

滑走路の運用効率を高めるため高速脱出誘導路の建設、駐機機数を増やすためのエプロンの拡張等が計画されている。

（武田洋樹）

■空港の諸元
・空港運営者：チューリッヒ空港公社（Flughafen Zürich AG）
・滑走路（長さ×幅）：3本
　10/28：2,500m × 60m
　14/32：3,300m × 60m
　16/34：3,700m × 60m

■輸送実績（2016年）
・総旅客数　　27,614,849人
　国際旅客　26,937,669人
　国内旅客　　 661,266人
・貨物量　　　 344,380トン
・離着陸回数　 269,160回

#031
ジュネーブ空港 （スイス・ジュネーブ）

Geneva Airport

LSGG/GVA

フランスとの国境線に接し、同国利用者専用の CIQ ピアを持つ空港

1. 沿革と概要

ジュネーブはスイス西端、レマン湖の南西岸に位置し、チューリッヒに次ぐスイス第2の都市である。

ジュネーブ空港は、ジュネーブ中心部から4Km北西に位置し、空港敷地はフランスの国境に接している。このような空港立地から、空港内のフランス区域（Secteur France）からは、スイスに一時入国することなくフランスに直接出入国できる。また、スイス側からフランスへの便を利用する場合には、まず空港内でスイス・フランス間のCIQを通過し、フランス区域に入った後に搭乗手続を行う。

ジュネーブには第二次世界大戦前に国際連盟の本部が置かれたことから、現在も多くの国際機関が所在し、様々な国際会議が行われる。また、空港にはコンベンションセンターであるパレクスポ（Palexpo）が隣接しており、有名なジュネーブ・モーターショーをはじめとする自動車や時計など、様々な国際的トレードショーが開催される。さらに、風光明媚なレマン湖のほとりに位置するジュネーブは、スイス・アルプス観光の起点都市でもある。これらの要素が相まって、ジュネーブ空港は極めて旺盛な国際航空需要に支えられ順調に発展を遂げている。

ジュネーブ空港の起源は1919年に遡り、37年に初めて405mのコンクリート製の滑走路が建設された。第二次世界大戦のなか、滑走路は1,200mに延長された。60年代に入り、航空機のジェット化に伴い、滑走路は現在の3,900mに延長された。この滑走路の長さはスイスで一番長いだけでなく、欧州で最も長い滑走路の1つである。68年には、年間700万人を取り扱えるターミナルビルが供用された。87年には、スイス国鉄が空港に乗り入れ、これを契機に、12の搭乗橋を有する新ターミナルが建設され、2つのターミナルが改築され、多くの改修・増築が行われて現在に至っている。

2. 施設

本空港は標高430mで、滑走路が2本あり、主滑走路は05/23（3,900m×50m：23方向の着陸は330m短縮運用、コンクリート舗装）で、ILS、平行誘導路、高速脱出誘導路が設置されている。320度から140度の方位から4ノット以上の風が吹く場合には滑走路05が使用されるが、それ以外の場合は23が優先的に使用されている。もう1本は05L/23R（823m×30m、草地）であり、

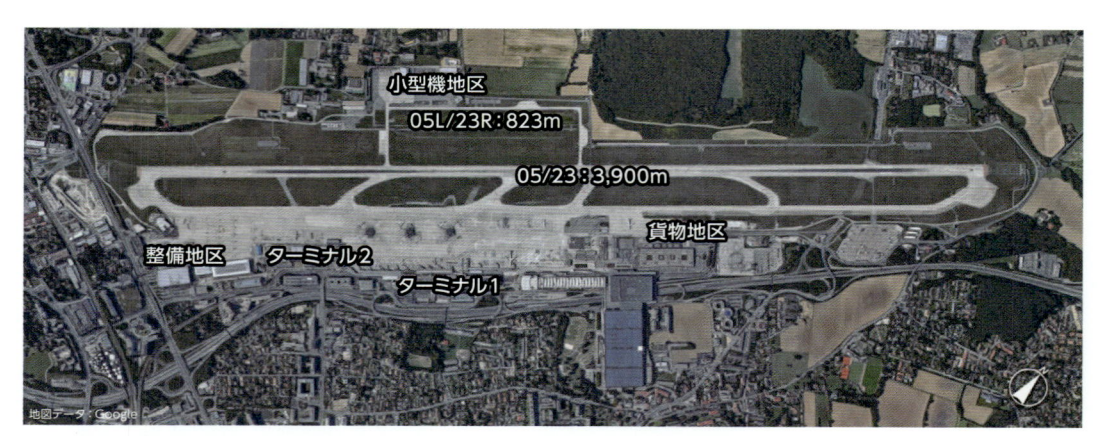

空港全体図：滑走路05/23はスイス国内で一番の長さ。滑走路05L/23Rは小型機用

ターミナル地域：ターミナル1はフロンタル形式と3つの円形遠隔サテライトで構成

小型機用である。

旅客ターミナルは2棟あり、ターミナル1は新しくて規模が大きく、ターミナル2は古くて小規模であり季節運用されている。

ターミナル1は、フロンタル形式と3つの円形遠隔サテライト等を組み合わせた形式であり、それらは地下歩道で結ばれている。使用上、ピアA、B、C、D、Fと5つのピアに区分されている。本館前面のピアAはシェンゲン圏（シェンゲン協定により、ヨーロッパの国家間において国境検査なしで国境を越えることが許された国）の航空会社が利用している。2つの円形サテライトで構成されるピアB、またピアAの右手に伸びるピアC（長距離大型機用）は、非シェンゲン圏の国際線航空会社が利用している。1つの円形サテライトからなるピアDは、階によりシェンゲン・非シェンゲン圏に分離されて使用されている。ピアFは、フレンチ・セクターとして知られており、フランスに出国する旅客とフランスから到着旅客の専用である。1960年にフランスとジュネーブ州で締結された協定により、フランスへの出国、フランスからの到着について通関・関税を免除する措置に基づく専用ピ

アである。

ターミナル2は、冬季のチャーター便のためだけに利用されている。ターミナル2は1946年に建設され、ターミナル1が供用されるまで使用されていた。このターミナルを改修して格安航空会社（LCC）専用にするという計画もあるがまだ実現していない。

3. 運用状況

当空港は、イージージェット（easyJet Switzerland）、エティハド・リージョナル航空（Etihad Regional）のハブ空港となっている。2016年の輸送実績は、離着陸回数19万回であり、旅客数1,600万人であった。

空港運営者であるジュネーブ市は、空港の騒音対策に非常に力を入れており、騒音・飛行経路の常時監視を行い、また民家防音工事も積極的に実施して、地元住民と空港運用について共存共栄のスタンスを維持している。

空港には、スイス国鉄（Chemins de fer fédéraux suisses：CFF）の駅があり、スイス国内のほとんどにアクセスが可能となっている。この空港駅が始発駅となっており、ジュネーブの市街地であるジュネーブ・コルナバン駅（Geneva-Cornavin Station）まで約10分で行くことができる。また公共用バスも多数運行されており、ジュネーブ市内の各地域にアクセス可能である。特に、フランスのアヌシー（Annecy）、スキー・リゾートのシャモニー（Chamonix）行のバスも運行されている。

4. 将来計画

旺盛な航空需要を背景にジュネーブ市は、現在のメインターミナルの東側（現在のピアC）に長距離国際線専用のターミナルを建設することを決定した。同ビルは、長さ520m、奥域20m、高さ19mの計画であり、6つのボーディングブリッジを設置する予定である（現在は、3つのボーディングブリッジ、3つのリモートスポット）。既に建設が開始されており、2020年に供用される予定である。

（武田洋樹）

■空港の諸元		■輸送実績（2016年）	
・空港運営者：ジュネーブ市		・総旅客数	16,452,049人
・滑走路（長さ×幅）：2本		国際旅客	15,796,408人
05/23 ：3,900m × 50m		国内旅客	647,932人
05L/23R：823m × 30m（草地）		・貨物量	41,976トン
・ターミナル2棟		・離着陸回数	189,840回

#032
アムステルダム・スキポール空港（オランダ・アムステルダム）

Amsterdam Airport Schiphol

EHAM/AMS

6本の滑走路が縦横に配置され全方位の離着陸に対応する、1916年開港の歴史ある空港

1. オランダの空港

　オランダ（正式名ネーデルランド）は、西ヨーロッパの北海に面する立憲君主制国家であり、国土面積4万2,000km²（日本の11.1%）、人口1,600万人（日本の12.6%）である。カリブ海のアルバ、キュラソー、シント・マールテンと共にオランダ王国を構成している。憲法上の首都はアムステルダムであるが、王宮、国会、中央官庁、各国の大使館などはデン・ハーグ（英語表記：ザ・ハーグ）

にあり、事実上の首都となっている。

　第二次世界大戦時オランダは中立を宣言したが、1940年5月ナチス・ドイツに奇襲されて敗北し、王族は英国に亡命した。41年には東インド（インドネシア）植民地が日本軍に占領された。44年9月には連合国軍がアイントホーフェン及びその周辺地域を解放するが、アムステルダムを含めた多くの地域の解放は45年春にドイツが降伏してからである。

　オランダには、本土・カリブ

海を合わせて25の民間空港（うち4つは飛行場）があり、そのうち定期便が就航しているのは8空港（うち3空港はカリブ海）である。同国は国土面積が小さく、また国内には高速鉄道網や内陸水路網が発達していることから、航空輸送の大部分は国際航空輸送である。本土においては、スキポール空港以外にアイントホーフェン空港、ロッテルダム・ハーグ空港、マーストリヒト・アーヘン空港、グローニンゲン空港といった国際空港があるが、いずれも小規

18R/36L：3,800m
18C/36C：3,300m
06/24：3,500m
貨物地区
09/27：3,453m
ターミナル
18L/36R：3,400m
整備地区
04/22：2,014m

空港全体図：離着陸容量と風向きへの対応を考慮した滑走路配置

模である。そのなかでは、スキポール・グループに属しているアイントホーフェン空港が、2016年の旅客数470万人（対前年比9.3％増）と成長している。

2. 沿革

スキポール空港の起源は、アムステルダム防塞線　各所に要塞が配された全長135キロに及ぶ堤防の端に位置するスキポール要塞周辺の土地に、空軍基地飛行場として1916年に共用開始したのが始まりである。初期の用地面積は1.5haであったがすぐに76haに拡張され、第一次世界大戦後の20年、KLMによるスキポール・ロンドン間の路線が開設された。26年、アムステルダム市に買収され、空港敷地の排水改良、舗装エプロン（50m×100m）の建設、旅客ターミナルビル、管制塔の

建設が行われた。35年になると、アスファルト舗装滑走路4本（すべて長さ1,020m以下、45度の角度で配置）を備える空港になり、200kmの排水溝や航空灯火が整備された。それらの滑走路のうちの1本は後に延長され、今日の04/22滑走路になっている。同空港は40年にはナチス・ドイツの爆撃対象となり、同軍による占領時には逆に連合軍による爆撃対象となって使用不能となった。ドイツ占領時に鉄道の引き込み線建設が行われている。45年5月、ドイツの敗戦によって同空港はオランダの手に戻り、集中的な修復工事が行われ、7月には民間航空機の就航が再開した。戦後の航空需要の増大に対応して、同空港は南側への用地拡張を行い、新ターミナルビルが49年に完成し、スキポール空港をオランダの主要空港とすることが決定された。70年

にはB747の利用を可能にするため、Aピアの搭乗橋が改修された。91年には新管制塔が完成し、また6本目の滑走路が空港の他の部分から西に遠く離れた位置に建設されて2003年に完成した。同滑走路は高速道路を横断する誘導路で既存施設と繋がれたが、航空機地上走行時間が10〜20分と長くかかることになり、また、これにより追加の管制塔が必要になった。

3. 施設

アムステルダム・スキポール空港はアムステルダム中心部の南西9kmに位置している。標高は海面より低く、-3mである。

(1) 離着陸エリア

滑走路は6本あり、うち3本は相互にオープンパラレル配置である。

ターミナル地域：巨大空港であるが、ターミナル本館は一体。そこから7つのピアが延びる

滑走路18C/36Cは長さ3,300m（36C着陸は2,850mに短縮運用）×幅45mであり、18L/36Rは長さ3,400m（18L着陸は2,820m）×幅45m、また18R/36Lは長さ3,800m（18R着陸は3,530m）×幅60mである。滑走路中心線間隔は、18L/36Rと18C/36C間が2,790m、18R/36Lと18C/36C間は2,100mである。他の3本は、滑走路09/27が長さ3,453m（09着陸は3,350m）×幅45mであり、06/24が長さ3,500m（06着陸は3,230m）×幅45m、また04/22（主としてジェネラルアビエーションが使用）が長さ2,014m×幅45mである。6本すべての滑走路はアスファルト舗装で、またILSが設置されている。滑走路18C/36C、09/27、04/22は滑走路全長に対応する平行誘導路が、その他の3本の滑走路には一部に対応する平行誘導路が設置されている。また、18L/36R以外の5本の滑走路には高速脱出誘導路が設置されている。滑走路18R/36Lは18C/36Cと約2kmの長さの誘導路（一部区間は複線、他の区間は単線）で結ばれている。

すべての滑走路に名称が付けられている（例えば滑走路18C/36Cは「ズワーネンブルグバーン（Zwanenburgbaan：空港周辺のズワーネンブルグ村の名を冠している）」等）。

スキポールプラザ

(2) ターミナルエリア

旅客ターミナル地域は、4本の滑走路（18C/36C、18L/36R、09/27、06/24）に囲まれた位置に配置されている。ターミナルは「単一ターミナル」の考え方で設計されており、旅客が必要とするすべての施設が1つのターミナルビルのなかで完結し、歩行による出発・到着・乗り継ぎが可能である。ターミナルビルは、L字型の本館と7つのピア（一部サテライト形状部分）及びLCC用の1つのフィンガーから構成されている。典型的なフィンガー方式ターミナルとして、第1世代のジェット機から徐々に拡張を繰り返して航空機の大型化に対応してきた。出発客と到着客は同一のラウンジゲートを使用する形式である。本館出発ロビーは出発1（東側2階）、出発2（東側2階）、及び出発3（北側2階）の3つに区分されている。旅客は出発ロビーから出国審査（シェンゲン域内便の場合は航空券確認ゲート）を通って出発ラウンジに出る。ラウンジはピアに対応して、ラウンジ1（東側：シェンゲン域内便用）、ラウンジ2（東側）、ラウンジ3・ラウンジ4（北側）に区分されている。搭乗ゲートの固定ゲート数は13で、うち搭乗橋付きが7つある。用途はピアごとに分けられており、B、C及びD上層階はシェンゲン域内用、H、MはLCC用（H：国際線用、M：シェンゲン域内用）である。このほかに遠隔ゲートも設置されている。空港東側、滑走路04/22に対応する位置に延床面積6,000㎡のジェネラルアビエーション用ターミナルが11年に供用開始している。

空港全体では、固定スポット数は97、遠隔スポット数は110である。ターミナルビル内のレストラン・物販店が充実しており、か

ねて、非航空収入の大きさを誇っている。

管制塔は旅客ターミナルに囲まれた位置にあり、高さは101mである。

(3) 地上アクセス

ターミナル地下1階にネーデルランド鉄道のスキポール空港駅があり、アムステルダムとロッテルダムを結ぶ幹線鉄道が通っている。所要時間はアムステルダム中央駅まで15分、ロッテルダムまでは50分で、ドイツ方面へのインター・シティ、ベルギー・フランス方面への高速列車も停車する。

空港へのアクセス道路と管制塔

photo / Amsterdam Airport Schiphol

4. 運用状況

空港の所有・運営者はスキポール・グループであり、同社はロッテルダム空港、レリスタッド空港の所有・運営者であると共に、アイントホーフェン空港の過半数の株式も保有している。また、同社はパリ、ニューヨーク、ブリスベン、香港、アルバ、ソウル等の空港にも関係する国際企業である。

スキポール空港は、97の航空会社が295の地点との間に旅客便路線を運航しており、貨物専用機については、31の航空会社が78地点を結んでいる。

2016年の離着陸回数は50万回、旅客数は6,400万人、貨物量は170万トンで、国際線旅客数は世界で4番目にランクされている。また乗継ぎ率が40%と極めて高

く、ヨーロッパ屈指のゲートウェイ空港としての機能を果たしている。

5. 将来計画

空港運営者のスキポール・グループは、2012年に新ピアの建設、ターミナル拡張、新駐車場建設を含む拡張計画を発表した。新設されるピアAは、既存のピアB・Cと出発ラウンジ1を共有するピアとなる。同ピアは就航機材に応じて柔軟に対応できるよう、ワイドボディ3機とナローボディ3機の組み合わせ、もしくはナローボ

ディ11機のいずれかが選択可能となるよう計画されている。17年に事業を開始し19年に完成する予定である。また、新たな建物と鉄道駅は直結される計画である。23年に新ターミナルが完成すると、スキポール空港は年間7,000万人（現在の容量は6,000～6,500万人）の旅客取扱が可能となる。

(唯野邦男)

■空港の諸元
・空港運営者：スキポール・グループ (Schiphol Group)
・滑走路（長さ×幅）：6本
　18C/36C：3,300m × 45m
　18L/36R：3,400m × 45m
　18R/36L：3,800m × 60m
　09/27　：3,453m × 45m
　06/24　：3,500m × 45m
　04/22　：2,014m × 45m

■輸送実績（2016年）
・総旅客数　　63,625,534人
　国際旅客　63,533,504人
　国内旅客　　　　206人
・貨物量　　　1,694,729トン
・離着陸回数　　496,256回

#033
ロッテルダム・ザ・ハーグ空港（オランダ・ロッテルダム）

Rotterdam The Hague Airport

EHRD/RTM

オランダ第2の都市に立地するが、スキポール空港から近く需要の取り込みは限定的

1. 沿革

第二次世界大戦後、オランダ政府はスキポール空港に継ぐ第2の空港を建設することを決定した。ロッテルダムには大戦前にワールハーベン空港があったが、ドイツ軍が使用できないよう完全に破壊されていた。同空港の再建は現実的ではなかったため、新たな空港建設地としてツィスティンホーヘン干拓地が選定され、その地名が新空港の名称（ツィスティンホーヘン空港）となった。

同空港の建設は1955年8月に始まり、56年に正式に開港した。すぐに、いくつかの大手の国際航空会社が運航を開始したが、70年代になると同空港を閉鎖し住宅地を作るという計画が作成され、

アムステルダムの空港分布：両空港の距離は約50km

同空港の将来の成長に確信を持てない多くの航空会社が空港を去って行った。約30年の間、空港はほぼ閉鎖状態にあったが、90年代の経済成長により航空需要が増大し、2001年に少なくとも今世紀中は空港を現在の場所で継続使用することが決定された。

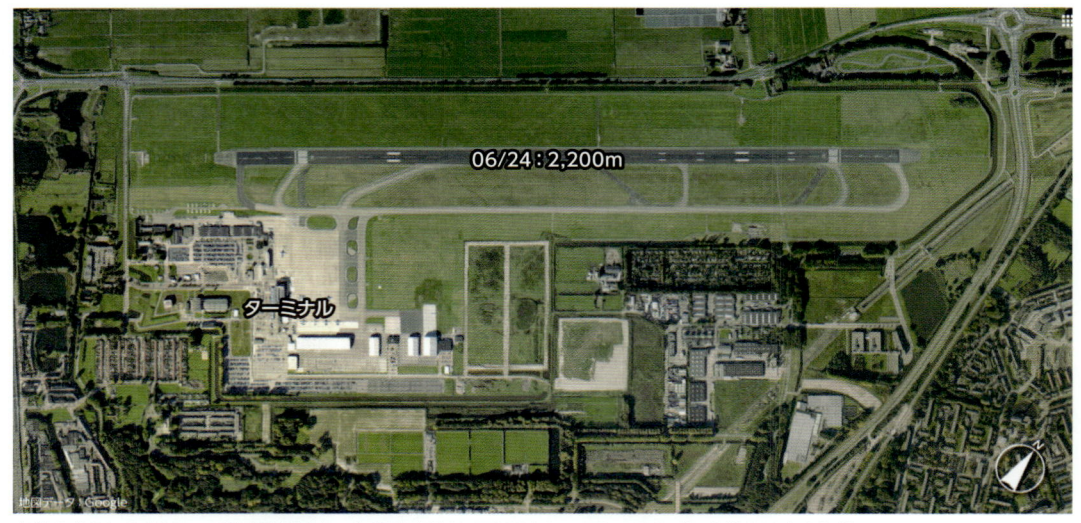

06/24：2,200m

ターミナル

空港全体図：2,200mの滑走路が1本。年間旅客数は170万人と、アムステルダム空港とは大きな差

ツィスティンホーフェン空港という名称は、その後ロッテルダム空港に変更され、2010年には現在の名称であるロッテルダム・ザ・ハーグ空港になった。

ターミナルビルと管制塔：やや古めかしい印象

photo / Rotterdam Airport BV

2. 施設

ロッテルダム空港はロッテルダム中心部の北北西6km、事実上の首都であるデン・ハーグ中心部の南南東17kmに位置している。なお、スキポール空港までの距離は46kmである。干拓地であることから、標高は-4mと海面より低い。

滑走路は方位06/24の1本で、長さ2,200m（ただし06着陸、24着陸は2,000mに短縮）×幅45mで、アスファルト舗装である。平行誘導路と04着陸側には高速脱出誘導路があり、ILSが設置されている。

旅客ターミナルは滑走路06端付近にあり、ビルは滑走路に直交する向きに配置されている。駐機方式は自走で、旅客は地上歩行により乗降する。

3. 運用状況

ロッテルダム空港の空港運営者は、スキポール空港と同じスキポール・グループである。本空港では12の航空会社が34の地点に就航している（季節チャーター便を除く）。2015年の旅客数は170万人（うち定期便旅客は149万人）

であり、離着陸回数は5.2万回であった。離着陸回数の内訳を見ると、定期便は1.6万回（31%）であり、定期便以外の使用割合が大きいことが特徴である。また定期便は、地域航空のターボプロップ機や小型ジェット機であり、最大機種はケープバート島へのB757である。

上述のように、ロッテルダム空港は当初、アムステルダム空港に次ぐ同国第2の空港という位置付けで建設が行われた。アムステルダム空港の母都市であるアムステルダム市（憲法上の首都）の人口は83万人、これに対してロッテルダム空港の母都市であるロッテルダム市の人口は63万人、デン・ハーグ市（実質的な首都）は52万人である。その面からはロッテルダム空港への期待が理解されるものの、実態を見ると、2016

年の旅客需要はアムステルダム空港の6,362万人、オランダ第2の空港であるアイントホーフェン空港（軍民共用）の433万人対して、ロッテルダム空港は169万人という旅客数であり、アムステルダム空港の3%にすぎない。一方は、離着陸エリア、ターミナルエリア共に巨大な空港容量を備え、世界各国の空港との航空ネットワークを形成して、ヨーロッパの主要ハブ空港の1つという地位を確立しているアムステルダム空港である。そこから46kmしか離れていない位置（アムステルダム空港駅からロッテルダム駅まで幹線鉄道で50分の所要時間）にあることは、同空港がアムステルダム空港に追随することの難しさを物語っている。

（唯野邦男）

■空港の諸元
・空港運営者：スキポール・グループ
　（Schiphol Group）
・滑走路（長さ×幅）：1本
　06/24：2,200m × 45m

■輸送実績（2016年）
・総旅客数　　　1,683,863人
　国際旅客　　　　　　—
　国内旅客　　　　　　—
・貨物量　　　　　　82トン
・離着陸回数　　　52,442回

#034
ブリュッセル空港 （ベルギー・ブリュッセル）

Brussels Airport

EBBR/BRU

近年需要が低迷するも、将来の旅客増を見込んでターミナルの整備を構想中の首都空港

1. ベルギーの空港

　ベルギーの正式名称はベルギー王国であり、ブリュッセル首都圏地域、フランデレン地域（北部、主としてオランダ語圏）、ワロン地域（南部、主としてフランス語圏）等から構成される連邦立憲君主制国家である。国土面積は3万1,000k㎡（日本の8％）、人口は1,100万人（日本の9％）である。19世紀にネーデルランド連合王国から独立し、第一次、第二次世界大戦時にはドイツの占領下に置かれた。かつてコンゴ、ルワンダ、ブルンジを植民地支配した経緯からアフリカとの繋がりが強い。首都ブリュッセルにはEUの主要機関の多くが置かれており「EUの首都」ともいわれる。

　ベルギーには113の空港／飛行場があり、その内訳は民間用公共空港6（5空港に航空会社定期便が就航）、軍民共用空港12、私営飛行場92、軍飛行場3である。

2. 沿革

　ブリュッセル空港はベルギーの首都空港であり、ブリュッセル市中心部の北東12kmに位置する国際空港であり、標高は56mである。

　ブリュッセル空港の歴史は、1940年に第二次世界大戦中のドイツ占領軍が600haの農地を使用して補助飛行場を建設したことに遡る。02/20、07/25、12/30の方向で3角形に配置された滑走路を有する飛行場であった。44年9月にドイツ軍が撤退し、飛行場施設は英国の管理下に置かれた。既存のハレン空港が手狭になり、ベルギー当局はそれに代わってブリュッセル空港を民間空港として開発することを決めた。48年までに滑走路02/20は1,200mに、07/25は2,450mに延長され（12/30は1,300mのまま）、旅客ターミナルビルも建設された。55年にはブリュッセル中心部から空港までのアクセス鉄道が建設され、56年には07/25滑走路に平行な滑走路（現07R/25L）が増設され、58年には新旅客ターミナル

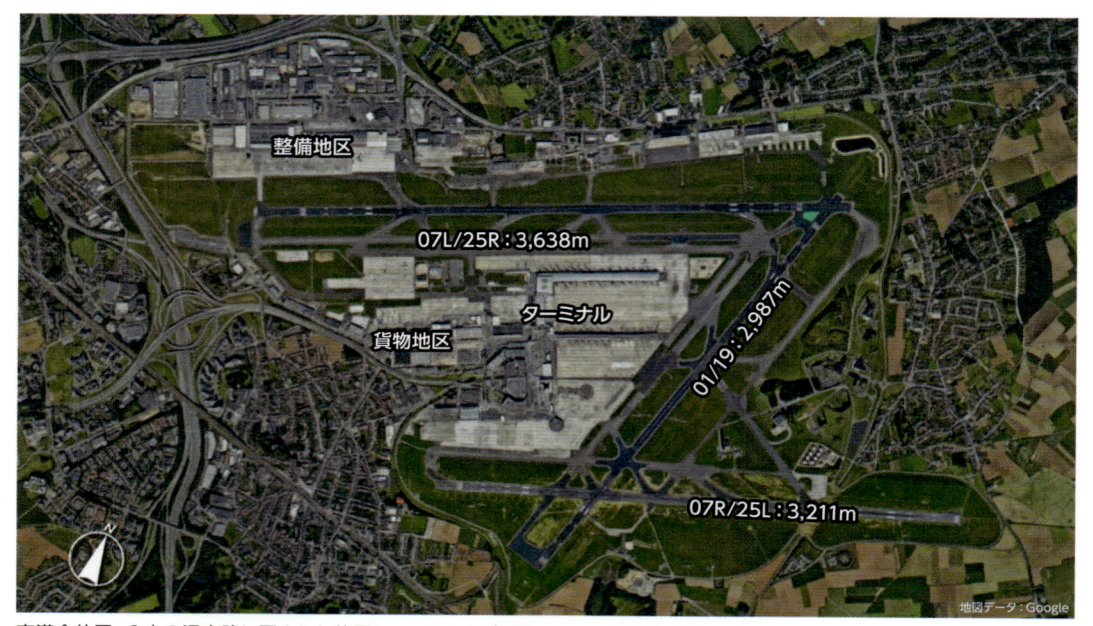

空港全体図：3本の滑走路に囲まれた位置にターミナルが配置。ターミナル地下には鉄道が接続

（図中）整備地区／貨物地区／ターミナル／07L/25R：3,638m／01/19：2,987m／07R/25L：3,211m／地図データ：Google

ターミナル地域：本館から延びる2本のピア。ピアAが最新のピア

ピアAの内部

photo / Sébastien Aperghis-Tramoni

ビルが完成した。60年代から70年代にかけていくつかの格納庫が建設され、76年には貨物ターミナルが建設された。そして94年には既存の旅客ターミナルに隣接して新ターミナルビルが建設された。その後2つの古いピアが取り壊されて2002年には近代的なピアに生まれ変わった。05年、本空港はACI/ATAによって欧州における最優秀空港に選定されている。

3. 施設

滑走路は3本あり、01/19は長さ2,987m（19着陸は2,720mに短縮運用）×幅50mであり、07R/25Lは長さ3,211m（07R着陸は約3,080m）×幅45m、また07L/25Rは長さ3,638（07L着陸は約3,370m、25R着陸は約3,330m）×幅45mである。すべてアスファルト舗装でILSが設置されている。なお、滑走路01/19の物理的な方向は02/20時代と同じであるが磁北の変化に伴い表示が変更されている。また、滑走路07R/25Lと07L/25Rは完全な平行配置ではなく、約4度交差している。各滑走路とも、平行誘導路と高速脱出誘導路を有している。

旅客ターミナルビルは3本の滑走路に囲まれた位置にあり、本館が07R/25Lに直角に配置されている。ピア形式であり、本館から2本のピア（A、B）が同滑走路に平行に伸びている。本空港の旅客ターミナルは、すべての施設が一つの屋根の下にあるという「1ターミナルコンセプト」を採用している。本館は基本的に4つのレベルから構成されており、鉄道駅は地下1階、バスとタクシーは1階、到着機能は2階、出発機能は3階に配置され、2階と3階で2本のピアに接続されている。

ピアAは、2002年に供用した最新のピアである。当初の計画ではシェンゲン諸国（欧州協定締結国間の国境移動の検査撤廃）との路線の利用に限定する予定であったが、08年アフリカ行きのブリュッセル航空がすべてこのピアで運航するようになり、その部分に国境管理機能が追加された。同ピアには33基の搭乗橋が設置されている。

ピアBは、現在も使用を続けている最古のピアであり、シェンゲンエリア以外の便にのみ使用されている。同ピアは本館の出発ホールに接続されており、2つのデッキで構成されている。上段デッキ（3階）は出発ホールと同じレベルにあって出発旅客に使用され、下段デッキ（2階）は到着旅客に使用されて本館の国境管理及びバゲージクレーム・エリアに接続している。同ピアには24の搭乗橋が設置されている。

アクセス施設としては道路のほ

か、ブリュッセル都心部と空港を結ぶアクセス鉄道が旅客ターミナル地下に乗り入れている。またブリュッセル空港には、空港にアクセスする自転車利用者や歩行者のための特別な分離道路があり、特別な駐輪場も設置されている。2018年までに、空港と自転車専用道路（ブリュッセル・ルーヴェン間）が接続される予定である。

「戦略的ビジョン2040」に描かれた旅客ターミナルビル構想図

4. 運用状況

ブリュッセル空港の運営者はブリュッセル空港会社（ベルギー政府が25％、他の投資家が75％を所有）である。

2016年の離着陸回数は22万回であり、旅客数は2,200万人である。

本空港からは80近い航空会社が、220余りの空港（季節運航・チャーターを含む）に就航している。また貨物専用機は19社が54空港（チャーターを含む）に就航している。

滑走路07R/25L及び07L/25R西側の進入出発経路直下にはブリュッセルの市街地が近接して広がっている。非公式の調査ではあるが、ブリュッセル空港は航空機離着陸に伴う騒音影響を受ける住民数がヨーロッパの主要30空港のなかで最も多い空港であるとされている。

5. 将来計画

「ピアA西」計画はピアAの拡張計画であり、シェンゲン圏以外の国からの便を取り扱うことによりピアBの混雑を緩和する予定である。当初ピアA西は2016年にオープンする予定であったが、旅客需要の低迷のため、ブリュッセル空港当局は13年、同プロジェクトの延期を発表した。しかし15年11月には同ピアの建設を含む投資を行うことが発表された。

このほか、かつて南ピアがあったエリアにLCC用ピアが計画されているが、現在のところ建設着手は保留中である。

ブリュッセル周辺の交通混雑を緩和するため、地域輸送会社デ・ライン（De Lijn）がトラムの開発を開始している。3つのライトレール新線が建設され、そのうちの2線はブリュッセル空港に停車する計画である。本プロジェクトは2020年に完成する予定である。

ブリュッセル空港当局が策定・公表した「戦略的ビジョン2040」では、空港は「21世紀経済の主要な成長エンジン」と位置づけられ、将来にわたってベルギーが経済的、外交的、文化的に国際的な地位を確保し続けるためには、ブリュッセル空港の発展が不可欠であるとされている。本ビジョンには既存のA、Bのピアの他に更に2本のピアを新設する構想が含まれている。

（唯野邦男）

■空港の諸元
・空港運営者：ブリュッセル空港会社
・滑走路（長さ×幅）：3本
    01/19   ：2,987m×50m
    07R/25L：3,211m×45m
    07L/25R：3,638m×45m

■輸送実績（2016年）
・総旅客数   21,789,327人
   国際旅客 21,736,576人
   国内旅客   761人
・離着陸回数   223,688回

#035
コペンハーゲン・カストラップ空港（デンマーク・コペンハーゲン）

Copenhagen Airport Kastrup

EKCH/CPH

かつては最も近代的な空港の1つながら、欧州各地への直行便化が進み、その地位が低下

1. デンマークの空港

デンマークは北欧のバルト海と北海に挟まれた位置にあり、ユトランド半島とその周辺の多くの島々から構成されている。立憲君主制国家であり、総面積は4万3,000km（日本の11.4%）、人口は570万人（同4.5%）、首都はコペンハーゲンである。

デンマークには32の空港があり、そのうち11空港に民間航空会社が旅客定期便を就航させている。

2. 沿革

当空港は、世界初の民間空港の1つとして、1925年にカストラップ空港という名称で開港した（現在の名称はコペンハーゲン・カストラップ空港で、首都郊外にあるコペンハーゲン・ロスキレ空港と区別している）。同空港は、巨大で印象的な木造ターミナルビル、2棟の格納庫、水上機用の水面着陸帯、滑走路用の牧草地等から構成され、牧草地は羊によって草丈の短い状態に保たれていた。第二次世界大戦の期間中は、スウェーデン、ドイツ、オーストリアへの就航路線を除き、民間航空の運用は停止されていた。41年に、最初の舗装滑走路（長さ1,400m×幅65m）が供用開始した。戦火に晒されなかったため、45年に

世界大戦が終了した時、本空港はヨーロッパで最も近代的な空港であった。48年の時点では同空港はヨーロッパで3番目の規模の空港であり、その後急激な成長を遂げ、ターミナルは数回にわたって拡張され、滑走路の延長や航空保安施設設置などが行われた。

1960年には新ターミナル（現在のターミナル2）が供用を開始したがすぐに手狭になり、69年にターミナル1が供用し、89年にはその増築が行われている。また98年にはターミナル3がオープンし、その後、新たなピアや本館部分の増築が行われた。73年に新管制塔と新滑走路が供用を開始し、新旧2本の平行滑走路を使

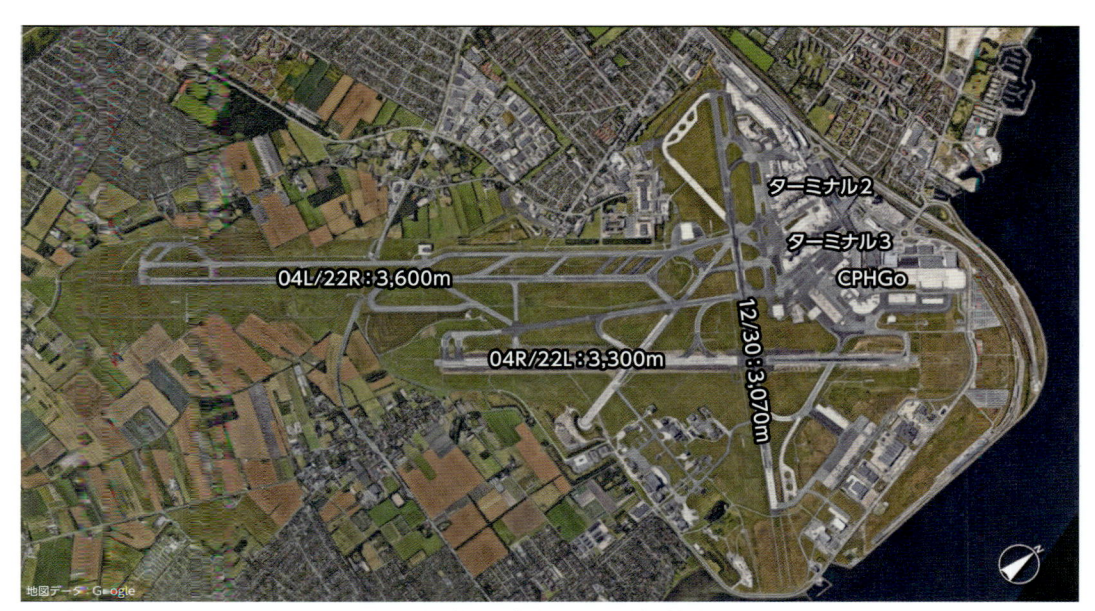

04L/22R：3,600m
04R/22L：3,300m
12/30：3,070m
ターミナル2
ターミナル3
CPHGo
地図データ：Google

空港全体図：ターミナル地域拡張のため、使用率の低い滑走路12/30閉鎖を検討

ターミナル2と3、LCC専用のCPHGoの3つが一体化

用する（運航を行う）ようになって離着陸能力が大幅に増加した。さらに、国内線ターミナルと国際線ターミナル間の連絡施設、新到着ロビー、近代的手荷物処理システム、2つの大規模地下駐車場等のプロジェクトが98年までに完成した。

2000年、デンマークとスウェーデンを繋ぐエーレスンド橋（道路・鉄道併用橋）がオープンし、隣接するスウェーデンの都市マルメが同空港の新たな利用圏となり、07年にはコペンハーゲン中心部と繋ぐ地下鉄が乗り入れた。

1960年代から70年代にかけて当空港は北極圏回り、あるいはモスクワ経由便のヨーロッパのゲートウェイとして大きな役割を果たしたがヨーロッパ主要都市との直行便が徐々に増加して拠点としての価値が低下していった。このような流れのなかで浮上し、そして

実現されなかった大規模空港プロジェクトが「サルトホルム海上空港計画案」である。73年デンマーク政府は本計画を決定したが、その直後に第1次石油ショックに見舞われ、経済情勢が悪化したため、1979年に正式に断念された。ロンドンにおけるマプリン空港計画（73年、テムズ川河口マプリン砂州における新空港建設計画が承認され、マプリン開発局が設立されて作業が開始されたが、その後中止になった）と同じ運命をたどったことで当時の話題となった。

3. 施設

コペンハーゲン空港はコペンハーゲン市中心部の南8km、橋で繋がる隣国スウェーデンの第3都市マルメの西方24kmに位置する。標高は5mである。滑走路は3本で、第1滑走路（04L/22R）

は長さ3,600m（22R着陸は3,000mに短縮運用）×幅45m、アスファルト舗装である。第2滑走路（04R/22L）は、第1滑走路とクロースパラレル配置（中心線間隔600m）で、長さ3,300m×幅45m、アスファルト舗装である。第3滑走路（12/30）は長さ3,070m（30着陸は2,800mに短縮運用）×幅45m、アスファルト及びコンクリート舗装である。3本の滑走路にILSが設置されており、22LはCAT-Ⅲcである。すべての滑走路が変形平行誘導路（04側約2,000m区間の滑走路・平行誘導路中心線間隔は120mしかない）及び高速脱出誘導路を有する。

旅客ターミナルは、ターミナル2、3の2棟であり、その他にLCC専用ターミナルであるCPHGo（2010年オープン）があり、それらは一体化している。ター

ミナル2は、本館及び長く伸びたフロンテル（搭乗橋付き5スポット、地上歩行搭乗の5スポット）、一字形ピアA（搭乗橋付き10スポット）、ピアB（搭乗橋付き12スポット）からなる複合形式である。またターミナル3は本館及びフロンタル（搭乗橋付き4スポット）とピアC（搭乗橋付き12スポット）からなる複合形式である。以前は、国内線はすべてターミナル1から出発していたが、15年3月に本館機能がターミナル2、3に集約され、同ターミナルは現在、ターミナル2のコンコース（ゲートA13-A23）として機能している。また CPH Go は地上歩行搭乗の6スポットを持つサテライト形式であり、ターミナル3本館から連絡コンコースを歩行してアクセスする。エプロンには、固定スポット・遠隔スポット合わせて108のスポットがある。空港アクセスとして、ターミナル3の地下にデンマーク国鉄とコペンハーゲン地下鉄の駅がある。

4. 運用状況

空港の運営者はコペンハーゲン空港会社である。同社は半官半民の民間企業であり、株式の5割強をオーストラリアの銀行グループが、約4割をデンマーク政府が所有している。コペンハーゲン空港は66の定期航空会社が、156の地域に運航している。また、貨物専用航空会社が7社就航している。他のスカンジナビアの空港とは異なり、同空港を利用する旅客の多くが国際線旅客である。2015年には、旅客の83.5%がヨーロッパ域内との、10.4%が他大陸との国際線旅客であった。本空港は時間あたり83回の最大離着陸能力を有している。2016年の旅客数は2,900万人（国際線2,700万人、国内線200万人）であり、離着陸回数は27万回であった。

5. 将来計画

コペンハーゲン空港の旅客数は、2015年の2,700万人から35年には4,000万人に増加すると予測されており、アジア・アメリカ・アフリカなどの成長市場への長距離路線はその20年間に50%増加（15年の30路線が35年には46路線に増加）すると予測されている。これらに対応するため、旅客ターミナルを7〜10万㎡拡張、またヨーロッパ路線の中型機用ピアBを拡張し、長距離路線の大型機用ピアEを新設する構想がある。これらにより、現在105ある駐機スポットが50〜70%増加することになる。更に航空機の効率的な地上走行のために、新たな誘導路を整備する必要も考えられている。一方、3本の滑走路の使用状況を見ると、滑走路12/30はほとんど使用されておらず（12：離陸0%、着陸0.2%、30：離陸0.2%、着陸：2.0%）、ターミナル拡張・誘導路整備のためにこれを閉鎖することが検討されている。

（唯野邦男）

■空港の諸元
・空港運営者：コペンハーゲン空港会社
・滑走路（長さ×幅）：3本
　04L/22R：3,600m×45m
　04R/22L：3,300m×45m
　12/30：3,070m×45m

■輸送実績（2016年）
・総旅客数　　28,986,461人
　国際旅客　　26,931,718人
　国内旅客　　2,014,148人
・貨物量　　　423,042トン
・離着陸回数　265,889回

106

#036
ヘルシンキ・ヴァンター空港（フィンランド・ヘルシンキ）

Helsinki-Vantaa Airport

EFHK/HEL

大圏ルートの使用でわが国と最も近く、近年、欧州への入口として注目されている

1. フィンランドの空港

フィンランドの正式名称はフィンランド共和国であり、面積33万8,000km²（日本の98%）、人口533万人（同4.2%）である。国土の大半は平坦な地形で、氷河に削られて形成された湖が無数に点在する。

首都のヘルシンキは国の最南部に位置し、フィンランド湾に面する。国土の大半が寒冷な気候であることから、ヘルシンキをはじめとする規模の大きな都市はその多くが国の南部に偏在している。

フィンランドには民間航空用として、28の空港と57の飛行場がある。28空港のうち20空港に民間航空会社の定期便が就航している。また、20空港のうち4空港は軍との共用空港である。

2. 沿革

1940年代に、既存のヘルシンキ・マルミ空港では旅客数の増加に対応できず、新たな大型航空機を扱うことができないことが明らかになったため、新空港の計画が始まった。そして52年開催のヘルシンキ夏期オリンピックに間に合うように新空港を建設することになり、新空港の設置位置として、現在のヴァンター市が適地として選定された。ヘルシンキ・ヴァンター空港は52年7月10日に開港

してオリンピック期間中に暫定運用し、アエロ航空（現在のフィンランド航空）はその間チャーター便をヴァンター空港に就航させた（通常便は依然マルミ空港を使用）。開港時の空港は、2,000m滑走路、エプロン、簡易な旅客ターミナルビル、運航支援施設を備えていたが、数年後に1,800mの第2滑走路が供用を開始した。ジェット旅客機による定期運航は59年に開始された。最初の本格的な旅客ターミナルは69年に完成し、83年には国際線部分の拡張工事が完了している。93年に新国内線ターミナルがオープンし、96年には国際線ターミナルが拡張され、また国内線ターミナルと国際線ターミ

空港全体図：滑走路04L/22Rと04R/22Lの間には将来のターミナル展開用地を確保

ナルは屋内で繋がった。2002年には第3滑走路が共用を開始した。その後も旅客ターミナルの拡張が続けられ、また、2つの旅客ターミナルビルはそれぞれに国際線・国内線を取り扱うことができるように改修された（なお、ヘルシンキ・マルミ空港は現在、ジェネラルアビエーション空港として存続している）。

3. 施設

ヘルシンキ・ヴァンター空港はヘルシンキ中心部の北15kmに位置している。標高は55mである。滑走路は3本あり、第1滑走路（04R/22L）は長さ3,500m（04R着陸は300m短縮運用）×幅60m、アスファルト舗装である。第2滑走路（04L/22R）は、第1滑走路とオープンパラレルに配置（中心線間隔1,350m）され、長さ3,060m×幅60m、アスファルト舗装である。第1滑走路にほぼ直交する第3滑走路（15/33）は長さ2,901m×幅60m、アスファルト舗装である。3本の滑走路ともILSが設置され、平行誘導路を備えており、第1、2滑走路には高速脱出誘導路がある。

旅客ターミナルは第1滑走路と第3滑走路の交差部に配置されている。ターミナル1（旧国内線ターミナル）とターミナル2（旧国際線ターミナル）に分かれており、2つの建館は250m離れているが、エアサイド・ランドサイド

の両方で、屋内の歩行者コンコースで結ばれている。実際、2つのターミナルのエアサイドは分離されていない。ターミナル1はスターアライアンス・メンバーの航空会社が、ターミナル2はワンワールドとスカイチームのメンバー航空会社が使用している。ゲートは1～38まであり、うち27が固定ゲート（搭乗橋付き）である。鉄道アクセスがあり（2015年7月開通）、空港地下駅からヘルシンキ中央駅までの所要時間は約30分である。

4. 運用状況

本空港の運用者はフィナビア（旧フィンランド民間航空管理局）であり、同社はフィンランド政府全額出資の株式会社である。同社は国内22空港の整備と運営、また同国の航空交通管制を担っている。本空港においては39の航空会社が45か国130の地点に就航している。貨物専用機は11の航空会社が運航している。2016年の旅客数は1,720万人（国際線1,450万人、国内線270万人）であり、11年に対して1.2倍の伸び率であった。離着陸回数は17万回、貨物量は18万トンであった。

5. 将来計画

本空港の旅客ターミナル容量は現在、1,600～1,700万人であるが、これを2020年までに2,000万人に増やす拡張事業が行われている。ターミナル1と2をひとつの屋根の下に拡張して一体化し、新たに8つの搭乗橋とエプロンスポットを増設する事業である。ターミナル2の南ウイング建設工事は16年1月に開始されており17年夏に完成し、2階が出発階、1階が到着階になった。西ウイング工事は17年に開始される予定である。これらが完成すると、延床面積は45%増の25万㎡になり、また手荷物処理能力は50%増加することになる。

またフィナビアは、オープンパラレルに配置された滑走路04R/22Lと04L/22Rの間に第3ターミナルを整備する将来計画を有している。完成後は第3ターミナルをこの空港の主要ターミナルとする計画であるが、まだ正式な決定は行われていない。なおこの整備に伴い、滑走路15/33は廃止される予定である。

(唯野邦男)

■空港の諸元
- 空港運営者：フィナビア
- 滑走路（長さ×幅）：3本
  - 04R/22L：3,500m × 60m
  - 04L/22R：3,060m × 60m
  - 15/33　：2,901m × 60m

■輸送実績（2016年）
- 総旅客数　　17,180,413人
  - 国際旅客　14,501,168人
  - 国内旅客　2,679,245人
- 貨物量　　　182,201トン
- 離着陸回数　168,904回

#037
ストックホルム・アーランダ空港（スウェーデン・ストックホルム）

Stockholm Arlanda Airport

ESSA/ARN

厳寒の地にあって、滑走路の除雪のほか航空機翼の除氷にもことのほか注力する国際空港

1. スウェーデンの空港

スウェーデンの正式名称はスウェーデン王国であり、立憲君主制国家である。スウェーデンの国土面積は45万k㎡（日本の1.2倍）。面積のわりに人口が少なく、総人口は950万人であり、東京23区の人口と同程度である。人口密度は日本の約19分の1で、世界のなかでも低密度な国である。土地の肥沃な地域は南部の限られたエリアにしかなく、また中部から北部は気候的に農業には適さないため、酪農が主な産業である。スウェーデンは伝統的に製造業が盛んであり、国策により振興が進められた結果、世界的な競争力を有

アーランダ空港開港式（1960年）：スカンジナビア航空（SAS）のDC-8が駐機

するようになった企業（ボルボ等）も複数存在する。

スウェーデンには民間航空用空港が42空港あり、そのうち5空港が空軍基地を使用している。

本書では、これらのうち首都ストックホルムの航空輸送を機能分担している、ストックホルム・アーランダ空港、ストックホルム・スカブスタ空港、ストックホルム・ブロンマ空港の3空港を取り上げる（この空港分布はp111に掲載）。

2. 沿革

ストックホルム・アーランダ空港の民間航空の使用は、1960年にスカンジナビア航空がDC-8による北米路線の就航を始める際、ブロンマ空港の滑走路長が短かったために、当時訓練飛行用として使用されていた本空港を使用した

空港全体図：ターミナルから離れた滑走路（01R/19L）近くに航空機のディアイシング・スポット（除氷作業エリア）を配置

のが始まりであり、パンアメリカン航空も使い始めた。本空港は62年に正式に開港したが、開港に合わせて空港名が公募され、その結果、「アーランダ空港」に決定された。70年代にB747の運航が始まり、ニューヨーク、カナリア諸島との間に就航した。90年に2棟の新国内線ターミナル（国内線2と3）が建設されたが、92年には国内航空旅客が減少したため国内線ターミナル2を部分的に廃止し、国際線ターミナルに転用した。国内線、国際線ターミナルはそれぞれ、ターミナル4と5に改称された。98から2002年にかけて、第3滑走路が建設されたが、景気の後退により供用開始は03年に延期された。14年、超大型機（A380・B747-8）の就航や予測される旅客需要に対応して、ターミナル5のピア増設を含む更なる空港ターミナル拡張を行う計画が公表された。

3. 施設

アーランダ空港は、首都ストックホルム中心部の北42kmに位置する。標高は42mである。滑走路は3本あり、第1滑走路は長さ3,301m×幅45m、方位01L/19Rで、アスファルト舗装である。第2滑走路は長さ2,500m×幅45m、方位03/26で、アスファルト舗装である。第3滑走路は、第1滑走路の東方2.3kmの位置にオープンパラレルに配置され

ており、長さ2,500m×幅45m、方位01R/19Lで、アスファルト舗装である。これらの滑走路にはILSが設置されている（第1、第2滑走路用はCAT-III）。また3本の滑走路ともに平行誘導路と高速脱出誘導路（08着陸側を除く）を備えている。第3滑走路はターミナルから離れているため、冬期の降雪に備え、航空機の除氷作業エリアが設けられている。これは、ディアイシング・スポットと呼ばれるもので、積雪時に離陸直前に翼に積もった雪氷の除去を行うためのエリアである。

旅客ターミナルは第1滑走路に面して配置されており、一体的に連結された4つのターミナル（第2、第3、第4、第5）から構成されている。ターミナル2は国際線用であり、フロンタル形式で、8つの搭乗橋付きゲートを含む12ゲートを有している。ターミナル3は地域航空用であり、フィンガー形式で、9つのゲートはすべて地上歩行による乗降である。ターミナル4は国内線用であり、ピア形式で、15の搭乗橋付きゲートがある。ターミナル5は国際線用であり、3つのピアから構成されている形式であり、68のゲート

がある。そのうち31は搭乗橋付きスポットであり、残りは遠隔スポットである。空港南側には、貨物ターミナルがある。地上アクセス機関として鉄道が乗り入れており、ターミナルの北、中央、南の3か所に駅が設置されている。

4. 運用状況

空港運営者は、2010年に設立されたスウェーデンの国営企業（Swedavia）で、同社は国内の10空港を所有し、運営している。アーランダ空港に就航する航空会社は81社であり、181の地点と路線を形成している。16年の旅客数は2,470万人（国際線：1,940万人、国内線：530万人）であった。本空港は冬期間、豪雪に見舞われるという運用上の課題を抱えているが、雪のために空港を閉鎖しないという運用方針で、激しい降雪時にも少なくとも1本の滑走路は運用している。このため、100人（うち35人は常勤者、65人は冬期半年間の季節雇用者）の除雪チームを編成し、主要ルートは35〜45分間隔で除雪する体制が取られている。

(唯野邦男)

■空港の諸元
・空港運営者：スウェーデン国営空港管理会社
　　　　　　（Swedavia）
・滑走路（長さ×幅）：3本
　　01L/19R：3,301m×45m
　　08/26　：2,500m×45m
　　01R/19L：2,500m×45m

■輸送実績（2016年）
・総旅客数　　24,722,958人
　　国際旅客　19,424,897人
　　国内旅客　 5,277,955人
・貨物量　　　　94,538トン
・離着陸回数　　234,285回

#038
ストックホルム・ブロンマ空港（スウェーデン・ストックホルム）

Stockholm Bromma Airport

ESSB/BMA

欧州初の舗装滑走路を有し1936年に開港。滑走路長が短くジェット機時代に対応できず

1. 沿革

　1930年代、スウェーデンの首都ストックホルムおける空港は緊急輸送のために必要とされていた。

　ブロンマ空港は1936年に、ヨーロッパで初めての舗装滑走路を有する空港として開港した。第二次世界大戦中、スウェーデンと英国の航空機がブロンマ空港から英国に飛行した。戦後ブロンマ空港は繁栄したが、滑走路が短か過ぎたため60年代に訪れたジェット機による大陸間運航の時代に次第に適さなくなり、また容量の制約もあったため、アーランダ空港が首都の新空港として建設された。同空港が開港し、60〜62年に掛け

ストックホルムの空港分布

てすべての国際線がアーランダ空港に移転、国内線もそれを追いかけた。ブロンマ空港は一時、政府の航空機、ビジネスジェット機、

空港全体図：1,668mの滑走路が1本とかなり小規模。国内線とマイナーな国際線を中心に運航

ランドサイドから見たターミナル

photo / Swedavia

ジェネラルアビエーション機、航空学校機が使用する空港となったが、その後、国内のヨーテボリ、マルメやロンドン・シティ空港への運航が行われるようになり、老朽化したターミナルが2002年に改装され、05年には更に改良が加えられた。

2. 施設

ブロンマ空港はストックホルム中心部の北西8kmに位置している。標高は14mである。滑走路は1本で、長さ1,668m×幅45m、方位12/30で、アスファルト舗装である。一部曲線を描いた平行誘導路を有している。滑走路中央部付近に旅客ターミナルが配置されており、フィンガー形式で、地上歩行による乗降方式である。

3. 運用状況

空港運営者は、アーランダ空港と同じ国営企業（Swedavia）である。本空港は国内線とマイナーな国際線に利用されており、就航航空会社は4社、就航地は17地点（国際線4地点、国内線13地点）である。2016年の旅客数は250万人（国際線28万人、国内線220万人）、離着陸回数は5.8万回であった。本空港には2つの航空クラブと1つの航空学校がある。

4. 課題

本空港は、航空機騒音問題、空港用地面積の不足、文化遺産としての空港建築物などの条件から、その拡張が制約されている。第3滑走路の完成後、ストックホルム・アーランダ空港の空港容量に余裕が生まれたことから、ブロンマ空港を閉鎖して住宅や商業施設用地に転用するという考え方があり、意見が対立している。2014年後半には社会主義政党がストックホルムと中央政府の両方の選挙で勝利し、同党は22年までに本空港を閉鎖することを主張している。一方で、空港運営者であるSwedaviaと同市との間の契約期間は38年までである。

(唯野邦男)

■空港の諸元	
・空港運営者：スウェーデン国営空港管理会社（Swedavia）	
・滑走路（長さ×幅）：1本 12/30：1,668m × 45m	

■輸送実績（2016年）	
・総旅客数	2,506,502人
国際旅客	280,097人
国内旅客	2,226,364人
・貨物量	1トン
・離着陸回数	58,332回

#039
ストックホルム・スカブスタ空港（スウェーデン・ストックホルム）

Stockholm Skavsta Airport

ESKN /NYO

ストックホルム中心部から100km離れた遠隔地空港。LCCの就航に活路を見出す

1. 沿革

　スカブスタ空港の前身は第二次世界大戦中の空軍基地であり、民間航空が使用を開始した1980年までは軍用飛行場であった。84年、空港所在地のニーショピング市の議会は、同空港を民間空港として使用することを決め、98年、同空港の商業的な管理と事業拡大を目的とする投資に対して90%を負担した。そして市議会は、ストックホルム中心部から100km離れた位置にあるスカブスタ空港をストックホルムの第2空港とし、

スウェーデンの首都の南方エリアに居住する住民の利便を向上させる空港とするための事業をスタートさせた。本空港は年間250万人の容量を有し、将来の拡張が可能な空港として計画された。

2. 施設

　滑走路は2本で、主滑走路が長さ2,878m×幅45m、方位は08/26で、アスファルト舗装である。副滑走路は長さ2,039m×幅40m、方位16/34で、アスファルト舗装である。両滑走路とも平

行誘導路はない。標高は43mである。

　旅客ターミナルは主滑走路東端部付近に位置し、変形フロンタル形式であり、搭乗橋なしの9スポットを有している。

3. 運用状況

　当空港の運営者はストックホルム・スカブスタ空港会社（Stockholm Skavsta Airport）であり、同社資本の90.1％を米ヒューストンに拠点を置く空港運営会社であるエアポーツ・

16/34：2,039m

08/26：2,878m

ターミナル

地図データ：Google

空港全体図：小型機を除き2本の滑走路の片側末端部のみがターミナルに接続

ターミナル全景

photo / Stockholm Skavsta Airport

旅客ターミナルビル　北欧の雰囲気が漂う

photo / Janee

してスウェーデンで第3位の旅客を取り扱い、典型的なLCC空港として成功している。同空港とストックホルムの間のアクセスは高速バス（所要時間約90分）が運行されている。2016年の旅客数は200万人であり、14年から年に10％前後の伸びを示している。

（唯野邦男）

ワールドワイズ社（Airports Worldwide）が、残り9.9％を地元市が所有している。本空港はアイルランドを拠点とするLCCライオン・エアや北欧におけるハブ空港であり、ハンガリーのLCCウィズエアも就航している。空港名をストックホルム・スカブスタ空港としているが、ストックホルム市から100kmと相当遠隔の位置にありながら、同市をマーケットと

■空港の諸元
・空港運営者：
　ストックホルム・スカブスタ空港会社
　（Stockholm Skavsta Airport）
・滑走路（長さ×幅）：2本
　08/26：2,878m × 45m
　16/34：2,039m × 40m

■輸送実績（2016年）
・旅客数　　　　　2,025,055人
　国際旅客　　　　2,023,739人
　国内旅客　　　　　　1,316人
・貨物量　　　　　　　454トン
・離着陸回数　　　　23,866回

#040
オスロ・ガーデモエン空港（ノルウェー・オスロ）

Oslo Airport, Gardermoen　　　　　　　　　　　　　　　**ENGM/OSL**

開港に合わせて高速鉄道新線も建設され、利便性が高い1998年に完成の新空港

1. ノルウェーの空港

　ノルウェーの正式名称はノルウェー王国であり、スカンディナビア半島西側に位置する立憲君主国家である。国土は南北に細長く、海岸線には多くのフィヨルドが発達している。総面積38.5万㎢（日本とほぼ同じ）、人口511万人（同25分の1）であり、首都は半島南端部に位置するオスロである。

　ノルウェーには空港が94空港あり、そのうち49空港に民間航空の定期便が就航している。空港の種類には、主要空港、地域空港、ジェネラルアビエーション空港、軍との共用空港がある。

2. 沿革

　1912年ノルウェー陸軍がガーデモエン野営地の一部を軍用飛行場として使用し始めた。ナチス・ドイツ支配下でドイツ空軍が滑走路（2,000m×2本が交差）や格納庫を建設、大戦後ノルウェー空軍がそれらを飛行場として使用した。当時、オスロの民間空港としては同市の南西8kmに位置するオスロ・フォルネブ空港が主に使用されており、ガーデモエン空港はその代替空港、また民間航空会社の訓練、ジェネラルアビエーション用の空港であった。フォルネブ空港の離着陸容量が一杯になると、72年には国際線チャーター便をすべてガーデモエン空港に移

した。80年代になると航空需要が増大し、新空港建設の必要が高まり、候補地としてガーデモエンとヒュルムルが上がり、92年に気象条件で有利とされたガーデモエンに建設することが決定された。同空港の建設・運営主体として、ノルウェーの空港公社（Avinor）の完全子会社オスロ空港AS（96年に別名から改称）が92年に設立された。93年に新空港建設が開始され、空軍が使用していた西側滑走路を取り込み、東側滑走路が新設されて、その間にターミナルが建設され、98年に開港した。

3. 施設

　オスロ・ガーデモエン空港は、

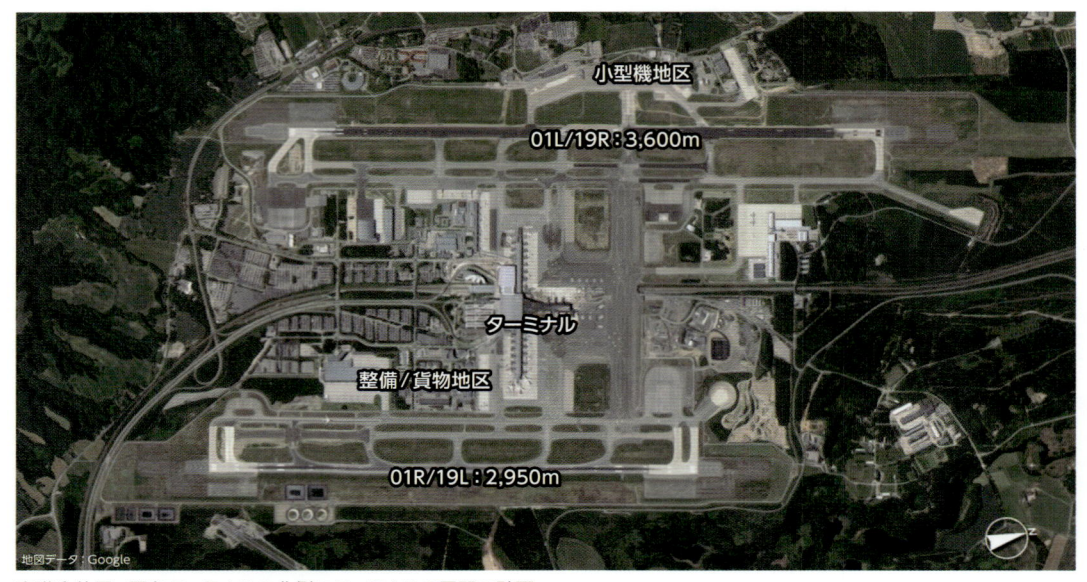

空港全体図：既存ターミナルの北側にターミナル2展開の計画

2017年に供用開始した北ピア　photo / Avinor Oslo lufthavn/Espen Solli

オスロ中心部の北東35kmに位置している。標高は208mである。滑走路に、オープンパラレルに配置された2本があり、01L/19Rは長さ3,600m×幅45m、アスファルト舗装（両端部はコンクリート舗装）、01R/19Lは長さ2,950m×幅45m、アスファルト舗装（両端部はコンクリート舗装）である。両滑走路ともCAT-ⅢaのILSが設置されている。また両滑走路には2重の平行誘導路及び高速脱出誘導路が備えられている。

旅客ターミナルは、本館とその両側に一直線に伸びる2本のピア（ウィング）から構成される複合形式である（全長819m、延床面積14.3万㎡）。エプロンは52スポット（搭乗橋付き固定スポット34、遠隔スポット18）がある。国際線ゲートが東ウィングに、国内線ゲートが西ウィングに配置されており、東ウィングの端部4ゲートはシェンゲン圏（ヨーロッパ内の加盟26か国：圏域内の国間では国境検査を廃止）路線と非シェンゲン圏路線のスイングゲートになっている。地上アクセス鉄道として、開港に合わせて高速鉄道新線が整備され、特急列車フリートーゲ（オスロ中央駅まで19～22分）とノルウェー国鉄（28～33分）が乗り入れている。

4. 運用状況

オスロ空港の所有・運営者は、ノルウェーの空港公社（Avinor）の完全子会社であるオスロ空港ASである。空港公社は国内各地の中小規模空港を運営しており、オスロ空港からの利益はそれらの空港の運用にも充てられている。

本空港の離着陸容量は毎時80機である。空港北側上空を使用した離着陸を除き、23時から6時までの離着陸が規制されている。

本空港は国内30空港、国外132の空港との間に路線を形成している。就航航空会社は定期便が39社、チャーター便が10社、貨物便が10社ある。

5. 将来計画

オスロ空港の旅客需要の急速な増加により、既存のターミナル設計容量である年間1,700万人を超え、2011年には限界の2,000万人に達した。この状況から、ノルウェー航空交通局は11年に、既存ターミナルの拡張（ステージ1）とターミナル2新設（ステージ2）のプロジェクトを承認した。既存ターミナル拡張プロジェクトは、西側への本館拡張、鉄道駅の再整備、北ピア新設（固定スポット11、遠隔スポット6）、ターミナルエリア横断誘導路の付け替え、暫定南ピア（サテライト）建設等から構成されており、17年4月に供用開始している。

ターミナル2新設プロジェクトは、既存ターミナルの500m北側に、付け替えた2本の誘導路を挟む配置で計画されており、既存ターミナルとの間は地下通路で連絡されることになる。2022年の完成を予定している。ステージ1の完成により年間2,800万人の旅客に対応でき、ステージ2によって年間3,500万人対応の容量となる計画である。

一方、第3滑走路の新設が議論されているが、現在のところ2030年までは、それが完成する予定はない。

（唯野邦男）

■空港の諸元

- 空港運営者：オスロ空港AS
- 滑走路（長さ×幅）：2本
  - 01L/19R：3,600m × 45m
  - 01R/19L：2,950m × 45m

■輸送実績（2016年）

- 総旅客数　25,579,391人
  - 国際旅客　14,433,018人
  - 国内旅客　11,122,884人
- 貨物量　130,531トン
- 離着陸回数　247,560回

#041
ケプラヴィーク国際空港（アイスランド・ケプラヴィーク）

Keflavík International Airport

BIKF：KEF

かつて大西洋横断路線の給油地として機能したが、直行便化によりその役割は低下

1. アイスランドの空港

アイスランドは北大西洋にある島国で、面積は約10万km²と北海道と四国を合わせたくらいの国土である。人口は約33万人である。

西暦870〜930年頃北欧からアイスランドへの植民が始まり、ノルウェー、デンマークの統治を経て、第二次世界大戦中の1944年にアイスランド共和国として独立した。首都はレイキャヴィークである。

火山が多数存在し豊富な地熱を発電に利用している一方、火山災害も多く、2010年4月にエイヤフィヤトラヨークトル氷河の火山が噴火し欧州を中心に航空機の運航に大きな支障を与えたのは記憶に新しい。4月17日だけで欠航は1万6,000便に達し、わが国でも自動車部品の輸送などに支障が

レイキャヴィークの空港分布：レイキャヴィーク空港は国内線専用

生じた。この地は海洋プレートが生成される大西洋中央海嶺の上に位置しており、いわば大地の裂け目が地上で見られる地球上でも極めて珍しい場所として知られている。

主要な産業は水産業、水産加工業、アルミ精錬業等であり、最近では観光産業も好調である。再生エネルギーの利用が進んでおり、特に地熱は総電力生産の25%を

占める。経済活動の金融への依存が高かったためリーマンショックで打撃を受けた。鉄道はなく航空機と自動車が主な交通手段である。航空運賃は比較的安く抑えられている。

国内線用のレイキャヴィーク空港が首都レイキャヴィーク市内にあり、そこから約40km離れたケプラヴィーク空港が国際線を担っている。国際線と国内線を乗り継ぐには3時間ほどを見込む必要がある。首都以外の小さな町が海岸線沿いに散在するが、それぞれにIATAやICAOのコードがつかないような小さな空港が存在する。

2. 概要と沿革

ケプラヴィーク空港はレイキャヴィーク市街の西方約40km、レイキャネース半島の先端にあり、アイスランドにおける国際航空輸送を担っている。直交する3,000m級の2本の滑走路を持ち、敷地は

空港全体図：路線はすべて国際線

ターミナル
貨物地区
11/29：3,065m
02/20：3,054m
小型機地区
地図データ：Google

2,500haに及ぶ。

本空港は1943年、米軍の航空基地として建設されたのが始まりである。北大西洋の中央に位置し軍事上重要な拠点であった。戦後米軍は一時撤退し、民間航空による大西洋横断飛行の給油基地として利用されたが、冷戦が始まった51年から再び米軍が駐留するようになる。旅客は軍の施設を使って航空機に乗降し、そのたびに軍のチェックを受けていたが、この状況は現在のターミナルがオープンする87年まで続いた。2008年米軍は撤退し、本空港は完全にアイスランドの管理となった。世界的な航空規制緩和の時期に旅客数は急激に伸びた。大西洋横断路線のなかでに本空港を経由する便が最も安価という状況もあり、欧米間の乗継ぎ空港として多数の目的地を結び、大きな役割を果たした。

3. 施設

東西方向(11/29)の長さ3,065m×幅60mの滑走路と、南北方向(02/20)の3,054m×60mの滑走路が直交している。それぞれに平行誘導路が設置されている。2本の滑走路には西方向にILSが設置されており、西方からの進入(11方向)と北方からの進入(20方向)に対してはカテゴリーⅡとなっている。標高は52mである。

東西方向の滑走路に面する形で、滑走路の北側にターミナル地区がある。メインターミナルからピアが1本伸びた先にサテライトがあり、ピアの途中にもスポットが配置されている。メインビルとサテライトの規模に大きな差がなく、鉄アレイ状の形状となっている。固定スポットが14設置されており、他にオープンエプロンが5スポット、メンテナンスエプロンが4スポットある。また、滑走路の東側には東側エプロンがあり41スポットを有している。通常の旅客輸送では使用されていないがA380の駐機も可能なエリアが設定されている。

カーブサイドは平面で、出発に際しては1階のカウンターでチェックインした後、2階でセキュリティチェックを受け、免税売店の間を通ってゲートに至る。到着に際してはシェンゲン加盟国からの場合は入国審査が不要である。到着客専用の免税売店がある。

4. アクセス

アクセスはバス、タクシー、マイカーで、ターミナルビルの3方を取り巻くように駐車場が設置されている。

フライバスと呼ばれるリムジンバスが到着便に合わせ運行しており、レイキャヴィーク市内のバスターミナル、そこから乗り換えて主要ホテルまで行くことができる。バスターミナルまで約50分である。

5. 運用状況

本空港においては、季節運航便を含め、30を超える航空会社が、また貨物専用機は6社が運航している。旅客数の多い就航都市は、ロンドン、コペンハーゲン、ニューヨークの順である。2016年の旅客数は、682万人であり、2011年の247万の2.8倍に増加した。

空港経営者は100%政府出資のイサビア㈱（ISAVIA Ltd.）である。

6. 整備計画

観光当局の将来予想に基づき2040年の年間旅客数を1,400万人とするマスタープランが策定されている。現在のメインビルを拡張するとともに新たなピアを左右に伸ばす計画である。このマスタープランを実現するための拡張工事が段階的に行われることになっている。

（長谷川浩）

■空港の諸元		■輸送実績（2016年）	
・空港運営者：イサビア㈱		・総旅客数	6,822,647人
（ISAVIA Ltd.）			（国際旅客のみ）
・空港面積：2,500ha		・貨物量	49,526トン
・滑走路（長さ×幅）：2本		・離着陸回数	78,364回
11/29：3,065 m×60 m			
02/20：3,054 m×60 m			

#042
タリン空港（エストニア・タリン）

Tallinn Airport

EETN/TLL

1929年に設置された水上飛行場を前身とする、バルト3国エストニアの歴史ある首都空港

1. エストニアの空港

　エストニアの正式名称はエストニア共和国、首都はタリンである。バルト海東奥のフィンランド湾に面し、国土面積は4.5万㎢（日本の約8分の1）、人口は134万人（同約1%）である。

　エストニアは古くから周辺諸国からの支配を受けて来たが、1917年のロシア帝国崩壊を受け18年にロシアからの独立を宣言、その後ソ連やドイツの軍事介入を撃退して独立を確定させた。しかし40年にソ連に、41年から44年まではナチス・ドイツに占領され、第二次世界大戦末期の44年にはソ連軍に再占領されてソ連に併合された。しかし、ソ連崩壊直前の91年に独立回復を宣言し、同年に国際連合にも加盟した。その後、西欧諸国との経済的、政治的な結びつきを強固にし、2004年には欧州連合（EU）に加盟した。

　エストニアの空港形成また路線

タリン空港位置図

形成には、このような国の歴史や国土条件の影響が見られる。エストニアには、5つの空港（運営者はタリン空港会社（後述））と43の飛行場（運営者は軍、民間等）がある。5つの空港の滑走路舗装にはアスファルトとコンクリートがある。

2. 沿革

　タリン空港の歴史は1928年から29年にかけて、タリンのウレミステ湖畔に最初の水上飛行場

が建設されたことに始まる。その地に本格的空港が建設されることになり、土地収用法を適用して用地を獲得し、32年に建設を開始、36年にタリン空港が正式オープンした。長さ300m×幅40mの3本の滑走路が三角形に配置され、その他に駐機場、格納庫を備えていた。第二次世界大戦前にはいくつかの航空会社による国際線が就航していたが、ソ連に併合された戦後45年から89年まではアエロフロートが唯一の就航会社であった。エストニアは91年に独

空港全体図

旅客ターミナルビル　リニューアルされたピア

photo / Tallinn Airport

立回復を宣言した。タリン空港には89年から外国航空会社が就航を始めていた。この間、70年代後半に新ターミナルビルが建設され、その後滑走路延長が行われた。98年には貨物ターミナルが供用を開始した。同空港は2006年から08年にかけて大規模な施設拡張事業を行った。既存旅客ターミナルは3方向に大きく拡張され、従来のフロンタル形式がピア形式になり、それまでの2倍の年間140万人の旅客取扱容量をもつようになった。またエプロン拡充、誘導路新設が行われた。その後貨物ターミナルは2棟まで増設され、12年には格納庫がオープンした。

3. 施設

　タリン空港は、市中心部の南東4kmに位置している。標高は40mである。滑走路は1本で、方位08/26、長さ3,070m（08着陸は2,800mに短縮運用）×幅45m、アスファルト舗装（一部コンクリート舗装）である。平行誘導路（26側端部の一部区間にはない）及び高速脱出誘導路（26着陸側の1本）を有しており、ILS（CAT-II）が設置されている。
　旅客ターミナルは空港最西端のエリアに位置し、ビル本館が滑走

路に垂直、ピアが平行なT字形状をしている。ピアは2層で、国際線旅客の出発到着動線分離を可能にしている。シェンゲン（欧州26か国の協定に基づき、国境の出入りに当たり検査を必要としない圏域）ゲートは11あり、うち8つに搭乗橋が設置されている。非シェンゲンゲートは6つあり、うち4つに搭乗橋が設置されている。

4. 運用状況

　本空港の運営者はタリン空港会社であり、同社の株式はエストニア政府が保有し、経済省及び通信省の管理下にある。同社は、本空港のほか、国内4空港の運営会社の親会社であり、タリン空港の収益をそれらの空港の補填に充てている。空港運用時間帯は24時間である。
　タリン空港は、14の航空会社が32の地点（うち9地点は季節運航）に就航しており、そのほとんどがヨーロッパ域内の路線である。貨物専用機は、12の航空会社が、21の地点に就航している。

　本空港における2016年の離着陸回数は4.1万回（対前年比2%減）、旅客数は220万人（同3%増）であり、貨物取扱量は1.4万トン（同12%減）であった。

5. 将来計画

　タリン空港の将来の計画には、国際線長距離路線の就航を可能とするための滑走路延長（長さ3,480m）、ILSカテゴリーIIの整備、誘導路の新設・延長（延長滑走路の末端部まで）、除氷施設と雪氷貯蔵施設の建設、新LCC用旅客ターミナルの建設、既存旅客ターミナルの拡張（出発と到着の旅客動線を2つの階で分離）、新たなセキュリティシステムの構築、エンジンテスト施設の建設などが含まれている。2013年2月にこの空港開発プロジェクトの環境影響評価が開始され、工事は17年末に完了する予定である。
　本空港とタリン路面電車ネットワークを繋ぐ新たなトラム路線の建設計画がある。

（唯野邦男）

■空港の諸元
・空港運営者：タリン空港会社
　　　　　　（Tallinn Airport Ltd）
・滑走路（長さ×幅）：1本
　　08/26：3,070m × 45m

■輸送実績（2016年）
・総旅客数　　　2,215,876人
　国際旅客　　　2,197,629人
　国内旅客　　　　 17,445人
・貨物量　　　　 13,940トン
・離着陸回数　　　40,940回

#043
リガ国際空港（ラトビア・リガ）

Riga International Airport

EVRA / RIX

「バルト海の真珠」と讃えられる美しい港町リガにある、バルト3国最大の国際空港

1. 背景

リガ国際空港のあるラトビア共和国は、バルト海に面するバルト3国の1つであり、人口は200万人、国土面積は九州本島の1.8倍程度である。首都リガは港湾都市であり、その「リガ歴史地区」はアールヌーボー調建築物の宝庫で約300棟が建ち並び、バルト海クルーズの主要寄港地の1つとなっている。

1940年にソ連によって併合され、ナチスドイツによる占拠の後、44年にソ連に再占拠・併合された歴史を持つ。91年に独立を果たしたが、国民の3割近くがロシア人であり、言語・文化面でロシアの影響を色濃く残している。

ラトビアには8つの民用空港があり、うち4つに国際空港の名が付されているものの、商用定期便の就航が定着しているのはリガ国際空港だけであり、他の空港の就航実績は一時的なものである。

リガ国際空港位置図

2. 沿革

リガ市には中心部近くにスピルブ空港があったが老朽化したため、それに代わる空港としてリガ国際空港が建設され、ソ連併合下の1973年に開港した。同空港は独立後の2001年に改修され、リガ市創設800年の節目に近代的な空港に生まれ変わった。06年と16年にはノースターミナルの新設と拡張が行われた。

3. 計画と施設

リガ国際空港はリガ市中心部の西9kmにあり、標高は11mである。滑走路は1本で、方位18/36、長さ3,200m×幅45mで、アスファルト舗装である。平行誘導路、高速脱出誘導路、ILSを備えている。

旅客ターミナルは1棟で、本館と2本のピアで構成されている。本館は2層方式で、2階建て一部3階建てであり、ターミナルビル全体の延床面積は4.3万㎡である。12の固定スポットがあり、うち8つに搭乗橋が設置されている。

空港全体図

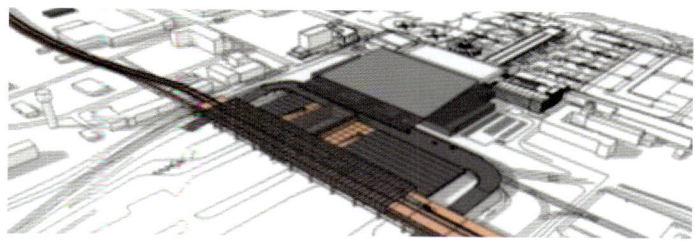

バルチック鉄道「リガ空港駅」完成予想図

image / Riga International Airport

4. 運用状況

リガ国際空港はバルト3国の中で最も旅客数の多い空港であり、2016年には540万人を取扱い、離着陸回数は6万8,300回であった。03年の旅客数は100万人を少し超える程度であり、その13年後に5倍に成長したことになる。この牽引役はラトビアのナショナル・フラッグキャリアであるエアバルチックであり、本空港を拠点とし、最も就航便数が多い。本空港には30か国を超える、90以上の都市に直行便が就航しており、旅客数の多い路線はロンドン、モスクワ、フランクフルトの順である。

本空港の所有者はラトビア国政府であり、運営者は1997年に設立された合弁会社であるTAV空港ホールディングである。

24時間運用が行われている。

5. 将来計画

空港運営者は2015年12月に「リガ空港の2016-36年ビジネスプラン及びアクションプラン（Riga Airport Business Plan and Action Plan for 2016-2036)」を公表している。その中で、36年の航空旅客数を680万人と予測し、同年までの施設投資計画（高速脱出誘導路増設、手荷物仕分け施設新設、バルチック鉄道空港駅舎建設など）を示している。このうち駅舎建設は、将来ヘルシンキ（フィンランド）とベルリン（ドイツ）を同一標準ゲージ軌道で結ぶ鉄道プロジェクトである「バルチック鉄道」をリガ国際空港に取り込むための事業であり、16年〜18年に設計、20年〜22年に工事を行う予定である。

（唯野邦男）

■空港の諸元
・空港運営者：
　TAV 空港ホールディング
・滑走路（長さ×幅）：1本
　18/36：3,200m × 45m

■輸送実績 （2016年）
・総旅客数　　　　5,401,243人
　国際旅客　　　　5,369,358人
　国内旅客　　　　　　2,585人
・貨物量　　　　　　19,760トン
・離着陸回数　　　　68,061回

---

column 02

バルチック鉄道 Rail Baltic

（唯野邦男）

バルチック鉄道は、フィンランドからドイツまでを欧州標準ゲージの鉄道で結び、中欧と北欧の鉄道接続を改善して、旅客・貨物輸送を活性化させるプロジェクトである。タリン（エストニア）、リガ（ラトビア）、カウナス（リトアニア）、ワルシャワ（ポーランド）を通る連続的な鉄道リンクが計画されており、同事業はEUの重点プロジェクトに位置付けられている。事業の第1段階は、ポーランドとリトアニアの国境からカウナスへ至る路線で、2015年10月に供用開始した。第2段階はカウナス、リガ、タリンを結ぶ路線であり、19年に建設を開始し、26年完成の予定である。さらに30年にはワルシャワとの接続が予定されている。ヘルシンキ（フィンランド）とタリンの間は当面、既存の商業フェリーによって結ばれたままであるが、将来両市を結ぶトンネル建設が提案されている。

#044
ヴィリニュス空港 （リトアニア・ヴィリニュス）

Vilnius Airport

EYVI/VNO

1932年に開港したリトアニアの首都空港。2007年に新ターミナルオープン

1. リトアニアの空港

ヴィリニュス空港位置図

リトアニアの正式国名はリトアニア共和国であり、バルト海東岸に南北に並ぶバルト3国で最も南に位置している。国土面積は6.6万㎢（日本の6分の1）、人口は325万人（日本の40分の1）であり、首都はヴィリニュスである。

リトアニアは歴史的経緯から、第一次世界大戦時にはロシア帝国の領土であったが、1918年のロシア革命の余波のなかで、ドイツ帝国の影響を受けながらリトアニア王国として独立を宣言した。しかし大戦でドイツが敗れると、リトアニア共和国となった。40年にはソ連による侵攻を受け、リトアニアは独立を失った。41年にドイツがソ連に侵攻し、リトアニアは、今度はドイツ軍の占領下に置かれることになったが、44年再びソ連軍が侵攻し、リトアニアはリトアニア・ソビエト社会主義共和国として、ソビエト連邦に編入された。91年のソ連崩壊に先立つ90年に独立宣言し、91年9月にはソ連もこれを承認し、独立が回復された。その後リトアニアは西欧諸国や米国との結びつきを強め、2004年にはEUへの加盟を果たした。そのような歴史的経緯のなかで、リトアニアの空港及び航空界は、過去にはソ連の影響を大きく受けて来ており、独立回復後には世界基準への適合が進められている。

リトアニアには国際空港が4空港あり、うち1空港は軍民共用である。国内空港は35空港あるがうち5空港が軍用空港または軍民共用空港である。国内空港には航空クラブが運営している空港が数

空港全体図：ほぼ国際線利用にもかかわらず滑走路長は2,515m

1932年に開港当時のターミナル：現在は残っていない

photo / Vilnius Airport

多くある。

2 沿革

　ヴィリニュス空港は、1932年に運用を開始した。最初のターミナルは空港用地内に建設され同年に共用したが、今では残っていない。第二次世界大戦以前は、国内線（ワルシャワ路線）国際線（リガ路線）が就航していたが、大戦中は軍用飛行場として使用された。そしてドイツが降伏（44年4月）し、リトアニアがソ連に編入された年7月に民間空港としてその活動を再開した。49年には新ターミナルビルの建設が開始され、54年に完了して、同ターミナルの最初の航空旅客がモスクワに向けて飛び立った。同ビルは標準的な旧ソ連の空港ターミナルデザインであり、1日最大20便の航空機運行に対応することを意図したものであった。外側は兵士、労働者、飛行士の彫刻で飾られ、内部の壁や天井には花輪、月桂樹の葉、星で装飾され、90年代初頭までは旧ソ連のハンマーと鎌マークが飾られていて、戦後初期の典型

的なソ連公共建築物であった。同ビルは、93年以降は到着ターミナルとしてだけに使用されている。独立回復（91年）後の2007年には、旅客取扱容量、空港施設、またシェンゲン協定（欧州協定締結国間の国境移動の検査撤廃）要件適合の改良のため、新ターミナルビル（1,000㎡）がオープンした。その後拡張が行われた。

3. 施設

　ヴィリニュス空港は首都ヴィリニュス中心部の南6kmに位置している。標高は197mである。滑走路は1本で、方向02/20、長さ2,515m×幅50m、アスファルト舗装である。ILSが設置されており、平行誘導路（一部変形）を有している。

　旅客ターミナルは滑走路の20側端部付近の西側に位置している。ターミナルは1棟で、ピア形式（延床面積3,500㎡）であり、6つの固定スポット（搭乗橋付き）、及び多数の遠隔スポットを有している。

　地上アクセス鉄道として、ヴィリニュス中央駅とヴィリニュス空港駅を結ぶ電車があり、所要時間は7分である。

4. 運用状況

　空港運営者は、リトアニア共和国の交通通信省によって1991年に創設されたヴィリニュス国際空港国営企業である。

　本空港には24の航空会社が、55の地点との間に就航している（季節チャーター便を除く）。貨物専用機は2社が3地点に就航している。2016年の旅客数は380万人（11年の2.2倍）であり、離着陸回数は4.1万回であった。旅客の内訳を見るとリトアニア国籍者が70%、他のヨーロッパが11%、ロシアが9%であった。

（唯野邦男）

■空港の諸元	■輸送実績　（2016年）	
・空港運営者：	・総旅客数	3,813,679人
ヴィリニュス国際空港国営企業	国際旅客	3,810,684人
(State Enterprise Tarptautinis Vilniaus oro uostas)	国内旅客	354人
・滑走路（長さ×幅）：1本	・貨物量	9,085トン
02/20：2,515m × 50m	・離着陸回数	41,304回

#045
ワルシャワ・ショパン空港（ポーランド・ワルシャワ）

Warsaw Chopin Airport

EPWA / WAW

2011 年に近代的なターミナルコンプレックスが完成。「ショパン」を冠したのは 2001 年

1. ポーランドの空港

　ポーランドの正式国名はポーランド共和国であり、国土面積は 31 万 3,000㎢（日本の 83%）、人口は 3,800 万人（日本の 30%）である。

　第二次世界大戦時の 1939 年 9 月、バルト海に面するグダニスク近郊にナチス・ドイツ軍とスロバキア軍が、また東部国境からソ連軍が侵攻し、ポーランドはそれらの国を含む 4 か国で分割占領された。ドイツの敗戦によりポーランドはソ連の占領下に置かれ、その後 44 年間、ポーランド統一労働者党による共産主義時代（ポーランド人民共和国）となったが、ソ連の崩壊に伴い、89 年に総選挙が実施され、民主共和制を敷く国家（第三共和国）となった。

　ポーランドには舗装滑走路を有する空港が、民間航空用、軍用、私営、スポーツ用、その他を含め

ワルシャワ・ショパン空港位置図

92 あり、そのうち 15 空港が商業旅客輸送に使用されている。また非舗装滑走路空港が 74（ほとんどが草地滑走路）あり、航空スポーツに使用されている。

2. 沿革

　周辺部の都市開発によって、旧ワルシャワ飛行場の航空機運航が影響を受け始めたため、鉄道省は 1924 年に現在の空港の起源とな

る新空港を建設した。33 年に全体の工事が完成した時には、多数の駐機場、コンクリート製の誘導路、大型のターミナルビル、3 棟の格納庫、展示スペースなどを備え、他のヨーロッパの首都空港にも匹敵する空港となっていた。第二次世界大戦中、同空港はドイツ軍とポーランド・レジスタンスの戦闘の場となり、ドイツ軍による爆撃を受けてほぼ完全に破壊された。ワルシャワがドイツ軍に占領

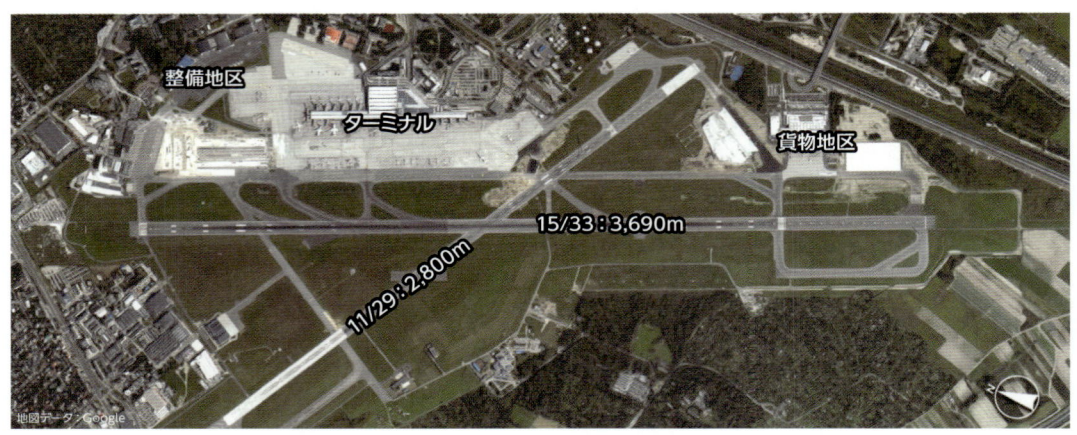

空港全体図

された後、空港はドイツ航空学校の拠点、またユンカース戦闘機の修理工場として使用された。この間コンクリート製の滑走路と誘導路が整備されたが、ドイツ軍の敗退時に彼らによって建築施設を含めて破壊された。戦後共産主義政権下で、ポーランド航空による空港再建と運航再開がなされ、56年には州政府に、また59年には人民共和国政府に空港管理が移るとともに、69年には新ターミナルが完成し、滑走路の改修も行われた。85年に空港の拡張が政府によって決定され、87年には国営企業である独立行政法人「ポーランド空港」が設立された。共産主義政権崩壊後の92年に新ターミナルが完成し、93年の需要は220万人、99年の需要は400万人に達した。2001年3月、ワルシャワ空港は音楽家フレデリック・ショパンの名を冠してワルシャワ・ショパン空港と改名された。06年にはターミナル2の到着施設、07年には出発施設さらに07年にはLCC用ターミナルが供用開始した。10年から11年にかけて2つのターミナルが一体化し、ターミナルコンプレックスを形成するとともに12年には空港地下駅が供用し、ワルシャワの郊外鉄道システムに接続された。

3. 施設

ワルシャワ・ショパン空港は首都ワルシャワ中心部の南南西7km

に位置する国際空港であり、標高は110mである。滑走路は交差配置された2本で、11/29は長さ2,800m（29着陸は約2,300mに短縮運用）×幅50m、アスファルト舗装であり、15/33は3,690m（33着陸は約3,030mに短縮運用）×幅60m、アスファルト舗装である。両滑走路ともにILSが設置されている。滑走路11/29には一部に平行誘導路が、15/33には平行誘導路と高速脱出誘導路が設置されている。滑走路離着陸能力は34回／時である。

旅客ターミナルはターミナルAと呼ばれている1棟の複合施設で、2つの本館（南ホールと北ホール）と2本のピアから構成されている。南北のピアは、本館の両側に滑走路15/33と平行に伸び、固定ゲートがリニアフロンタル状に配置されている。北側ピアの背後には更に固定ゲートが並んでいる。北ホールは旧ターミナル1、南ホールは旧ターミナル2であるが、現在は一体化されている。ターミナルAは45のゲートを有し、そのうち27ゲートには搭乗橋が設置されている。南ホールは4階建て、北ホールは2階建てで、いずれも1階が到着階、2階が出発階となっ

ている。両ホール合わせて116台のチェックインデスクが設置されている。同ターミナルにはアクセス鉄道の駅がある。また空港の北部にはジェネラルアビエーション用のターミナルがある。

4. 運用状況

空港運営者はポーランド空港国営企業（PPL）であり、同社はインフラ開発省によって所有、管理されている。

2016年の離着陸回数は16万回、航空旅客数は1,300万人である。同空港からは50余の航空会社が、180近くの空港との間に路線を形成している（季節運航便、チャーター便を含む）。貨物専用機は7社が、18空港に飛行している。

20:00から04:00までの時間帯（冬期は21:00から05:00までの時間帯）は、原則として滑走路15/33が使用されているが、天候や技術的な問題がある場合には滑走路11/29を使用することも許されている。

アクセス鉄道があり、15分毎の運行が行われている。

（唯野邦男）

■空港の諸元
・空港運営者：ポーランド空港国営企業
・滑走路（長さ×幅）：2本
　11/29：2,800m × 50m
　15/33：3,690m × 60m

■輸送実績（2016年）
・総旅客数　　　　12,836,751人
　国際旅客　　　　11,414,833人
　国内旅客　　　　 1,421,918人
・貨物量　　　　　　　85,833トン
・離着陸回数　　　　 155,934回

#046

ヴァーツラフ・ハヴェル・プラハ空港（チェコ・プラハ）

Václav Havel Airport Prague

LKPR/PRG

中世の雰囲気を残す首都プラハに位置し、チェコ共和国初代大統領の名を冠して改名

1. 沿革

当空港は、チェコ共和国のメインゲートウェイとして、首都プラハの中心地から西側15kmほどに位置する国際空港である。

チェコ共和国は人口1,000万人、国土は日本の5分の1程度で、西部のボヘミヤ地方は山がちな地形であるが、東部のモラヴィラ地方は低地が広がり、小麦や葡萄などが栽培されている。第一次世界大戦後にチェコ人とスロバキア人によるチェコスロバキア共和国が誕生したが、1993年のスロバキアとの分裂を経て、現在の体制となっている。首都プラハを流れるヴル

タヴァ川の両岸には中世の街並みがそのまま残っており、その当時以来の様々な建築様式を見ることのできる、ヨーロッパで最も中世の雰囲気の残る町といわれている。

当空港は、第二次世界大戦前に、900mから1,050mの長さの5本の滑走路が星形に配置されていたというユニークな歴史があるが、大戦後はそのうちの滑走路13/31が延長され、主滑走路として使用されるようになった（後に磁北の修正により 滑走路12/30となる）。その後、航空需要の伸びに対応して、1960年代に3,115mの新たな滑走路07/25（後に磁北の修正により 滑走路 06/24となる）

が整備され、主滑走路として位置づけられ、82年に3,715mに延長されて現在に至っている。空港周辺の居住地域に対する航空機騒音の影響を考慮し、通常はこの滑走路 06/24のみで空港の運用がなされているが、風向等の条件によりこの滑走路が使用できない場合に限って、かつての主滑走路12/30を使用するという運用方式がとられている。

当空港のターミナル地区としては、滑走路 06/24の南側に配置されている新ターミナル地区（ターミナル1及び2）と、滑走路12/30の南東側に配置されている旧ターミナル地区（ターミナル3

空港全体図：1本が閉鎖され、現在は2本の滑走路

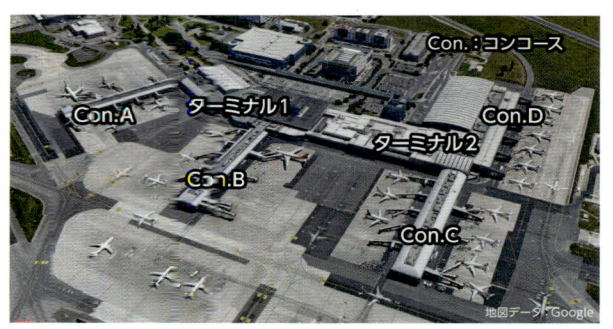

ターミナル地域：ターミナル1がシェンゲン圏用、ターミナル2が非シェンゲン圏用

及び4）の2か所が使われている。新ターミナル地区のターミナル1及び2が当空港のメインターミナルとして一般の航空旅客に利用され、旧ターミナル地区のターミナル3及び4は、プライベート機やVIP機などに利用されている（ちなみに、ターミナル4は1937年に供用を開始した当空港で最も古いターミナルである）。

当空港は、国営企業であるチェコ・エアホールディングが100%出資するプラハ空港㈱により運営が行われている。

2. 施設

滑走路はV字形に交差する2本の滑走路（06/24：長さ3,715m×幅45mと、12/30：3,250m×45m）で、いずれもコンクリート舗装（12/30は一部アスファルト舗装）である。高速脱出誘導路とILSが設置されている。なお、02/22（2,120×60m）は閉鎖されている。

1937年に供用を開始したターミナル1（T1）は、2本のピア（コンコースAとB）を有しており、ロシア、中東、英国など非シェンゲン協定国のフライトを取り扱っている。また、2006年に供用を

開始したターミナル2（T2）には、1本のピア（コンコースC）とターミナルビル側面（コンコースD）が設置されており、フランス、スペインなどシェンゲン協定国のフライトが利用している。

3. 運用状況

当空港の2016年の利用実績を見ると、国際線1,300万人、国内線3万人となっており、ほとんどが国際線利用である。国内線は、東部の都市オストラバとの間に1日1往復のフライトがあるのみである。

当空港は、60のエアラインが就航し、140以上の都市と結ばれるという、多彩な航空ネットワークを有しており、最も利用客の多い路線はパリのシャルル・ド・ゴール空港（2016年実績で69万人）、2番目はモスクワのシェレメテボ空港（同66万人）、3番目がアムステルダムのスキポール空港（同60万人）、4番目はドイツの

フランクフルト空港（同52万人）、5番目がロンドンのヒースロー空港（同43万人）といった状況である。

また、フラッグキャリアのチェコ航空、チャーターフライト専門のトラベルサービス、及び、ハンガリーのLCC航空会社であるウィッツ航空の3つの航空会社が当空港をベースとして活動している。

4. 将来計画

現在の施設能力は、1,550万人／年であり、限界に近づきつつあるため、当面23億Kc（約100億円）（Kcはチェココルナ 1Kc = 4.7 JPY）を投じて、ターミナルビル内のチェックイン施設等の増改築や高速脱出誘導路の整備などを行うこととしており、これにより1,700万人／年まで能力がアップすると見込んでいる。また、中期的な観点から、270億Kc（約1,300億円）を投じて、ターミナル地区の拡張や滑走路06/24に平行する滑走路の新設を行う計画を持っており、これにより2,100万人／年まで能力を向上させることとしている。

（千山善幸）

■空港の諸元
・空港運営者：プラハ空港㈱（Letiště Praha, Ltd.）
・滑走路（長さ×幅）：2本
06/24：3,715m × 45m
12/30：3,250m × 45m

■輸送実績（2016年）
・総旅客数　　13,074,517人
国際旅客 12,968,946人
国内旅客　　26,987人
・貨物量　　　71,091トン
・離着陸回数　136,766回

#047

ブダペスト・リスト・フェレンツ国際空港（ハンガリー・ブダペスト）

Budapest Ferenc Liszt International Airport

LHBP/BUD

2011年に同国が世界に誇るピアニストの生誕200年を記念して空港名を改称

1. 概要

当空港は、ハンガリーの首都ブダペストの空の玄関口であり、市街地中心部より、東南東16kmに位置する。単にブダペスト空港と呼ばれることが多い。2011年3月、ピアニストで指揮者のリスト・フェレンツ生誕200周年を記念して、現在の名前に変更されたものである。

ハンガリーは多様な民族性を有する、人口1,000万人、面積が日本の4分の1程度の内陸国である。ハンガリーの都市部は東欧の国々のなかでも洗練されたイメージがあり、ブダペストの国会議事堂にみられるように荘厳な建物が多く、豊かな歴史の物語を感じさせる。一方、農村部には、素朴で平原が広がるというイメージもあり、こうしたコントラストがハンガリーの多彩な魅力を創出している。

2. 沿革

第二次世界大戦後の1950年、ブダペスト空港の再興が行われ、滑走路1本とそれに付随するターミナル施設により民間航空の運用がスタートした。70年代の急激な航空需要の伸びを受けて、70年代半ばから空港インフラの整備が急ピッチに進められた。その結果、2本目の滑走路が83年から供用を開始するとともに、両滑走路の間に整備された新たなターミナル地区（ターミナル2）が85年から供用を開始した。新ターミナルビルは延床面積2万4,000㎡で、国営航空会社のマレブ（Malév）をはじめ主要な外国航空会社が利用することになった。旧ターミナルビルはターミナル1と改名され、引き続き利用された。

その後も需要は伸び続け、これに対応して北東側の展開用地にターミナル2Bが整備された。この新たなターミナルは3万㎡の広さで7つのボーディングブリッジを持ち、年間350万人対応の施設として1998年から供用を開始した。これにより、従来のターミナル2はターミナル2Aと改名された。

これ以降、ターミナル2Aはマレブ・ハンガリアン航空を含むスカイチームとスターアライアンス・メンバーの航空会社が使用するとともに、シェンゲンゾーンとの間を運航するすべての路線が利用することとなった。一方、ターミナル2Bはワンワールド・メンバーとノン・アライアンス・メンバーが使用するとともに、ノンシェンゲンゾーンとの間を運航する路線が利用することとなった。

空港全体図：オープンパラレル配置で3,000mを超す滑走路が2本。空港西部に見えるターミナル1は現在、閉鎖中

ターミナル2A　スカイコート　ターミナル2B

地図データ：Google

ターミナル地域：中央のスカイコートには、集中セキュリティゾーンとトランジットホールを設置

2005年、ハンガリー政府は、当空港運営のコンセッション化を進めることとし、入札の結果、英国の主要空港の運営を行うBAAが選定された。BAAは約20億ドルで、当空港の75％の株式を購入するとともに75年間の運営権を獲得した。しかし1年半後の07年、BAAはこの権利をドイツの空港グループであるホッホティーフ・エアポート（HOCHTIEF AirPort）と3つのパートナーに売却した。

2011年にはセキュリティに関するICAC監査の指摘を受けて、ターミナル施設の大幅な改築が行われ、ターミナル2Aと2Bの間に、スカイコート（5階建て）が整備され、現在のターミナルの姿となっている。このスカイコートには集中セキュリティゾーンが移設され、新たな荷捌き施設や、マレブ・スカイチームのビジネスラウンジが整備された。また、トランジットホールには、各種店舗、レストラン、カフェなどがオープンした。スカイコートのオープンにより、これまで年間700万人対応であったものが、1,100万人対応まで能力が増強された。

2012年2月、ハンガリー国営のマレブ・ハンガリアン航空が倒産した際、ライオン・エアが当空港への増便を発表するとともに、他のエアラインにも支援の動きが広まった。この結果、ある程度の路線は維持することができたものの、マレブが取り扱っていた乗り継ぎ旅客の需要が大幅に減少したため、空港の経営にも大きな痛手となった。

2013年には、ホッホティーフグループが所有する株式を、カナダの年金運用ファンドである公務員年金投資委員会（PSP Investment）傘下の、ドイツの空港運営会社アヴィ・アライアンス（AviAlliance）に売却しており、この結果、15年7月時点での所有権は、同社が約53％となり、その他、カナダ、シンガポール、ドイツなどの投資グループがそれぞれ5〜20％となっている。

滑走路は、オープンパラレル配置（離隔距離1,600m）の2本の滑走路（13L/31R；3,707m×44m、13R/31L：3,010m×44m）で構成されており、両滑走路共にコンクリート舗装で、高速脱出誘導路とILSが設置されている。

また、ターミナル1は一時LCCが利用したが現在は閉鎖され、本空港の旅客ターミナルはターミナル2Aと2Bのみである。

3. 運用状況

年間の利用者は、2016年の実績で1,100万人（前年比7％の増加）となっている。

路線としては、ヨーロッパ諸国との間を結ぶ路線が中心となっており、このほか、中東のドバイなどとの路線が就航している。2015年の実績を路線別にみると、第1位はロンドン・ルートン空港（年間47万人）、第2位がパリ・シャルル・ド・ゴール空港（同42万人）、第3位がフランクフルト空港（同42万人）という状況である。

（干山善幸）

■空港の諸元
・空港運営者：ブダペスト空港㈱
・滑走路（長さ×幅）：2本
　13L/31R：3,707m×44m
　13R/31L：3,010m×44m

■輸送実績（2016年）
・総旅客数　　11,431,518人
　　　　　　　（国際線のみ）
・貨物量　　　　77,534トン
・離着陸回数　　96,141回

#048
サラエボ国際空港 （ボスニア・ヘルツェゴビナ・サラエボ）

Sarajevo International Airport **LQSA/SJJ**

1992 ～ 95 年のボスニア紛争により施設が完全に破壊されたが、数年後には復興

1. 沿革

当空港は、ボスニア・ヘルツェゴビナの首都サラエボの空の玄関口であり、サラエボ市街地の南西側に位置している（サラエボ鉄道駅から6km）。同国は、バルカン半島北西部に位置する人口400万人弱の共和制国家で、1992年〜1995年、20万人の死者、200万人の避難民を生じさせ、第二次世界大戦後ヨーロッパで最悪といわれたボスニア紛争を経験した。その結果、現在ボスニア・ヘルツェゴビナ連邦（ボシュニャク人とクロアチア人主体）とスルプスカ連邦（セルビア人主体）の2つの政権が共存する状況にある。

サラエボでは、1930年からサラエボ北西部にあった空軍の飛行場を利用して定期航空輸送が始まっている。ベオグラード（現在のセルビアの首都）、ポドゴリツァ（現在のモンテネグロの首都）を結ぶ中継地点としてスタートし、その後、ザグレブ（現在のクロア

チアの首都）、ドブロルニクなども加わった。当時は、これらの都市はユーゴスラビア共和国内の都市であり、国内線であった。そして、38年初めての国際線として、オーストリアのウィーン、またチェコのプラハと結ぶ路線が就航した。第二次世界大戦が始まり、ユーゴスラビア内のすべての民間航空輸送は中断されたが、終戦後の47年、サラエボ南西部に設置されたブトミール空港を利用して民間航空輸送が再開した。

1960年代にジェット機対応の空港が必要となり、旧空港に隣接して新空港が整備され、69年にサラエボ・イリドゥザ空港と命名され供用を開始し、現在の空港となっている。

その後、1984年のサラエボ冬季オリンピック開催に向けて、大掛かりな改修が行われた。滑走路の150m延長や新たな誘導路の整備が行われるとともに、最新の航空灯火システムや航空無線システムが導入され、空港能力も大幅に

増強された。あわせて、国際空港として求められるレベルの施設を備えた新たな旅客ターミナルビルも建設され、サラエボ冬季オリンピック開催中、ニューヨークから飛来してきたDC-10の受け入れなどもスムーズに行われた。また、期間中に訪れた1万4,000人に及ぶ選手、旅客も滞ることなく、サラエボ冬季オリンピックを成功に導いたことは称賛に値する。

1992年にボスニア紛争が始まると、空港はすぐにセルビア人準軍に占領された。6月には空港は国連の管理下に置かれ、人道支援用に使用されたが、戦禍により多くの施設が破壊された。滑走路を渡って政府の支配地域に逃れようとした800人の市民が狙撃されるという悲劇も起こった。市内にはまだ痛々しい銃撃戦の痕跡が多数残されている。

悪夢の紛争が終結し、1996年4月には民間航空機関に管理が移管されたものの、施設は破壊され、スタッフも一から教育が必要であ

ターミナル

12/30：2,600 m

空港全体図

ボスニア紛争時の空港：エアサイドに駐留する国連軍部隊

2001年に再興されたターミナルビル：2基のPPBが設置されている　photo / FaceOffic

当空港は、標高521mという山岳地にあり、低視程となることが多く、CAT-ⅡあるいはCAT-Ⅲへの改善が求められている。現在の滑走路では障害物の関係で、その実現が難しいため、新滑走路の整備が将来のプロジェクトとして検討されている。

3. 運用状況

年間の空港利用者は、2016年の実績で84万人（前年比11％の増加）となっている。

就航路線は、1日10便程度であり、就航先としては、近隣国では、クロアチア、セルビアなどの首都との間に、ヨーロッパ諸国では、オーストリアのウィーン、ドイツの地方都市などとの間に路線がある。このほか、中東方面では、トルコ、ドバイなどに就航している。日本から行く場合には、ウィーンやトルコ経由の旅程が一般的である。

（干山善幸）

り、民間航空が再開したのは同年8月からであった。

2. 施設

滑走路（12/30）は2,600m（30着陸側は約500m短縮運用）、東側だけであるが平行誘導路が設置されており、現在、高速脱出誘導路の整備が行われている。

また、ターミナルビルの再興工事は2001年に完了し、2つのボーディングブリッジが設置されている。現在、出入国手続カウンターの増設や出・到着ロビーの拡張工事が行われている。

■空港の諸元	■輸送実績（2016年）	
・空港運営者：ボスニア・ヘルツェゴビナ民間航空局	・総旅客数	838,966人（国際線のみ）
・滑走路（長さ×幅）：1本 12/30：2,600m × 45m	・貨物量	2,748トン
	・離着陸回数	11,399回

#049
エレフテリオス・ヴェニゼロス国際空港 (ギリシャ・アテネ)

Eleftherios Venizelos International Airport

LGAV/ATH

首都近郊のエレニコン国際空港から、2004年アテネ・オリンピックを機に新空港に移転

1. 沿革と概要

　ギリシャは、ヨーロッパの最も南に位置し、近代オリンピック発祥の地として知られる。国土は日本の3分の1程度の大きさで、その20%をイオニア海やエーゲ海に浮かぶ3,000もの島々が占める島嶼国家である。パルテノン神殿をはじめとする数多くの歴史的建造物とエメラルドの海は世界中の観光客を惹きつける観光地であるが、一方で2010年頃からのギリシャ危機により経済は危機的状況にある。

　アテネ国際空港は2004年のアテネ・オリンピック開催に向けて建設されたもので、01年3月に供用が開始された。もともと海岸沿いにあった旧アテネ国際空港 (Ellinikon International Airport) は、かねてから狭隘化が問題となっており、1973年にはこの新空港計画が立案されていたが、財政事情などから先送りされてきたのである。今般、旧空港は廃止され、その一部はアテネ・オリンピックの会場となった。本空港の正式名称は、エレフテリオス・ヴェニゼロス (Eleftherios Venizelos) 国際空港であり、20世紀前半の首相であったエレフテリオス・ヴェニゼロスを称えて命名されたが、一般にはアテネ国際空港と呼ばれる。

2. 施設

　空港はアテネ市街地から東へ20kmの距離にある、東アッティカ県のスパタ (Spata) に所在する。本空港には、03R/21L(4,000m×45m)と03L/21R(3,800 m×45m)の2本1組のオープンパラレル滑走路（中心線間距離は1,570m）がある。両滑走路共に2本の平行誘導路、高速脱出誘導路、ILSが設置されている。着陸は4方向とも、300mの短縮運用が行われている。

　両滑走路の間、軸線を形成する幹線道路の03R/21L側のエリアに旅客ターミナル地域が展開している。ターミナルビルは長さ790mのフロンタル方式の本館と長さ240mの矩形サテライトから形成されている。サテライトは4棟計画されているが、現在はそのうちの1つが供用し、残りはオープンスポットエリアとして使用されている。

　ターミナル本館は、3階建てであり、1階が到着、2階が出発、3階が店舗・レストランとなっている。ターミナル本館にある144のチェックインカウンターは、シェンゲン圏、非シェンゲン圏を問わずすべての航空会社が利用している。本館は2つに分かれており、ホールAは非シェンゲン圏、非欧州路線の国際線が利用しており、ホールBは国内線及びシェンゲン

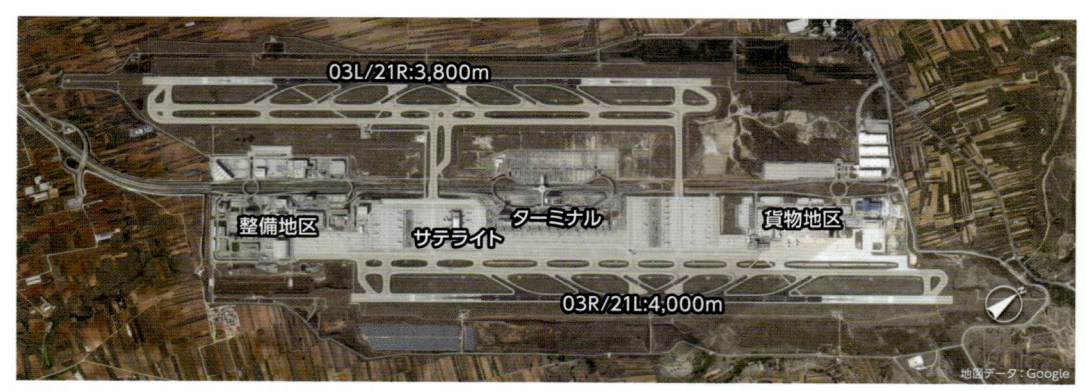

空港全体図：ターミナルの両サイドにはサテライト増設、背後にはターミナル2新設の用地を確保

エレフテリオス・ヴェニゼロス国際空港位置図

圏をサービスする航空会社が利用している。搭乗橋付の固定ゲートが14設置されている。サテライトは2階建てで、1階が到着、2階が出発となっており、地下通路（動く歩道）でターミナル本館と接続されている。搭乗橋付の固定ゲートが10設置されており、かつては長期駐機用として利用されていたが、最近はトラフィックの増加によりシェンゲン圏の航空会社が利用している。

3. 運用状況

2016年の輸送実績として、離着陸回数19万回、旅客数2,000万人を記録している。現在、国内33地点、国際85地点との間に路線が形成されている。ギリシャのフラッグキャリアであるオリンピック航空（Olympic Air）及びエーゲ航空（Aegean Airlines）の本拠地である。

今世紀になって新設された空港ではあるが、騒音問題があり種々の騒音対策が取られている。騒音軽減運航方式については、例えば、深夜早朝の23：00〜7：00の間

は、03R出発、21L到着は規制されており、また03L出発、03R出発は、1,800ftに達するまでは出力を弱めずに急上昇する方式を取るなどが定められている。また空港運営者であるアテネ国際空港会社は、観測装置を設置して航空機騒音監視し、地域に対し報告をしている。

ギリシャ国鉄プロアスティアコス（近郊鉄道）のアテネ国際空港・キアト線の駅が空港内にあり、1日6本の列車がアハルネス・ケントロ駅、コリントス駅経由キアト駅まで運行されている。アハルネス・ケントロ駅でアテネ駅・テッサロニキ幹線の長距離列車に乗り継ぎが可能である。所要時間はアハルネス・ケントロ駅まで約28分、コリントスまで約1時間21分、終点キアトまで約1時間34分である。アテネ地下鉄3号線も空港

内に乗り入れており、1時間に2本の列車が運行されている。市街地中心部のシンタグマ駅までの所要時間は約38分である。公共バスも複数の路線が乗り入れており、アテネの主要地点にサービスを行っている。

4. 将来計画

空港は需要の増大に応じて6段階に拡張される計画となっているが、現時点は開港時の第1段階の姿のままである。開港時に年間1,600万人であった旅客は、一時2,100万人まで増大したが、現在（2016年）では2,000万人にとどまっている。今後、再び需要が増加に転じれば5つのターミナルを順次増設していくこととなっており、現在のエプロンの両サイドには将来のサテライトターミナル用地が確保されている。最終段階である第6段階では年間旅客6,000万人までターミナル容量を拡大することとなっているが、これはオープンパラレル滑走路の最大能力に見合った数字である。

（武田洋樹）

■空港の諸元
・空港運営者：アテネ国際空港会社（Athens International Airport S.A.）
・滑走路（長さ×幅）：2本
　03R/21L：4,000m × 45m
　03L/21R：3,800m × 45m

■輸送実績（2016年）
・総旅客数　　19,995,514人
　国際旅客　12,833,829人
　国内旅客　　7,127,052人
・貨物量　　　　88,406トン
・離着陸回数　　189,137回

#050

イスタンブール・アタトゥルク空港 (トルコ・イスタンブール)

Istanbul Atatürk Airport

LTBA/IST

欧州とアジアを結ぶ陸海空の交通の要衝に位置し、現在、壮大な新空港を建設中

1. 沿革と概要

　トルコの正式な国名は「トルコ共和国」で、ボスポラス海峡とダーダネルス海峡を挟んでアジアの最西端とヨーロッパの最東端に位置し、地理的にも経済・文化においても欧州とアジアの架け橋として、その歴史を刻んできた。国土面積は78万㎢で日本の約2倍、人口は8,000万人弱、首都はほぼ中央部に位置するアンカラであるが、最大の都市は西端部に位置するイスタンブールで人口は1,300万人に達する。

イスタンブールの空港分布：新空港を建設中

　国内の航空ネットワークは、イスタンブールとアンカラを2大拠点として全国約24空港と結ばれている。なかでもイスタンブー

空港全体図：周辺は市街地化し、ここでの拡張は不可能

ターミナル地域：ターミナルは国際線用と国内線用の2棟で構成

ル・アタトゥルク空港はトルコで最大の空港で、市の中心部の西方24kmに位置する。また同市には、第2の空港としてサビハ・ギョクチェン（Sabiha Gökçen）国際空港がある。

イスタンブールにおける最初の航空の動きは軍によるものながら、現在の空港があるエシルケイ（Yeşilköy）の地で早くも1912年に始まったとされる。民間航空は24年に同地で飛行を開始したが、本格的には、滑走路1本と旅客ターミナルビル、格納庫を持つ空港が建設された53年からその歩みが始まったといえる。その後交通量の増大に対応して、長さ3,000mの2本目の滑走路17-36が72年に完成した。83年には新たに国際線ターミナル（現在の国内線ターミナル）が建設され、あわせて、名称を「エシルケイ空港」から、トルコ共和国の礎を築いた初代大統領ムスタファ・ケマル・アタトゥ

ルク（Mustafa Kemal Atatürk）の名誉を称えて「イスタンブール・アタトゥルク国際空港」に改称した。

同地における航空需要の増加は著しく、1990年代半ばには再び空港容量の限界に達したため、新ターミナルの建設をBOT方式で行うことを決定し、入札の結果、テペ（Tepe）、アーケングループ（Akfen Group）、ウィーン空港（Vienna Airport）のコンソーシアム（TAV）がその建設運営を担うこととなった。新ターミナルは2000年にオープンし、同時に国内線は旧国際線ターミナルに移転して、現在の空港の姿が出来上がった。さらにTAVは、その事業範囲に国際線ターミナルの拡張事業やホテルやVIP施設の拡張、国内線ターミナルの近代化計画と運営などを含むこととなり、運営期間も20年まで延長されて、実質的な空港の運営を行っている。

2. 施設

滑走路は、ほぼ南北方向に伸びた長さ3,000mのクロースパラレルの滑走路が2本（17L/35Rと17 R/35 L）及び長さ2,600mの北東-西南方向の横風用滑走路（05/23）1本がV字形に組み合わされた形となっており、両滑走路に挟まれた三角地にターミナルエリアが展開されている。

旅客ターミナルビルはすべての国際線が使用する国際線ターミナル（T2）と国内線ターミナル（T1）の2棟があり、L字形のピアで結ばれている。

国際線ターミナルはシンプルなフロンタル方式で、2010年の増築分を合わせて延床面積は29万㎡、搭乗橋付きの固定ゲートが26、バス送迎のゲートが16で計42ゲートがある。B777-300ERのような大型機にも対応している。メインの出発ロビーにはアイランド形式の8列のチェックインカウンターがあり、11年末には集中セキュリティスクリーニング・エリアが導入され、迅速なチェックが可能となった。

セキュリティ通過後にも多くのショップ、レストラン、デューティ・フリー・ショップなどサービス施設が豊富に設置されている。到着施設では入国管理などのCIQ施設と11基のバゲージクレームがあるが、常に長い行列ができており、狭隘化している。

国内線ターミナルは大三角形の

ターミナルビルの完成予想図：ニコラス・グリムショー設計

Image / iGA

ターミナル内部の完成予想図

Image / iGA

Image / iGA

管制塔の完成予想図：カーデザインで有名なピニンファリーナ（伊）とAECOM（米）の共同設計

2辺をエアサイド、1辺をランドサイドに向けたフロンタル方式で、延床面積が6万㎡の比較的小規模な古いビルである。

駐車場は、9,500台収容の立体駐車場があり、ターミナルビルに直結されている。

航空貨物専用機が就航しており、

メインターミナルの北西側に設置された貨物ターミナル（T3）は冷凍倉庫などの設備を含め延床面積は4万㎡である。またビジネスジェット用のターミナル（FBO）も整備され、TAVにより運営されている。

3. 空港の運用

世界の交通の要衝として、あるいは欧州、中東、アジアの経済活動の拠点として、近年のイスタンブールの経済発展は目覚ましく、これを受けて航空需要の急激な増加が続いている。2002年から16年の15年間に、国内線旅客数が285万人から1,913万人のほぼ7倍に、国際線は851万人から4,128万人のほぼ5倍に達している。年間旅客数が6,000万人を超えたのは2015年で過去最高の6,132万人に達したが、16年には同空港における自爆テロ、クーデター未遂事件等の政情不安を反映して若干減少して、6,042万人となっている。これは旅客数の世界ランキングで第14位に位置し、欧米の主要空港をも凌ぐ勢いである。

空港へのアクセスとして、市内の地下鉄路線（Istanbul Metro Line: MIA）が中心部イェニカピ（Yenikapi）と空港を結んでおり、同路線は欧州サイドの主要地区と結ぶ長距離バスターミナルとも連絡している。このほか、リムジンバスの30分毎のシャトルサービスが主要地区と結んでいる。

4. イスタンブール新空港

イスタンブールの国内線、国際線の今後の需要増に対応するため、トルコ政府はイスタンブールに新たな第3の空港を建設することを決定し、現在ヨーロッパにお

マスタープランと工事の状況：着色部分が第1期分

いても最大級といわれる建設プロジェクトが進められている。新空港の建設・運営は「iGA（Istanbul Grand Airport）」社によってBTO（Build Transfer Operate：建設・移転・運営）方式で行われる。同社はトルコ国内の5企業が20％ずつ出資して2013年に設立されたコンソーシアムであり、2018年の開港から25年間にわたって新空港の整備・運営を担うことになっている。

黒海沿岸部の、かつて露天掘りの石炭採掘場であった跡地に新空港を建設することが決定され、2015年5月に着工された。空港敷地は約7,700haに及び、米国のダラス・フォートワース国際空港を超える世界で最大級の空港となる。マスタープランによれば、滑走路は、南北方向の平行な滑走路が5本（長さ3,750m〜4,000m）、東西方向の横風用滑走路1本（長さ3,000m）の計6本で、段階的

に建設される。平行滑走路に挟まれた地域に旅客ターミナルビルが配置され、大規模な1棟のメインターミナルと滑走路に平行に突き出された5本のピアをもつフィンガー方式のコンセプトが採用されている。旅客ターミナルビルの延床面積130万㎡で、年間1.5億人もの旅客を取り扱えるという。また、将来的には4本のフィンガーを有するターミナル2が東側に建設される構想となっている。

スポットはコードFのA380型機にも対応し、最も遠いスポット相互の間隔は1.8kmにもなるので、ビル内部を走行するピープルムーバーが計画されている。駐車

場の収容台数も2万5,000台と桁違いの大きさとなる。

アクセスは、高速道路で繋ぐほか、将来的には高速鉄道を新設し、イスタンブール中心部との間を25〜30分で結ぶ計画である。

第1フェーズは2018年秋に完成見込みであり、2018年2月現在、工事の進捗率は80％に達している。この段階で、南北方向の3本の滑走路と68万㎡のメインビルと17万㎡のコンコースビル、88か所の搭乗橋つき固定スポット、貨物施設、ビジネスジェット施設などが出来上がり、旅客取扱能力は年間9,000万人とされている。さらに第2フェーズとして、東西方向の滑走路1本を増設する計画で、21年に完成予定とされている。その後は需要の動向を踏まえながら順次着工していくという。

なお、新空港の完成に伴ってアタトゥルク空港の定期便機能は48時間以内にすべて新空港へ移行し、IATAコード「IST」も新空港に継承される。新空港のICAOコードは「LTFM」が割り当てられる。

（岩見宣治）

■空港の諸元	■輸送実績（2016年）	
・空港運営者：TAV空港会社 （空港所有者は国）	・総旅客数	60,422,847人
	国際旅客	41,281,937人
・滑走路（長さ×幅）：3本	国内旅客	19,133,533人
17L/35R ：3,000m×45m	・貨物量	945,055トン
17R/35L ：3,000m×45m	・離着陸回数	466,396回
05/23 ：2,600m×60m		

#051
ソフィア空港（ブルガリア・ソフィア）

Sofia Airport

LBSF/SOF

EU加盟時に新ターミナルをオープンして、国のゲートウェイを拡充

1. 沿革と概要

当空港は、ブルガリアの首都ソフィアの中心部の東方10kmに位置する国際空港である。標高531mと比較的高地に位置している。

ブルガリアは人口750万人、面積は日本の3分の1ほどの小さな国である。ブルガリアといえばヨーグルトを連想させるが、豊かな自然に恵まれ、世界遺産も豊富にあり、ゆったりとした旅ができる心和む国である。

ソフィア空港は、1937年に供用を開始し、48年に滑走路が1,050mに延長された。その後、49年にブルガリア・ソビエト運輸航空局が設置されてからインフラ整備が段階的に精力的に進められ、65年にはジェット機の就航に対応するため、滑走路が

2,720mまで延長整備された。世紀が変わり21世紀に入ってから、滑走路の移設整備や新たなターミナル地区の整備といった空港施設の大規模なリノベーションが行われ、現在の姿となっている。その変遷をみると、まず、20世紀半ばに建築されたターミナル1の改修が2000年に行われた。このビルは、大きなシャンデリアや鉄の彫刻、自然石の壁など古代の建築様式漂う、風格のある建物であり、現在はLCCやチャーターフライト用に使用されている。続いて、06年8月には、それまで使用していた滑走路の210mほど北側に新たな滑走路（3,600m、CAT-Ⅲ対応）が整備され、旧滑走路は平行誘導路として転用されることとなった。なお、空港の東側から3分の1の辺りに河川（イスカール川）が流れており、これを跨ぐため、この

部分の工事は大掛かりなものとなった。

また、2006年12月には新たにターミナル2が供用を開始したが、折しも06年は空港設置70周年という記念すべき年であるとともに、ブルガリア国がEU加盟を実現（07年1月1日加盟）する直前でもあった。この大きな節目の時に、国のゲートウェイが大きな成長を遂げることは象徴的な出来事であった。このターミナル2のセンタービルは5万7,000㎡の広さがあり、7つのボーディングブリッジが備わり、年間260万人の処理能力を有する8階建てのビルである。12のエスカレーターと7つのエレベーターが備わり、800台収容の駐車場と直結している。こうした滑走路の移設整備やターミナル2の整備に要した資金は2億ユーロであり、ヨーロッパ投資銀

整備地区
09/27：3,600m
ターミナル2
ターミナル1
整備地区
地図データ：Google

空港全体図：ターミナル1はLCC、チャーター機用

ターミナル2：主要ターミナルであり、国内線、国際線を取り扱う

行やクエート系のファンドなどから調達している。

　なお、空港の西側には市街地が迫っている状況にあるため、航空機騒音への対策が当空港の重要な課題となっている。

2. 施設

　同空港の施設は、高速脱出誘導路とILSを有する1本の滑走路09/27：3,600m（航空機騒音対策として09着陸に300m短縮運用）×45mと、ターミナル1（LCC、チャーター機用）、ターミナル2（国内線、国際線用）で構成されている。また、管制塔（高さ50m、12年建設）及びその西側には、ルフトハンザの技術グループにより創設された小型ジェット機用の整備基地「ルフトハンザ・テクニック・ソフィア」が立地している。

　今後ターミナル2に2つのボーディングゲートを追加整備するとともに、新たな誘導路の整備、ディ

アイシング・エプロンの増設、ジェネラルアビエーション用のエプロンの整備など、需要の増大に対応したインフラ整備が行われていく予定である。

3. 運用状況

　年間の利用者は、2016年の実績で500万人（前年比12％の増加）となっており、ヨーロッパ諸国との間を結ぶ路線を中心に就航している。就航する航空会社としては、2012年にマレーブ・ハンガリー航空が倒産してから同国最大の航空会社となったウィッツエアー（LCC）が当空港において最大のシェア（29％）を占めており、次いでブルガリアのフラッグキャリアのブルガリア航空（27％）となっている。また、最大の路線はロンドンとの間であるが、同じロンドンでもブルガリア航空やブリティッシュ・エアウェイズはヒースロー空港に、ライオン・エアはガトウィック空港に、ウィッツエアーはルートン空港に、イージージェットはスタンステッド空港にと、ロンドンの4つの空港合わせて年間56万人の利用者がある。第2位はウィーン（同16万人）、第3位はイタリアのミラノ（同16万人）、第4位はフランスのシャルル・ド・ゴール（同15万人）といった状況である。ほとんどが国際線であり、国内線としては、黒海に面する町バルナに1日1便が就航している程度である。

（干山善幸）

■空港の諸元	■輸送実績（2016年）	
・空港運営者：ソフィア空港株式公団（Sofia Airport　EAD）	・総旅客数	4,980,387人
	・国際旅客	4,810,089人
・滑走路（長さ×幅）：1本	・国内旅客	162,777人
09/27：3,600m × 45m	・貨物量	21,156トン
	・離着陸回数	55,069回

#052
アンリ・コアンダ国際空港 （ルーマニア・ブカレスト）

Henri Coandă International Airport

LROP/OTP

同国出身でジェット・エンジン開発に貢献した技術者の名を冠する空港

1. 沿革

当空港は、ルーマニアの首都ブカレストの中心部から北方18kmに位置する国際空港である。空港は国営のブカレスト空港管理会社により運営されている。

ルーマニアは人口1,900万人、面積は日本の3分の2程度で、伝統的に農業を主体とする国である。西のセルビアと南のブルガリアとの国境を流れるドナウ川は黒海に注ぎ、その河口の三角州は生物保護区となっている。また、国の中央をカルパチア山脈が通っているが、そのなかに、吸血鬼ドラキュラ伝説のモデルとなったブラン城があり、観光名所の1つとなっている。また、黒海の港町コンスタンツァの沿岸域には多くのリゾート地があり、夏の間には多くの人々で賑わう。2007年1月、隣国ブルガリアとともに、EU加盟が実現している。

2. 施設

ブカレストでは、当初民間航空用にバネアサ飛行場が使用されていたが、1960年代に入ってからのジェット機の普及を受け、もともとルーマニア空軍の基地として使用されていた現在の飛行場を拡張し、民間航空用として利用するようになったものである。65年には滑走路（現在の08R/26L）が3,500m（幅45m）に延長され、当時のヨーロッパでは最も長い滑走路の1つとなり、旅客ターミナルビルも近代化された。70年4月には、120万人対応の新たな旅客ターミナルが供用を開始している。

1986年からは当空港の機能強化が飛躍的に進められることとなった。まず、2本目の滑走路08L/26R（3,500m×45m）と、これに対応する平行誘導路がターミナルを挟んで北側に整備され、滑走路処理容量が35回/時となった。2本の平行滑走路の中心線間隔は約1,260mである。

さらに1991年からは、ルーマニアとイタリアのジョイント・ベンチャーによって、大規模なターミナルの改修が行われることとなった。その第1フェーズとして、

空港全体図：平行滑走路間隔は1,260mで、その間にターミナルや整備地区を配置

ターミナル地域：1990年代初頭から何度かの改修を経て今日に至る

地図データ：Google

94年〜98年に新たな出発ターミナルと、9つのゲート（うち5つがボーディングブリッジを装備）を有するピア型コンコースが整備された。第2フェーズでは2007年までの間に、多層構造の駐車場、新たな管制塔が整備されるとともに、旧ターミナルが新たな到着ホールとして改修された。第3フェーズとして、エアサイドのピア型コンコースの増築工事が行われ、15のゲート（うち9つがボーディングブリッジを装備）が増設されるとともに、出発ホールの増築も行われ、現在の姿となった。

3. 運用状況

　年間の利用者は、2016年の実績で1,100万人（前年比18％の増加）となっている。就航する航空会社としては、フラッグキャリアのタロム航空（TAROM）を中心にして、LCCのブルーエアー、ライオン・エア、ウィッツエアー

などの利用が多い。路線別にみると、国際線としては、ロンドンの各空港をはじめとして、ローマ、パリ、ウィーン、イスタンブール、アムステルダムなど、ヨーロッパ諸国との間を結ぶ路線を中心に就航している。国内線も7路線あり、ヤシ、クルージュ・ナポカといった、北部に位置する地方都市との間を1日数便程度の頻度で就航している。

（干山善幸）

■空港の諸元
・空港運営者：ブカレスト空港管理会社
・滑走路（長さ×幅）：2本
　08L/26R：3,500m × 45m
　08R/26L：3,500m × 45m

■輸送実績（2016年）
・総旅客数　　10,982,967人
　国際旅客　10,105,904人
　国内旅客　　　873,637人
・貨物量　　　　34,125トン
・離着陸回数　　108,285回

---

column 03

ドナウ川

（干山善幸）

　ドナウ川は西ヨーロッパと東ヨーロッパを結んで流れる全長2,850kmの大河である。ドイツの山岳地帯に源流を持ち、ウィーンの街を抜け、スロバキアとハンガリーの国境、クロアチアとセルビアの国境、ブルガリアとルーマニアの国境、そしてウクライナとルーマニアの国境を流れ、最後は黒海に注いでいる。その全長の半分近くにルーマニア領内を流れ、黒海に注ぐ河口には広大なドナウ・デルタが広がる。

　ドナウ川を主題として作曲された曲は多くあるが、オーストリアのヨハン・シュトラウス2世が1867年に作曲したワルツ「美しき青きドナウ」（同国では「第二の国歌」と呼ばれている）やルーマニアのヨシフ・

イヴァノヴィッチが1880年に作曲したワルツ「ドナウ河のさざ波」は、よく耳にする曲である。

　また、河口に広がるドナウ・デルタは、58万ヘクタールという広大な地域に、葦、沼地、池、柳の林が広がり、鳥や渡り鳥たちの楽園となっている（1991年に世界自然遺産に指定）。ラムサール地区をはじめ、エリア内での自然保護地区が18か所あり、キリア、スリナ、聖ゲオルゲという3つの運河が走る。ペリカン、ハクチョウ、カモなどの野鳥の群れ、アシ、ハス、つた植物、さらに樹齢数百年の大木や運河を行き交う小舟などがおりなす光景は、ヨーロッパでは、このドナウ・デルタでしか見られない。

#053
ボリースピリ国際空港（ウクライナ・キエフ）
Boryspil International Airport

UKBB/KBP

1991年の独立後、続々国際線が充実。2012年に新ターミナルが完成した首都空港

1. 沿革

　当空港は、ウクライナのメインゲートウェイであり、首都キエフ市から東南東に30kmほど離れた場所に位置している。

　ウクライナは古くからヨーロッパの穀倉地帯として知られているが、天然資源にも恵まれ、鉄鋼業を中心とした重化学工業も発達している。また、世界を震撼させた原発事故（1986年）で注目を集めたチェルノブイリ原子力発電所（2000年12月で完全停止）が、首都キエフの北100kmほどのところ（ベラルーシ国境近く）に存在している。

　当空港は、1959年にソビエト連邦の軍事基地が民間航空用の空港として転用されたもので、65年に旅客ターミナルビルが供用を開始してから本格的に利用されている。71年には第2滑走路が西側に建設され、レーダーなど各種施設が整えられた。

　ソビエト連邦下ではウクライナから海外に渡航することは許されなかった（モスクワからのみ可能）が、1991年のソ連崩壊に伴い独立を果たした後の93年、当空港は国際空港としてすべての旅客とフライトが利用できるようになり、以来利用が促進されていった。

2. 施設

　滑走路は、ほぼ南北方向に向く2本の平行滑走路（離隔距離1,720m）で構成され、東側に長さ4,000m×幅60mの第1滑走路（18L/36R）、西側に3,500m×60mの第2滑走路（18R/36L）が配置されている。第1滑走路は2001年に大幅な改修が実施され、CAT-Ⅲ対応のメインの滑走路として利用されている。また第2滑走路もCAT-Ⅲ対応ILSが設置されている。

　ターミナルは、第2滑走路に面するターミナルF、両滑走路の中間位置にあるターミナルB、そして第1滑走路の北側に新たに整備されたターミナルDの3つのターミナル地区に分散している。ターミナルFはLCC用として整備されたものであるが、現在では貨物ターミナルとして利用されている。ターミナルBは2010年に改修後国内線用として利用されていたが、現在は使用されていない。ターミ

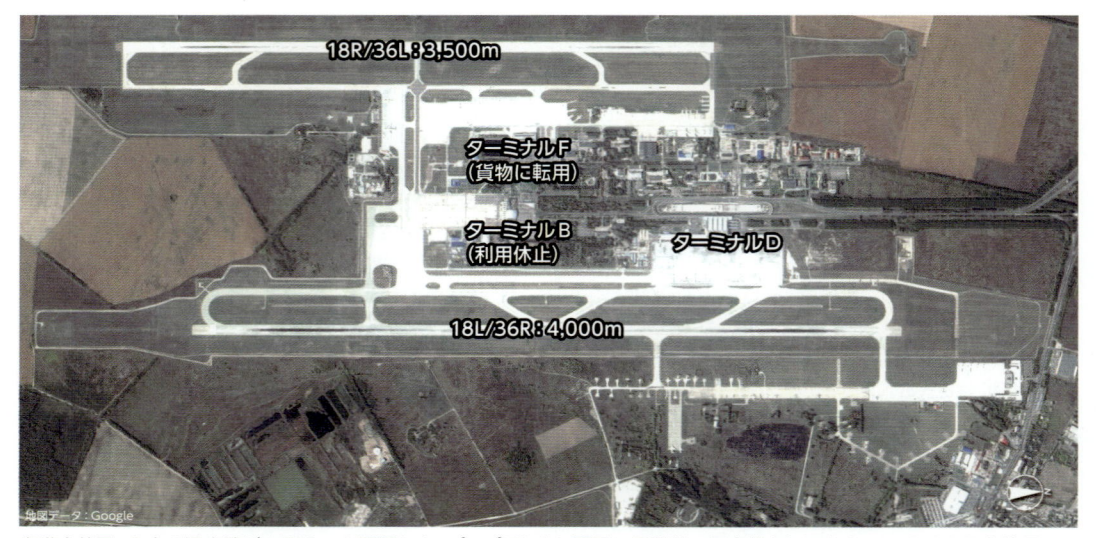

18R/36L：3,500m
ターミナルF（貨物に転用）
ターミナルB（利用休止）
ターミナルD
18L/36R：4,000m
地図データ：Google

空港全体図：2本の滑走路が1,720mの間隔をオープンパラレルに配置。国際線、国内線ともにすべてターミナルDを使用

ナルDは12年に新たに整備された
ターミナルで、現在は国際線、
国内線ともすべての航空旅客がこ
こを利用している。本館の左右に
直線上のウィングを伸ばしたフロ
ンタル方式で、11のボーディン
グブリッジが設置されている。延
床面積10.7万㎡で、年間1,000
万人対応の容量である。

3. 運用状況

　当空港における輸送実績は
2016年で870万人になっており、
9割方が国際線である。国内線は
首都キエフから300km〜400km
ほど離れたドニプロやリヴィウな
どいくつかの地方都市との間に、
1日数便運航している程度である。
国際線としては、ウィーンなど近
隣の主要都市をはじめヨーロッパ
諸国の主要都市との間にネット
ワークを有する。なかには北京と
いった長距離路線も含まれてい
る。就航する航空会社は、フラッ
グキャリアのウクライナ国際航空
を中心に各国の航空会社が就航し
ている。

（千山善幸）

2012年に供用を開始したターミナルD全景　　　　photo / Boryspil Airport

ターミナルD：カーブサイドには円弧を描いた大きなひさしがかかっている

■空港の諸元	■輸送実績（2016年）	
・空港運営者： 　ボリースピリ国際空港株式社	・総旅客数	8,644,484人
	国際旅客	7,902,032人
・滑走路（長さ×幅）：2本	国内旅客	741,859人
18L/36R：4,000m×60m	・貨物量	36,229トン
18R/36L：3,500m×60m	・離着陸回数	74,313回

144

ロシアの空港概観

ユーラシアに広がる世界最大の国。航路 6,430km、9 時間もの世界最長の国内線を有する

1. 概要

　ロシアは、北アジアから東ヨーロッパに広がる世界最大の広大な国土を有しており、航空輸送が大きな役割を果たしている。首都モスクワやロシア第 2 の都市サンクトペテルブルクをはじめ、人口の多い大都市はヨーロッパ寄りの地域に偏在しており、ロシア西部の 1/4 の国土面積に 70% の人口が集中している。一方で、極東やシベリアのように伝統的にインフラの整備が遅れた寒冷地域からは人口流出が生じており、地域間の経済格差も大きい。

　ロシアは世界第 2 の原油産出国であり、2003 年以降の原油価格上昇により貿易収支が改善し、長い経済停滞を脱し景気回復が見られた。その結果、この時期には航空輸送量も大幅に増加している。例えば、モスクワ首都圏のシェレメテェボ国際空港では、2005年から 2015 年までの間に、年間の航空旅客輸送量が 1,200 万人から 3,128 万人へと、ドモジェドボ国際空港では 1,400 万人から 3,050 万人へと大幅に増加している。

2. モスクワ首都圏の国際空港

　モスクワ首都圏では、現在、4 つの国際空港が利用されている。

　このうち、北側に位置するシェレメテェボ国際空港は、従来からモスクワのメインゲートとして利用されていた空港であるが、当空港施設の老朽化が進む一方で、2000年代に首都圏の南に位置するドモジェドボ国際空港のリノベーションが積極的に進められた結果、多数の外国航空会社（JALなど含む）が、ドモジェドボ国際空港の方に移転したため、10年にはドモジェドボ国際空港がシェレメテェボ国際空港を抜き、ロシアで最大の空港となった。

　こうした事態に対応し、シェレメテェボ国際空港では 07 年から 10 年にかけて、ターミナル地区を中心に大がかりな近代化を進めた結果、15 年実績においてロシアでの利用客数 No.1 の座を奪還するに至った（ドモジェドボ国際空港が 3,050 万人に対して、シェレメテェボ国際空港は 3,162 万人）。

　このように、モスクワ首都圏では両巨頭空港が凌ぎを削るなか、首都圏の南西に位置するヴヌーコボ国際空港が 1980 年のモスクワ・オリンピックに合わせて拡張が行われたのを契機に、首都圏における第 3 の空港として躍進を遂げてきており、15 年実績で 1,580 万人の利用者がある。

　さらに、2016 年に入り首都圏における第 4 の空港が活動を開始した。首都圏の南東側に位置するジェコフスキー空港である。当空港は、もともと軍用機のテスト施設として整備されたものであるが、首都圏における空港容量の増強を図るため、当空港の民航利用が決定されたものである。この決定はプーチン大統領の提言に基づくものであり、すべてのチャーターフライトと LCC を当空港にシフトさせるというコンセプトのもとに新たなターミナル（年間 400 万人対応）の建設が行われ、16 年 5 月に民航利用がスタートした。5,402m という滑走路長は民航利用としては世界で 2番目に長い滑走路となっている。ちなみに、民航で用いられる世界で最も長い滑走路は中国チベット自治州にあるチャムド・バンダ空港の 5,500m であるが、こちらは標高が 4,334m の高地にあることへの対応であ

モスクワ首都圏 3 空港の航空旅客数の推移

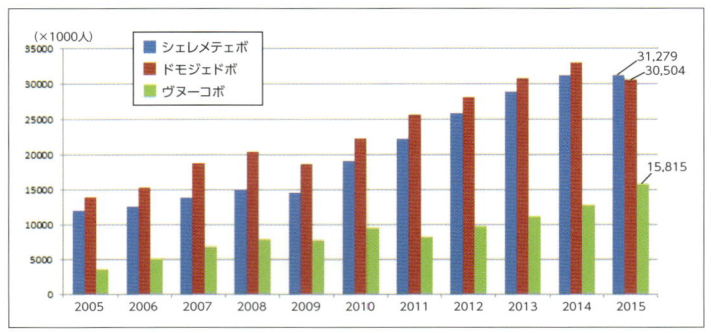

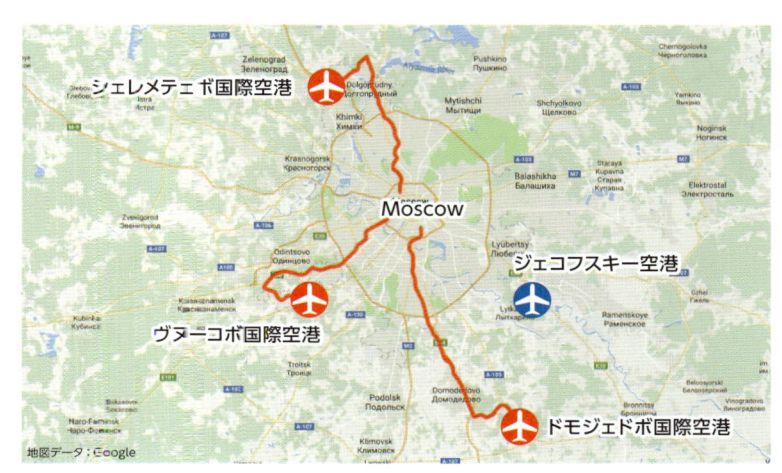

モスクワの空港分布：モスクワ中心部から各空港へつながる鉄道網

り、やや事情が異なる。

同空港からは2016年12月時点で、ロシアのウラル航空やキルギスタンのマナス航空などの5つの航空会社により、中東や中央アジアなどの都市とを結ぶ路線が就航しており、今後、更なる利活用の進展が期待される。

3. 首都圏3空港の運営形態

これらモスクワ首都圏における空港の運営形態について、簡単に触れておきたい。ロシアの空港は航空法に基づき、会社管理空港、国管理空港、試験用空港に分類される。シェレメテェボ国際空港、ヴヌーコボ国際空港、ドモジェドボ国際空港の3空港は、国管理空港に分類されているが、いずれも法人形態（前者2空港は公開型株式会社、後者の1空港は非公開型株式会社）を取り、連邦が株式の全部または一部を保有する形で関与している。株式の保有比率も様々で、シェレメテェボ国際空港ではロシア連邦資金管理局が32％保有（従来、国が100％保有していたが、2016年にその68％をロシアの民間企業に移譲）し、ヴヌーコボ国際空港では国内空港部分と国際空港部分で別々な株式会社が運営しているが、株式については国内空港側の74.7％、国際空港側の25％プラス1株をロシア連邦資産管理局が保有（12年時点）し、ドモジェドボ国際空港の場合、株の保有比率については非公開という状況である。なお、ドモジェドボ国際空港のターミナルについては、1997年からイーストライングループが運営（空港の運営会社から土地をリース）を行うと

いう形態をとっている。

4. 首都圏3空港の鉄道アクセス

次に、モスクワ首都圏の空港のアクセス状況についてみると、首都中心部と主要3空港（シェレメテェボ国際空港、ドモジェドボ国際空港、ヴヌーコボ国際空港）との間がアエロエクスプレスと呼ばれる空港高速鉄道によって結ばれている。鉄道運営会社のアエロエクスプレス社は、首都圏で旅客輸送を行う初めての民間企業であるが、2005年にシェレメテェボ国際空港との間の輸送がスタートしたのを皮切りに、08年にはヴヌーコボ国際空港及びドモジェドボ国際空港との間の輸送へと拡大していった。また12年には、ソチにおける都市中心部と空港間の鉄道輸送サービスへも進出している。

首都中心部からの出発駅は、それぞれモスクワ地下鉄の環状線に接しており、利便性が非常に高い。所要時間はヴヌーコボとシェレメテェボ（路線距離40km程度）が35分、ドモジェドボ（60km程度）が45分となっており、普通運賃は420ルーブル（840円）である。モスクワ3路線の輸送実績は、2015年実績でトータル1,300万人となっている。

以下、モスクワの主要3空港（シェレメテェボ国際空港、ドモジェドボ国際空港、ヴヌーコボ国際空港）並びに、サンクトペテルブルグのプルコヴォ空港、ハバロフスク空港、ウラジオストク国際空港、ソチ国際空港の7空港について紹介する。

（千山善幸）

#054 シェレメテェボ国際空港（ロシア・モスクワ）

Sheremetyevo International Airport

UUEE/SVO

一時期利用者が低迷したが、近年はモスクワ第1に返り咲き、ターミナル拡張が進行中

1. 沿革

　当空港は、従来からロシアのメインゲートとして利用されている空港である。ソ連のフルシチョフ書記長時代の1953年、ヨーロッパの主要空港に見習って民間航空用の空港建設が決定されたことを受け、既存の軍用飛行場を利用して建設が進められ、59年に供用開始した。64年には第1旅客ターミナルビルの供用を開始。さらに、80年に開催されたモスクワ・オリンピックに合わせて、第2旅客ターミナルビルが建設された。

　「ロシアの空港概観」で述べたように、その後、当空港の老朽化が進む一方で、2000年代にドモジェドボ国際空港の近代化が行われたため、各国のフラッグキャ

リアが、ドモジェドボ国際空港へ乗り入れ先を変更した。このため、一時は航空旅客数No.1の地位を譲ったが、シェレメテェボ国際空港も負けじと近代化を強力に進めた結果、15年にはまたNo.1の座に返り咲いている。

2. 施設

(1) 滑走路

　2本の平行滑走路（クロースパラレル配置）を有し、北側（06L/24R）が長さ3,550m×幅57m、南側（06R/24L）が3,700m×57mである。2本の滑走路ともにコンクリート舗装であり、ILSが設置されている。、06R/24Lには高速脱出誘導路が併設されている。

(2) 北側ターミナル地区

　旅客ターミナル地区は、滑走路北側（ターミナルC）と南側（ターミナルD、E、F）の2つの地区に分かれている。

　2007年12月、ターミナルB（15年に撤去）の西側に、国際線500万人対応のターミナルCが供用を開始した。総工費は約100億円、延床面積4万㎡、6つのボーディングブリッジを有する国際線専用ターミナルで、ほぼ30年ぶりの新たなインフラ投資であった。その後、南側地区に大規模な国際線ターミナルが建設されてからは、当該ターミナルビルは独立国家共同体（CIS）諸国の航空会社などにより利用されている。また12年には、ビジネス機やプライベート機用として、東端位置にターミ

空港全体図：ターミナル地域は2本のクロースパラレル滑走路をはさんで南北に分離

ナルAが整備された。

（3）南側ターミナル地区

ターミナルF（改前の「ターミナル2」）は、1980年のモスクワ・オリンピックに合わせて600万人対応の国際線ターミナルとして整備されたものであり、フロンタル形式のビルで15のボーディングブリッジを有する。2009年までにリノベーションが終了し、出発ロビーや免税店ゾーンが新しく生まれ変わっている。

2009年11月、南側ターミナル地区の西側部分に新たにターミナルDが供用を開始した。1,200万人対応、17万㎡の施設で、22のボーディングブリッジを有している。アエロフロート・ロシア航空と同社が加盟するスカイチーム専用のターミナルで、巨大な白鳥の姿をイメージした特徴的なデザインが目を引く。駐車場も4,100台対応の施設となっており、高速鉄道駅とも接続されている。

2010年、ターミナルFとターミナルDを連結する格好でターミナルEが供用を開始した。国際線用として8つのボーディングブリッジを有しており、ターミナルD同様アエロフロート・ロシア航空とスカイチーム・メンバーが利用している。なお、V-Expressというトランジットホテルが併設されており、制限区域内での利用が可能である。

以上のように精力的に拡張整備が行われた結果、南側ターミナル

地区の処理容量は2,500万人対応まで拡大した。

3. 運用状況

当空港のネットワークは、300以上の就航先と結ばれており、最も利用客の多い路線はロシア第2の都市サンクトペテルブルク（2015年実績で156万人）、2番目はパリ（同78万人）、3番目がチェコ共和国の首都プラハ（同72万人）、4番目は14年冬季オリンピックが開催されたソチ（同68万人）、5番目が北コーカサス西部に位置するクラスノダール地方の行政の中心地クラスノダール（同62万人）といった状況である。

また、利用航空会社の状況をみると、当空港をハブとするロシアのフラッグキャリアのアエロフロート・ロシア航空がメインであり、当空港における輸送旅客の90％を取り扱っている。残りの10％については、カザフスタンのアスタナ航空、エア・フランス、チェコ航空をはじめとして、中央アジアや欧州のエアラインが就航している。

2016年にはそれまでロシア連邦資産管理局が100％保有してい

た同空港管理会社株式の68％を、ロシア企業のTPSアヴィア（TPS Avia）に対して、当企業が今後約1,000億円の投資をすることを条件として移譲している。

4. 将来計画

2008年に、25年を目標とするマスタープランが策定されており、そのなかには、3本目の滑走路、新たなターミナル地区の整備などを含む総額約3,000億円に及ぶ投資計画が盛り込まれている。その一環として現在、ターミナルBの跡地（ターミナルCの東側隣接地）に、新たなターミナルビルがFIFAワールドカップ2018ロシア大会に向けて建設され、これにより北側ターミナル地区の処理容量は1,500万人対応まで拡張された。あわせて、この北側の新ターミナルと南側のターミナルD及び高速鉄道駅との間がピープルムーバーで結ばれる予定であり、利便性が大幅に向上することが期待される。

（千山善幸）

■空港の諸元
・空港運営者
　シェレメテェボ国際空港㈱
　(JSC Sheremetyevo International Airport)
・滑走路（長さ×幅）：2本
　06L/24R：3,550m × 57m
　06R/24L：3,700m × 57m

■輸送実績（2016年）
・総旅客数　　34,030,427人
　国際旅客　18,839,384人
　国内旅客　15,167,522人
・貨物量　　　256,053トン
・離着陸回数　　272,970回

#055
ドモジェドボ国際空港（ロシア・モスクワ）

Domodedovo International Airport　　　　　　　　**UUDD/DME**

2018年のFIFAワールドカップに向け新ターミナルを建設したモスクワ第2の国際空港

1. 沿革

　当空港は、首都モスクワ中心部から40km南方に位置する、ロシア連邦第2の国際空港である。当空港の歴史は、第二次世界大戦が終了した直後の1948年、新たな首都圏空港の建設のための調査が行われたことに始まる。51年から、森林伐採、アクセス道路建設などの準備工事が始まり、54年にはドモジェドボ地区にモスクワの第2空港建設を行うことについて政府による正式決定がなされ、58年に空港の第1期工事がスタートした。当空港がソビエト連邦における長距離国内線を取り扱う空港として供用を開始したのは65年のことであり、その18か月後には第1滑走路に平行する第2滑走路が供用を開始した。

　その後、30年ほどは目立ったインフラ投資は行われなかったが、ロシアの起業家によって創設された「イーストライン・グループ」が、当空港において新たな国際線ターミナルやケータリング事業を93年頃から始めたことを契機に、当空港に対する新たな投資の動きが活発化し、96年には空港運営についても法人化がなされた。当空港を国際ハブ空港に成長させるというイーストライン・グループの戦略を受けて、2000年代には老朽化した空港施設に対して大規模な投資が行われ、04年には拡張された新たなターミナルビル（現在のターミナル1）が供用を開始した。この動きに連動して、ブリティッシュ航空、スイス航空、JALなどの外国主要エアラインがこぞってシェレメテボ国際空港から当空港へ乗り入れ先を変更したことから、05年には当空港がロシアにおける航空旅客取扱数第1位となり、その後10年間、シェレメテボ国際空港が近代化整備により勢いを取り戻すまで、ロシアNo.1の地位を維持することとなった。

2. 施設

　当空港は、2本の独立運用可能な平行滑走路(中心線間距離2,000m)があり、西側に第1滑走路14R/32L（長さ3,500m×幅58m）、東側に第2滑走路14L/32R（3,793m×50m）という配置である。いずれの滑走路もコンクリート舗装で、高速脱出誘導路とILSを備えている。

　この平行滑走路に挟まれるなか

移設滑走路 (工事中)

14L/32R：3,793m

ターミナル2 (建設中)

ターミナル1

整備地区　　貨物地区

14R/32L：3,500m

地図データ：Google

空港全体図：ターミナル2が建設中であり、さらにターミナル3新設のため滑走路14L/32Rを移設中

ターミナル1
ターミナル2（建設中）
コンコースA
コンコースB

地図データ・Google

ターミナル地域：ターミナル1の東側にはターミナル2が建設中

にターミナル地区が展開している。現在使用しているターミナル1は、A、Bの2つのコンコース（ピア）から構成される形式で、延床面積22.5万m²の建物であり、22のボーディングブリッジを有している。このうち、コンコースAは国際線用であり、2000年代にシェレメテェボ国際空港から移転してきた外国主要エアラインのほか、ロシアのS7航空やウラル航空などが利用している。一方、コンコースBは国内専用であり、S7航空やウラル航空をはじめ10数社のロシアのエアラインが利用している。

3. 運用状況

2015年の取扱実績では、シェレメテェボ国際空港が3,400万人に対して、ドモジェドボ国際空港は2,900万人で、シェレメテェボ国際空港に次いで第2位の取り扱いとなっている。

当空港では、国際線と国内線がほぼ半々という状況であり、就航路線の状況をみると、最大需要路線はシェレメテェボ国際空港同様にサンクトペテルブルク（1日に8便程度）である。就航するエアラインの状況をみると、2015年では、第1位がS7航空（シェア34%）であった。ちなみにS7航空はもともとシベリアのノボルビスクに本社が置かれていたものがモスクワに移転し、当空港を最大のハブ空港として利用するようになったものである。次いで第2位がトランスアエロ航空（同18%）、ウラル航空（同13%）であったが、トランスアエロ航空が15年末に破綻し、これをS7が引き受けることとなり、現在ではS7航空が当空港における航空旅客の約半数を受け持っているという状況にある。

4. 将来計画

現在、ターミナル1に接続する形で、総工費600億円をかけて新たなターミナルの建設が、FIFAワールドカップ2018ロシア大会に向けて進められている。このターミナル2は、マルチレベルコンセプトに基づくもので、1階が到着階、2階が出発階、3階がファーストクラス、ビジネスクラス、VIP用となっているほか、エアラインオフィス、ビジネスラウンジ、旅行センターなど、多彩な機能を有している。延床面積23.5万m²の建物で、12のボーディングブリッジを有しており、当該ターミナルが加わることで、ターミナル全体の面積はほぼ倍の50万m²近くとなり、年間4,500万人の旅客に対応可能となる。

さらに、ターミナル2に接続して東側にターミナル3（27.5万m²）の建設が2023年を目途に行われる予定であり、現在そのために必要となる第2滑走路の移設工事（300mほど東側に平行移動）が進められている。

（千山善幸）

■空港の諸元
・空港運営者：イーストライングループ
・滑走路（長さ×幅）：2本
　14R/32L：3,500m × 58m
　14L/32R：3,793m × 50m

■輸送実績（2016年）
・総旅客数　　28,500,259人
　国際旅客　11,843,822人
　国内旅客　16,619,453人
・貨物量　　　　142,183トン
・離着陸回数　　225,327回

#056
ヴヌーコボ国際空港 (ロシア・モスクワ)

Vnukovo International Airport

UUWW/VKO

ターミナルはひょうたん型のピアが突き出したデザインで、ユニークながら合理的

1. 沿革

当空港は、首都モスクワ中心部から30kmほど南西に位置する、モスクワ首都圏における3番目の国際空港であるが、歴史的には3空港のなかで最も古く、第二次世界大戦中の1941年に軍用飛行場として供用を開始し、戦後、民間航空としての利用がなされたことに始まる。その後50年代～60年代半ばまではモスクワのゲートウェイとして使われていたが、60年代半ばにシェレメテボ国際空港やドモジェドボ国際空港が供用を開始してからは、これらの空港がモスクワ首都圏のメインゲートとして利用されるようになった。

1980年にモスクワ・オリンピッ

ターミナル地域：ユニークなひょうたん形が目をひくターミナルA

クが開催されるにあたり、当空港も拡張整備が行われ、93年には公開株式会社により運営されることとなった。2003年末には当空港の大規模な再整備計画が発表され、続いて、連邦政府の持ち株がモスクワ市に移譲された。

2. 施設

滑走路は、06/24（長さ3,000m×幅58m）と01/19（3,060m×42m）の交差する2本を有しており、両滑走路とも高速脱出誘導路とILSが設置されている。時間あ

空港全体図

ターミナルＡ内部：モダンな内装が目を引く

photo / Kremlin.ru

ターミナルエアサイド

photo / Aktug Ates

は1970年代後半に整備されたもので、北コーカサス地方の路線が利用している。

3. 運用状況

「ロシアの空港概観」で述べたように、ヴヌーコボ国際空港における航空輸送量は急速に伸びてきており、2005年実績では年間360万人程度であったものが、15年実績では1,580万人と4倍以上の伸びとなっており、シェレメテェボ国際空港及びドモジェドボ国際空港のほぼ半分に達する勢いである。ロシアのハンティ・マンシースクに拠点を置くUTエアーやロシア航空など、ロシアの中堅の航空会社の利用が多い。

また、新ターミナルビルには720㎡のVIPホールが設置されており、大統領をはじめとする要人が利用している。

（千山善幸）

たり60回の処理能力がある。

ターミナルは、A、B、Dの3つがあり、このうちメインとして使われているのは、2010年に新たに供用を開始したターミナルAである。ターミナルAは、開港当初に使用されていた旧ターミナルビルを撤去した跡地に約3億ドルを投じて整備されたものであり、延床面積20.1万㎡を有し、大規模な円形ピアをエアサイドに突き出したひょうたん状のユニークなデザインが目を引く。ターミナルA

では年間2,000万人を取り扱うことが可能である。

ターミナルBは2004年に約5,000万ドルを投じて整備され、チャーターフライトと一部の国際線が利用しており、ターミナルD

■空港の諸元
・空港運営者：
　ヴヌーコボ国際空港㈱
　（JSC　Vnukovo International Airport）
・滑走路（長さ×幅）：2本
　06/24：3,000m × 58m
　01/19：3,060m × 42m

■輸送実績（2016年）
・総旅客数　　　13,946,688人
　国際旅客　　　3,474,214人
　国内旅客　10,472,474人
・貨物量　　　　　50,943トン
・離着陸回数　　　152,313回

#057
プルコヴォ空港（ロシア・サンクトペテルブルク）

Pulkovo Airport

ULLI/LED

ロシア第2の都市サンクトペテルブルクの空の玄関、2013年に新ターミナルが完成

1. 沿革

当空港は、サンクトペテルブルク市中心部から南に23kmほど離れた場所に位置しており、ロシア連邦においては、モスクワ首都圏の3空港に次いで4番目に航空旅客の多い国際空港である。

サンクトペテルブルク市は、バルト海東部のフィンランド湾東端に面する、モスクワに次ぐロシア第2の都市であり、鉄道・国際航路の要衝となっている。1914年までロシア帝国の首都であり、ロシア革命後の24年、レーニンにちなんでレニングラードと改称され、その名が半世紀続いていたが、ソ連崩壊後の91年、住民投票によりロシア帝国時代の現在の名前に戻っている。市域の人口は500万人と大きな都市圏を形成しているが、人口が100万人を超える都市としては世界で最北端の位置（北緯60度）にあり、冬季にはマイナス30度を下回ることもある。日本企業の進出の関係では、トヨタ自動車がロシアにおける進出地としてサンクトペテルブルク市を選定し、2005年に現地法人が設立され話題となった。トヨタのサンクトペテルブルク工場では、07年12月からカムリの現地生産を開始し、16年からはSUV（RAV4）の現地生産も行っている。

当空港の歴史は1932年にまで遡るが、本格的に航空旅客輸送を始めたのは、第二次世界大戦後の48年であり、以来、50年代、60年代と時代の要請に応じて必要な整備が行われていった。70年代には現在の「プルコヴォ空港」に改名され、新たなターミナルビルが整備されるとともに2本目の滑走路が整備され、現在の空港の輪郭ができあがっている。

2000年代に入り、老朽化した空港施設の近代化が叫ばれるなか、サンクトペテルブルク市当局、プルコヴォ空港会社（市が100%出資）、及びノーザン・キャピタル・ゲートウェイ（Northern Capital Gateway：NCG）の3者によるPPP合意に基づき、09年から民間の企業体であるNCGにより空港運営が行われることとなった。ちなみに、このNCGは、ロシアのVTB投資銀行（VTB Capital）、ドイツのフラポート、及びギリシャの企業により構成されている。なお、空港所有者はサンクトペテ

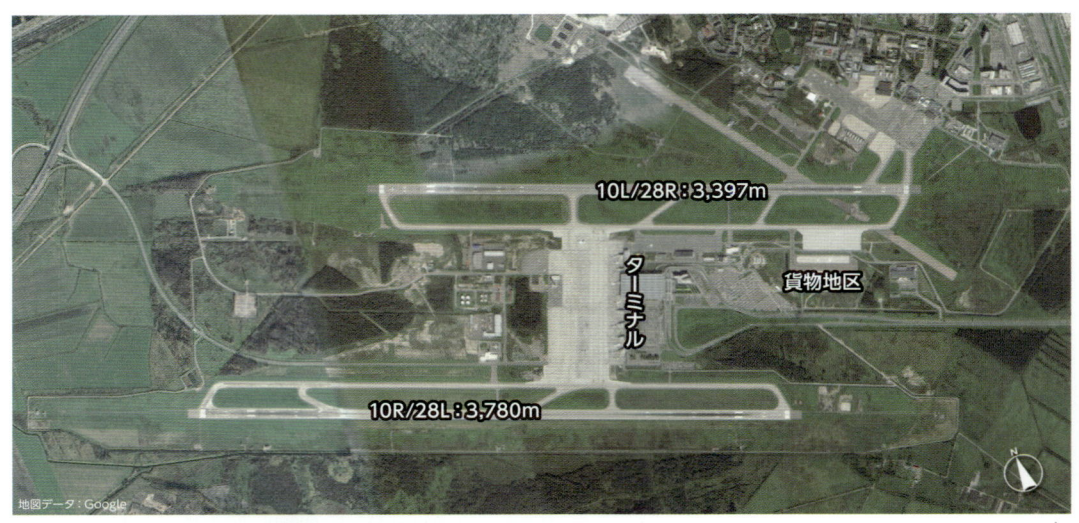

10L/28R : 3,397m
ターミナル
貨物地区
10R/28L : 3,780m
地図データ：Google

空港全体図：オープンパラレル配置の滑走路離隔距離は1,500m

プルコヴォ第1ターミナル　　photo / Pulkovo Airport : Northern Capital Gateway LLC

ターミナル内部　　photo / Pulkovo Airport : Northern Capital Gateway LLC

ように、2013年に新ターミナルビルが整備されており、延床面積は14.7万㎡の広さで、ビジネスラウンジやレストランなども充実し、内装も非常にデザイン性に富んだものとなっており、彫刻や絵画も多く展示されている。

3. 運用状況

　当空港における輸送実績は2016年で1,300万人となっており、国内線が約6割を占めている。10年前の05年には470万人程度であったことと比較すると、約3倍に伸びている。

　路線別にみると、国内路線は、その約半数がモスクワ路線（モスクワ首都圏3空港）で年間旅客数は370万人である。モスクワとの間は「モスクワ・サンクトペテルブルク鉄道」の路線距離で650km（東京-姫路間に相当）あるが、高速列車の運行開始により、最速なら3時間45分で行けるようになっており、鉄道と航空のシェア争いが激しくなっている。国際路線は、第1位はトルコの地中海に面する観光都市アンタルヤで50万人である。

（干山善幸）

ルブルク市である。

　この新たな空港運営体制のもとに、2010年からターミナル地区の抜本的改修整備が行われ、13年には新ターミナルビル（名称はプルコヴォ第1ターミナル）が供用を開始した。

2. 施設

　空港の面積は1,350haであり、滑走路は2本で、南側に10R/28L（長さ3,780m×幅57m）と北側に10L/28R（3,397m×57m）

がオープンパラレル配置（離隔距離は1,500m）されている。いずれもコンクリート舗装で、高速脱出誘導路とILSを備えている。時間あたりの処理能力は50回となっている。

　ターミナルについては、前述の

■空港の諸元
・空港運営者：
　ノーザン・キャピタル・ゲートウェイ（NCG）
・空港面積：1,350ha
・滑走路（長さ×幅）：2本
　10R/28L：3,780m × 57m
　10L/28R：3,397m × 57m

■輸送実績（2016年）
・総旅客数　　13,265,037人
　国際旅客　　5,005,645人
　国内旅客　　8,259,392人
・貨物量　　　　29,285トン
・離着陸回数　　133,062回

#058
ソチ国際空港（ロシア・ソチ）

Sochi International Airport

URSS/AER

ロシア随一の保養地ソチの玄関口。2014年冬季オリンピックに合わせ新ターミナルが完成

1. 沿革

ソチ国際空港は、ロシア連邦クラスノダル地方の都市ソチから南東に25kmほど離れた場所に位置する空港である。

ソチは黒海に面するロシア随一の保養地であり、2014年に冬季オリンピックが開催されたことで一躍有名になったが、人口40万人程度のこじんまりとした街である。雪をかぶったカフカース山脈を望み、温泉や多くの療養施設があり、夏のシーズンには数百万人が訪れる。歴代の国の指導者たちの別荘があり、プーチン大統領も夏期休暇をここで過ごしている。

当空港の歴史は1945年にアドレル空港として供用を開始したこ

とに始まる。56年に旅客ターミナルビルが建設され、本格的に航空旅客輸送がスタートし、80年には「ソチ空港」と改称した。2006年には空港の民営化がなされ、ベーシック・エレメント社と提携するストラテジー・サウス社が約2億ドルで落札した。その後、07年にはベーシック・エレメント社が南ロシアの4空港を運営する会社（バセル・アエロ）を設立し、ソチ空港もその傘下となり、約4億ドルの資金を投じて2014年の冬季オリンピックに向けた大規模な改修工事が進められた。ちなみに、その途中の12年、運営会社のバセル・アエロは、ベーシック・エレメント社51%、スベル銀行19%、シンガポールのチャンギ空

港30%で構成される共同企業体として再編されている。

空港は24時間運用で、夜中の3時頃にモスクワから到着する便もある。

2. 施設

滑走路は2本で、06/24（長さ2,890m×幅50m）と02/20（2,200m×49m）が交差する形となっている。両方の滑走路ともコンクリート舗装で、ILSが設置されている。北〜北東側は山が迫っており、航空機の離着陸は黒海側（南〜南西側）のみを利用して行われている。そのため、滑走路02/20には平行誘導路が設けられていない。

貨物地区　ターミナル
06/24：2,890m
02/20：2,200m

空港全体図：北北東側に山があり、南南西側のみの離着陸

フロンタル形式のターミナルビルは、前述のように2014年の冬季オリンピックに向け整備されたもので(09年に供用)、延床面積6.5万㎡、10のボーディングブリッジを有している。

また、オリンピックに合わせたアクセス鉄道の整備が行われ、2012年にソチ空港駅が開業した。駅とターミナルビルはコンコースで結ばれており、15分間隔でソチ市内方面へ列車が運行している。

旅客ターミナルビル：改修されたばかりで真新しい印象　　photo / MariaTalanova

3. 運用状況

当空港における輸送実績は2016年で530万人（前年比28%増）となっており、国内航空旅客輸送量ではロシアにおいて10本の指に入っている。定期便は約7割がモスクワ便であり、サンクトペテルブルクなど他の国内便も数便就航している。国際線については、季節運航がほとんどである。

就航する航空会社としては、アエロフロート・ロシアが最も多く、次いで、S7航空やウラル航空など国内大手・中堅の航空会社が利用している。

〈干山善幸〉

ターミナル地域：ビルと鉄道駅はコンコースで連結

■空港の諸元	
・空港運営者：バセル・アエロ	
・滑走路（長さ×幅）：2本	
06/24：2,890m × 50m	
02/20：2,200m × 49m	

■輸送実績（2016年）	
・総旅客数	5,262,754人
国際旅客	130,733人
国内旅客	5,118,067人
・貨物量	4,569トン
・離着陸回数	43,317回

#059
ハバロフスク・ノビ空港（ロシア・ハバロフスク）

Khabarovsk Novy Airport

UHHH/KHV

1973年から新潟路線が開設。ここからシベリア鉄道で欧州に向かうルートもある

1. 沿革

　ハバロフスクは、ロシアを形成する８つの連邦管区のうち、ロシア北東連邦管区の本部が置かれるアムール州ユダヤ自治州ハバロフスク地方の首都である。近年、極東開発に注力する政府は、ハバロフスクに極東発展省全権代表部を設けるなど、同市を極東の最重要都市と位置付けている。ハバロフスク地方の東側はオホーツク海に面し、南北1,800kmと長く、南部ではアムール川を挟み中国と国境を接する位置にある。

　1900年代初頭から多くの日本人居留者が滞在し、わが国との交流が活発であった地域であり、73年には新潟空港との間に定期路線が開設され、最も身近なヨーロッパとして親しまれた。2013年にハバロフスク地方を訪れた外国人観光客の70％以上は日本人であ

り、今日においても結びつきは深い。

　空港はハバロフスク市街中心から東方７～８kmに位置し、自家用車、トロリーバスなどによるアクセスが一般的であり、15分ほどで空港に至る。空港に至る街並みは欧州の地方都市のように整っており美しいが、空港に着くとその思いは一変する。1954年に供用を開始した空港の計画は古く、滑走路配置、誘導路形状、道路計画や駐機形態など今日の空港の作られ方とは異なる。幹線道路から空港へとハンドルを切ると、親切な道路標識があるわけではなく、ターミナルビルの前に広がる舗装された広場の一角が進入道路やカーブサイドであり、それ以外が駐車スペースという雑然とした様相である。

　空港所有者はハバロフスク地方政府であり、運営はハバロフスク

空港会社の手で行われている。

2. 施設と運用状況

　2016年の航空旅客は190万人である。国内線で最も利用者の多い路線はモスクワ路線で40％を占め、B747やB777が就航している。次いでユージノサハリンスクが20％ほどのシェア、残りが地方都市である。国際路線は成田、ソウル、北京、ハルピンと結ばれ40万人程度が利用している。成田からはS7航空（旧シベリア航空）がJALとの共同運航によりA320を週2便設けている。所要時間3時間と極めて近い。日便数は60回ほどであるが、ほぼ24時間にわたり発着している。発着回数も少なく滑走路の能力には十分余裕がある。

　滑走路は、北東から南西へ05R/23L（長さ4,000m×幅60m）

ターミナル

05L/23R：3,500m（改良工事中）

05R/23L：4,000m

空港全体図：2018年現在、改良工事中の05L/23Rを含め、クロスパラレル配置の2本の滑走路

ターミナルは全体的に改修中の様相

と05L/23R（3,500m×45m）の2本の滑走路が300mの間隔で配置されている。滑走路05R/23Lには双方向にILSが設けられ、北東側（23L）からはより精度の高い進入が可能な設備（CAT-Ⅱ）が置かれている。

空港の西側に約1,500mにわたりエプロンが展開しているが、定期航空用にはこのうち3分の2ほどが供され、残りは小型機や整備用である。

国内旅客ターミナルはターミナル地域の南西端に設けられており、空港の主要施設では最も新しく2006年の完成である。ターミナル内は2層構成となっておりチェックイン、バゲージクレームなど主要機能は1階、搭乗待合は2階にある。ハバロフスク空港のすべてのスポットは搭乗橋（PBB）を持たないオープンスポットであるため、搭乗時刻が近づくと旅客は再び1階に降り徒歩もしくはバスで航空機へ向かう。

国際旅客ターミナルは、航空当局の庁舎／管制塔、公賓等が利用するVIP施設、貨物上屋を挟み500mほど離れた位置にある。ターミナルと言えないような平屋建ての極めて小さなプレハブ然とした建物である。バゲージクレームコンベアは小規模なものが1台、入国管理の審査台も2組だけであり、厳格な入国審査と相まって混雑は著しく、長い時間待たされる。

3. 将来計画

ハバロフスク空港会社により、空港の将来構想が検討されている。路線面では、極東の首都に相応しい国際線のゲート空港として各国と太い路線で結ばれ、また、要人の行き来も多いモスクワとの移動が円滑に行えるようにする必要がある。一方、新ターミナル整備に際しては、現在の施設を運用しながらの整備工事となることが予想

され、そのための用地は航空当局の庁舎と現在の国際旅客ターミナルの間で計画せざるを得ない状況にある。

夏季は30度を超え、冬季はマイナス30度まで下がる厳しい環境下の空港であり、エプロン上を歩かせる現在のような搭乗方式は本来避けるべきもので、PBB付きスポットの整備、更に国際国内の乗り継ぎ利便の確保などが必要である。また、商業施設の充実や海外からの旅客を迎えるにふさわしい設え、印象的な造形なども期待される。関係当局の努力が結集し、新たなハバロフスク・ターミナルが誕生することを心待ちするとともに、新ターミナルを介してわが国との交流が一層盛んになることを期待してやまない。

（渡邉正己）

■空港の諸元
・空港運営者：ハバロフスク空港会社
・滑走路（長さ×幅）：2本
　　05R/23L：4,000m × 60m
　　05L/23R：3,500m × 45m（閉鎖中）

■輸送実績（2016年）
・総旅客数　　1,869,096人
　　国際旅客　　　—
　　国内旅客　　　—
・貨物量　　　24,925トン
・離着陸回数　　　—

#060 ウラジオストク国際空港（ロシア・ウラジオストク）

Vladivostok International Airport

UHWW/VVO

モスクワ路線は世界最長の国内線。改修されたターミナルは近代的でA380にも対応可能

1. 沿革

　ウラジオストク国際空港は1931年アルチョームの町の隣接地に建設され、32年の夏に商用飛行が開始された。48年にはイリューシンIL-12を使用したモスクワ路線が開設された。この国内線は今も運航されており世界最長の国内線路線の1つである。また、延々と眼下に平原を見ながら8〜9時間飛行する航空路も珍しい。59年から64年の間には定期航空機の大型化に対応するため、空港施設の整備が行われた。旧ビルである旅客ターミナルBが2005年から06年にかけて完全改修され、ロシアの空港ターミナルのなかで最も新しく、また快適なターミナルとなった。ウラジオストク南部ラスキー島で開催のAPECロシア2012サミットに先立ち、連邦政府と地方自治体はウラジオストク国際空港を再整備する計画を発表した。12年には年間取扱容量350万人の旅客ターミナルAが新設され、滑走路07R/ 25Lは長さ3,500mに延長された。

2. 施設

　ウラジオストク国際空港は、クネヴィッチ離着陸施設とレイクスプリングス離着陸施設の2つのエリアから構成されているが、後者は主に地元の飛行クラブに使用されており、商業定期便が就航する主要滑走路を有するのは前者の方であって、本空港をクネヴィッチ空港と呼ぶこともある。（以下、前者のエリアを中心に記述。）同空港はウラジオストク中心部から北に40km余りの位置にあり、標

07L/25R：3,500m （休止中）
07R/25L：3,500m
ターミナル
小型機地区
地図データ：Google

空港全体図：滑走路は2本のクロスパラレル配置されたもののほか、離れたエリアにはレイクスプリングス離着陸施設の小型機用滑走路も

旅客ターミナルビル：シンプルなガラス張りが目を引く

photo / Maks25rus

高は14mである。クロースパラレルに配置された2本の滑走路があり、旅客ターミナルに近い方の07R/25Lは長さ3,500m×幅60m、コンクリート舗装で、ILSが設置されている。07L/25Rは長さ3,500m×幅60m、コンクリート舗装（一部アスファルト舗装）であるが、現在は閉鎖された状態にある。平行誘導路（07L/25R滑走路との中心線間距離は236m）と3本の取寸誘導路があるが、高速脱出誘導路はない。

旅客ターミナルは滑走路の東端付近に位置し、コンセプトはフロンタル方式である。エプコンは奥行きが293mあり、エプコン誘導路を間に挟んだ2重駐機で、25スポット（うちワイドボディ機用10スポット）あり、A380にも対応している。ビルは、旅客ターミナルAと呼ばれている総床面積4万8,000㎡の1棟で、国際線と国内線の両方を取り扱っている。4基の搭乗橋、28台のチェックインカウンター、4基のバゲージクレームが設置されている。既存ビルの旅客取扱能力は年間350万人である。貨物ターミナルがあり、年間5万トンの取扱能力を有している。

鉄道アクセスとしてアエロエクスプレスが乗り入れており、旅客ターミナルAにそのクネヴィッチ空港駅がある。ウラジオストクまで一日5往復の列車が運行されている。

3. 運用状況

空港運営者はウラジオストク航空である。2016年の旅客取扱数は185万人あり、13年の離着陸回数は1.5万回（国際線5,200回、国内線9,800回）であった。同空港からは国内線が10航空会社によって19空港に運航されており、そのなかにはモスクワやサンクトペテルブルクが含まれている。また国際線は7航空会社によって14空港に運航されており、そのほとんどが東アジアと東南アジアの国々で、最南端の空港はプーケットである。

4. 将来計画

統計データは前記と異なるが、2009年の航空旅客数99万人に対して13年には185万人となり、4年間で1.9倍と急激に伸びた（国際線：2.8倍、国内線：1.7倍）。この需要の伸びに対応するため旅客ターミナルビルはその取扱能力を現在の年間350万人から500万人に拡張可能なよう設計されている。

空港運営者は、ICAO基準を満たす十分な規模の離着陸エリア施設と十分な容量の近代的旅客ターミナル施設を有し、ロシア極東という立地条件に恵まれた本空港について、今後国際航空ネットワークの拡大を図っていく戦略を有している。具体的には、従来東南アジアに止まっていた直行便をオーストラリア・ニュージーランドまで拡大し、また米国・カナダの西海岸まで拡大する開発戦略である。

(唯野邦男)

■空港の諸元
・空港運営者：ウラジオストク航空
・滑走路（長さ×幅）：4本
　07L/25R：3,500m×60m（休止中）
　07R/25L：3,500m×60m
　06/24　：973m×20m
　　（レイクスプリングス A/F）
　16/34　：602m×20m
　　（レイクスプリングス A/F）

■輸送実績（2016年）
・総旅客数　　1,850,311人
　　国際旅客　　559,512人
　　国内旅客　1,269,325人
・貨物量　　　23,578トン
・離着陸回数　　16,824回

テッド・スティーブンス・アンカレッジ国際空港

カルガリー国際空港

バンクーバー国際空港

シアトル・タコマ国際空港

ケベックシティ・ジャンルサージ国際空港

オタワ・マクドナルド・カルティエ国際空港

モントリオール・ピエール・エリオット・トルドー国際空港

ミネアポリス・セントポール国際空港

トロント・ピアーソン国際空港

デトロイト・メトロポリタン・ウェイン・カウンティ空港

ジェネラル・エドワード・ローレンス・ローガン国際空港

シカゴ・オヘア国際空港

ジョン・F・ケネディ国際空港／ニューアーク・リバティー国際空港／ラガーディア空港

サンフランシスコ国際空港

オークランド国際空港

インディアナポリス国際空港

フィラデルフィア国際空港

マッカラン国際空港

デンバー国際空港

ワシントン・ダレス国際空港

シンシナティ・ノーザンケンタッキー国際空港

ルイビル国際空港

ロサンゼルス国際空港

メンフィス国際空港

シャーロット・ダグラス国際空港

フェニックス・スカイハーバー国際空港

ダラス・フォートワース国際空港

ハーツフィールド・ジャクソン・アトランタ国際空港

オースティン・バーグストロム国際空港

ジョージ・ブッシュ・インターコンチネンタル空港

オーランド国際空港

タンパ国際空港

マイアミ国際空港

ホセ・マルティ国際空港

メキシコシティ国際空港

ダニエル・K・イノウエ国際空港

ラ・アウロラ国際空港

トンコンティン国際空港

モンセニョール・オスカル・アルヌルフォ・ロメロ国際空港

アウグスト・セサル・サンディーノ国際空港

ファン・サンタマリーア国際空港

トクメン国際空港

南北アメリカの空港

シモン・ボリバル国際空港 ●

Venezuela

● エルドラド国際空港

Colombia

マリスカル・スクレ国際空港 ●

Ecuador

ホルヘ・チャベス国際空港 ●

Peru

メキシコ
グアテマラ
エルサルバドル

Bolivia

● エル・アルト国際空港

Brazil

リオ・デ・ジャネイロ・アントニオ・カルロス・ジョビン空港／
サントス・ドゥモン空港

グアルーリョス国際空港／
コンゴーニャス空港／
ヴィラコッポス国際空港

Chile

Argentina

アルトゥーロ・メリノ・ベニテス国際空港 ●

ミニストロ・ピスタリーニ国際空港 ●

#061
トロント・ピアーソン国際空港 (カナダ・トロント)

Toronto Pearson International Airport

CYYZ/ YYZ

トロントに立地するカナダ最大の空港。5本の滑走路で北米第2の国際線旅客数をさばく

1. 概要と沿革

トロントはオンタリオ湖の北岸に位置する、カナダ最大の都市であり、同国の金融センター機能を果たしている。周辺都市を含む都市圏人口は590万人を誇り、北米ではニューヨーク、ロサンゼルス、シカゴに次ぐ4番目の大都市である。

1937年カナダ政府は、トロントに2つの空港を建設することを決定した。1つは、市内のトロント島に設置されたビリービショップ・トロント・シティ空港であり、もう1つはトロント市の北西に位置するマルトン空港（現トロント・ピアーソン国際空港）であった。トロント港湾委員会は、マルトン近郊に土地を取得して空港を

建設し、39年8月トランス航空カナダによる商用飛行が開始された。58年トロント市は、マルトン空港をカナダ運輸省に売却し、名称をトロント国際空港と変更した。更に84年には、第14代首相でありノーベル平和賞受賞者のレスター B.ピアーソン（Lester B. Pearson）氏の栄誉を称え、トロント・ピアーソン国際空港と名

空港全体図：井桁状の滑走路配置であるが、15L/33Rと15R/33Lはクロースパラレル

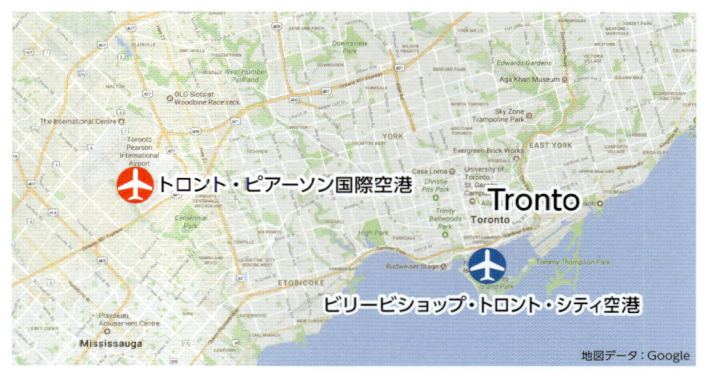

トロントの空港分布：互いに役割を補完しつつ、都市圏の航空需要を担う

称を変更した。その後96年12月、大トロント空港公社（G￣AA）が空港の運営を開始した。

　トロント・ピアーソン国際空港は、トロントの北西22.5Kmに位置し、カナダで最も大きい空港である。この空港は、エア・カナダとウエストジェットのハブ空港であり、エア・トサンサット、サンウイング・エアラインズのハブでもある。2015年現在、75航空会社が利用しており、1日約1,100の出発便が180以上の目的地に向かって運航している。16年の輸送実績として、離着陸回数46万回、旅客数4,400万人を記録している。国際線の輸送に関しては、北米においてJFK国際空港に次ぐ2位の位置を占めている。

2. 施設

　本空港には平行・直行する5本の滑走路があり、井桁状に配置されている。それらのうち、15L/33R（3,368m）と15R/33L（2,77Cm）は離隔距離が1,060mであり、オープンパラレル配置の基準（1,310m）を満たしていない。一方、クロースパラレルの

06L/24R（2,956m）と06R/24L（2,743m）のペアは、05/23（3,389m）とオープンパラレルを構成している。各滑走路は61mの幅を有しており、高速脱出誘導路が設置されている。

　旅客ターミナルビルは、15L/33R滑走路の北側に建設されており、ターミナル1とターミナル3の2つに分かれている。両ターミナルともに、ピアとサテライトを組み合わせたターミナル形式であり、国内線、トランスボーダー（米国向け国際線）、国際線の機能を有している。

　ターミナル1は延床面積57万㎡であり、エア・カナダ、スターアライアンス系航空会社が主に利用しているが、非加盟航空会社のエミレーツ等も利用している。

ターミナル1には58ゲートが設置されており、目的によりDゲート、Eゲート、Fゲートと3つに分かれている。Dゲートは国内線、Eゲートは国際線、Fゲートはトランスボーダーとして利用されている。Eゲートには、A380が受け入れ可能なゲートがあり、エミレーツ航空が利用している。

　ターミナル3は延床面積10万㎡であり、スカイチーム系航空会社、ワンワールド系航空会社が利用している。ターミナル3には48ゲートが設置されており、目的によりAゲート、Bゲート、Cゲートと3つに分かれている。Aゲートはトランスボーダー、Bゲートは国内線、Cゲートは国際線として利用されている。

3. 運用状況

　大都市近郊の空港の宿命として、騒音影響が大きな問題となっている。大トロント空港公社は、空港の運用に関わる騒音コンターを地元に提示しており、空港周辺32か所に騒音観測点を設置し、モニ

ターミナル地域：ターミナル2は、ターミナル1の拡張により今はない

ビリー・ビショップ・トロント・シティー空港：トロント中心部に至近のコミューター空港

地図データ：Google

ターを常時行っている。また、近隣住民の被害を最小限にするため、優先滑走路運用方式を採用している。特に、深夜早朝時間帯の00：30 から6：30の間、出発機は滑走路23、33R、24Rを利用すること、到着機は滑走路05、15L、06Lを利用することが義務づけされている。

空港内には、ターミナル1とターミナル3間の移動手段としてLINKトレインが設置されており、24時間、4分〜8分間隔で運行されている。

空港アクセスは、鉄道システムとしてUPエクスプレス（Union Pearson Express）が運行しており、市街地と空港を25分で結んでいる。また、公共用バスも多数運行されている。

4. 将来計画

大トロント空港公社が有している将来拡張計画は次のとおりである。

(1) 6本目の滑走路の建設（現在の05/23滑走路の東側に05R/23L滑走路の建設）

(2) ターミナル1を拡張し、Gゲート、Hゲート、Iゲートの増設

(3) インフィールド域（滑走路15L/33Rと15R/33Lに挟まれた地域）の開発

5. ビリー・ビショップ・トロント・シティ空港

ビリー・ビショップ・トロント・シティ空港はオンタリオ湖岸のトロント島に1930年代後半に整備されたコミューター空港である。トロント市街中心部からわずか2.5kmの至近距離にあり、トロント港湾公社（Toronto Port Authority：TPA）が運営している。カナダ国内とアメリカ合衆国の20都市との路線を有しており、ポーター航空とエア・カナダがターボプロップ機を運航している。年間発着回数は12万回、年間総旅客は250万人（いずれも2015年）であり、アクセスの良好性を生かしてピアーソン空港を補完し、トロント都市圏の空港システムを形成している。また、医療用航空拠点としての役割も担っている。

従来は15分ごとに運航されるフェリー（所要時間1分）が対岸からの唯一のアクセス手段であったが、2015年歩行者用トンネルが開通し、利便性が向上した。

（武田洋樹）

■空港の諸元
・空港運営者：大トロント空港公社
　（Greater Toronto Airports Authority）
・滑走路（長さ×幅）：5本
　15L/33R ：3,368m × 61m
　15R/33L ：2,770m × 61m
　06L/24R ：2,956m × 61m
　06R/24L ：2,743m × 61m
　05/23　 ：3,389m × 61m

■輸送実績（2016年）
・総旅客数　　44,335,198人
　国際旅客　27,428,638人
　国内旅客　16,906,560人
・貨物量　　　　472,323トン
・離着陸回数　　456,536回

#062
バンクーバー国際空港（カナダ・バンクーバー）

Vancouver International Airport

CYVR/YVR

カナダ南西端部の国際空港。近くのフレーザー川河口を使用して小型水上機も多数離着陸

1. 沿革と概要

　1929年バンクーバー市は、シーアイランド（Sea Island）に空港用地を取得し、空港の運用を開始した。第二次世界大戦中は連邦政府である国防省と運輸省に用地をリースし、空港はカナダ王室空軍の訓練飛行場として使用された。リース基金は、新しいハンガー用地、カナダ・ボーイングの航空機製造用地を取得するために使用された。現在のターミナルは68年に完成し、それ以降別棟の国際線ターミナルビル、国内線ターミナルビルへと拡張されていった。また、北側の滑走路は96年に完成した。

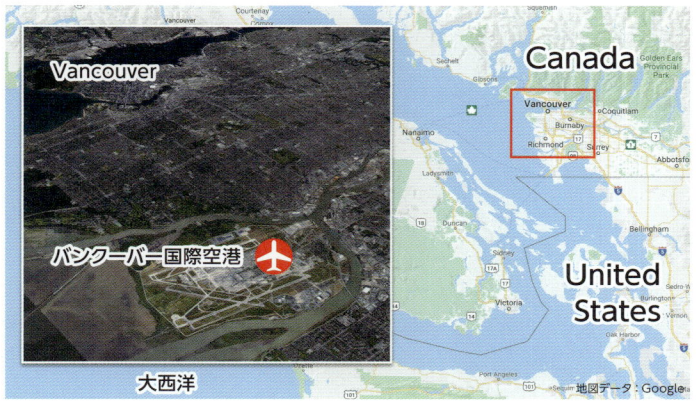

空港位置図：バンクーバー南西のフレーザー川河口中州に立地

　バンクーバー国際空港は、バンクーバーの市街地中心部から南西12Kmのシーアイランドに位置している。この空港は、エア・カナダ、ウエストジェットのハブ空港で、エア・トランザットも利用しており、旅客数、航空機運航回数においてカナダで第2番目の空港である。

　空港は運輸省により所有されて

08L/26R:3,030m

国際線ターミナル

国内線ターミナル

12/30:2,225m

08R/26L:3,505m

サウスターミナル

空港全体図：オープンパラレル滑走路の間に主要旅客ターミナル地域を配置

旅客ターミナル地域：それぞれ国内線に３つ、国際線に２つのコンコース

おり、バンクーバー国際空港公社により運営されている。2011年空港公社は、パシフィック・ゲートウェイとして、アジアからの航空会社を積極的に誘致するという方針を打ち出した。カナダ内の空港では、アジア方面に最も近いことから、この地政学的メリットを最大限活用し、現在最も多くの環太平洋路線を有している。

サウスターミナル：ヘリコプターや水上飛行機が使用

2. 施設

空港の西側はジョージア海峡に面しており、ほぼ東西方向にオープンパラレル滑走路２本、南北方向に横風用滑走路１本の計３本が配置されている。08R/26L滑走路は長さ3,505m、08L/26R滑走路は3,030m、12/30滑走路は2,225mであり、幅はいずれも60mである。

旅客ターミナル（国内線、国際線）は２本の平行滑走路の間に位置し、ピアとサテライトを組み合わせた形式である。また、08R/26L滑走路の南側に水上飛行機用のサウスターミナルが位置している。

国内線ターミナルは、３つのコンコース（A、B、C）で構成されている。コンコースAは４つの暫定ゲートからなり、ウエストジェットアンコールにより使用されている。コンコースBは15ゲートで構成されており、ウエストジェットが主に利用する他、国内線のエア・ノース、エア・トランザット、ジェネラル・マウンテンエア、ファーストエア、フォークエア、サンウイング・エアラインズにより利用されている。コン

国際線ターミナル：コンコースE（手前）とコンコースD（右手）。海峡を隔ててバンクーバー島を望む

コースCは24ゲートで構成されており、ウエストジェットにより利用されている。国際線も利用できるスイングゲートが5ゲートある。

国際線ターミナルには2つのコンコース（D、E）が設置されている。コンコースDは、14ゲートで構成されている。これらのゲートはすべて広胴機を受け入れ可能であり、一部はA380の使用が可能である。コンコースEは、米国向けの事前クリアランス済みエリアであり、20ゲートで構成される。大多数の米国向けフライトは、このコンコースEから運航されているが、例外はキャセイ航空の香港・バンクーバー・ニューヨーク便、フィリピン航空のマニラ・バンクーバー・ニューヨーク便である。

サウスターミナルは、ブリティッシュ・コロンビア州内を運航する地域航空であり、ヘリコプター運航、水上飛行機の運航が主であり、パシフィックコースト航空のメインベースとなっている。

3. 運用状況

大都市近郊の空港として、騒音問題に対し大きな配慮を行っている。バンクーバー国際空港公社は騒音コンターを地元に提示するとともに、空港周辺20か所に騒音観測点を設置し、常時モニターをおこなっている。また、近隣住民の被害を最小限にするため、この空港では優先滑走路運用方式を採用している。特に、夜間10時から早朝7時までの間、北側の滑走路08R/26Lは非常時、メンテナンス時以外は閉鎖される。また夜間11時から早朝7時までの間、陸域上空の飛行は自粛され、ジョージア海峡からの到着、同海峡への出発の運航方式が採用される。

空港アクセスとしては、「スカイトレイン（Sky Train)」のカナダ・ラインが、バンクーバーのダウンタウンへ約25分で接続している。また、途中のブリッジポート駅で路線が分かれており、リッチモンド方面へ乗り継ぐことも可能である。同路線は、2010年のバンクーバー・オリンピックの開催に合わせて、その前年の09年8月に開業した。また、公共用バスも多数運行されている。

4. 将来計画

バンクーバー国際空港公社は、2027年までを見通した将来計画を策定しており、現在住民からのコメントを求めているところである。

（武田洋樹）

■空港の諸元
・空港運営者：バンクーバー国際空港公社
　（Vancouver International Airport Authority）
・滑走路（長さ×幅）：3本
　08R/26L：3,505m × 60m
　08L/26R：3,030m × 60m
　12/30　：2,225m × 60m

■輸送実績（2016年）
・総旅客数　　22,447,883人
　国際旅客　11,154,728人
　国内旅客　11,134,198人
・貨物量　　　281,018トン
・離着陸回数　　319,593回

モントリオール・ピエール・エリオット・トルドー国際空港 （カナダ・モントリオール）

Montreal Pierre Elliott Trudeau International Airport

CYUL/YUL

カナダ第2の都市モントリオールを母都市とし、1976年夏季オリンピックに合わせて建設

1. 沿革と概要

モントリオール・ピエール・エリオット・トルドー国際空港の前身となるドーバル空港は、1941年9月、3本の舗装滑走路でオープンし、第二次世界大戦後は英国向けの路線で非常に繁栄した。60年11月、カナダ運輸省は空港名をモントリオール・ドーバル国際空港と改名し、新ターミナルを供用した。カナダ政府は、同空港が85年には飽和状態に達すると予測し、新空港としてモントリオール・ミラベル国際空港の建設を決定した。75年には、翌年開催のモントリオール・オリンピックに合わせて同空港が開港し、米国向けを除くすべての国際路線が移転した。しかし、80年代の

モントリオールの空港分布：複雑な経緯をたどり、両立する2つの空港

長距離ジェットの出現により大西洋横断フライトのモントリオールにおける燃料補給の必要性がなくなったこと、モントリオールの経済的停滞、トロント・ピアーソン国際空港の出現によるモントリオールのバイパス等により、モン

トリオールの交通量が大幅に減少した。このため、ドーバル国際空港の容量に余裕が生まれ、97年国際定期便はミラベル国際空港からドーバル国際空港に再移転された。2004年には、国際チャーター便もドーバル国際空港に移転され

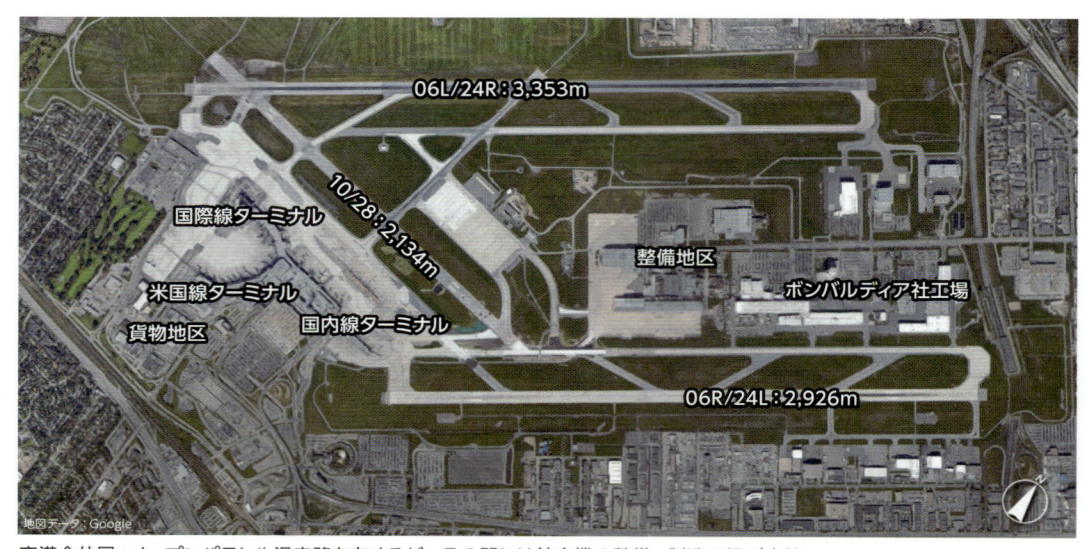

空港全体図：オープンパラレル滑走路を有するが、その間には航空機の整備・製造工場が立地

旅客ターミナル地域：国内線、国際線のほか、米国線ターミナルが立地

るとともに、第15代首相ピエール・トルドー氏の栄誉を称え、モントリオール・ピエール・エリオット・トルドー国際空港と改称された。なお、ミラベル空港は現在、貨物便、チャーター便の専用空港として使用されている。

本空港は、モントリオールの市街地の南西20Kmに位置し、カナダにおいて旅客数で第3位、航空機運航回数で第4位にランクされる空港である。カナダ運輸省が所有しており、60年のリース契約によりモントリオール空港会社（Aéroports de Montréal :ADM）により運営されている。

2. 施設

本空港には、2本のオープンパラレル滑走路と1本の横風用滑走路の3本が設置されている。06L/24R滑走路は長さ3,353mで、06R/24L滑走路は2,926m、10/28滑走路は2,134mである。各滑走路の幅は61mであり、2本の平行滑走路には高速脱出誘導路が設置されている。

旅客ターミナルは空港の南西端部に位置し、本館と3つのピア（コンコース）から構成されている。国内線は26ゲートを有し、チェックポイントA経由でアクセスする。

国際線は、同じくチェックポイントA経由でアクセスし、12ゲートある。トランスボーダー線（米国向け）はチェックポイントC経由でアクセスし、18ゲートが設置されている。

3. 将来計画

モントリオール空港会社は、次のような拡張計画を有している。
① 旅客ターミナルカーブサイドの容量拡大
② 新航空貨物エリア・産業開発エリアの開発支援のための誘導路整備
③ 国際線到着ホール、国内線・国際線の出発荷捌き場の開発
④ トランスボーダーのボーディングブリッジの拡張、遠隔駐機場の増設

（武田洋樹）

■空港の諸元	■輸送実績（2016年）
・空港運営者：モントリオール空港会社（ADM: Aéroports de Montréal）	・総旅客数　16,610,483人
	国際旅客 10,164,564人
・滑走路（長さ×幅）：3本	国内旅客　6,445,919人
06L/24R：3,353m × 61m	・貨物量　102,662トン
06R/24L：2,926m × 61m	・離着陸回数　225,203回
10/28　：2,134m × 61m	

カルガリー国際空港 （カナダ・カルガリー）

Calgary International Airport

CYYC/YYC

カナディアン・ロッキー山麓の標高 1,084m の高原に位置し、滑走路は 4,267m と長い

1. 沿革と概要

カルガリーは、カナダ西部のアルバータ州にある同州最大の都市で、カナディアン・ロッキー山麓の高原地帯に位置する。ウィンタースポーツとエコツーリズムが盛んで、1988年の冬季オリンピック開催地として知られる。

カルガリー国際空港は、1938年に市営マコール飛行場として開港した後、40年に一旦カナダ運輸省に移管されたが、49年にはカルガリー市に返還された。56年にターミナルビルが供用開始したが、ジェット航空機の出現によりすぐに陳腐化した。しかし、カルガリー市は財政難でターミナルビルの更新ができなかったため、カナダ運輸省に空港を売却し、この時点で、同省は、カルガリー国際空港と名称を変更した。

2. 施設

カルガリー国際空港は、アルバータ州カルガリー市の北東17Kmに位置しており、標高は1,084 m である。滑走路は4本で、南北方向に2本のオープンパラレル滑走路と東西方向にオープンV配置の2本の滑走路が設置されている。17L/35R滑走路は最も長い滑走路で、標高の高さを反映して4,267mあり、17R/35L滑走路は3,863mである。11/29滑走路は2,438m、08/26は1,890mである。なお、17L/35R滑走路はカナダ国内で最長の滑走路であり、2014年6月に供用している。

旅客ターミナルは、2本の平行誘導路の間に位置しており、ピア形式である。隣接し、本館部分で連絡されている、国内線ターミナルと国際線ターミナルで構成されている。

国内線ターミナルは半円形の本館と3つのピア（西から東に向かって順にコンコースA、B、C）で形成されており、コンコースAには14、Bには9、Cには10の、搭乗

空港全体図：高地にあって国際線に適した長さの滑走路をオープンパラレル配置し、小型機を考慮した横風用滑走路を設置

旅客ターミナル地域：半円形のターミナルから突き出たコンコースA、B、Cは国内線用、D、Eが国際線用

国際線ターミナル（コンコースD、E）：2016年にオープン

3. 運用状況

空港はカナダ運輸省が所有し、カルガリー空港公社により運営されている。

カナダ系、米国系を中心に季節運航便を含め28の航空会社が就航しており、国際線は約45の都市と結ばれている。貨物機は10社が運航している。

2016年の航空旅客数は1,600万人、離着陸回数は22万回であった。同空港は、カナダ国内で航空機運航回数、旅客数ともに3番目に位置している。

急行バスが主要なアクセスであり、市内までの所要時間は約40分で、20～30分間隔で運行している。鉄道の乗入れはないが、近隣にあるCトレインのマクナイトウエストウィンド駅までのバスがあり、所要時間約20分、運行間隔20～30分で連絡している。

（武田洋樹）

橋付き固定ゲートがそれぞれ設置されている。

国際線ターミナルは2016年10月にオープンしたもので、本館から2本のピア（西から東に向かって順にコンコースD、E）で構成されている。ピアEは米国行きの国際線用であり、11の搭乗橋付固定ゲートがある。ピアDは米国行き以外の国際線用であり、9の搭乗橋付固定ゲートがある。DとEの固定ゲートのうち7ゲートはスイング式で共用であり、国際線固定ゲートは合計13ゲートである。この他オープンゲートが9つ

ある。ピアEでは米国税関国境警備局（U.S. Customs & Border Protection Agency）が事前審査を行っている。

■空港の諸元
・空港運営者：カルガリー空港公社
　（Calgary Airport Authority）
・滑走路（長さ×幅）：4本
　17L/35R：4,267m × 60m
　17R/35L：3,863m × 60m
　11/29　：2,438m × 60m
　08/26　：1,890m × 45m

■輸送実績（2016年）
・総旅客数　　15,680,616人
　国際旅客　　4,527,701人
　国内旅客　11,152,915人
・貨物量　　　137,255トン
・離着陸回数　224,828回

#065
オタワ・マクドナルド・カルティエ国際空港（カナダ・オタワ）

Ottawa Macdonald Cartier International Airport

国内線利用が8割近くを占める首都オタワの国際空港

1. 概要と沿革

　オタワはカナダの首都であり、連邦政府の行政機関が集中する行政都市である。市域人口は80万人余で、カナダ国内ではトロント、モントリオール、カルガリーに次ぐ4番目に位置する。

　オタワ国際空港の原点は、1927年オタワ南部のアップランドに設置されたフライング倶楽部の滑走路（現在の小型機用滑走路04/22）に遡る。51年、本格的商用航空の発展に伴い、空港用地を南側に拡張することが決定された。59年、現在の主滑走路、副

旅客ターミナル：拡張工事が行われ、2003年竣工

滑走路、ターミナルビルが供用された。93年、歴代カナダ首相のジョン・マクドナルド氏とジョルジュ・エティエンヌ・カルティエ氏を称え、空港の名称が現在のオタワ・マクドナルド・カルティエ国際空港となった。

　オタワ国際空港は、カナダの首都オタワ市街地の南10Kmに位置するアクセス利便性の高い空港で、

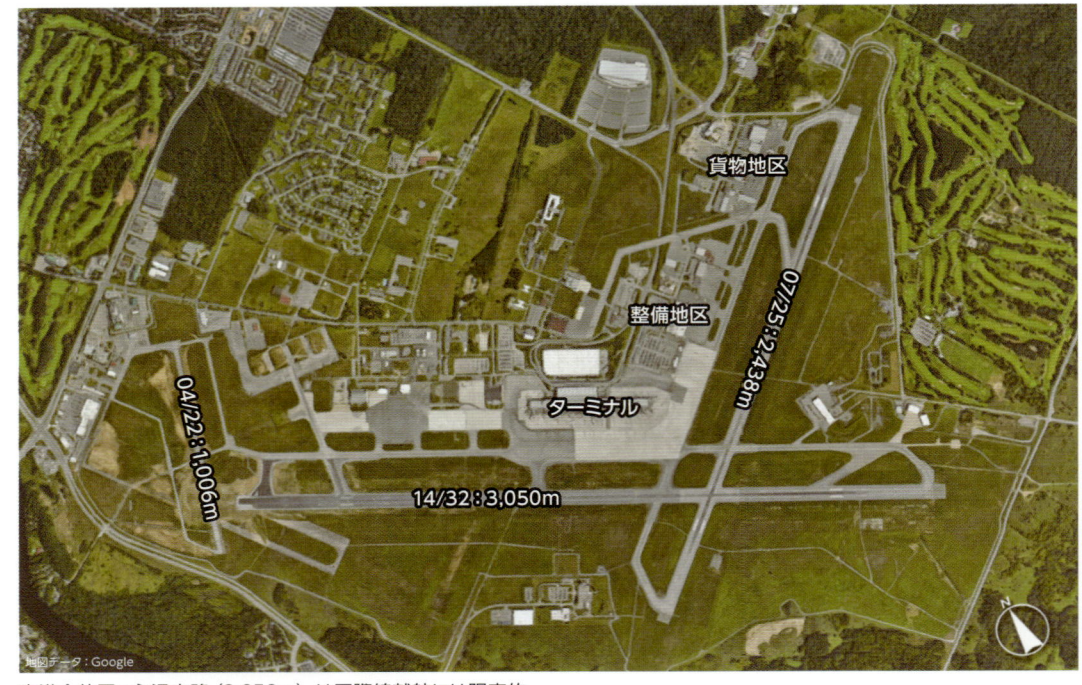

空港全体図：主滑走路（3,050m）は国際線就航には限定的

カナダ内で5番目に発着回数の多い空港である。2016年輸送実績は、離着陸回数12万回、旅客数470万人であった。

2. 施設

空港には、北西・南東方向の主滑走路1本、北東・南西方向の横風用滑走路1本、北東・南西方向の小型機用滑走路1本の合計3本の滑走路が設置されている。主滑走路（14/32）は長さ3,050m×幅61m、横風用滑走路（07/25）は2,438m×61m、小型機用滑走路（04/22）は1,006m×23mであり、いずれもアスファルト舗装である。

旅客ターミナルは主滑走路に面して配置されており、本館の左右に直線的なウィングを伸ばした形式である。空港の容量拡大、利便性向上のため、2003年に新ターミナルとして供用されたもので、その後、06年、08年に各々拡張工事が実施され現在に至っている。搭乗橋付きの固定ゲートが17あり、その他搭乗橋なしの固定ゲートとオープンゲートが設置されており、総数は24ゲートである。

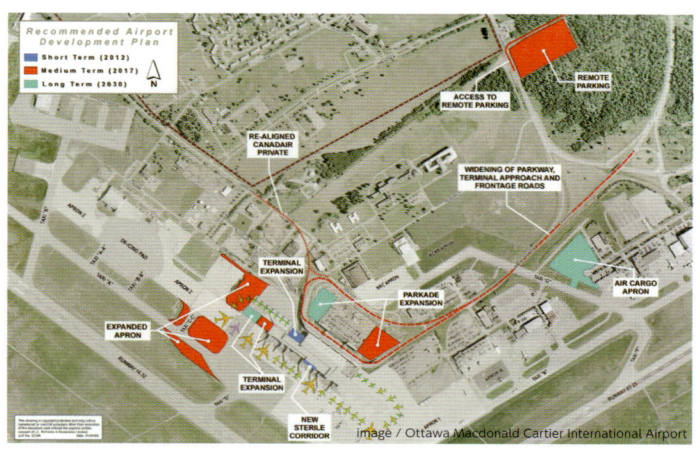

マスタープラン：航空需要増加に備え策定されたマスタープランでは、ターミナルビル拡張を計画

3. 将来計画

2008年にターミナルビルの整備が完了するとほぼ同時に、2030年の航空需要を770万人と想定した新たなマスタープランが策定された。この計画には、ターミナルビルを西側へ拡張し大型航空機（コードE）への対応を強化することや、駐機場・駐車場の増設などが盛り込まれている。

（武田洋樹）

■空港の諸元
・空港運営者：オタワ国際空港公社
　（Ottawa Macdonald – Cartier
　International Airport Authority）
・滑走路（長さ×幅）：3本
　14/32：3,050m×61m
　07/25：2,438m×61m
　04/22：1,006m×23m

■輸送実績（2016年）
・総旅客数　　　4,743,091人
　　国際旅客　　1,063,859人
　　国内旅客　　3,679,232人
・貨物量　　　　　20,864トン
・離着陸回数　　　116,455回

#066
ケベックシティ・ジャン・ルサージ国際空港（カナダ・ケベックシティ）

Quebec City Jean Lesage International Airport

CYQB/YQB

カナダ東部にあってフランス文化が色濃く残る、世界遺産の城塞都市ケベックシティに位置する

1. 概要

　ケベックシティは、カナダ東部に位置する人口およそ50万人（国内9位）の都市で、北米唯一の城塞都市としてユネスコの世界遺産に登録されている。

　ケベック国際空港は、1939年に建設され、41年に初飛行が行われた。空港名は、最初はアンシエンヌ・ロレット空港、次にサント・フォワ空港と変遷し、93年ケベック州の首相を称えケベックシティ・ジャン・ルサージ国際空港となった。本空港は、ケベック市街地の西南西11Kmに位置し、ケベック州内でモントリオールに次ぐ交通量を有している。2016

旅客ターミナル：典型的なフロンタル方式のコンセプト

年の運用実績は、離着陸回数8.0万回、旅客数160万人であった。運用は24時間である。

2. 施設

　空港には、北東・南西方向に

主滑走路1本、東西方向に横風用として副滑走路1本の2本の滑走路が設置されている。主滑走路（06/24）は長さ2,743m×幅46m、副滑走路（11/29）は1,737m×46mで、アスファルト舗装である。06着陸用のILSが設

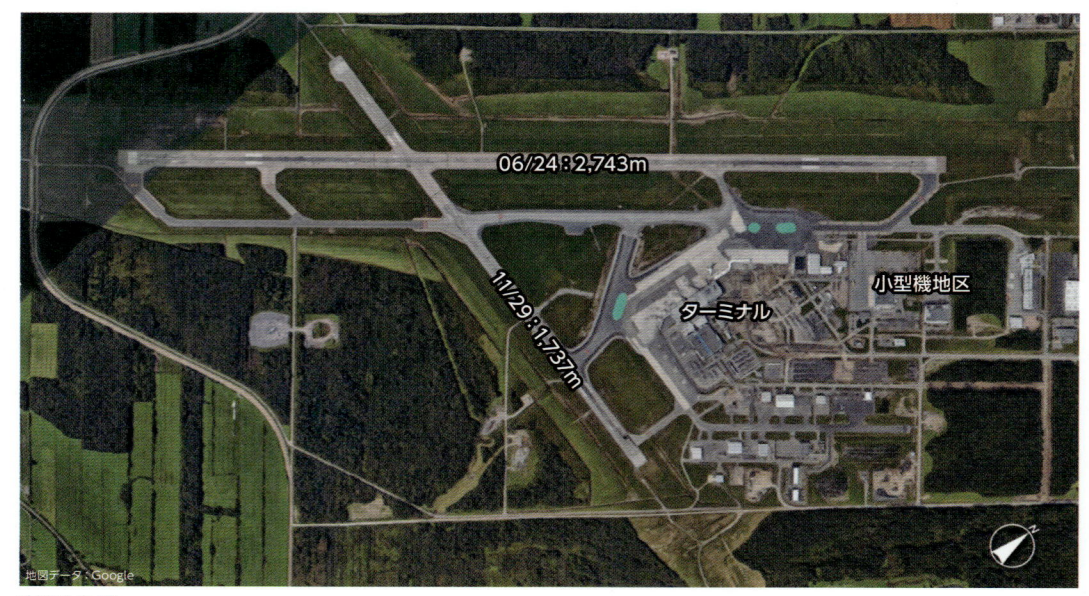

06/24：2,743m

11/29：1,737m

ターミナル

小型機地区

空港全体図

旅客ターミナルビル：増築工事が進行中（2017年12月撮影）

3. 将来計画

2011年7月、YQB 2018と呼ばれる第二次拡張計画がスタートした。この拡張プロジェクトは、2020年の航空需要を200万人と想定し、ターミナルビルの延床面積を倍増させる大規模なものである。ターミナルの増築に伴って固定ゲートが増設され、最新のIT技術を駆使した手荷物のセルフドロップや自動チェックインなどが導入される。

YQB 2018にはターミナルビルの増設の他、滑走路、誘導路の改良、立体駐車場の整備等が含まれ、プロジェクトの総コストは2.8億ドル（約300億円）という。

（武田洋樹）

置されている。

旅客ターミナルは、両滑走路に挟まれた位置に、主滑走路に対して多少斜めに設置されており、フロンタル方式である。2006年ケベック空港会社（Aéroport de Québec inc.）は、ターミナルの処理容量向上、旅客サービス向上のため、ターミナルビルの改修を行った。現在、ターミナルビルは2階建で、13ゲート（8つはボーディングブリッジ、5つは地上からの搭乗）を保有している。

■空港の諸元
・空港運営者：ケベック空港会社
　（Aéroport de Québec inc.）
・滑走路（長さ×幅）：2本
　06/24：2,743m × 46m
　11/29：1,737m × 46m

■輸送実績（2016年）
・総旅客数　　1,615,750人
　国際旅客　　578,020人
　国内旅客　1,037,730人
・貨物量　　　　　　　—
・離着陸回数　　79,674回

米国の空港概観

世界の半数以上、2万近い大小空港が全土に分布し、航空のあらゆる分野で世界を牽引

1. 背景

米国の正式名称はアメリカ合衆国であり、連邦共和国で、国土面積は930万㎢（日本の約25倍）、人口は3億1,700万人（約2.5倍）である。本土の48州及び飛び州のアラスカとハワイの2州、連邦直属の首都ワシントンD.C.から構成され、さらに、海外領土としてプエルトリコ、米国領サモア、グアム、ヴァージン諸島などがある。

1783年に英国から正式に独立し（当時13州）、南北戦争後の諸外国との戦争などを通して海外領土の拡大が続けられた。1867年には、アラスカをロシアから購入し、98年にはハワイ王国が併合された。更にスペインとの米西戦争に勝利してグアム、フィリピン、プエルトリコを植民地にし、キューバを保護国に指定した。これにより、北米・太平洋圏での米国領土が確立した。当初中立政策をとっていた第二次世界大戦に、日本軍の真珠湾攻撃を境に参戦し、欧州、太平洋で連合国の一員として大きな役割を果たした。この大戦を通じて米国本土への被害はほとんどなく、事実上の連合諸国への軍事物資の供給工場として機能したことが、戦後の世界における米国の経済的優位性に繋がった。

1903年12月17日、米国ノースカロライナ州キティホーク近郊にあるキルデビルヒルズにおいて、12馬力エンジンを搭載したライトフライヤー号によって世界初の有人動力飛行が行われ、それが航空機時代の幕開けとなった。航空機は、第二次世界大戦において戦況を左右する重要な兵器の役割を果たし、飛躍的な発展を遂げた。戦後、被害を受けなかった米国の航空機産業は軍用機製造で培った技術を民間旅客機製造に転用し、大量の旅客機をほぼ独占的に世界中の航空会社に提供し始めた。米国から供給される旅客機はジェット機に代わり、大型化、高速化、長距離飛行化が進み、それが航空運賃の低廉化にも繋がり、世界経済の復興を背景に航空輸送時代を生み出すことになった。

1910年代後半の郵便輸送に始まり、第二次世界大戦以降に飛躍的な発展を遂げてきた世界の航空業界のなかにあって、米国は常に中心的役割を果たしてき

た。その市場規模はRPK（有償旅客キロ）ベースで世界全体の約4分の1を占める。米国の市場シェアが突出しているのは、同国が世界経済の牽引役であるのと同時に、広大な国土に世界有数の大都市が点在するため、航空輸送への依存度が高いことが背景にある。航空輸送の大半は国内線であり、米国の国内線は世界最大の航空市場である。このような航空需要が大都市における大規模空港の立地に繋がっている。一方で、大都市部から離れた地方都市や農村部では大量の小型プロペラ機が、移動手段、農牧用、スポーツ等様々な目的で、自家用機として使用されている。またそれらを支える飛行訓練学校も盛んである。このような需要は、全米に渡る大量のジェネラルアビエーション飛行場の立地に繋がっている。

2. 米国の空港

米国は、飛び抜けて、世界で最大の空港数を有している。世界の空港の半分以上が、また世界の繁忙400空港の3分の2以上が米国に存在する。米国には、ヘリポート、水上機基地、固定翼離着陸施設を含めて、1万9,000以上の民間離着陸場がある。それらの施設のほとんどは私的に所有され、私的に使用されている。施設の多くは「草地着陸帯」といわれる無障害エリアでしかないが、米国空港システムの一部として扱われている。公共用として使用され、少なくとも灯火か舗装滑走路を有するというレベルの空港が、ほぼ5,200ある。そのうちのほぼ4,200は、市町村、郡、州によって、あるいはそれらの自治体によって設立された公社によって、公的に所有されている。残りの1,000は、個人、企業、あるいは私営空港会社によって、私的に所有されている。

米国の使用形態別・所有形態別空港数（2008年）

米国内全空港	使用形態		所有形態	
19,815	公共用空港	5,190	公的所有空港	4,150
			私的所有空港	1,040
	非公共用空港	14,625	私的所有空港	14,625

いくつかの州、特にアラスカ、ハワイ、及びロードアイランドの各州は、州内のすべての空港を所有し、広範な空港システムとして運用している。連邦政府は、以前は、ロナルド・レーガン・ワシントン国内空港とワシントン・ダレス国際空港を所有し運営していたが、その後に所有権が、首都ワシントン空港局という独立した公的機関に移転された。米国の多くの空港は、第一次及び第二次世界大戦中に軍事使用目的で作られたために、元々は連邦政府、特に軍によって所有されていた。その後、多く空港は地方自治体の所有に移されたが、空港移転のほとんどは連邦政府が所有権を取り戻すことを可能にし、また連邦政府の公的財産として空港以外への転用を可能にする、という条件の下に実施された。約600の民間空港にこれらの抵当権が設定されている。

米国における膨大で大多数の民用空港は、その所有の公私にかかわらず、実際には大変小規模であり、それぞれが、国内における航空機運航のほんの小さな部分にサービスを行っており、商業旅客輸送全体の極めて小さな部分を担っている。それらの空港で発生する活動の多くに、リクレーション目的、飛行訓練、個人や小規模団体の輸送のための小型機による運航である。公共的な飛行が行われることは極めて希であるが、それら小規模空港は、米国の空港システムにおいて重要な役割を果たしている。

3. 米国における空港の国家監督体制

すべての民間私用空港は、その大小を問わず、何らかの方法で米国民間航空システムを利用している。民間航空システムは米国の交通インフラにとって不可欠な部分なのである。この重要なインフラである空港は、米国運輸省（Department of Transportation : DOT）によって監督されている。民間航空を監督する行政部門は連邦航空局（Federal Aviation Administration : FAA）であり、主な任務は民間航空の安全性の監督である。FAAはパイロットの評価と認証、また空港の認証を担当しており、特に商業航空会社へのサービスを

提供している。FAAは国の航空交通管制システムを運用しており、空港やその周辺の灯火・無線施設の所有、設置、保守を行っている。また民間航空及び空港運営を規制するルールの大部分を監督し、空港を改善し拡張するための資金調達に大きな役割を果たしている。

FAAの本部はワシントンDCに置かれ、航空交通、セキュリティ・危険物、商業宇宙輸送、規制・認定、研究・収集、及び空港の業務を担当する各オフィスがある。空港担当部門のなかに、空港安全・基準部と計画・プログラム部がある。連邦航空規則や空港に対する具体的な政策を執行するのは、これらのオフィスである。

多くの民間空港は、FAAが直接監督していない空港を含め、各州の監督規制下に入っている。それぞれの空港における空港管理者は、その施設を統括する連邦、州、及び地方レベルの監督のすべてに精通する必要がある。

4. 統合空港システム国家計画

1982年の空港・航空路法の成立に伴いFAAは、統合空港システム国家計画（National Plan of Integrated Airport System : NPIAS）を制定した。その分類と2008年の空港数は表のとおりである。

商業用空港は、世界で認められている航空会社によって提供される定期航空運送サービスに適応する空港と定義されている。そのうち主要空港は、米国において少なくとも年間1万人の旅客が搭乗する公共用空港として分類される。2008年時点で、主要空港に

NPIASの空港分類と空港数（2008年時点）

NPIAS上の分類	空港数	細分類	空港数
主要空港 (Primary airport)	383	大規模ハブ	30
		中規模ハブ	37
		小規模ハブ	72
		非ハブ	244
商業用空港 (Commercial service airport)	522[※1]	※1　主要空港を除く	
ジェネラルアビエーション空港 (GA airport)	2,564	—	—
代替空港 (Reliever airport)	270[※2]	※2　GA空港の内数	

分類される空港は国内総空港数の3%未満）であった。主要空港は更に、年間搭乗旅客数に応じて、大規模ハブ、中規模ハブ、小規模ハブ、非ハブに細分類されている。大規模ハブ空港は、米国の年間総搭乗旅客数のうちの1%以上を占める空港であり、全大規模ハブ空港で全米搭乗旅客数の約70%を占めていた。中規模ハブは0.25%以上1.0%未満を占める空港、小規模ハブは0.05%以上0.25%未満を占める空港、非ハブ空港は年間1万人以上で0.05%未満を占める空港と定義されている。年間2,500人以上、1万人未満の搭乗客のある空港は非主要空港（単純な商業用空港）に分類される。ジェネラルアビエーション空港（GA空港）は、年間2,500人未満の搭乗旅客があり、商用航空会社旅客サービスを提供しない個人ビジネス航空機によってもっぱら使用されている空港として定義されている。この分類に適合する空港は1万3,000以上あるが、そのなかの一部のみがNPIASに含まれる。

　米国内のすべての郡に、1以上のGA空港があり、さらに、10機以上の航空機の基地となっていて、最も近いNPIAS空港から20マイル以上離れている空港はNPIASに含まれることになる。代替空港（Reliever airport）は、GA空港のうちの特別な分類で、一般的に、主要空港から比較的近い距離（50マイル未満）にあり、「混雑する主要空港の代替機能」を提供する「GAタイプの空港」として、特別に設定されている。代替空港として分類されるためには、その空港を基地とする100以上の航空機を有しているか、または少なくと

も年間2万5,000回の巡回運航を取り扱っている必要がある。代替空港は、GA航空機に対して商業用空港と同様の品質性と利便性のある機能を提供することにより、遅延発生の可能性のある商業用空港から代替空港使用に誘導することが意図されている。

5. 米国空港の規模とその特徴

　2016年の米国空港の取扱旅客数・発着回数のランキングは表に示す通りとなっている。世界上位30位までに旅客数においては10空港、発着回数においては半数を超える15空港がランクインしており、その市場の大きさを表している。いずれにおいても、複数の大手航空会社がハブを置き、多くの滑走路とターミナルビルを持つシカゴ（ORD）、アトランタ（ATL）、ロサンゼルス（LAX）の3空港が世界で最も忙しい空港トップ3となっている。一方で、国際線の取扱旅客数上位30位にランクインしているのは、ニューヨーク（JFK）：3,178万人・19位、ロサンゼルス（LAX）：2,211万人・30位の2空港のみであり、米国航空市場の大部分を国内線が占めていることが分かる。加えて、ヨーロッパやアジアと異なり、需要の大きい大都市圏と、国際線を運航する大手航空会社のハブ空港が広い範囲に分散していることもその一因であるといえる。

　米国では国際空港のほとんどが大規模ハブ空港であり、その空港数、旅客数ともに圧倒的である。これは大手FSCが大規模空港に国際線を集約する傾向にあるためである。同様に国内空港においても、その旅客数のシェアは圧倒的に大規模ハブ空港が大きく、全体の5割近くに及んでいる。LCCが多い空港については、旅客数シェアで見ると大規模国内空港

米国の主要空港ランキング（2016年）

空港名	コード	旅客数			発着回数		
		米国順位	世界順位	万人	米国順位	世界順位	万回
ハーツフィールド・ジャクソン・アトランタ国際空港	ATL	1	1	10,417	1	1	89.8
ロサンゼルス国際空港	LAX	2	4	8,092	3	3	69.7
シカゴ・オヘア国際空港	ORD	3	6	7,796	2	2	86.8
ダラス・フォートワース国際空港	DFW	4	11	6,567	4	4	67.3
ニューヨーク・ジョン・F・ケネディ国際空港	JFK	5	16	5,911	9	17	45.2
デンバー国際空港	DEN	6	18	5,827	5	6	56.6
サンフランシスコ国際空港	SFO	7	23	5,310	10	18	45.0
マッカラン国際空港	LAS	8	26	4,750	7	8	54.1
シアトル・タコマ国際空港	SEA	9	28	4,574	15	29	41.2
マイアミ国際空港	MIA	10	30	4,458	13	26	41.4
シャーロット・ダグラス国際空港	CLT	11	31	4,442	6	7	54.5
フェニックス・スカイハーバー国際空港	PHX	12	34	4,330	11	21	44.1

が多い（9.34％）が、空港数で見ると小規模国内空港が多い。

6. 航空会社と空港運営の関係

(1) 主要航空会社の戦略と空港運営

米国では、1970年代後半からの規制緩和により、航空会社の新規参入が相次ぎ、熾烈な競争時代に突入した。そのようななかで生まれたのがLCC（格安航空会社）であり、それらに対抗するべく大手FSCが取り入れた新たなビジネスモデルがハブ＆スポーク・システムであった。また、米国の航空業界は世界的な不況、テロ、燃油価格の高騰等により厳しい環境が続いていたため、大手FSCは経営の安定化を図るため、合併を繰り返すとともに、特に路線の見直しを行い、大規模ハブ空港へと集約していった。

(2) 非航空系収入の拡大

航空会社のネットワーク戦略の合理化により、路線が需要のある大規模空港に集約される傾向が続いており、大多数を占める中小規模の空港は旅客数が伸びず、便数も減少傾向にある。このため、米国の大多数の空港は非航空系収入に重点を置いた経営を展開しなければならない環境へと移行してきた。加えて、LCCの拡大も空港運営に大きな影響を与えている。空港は、低廉な空港コスト（着陸料や停留料、搭乗橋使用料等）を求めるLCCのニーズに応えるため、空港使用料の低廉化を進めることとなり、これも非航空系収入に重点を置いた経営に転換せざるを得ない一因となっている。

米国空港における非航空系収入の内訳を見てみると、車社会であることを象徴するように、駐車場やレンタカーによる収入の比率が非常に高いことが特徴であり、その傾向は国内空港においてより顕著である（国際空港で4割程度、国内空港で6〜7割程度）。次いで、空港内店舗のリテール収入や、広大な敷地を有効活用したエアポートシティの開発、プライベート機の拠点となるFBO（Fixed Based Operation）の展開による土地貸付等、非航空系収入拡大のための施策により経営のバランスを取っている例が多く見られる。このように、非航空系収入の拡大を図ることは、航空会社の空港コスト低減を可能とし、便数、旅客数の増加につながるという正のスパイラルを築くうえで重要な役割を果たしている。

7. 空港運営の仕組み

米国空港においては、日本の多くの空港と異なり、旅客ターミナルビル等の「上もの」と、滑走路や誘導路、エプロン等の「下もの」を一体とした運営が行われていることが特徴である。

資金調達方法を見てみると、設備投資については、FAAによる空港改善計画補助金（AIP補助金）を受けている場合があるが、その比率は収入全体の28％程度である。この他、空港収入債（36％）、旅客施設使用料（17％）、地方政府補助金（19％）等が主な収入源となっており、補助金があるとはいえ、相当程度空港自身の経営努力が必要であるといえるが、特に小規模空港においては補助金への依存度が高く、非航空系収入の拡大だけでは健全な経営ができない現状もある。

8. 米国航空輸送の今後の見通し

米国の航空会社の経営状況は、LCCはそのコスト優位性から比較的安定的な経営を続けているのに対し、FSCは経営努力を積み重ねてなんとか利益を確保しているという状況が見受けられる。

しかし、2013年にIATA（国際航空運送協会）が発表した航空需要予測によれば、12年に1億4,930万人であった米国の国際線旅客数は、17年までにドイツを上回り、2,820万人増の1億7,750万人（年間平均成長率3.5％）で世界トップを奪還すると見込まれている。また、国内線旅客数においても、12年の6億780万人から7,000万人増の6億7,780万人（年間平均成長率2.2％）と世界最大市場をキープする見通しであり、旺盛な需要が見込まれている。

（成田国際空港㈱／唯野邦男）

ジョン・F・ケネディ国際空港 <small>（アメリカ合衆国・ニューヨーク）</small>

John F Kennedy International Airport

KJFK/JFK

全米最大の都市ニューヨークの第1国際空港。6つの航空会社別大規模ターミナルによる構成が特徴的

The Americas

1. 沿革と概要

ジョン・F・ケネディ国際空港は、ラガーディア（LaGuardia）空港、ニューアーク・リバティー（Newark Liberty）国際空港とともにニューヨーク都市圏を代表する空港である。ニューヨーク市南東部のクイーンズ地区、マンハッタンのミッドタウンの東南東21kmに位置し、ジャマイカ湾に面している。空港の所有者はニューヨーク市であり、運営はニューヨーク・ニュージャージー港湾公社（The Port Authority of New York & New Jersey）

が行っている。同公社はニューヨークとニュージャージーの両州に跨がる港湾地域において、各種の運輸施設を納税者の負担をかけることなく、両州に代わって計画・建設し、管理運営を行う公共企業体として1921年に設立された。同公社が空港施設の運営を始めたのは第二次世界大戦後で、当空港の他、ラガーディア、ニューアーク空港がそれぞれ同公社により運営されている。

当空港の歴史は、ニューヨーク市クイーンズのアイドルワイルド・ゴルフコースの一部を空港用地に転用して、1942年に同市が

新国際空港の建設に着手し、48年に最初の商業便飛行を開始したことに始まる。当時は米国のフラッグキャリアとして、北大西洋路線にパンアメリカン航空（パンナム：Pan American）とトランスワールド航空（TWA：Trans World Airlines）が就航していた。また、当空港は、同年7月にニューヨーク・ニュージャージー港湾公社に移管され、名称を「ニューヨーク国際空港」とした。

1963年11月22日にパレード中の狙撃事件により不慮の死を遂げた第35代アメリカ大統領ジョン・F・ケネディ氏の栄誉を讃え、

空港全体図：限られた用地の中で、最大限の機能を発揮する滑走路・旅客ターミナル地域の配置

ニューヨークの空港分布：大都市圏の航空需要を担う３つの主要空港

同年12月に当空港の名称を「ジョン・F・ケネディ国際空港」に改めた。

1970年にはパンナムのB747型機が就航、76年には超音速機コンコルドが運航を開始、そして2008年にはエミレーツ航空の世界最大の旅客機A380が米国で初めて就航するなど、常に米国航空界の先端を歩んできた。また、当空港は国連総会のために年間を通じて米国を訪れる各国首脳及び政府高官等、数千の要人のためのゲートウェイとなっている。

なお、2004年には、ニューヨーク・ニュージャージー港湾公社が当空港及びラガーディア空港の運営を50年まで継続する契約をニューヨーク市と締結した。

2. 施設

(1) 滑走路

滑走路は北西-南東方向の2本のオープンパラレル滑走路（13L/31R：長さ3,048m×幅46mアスファルト舗装、13R/31L：4,423m×61mコンクリート舗装）が配置されている。またこれに直行する形で2本のクロスパラレル滑走路（4L/22R：3,682m×61mコンクリート舗装、4R/22L：2,560m×61mアスファルト舗装）が配置されている。すべての滑走路にはILSが設置されている。なお、着陸機の着地点を南側にずらして市街地への騒音影響を軽減するために、13L側の着陸は約280m、13R側の着陸は約660mを短縮する運用が行われている。

空港敷地面積は1,995haに及び、オープンパラレルの滑走路に挟まれた地域にセントラル・ターミナルエリアが展開され、その敷地面積は約360haである。

(2) 旅客ターミナル

旅客ターミナル地域は、1960年代初頭に大西洋線のジェット時代を迎え、62年にパンナムが自社用のターミナルとしてワールド・ポート（その後のターミナル3）、TWAが自社用のフライト・センター（現ターミナル5）を開設したことに始まり、エアライン別にターミナルビルを中央環状道路に沿って配置するユニットターミナル方式で展開された。企業の独自性を重んじる米国流の考え方ともいえるが、エアライン別でわかりやすい反面、エアライン間の乗換えが不便であるため、最近の大規模空港ではこのユニットターミナル方式はあまり採用されていない。現在、誘導路に囲まれたセントラル・ターミナルエリアに6棟のターミナルがあり、ターミナルはすべて航空会社によって運営されている。固定ゲートの総数は125以上に上る。

ターミナル1はエアライン22社（JALを含む）が就航しており、搭乗ゲートは11ゲートある。1998年に同空港に乗り入れる航空会社により建て替えられた。ターミナル2はデルタ航空専用のターミナルとなっており、ゲート数は11ゲートある。ターミナル

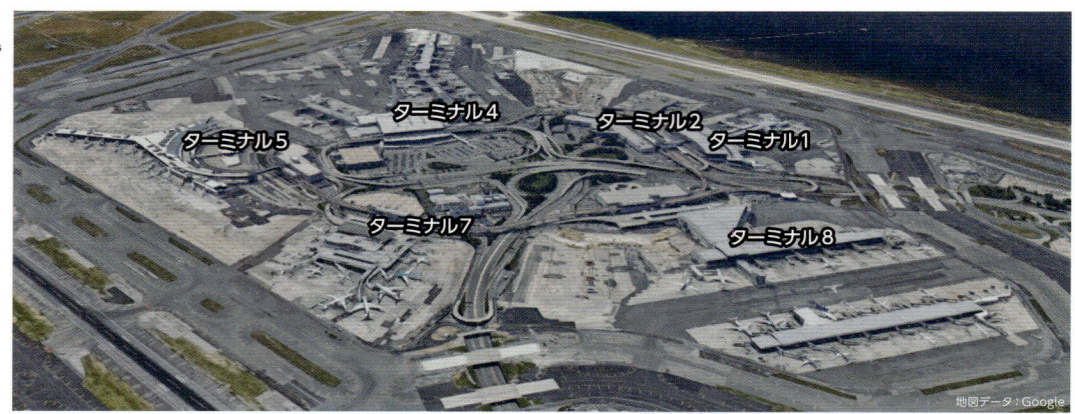

ターミナル5　ターミナル4　ターミナル2　ターミナル1

ターミナル7　　　　　　　　　ターミナル8

地図データ：Google

旅客ターミナル地域：ユニット方式で形状の異なる6つのターミナルを分散配置

3は既に撤去されている。ターミナル4はエアライン32社が就航しており、ゲート数は38ゲート、2001年に改装され、同空港で唯一の24時間利用可能ターミナルである。かつては国際線到着専用ターミナルであった。ターミナル5はもともとTWAのターミナルとして建設され、08年にLCCのジェットブルー用に改装されたが、現在はどのエアラインにも使われていない。建築家エーロ・サーリネンの設計で1962年に完成し、鳥が翼を大きく広げた姿をイメージさせる優美なデザインは本空港を代表する建築物となっていた。また、歴史的建造物にも指定されている。しかし、大型ジェット機には対応しがたく、現在この建物は、約500室のホテルとレストラン、会議室、見学者デッキなどを持つ複合ビルに改修する計画であり、2018年の完成が予定されている。ターミナル6は現在閉鎖中

である。ターミナル7はエアライン9社（全日空を含む）が就航しており、ゲート数は12ゲートで、当初ブリティッシュ・エアウェイズのターミナルとして1970年に完成した。ターミナル8はエアライン11社が使用しており、ゲート数は29ゲート、当初アメリカン航空のターミナルとして60年に完成した。なお、セントラルターミナルエリアには、中央冷暖房所が設置されている。

(3) アクセス

市内とのアクセスでは、1998年から高速軽軌道システム「エアトレイン」の建設が始まったが、2001年の9.11同時多発テロの影響で当初の計画を大幅に縮小し、予定より遅れて03年12月に開業した。このエアトレインは、ロングアイランド鉄道（LIRR）及びニューヨーク市地下鉄とつながり、空港、レンタカー施設、ホテ

ルのシャトルエリア、駐車場間に高速で自由な乗り継ぎを提供している。ターミナル間の移動は無料である。

駐車場は空港の各所にあり、収容能力は1万5,000台以上で、2011年には予約システムが導入されている。

3. 運用状況

ジョン・F・ケネディ国際空港は何十年もの間、米国を代表するゲートウェイの役割を果たしてきた。本空港は、世界の、そして米国のなかで最も忙しい空港の1つである。

2013年にはJFKの歴史で初めて年間乗客数5,000万人を上回り、15年には5,700万人の旅客と、130万トンの貨物を取扱った。うち、国際線旅客数は全米で最大の3,000万人である。およそ80社の航空会社が乗り入れ、就航都市

は150以上に上り、これは米国のどの空港よりも多い。

国内線の割合は全体の約60%であり、国際線は40%程度である。エアライン別に見ると、デルタ航空が全体の約25%を占めており、このJFKをハブ空港としている、ジェットブルー航空、アメリカン航空を加えた3社で全体の60%以上を占める。国際線の就航先はヨーロッパが全体の40%程度と最も多く、次いでカリブ海方面、東アジア方面への就航が多い。なお、国際線の便が最も多いのは英国であるが、ドミニカ共和国が2番目に多い。次いで、メキシコ、フランス、ドバイと続く。当空港はデルタ航空のハブであることから、スカイチームが全体の35%程度を占めており、ワンワールドが20%程度、スターアライアンスが8%程度である。また、フルサービスキャリア（FSC）が全体の75%程度、ローコストキャリア（LCC）が25%程度となっている。ターミナル別にみると、ターミナル4が最も旅客の取り扱いが多く、空港全体の40%程度を占める。

また当空港は、世界でも有数の国際航空貨物センターの1つであり、およそ37万㎡もの最先端の貨物倉庫とオフィススペースを提供している。全体の航空貨物エリアは外国貿易地帯に指定され、貨物の取扱量は2015年は約290万トンであり、約70%が国際便であり、うち英国からの便が6割を占める。空港別に見るとロンドン・ヒースロー空港からの貨物便が最も多く、成田空港は3番目に貨物量が多い空港である。

JFK国際空港での勤務者は約3万7,000人、その年間賃金は140億ドルに達し、ニューヨーク、ニュージャージー首都圏への経済効果はおよそ400億ドルに及ぶとされている。

4. 将来計画

JFKの拡張オプションの多くはジャマイカ湾に向かって埋立て、拡張していく案であるが、ジャマイカ湾は連邦政府に保護された国立保養地のため、周辺地域及び国の環境擁護団体との関係で難しい課題である。現在はジャマイカ湾にJFKの滑走路を拡張することは禁止されている。

過去10年間、ニューヨーク・ニュージャージー港湾公社と航空会社は当空港での旅客ターミナルの再開発に多額の投資を行ってきたが、貨物やメンテナンスの建物の多くは古く、より近代的な施設が求められており、今後5年間での追加投資が計画されている。かつて、1つの将来構想として、スタテン島またはロングビーチ沖4マイルの外洋の隣接する2つの場所を候補として空港島を構築する可能性が提起されたことがある。しかし空港島自体の建設に大きな投資を必要とし、また各候補地と本土を接続するための大規模な新高速鉄道のトンネルや道路の建設が必要となり、さらにはどちらの候補地も空域の競合により、既存の主要空港のうちの1つまたは複数の閉鎖を伴う可能性などいくつかの問題点が指摘され、成案には至っていない。

（成田国際空港㈱）

■空港の諸元
・空港運営者：
　ニューヨーク・ニュージャージー港湾公社
　（The Port Authority of New York & New Jersey）
・空港面積：1,995ha
・滑走路（長さ×幅）：4本
　13R/31L：4,423m × 61m
　4L/22R：3,682m × 61m
　13L/31R：3,048m × 46m
　4R/22L：2,560m × 61m

■輸送実績（2016年）
・総旅客数　59,105,513人
　国際旅客　31,781,375人
　国内旅客　27,324,138人
・貨物量　1,278,709トン
・離着陸回数　452,415回

ラガーディア空港（アメリカ合衆国・ニューヨーク）

LaGuardia Airport

KLGA/LGA

マンハッタンにほど近く、国内線中心に活用されるニューヨーク第3の空港

1. 沿革と概要

ラガーディア空港は、ニューヨーク都市圏において、ジョン・F・ケネディ国際空港、ニューアーク・リバティー国際空港に続く3番目にビジーな空港である。本空港は、ニューヨーク市マンハッタンの北東部クイーンズ区に位置している。

この空港の歴史は、1935年に当時カーチス・ライト空港会社という私企業が建設したグレン・H・カーティス空港（42ha）をニューヨーク市長のフィオレロ・H・ラガーディアが借り受けたことに始まる。37年にニューヨーク市と連邦開発局が共同で新しい空港のための造成と建設に着手し，39年にニューヨーク市営空港として開港した。その後47年に，ニューヨーク・ニュージャージー港湾公社に管理・運営が移管され，名称もラガーディア空港と改められた。64年には，セントラルターミナルビル、コントロールタワー等が完成し、近代的空港としての形を整えた。

2. 施設

滑走路は、北東-南西方向の滑走路4/22（2,134m×46m）と北西-南東方向の滑走路13/31（2,135m×46m）の2本が直交する形で配置されている。いずれもアスファルト舗装でILSと高速脱出誘導路が設置されている。

現在の滑走路は、ジェット機就航に対応して1967年に2本の滑

空港全体図：背後に市街地が迫り、海側に展開した滑走路とターミナル

ターミナルA：別名「マリンエアターミナル」と呼ばれるかつての主要ターミナル

ターミナルB：現在の主要ターミナルで、「セントラルターミナルビル」と呼ばれる

走路を海側に延長する工事が行われたものであるが、この際の海上の拡張区域の約20haは、L型パイル支持のコンクリート構造となっている。

ターミナルはターミナルA、B、C、Dの計4棟で構成されている。これらのターミナル間にはムービングサイドウォーク（動く歩道）が設置され、無料シャトルバスが運行している。

ターミナルAは米国の航空輸送の草創期を体現した記念碑的な旅客ターミナルビルで、マリン・エア・ターミナル（Marine Air Terminal）と呼ばれている。古くは水上飛行機による航空輸送に対応して建設されたものである。現在はデルタ航空（シャトル便：シ

カゴ、ワシントンDC）が就航している。計6スポットがある。

ターミナルBは円弧状の本館（4階建て）から4本のフィンガー（2-3階建て）が伸びる形式のコンセプトで、21スポットを備えており、セントラル・ターミナルビルディング（CTB）と呼ばれ、当空港で最も賑わうターミナルビルである。ニューヨーク・ニュージャージー港湾公社が直営で運営しており、複数の航空会社が使用する旅客ターミナルである。国内線とカナダ便のみが使用している。

ターミナルCはピア方式のコンセプトで、現施設は1992年に完成した。21のスポットを有し、デルタ航空とアメリカン航空が使用している。2015年に同ターミ

ナルの向かい側に立体駐車場が整備された。

ターミナルDはデルタ航空によって建設されたピア方式のターミナルビルで1983年に完成した。スポット数は10スポットである。当空港の滑走路長から就航できる最大機種のB757、B767に対応したもので、デルタ航空とウエストジェット航空が使用している。

3. 運用状況

ラガーディア空港はニューヨークにある空港のなかでは特殊であり、国内線が中心の空港である。国際線も就航しているが、カナダの各都市を結ぶものが多い。ただし、出入国管理、税関、検疫等の施設はなく、カナダ便はカナダの空港から出発する際に事前入国審査を行っている。

2016年の実績で、年間旅客数は3,000万人（うち国際線は180万人）である。同年の実績でいえばニューヨーク都市圏全体の年間旅客数は1億2,900万人であり、その23%はラガーディアを利用したことになる。また、ヨーロッパへの国際線がない空港としては当空港が米国最大の空港となっている。

周辺を市街地に囲まれているため、騒音問題、環境保護の観点から、23:59から06:00までは離着陸が禁止（カーフュー）されており、さらに、大型機及び長距離路線の発着が禁止されている

ターミナルCとD：デルタ航空、アメリカン航空などが使用

(いわゆるペリメーター・ルール (perimeter rule) があり、飛行距離1,500マイル以上の路線の発着は行わない)。また、1日1,150回の離着陸を取り扱っているが、空港容量の限界は深刻な問題であり、小型のジェネラルアビエーション機に対しては高額の空港使用料を課して他空港への移転を促している。

4. 将来計画

2014年に発表された将来計画では大規模な再開発が計画されており、そのなかには既存のCTB（ターミナルB）の解体、その西側に35ゲートを有するターミナルBと中央ホールの建設、空港の新道路システム・駐車場の整備、誘導路システムの改良などが盛り込まれている。この事業は16年早々に着工、19年から22年にかけて順次完成予定とされ2030年に予測される年間3,400万人の旅客需要に対応する計画である。また、アクセスとして、ピープルムーバーの整備によるニューヨーク地下鉄網及びLONG ISLAND鉄道網との接続や水上アクセスの復活などが検討されている。

（成田国際空港㈱）

■空港の諸元
・空港運営者：
　ニューヨーク・ニュージャージー港湾公社
　(The Port Authority of New York & New Jersey)
・空港面積：280ha
・滑走路（長さ×幅）：2本
　4/22 ：2,134m × 46m
　13/31：2,135m × 46m

■輸送実績（2016年）
・総旅客数　29,786,769人
　国際旅客　1,790,006人
　国内旅客　27,996,763人
・貨物量　　　　7,500トン
・離着陸回数　369,987回

---

column 04

アスファルト舗装とコンクリート舗装

（干山善幸）

　空港の舗装では、アスファルト舗装とコンクリート舗装が使い分けられている。アスファルト舗装は、たわみ性舗装とも呼ばれる。冷えればすぐに固まる性質があるため、短期間でも舗装が可能で補修や修繕なども容易であり、舗装表面もなめらかに仕上がるが、静的荷重や高温に弱く轍ができやすい。一方、コンクリート舗装は、剛性舗装とも呼ばれるように、版として荷重を支えるので、集中荷重を受けた場合でも路面の局所的沈下や流動を起こしにくく、耐摩耗性に優れているといった特性があるが、施工期間が長くなり、養生などに手間がかかるなど打設の難しさがある。

　このような舗装構造が持つ特性を踏まえ、空港の利用形態などを考慮して、舗装区分が決定される。一般的に、滑走路や誘導路など、動的荷重が対象となり、快適な走行性が求められる部分にはアスファルト舗装が用いられ、エプロンなど、静的荷重が対象となる部分にはコンクリート舗装が用いられる。ただし、利用回数が多い大空港では、滑走路末端など航空機が一旦停止する区域や、滑走路に取り付く誘導路で航空機の渋滞が予想される区域などに、轍の発生を回避するため、部分的にコンクリート舗装を用いる場合がある。なお、極寒冷地では施工時の温度管理の困難性等から、滑走路や誘導路に対してもコンクリート舗装が選択されるケースが見受けられる。

　耐用年数は、航空機の利用回数や気象条件などにもよるが、アスファルト舗装ではおおむね10年程度、コンクリート舗装ではおおむね20年程度といわれている。

#069
ニューアーク・リバティー国際空港 （アメリカ合衆国・ニューアーク）

Newark Liberty International Airport

KEWR/EWR

3つのターミナルが楕円形に並ぶ姿が特徴。9・11テロの犠牲者を悼み、自由の名を冠す

1. 沿革と概要

　ニューアーク・リバティー国際空港は、ニューヨーク大都市圏で2番目の旅客数を取り扱う空港であり、ニューヨーク中心部のマンハッタンから南西へ15km、ハドソン川を挟んで対岸に位置している。

　本空港は、1928年にニューヨーク大都市圏で最初の空港として28haの沼地に建設された。39年にラガーディア空港が開港するまでは、当空港が世界で最も忙しい空港であった。

　第二次世界大戦中は軍によって運営され、民間航空は閉鎖されたが、1948年にニューヨーク・ニュージャージー港湾公社が運営と開発の責任を負うこととなり、新滑走路の建設やターミナルビルの改修など大規模な拡張と再開発が進められた。これまでに連邦政府ニューヨーク市及びニューヨーク・ニュージャージー港湾公社が投入した資金は60億ドル以上に上るといわれている。

　当空港は、1970年代にはニューヨークの他の2空港で処理しきれない需要に対応する補助空港的な印象があったが、80年代になると再び国際線のゲートウェイとして重要な地位を占めるようになった。81年にはピープル・エクスプレス（People Express）が当空港をハブ空港とし、84年には

ロンドン直行便が就航し、86年にはフェデックス（FedEx）が第2ハブとするなど、国際線の拠点化が進められた。

　旅客ターミナルビルは、1970年初めにターミナルAとターミナルBの整備が進められ、88年にはターミナルCが完成して今日に至っている。なお、空港の名称は、2001年の9・11同時多発テロ事件の発生を受けて、犠牲者を追悼するために、自由を表す「リバティー」が冠された。

2. 施設

　本空港には3本の滑走路があり、うちほぼ北東-南西方向の4L/22R（3,353m×46m、アスファルト、一部コンクリート舗装）と4R/22L（3,048m×46m、アスファルト、一部コンクリート舗装）はクロスパラレルの滑走路で、これらに末端部で交差する南東-北西方向の11/29（2,073m×46m、アスファルト舗装）が斜めに配置されている。4L/22Rと4R/22LにはILSが設置されている。なお、着陸時の滑走路の短縮運用が行われており、4Lで780m、4Rで370m、22Lで550m、22Rで440mが短縮されている。

　これらの滑走路に面した台形の用地にターミナルエリアが展開されており、A、B、Cの3つのターミナルがほぼ楕円状に並んでいる。

　ターミナルAとBのコンセプトは、ほぼ類似型でメインビルから突き出したフィンガーの先端部にゲート・ラウンジを配したサテライト形式である。最上階が出発、中階が到着、地上階が航空業務に当てられた3層構造となっている。ターミナルAには円形のサテライトが3つあり、27ゲートがある。入国管理の施設がないため国際線の利用はカナダ便のみで、米国社の専用ターミナルとなっている。

　ターミナルBは23ゲートがあり、出国管理施設があって、国際線、外国航空会社の出発、到着に利用されており、国際線用は15ゲートである。近年、インライン・バゲージチェックシステムが導入され、バゲージクレーム、出発ロビー/カウンター、ラウンジやコンセッションなどが改修された。

　ターミナルCは本空港で最も大きなターミナルビルで、本館からやや変形の3本のピアをエアサイドに突き出したフィンガー形式のコンセプトである。3階建てで、うち2層分は出発旅客用フロアとなっており、全体で59のゲートがある。ユナイテッド航空の専用で、同社の国内線、国際線を取り扱っている。2011年にはターミナル内に新しいウェルカム・センターが設置された。

　2001年に3つの各ターミナルとニューアーク・リバティー国際空港駅（アムトラック及びニュー

ターミナルA
ターミナルB
ターミナルC
11/29：2,073m
貨物・整備地区
貨物地区
4R/22L：3,048m
4L/22R：3,353m
地図データ：Google

空港全体図：交差する滑走路の間にターミナルA、B、Cが楕円状に並ぶ

ジャージー・トランジットへの乗換駅）を繋ぐモノレール（エアトレインニューアーク）がオープンした。これにより、ニューヨークやフィラデルフィアへの鉄道アクセスが容易となった。同モノレールは空港内の駐車場やレンタカー施設とも接続しており、空港内での利用は無料である。

3. 運用状況

当空港は2016年実績で、年間発着回数が44万回、年間旅客数が4,100万人に達する大規模空港であるが、ジョン・F・ケネディ国際空港に比べて発着枠に若干余裕がある。

当空港からニューヨーク・ペンシルベニア駅まで直通列車があり、所要時間は30分以内である、その他、バス・空港シャトルバン・

タクシー・レンタカーでアクセスできる。

なお、本空港は雇用の創出にも寄与しており、空港全体で約2万人が働いている。

4. 将来計画

ニューヨーク・ニュージャージー港湾公社は、本空港の近代化計画と再整備計画に着手しようとしている。その1つは、総投資額が24億ドルと見込まれるター

ミナルAの全面的な建て替えプロジェクトで、新ターミナルの延床面積は約6万㎡、本館とT字形に突き出した3本のピアを持つターミナルビルで2階建て、33ゲートを有する計画という。

（成田国際空港㈱）

■空港の諸元
・空港運営者：
　ニューヨーク・ニュージャージー港湾公社
　(The Port Authority of New York & New Jersey)
・滑走路（長さ×幅）：3本
　4L/22R　：3,353m × 46m
　4R/22L　：3,048m × 46m
　11/29　：2,073m × 46m

■輸送実績（2016年）
・総旅客数　　40,563,285人
　国際旅客　12,344,869人
　国内旅客　28,218,416人
・貨物量　　　719,005トン
・離着陸回数　435,907回

#070
ワシントン・ダレス国際空港（アメリカ合衆国・ワシントン）

Washington Dulles International Airport

KIAD/IAD

建築家エーロ・サーリネン設計のターミナルとモービル・ラウンジは開港当時大きな話題に

1. 沿革と概要

ワシントン・ダレス国際空港は、米国の首都ワシントンD.Cの空の玄関として重要な役割を担っている。かつては連邦政府が運営する直轄の国営空港であったが、1987年にワシントン首都空港公団（Metropolitan Washington Airport Authority）に移管された。

首都ワシントンには1941年に開港したワシントン・ナショナル空港があったが、市中心部から

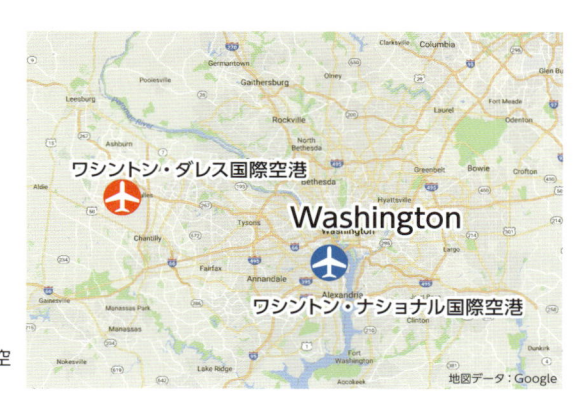

ワシントンの空港分布

5kmと近く、ポトマック川の湾曲部の河畔にあって、急増する首都

の航空需要を支えるには極めて狭隘な空港であった。このため、ワ

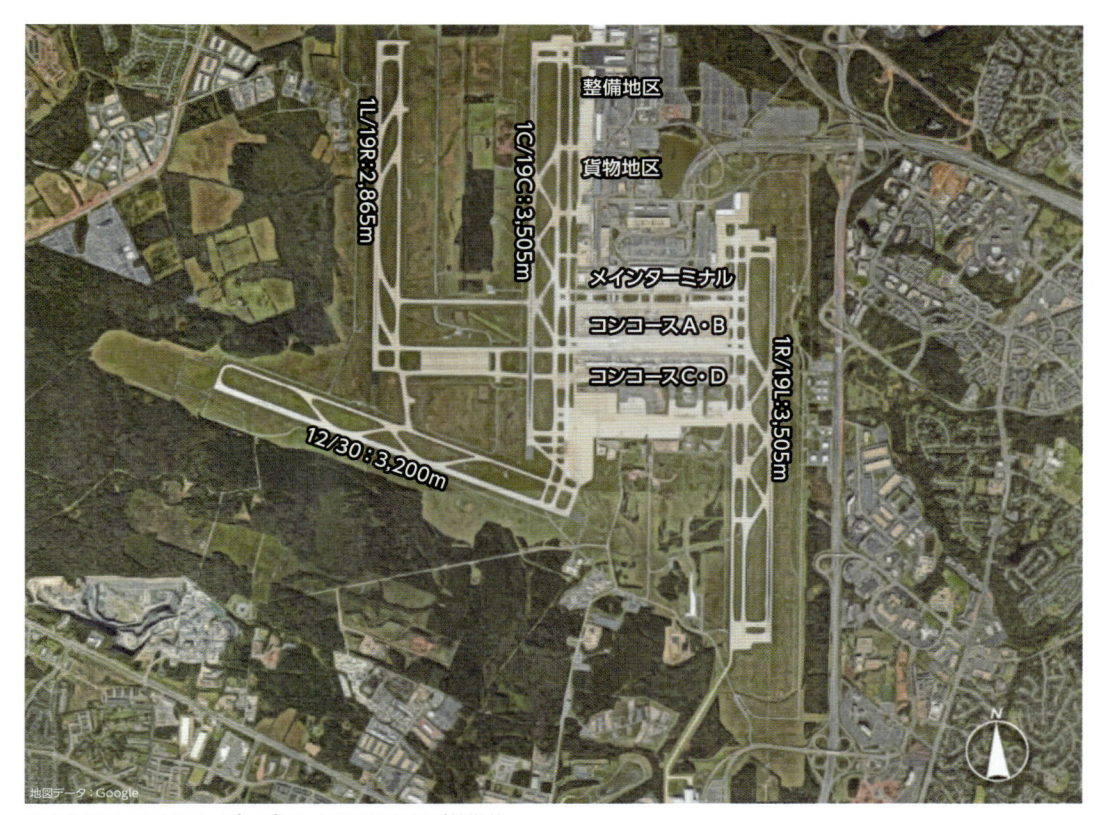

空港全体図：3本のオープンパラレル滑走路配置が特徴的

旅客ターミナル地域：かつてはモービル・ラウンジが活躍したが、現在はエアロ・トレイン・システムに置き換えられている

シントンD.Cから西42kmのバージニア州北部の位置に新空港が建設され、首都ワシントンD.Cの第2の空港として62年に開港した。名称は、アイゼンハワー大統領政権下で国務長官を務めたジョン・フォスター・ダレスの名を冠して「ワシントン・ダレス国際空港」とされた。

　世界の多くの大空港がジェット機就航を機に、既存の空港を改造、拡張整備したのに対し、当空港は、世界で初めてジェット旅客機に対応するために設計された空港である。

　現在では、ユナイテッド航空等が当空港をハブ空港としている。

2. 施設

(1) 滑走路

　空港開港当初は南北方向のオープンパラレルの滑走路2本（現在の1C/19C：長さ3,505m×幅46mと1R/19L：3,505m×46m）と北西-南東方向の横風滑走路（12/30：3,200m×46m）の3本であった。これらのすべての滑走路には、ILSが設置され、また発着回数を増やすために高速脱出誘導路も整備されている。また、滑走路本体の両側に

は、幅25フィートの舗装帯を設け、ジェットエンジンが異物等を吸い込まないための工夫がされた。2008年に既存の1R/19Lの滑走路と平行な4本目の滑走路（1L/19R：2,865m×46m）が供用した。

(2) 旅客ターミナル

　ターミナル地域は滑走路1C/19Cと1R/19Lに挟まれた地域に展開されている。メインターミナルは、アメリカの著名な建築家エーロ・サーリネンによって1958年に設計された。このメインターミナルの元々の長さは約180m、幅60mのコンパクトな2階層の建築物であった。このターミナルの大屋根は力強く優雅なフォルムをしており、これと見事に調和した管制塔とともに米国首都の玄関口の印象的なランドマークとして知られている。なお、オリジナルのメインターミナルの建設費用は1億830万ドルであった。

　サーリネンの設計は建築物にとどまらず、新たなジェット時代に対応する斬新な提案が含まれている。彼は航空機の大型化による駐機場の変更によってたびたびターミナルビルの改造を強いられることを避けるために、駐機場をオー

プンエプロンとし、旅客はメインビルからモービルラウンジと呼ばれる昇降式バスによって送迎するという方式を提案した。旅客はチェックイン後、早目に待合室を兼ねた快適なバスに乗り、時間に合わせてエプロンに移動し、リフトアップして、航空機の搭乗口に横付けするというアイデアであった。この方式は長く当空港で使われたが、早く集まった乗客によりラウンジ内が混雑する、搭乗・降機に時間がかかる、機材のオペレーション・コストが高いことなどにより、世界に広く使われることにはならなかった。最終的には当空港のターミナルコンセプトは、モービル・ラウンジ/オープンエプロン方式からミッドフィールドコンコースの展開へと大きく転換されることになった。

　1990年代にはターミナル本館機能の拡張も急務となり、91年には、国際線到着がメインターミナルの西側に拡張され、96年にはサーリネンのデザインを踏襲しながら、ターミナルの長さが当初の倍以上の380mに拡張された。2009年には、国際線到着ビル（AIB）がオープンした。このビルは、1時間あたり2,400人の旅客取扱能力を有している。また、同年に約1万1,000㎡のセントラル・セキュリティチェックイン・ポイントがメインターミナルの中2階に整備された。

　1998年には、当空港で最初の恒久的なコンコース（コンコース

ターミナルビル：アメリカの著名な建築家エーロ・サーリネンによる設計

photo / Joe Ravi

B）が完成した。コンコースBは、2003年と08年に拡張され、現在は長さ860mで28のゲートをもち、多くのLCCや国際線の到着ビルとして使われている。その1年後にコンコースAが完成した。現在の、コンコースAのゲート数はメインゲート12に加え、コミューター用ゲートが35ある。コンコースAはスカイブリッジでコンコースBとつながっている。

別の2棟のミッドフィールドコンコースC・Dは、1985年に暫定施設として建設されたが、最終的には、恒久的な施設に置き換えられる予定である。現在のゲート数は共に22である。また、コンコースZが2005年にメインターミナルの一部として供用した。

2004年に、メインターミナルとコンコースBとを結ぶ動く歩道を持つ地下トンネルが完成し、10年にはコンコースとメインターミナルを結ぶ軌道システム「エアロトレイン・システム」も導入された。この軌道システムは、不便で混雑するモービル・ラウンジに代わるものとして導入された。

(3) 駐車場

駐車場は、ターミナルビルと並行して整備されており、メインターミナルの前面の短時間駐車場のほか、グリーン、レッド、ブルーサテライトと呼ばれる3か所の長時間駐車場があり、これらはシャトルバスで結ばれている。現在、当空港の駐車場スペースは2万4,000台以上である。

3. 運用状況

2016年の実績では、年間旅客数2,200万人、発着回数27万回に及ぶ首都の基幹空港である。わが国との直行便開設は比較的遅く、1986年に全日空が同社の長距離国際線参入の象徴として直行便を就航させたことに始まる。

本空港はユナイテッド航空の2つの大西洋横断ゲートウェイの1つ（他はニューアーク・リバティー国際空港）であり、ヨーロッパ、アジア、南米へのノンストップ便を多数就航させている。同社は2015年6月現在、本空港での定期航空便乗客の61.1％を取り扱っ

た。これに対して、アメリカン航空の取り扱いは4.8％、デルタ航空は4.1％であった。本空港を使用している外国航空会社は25社である。国内線で旅客の多い路線はロサンゼルス、サンフランシスコの順であり、国際線はロンドン、フランクフルトの順である。

4. 将来計画

2000年に、空港公団はダレス空港のポテンシャルを最大限に引き出す「ダレス開発プログラム（D2）」に着手した。このプログラムには、2つの新しい駐車場、12/30に平行な5本目の滑走路、新たなミッドフィールドコンコース、新たな管制塔、歩道の整備、エアロトレイン・システム、そして国際線到着ビルの拡張が含まれている。このプログラムは現在も進行中であるが、すべて達成されれば、ダレス空港の旅客取扱数は年間5,500万人となり、世界有数の空港となる見込みである。

（成田国際空港㈱）

■空港の諸元
・空港運営者：ワシントン首都空港公団
　（Metropolitan Washington Airports Authority）
・空港面積：4,800ha
・滑走路（長さ×幅）：5本
　1L/19R　：2,865m × 46m
　1C/19C　：3,505m × 46m
　1R/19L　：3,505m × 46m
　12/30　　：3,200m × 46m

■輸送実績（2016年）
・総旅客数　　21,817,340人
　国際旅客　　7,468,611人
　国内旅客　14,348,729人
・貨物量　　　266,081トン
・離着陸回数　265,743回

#071
ジェネラル・エドワード・ローレンス・ローガン国際空港（アメリカ合衆国・ボストン）

General Edward Lawrence Logan International Airport

KBOS/BOS

長短6本の滑走路と5棟のターミナルの複雑な配置が、施設増設の長い歴史を感じさせる

1. 沿革と概要

　ボストン・ローガン国際空港は、大西洋に面したマサチューセッツ州ボストン市の北東3kmに位置している。ボストン市内にはほかにウースター空港、ビバリー市営空港、ハンスコム飛行場などがあるが、本空港が最大の空港であり、ボストン市はもとよりニュー・イングランド地方最大の交通の中心として重要な役割を担っている。

　本空港はマサチューセッツ州が所有していた約76haの浅瀬を埋め立てて、州所有の空港として1923年に開港した。当初は457mの着陸帯が「T」の字状に配置されたものであった。空港の施設は、開港後41年まではボ

ストン市によって運営され、その後は同州の運営に戻された。第二次世界大戦中に概ね現在の用地範囲に拡張された。戦後48年から5人の委員より構成される州の空港管理委員会によって運営されたが、うまくいかず欠損を計上した。この間に、空港の名称は地元出身で米-スペイン戦争の英雄エドワード・ローガン中将にちなみ、現在のジェネラル・エドワード・ローレンス・ローガン国際空港となった。56年にはマサチューセッツ州港湾局（Massachusetts Port Authority、通称マスポート：Massport）が設立され、ローガン空港の建設計画が策定された。この計画の下で、67年に旅客ターミナルビルC、69年に旅客ター

ミナルビルA、76年に旅客ターミナルビルBがそれぞれ建設され、現状施設の基本が形成された。その後、90年のターミナルビルC、E間連絡橋の建設、2002年新手荷物スクリーニング・システムの導入、06年のローガン空港近代化プロジェクトの完了を経て、現在に至っている。

2. 施設

　ローガン国際空港の総面積は965haであり、東京国際空港（1,522ha）や成田国際空港（1,090ha）と比較するとやや小規模である。滑走路は、3方向に延びる3本が三角形に組み合わされた配置が原型で、現在は計6

T：ターミナル

15L/33R：779m
15R/33L：3,073m
4L/22R：2,397m
4R/22L：3,050m
9/27：2,134m
14/32：1,524m
TE
TC
TA
TB
整備地区
貨物地区
地図データ ©Google

空港全体図：3方向に配置された長短6本の滑走路は、様々な風向き、大型・小型の航空機への対応が可能

本の滑走路がある。ほぼ南北方向のクロースパラレルの2本の滑走路（4L/22R：長さ2,397m × 幅46mと4R/22L：3,050m×46m）、北西-南東方向のクロースパラレルの2本の滑走路（15R/33L：3,073m×46mと15L/33R：779m×30m）、また同方向に少し傾いて1本（14/32：1,524m×30m）、及び東西方向に1本（9/27：2,134m×46m）の滑走跡がある。3,000m級の2本の滑走路と9/27滑走路にはILSが設置されている。舗装はすべてアスファルトである。

旅客ターミナルビルはターミナルA、B東、B西、C、Eの5棟から構成され、総ゲート数は103ゲート（うちリージョナル・ジェット機用9ゲート）である。ターミナルAはフロンタル形式の本館とリモートサテライトから構成され、地下歩道で結ばれている。ターミナルBは駐車場を挟んで東西2棟で構成され、それぞれ1本ずつのピアを突き出したコンセプトである。ターミナルCは2つのサテライト＋ピアを斜めにエアサイドに突き出した形式、ターミナルEはフロンタル形式である。各ターミナルは連絡通路により中央駐車場ビルと接続されており、アクセス利便性の向上を図っている。その他、消防署、警察署、発電所、2棟のホテル、チャペルと総面積11haに及ぶ緑地が配置されている。また本空港はアメリカ同時多発テロ（2011年）の際にハイジャックされた4機の旅客機のうち2機（UA175便、AA11便）の出発空港であったため、事件後、全米でいち早く新手荷物スクリーニング・システムを導入するとともに、空港内には犠牲者を悼む追悼碑が整備されている。

3. 運用状況

米国内の他主要空港と同様24時間離着陸が可能だが、23：00から翌07：00までの間は定められた基準以下の低騒音機のみ離着陸が許可されている。

ローガン国際空港はデルタ航空及びジェットブルー航空の拠点空港であり、2016年における運用実績は年間旅客数が3,600万人、発着回数が39万回であった。40社の航空会社が国内外100以上の空港に直行便を就航しており、本邦航空会社ではJALが直行便を就航させている。また保安検査場は米国国土安全保障省:TSAにより運営されているが、検査待ち時間の短縮に向けてマスポートと共同で監視体制をとっている。

また、ローガン国際空港は、環境対策に積極的に取り組む空港としても知られている。公共交通アクセスの充実、ハイブリッド車優先駐車場の整備などを行うほか、持続可能な開発への取り組みとして空港施設の新築、改修にあたり米国建物環境総合性能評価指標LEEDの認証の取得を積極的に行っている。2008年にはターミナルAが空港ターミナルビルとしては世界で初めてLEED認証を取得したのを皮切りに、その後の多くの建築物で認証を取得している。さらに本空港の建設プロジェクトでは、LEED基準に加えてマスポート独自の持続可能性設計基準、ガイドラインを満たすことを義務付けている。

（成田国際空港㈱）

■空港の諸元
・空港運営者：マサチューセッツ州港湾局
　（Massachusetts Port Authority：Massport）
・空港面積：965ha
・滑走路（長さ×幅）：6本
　15R/33L：3,073m×46m
　15L/33R：779m×30m
　14/32　：1,524m×30m
　9/27　 ：2,134m×46m
　4R/22L：3,050m×46m
　4L/22R：2,397m×46m

■輸送実績（2016年）
・総旅客数　　36,356,917人
・国際旅客　　6,587,473人
・国内旅客　　29,700,569人
・貨物量　　　2290,317トン
・離着陸回数　391,222回

#072
フィラデルフィア国際空港 （アメリカ合衆国・フィラデルフィア）

Philadelphia International Airport

KPHL/PHL

都市圏大学生人口30万人を抱える「学術都市」フィラデルフィアに位置する国際空港

1. 沿革と概要

　フィラデルフィア国際空港はアメリカ合衆国北東部ペンシルベニア州フィラデルフィアにあり、フィラデルフィア市街中心部から南西へ11kmのデラウエア川の畔に位置している。デラウエア川の対岸はニュージャージー州である。

　1925年、現空港の東北の隅にあたる「豚の島」と呼ばれる敷地がペンシルベニア州兵の訓練用飛行場として使われ始めた。27年にそこがフィラデルフィア市営空港となったが、ターミナル施設はなかった。同年にはリンドバーグがスピリッツ・オブ・セントルイス機でここに降り立ったという。

　1937年ターミナル施設と離着

空港位置図：空港はデラウエア川に面したところに立地

陸場の建設が開始され、40年にフィラデルフィア市営空港として正式に開港した。最初の年の旅客数はおよそ4万人だった。

　第二次世界大戦の間、空港は軍によって強制的に閉鎖され、1945年まで商業的な空港業務は行われなかった。45年後半に大西洋を横断する路線が開設され、地方空港から国際空港となった。

空港全体図：比較的狭い用地にコンパクトに配置された施設群。前面の川が拡張を阻む

Con.：コンコース

Con.A西
Con.A東
Con.B
Con.C
Con.D
Con.E
Con.F

地図データ：Google

旅客ターミナル地域：
奥行きの狭い用地を
最大限活用して駐機ス
ポット数を確保

新しいターミナルビルは、50年に建設開始し、53年に供用した。

1960年代後半には、ジェット機時代に向けて、フィラデルフィア市と同空港を拠点とする航空会社が大規模な空港改善計画を策定し、72年に新滑走路（9R/27L）が完成、73年には国際線ターミナルが供用されるなど、空港の拡充が進められた。

1977年の春に国内線ターミナルの近代化と開発が完了し、従来の1棟に集約されたターミナル方式を4棟のターミナルに分散する方式に変わり、さらに2003年までに2棟のターミナルがオープンした。

2. 施設

空港敷地面積は976haで、比較的コンパクトな空港である。滑走路は、クロスパラレルに配置された東西方向の3本（9L/27R：長さ2,896m×幅46m、9R/27L：3,202m×61mと8/26：1,524m×46m）及びこれらに直交する南北方向の滑走路1本（17/35：1,982m×46m）の計4本であり、すべて

の滑走路にILSが設置されている。また舗装は17/35がコンクリート一部アスファルトで、それ以外はアスファルトである。

各滑走路には平行誘導路が設置されているが、滑走路との中心線間隔はいずれも120mと狭く、ICAOの考え方に基づく最少距離182.5m（B747クラス、ILS進入対応）を満たしていない。

ターミナルエリアは、滑走路9L/27Rと17/35に囲まれた三角地に展開されており、滑走路に面してA（東・西）〜Fの7棟のターミナルビルが円弧状に配置されている。ターミナルビルはいずれもピア方式で、延床面積は計30万㎡、全体で126の搭乗ゲートが設置されている。

また、貨物ターミナルは6棟あり、総面積は4.2万㎡である。

3. 運用状況

本空港に就航している航空会社は25社（米国社8、コミューター社11、外国社4、フレーター2）であり、季節運航便を含め、国内線91地点、国際線が33地点に就航している。2016年実績では、年間旅客数約3,000万人（うち国内2,600万人、国際400万人）、年間貨物量は40万トン、離着陸回数は40万回であった。

なお、現在も空港の機能向上の取組みが続けられており、ターミナルFの拡張、ターミナルAの改良、ターミナルDとEの改良、滑走路9R/27Lの延長と関連誘導路の建設などが進められている。

（成田国際空港㈱）

■空港の諸元
・空港運営者：
　フィラデルフィア市商務局航空部
　(Philadelphia Department of
　Commerce, Division of Aviation)
・滑走路（長さ×幅）：4本
　8/26　　：1,524m × 46m
　9R/27L　：3,202m × 61m
　9L/27R　：2,896m × 46m
　17/35　　：1,982m × 46m

■輸送実績（2016年）
・総旅客数　　30,155,090人
　国際旅客　　 4,191,631人
　国内旅客　　25,963,459人
・貨物量　　　 404,430トン
・離着陸回数　　394,022回

デトロイト・メトロポリタン・ウェイン・カウンティ空港 (アメリカ合衆国・デトロイト)

Detroit Metropolitan Wayne County Airport

KDTW/DTW

左右に伸びるウィングとリモートサテライトの2本の直線形状が印象的なターミナル

The Americas

1. 沿革と概要

　デトロイト空港はミシガン州ウェイン郡にあり、デトロイト市街から南西30kmに位置している。本空港は1930年に現在の空港北東隅の位置に郡によって建設され、同年トンプソン・アエロノーティカル社 (Thompson Aeronautical Corporation : 後にアメリカン航空に吸収) によって運用が始められたが、現在はウェイン郡空港局 (WCAA) によって運営されている。31年か

ら45年の間ミシガン空軍州兵と飛行場を共用していた歴史があるが、戦後、空港の拡張が行われデトロイトの主要空港へと成長し、47年にはデトロイト・ウエイン主空港 (Detroit Wayne Major Airport) に改名した。その後3年の間に滑走路を新たに3本建設し、空港規模がほぼ3倍に拡張され、現在ではミシガン州最大の空港となっている。主にアメリカ合衆国中西部におけるスカイチームのハブ空港の役割を担っている。

2. 施設

(1) 滑走路

　滑走路は6本あり、北東-南西方向の平行な4本の滑走路と東西方向の2本の平行な滑走路が組み合わされている。北東-南西方向の滑走路は、4R/22L (長さ3,659m× 幅61m)、4L/22R (3,048m×46m)、3R/21L (3,048m×46m) の3本と短い滑走路が3L/21R (2,591m× 61m) 1本あり、前者3本の長い滑走路にはILSと高速脱出誘導

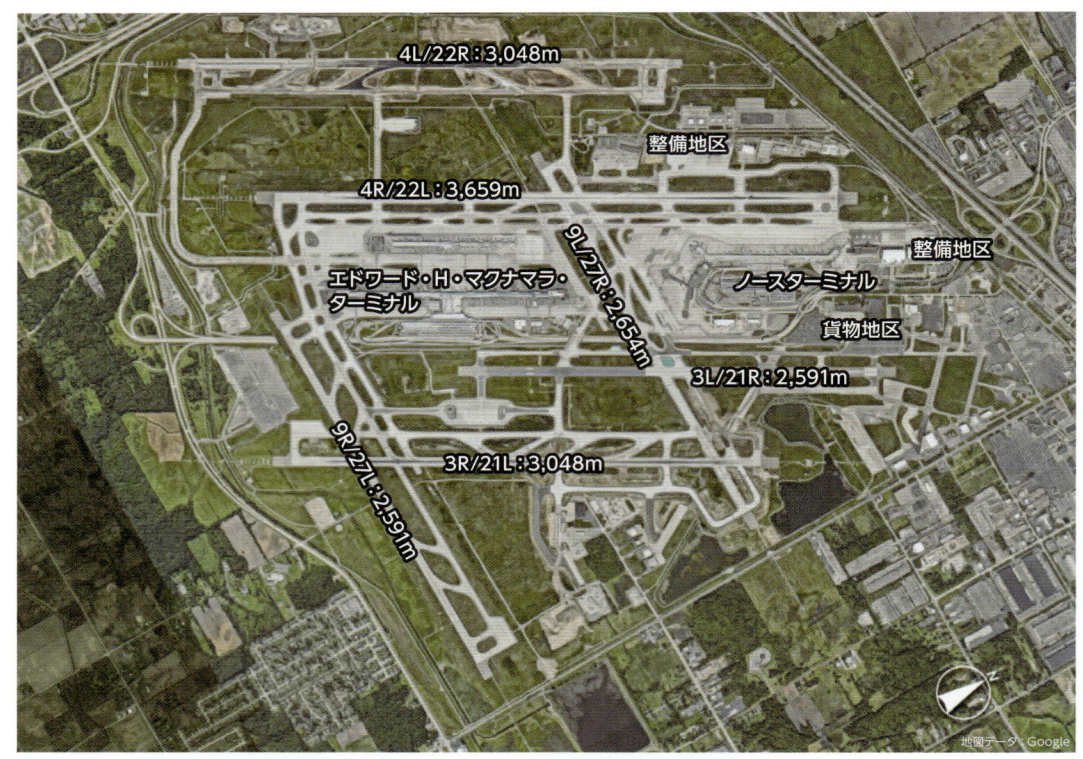

空港全体図：斜めに交差配置された2組のオープンパラレル滑走路群が発着の安定と容量の大きさをもたらす

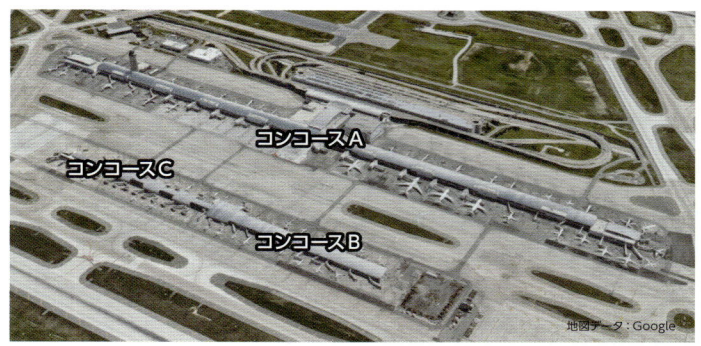

エドワード・H・マクナマラ・ターミナル：全長1,600mのウイング（コンコースA）とリモートサテライト（コンコースB・C）を持つ

ノースターミナル：Dコンコースには26のゲートを設置

路が設置されている。4本のうち内側にある4R/22Lと3L/21Rの離隔距離は1,150mで、オープンパラレル基準（1,310m）を満たしていない。オープンパラレルの配置となっているのは、4L/22Rに対して3R/21Lと3L/21R、4R/22Lに対して3R/21Lである。東西方向の滑走路はオープンパラレルで、9L/27R（2,654m×61m）と9R/27L（2,591m×46m）で、いずれもILSと高速脱出誘導路が設置されている。滑走路の舗装は、3L/21Rはアスファルト一部コンクリート舗装であるが、他はすべてコンクリート舗装である。なお、2017年現在、4L/22Rは工事のため閉鎖中である。

（2）旅客ターミナル

　旅客ターミナルエリアは、滑走路4R/22Lと3L/21Rの間に展開されており、9L/27Rを挟んで南北2つの地区に分かれている。2つの旅客ターミナルは無料のシャトルバスによって連絡されている。

　南側の地区にエドワード・H・マクナマラ・ターミナルがあり、本館の両サイドにピアを長く伸ばしたコンコースA（全長1,600m）と本館から離れた位置にあるリニアのリモートサテライトのBとCのコンコースがある。コンコースAの上部にはエクスプレス・トラムが走っており、コンコース全長を約3分で結んでいる。また、コンコースB・CとコンコースAは地下の「光のトンネル」で結ば

れており、多様に変化するイルミネーションによって、移動の距離を感じさせない工夫がされている。

　マクナマラ・ターミナルのコンコースAには64のゲートがあり、そのうち14ゲートは国際線の出到着に用いられる。コンコースの中央には45の放水装置をもつ大きな噴水やフードコートが設けられたアトリウムがある。14か所の国際線ゲートには2基ずつの搭乗橋が設置されており、国内線到着の場合は2階のコンコースに直接出る経路、国際線到着の場合は階下の入国審査・税関エリアに下りる経路という2つの経路を取ることができる。

　コンコースB・Cは2006年に拡張工事が行われ、現在計58のゲートがあり、すべてのゲートに搭乗橋が設けられている。

　マクナマラ・ターミナルに接続する駐車場施設は、10層で延べ面積36ha、1万1,500台を収容できる大きな施設で、2002年に供用を開始した。

　北側の地区にはノースターミナルがあり、本館の両側にピアを伸ばしたフロンタル形式のコンセプトである。ノースターミナルにはコンコースDがあり26のゲートを設けている。そのうちの2ゲートは大型航空機に対応することができる。

　ノースターミナルにはビッグブルーデッキとして知られている6層の駐車場施設が設けられている。

photo / Wayne County Airport Authority

エドワード・H・マクナマラ・ターミナル：エクスプレス・トラムがコンコース内を走行する

3. 運用状況

2016年の年間旅客数は3,400万人であり、年間離着陸回数は39万回である。また、国際線の行き先で最も多いのがアムステルダム便であり、年間60万人の旅客が利用している。当空港はデルタ航空にとって2番目のハブ空港であり、同社及びスカイチーム・パートナーのエール・フランスやオランダ航空がマクナマラ・ターミナルで運航しており、スカイチーム以外の他航空会社はノースターミナルで運航を行っている。

デトロイト空港では旅客の利便性向上のために様々な設備の導入や取組みが行われている。2008年には新たな手荷物ソーティング施設の供用を開始し、バゲージコンベアシステムに14の爆発物検知端末装置を設置することにより手荷物のスクリーニング作業を改善した結果、ロストバゲージや航空機への積み込みまでの時間を短縮することが可能となっている。また14年には旅客の待ち時間を減らすためマクナマラ・ターミナルに自動入国審査システムが導入された。また新しい電子技術を用いた道案内システムが導入されており、旅客は搭乗チケットをスキャンすることによって現在地から搭乗ゲートまでの道案内が映し出されるというサービスが受けられる。フードコート・エリアにはミニタブレット端末が設置してあり、飲食店のメニューを閲覧することができ、タブレット上で料理を注文することができる。また、両ターミナル内ではWi-Fiが利用できる。

また、マクナマラ・ターミナル内にはウェスティン・ホテルがあり、宿泊客は飛行機を利用しない場合でもコンコースに入るパスを得て、場内の物販店やレストランを利用できる。

サイン計画についてはターミナル内のサイン表示はほとんど英語に日本語が併記されており、日本語を話せるスタッフも少なくない。

4. 将来計画

将来、年間6,000万人の旅客数に対応するために、空港レール・システムや新しい滑走路、ターミナルの拡張など行う長期計画がある。これには、将来の飽和状態に備えて既存の4本の平行滑走路に加えて5本目の平行滑走路を設ける計画、マクナマラ・ターミナルのコンコースB及びCを拡張する計画、マクナマラ・ターミナルとノースターミナルを地域交通システム等によって接続する計画などが盛り込まれている。

（成田国際空港㈱）

■空港の諸元	
・空港運営者：ウェイン郡空港局（WCAA）	
・空港面積：1,963ha	
・滑走路（長さ×幅）：6本	
4R/22L：3,659m × 61m	
4L/22R：3,048m × 46m	
3R/21L：3,048m × 46m	
3L/21R：2,591m × 61m	
9L/27R：2,654m × 61m	
9R/27L：2,591m × 46m	

■輸送実績（2016年）	
総旅客数	34,401,254人
国際旅客	2,922,522人
国内旅客	31,478,732人
・貨物量	205,560トン
・離着陸回数	393,427回

#074
シカゴ・オヘア国際空港（アメリカ合衆国・シカゴ）

O'HARE International Airport

KORD/ORD

五大湖のほとりで米国第3の大都市を支える巨大空港。9本もの滑走路を有する

1. 沿革と概要

　米国中北部の大都市シカゴの空港の歴史は古く、早くも1927年に市の南西15kmにあるミッドウェイ空港で定期航空便の運航が開始されている。現在の空港は、当時米国内で2番目に多い人口を抱えていた大都市シカゴの基幹空港として、シカゴ市北西37kmに所在する軍の旧飛行場を買い取り、「オーチャード飛行場」を開設したことに始まる。この飛行場は、第二次世界大戦中はダグラス航空

機組立工場用として使われたところで、市内から空港までのアクセスが良いことも選定理由の1つとされた。IATAの空港コードORDはこの地域の名称「オーチャードプレース」に由来する。49年、シカゴ市議会はオーチャード飛行場を第二次世界大戦で亡くなった海軍飛行士（エドワード・ブッチ・オヘア）を称えるために「シカゴ・オヘア国際空港」と改称し、あわせて、連邦航空局は既存の「ミッドウェイ空港」の旅客取扱能力が限界にきていたことから、シカゴ・

オヘア国際空港を将来的にシカゴのメイン空港として発展させていくことを決定した。

　1955年にオヘア国際空港が正式に商業航空交通に開放されたが、高速道路網が出来上がるまで乗継ぎが困難であったため、最初の年の利用客は18万人にとどまっている。国際線ターミナルは58年に供用を開始したが、ほとんどの国内線はミッドウェイ空港から運航していたため、57年時点ではなおミッドウェイ空港が世界で最も忙しい空港であった。62年に

空港全体図：大きな発着容量を持つ9本の滑走路と中央に集約された大規模旅客ターミナル

200

シカゴの空港分布：シカゴの航空需要を担ってきた3つの主要空港。現在はオヘア空港の旅客数が突出して多い

シカゴ・オヘア国際空港の拡張工事が完了し、すべての定期便がミッドウェイ空港から当空港に移転し、年間旅客が1,000万人以上の世界で最も忙しい空港となり、その2年後には年間旅客数が2,000万人を超えた。

同年オープンしたターミナル2とターミナル3は、建築家C．F．Murphyによって設計された建物である。当時のシカゴらしいガラス・カーテンウォールによる2層式、2棟からなるターミナルビル（第2、ターミナル3と中央の円形食堂棟）で、それぞれエアサイドに長いフィンガー・コンコースを延ばしている形式であった。当時ニューヨークには完全なエアライン別のユニットターミナル形式のJ・F・ケネディ空港があり、ロサンゼルス空港では、1層半式分散ターミナルのジェット・エイジターミナルが作られたのとは対照をなしている。

ジェット機時代以後のシカゴ・オヘア国際空港は世界で最も忙しい空港といわれ、米国中央の結節点の位置付けからも乗継ぎ客が多く、ハブ・アンド・スポーク形式の先駆けとなった空港でもあった。その主役はアメリカン航空とユナ

イテッド航空で、当空港を拠点とするネットワークを構築した。

旅客の増加に伴ってターミナルに手が加えられ、国際線を扱ったターミナル1がターミナル2右側に建設され、ターミナル3奥が拡張されて、各フィンガーが延伸される等の拡張整備が続き、1984年には市内から空港まで地下鉄路線網が延伸した。

オヘア国際空港の管理者はシカゴ市航空局（CDA：Chicago Department of Aviation）であり、CDAは同時にシカゴ・ミッドウェイ国際空港も運営している。なお、シカゴ都市圏の第3の国際空港であるゲーリー・シカゴ国際空港はゲーリー・シカゴ国際空港公団（Gary/Chicago International Airport Authority）が運営している。

2. 施設

（1）滑走路

シカゴ・オヘア国際空港は空港敷地面積が3,000haにも及び9本の滑走路を有する世界最大級の空港の1つである。

滑走路のうち、ほぼ東西方向の滑走路は4本で、北から9L/27R

（2,286m×46m、コンクリート舗装）、9R/27L（2,428m×46m、アスファルト/コンクリート舗装）、10L/28R（3,962m×46m、アスファルト舗装）、10C/28C（長さ3,292m×幅62m、コンクリート舗装）、10R/28L（2,286m×46m、アスファルト/コンクリート舗装）の順で並んでいる。このうち9L/27Rと9R/27L、また9R/27Lと10L/28Rはオープンパラレル配置であるが、10L/28Rと10C/28C（離隔距離366m）、10C/28Cと10R/28L（離隔距離943m）はオープンパラレル配置の離隔距離基準（1,310m）を満たしていない。東北-西南方向にオープンパラレルの滑走路が2本（4L/22R：2,286m×46m、アスファルト/コンクリート舗装と4R/22L：2,461m×46m、アスファルト舗装）があり、また北西-南東方向にオープンパラレルの滑走路が2本（14L/32R：3,050m×46mと14R/32L：2,952m×61mでいずれもアスファルト/コンクリート舗装）がある。これらすべての滑走路にILSが整備されている。このような全方向的に多くの滑走路を配置する例は、古くから拡張を繰り返してきた欧米の主要空港に見られる。

当空港では、増大する需要に発着処理能力が追いつかず、遅延と容量限界が大きな課題となっていたため、2003年に滑走路の新設・延長、滑走路交差部の改良、誘導

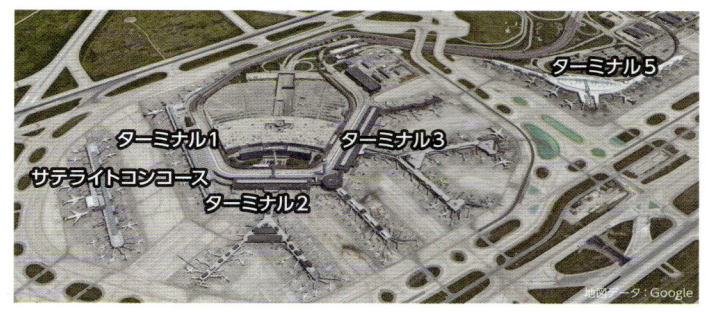

旅客ターミナル地域：ターミナル1～3は一体となっており、離れた位置にターミナル5が配置

路システムの改良、新管制塔の建設などを含むシカゴ空港近代化計画に着手し、そのフェーズ1が16年に完成した。なかでも13年に完成した10C/28C滑走路は当空港初のB747-8やA380が就航できるグループ6対応の滑走路となり、10L/28Rは約900m延長されて当空港最長の3,962mの滑走路となった。これらの滑走路再編成計画により、当空港の最大着陸能力は時間当たり96回から112回に拡大した。

（2）旅客ターミナル

旅客ターミナルエリアは滑走路9R/27Lと10L/28Rに挟まれた中央部に位置し、計4棟（第1、2、3、5ターミナル）の大規模なターミナルビルが展開されている。全体で、9コンコースに計189ゲート（アメリカン航空：68ゲート、ユナイテッド航空：79ゲート）が設置されている。

ターミナル1（T1）は1988年に完成し、ユナイテッド航空が使用している。フロンタル形式のメインビル（コンコースB）と沖合に平行に設置されたサテライトコンコース（C）で構成され、B22ゲート、C28ゲートの計50ゲートがある。セキュリティチェックとバゲージクレームはコンコースBで行い、コンコースCへはムービングサイドウォークつきの地下通路で結ばれている。Sky's the Limitと呼ばれるネオンのイルミネーションが施された地下通路で、長距離の移動を忘れさせる演出となっている。T1は主にユナイテッド航空が国内線と国際線に使用し、その他スターアライアンス・メンバーも使用している。

ターミナル2（T2）は、Y字形に突き出したフィンガー形式で、E（16ゲート）・F（26ゲート）2つのコンコースで計42ゲートあり、デルタ航空の国内線がメインで使用している。

ターミナル3（T3）は、Y字形のフィンガーと直線形のフィンガーの組み合わせで、コンコースG（25ゲート）、H（18ゲート）、K（17ゲート）、L（15ゲート）の計75ゲートがある。1990年に改修され、アメリカン航空が

メインで使用し、後に2014年からUSエアウェイズも使用開始し、他のワンワールド・メンバーも使用する。特に01年に完成したコンコースGは最新式ゲート設備とアメリカン航空のプレミアム・クラスゲートが設置されている。

ターミナル5（T5）は一団のターミナルビルと離れて誘導路を挟んだ東側に設置されている。フロンタル形式で、コンコースM（21ゲート）がある。外国航空会社がメインで使用している。

ターミナル4はかつてT1の建設中に使用された暫定国際線ターミナルで、1993年にT5が完成するまで使用されたが、その後は乗換えバス用やホテルバス用のターミナルに転用されている。

エアポート・トランジット・システム（Airport Transit System：ATS）とよばれる自動運転の軌道システムが1993年に導入されており、各ターミナル、駐車場、レンタカー施設を24時間サービスで結んでいる。

（3）貨物施設

貨物施設は、南西部地区と北部地区の2か所に貨物上屋と貨物

地下通路：イルミネーションが印象的な「スカイズ・ザ・リミット」

旅客ターミナルビル内部：壁面をアートで飾るほか、ビデオウォールなどの装飾にも積極的

photo / O'HARE International Airport

エプロンを備えた取扱施設が展開されており、南西部貨物地区で全体の80%を取り扱う。滑走路再編成のために南西部貨物地区は一部施設を移転整備した。B747-Fが駐機できるスポットが15あり、ハイドラントシステムによる給油を行うことができる。

（4）環境対策

シカゴ・オヘア国際空港は環境に配慮した施設計画に力を入れている。コントロールタワーでの屋上緑化、レンタカー施設におけるリサイクル可能な建設材料の使用や屋上緑化、電気使用量の削減、さらにはFedExの貨物上屋などの多くの取組みで、環境評価指数の1つであるLEED（Leader in Energy and Environment Design）の高い評価の認定を受けている。

（5）セキュリティ

シカゴ航空局は旅客へのストレスフリーなセキュリティチェックの提供を目指し、ホテル事業者、米国運輸保安局（TSA）、セキュリティ会社、コンサルタンツなどと共同で保安検査場の改装に取り組んでいる。ターミナル1の保安検査場に快適な椅子、壁面を飾るアートや鎮静効果のあるライトや音楽、ビデオウォール（デジサイ）などを取り入れ、ホテルのロビーの雰囲気を持たせている。

3. 運用状況

本空港は、ミッドウェイ空港とともにシカゴ市が所有し、同市航空局が運営している。

1998年までは年間旅客数で世界一であった（2016年時点では世界第6位）。就航都市は210都市（うち国内153都市）であり、アジア・ヨーロッパ・中東など世界各地に路線網がある。シカゴ当局の当面の目標はラテンアメリカ路線と中国路線の接続強化である。

また2016年の年間発着回数は87万回で、首位のアトランタ空港（89万回）に対して僅差の2位となっている。

空港周辺には住宅が多く、当局は大きな航空機騒音問題を抱えており、これだけの発着回数を維持するために、騒音軽減のための進入経路の改善のほか、周辺において1万戸以上の住宅防音工事も進めている。

4. 将来計画

空港容量の拡大とサービスレベルの向上のための空港再編成計画が鋭意進められてきたが、まだその途上にあるという。今後、国際線用のターミナル5は現状の25ゲートに加えて、既存コンコースの東側への拡張により5ゲートが増設され、場合によっては国内線の利用も可能とする計画である。またコンコースLにはリージョナル・ジェットに対応したゲートを設置する。さらに、50年以上前に建設されたターミナル2の撤去と建替え、中央ターミナルエリアにおける複数のビルとコンコースのレイアウトプランを含む長期計画が検討されている。

（成田国際空港㈱）

■空港の諸元
・空港運営者：シカゴ市航空局
　（Chicago Department of Aviation）
・空港面積：3,087ha
・滑走路（長さ×幅）：9本

滑走路	長さ×幅
4L/22R	2,286m × 46m
4R/22L	2,461m × 46m
9L/27R	2,286m × 46m
9R/27L	2,428m × 46m
10L/28R	3,962m × 46m
10C/28C	3,292m × 62m
10R/28L	2,286m × 46m
14L/32R	3,050m × 46m
14R/32L	2,952m × 61m

■輸送実績（2016年）
・総旅客数　77,960,588人
　国際旅客　11,744,909人
　国内旅客　66,128,079人
・貨物量　　1,528,136トン
・離着陸回数　867,635回

#075
シンシナティ・ノーザンケンタッキー国際空港 <small>（アメリカ合衆国・シンシナティ）</small>

Cincinnati/Northern Kentucky International Airport **KCVG/CVG**

3州にまたがる広域大都市圏に位置し、DHLの北米3大スーパーハブの1つとして機能

1. 沿革と概要

　シンシナティは、アメリカ中東部のオハイオ州南西端、オハイオ河畔に位置する同州第3の都市である。オハイオ川の水運の拠点として、また食肉加工の中心地として発展した。この地域では、シンシナティ市を中心に、オハイオ川対岸のケンタッキー州北部フローレンス市及びインディアナ州の一部を含む広域大都市圏が形成されており、圏域人口は200万人を超える。シンシナティ・ノーザンケンタッキー国際空港は、ケンタッキー州ブーン郡ヘブロン市に所在し、シンシナティ市中心部の南西20kmに位置している。このような複数の州を跨いだ大きな空港勢力圏を持つ空港は珍しい事例である。ここに至った経緯は第二次世界大戦前に遡り、当時シンシナティ市内のオハイオ川流域にあったルンケン空港が、頻繁な霧の発生と洪水に悩まされたため、ケンタッキー州の周辺郡が連携した現在地での空港整備計画が作成され、1942年に連邦政府により承認されたことによる。

　本空港の開港は1944年であるが、民間航空用としての運用を開始したのは47年である。それ以降空港は拡張を続けてきたが、近代化を遂げるうえでの最も大きな出来事は60年にデルタ航空がコンベア880型ジェット機を就航させたことである。これを契機としてターミナルビルが拡張され、64年には、滑走路が2,620m

18R/36L：2,438m

9/27：3,658m

18C/36C：3,353m

ターミナル

貨物地区

整備地区

18L/36R：3,048m

地図データ：Google

N

空港全体図：オープンパラレルに配置された3本の滑走路は、将来の旅客ターミナル大規模拡張を可能に

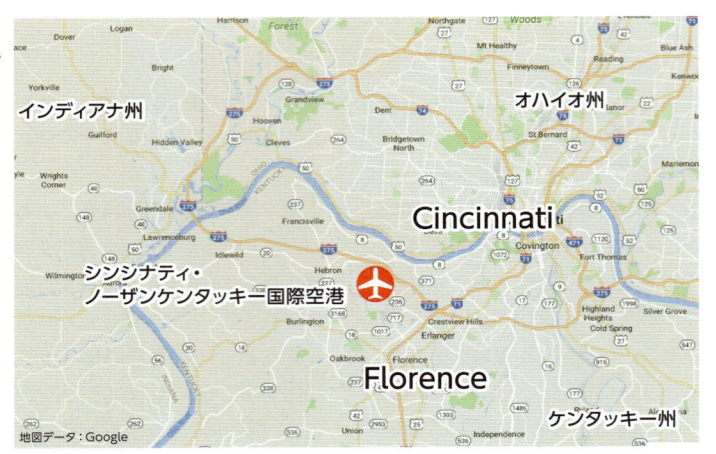

空港位置図：オハイオ州、ケンタッキー州、インディアナ州の航空需要を支える

に延伸されて、今日の空港の礎となっている。地域の産業事情を反映して、近年旅客数が減少傾向にあるものの、2015年実績で年間600万人を越える旅客数があって増加の兆しがみえる。

なお、空港の所有・運営者は、ケントン郡空港委員会である。

2. 施設

滑走路は、南北方向に平行に配置された3本の滑走路（18L/36R：長さ3,048m×幅46m、18C/36C：3,353m×46m及び18R/36L：2,438m×46m）と1971年に新設された東西方向の滑走路（9/27：3,658m×46m）の4本の組み合わせで、平行滑走路はいずれも同時離着陸が可能なオープンパラレル配置である。すべてILSを備えており、18L/36Rと18R/36Lには高速脱出誘導路が設置されている。

東西方向の9/27滑走路を挟んで北側に旅客ターミナル施設、南側に管制塔、貨物施設などが配置されている。空港全体で7,400台分の駐車場がある。

旅客ターミナルは、全体的には、ランドサイド側にピア方式のターミナル1と2、本館機能を有するターミナル3の3棟、及びエアサイドに配置された3棟のリモートサテライト（コンコース）で構成される、いわばハイブリッド方式である。エアサイドのターミナル3寄りにコンコースA、さらにエアサイド方向にコンコースB、その西側にコンコースCがあり、コンコースAとBはほぼ矩形のサテライトの全周にゲートを配置し、コンコースCはH字形のサテライトの全周にゲートを配している。

開港後ジェット時代を経て新設、増改築が繰り返され、複雑な変遷をたどりながら現在の形態に至っているが、現在供用されているの

はターミナル3とコンコースA及びBのみである。ターミナル3はメインターミナルとも呼ばれており、1974年に建設、87年に拡張された。デルタ航空は92年に当空港を第2ハブとし、94年にかけてコンコースA、B及びCを建設した。ターミナル3とコンコースA、Bは地下トンネルとピープル・ムーバーで結ばれているが、コンコースCはシャトルバスによる連絡のみであった。

コンコースBはデルタ航空とバケーション・エクスプレスが使用し、また米国税関と国境警備が置かれているため、事前審査を経ていないすべての国際線旅客が使用する。コンコースAはそれ以外のエア・カナダ、アメリカン航空、サウス・ウエスト航空、ユナイテッド航空などが使用している。

コンコースCは主にコムエア（COMAIR）が使用していたが、2009年のデルタ航空便の縮小に伴いに閉鎖された。ターミナル1は初期のターミナルビルで1960年に建設、74年に改修されたが、旧式のビルで狭隘であったため、2007年に閉鎖された。ターミナル2はターミナル1の拡張の位置づけで建設されアメリカン航空やユナイテッド航空に使用され、またターミナル1の閉鎖後USエアウェイズが使用してきたが、旧式で使い勝手が悪く12年に閉鎖された。

旅客ターミナル地域：現在使用されているのはターミナル3とコンコースA、B

3. 運用状況

当空港は、1980年代半ばからデルタ航空の第2ハブ空港化されたことに伴い、米国内の航空ネットワークの重要拠点となり、90年代終わりにデルタは大幅な拡大政策をとり発着回数と旅客数を倍増させた。2005年にはデルタ・コネクションの要となり、単一エアラインでは、アトランタ、シカゴ、ダラスに次ぐ世界で4番目に大きいハブ空港となっていた。

しかし、2005年にデルタ航空が経営破綻し、07年にかけて大幅に減便し、路線網を縮小したことから、旅客数はその後減少に転じた。このため当時検討されていた東西方向の滑走路の新設計画や既設ターミナルの拡張計画が中止され、またターミナル1が閉鎖されるなどの措置が取られた。08年、デルタはノース・ウエスト航空を合併し、10年に当空港において63地点を目的地とする路線網を再構成して一定の落ち着きを得た。15年、デルタは04年以降初めての縮小から旅客数の増加に転じ、17年には増便を発表し、またユナイテッドも同年の増便計画を発表するなど回復の兆しが見えてきており、16年の年間旅客数は680万人となった。

また当空港は貨物輸送の分野では要衝を占め、DHLが当空港を北米に3か所あるスーパーハブの1つとして運用しており、1日あたり国際線を含む84便が就航している。大規模なDHL貨物コンプレックスを展開しており、2016年に大規模な拡張工事が完成した。

4. 将来計画

2013年に策定されたマスタープランによると、シンシナティ・ノーザンケンタッキー国際空港の将来計画として以下のプロジェクトが挙げられている。

① DHLのB747-800就航に対応して18L/36R滑走路を拡幅。その他貨物地区整備に対応する誘導路整備など。

② 2021年までに旅客数900万人に対応できるスポットの整備、ターミナルビルの改修、駐車場の整備など。

また、2017年にはアマゾンプライム・エア（Amazon Prime Air）が約400haの用地に大規模な貨物取扱施設を展開する計画が明らかとなった。

（成田国際空港㈱）

■空港の諸元
・空港運営者：ケントン郡空港委員会
　　　　（Kenton County Airport Board）
・滑走路（長さ×幅）：4本
　　9/27　　：3,658m × 46m
　　18C/36C：3,353m × 46m
　　18L/36R：3,048m × 46m
　　18R/36L：2,438m × 46m

■輸送実績（2016年）
・総旅客数　　6,773,905人
　　国際旅客　　247,778人
　　国内旅客　6,526,127人
・貨物量　　　742,256トン
・離着陸回数　137,225回

#076
インディアナポリス国際空港（アメリカ合衆国・インディアナポリス）

INDIANAPOLIS INTERNATIONAL AIRPORT

KIND/IND

「インディ500」で熱狂する開催都市に位置し、フェデックスが第2拠点とする空港

1. 沿革と概要

インディアナポリス国際空港は、州都インディアナポリス市の中心部から南西11kmに位置し、インディアナ州最大の空港である。インディ500が開催されるインディアナポリス・モータースピードウェイは空港の北6kmに位置している。

当空港の歴史は、1931年市営空港として開港したことに遡る。一時期、第二次世界大戦で活躍した空軍パイロットの名を冠しウィアー・クック市営空港（Weir-Cook Municipal Airport）と称されたが、76年からインディアナポリス国際空港に改められた。なお、ウィアー・クック氏の名前は、2008年に供用を開始した新しいターミナルビルの名称に残されている。

空港の管理運営は1962年以来インディアナポリス空港公団（IAA）が行っている。94年から契約により英国空港公団（BAA）が空港の運営を行ったが、2007年末に契約は打切りとなり、民間企業による空港運営は終了となった。

2. 施設

当空港には3本の滑走路があり、ほぼ北東-南西方向にオープンパラレル（中心線間隔約1,480m）に配置された2本の滑走路（5L/23R：長さ3,414m×幅46mと5R/23L：3,048m×46m）とこれに直交する北西-南東方向の横風用滑走路（14/32：2,218m×46m）で構成されている。滑走路はすべてコンクリート舗装である。

当初の旅客ターミナルエリアは横風用滑走路の東側に1957年に建設され、長らく使用されてきたが、2008年に平行滑走路に挟まれた地域に新しいターミナルが建設され供用を開始した。ターミナル本館とその両端部から2本のコ

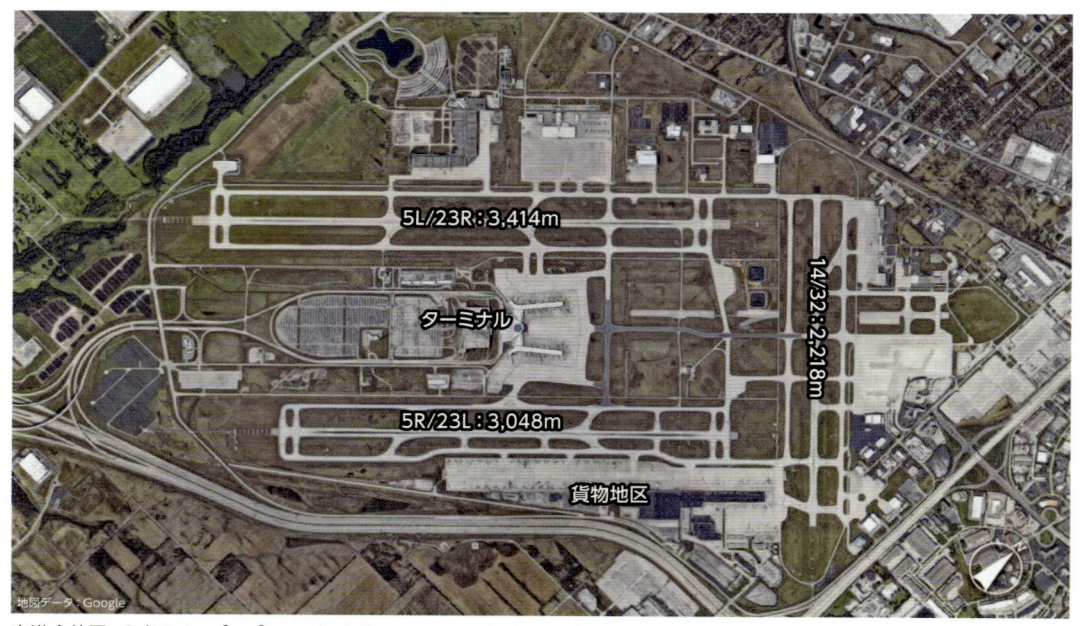

空港全体図：2本のオープンパラレル滑走路にターミナル軸線を配置し、将来の拡張展開が容易

ンコースがエアサイドに突き出すフィンガーコンセプトが採用されている。A、B2本のコンコースに国内線用44ゲート、際内兼用2ゲートがある。駐車場の容量は1万4,000台である。

なお旧ターミナルの一部は、現在はオフィスとして使用されている。

将来的に3本目の平行滑走路が計画されている。

3. 運用状況

当空港には、定期便のカナダ路線と季節運航の国際チャーター便が運航されているが、アトランタ、シカゴなど米国内の国内線が大半を占めている。年間乗降客数が800万人程度の中規模空港であるが、貨物施設については米国で8番目の大きさを誇り、世界最大の航空貨物輸送会社であるフェデックスが、メンフィス国際空港に次ぐ第2の拠点空港として使用している。

（成田国際空港㈱）

旅客ターミナル地域：本館の両端部から2本のコンコースを突き出している

旅客ターミナルビル（カーブサイド側）：中央部が流線型に盛り上がった構造

■空港の諸元	■輸送実績（2016年）	
・空港運営者： 　インディアナポリス空港公団 　（Indianapolis Airport Authority） ・滑走路（長さ×幅）：3本 　5L/23R ：3,414m × 46m 　5R/23L ：3,048m × 46m 　14/32　：2,218m × 46m	・総旅客数 　国際旅客 　国内旅客 ・貨物量 ・離着陸回数	8,511,959人 75,835人 8,436,124人 1,065,114トン 162,211回

ルイビル国際空港（アメリカ合衆国・ルイビル）

Louisville International Airport

KSDF/ SDF

「ワールド・ポート」と名付けられた UPS の巨大貨物荷捌拠点は、米国 2 位の貨物取扱量

The Americas

1. 沿革と概要

　ルイビルは、米国中東部のケンタッキー州ジェファーソン郡に位置し、州の商業、経済、金融及び流通の中心都市である。ルイビル国際空港は市の中心部から南に約10kmに位置する。米国の2大貨物航空会社の1つUPS（United Parcel Service）がここに一大拠点を置き、全米、全世界の貨物ハブへとネットワークを広げており、フェデックスがハブを置くテネシー州メンフィス国際空港と並び称される航空貨物基地となっている。

　空港の歴史は、1941年の米軍による滑走路建設に端を発する。47年、当時の名称「スタンディフォード飛行場（Standiford Field）」において民間航空旅客輸送が開始され、50年、延床面積3,900㎡の新ターミナルが建設され、当時の公団チェアマンの名を冠してリー・ターミナル（Lee Terminal）と名付けられた。80年に近代的なターミナルが建設され、その後数度の拡張を経て85年にターミナル本館が、89年4月にY字型のコンコースが完成した。その後95年に名称はルイビル国際空港 に変更され、現在に至っている。

　空港の歴史上の大きな転換点となったのが、1981年のUPSによる貨物航空輸送のハブ空港化である。り、このとき大規模な貨物機用エプロンが建設された。2002年9月には、UPSが1,200億円をかけて貨物荷捌センター「ワールド・ポート（World port）」を建設した。その後も拡張が繰り返され、10年には48.3万㎡の延床面積を持つ巨大施設にまで成長を遂げた。

　空港の管理運営主体は、ケンタッキー州により設立されたルイビル地域空港公団（Louisville Regional Airport Authority：LRAA）である。本空港には現在も軍施設があり軍用機の発着が行われている。

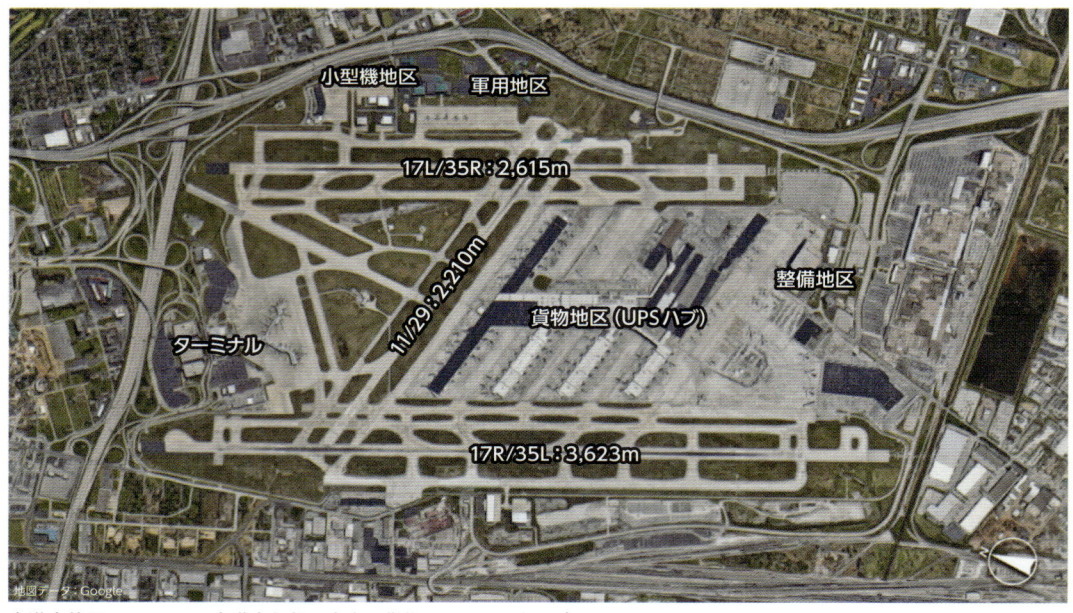

空港全体図：なによりも空港中心部の広大な貨物ターミナル地区が目を引く。旅客ターミナルは空港北端に小ぢんまりとある

貨物ターミナル地区：巨大なターミナルビルと多数の貨物専用機スポットが配置

2. 施設

　当空港ではUPSの貨物便の増加と貨物取扱量の増大に対応して1980年代から空港拡張事業が行われ、95年に新しい平行滑走路が建設された。現在は、空港敷地面積607haのなかに南北に伸びるオープンパラレルの主滑走路2本（17L/35R：長さ2,615m×幅46mと17R/35L：3,623m×46m）と、平行滑走路に両端をクロスさせる形で、横風用滑走路1本（11/29：2,210m×46m）が配置され、計3本の滑走路で運用されている。いずれの滑走路もコンクリート舗装で、ILSと高速脱出誘導路を備えている。

　平行滑走路の間のエリアにおいて、横風用滑走路を挟んで北側に、すなわちダウンタウンに近い方に旅客ターミナル（本館＋Y字形のピアの方式でゲート数は28）が配置され、南側に巨大なUPS貨物施設（中央本館の周囲に5本のピアを有する形状）と格納庫等整備

施設が展開されている。旅客・貨物施設とも各滑走路までの距離が近いため、ハブ空港として効率的な運用が可能な施設配置といえる。また、空港東側にはケンタッキー州空軍施設が配置されている。

3. 運用状況

　2016年の取扱実績は、旅客数330万人、貨物量240万トン、発着回数16万回である。世界的な航空貨物運送会社であるUPSがメイン・ハブを置き、世界で第7位、全米ではメンフィスに次ぐ第2位の航空貨物取扱量を誇る。UPSは全米各都市の他、同社の国際拠点であるオンタリオ（カナダ）、上海・深圳（中国）、ケルン（ドイツ）への国際貨物便を就航させている。

　旅客便は、アメリカン航空（AA）、デルタ航空（DL）、ユナイテッド航空（UA）の3大メジャー・キャリアとLCCのサウス・ウエスト航空（WN）の計4社が就航しており、各社米国内ハブ空港を中心に計20空港への国内定期路線を就航させている。1993年のWN就航により旅客数が劇的に増加し、91年から99年までの間で旅客数が約2倍に急増した。なお、国際旅客定期便の就航はない。これら以外の小型機による不定期便、ジェネラルアビエーションの発着量も多い。

4. 将来計画

　新型貨物機・旅客機に対応するため、ここ数年以内に主滑走路17R/35Lを3,950mに、17L/35Rを3,200mに延長する予定である。さらに2016～20年度に、滑走路11/29の滑走路端安全区域（RSA：Runway Safety Area）改修等の計画がある。

（成田国際空港㈱）

■空港の諸元
・空港運営者：ルイビル地域空港公団
　（Louisville Regional Airport Authority）
・空港面積：607ha
・滑走路（長さ×幅）：3本
　17L/35R：2,615 × 46m
　17R/35L：3,623 × 46m
　11/29　：2,210 × 46m

■輸送実績（2016年）
・総旅客数　　3,346,545人
　　　　　　　（国内線のみ）
・貨物量　　　2,437,010トン
・離着陸回数　156,200回

#078
ミネアポリス・セントポール国際空港 (アメリカ合衆国・ミネアポリス)

Minneapolis-Saint Paul International Airpor

KMSP/MSP

2本の川の合流地点に位置する「双子都市」、ミネアポリスと州都セントポールに近い空港

1. 概要

　ミネアポリスはアメリカ合衆国ミネソタ州東部に位置し、州最大の都市である。ミネアポリスと、その東に隣接する州都セントポールをあわせてTwin Cities（双子の都市）とも呼ばれる。これは、ミネアポリスが州の経済・文化の中心であり、セントポールがミネソタ州議会議事堂や州の各種

機関が集まる州の政治の中心地であることによる。ミネアポリスの名は、先住民族である、ダコタ族の言語で「水」を意味する"mni"とギリシア語で「都市」を意味する"polis"とを組み合わせてつけられた。その名が示す通り市には水が豊富で、空港もミシシッピ川と、その支流であるミネソタ川の合流地点のほとりに位置し、ミネアポリス、セントポール両都市の

中心部から概ね16kmに位置する利便性の高い空港である。

2. 沿革

　本空港はもともとレース場跡地に「スピードウェイ飛行場（Speedway Field）」という名称で開港したが、1921年には、第一次世界大戦で活躍したパイロットにちなんで、「ウォルド・

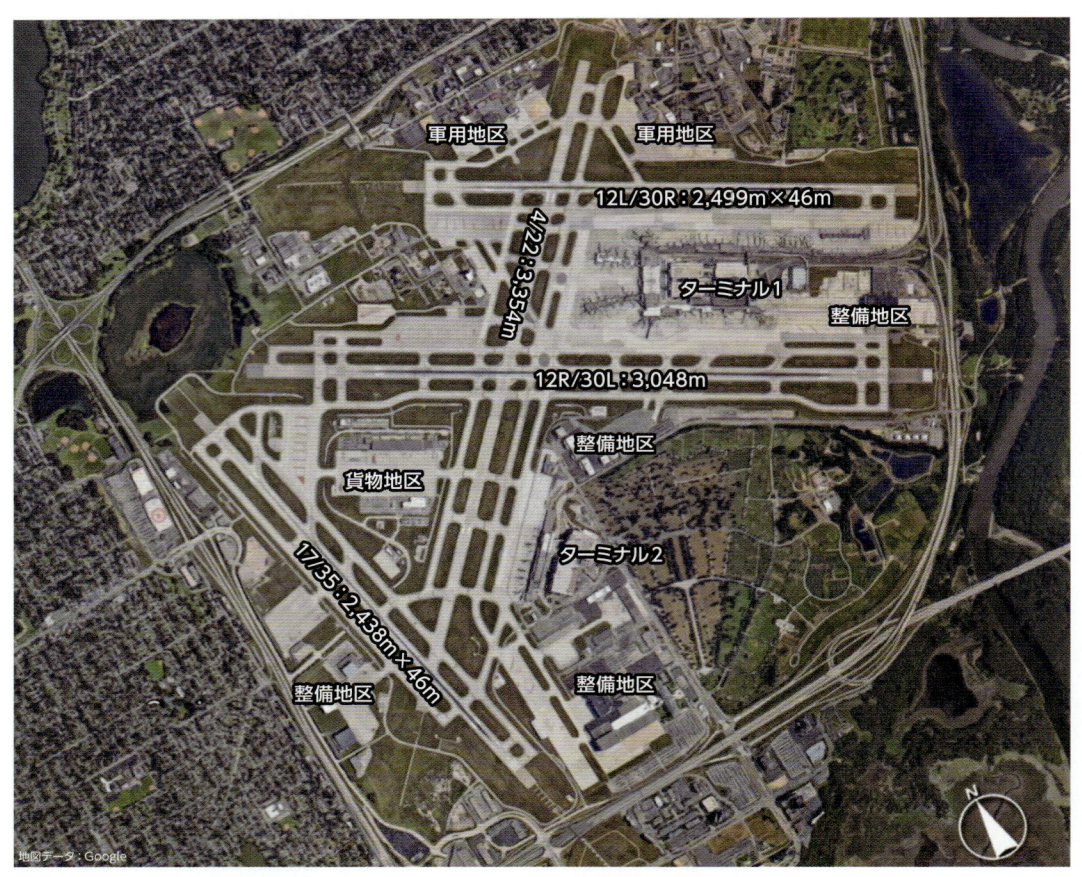

軍用地区　軍用地区
12L/30R：2,499m×46m
4/22：3,354m
ターミナル1
整備地区
12R/30L：3,048m
整備地区
貨物地区
ターミナル2
17/35：2,438m×46m
整備地区　整備地区

地図データ：Google

空港全体図：交差する4本の滑走路。その間に2つのターミナルと整備地区、貨物地区を配置

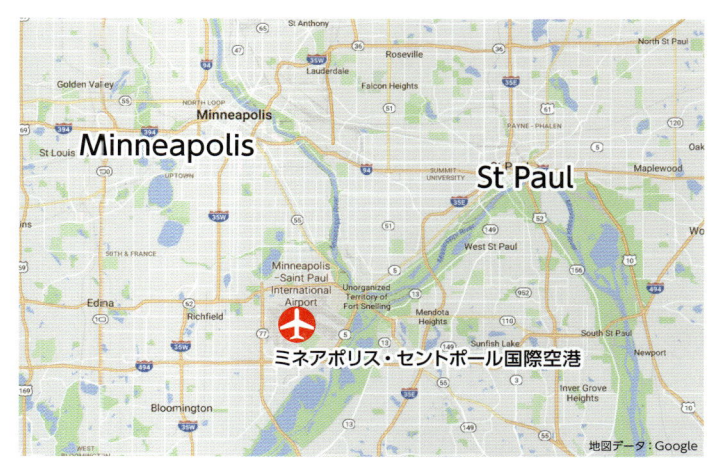

空港位置図：ミネアポリス、セントポール両市それぞれから16km

チェンバーレン飛行場（Wold-Chamberlain Field）」に改名された。44年には、「ミネアポリス・セントポール・メトロポリタン空港/ウォルド・チェンバーレン飛行場（Minneapolis–St. Paul Metropolitan Airport/Wold-Chamberlain Field）」に改称し、さらに4年後にはメトロポリタンの名がインターナショナルに変更されて、「ミネアポリス・セントポール国際空港/ウォルド・チェンバーレン飛行場」となった。

本空港は1926年に設立されたノース・ウエスト航空の本拠地となり、その後同社が複数の地域航空会社を吸収・合併した結果、最盛期には本空港のフライトの79%をノース・ウエストが占めていた時期もある。2010年にノース・ウエストがデルタ航空と合併したことに伴い、現在はデルタにとっての第2ハブとなっている。

なお、1998年には当空港と関

西国際空港との直行便がノースウエスト航空により運航されたが、1年足らずで休止されている。

3. 施設

(1) 滑走路

滑走路は4本で、4/22が長さ3,354m×幅46m、12R/30Lが3,048m×61m、12L/30Rが2,499m×46m、また17/35が2,438m×46mで、いずれもコンクリート舗装され、ILSが設置されている。12R/30Lと12L/30Rはオープンパラレルであるが中心線間隔が1,028mしかなく、ICAO基準（1,310m）を満たしていない。また、滑走路・平行誘導路の中心線間隔は121m程度しかない（ICAO飛行場設計マニュアルでは182.5m）。第4滑走路17/35は2005年供用開始の新しい滑走路である。

(2) ターミナル1

ターミナルビルは平行滑走路の間に整備されたターミナル1と、それらの外側に配置されたターミナル2の2か所に分かれている。

ターミナル1は1962年に供用開始した主ターミナルで、当初は滑走路4/22に向けて突き出た2本のピアを有する延床面積5.6万㎡の規模であった。2本のピアは当初グリーン・コンコース、ゴールド・コンコースと命名された。その後ターミナルは70年、86年にそれぞれ増築され、その都度新しいコンコースは色の名前が付けられたが、2000年に一般の空港のようにアルファベット方式に変更されている。現在、A〜Gの7つのコンコースに分かれている。

このターミナルはオリジナルの建物から12L/30Rと12R/30Lの両方に面したコンコースが背中合わせに東方向へ増築されて来た。特に12L/30R側に面したコンコースは全長1,300mに及ぶ長い建物になっており、歩行距離を短くするため、建物に沿ってコンコース・トラムと呼ばれるピープルムーバーが運行されている。なお、コンコースBはエアサイドに島状に建設されたサテライトでありコンコースAとは地下トンネルで結ばれているが、ピープルムーバーの施設はない。飛行家チャールズ・リンドバーグにちなんでチャールズ・リンドバーグ・ターミナルと命名されている。

本ターミナルのトランジット・

ターミナル1：長く伸びているため、建物に沿ってピープルムーバーが運行

ターミナル2：主にLCCが利用

センターの地下にはライトレールの駅があり、一方向はミネアポリス市街と、もう一方向はターミナル2と連絡されている。

(3) ターミナル2

ターミナル2は当初1986年に供用開始し、2001年にリニューアルオープンしたターミナルで、コンコースHと呼ばれている。主にチャーター機やサウスウエスト航空などLCCによって利用されている。ミネソタ州選出の副大統領にちなみヒューバート・H・ハンフリー・ターミナルと命名されている。

4. 運用状況

国内線126路線、国際線29路線が就航しており、2016年における総旅客数は3,700万人にのぼる。これは世界第49位で、成田国際空港（同第48位）とほぼ同数で、かつ空港面積もほぼ同じで

あるが、旅客の9割以上を国内線旅客が占めており、ほとんどが国際線で占められる成田とは好対照をなしている。

2016年冬ダイヤからはデルタ航空が羽田との直行便を開設した。同社はミネアポリスを、日本から直行便が飛んでいないボルティモアやオーランド、コロンバスなどの中規模都市への乗り継ぎ拠点と位置づけている。

空港の運営者はメトロポリタン空港委員会（Metropolitan Airports Commission：MAC）であり、同委員会は本空港の他にミネアポリス・セントポール地域において、ビジネスジェットや地域航空のための空港など6空港をあわせて設置運営している。

また、本空港は米空軍との共用空港でもありC-130（ハーキュリーズ）輸送機の基地として使用されている。

（傍士清志）

■空港の諸元
・空港運営者：メトロポリタン空港委員会
　（Metropolitan Airports Commission：MAC）
・空港面積：1,186 ha
・滑走路（長さ×幅）：4本
　4/22　　：3,354m×46m
　12R/30L：3,048m×61m
　12L/30R：2,499m×46m
　17/35　　：2,438m×46m

■輸送実績（2016年）
・総旅客数　　37,413,728人
　国際旅客　　 2,790,185人
　国内旅客　　34,623,543人
・貨物量　　　　191,324トン
・離着陸回数　　412,872回

#079
シャーロット・ダグラス国際空港（アメリカ合衆国・シャーロット）

Charlotte Douglas International Airport

KCLT/CLT

町の名の由来から「クイーン・シティー」の愛称をもつ、屈指の金融センター都市の空港

1. 概要

シャーロットは、ノースカロライナ州南西部に位置する同州最大の都市である。市の人口は73万人であるが、周辺部を含む都市圏人口は240万人を超える。バンク・オブ・アメリカが本社を置く全米屈指の金融センターである。

シャーロット・ダグラス国際空港は市の中心部から西へ7kmに位置する利便性の高い都市型空港で、民間航空機と空軍が滑走路を共用する軍民共用空港でもある。

2. 沿革

本空港は1936年にシャーロット市営空港として開港し、イースタン航空（91年破綻）が就航した。41年には軍の管理下に置かれ、アメリカ第3の対潜哨戒機の基地となった。

終戦後の1954年には延床面積6,500㎡の新ターミナルビルが供用開始し、あわせてかつての市長ベン・エルバート・ダグラスの名にちなんでダグラス市営空港と改名された。

1978年に施行された規制緩和法（Airline Deregulation Act）を契機として、その後2年間で航空旅客数は2倍になるなど、航空需要が急増したことから、これに対応するため平行滑走路（現18C/36C）や新しいターミナルビルが新設された。その後も航空需要は増加を続けたため、82年には3万㎡の新ターミナルが新設され、その際、現在のシャーロット・ダグラス国際空港に再度名称変更されている。

2007年に策定された「CLT

空港全体図：滑走路18R/36Lと18C/36C間に4本目の平行滑走路（3,658m）の建設計画がある

旅客ターミナル地域：ターミナル本館からコンコースが五指のように伸びる。最大のコンコースEでは、主に小型ジェットが運航

2015」計画（CLTは本空港のIATAコード）に基づき、空港西側に用地が拡張され、10年、3本目のオープンパラレル滑走路となる2,743mの第4滑走路が供用開始している（その際、従来の18R/36Lは18C/36C名称変更された）。

3. 施設

(1) 滑走路

滑走路は全部で4本あり、18L/36Rは長さ2,644m×幅46m、アスファルト舗装で、南端部はコンクリート舗装である。18C/36Cは長さ3,048m×幅46m、18R/36Lは2,743m×46mであり、いずれもコンクリート舗装で、両滑走路とも高速脱出誘導路が設置されている。また5/23は長さ2,287m×幅46mで、アスファルト舗装であり、両端部がコンクリート舗装である。4本の滑走路ともにILSが設置されている。平行に配置された3本は相互にオープンパラレルであり、18L/36Rと18C/36Cの離隔距離は1,520m、18R/36Lと18C/36Cは1,310mである。

(2) コンコース A

ターミナルは本館から、A〜Eの5本のピア（コンコース）が伸びた一体建物であり、空港需要の拡大とともに増築が繰り返されて現在に至っている。

1986年にオープンしたコンコースAは12の固定ゲートを有し、デルタ航空やサウスウエストなどが利用している。本空港をハブとしているアメリカン航空（旧USエアウェイズ）が使わない唯一のコンコースでもある。コンコースAをさらに北側に延伸するプロジェクト（コンコースAノース）が2016年に事業着手されている。18年春に第1期事業として9ゲートが供用開始予定であり、20年には第2期事業として更に16ゲートが追加整備される予定である。

(3) コンコース B/C

本館部からほぼ左右対称に伸びたB/Cコンコースは1982年にオープンした古いターミナルで、コンコースBは16ゲート、コンコースCは18ゲートの固定ゲートを有する。

Bはすべてアメリカン航空が利用しており、Cもアメリカン航空がメインユーザーである。

(4) コンコース D

1990年に建設されたこのコンコースは13ゲートを有する国際線用コンコースで、アメリカン航空の他、ルフトハンザドイツ航空にも利用されている。

(5) コンコース E

2002年に供用開始したこのコンコースは38ゲートを有する当空港最大のコンコースで、1日340便の取り扱いがある。アメリカン航空の地域航空会社であるアメリカン・イーグル航空が独占使用しており、主に100席以下のボンバルディアやエンブラエルの小型ジェットが利用している。

4. 運用状況

本空港は、年間旅客数が4,400万人（2016年）に達する巨大空港で、全米11位（世界31位）にランクする。また、発着回数は

55万回（同）で全米第6位（世界第7位）のビジー空港である。2015年時点で154都市とのネットワークが形成されているが、とりわけカリブ海諸国との路線が充実しており、中米へのゲートウェイ機能を果たしている。西ヨーロッパ主要都市とのネットワークも充実している一方で、アジアへの直行便を持たないため、日本での知名度は高くないが、アジア便のない空港としては全米最大規模の空港である。かつてはUSエアウェイズの全米最大ハブ空港であったが、同社がアメリカン航空に完全統合された2013年以降は、アメリカン航空のダラス・フォートワース国際空港に次ぐ全米第2のハブとなっている。

5. 将来計画

「CLT 2015」に続く空港の将来計画として2035年を目指した空港計画"Destination CLT"が13年に策定された。事業総額25億ドル（日本円にして3,000億円弱）に上ると見込まれるこの計画には、前述のターミナルビルの北側へ拡張する「コンコースAノース」や、24年までにコンコースCを延伸して10〜12ゲートを追加し、その後26年までにコンコースBを延伸して8〜10ゲートを追加する計画も含まれている。また、本空港で最長となる3,658mの第5滑走路を18C/36Cと18R/36Lの間に建設することも計画に盛り込まれており、早ければ20年までに着工されるという。

なお、空港整備の財源として、旅客1人当たり3ドルのPFC（passenger facility charge： 旅客施設使用料）がすべての旅客から徴収されている。

（傍士清志）

■空港の諸元
・空港運営者：シャーロット市航空部（Charlotte Aviation Department）
・滑走路（長さ×幅）：4本
　18L/36R：2,644m × 46m
　18C/36C：3,048m × 46m
　18R/36L：2,743m × 46m
　5/23　　：2,287m × 46m

■輸送実績（2016年）
・総旅客数　　44,422,022人
　国際旅客　　3,111,398人
　国内旅客　41,310,624人
・貨物量　　　154,478トン
・離着陸回数　545,742回

column 05

航空灯火のLED化

（干山善幸）

街路灯、鉄道車両・航空機内灯、車のヘッドライトなど、我々の身の回りの照明器具が次々LED化されてきているが、航空灯火の分野でも、この動きが加速している。わが国では、まずは光度（明るさ）が低い地上走行用の誘導路灯（航空青、2カンデラ以上）や誘導路中心線灯（航空緑、200カンデラ以上）について2009年から順次LEDが導入されてきた。一方、航空機の着陸誘導に必要となる進入灯や滑走路灯は、地上用走行用の灯火に比べて、非常に高い光度が求められ、中でも進入灯は、昼間でも視程が5,000m以下となった場合に点灯され、その際に7.2km先から視認できるよう、2万カンデラ以上という高光度が求められている（滑走路灯は1万カンデラ以上）。

こうした高光度LED型灯器の実用化に向け、2010年に航空局、電気設備学会、成田国際空港㈱、メーカー、設計会社等による委員会が組織され、研究開発が進められた。2015年には開発された試作灯器が、那覇空港及び新千歳空港に一定期間設置され、所定の性能を満たしていることが確認された。これを受けてメーカーによる実用灯器が製造され、2016年9月に航空局の承認がなされることで、実用化の道が開かれた。

今後、こうした高光度LED型灯器は、羽田空港において新たに設置される北側精密進入灯火、及び、那覇空港の増設滑走路に導入される計画である。特に、那覇空港では、進入灯から滑走路灯火までのすべての航空灯火がLED化されるわが国で最初の事例となる。

ハーツフィールド・ジャクソン・アトランタ国際空港（アメリカ合衆国・アトランタ）

Hartsfield-Jackson Atlanta International Airport

KATL/ATL

並列した複数の線型サテライトを地下で連結するターミナルの先駆者。世界最大 1 億人の旅客が利用

1. 沿革と概要

アトランタ市は、アメリカ合衆国東南部・ジョージア州の州都で、人口約42万人の都市である。1961年の企業誘致キャンペーンの効果もあり、コカ・コーラ、デルタ航空、CNNなど多数の大企業が本社を置く。アメリカ合衆国南部の商業・経済の中心地としての役割を担っている。90年には、96年夏季オリンピックの開催地に選定され、市の公園、スポーツ施設、交通網の整備など、大規模な建設プロジェクトが進んだ。

アトランタ空港は、アトランタ市中心部の南16kmに位置する。アメリカ合衆国人口の約80%が2時間フライト圏内にあるという、立地において優位な空港であり、デルタ航空のハブ空港である。また、本空港はジョージア州のなかで最も大きい雇用を生む施設であり、航空会社、地上交通、店舗所有者、警備員、連邦政府、アトランタ、空港テナント従業員など、6.3万人以上が働いている。

その歴史は古く、1925年に約116haのオートレース場跡地を利用し、キャンドラー飛行場として開港したことに始まる。翌26年にはフロリダ航空がメール便を運航し、30年にはデルタ・エアサービス（後のデルタ航空）が初の旅客便の運航を始めた。39年には初の管制塔が供用され、40年の第二次世界大戦中は空軍基地となったことで、規模が約2倍に拡大することとなった。57年には新ターミナルが供用し、年間旅客数200万人を超え、全米一の空港になった。80年には、世界で

空港全体図：5本の平行滑走路と直角に配置された7つのコンコースで構成されるターミナル

最も多くの旅客取扱数を誇る新空港施設（旅客数5,500万人対応）が、84年には、第4滑走路が供用を開始した。94年、アトランタ・オリンピックを前に新国際線コンコースEが供用した。2006年、第5滑走路が供用し、12年にはメイナード・H・ジャクソン・ジュニア国際線ターミナル及びコンコースFが供用した。

開港時の名称であるキャンドラー飛行場は、コカ・コーラ王として知られるアサ・キャンドラー一族が所有していたことに由来する。その後、ウィリアム・B・ハーツフィールド・アトランタ空港、同国際空港という名称を経て、2003年に現在のハーツフィールド・ジャクソン・アトランタ国際空港となった。この名称の由来は、アトランタ空港の発展に寄与した、ウィリアム・B・ハーツフィールドとメイナード・H・ジャクソンという2人の元市長である。

2. 施設

(1) ミッドフィールド方式コンセプト

1957年（1958年の説もある）にフィンガー方式のターミナルビルが供用開始したが、増大する航空需要に対応するため、64年から67年にかけ、アトランタ地域開発委員会（ARMPC）はターミナルエリアを大きく移転・拡張する初のマスタープランを策定し、80年にこれに基づく初のミッドフィールド方式（リモートサテライト・コンセプト）のターミナルが供用した。

このターミナルコンセプトの決定に際しては、①急増する航空需要、②膨大な航空機発着回数、③約65%（当時）という高い乗継旅客比率という3つの課題に対応する必要があった。①に対応するためには、ターミナルビルの拡張余地が十分にあり、さらに空港の機能に支障なく容易に拡張可能なコンセプトでなければならない。②に対応するためには、滑走路の独立運用ができる必要があり、また、航空機動線も単純で短く、スポット数も多く、かつ空港の機能に支障なく容易に拡張可能でなければならない。③に対応するためには、①によりプロセシング・エリアの面積は広くなっても、乗継旅客の移動距離（特に歩行距離）は最小限でかつ動線も単純でなければならない。これらにより、ターミナルコンセプトは世界初、一層式のミッドフィールド・タイプで、直線的なコンコース・ビルを平行して並べる形式となった。

この方式は、その後ミュンヘン2、シカゴのオヘアターミナル1、デンバー空港等で採用された。

このコンセプトにより、東側にコンコースとAPM（全自動無人運転車両システム）を延長することで、既存施設の運用に影響なく拡張することが可能となった。

また、1996年から99年にかけては、マスタープラン1999が策定され、これにより、第5滑走路（10/28）、レンタカーセンター、及び多くのエプロンやターミナル・プロジェクトが生まれ、2012年にはこのプランの最終プロジェクトであったメイナード・H・ジャクソン・ジュニア国際線ターミナルが供用した。

さらに2015年には、31年を見据えたマスタープランが策定され、アメリカ連邦航空局（FAA）によって承認されている。

(2) 滑走路

滑走路は、旅客ターミナル区域をはさんで南側と北側に、東西に伸びる5本の平行滑走路がある。北側は8L/26R（長さ2,743m×幅46m）と8R/26L（3,048m×46m）の2本（中心線間305m）、南側は9L/27R（3,776m×46m）と9R/27L（2,743m×46m）の2本（中心線間隔320m）、その更に南側に2006年に供用した10/28（2,743m×46m）がある。9R/27Lと10/28との間は1,280mであり、オープンパラレルの配置基準（1,310m）を満たしていない。

すべての滑走路はコンクリート舗装であり、設計対象機種グループV（ADG：Airplane Design GroupのB747、B787、B777、A340、A330などの大型ジェット機）に適応させるように設計された。さらに9L/27Rと9R/27Lは、ADG VIの航空機（A380）にも対応している。

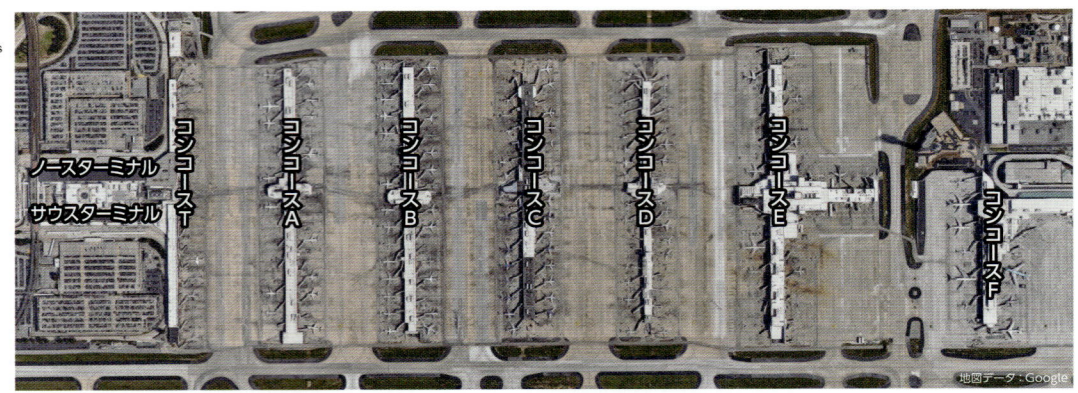

ノースターミナル サウスターミナル コンコースT コンコースA コンコースB コンコースC コンコースD コンコースE コンコースF

地図データ：Google

旅客ターミナル地域：ターミナル本館と7つのコンコースをつなぐ地下のAPMが2分間隔で運行

内側の8R/26L、9L/27Rは主に出発用、外側の8L/26R、9R/27L、10/28は主に到着用として使用され、外側滑走路のうち8L/26R、9R/27Lはアメリカ合衆国で初のカテゴリーⅢbの着陸が可能なILS設備を備えている。また、滑走路9/27のセットと滑走路8/26のセットは、中心線間隔は1,340mで互いの離着陸に影響されない独立運用が可能なオープンパラレル配置である。

航空需要予測によると、2030年頃には、特に悪天時において離着陸地域施設の能力が不足するとされている。

（3）旅客ターミナル

旅客ターミナルビルは、延床面積52.6万㎡の広さがあり、ノースターミナルとサウスターミナルからなる国内線ターミナル、国際線ターミナル及びT、A、B、C、D、E、Fのコンコースからなる。コンコースには、167の国内線ゲート

と40の国際線ゲートの計207のゲートがある。

ターミナルの地下では、APMが国内線及び国際線ターミナルとすべてのコンコースをつないでいる。このシステムは4両編成、11台の車両により4.8kmの距離を運行している。2分毎に運転され、平均して、1日あたり約20万人以上の乗客を運んでいる。

以前は、国際線到着旅客は、手荷物引渡所で手荷物を受け取った後、再度手荷物検査を受けて空港保安エリアに入る必要があるという不便さがあったが、このシステムにより、アトランタを目的地とする国際線到着旅客は国際線ターミナルからレンタカーセンターまで直通で移動することが可能となった。

（4）その他のターミナル施設

貨物ターミナル、整備場、機内食工場他、航空機の運用を支える施設は、空港の北側、及び国際

線ターミナル、滑走路9R/27Lと10/28の東に沿って位置する。

管制塔は、121mあり、北米で最も高く、世界でも4番目に高い。

3. 運用状況

1998年に年間旅客数が世界最多の空港となってから、18年間連続でその地位を維持し続けている。2015年には年間旅客数が1億149万人と、世界初の1億人超えを記録し、16年には1億417万人とさらに増加した。1日あたり平均約28.5万人以上の旅客を取り扱っている計算になる。また、05年には年間離着陸回数においても世界最多の空港となり（以降もシカゴ・オヘア国際空港と首位争いを続けている）、2016年の年間離着陸回数は90万回、1日に約2,500回もの離着陸がある。

現在、世界50か国、75以上の空港またアメリカ合衆国内150空港への便を運航している。

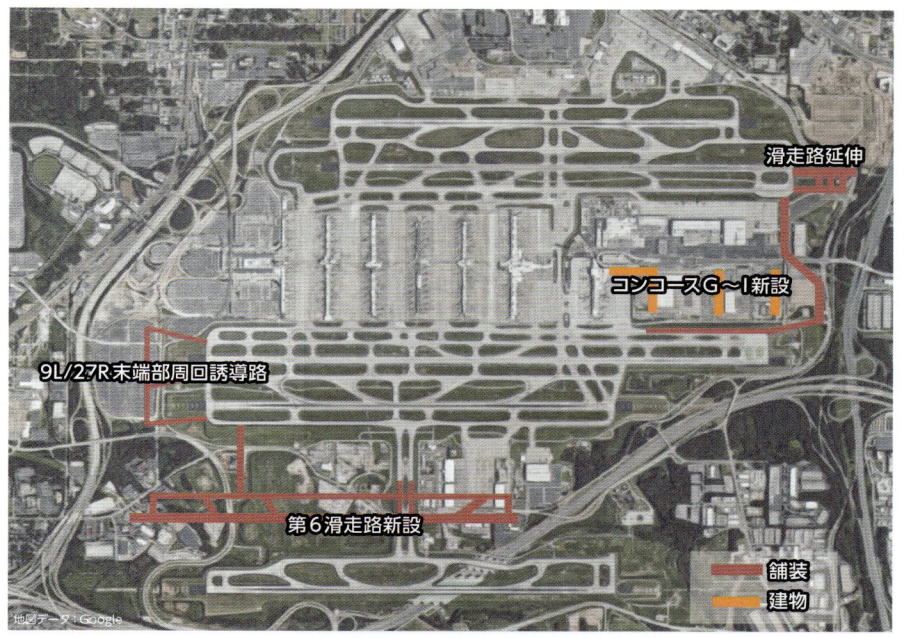

マスタープラン2015：2021年までの短期計画、2031年までの長期計画で構成

空港へのアクセスは、バス、タクシーの他、アトランタ都市交通局が運営する鉄道（MARTA）を利用することができる。

空港の設置者はアトランタ市であり、市の航空部が運営を行っている。

4. 将来計画

2015年3月、11年から作成を始めたマスタープラン2015が完成した。このマスタープランは、21年を見据えた短期計画と、31年までの長期計画で構成されている。

短期計画としては、8R/26Lの約366メートル延伸（建設費：約137億円）、9L/27R末端部周回誘導路の整備（建設費：約62億円）、コンコースGの整備（建設費：約904億円）、駐車場施設の拡張、南貨物ターミナルEの拡張（建設費：約128億円）などが挙げられている。

長期計画としては、第6滑走路の建設（建設費：約1,123億円）、9R/27L末端部周回誘導路の整備（建設費：約36億円）、コンコースH及びIの整備（建設費：約1,147億円）などが挙げられている。

これらすべてを実施するための総建設費は、約9,000億円になる。

（成田国際空港㈱）

■空港の諸元
・空港運営者：アトランタ市航空局
・空港面積：1,902ha
・滑走路（長さ×幅）：5本
　8L/26R：2,743m × 46m
　8R/26L：3,048m × 46m
　9L/27R：3,776m × 46m
　9R/27L：2,743m × 46m
　10/28　：2,743m × 46m

■輸送実績（2016年）
・総旅客数　104,171,935人
　国際旅客　11,475,615人
　国内旅客　92,696,320人
・貨物量　　648,595トン
・離着陸回数　898,356回

#081
オーランド国際空港 （アメリカ合衆国・オーランド）

Orlando International Airport

KMCO/MCO

世界最大のアミューズメント・リゾート施設 WDW と USF へのゲートウェイ空港

1. 沿革と概要

　オーランド国際空港はフロリダ州中部のオーランド市街地の東南10kmに位置する国際空港である。オーランド市都市圏には、オーランド・サンフォード国際空港があり、こちらも4本の滑走路を有し、年間30万回近くの発着を扱うが、小型機中心であり、オーランド都市圏では本空港が最大の拠点空港となっている。また、本空港は世界最大のアミューズメント・リゾートである「ウォルト・ディズニー・ワールド・リゾート（WDW）や「ユニバーサル・スタジオ・フロリダ（USF）」へのゲートウェイ機能を果たすリゾート空港の性格を有する。

　オーランド国際空港の歴史は、1950年代に空軍基地がおかれたことに始まる。その後キューバ危機、ベトナム戦争などにおいて基地機能を発揮し、73年まで米軍の使用が継続された。

　民間航空が同飛行場を共用し始めたのはB707やDC-8などの第1世代のジェット機が登場した1960年代初頭である。既存の飛行場（現在のオーランド・エグゼクティブ空港（Orlando Executive Airport）は市街地に近く、ジェット機に対応できる長い滑走路を建設する拡張余地がなかったため、61年にオーランド市と米空軍は飛行場を共同使用する協定を締結し、民航機の就航が開始された。この協定や米軍施設の移転補償を市が行った例などは、その後の米国における飛行場の軍民共同使用のモデルケースとなったといわれている。

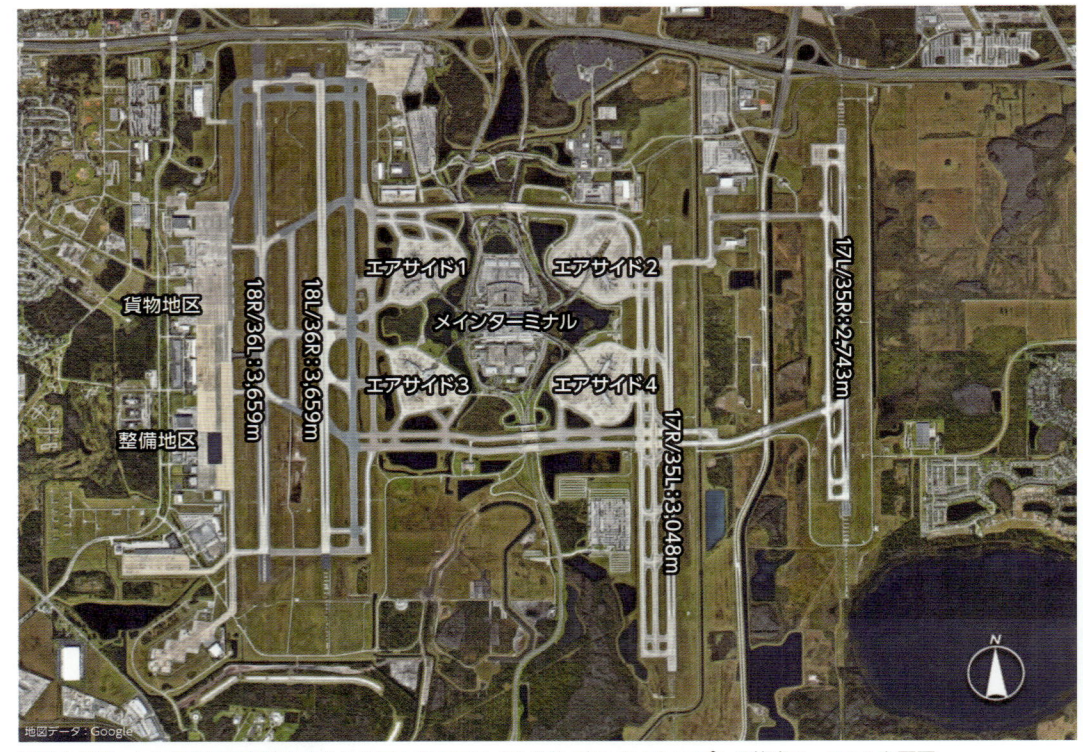

空港全体図：4本の平行滑走路の中心地に巨大なエアサイド／ランドサイトコンセプトの旅客ターミナルを配置

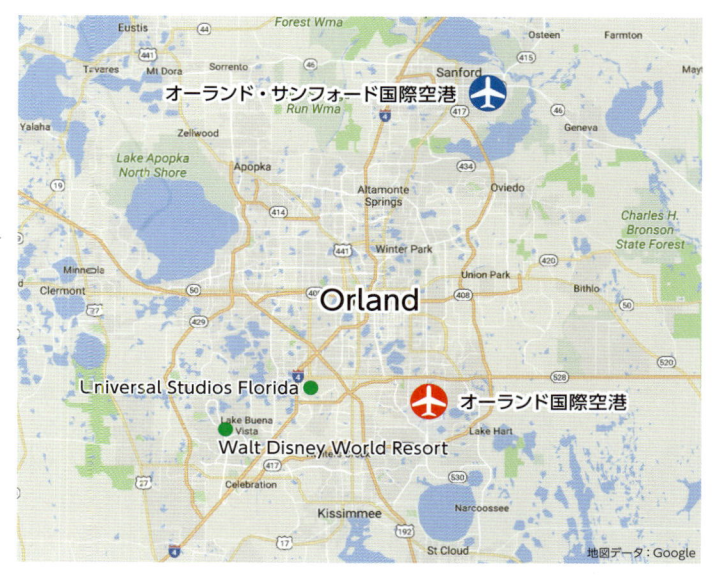

オーランドの空港分布：サンフォード空港は小型機を中心に運航

米軍基地は1975年に閉鎖され、同年に市の出資により設立された広域オーランド航空公団（Greater Orlando Aviation Authority）の運営となった。名称を「オーランド国際空港」としたのは1年後の76年のことである。なお同公団は、ジェネラルアビエーション用であるオーランド・エグゼクティブ空港も運営している。

2. 施設

滑走路は、空港中央部のターミナルエリアを挟んで、西側に南北方向のクロースパラレルの2本の滑走路（18L/36R：長さ3,659m×幅61m、コンクリート舗装と18R/36L：3,659m×61m、コンクリート一部アスファルト舗装）と東側にオープンパラレル配置の3本目の滑走路（17R/35L：3,048m×46m、コンクリート舗装）があり、さらにその東側に、3本の滑走路に対してオープンパラレル配置の4本目の滑走路（17L/35R：2,743m×46m、コンクリート舗装）が設置されている。3本目の滑走路は1989年、4本目の2003年に完成した。すべての滑走路にILSと高速脱出誘導路が設置されている。

旅客ターミナルは、出発到着手続きなどを行うランドサイド・ターミナル（ターミナル本館）と搭乗・待合機能を持つ4つのエアサイド・ターミナル（3本のピアをT字形に組み合わせたサテライト）で構成されており、エアサイド/ランドサイド形式とも呼ばれる典型的なサテライト・コンセプトとなっている。

ランドサイド・ターミナルとエアサイド1と3は1981年に完成し、エアサイド4は90年に開設され、国際線用コンコースが置かれた。また、エアサイド2は2000年に完成し、ノースターミナルコンプレックスと呼ばれている。

ターミナル本館は、北側のターミナルAと南側のターミナルBに分かれており、それぞれチェックイン、バゲージクレームなどが設置されている。ターミナルAはエアサイド1と3、ターミナルBはエアサイド2と4に繋がっており、それぞれが高架式のピープルムーバー（自動運転の軌道システム）で結ばれている。4つのエアサイド・ビルには計92ゲートが設置されている。

ターミナルビルの建築デザインは、有名な観光地であるディズニーワールドやユニバーサルスタジオの玄関口を体現し、フロリダらしく陽光降り注ぐ緑豊かな明るい雰囲気を作りだし、旅行客の高揚した気分を盛り上げている。また、ピープルムーバー駅舎、通路などはネオン等により未来イメージを演出している。

3. 運用状況

同空港はシルバー・エアウェイズ（Silver Airways）のハブ空港

航しており、2016年の年間旅客数は4,200万人に達する。

4. 将来計画

　本空港では、ターミナル本館の1.6km南側に空港南複合ターミナル（South Airport Intermodal Terminal）と呼ばれる新ターミナル駅が建設中で、フロリダ東海岸鉄道経由でオーランド国際空港とマイアミ市内を結ぶ計画である。

　また、現ターミナルのすぐ南側に新しいサウスターミナルコンプレックス（STC: South Terminal Complex）を建設する計画がある。将来のターミナルCとなる新ビルは延床面積約25万㎡で16〜24のゲートが設置される計画で、2017年中に着工、19年の供用開始を目指している。両ターミナルは相互に近い位置にあり、それぞれ現ターミナルとの間を新しいピープルムーバーで結ぶ計画である。

（成田国際空港㈱）

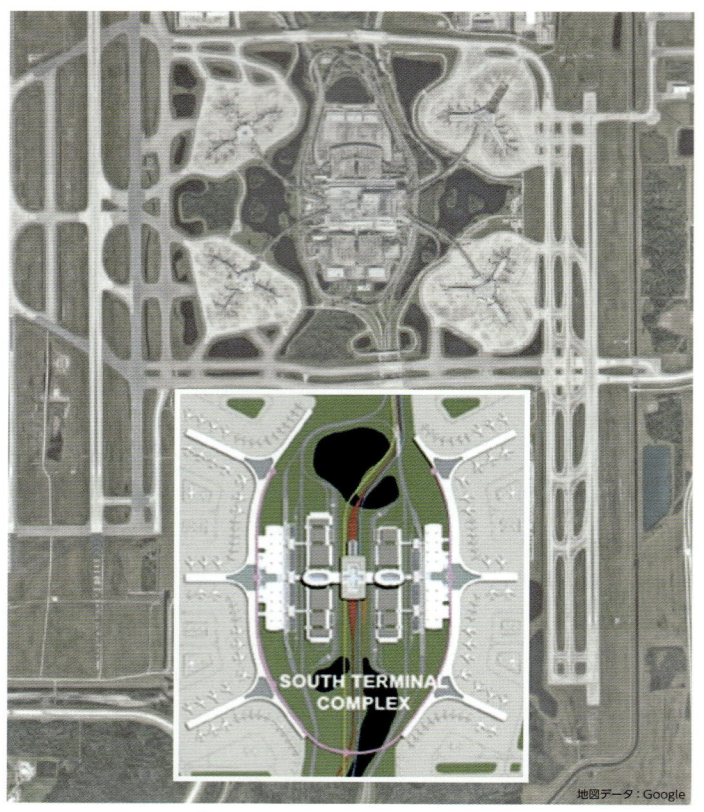

地図データ：Google

サウスターミナルコンプレックス：現況に計画図を合成

であり、フロンティア・エアライン（Frontier Airlines）、ジェットブルー航空（JetBlue Airways）、サウスウエスト・エアラインズ（Southwest Airlines）などが運航の拠点を置く。

　なかでもサウスウエスト・エアラインズが最大の航空会社である。外国社にとっても重要なフロリダ州の玄関口である。

　マイアミ国際空港に続く同州第2位のビジーな空港で、約50社の航空会社が約200の都市に就

■空港の諸元
- 空港運営者：広域オーランド航空公団（Greater Orlando Aviation Authority）
- 空港面積：5,869ha
- 滑走路（長さ×幅）：4本
  17L/35R：2,743m × 46m
  17R/35L：3,048m × 46m
  18L/36R：3,659m × 61m
  18R/36L：3,659m × 61m

■輸送実績（2016年）
- 総旅客数　　41,923,399人
  国際旅客　　5,592,710人
  国内旅客　36,330,689人
- 貨物量　　　209,052トン
  離着陸回数　316,981回

#082
タンパ国際空港 <small>（アメリカ合衆国・タンパ）</small>

Tampa International Airport

TPA/KTPA

「エアサイド / ランドサイド・ターミナル」と無人運転のピープルムーバーの導入は世界初

1. 沿革と概要

タンパ国際空港は米国南部のフロリダ州タンパ市の中心部の西8kmに位置する。

タンパ市は、民間航空発祥の地とされる。1914年にタンパ湾岸のタンパとサン・ピータースバーグ（Tampa-St.Petersburg）間に民間航空機が初就航したという。米国でライト兄弟が動力機による飛行に初めて成功したのが03年のことであるから、早くもその11年後に商用フライトがこの地で実現したということであり、当地は進取気鋭の地に違いない。

タンパでは、その後、第二次世界大戦前後を通して民間航空路線が維持されたが、近代的な空港の歴史は1950年にドリュー・フィールド（Drew Field）の地に建設された空港に国際定期便が就航し、「タンパ国際空港」と命名されたことに始まる。52年には、2番目のターミナルがオープンした。60年からジェット機の就航が始まり、61年には狭隘化したターミナルビルが拡張された。60年代初頭から空港当局により、ターミナルを空港内の別の場所へ移転・新設する計画の検討が始まったが、ここでもこの計画にタンパの地の進取性が大きく反映されることとなった。この空港計画は、2本の平行な滑走路の間のエリアにターミナル地域を展開し、ターミナルは中央のメインビルとその周囲に六角形状に6つのサテライトを配置し、その間をピープルムーバーと呼ばれる自動運転軌道システムで結ぶというコンセプト（ランドサイド / エアサイド・コンセプト：Landside/Airside Concept）であり、世界で初めて採用された。これは60年代後半の先駆的なコンセプトである。また、ピープルムーバーの無人完全自動運転もタンパが最初である。

1970年代には広胴型ジェット機による大量輸送の時代に入り、ノースウエスト航空とナショナル航空がB747とDC-10、イースタン航空がL-1011を就航させた。

当空港は、空港が所在するヒルズボロ郡航空公団（Hillsborough County Aviation Authority）が運営にあたっている。

2. 施設

空港面積は1,300ha、海抜8mの地に展開されている。滑走路は3本で、南北方向にオープンパラレルに配置された 1L/19R（長さ3,353m×幅46m）と1R/19L（2,530m×46m）とそれらに直交する東西方向の滑走路10/28（2,133m×46m）で構成されている。1L/19Rと1R/19LにはILSが設置されており、1L/19Rには高速脱出誘導路も備えている。1L/19Rと1R/19Lの滑走路と平

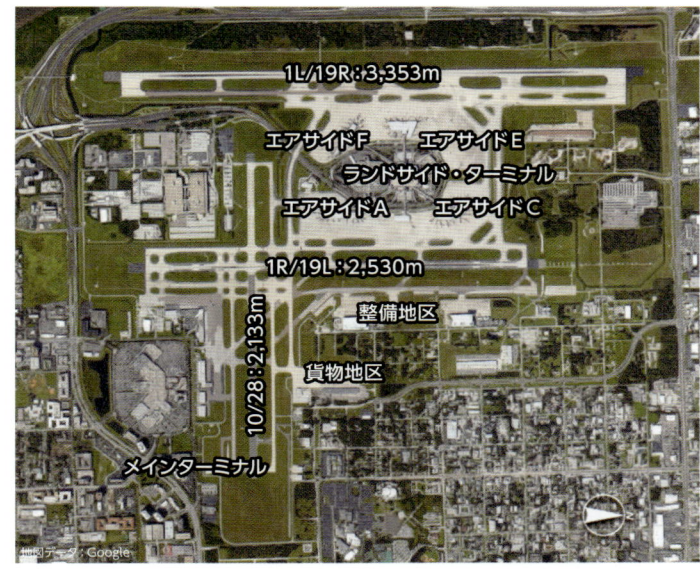

1L/19R：3,353m
エアサイドF　エアサイドE
ランドサイド・ターミナル
エアサイドA　エアサイドC
1R/19L：2,530m
10/28：2,133m
整備地区
貨物地区
メインターミナル
地図データ：Google

空港全体図：2本のオープンパラレル滑走路の間にエアサイド／ランドサイド方式の旅客ターミナルを配置

224

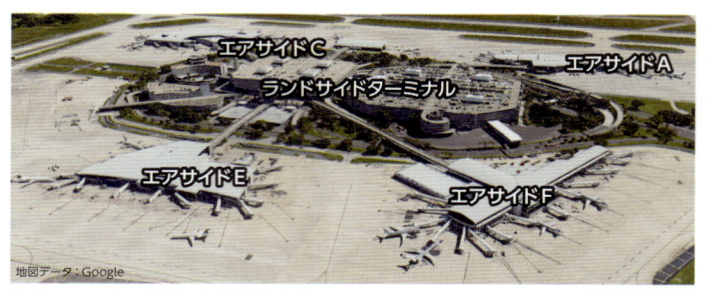

旅客ターミナル地域：歩行限界距離の設定やカラーコードの採用など、様々な工夫を凝らす

地図データ：Google

行誘導路との離隔距離が120mと狭く、ICAO基準を満たしていない。舗装は、1L/19Rがコンクリート、他はコンクリート一部アスファルトである。

　ターミナルビルは、1968年に着工、71年に完成した。その後80年代から90年代にかけて大規模に継続的に改修された。これには、91年にはイースタン航空の破綻によりエアサイドBをクローズ、96年にエアサイドCとDを改修、ウエスチングハウス社のピープルムーバー車両からボンバルディア製への更新、エアサイドEの建替えなどが含まれる。また、ランドサイド・ターミナルは2013年に大規模な改修が行われた。なお、ターミナルDは取り壊され、Bの建物は使用されておらず、現在のターミナルはすべて1985年以降の建築となっている。

　現在使用されているエアサイドはA、C、E、とFで62ゲートある。ランドサイド・ターミナルは、バゲージ取扱とチェックイン機能をもち、1Fは到着手荷物取扱、2Fはすべての発券・搭乗手続き、3Fはトランジット客向け設備とシャトルのエアサイド駅、ショップなどが配置されている。付随する4つのエアサイド・サテライトで、

搭乗・降機を行う。

　このターミナルでは、最初は歩行距離限界を210mと設定したが、エアサイド・ビルが大規模化したため限界が300mに変更された。この300mはわが国で現在空港計画上の1つの目標値となっている。

　またターミナルビルのデザインにおいても、グラフィックスとサイン・システムに工夫があり、施設を色別で示すカラーコードを採用した初めての空港である。

　タンパ空港は、同じフロリダ州にあるオーランド国際空港とよく比較される、メインビルとサテライトで構成するコンセプトが共通であるが、ディズニーランドの玄関口として明るく陽光降り注ぐオーランドに対し、タンパは照明を抑えた落ち着きのあるインテリアで独自の雰囲気を醸し出している。

3. 運用状況と将来計画

　当空港は、20以上のメジャー・エアラインと4つのローカル・エアライン、2つのカーゴ・エアラインが就航する。ローカルのうち3社はメジャーの傘下にあるが、シルバー・エアウェイズ（Silver Airways）は独立系で当空港をハブ空港としている。2016年の年間旅客数の実績は1,900万人、北米で29位の空港であり、就航中のエアラインではサウスウエスト航空（Southwest Airline）が最大の旅客数で、1日84便、85路線の直行便を就航させている。

　将来的には、年間旅客数2,500万人の容量にすることを目指して施設の改良を実施中である。さらに長期的には、横風用の新滑走路の建設や新ランドサイド・ターミナルを現ターミナルの北側に建設することなどを含めて、2025年までに年5,000万人に対応できる空港計画が検討されたが、米国経済と米国エアラインの見通しが不透明なことから実施時期は明らかとなっていない。

（岩見宣治）

■空港の諸元
- 空港運営者：ヒルズボロ郡航空公団（Hillsborough County Aviation Authority）
- 空港面積：1,300ha
- 滑走路（長さ×幅）：3本
  - 10/28：2,133m × 46m
  - 1R/19L：2,530m × 46m
  - 1L/19R：3,353m × 46m

■輸送実績（2016年）
- 総旅客数　　18,931,922人
  - 国際旅客　　　851,490人
  - 国内旅客　18,080,432人
- 貨物量　　　119,954トン
- 離着陸回数　　189,596回

#083
マイアミ国際空港（アメリカ合衆国・マイアミ）
Miami International Airport

KMIA/MIA

フロリダ半島の最南端に位置する世界的観光・保養都市マイアミの空の玄関

1. 沿革と概要

マイアミ国際空港は、大西洋に突き出した米国南東部フロリダ半島の最南端にあり、マイアミ市中心部の西11kmに位置している。本空港は1928年に旧パンアメリカン航空が低木の生い茂った土地を買い取り、空港を建設、運用を開始したことに始まる。同社が定期便を就航させたのは同年9月、正式な開港は翌29年1月である。この時に建設されたターミナルビルは、出発・到着の待合室、CIQ施設、レストラン、事務所などを備えたもので、小屋掛けの貧弱な設備が一般的であった米国において初めての近代的なターミナルであった。

1949年には、近接する旧陸軍飛行場を取得・併合して、名称が「マイアミ国際空港」に改められ

photo / Florida Photographic Collection

キーウエスト・ターミナル：パンアメリカン航空が初めて建設（1930年頃）

た。59年には新ターミナルが建設され、ほぼ現在の原型が形成された。以降、当空港はその立地条件を活かして、北米とラテンアメリカ及びカリブ海沿岸諸国とを結ぶハブ空港として成長を続けてきた。今日ではフロリダ州域経済に年間約34億ドルの経済効果をもたらす重要な役割を担っている。

当空港は、マイアミ・デイド郡の所有であり、マイアミ・デイド郡航空局が運営している。

2. 施設

マイアミ国際空港の総敷地面積は1,307haであり、東京国際空港（1,522ha）と成田国際空港（1,090ha）との中間程度の規模である。

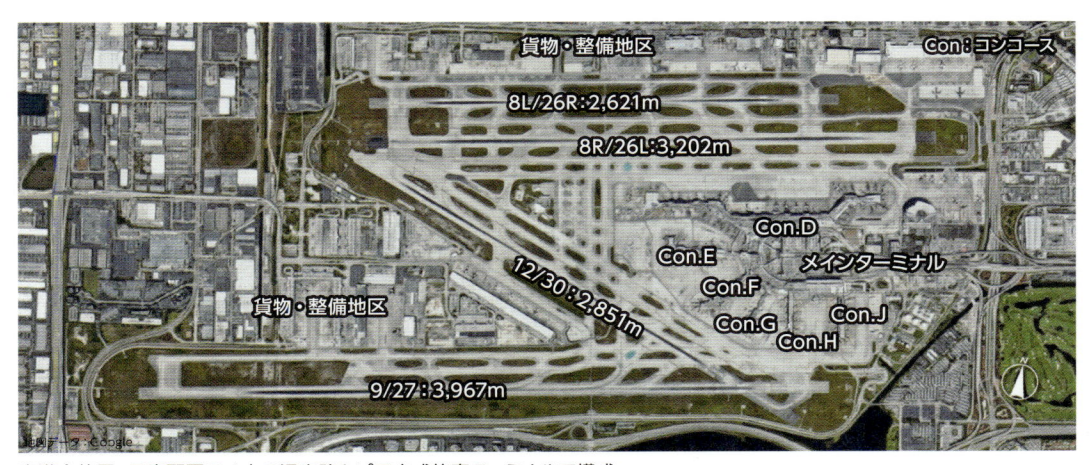

空港全体図：Z字配置の4本の滑走路とピア方式旅客ターミナルで構成

滑走路は、東西方向のクロースパラレルの滑走路2本（8L/26R：長さ2,621m×幅46m　と8R/26L：3,202m×61m）とこれに平行するオープンパラレル滑走路1本（9/27：3,967m×46m）の3本に加えて、これらに約30°の角度で交差する横風用滑走路（12/30：2,851m×46m）の4本がある。その結果、滑走路がZ字形に交わる珍しい配置計画となっている。滑走路はすべてアスファルト舗装で、ILSと高速脱出誘導路を備えている。

Z字形の滑走路に挟まれた東側の三角地が旅客ターミナルエリア、西側の三角地が貨物施設と格納庫等の立地エリアとなっている。

旅客ターミナルビルはセントラル・ターミナルを中心にノースターミナル及びサウスターミナルを増築した形である。ノースターミナルには左右に伸びるピア（コンコースD）、セントラル・ターミナルは一部にサテライトを備えた3本のピア（コンコースE、F、G）、サウスターミナルには2本のピア（コンコースH・J）が設置されている。

旅客ターミナルビルは総面積74万㎡で、104の国際線用ゲートと26の国内線用ゲート、645のチケットカウンターがあり、その旅客処理能力は毎時7,400人に上る。

またマイアミ国際空港は、ラテンアメリカ及びカリブ海沿岸諸国と欧州間の貨物ハブを担っており、世界第10位の貨物取扱量を誇る。貨物施設は計18棟、総面積は約32万㎡である、貨物用スポットとしてコモンユース・スポットが41スポット、各貨物事業者へのリース・スポットが31スポットある。

空港内には260室のホテルが併設されているほか、24時間係員が対応している駐車場（駐車可能台数8,000台）や16のレンタカー会社を集約させた拠点としてレンタカーセンター（RCC）を整備することで、利用者の利便性向上に寄与している。RCCとマイアミ空港とはMIAムーバーと呼ばれるエアポート・ピープルムーバー（APM）で接続されており、その輸送能力は1時間当たり3,000人である。

3. 運用状況

マイアミ国際空港はアメリカン航空及びチリのフラッグキャリアであるラン航空のハブ空港であり、2016年における運用実績は旅客数が4,500万人、発着回数が41万回であった。フロリダ州訪問者の70％が利用する北米を代表する大空港である。就航航空会社は米国航空会社39社、海外航空会社63社の計102社であった。また国内52都市、海外98都市の計150都市に直行便ネットワークを有し、国際貨物取扱量で全米1位、国際線旅客数ではジョン・F・ケネディ国際空港、ロサンゼルス国際空港に次いで同3位に位置する。

4. 将来計画

近々の計画としては、空港アクセス利便性向上を目的として、空港直近に鉄道駅・ライトレール駅・バスターミナル・レンタカーの4施設を集約したマイアミ・インターモーダル・センター（MIC）の整備を予定している。また将来的な航空旅客の増加を見込み、2030年までにセントラル・ターミナル（コンコースE、F、G）の増築を行う計画がある。

（成田国際空港㈱）

■空港の諸元
・空港運営者：マイアミ・デイド郡航空局
　（Miami-Dade Aviation Department：MDAD）
・空港面積：1,307ha
・滑走路（長さ×幅）：4本
　8L/26R：2,621m×46m
　8R/26L：3,202m×61m
　12/30：2,851m×46m
　9/27：3,967m×46m

■輸送実績（2016年）
・総旅客数　44,584,603人
　国際旅客　21,380,615人
　国内旅客　23,203,988人
・貨物量　2,014,205トン
・離着陸回数　414,234回

#084
メンフィス国際空港 （アメリカ合衆国・メンフィス）

Memphis International Airport

KMEM/ MEM

フェデックスのスーパーハブ空港は米国第1の貨物取扱量。大型貨物機が無数に並ぶ光景は壮観

1. 沿革と概要

メンフィス国際空港は、年間旅客数の面では400万人ほどのいわば地方空港というべき空港であるが、航空貨物取扱量が年間400万トンをはるかに超える世界最大級の貨物基地の1つである。空港のエプロンに大型の貨物専用機が無数に並び、一般の空港では見られない威容を誇っている

メンフィスは、テネシー州の西端に位置し、州都ナッシュビルを上回る同州最大の都市である。ミシシッピ川に面し、対岸はアーカンソー州、下流はミシシッピ州に接する州境の町である。この大河川の水運を生かし19世紀に綿花の集積地として発展してきたが、今日の物流拠点への歩みにこの歴史が受け継がれているのかもしれない。

本空港は市中心部の南西11kmに位置し、所有・運営者は、メンフィス・シェルビー郡空港公団（The Memphis-Shelby County Airport Authority：MSCAA）で、いわばメンフィス市とシェルビー郡の共同管理の形をとっている。

空港の歴史は、メンフィス市により滑走路とハンガーが建設され、メンフィス市営空港として最初の旅客輸送が開始された1929年に端を発する。38年に最初のターミナルビルが建設され、第二次世界大戦を経て、63年にはジェット機に対応した新ターミナルが完成した。空港名称は、この時「メンフィス・メトロポリタン空港」に、その6年後には「メンフィス国際空港」に改称され、MSCAAが発足した。その後10年間でターミナル拡張が行われて処理能力は2倍となり、国際空港としての道を歩み始めた。

1973年、メンフィスにおいてフェデックス（FedEx）が創業し、メンフィス国際空港に荷捌き施設を開設した。その後同社のスーパーハブ開設と事業規模拡大に合わせて空港も急成長を遂げ、92

18R/36L：2,841m
旅客ターミナル
18C/36C：3,389m
18L/36R：2,743m
9/27：2,727m
貨物ターミナル（FedEx）
地図データ：Google

空港全体図：旅客ターミナルを大きく上回り、独立して立地する貨物ターミナルの存在がこの空港の特性を明示

地図データ：Google

貨物ターミナル地域：全米第1位を誇る年間430万トンをさばく。99.5％がFedExの取扱貨物

年から2009年まで航空貨物取扱量世界一となった。一方旅客便は、1985年にリパブリック航空がハブを置いたことから旅客数が劇的に増加した。翌年、同社がノースウエスト航空（NW）と合併し、増加する便数・旅客数に対応するために施設の大規模拡張が実施された。95年6月、新国際線到着施設が完成し、初の国際旅客便となるNW-KLMオランダ航空によるアムステルダム直行便が就航した。翌年には3本目の平行滑走路が完成し、2000年には平行滑走路のうちの1本が3,389mに延長されて、ワイドボディ機がフル・ペイロードで長距離国際線に就航できる施設が整った。

1904年9月、テネシー州空軍（TANG）とフェデックスの間で所有敷地の交換交渉が行われ、TANGの施設が空港南東部へ移り、FedExが空港北側に同社の施設を集約・拡張し、これが同空港の歴史上大きな転換点となった。

2010年1月、NWがデルタ航空（DL）と合併して新生DLが誕生したことから、13年6月同社

からハブ機能の縮小とアトランタ空港への集約が発表され、その結果本空港の旅客数が激減した（2000年：1,177万人→14年：374万人）。乗継拠点空港からO&D（Origin & Destination）空港への方針転換を迫られるなかで新規エアラインの誘致にも乗り出し、13年から15年にかけて相次いでLCCが新規就航した。

2. 施設

滑走路は南北に伸びる3本の平行滑走路と東西に伸びる横風用滑走路1本（9/27：長さ2,727m×幅46m）が配置されている。南北の平行滑走路はクロースパラレルの2本（18L/36R：2,743m×46mと18C/36C：3,389m×46m）と18L/36Rに対してオープンパラレル配置の滑走路（18R/36L：2,841m×46m）の組み合わせである。

FedExの貨物拠点（面積316万㎡）が空港北側に集約され、横風用滑走路を挟んで南側には、東に整備地区、西の2本の平行滑走

路に挟まれる形で旅客ターミナルが、また空港南東側にUPSの陸上輸送ハブ、ベリーカーゴを扱う貨物地区、及びテネシー州空軍施設が配置されている。

旅客ターミナルはメインビルと3本のフィンガー（コンコースA、B、C）で構成されている。コンコースは南北に直線状に伸びるA、Cと、中央部のY字型のBがあり、Aをサウスウエスト航空、Bをデルタ航空等、Cをアメリカン航空、ユナイテッド航空等のエアラインが使用している。また、同旅客ターミナルから駐車場を挟んで北側に、ジェネラルアビエーションが発着するFBO（旅客取扱施設）があり、一部の定期エアラインの便もこちらから発着している。

3. 運用状況

2016年の貨物取扱量は430万トンで、全米第1位、世界では香港に次ぐ第2位を誇り、うち99.5％がFedExの取扱貨物である。地理的優位性と利便性の高さから、空港周辺にはアパレル、ハ

旅客ターミナル地域：ほとんどが国内線旅客

イテク、医療・医薬品関連企業の拠点が集積している。航空機発着回数は22万回で、その約6割が貨物機である。FedExの発着ピークは国内便が夕方、国際便は深夜に集中し、その便数は昼間時間帯100便、深夜は150便に及ぶ。

一方旅客便は、デルタ航空（DL）のハブ撤退の影響で大幅に減少した。2016年の旅客数は420万人で、就航エアラインはDLの他、アメリカン（AA）、ユナイテッド（UA）のメジャーキャリアとLCCのサウスウエスト（WN）、アレジアント（G4）、フロンティア（F9）等の計8社で、米国内計37空港への国内定期路線が就航している。

4. 将来計画

当空港の今後の動向は、やはりFedExの展開に大きく依存することになる。同社は、直近では空港北部に最新のCold-chain専用施設を整備、2016年3月より稼働開始したほか、国際貨物向け施設の移転・拡張も計画があるという。

一方旅客ターミナルについては、コンコースBのリニューアルと搭乗ゲートの再編プロジェクトが2014年から進行中である。プロジェクトは3つのフェーズに分けられており、まず第1フェーズとして、Aコンコース南端部の撤去が既に完了した。次に第2フェーズとしてCコンコース南端部の撤去を行い、これらによって袋小路となっているBコンコース付け根部分のスポットへの航空機のアクセス改善を図る。第3フェーズでコンコースA、Cを閉鎖し、すべての搭乗ゲートをコンコースBに集約する。コンコースBでは動く歩道の増設、ゲートラウンジの拡張、自然光を取り入れるための天井の改修、飲食店舗の増設等が行われ、一連の整備によって旅客利便性が向上するとしている。完了は20年頃を見込んでいる

また、駐車場やレンタカーの増設等も行い、メガキャリアの乗り継ぎ拠点空港から、O/Dメインの空港に変貌を遂げるべく、様々な取組みが行われている。

（成田国際空港㈱）

■空港の諸元	■輸送実績（2016年）
・空港運営者： 　メンフィス・シェルビー郡空港公団 　（The Memphis-Shelby County 　Airport Authority：MSCAA） ・空港面積：1,862ha ・滑走路（長さ×幅）：4本 　18L/36R：2,743×46m 　18C/36C：3,389×46m 　18R/36L：2,841×46m 　9/27　：2,727×46m	・総旅客数　　4,157,760人 　　国際旅客　　　　2,528人 　　国内旅客　　4,155,232人 ・貨物量　　4,322,071トン ・離着陸回数　　224,705回

#085
ジョージ・ブッシュ・インターコンチネンタル空港（アメリカ合衆国・ヒューストン）

George Bush Intercontinental Airport

KIAH/IAH

航空宇宙産業の拠点都市ヒューストンにあり、本館とサテライトの配置がユニーク

1. 沿革と概要

　ヒューストンはテキサス州最大の都市で、古くから石油産業の拠点として栄え、今日では航空宇宙産業の拠点として、つとに有名である。

　ジョージ・ブッシュ・インターコンチネンタル空港は、ヒューストンのダウンタウンから北に30kmの場所に位置する。1969年6月に「ヒューストン・インターコンチネンタル空港」として開設され、同じくヒューストン市内にあるウィリアム・P・ホビー空港

ヒューストンの空港分布：ホビー空港（旧空港）はジェネラルアビエーションが主体

からすべての航空会社が移転した。80年代後半から空港名の変更について議論が始まり、97年に第41代アメリカ合衆国大統領

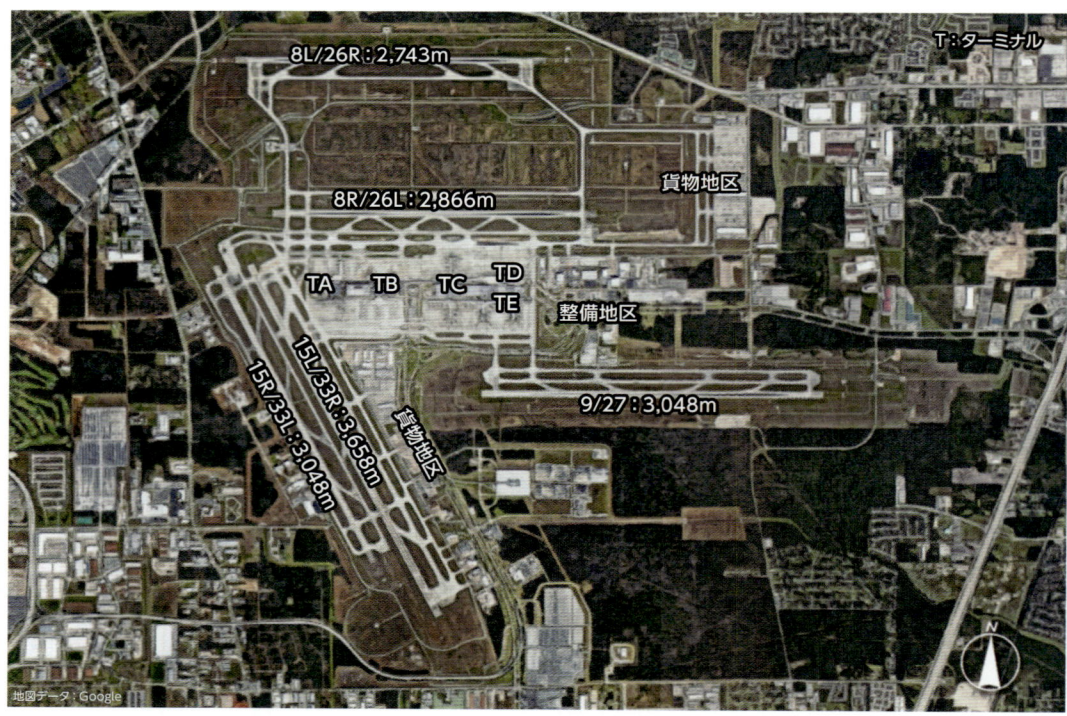

空港全体図：将来の滑走路延長と新旅客ターミナル展開を見据えた施設配置

旅客ターミナル地域：直線状に並ぶ5つのターミナルは、フロンタル、ピア、サテライトと、コンセプトのデパート

地図データ：Google

のジョージ・ブッシュの名前を冠することに決定した。

なお、旧空港は、ジェネラルアビエーションが使用しているほか、最近ではLCCも就航している。

2. 施設

本空港には5本の滑走路があり、ほぼ東西方向の3本は（8L/26R：長さ2,743m、8R/26L：2,866m、9/27：3,048m）相互にオープンパラレル配置で、それぞれの中心線間隔は1,530mと1,760mである。さらに横風用に北西・東南方向のクロースパラレルの2本の滑走路（15L/33R：3,658m、15R/33L：3,048m）がある。滑走路幅はすべて46mで、舗装は9/27はアスファルトで、これ以外はコンクリートである。またすべての滑走路にILSと高速脱出誘導路が設置されている。

旅客ターミナルは、8R/26Lと9/27滑走路の間のほぼ矩形のエリアに展開されている。このエリアの中央部の帯状の敷地にターミナルAからEまでの5棟のターミナルビル本館と立体駐車場が並列に配置されており、この敷地の外

周を巡るアプローチ用の構内道路が設置されている。敷地の奥行きは約160mあり、いずれもターミナル本館から構内道路を跨いで2本の滑走路に面するそれぞれエアサイドにフィンガーまたはサテライトが突き出すコンセプトであるが、このような道路を跨いで両方向にピアを突き出すターミナル計画は珍しく、他にあまり例を見ない。

開港時はターミナルAとBの2棟のみで、いずれもほぼ正方形のメインビルの四隅からサテライトを突き出す方式であったが、後にターミナルAはL字形のピアに改造され、ターミナルBは南側のサテライトを3本のフィンガーに改造された。1981年に中央のホテル棟を挟んで東側に建設されたターミナルCはフィンガー方式、90年に完成したターミナルDは国際線到着ビル（IAB）でシンプルなフロンタル方式、そしてターミナルEは大規模なターミナル本館と2本のピアを持つ方式であり、2004年に全面的に供用を開始した。

すべてのターミナルを結ぶ2つの新交通システムがあり、地上部

のターミナリンク（TerminaLink）は、ターミナルの制限エリア内を結び、旅客はセキュリティ検査場を再度通過しなくても、他のターミナルまで移動することができる。地下部には、インター・ターミナル・トレインが運行しており、ターミナルのほかホテルなどにも停車する。

3. 運用状況

本空港はヒューストン市の所有で、運営はヒューストン市航空局（Houston Airport Systems）が行っている。同市にある他の2空港も市航空局が運営している。

2016年実績で年間4,200万人の旅客数があり、離着陸回数が47万回に達する大規模空港である。全米では14位の旅客数を誇る。

ターミナルAは国内・カナダ路線の航空会社の他、ユナイテッド・エクスプレスが使用している。ユナイテッド・エクスプレスは単独の航空会社ではなく、ユナイテッド航空のために地域路線の運航を行っている11の地域航空会社の総称であり、主にユナイテッド航空のハブ空港と周辺の小規模空港

を小型ジェット機で多頻度に結ぶ路線を運航している。ターミナルBはユナイテッド・エクスプレスが使用し、ターミナルCは、ユナイテッド航空の国内線が主に使用している。ターミナルDにはユナイテッド航空以外のすべての国際線が集約されている。ターミナルEはユナイテッド航空の専用ターミナルである。

　ユナイテッド航空は当空港をハブ空港とする最大のエアラインであり、同社とヒューストンの地の結びつきは強い。1990年、ユナイテッド航空（当時コンチネンタル航空）は、当空港にメンテナンスセンターを建設することに決めたが、これはヒューストン市が、空港近くの市保有地をコンチネンタル航空に提供したことに由来している。

4. 将来計画

　2009年、ヒューストン市議会はミッドウェイ・コス社（Midway cos.）が空港内の約4haの用地で行うトラベルセンター開発事業を

ターミナルEの内部：2004年供用の最も新しいターミナル

photo / Henry Han

許可した。同事業では、オフィス、ホテル、飲食、レンタカー、ガソリンスタンドなどの展開計画がある。

　また、滑走路8L/26Rと8R/26L

との間のエリアは将来のターミナル開発用地として用意されている。

（成田国際空港㈱）

■空港の諸元
・空港運営者：ヒューストン市航空局
　（Houston Airport Systems）
・滑走路（長さ×幅）：5本
　15L/33R　：3,658m × 46m
　15R/33L　：3,048m × 46m
　9/27　　　：3,048m × 46m
　8L/26R　：2,743m × 46m
　8R/26L　：2,866m × 46m

■輸送実績（2016年）
・総旅客数　　41,622,594人
　国際旅客　10,780,277人
　国内旅客　30,842,317人
・貨物量　　　431,908トン
・離着陸回数　　470,780回

#086
ダラス・フォートワース国際空港 (アメリカ合衆国・ダラス、フォートワース)

Dallas / Fort Worth International Airport

KDFW/DFW

ダラス、フォートワース両市にまたがり、半円形のリニア方式ターミナルは一時代を画す

1. 沿革と概要

　ダラス・フォートワース国際空港は、アメリカ南部テキサス州のダラス市とフォートワース市の中間、両市中心部からそれぞれ27kmのところに位置する。すなわち2つの都市の航空需要を担う共同空港（joint airport）をその中間地点に建設したといえるが、1973年に開港を迎えるまで紆余曲折を経ている。

　この地域に空港が開港したのは1927年のことである。当初は、ダラス市がフォートワース市に対して、統一空港の計画を提案

ダラス、フォートワースの空港分布：旧空港であるミチャム、ラブ両空港も健在

したもののこれを拒否され、ダラス市はラブ・フィールド（Love Field）に、フォートワース市はミチャム・フィールド（Meacham Field）にそれぞれ独自の空港を整備し、それぞれに定期便が就航

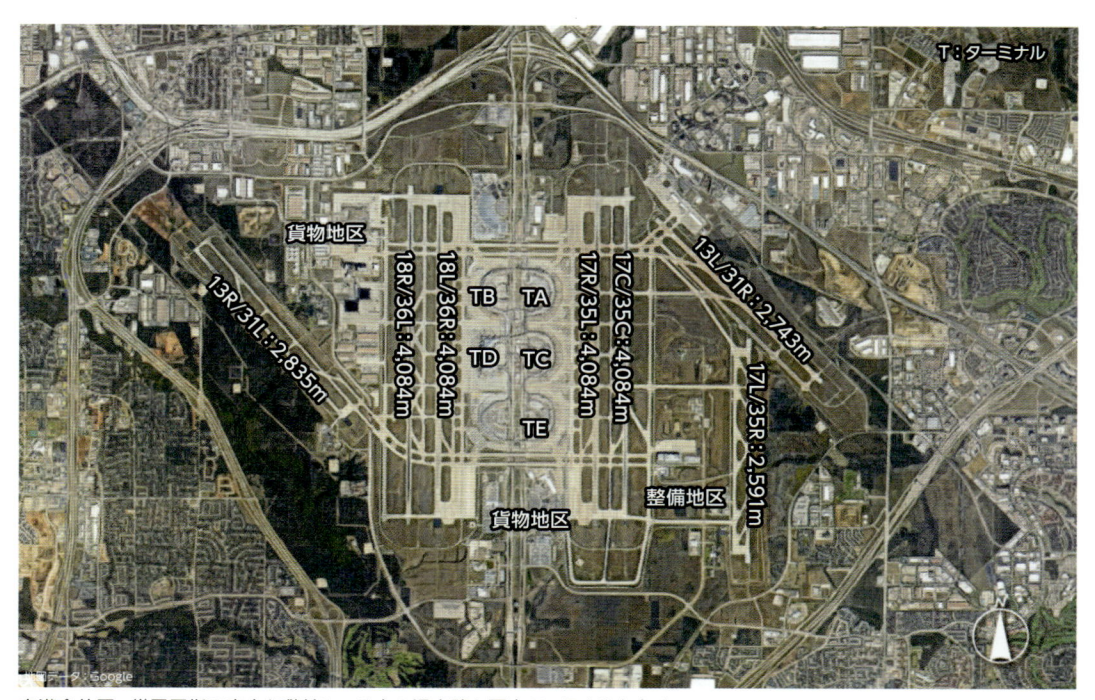

空港全体図：世界屈指の広大な敷地に、7本の滑走路と巨大ターミナルを有す

234

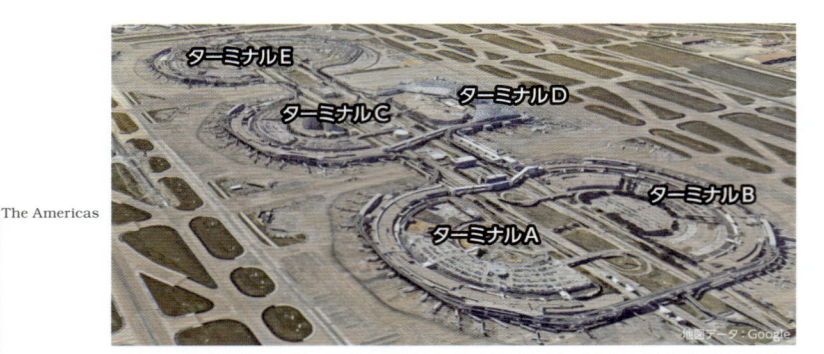

ターミナルE
ターミナルC
ターミナルD
ターミナルB
ターミナルA

地図データ：Google

旅客ターミナル地域：5つある大規模ターミナル間には、完全自動の空港内交通システムを設置

していた。なお、ラブ・フィールド、ミチャム・フィールドともに下述の変遷を経て、現在も国際空港として運用されている。

1940年、連邦航空局はアメリカン航空とブラニフ航空とともに、ダラス市とフォートワース市に対して空港の統合に190万ドルの予算を提示したものの、双方の都市は合意には至らず、第二次世界大戦の開戦により統合の計画は頓挫した。

戦後になりフォートワース市は、アメリカン航空と共にアモン・カーター・フィールド（Amon Carter Field）を新たな空港の建設地に選定し、1953年にミチャム・フィールドから新空港へ移転した。また、その後グレーター・サウスウエスト国際空港（GSWI：Greater Southwest International Airport）に名称変更され、74年に廃止した。

一方、ダラス・ラブ・フィールドはテキサス州の主要空港の役割を担い混雑したが、拡張の余地がない状態となっていた。このため、米国連邦航空局FAAの働きかけによって両市はGSWIの北、ちょうど中間に新空港を建設することを決定、1966年に土地買収

を開始し、69年に着工、74年1月に開港した。この時の空港の名称は、ダラス・フォートワース・リージョナル空港（Dallas/Fort Worth Regional Airport）である。その後85年にダラス・フォートワース国際空港（DFW）に改称し、このときラブ・フィールドは長距離便の空港としての使命を終えた。

1979年アメリカン航空は本社をGSWI跡地に移転し、81年当空港DFWを初めてのハブ空港とし、82年ロンドンへの大西洋横断路線を開設、87年には太平洋横断路線、東京線を開設した。デルタ航空も同じくDFWをハブ空港としていたが、2004年の同社の再編によりハブ空港ではなくなっている。現在では、デルタ航空のハブのアトランタ・ハーツフィールド・ジャクソン国際空港に次いで世界で2番目に大きいハブ空港である。

2. 施設

(1) 滑走路

ダラス・フォートワース国際空港は、滑走路7本を有し、空港敷地面積は約7,000haに及ぶ世界でも屈指の大規模空港である。

7,000haという広大な敷地は東京の山手線の内側に相当する規模である。

7本の滑走路のうち、南北方向の5本が平行滑走路であり、クロースパラレルの2本の滑走路（17C/35C：長さ4,084m×幅46mと17R/35L：4,084m×61m）及び同じくクロースパラレルの2本の滑走路（18L/36R：4,084m×61mと18R/36L：4,084m×46m）が相互にオープンパラレルに配置され、さらにこれらとオープンパラレルに17L/35R（2,591m×46m）が配置されている。北西-南東方向の13L/31R（2,743m×61m）と13R/31L（2,835m×46m）は横風用で、相互にオープンパラレルとなっている。このような滑走路の配置は航空管制上も大変合理的で、飛来する航空機の進入経路によって早い段階から2組の平行滑走路のいずれに着陸させるかを決定して誘導するシステムがとられている。すべての滑走路はコンクリート舗装であり、すべてにILSと高速脱出誘導路が設置されている。

(2) 旅客ターミナル

旅客ターミナルは、空港の中央部に配置され、直径480mの半円弧状のリニア型ユニットターミナルを2列に並べるコンセプトであり、日系の建築家ギョウ・オバタ氏が主宰する設計事務所「HOK」が担当した意欲的な計画であった。同社は近年ではニューヨーク・ラ

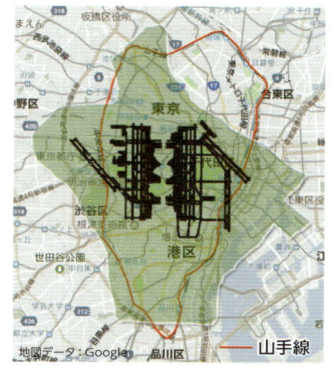

---凡例---
━━ 山手線

空港敷地規模：面積は約7,000haあり、山手線内の面積に相当

ガーディア空港の改修プロジェクトや、日本においても中部国際空港や福岡空港国際線ターミナルの設計に携わっている。

　オバタ氏は本空港の計画にあたり、膨大な需要に対応するためにターミナルと駐車場が大規模になる結果、駐車場からターミナルビル、そしてゲートに向かう旅客の歩行距離が長大化するという大空港の弊害を避けることをテーマにした。このために、駐車場を半円形に抱き込む形でターミナルを配置し、さらにエアライン別、行先別にターミナルをユニット化して特定するによって、旅客は最も近い駐車場に車を置き、最短距離で、ビルに入り、すぐに目的のゲートから出発できるというコンセプト（Drive to Gateコンセプト）を提案した。半円形のリニアターミナルでありながらユニット方式とされているのはこのためである。

　しかし、実際には、路線、運賃などの多様化に伴い、行きと帰りのエアラインが異なり、ターミナルを越えた駐車場への移動が必要になるなど不便なケースも生じ、一部当初のコンセプトが見直されてきている。新しい国際線専用の

ターミナルDは、2005年の7月に供用したが、従来の半円形のビルを止めて、ほぼ矩形の直線的なフロンタル形式のビルになっている。

　5つのターミナル（A、B、C、D、E）で計165のゲートを有する。ターミナルエリアが壮大に広がっているため、開業当初からエア・トランス（Air Trans）と呼ばれる新交通システムが設置されていたが、2005年には、スカイリンクと呼ばれる完全に自動運転の空港内交通システムが完成し、より高速の車両で各ターミナルをそれぞれ数分で結んでいる。

3. 運用状況

　本空港の所有者はダラス市とフォートワース市であり、運営者はダラス・フォートワース国際空港委員会である。

　2016年のランキングでは、旅客数が世界第11位（6,600万人）、発着回数ではアトランタ、シカゴに次ぎ世界第4位（67万回）で

ある。海外58都市（最大路線はメキシコのカンクンとロンドン）、国内149都市（最大路線はロサンゼルス）に就航している。就航航空会社数は季節運航便を含めて32社あり、貨物専用機の運航会社は27社である。

　鉄道アクセスとして、ターミナルAにあるDFW空港駅（2014年開設）があり、ダラス地域高速輸送（DART）のオレンジ・ラインが乗り入れていて、ダラス市、ラス・コリナス市に直行している。将来同線が延伸され、DFW北駅が開設されることになっている。またこれらの駅は将来、現在開発中のTEX鉄道（フォートワース・DFW間）とコットンベルト東線（ダラス市北東部地域・DFW間）の主要駅になる計画である。

4. 将来計画

　将来的には13のターミナル、260のゲート、滑走路9本まで拡張する計画がある。

（成田国際空港㈱）

■空港の諸元
・空港運営者：
　ダラス・フォートワース国際空港委員会
　（DFW Airport Board）
・空港面積：約7,000ha
・滑走路（長さ×幅）：7本
　17L/35R：2,591m × 46m
　17C/35C：4,084m × 46m
　17R/35L：4,084m × 61m
　18L/36R：4,084m × 61m
　18R/36L：4,084m × 46m
　13L/31R：2,743m × 61m
　13R/31L：2,835m × 46m

■輸送実績（2016年）
・総旅客数　　65,670,697人
　国際旅客　　8,435,177人
　国内旅客　57,235,520人
・貨物量　　　752,784トン
・離着陸回数　672,748回

#087
オースティン・バーグストロム国際空港 <small>(アメリカ合衆国・オースティン)</small>

Austin-Bergstrom International Airport　　　　　　　**KAUS/AUS**

"世界のライブ・ミュージックの首都"とうたわれるテキサス州の州都の空港

1. 沿革と概要

　1971年の初めにFAA（連邦航空局）から、オースティン市とサンアントニオ市に共同で新空港を建設するという提案を受けて、オースティン市はその検討を開始した。最終的に共同建設案は否定されたが、同市は複数の候補地を選定し、実現への取組みを進めたところ、同市にあるバーグストロム空軍基地が閉鎖されることとなったため、これを民間空港として整備し、使用することを決定した。

　新空港は1999年5月に完成し、オースティン・バーグストロム国際空港として開港した。

空港の運営はオースティン市が行っている。

2. 施設

　オースティン・バーグストロム国際空港は、オースティン市街中央部の南東8kmに位置している。敷地面積は約1,700ha、標高は165mである。

　滑走路はオープンパラレルに配置された2本（17L/35R：長さ2,743m×幅46mと17R/35L：3,734m×46m）があり、ILSを備えている。滑走路はいずれもコンクリート舗装である。

　旅客ターミナルは、2本の滑走路の間に配置され、バーバラ・ジョーダン・ターミナルとサウスターミナルの2つのターミナルがある。前者はやや湾曲した形状の本館と両側に張り出したピアで構成するコンセプトであり、24基の搭乗橋を備えている。後者は、誘導路を挟んで1km離れたところにあり、地上歩行で乗降する小規模のターミナルである。同ターミナルは2017年4月に改装オープンし、超格安航空（Ultra Low Cost Carriers：ULLC）と呼ばれるアレジアント航空をはじめとするLCCが利用している。

　オースティン・バーグストロム国際空港に最も多く乗り入れている航空会社はサウスウエスト航空であり、本空港全体の約35%を

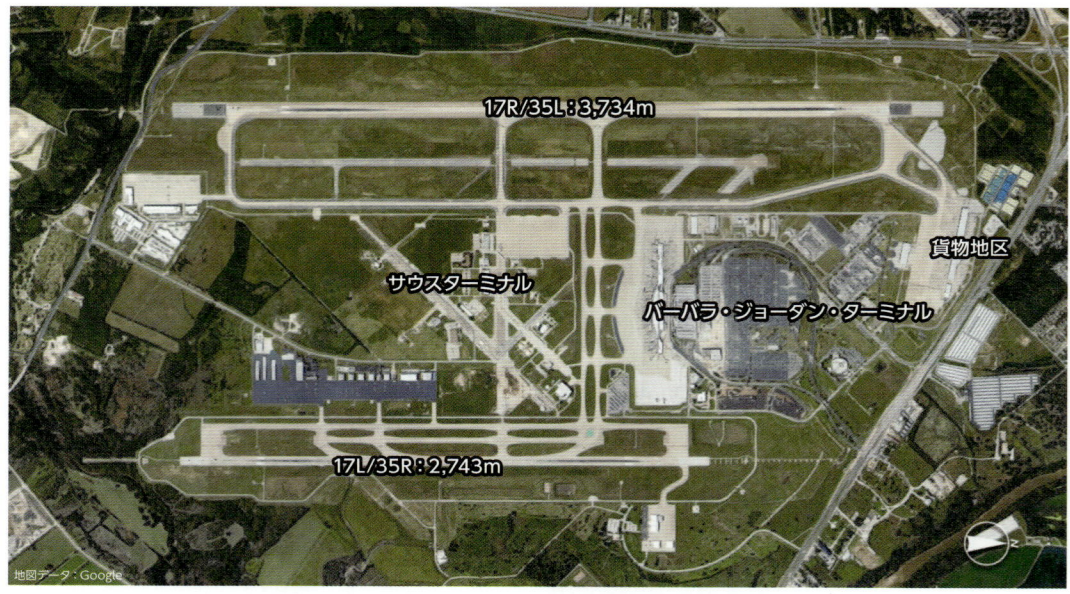

17R/35L：3,734m

貨物地区

サウスターミナル

バーバラ・ジョーダン・ターミナル

17L/35R：2,743m

地図データ：Google

空港全体図：オープンパラレル配置の2本の滑走路と、その間に2棟の旅客ターミナルを配置

旅客ターミナル地域：上空から見たバーバラ・ジョーダン・ターミナル。24基の搭乗橋を備える

バーバラ・ジョーダン・ターミナルのカーブサイド　photo / Annual Performance Report 2016

空港利用旅客数は2013年が1,002万人、14年が1,072万人、15年が1,190万人、16年が1,244万と年々増加傾向にある。貨物の取扱量についても年々増加傾向にあり、国内の取り扱いがほとんどであるが、メキシコ、カナダからの貨物便もある。

（成田国際空港㈱）

占める。2015年の同社の搭乗者数は437万人であった。その他、アメリカン航空、ユナイテッド航空、デルタ航空等が乗り入れている。本空港はフルサービスキャリアとローコストキャリアがともに約50％の割合で就航している。本空港の便の98％は国内線であり、国際線は英国への便が最も多い。

■空港の諸元
・空港運営者：オースティン市
・空港面積：1,700ha
・滑走路（長さ×幅）：2本
　17R/35L：3,734×46m
　17L/35R：2,743×46m

■輸送実績（2016年）
・総旅客数　　12,436,849人
　国際旅客　　　275,294人
　国内旅客　12,161,555人
・貨物量　　　　79,247トン
・離着陸回数　　192,032回

デンバー国際空港（アメリカ合衆国・デンバー）

Denver International Airport

KDEN / DEN

米国最長の滑走路をもつ高地の空港。将来は1万3,000haを超える用地を活かした大空港に！

1. 沿革と概要

デンバー市は、米国中西部コロラド州の州都で、同州の最大都市である。米国内陸部における金融・経済の中枢として顕著な発展と人口増加が続いており、全米で19番目の都市圏となっている。同州は南北にロッキー山脈が貫き、州全体の平均標高が全米で最も高い山岳地帯に位置する。デンバーは標高が1マイル（約1,609m）に位置することから、「マイル・ハイ・シティ」の愛称で呼ばれ、周辺にはスキー場や山岳リゾートが点在しており、観光都市としても注目を浴びている。

デンバー国際空港の開港は1995年のことであり、比較的歴史は浅い。それまでデンバーの玄関口として使われてきたステイプルトン国際空港は29年の開港であるが、騒音問題や天候不良時の運用制限等の問題が顕在化してきたことから、85年にコロラド州議会が新空港をアダムズ郡内に建設する計画を立案した。88〜89年、当時のデンバー市長（後にクリントン政権下の運輸長官）であったフェデリコ・F・ペニャが主導し、デンバー市とアダムズ郡の住民投票により空港建設法案が可決され、新空港建設が決定した。現在でも空港に続く道路の名称には、ペニャの名が残っている。

当初開港予定は1993年10月

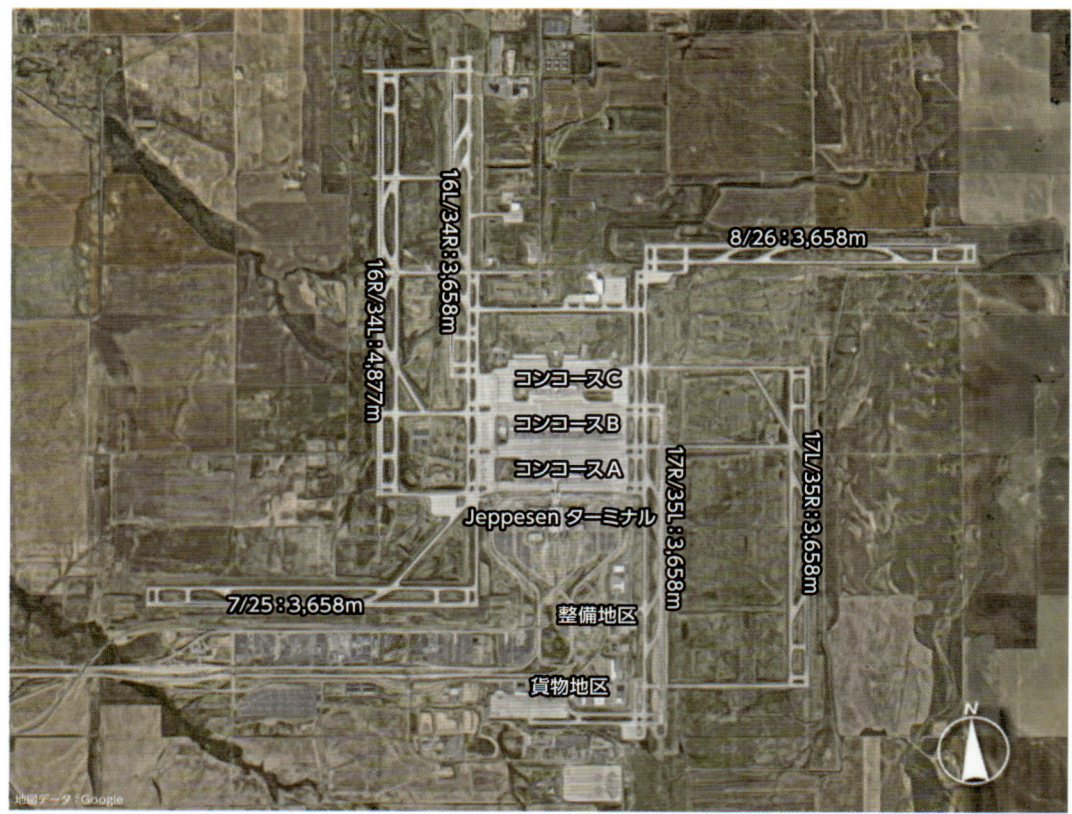

16L/34R：3,658m

8/26：3,658m

16R/34L：4,877m

コンコースC

コンコースB

コンコースA

17R/35L：3,658m

17L/35R：3,658m

Jeppesenターミナル

整備地区

7/25：3,658m

貨物地区

地図データ：Google

空港全体図：標高1,655mの高地にあり、7本ある滑走路はいずれも長大。空港用地は圧倒的なスケール

に設定されたが、手荷物搬送システムの開発遅延等により複数回延期され、最終的に16か月遅れの95年2月に開港した。

空港はダウンタウンから37kmに位置し、バスまたはタクシーで所要時間45分程度の距離である。2015年11月に空港内初のホテル（The Westin Denver International Airport）、及び鉄道駅とターミナルを接続する機能である「トランジット・センター」が供用し、翌年4月には同センター内の鉄道駅が開業してダウンタウンのユニオン駅と30分台で結ばれたことで、アクセス利便性が格段に向上した。

空港運営はデンバー市航空局が担っている。

2. 施設

（1）滑走路

空港の標高は1,655mと高く、また敷地面積は1万3,760haと全米の商用空港で最大の規模を誇り、ダラス・フォートワース国際空港の約2倍の面積である。

滑走路は6本あり、北風または南風運用が多いため、南北方向の4本が主滑走路で、クロスパラレルの滑走路2本（16L/34R：3,658m×46mと16R/34L：4,877m×46m）と、ターミナルエリアを挟んで東側にオープンパラレル配置の滑走路（17R/35L：3,658m×46m）があり、さらに東側にオープンパラレルに滑走路（17L/35R：3,658m×46m）が配置されている。また横風用滑走路として東西方向に2本の滑走路（7/25：3,658m×46mと8/26：3,658m×46m）がオープンパラレルに配置されている。いずれもコンクリート舗装でILSが設置され、高速脱出誘導路を有している。16R/34Lは4,877mの長さを誇り、米国内の民間用滑走路のなかで最も長い。これは、当空港が標高1,655mの高所にあり、標高が高いほど長い滑走路長が必要となることによるもので、A380が最大ペイロードで離陸可能な距離としてこのような長い滑走路が設定された。滑走路同士が交差することなく、ターミナル地区を中心に取り囲むように、また各滑走路の端部がターミナル地区近くに接するように配置されている。これは、航空機の地上走行距離・時間が短く、出発機・到着機のフローを一方向にするという効率的な運用を目指したものであり、理想的な空港施設計画と言えよう。また、冬季の降雪に備え、ディアイシング・パッドがエプロンから滑走路に向かう地点に複数設置されている。FAAが運営する管制塔はコンコースCの中央付近に、UAが運用するランプ・コントロール・タワーがコンコースBの中央付近に位置し、トラフィックを捌いている。

（2）旅客ターミナル

旅客ターミナルは典型的なリモートサテライト形式で、ジェッペセン・ターミナルと呼ばれる大規模な本館とエアサイドに東西方向に平行に設置された3棟のサテ

旅客ターミナル地域：ターミナル本館と3つのコンコースが地下を走るピープルムーバーで直結

ジェッペセン・ターミナルの膜屋根：ロッキー山脈をイメージ

photo / Don Searls

ライト（コンコースA、B、C）で構成されており、それぞれ地下軌道のピープルムーバー（APM）で結ばれている。

ジェッペセン・ターミナルとコンコースAとは上下2層構造のブリッジでも接続されており、コードC（B737、A320クラス）の小型機がブリッジ下を通過可能なユニークな構造で、航空機のスムーズな地上走行が可能となっている。このようなブリッジは世界でも例が少ない。

ジェッペセン・ターミナルにはチェックイン、保安検査場、バゲージクレーム等の機能がすべて集約されている。建築的には延床面積が約52万㎡に及ぶ大きさで、ロッキー山脈をイメージした白い膜屋根（テント構造）の外観が特徴的な6階建ての建物である。5階中央にはグレート・ホール（Great Hall）と呼ばれる巨大な吹き抜け空間が配され、膜屋根を通して日光が降り注ぎ、明るく開放的な雰囲気が広がっている。

6階に一般車用出発カーブサイドとチェックインカウンター、5階にバス・タクシー用のカーブサイドと保安検査場、バゲージクレームが配置され、新たにオープンしたホテルとトランジット・センターは、5階レベルで接続されている。

出発旅客は保安検査を通過後、3階に下りてAPMに乗り各コンコースに向かう。Aコンコースから出発する場合には、6階にある保安検査場（通称ブリッジ・セキュリティ：Bridge Security）を利用し、ブリッジを経由して徒歩で各ゲートに向かうこともできる。

各コンコースは、APM駅のある中央部に物販・飲食店が集中して配置され、コンコース端部まで搭乗ゲートが両側にところ狭しと並んでいる。特にUA専用のコンコースBは、中央に動く歩道が双方向に2本ずつ計4本設置され、十分な建物幅と高い天井により、余裕のある空間構成となっている。

出国審査がない米国空港のターミナルの特徴であるが、国際線施設は到着のみ別動線が整備されている。国際線到着ゲートは、国内線とのスイング機能を有するゲートとしてコンコースAに計12ゲートがあり、到着旅客は降機後ブリッジ上階の専用動線を介して徒歩で入国審査場に至る。

最近のターミナル関連の整備としては、すでに完了したコンコースCのサウスウエスト航空（WN）用ゲートの増設、コンコースAの国際線到着ゲート増設等があり、今後実施されるものとしてグレート・ホールの大改修プロジェクトが予定されている。これは、非航空収入の拡大を目的に、既存の床面積を最大限有効活用してチェックインや保安検査場等の施設の再配置を行い、制限エリア内コンセッション・エリアの拡充を図るもので、2020年に完了する見込みである。

3. 運用状況

2016年の取扱実績は、旅客数：5,800万人、貨物量：25万トン、発着回数：57万回（世界第6位・全米第5位）の混雑空港で、米国中西部の一大拠点空港である。

ユナイテッド航空（UA）、LCCのサウスウエスト航空（WN）、フロンティア航空（F7）がハブ空港として使用する他、ブリティッシュ・エアウェイズ（BA）、ルフトハンザ（LH）等海外勢を含め、就航航空会社数は15社である。

航空会社別のシェアは、2014年実績でUA：43%、WN：30%、F7：11%、その他：16%となっており、LCCの提供座席数シェアは約40%である。かつてはUAのハブ空港という印象が強かったが、ここ数年でWNがハブ機能を置き急成長を遂げた一方、F7はハブ機能を縮小するなど、厳しい競争環境のなかで取扱旅客数は増加の一途をたどっている。

就航便は国内線が大半を占める

コンコースCと、その中央付近にそびえ立つ管制塔

photo / Tasty Poutine

が、昨今ではUAの成田、LHのミュンヘン直行便の就航など、国際線の誘致にも積極的に取り組んでおり、米国内約150都市、海外20都市の計170都市以上と結ばれている。通過客比率は35％で、WNが就航便数を増やしO/D需要を開拓したことにより、その比率は年々下がる傾向にある。就航機材はナロー・ボディの小型機がほとんどであるが、国際線にはB747やB787等のワイドボディ機も投入されている。コンコースBがUA専用、コンコースCをWNとDLが、コンコースAをその他の航空会社とすべての国際線到着便が使用している。

空港の収益構造に目を移すと、航空収入が65％、非航空収入が35％であり、国からの補助金等は一切ない。非航空収入のうち半分以上を駐車場収入が占める点は、車社会・米国の空港ならではの特徴といえる。

4. 将来計画

オリジナルの空港マスタープランは開港から10年あまりが経過した2006年に策定され、12年に見直しがなされた。おおよそ10年後の短中期的なプランから20年後の長期的なプランまで詳細に検討が行われている。滑走路は現在の滑走路と平行する形で更に6本増設され、最終的には計12本となる壮大な計画である。ターミナルビルは、現状の3つのコン

コースが東西方向に延伸される他、ジェッペセン・ターミナルと直結する形で2つの新たなコンコースが増設される計画となっている。

また、上記の空港機能拡充だけでなく、非航空収入の拡大を目指し、広大な敷地を活用したエアポートシティ開発プロジェクトも進められている。そのうちの1つが、空港とダウンタウンを結ぶ鉄道の7つの途中駅のうち、空港敷地内にある3駅の1つ、ペニャボウルバード駅周辺の開発である。デンバー市・空港・鉄道事業者・土地所有者が緊密に連携して約162haの駅周辺開発を行うもので、パナソニック・エンタープライズ・ソリューションズ社が約9,300㎡の本社を建設することとなっている。さらに同社と協業してワールドクラスのSST

（Sustainable Smart Town：持続可能なまちづくり）を実現し、官民協業のPPPの手本となることを目指している。この他にも約3,800haの開発可能用地を有しており、現在残りの2駅周辺を含めたさらなる土地開発プロジェクトについて検討がなされている。

以上のように、空港としての持続的成長を目指すと共に、市営のメリットを最大限に生かしながら、デンバーの都市としての地位向上を戦略的に目指すデンバー国際空港の今後の発展から目が離せない。

（成田国際空港㈱）

■空港の諸元

- 空港運営者：デンバー市航空局
- 空港面積：13,760ha
- 滑走路（長さ×幅）：6本
  - 16L/34R：3,658 × 46m
  - 16R/34L：4,877 × 46m
  - 17L/35R：3,658 × 46m
  - 17R/35L：3,658 × 46m
  - 7/25　：3,658 × 46m
  - 8/26　：3,658 × 46m

■輸送実績（2016年）

- 総旅客数　　58,266,515人
  - 国際旅客　 2,304,253人
  - 国内旅客　55,962,262人
- 貨物量　　　250,178トン
- 離着陸回数　565,503回

#089
フェニックス・スカイハーバー国際空港（アメリカ合衆国・フェニックス）

Phoenix Sky Harbor International Airport

KPHX/PHX

グランド・キャニオンを筆頭に 14 の国立公園を有する観光都市フェニックスの空港

1. 概要

フェニックス市はアメリカ合衆国南西部に位置するアリゾナ州の州都である。市単独の人口は140万人であるが、周辺都市も含めた都市圏人口では400万人に達し、アメリカ西部の中心都市の1つに数えられる。日本では西部劇の舞台としての知名度も高い。

フェニックス・スカイハーバー国際空港はフェニックス市中心部から5km南東に位置する利便性の高い都市空港である。

2. 沿革

本空港は1928年、フェニックスにおける4番目の空港として滑走路1本で開港した。もともとは航空会社（シーニック航空）により建設されたが、翌年の金融恐慌により投資ファンドの手に渡り、その後35年にフェニックス市が空港を10万ドルで買収して公営化されている。最初の定期便は30年にアメリカン航空が就航させ、TWA（後にアメリカン航空に買収）も38年にサンフランシスコ便を就航させ、今日に至るアメリカン航空にとってのハブの礎が築かれた。

第二次世界大戦後、航空需要の高まりを受けて、ターミナルビル、平行滑走路や横風用滑走路が建設された。1952年には、ターミナル1（既に撤去）が供用開始したが、ジェット機を就航させるには規模が不十分であったため、現在のターミナル2（当時はイーストターミナルと呼ばれた）が62年に供用開始した。ターミナル2の用地を確保するため横風用滑走路は廃止されている。

1970年以降、航空自由化を経て航空需要は飛躍的に増加し、70年に初めて300万人を超えた年間旅客は20年後の90年には2,200万人に到達した。このような旅客需要の急拡大のなかで、79年にターミナル3が、90年にはターミナル4がオープンしている。特にターミナル4は現在も当空港の中核的役割を担う最大のターミナ

空港全体図：東西に伸びる3本の平行滑走路。その間に3棟のターミナルを配置

ターミナル2と3：航空需要の増加に伴い60年代から70年代にかけて建設

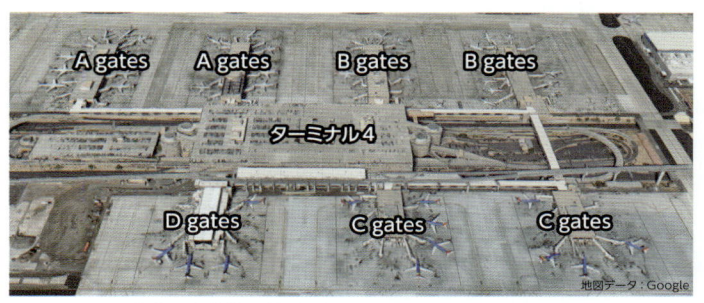

ターミナル4：空港の中核的な役割を担う

ルで、当初、北に2本、南に2本の合計4本、滑走路に対して垂直に突き出したコンコース（フィンガー）でオープンしたが、その後、2004年までに北に2本、南に1本のコンコースが増設され、7か所のコンコースを有する現在の姿となっている。

ターミナル4の供用開始に際して、アリゾナ州選出の上院議員であり、かつての大統領候補でもあったバリー・M・ゴールドウォーター（Barry・M・Goldwater）の名がターミナルに冠せられた。さらにその後、彼の死を受けて、同名を空港の名前にすることを市長が提案したが反対に遭い、スカイハーバー（Sky harbor：直訳す

れば空港）が空港名に冠されることとなった。

3. 施設

(1) 滑走路

3本の滑走路はいずれも東西方向の平行滑走路で、8/26と7R/25Lはオープンパラレル配置に見えるが、中心線間隔は1,271mであり、ICAO基準（1,310m以上）を満たしていない。また、7L/25Rと7R/25Lの中心間隔は240mで、クロースパラレル配置となっている。それぞれの長さは8/26が3,502m、7L/25Rが3,139m、7R/25Lが2,377mで、幅はいずれも46mであり、舗装

はコンクリートである。どの滑走路も高速誘導路とILSが設置されているが、滑走路と平行誘導路間の中心線間距離がいずれも121m程度しかない（ICAO飛行場設計マニュアルでは182.5m）。

(2) ターミナル2

空港ターミナルビルはターミナル2から4までの3棟で、合計116のゲートを有する。

ターミナル2は1962年に供用開始された最も古いターミナルで、16ゲートを有する。ユナイテッド航空とアラスカ航空が使用している。本ターミナルは、今後ターミナル3の南側コンコースの拡張に伴って、撤去されることになっている。

(3) ターミナル3

ターミナル3は延床面積が8.2万㎡で、1979年に供用開始している。本館部から背中合わせに南北にコンコースが突き出しており、合計23ゲートを有する。本ターミナルは2015年に改装工事に着手され、20年までの予定で工事が行われている。デルタ航空やジェットブルーが使用している。

(4) ターミナル4

1990年に供用開始したターミナル4（バリー・M・ゴールドウォーター・ターミナル）は、86ゲートを有する当空港の主力ターミナルである。北側に突き出した4本のピアは西側から2本ずつAゲート、Bゲートと呼ばれており、主としてアメリカン航空が使用し

スカイトレイン：ターミナルとフェニックス市街へ通じる鉄道駅をつなぐ

ターミナル3：2015年から順次改装工事が進んでいる

ている。これらのうち東端のコンコースは国際線に利用されている。南側の3本のコンコースは東寄りの2本がCゲート、西寄りの1本がDゲートと呼ばれており、いずれもサウスウエスト航空が利用している。8本目のフィンガーの増設用地が西端に残されている。

(5) その他の施設

現在の管制塔は2007年に供用開始した当空港としては4代目の管制塔で、北米の空港で最も高い99mの高さを誇る。

ターミナル3から4を経由して44番街駅まで、無料の新交通システムであるスカイトレインが24時間運行している。44番街駅ではフェニックス市の市街地をリンクする軽量鉄道（LRT）、バレー・メトロ（Valley Metro）に接続している。

4. 運用状況

本空港の発着回数は年間44万回（2016年）で、世界21位にランキングされ、羽田空港の43.9万回（同）とほぼ同程度のビジーエアポートである。アメリカン航空とサウスウエスト航空がハブとして利用している。旅客数は4,300万人で世界34位であるが、国際線の割合は小さく、国内旅客が4,100万人を占める。

（傍士清志）

■空港の諸元
・空港運営者：フェニックス市
・空港面積：1,380ha
・滑走路（長さ×幅）：3本
8/26 ：3,502m×46m
7L/25R：3,139m×46m
7R/25L：2,377m×46m

■輸送実績（2016年）	
・総旅客数	43,302,381人
国際旅客	1,989,516人
国内旅客	41,312,865人
・貨物量	321,895トン
・離着陸回数	440,643回

#090
ロサンゼルス国際空港 (アメリカ合衆国・ロサンゼルス)

Los Angeles International Airport

KLAX/LAX

米国西海岸の主要玄関。9つの大規模ユニットターミナルがU字型に並ぶ

1. 沿革と概要

ロサンゼルス国際空港は都心部より南西24kmのイングルウッドに位置する、アメリカ西海岸への主要なゲートウェイである。IATAコードであるLAXの名称が一般にも浸透している。ロサンゼルス周辺にはこの他、ジョン・ウェイン空港やロングビーチ空港、ボブ・ホープ（バーバング）空港などがあり、発着便数の多いLAXを補完する役割を果たしている。

ロサンゼルス市が所有し、ロサンゼルス・ワールド空港（Los Angeles World Airports：LAWA）が運営を行っている。

アメリカでは1920年代から民間航空用の空港が次々と開港している。LAXは、28年以来飛行場として使用されていたが、アトラ

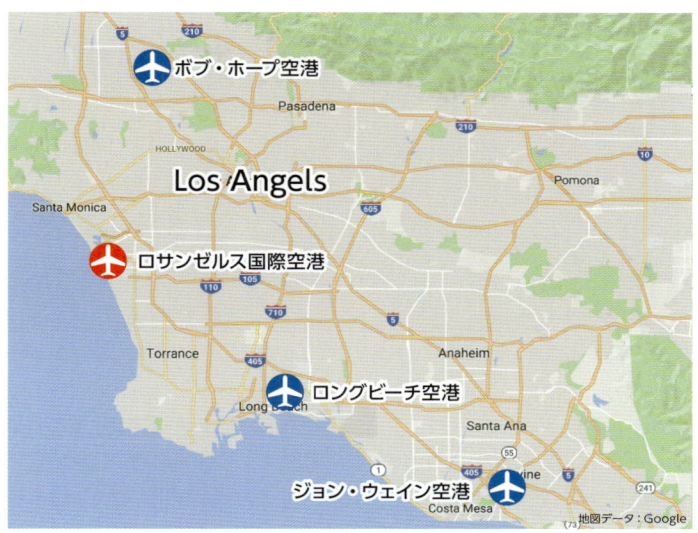

ロサンゼルスの空港分布：他の3空港がロサンゼルス国際空港を補完

ンタ（26年）、サンフランシスコ（27年）に次いで、30年に民間航空用空港として開港した。第二次世界大戦中は一時、軍用飛行場として使用された。49年に空港の公式名称がロサンゼルス国際空港となり、61年には、2本の平行滑走路の間のターミナルエリアに「ジェット・エイジ・ターミナル」と謳われるターミナルビルが完成

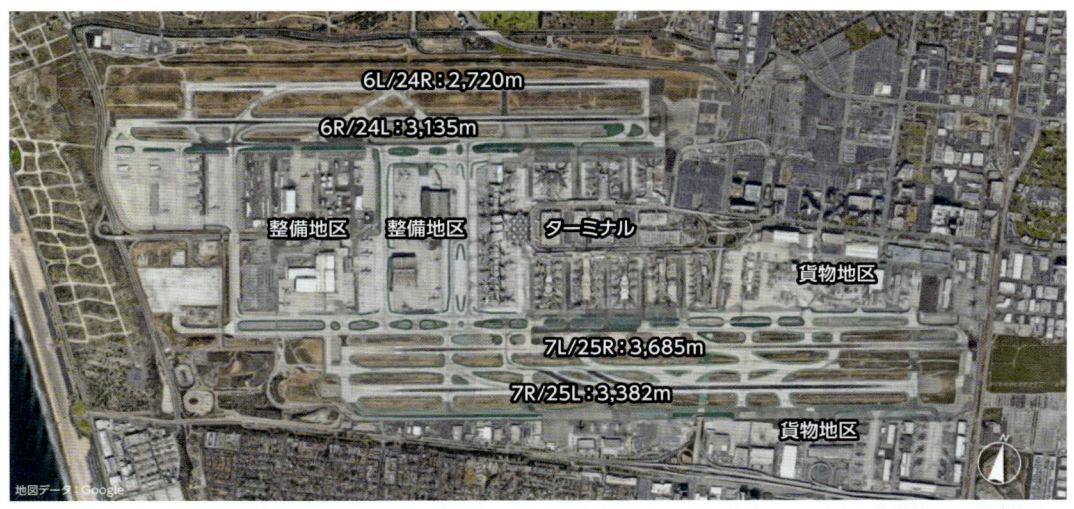

空港全体図：2対のクロースパラレル滑走路がオープンパラレルに配置され、その間に旅客ターミナル、整備地区などが展開

246

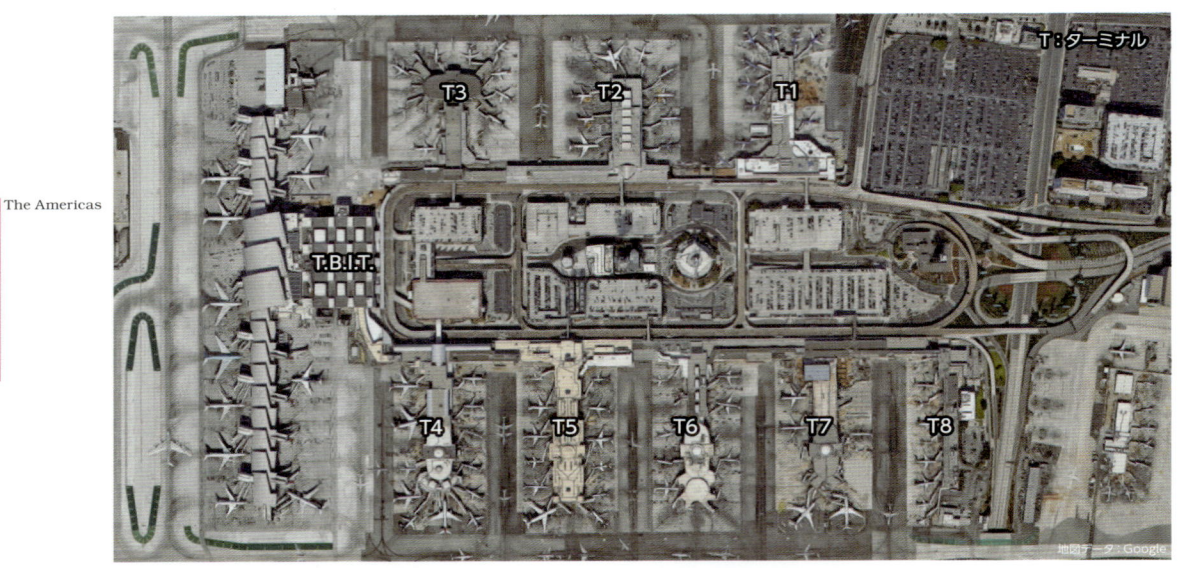

旅客ターミナル地域：8つのユニットターミナルとウィングを伸ばすトム・ブラットリー国際ターミナルがU字型に配置

した。

　ターミナルエリアにはU型のワールドウェイと呼ばれる道路があり、そのカーブサイドに沿って6つのユニットターミナルビルが配置されていた。

　1961年当時の年間旅客数は690万人だったが、10年後には航空機のジェット化及び大型化が進み、71年の年間旅客数は3倍近くの2,030万人に達した。

　ターミナルエリアの敷地には拡張余地がない一方、増加する旅客への対応策を求められ、総工事費7億ドルをかけて1984年のロス・オリンピックをターゲットとする3年計画の工事が進行した。それまでのターミナルビルは1層であったが、平面的な拡張が難しいため、2層への改修を行う計画とされた。同時に、ターミナルビル本館とリモートサテライトに分ける方式とすることにより、スポット拡張とゲートラウンジ等の確保が図られた。ターミナルビルの2

層化と同時にカーブサイドも2層化され、1階を到着、2階を出発とする方式が採用された。U字形をした構内幹線道路（ワールドウェイ）の外周用地には、ターミナル1とトム・ブラットリー国際ターミナル（TBIT）の2つのターミナルビルが建設され、これによりオリンピックに向けたLAX中央ターミナルエリアの主要な工事が完了した。これらのターミナルビルは延床面積約8.9万㎡で、11の固定ゲートと18のリモート・ゲートが設けられた。TBITの取扱旅客数は84年供用時には345万人であったが、89年には616万人に増加した。90年にはTBITのチェックインカウンターが24ポジション増設され、航空会社の配置換えが行われた。

　その後様々な施設整備が行われ、LAXは現在ロサンゼルス都市圏のみならず、アメリカ合衆国太平洋岸の空の玄関口となっている。

2. 施設

（1）滑走路

　LAXには東西方向に、クロスパラレル配置の2本の滑走路がターミナルエリアを挟んで2組、オープンパラレルに配置されている。北側の滑走路6L/24Rは長さ2,720m×幅46m、6R/24Lは3,135m×46m、南側の7L/25Rは3,685m×46m、7R/25Lは3,382m×61mで、すべてコンクリート舗装であり、高速脱出誘導路とILSが設置されている。

　北側2本は太平洋路線と北部（アラスカ、バンクーバー、オレゴン、北カリフォルニア等）路線が使用し、南側2本は中南米やアメリカ大陸横断路線が使用している。混雑時は内側の滑走路が離陸用、外側の滑走路が着陸用となる。

（2）旅客ターミナル

　空港の中央に、U字型に配置された9つの旅客ターミナル（北東端部に位置するT1から反時計回

りで順に、T2、T3、TBIT、T4、T5、T6、T7、T8）がある。それぞれのターミナルはピア方式、あるいはサテライト方式であり、1つずつのユニットを構成し、構内幹線周回道路の外周部に並べられている。各ターミナルはシャトルバスで連絡されている。

旅客ターミナル地域：ほとんどの外国航空会社が使用するトム・ブラットリー国際ターミナル

1）トム・ブラットリー国際ターミナル（TBIT）

TBITはほとんどの外国航空会社が使用し、アメリカン航空とデルタ航空の一部も使用しているターミナルである。

TBITにおいては大改修プロジェクトであるブラッドリー・ウエスト・プロジェクト（BWP）が実施されている。このターミナルをロサンゼルスや広範なアメリカへの新しい玄関口として有効に機能させることを目的とするものであり、2010年2月に起工され、第1期事業は13年9月に完成した。このプロジェクトはロサンゼルス市始まって以来の大規模公共工事でもある。BWPにおいては巨大な案内板と洗練された画面レイアウトをもつ最新の総合環境メディア・システム（IEMS）が設置され、国際線旅客に対し、情報とエンターテイメントが提供されている。

新トム・ブラットリー・ターミナル（TBT）には搭乗ラウンジ、出入国管理、税関、店舗エリアが新たに設置され、IEMSがターミナル入口から搭乗ゲートまでの旅客案内を行っている。TBTの店舗の8割はエアサイドに設けられ、

送迎の人が立入り可能な区域の店舗はわずか2割である。これは「9・11」以前と比較してほぼ逆の割合となっている。

また延床面積が約1.4万㎡の巨大なホールがあり、曲線を描く天井から自然光を最大限に採り入れている。ここには、飲食店、店舗、航空会社のラウンジが配置されている。なかでも、大型エレベータータワーは、4面がLEDスクリーンで覆われ、様々な画像表示を行っている。その他に双方向性の端末がコンコースの入口に配置され、見る角度によって異なる画像や情報を表示する珍しいものである。13年3月には、TBTの北コンコースにA380に対応するゲートが供用した。

第2期事業では、主な施設としてTBT東側の新しい搭乗橋、エプロン、セキュリティ検査場の移転と設備改修、乗継利便性向上のためのターミナル3とターミナル4との間を結ぶ連絡通路の設置を行う計画である。

2）その他の旅客ターミナル

T1には15のゲートが設置されており、サウスウエスト航空が使

用している。1984年に建設された施設であり、現在、同社によって2018年完成を目標に大規模な改修が行われている。

T2には11のゲートがあり、主としてデルタ航空が、またいくつかの外国航空会社が使用している。初期の施設は62年に建設されたが、その後完全に解体・再建されたものである。

T3は12のゲートを有し、デルタ航空が使用しており、一部の航空会社がチェックインのみを行っている（旅客は搭乗のためにTBITに移動）。最初のビルは61年にオープンしたが、その後拡張された。

T4には15ゲートが設置されており、アメリカン航空が使用している。1961年に建設された当初のビルはその後拡張、改修されている。

T5には13のゲートがあり、アメリカン・イーグル航空を初めとする7つの航空会社が使用している。初期のビルは1962年に建設され、その後拡張、改修されている。

T6は14のゲートを有しており、アラスカ航空を初めとする6社によって使用されている。1961年

にオープンし、その後拡張された。

T7には11ゲートが設置されており、ユナイテッド航空の国内線・国際線に使用されている。1962年に開設されたビルで、その後拡張、改修されている。現在2017年の完了を目途にコンコース改良工事が行われている。

T8には9つのゲートがあり、デルタ航空が使用している。元々は1961年にコンコース8として建設されたが、再開発されターミナル8として位置付けられた。

これらのターミナルで国際線を運航する航空会社によっては各ターミナルでの出発・到着手続きとTBITでの航空機乗降に分かれているため、バスによる移動を行うものがある。

TBITとT4、5、6、7、8はすべてエアサイドで接続されており、TBITとT4の間には地上通路、T4、5、6間には地下トンネル、T6、7、8間には地上歩道が設置されている。

3. 運用状況

LAXは世界で6番目、米国で3番目に利用者数の多い空港であり、国内の101都市、国外の85都市に運航している。アジア系と南米系の航空会社が多数就航しており、太平洋路線と南米路線をつなぐ役割も果たしている。2016年の航空機の離着陸数は70万回、また、同年の旅客数は8,100万人である。

日本の首都圏との関係において

は、アメリカの主要都市へ移動するビジネス客や観光客が待ち望んでいた羽田空港の昼間時間帯における羽田-ロサンゼルス線が2016年10月からANAにより運航開始された。またこの他、JALや、米系大手3社、シンガポール航空などが羽田／成田とLAXを結んでおり、関西国際空港からもJALがロサンゼルス便を運航している。ロサンゼルス路線は日本の長距離国際線のなかにおいて屈指の高需要路線となっている。

4. 将来計画

(1) 空港マスタープラン

1995年、空港運営者のLAWAは本空港のマスタープラン作成を開始し、2004年の市議会において「2004 LAX MASTER PLAN」が承認された。「2004 LAX MASTER PLAN」は、年間7,890万人の旅客、310万トンの貨物の取り扱いに対応できるように計画されている。

(2) 自動運転旅客輸送システム（APM）

2014年12月、LAXに自動運転旅客輸送システム（APM）を導入し、各ターミナルを連絡する事業計画（予算40億ドル）が承認された。同計画は空港内のターミナルエリアや、空港周辺の一般道路の道路混雑緩和も目的としており、新レンタカー・センターや、メトロポリタン交通局が建設している地下鉄新線（クレンショー・ライン）の空港近隣駅（航空／96番街駅）と各ターミナルの間をAPMで結ぶ計画が含まれている。環境調査が15年1月に開始され、17年から建設に着手、24年に完成の予定である。同計画は、①空港主要施設を結ぶ全長3.6kmのAPMを整備し、24時間、2〜3分間隔で運行し、1時間最大6,000人の乗客を輸送、②レンタカー各社の営業所の統合、③シャトルバス・タクシーなどの車両乗降場・駐車場、自動チェックイン機等が完備されたインターモーダル輸送施設の新設、④道路渋滞緩和を目的とした新しい道路やフリーウェイ出入口の建設、という4つのプロジェクトで構成されている。

（成田国際空港㈱）

■空港の諸元
- 空港運営者：
　ロサンゼルス・ワールド空港
　（Los Angeles World Airports：LAWA）
- 空港面積　1,386ha
- 滑走路（長さ×幅）：4本
　6R/24L：3135m × 46m
　6L/24R：2720m × 46m
　7L/25R：3685m × 46m
　7R/25L：3382m × 61m

■輸送実績（2016年）
- 総旅客数　　80,921,527人
　国際旅客　22,115,778人
　国内旅客　56,171,496人
- 貨物量　　　1,993,308トン
- 離着陸回数　　697,138回

#091
マッカラン国際空港（アメリカ合衆国・ラスベガス）

McCarran International Airport

KLAS/LAS

世界中から"カジノの街""眠らない街"へ！ ターミナルビル内のスロットマシーンがムードを演出

1. 沿革と概要

マッカラン国際空港は、カジノで有名な米国最大の観光地ラスベガスの玄関口の空港で、空港のなかでさえ1,200台以上のスロットマシンが設置されている。ラスベガスの市街地から南へ10km、車で10〜15分ほどの位置にある。ネバダ州クラーク郡が所有し、同郡航空局によって空港運営が行われている。

当空港の前身は、米国開拓史の英雄デヴィー・クロケットの子孫によって開設された「アラモ空港」で、1948年にこれをクラーク郡が買収し、クラーク郡営空港として運用を開始した。同年末にネバダ州選出の上院議員で「合衆国民

出発ゲートに並ぶスロットマシーン：さすが世界有数のカジノの玄関口

間航空法」を議会に提出したパット・マッカラン（Pat McCarran）に因んで、マッカラン国際空港と命名された。

第二次大戦後、ラスベガスは一大観光地へと発展し、航空旅客は飛躍的に増大した。1963年にはラスベガス・ブルーバード・サウスにあったターミナルを閉鎖し、パラダイス・ロードにおいて新ターミナルを建設、トランス・ワールド航空（Trans World Airline）

の拠点ターミナルとして運用を開始した。

1978年に航空会社の規制緩和法が制定され、「3人集まれば航空会社を創立できる」といわれるほど全米各地に航空会社が誕生した時期があった。当空港も例外ではなく、このような就航航空会社の増加や航空需要の増加を受けて、「マッカラン2000」と称される空港整備計画が策定され、新ターミナルの建設やアクセス道路・駐車

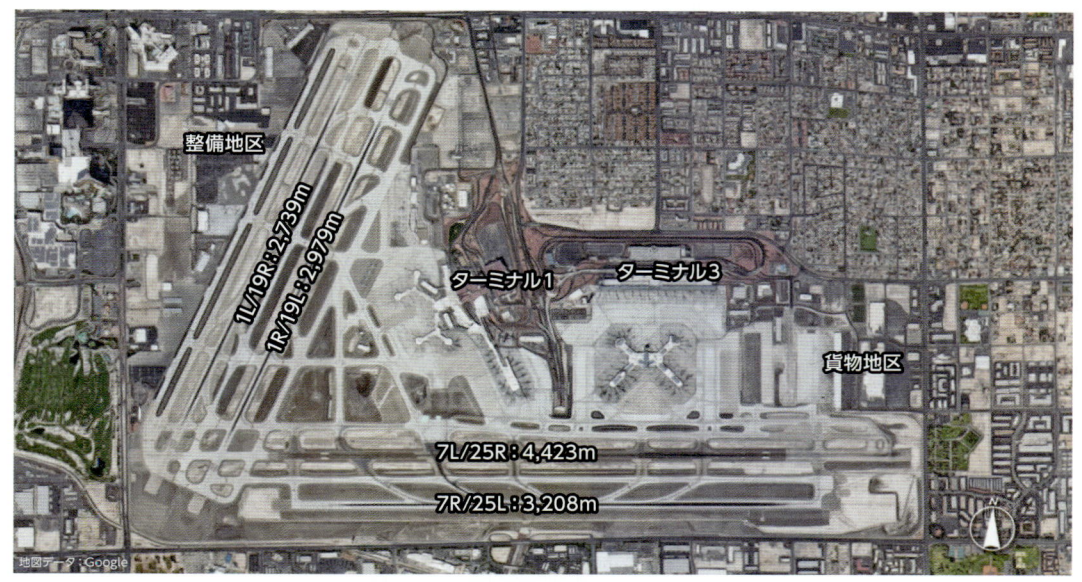

整備地区

1L/19R：2,739m
1R/19L：2,979m

ターミナル1　ターミナル3

貨物地区

7L/25R：4,423m

7R/25L：3,208m

地図データ：Google

空港全体図：クロスパラレルの2対の滑走路がV字型に配置され、その中央に旅客ターミナルを配置

旅客ターミナル地域：ターミナル1本館とゲートC・DサテライトにはAPMが運行

場の整備が進められて、今日の空港の姿が形成された。

2. 施設

　滑走路はクロースパラレルの2本の滑走路2組がV字形に交差（約63度）して配置されている。南北方向に1L/19R（長さ2,739m×幅46m、コンクリート舗装）と1R/19L（2,979m×46m、アスファルト舗装）の2本、東西方向に7L/25R（4,423m×46m、アスファルト舗装）と7R/25L（3,208m×46m、アスファルト舗装）の2本の計4本という構成である。ただし7L着陸は約650m、25R着陸は約430m短縮運用とされている。1R/19L以外の滑走路にはILSが設置されており、高速脱出誘導路は、7L/25R以外のすべての滑走路に設置されている。

　2組の滑走路に挟まれた三角地にターミナルが展開されている。ターミナル1は1985年に「マッカラン2000」の第1期計画として完成した。メインターミナルと4つのサテライト（メインビル正面のエアサイド側に突き出したY字型コンコースAとB、側方に設

置されたI字型コンコースC、さらにメインターミナルの東側に別棟で設置されたX字型リモートコンコースD）で構成され、合計で77のゲートを持つ大規模ターミナルである。メインビル及びコンコースC、Dはそれぞれ無料の自動運転旅客輸送システム（APM）で接続されている。

　ターミナル3はコンコースDの北側に建設され、2012年に完成した。コンコースDとはAPMで接続されている。14ゲートがあり、うち6ゲートが国際線用で、大韓航空、英国航空、ヴァージン・アトランティック航空などが使用し、残り7ゲートは国内線用で、ユナイテッド、アラスカ、ハワイアンなどが使用している。

　なお、ターミナル2は1997年に完成し、国際線用に使用されてきたが、ターミナル3の完成に伴い、国際線が移転して、現在は一般旅客用の用途としては使用され

ていない。

3. 運用状況

　マッカラン国際空港の2016年の年間乗降客数は4,700万人である。旅客数はここ数年着実に伸びてきているが、その原因の1つはフロンティア航空やスピリット航空などのLCCの伸長である。その他のエアラインも利用客数を大きく伸ばしており、14年から15年に5.8％の増加、15年から16年は4.6％の増加となった。

　また最近の特徴として、国際線の直行便が増加してきており、国内線施設の国際線への転用や共用化が進められている。また大型ジェット機用ゲートの整備も進められており、うち1ゲートは上下2層の搭乗橋を持つA380型機用ゲートである。

　また、定期便以外のチャーター便も多く、さらにグランドキャニオンなどの景勝地をフライトするジェネラルアビエーションの利用も活発である。

　アクセス施設では、ラスベガス・モノレール公社が運営するモノレールをマッカラン国際空港まで延伸する計画がある。

（成田国際空港㈱）

■空港の諸元
- 空港運営者：クラーク郡航空局
- 滑走路（長さ×幅）：4本
  - 1L/19R：2,739m × 46m
  - 1R/19L：2,979m × 46m
  - 7L/25R：4,423m × 46m
  - 7R/25L：3,208m × 46m

■輸送実績（2016年）
- 総旅客数　　47,496,614人
  - 国際旅客　　3,568,506人
  - 国内旅客　43,866,521人
- 貨物量　　　　101,148トン
- 離着陸回数　　541,428回

#092
サンフランシスコ国際空港（アメリカ合衆国・サンフランシスコ）

San Francisco International Airport

KSFO/SFO

金門橋が出迎える太平洋路線の主要空港。直交する2組のクロースパラレル滑走路が特徴

1. 沿革と概要

　サンフランシスコ国際空港は、市の中心から約22km南のサンフランシスコ湾岸に位置する。アメリカ西海岸の主要な国際空港で、太平洋路線のゲートウェイの役割をもっている。なお、サンフランシスコ湾岸の主要空港としては、オークランド国際空港とサンノゼ国際空港があり、いずれも当空港から50km圏内に位置している。これら3空港を合わせて、サンフランシスコ大都市圏の航空需要に対応している。

　サンフランシスコ国際空港の歴史は、1927年に市が地主から酪農場の一部を借りて市営空港としてオープンしたことに始まる。市は用地を30年に買い取ったが、運用開始して数年間は航空会社を誘致することが難しく、ほとんどがプライベート飛行、訓練飛行や空中エアショーに利用されていた。

　1930年代にはユナイテッド航空がサンフランシスコ空港と近くのオークランド空港の両方で運航していたが、第二次世界大戦中にオークランド空港が軍事空港となったため、すべての国内線はサンフランシスコ空港に集中し、今日の大空港の礎となった。

　戦後、パンナム航空はサンフランシスコ空港を太平洋横断飛行に使用し続けたが、1985年に同路線の権益をユナイテッド航空に売却して、当空港はユナイテッド航空の主要拠点空港になった。

2. 施設

(1) 滑走路

　滑走路は互いに直行する2組のクロースパラレル滑走路で構成されている。東西方向に10L/28R（長さ3,618m×幅61m）と10R/28L（3,231m×61m）の2本、南北方向に1R/19L（2,636m×61m）

空港全体図：十字に交差する2対のクロースパラレル滑走路と、集約された4つのターミナルで構成

と 1L/19R（2,286m×61m）の2本の計4本で、いずれもアスファルト舗装で、最も短い1L/19R滑走路以外のすべての滑走路にILSが設置されている。

管制上の処理能力を上げるために接近した2本の滑走路（間隔は230メートル）から同時に2機の航空機が離陸滑走を開始し、離陸直後に左右に分かれて各飛行ルートに入っていく方式は大変ユニークである。

サンフランシスコの空港分布

（2）旅客ターミナル

旅客ターミナルエリアは、交差する滑走路に面した西側の地域に位置する。ターミナルはT1、T2、T3と国際線ターミナルの4棟が環状に配置されており、それぞれフィンガー/ピアがエアサイドに突き出すコンセプトのターミナルである。

ターミナル1（T1）は旧サウスターミナルであり、当初のターミナルは搭乗エリアBとCで1963年に開業した。サウスウエスト航空、デルタ航空、フロンティア航空などが使用している。

ターミナル2（T2）は、旧セントラルターミナルで1954年にオープンし、現国際線ターミナルがオープンするまでは、国際線を取り扱っていた。59年に米国ではじめてとなる搭乗橋（jetway：DC8用）が設置された。T2は2008～11年に大規模な改修工事が行われ、現在はアメリカン航空、ヴァージン・アメリカン航空などが使用している。

ターミナル3（T3）は、旧ノースターミナルで1979年にオープン、81年に増設され、現在はユナイテッド航空が使用している。

国際線ターミナルは2000年に完成した。北米で最大規模の国際線ターミナルといわれている。メインビルから南側にフィンガーAを突出し、主にスカイチームとワンワールド・メンバーが使用、北側にフィンガーGを突出し、主にスターアライアンス・メンバーが使用している。

以上の4棟のターミナルビル間はエアトレイン（APM：自動運転旅客輸送システム）が24時間運行しており、また徒歩でも移動が可能である。

（3）その他の施設

アクセスでは、ベイエリア高速鉄道（BART）が自動運転列車を用いて、国際線ターミナルのガレージGにある空港BART駅まで乗り入れており、2003年には地下鉄の延伸によりサンフランシス

コ中心部まで鉄道で行けるようになった。

大地震に耐えることができないと耐震性能が問題となっていた管制塔は、T1とT2の間にトーチのような形をした新管制塔が2016年に完成した。

3. 運用状況

本空港の所有者はサンフランシスコ市と郡であり、運営者はサンフランシスコ空港委員会である。

当空港は、航空輸送の発展とともに米国西海岸のゲートウェイであり続けているが、直行した2組のクロースパラレル滑走路などが原因で悪天候時の遅延発生などの問題が生じていた。これを解消する拡張計画がうまく進まないなかで迎えたLCCブームにおいて、サウスウエスト航空をはじめいくつかのLCCがオークランド空港やサンノゼ空港といったライバル空港に移ってしまった時期がある。そ

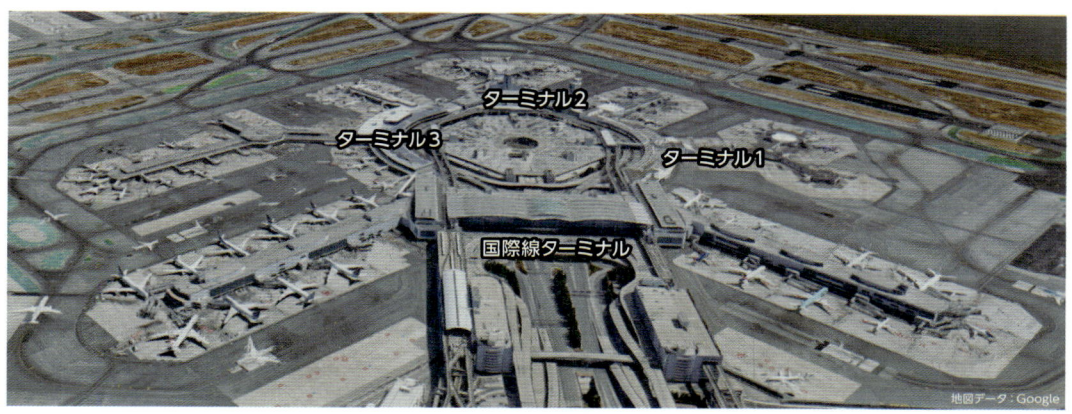

旅客ターミナル：環状に配置された4つのターミナル本館はAPMが連絡

の後、新しい国際線ターミナルのオープンなどを経て活気を取り戻している。2009年にはサウスウエスト航空はサンフランシスコ空港に戻り、07年にはエアバス社のA380が最初にサンフランシスコ空港に着陸した。A380路線は、カンタス航空が最初に乗り入れ、スピリット航空が就航し、ユナイテッド航空の韓国・台湾直行便、中華航空の上海便などが相次いで就航した。

また当空港では、旅客へのサービスレベルの向上のために、いくつかの新しい試みが行われている。新しいターミナルにおける航空博物館と図書館の併設、また滑走路上のすべての動きを見渡せる、遮るもののない景色と自然光で満たされた広々とした搭乗エリアの創出などである。

サンフランシスコ空港は07〜09年の間"登録旅行者制度"を導入していた空港の1つである。これは事前スクリーニング費用を支払った旅客は速やかにセキュリティチェックを通ることができるという制度であった。現在本空港においては、旅客と手荷物のスクリーニングが「チームSFO」と呼ばれる、TSAの請負業者である「航空保安契約会社（Covenant Aviation Security：CAS）」によって運営されている。

また本空港は、米国で最初に手荷物処理とインライン・スクリーニングの統合システムを導入した空港であり、9.11時代の他の空港のモデルとなっている。

4. 将来計画

将来新たに空港所有のホテルと4つ星のグランド・ハイアットを建設する計画がある。当空港への入り口に位置し、ターミナルビルや駐車場に近く、エアトレインでホテルに直接アクセス可能で、高速道路へもアクセスが良い場所に立地させる予定である。

本空港の計画者は、低視程時の発着に対応するために、サンフランシスコ湾に滑走路を拡張するという提案をしているが、環境団体からは反対を受けている。地域計画法の規定で、埋め立てる場合には代替地を準備しなければならない。

（成田国際空港㈱）

■空港の諸元
・空港運営者：
　サンフランシスコ空港委員会
・滑走路（長さ×幅）：4本
　10L/28R：3,618m × 61m
　10R/28L：3,231m × 61m
　1R/19L：2,636m × 61m
　1L/19R：2,286m × 61m

■輸送実績（2016年）
・総旅客数　53,099,282人
　国際旅客 12,362,146人
　国内旅客 40,729,913人
・貨物量　483,223トン
・離着陸回数　450,388回

オークランド国際空港（アメリカ合衆国・オークランド）

Oakland International Airport

KOAK/OAK

大西洋単独横断飛行のチャールズ・リンドバーグによって開設された歴史ある空港

1. 沿革と概要

オークランド市は米国カリフォルニア州の北部、サンフランシスコ湾を挟んでサンフランシスコ市の対岸にある。

オークランド国際空港は、市中心部から16kmほど南に位置するが、第二次世界大戦前の民間航空の揺籃期から航空に縁の深い地である。本空港は大西洋単独横断飛行を果たした、かのチャールズ・リンドバーグによって1927年に開設されたという。また、28年のチャールズ・キングスフォード・スミスによるオーストラリア―米国間の太平洋横断飛行の着陸地点でもあり、伝説の女性飛行士アメリア・イヤハートが37年に赤道上の世界一周に出発した空港でもあった。当時すでに長さ2,100m以上の滑走路があり、長距離飛行のために燃料を満載した航空機が安全に離陸できたこともこれらの歴史に寄与したようである。

当空港では1927年にユナイテッド航空の前身であるボーイング・エア・トランスポーテーション（Boeing Air Transportation）によって定期便が開設されたが、併せて29年にボーイングは空港内に航空学校を開設し、45年にユナイテッド航空の訓練センターとなるまでに数千人のパイロットや整備士を訓練したという。文字通り航空の礎を支えてきた歴史がある。

オークランド空港は第二次世界大戦中に軍用飛行場に転用されたが、戦後の1946年に民間航空用となり、後の本格的なジェット機時代に繋がっていく。トランス・ワールド航空（TWA）がコンベア880によってはじめてのジェット定期便をシカゴ線に就航させたのは63年であり、62年に最初のターミナル（現在のターミナル1）がオープンし、同年に長さ3,000mの滑走路も完成した。60年代末頃には、ワールド・エアウェイズ（World Airways）が当空港に航空機メンテナンスセンターを開設、格納庫はB747の収容が可能であった。

ベトナム戦争後オークランド国際空港の交通量は伸び悩んだが、規制緩和後いくつかのLCCの就航が始まり、1985年にはターミナル2（リオネル・J・ウィルソンターミナル（Lionel J. Wilson Terminal））が建設され、ほぼ今日の空港の姿に至っている。

なお、同空港は、オークランド市の独立機関であるオークランド港（Port of Oakland）が所有・運営する。

空港全体図：空港北部にある3本の滑走路はジェネラルアビエーションの発着に利用されている

2. 施設

オークランド国際空港には、約1,100haの敷地に滑走路4本が配置されている。湾岸に沿って南西-北東方向の滑走路12/30（長さ3,206m×幅46m）、内陸側にクロースパラレルの滑走路（10R/28L：1,894m×46mと10L/28R：1,664m×46m）の、さらに内陸側に小型機用の滑走路（15/33：1029m×23m）がある。滑走路はすべてアスファルト舗装で、主滑走路（10L/28R）にはILSと高速脱出誘導路が設置されている。

定期旅客便用のターミナルエリアは主滑走路の陸側に配置され、平行滑走路を挟んでさらに内陸側にジェネラルアビエーション用の施設が配置されている。当空港ではこのジェネラルアビエーションの発着回数が最大で50%近くを占め、定期旅客便よりも多い。

旅客ターミナルは1962年に完成したピア方式のターミナル1（T1）と85年に完成したフロンタル＋フィンガー方式のターミナル2（T2）の2棟がある。T1はアメリカン、デルタ、アラスカ、ハワイアン・エアライン等が使用し、T2は、サウスウエスト専用であり、両ターミナルはエアサイド通路（セキュリティ後のクリーンエリア）で結ばれ、それぞれ米国の税関と入国審査を含む国際線施設がある。

当空港では、2004年に空港の改修・拡張プロジェクトが開始され、T2の5ゲート増設、新コンコース設置、バゲージクレームを新しいセキュリティエリアに移設、構内道路、カーブサイド、駐車場の改良などが行われ、08年までに完了した。

現在も15年に策定されたオークランド国際空港近代化計画が進行中でT1の改修、耐震性能の向上と旅客取扱の改善事業が進められている。

1927年に開設された当時の空港用地は現在も航空貨物用地やジェネラルアビエーション用地として使われている。ここにFedExが88年にオープンした貨物基地は、今日では米国の最もビジーな貨物ターミナルの1つであり、2013年に設備をアップグレードし、B777の新型機にも対応する施設とされている。

アクセス鉄道には、BART競技場駅とすべてのターミナルの入口を結ぶ自動運転軌道システム（Automated Guideway Transit：AGT）が2014年に完成した。

3. 運用状況

オークランド国際空港は、2008年のリーマン・ショックによる不景気、燃料費の急騰、エアラインの破綻などの影響を受けて、他のベイエリアの空港よりも厳しい減便などに見舞われたが、徐々に定期便が回復している。現在、旅客便では、米国内路線、メキシコ・欧州路線があり、貨物は米国内、カナダ、日本の路線がある。エアラインのなかでは、サウスウエスト航空とアレジアント・エア（Allegiant Air）が当空港を基幹空港としている。なかでもサウスウエスト航空は、1990年にオークランドに乗員基地を開設、路線を拡大して当空港最大の旅客数を誇るエアラインとなり、2015年実績でピーク日に120便就航させている。

また空港の運用面では航空機騒音問題があり、騒音モニタリング・システムを用いて監視しつつ、パイロット教育やオペレーションの工夫など近隣への被害を最小にとどめる努力を行ってきたという。

（成田国際空港㈱）

■空港の諸元	
・空港運営者：オークランド港（Port of Oakland）	
・空港面積：1,100ha	
・滑走路（長さ×幅）：4本	
12/30　：3,206m × 46m	
10R/28L：1,894m × 46m	
10L/28R：1,664m × 46m	
15/33　：1,029m × 23m	

■輸送実績（2016年）	
・総旅客客数	12,070,967人
国際旅客	377,994人
国内旅客	11,692,973人
・貨物量	511,780トン
・離着陸回数	222,771回

シアトル・タコマ国際空港（アメリカ合衆国・シアトル）

Seattle-Tacoma International Airport **KSEA/SEA**

限られた用地を巧みに使用したピア＋リモートサテライト方式のターミナルコンセプト

1. 沿革と概要

シアトル市は米国本土の西北端、ワシントン州の中心都市で、古くからアジア、アラスカとの交易が盛んであった。もともとのシアトル市の主要空港は1928年に開港したボーイング・フィールド（現キング郡国際空港）で、航空機メーカーのボーイングが所有し、公共用飛行場として運用されていた。しかしその後第二次世界大戦が勃発し、軍需の増加に伴って民需の機能を果たせなくなり、44年にシアトル市港湾局により新空港が建設され、民間専用空港として開港した。シアトル市とタコマ市を跨ぐように建設されていることから、シアトルとタコマ両地名を冠して「シアトル・タコマ国際空港」と命名された。地元では略し

シアトルの空港分布：キング郡国際空港にはボーイングの施設が立ち並ぶ

てSea-Tac（シータック）と呼ばれている。

1947年に最初の定期便が就航し、49年にはノースウエスト航空（現デルタ航空）が東京便を就航させた。アラスカ、極東への航空路と北廻り欧州航空路の経由地

という地の利から、その後着々と需要を伸ばし、ジャンボ機の就航開始をはさむ69年から72年にかけての大規模改造によって現ターミナルコンセプトの骨格が出来上がった。

空港の運営者は、シアトル市港

空港全体図：クロースパラレル配置された南北に伸びる3本の滑走路があるが、敷地が狭く拡張性に乏しい

16R/34L：2,591m
16C/34C：2,873m
16L/34R：3,627m

サウス・サテライト
ノース・サテライト
貨物・整備地区
メインターミナル
貨物地区

湾局である。

2. 施設

当空港の大きな問題点は約800haという敷地の狭隘さである。南北に長いやや変形の敷地は、西側の離着陸エリアと東側のターミナルエリアに分かれる。

滑走路は、南北方向にクロースパラレルに3本の滑走路（16L/34R：長さ3,627m、アスファルト舗装、16C/34C：2,873m、コンクリート舗装、16R/34L：2,591m、コンクリート舗装）が配置されている。滑走路幅はすべて46mで、16L/34R、16C/34CにはILSが設置され、16R/34Lと16C/34Cには高速脱出誘導路が設置されている。近接した平行滑走路を3本配置するのは、処理能力があまり向上しないことから、他に例は少なく、敷地限界によるものと考えられる。

ターミナルエリアはアクセス道路によって後方を限定されているため、拡張の方向は南北方向に限定されている。これがまた隣接するカーゴエリアやメンテナンスエリアを圧迫する結果となっている。ジャンボ機時代以降の当空港拡張の歴史は、この特殊な条件をどう克服するかの知恵くらべの歴史であるともいえよう。

1960年代に建設されたターミナルビルは、4本のピアを持つ小規模なターミナルであったので、大型ジェット機に対応するために

いくつかの拡張案が検討されたが、結局現在見られるようなピアを大幅に延長拡大し、2つのリモートサテライトを新設する計画案となった。

現在のターミナルの構成は、中央に位置するメインターミナル（セントラルターミナル）に出発到着施設やレンタカー・バスの施設があり、この両側にA～Dゲートへと延びる4本のピアがあり、その先にアイランド型のサテライトであるNゲート、Sゲートが位置している。これら南北に延びるピアとサテライトは地下の自動運転軌道システムで結ばれており各施設間の移動も便利である。

空港からの主なアクセス機関としてライトレール（Sound Transit Light Rail）、タクシー、バス、レンタカー、シャトルがある。

3. 運用状況

2016年実績では、シアトル・タコマ国際空港の年間旅客数は4,600万人で米国9位の空港である。拠点としている航空会社は、デルタ航空、アラスカ航空、ホライゾン航空などである。14年にデルタ航空は当空港を太平洋路

線のハブ空港とすることを発表し、上海、香港、東京、ソウル、ロンドン、その他国内線と路線を結び、シアトルから33の国と地域を結ぶ予定であるとした。デルタ航空の当空港におけるハブ化の動きは空港機能の拡張に大きく影響を与えると考えられる。

4. 将来計画

シアトル市、タコマ市の周辺地域は急速な成長期にあり、同空港の航空需要は2011年の年間旅客数が3,280万人から5年後の16年には4,570万人と1.4倍に急増した。シアトル港湾局は34年には年間旅客数が6,600万人（15年から2,400万人の増）に達すると予想し、将来に向けた空港計画を立てている。この計画では、現在の3本滑走路の構成内で、年間発着回数の拡大（14年の35万回から54万回へ）、エプロンにおける35スポットの増設（現在88スポット）、大型機用の16スポットの増設（現在11スポット）、その他混雑の緩和、交通連携の改善、貨物施設の近代化などが掲げられている。

（成田国際空港㈱）

■空港の諸元	
・空港運営者：シアトル市港湾局	
・空港面積：約800ha	
・滑走路（長さ×幅）：3本	
16L/34R：3,627m × 46m	
16C/34C：2,873m × 46m	
16R/34L：2,591m × 46m	

■輸送実績（2016年）	
・総旅客数	45,736,700人
国際旅客	4,866,046人
国内旅客	40,870,654人
・貨物量	366,429トン
・離着陸回数	412,170回

テッド・スティーブンス・アンカレッジ国際空港（アメリカ合衆国・アンカレッジ）

Ted Stevens Anchorage international Airport

PANC /ANC

かつては日本—欧米路線の中継基地空港。今はフェデックス、UPS を中心とする貨物機の中継基地

The Americas

1. 沿革と概要

　アンカレッジ市は、米国アラスカ州南部のクック湾の最奥部にあり、投錨地（anchorage）の名のとおり港湾都市として発展した。アンカレッジ国際空港はアンカレッジ市中心部から南西8kmの湾岸部に位置する。

　アンカレッジ空港といえば、1970年代から80年代にかけて欧米各地に海外出張や旅行をされた方々には懐かしい名前に違いない。当時は、ソ連上空通過が困難であったことと、当時のジェッ

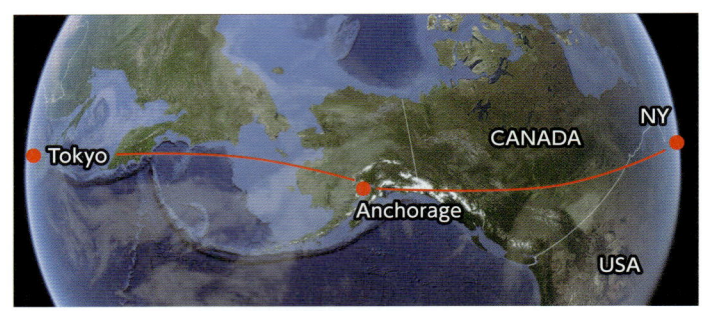

北極圏ルート：アンカレッジ国際空港が中継地として活躍

ト機の航続距離からノンストップの太平洋横断飛行ができなかった。このことから、このアンカレッジ空港を経由地として、主に給油や乗員の交代の基地としていた。東

京から20時間もの時間をかけて東南アジア、インド、中東を経てパリ、ロンドンに至る南回り線よりもよほど早いこの北極圏ルートが選ばれ、さらに当空港経由で米

空港全体図：国際貨物拠点と地域航空拠点の特性を示す２つの地区配置。水上飛行場が隣接

旅客ターミナル地域：サウスターミナルは国内線用で3つのコンコースを有す。ノースターミナルは国際線用

地図データ：Google

国東海岸へ結ぶ路線も開設された。その結果、1日数十便もの航空機が寄港し、当空港のトランジット・ロビーは、「おにぎり」「うどん」などの暖簾を掲げた和食堂や少し砕けた日本語で呼込みをする土産物店などがあって、さながら東京の仲見世通りの様相を呈していたことが思い出される。

当空港は、1950年に建設され、その後アラスカ航空、ノースウエスト・オリエント航空、パシフィック・ノーザン航空などがDC-3などで就航したが、大きな転機はカナディアン・パシフィック航空が極東地域路線の給油のために寄港したことによって訪れる。57年にスカンジナビアン航空が東京ーコペンハーゲンの北極圏ルートに就航を開始し、60年代初頭にはJALがアンカレッジ経由のシアトル便を運航。60年代から87年までJALがアンカレッジ経由のロンドン、パリなどの欧州便を就航させたことなどもあって、我が国の航空輸送にとって馴染みの深い空港となった。

多くの定期便は、90年代初頭

の冷戦終了に伴いソ連の上空通過も可能となり、航空機の航続距離が向上して無寄港の太平洋横断が可能になったことなどから、アンカレッジ経由の路線は次第に廃止され、件のトランジット・ロビーも縮小された。

しかし、旅客便は急激に減少したものの、当空港は航空貨物輸送において目覚ましい発展を遂げている。すでに重要な主要国際貨物ハブ空港であり、2015年実績では貨物機運航回数で香港、メンフィス、上海に次いで世界第4位を占めるに至った（16年実績では6位）。貨物航空路線としては路線距離が短く、積載量が大きくできるメリットがあり、エアラインに選ばれる結果となっている。

当空港の正式名称は1968〜2009年まで上院議員を務めたテッド・スティーブンス氏の名前を冠して2000年にアラスカ州議会により「テッド・スティーブンス・アンカレッジ国際空港」に変更された。空港の設置運営はアラスカ州運輸省（Department of transport）が行っている。

なお、水上飛行場では世界で最も発着回数が多いといわれる「フッド湖水上飛行場」は当空港に隣接して立地しており、地域航空で重要な役割を果たしている。

2. 施設

滑走路は、ほぼ東西方向にクロースパラレルの滑走路2本（7L/25R：長さ3,231m×幅46mと7R/25L：3,780m×61m）とこれに交差する滑走路（15/33：3,341m×46m）の3本があり、いわゆるインターセクションの滑走路配置となっている。いずれの滑走路にもILSが設置されている。なお、2017年現在、7L/25Rは工事中で閉鎖されており、これに伴い15/33滑走路も短縮運用されている。

ターミナル地域は滑走路の交差部に沿って展開されており、南北2棟のターミナルがある。

サウスターミナルは国内線用で、エア・カナダ、アラスカ航空、アメリカン・エアラインなどメジャーの航空会社と州内路線の

260

フッド湖水上飛行場：アンカレッジ国際空港に隣接し、水上飛行場で世界最大の発着回数

地域航空会社が使用している。

　サウスターミナルはＴ字形に突き出したＡ、Ｂ、Ｃ３本のコンコースで構成されている。コンコースＡは1985年、Ｂは69年の建築で、新しいバゲージハンドリング・システムの導入などを含め2009年に大規模に改修され、コンコースＣは04年に建替えられた。ノースターミナルは1982年の建築、国際線用で２ゲートがあり、コンドル航空などが使用するが、セキュリティレベルが低いとされる。

　一方、国際貨物取扱施設は規模が大きく、最大はFedExの貨物ターミナルで、時間当たり１万3,400個の荷捌き能力があり、第２位はUPSで時間当たり5,000個の荷捌き能力があるとされる。両社ともここ数年に中国や極東地域からの貨物量が増えると予測しており、貨物取扱施設の拡張を計画している。

3. 運用状況

　最近10年間の旅客数は、約500万人でほぼ横ばい状態が続いている。現在、約50便の直行便が就航しており、うち米国内14州との直行便に加え、カナダ、ドイツ、アイスランド、ロシア路線がある。極寒の地であり旅客は６月〜８月のピークシーズンに集中するが、路線別にはシアトル便が最大で、第２位はフェアバンクス路線となっている。

　同州の将来的な構想では、ロシア極東地域との結節点の役割を目指したいとのことである。

（岩見宣治）

■空港の諸元	
・空港運営者：アラスカ州運輸省	
（Department of transport)	
・空港面積：1,865ha	
・滑走路（長さ×幅）：３本	
7L/25R：3,231m×46m	
7R/25L：3,780m×61m	
15/33　：3,341m×46m	

■輸送実績（2016年）	
・総旅客数	5,511,607人
国際旅客	67,177人
国内旅客	5,422,881人
・貨物量	2,542,526トン
・離着陸回数	279,861回

#096
ダニエル・K・イノウエ国際空港 <small>（アメリカ合衆国・ホノルル）</small>

Daniel K. Inouye International Airport

KHNL/HNL

国際、本土、島内の航空ネットワークを担う太平洋中央部にある世界的観光地の中心空港

1. 沿革と概要

　ホノルル国際空港（HNL）は、2017年4月に「ダニエル・K・イノウエ国際空港」に名称を変更した。ハワイ出身の日系アメリカ人で、日系人初の連邦上院議員となり、連続9期務めた米政界の重鎮イノウエ氏の名を冠したものである。

　ハワイ州は、南太平洋上の島嶼で構成されており、航空ネットワークが観光、生活に欠かせない重要な交通機関となっている。民間航空の定期便が就航している空港は、オアフ島の州都ホノルルにあるイノウエ国際空港（HNL）をはじめ、マウイ島最大で国際線と

ハワイの空港分布：8つの空港があり、島嶼間を結ぶ重要な交通ネットワークを形成

島嶼間の路線があるカフルイ空港、ハワイ島の主要空港で太平洋横断路線島嶼間路線が就航するコナ国際空港、同島東側にあるヒロ国際

空港、カウアイ島の観光・生活路線に供されているリフエ空港、モロカイ島の主要空港であるモロカイ空港と小規模なカラウパパ空港、

空港全体図：4本の陸上滑走路のほか、2本の水上滑走路を有す

旅客ターミナル地域：FSC (T3)、ハワイアン航空 (T2)、コミューター (T1) の3棟で構成

ラナイ島の観光・生活路線用の比較的小規模なラナイ空港の8空港でそれぞれハワイ州が管理している。その他小型機用飛行場や軍用飛行場が多数所在する。

これらのうち、ダニエル・K・イノウエ国際空港（旧称ホノルル国際空港）は、ハワイ州最大の基幹空港であり、州の玄関口のみならず、太平洋横断路線のハブ空港となっている。同空港は1927年に、オアフ島の中心部ワイキキから西へ14kmの位置に、水陸両用の飛行場として開港した。当時は、第一次世界大戦の海軍士官ジョン・ロジャースの名を冠してジョン・ロジャース空港と呼ばれた。日米開戦後、すなわち真珠湾攻撃後、米軍がすべての民間空港を引継ぎ、ロジャース・フィールド海軍航空基地ホノルルとなった。戦後の46年にハワイ州の設置運営する民間用空港となり47年にホノルル空港、50年に「ホノルル国際空港」に改名された。当時は1,600haの広さで4本の陸上滑走路と3つの水上滑走路（水域）を

持っていた。

同空港は太平洋の中央付近に位置するため、民間航空路線の発達とともに、多くの太平洋横断航空機が就航した。プロペラ機の時代、ジェット機の初期の時代は特に航続距離の関係から多くの経由便が設定されたが、航空機の高性能化により、直行の太平洋飛行が可能になったことに伴い、経由便が減少した。

最初の本格的な旅客ターミナルは、1962年にオープンしたジョン・ロジャース・ターミナルであり、その後70年に完成したダイヤモンドヘッド・コンコースなどの拡張整備が行われて今日に至っている。

2. 施設

滑走路は、4本の陸上滑走路と2本の水上滑走路で構成されている。陸上滑走路は沿岸部にオフショアの形で東西方向に設置された主滑走路（8L/26R：長さ3,749m×幅46m）と外側の埋

立地にオープンパラレルに設置された滑走路（8R/26L：3,658m×61m）及び8L/26Rに交差する形で北東-南西方向にクロースパラレル（間隔150m）の滑走路2本（4L/22R：2,119m×46mと4R/22L：2,743m×46m）が配置されている。舗装はすべてアスファルトで、4R/22Lを除く3本の滑走路にはILSが設置されている。

水上滑走路は8W/26W（長さ1,524m×幅91m）と4W/22W（914m×46m）の2か所である。

旅客ターミナルは、滑走路8L/26Rに面した位置にあり、ターミナル1～3の3棟で構成されている。ターミナル1、2はフロンタル方式、ターミナル3は3本のピアを有するピア方式である。

これらのうちターミナル3は同空港の主力ターミナルで、29のゲートを持ち、アメリカン、デルタ、ユナイテッドなど米社とJALなど外国社の国際線と主に米国本土への国内線が使用している。ターミナル2はインターアイラン

管制塔：「DANIEL K. INOUYE INTERNATIONAL AIRPORT」と記されている

photo / Daniel K. Inouye International Airport

ド・ターミナルとよばれ13ゲートがあって、同空港をハブ空港とするハフイアン航空がハワイ諸島路線、米国本土路線、国際線に使用している。ターミナル1は島嶼路線が使用するコミューター・ターミナルである。

各ターミナルの国際線到着後にゲートからターミナル3の入国審査場まで送迎する「ウィキウィキバス」と呼ばれる2両連結のバスが名物となっていたが、2010年に動く歩道付きのコンコースなどが設置されて歩行で国際線到着に行けるようになった。

駐車場は、3つのターミナルを合わせて約6,000台の規模である。

3. 運用状況

当空港では、旅客便では27の航空会社が約60空港に就航し、貨物便では8社が30あまりの空港に就航している。

1日平均発着回数は780回（航空運送、エアタクシー、ジェネラルアビエーション、軍用機の合計）に達し、1日平均旅客数は約5万人、24時間運用の空港である。

4. 将来計画

将来のプロジェクトには、ターミナル2に設置される新しいコンコースの建設が含まれているが、この新しいコンコースは、ハワイアン航空の独占的使用になり、同

社のターミナル3の海外ゲートの使用を減らすことができるので、他社が使える海外線でゲートが増加する。ランドサイドでは、連結レンタカー施設（CONRAC）の建設と既存のレンタカー施設の撤去の計画もある。

（成田国際空港㈱）

■空港の諸元
・空港運営者：ハワイ交通国務省
　（Department of Transportation)
・滑走路（長さ×幅）：
　4本（陸上）、2本（水上）
　＜陸上滑走路＞
　8L/26R　：3,749m × 46m
　8R/26L　：3,658m × 61m
　4L/22R　：2,119m × 46m
　4R/22L　：2,743m × 46m
　＜水上滑走路＞
　8w/26w：1,524m × 91m
　4w/22w：　914m × 46m

■輸送実績（2016年）
・総旅客数　　19,878,659人
　国際旅客　　5,397,212人
　国内旅客　14,260,976人
・貨物量　　　460,921トン
・離着陸回数　316,154回

#097

メキシコシティ国際空港（メキシコ・メキシコシティ）

Mexico City International Airport

MMMX/MEX

都市圏人口 2,000 万人を抱える首都の空港。2,230m の高地に 3,900m 級滑走路 2 本を有す

1. 沿革と概要

　メキシコシティ国際空港は、メキシコの首都メキシコシティ市街中心部から東へ5kmと市街地に近接した位置にあり、着陸時には大都市メキシコ市中心部の高層ビルを間近に見ることになる。また、空港の標高が2,230mと世界の主要国際空港のなかでも高く、空港内には酸素ボンベが常設されている。本空港は、かつてベニート・ファレス国際空港と呼ばれ、メキシコ建国の父として称えられる19世紀にメキシコ合衆国の大統領を務めた「ベニート・パブロ・フアレス・ガルシア」にちなんだ名称であった。

　当空港は、国有企業の空港・航空サービス会社（Aeropuertos y

メキシコシティの空港分布：現空港に拡張の余地がなく、近隣に新空港建設を予定

Servicios Auxiliares：ASA）により所有され、運営されている。2010年には年間航空旅客2,400万人であったものが、15年には3,800万人を上回るといった、近年の著しい航空需要の伸びのため、空港の能力は急速に限界に近づい

ており、これに対処するため新空港の建設が進められている。

2. 施設

　滑走路は、05R/23L（長さ3,900m×幅45m、アスファル

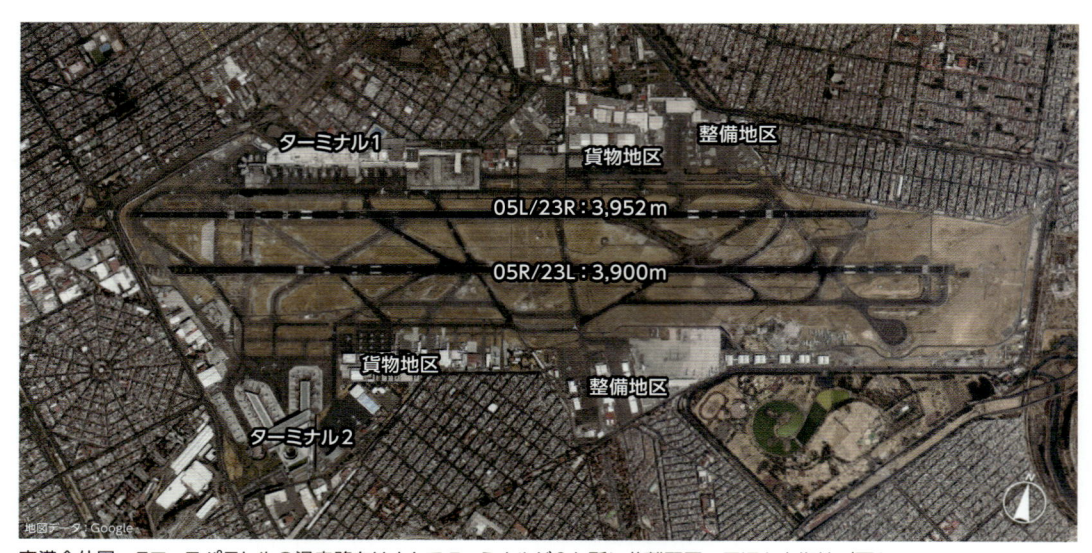

空港全体図：クロスパラレルの滑走路をはさんでターミナルが2か所に分離配置。周辺を市街地が覆う

ターミナル2：2007年に供用開始

ターミナル2に駐機するアエロメヒコ航空機：尾翼に描かれているロゴマークはメキシコに伝わる鷲の戦士がモチーフ

工事も行われ、搭乗橋付きの固定ゲートはターミナル1に25、ターミナル2に23ゲートが備えられて、これらによりターミナル地区の処理能力は年間2,000万から3,200万人へと増強された。

　ターミナル1を利用する航空会社は、JALやメキシカーナ航空（Mexicana de Aviacion）などであり、アエロメヒコ航空やデルタ航空などのスカイチームがターミナル2を利用している。なお、ターミナル間はバスまたはモノレールにより移動可能である。

　また、空港のターミナル1にはヒルトンホテル、カミーノ・レアル、フィエスタ・インといったホテルが立地し、ターミナル2にはNHホテル（スペインの有名なホテルチェーン）がターミナルと直結するなど、旅客のための宿泊施設が充実している。さらに、ターミナル2の建設にあわせて、長距離用のバスターミナルが建設され、約100km離れた世界遺産として登録されているプエブラ市をはじめ、メキシコ内の多くの都市との間のアクセスの利便性が向上したことも特記されることである。

3. 運用状況

　当空港は、ラテンアメリカのなかでは、ブラジルのサンパウロ国際空港に次いで2番目に旅客数の多い空港であり、2016年実績で、4,100万人を上回る利用者があった。また、航空機の発着回数でみ

ト舗装）と05L/23R（3,952m×45m、アスファルト舗装）の2本の滑走路がクロースパラレルに設置されている。05R/23LにはILSが設置されている。なお、進入直下に市街地があるため、騒音対策として、05L、05R、23R着陸が短縮運用されている。

　航空需要の増大に対応するため、空港機能の拡張が必要となっているが、現空港は市街地のなかに立地し拡張余地がほとんどないことから、ビセンテ・フォックス大統領（在任2000年〜06年）は、メキシコシティから北東に25km

離れたメキシコ州のサンサルバドル・アテンコ市の地域に5,000ha規模の新空港建設を宣言した。しかしながら、2002年には地元の猛烈な反対運動が起こり、新空港の建設を断念せざるを得ない状況に追い込まれた。

　このため、まずは現空港のターミナル機能の拡張を行うこととし、既存のターミナル1（フロンタル／ピア方式）の滑走路を挟んだ反対側に、新たなターミナル（ターミナル2：2本のピア方式）が整備され、2007年に供用を開始した。あわせてターミナル1の改修

photo / Foster and Partners

新空港のターミナル完成予想図：滑走路は6本の計画

ると、年間45万回（同年）となっており、ラテンアメリカで最もビジーな空港となっている。

　就航する航空会社としては、国内及び国際の旅客便を運航する航空会社が27社あり、カーゴを扱う航空会社が17社ある。当空港は、メキシコで最大のエアラインでフラッグキャリアのアエロメヒコ航空のメイン・ハブ空港であり、また、その子会社でメキシコ国内の地域航空を担うアエロメヒコ・コネクト航空（本社はメキシコで3番目の都市モンテレイ）の第2ハブ空港となっており、全体として、スカイチームのハブを形成している。

　また、外国のエアラインでは、ユナイテッド航空、アメリカン航空、デルタ航空、アヴィアンカ航空などが就航している。

4. 将来計画

　前述のように、2000年代前半に構想された新空港建設は廃案に終わったものの、現空港内ではこれ以上の拡張余地がなく、航空輸送量の増大に対処することができないため、新たな空港の建設が、以前とは場所を変えて検討されることとなった。この結果、14年9月、メキシコシティの隣のメ

キシコ州テスココ地区、現空港から北東10kmの位置に新空港の建設が行われることが、エンリケ・ペニャ・ニエト大統領により宣言された。マスタープランは英国人のノーマン・フォスター氏とメキシコ人のフェルナンド・ロメオ氏が共同でデザインを行ったもので、その奇抜なデザインが国際的にも注目されている。全体計画は滑走路6本、面積は現空港の約6倍の4,430haが予定されているが、このうち第一期工事は、4,500mの滑走路2本、投資額は130億ドルで、約8年の建設期間を経て供用することが見込まれている。建物内には大型のショッピングモールもあり、世界でも3番目に大きな空港になるといわれている。なお、この第一期供用後は、現空港は廃止され、新空港に一元化されるとのことである。

（千山善幸）

■空港の諸元
・空港運営者：空港・航空サービス会社
　（Aeropuertos y Servicios Auxiliares：ASA）
・空港面積：約740ha
・滑走路（長さ×幅）：2本
　05R/23L：3,900m × 45m
　05L/23R：3,952m × 45m

■輸送実績（2016年）
・総旅客数　　41,410,254人
　国際旅客　14,053,530人
　国内旅客　27,354,171人
・貨物量　　　　488,447トン
・離着陸回数　　448,181回

column06

国際旅客数ランキング 50（2016 年）

順位	地域	国名	都市名	空港名	IATA	年間旅客数	掲載
1	中東・アフリカ	アラブ首長国連邦	ドバイ	ドバイ国際空港	DXB	83,105,798	p492
2	欧州	イギリス	ロンドン	ヒースロー空港	LHR	71,030,114	p 5
3	アジア	香港	香港	香港国際空港	HKG	70,098,216	p349
4	欧州	オランダ	アムステルダム	アムステルダム・スキポール空港	AMS	63,533,504	p 95
5	欧州	フランス	パリ	パリ・シャルル・ド・ゴール空港	CDG	60,384,622	p 35
6	アジア	シンガポール	シンガポール	チャンギ国際空港	SIN	58,158,000	p415
7	アジア	韓国	ソウル	仁川国際空港	ICN	57,152,206	p313
8	欧州	ドイツ	フランクフルト	フランクフルト空港	FRA	53,707,953	p 55
9	アジア	タイ	バンコク	スワンナプーム国際空港	BKK	45,291,073	p431
10	アジア	台湾	台北	台湾桃園国際空港	TPE	41,876,848	p359
11	欧州	トルコ	イスタンブール	イスタンブール・アタテュルク国際空港	IST	41,281,937	p135
12	欧州	イギリス	ロンドン	ガトウィック空港	LGW	39,264,495	p 10
13	中東・アフリカ	カタール	ドーハ	ハマド国際空港	DOH	37,216,179	p487
14	アジア	マレーシア	クアラルンプール	クアラルンプール国際空港	KUL	36,962,822	p421
15	欧州	スペイン	マドリード	アドルフォ・スアレス・マドリード・バラハス空港	MAD	36,074,688	p 81
16	欧州	ドイツ	ミュンヘン	フランツ・ヨーゼフ・シュトラウス空港	MUC	32,569,420	p 61
17	欧州	スペイン	バルセロナ	バルセロナ・エル・プラット空港	BCN	32,316,655	p 85
18	日本	日本	東京	成田国際空港	NRT	31,991,208	p609
19	南北アメリカ	アメリカ合衆国	ニューヨーク	ニューヨーク・ジョン・F・ケネディ国際空港	JFK	31,781,375	p181
20	欧州	イタリア	ローマ	レオナルド・ダ・ヴィンチ国際空港	FCO	29,096,160	p 76
21	欧州	アイルランド	ダブリン	ダブリン空港	DUB	27,641,025	p 31
22	南北アメリカ	カナダ	トロント	トロント・ピアーソン国際空港	YYZ	27,428,638	p163
23	欧州	スイス	チューリッヒ	チューリッヒ空港	ZRH	26,937,669	p 91
24	欧州	デンマーク	コペンハーゲン	コペンハーゲン・カストラップ空港	CPH	26,931,718	p105
25	アジア	中国	上海	上海浦東国際空港	PVG	26,910,655	p329
26	中東・アフリカ	アラブ首長国連邦	アブダビ	アブダビ国際空港	AUH	24,202,536	p489
27	欧州	イギリス	マンチェスター	マンチェスター空港	MAN	23,311,346	p 23
28	欧州	オーストリア	ウィーン	ウィーン国際空港	VIE	22,743,166	p 89
29	欧州	イギリス	ロンドン	ロンドン・スタンステッド空港	STN	22,267,799	p 16
30	南北アメリカ	アメリカ合衆国	ロサンゼルス	ロサンゼルス国際空港	LAX	22,115,778	p246
31	欧州	ベルギー	ブリュッセル	ブリュッセル空港	BRU	21,736,576	p101
32	南北アメリカ	アメリカ合衆国	マイアミ	マイアミ国際空港	MIA	21,380,615	p226
33	アジア	中国	北京	北京首都国際空港	PEK	20,622,859	p325
34	欧州	スペイン	パルマ・デ・マヨルカ	パルマ・デ・マヨルカ空港	PMI	20,424,118	-
35	欧州	フランス	パリ	パリ・オルリー空港	ORY	20,351,136	p 39
36	欧州	スウェーデン	ストックホルム	ストックホルム・アーランダ空港	ARN	19,424,897	p109
37	欧州	ポルトガル	リスボン	リスボン・ウンベルト・デルガード空港	LIS	19,376,171	p 87
38	中東・アフリカ	サウジアラビア	ジッダ	キング・アブドゥルアズィーズ国際空港	JED	19,335,835	-
39	欧州	ドイツ	デュッセルドルフ	デュッセルドルフ空港	DUS	19,008,072	p 65
40	アジア	フィリピン	マニラ	ニノイ・アキノ空港	MNL	18,956,577	p375
41	欧州	ロシア	モスクワ	シェレメテェボ国際空港	SVO	18,839,384	p147
42	日本	日本	大阪	関西国際空港	KIX	18,760,512	p642
43	中東・アフリカ	イスラエル	テルアビブ	ベン・グリオン国際空港	TLV	17,342,687	p495
44	欧州	イタリア	ミラノ	ミラノ・マルペンサ空港	MXP	16,617,377	p 68
45	欧州	スイス	ジュネーブ	ジュネーブ空港	GVA	15,796,408	p 93
46	日本	日本	東京	東京国際空港（羽田）	HND	15,118,738	p601
47	アジア	インド	デリー	インディラ・ガンジー国際空港	DEL	14,971,653	p454
48	オセアニア	オーストラリア	シドニー	キングスフォード・スミス空港	SYD	14,940,425	p515
49	南北アメリカ	パナマ	パナマシティ	トクメン国際空港	PTY	14,619,973	p279
50	南北アメリカ	メキシコ	カンクン	カンクン国際空港	CUN	14,589,443	-

ラ・アウロラ国際空港（グアテマラ・グアテマラシティ）

La Aurora International Airport

MGGT/GUA

マヤ遺跡で有名なグアテマラの首都空港。より安全な空港を目指して新空港を模索中

1. 沿革と概要

　当空港は首都グアテマラシティの中心部から6kmと近接した場所に位置しており、空港の北・東・西側は商業地域で囲まれ、南側は数十メートルの段差（崖）の下に住宅地が広がるという環境にある。空港の標高は1,509mと比較的高地にあり、滑走路方向はほぼ南北の02/20、長さは2,987mである。記録によれば、第二次世界大戦中に米国空軍が駐屯し、空港の改良と拡張が行われ、その後1959年に両側に500m拡張されて、現在の空港が形成された。20進入側に鉄塔等の障害物があるため、20着陸末端が220m移設されており、滑走路長は2,677mに短縮して運用されている。平行誘導路が設置されているが、滑走路との中心線間隔は約75mと狭い。また、滑走路の縦断勾配は、20末端から約1/3の区間は1.5%〜1.8%の急

グアテマラの空港分布：国内線が遺跡観光の玄関口サンタエレナ空港との間を結ぶ

勾配となっており、ICAO基準を満たしていない状況にある。このためICAOの安全監査においても度重なる指摘を受けているが、改良工事のために長期間空港を閉鎖することは、当国の死活的問題となるので、滑走路勾配の抜本的な改良を行うためにも新空港を建設するという手立てが模索されてきた。

　こうした背景から、わが国から

の技術協力として、JICAにより1990年及び2002年と2度にわたり新空港に関わる調査が行われている。後者の調査では、JICAの環境社会配慮ガイドラインに基づき、地域住民との対話を通じて、住民の移転等に対する十分な配慮を行いつつ、新空港建設の適地選定が行われているが、いまだ決定には至っていない。

　空港の所有者は国の都市基盤住

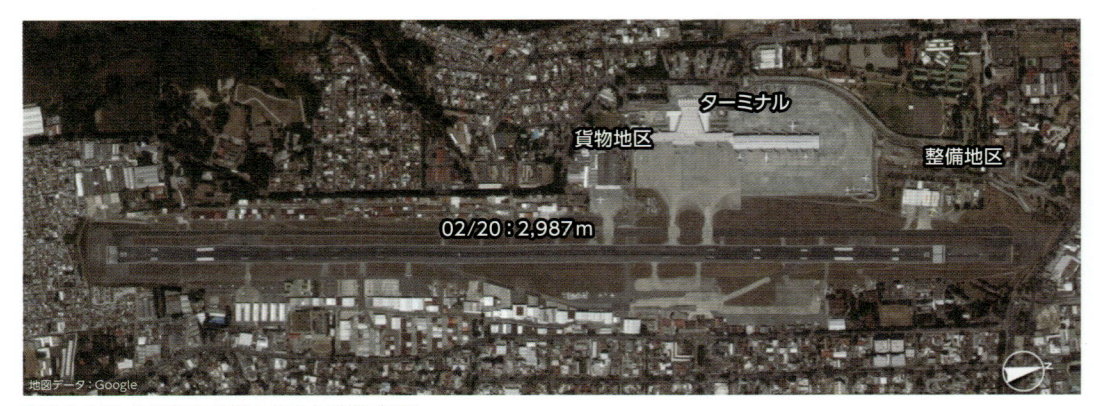

空港全体図：滑走路に技術上の安全課題がある

宅雀であり、運営者は民間航空公団である。

　旅客ターミナルはユニット（フロンタル）形式である。2007年にはターミナルの大規模なリノベーションが行われ、これにあわせて北側に新たなピアと7スポットが増設されて、現在22スポットが運用されている。うち搭乗橋付きの固定ゲートは14である。

2. 運用状況

　当空港の路線の状況をみると、マイアミやヒューストンなどの米国の主要空港との間の路線が約4割を占めるとともに、近隣のサンサルバドル、サンホセ、メキシコシティなどとの間に路線が就航しており、2014年の空港全体の利用実績は、220万人強となっている。こうした海外との主要路線には、アメリカン、ユナイテッド、デルタなどの米国大手航空会社、近隣国をベースにするアビアンカ・エルサルバドル、そして、当国の航空会社であるアビアンカ・ガテマラなどが就航している。また、国内線としては、サンタエレナ空港（マヤ遺跡ティカルの玄関口）との間に、観光客を中心に年間10万人程度の需要がある。

　マヤ遺跡ティカルは、グアテマラ中北部のティカルに広がる古典期マヤ文明の広大な遺跡である。数々の巨大な神殿が森の中にそびえ立つ景色がスターウォーズ第1作に登場し、世界的に有名になった。

（干山善幸）

■空港の諸元
・空港運営者：民間航空公団
　（Direction General de Aeronautica Civil）
・滑走路（長さ×幅）：1本
　02/20：2,987m × 60m

■輸送実績（2016年）
データなし

column 07

中米のマヤ文明三大遺産

（干山善幸）

　マヤ文明は、紀元前後からスペインの植民地化が進む16世紀頃まで、メキシコ、グアテマラ、ホンジュラスなどに展開した文明で、巨大なピラミッド神殿や祭礼場などを築き、天文学・暦・マヤ象形文字などが発明され、国王、貴族、司祭による貴族政治が行われていた。

　中米のマヤ文明三大遺跡といわれるのが、グアテマラの世界遺産であるティカル遺跡とキリグア遺跡、そしてホンジュラスの世界遺産のコパン遺跡である。

　ティカル遺跡は、マヤ最大の都市遺跡であり、574㎢にわたる広大な敷地の中に大小3,000を超える遺跡が眠っている。全盛期の8世紀にはおよそ6万人の人口を擁し、都市全体が漆喰で塗り固められ、朱色に塗られていたといわれている。ピラミッド型の神殿から辺りを見渡すと、ティカルが密林に眠る遺跡だということがよくわかる。

　キリグア遺跡には、大広場に10本ほどの石碑が残っており、その内の1つ「石碑C」には、大きな導入文字の下に13を表す数字と400年を1周期として表す単位「バクトゥン」がマヤ文字で刻まれている。これはマヤ長期暦の起点を表しており、それから13バクトゥン（約5200年）経過した最終日が、2012年12月21日にあたるため、「マヤの予言では、2012年12月21日に人類が終焉を迎える」との噂が流れたこともあった。

　コパン遺跡はマヤ文明の中でも卓越した芸術性を誇っており、ホンジュラスで唯一の世界遺産である。8世紀に緻密な高浮き彫りの彫刻など、荘厳な芸術文化が花開いた。「神聖文字の階段」は、62段、高さ3mほどの階段であるが、これを形成する2,000個あまりのブロックすべてにマヤ文字が刻み込まれており、見所の1つとなっている。

モンセニョール・オスカル・アルヌルフォ・ロメロ国際空港 （エルサルバドル・サンサルバドル）

Monseñor Óscar Arnulfo Romero International Airport

MSLP/SAL

太平洋に面する小国の首都空港で、日本の協力により開港した同国唯一の国際空港

1. 沿革と概要

　当空港は、エルサルバドルの首都サンサルバドル市から南東40kmの低地に新空港として建設されたものである。それまでのイロパンゴ空港（サンサルバドル市の東方10km）が手狭となったため、1972年、エルサルバドル共和国は日本政府に対し、新国際空港建設に関わる調査の実施を要請。これを受けて海外技術協力事業団（JICAの前身）による技術協力として、同年11月から12月にかけて運輸省航空局とコンサルタントからなる調査団が現地に派遣され、73年6月に報告書が作成された。その結果に基づき74年、わが国からエルサルバドル共和国に対する初めての円借款（57億円）により建設が開始され、1980年に「エルサルバドル国際空港」という名称で開港した。2014年、当時のフネス大統領によって、かつ

サンサルバドルの空港分布：サンサルバドルの南東40kmに位置するモンセニョール・オスカル・アルヌルフォ・ロメロ国際空港

てのサンサルバドル教区大司教で、ミサの司式の最中に狙撃を受けて暗殺されたモンセニョール・オスカル・アルヌルフォ・ロメロの名を冠した現在の名称に変更されている。しかし、一般には従来どおり「エルサルバドル国際空港」の

名称が使われるほか、従来からの通称である「コマラパ空港」の名でも知られている。

　当空港の建設プロジェクトは、わが国による国際協力の象徴的意味合いを持っている。日本とエルサルバドル共和国との外交樹立

空港全体図：1本の滑走路の中心付近にフロンタル形式のターミナルを配置

旅客ターミナルビル：典型的なフロンタル方式のターミナル

photo / Mariordo Mario Roberto Duran Ortiz/Mario Duran Valerio

70周年記念を迎えた2005年、この空港の建設秘話に関してエルサルバドル版「プロジェクトX」が放映され、そのなかで、空港建設後期、当該国では、外国人を含む誘拐や抗議デモが多発し内戦に向かって情勢が悪化していたが、工事を請け負った日本企業は、現地労働者と野球等を通じて交流と信頼関係を深め無事工事を完了させ、内戦真っ只中の1980年1月に開港したことが紹介された。これを見た一般市民から「日本人を尊敬する」といった声が寄せられたというエピソードもある。

　空港の所有及び運営は、国営企業の自治港運営委員会（Comisión Ejecutiva Portuaria Autónoma：CEPA）によってなされている。

2. 施設

　主滑走路（07/25）は長さ3,200m×幅45mのアスファルト舗装で、ILSが設置されている。旅客ターミナルは1棟で、ユニット（フロンタル）形式の本館から片側にピアを突き出した形のコンセプトである。開港当初は7スポットで運用が開始されたが、需要の伸びに対応して1996年及び98年に拡張整備が行われ、現在では大型ジェット対応が2スポット、小型ジェット対応が15スポット、合計17スポット（うち14は搭乗橋装備）を有している。エプロンはアスファルト舗装で、車輪走行部のみコンクリート舗装としている。

3. 運用状況

　当空港は、アビアンカ・エルサルバドル（旧エルサルバドル国営TACA航空）のメイン・ハブ空港となっており、同エアラインは38機のA320により、当空港利用者の5割強を輸送している。空港全体の路線構成をみると、米国の主要空港との間の路線が約9割を占め、その他カナダ、カリビアン諸国、ヨーロッパ、そして近隣諸国と幅広く国際線ネットワークを有しており、2016年の取扱実績は、旅客数が190万人となっている。

（干山善幸）

■空港の諸元
・空港運営者：自治港運営委員会
　（Comisión Ejecutiva Portuaria
　Autónoma：CEPA）
・滑走路（長さ×幅）：1本
　07/25：3,200m×45m

■輸送実績（2016年）
・総旅客数　　　1,926,646人
　国際旅客　　　1,905,227人
　国内旅客　　　　　　―
・貨物量　　　　26,779トン
・離着陸回数　　47,000回

トンコンティン国際空港 （ホンジュラス・テグシガルパ）

Toncontin International Airportt

MHTG/TGU

ホンジュラスの首都空港。短い滑走路と旋回進入を強いる周辺地形はパイロット泣かせ

1. 沿革と概要

当空港は、ホンジュラスの首都テグシガルパから南西8kmほどに位置する空港である。空港の歴史は古く、現在の地に空港用地が確保され、1934年に供用した。その背景として、24年に市民戦争が勃発した際に、航空輸送が「山がち」な国土における理想的な解決策として、また、戦略的な武器として有望視されたことがある。その結果、民間航空が発展し、ホンジュラス空軍が発足した。

滑走路長は、2009年までは1,863mであったが、南側の小高い丘を大規模に削り、その後2,163mまで延長されている。しかし、それでも十分な滑走路長とはいい難く、B757クラスの就航が精いっぱいという状況にある。標高994mと比較的高い位置にあ

テグシガルパの空港分布：ソト・カノ空軍基地への移設が検討されているが、なかなか実現しない

りながら滑走路長が短く、また空港周辺には障害物があるため直線進入ができない状況にあることなどから、ヒストリー・チャンネル（アメリカのテレビ局）において「世界で最も危険な空港」第2位に選ばれている。

空港の運営は、ホンジュラス政府との契約に基づきホンジュラス国内の主要4空港の運営を行っている、テグシガルパ空港管理会社（ACT）により行われている。

2. 施設

ターミナルエリアには4つのゲートがあり、うち2つが国際線用として搭乗橋（PBB）が設置さ

空港全体図：高地にありながら2,000m級滑走路が1本。延長する余地はない

滑走路02への旋回進入：高地にありながら滑走路長が短く、安全上の課題を有する

photo / enrique galeano morales

れている。残りの2ゲートは改装中であり、国内線用として使われる予定である。免税店、レンタカー店に加えて、郵便局、銀行、レストランなどが設置されている。

3. 新空港論争

2008年5月30日にタカ航空のA320機が南側からの進入時にオーバーランし、土手を超えて20m下に落下し、乗客5名が死亡するという事故が発生、ICAOの安全監査が入り空港形状の改善が求められた。これを契機に、当時のゼラヤ大統領は、国際路線をコマジャグア市（首都テグシガルパから北西に80km離れた、スペイン統治時代の建築が多く残されている都市）の南方8kmに位置

する、ソト・カノ空軍基地（滑走路長2,441m）に移設し、現空港については、国内線に限定することを宣言した。

この80kmも離れた空軍基地を使用するということに世論から大きな反発があったものの、ゼラヤ大統領はその主張を繰り返していた。しかし2009年6月、同大統領はその地位を追われることになり、それとともに、空軍基地利用案は消え去り、引き続きトンコンティン空港が国際線にも利用されることとなった。

その2年後の2011年4月、空港運営者（ACT）とホンジュラス政府は、空港の移設議論を再開し、11年秋までに、ソト・カノ空軍基地があるコマジャグア市のパルメロラ地区に新空港建設を開始することを宣言した。しかし11年9月、トボ大統領は、議論がまだ成熟していないという理由で新空港の建設を保留し、現在もトンコンティン空港が利用されている状況にある。

（干山善幸）

■空港の諸元	■輸送実績（2016年）	
・空港運営者：テグシガルパ空港管理会社（ACT）	・総旅客数	708,484人
	国際旅客	577,442人
・滑走路（長さ×幅）：1本 02/20：2,163m × 45m	国内旅客	131,042人
	・貨物量	3,567トン
	・離着陸回数	23,450回

#101
アウグスト・セサル・サンディーノ国際空港 (ニカラグア・マナグア)

Augusto C. Sandino International Airport　　　　　**MNMG/MGA**

「南の観光トライアングル」を有し、大運河建設プロジェクトが進行するニカラグアの首都空港

1. 沿革と概要

　当空港は、中米の中央部に位置するニカラグア共和国の首都マナグアにある国際空港である。空港の名称は、ニカラグアの英雄アウグスト・セサル・サンディーノの名前に由来し、空港の所有・運営は、国際空港管理会社（EAAI）により行われている。中米で5番目にビジーな空港である。

　ニカラグアは人口約600万人、中米で最も広い国土面積（13万k㎡）を持ち、西部で太平洋、東部でカリブ海に面し、北方でホンジュラス、南方でコスタリカと国境を接しており、古都グラナダやレオンなど人気の観光スポットがある。また、中国系の香港企業により、太平洋と大西洋を結ぶ巨大運河の建設（BOT方式。総工費6兆円）が2019年の完成を目標に進められており、注目されている。

　1960年代〜1970年代のニカ

ニカラグアの空港分布：南の観光トライアングルと2015年供用開始の新空港

ラグア革命という苦難の歴史を経て、現在、観光産業が最も重要な産業となっている。また、年間6万人のアメリカ国民が、ビジネス、観光、帰省といった目的で訪れている

　マナグアの東3kmのところに、1915年に建設された旧空港があったが、航空需要の増加に対応することができなかったため、ニ

カラグア政府は新空港の建設を決定し、42年にパンアメリカン航空との間で空港建設契約を締結し、現在の空港が建設された。その後も拡張や修繕を繰り返しながら、70年代初めには近代的な空港となった。

空港全体図：一部に平行誘導路が設置された滑走路が1本。中央部にフロンタル方式のターミナルを配置

エアサイドから見たターミナル：米国系の航空会社が並ぶ

2. 施設

当空港は、マグアナの中心部から東に11kmのところにあって、標高は59mである。滑走路は1本（10/28：長さ2,442m×幅45m、アスファルト舗装）で、一部に平行誘導路が設置されている。旅客ターミナルはユニット（フロンタル）方式で、搭乗橋つきの5つの固定スポットとオープンスポットを有している。

3. 運用状況

当空港は、2015年3月時点で、8か国に12の直行便が就航しており、15年の輸送実績は約140万人である。路線を輸送量の順位でみると、第1位がマイアミ、第2位がテキサス、第3位がコスタリカのサンホセという状況であり、全体の半数以上がアメリカとの間の需要である。当空港には11の航空会社が就航し、そのなかでもパナマのコパ航空が最も輸送量が多く、コスタリカのサンホセ空港とパナマのパナマ・シティ空港を中心に運航しており全体の30％を占めている。2番目は、アメリカン航空で、マイアミ路線と2014年6月に開設されたダラス・フォートワース線を中心に運航しており、全体の20％を占めている。15年までの5年間の平均の伸び率は5.1％で、16年には年間150万人にまで伸びており、今後とも観光を中心とした伸びが期待されている。

4. 新たな観光ゲートウェイの建設

2015年11月、マナグアから南東に60km離れたリバス（Rivas）の西20kmの位置に、新たに1,525mの滑走路を有するリゾート地向けの空港（コスタ・エスメラルダ空港）が供用を開始した。この空港の東側の地域には、スペイン植民地時代の面影が残るグラナダ、ニカラグア湖に浮かぶ2つの火山島オメテペ、そしてニカラグアで最も人気のある海岸リゾート地サン・フアン・デル・スールから構成される「南の観光トライアングル」と呼ばれる観光エリアがあり、当空港はそのゲートウェイとして整備されたものである。空港供用後、国際プライベート・ジェットが乗り入れを始めるとともに、首都のアウグスト・セサル・サンディーノ国際空港や隣国コスタリカのリベリア国際空港との間に路線が結ばれている。

（千山善幸）

■空港の諸元
・空港運営者：国際空港管理会社（EAAI）
・滑走路（長さ×幅）：1本
　　10/28：2,442m × 45m

■輸送実績（2016年）
・総旅客数　　1,533,034人
　　国際旅客　1,351,025人
　　国内旅客　　182,009人
・貨物量　　　　25,497トン
・離着陸回数　　21,100回

ファン・サンタマリーア国際空港（コスタリカ・サンホセ）

Juan Santamaria International Airport　　　　　　　　**MROC /SJO**

かつて中米の楽園とうたわれた、環境保護先進国コスタリカの首都サンホセの空港

The Americas

1. 沿革と概要

　当空港は、コスタリカ共和国の首都サンホセにある国際空港である。空港の名称は、19世紀半ばの国民戦争時に25歳の若さで戦死した英雄ファン・サンタマリーアの名前に由来している。

　コスタリカは、北はニカラグアと南はパナマと国境を接しており、太平洋とカリブ海に美しいビーチを有する人口460万人の小国である。国土の25%以上を国立公園とし、多様性に富んだ環境保護先進国であり、エコツアーの発祥の地でもある。中央アメリカのなかでは政治的にも安定が続き、経済的にも豊かであることから、「中米の楽園」と呼ばれていたが、最近では治安の悪化が進んでいる。

　現在の空港は1958年に供用開始したもので、首都サンホセから北西に16kmほど離れた標高

空港位置図：首都サンホセやコスタリカのほぼ中央に位置し、中心部の北西16kmに立地

921mの場所にある。それ以前の空港は、サンホセ市内の現在サバナ首都公園となっている場所にあった。97年になって空港運営を民営化するという政府方針が打ち出され、数年にわたる公募手続きを経て、2001年5月、アルテラ・パートナーズが20年のコンセッション権を与えられ運営を始めた。

09年、この経営権はアエリス・ホールディングスに譲り渡された。

2. 施設

　滑走路は1本で、方位は07/25、長さ3,012m×幅45m、アスファルト舗装である。25着陸側は約500m短縮運用されている。平行

空港全体図：標高921mの高所にある国際空港で、滑走路は長さ3,012mが1本

誘導路が設置されているが、滑走路との中心線間隔が約100mと狭い。旅客ターミナルはユニット（フロンタル）方式で、搭乗橋つきの固定スポットが7つある。

3. 運用状況

A330、A340、B747、B767などの中型・大型ジェット機が就航している。当空港は、かつては中央アメリカで最もビジーな空港であったが、2013年にはパナマのトクメン国際空港に次いで2番目にビジーな空港にランクされている。16年には年間460万人もの利月実績があるが、9割以上が国際線であり、国内線は年間20万人程度で推移している。また、11年には、国際空港評議会（Airports Council International：ACI）からラテンアメリカ・カリビアン地域において3番目に優れた空港という栄誉を得ている。

就航路線を2014年の利用実績順にみると、第1位が隣国パナマのパナマシティ空港との間で、年間55万人、第2位～第4位が米国線で、ヒューストン（49万人）、マイアミ（45万人）、アトランタ（34万人）の順、そして第5位がエルサルバドルのサンサルバドルで年間27万人という状況である。

photo / Juan Santamaria International Airportt
空港ターミナル全景：フロンタル方式で、搭乗橋つきの固定スポットを7つ備える

旅客ターミナル内部：年間460万人の利用者のうち、国際線が9割以上を占める

当空港には30の航空会社が就航しているが、なかでもパナマのコパ航空、アビアンカ・コスタリカが当空港を主要寄港地として位置づけ、パナマシティや米国主要都市との間の主要路線を中心に運航を行っている。また、コスタリカの航空会社であるネイチャー航空とサンサ航空が基地空港として利用している。

（千山善幸）

■空港の諸元
・空港運営者：
　アエリス・ホールディングス
・滑走路（長さ×幅）：1本
　07/25：3,012m × 45m

■輸送実績（2016年）
・総旅客数　　4,571,946人
　国際旅客　　4,360,330人
　国内旅客　　207,946人
・貨物量　　　71,722トン
・離着陸回数　85,644回

#103
トクメン国際空港（パナマ・パナマシティ）
Tocumen International Airport

MPTO/PTY

太平洋と大西洋を繋ぐパナマ運河を持つ国パナマの首都に位置し、旅客数は中米最大

1. 沿革と概要

　トクメン国際空港は、パナマシティ中心部の東18kmに位置する空港である。中央アメリカで最も利用客の多い空港であり、パナマの航空会社であるコパ航空の基地空港となっている。

　空港には北側と南側とに2本の滑走路があるが、北側の滑走路は1947年に供用を開始し、54年にこの滑走路に付随する旅客ターミナルが整備された。その後、航空需要の増加に対処するため、南側にもう1本の滑走路と14の搭乗橋（PBB）を有するターミナルビルが整備され、78年に供用を開始した。これに伴い北側のターミナルは貨物ターミナルとして利用されることとなった。

　2003年に空港の運営が民営化され、トクメン国際空港会社が運営を行うこととなった。この空港会社は、06年にターミナルの大規模なリニューアルを行い、現在

空港位置図：2016年にパナマ運河拡張工事が完了

の22のPBBを持つメインターミナルビルに改装した。その後も精力的に拡張工事が行われており、メインターミナルビルの北側に12のPBBを有する北コンコースが1億ドルの資金を投入して増設され、12年4月に供用を開始した。さらに、現在メインターミナルビルの南側に接続する形で8億ドルの資金を投入して20のPBBを持つ新たなターミナルビル（サウスターミナルビル）が、18年後半

の供用をめざして建設中である。

　このビルは鳥が翼を広げたイメージで波型にカーブしたフロンタル・ラインをもつ大変斬新なデザインである。

　なお、パナマの最近のトピックスとして、2016年6月に5,000億円を超える資金を投入したパナマ運河の拡張工事が完成し、従来の3倍近い貨物量の大型船が行き来できるようになった。これにより、パナマの経済的な発展も促進

空港全体図：2本ある滑走路のうちターミナルに近い南側滑走路を主に使用

サウスターミナル鳥瞰図：左下の斬新なターミナル（2018年10月供用予定）

photo / Foster and Pertners

され、航空輸送量もさらに増大していくものと期待される。

2. 施設

当空港には2本の滑走路があるが、メインの滑走路は、現在のターミナル地区とともに整備された南側の滑走路（03R/21L：長さ3,050m×幅45m）であり、CAT-Ⅰ仕様のILSが設置されている。北側に開港当初に整備された平行の滑走路（03L/21R：2,682m×61m）があるが、中心線間隔は約860mで、オープンパラレルの要件に満たしていない。またILSも設置されていない。

旅客ターミナルは、滑走路03R/21Lに面して配置され、フロンタル方式と3本のピアを組み合わせたコンセプトである。メインターミナルビルと北コンコースを合わせて合計34の搭乗橋PBBが

設置されており、さらに2018年10月にサウスターミナルビルが完成すると、54のPBBが利用可能となる。これにより年間1,800万人の需要に対応できるようになる。

3. 運用状況

空港の利用実績をみると、2004年に年間240万人程度であった航空旅客が、15年には1,370万人、16年には1,500万人へと急激に増大している。

路線としては、カリビアン地域、南・北・中央アメリカ、ヨーロッパの主要都市との間に多様なネットワークを有しているが、就航路線を14年の利用実績順にみると、第1位が隣国コロンビアのボゴタ空港との間で年間58万人、第2位が米国のマイアミ空港との間で年間53万人、第3位がコスタリカのサンホセ空港との間で年間42万人といった具合である。

（干山善幸）

■空港の諸元
- 空港運営者：トクメン国際空港会社
- 滑走路（長さ×幅）：2本
  03R/21L：3,050m × 45m
  03L/21R：2,682m × 61m

■輸送実績（2016年）
- 総旅客数　　14,740,020人
  国際旅客　14,619,973人
  国内旅客　　120,047人
- 貨物量　　　110,364トン
- 離着陸回数　145,245回

ホセ・マルティ国際空港 （キューバ・ハバナ）

José Martí International Airport

MUHA/HAV

カリブ海に面し、米国との国交回復を果たしたキューバの航空需要を支える重要拠点

1. 沿革と概要

　当空港は、キューバの首都ハバナ市の中心部から南西15kmに位置する空港で、国営会社のキューバ空港・航空サービス会社（ECASA）により所有され、また運営されている。同社は、キューバ国内22空港を運営している。

　当空港の歴史は、1930年にそれまで使用されていた旧離着陸場の位置に、現在の原型となる飛行場がオープンしたことに始まる。同年10月にはフォード・トライモーター（Ford Trimotor）機が、ハバナから約600km離れたキューバ南東端の都市サンティアゴまで、途中3つの都市に寄りながら、郵便物を輸送している。1950年代には、パンアメリカン航空がハバナとマイアミ間を1日に4〜8便就航し、また、ベネズエラやエルサルバドルをはじめ南米諸国との間に多くの路線が就

空港位置図：ハバナ市中心部から15kmの位置に立地。大部分が国際線利用の旅客

航するなどハブ空港として活況を呈していた。しかし、キューバ革命によりアメリカとの対立が激しくなり、米ソ冷戦時代はアエロフロート・ソビエト航空がラテンアメリカにおけるハブ空港として利用した。

　2014年12月、米国とキューバ政府との国交正常化に向けた動き

が活発化し、15年3月には、当空港と米国のジョン・F・ケネディ空港との間にチャーター便が就航するようになった。15年7月には念願の国交回復が実現し、16年中には両国間の定期航空便が再開、日本からも米国経由でキューバへの渡航が容易になった。

空港全体図：1本の滑走路と、分離配置された3つの旅客ターミナルを持つ

ターミナル3

ターミナル2

ターミナル1

06/24：4,000m

ターミナル1：現在は国内線用として使用（かつてのメインターミナル）

photo / José Martí International Airport

ターミナル2：米国関係のチャーターフライト用に使用

photo / José Martí International Airport

ターミナル3：国際線用として使用されるメインターミナル

photo / José Martí International Airport

始した。サテライト方式のコンセプトで、搭乗橋つきの固定ゲートが8か所ある。このビルが当空港のなかで最も近代的な建物であり、出発と到着とが上下分離され、カーレンタルなどの利便施設が設置されている。ターミナル4は貨物用で、ターミナル5はアエロ・カリビアンが国内チャーターフライト等に利用している。

3. 運用状況

　当空港では、現在、国営航空会社のクバーナ航空（Cubana de Aviación）に加え、民間航空会社のアエロガビオータ航空とアエロ・カリビアン航空がハブ空港として利用しており、2016年実績で年間530万人の旅客数を数える。また、外国航空会社として最も就航便数が多いのは、パナマの航空会社コパ航空(Copa Airlines）であり、パナマ・シティやコロンビアのボゴダとの間に1日5便程度を運航している。

(千山善幸)

2. 施設

　滑走路は、北東-南西方向の1本（06/24：長さ4,000m×幅45m、アスファルト舗装）で、ILSと高速脱出誘導路を備えている。

　当空港では4棟の旅客ターミナルがあり、分散して配置されている。ターミナル1はかつてのメインターミナルビルで、現在は国内線用として使われ、1988年に供用を開始したターミナル2は、米国関係のチャーターフライト用に使われている。ターミナル3（国際線ターミナル）が現在のメインターミナルで、98年に供用を開

■空港の諸元		■輸送実績（2016年）	
・空港運営者： 　キューバ空港・航空サービス会社 　(Empresa Cubana de Aeropuertosoy 　Servicios Aeronauticos：ECASA)		・総旅客数　　5,265,396人 　　国際旅客　4,654,780人 　　国内旅客　　 567,056人	
・滑走路（長さ×幅）：1本 　06/24：4,000m × 45m		・貨物量　　　　　　　　― ・離着陸回数　　　　　　―	

シモン・ボリバル国際空港 (ベネズエラ・カラカス)

Simon Bolivar International Airport　　　　　　　　　　　　**SVMI/CCS**

ギアナ高地、エンジェルフォール、ロスロケス諸島などが世界中の人々を惹きつけるベネズエラの首都空港

The Americas

1. 沿革と概要

　当空港は、1945年にベネズエラの首都カラカスの北20kmのマイケティア地区に「マイケティア国際空港」として開港した。現在の正式な空港名「シモン・ボリバル国際空港」は、ラテンアメリカをスペインによる植民地支配から解放したシモン・ボリバルに由来しているが、地域住民からは、今なお地域名のマイケティア空港と呼ばれている。

　ベネズエラは、貧しい農業国であったが、20世紀初頭にマラカイボで世界最大級の油田が発見されて以来、国家財政は豊かになり南米の先進国となっていった。しかし富の偏在が激しく、多くの貧困層を抱えており、治安も良いとはいえない状況にある。

　ベネズエラの観光資源としては、南東のギアナ高地にある世界最高

空港位置図：ギアナ高地とロスロケス諸島の2大観光拠点のゲートウェイ空港

の落差を誇るエンジェル・フォールが圧巻である。また、カラカスの北に位置するロスロケス諸島はカリブ海に浮かぶサンゴ礁の島であり、「水晶の水」と呼ばれるほど透明度の高く美しい海が見どころになっている。

本空港では1970年代後半から80年代にかけてはパリとの間でコンコルドによる定期便が就航していた。

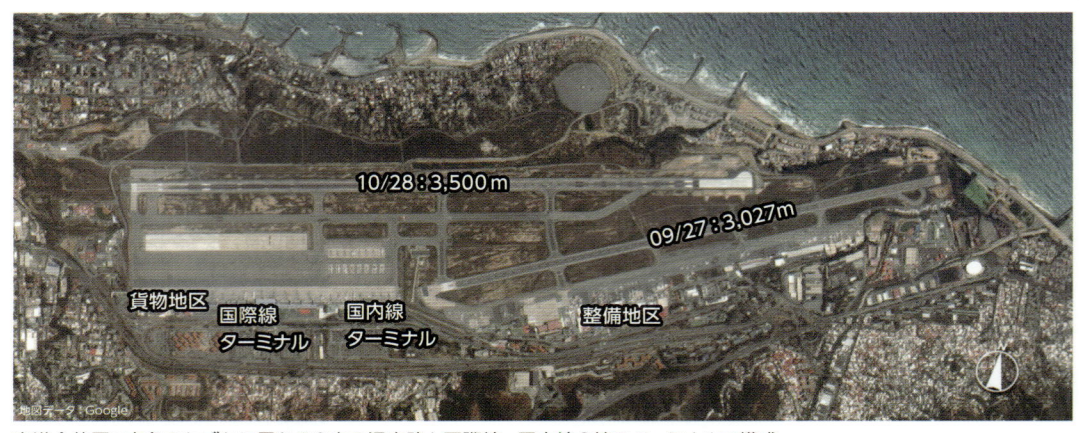

空港全体図：方角のわずかに異なる2本の滑走路と国際線・国内線2棟のターミナルで構成

旅客ターミナル地域：手前が国内線ターミナル、奥が国際線ターミナル

2. 施設

当空港には滑走路10/28（長さ3,500m）と09/27（3,027m）の2本の滑走路が狭い角度のV字型で配置されており、前者を民間航空が使用している。1970年代に民航用ターミナルとして現在の国際線ターミナルが建設され、80年代になって現在の国内線のターミナルが新たに建設された。2000年からは、老朽化し手狭になった国際線ターミナルの改修工事が進められたが、特にセキュリティについては、01年の米国同時多発テロを受けてトップ・プラ

イオリティとなっており、出発エリアと到着エリアの階層分離がなされ、セキュリティの徹底が図られている。

国際線ターミナルビルと国内線ターミナルビルはリニアに配置されており、エアサイドには、25の搭乗橋（PBB）が一直線に配置

されている。この両ターミナルビル間の移動は、歩行者専用に設置された渡り通路、あるいは無料シャトルバスを利用する。

3. 運用状況

当空港はベネズエラに20の国際空港があるなかでメインの国際ゲートウェイとして、中南米やカリビアン諸国を中心に、ヨーロッパ諸国や米国との主要国際航空路線が結ばれている。2016年実績で、年間利用者数が740万人となっており、うち国際線が300万人という状況である。ベネズエラのフラッグキャリアは、コンビンサ航空で、国内線、国際線とも当空港の主力エアラインとなっている。

(干山善幸)

■空港の諸元
- 空港運営者：
  マイケティア国際空港独立機関
  (Instituto Autonomo del Aeropueruto Internacional de Maiquetis)
- 滑走路（長さ×幅）：2本
  10/28：3,500m × 45m
  09/27：3,027m × 45m

■輸送実績（2016年）
- 総旅客数　　7,393,748人
  国際旅客　2,976,490人
  国内旅客　4,383,221人
- 貨物量　　　　47,862トン
- 離着陸回数　　96,880回

#106
エルドラド国際空港（コロンビア・ボゴタ）

El Dorado International Airport

アンデス山脈の盆地に位置する国際空港。2012年オープンのターミナル1は高評価

1. 概要

当空港は、コロンビア共和国の首都ボゴタ市の中心部から西方8kmのところに、市域に隣接して立地している空港である。

コロンビアの人口は約4,500万人であり、ラテンアメリカでは、ブラジル、メキシコに次いで第3位である。貿易関係では、コロンビア産のコーヒーが多く日本に輸出されている。観光地としては、要塞都市カルタヘナやカリブ海に面するサンタ・マルタなどが有名である。

空港の運営は、2006年に設立された民間会社OPAIN S.A.が行っている。

空港位置図：首都ボゴタ中心部からわずか8kmの距離

2. 施設

空港は、標高2,548mの高地にあり、方位13L/31R、13R/31Lのいずれも長さ3,800m×幅45mの滑走路2本（アスファルト舗装、ILSが設置）が1,200mの間隔（オープンパラレルの基準：1,310mを満たしていない）で配置されており、その間に旅客ターミナルビル、貨物ターミナル、ハンガー、駐車場などのターミナル施設が展開している。

現在メインとして使用されている旅客ターミナルビル（ターミナル1）は2012年に供用開始した新しいビルで、アルファベットの「h」の形状をしている。北側のコンコースが国際線エリアで10の搭乗橋（PBB）を有し、南側のコンコースは国内線エリアで15の

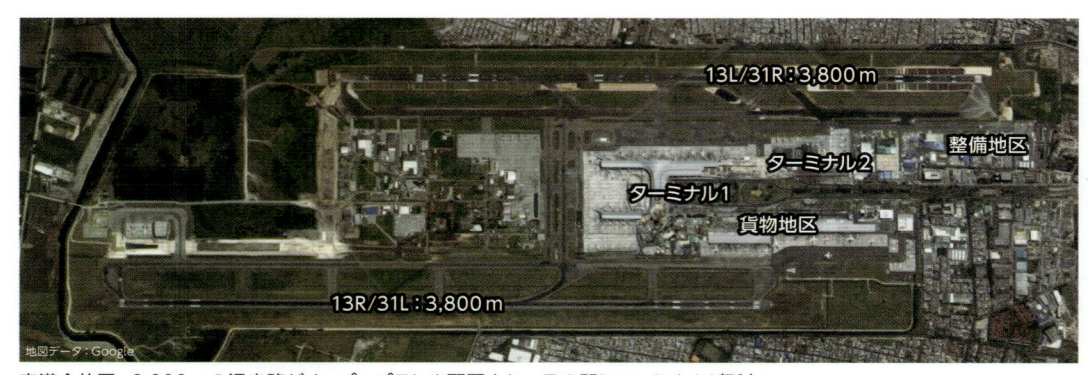

空港全体図：3,800mの滑走路がオープンパラレル配置され、その間にターミナルが所在

ターミナル1：アルファベット「h」の形状

photo / El Dorado International Airport

搭乗橋を有している。エアラインラウンジ、免税店エリア、カフェラウンジなども充実し、ラテンアメリカでは最も大規模で近代化されたターミナルビルであり、ワールド・エアポート・アワード（World Airport Awards）から南米第1位と評されるとともに、スカイトラックス社からも4スターのランキングを得ている。

このほかに旧メインターミナルがターミナル2として、国内線の比較的規模の小さい路線に使用されているが、現在、ターミナル1の拡張工事が進められており、これが完成すると、すべての路線が同ターミナルに集約されることになる。

また、航空需要の増加に伴い、今後ともターミナル地域の拡張整備が行われることになっているが、現空港における対応は4,000万人程度と考えられており、将来的には、現空港の西側に「エルドラドⅡ」と呼ばれる新空港整備の構想が練られている。

3. 運用状況

当空港では、年間利用者数が2015年実績で約3,000万人となっており、このうち国内線の利用者が約2,000万人、国際線の利用者が約1,000万人となっている。国内線の主要路線は、コロンビア第2の都市メデリンとの間が340万人で第1位、第3の都市カリとの間が300万人で第2位となっており、国際線の主要路線は、第1位がパナマシティとの間で79万人、第2位がペルーのリマとの間で78万人、第3位がマイアミとの間で74万人といった状況である。エアラインとしては、当国のナショナルフラッグキャリアであるアビアンカ航空が国内線、国際線とも中心的に運航している。

なお、2016年実績では国内線旅客は2,100万人へと増加し、国際線旅客は1,000万人と横ばいである。

（干山善幸）

■空港の諸元
・空港運営者：OPAIN S.A.
・滑走路（長さ×幅）：2本
　13L/31R：3,800m × 45m
　13R/31L：3,800m × 45m

■輸送実績（2016年）
・総旅客数　　　31,041,841人
　国際旅客　　　9,754,224人
　国内旅客　　21,254,292人
・貨物量　　　　　674,201トン
・離着陸回数　　　331,263回

マリスカル・スクレ国際空港（エクアドル・キト）

Mariscal Sucre International Airport **SEQM/UIO**

乗継利便性、サービスレベル、セキュリティの高さが評価される、エクアドルの首都空港

1. 沿革と概要

　当空港は、エクアドルの首都であるキトの東18kmに位置し、2013年2月に新空港として供用を開始した。1960年に開港した同名の旧空港は市街地の中央部にあって拡張の余地がなかったため、市街地から離れた場所に新空港が整備されたものである。

　閉鎖された環境で特殊進化することの代名詞ともなっている「ガラパゴス諸島」は、エクアドル領地内諸島であり、本土より西約900km離れたところにある。1990年代から急速に観光地化しており、訪れる人も増えている。また、エクアドルは過ごしやすい気候、物価の安さなどから、リタイア後に移住したい国ランキング世界第1位となっており、北米からの移住者も多い。

空港位置図：キトの西1,300kmの海上にガラパゴス諸島が位置

2. 施設

　当空港は標高2,400mの高地にあり、滑走路は1本で、方位18/36、長さ4,100m×幅45mで、高地の空港としても十分な滑走路長を有している。舗装はアスファルトで、高速脱出誘導路とILSが設置されている。

　旅客ターミナルは1棟で、ユニット（フロンタル）形式のコンセプトであり、搭乗橋つきの固定スポットが8つある。前面のオープ

ンスポットは縦に二重の駐機ができるなど十分な奥行きをもっている。

　ターミナルビルの建築には最新のノウハウが取り入れられており、当空港は2016年7月に3年連続して、ワールド・トラベル・アワード（World Travel Award）より「南米におけるリーディング空港」として表彰されているが、これは、乗継ぎの利便性、高いサービスレベル、高いセキュリティの3点が高い評価を得たものである。また、

空港全体図：標高2,400mの高地にあり、4,100m長の滑走路を有する

photo / Pablo Castillo

ターミナル全景：将来の需要拡大に備え、周囲には拡張用地を確保

都市であるグアヤキルとの間の国内路線である。

　また、国際線の主要路線の利用実績を順位でみると、第1位がマイアミ、第2位が隣国コロンビアのボゴタ、第3位がスペインのマドリードという状況である。

（干山善幸）

ターミナル地区には十分な拡張用地が確保されており、長期的な需要の伸びにも無理なく対応できるレイアウトとなっている。

が国内線である。国内線の最大の路線は、エクアドルで最も人口が多く、商業・製造業が盛んな港湾

3. 運用状況

　当空港の利用実績をみると、空港全体で年間480万人（2016年実績）となっており、その半分強

■空港の諸元
- 空港運営者：
  クイポート（Quiport）
- 滑走路（長さ×幅）：1本
  18/36：4,100m × 45m

■輸送実績（2016年）
- 総旅客数　　4,821,202人
  国際旅客　　2,180,603人
  国内旅客　　2,640,599人
- 貨物量　　　188,315トン
- 離着陸回数　　83,854回

---

column 08

ガラパゴス諸島の観光

（干山善幸）

　ガラケー（ガラパゴス・ケータイ）でも馴染みとなった、ガラパゴス諸島。その由来のとおり、ガラパゴスに行かなければみられない多くの固有の動物たちが、各島々で独自の進化を続けながら今もなお息づいている。

　ガラパゴスにはバルトラ島とサン・クリストバル島の2島に空港があって、エクアドル本土の2空港（マリスカル・スクレ国際空港か太平洋に面した都市グアヤキルの空港）から国内線で結ばれている。諸島内では、本土から到着する便に接続するように各種の観光プログラムが用意されており、動物達の待つ島々に上陸してガラパゴスの魅力を楽しむことができる。

　ガラパゴス諸島は東西300km、南北200kmの広い海域に、16の主要な島を含む大小123の島々で形成されており、観光方法としては2通りがある。まず、

船内で宿泊しながら効率的に島々を見学するクルーズ・プログラムである。クルーズ船は80〜100人乗りのデラックスタイプの大型船から、30〜60人乗りの中型船、20人乗り以下の小型船まで合計80隻ほどあって、15日間で諸島内を周回する定期観光をはじめとして多彩なプログラムが用意されている。

　次に、ホテル滞在プログラムがある。諸島内にある4つ有人島にはホテルがあり、ここを宿泊拠点にして各島々から出発するガイド付きのデイ・ツアーを利用するもので、大海原に浮かぶ孤島で過ごす生活体験も魅力的である。

近年の観光需要は増大し（2015年には入島者数が22万人を越えている）ほぼ年中混み合っているという状況にある。現地の滞在手配が取れなければ旅行は成立しないので、早めに手配をはじめることが必要である。

ホルヘ・チャベス国際空港 (ペルー・リマ)

Jorge Chaves International Airport **SPIM/LIM**

マチュピチュに代表されるインカ帝国が栄えたペルーの首都にある、南米の国際航空拠点

1. 沿革と概要

当空港は、ペルー共和国の首都リマから北西に11km離れた海岸線近くに位置する国際空港である。旧空港は、市内南側のサン・イシドロ地区にあったが、拡張余地がなく、1960年に現在の位置に新たな空港として建設されたものである。日本の国際協力事業団（現JICAの前身）により整備計画のフィージビリティ調査が行われ、86年に調査報告書がまとめられた。

空港の運営については、2001年、ペルー政府は、リマ空港パートナーズ（LAP：Lima Airport Partners）との間で、30年期間の空港運営権のコンセッション契約を行った。現在、LAPの資本の70％をドイツのフラポートが占

空港位置図：首都リマの北西11kmに立地

めている。LAPは、コンセッション契約時に提案したプランに基づき、空港機能の拡充整備を行ってきている。なお、当空港は10年にスカイトラックス社から南米最優秀空港（Best Airport in South America）を受賞しており、以来4年連続受賞という輝かしい記録を持っている。空港名は航空黎明

期のパイロットで、当時の高度記録を打ち立てたホルヘ・チャベスにちなんでいる。

ペルーは紀元前から古代文明が栄えており、スペインに征服される16世紀までは、世界で最大級の帝国といわれるインカ帝国の中心地であった。マチュピチュ遺跡はインカ時代の遺跡のなかでも保

空港全体図：現在、滑走路は1本だが、将来の需要増に備えて空港西側に広大な拡張用地を確保

旅客ターミナル：数段階に
分けて拡張を実施

地図データ：Google

存状態が良く、日本からも多数の観光客が訪れる定番の観光地となっている。

2. 施設

本空港の滑走路は1本で南東-北西方向の滑走路15/33（長さ3,507m×幅45m、33着陸は610m短縮運用）である。高速脱出誘導路とILSを備えている。

ターミナル地区は、コンセッションに移行して以来、LAPにより拡張工事が順次進められてきている。第1段階は、2005年に始められたもので、旅客ターミナルビルが4万㎡から6.6万㎡に拡張されるとともに、7つの搭乗橋（PBB）が設置された。第2段階は、09年にスタートし、国際、中央、国内の各コンコースの拡張整備が

実施されるとともに、ターミナルビルの耐震補強工事が行われた。現在、28のゲートが設置されており、うち19がPBBを備えている。そして第3段階は、第2滑走路の建設を中心に、新たな旅客ターミナル、貨物ターミナルの建設など、大規模な拡張工事を行うものであり、15年12月に当該プロジェクトに必要となる用地約300haが航空当局から引き渡された。現在、当該用地の環境調査を行うとともに、延長5kmの場周フェンスの整備が航空当局により行われている。

3. 運用状況

当空港は、北米・中米・欧州と南米を結ぶ結節点となっており、国際線が37都市と結ばれている。国内線は21都市に就航している。利用実績は、空港全体で年間1,900万人（2016年実績）となっている。内訳をみると、国際線利用者が840万人、国内線は1,000万人が利用しており、離着陸回数は全体で18万回となっている。

（干山善幸）

■空港の諸元	
・空港運営者：リマ空港パートナーズ（LAP：Lima Airport Partners）	
・滑走路（長さ×幅）：1本 15/33：3,507m×45m	

■輸送実績（2016年）	
・総旅客数	18,848,207人
国際旅客	8,366,398人
国内旅客	10,437,343人
・貨物量	287,826トン
・離着陸回数	176,865回

#109 エル・アルト国際空港 (ボリビア・ラパス)

EL ALTO International Airport

SLLP/LPB

標高 4,058m と国際空港としては世界で最も高地に立地。4,000m の滑走路でも国際線就航に制約

1. 沿革と概要

エル・アルト国際空港は、ボリビア国の事実上の首都ラパス（憲法上はスクレが首都であるが、議会、政府機関などはすべてラパスにある。）の西方15km、海抜4,058mに位置し、世界で最も標高が高い国際空港である。また、ラパス中心街は標高3,600mにあり、すり鉢状の地形を下から見上げる夜景は、都市全体が天空に浮かんで見える、世界でも例を見ないファンタスティックな絶景である。

主滑走路は、10/28、コンクリート舗装で長さは4,000mを有する。1966年に供用を開始したが、地形に沿って整備されたもので、10

空港位置図：空港が所在する首都ラパス周辺はすり鉢状の地形

末端が28より約60m低く、滑走路の縦断勾配は1.55%とICAOの基準を満たしていない。加えて、空気が希薄なため揚力も出にくく、パイロット泣かせの空港である。主滑走路に平行に長さ2,050mの芝生滑走路10L/28Rがある。

1985年1月1日、イースタン航空980便（B727パラグアイからラパス行き）が、空港東側40kmにあるイリマニ山の標高5,970m付近に衝突し、乗客乗員29名が死亡する航空機事故が発生した。

これを契機に1986年、ボリビア政府は「エル・アルト空港近代

空港全体図：周辺を市街地が取り囲み、様々な技術的課題を有する空港

10/28 :4,000m

化計画調査」の実施を日本に要請し、JICA（国際協力事業団）による技術協力として、87年1月から12月にかけて、運輸省航空局とコンサルタントからなる調査団を現地に派遣、88年2月に報告書がまとめられている。この調査成果に基づき、日本国政府はエル・アルト空港を運営する空港・航行援助施設管理公団（SABS）に対し、93年〜96年にかけて、36.75億円の無償資金協力を行った。その結果、滑走路ショルダーの舗装など基本施設の改良、最新の装備を備えた新管制塔の建設、航行援助施設や通信機器等の完備がなされるなど、航空の安全性が格段に向上した。ただし、滑走路の縦断勾配は従前のままであり、将来的にはその抜本的改良が望まれる。

2. 運用状況

当空港では、国際線の就航は数便程度で、ほとんどが国内線である。これは、高地に位置するため、ワイドボディの航空機の利用は難しく、ボリビアにおける国際線の多くは、低地に位置するサンタクルスのビルビル国際空港（標高373m、滑走路長3,500m）を利用するためである。路線構成をみると、1日100回程度の発着回数のうち、ボリビア第2の都市サンタクルスとの間に3割、第3の都市コチャバンバとの間に2割、塩原で有名なウユニとの間に1割程度という状況である。主な航空会社は、国営のボリビアーナ航空（B737を主力に20機保有）、民間のアマゾナス航空（CRJ200を8機保有）となっている。

（干山善幸）

■空港の諸元	■輸送実績（2015年）	
・空港運営者： 　空港・航行援助施設管理公団 　(Servicio de Aeropuertos Bolivianos 　S.A.：SABSA)	・総旅客数 ・国際旅客 ・国内旅客	2,296,324人 519,066人 1,777,258人
・滑走路（長さ×幅）：2本 　10/28　：4,000m×45m 　10L/28R：2,050m×91m（芝生）	・貨物量 ・離着陸回数	データなし 33,522回
	＊2016年データなし	

---

column 09

天空の都市ラパスとイリマニ山

（干山善幸）

　空港は4,000mの高地にあり、その東側にラパス市街地が隣接している。市街地の中心は3,600mの高さにあり、市域が3,600m〜4,000mの間にすり鉢状に広がっている。このため、市街地中心部から見上げる夜景は、まさに「天空の都市」である。また、ラパス市街地から南南東の方向40kmほど離れたところに、標高6,439mのイリマニ山がそびえたっており、その雄大な景色は1つの見所でもあるが、ここで大きな航空機事故が発生している。

　1985年1月1日パラグアイの首都アスンシオンを出発したイースタン航空980便（B727）は、エル・アルト空港に19時47分に到着予定と伝えていたが、19時37分に「高度25,000フィート、ラパスの南東を55マイル」という管制官への報告を最後に行方不明となった。消息を絶ってから20時間後にボリビア空軍による上空からの捜索で、イリマニ山の5,970m付近に墜落したことが確認された。1月5日、ボリビア人による救援隊が強風と雪の中、事故現場に辿り着いたが乗員・乗客29名に生存者は確認できなかった。また、フライトレコーダーやボイスレコーダーは回収できなかった。同年10月アメリカ連邦航空局（FAA）は登山隊を派遣し、残骸調査を実施したが、悪天候と高山病により捜索を打ち切った。そして事故から31年経った2016年6月4日、事故現場近くを訪れた冒険家の男性2人が残骸を捜索したところ、フライトレコーダーとボイスレコーダーの破片が発見された。

ブラジルの空港概観

大河アマゾンと熱帯雨林に象徴されるブラジルは大小 4,000 の空港を有する世界屈指の航空大国

ブラジルの空港分布

1. 概要

　ブラジルはラテンアメリカのなかで最も面積が広く、全体で大小4,000の空港・飛行場がある。このなかで、ブラジル最大の空港はサンパウロ・グアルーリョス国際空港で、沿岸域に位置するブラジル最大の都市サンパウロの国際ゲートウェイとして機能し、2016年世界の空港利用者ランキングで52位（年間利用者数3,684万人）と上位にランクされている。ちなみに、成田国際空港は48位（年間利用者数3,900万人）

である。2番目に利用者が多い空港は、同じサンパウロ中心部に古くから存在し、現在は国内線を扱うコンゴーニャス空港、3番目がブラジルの首都ブラジリアにあるプレジデント・ジュセリーノ・クビチェック国際空港である。次いで4番目が旧首都でブラジル第2の都市リオ・デ・ジャネイロの玄関口であるリオデジャネイロ・ガレオン国際空港（正式名称はリオデジャネイロ・アントニオ・カルロス・ジョビン国際空港）である。そして5番目が同じくリオ・デ・ジャネイロ中心部にあり、1952年にガレオン国際空港が開港する

までリオ・デ・ジャネイロのメインゲートウェイとして活躍し、現在は国内線専用空港として利用されているサントス・ドゥモン空港となっている。

現在の首都ブラジリアは、それまでの首都であったリオ・デ・ジャネイロから1,000kmほど離れた内陸部の荒野に1960年に建設された新首都であり、現時点の人口はまだ200万人程度で、航空輸送としてのアクティビティもサンパウロやリオ・デ・ジャネイロに比べてそれほど高くはない。

なお、サンパウロには上記2空港のほかに、サンパウロから100kmほど内陸に入ったカンピナス近郊にあるヴィラコッポス国際空港（通称カンピナス国際空港）があり、手狭になったサンパウロ市内のコンゴーニャス空港に代わる新空港として1960年に開港した。しかし、サンパウロから2時間もかかるため、リオ・デ・ジャネイロのガレオン空港が77年に拡張され、国際ハブ空港として機能し始めてからは、コンゴーニャス空港で出国手続を済ませてから国際線乗継ぎ専用便でガレオン空港へ向かう乗客が多くなった結果、ヴィラコッポス国際空港の利用者は減少の一途を辿った。このため、70年代に入り、サンパウロ市北東部のグアルーリョス市にあるブラジル空軍基地を拡張して民航地区が整備され、85年1月にグアルーリョス国際空港が開港したという経緯がある。

2. 空港民営化への動き

ブラジル内にある2,500あまりの空港のうち、民間航空輸送事業に利用される公共ターミナルが備わった、いわゆる公共空港が728空港ある。これらの公共空港のうち国内の主要空港（63空港うち34空港が国際空港）は国防省傘下の国営空港会社（INFRAERO）がすべて一元的に整備・管理を行なっていた。ブラジル政府は大規模な国際空港に対して、民営化を進めることとし、まず2012年に、サンパウロなど主要3空港を対象に運営権の競売が実施された。3空港の落札額の総計は、最低落札価格の4倍を超える245億レアル（約1兆円）に達した。対象となったのは、サンパウロ・

グアルーリョス国際空港（落札額162億レアル）とヴィラコッポス国際空港（同38億レアル）、及び、首都ブラジリアの国際空港（同45億レアル）の3空港で、それぞれ地元建設会社と南アフリカ、フランス、アルゼンチンなどの海外資本が組んだ3つの異なるグループが運営権を獲得した（コンセッション期間は20〜25年）。これらのグループは空港ごとにINFRAEROと合弁会社を設立し運営を行っている。

さらに、民営化の第2弾として翌年の2013年、リオ・デ・ジャネイロのガレオン国際空港とベロオリゾンデのコンフィス国際空港の2空港を対象に競売が行われ、2空港の落札額の総計は、最低落札価格の3.5倍を超える208億レアル（約90億ドル）となった（コンセッション期間は25年）。ガレオン国際空港については、ブラジルの企業とシンガポールのチャンギ空港が190億レアルで、コンフィス国際空港については、ブラジルの地下鉄・高速道路運営会社、チューリッヒ及びミュンヘンの空港運営会社が18億レアルで落札し、14年から運営を開始している。このように落札額が高くなっているのは、世界の投資家達がブラジルの航空輸送の将来性に対して強い期待感を持っていることの表れであると考えられる。

ここでは、上述した、サンパウロ市を取り巻く3空港、及び、リオ・デ・ジャネイロ市を取り巻く2空港について紹介する。

（干山善幸）

#110
リオ・デ・ジャネイロ・アントニオ・カルロス・ジョビン国際空港（ブラジル・リオ・デ・ジャネイロ）

Rio de Janeiro Antonio Carlos Jobim International Airport

SBGL/GIG

2016年夏季オリンピックが開催された世界的観光都市リオ・デ・ジャネイロの国際空港

1. 沿革

当空港は、ブラジル第2の都市リオ・デ・ジャネイロのメインのゲートウェイとして利用されている空港である。

リオ・デ・ジャネイロは1960年にブラジリアに遷都するまで、首都として繁栄した都市であり、人口630万人の巨大リゾート都市で、サンパウロと並ぶブラジルの経済・文化の中心地である。リオのカーニバルは世界的に有名であるが、2016年夏に当地でオリン

ピックが開催され、世界中でその存在感がさらに高まっている。本空港の正式名称は、著名な音楽家アントニオ・カルロス・ジョビンを記念して冠したものであるが、旧称はガレオン国際空港（Galeão International Airport）であり、その両方が使われている。

リオ・デ・ジャネイロには中心部に古くから立地するサントス・ドゥモン空港があったが、空港拡張の余地がないため、新たに20km離れた空軍基地を活用して民航地区の整備が進められ、

1952年に本空港が供用を開始した。70年からは、新たに設立された国営の管理会社（INFRAERO）により整備・運営が行われるようになった。77年には、当時としては斬新なデザインの旅客ターミナルビルが供用を開始し、それと同時に、すべての国際定期路線が当空港に移設され、ブラジルを代表する本格的な国際空港としてスタートした。

1985年にサンパウロにおいてグアルーリョス国際空港が開港し、ブラジルのトップに躍り出たため、

空港全体図：2本の滑走路がＶ字型に配置され、その中央部に2棟の半円形ターミナルが所在

#110 リオ・デ・ジャネイロ・アントニオ・カルロス・ジョビン国際空港（ブラジル・リオ・デ・ジャネイロ）

ターミナル1：半円形のターミナルが2棟並ぶ

新設ピア：2016年のリオ・オリンピックに合わせターミナル2の隣に整備

当空港の勢いは若干衰えたが、ブラジル第2の都市を支えるゲートウェイとしての機能には揺るぎはない。

2013年に政府の方針のもと、当空港とコンフィス国際空港の2空港についての運営民営化が行われ、ブラジル企業とシンガポール・チャンギ空港のグループが落札し、14年からそのコンセッション会社のRIOガレオン社（RIO galeão）が運営を行っている。

2. 施設

本空港には、北西-南東方向の滑走路15/33（長さ3,180m×幅45m：アスファルト舗装／末端部コンクリート舗装）とほぼ東西方向の滑走路10/28（長さ4,000m×幅45m：コンクリート舗装）の2本がある。15/33にはILSが設置されている。

1977年に旅客ターミナルビル（現在の第1旅客ターミナルビル）が供用を開始し、91年にはこのビルのリノベーションが行われた。98年に新たな貨物地区が供用を開始するとともに、99年には第2旅客ターミナルビルが供用を開

始した。これにより、それぞれのターミナルビルに搭乗橋つきの固定ゲート12が備わり、年間750万人の対応が可能となった。ターミナル1と2は、半円形のリニアフロンタル形式のコンセプトであり、滑走路15/33に面して並列している。また、RIOガレオン社により、2014年のFIFAワールドカップ及び16年のリオ・オリンピックに向けて大幅なリノベーションが行われた。ターミナル2の南側に約600億円をかけて新たなピアが整備され、ターミナルのキャパシティは年間3,040万人となった。

今後さらに、25年のコンセッション期間中にトータルで約2,500億円の投資が行われる予定である。

3. 運用状況

2016年の利用状況は、国内線が1,200万人、国際線が430万

人ほどで、サンパウロのグアルーリョス国際空港に比較すると、国内線で半分程度、国際線で1/3程度の利用客数である。就航するエアラインについて見ると、ターミナル1では、ブラジル初の格安航空会社で07年にバリグ・ブラジルを買収したGOL航空が中心となり、これに加えて南米近隣国のエアラインが就航している。ターミナル2では、LATAMブラジル（旧TAM航空）が中心となり、これに加えて長距離国際路線に就航する欧米系の航空会社が就航しているという状況である。

（干山善幸）

■空港の諸元
・空港運営者：RIOガレオン社
　　　　　　　（RIO galeão）
・滑走路（長さ×幅）：2本
　　15/33：3,180m × 45m
　　10/28：4,000m × 45m

■輸送実績（2016年）
・総旅客数　　16,103,011人
　国際旅客　　4,326,918人
　国内旅客　11,776,093人
・貨物量　　　113,069トン
・離着陸回数　124,471回

296

#111
サントス・ドゥモン空港（ブラジル・リオ・デ・ジャネイロ）

Santos Dumont Airport

SBRJ/SPU

リオ中心部から 2km に立地する、年間 1,000 万人利用の国内線専用空港

The Americas

1. 沿革と概要

　当空港は、リオ・デ・ジャネイロ市の中心部から2kmの沿岸部に立地する空港である。

　1936年にボタフォゴ湾の海岸沿いの海軍基地に隣接して民間施設が設置されたのが始まりであり、その後、徐々に土地が埋め立てられ、滑走路も延長されていった。52年にガレオン（現アントニオ・カルロス・ジョビン）国際空港が供用を開始するまでは、アルゼンチンやウルグアイなど近隣諸国の主要空港へレシプロ機による近距離国際線も就航していた。

　1952年のガレオン国際空港供

リオ・デ・ジャネイロの空港分布：新旧両空港がブラジル第2の都市の航空需要を支える

用後は、すべての国際線が同空港へシフトしたが、リオ・デ・ジャ

ネイロ市内に位置するという優位性から、国内線ではサンパウロと

空港全体図：空港用地は海にせり出すように埋め立てられ、滑走路は徐々に延長された

旅客ターミナル：すべて国内線旅客を取り扱う

のシャトル・サービスなどの就航は続いた。99年の火災で旅客ターミナルビルは焼失したが、2007年には近代的な新ターミナルビルが建設された。

2. 施設

当空港 こは、中心線間隔75mのクロースパラレルの2本の滑走路（02L/20R：1,260m×30mと02R/20L：1,323m×40m）があるが、滑走路が短いため、エンブラエル195、B737、A320などの小型ジェット機が使用している。

旅客ターミナルビルはユニット（フロンタル）方式で、8つの搭乗橋つきの固定ゲートがある。

3. 運用状況

当空港は国内線専用の空港であり、2016年における利用実績は、航空旅客が910万人、離着陸回数が11万回であった。定期航空

便の離着陸は1日に250回程度あり、そのうちの半数近くがサンパウロ・コンゴーニャス空港との間を結ぶ路線である。このシャトル便は「ポンチ・アエーレア（空の架け橋）」と呼ばれており、10～30分に1本と高い頻度で運航されている。このシャトル便の運航を担うのは、LATAMブラジル（旧TAM航空）とブラジル初の格安航空会社で07年にバリグ・ブラジルを買収したGOL航空である。

リオ・デ・ジャネイロのメインゲートウェイであるガレオン国際空港の利用も急速に回復してきたことから、これを補完するという観点からも、本空港の利用は今後とも促進されていくものと思われる。

（干山善幸）

■空港の諸元	
・空港運営者：INFRAERO（国営会社）	
・滑走路（長さ×幅）：2本	
02L/20R：1,260m × 30m	
02R/20L：1,323m × 40m	

■輸送実績（2016年）	
・総旅客数	9,065,051人
国際旅客	83人
国内旅客	9,061,643人
・貨物量	1,997トン
・離着陸回数	105,671回

#112
グアルーリョス国際空港（ブラジル・サンパウロ）

Guarulhos International Airport

SBGR/GRU

ブラジル最大の都市サンパウロを母都市とする、ラテンアメリカ最大の国際空港

1. 沿革

　グアルーリョス国際空港は、サンパウロ市北東部に隣接するグアルーリョス市のクンビーカ地区に立地する空港である。ブラジル最大の空港であり、ラテンアメリカにおける最大の空港でもある。

　サンパウロは、標高800mの高原に位置し、人口1,100万人を超え、周辺地域を含めると2,000万人以上が集中する世界屈指の大都市で、ブラジルの経済・文化の中心地である。1554年にポルトガルのイエズス会が布教のために町を興し、19世紀にはコーヒー栽培の拠点として発展した。1908年から日本人移民が入り、現在では日系ブラジル人の7割がここに住んでいる。多くの日本企業も進出し、日本との繋がりも強い。

　当空港は、サンパウロ市に隣

サンパウロの空港分布：グアルーリョス空港以外は国内線専用空港

接するグアルーリョス市にあるブラジル空軍基地を拡張して1985年1月に新空港として開港した。2012年に民営化が行われ、海外の資本が参加した民間グループとブラジル国営会社（INFRAERO）とで設立された合弁会社インベ

パールACSAグアルーリョス空港により運営が行われている。

2. 施設

　当空港には東西方向にクロースパラレルに配置された2本の滑走

空港全体図：クロースパラレル配置された2本の滑走路と3つのターミナルで、ブラジル最大の航空旅客を取り扱う

ターミナル1〜3：コンセッション契約に沿って、ターミナル3の拡張工事を迅速に実施

路（09L/27R：長さ3,700m×幅45m と09R/27L：3,000m×45m）がある。

　旅客ターミナル地区は滑走路09L/27Rに面して西寄りに展開されている。同地区は、民営化後直ちにコンセッションの条件に従って拡張工事に着手され、わずか1年9か月の期間で新たなターミナル（ターミナル3）が完成し、2014年3月に供用を開始した。これにより、ターミナルの処理能力が40％アップし、4,200万人対応となった。あわせて、このターミナル3の供用により、駐車場が3,900台から8,000台へと拡張されるとともに、駐機スポットは61から108スポットへと増加するなど、それまでの数々のボトルネックが解消されることとなった。ターミナルコンセプトは、ターミナル2・3ともピアをエアサイドに突き出したピア方式である。

　なお、ターミナル1（2015年の名称変更以前はターミナル4と呼ばれていた）は、11年から12年にかけて、それまで貨物ターミナルとして使われていた建物を緊急的に改築したものであり、国内線専用のターミナルとして利用さ

れている。

3. 運用状況

　当空港は、ブラジル最大の空港であり、2016年の空港利用者ランキングで52位（年間利用者3,684万人）と世界でも上位にランキングされる空港である。

　利用者の約6割が国内線利用者で、リオ・デ・ジャネイロをはじめとする主要都市との間に路線が結ばれている。国内線に就航する最大のエアラインは、LATAMブラジル（旧TAM航空）で50％のシェアがあり、これに続いてブラジル初の格安航空会社で2007年にバリグ・ブラジルを買収したゴル航空や、ジェットブルーの創設者が故郷ブラジルに創設したブラジル第2の格安航空会社アズール・ブラジル航空などが続く。また、国際線については、最大の路

線がアルゼンチンのブエノスアイレス（13年実績で240万人）、2番目がマイアミ（同121万人）、3番目がニューヨーク（同104万人）といった状況にある。

　各航空会社が利用するターミナルについてみると、国内線については、ターミナル1（A区画）をアズール・ブラジル航空が使用し、ターミナル2の国内線エリア（区画B、C、D）をLATAMブラジルやGOL航空が使用している。国際線については、ターミナル2の国際線エリア（区画E）を、アルゼンチンをはじめとする近隣国のエアラインが使用し、欧米系のエアラインはターミナル3（区画F、G、H）を使用している。

（干山善幸）

■空港の諸元
・空港運営者：
　インベパール ACSA グアルーリョス空港
　（GRU Airport Invepar − ACSA）
・滑走路（長さ×幅）：2本
　09L/27R：3,700m × 45m
　09R/27L：3,000m × 45m

■輸送実績（2016年）
・総旅客数　　36,844,190人
　国際旅客　13,494,476人
　国内旅客　23,111,887人
・貨物量　　　508,185トン
・離着陸回数　267,491回

#113
コンゴーニャス空港（ブラジル・サンパウロ）

Congonhas Airport

SBSP/CGH

サンパウロの稠密な市街地に囲まれた国内線専用空港。航空機の騒音対策が課題

1. 沿革

　コンゴーニャス空港は、サンパウロ市内に1919年に建設された飛行場がベースとなっている。36年に無舗装の滑走路（300m）により運用を開始し、その後、滑走路の延長整備が行われていった。57年にはリオ・デ・ジャネイロとの間を90分で結ぶ1日2便の定期航空が始まった。このリオ・デ・ジャネイロとの間には59年、30分に1便という多頻度のシャトル・サービスが始まり、世界的にも有名となった。その後も、サンパウロにおける国内線のメイン空港として、また、アルゼンチン、ウルグアイ、パラグアイなどの近隣諸国との国際航空路線が就航する空港として、盛んに利用されていた。

　空港周辺の市街地化が進み、滑走路の拡張も現有滑走路の1,940mが限界であるため、新空港としてヴィラコッポス国際空港が整備されたが、遠く不便であったため、距離的に近い空軍基地を拡張整備してグアルーリョス国際空港が1985年に供用開始した。それ以降、コンゴーニャス空港は国内線専用の空港となったが、サンパウロ市内に立地するその利便性から、いまだに多くの国内路線が就航している。最近ではグアルーリョス国際空港の伸びが著しく、これを補完するという観点からも、コンゴーニャス空港の存在感は益々高まっている。

　当空港は、サンパウロ市が所有し、国営会社のINFRAEROが運営している。

2. 施設

　当空港には、ほぼ東西方向にクロースパラレルの滑走路2本（17L/35R：長さ1,435m×幅45mと17R/35L：1,940m×45m）がある。舗装はアスファルトである。ターミナルエリアは、滑走路17R/35Lに面して、ほぼ平行に展開されており、ターミナルビルはリニアフロンタル形式で、12の搭乗橋つき固定ゲートが備えられている。

　当空港では、近年2度にわたってリノベーションが行われている。

空港全体図：滑走路は2,000m以下の2本だが、周辺を市街地が覆い延長は難しい

地図データ：Google

ターミナル全景：
空港西側には高層
ビルが立ち並ぶ

第1弾として2003年から行われたリノベーションでは、出発・到着ロビーが大幅に改修されるとともに12の新たなボーディングブリッジが整備された。あわせて、新たな駐車場がオープンするとともに、滑走路等の舗装のオーバーレイが行われた。第2弾は、14年のFIFAワールドカップと16年のオリンピック開催に向けて行われたリノベーションで、約100億円の投資により、新たな管制塔の整備（12年完成）や旅客ターミナルビル内の改修が行われている。

3. 運用状況

　当空港の2016年の利用実績は、航空旅客が2,100万人、発着回数が21万回となっている。路線はすべて国内線であり、1日に約500回の離着陸があり、リオ・デ・ジャネイロのサントス・ドゥモン空港をはじめとして国内の主要空港との間が結ばれている。

　当空港は市内の中心部に立地しており、極めて稠密な市街地に囲まれている。そのため、騒音対策の観点から運用時間が朝6:00から夜22:30までに制限されている。

（干山善幸）

■空港の諸元
・空港運営者：INFRAERO（国営会社）
・滑走路（長さ×幅）：2本
　17L/35R：1,435m × 45m
　17R/35L：1,940m × 45m

■輸送実績（2016年）
・総旅客数　　20,749,420 人
　国際旅客　　　　　—
　国内旅客　20,747,305人
・貨物量　　　　35,966トン
・離着陸回数　　213,043回

#114
ヴィラコッポス国際空港 (ブラジル・サンパウロ)

Viracopos International Airport

SBKP/VCP

サンパウロ市中心から100kmと遠隔地にあり、国内第2の貨物取扱空港とLCC空港の道を歩む

1. 沿革

当空港は、サンパウロ市から100kmほど内陸に入ったカンピナス近郊に立地する国際空港である。サンパウロで古くから使用されていたコンゴーニャス空港は、滑走路が2本とも2,000m以下と短いため、1950年代後半から就航を始めたDC-8などの中・長距離ジェット機の就航には対応できない状況にあった。このため、コンゴーニャス空港に代わる3,240mの滑走路を有する新空港として建設され、1960年に供用を開始したものである。

開港後は、世界各国の航空会社が乗り入れてきたものの、サンパウロ市から100kmという不便なロケーションのため、リオ・デ・ジャネイロのアントニオ・カルロス・ジョビン国際空港のハブ機能が充実して以降は、サンパウロ市内のコンゴーニャス空港経由でガレオン国際空港を利用する旅客が増加し、ヴィラコッポス国際空港の利用者は減少した。さらに1985年にグアルーリョス国際空港が開港してからは、すべての国際線とほとんどの国内線が同空港にシフトし、ヴィラコッポス国際空港はほとんど利用されなくなった。

そこで、ブラジル政府は、当空港を航空貨物中心の空港として利活用を図ることとし、2004年にはその第1段階として新たな貨物施設や旅客ラウンジ、商業エリアなどを整備した。第2段階では新たな管制塔の整備、貨物施設の拡張が行われるとともに、旅客ターミナルが大幅に改良された。第3段階として新たな滑走路の整備が計画されたが、民営化が進められることとなったため、その完成は18年まで延期された。

2012年の民営化により、グアルーリョス国際空港と同様に、海外の資本が参加した民間グループとブラジル国営会社のINFRAEROとで設立された合弁会社（Brazil Airports Viracopos）により運営が行われている。

当空港は、サンパウロ市内の2空港で激増する航空需要を緩和するといった観点からも、今後とも利用が促進されていくものと思われる。

15/33：3,240m

貨物ターミナル

国内線ターミナル

国際線ターミナル

地図データ：Google

空港全体図：ブラジル第2の貨物取扱量と1,000万人の国内線旅客を1本の滑走路で賄う

ターミナルエリア：手前が国際線旅客ターミナル、その奥が貨物ターミナル

photo / Viracopos International Airport facebook

2. 運用状況

当空港は、航空貨物ではブラジル国内で2番目に利用が多い空港である。サンパウロの内陸部に位置する当カンピナス地区は、ブラジルで最も経済的に栄えている地域の1つであり、この高いポテンシャルを背景に空港の利用も進んでいる。事実、新鋭の格安航空会社アズール航空がヴィラコッポス国際空港を基地と位置づけて以降、空港の利用者は2008年に100万人であったものが16年には933万人と大幅に増加している。

当空港における航空旅客便は、ほとんどが当空港をメイン・ハブと位置づけるアズール航空の路線であり、リオ・デ・ジャネイロ、ブラジリアをはじめとして国内の約60都市との間に路線が結ばれている。また、国際貨物航空便は、ラテンアメリカ、欧州と広くネットワークが形成されている。

なお、空港の近隣に高速道路のインターがあり、サンパウロ市内とは1時間30分程度でアクセスが可能である。

3. 将来計画

滑走路は南東-北西方向の1本で，アスファルト舗装である。ターミナルビルは1棟で、ビル前面に駐機スポットを持つフロンタル方式で、搭乗橋は備えられていない。

現在、新たなターミナルの整備が進められており、建設、維持、拡張が容易なコンパクトな形状となっていて、メインの柱をはじめインテリアは木調であり、温かで快適な空間を形成している。新たなターミナルは、延べ床面積約18万㎡で、28基の搭乗橋を備え、スポット数は現在の30に加えて35スポットが追加される。駐車場は4,000台を収容できる。

（干山善幸）

■空港の諸元
・空港運営者：ブラジル空港 Viracopos
・滑走路（長さ×幅）：1本
　　15/33：3,240m × 45m

■輸送実績（2016年）
・総旅客数　　　　9,325,252人
　国際旅客　　　　462,007人
　国内旅客　　　8,863,245人
・貨物量　　　　169,323トン
・離着陸回数　　　115,276 回

ミニストロ・ピスタリーニ国際空港（アルゼンチン・ブエノスアイレス）

#115

Ministro Pistarini International Airport

SABE/AEP

タンゴの国アルゼンチンの首都、「南米のパリ」とうたわれるブエノスアイレスの国際空港

The Americas

1. 沿革

ミニストロ・ピスタリーニ国際空港は、アルゼンチンの首都ブエノスアイレス市中心部から南西へ22kmの位置にあるアルゼンチン最大の空港である。所在地名からエサイサ国際空港とも呼ばれる。

首都ブエノスアイレスは「南米のパリ」と呼ばれ、石造りのヨーロッパ調の美しい町並みが広がっている。また、アルゼンチンはサッカー王国であり、レベルの高い試合を観戦するために訪れる旅行客も多い。

ブエノスアイレスの空港分布：国際線用、国内線用それぞれに特化した2空港

当空港は、1946年に供用を開始しており、コルドバやメンドーサなど一部の国内線を除いて基本的に国際線用である。国内線はブ

空港全体図：広大な敷地の中に、交差する2本の滑走路と集約された3つのターミナルで構成

305

旅客ターミナル地域：ターミナルは3棟あり、A、C、Bの順で建設された

地図データ：Google

エノスアイレスの市街地に近接して同時期（47年）に供用を開始したホルヘ・ニューベリー空港（滑走路2,100m、面積138ha）が利用されている。

空港の運営については1998年1月、政府が当空港を含む33空港を一括して30年間のコンセッション競売にかけており、落札したミラノ空港会社を含む企業連合であるアルゼンチン空港2000（Aeropuertos Argentina 2000）により運営が行われている。

2. 施設

当空港は3,475haという広大な敷地を有しており、供用開始当時は世界で3番目に大きな空港といわれたほどである。この敷地内に3本の滑走路がダイヤモンド状に配置されているが、現在はそのうち2本の滑走路（11/29：長さ3,300m× 幅60mと17/35：3,105m×45m）が使用されている。

ターミナル地区をみると、元々利用されていたターミナルAに接続する形で、2011年にはターミナルCが整備され、続いて13年にはターミナルBが整備された。3つのターミナルはフロンタル方式である。ターミナルB及びCは主としてフラッグキャリアのアルゼンチン航空と当航空会社が加盟するスカイチーム・メンバーが利用している。

3. 運用状況

当空港は、前述のように基本的に国際線用であり、アルゼンチン航空とLATAMアルゼンチン航空がハブ空港として利用している。年間の利用客数は、2016年実績で980万人となっており、10年実績870万人からみると、緩やかな増加傾向にある。

当空港から就航する国際路線の状況は、隣国チリのアルトゥーロ・メリノ・ベニテス国際空港と似通った状況にあり、南アメリカのほぼすべての国々との間に路線が結ばれるとともに、マイアミ、メキシコシティ、ローマ、ドバイなど、北アメリカ、ヨーロッパ、中東の国々との間に長距離路線も就航している。

（千山善幸）

■空港の諸元
・空港運営者：アルゼンチン空港2000
　　（Aeropuertos Argentina 2000）
・空港面積：3,475ha
・滑走路（長さ×幅）：2本
　　11/29：3,300m×60m
　　17/35：3,105m×45m

■輸送実績（2016年）
・総旅客数　　9,831,127人
　　国際旅客　8,912,221人
　　国内旅客　726,607人
・貨物量　　193,490トン
・離着陸回数　68,839回

#116
アルトゥーロ・メリノ・ベニテス国際空港（チリ・サンティアゴ）

Arutoro Merino Benitez International Airport

SCEL/SCL

南米大陸太平洋岸に細長く伸びる国チリの中央部に位置する首都の国際空港

1. 沿革

アルトゥーロ・メリノ・ベニテス国際空港は、チリの首都サンティアゴ・デ・チレ市中心部の北西15kmのプダウエル地区に位置するチリ最大の国際空港である。所在地名からプダウエル空港とも呼ばれている。

首都サンティアゴは、南北に細長い国土を持つチリの中央部に位置しており、南米他国の都市サンパウロ、リマ、ブエノスアイレスなどと並ぶ大都会である。人口は510万人、都市圏域では720万人となっており、標高520mの盆地に位置し、町からわずか80kmのところに標高6,000m級のアンデスの山並みが連なっている。

サンティアゴの旧空港（2006年に閉鎖）は、市中心部近くに位置していたが、航空機のジェット化・大型化に対応できなかったため、総工費30億ドルをかけて新たに本空港が建設され、1967年に供用を開始したものである。空港は当初、政府が設置・運営を行っていたが、2015年4月から空港運営が民営化された。新たな運営主体は、パリ空港公団（出資比率45％）、ヴァンシ・エアポート（同40％）、アスタルディ（同15％）の3社で構成されるニュー・プーダウェル社（Nuevo Pudahuel）で、20年のコンセッション期間により運営を行っている。

2. 施設

滑走路は、2本のオープンパラレル滑走路（17L/35R：長さ3,748m× 幅55mと17R/35L：3,800m×45m）が 約1,560mの間隔をもってほぼ南北に設置さ

空港位置図：空港から数十kmほど先に、アンデスの高峰が連なる

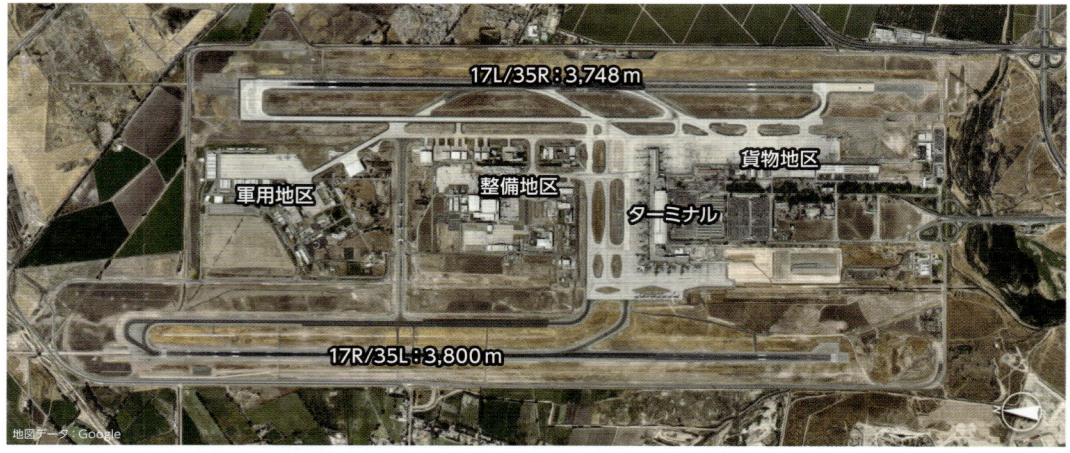

空港全体図：2本のオープンパラレル配置滑走路の間に、一体的な大規模ターミナルを配置

ターミナル2の完成予想図：2020年に完成が予定されている

image / ADP

ターミナル1：ターミナル2完成後は国内線専用となる予定

photo / Phillip Capper

されることになっている。

3. 運用状況

　当空港では、チリのフラッグキャリアであるLATAMチリ航空と、チリ第2で国内線を主体とするスカイ航空（Sky Airline）が、ハブ空港として利用している。利用実績をみると、2010年では1,000万人程度であったものが、ここ6年間で1.9倍に増加しており、16年実績では、国際線900万人、国内線1,000万人の合計1,900万人となっている。

　当空港からの国際線の就航先としては、南アメリカのほぼすべての国々と路線が結ばれるとともに、マイアミ、パナマシティ、メキシコシティ、マドリード、シドニーなど、北アメリカ、ヨーロッパ、オセアニアの国々との間にも多くの路線が結ばれている。

（干山善幸）

れており、その間の中央部に民航ターミナル地区が配置されており、その北側には空軍のエリアがある。

　ターミナルは、本館を滑走路に対して直角方向に配置し、両側にピアが伸びるコンセプトをとっている。中心は、1994年に建設されたターミナル1で、国際線・国内線として利用されており、その背後にホテルが直結している。ターミナル1は延床面積が9万㎡であるが、2020年までに17.5万㎡のターミナル2が建設される計画であり、搭乗橋（PBB）も現在

の18から最終的には67まで増加する予定である。これにより、ターミナルのキャパシティは3,000万人対応となる。なお、このターミナル2は完成後国際線用として利用される予定であり、これに伴いターミナル1は国内線専用に転用

■空港の諸元
・空港運営者：ニュー・プーダウェル社（Nuevo Pudahuel）
・滑走路（長さ×幅）：2本
　17L/35R：3,748m×55m
　17R/35L：3,800m×45m

■輸送実績（2016年）
・総旅客数　　19,241,381人
　国際旅客　　9,151,309人
　国内旅客　10,090,072人
・貨物量　　　　354,765トン
・離着陸回数　　141,177回

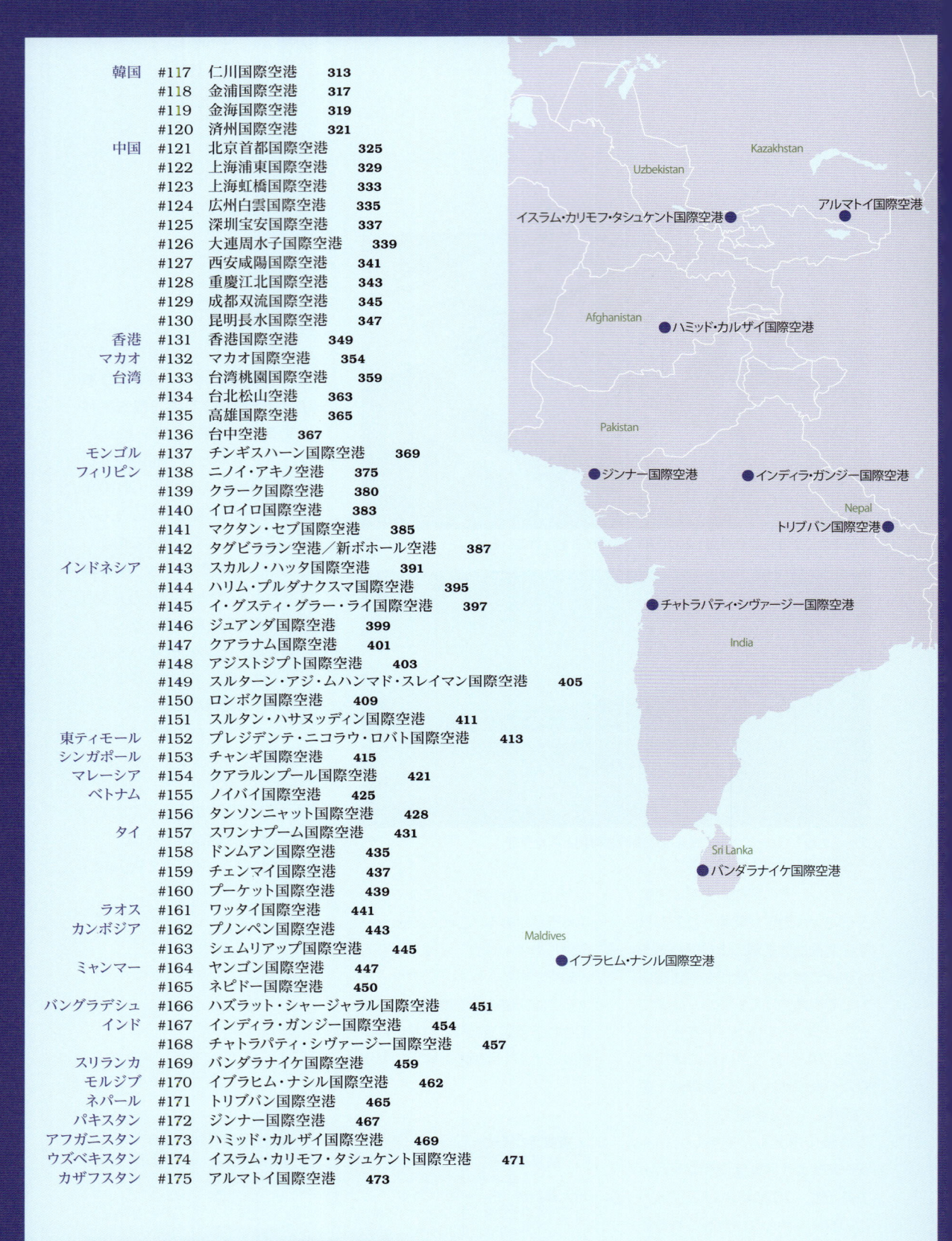

アジアの空港

●チンギスハーン国際空港

Mongolia

●北京首都国際空港
●大連周水子国際空港 ●仁川国際空港／金浦国際空港

South Korea

●金海国際空港

●済州国際空港

●西安咸陽国際空港

China

●上海浦東国際空港／上海虹橋国際空港

成都双流国際空港● ●重慶江北国際空港

Bangladesh
●ハズラット・シャージャラル国際空港 ●昆明長水国際空港 ●台湾桃園国際空港／台北松山空港

Taiwan ●台中空港
広州白雲国際空港● ●深圳宝安国際空港 ●高雄国際空港

Myanmar ●マカオ国際空港● ●香港国際空港
●ネピドー国際空港 Macau Hong Kong
●ノイバイ国際空港
●チェンマイ国際空港 Laos
●ワッタイ国際空港
●ヤンゴン国際空港 Thailand

Vietnam
●ニノイ・アキノ空港／クラーク国際空港
スワンナプーム国際空港／
ドンムアン国際空港● ●シェムリアップ国際空港 Philippines
Cambodia ●プノンペン国際空港
●タンソンニャット国際空港 イロイロ国際空港● ●マクタン・セブ国際空港
●タグビララン空港／新ボホール空港
●プーケット国際空港

Malaysia
クアラナム国際空港● ●クアラルンプール国際空港

●チャンギ国際空港 ●スルターン・アジ・ムハンマド・スレイマン空港
Singapore

Indonesia ●スルタン・ハサヌッディン国際空港
スカルノ・ハッタ国際空港／
ハリム・プルダナクスマ国際空港● ●ジュアンダ国際空港
アジストジプト国際空港● ●ロンボク国際空港 ●プレジデンテ・ニコラウ・ロバト国際空港
●イ・グスティ・グラー・ライ国際空港 Timor-Leste

韓国の空港概観

国内 15 空港を擁し、仁川国際空港ほか 3 空港が世界の旅客数ベスト 100 にランクイン

1. 韓国の概要

大韓民国（通称：韓国）の面積は日本の 4 分の 1 強に相当する 9.8 万km²（世界 109 位）、総人口は約 5,100 万人である。総人口のうちおよそ半数に相当する 2,400 万人がソウル首都圏（ソウル・仁川）に集中しており、世界の都市圏人口の順位では第 5 位に位置する（米国都市政策アナリストのウエンデル・コックス（Wendell Cox）らの試算）。ちなみに 1 位は東京・横浜（3,800 万人）、2 位はジャカルタ（3,100 万人）、3 位デリー（2,500 万人）、マニラ（2,400 万人）と続く。

2. 韓国の空港と管理形態

韓国には国際空港が 8 空港、国内空港が 7 空港の計 15 空港がある。それらのうち最大の空港である仁川（インチョン）

国際空港は 1991 年に設立された仁川国際空港公社（Incheon International Airport Corporation）の手で建設・運営が行われている。

仁川国際空港を除く 14 の空港（国際空港 7、国内空港 7）は、金浦国際空港の敷地内に本社を置く韓国空港公社（Korea Airports Corporation：KAC）によって管理されている。KAC は 1980 年に金浦国際空港の運営を行う目的で「国際空港管理公団」として発足し、2002 年には韓国空港公社と改称され、現在に至っている。また、同公社は韓国内の航空保安施設や航空路管制機関であるエリアコントロールセンター（日本における航空交通管制部）も管理している。

3. 空港旅客数と日韓路線

韓国には年間旅客数（ACI 統計：2016 年）が 1,000

韓国の主要空港分布：国際空港が 8 か所、国内空港が 7 か所ある

万人を超えている空港が4空港ある。それらのうち、3空港が世界のトップ100にランクインしており、仁川国際空港が20位（5,800万人）、済州国際空港が66位（2,900万人）、ソウル金浦国際空港が78位（2,500万人）にそれぞれ位置する。韓国第4位の釜山金海国際空港は1,500万人で143位に位置する。

また、わが国と最も近い国として観光・産業・文化面での結びつきは深く、韓国の5空港（上記4空港及び大邱空港）との間で、わが国の25空港との間に週974便（2018年夏ダイヤ）の定期便が就航している。これらのなかで特に際だって便数が多いのが関西国際空港で、韓国の各空港との間に週274便（すなわち1日あたり約40往復）が就航し、関空の国際線旅客の約1/4を韓国路線の旅客が占める。

関西国際空港との間の路線便数が多い理由としては、もともと経済的、文化的交流が盛んであることに加え、路線距離が羽田・成田路線よりも1時間程度短いことも要因の1つとして挙げられる。

同様の理由で福岡空港との結びつきも強く、福岡空港の定期便就航便数（316便／週）の6割近い185便／週が韓国便である。

（傍士清志）

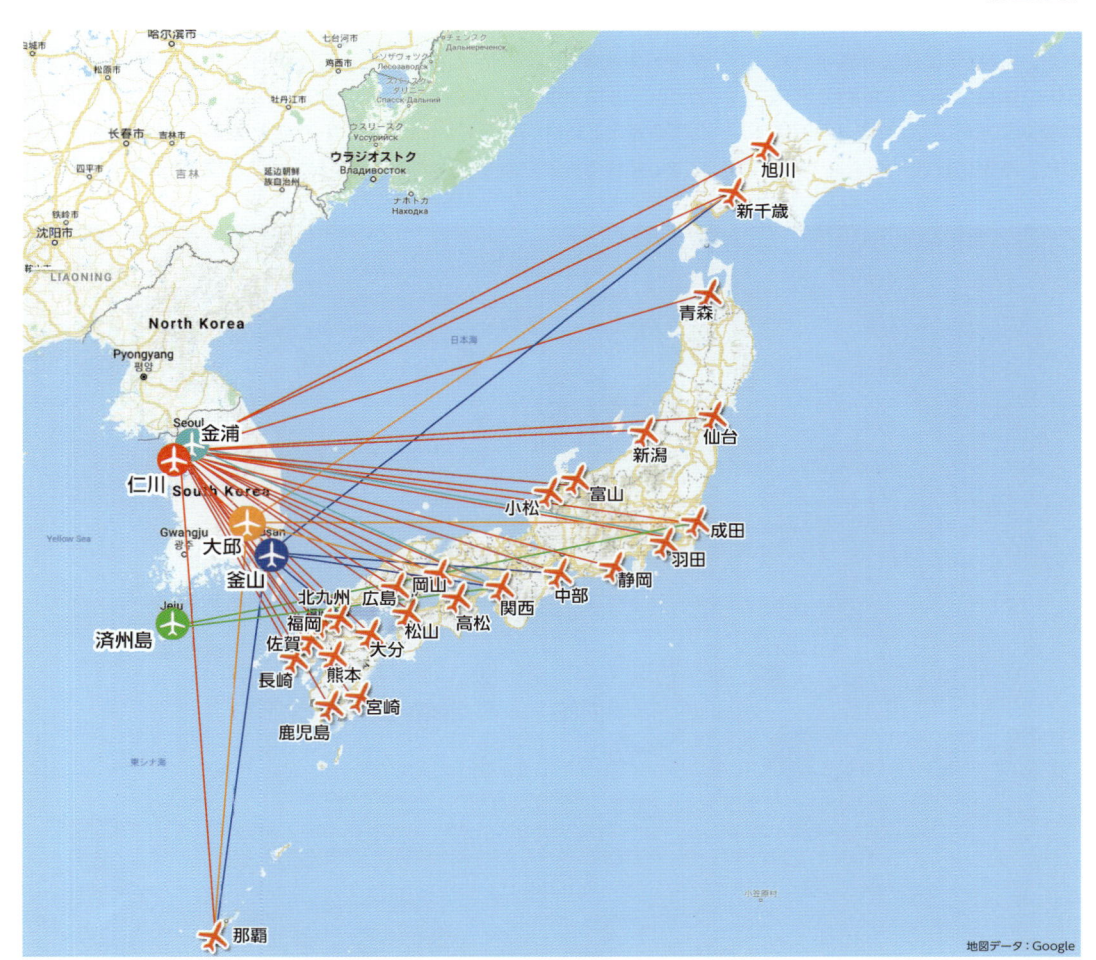

日韓定期航空ネットワーク（2018年5月現在）：韓国の5空港が日本の25空港と定期路線でつながれている

#117
仁川（インチョン）国際空港（韓国・ソウル）

Incheon international airport

RKSI/ICN

仁川沖の人工島に開港。冬季五輪に合わせターミナル2を建設し世界的なハブ空港に

1. 概要

仁川国際空港は、ソウル市西方48kmに位置する韓国最大の国際空港である。ソウル首都圏唯一のゲートウェイ空港であった金浦国際空港の混雑を抜本的に解消するため計画され、仁川広域市中区の永宗島と龍遊島の間にあった干潟を埋め立てて建設された。1992年に建設が着手され、8年の建設工期と半年間の供用準備期間を経て2001年3月開港した。空港の建設・運営は1991年設立された仁川国際空港公社（Incheon International Airport Corporation）の手で行われている。

2. 沿革

(1) 第1期事業（2001年供用開始）

第1期で整備されたのは3,750mの2本の平行滑走路とターミナル本館（延べ床面積50万㎡）、貨物上屋等、年間旅客3,000万人と貨物170万トンに対応する規模の施設であった。開港時点での空港へのアクセスはバス、自家用車など道路系のアクセス交通手段のみで鉄道は未整備であった。開港当初、手荷物搬送システム（Baggage Handling System）等に複数の障害が発生したが、1か月程度で解消している。

(2) 第2期事業（2008年供用開始）

翌2002年にFIFAワールドカップとアジア大会が韓国国内で開催されたことを契機に旅客が急増したことから、空港容量を拡張するための2期計画事業が着手され

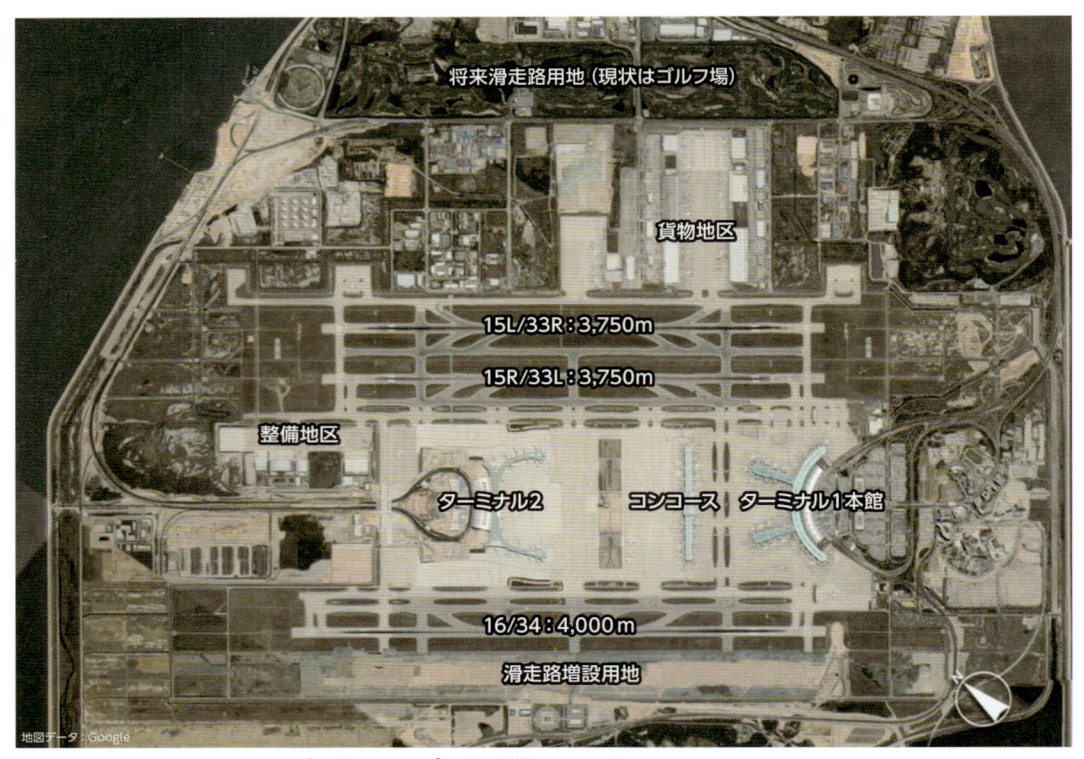

将来滑走路用地（現状はゴルフ場）

貨物地区

15L/33R：3,750m

15R/33L：3,750m

整備地区

ターミナル2　　コンコース　ターミナル1本館

16/34：4,000m

滑走路増設用地

地図データ：Google

空港全体図：滑走路やターミナルが目覚ましいスピードで整備されていく

ソウルの空港分布：仁川国際空港は干潟を埋め立てて建設された

た。当初は08年末の供月開始予定であったが、同年夏開催の北京オリンピックに間に合わせるべく工期が半年短縮され、08年6月に供用開始している。2期計画では延床面積17万㎡のコンコース棟が建設され、本館と地下で結ばれた。延長870mの地下トンネルには三菱重工業製の自動運転車両システムである「クリスタルムーバー」が導入され、「スターライン」と呼ばれている。また、2期計画では長さ4,000mの第3滑走路と13haの貨物ターミナルエリアも追加整備されている。第2期の供用開始により年間発着能力は41万回に向上し、年間旅客4,400万人と航空貨物450万トンに対応する施設が整った。

(3) 第3期事業（2018年供用開始）

2017年度中に空港施設が取扱容量の限界に到達するとの予測に基づき、第3事業が11年に着手された。17年までに約5,000億円に上る投資が行われた。事業の中心を構成するのがターミナル2の建設事業であり、地上5階、地下2階建、延べ面積38万㎡の新たなターミナルが建設され、18年1月18日にオープンした。ター

ミナル2は、エアサイドでターミナル1本館及びコンコース棟と地下トンネルで結ばれ、自動運転車両システムが運行されている。またこれとは別に、鉄道の延伸工事も進められており、ターミナル1駅を経由して鉄道が乗り入れる。

これらが供用すると年間74万回の発着が可能となり、6,200万人の航空旅客と580万トンの航空貨物に対応できることとなる。

3. 施設

(1) ターミナル1

ターミナル1はターミナル1本館（Main terminal）とコンコー

ス棟（concourse）によって構成されている。ターミナル1の設計は国際コンペにより、デンバー空港のターミナルビルを手がけたカーティス・W・フェントレス（Curtis W. Fentress）が行った。

本館の幅は1,060m、奥行き149mで、供用後の増築部分と合わせて現在59万㎡の延べ床面積を有する。半円形の本館部とV字状に突き出した2本のフィンガーが組み合わされた形状が特徴で、固定ゲート44スポットはすべてA380に対応している。本館は、アシアナ航空を中心に、スカイチーム以外が使用しており、一部は国内線に利用されている。本

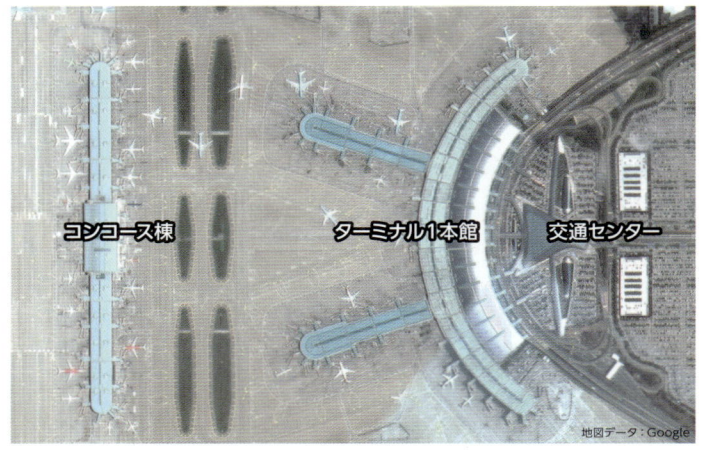

ターミナル1：半円形の本館からV字状に2本のフィンガーが突き出ている

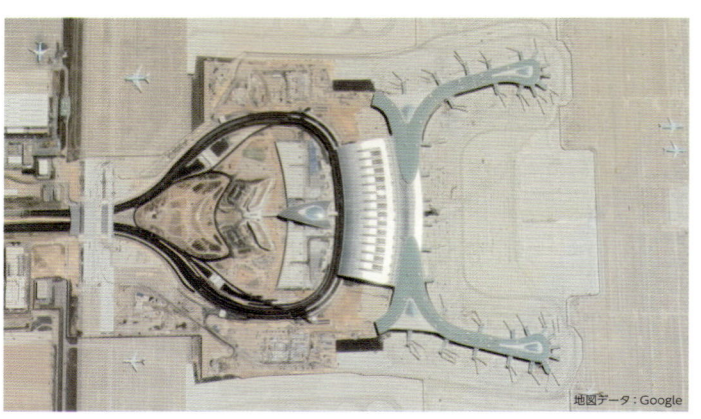

ターミナル2：平昌オリンピック開幕に合わせて供用を開始した

館1階は到着階、3階は出発階であり、2階は入国管理機能を有した中間階となっている。また、コンコース棟は滑走路と垂直方向に一直線に伸びており、建物の両側に固定ゲート30スポットが配置されている。コンコース棟は国際線専用で外国エアラインが使用している。

(2) ターミナル2

2018年2月に開催された平昌（ピョンチャン）冬季オリンピック開催までにターミナル2を供用開始する目標が立てられ、前の月の1月にオープンした。

地上5階、地下2階で、延床面積は38万㎡であり、年間処理能力は1,800万人である。3階にチェックインカウンター、2階に到着フロアー、1階に空港鉄道の仁川空港ターミナル2駅が18年1月開業している。

ターミナル2は大韓航空を中心にスカイチームの航空会社に使用

されており、国際線、国内線の両方がある。

ターミナル2の設計者には、9者の設計企業体が参加したデザインコンペを経て、HMGY (Heerim-Mooyoung-Gensler-Yungdo)コンソーシアムが選定された。ターミナル2の建設は2段階に分けて行われ、最終的にはH字形の形状で延床面積69万㎡、72ゲートを有する巨大ターミナルとなる。

(3) 滑走路

滑走路は第1期で整備された長さ3,750m×幅60m　2本（第1滑走路15R/33L及び第2滑走路15L/33R）と第2期事業で追加整備された4,000m×60m1本（第3滑走路16/34）の計3本で構成される。なお、滑走路指示標識の数値が第1、第2滑走路では15/33、第3滑走路では16/34と異なっているが、すべて同じ方位に配置された平行滑走路であ

り、管制上の区分を明確にするため異なった方位数字が付されている（わが国においても併設されている新千歳空港と千歳飛行場の平行な4本の滑走路に異なる数値の指示標識が付されている例がある）。なお、将来的にはさらに2本の3,750mの滑走路建設の構想があり、そのうち第5滑走路となる予定の用地は暫定的にゴルフ場として利用されている。

現在の3本の滑走路は3日に1度ずつメンテナンスのために、夜10時から翌朝4時まで6時間にわたって閉鎖される。

4. 運用状況・受賞歴

90の航空会社が186の都市との間の路線に就航しているが、このうち国内線は2社が釜山（国際線乗継ぎ専用便）、大邱（テグ）、済州（チェジュ）の3空港に就航しているのみであり、他はすべて国際線である。日本を含めた近隣諸国の空港との近距離国際路線が多数あり、中長距離国際路線への乗換空港として大きな役割を果たしている。この結果、2015年の国内線旅客56万人に対して国際線旅客4,872万人と、99%が国際線旅客という状況であり、本空港はアジアにおける大規模国際線ハブ空港という存在である。

本空港は、国際空港協議会 (Airports Council International: ACI) の世界最優秀空港賞部門 (Best Airport Worldwide) で11

交通センター：金浦国際空港やソウル市内への鉄道駅を設置

年連続世界最高賞を受賞しているほか、英国に拠点を置く航空サービスリサーチ会社スカイトラックス社の空港レイティングでも最高評価の5つ星を獲得している。

5. アクセス

市内へのアクセスは空港開港当初は道路アクセスのみであったが、2007年に金浦国際空港まで鉄道が開業し、地下鉄路線とのネットワークが確保された。その後10年には路線がソウル駅まで延伸され、ソウル駅までの直通電車の運航が開始された。

鉄道駅はターミナル1に隣接する交通センター地下1階及びターミナル2の1階の交通センターに配置されている。ターミナル1の交通センターの設計は英国の代表的建築家の1人であるテリー・ファレルが航空機の翼をモチーフにデザインしたもので、延床面積25万㎡（地上2階、地下5階建て）を有する巨大空間である。

仁川国際空港−ソウル駅間の鉄道アクセスは仁川国際空港鉄道によって運営されており、通称「空港鉄道」もしくは「A'REX（エーレックス）」と呼ばれている。一般列車（COMMUTER）と直通列車（EXPRESS）の2タイプの列車があり、一般列車は7〜16分間隔でターミナル1からソウル駅まで所要時間53分、直通列車は25〜40分間隔でソウル駅までの所要時間43分である。

バスサービスとしては、中間停留所が少ない高級リムジンバスと、停留所の数がやや多めで、低料金の一般リムジンバスがあり、どちらも10〜30分間隔で運行されている。ソウル市内中心部までの所要時間はおおむね1時間10分〜1時間30分程度である。

なお、2016年2月に韓国初の磁気浮上式鉄道（リニア鉄道）となる仁川空港磁気浮上鉄道が開業した。1次開業区間は6駅5.6kmで所要時間12分。仁川国際空港から龍遊駅までの6駅（6.1km）を約12分で結ぶ。運営主体は仁川空港公社でモデル路線として当面は無料で運行される。全6.1kmの区間における最高速度は約80km/時。エアポートシティと空港を結ぶ路線であり、アクセス交通手段としては使えない。

（傍士清志）

■空港の諸元	■輸送実績（2016年）	
・空港運営者：	・総旅客数	57,849,814人
仁川国際空港公社（Incheon International Airport Corporation）	国際旅客	57,152,206人
	国内旅客	697,608人
・滑走路（長さ×幅）：3本	・貨物量	2,714,341トン
15R/33L：3,750m×60m	・離着陸回数	342,936回
15L/33R：3,750m×60m		
16/34　：4,000m×60m		

#118
金浦（キンポ）国際空港（韓国・ソウル）

Gimpo International airport

RKSS/GMP

近年は、ソウル市街とのアクセスの良さを生かした近距離国際便の就航で旅客数が急増

1. 概要

金浦国際空港はソウル市の中心部より西方15kmに位置する空港である。2001年に仁川（インチョン）国際空港が開港するまでは、首都ソウルのゲートウェイ機能を担っていた。空港の名称は金浦郡（現金浦市）に所在したことによるが、現在はソウル特別市と仁川広域市にも跨がっている。

金浦国際空港の所有・運営は韓国空港公社（Korea Airports Corporation：KAC）によって行われている。同公社は金浦国際空港の他、金海国際空港、済州国際空港等、韓国内の14の空港（国際空港7、国内空港7）を運営している（仁川国際空港は仁川国際空港公社が運営）。また、同公社は韓国内の保安施設や航空路管制機関であるエリアコントロールセンター（日本における航空交通管制部）も運営しており、金浦国際空港の敷地内に本社を置いている。

金浦国際空港は市街地に位置しており、騒音防止の観点からカーフュー（夜間の発着制限）が定められており、夜11時から朝6時までの間は、緊急時を除き発着が禁止されている。

2. 沿革

金浦空港の起源は日本統治時代の1939年から42年にかけて現在の場所に滑走路が建設されたことに遡る。第二次世界大戦後は連合国側に接収され、朝鮮戦争時（50-53）は航空基地として戦略上の重要拠点となった。朝鮮戦争終結後も58年までは軍用飛行場であったが、それまで民間航空に使われていた汝矣島空港（現在は廃止）から民間航空が移転してきたことにより、金浦空港は韓国のゲートウェイとして発展を遂げる。88年に開催されたソウル・オリンピックを契機とした韓国経済の発展に伴い、航空需要も飛躍的に拡大し、金浦空港は容量限界を迎えることとなった。このため24時間運用の仁川空港が計画・建設され2001年に開港した。仁川空港の開港に伴って国際路線は一旦すべて新空港に移転し、金浦空港は国内線専用空港となったが、2年後の03年から羽田空港との国際路線の運航が開始され、07年には上海虹橋空港とも路線開設

空港全体図：3,600mと3,200mの滑走路がクロースパラレル配置されている

国際線ターミナル
国内線ターミナル
貨物地区
14L/32R：3,600m
14R/32L：3,200m
軍用地区

Asia

317

旅客ターミナル地域：国際線、国内線ターミナルがそれぞれ独立し、その間に大型ショッピングモールがある

されるなど国際線の運航を徐々に拡大している。

3. 施設

ターミナルは国内線ターミナル、国際線ターミナルがそれぞれ独立配置されており、国内線ターミナルには固定スポット9つ、国際線ターミナルには固定スポット5つが設置されている。

滑走路は長さ3,600m×幅45mと3,200m×60mの2本（14L/32R、14R/32L）がクロスパラレル配置され、どちらの滑走路にも双方向用のILS（計器着陸装置）が設置されている。

2016年1月、ターミナルビル隣接地にビジネス航空センター（Business Aviation Center：BAC)が開業し、プライベート機の需要を取り込むことが期待されている。

4. アクセス

仁川国際空港と弘大、ソウル駅方面を結ぶ空港鉄道が金浦国際空港を経由（金浦＝ソウル駅間、最短約20分）するほか、ソウル地下鉄5号線と9号線もターミナルに乗り入れている。このほかリムジンバス、路線バスのネットワークも利用可能である。

5. 運用状況

現在、大韓航空、アシアナ航空がハブ空港として利用しており、両者合計で旅客取扱数の48%を占める。このほか、イースター航空、チェジュ航空、ジンエアー、エア釜山、ティーウエイ航空等の新興LCCが運航拠点とするか、もしくは乗り入れている。取扱旅客数は2,500万人（2016年）で、韓国内では仁川国際空港、済州国際空港に次いで第3位である。国内線旅客に限れば済州国際空港に次ぐ第2位の2,100万人となる。

（傍士清志）

■空港の諸元	■輸送実績（2016年）	
・空港運営者：韓国空港公社 　（Korea Airports Corporation：KAC） ・滑走路（長さ×幅）：2本 　14L/32R：3,600m × 45m 　14R/32L：3,200m × 60m	・総旅客数 　国際旅客 　国内旅客 ・貨物量 ・離着陸回数	25,043,301 人 4,241,936 人 20,801,363 人 133,864 トン 163,676 回

#119
金海 (キメ) 国際空港 <small>(韓国・釜山)</small>

Gimhae International Airport

RKPK/PUS

韓国第2の都市にして、国際港湾拠点・釜山のゲートウェイ

Asia

1. 概要

　釜山は、韓国最大の国際港湾都市であり、また韓国主要都市のなかでもわが国に最も近く、歴史的にも馴染みの深い都市である。

　金海国際空港は、韓国最長の河川である洛東江の河口部の中州に1976年に新設された空港である。釜山市の中心から直線距離で西方およそ10kmに位置する。空港所在地の行政区は釜山市江西区であるが、空港建設当時は金海郡に属していたため、金海空港と名付けられた。

　釜山には元々1940年に旧日本軍の手で建設された水営飛行場が

あった。同飛行場は戦後58年に釜山飛行場、63年には釜山国際空港となり、釜山のゲートウェイとして利用されてきたが、76年の金海国際空港開港以後は、水営飛行場は空軍飛行場として使用された。しかし同飛行場は87年に閉鎖され、跡地は現在BEXCO（ベクスコ）という名称の国際コンベンションセンターとなっている。

　金海国際空港の運営者は韓国内の14の空港（仁川国際空港を除く国際空港7、国内空港7）を運営する韓国空港公社（Korea Airports Corporation：KAC）である。

2. 施設

　滑走路は、開港時には長さ2,745m× 幅46m（18L/36R）1本のみであったが、第2滑走路の建設が1992年に開始され、2003年に3,200m×60m（18R/36L）の滑走路が供用開始した。両者はクロースパラレル配置（離隔距離の小さい平行滑走路で同時離着陸は不可）で、第2滑走路のみコンクリート舗装されている（18L/36Rはアスファルト舗装）。両滑走路とも精密進入用のILSが整備されている。

　本空港は軍との共用空港であり、軍用施設が広大な用地を占め

空港全体図：2本のクロースパラレル滑走路と空港端部に位置するターミナルで構成

釜山の空港分布：韓国最長の河川、洛東江の中州に位置する。その東側にはかつて水営飛行場があった

ている。民間航空用のターミナルエリアは空港用地の南東部の端に位置し、ターミナルビルは国際線と国内線が別棟になっている。国際線ターミナルビルは2007年11月にオープンした近代的な建物で、地下1階、地上3階建、延床面積5.6万㎡である。固定ゲート6スポットを有し、ターミナルビルと橋梁形式の高架道路が一体化した、いわゆるダブルデッキ構造である。階層構成としては、1階に到着機能が、2階にチェックインカウンターをはじめとした出発機能が配置されている。国内線ターミナルビルも同じくダブルデッキ構造の2層式建物で、固定ゲート5スポットを有する。

貨物取扱施設は旅客ターミナルビルの両端に国際線用と国内線用の上屋が別々に配置されている。このうち国際線貨物上屋は2009年にオープンした新しい建築物である。

3. アクセス

鉄道アクセスとして、2011年に「釜山金海ライトレール・トランジット(LRT：新交通システム)」が空港まで整備された。空港駅は高架形式で、国際線ターミナルビルと国内線ターミナルのほぼ等距離の位置に配置されている。ただしLRTは釜山市の中心部までは通じておらず、ササン駅で地下鉄2号線に乗り換える必要がある。

このほかエアポートシャトルバス、路線バス、タクシーなどの交通手段も利用可能である。

4. 運用状況

国際線は大韓航空、アシアナ航空という韓国2大FSC（Full Service Carrier）に加え、韓国LCCであるイースター・ジェット、エアプサン、チェジュ航空、ジンエアーが揃って就航しており、そのほか外国航空会社として、JAL、ピーチ・アビエーションを含め30社が就航（2018年5月現在）している。国内線では上記の韓国航空会社がすべて就航して、国内航空ネットワークを形成している。

利用旅客数は韓国内で4番目となる1,500万人（2016年）で、うち国際線が約780万人、国内線が710万人と際内が拮抗している。

（傍士清志）

■空港の諸元
- 空港運営者：韓国空港公社
  （Korea Airports Corporation：KAC）
- 滑走路（長さ×幅）：2本
  18L/36R ：2,745m × 46m
  18R/36L ：3,200m × 60m

■輸送実績（2016年）
- 総旅客数　14,903,108 人
  国際旅客　7,776,962 人
  国内旅客　7,123,853 人
- 貨物量　65,702 トン
- 離着陸回数　102,233 回

済州（チェジュ）国際空港（韓国・済州）

Jeju International Airport

RKPC/CJU

観光客を中心に年間3,000万人近い利用は韓国第2位。容量限界で第2空港の建設が決定

1. 概要

　済州島は日本海、東シナ海、黄海の中間に位置する火山島であり、その付属島嶼を含め大韓民国済州特別自治道を構成する。人口は約55万人、面積は1,845㎢である。韓国のなかでは最も気候が温暖で、ゴルフ場やカジノなどの観光・娯楽施設が多数あるほか、海産物なども豊富なため、韓国国内のみならず、日本などからも多くの観光客が訪れる。かつては、外国人観光客の多くを日本人が占めたが、近年は、中国人に対するビザ特例措置（済州島のみを訪問する場合、観光ビザを免除）もあり、中国人観光客が急増している。

　済州国際空港は中心市街地に近い島の北部に位置し、主滑走路は海岸線に平行に配置されている。空港はもともと1942年日本陸軍によって建設された軍用飛行場で、太平洋戦争終戦の翌年（46年）、はじめて民間航空の用に供された。その後58年に韓国建設・運輸省による民間空港として供用開始され、68年に国際空港に昇格している。85年には空港の管理が韓国空港公社（Korea Airports Corporation：KAC）に移管された。現在は韓国内の14の空港（国際空港7、国内空港7）を管理するKACのなかで最大の旅客利用実績を誇る。航空需要の増大に合わせて数次にわたって旅客ターミナルビルが拡張されおり、最近では2012年に国際線旅客ターミナルビルが増築されている。

2. 施設

　ターミナルは国内線と国際線の機能を有した一棟のターミナルビルで、固定スポット10スポットが設置されている。滑走路は長さ3,180m×幅45mと1,910m×45mの2本が交差配置されており（07/25と13/31）、ILS（計器着陸装置）は07方向進入用に設置されている。アクセスは道路系のみでリムジンバスや市内/市外バス、タクシーが利用できる。

3. 運用状況

　済州国際空港は取扱旅客数が

空港全体図：交差する滑走路が2本。その交差部付近に旅客ターミナルを配置

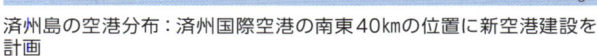

地図データ：Google

済州島の空港分布：済州国際空港の南東40kmの位置に新空港建設を計画

ターミナルと管制塔：済州島の玄関口だ　photo / 钉钉

3,000万人（2016年）に迫る大規模空港である。内際の内訳としては、国内線旅客数が2,700万人を占める。このうち金浦空港との間を結ぶ路線は年間旅客数が1,500万人を超える屈指の高需要路線で、大韓航空、アシアナ航空、ニアプサン、イースター・ジェット、チェジュ航空、ティーウェイ航空が就航している。釜山金海空港との路線が約400万人でそれに続き、全部で国内線計13路線が就航している。

国際路線は中国、台湾、香港、日本、タイとの間で年間旅客およそ270万人が利用している。国際線の路線別順位は上海（甫東）、天津、北京、杭州と上位4路線が中国路線で5位にバンコク（スワナプーム）が続いている。

内際を合わせた航空旅客の航空会社別シェア（2015年）は大韓航空が20％、アシアナ航空が18％と韓国の2大メガキャリアが4割近くを占める。済州国際空港における16年の利用旅客数は2,970万人と仁川国際空港に次いで韓国で第2位の位置を占める。近年中国人旅客が増えているとはいえ、全体に占める国際線旅客の割合は10％程度であり、大半は国内線旅客によって占められている。

4. 将来計画

航空旅客の増加に伴う現空港の容量問題と市街地近傍に立地しているがゆえの騒音問題を解消するため、済州国際空港の南東40kmの位置に第2空港を建設する計画が進められている。

構想段階では「現空港の増設」、「現空港の廃港を前提とした新空港の建設」、「現空港を維持した上で第2空港を建設」の3案が検討されたが、3番目の案が最も環境負荷が低く、受け入れられやすいと判断したという。

第2空港の滑走路は長さ3,200m、幅60mの1本で、2025年の開港を目標としている。建設費は4.1兆ウォン（約4400億円）と見込まれている。

（傍士清志）

■空港の諸元	■輸送実績（2016年）
・空港運営者：韓国空港公社（Korea Airports Corporation：KAC） ・滑走路（長さ×幅）：2本 　07/25：3,180m × 45m 　13/31：1,910m × 45m	・総旅客数　29,708,613 人 ・国際旅客　2,741,885 人 ・国内旅客　26,965,479 人 ・貨物量　131,226 トン ・離着陸回数　176,017 回

中国の空港概観

巨大空港の建設が全土で相次ぎ、世界の旅客数ベスト50に7空港がランクイン

1. 中国の概要

中華人民共和国は、中国大陸において国民党を破った中国共産党により、1949年10月に建国された。人口が13億5,000万人以上で世界一多く、国土面積は約959万㎢で、ロシア、カナダに次ぎ世界第3位である。

22省級行政区、5自治区、北京市・天津市・上海市・重慶市の4直轄市、香港・マカオの2特別行政区によって構成される。首都は北京市である。

1978年の改革開放政策の導入以来、中国は世界で最も成長率が高い主要経済大国の1つになった。2016年時点で、同国は名目GDP及び貿易輸入額のいずれにおいても世界第2位であり、購買力平価GDPと貿易輸出額は世界1位である。一方、1人当たりのGDPは世界平均より大幅に低い5,400ドルで、1日2ドル未満で暮らす貧困層が約2億4,300万人いるとの推計もある。

2. 中国の航空

広大な国土を擁する中国では、航空の重要性は極めて高い。民間航空行政は中華人民共和国国務院交通運輸部が管理する中国民用航空局（CAAC）が司っている。同局は中華人民共和国の成立以降、航空会社機能と航空行政機能を一元的に取り扱い、国内の航空交通を独占していたが、1988年に行政機能と航空会社経営機能に分割され、6つの地区管理局ごとに航空会社が設立された。その後、航空会社は中国国際航空、中国東方航空、中国南方航空の3大航空会社に統合されている。近年では海南航空グループ、春秋航空などの新興航空会社も台頭している。

3. 空港の管理形態

中国には民間空港が全部で193空港あり、そのうち

中国の主要空港分布：広大な国土で数多くの空港プロジェクトが進行中である

5. 空港の旅客数

2016年における世界の旅客ランキングトップ50に7空港がランクインしている。年間旅客数3,000万人以上の空港を列挙するとおりとなる。

順位	空港名	旅客数（万人）
2	北京首都	9,439
9	上海浦東	6,600
15	広州白雲	5,973
27	成都双流	4,604
38	昆明長水	4,198
40	深圳宝安	4,198
46	上海虹橋	4,046
51	西安咸陽	3,699
54	重慶江北	3,589
60	杭州蕭山	3,159

6. 空港の名称

中国の大空港の名称の多くは漢字4文字で命名されている。最初の2文字は都市名、後の2文字は空港所在地の地名（旧地名）という構成が原則だが、北京首都空港のような例外もある。

（傍士清志）

大型ジェット機の発着が可能な空港が全部で49空港ある。

2002年以降、空港は省、区、市による地域ごとの管理下に置かれ、これらが資産、負債、人員などの責任を負うこととされている。空港管理者の形態は日本での私有を意味する会社（こうしゃ／コンス）である。公司は独立した財産をもち、法に従った経営の自主と独立採算の責任を負う法人格をもつ企業組織をいう。

なお、北京首都国際空港とチベット自治区内の民用空港は民用航空局が管理している。

4. 空港プロジェクト

中国は21世紀において最も空港整備が活発な国であり、巨大な建設プロジェクトが次々と実施されている。21世紀に入って以降に供用開始した巨大空港プロジェクトをあげると、広州白雲国際空港の新規建設（2004年）、北京首都国際空港ターミナル3（08年）、上海浦東国際空港ターミナル2（08年）、上海虹橋国際空港ターミナル2（10年）、成都双流国際空港第2滑走路（09年）、同ターミナル2（12年）、昆明長水国際空港（12年開港）等がある。これらについては、現時点でもう続きでも何らかの大規模拡張事業が継続している。

またこの他か、新空港として、大連錦州湾国際空港（海上埋立空港）、北京大興国際空港（北京第2国際空港）の建設が進行中である。

中国における多くの大空港は、基本的に3,500m級のオープンパラレル滑走路1組以上を有し、滑走路の間に巨大ターミナルを配置するという基本コンセプトによって計画・建設されている。また、空港ターミナルビルの設計が海外の設計者の手に委ねられている例が多い。多くの空港でアクセス鉄道がターミナルに乗り入れ、利便性の向上が図られている。

北京首都国際空港（中国・北京）

Beijing Capital International Airport

ZBAA/PEK

北京オリンピックを契機に大規模拡張がなされるも、容量限界を見据え新空港も建設中

1. 概要

　北京首都国際空港は中華人民共和国の首都である北京市中心部から北東25kmに位置する国際空港であり、3本の平行滑走路と3つの旅客ターミナルを有する世界でも屈指の大規模空港である。

　2016年における取扱旅客数は9,400万人（うち国際線2,100万人、国内線7,400万人）でアトランタ空港に次ぐ世界第2位である。航空貨物は190万トンで世界15位、発着回数は61万回で世界第5位である（いずれも16年値）。

　空港の運営者は「北京首都機場股份有限公司：Beijing Capital International Airport Company Limited」であり、「股份」は株式

を「公司」は会社を意味するので、翻訳すれば北京首都空港㈱となる。

　ちなみに、空港の正式名称に「首都：Capital」を冠した空港は世界的に希で、筆者が探した範囲ではアメリカ合衆国にミシガン州のCherry Capital Airportと、イリノイ州Abraham Lincoln Capital Airportの2例が見られるが、いずれも小規模な空港で、当然「首都」を意味するものではない。

2. 沿革

　本空港が開港したのは、文化大革命が始まる前の1958年であった。当時建設された最初のターミナルは現存しており、VIP専用ターミナルとして使われている。

1980年には現在のターミナル1が供用開始した。

　ターミナル1は90年代に入ると混雑が著しくなり、新たなターミナルの建設の必要性が議論されるようになった。当時北京は2000年夏季オリンピックに立候補しており、これを実現するためにも新しいターミナルの建設は必須条件となっていた。結果的にオリンピックは1993年に行われた投票でオーストラリアのシドニーに2票差で敗れたが、新ターミナルの計画・整備そのものは進められ、99年に中華人民共和国建国50周年に間にあわせて供用開始された。この際、駐機場やターミナルビル等の事業に対する支援として、日本の円借款が3期に分け

空港全体図：ほぼ南北に伸びる3本の滑走路がオープンパラレル配置されている。ターミナル3は世界最大級の広さ

Asia

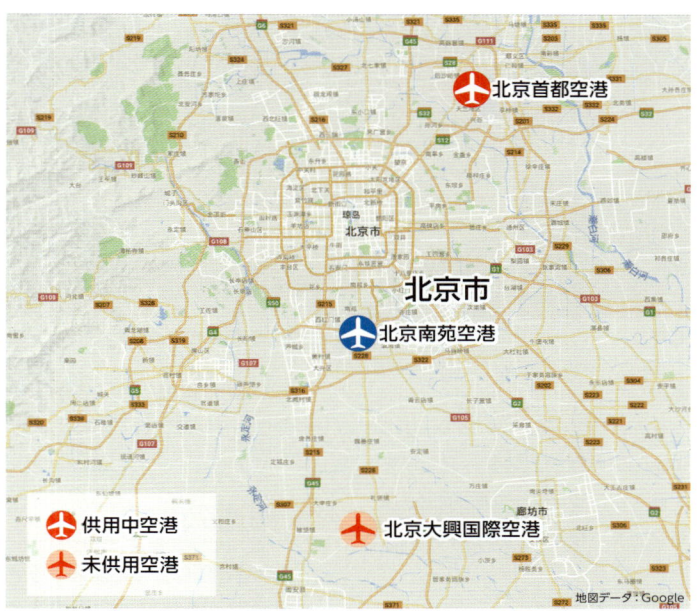

北京の空港分布：航空需要の増加に備え、北京市南方に北京大興国際空港の建設が進められている

て合計300億円供与されている。

　その後、北京市は2008年の夏季オリンピックの開催都市となったため、今度はこれに間に合わせる形で、3本目となる平行滑走路とターミナル3の整備が行われた。特筆すべきはターミナル3の規模で、その延床面積はオープン時点において世界で最も巨大な旅客ターミナルとなる99万㎡であった（現在はドバイ国際空港のターミナル3に次ぐ2位）。

3. 施設

（1）滑走路

　滑走路はほぼ南北に3本の平行滑走路が配置されている。長さ3,200m×幅50mの西側滑走路

（18R/36L）と3,800m×60m（18L/36R）の中央滑走路の2本はアスファルト舗装で、ターミナル3の供用に合わせて整備された3,800m×60mの東側第3滑走路（01/19）はコンクリート舗装されている。いずれの滑走路にも両側からの精密進入が可能なILS（計器着陸システム）が整備され、低視程時の就航率向上が図られている。なかでも滑走路01/09の南側からの進入用には最も精度が高いカテゴリーⅢのILSが備わっている。

（2）旅客ターミナルビル
＜ターミナル1＞

　ターミナル本館から2本のねぎ坊主状のサテライトが突き出した

形状をしており、延床面積は6万㎡である。西側サテライトには7つ、東サテライトには6つの固定スポットが配置されている。

　1980年にオープンして99年まで使用されたが、ターミナル2の供用開始に伴って一旦閉鎖され、改修工事を経て2004年に再供用された。さらに08年のターミナル3の供用開始の際にも、改修とともに航空会社の移転が行われ、この間1か月ほどの閉鎖期間を経て今日に至っている。

　現在ターミナル1を利用している航空会社は国内の7社で、国内線のみの取り扱いである。

＜ターミナル2＞

　1999年にオープンしたターミナル2は、延床面積が34万㎡で固定スポット35を有する。前述のとおり日本の円借款による資金支援を得て建設された。それまでのターミナル1に比べて一挙に5倍以上の面積となり、2008年にターミナル3が供用するまでの間、主力ターミナルとして利用された。ターミナルはH型の形状をしており、北側部分が国内線、南側が国際線となっている。

　中国南方航空、中国東方航空などをはじめとするスカイチーム各社が主たるユーザーである。

　ターミナル1とターミナル2は屋根付きの歩道で結ばれており、徒歩での移動が可能な位置関係にある。ターミナル3との間は10分間隔でバスが運行されている。

ターミナル3：コンコースの長さが南北3㎞にも及ぶ

ターミナル3の内部：中国の伝統様式が取り入れられている

＜ターミナル3＞

　設計は香港国際空港のターミナルビルを手がけた英国の建築家ノーマン・フォスターによるものである。従来の空港用地の東側に第3滑走路（01/19）とともに建設された延床面積99万㎡の巨大ターミナルビルである。コンコースの長さも南北約3㎞に及ぶ長大なもので、両側の滑走路に対して左右対称になっている。さらに南側のランドサイド（一般アクセスエリア）と北側に延びるエアサイドも上下対称を構成している。内部空間は優美な曲面で構成されており、構成部材も竹細工を模したモチーフが用いられており、配色も赤や金色を主体とした中国の伝統的な色彩が上手に取り入れられている。事業費は38億ドルである。ターミナルは大きく3ユニット（3-C、3-D、3-E）に分かれており、それら各セクションを高速のAPM（Automated People Mover：無人シャトル）が繋いでいる。計画時点では2020年に5,000万人の旅客を取り扱うことが想定されていたが、すでにその需要を超えている。

　ターミナル3のメインユーザは中国国際航空で、スターアライアンス、ワンワールドの両航空連合もターミナル3を利用している。

4. アクセス

　ターミナル3の供用開始にあわせて、北京首都国際空港の北京地下鉄空港線（通称エアポートエクスプレス）が開業し、北京市の中心部の東直門駅との間を結んでいる。エアポートエクスプレスは東直門を起点に北京首都国際空港のターミナル3とターミナル2を回って東直門へ戻るという三角運行が行われている。約8分～10分間隔で運行され、空港と東直門の間の所要時間は25分程度、運賃は25元（約400円弱）である。東直門では地下鉄2号線及び13号線を通じて北京市の地下鉄ネットワーク（全19路線）と接続している。なお、地下鉄在来線は初乗り3元、最長区間でも9元と割安である（2014年以前は一律2元であった）。

　このほか、機場バス（空港バス）やタクシーが運行している。

5. 関連空港

　北京首都国際空港と関連する北京南苑空港と北京大興国際空港（建設中）の2空港の概要は以下のとおりである。

○北京南苑空港 (Beijing Nanyuan Airport)

　南苑空港は天安門広場の南13㎞に位置する北京第2の空港である。1910年に開港した中国最初の空港で、軍民で共用されている。滑走路はほぼ南北（18/36）に配置された3,200m一本で、中国聯合航空がハブ空港として本空港に拠点を置く。

　2013年に年間旅客数600万人の取扱容量を有する新ターミナルが供用開始している。

○北京大興国際空港 (Beijing Daxing International Airport)

　旅客需要が増加を続ける北京

北京大興国際空港の完成予想図：2019年秋供用開始予定　image / Zaha Hadid Architects

首都空港が容量限界を迎えることを念頭に、北京首都第2空港として大興空港の建設が行われている。新空港は北京市中心部から南方およそ46kmに位置する。

　新空港の計画は2008年に提唱され、13年に中華人民共和国国務院から正式に承認を受けて14年12月に着工した。空港敷地面積は2,680haで7本の滑走路（内一本は軍専用）と7,500万人対応の旅客ターミナルビルが建設される。ターミナルビルは国際コンペを経て、パリ空港会社（ADPI）がザハ・ハディド（東京代々木の当初の新国立競技場設計コンペの勝者）と組んで行った設計案が採用された。

　2019年秋に供用開始する予定であり、総事業費は最低でも7億人民元（約1.1兆円）を要すると見込まれている。

　新空港開業と同時に北京地下鉄新空港線が開業するほか、新空港専用の高速道路が開通する予定である。また、当空港の完成と同時に北京南苑空港は閉鎖する予定という。

　新空港と現北京首都国際空港の分担については、2016年7月、中国民用航空局から通達がなされている。これによると中国南方航空と東方航空などのスカイチーム加盟航空会社は、すべて新空港に移転し、同空港は中国南方航空と東方航空のハブ空港として位置づけるとのことである。また、移転後の北京首都国際空港の空きスペースは優先的に中国国際航空が利用することになるという。

（傍士清志）

■空港の諸元	■輸送実績（2016年）	
・空港運営者：北京首都空港㈱ 　（Beijing Capital International 　Airport Company Limited） ・滑走路（長さ×幅）：3本 　18L/36R ：3,800m × 60m 　18R/36L ：3,200m × 50m 　01/19　 ：3,800m × 60m	・総旅客数　　94,393,454 人 　国際旅客　20,622,859 人 　国内旅客　73,770,595 人 ・貨物量　　　1,943,159 トン ・離着陸回数　　606,086 回	

上海浦東国際空港（中国・上海）

Shanghai Pudong International Airport

ZSPD/PVG

北京首都空港と並ぶ中国の2大ハブに成長。需要拡大が続き新ターミナルの建設が進む

1. 概要

　上海浦東国際空港は、上海市中心部から32km南東の上海市浦東新区に位置する国際空港である。正式な読みはプードンであるが、日本では「ほとう」空港とも呼ばれる。

　上海虹橋空港（次項参照）の能力限界を見据えて計画され1999年に開港した24時間運用の新空港で、およそ4,000haの広大な敷地を有する。空港運営者である上海空港（合弁）㈱（上海機場（集団）有限公司：Shanghai Airport Authority）は本空港と上海虹橋空港の両空港を管理している（日本において関西エアポート㈱が関西国際空港と伊丹空港の新旧2空港を管理している例に近い）。

　本空港の建設事業は、中華人民共和国建国50周年記念日までにオープンするとの野心的な目標を掲げて1997年10月に着手された。わずか2年の短い工期で事業が完了できるか危ぶまれたが、国家の威信をかけた取組みにより、予定どおり99年10月1日に供用開始した。

　ただし、これは一種のソフトオープンといえるものであり、その後1年間の試験的運用を経て本格的な運用は2000年9月より開始されている。開港時までに要した事業費は16.7億ドルであったが、そのうち1/4程度に相当する約400億円は日本政府からの円借款として中国政府に援助されたものである。

　当初は滑走路1本と延床面積28万㎡のターミナル1棟のみの比較的小さな規模でスタートしたが、中国経済の発展に伴って今日まで急速に規模が拡大してきた。

2. 沿革

　上海市は19世紀以降中国の経

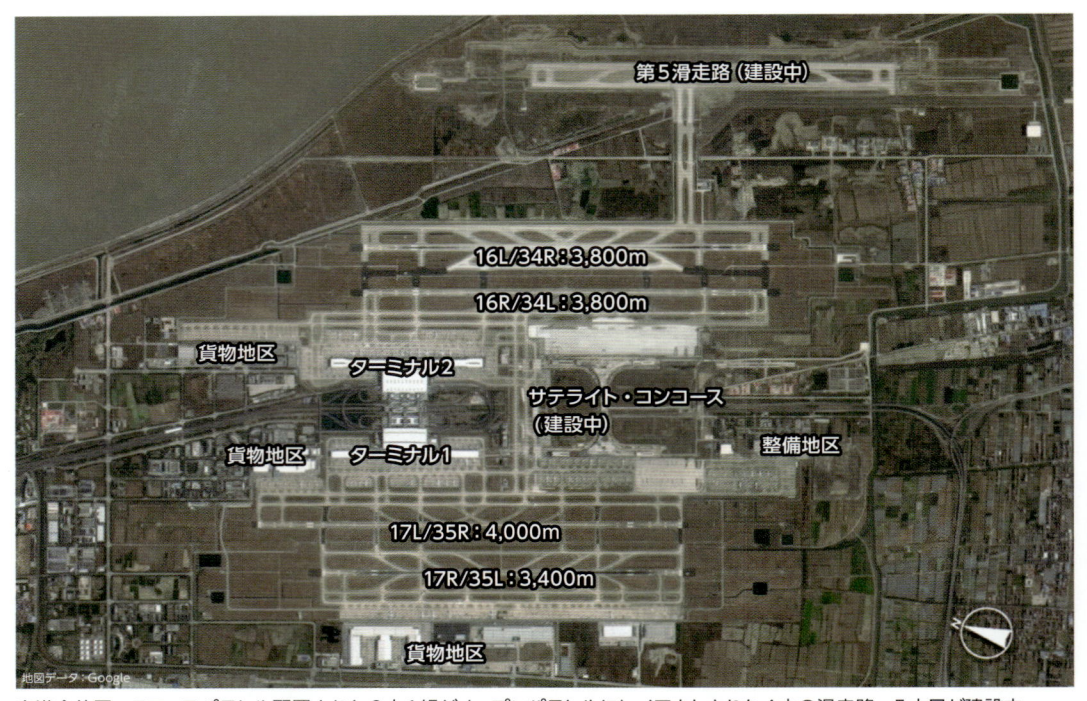

空港全体図：クロスパラレル配置された2本1組がオープンパラレルにレイアウトされた4本の滑走路。5本目が建設中

Asia

上海の空港分布：
ともに年間4,000
万人を超える旅客
を取り扱う

済をリードしてきたが、1900年代終盤には、人口集中、産業構造のアンバランス、都市インフラの不備等の問題を抱え、ほかの沿海部の都市が急成長するなか、国内での経済的地位が低下するようになっていた。このため、上海市政府は上海を再生させることを目的とした浦東開発の方針を打ち出し、新区を設置して輸送及びエネルギーの開発を進めることとした。「浦東新区」は黄浦江と長江河口部に挟まれた地域で、開発以前は原野が広がる地であったが、92年の新区設置以降大規模な開発が行われた。上海浦東国際空港はその中核事業と位置づけられ、新空港建設のため大規模な住民移転（5,000戸、15,500人）が行われた。

今や浦東新区は上海新都心としての地位を確立しており、2010年の上海万博も当地で開催された。新区は上海市全体のGDPの2割を占め、外資導入額が市全体の半分を占める。日本企業も1,200社あまりが進出している。

3. 施設

（1）滑走路

滑走路は開港時には長さ3,800mの1本（16R/34L）のみであったが、2005年から15年にかけ段階的に増設され、現在長さ3,400〜4,000mの滑走路2本ずつ2組（計4本）が運用中である。これらの滑走路はすべて平行にレイアウトされ、方位はほぼ南北に向いている。これらのうち16R/34L（長さ3,800m×幅60m）と16L/34R（3,800m×60m）の2本1組は空港の東側に配置されたクロースパラレル滑走路で、もう1組の17L/35R（4,000m×60m）と17R/35L（3,400m×60m）は西側に配置されている。空港の西側1組2本と東側1組2本はそれぞれ独立に運用可能な離隔距離を有している。また2組のクロースパラレル滑走路の間にはそれぞれ平行誘導路が配置されており、航空機地上走行の円滑化が図られている。滑走路17L/35R及び16R/34LにはカテゴリーⅡの、滑走路17R/35L及び16L/34RにはカテゴリーⅠの計器着陸装置（ILS：Instrument Landing System）が設置されている。

なお、現在5本目の滑走路が16L/34Rのさらに東側の海岸沿いに建設されているが、これは中国国産民間航空機の飛行試験用の滑走路となるという。

（2）旅客ターミナル

旅客ターミナルビルは開港時に供用開始したターミナル1と2008年にオープンしたターミナル2の2棟がある。いずれのターミナルも本館から左右対称にウイングが一直線に伸びた形状をしており、ターミナル1とターミナル2は本館部分が背中合わせに配置されている。これはパリ空港公団（Aéroports de Paris）が策定したマスタープランに沿ったもので、当時のマスタープランによると、最終的には背中合わせのターミナルが合計4棟、順次建設されることになっていた。しかし、実際にはマスタープランに修正が加えられこのような形状とはならな

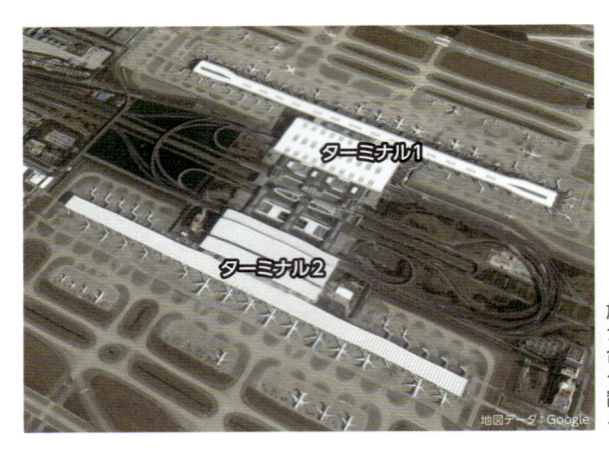

ターミナル1

ターミナル2

旅客ターミナル地域：合わせて70ゲートが設置されている

地図データ：Google

かった（後述）。ターミナル1の旅客取扱い能力は年間2,000万人で延床面積は28万㎡である。ターミナル2はそれよりも能力が大きく4,000万人対応とされる。

なお、本館とストレートに伸びたウイングからなるターミナルコンセプトは1994年に供用開始した関西国際空港のターミナル1（T1）と同様である。両者の規模を比較すると、関空T1のウイング両端の距離が1,660mであるのに対し、浦東空港のターミナル1はウイングの延長が1,400m（ターミナル2は1,420m）と多少短いが延床面積はほぼ同規模である。

ターミナル1には合計28か所の固定ゲートが設置されており、ターミナル2の42ゲートと合わせて70ゲートが設置されている。後から整備されたターミナル2は、ウイングの長さこそほぼターミナル1と同等であるが、ウイングの先端部の幅が広くとってあり、この部分を有効に利用して固定ゲート化が図られている。また、ターミナル2はA380対応のボーディングゲート（2層対応）も有している。

(3) サテライトコンコース（建設中）

浦東空港の旅客需要が2020年に8,000万人に達するとの予測に基づき、ターミナルの拡張計画の国際コンペが行われ、GS&P（Gresham,Smith and Partners）のデザインによるサテライトコンコース案が採用された。このコンコースはS1とS2と名付けられたシンメトリーな建物で構成され、既存のターミナルとは地下に整備される自動運転車両（APM：automated people mover）で連絡される。全部で83の出発ゲートを備え3,800万人対応となる（空港全体としては8,000万人対応）。先述のとおり、パリ空港公団が描いた本空港の当初マスター

プランによれば、順に4つの同じ形状のターミナルビルが建設されることとなっていたが、ターミナル3と4用の空間を活用した新しいターミナルコンセプトとして提唱されたのがサテライトコンコースである。工事は15年末に着手され19年の供用開始を目指して建設事業が進められている。

(4) 貨物ターミナル

空港のオープン時に上海空港とルフトハンザとの合弁でPACTL社（Pudong Int' Airport Cargo Terminal Co.,Ltd.）が設立され、上屋面積5万㎡の貨物ターミナルが整備された。さらに2008年のターミナル2のオープンに合わせて上屋面積12万㎡の西貨物ターミナル（PACTL West）が供用開始している。15年時点での貨物取扱量は330万トンで世界第3位である。今後さらに貨物取扱能力を600万トンまで増加させるべく、施設の拡張を図る構想を有している。

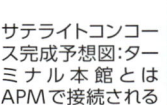
サテライトコンコース完成予想図：ターミナル本館とはAPMで接続される

image / Gresham, Smith and Partners

世界初のリニアモーターカー「上海トランスラピッド」：空港への超高速アクセス

4. 運用状況

本空港は中国本土では北京首都空港に次ぐ第2の旅客取扱があり、航空会社100社が210路線を就航させている。中国東方航空と上海エアラインのメインハブであり、このほか、中国国際航空もハブ空港として使っている。また、純粋民間航空会社である吉祥航空や春秋航空も浦東空港をハブとしてシェアを拡大している。

ターミナル別では、ターミナル1は中国東方航空、上海航空、吉祥航空等が利用しており、ターミナル2は中国国際航空、中国南方航空、春秋航空等が利用している。ターミナル2がオープンした当初、国内線はすべてターミナル1であったが、現在は両ターミナルに分散している。

わが国の航空会社ではJALがターミナル1、全日空がターミナル2を利用している。

開港後2007年までは、上海を発着するすべての国際線（香港線及びマカオ線も含む）を当空港で取り扱っていたが、日中韓政府間の合意により、国内線専用空港となっていた上海虹橋空港から羽田空港及や金浦空港への国際線定期便が就航することとなった。

2015年に米フライトスタッツ社が公表した空港毎の定時運航率の調査によれば、上海虹橋が定時離陸率37.17％でワースト1位、上海浦東が37.26％でワースト2位だったという。上海の2空港がともに定時運航にかかる不名誉な称号を得た原因については詳細不明ながら、航空管制がボトルネックになっている可能性が高いとの分析もある。

5. アクセス

浦東空港のアクセスは2種類の鉄道（リニアモーターカーと地下鉄）、エアポートバス、タクシーがある。

上海トランスラピッドは、2002年末に開通した、営業運転路線としては世界初の磁気浮上式鉄道（リニアモーターカー）で、浦東空港駅と浦東西部の竜陽路駅まで約30kmの距離を7分程で結ぶ超高速アクセスである。ただし、上海市中心部までは乗り入れていないため、竜陽路駅で上海軌道交通2号線又は上海軌道交通7号線に乗り換える必要がある。

上記上海軌道交通2号線は空港ターミナルに乗り入れているので、リニアの高額な運賃（片道50元＝750円程度ではあるが）と、乗り換えの不便を避けたければ、浦東国際空港駅から2号線で直接市内に向かうこともできる。また、2号線は上海市内中心部を経て虹橋空港まで連絡しており、上海の2空港を結ぶ鉄道リンクを形成している。

上海トランスラピッド及び上海地下鉄2号線の浦東国際空港駅はターミナル1と2の中間に位置する。

（傍士清志）

■空港の諸元
・空港運営者：上海空港（合弁）㈱ (Shanghai Airport Authority)
・滑走路（長さ×幅）：4本
16R/34L ：3,800m × 60m
16L/34R ：3,800m × 60m
17L/35R ：4,000m × 60m
17R/35L ：3,400m × 60m

■輸送実績（2016年）
・総旅客数　66,002,414 人
　国際旅客　26,910,655 人
　国内旅客　38,845,057 人
・貨物量　3,440,280 トン
・離着陸回数　479,902 回

#123
上海虹橋国際空港 (中国・上海)

Shanghai Hongqiao International Airport

ZSSS/SHA

2010年完成のターミナル2は利便性に優れ、ターミナル1の4倍の規模を誇る

1. 概要と沿革

上海虹橋国際空港は、上海市中心部から15km西方の上海市長寧区虹橋路に位置する国際空港である。正式な読みはホンチャオであるが、日本では「にじばし」空港とも呼ばれる。

本空港は1921年に当地において建設が始まり、23年に軍民共用空港として供用開始した。37年には第二次上海事変の引き金を引く大山事件の舞台となった（同事件は虹橋空港近傍において、中国保安隊の手で上海海軍特別陸戦隊中隊長であった大山勇夫海軍中尉他1名が殺害された事件。事実

関係では異論もある。中国側からは「虹橋空港事件」と呼ばれる）。その後、虹橋空港は日本の占領下に置かれ、第二次世界大戦の終戦まで日本軍の航空基地として利用された。

戦後は1963年に民間航空利用が開始され、航空需要の増大とともに数次の拡張がなされ、中国国内でも有数の空港として発展した。99年に上海浦東国際空港が開港してからは、国内線専用空港となっていたが2007年に日中韓政府間の合意により、上海虹橋空港から羽田空港及び金浦空港への国際線定期便が就航することとなった。現在はそれら路線の他、台北

（松山）、香港、マカオなどの中華圏路線も就航するが、基本的には国内線主体の空港である。10年に開催された上海万博に向け150億人民元（当時の約2,300億円相当）を投じて大規模な拡張工事が行われ、新滑走路とターミナル2が供用されている。この拡張事業により虹橋空港の取扱能力は年間4,000万人対応に拡大したが、16年の航空旅客はすでに4,000万人強に達している。

上海虹橋空港の運営者は上海空港（合弁）㈱（上海機場（集団）有限公司：Shanghai Airport Authority）で、本空港と浦東国際空港の両空港を運営している。

空港全体図：クロースパラレルに配置された滑走路が2本。ターミナル2は直結する鉄道駅を有し、ターミナル1とは分散配置

1932年当時の虹橋空港

ターミナル2と上海虹橋駅：駅には、地下鉄のほか、中国高速鉄道も乗り入れている

地図データ：Google

運用時間は24時間であり、中国東方航空、吉祥航空、上海航空、春秋航空のハブとして利用されている。

2. 施設

(1) 滑走路

　2本の滑走路はほぼ南北に向いており、滑走路間の離隔距離が360mのクロースパラレル滑走路配置である。東滑走路（18L/36R）は長さ3,400m×幅45m、アスファルト舗装で、2010年に整備された西滑走路（18R/36L）は3,300m×60mでコンクリート舗装がなされている。いずれの滑走路にもカテゴリーIのILS（計器着陸装置）が整備されている。

(2) ターミナル

　2010年に供用開始したターミナル2はターミナル1のおよそ4倍の規模で、2本の滑走路を隔てて西側に新たに展開した。東に位置するターミナル1の方がより市内中心部には近いが、主要な鉄道アクセス駅が西側に整備されたためターミナル2が規模面でも機能面でも虹橋空港の中心となっている。現在ターミナル1は国際線と春秋航空のみが利用している。

3. アクセス

　ターミナル1には上海中心部を北東から南西まで横断する上海軌道交通（地下鉄）の10号線が乗り入れている。一方、ターミナル2の上海虹橋駅には同2号線と10号線が乗り入れているほか、中国高速鉄道（新幹線）の上海虹橋駅も位置しており、北京、南京、杭州と上海を結ぶ高速鉄道ネットワークの起点となっている。

　また将来的には上海トランスラピッド（リニアモーターカー）を虹橋空港まで延伸し55km離れた浦東空港との間を15分で移動できるようにするとの計画がある。本プロジェクトは当初2010年の上海万博までに開通する見込みであったが、環境問題から現時点まで実現に至っていない。

（傍士清志）

■空港の諸元	■輸送実績（2016年）	
・空港運営者：上海空港(合弁)㈱ （Shanghai Airport Authority）	・総旅客数	40,460,135人
	国際旅客	1,374,686人
・滑走路（長さ×幅）：2本	国内旅客	39,061,154人
18L/36R：3,400m×45m	・貨物量	428,908トン
18R/36L：3,300m×60m	・離着陸回数	261,981回

広州白雲国際空港（中国・広州）

Guangzhou Baiyun International Airport

ZGGG/CAN

フェデックスのアジアハブが置かれ、取り扱い貨物量も屈指。中国3大空港の一角を占める

1. 概要

広州市は中国大陸の南部珠江デルタの北に位置し、人口約1,300万人を擁する広東省の省都である。同市は北京、上海に並ぶ中国3大都市の1つに数えられ、広州白雲国際空港もまた北京首都国際空港、上海浦東国際空港とともに中国大陸3大空港の1つである。2016年の航空旅客は6,000万人で中国本土では第3位、航空貨物取扱い量も同じく第3位である。

現在の広州白雲国際空港は2004年8月に開港した新空港で、広州市中心部の北方28kmに位置する。旧広州白雲国際空港は1932年に開港し、長らく華南地域のゲートウェイ機能を果たしてきたが、急速な中国地域経済の発展に伴って手狭になり、また市街地に近く騒音問題があり、運用時間にも制約があった。

そのため、24時間運用できる国際水準の新空港を建設することになり、旧空港から北に20km離れた現在の位置が選定された。空港用地は旧空港のおよそ5倍で、用地確保のために2万人の住民移転が行われた。空港の面

広州市周辺の空港分布：広州白雲国際空港が最も新しい

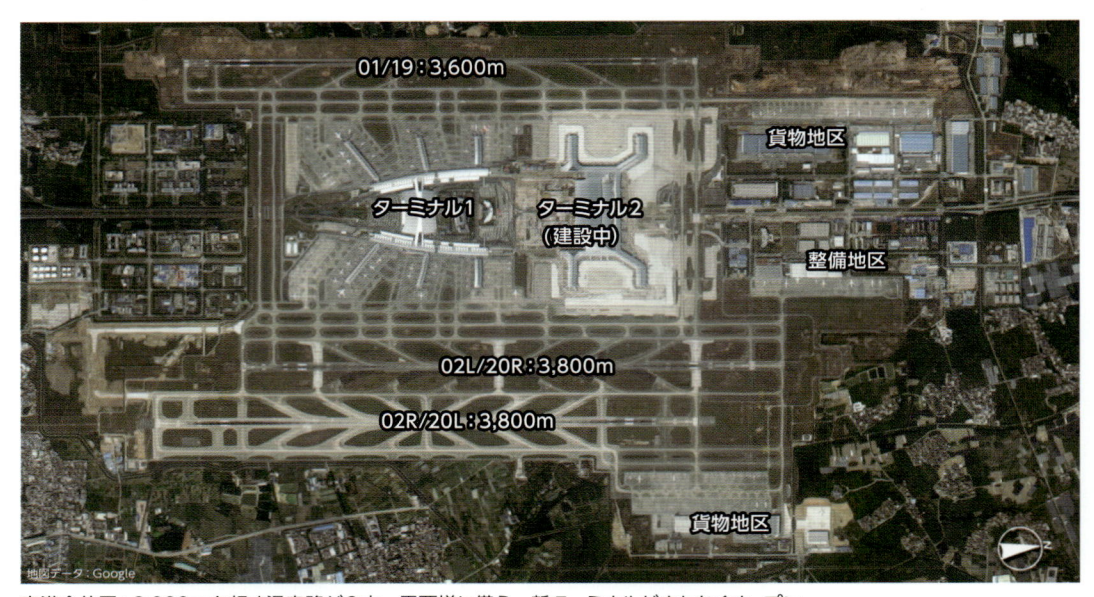

空港全体図：3,000mを超す滑走路が3本。需要増に備え、新ターミナルがまもなくオープン

積は 1,500ha、空港運営者は広州白雲国際空港㈱（广州白云国际机场股份有限公司：Guangzhou Baiyun International Airport Co.Ltd.）である。

もともと「白雲」の名は旧空港が広州市内の名所である白雲山（標高382m）に近い位置にあったことから、これにちなんで名付けられたものであったが、白雲山から離れた位置に移転した新空港も同じ名称が継承されている。

中国南方航空、中国国際航空、深圳航空が当空港をハブにしており、航空貨物大手のフェデックス（FedEx）もアジア圏における貨物ハブを置いている。また、最低料金を9元（約180円）に設定したことで話題を呼んだ9エア（9元航空）もここに拠点を置いている。

2. 施設

(1) 滑走路

開港時には長さ 3,600m ×幅 45m（02L/20R）と 3,800m × 60m（02R/20L）の、平行滑走路 2本1組であったが、2014年に3本目の滑走路として 3,600m × 60m（02R/20L）が供用開始した。これにあわせて滑走路番号は付け替えられ、開港時の 02L/20R 滑走路は 01/19 に、02R/20L 滑走路は 02L/20R にそれぞれ変更されている。滑走路舗装面はいずれもコンクリートで、すべての滑走路に双方向のILS（計器着陸装置）が備えられている。

(2) 旅客ターミナル

ターミナル地区は空港の中央を貫くアクセス道路の両側に左右対称に配置されている。優美な曲線が特徴のターミナルビルの計画は PARSONS（米）と中国企業との JV（ジョイントベンチャー）のもとで進められ、開港時点では中国国内で最も高かった管制塔も一体的に計画された。ターミナルビルの延床面積は 37万㎡ で、主要機能は地上3階から地下1階の4層構成におさめられている。3階は出発階、2階は到着の中間階、1階が到着階となっており、地下で地下鉄駅と駐車場に連絡している。

2020年における年間 8,000万人の航空旅客需要に対応が可能な延床面積 63万㎡ のターミナル2の建設工事が行われており、18年中のオープンが予定されている。

(3) 貨物ターミナル

2009年2月には航空貨物大手の FedEx がアジアのハブ機能をフィリピンのスービック湾国際空港から移転させている。上屋の延床面積は 8.2万㎡ で、共用開始当時は FedEx にとって本国以外で最大のハブであった（現在はパリ・シャルル・ド・ゴール空港にその座を譲っている）。FedEx はエプロン内での自社航空機の誘導を自ら行うため、ランプコントロールタワーを整備運用している。

将来計画として 2020年度に 250万トンに対応できるよう貨物上屋の増築計画が策定されている。

3. アクセス

開港時は道路アクセスのみであったが、2010年11月の広州アジア大会の開催に合わせ、広州地下鉄3号線（空港線）の空港南駅が開業し、広州市街中心部との鉄道アクセスネットワークが確立した。営業最高速度は 120km/時 で、地下鉄路線としては中国大陸最速を誇る。運行間隔は 4～6分間隔で、広州東駅までを約50分で結んでおり、市内までの運賃は 7元（約120円）と安価である。

また、高速道路（広州空港高速道路）が空港の中央を縦貫しており、市内中心部から 30～60分程度（交通状況による）である。

（傍士清志）

■空港の諸元
・空港運営者：広州白雲国際空港㈱
 （Guangzhou Baiyun
 International Airport Co.Ltd.）
・滑走路（長さ×幅）：3本
 01/19　：3,600m × 45m
 02L/20R ：3,800m × 60m
 02R/20L ：3,800m × 60m

■輸送実績（2016年）
・総旅客数　59,732,147 人
 国際旅客　12,712,064 人
 国内旅客　46,947,218 人
・貨物量　　1,652,215 トン
・離着陸回数　435,231 回

#125
深圳宝安国際空港（中国・深圳）

Shenzhen Bao'an International Airport

ZGSZ / SZX

まるで宇宙船のようなユニークな構造の近代的な新ターミナルが 2013 年にお目見え

1. 概要

　深圳市（しんせん）は中華人民共和国広東省に位置する副省級市であり、広東省の省都・広州市の南南東、九龍半島の西側付根部分珠江デルタ地域に位置し、香港の新界と接する。塩田港など巨大なコンテナ港湾を有し、経済特区に指定されている。

　深圳宝安国際空港（しんせんほうあん）は1991年10月、新空港として開港した。香港国際空港（直線距離で38km）、広州白雲国際空港(同100km)と並ぶ中国南部の3大空港の1つに数えられ、中国国内では6番目に利用客・発着回数が多い。

　空港名にある「宝安」の文字は現地の地名に由来するが、その発音は平安を意味する「保平安」の読みとも共通であることか

ら命名されたとのこと。空港運営者は深圳空港㈱（深圳機場公司：Shenzhen Airport Company LTD）である。

2. 施設

（1）滑走路

　滑走路は開港当初から供用されている長さ3,400m×幅45m（15/33）と、海上を埋め立てて2011年に追加整備された3,800m×60m（16/34）の平行滑走路1組2本で、いずれもコンクリート舗装されている。2本の滑走路間の離隔は1,600mで、同時離着陸が可能なオープンパラレル配置となっている。

　通常一組2本の滑走路の場合、滑走路番号は同じ番号に左右を表

すLとRをつけて区別することが多いが、当空港では滑走路が2本のみであるにもかかわらず、あえて数字を1ずらした滑走路番号が振られている。ちなみに、空港の沖合を走る高速道路は将来の新滑走路位置を迂回するように位置しており、配置としては同滑走路はこの空間（現在は海域）を埋め立ててクロスパラレル（通常滑走路間隔が300m）レイアウトで建設できるものと推測される。

（2）旅客ターミナル

　旅客ターミナルは開港時点では15/33滑走路の東側に位置しており、航空需要の増大にあわせて順次増築が行われ、2013年時点では2棟の国内ターミナルビル（ターミナルAとターミナルB）と

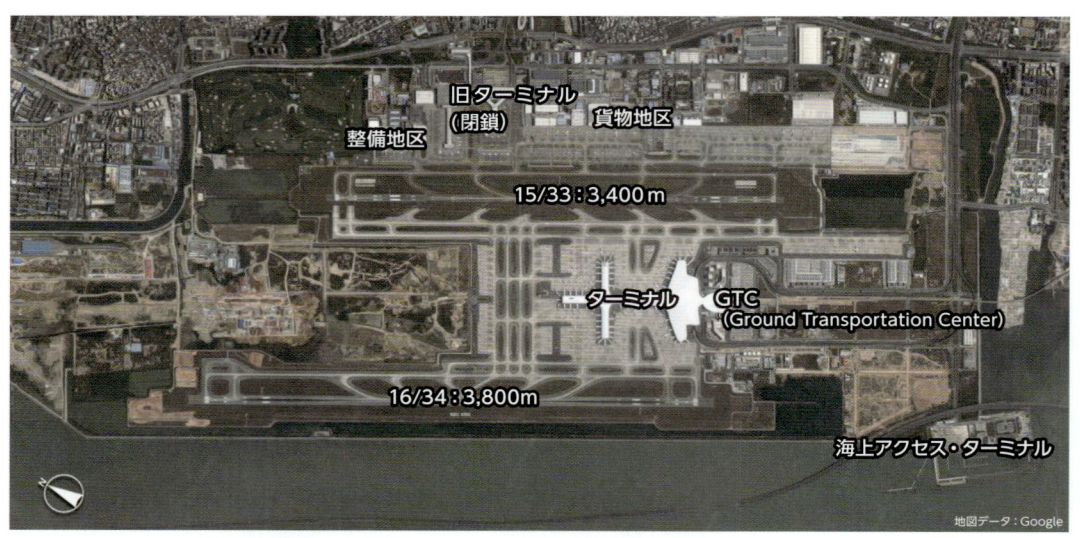

空港全体図：オープンパラレル配置された滑走路の中央に個性的な形状のターミナルがある

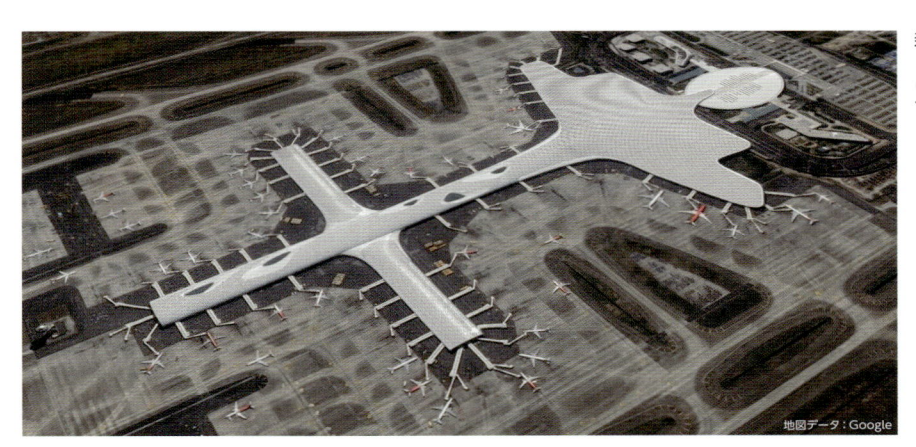

新ターミナル：イタリアの建築家の手による個性的なデザイン

地図データ：Google

1棟の国際ターミナルビル（ターミナルD）の合計3棟が供用しており、これらを合計した延床面積は15万㎡であった。

現在の旅客ターミナルビルは、2本の滑走路の中央に配置されており、2008年に着工、2013年に供用開始した。計画・建設段階ではターミナル3と呼ばれていたが、供用開始時に単にターミナルビルと呼称されるようになった（新ターミナルのオープンにあわせて従来の3棟はすべて廃止されている）。延床面積は従来の3棟の合計面積の3倍に相当する45万㎡で、搭乗橋付の固定ゲートを58有している。事業費は20億ドルであった。イタリアの建築家マッシミリアーノ・フクサス（Massimiliano Fuksas）が手がけたターミナルは、本館部分と十字型のコンコース部分を繋げた一体形状で、国際・国内一体のターミナルである。内部構造は六角形のモチーフで構成されているが、全体的に見れば宇宙船のような優美な曲面が特徴的である。

3. アクセス

新ターミナルの供用にあわせてビル前面に地下鉄やバス・タクシーのアクセス機能を集約したGTC（Ground Transportation Center）がオープンした。これは中部国際空港におけるアクセスプラザや、仁川空港の交通センターとほぼ同じ機能を担ったもので、どのような交通手段であれ旅客は迷わずGTCに向かえばよく、旅客案内性・利便性に優れている。

なお、2013年に新ターミナルが供用開始するまでは地下鉄1号線の終着駅（空港東駅）がターミナル前に位置していたが、ターミナル移転に地下鉄の乗入れが間に合わず、ダイレクトな鉄道アクセスが一時期途絶えていた。ようやく16年6月に地下鉄1号線とほぼ並行する地下鉄11号線の延伸工事が完了し、GTCに空港駅が開業したことにより再び市内と直接結ぶ鉄道アクセスが確保された。この間ほぼ3年にわたり、代替措置として空港東駅からGTCまでシャトルバスサービスが提供されていた。

海上アクセス・ルートも充実しており空港南端のフェリー埠頭から香港・マカオなどとの航路が運航されている。海上アクセスターミナルまではGTCからシャトルバスサービスが提供されている。

（傍士清志）

■空港の諸元
・空港運営者：深圳空港㈱
　（Shenzhen Airport Company LTD）
・滑走路（長さ×幅）：2本
　15/33：3,400m × 45m
　16/34：3,800m × 60m

■輸送実績（2016年）
・総旅客数　　41,975,090 人
　国際旅客　　 2,230,943 人
　国内旅客　　39,744,147 人
・貨物量　　　 1,125,985 トン
・離着陸回数　　 318,582 回

338

#126
大連周水子国際空港（中国・大連）

Dalian Zhoushuizi International Airport

ZYTL/DLC

利便性と裏腹に拡張性がなく、もはや容量限界。世界最大の海上埋め立て空港の建設が進む

1. 概要

大連市は中国遼寧省南部の市で、省クラスの自治権をもつ副省級市に指定されている。遼東半島の最南端に位置し、緯度では仙台市やサンフランシスコ市付近に相当する。東北、華北、華東地域における重要な港湾都市であり、貿易、工業、観光都市でもある。1990年代の改革開放経済のもと、中国東北部のなかでも特に目覚しい経済発展を遂げており、総人口は600万人を超える。

大連は日露戦争が1905年に終結後、ポーツマス条約により日本に租借権が譲渡され、第二次大戦終結まで日本の統治下で発展した。大連の名は古地図に見られる中国語の地名「大連湾」からとったとされるが、もともとロシア統治時代にダルニー（遠いの意）と呼ばれており、これと発音が似ていることにもよる。

日本は、南満州鉄道の本社を大連に置き、鉄道網の整備を行うなど、インフラの整備を行い、道路のアスファルト舗装や、レンガ造りの建築物が立ち並ぶ貿易都市として発展させた。昭和初期には現在の大連駅とその駅前一帯が整備され、ほぼ現在の町並みが形成されている。日本人にとってはノスタルジーを感じさせる町並みが残っており、日本人観光客も多い。

2. 沿革

大連周水子国際空港は、大連市中心部の北西10kmに位置し、中国北西部では最も旅客取扱いの多い空港である。現在も空港の正式名称に含まれる「周水子」は、もともと空港用地にあった沼地とその周辺の集落名（臭水子：水が臭う沼地）に由来する。開港当時（1927年）の周水子飛行場は未舗装の小規模飛行場ながら、満州

の空の玄関として東京や大阪などとの間に民間航空が就航していた。37年の日中戦争の開戦とともに、主に軍用飛行場として利用されるようになった。

戦後、一旦はソビエト空軍の支配下に置かれたが、1955年に中国人民解放軍空軍に返還され、72年に民間空港として再開された。当時の滑走路長は2,040mで、再開初年度の年間旅客数は2,000人足らずであったという。80年代に入って急速に旅客が増大したことを受け、84年に初めての大きな空港拡張整備が行われ、その後、今日まで4回にわたって滑走路の延長やターミナルの整備が行われてきた。空港面積は345haであり、日本の空港でいえば大阪伊丹空港（311ha）とほぼ同程度の規模である。滑走路は長さ3,300m一本で現在年間旅客1,700万人強が利用する。ターミナルは2011年に7.1万㎡の新ターミナル（ター

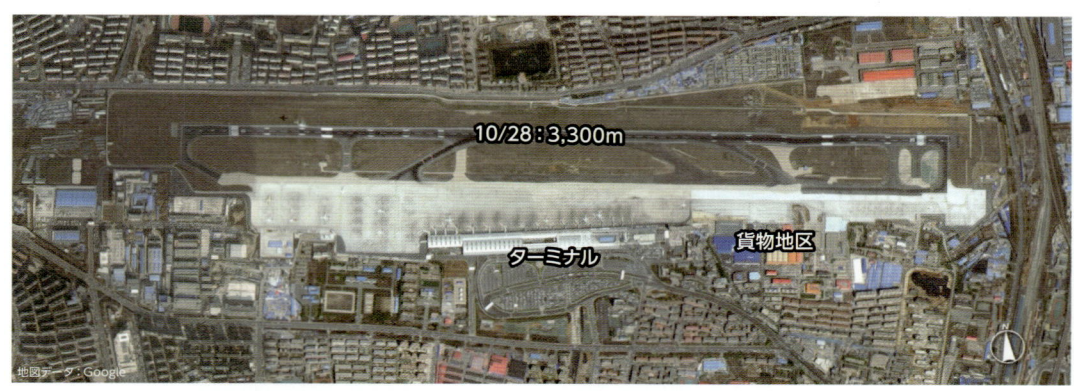

空港全体図：3,300mの滑走路が1本のみ。周囲が市街地のため旅客ターミナルを含め拡張が難しい

大連の空港分布：大連市北の海上を埋め立て、世界最大規模の海上空港を建設中

年夏時点で空港駅が起終点となっているが、今後2号線は北進し、大連北駅で1号線と連結する予定である。地下鉄は約10分間隔で運行しており、市内中心の「青泥洼橋」までの所要時間はおよそ35分（4元：60円強）である。

この他、リムジンバス、路線バス、タクシーなどが利用できる。

ミナル3）が供用開始したものの、これを含めたターミナルビルの延床面積は14万㎡に過ぎない。

一方で、都市の発展に伴って空港の周辺は急速に市街化しており、深刻な騒音問題があるため、滑走路の新設や延長による空港容量の拡大が困難である。この問題を抜本的に解決するため新空港の建設が進んでいる。

3. 施設

滑走路はコンクリート舗装の3,300m滑走路が1本のみである。方位は10/28で、ほぼ東西方向に向いている。

ターミナルはリニアタイプで、滑走路に平行にスポットが並んでいる（2ゲートのみウイングの先端に回り込む配置となっている）。本館部分は西側が国際線、東側が国内線となっている。PBB（搭乗橋）を有する固定ゲートは国内・国際合わせて18ゲートで、そのうち2基のPBBを有する大型対応ゲートは1ゲートのみで、他のゲートはPBBが1基である。

4. 運用状況

わが国との歴史的な結びつきが強い地域であり、日本国内の各空港との直行路線も多く形成されている（成田、関西、中部、新千歳、広島、福岡、北九州など）。特に全日空の就航は古く、同社にとって初めての国際線が就航した1986年の翌年、同社の2番目の国際路線として成田―大連―北京線が開設されている。全日空は旅客便だけでなく貨物専用便を大連と成田、関空との間に就航させている。

5. アクセス

鉄道アクセスとして、市中心部を東西に走る路線大連地下鉄2号線が空港に直結している。2017

6. 大連金州湾国際空港

大連周水子国際空港に代わる新空港として、大連市中心部から北に20kmの金州湾の海上を埋め立て、大連金州湾国際空港（Dalian Jinzhouwan International Airport）の建設プロジェクトが進んでいる。

埋立て地の総面積は2,100haにのぼり、完成すれば世界で最も規模の大きい海上埋立て空港となる（関西国際空港の約2倍）。2011年からの第12次5か年計画に新空港の建設が盛り込まれ、18年の供用開始を目標に工事が行われている。建設事業費は260億人民元（4,200億円程度）が見込まれている。

（傍士清志）

■空港の諸元	■輸送実績（2016年）
・空港運営者： 大連周水子国際空港㈱ (Dalian Zhoushuizi InternationalAirport Co., Ltd.)	・総旅客数　15,258,209人 　　内際の内訳不明 ・貨物量　149,008トン ・離着陸回数　127,680回
・滑走路（長さ×幅）：1本 10/28：3.300m × 45m	

#127
西安咸陽国際空港 (中国・西安)

Xi'an Xianyang International Airport

ZLXY / XIY

悠久の古代都市は兵馬俑など歴史的資源の宝庫。ターミナル整備にわが国の円借款も供与

1. 概要

西安は中華人民共和国陝西省の省都であり、古くは中国古代の諸王朝の都となった長安である。わが国の平城京・平安京は唐時代の長安の都市計画にならい築かれた都である。国家歴史文化名城に指定され、世界各国からの観光客も多い。経済的重要性から大幅な自治権をもつ副省級市に指定されている。市の総人口は850万人ほどである。

西安咸陽国際空港は西安市の北西部にある咸陽市の東北方向に位置し、西安市の中心から40km、咸陽市中心から13kmに位置する。中国西北地区最大の空港で、西部大開発が進むにつれ旅客数、貨物取扱い量が急激に増加している。

2. 沿革

1930年、西安市中心部から北東およそ5kmの位置に長さ800mほどの芝生滑走路が建設されたのが西安における空港の始まりである。その後、次次にわたり拡張整備され、西安西関空港として活用された。戦後は49年に人民解放軍によって接収され、67年に長さ2,200m×幅45mの滑走路が完成。最終的には2,800mまで延長された。しかし、次第に手狭になってきたことから、84年に国務院と中央軍事委員会によって、空軍の咸陽飛行場址に大型の民間空港を建設することが決定され、91年に西安咸陽国際空港が開港した。これに伴って西安西関空港は閉鎖されている。

3. 施設

新空港の開港直後より、航空需要の増大が続き、ターミナルが手狭になったことから、2000年から第2期の建設工事が開始さ

空港配置図：兵馬俑など数多くの遺跡、遺構が残る古都長安の玄関口に位置

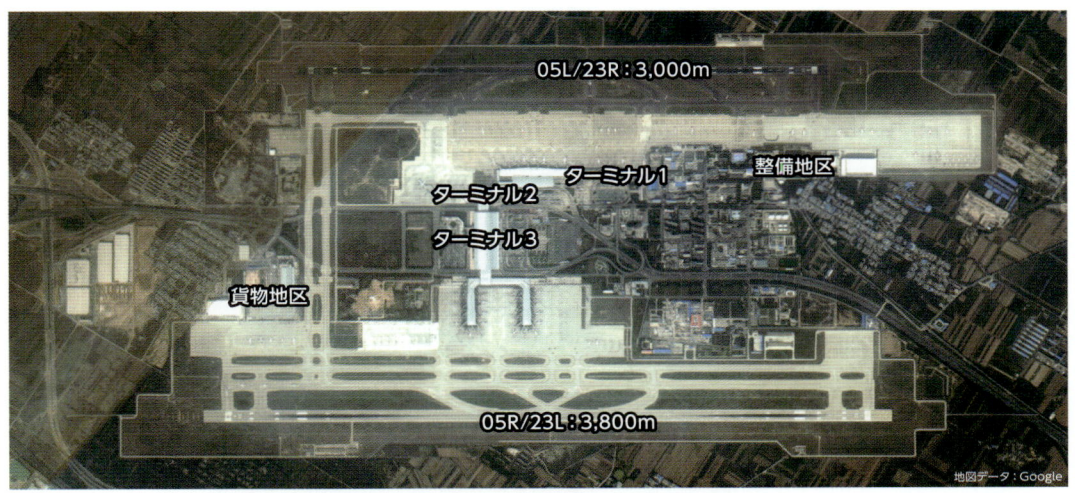

空港全体図：オープンパラレル配置された2本の滑走路の中央に3棟のターミナルが位置する

れ、03年に供用開始した。この2期事業にはわが国からODA資金として円借款30億円が供与され、7.9万㎡の旅客ターミナル（ターミナル2）とその前面の駐機場24万㎡などが整備された。同ターミナルビルはフロンタル方式で、固定橋付き固定スポットを9つ設置している。ターミナル2供用開始後も引続き拡張整備が行われ、12年にはターミナル3が供用開始された。同ターミナルは延べ床面積26万㎡で、本館を挟んで南側にピア2本（国内線用）、北側に1本（国際線用）を持ち、搭乗橋付の29固定スポットを有している。3つのターミナルビルはコンコースで連絡されている。

　滑走路は、開港当時整備された3,000mの滑走路05L/23Rと2012年に増設された長さ3,800mの滑走路05R/23Lの2本がオープンパラレルで配置されている。両滑走路共にコンクリート舗装で、ILSが設置されている。用地面積は5,000haで、中国北西部最大の規模を誇る。

4. 運用状況

　2016年における旅客数は3,700万人にのぼるが、そのうち国際線旅客は160万人程度で、中国南方航空、中国東方航空、中国国際航空等が国内線主体のネットワークを形成している。日本路線としては成田、関西、中部の各空港から直行便が就航している。

5. アクセス

　空港から西安市中心部までリムジンバス8ルートが運行されている。

　現在、西安北駅と空港を結ぶ全長約27.3kmの高速鉄道が建設中であり、2018年以降完成予定である。

（傍士清志）

■空港の諸元
- 空港運営者：陝西省空港管理合弁会社
- 滑走路（長さ×幅）：2本
  - 05L/23R：3,000m × 45m
  - 05R/23L：3,800m × 60m

■輸送実績（2016年）
- 総旅客数　　36,994,359人
  - 国際旅客　　1,610,335人
  - 国内旅客　33,379,791人
- 貨物量　　　233,779トン
- 離着陸回数　291,028回

#128
重慶江北国際空港（中国・重慶）

Chongqing Jiangbei International Airport

ZUCK / CKG

長江の水運で栄える港湾都市は航空需要も飛躍的に拡大中。施設整備が矢継ぎ早に進む

重慶江北国際空港

重慶市

地図データ：Google

重慶市中心部

長江（揚子江）

重慶江北国際空港

地図データ：Google

空港位置図：
長江のほとりに
栄えた重慶市
中心部から北へ
19kmほどの所
に位置

1. 概要と沿革

　長江上流の四川盆地東部に位置する重慶市は、中華人民共和国の直轄市で、国家中心都市の1つに指定されている。東西470km、南北450kmにわたる広大な行政区域を有し、国内に4つある直轄市のなかで最大面積を誇る。中国の物流の大動脈である長江沿岸に栄えた水運都市であるが、三峡ダムの完成後は1万トン級船舶も重慶まで航行可能となり、重慶港は内陸の国際コンテナターミナルとして発展している。市の総人口は2,800万人を数えるが、そのうち、都市圏人口は750万人程度である。

　重慶における空港の歴史は1938年に重慶市中心部から西方25kmに重慶白市駅空港が開港し

たことに遡る。同空港は90年に重慶江北国際空港（じゅうけいこうほく）がオープンするまで、重慶市の航空拠点として活用されてきた。なお、重慶白市駅飛行場は、新空港開港後も引続き人民解放軍空軍33師団の飛行場として利用されており、24機のスホーイ Su-27（中国では殲撃十一型）が配備されている。

2. 施設

　重慶江北国際空港は1990年にオープンした新空港で、重慶市中心部の19km北方に位置する。同年、第1期事業として比較的小さな規模で開港した後、段階的かつ飛躍的に空港施設が拡張されてきており、今も継続している。

①第1期事業：1990年開港。滑

走路1本（02L/20R:長さ3,200m×幅45m、アスファルト舗装、ILS設置）とターミナルビル1棟（T1：1.6万㎡、ピア方式、搭乗橋付き5固定ゲート）。

②第2期事業：2004年供用開始。ターミナル（T2B：10.5万㎡、2本ピア方式、搭乗橋付き18固定ゲート）。

③第3期事業：10年供用開始。第2滑走路（02R/20L：3,200m×45m、後に3,600mに延長、コンクリート舗装、ILS設置。クロースパラレル配置）及びターミナル（T2A：8.6万㎡、1本ピア方式、搭乗橋付き12固定ゲート）。

④第4期事業：17年供用開始。第3滑走路（03/21：3,800m×60m、コンクリート舗装、ILS設置。02R/20Lに対してオープンパラレ

ターミナル2A　ターミナル2B
ターミナル1
貨物地区
02L/20R：3,200m
02R/20L：3,600m
ターミナル3A　ターミナル3B（予定地）
03/21：3,800m
将来拡張用地
地図データ：Google

空港全体図：3本の滑走路を有する。滑走路間には、X字型のターミナル3Aを配置

ル配置）とターミナル(T3A：53万㎡、湾曲するX字形状の4本ピア方式、搭乗橋付き60固定ゲート)。T3Aは既存のターミナル(T1とT2A/T2B)を合わせたよりも規模の大きな巨大ターミナルで、3つの旅客ターミナルビル延床面積合計は72万㎡となり、年間取扱い容量は6,000万人まで拡大。
⑤第5期事業：20年代半ば供用開始目標。ターミナル(T3B)と第4滑走路（3,000m×60m、コンクリート舗装、ILS設置)を整備予定。

程度である。しかし、それでも近年徐々に国際路線が拡充されつつあり、日本との間では成田、関空との間に直行便が運航されている。
　四川航空が当空港を第2ハブ空港として利用するほか、中国西部航空・重慶航空が本拠地としている。
　重慶江北国際空港は2014年に、ACI（Airports Council International）が選出するベストエアポートの年間旅客数2,500万人～4,000万人の部門で世界第3

位に選ばれている。

4. アクセス

　重慶軌道交通3号線（モノレール）が2011年空港に乗り入れ、重慶中心部から鉄道によるアクセスが可能となった。このほかバス、タクシーも利用可能である。

（傍士清志）

3. 運用状況

　他の中国内陸部の大空港と同様に、国内線中心の空港であり、国内旅客数が3,200万人を超える一方で、国際線旅客は年間250万人

■空港の諸元	■輸送実績（2016年）	
・空港運営者：重慶空港合弁㈱	・総旅客数　35,888,819人	
・滑走路（長さ×幅）：3本	・国際旅客　　2,538,868人	
02L/20R：3,200m × 45m	・国内旅客　32,353,878人	
02R/20L：3,600m × 45m	・貨物量　　　　361,091トン	
03/21　：3,800m × 60m	・離着陸回数　　276,796回	

#129
成都双流国際空港（中国・成都）

Chengdu Shuangliu International Airport

日中戦争時に築かれた空港が拡張され今日に至る。現代ではコンセプトの古さは否めず

1. 概要

　成都市は、四川省の省都で、全国で15存在する副省級市の1つである。市域の人口は1,400万人あまりで、中国西南の政治、経済、文化の中心地となっている。「魏・呉・蜀」の三国志の時代から蜀の都として知られ、麻婆豆腐をはじめスパイスたっぷりの四川料理の本場として名高い。市街地には、かつての城壁跡を利用した環状道路や放射状の幹線道路が整備されている。歴史的遺産が豊富で、1982年には国家歴史文化名城に指定されている。また2000年に始まった西部大開発の拠点都市として急速な経済発展を遂げている。

　成都双流国際空港は成都市双流区に所在する国際空港で、市の中心部より16km南西に位置する。全長3,600mの滑走路2本を有する中国西南地区最大の空港である。中国民用航空局（CAAC）の西南管理局が置かれ、中国国際航空（西南公司・旧中国西南航空）、四川航空、成都航空が同空港をハブ空港として利用している。

　2016年の利用旅客は4,600万人で、中国本土では北京首都国際空港、上海浦東国際空港、広州白雲国際空港に次いで4位、世界では32位にランクされる。

2. 沿革

　成都空港は日中戦争中の1938年に軍の補助飛行場として開港し、第二次世界大戦終結間際には、アメリカ軍の出撃基地として利用された。終戦後の56年に民間空港となり、翌57年、成都双流国際空港が正式名称となった。その後、航空需要の拡大に伴って59年、67年、83年、91年、2001年と、ほぼ10年刻みで順次施設の拡張が行われ、滑走路が3,600mまで延長された。また、08年から09年にかけて長さ3,600mの2本目の滑走路が新設されている。

この拡張に伴い空港敷地面積は933haまで拡大した。

　旅客ターミナルについては、旅客の増大に対処するため、2009年にターミナル2の建設が始まり、12年に供用開始した。ターミナル2は従来のターミナル1の2倍のキャパシティを有しており、全体で年間5,000万人の能力を有するに至っている。

3. 施設

(1) 滑走路

　滑走路は平行に配置された2本で、ともに長さは3,600mである。02L/20Rはオリジナルの滑走路で、開港当初から段階的に延長され、2001年に3,600m（幅45m）となった。一方、02R/20Lは09年に完成した新しい滑走路で、滑走路幅は60mである。これら2本の滑走路は縦に大きくずらして並べられた配置となっており、最も遠い端どうしは8.4kmも

空港全体図：2本の滑走路を縦に大きくずらして配置

地図データ：Google

旅客ターミナル地域：02L/20R滑走路に面するターミナル1と2

離れている。このように離れた滑走路を効率的に運用するため、2本の滑走路は風向きによって離陸専用、着陸専用が入れ替わる使い分けがなされている。02運用（南から北へ運用）の場合、02Lは離陸専用に利用され、02Rは着陸専用となる。逆に20運用（北から南へ運用）の場合には20Lが離陸専用に、20Rは着陸専用となる。このように使い分けることで、地上走行距離がむやみに長くならないよう運用されている。

（2）ターミナル

　ターミナルはターミナル1（北側）とターミナル2（南側）の2棟で、両ターミナルビルの間はおよそ750m離れている。ターミナルコンセプトはともにピア式で、滑走路に向かって3本のピアが突き出した形状となっている。2004年に供用されたターミナル1は延床面積が13.8万㎡で国際線と一部国内線（四川航空）を取り

扱う。ターミナル2は、12年にオープンした新しいターミナルで、国内線ターミナルである。ターミナル1と2合計でPBB（搭乗橋）74基を有する。

4. 運用状況

　2016年における旅客数は4,600万人で、その9割以上を国内旅客が占める国内路線を主体とした空港である。しかし、近年日本とのネットワークも拡充を続けており、成田、関西、中部、広島と結ばれ、本邦航空会社としては11年から全日空が成田路線を運航している。

　また、2014年にはユナイテッド航空がB787-8によりサンフラ

ンシスコへの直行便を開設し、はじめてアメリカ本土と直接結ばれた。

5. アクセス

　高速鉄道である成貴旅客専用線が空港に乗り入れており、ターミナル2地下2階駅から成都南站（成都南駅）まで10〜16分、成都東站（成都東駅）までは16〜23分で結ばれるアクセスの良い空港である。

（傍士清志）

■空港の諸元
・空港運営者：四川省空港合弁㈱
・空港面積：933ha
・滑走路（長さ×幅）：2本
　　02L/20R：3,600m × 45m
　　02R/20L：3,600m × 60m

■輸送実績（2016年）
・総旅客数　　46,039,637 人
　国際旅客　　4,699,341 人
　国内旅客　41,340,296 人
・貨物量　　　591,001 トン
・離着陸回数　319,382 回

#130
昆明長水国際空港（中国・昆明）

Kunming Changshui International Airport

ZPPP/KMG

シンメトリー構成の巨大単一ターミナルは、中華の様式美と近代建築の二面性を持つ

1. 概要

　昆明市は雲南省の省都であり、政治、経済、文化、交通の中心地である。また1,400年の歴史を有する国家歴史文化名城でもある。

　昆明長水国際空港は、中国・雲南省昆明市官渡区に位置する国際空港で、2012年6月に開港した。かつて、昆明市内には昆明巫家壩国際空港（長さ3,400m×幅45mの滑走路1本）があったが、市街地空港であったために拡張が困難で、増大する航空需要への対応ができなかった。このため、市の中心部から25km北東の地に新空港として建設されたのが昆明長水国際空港である。工事は2007年に開始され、12年に開港した。開港後、昆明巫家壩国際空港は閉鎖され、跡地は副都心として再開発が行われる計画となっている。

昆明の空港分布：拡張性に乏しい旧空港に代わり、市の北東部に新空港を建設

2. 施設

(1) 滑走路

　滑走路は長さ4,500m×幅60m（22/04）と4,000m×45m（21/03）の2本で、中心線間隔が2,000m確保されたオープンパラレル配置となっている。なお、滑走路方位の表示は同一の数字にLとRを付けて区別する方法では

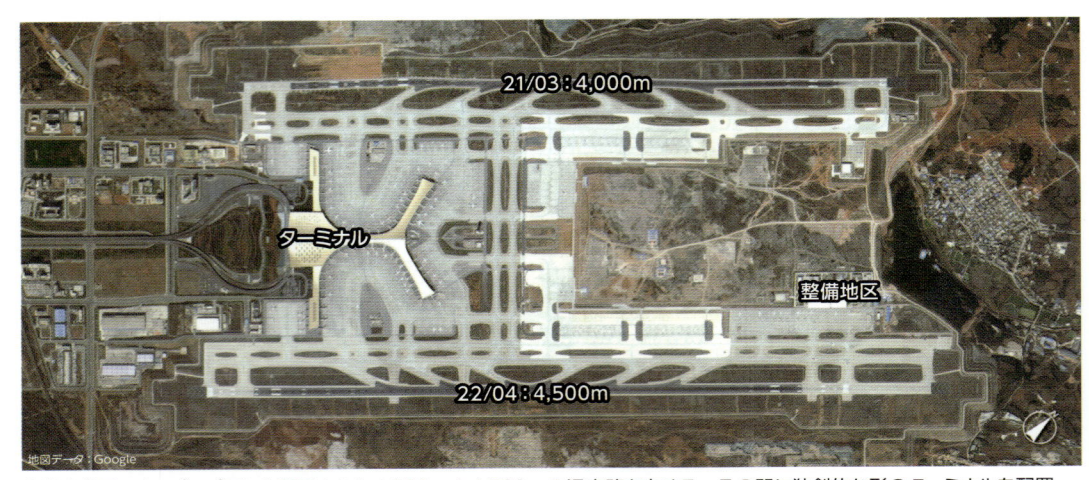

空港全体図：オープンパラレル配置された4,000mと4,500mの滑走路を有する。その間に独創的な形のターミナルを配置

旅客ターミナルビル：54万㎡の面積をほこる巨大ターミナル。中国の伝統的な様式を受け継ぎつつ、近代的要素も盛り込んだ斬新なデザイン

photo / N509FZ

なく、1桁目の数字を1ずらす方法を採用している。また4,500mと大変長い滑走路を有しているが、これは空港の標高が2,100mと高地に位置していることによるものである。いずれの滑走路もアスファルト舗装で、ILSが設置されている。

(2) 旅客ターミナル

旅客ターミナルの設計はSOMとArupのJVにより実施された。SOM（Skidmore Owings & Merrill LLP：スキッドモア・オーウィングズ・アンド・メリル）は1936年にシカゴで結成されたアメリカ合衆国最大級の建築設計事務所であり、一方のArupはロンドンに本社のある技術コンサルタント会社である。両者によって設計されたターミナルは中国の伝統的様式を模しつつ、幾何学的な構造体によって大空間を構成する個性的なデザインとなっている。

ターミナルビルの延べ床面積は54万㎡で、中国本土の空港のターミナルビルとしては北京首都国際空港ターミナル3に次いで、2番目の規模を誇る。

ターミナルは2本の平行滑走路の真ん中に左右対称に配置され、本館の左右に1本ずつの直線形状ピア、正面にY字形状のピアが配置され、全体として美しい形を描いている。それらの周囲に、搭乗橋をもつ68の固定スポットが配置されている。そのコンセプトは香港国際空港と似ており、将来的にサテライトを建設し、地下のピープルムーバーで連結するという拡張性への対応も同様に計画さ

れている。最近の中国における大空港デザインの典型的形状と言うことができる。

3. 運用状況

2016年における航空旅客数は4,200万人であり、うち国際線旅客は280万人ほどである。

わが国との間の路線では、中国東方航空が関西、中部両空港との間で直行便を運航している。

（傍士清志）

■空港の諸元
・空港運営者：雲南空港合弁㈱
　（Yunnan Airport Group）
・滑走路（長さ×幅）：2本
　22/04：4,500m × 60m
　21/03：4,000m × 45m

■輸送実績（2016年）
・総旅客数　　41,980,515 人
　国際旅客　　2,824,973 人
　国内旅客　38,339,899 人
・貨物量　　　　382,855 トン
・離着陸回数　　325,934 回

#131
香港国際空港（中国・香港）

Hong Kong International Airport

VHHH/HKG

世界一の貨物取扱量を誇るアジアの巨大ハブ。第3滑走路の建設に向け動き始める

1. 概要と沿革

　香港国際空港はかつての香港のゲートウェイであった啓徳空港（Kai Tak Airport）に代わる新空港として建設され、1998年7月開港した。

　啓徳空港は、香港・九龍のヴィクトリア・ハーバーに面した啓徳に1925年に開港し、27年香港植民地政府に接収され、37年には軍民共用の空港となった。第二次世界大戦中の42年から45年までは大日本帝国陸軍の占領下におかれ、日本軍の香港・広州地域の防衛拠点の1つとして、またアジアの経由地として重要な役割を果たしていた。第二次世界大戦後の

空港位置図：新空港が開港して20年あまりになる

54年に空港拡張の基本計画が策定され、58年には2,529m（最終的には3,390mまで延長）の新滑走路が完成した。この際、正式名

称が香港国際空港（Hong Kong International Airport）となった。

　発着回数が増加するにつれて、滑走路だけでなくターミナルや駐

空港全体図：オープンパラレル配置の滑走路を有する。世界有数の旅客数、貨物量だけに各施設も広大

ミッドフィールド・コンコース

ターミナル1（コンコース）

ターミナル1（本館）

ターミナル2

地図データ：Google

旅客ターミナル地域：手前のターミナル2は出発専用

機場の容量限界も問題となってきた。このため啓徳空港の拡張も検討されたが、海上の埋立てや隣接用地の買収が困難であるだけでなく、空港が市街地に近く騒音被害が甚大であったことから、拡張は困難と判断され、1970年代に入り新空港建設地の選定が進められることとなった。ちなみに、啓徳空港の滑走路13着陸（市街地上空から海に向け南東方向への着陸）は、大きく機体を傾けながら右旋回し、ビル群すれすれの高さを飛行して着陸する「香港アプローチ（香港カーブ）」として有名であった。もちろんパイロットはこの難しい操縦を歓迎していない。

新空港の計画は1974年に香港政府によりランタオ島沖の赤

鱲角島（チェク・ラップ・コク島、Chek Lap Kok Iland）が候補地として提唱され、82年から83年にかけてマスタープランが策定されたが、同年、香港政府は財政的な理由により一旦これを撤回した。

翌1984年に香港の中華人民共和国への移譲、返還が決定されたことを受け、89年に香港政府は港湾と空港に関する長期計画を正式決定し、新空港の建設が決定された。91年、同島周辺を埋め立てて空港島とする事業が着手された。97年7月1日の香港返還までの5年で開港させるという目標が掲げられたが、実際に開港したのは香港が中国に返還された1年後の98年7月となった。

本空港は24時間運用であり、運営者は1995年に設立された香

港空港管理局（Airport Authority Hong Kong）である。

2. 運用状況

香港国際空港は2016年の年間旅客数が7,000万人で世界第8位。貨物取扱い量については460万トンで世界1位のカーゴハブ空港である。

香港は飛行時間5時間圏内に世界人口の半分が分布するという地理的な特性を有しており、東南アジアや中国本土の諸都市のゲートウェイ機能を果たしている。特に中国本土へのゲートウェイ機能が高く、就航都市190の内47路線が中国本土である。また、空路にとどまらず、海路、陸路でも中国本土とのネットワークが張りめぐらされており、長距離バスが中国本土の110都市との間を結んでいるほか、空港のスカイピア（Sky Pier）と呼ばれる桟橋からマカオを含む中国沿海部9都市にフェリーが就航している。これら海上ルートを利用する到着旅客は、空港でのイミグレーションを経ずに直接目的地に向かうことができる

かつての香港アプローチ：啓徳空港へビルすれすれで着陸していた

一方、出発旅客はこれら各都市で手荷物預託や事前チェックインが可能である。

3. 施設

(1) 滑走路

2本の滑走路07R/25Lと07L/25Rは、ほぼ東西に向いた平行滑走路で、同時離着陸が可能なオープンパラレル滑走路である。滑走路はともに長さ3,800m、幅60mで、アスファルト舗装されている。滑走路にはいずれも高カテゴリー（カテゴリーII以上）の計器着陸装置（ILS）が設置されているが、このうち北滑走路07L/25Rは、カテゴリーIIIのILSで視程200mでも着陸が可能である。

滑走路の運用方式としては、北滑走路07L/25Rが主として着陸、南滑走路07R/25Lが主として離陸と使い分けられている。ただし貨物専用便（フレーター）については、貨物地区が南滑走路のさらに南側に位置しており、仮に北滑走路に発着するとなると滑走路横断が生じるため、離陸、着陸とも南滑走路を利用している。

(2) ターミナル 1 （T1）

T1は開港時に供用開始された建物で、開港当時の延床面積は53万㎡であった。これは、当時一棟の旅客ターミナルビルとしては世界最大規模の巨大ターミナルで、その後、2006年にバンコク・スワンナプーム空港ターミナ

ターミナル1
出発ロビー：
世界最大規模
の面積を誇る

photo / K.Hoji

ルが56万㎡で供用開始したことにより、世界一の座を明け渡したが、その後の拡張により、現在のT1の延床面積は57万㎡となっている。なお、現在のランキングとしては、ドバイ国際空港ターミナル3、北京首都空港ターミナル3に次ぐ世界第3位の延床面積である。

T1には49か所の固定ゲート、及び29スポットのオープン・ゲート（バス搭乗）がある。基本計画は、英国の著名な建築家であるノーマン・フォスターの手によるもので、建設工事は日本の前田建設工業、英・中の企業の5社のJVで施工された。

T1は本館部分とY字状に突き出したピア（コンコース）によって構成されている。空間的に連続した一体建築物のため、すべてのスポットまで歩行により到達することが可能であるが、チェックインカウンターから最も遠いスポットまでの距離は1.3kmもある。このため、建物の地下レベルに無人軌道システム（APM：Automated People Mover）が整備されており、ゲートまでの旅客の移動時間の短縮を図っている。T1供用開始時のAPMの延長は750mで三

菱重工業のクリスタルムーバーが採用された（2007年に増備された車両については、IHI傘下で新交通システムの製造販売を手がける新潟トランシス㈱製に入れ替えられた）。

T2のオープンに伴って、ターミナルの再編が行われ、LCC及び小規模航空会社は基本的にT2に移行したため、T1はキャセイ・パシフィック航空をはじめとするフルサービス・エアラインが利用している。

(3) ターミナル 2 （T2）

T2は2007年2月にオープンした出発専用のターミナルで、鉄道駅を挟んでT1とは反対側に位置する。延べ床面積は14万㎡（商業施設である「スカイプラザ」部分を含む）。到着機能をもたない出発専用のターミナルであるため、出発時にT2でチェックイン及び出国手続きを行った航空会社の旅客も、到着時の入国審査等はすべてターミナル1を利用する。T2を利用する航空会社はほぼLCCが占めるが、決してターミナルの建築仕様のグレードが極端に低く抑えられている訳ではない。なお、チェックイン後の出国手続き

ターミナル2：2007年にオープン。100店近い店舗が軒を連ねる

photo / K.Hoji

はターミナル1へ徒歩で移動して行うことも可能である。

T2に併設されている「スカイプラザ」には約70店の物販店と約20軒の飲食店が入居している他、6階部分は航空博物館「アビエーション・ディスカバリー・センター」となっている。ここでは、精密な航空機の模型や最新の技術を利用した航空・空港に関する展示がなされており、展望デッキからは、香港国際空港を360度のパノラマで楽しむこともできる。

(4) 北サテライト・コンコース (North Satellite Concourse)

北サテライト・コンコースは2009年12月にオープンした、10か所の搭乗ゲートをもつ小型ジェット（ナローボディ）機専用のサテライトビルで、LCCの利用を前提として整備された。チェックインや出入国手続きはターミナル2（場合によってターミナル1）で行われ、本施設との間はバスによる移動となる。

(5) ミッドフィールドコンコース (Midfield Concourse)

ミッドフィールドコンコースは2016年5月に正式オープンした5層構成のサテライトビルで、19の固定ゲートを有する（内2ゲートはA380対応）。2本の滑走路のほぼ中央部に位置し、長さ約700m、幅約45mの細長い形状をした建物で、延床面積は12万㎡ある。ミッドフィールドコンコースはT1及びT2とは地下のAPMで結ばれている。主としてLCCによって利用されており、これによる空港の旅客取扱い能力の増大は年間約1,000万人とされる。

(6) 貨物ターミナル

世界最大の貨物取扱い量（462万トン/2016年）を誇る香港国際空港には、複数の大型貨物上屋が整備されている。なかでも最大のものは香港航空貨物ターミナル㈱（Hong Kong Air Cargo Terminal Limited：HACTL）が運営するスーパーターミナル1（Super Terminal 1）で、延床面積は32万8,000㎡である。単一上屋の面積としては上海浦東国際空港のPACTL上屋に次いで世界第2位の規模で、この1棟だけで年間260万トンの処理容量を有する。HACTL社はこのほかにもう1棟貨物上屋を運営している。

第2位の規模となるアジア航空貨物ターミナル会社（Asia Airfreight Terminal Company Limited）が運営する上屋の年間処理容量は150万トンで、このほか、DHLの運営するセントラル・アジア・ハブ（Central Asia Hub）や香港ポスト（Hongkong Post）が運営する郵便上屋などを加えた空港全体の貨物取扱い容量は900万トンにのぼる。

(7) 空港内の新交通システム (APM：Automated People Mover)

前述のとおり、空港開港時に延長750メートルのAPMがT1内に整備された。また2007年にターミナル2（T2）が供用開始した際には、前記路線とは独立して、イーストホール（East Hall）からT2を経由して旅客船ターミナルを併設したスカイピア（Sky Pier）までの区間のAPM（単線）が供用開始した。また、この際T1内の従来路線に新潟トランシス㈱製の車両3編成が増備されている。

さらに2016年3月には、ミッドフィールドコンコース（Midfield Concourse）が供用開始されたことに伴い、従来からのAPM路線がT1のウエスト・ホール（West Hall）から西に1,400m延長された。この区間のインフラと車両はIHIと新潟トランシス社により共同受注され、新車両10両が新たに投入されている。

4. 長期計画（3RS：Three-runway System)

2030年までに年間航空旅客1億200万人、貨物890万トン、年間発着回数60.7万回と、いずれも現行の倍近い数字に達するとのIATAの需要予測に基づき、3RSと呼ばれる長期・拡張計画が進められている。この計画は、空港の北側の海域を新たに650haにわたって埋め立て、長さ3,800mの第3滑走路を建設するとともに、新たに延床面積が28万㎡を超えるターミナル3を建設するもので、これにあわせ既存の北滑走路（将来的には中央滑走路）の再整備も実施される。新たに建設されるターミナル3周りには、57スポット（うち固定スポット34スポット）の駐機場が建設される。また、これとともに既存のターミナル2の増築も実施され、T2の地下と新たに建設されるT3は延長2.6kmの地下トンネルで結ばれる。両ターミナル間を約2分半で運行する無人運転の新交通システム（APM）は最高速度80km/時で、時間あたり最大1万800人の輸送能力を有する予定である。ターミナル3はLCCターミナルとなる予定で、現状で主としてLCCが使用しているT2はフルサービスエアライン用に再整備、転用されることになる。

2016年4月、香港特別行政区政府の最高意思決定機関である行政会議長により3RSの埋立事業が承認されると同時に、この事業の費用をまかなうため、同年8月以降の出発便から「空港建設料」を徴収することが承認された。「空港建設料」の体系は長距離便と短距離便、ファースト/ビジネスクラスとエコノミーの4区分されており、ファースト/ビジネスクラスの長距離便の場合でHK\$180（2,500円程度）、近距離のエコノミーではその半額のHK\$90である。トランジット、トランスファー旅客からもほぼ同様の体系で徴収される（近距離のエコノミーのみHK\$70）。ちなみに日本の諸都市との路線は短距離路線に分類されている。

5. アクセス

エアポート・エクスプレス（Airport Express）は空港の建設に合わせて整備が行われ、1998年7月に開業したアクセス鉄道である。香港国際空港と香港、九龍、青衣の各駅を10分間隔（深夜は12分間隔）で結んで運行されており、空港から終点香港駅までの所要時間は24分（最高速度135km/時）である。また、2005年には空港からアジア・ワールドエキスポ駅までの区間が延伸され、空港駅が終端駅ではなくなった。

道路アクセスとしては市街地から空港まで高速道路が整備されており、香港域内だけでなく、中国本土との間で多くの高速バス路線が運行されている。

また、前述のとおり海上アクセスルートも充実しており、スカイピアと呼ばれる桟橋から、マカオを含む中国沿海部9都市にフェリーが就航している。

（傍士清志）

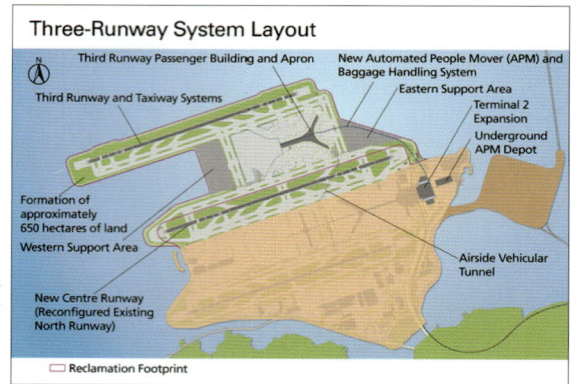

空港拡張計画：やがて訪れる1億人を超す旅客数に備える

■空港の諸元
- 空港運営者：香港空港管理局（Airport Authority Hong Kong）
- 滑走路（長さ×幅）：2本
  07R/25L：3,800m × 60m
  07L/25R：3,800m × 60m

■輸送実績（2016年）
- 総旅客数　　70,305,857人
- 貨物量　　　4,615,241トン
- 離着陸回数　　422,060回

Asia

#132
マカオ国際空港（中国・マカオ）

Macau International Airport

VMMC / MFM

海上の滑走路と、陸に建設されたターミナルが2本の誘導路で結合されるユニークな構造

1. 概要と沿革

マカオは香港から南西70kmに位置する中華人民共和国の特別行政区の1つである。旧ポルトガル植民地で、カジノや世界遺産を中心とした世界的観光地として知られる。マカオは中国大陸本土南海岸に突き出たマカオ半島と、タイパ島とコロアネ島の間を埋め立ててつなげた島からなる。

マカオ空港はタイパ島の東の埋め立て地に建設され、1995年に開港した。滑走路は騒音問題の軽減のため沖合側にあり、ターミナル地区はタイパ島本土と地続きに配置されており、滑走路の両端とターミナルを2本の誘導路が斜めに結ぶユニークな形状をしている。

運用時間は24時間で、空港運営者はマカオ政府民航局である。

空港位置図：騒音問題などを考慮し空港は海を埋め立てて建設された

2. 施設

滑走路は1本で、方位は16/34（ほぼ南北向き）、長さ3,420mのコンクリート舗装である。過去にはB747が就航した実績もあるが、現在就航している定期便は中・小型ジェット機が中心である。

平行誘導路は滑走路の南側1/3強の区間にのみ整備されている変則的な形態である。滑走路の34側（南側からの進入）にはカテゴ

空港全体図：海上に浮かぶ滑走路が1本。そこへ2本の誘導路が伸びている

出発ロビー：ターミナルビルは扇形をしており緩やかなカーブを描く

photo / K.Hoji

旅客ターミナルと管制塔：管制塔は海に向かって突き出ている

photo / calvinstkm

地上走行のボトルネックになる恐れがある。

　管制塔はエプロンの先に突き出した位置にあり、管制官が滑走路を向いた場合、エプロンが背面になることから、離着陸の指示を行う飛行場管制席と、地上走行の指示を行う地上管制席が別々に背中合わせで管制業務を行っている。

3. 運用状況

　定期便は中国、台湾の主要都市、シンガポール、バンコク、クアラルンプールなどのアジア諸国の主要都市との間に運航している。最も際だって高頻度なのが台湾路線で、台北（桃園国際空港）が週84便（2016年8月時点）、次いで高雄が週33便と、第1位と2位を占める。日本との間の直行便は、マカオ航空が関西、成田との間で毎日1便就航しており、16年からは福岡便が週4便就航している。

　ナショナルフラッグキャリアであるマカオ航空は、当国際空港が開港するのを見越して1994年設立され、95年から就航開始した。株主は中国国際航空の完全子会社である中国航空集団とTAPポルトガル航空、マカオ総督府である。

　開港後初めて通年供用された1996年の年間旅客数は130万人程度であったが、2000年代になって急増し、07年には550万人を記録した。その後一時低迷したが、近年大規模なカジノリゾートが相

リーⅡのILS（計器着陸システム）が備わっている。

　ターミナル地域は滑走路側に広がった長崎の出島の様な形状をしており、これに合わせてターミナルビルもカーブサイドよりもエアサイドが広い扇形をしている。ターミナルビルは出発階が2階、到着階が1階の2層方式で、前面道路はダブル・デッキ構造となっている。現在のターミナルビルの容量は年間600万人とされており、すでにその容量限界に達している（2016年度の旅客実績は580万

人）。今後さらなる旅客増が見込まれるため、現ビルに隣接する北側の駐車場の一部を潰す形でターミナルビル拡張工事が行われており、この工事が完成するとターミナルビルの容量は年間1,500万人にまで拡大する見込みである。

　駐機場はPBB（搭乗橋）が備わった固定スポットが4スポット、バスサービスの遠隔スポットが20スポットの合計24スポットである。スポットは1本の誘導路を共有する形で背中合わせに配置されており、誘導路のキャパシティが

次いでオープンしたことから再び増大しており、15年には過去最高となる580万人を記録している（16年は微減）。

4. アクセス

空港アクセスは現時点ではバスとタクシーのみであるが、新交通システムであるマカオLRT（Macau Light Rail Transit）が空港アクセスとして整備中である。マカオLRTは半島と島の主要地点をネットワークする新交通システムで、第1期区間であるマカオ・

タイパ線のうち、マカオ空港と隣接するタイパ・フェリーターミナルからタイパ島を巡って半島の南端に至る9.3km（11駅）の区間は2019年ないし20年の供用が予定されている。第1期区間は20年代初頭にはさらに半島の北端まで11.7Km（10駅）の区間が延伸される予定である。マカオ空港駅はターミナルビルとコンコースで

結ばれ、空港のアクセスが飛躍的に改善されるとともに、フェリーターミナルとも結節されることからマカオの空・海・陸の交通体系が整備されることになる。

（傍士清志）

■空港の諸元
- 空港運営者：マカオ政府民航局
- 滑走路（長さ×幅）：1本
  16/34：3,420m × 45m

■輸送実績（2016年）
- 総旅客数　　5,782,993人
- 貨物量　　　33,170トン
- 離着陸回数　56,932回

---

column ⑩

空港の名称

（唯野邦男）

空港の正式名称は、その空港や地域また国の特徴を表している。日本の4大国際空港を見ると、東京国際空港はその最大母都市名を、成田国際空港は所在市名を、関西国際空港と中部国際空港は所在圏域名をそれぞれ使用している。はじめ新東京国際空港を名乗っていた成田空港であるが、その歴史的経緯を背景に地域密着型の名称に変更された。一方、関西・中部はその設立に当たり、資金を広く圏域構成自治体に求めたため、自然体で圏域名称を冠している。

海外の空港に眼を転じると、米国は英雄志向の国民性を反映して、個人名を付けた空港（ジョン・F・ケネディ国際空港等）が多く、それによって栄誉を称え

ている（結果的として、だらだらと長い空港名が多い）。

中南米の空港にもその傾向がある。中東・アフリカ、またアジア・オセアニアの一部の国にはその国の王様の名称を冠した空港名（モロッコのムハンマド5世国際空港など）が多く見られる。

一方、欧州の空港にはその母都市名を付けた単純な空港が多く（リバプール・ジョン・レノン空港は例外）、また国際空港であっても「国際」を付けない傾向にある。オーストラリアも同様である。

中国は、上海虹橋国際空港のように漢字4文字の空港名が原則で、先頭2文字は都市名、後の2文字は空港所在地名である。

台湾の空港概観

新幹線が開通し国内航空網は様変わり。国際線の成長は中国本土との関係が鍵を握る

1. 台湾の空港

台湾は本来島の名称であるが、中華民国の通称として「台湾」と表記される。戦前はフォルモサ（Formosa：ポルトガル語で「美しい」を意味する）あるいは「美麗島」とも呼ばれた。

日清戦争の結果、下関条約によって1895年に台湾が日本に割譲され、長らく日本の統治下に置かれていた。第二次世界大戦後は中国大陸を本拠地としていた中華民国の統治下に入り、49年に中華民国政府が台湾に移転した。

1972年、日本が中華人民共和国政府と国交を回復したことに伴い、日本と中華民国は国交断絶に至った。中国政府が中国本土に乗り入れる航空会社の台湾への乗り入れを禁止したことから、JALはやむなく台湾路線の運航を休止せざるを得なくなり、これに対応する形で中華航空機も日本への乗入れを中止し、日台航空路線は一時途絶えた。しかし75年、JALが台湾路線を運航するために日本アジア航空を別会社として設立したことによって、日台路線は日本アジア航空と中華航空の両社によって再開された。

その後1978年に成田空港が開港し、羽田空港に就航していた国際路線は成田に移行したが、唯一の例外として中華航空の路線は羽田空港に存置された。これは成田空港で中国機と台湾の航空機が同時に取り扱われることを避けたためとされる。

現在、中華民国を正式に国家として承認し、国交のある国は21か国と多くはないが、日本を含め多くの国と国交に準じた関係を結んでいる。台湾の面積は3.6万km²で、九州よりやや小さい規模に相当し、人口は2,300万人、首都は台北市である。

台湾の人口規模に比して、日台の交流は盛んで、特に台湾からの訪日客が多い。日本からの訪台者数が年間約190万人であるのに対し、台湾からの訪日者数は

台湾の主要空港：2007年に台湾高速鉄道が開通し、国際路線が中心となった

357

台湾高速鉄道：この開通（2007年）に伴って、国内航空ネットワークは大きく縮小した

photo / Encino

約420万人を数える。

2. 台湾の空港と管理形態

　台湾における民間用空港の総数は18空港で、その多くは軍民共用である。空港の運営者は台湾桃園国際空港が桃園国際空港㈱（Taoyuan International Airport Corporation）であるのを例外として、他は民用部分については交通部民用航空局により運営されている。

　南北に長い島の形状もあって、かつては国内航空輸送も盛んであったが、2007年に台湾高速鉄道（台湾新幹線）が開通し、台北市南港駅から高雄市左営駅までの345km間が2時間弱で結ばれて以降、多くの国内航空路線が廃止となった。台湾の2大都市である台北-高雄間を結ぶ路線は高速鉄道開業前年の06年には270万人の高需要路線であったが、現在では航空路線がない。現時点で国内航空路線として残っているのは、台北や高雄など西海岸沿いの大都市と、高速鉄道網が未整備の東海岸沿いの都市を結ぶ路線、もしくは離島路線に限定される。

　台湾の航空会社は、チャイナ・エアライン、エバー航空の2大航空会社に加え、ファー・イースタン航空などがある。その他、国内線を中心に運航するユニー航空（エバー航空の子会社）、マンダリン航空（華信航空：チャイナ・エアラインの子会社）、タイガーエア台湾（チャイナ・エアライン傘下のLCC）、徳安航空等が運航している。

3. 空港の旅客数

　2016年の空港別の航空旅客数は台湾桃園国際空港が4,200万人（すべて国際線）で世界ランキングの36位、次いで高雄国際空港が600万人、台北松山空港が590万人の順となっている。

（傍士清志）

#133
台湾桃園国際空港（台湾・台北）

Taiwan Taoyuan International Airport

RCTP/TPE

開港から40年、需要増に合わせターミナル3を建設中。待望のアクセス鉄道も開通

1. 概要と沿革

　台湾桃園国際空港は台北中心部から西方31㎞、桃園市大園区に位置する台湾最大の国際空港である。かつて台湾の首都台北市における唯一のゲートウェイ空港であった松山（Songshan：ソンシャン）空港の混雑を解消し、空港機能を分散・代替するために計画された。1960年代以降、台湾の経済発展に伴う航空需要の急増を受けて計画が進められ、70年に現位置に建設することが決定した。開港は79年2月である。新空港の開港により、松山空港は国内線専用、桃園国際空港は国際線と一部の国内線を運航という役割分担となったが、その後松山空港に国際線の一部が復便し、徐々に

台北の空港分布：空港機能を分散し、効率化を図るために建設された台湾桃園国際空港

路線ネットワークを拡充している（松山空港の項参照）。一方、桃園国際空港に就航していた国内線は台湾高速鉄道（台湾新幹線）の開業に伴って路線がなくなり、現在は国際線専用空港である。

空港名称は、もともと現在の正式名称である台湾桃園国際空港とされるはずであったが、開港直前になって中華民国の初代総統である蒋介石の本名をとって中正国際空港と命名された。英語では、蒋

空港全体図：オープンパラレル配置された滑走路の間にターミナルなど主要な空港施設が位置する

スカイトレイン：ターミナル1と2を結ぶ

photo / padai

介石の英語表記（Chiang Kai-Shek）の頭文字からC.K.S.Airportと呼ばれていた。現在の名称となったのは2006年9月で、民進党政権のもとで、脱中国・脱蒋介石政策の一環として本来の名称であった台湾桃園国際空港に改称されたという。

空港運営者は2010年に設立された桃園国際空港㈱（Taoyuan International Airport Corporation：TIAC）であり、同社は台湾政府100%出資の投資機関である中華民国交通部の完全子会社である。空港の運用時間は24時間である。

可能なオープンパラレル配置である。また、どちらの滑走路にも両側にILS（instrument landing system：計器着陸装置）が整備されており、05進入か23進入かによらず、精密進入方式での着陸が可能である。なお、ILSは4組ともすべてカテゴリーⅡである。

(2) ターミナルビル

ターミナルビルは開港に合わせて整備されたターミナル1（T1）と、その後増設されたターミナル2（T2）の2棟により構成されており、両ターミナルビルの間はスカイトレイン及び巡回バスによっ

て連絡サービスが提供されている。

T1は、台湾人建築家である林同桜（T.Y.リン）氏によって設計された。5階建て延べ床面積17万㎡（当初規模）で、エアライン・カウンター、バゲージクレーム、CIQ等の出到着機能を有する本館と、本館からH字状に伸びた2本のコンコース（ピア）により構成される。コンコースは滑走路と平行に伸びており、開港当初は北側コンコースに11スポット、南コンコースに11スポットの合計22スポットの固定スポットが配置された。T2のオープンに伴い、コンコースの再編が行われ、現在はT1の固定スポットは南北に9スポットずつ合計18スポットとなっている。

T2はT1の混雑解消と老朽化対策として建設され、2000年に供用開始した。当初は南コンコース固定スポット10スポットのみの供用であったが、その後05年に10スポット分の北コンコースが供用開始し、T2は合計20スポットの規模となった。これによ

2. 施設

(1) 滑走路

滑走路は、05L/23R（長さ3,660m×幅60m）と05R/23L（3,800m×60m）の2本で、平行に配置された両滑走路の間に主要なターミナル施設が配置されている。2本の滑走路は1,500mの距離を有しており、同時離着陸が

ターミナル1：日本人建築家・團紀彦の設計でリノベーションが行われた

photo / K.Hoji

ターミナル2内の
チェックイン・ブー
ス：ハローキティが
あしらわれている

photo / K.Hoji

image / Rogers Stirk Harbour + Partners

ターミナル3の完成予想図：ゆるやかな曲線を描いたデザイン

り、T2は1,700万人対応、延床面積は32万㎡となった。T2ではその後も拡張工事が実施されており、さらに500万人対応の施設が増設される予定である。

2012年にはT1の大規模なリノベーションが行われた。このリノベーション事業はコンペティションにより選定された日本人建築家團紀彦が手がけたものである。このコンペでは、当初年間航空旅客数500万人想定だった建物を使用しながら1,500万人対応に増築する提案が求められた。團は床を新設せず、外部だったエリアを内部化することでそれを可能にしている。チェックインカウンターが拡大されたほかショッピングゾーンも大幅に拡張されている。ターミ

ナルのリノベーション事業に合わせて駐車場も拡張されている。

T2の供用開始時に、4つのコンコースは名称が改められ、T1の北コンコースはコンコースAに、南コンコースはコンコースBになった。また、ターミナル2の南コンコースがコンコースC、北がコンコースDと、時計回りに名称がふられている。

現在は最大のユーザーである中華航空（CAL）がT1のコンコースAとT2のコンコースDを占有している。すなわちCALは北側滑走路に面したコンコースをT1とT2に跨がって利用しており、本館部分は路線によって使い分けている。CALの日本路線はいずれもT2である。CALに次ぐ2番目

の就航便数を有するエバー航空がT2のコンコースCを利用している。当空港には多くのLCCも就航しているが、いずれもT1（コンコースB）で取り扱われている。

T1とT2を結ぶスカイトレインには、コンコースAとDを結ぶ北側路線とコンコースBとCを結ぶ南側路線の計2路線がある。2両編成のうち一方がランドサイド（非制限エリア）の旅客移動用、他方がエアサイド（制限エリア内）の旅客移動用になっており、両者は駅で乗り降り動線が区分されている。両ターミナル間の所要時間は約2分で、運行間隔はピーク時2〜4分、オフピーク時は4〜8分、深夜時間帯は押しボタンによるオンデマンド方式の運行形態となっている。巡回バスサービスは深夜時間帯を除き10〜30分間隔で運行されている。

(3) ターミナル 3（T3）計画

T2の西側用地にターミナル3（T3）が計画されている。国際コンペティションの結果、英国人建築家リチャード・ロジャース率いるロジャース・スターク・ハーバー・アンド・パートナーズ(Rogers Stirk Harbour + Partners)の案が採用された。T3はT2と中華航空本社ビルの間に建設される予定で、延床面積64万㎡、4,500万人対応となる。波や貝殻を思わせる柔らかな曲線を描いた外観が印象的である。

(4) その他の施設

空港内には一般用の空港ホテルとしてノボテル（360室）が立地しているほか、制限エリア（ターミナル2出国エリア）にトランジットホテルがある。

航空機整備施設として、中華航空（CAL）とエバー航空（EVA）の格納庫3棟がある。

3. 運用状況

2008年、三通政策により、台湾は中国の都市と直接路線が結べるようになった。三通とは中華人民共和国（中国）と中華民国（台湾）の「通商」、「通航」、「通郵」を示す用語で、これに伴って台湾と中国本土を結ぶ路線が飛躍的に増大した。

一方、国内路線については、台湾高速鉄道開通までは、南部の主要都市である高雄空港までの路線を中心に国内の航空便は増便が続いたが、鉄道開業後は桃園国際空港を発着する国内の定期便はない。2015年の旅客輸送実績は対前年10%増の4,200万人に達している。

4. 受賞実績

2015年の国際空港協議会（Airports Council International：ACI）のエアポート・サービス・クオリティ・アワード(Airport Service Quality Awards)2,500～4,000万人のカテゴリーで第2位。また、スカイトラックス社のランキングにおいて、年間取扱旅客数3,000～4,000万人のカテゴリーで第3位を獲得している。

5. アクセス

公共交通機関としては従来バスもしくはタクシーの利用のみであった。しかし、2017年3月、台北駅から桃園空港を経由して中環北駅までを結ぶMRT空港線（桃園捷運空港線）が開業し、空港アクセスが大幅に改善した。台北～桃園国際空港間の所要時間は快速車（直通車）で約35分、普通車では約45分で、快速車と普通車が15分おきに発車する。運行時間は午前6時から午後11時までである。台北駅には市内チェックインカウンターも設置され、搭乗手続きと受託手荷物の預け入れが可能である。

また、MRT空港線の開通によって、従来バスに頼っていた台湾高速鉄道（台湾新幹線）桃園駅まで鉄道アクセスが可能となり、台湾中南部の都市とのアクセスが向上した。

（傍士清志）

■空港の諸元
・空港運営者：桃園国際空港㈱
　（Taoyuan International Airport Corporation：TIAC）
・滑走路（長さ×幅）：2本
　　05L/23R：3,660m × 60m
　　05R/23L：3,800m × 60m

■輸送実績（2016年）
・総旅客数　　42,296,322人
　　　　　　　（国際線のみ）
・貨物量　　　2,097,228トン
・離着陸回数　244,464回

---

column ⑪

受託手荷物検査装置のインライン化

（唯野邦男）

航空会社が受託する手荷物についてはセキュリティ上、爆発物、揮発物等が内蔵されていないことを確認する必要があり、手荷物を預ける前に検査装置を通す光景が見られる。しかし空港により、チェックイン前の受託手荷物検査を行っていない場合がある。これは、手荷物受託後に、手荷物仕分けシステムの中に組み込まれた検査装置によって爆発物の自動的検査を行うシステム（インラインスクリーニングシステム）を採用しているからである。仮に爆発物が発見された場合、安全な場所に運搬して処理される。

#134
台北松山空港（台湾・台北）

Taipei Songshan Airport

一時は国内線専用空港も、羽田便で復活。四国松山とのチャーター便が就航したことも

1. 概要と沿革

台北松山空港は台湾の台北市松山区にある軍民共用空港であり、日本語では慣用的に「まつやまくうこう」とも呼ばれる。運営者は交通部民用航空局（Civil Aeronautics Administration）及び中華民国国防部（Ministry of National Defense）の共管で、運用時間は6時から23時までの17時間である。

日本統治時代の1936年、台湾総督府によって民用を目的とした台湾初の大規模公共飛行場として建設され、同年3月に台北飛行場の名称で開港したが、日中戦争勃発後は日本海軍航空部隊に使用される軍用飛行場となった。

1945年、日本の敗戦による台湾統治終了とともに国民政府（中国国民党）の管轄下となり、台湾（中華民国）の国際・国内航空路線の中心的な空港となった。後にはJAL（日本アジア航空）とチャイナ・エアラインによる羽田空港、伊丹空港、福岡空港などを結ぶ路線が設定されている。79年に新たな国際空港として台湾桃園国際空港が開港されたことを契機に、国内線専用となった。

2008年、三通（中国と台湾間の「通商」、「通航」、「通郵」）の開始に伴い、中国大陸との間に定期チャーター便の運航が開始され、翌09年には定期便が就航した。また、日本との間でも、羽田空港の新D滑走路完成と再国際化に合わせて定期便が再開された。13年には日本の松山空港との間にANAによるチャーター便が運航して同一名称空港間のフライトとして話題となった。

2. 施設

(1) 滑走路

滑走路は長さ2,605m×幅60m（10/28）の1本で、ほぼ東西方向に向いている。ILS（計器着陸装置）は片側のみで西から東に向けた着陸（10着陸）用に整備されている。また、同方向の着陸機がオーバーランした際の被害軽減策としてEMAS（Engineered materials arrestor system＝アレスティング・システム）が設置されている。

(2) ターミナル

三通政策の浸透により中国本土便が急増したことや、市街地へのアクセスがよく桃園空港に比べて利便性が高いことなどから、松山空港の国際線の便数及び旅客数が急増し、ターミナルが手狭となっ

空港全体図：滑走路は1本。周辺には市街地がぎっしり

ターミナル1（国際線）：左奥に見える青い建物がターミナル2（国内線）

た。このため長らく使用されていなかったターミナル2を国内線ターミナルに改装し、2011年3月、ターミナル1は国際線専用ターミナルとしてリニューアルオープンした。旅客ターミナルはフロンタル方式で、搭乗橋付の8つの固定スポットが設置されている。

路線別には羽田＝松山路線が年間140万人強の最大幹線となっており、チャイナ・エアライン、エバー航空、JAL、ANA各社による1日2便ずつ合計8便が運航されている。

次いで第2位は金門空港（Kinmen Airport）と松山空港とを結ぶ国内線である。金門空港が所在する金門島は中国大陸沿岸に近い（厦門市に至近）島で、中国内戦が終盤にさしかかった1949年、国民政府がこの島を死守して今日に至っている。2001年には、金門島の住民に限り、大陸側との通信・通商・通航（小三通）が解禁され、今日の中国と台湾の交流の起点となった場所でもある。

4. アクセス

空港と市内とは MRT（Metropolitan Rapid Transit：正式名称は台北捷運（ショウウン））によって結ばれており、松山空港駅に接続している。

また、バスについては台北市内各地へ路線バスが運行されているほか、台湾桃園国際空港、基隆、中壢などへ高速バスが運行されている。

（傍士清志）

3. 運用状況

松山空港の航空旅客輸送実績は610万人（2016年）で、桃園国際空港に次いで台湾で第2位の輸送実績を誇る（第3位は高雄空港）。

■空港の諸元
・空港運営者：交通部民用航空局（Civil Aeronautics Administration）及び中華民国国防部（Ministry of National Defense）
・滑走路（長さ×幅）：1本
　10/28：2,605m × 60m

■輸送実績（2016年）
・総旅客数　　6,142,996 人
　　国際旅客　3,361,262 人
　　国内旅客　2,781,734 人
・貨物量　　　　43,641 トン
・離着陸回数　　59,351 回

#135
高雄国際空港（台湾・高雄）

Kaohsiung International Airport

RCKH/KHH

かつての高需要路線であった台北線は新幹線の開業で休止中ながら、国際線が急増中

1. 概要と沿革

　高雄（日本では「たかお」と呼ばれることが多い）は台湾南部に位置する台湾第2の都市で、加工貿易の工業団地や重化学工業のコンビナートが集積する台湾随一の工業都市である。

　高雄国際空港は台湾南部のハブ空港であり、高雄市中心部の南東9kmに位置し、高雄港の東に隣接する。もともとは日本統治下で建設され、終戦後の1945年に台湾空軍の訓練基地として再発足した。65年に民用航空局の管理下となり国内線の航空輸送サービスが開始され、69年には国際線の就航が開始された。72年に国内線ターミナルが供用開始したが、国際線機能を含む本格的なターミナル施設が整備されたのは97年のことである。

　運用時間は24時間であり、空港運営者は交通部民用航空局（Civil Aeronautics Administration）である。

2. 施設

(1) 滑走路

　空港の敷地面積は244ヘクタールである。滑走路は長さ3,150m×幅60m1本で、滑走路方位はほぼ東西方向に向いている（09/27）。ただし、騒音軽減のため27側（東から西向き運用）滑走路端は445m西側に短縮運用されている。ローカライザー（LOC）とグライドパス（GP）を備えたフルILS（計器着陸装置）による精密進入は09進入のみであるが、27進入についてもローカライザーのみによる計器着陸方式が設定されている。

(2) ターミナル

　国際線ターミナルビルは延床面積7.1万㎡で、ボーディングブリッジを備えた固定スポットが12スポット設置されている。ターミナルコンセプトは2本のフィンガーが滑走路方向に突き出た方式で、那覇空港の国内線ターミナルに似ている。国内線ターミナルの規模は1.8万㎡であり、国際と国内の2つのターミナルビルは340mの連絡橋で結ばれている。リモートスポットを含む総スポット数は45である。また、このほか7,000㎡と2,000㎡の2棟の格納庫がある。

3. 運用状況

　2016年における年間旅客輸送実績は600万人で、うち490万人を国際旅客が占めており国際線中心の構成となっている。総旅客数では台北、松山空港に次ぐ台湾第3位の空港であり、国際線に限ると台湾桃園国際空港に次いで第2位である。

09/27：3,150m

整備地区
国際線ターミナル
貨物地区
国内線ターミナル

空港全体図：3,150mの滑走路が1本。ターミナルは2棟あり、大部分が国際線利用客

Asia

　近年は日本路線の就航が相次ぎ、成田線は4社が1日1便ずつ、関空線は4社が1日1〜2便ずつ運航しているほか、新千歳線と熊本線が週3便、福岡線が週5便、那覇線が週2便運航している。

4. アクセス

　大量高速輸送（MRT）の高雄捷運（ショウウン）が空港に乗り入れている。南北に延びる紅線（Red line）によって高雄市内中心部と直結しており、高雄駅まで約15分、料金は35元である。そのほかバス・タクシーも利用可能である。

（傍士清志）

旅客ターミナル地域：手前が国際線、右奥が国内線　　photo / 高雄国際空港

■空港の諸元	■輸送実績（2016 年）	
・空港運営者：交通部民用航空局（Civil Aeronautics Administration）	・総旅客数	6,416,681 人
	国際旅客	5,121,796 人
・空港面積：244ha	国内旅客	1,283,724 人
・滑走路（長さ×幅）：1 本	・貨物量	71,448 トン
09/27：3,150m × 60m	・離着陸回数	57,446 回

---

column ⑫

いろいろな進入角指示装置　　　　　　　　（唯野邦男）

　航空機のグライドパス（GP：降下経路）は、滑走路末端から300mの地点に向けて進入角3度で設定されている場合が多い。GP上を降下していることをパイロットが視覚的に知る手段として、滑走路脇に設置された「進入角指示装置」が有効である。日本では、現在はPAPIが使用され、一昔前はVASI（わが国ではVASISと呼んだ）であったが、世界にはこの他の装置もある。

①PAPI（Precision Approach Path Indicator： 精密進入指示装置）
- 横一列に並ぶ4つの灯器で構成。
- GP上の進入：白色2灯・赤色2灯。低い角度：全灯赤色。やや低い角度：白色1灯・赤色3灯。高い角度：全灯白色。やや高い角度：白色3灯・赤色1灯

②VASI（Visual Approach Slope Indicator：視覚進入角指示装置）
- 前後2列の灯器群で構成。（大型機用に3列目が加わる場合もある）

- GP上の進入：前列が白色、後列が赤色。低い角度：両列が赤色。高い角度：両列が白色。

③Tricolor VASI（3色式視覚進入角指示装置）
- 1つの灯器で構成。
- GP上の進入：緑色。低い角度：琥珀色→赤色。高い角度：琥珀色

④Pulsating VASI（点滅式視覚進入角指示装置）
- 1つの灯器で構成。
- GP上の進入：白色。やや低い角度：赤色。低い角度：赤色点滅→点滅速度増加。高い角度：白。色点滅→点滅速度増加。

⑤Alignment of Elements System（パネル配列システム）
- 横一列に配置された3枚のパネル（黒色、白色、蛍光オレンジ色に塗り分け）で構成。
- GP上の進入：各パネルが横一列。低い角度：中央パネルが下。高い角度：中央パネルが上。

#136
台中空港（台湾・台中）

Taichung Airport

滑走路の東側に軍施設、西側に遠く離れて民航ターミナルがあり、長い誘導路で結ばれる

1. 概要と沿革

　台中市は、2010年12月、台中県と台中市を合併して、新たに中華民国の直轄市となった。人口はおよそ271万人、台湾第3の都市で、台湾中部に位置している。

　台中空港は台中市中心部の北西15kmに位置する軍民共用の空港である。南北に配置された滑走路の西側に民航ターミナル、東側に軍用施設が展開している。

　前身は日本統治時代に設置された「公館空港」に遡る。戦後は清泉崗空軍基地（Ching Chuan Kang Airbase）として軍の管理下に置かれ、米軍がベトナム戦争時にB-52の中継基地として活用した。2004年3月までは市街地に近い水湳空港（Taichung Shuinan Airport）が台中空港として利用されてきたが、清泉崗飛行場が軍民共用化されて新たな台中空港となった。これに伴い水湳空港は廃止された。

　空港の運用時間は7時から23時までの16時間であり、空港運営者は交通部民用航空局（Civil Aeronautics Administration）である。

2. 施設

（1）滑走路

　滑走路は長さ3,659m×幅61mのコンクリート舗装であり、方位は18/36で、ほぼ南北に向

軍用地区

18/36：3,659m

整備地区

ターミナル2
ターミナル1

地図データ：Google

空港全体図：3,659mの滑走路が1本。滑走路からかなり離れた位置にターミナル1と2がある

年には39億元（約117億円）を費やして年間135万人対応の国際線新ターミナルビル（ターミナル2：2.3万㎡）がオープンした。これに伴って国内線専用にリニューアルされたターミナル1（1万㎡）と合わせて全体のターミナル容量は年間260万人となった。ボーディングブリッジを有する固定スポットは5スポットでいずれも中型ジェット機対応である。

ターミナル2：国際線ターミナルとして2013年にオープン

3. 運用状況

　台中空港の国際線は中国大陸直行便17路線と国際定期チャーター便4路線（香港、マカオ、ハノイ、ホーチミン）があり、名古屋やソウルなどにも不定期でチャーター便が運航している。

　一方、国内線は4路線あり、東岸の主要都市である花蓮との間を結ぶ路線以外はいずれも離島路線で、馬公、金門、馬祖との間に就航している。

（傍士清志）

ターミナル2内部：オープンしてまだ数年ということもあり真新しい

いている。民航ターミナルエリアに繋がる誘導路は滑走路の両端に1本ずつで、途中に離脱用の取付け誘導路が配置されていないため、地上走行の経路が長くなることに加え、滑走路からの離脱に時間を要すことから運用効率の面でやや劣っている（時間あたりの発着回数の制約要因となる）。

(2) ターミナル

　2004年の民間空港化時に国内・国際兼用ターミナルとして現在のターミナル1が供用開始した。13

■空港の諸元	
・空港運営者：交通部民用航空局	(Civil Aeronautics Administration)
・滑走路（長さ×幅）：1本	18/36：3,659m × 61m

■輸送実績（2016年）	
・総旅客数	2,343,346人
国際旅客	1,535,836人
国内旅客	807,510人
・貨物量	データなし
・離着陸回数	データなし

チンギスハーン国際空港（モンゴル・ウランバートル）

Chinggis Khaan International Airport **ZMUB/ULN**

ウランバートル市から50kmの草原地帯に国家的な大プロジェクトの新空港が完成間近

1. 概要と沿革

　首都ウランバートル市 (Ulaanbaatar) は、モンゴル国の人口312万人のうちの140万人を擁する。

　チンギスハーン国際空港は、同市中心より南西16kmに位置しており、旧ソビエト連邦により建設された後、1956年にモンゴル政府に移管されたものである。61年に滑走路2,600mの舗装がなされ、97年にはアジア開発銀行 (ADB) の支援を受けた整備が行われて現在の姿となった。

　現空港は周囲を山に囲まれ、小型機を除けば滑走路の北西側からしか発着できないため、就航率が低く、安全面でも課題を抱えている。

ウランバートルの空港分布：新空港は中心部から50kmとやや遠い

2. 施設

　空港は標高1,330mと高地にあり、長さ3,100m（方位14/32、アスファルト舗装）及び2,000m(未舗装)の滑走路を有している。主滑走路の東側に2,350mの平行誘導路があり、

空港全体図：3,100mの滑走路に加え、2,000mの未舗装の滑走路を有する。経路上に山岳があり、32着陸ができない

ターミナルビル：3階建てでゲルをイメージさせるデザイン　photo / K.Hoji

ILS(CAT-I)が滑走路32側に設置されている。ターミナルエリアは空港の北側に配置され、エプロン24スポット、固定ゲート4基を有する2.2万㎡の旅客ターミナル、2,000㎡の貨物ターミナルがある。なお、滑走路中央付近に視認高22mの管制塔や消防車庫、残りのエリアに航空会社の格納庫等が点在している。

現空港の旅客ターミナルビルは、3階建であり、前面は尖ばったゲル（モンゴルの移動式住居）をイメージさせるデザインで、2階に国際線のチェックインカウンター、出国審査、出発ラウンジ、入国管理、国内線のチェックインカウンター等が配置されている。チェックインロビーは3階まで吹き抜けとなっており、チンギスハーン等歴代王の大きな肖像画が掲げられている。

1階には国際線、国内線のバゲージクレーム、荷捌きエリア、国内線出発ロビー、ＶＰ施設等が配置されている。国内線は主にランプバスでリモートスポットに移動し、プロペラ機を利用している。2016年6月にアジア欧州会議(ASEM)があり、エプコン拡張、

誘導路の舗修、ターミナルビルの改修等が行われ、3階のオフィスや従業員食堂が旅客スペースに変更され、入国審査場の拡張等も行われた。

空港は国有事業者であるチンギスハーン国際空港により運営されている。

3. 運用状況

2016年における現空港の旅客数は国際線が72万人、国内線19万人の合計92万人で、貨物量は4.9万トン、離着陸回数は1.2万回であった。旅客数は12年より100万人前後で推移しているが、06年の56万人（国際42万人、国内14人）と比べれば1.8倍に増加している（輸送実績はACIの統計と異なる）。

国際線旅客のシェアは大きい順にMIATモンゴル航空50%、大韓航空20%、中国国際航空12%、トルコ航空5%、アエロフロート6%である。

なお同国は東アジアと欧州のルート上に位置しており、上空通過機に対する航行支援料を貴重な国家財源としている。こ

のため監視レーダーや新航法を積極的に導入することで、航空機の前後間隔を短縮したり(150→30km)、上下間隔を縮小したり(500→300m)して航空路の容量の増大を図っている。この結果、上空通過機数は2010年に6.8万便であったものが、16年に9.9万便、17年には11.5万便（予測値）と順調に増大している。

4. 新ウランバートル国際空港

1）新空港整備の背景と概要

現空港は前述のように地形の制約から片側からしか発着できないという安全面での問題を抱えているが、北西側は湿地帯、南東側にはボグトハン国立公園が位置し、滑走路の延長や北西側へのシフト等による拡張整備は困難である。

このため、すでに1993年のアジア開発銀行(ADB)調査や2003年のヨーロッパ復興開発銀行(EBRD)調査等により新空港開発計画が検討されている。その結果、将来性のある滑走路2本の整備に支障がない地形面や永久凍土等への環境影響を考慮し、ズーンモト市の現在の新空港建設位置が将来の首都空港に適しているとの提案がなされた。

その後モンゴル政府から日本に対し、国際協力銀行(JBIC)による円借款の要請があり、計画が精査され、2008年5月に新空港建設に係る円借款が合意された。13年6月の着工を経て、17年1月

新空港ターミナル：「やじり」をイメージ

に主要施設が完成し、円借款による整備が最終段階を迎えているが、今後新たにハンガー整備が追加される見込みであり、モンゴル政府は18年の開港を目指すものの課題が残っている状況にある。

新空港の運営主体については、2013年の国会において、新空港の一部サービスを民間委託することが決定され、現在コンセッション方式による運営委託について交渉段階にあり、日本企業がモンゴル側と協力して運営に参画する方向で協議が進められている。交渉事のため不確定であるものの、合意に至れば、建設のみならず運営においても日本企業が関わり、新空港を通じて同国の発展を支えることなる。

2) 施設

新空港は、ウランバートル市中心部から南方50kmの草原に位置し、長さ3,600mの滑走路（方位07/29、コンクリート舗装）1本、滑走路北側に平行誘導路を有している。滑走路の片側からしか発着できない現空港に比べ、両側から発着ができ、将来的に平行滑走路の増設も可能（但し相当の盛土が必要）となっている。ILS(CAT-I)は滑走路の東側からの進入用である。ターミナルエリアは中央に位置し、19スポットのエプロン、旅客ターミナルビルが配置され、その西側には管制塔や航空機整備エリアがあり、東側に貨物エリア、給油施設などが配置されている。なお管制塔の視認高は34mとなっている。

旅客ターミナルビルは、駐車場から滑走路方向に下っていく斜面に建設されており、駐車場からの入口とエプロン・レベルに高低差があり、滑走路側では盛土を行っている。

ターミナルビルは近代的なものに生まれ変わる。屋根の形は鏃（やじり）をイメージしたホームベース型で、南北方向から見るとゲルの形をし、側面はゲル内部の木組みをモチーフとしている。延床面積は3.7万㎡（現空港の約1.7倍）であり、チェックインカウンターも現空港の12カウンター（国際8、国内4）から26カウンター（国際16、国内10）に、バゲージクレームのコンベアベルトは3基（国際1、国内2）から4基（国際3、国内1）に増加する。これらの能力拡大により、ターミナルビルの能力は年間約100万人から約200万人程度に拡大される。

駐車場とエプロンの高低差を活用し出到着が階層分離されており、

新空港全体図：3,600mの滑走路を有する。将来的には滑走路増設が可能

新空港のターミナル内部：目前のオープンを待つ

photo / M.Kihara

2階を出発、駐車場と同じレベルにある1階を到着、エプロンと同じレベルにある地階を荷捌きエリアとしている。国際線の出発客は、2階のカーブサイドより、チェックインを行い、直線に配置された、セキュリティ、出国審査、テナントを抜け、ゲートラウンジに向かい、固定橋のエスカレーターを下り航空機に搭乗する。屋根の中心線上に配されたトップライトが、チェックインからゲートまで、旅客を導いてくれる。内部も光の陰影が見えるよう白を基調としたデザインとなっている。国際線の到着客は、航空機と同じレベルで入国審査に向かい、その後、こちらも直線に配置された入国審査、バゲージクレーム、到着ゲート、カーブサイドへと向かう。

現空港では、搭乗待合室と航空機の間、航空機と入国審査室の間の出発・到着通路が共用であり、出発客と到着客が交わらないよう非効率な運用を強いられているが、新空港ではこれが改善され、国際線の5ゲートの乗降が同時に可能となる。また吹き抜け、高い天井、

トップライトにより解放感があり、かつ動線がシンプルで分かりやすいターミナルとなっている。さらにテナントエリアが大幅に増加し、非航空系収入の増加も期待されている。

3）アクセス

空港アクセスは、2016年夏に既存道路（片側1車線）の改修及び未補修部分の整備が完了した。さらに別ルートで中国借款により、高速道路（片側3車線）の建設が進められており、18年の完成を予定している。

4）今後の見通し

2017年11月時点において、滑走路、旅客ターミナルビル、管制塔等新空港の主要施設は完成しており、管理棟、貨物施設の工事や

ハンガーの用地造成を実施中である。モンゴル政府は18年の開港を目指しているものの、ハンガー等の施設の整備が完了しておらず、また空港運営候補者との交渉中の段階でもあることから、これらの見通しが明らかになった後に供用時期が固まる見込みである。

新空港は現空港と同じく「チンギスハーン国際空港」と命名される予定であり、それに伴って、現空港は以前名乗っていた「ブイントハー空港」に改名され、ジェネラルアビエーション空港として活用することが検討されている。

政府は将来的に新空港をアジアと欧州の中間に位置する立地を活用し、貨物ハブ空港として発展させることを期待しており、空港周辺を通過する鉄道ルートの計画もある。さらに空港周辺地域を開発し、空港都市を建設する構想も有している。

本空港が、モンゴル国の経済を支える玄関口となり、国と共に成長していくことを願うものである。

（木原正智）

■空港の諸元	
・空港運営者：チンギスハーン国際空港	
・滑走路（長さ×幅）：2本	
14/32：3,100m	
15/33：2,000m（未舗装）	

■輸送実績（2016年）	
・総旅客数	917,335人
国際旅客	723,972人
国内旅客	193,363人
・貨物量	4,896トン
・離着陸回数	11,401回

フィリピンの空港概観

大小 7,000 余の島嶼国では航空輸送が生命線。13 の国際空港と 270 余の国内用空港、飛行場が担う

1. 沿革

　フィリピンの正式名称はフィリピン共和国であり、東南アジアに位置する共和制国家である。島嶼国（大小7,107の島で構成）であり、国土面積は約30万㎢（日本の79%）、人口は約1億100万人（日本の79%）である。首都はマニラで、最大都市はケソンである。

　フィリピンは16世紀からスペインによる侵攻が拡大し、その支配を受けて長期に渡る植民地状態にあった。その後は統治権がスペインから米国に移管されて米国の植民地となり、19世紀末まで続いた。1899年1月フィリピン共和国（第1共和国）が建国されたが米国はそれを認めず、米比戦争を経て同共和国は崩壊した。第二次世界大戦中の1942年には日本軍がフィリピン全土を占領し、傀儡政権による第2共和国が成立したが、45年の終戦に伴い一旦米国植民地に戻り、翌46年独立して第3共和国が成立した。その後65年から始まるマルコス独裁体制を経て、86年には現在の第4共和国体制が成立した。冷戦期間中の同国は、極東アジアにおけるアメリカの重要な拠点となり、米軍に基地を提供していたが、90年代初頭の冷戦終結を受けた米軍のアジア駐留軍縮小、ピナトゥボ山噴火に伴う基地機能の低下、フィリピン国内のナショナリズムの高揚、フィリピン共和国憲法改正により、米軍はフィリピンから撤退した。

　フィリピン経済の特色として、同国経済の海外への出稼ぎ労働への依存があげられるが、出稼ぎ労働者からの海外送金は、その総額が外資の直接投資額を上回って、貴重な外貨収入源となっており、また多数の海外出稼ぎ労働者の存在は、同国における国際線航空需要に一定の影響を与えている。

2. 航空・空港の行政組織

　フィリピンの運輸関係行政組織としては運輸通信省（Department of Transportation and Communication: DOTC）があり、その航空・空港関係の外局としてフィリピン民間航空局（Civil Aviation Authority of the Philippines：CAAP）、民間航空委員会（Civil Aviation Board：CAB）、航空開発公社（Philippine Aerospace Development Corporation：PADC）等がある。CAAPは以前DOTC内局であった航空運輸局（Air Transportation Office：ATO）が2008年に組織改編したものである。

フィリピンの主要空港分布：島嶼国であり、必然的に航空路が発展した

3. フィリピンの空港分類

　フィリピンの空港分類は現在、ATO方式とCAAP方式の2種類の方式が使用されている。

　CAAP方式による新しい分類では、国際空港及び国内空港というATO方式の大分類を残しながら、小分類を以下のとおりとしている。

3-1. 国際空港

　国際線を取り扱うことができる空港であり、現在国際線の路線をもっているか、以前国際線が就航していた空港が含まれる。この分類には、ATO方式のすべての主要国際空港、ほとんどの準国際空港、その他いくつかの空港が含まれている。13の空港がこの分類に属し、すべての空港に定期便が就航している。

3-2. 国内空港
3-2-1. 主要国内空港

　国内線のみを取り扱うことのできる空港であり、30の空港がこの分類に属していて、うち25空港に定期便が就航している。

1) クラス1空港

　主要国内空港のうち少なくとも100席の収容能力をもつジェット機に対応できる空港であり、ATO方式における幹線空港のほとんど、及び一部の準国内空港がこの分類に入っている。

2) クラス2空港

　主要国内空港のうち少なくとも19席の座席数を有するプロペラ機に対応できる空港であり、ATO方式の幹線空港、準国内空港の内のいくつか、またその他の空港がこの分類に属している。

3-2-2. コミュニティ空港

　主にジェネラルアビエーションに使用される空港であり、ATO方式におけるほとんどのフィーダー空港及び準国内空港のいくつかがこの分類に属している。42の空港がこの分類に属し、うち7空港に定期便が就航している。

3-2-3. その他

　この他、CAAPに分類されていない空港が199空港あり、うち3空港に定期便が就航している。

4. 航空輸送の状況

　フィリピンは多島海国家という特徴から島嶼間の移動は必然的に航空機または船舶を利用することになり、各航空会社の路線網が発達している。同国の航空旅客需要は2009年までの10年間に1.8倍（00年：580万人、09年：1,048万人）と堅調な増加を見せていたが、LCCの台頭により、09年以降爆発的に増加し、15年には3,223万人（09年の3.1倍）に達している。伸びの状況から、この傾向はしばらくの間継続すると予想される。

5. 整備と運営

　フィリピンにおける空港の整備及び維持・運営は、4つの国際空港についてはそれぞれの空港公団等が、それ以外の空港については、整備はDOTCが、維持・運営はCAAPが行っている。

6. フィリピンにおける航空・空港の課題

　空港施設、維持管理、航行安全、保安対策等ハード、ソフト両面にわたり課題が多い。2007年12月、FAA（アメリカ連邦航空局）により「ICAO標準に合致していない」旨の報告がなされ、カテゴリー1からカテゴリー2に格下げとなり、アメリカへの乗入れに制約がかかる状況となった。また、09年10月のICAO監査においても安全上の懸念が報告され、それに伴ってEUはフィリピン国籍の航空機のEU圏内への乗入れを禁止した（2013年解除）。

　　　　　　　　　　　　　　　　　　（唯野邦男）

#138
ニノイ・アキノ国際空港（フィリピン・マニラ）

Ninoy Aquino International Airport

都心部から10kmの首都空港。同国の航空輸送の6割の発着回数、旅客数を占める

1. 沿革

マニラ空港（ニノイ・アキノ空港：Ninoy Aquino Airport）の起源は古く、1935年に誕生した最初の民間飛行場であるグレース・パーク飛行場（Grace Park Airfield）にまで遡り、またこれは、当飛行場を拠点としたアジア最古の航空会社、フィリピン航空（Philippine Airlines）の歴史と重なる部分が多い。後にフィリピン航空となるフィリピン初の航空会社、フィリピン航空タク

マニラの主要空港分布：ニノイ・アキノ国際空港の旅客数が突出して多い

シー会社（Philippine Aerial Taxi Company）が、41年にマニラ南

東にあるマカティ（Makati）地区にあったこの飛行場から、北

空港全体図：Ｖ字型に配置された2本の滑走路に食い込むように市街地が発達している

ターミナル1と2：1は日本など東アジアへの便が就航

へ200kmほど離れたバギオ（Baguio）へプロペラ機を飛ばしたのが民間航空輸送の始まりである。同社は46年にグアム、ホノルルなどを経由し2日がかりで太平洋を横断。カリフォルニアまで飛び、海外路線の端緒とした。同飛行場はフィリピンの独立を機に、近代的な空港に生まれ変わるべく、48年に現在の空港の場所に移転し、54年より本格的な新空港の建設が始まった。

フィリピン全体の年間発着回数は60万回であり、欧州の代表的基幹空港であるスキポール空港を擁するオランダ（59万回）よりも多い。60万回のうち、マニラ空港の発着回数は約29万回であり、また年間旅客数は、フィリピン全体7,200万人のうちマニラ空港が4,000万人と、それぞれ同空港がほぼ半数を占め、フィリピンの航空輸送の要として極めて重要な位置にある。とりわけ国際旅客は全体の80％以上がマニラ空港を利用し、航空輸送のみならず経済活動上も重要な影響を与える空港となっている。

2. 施設と運用状況

(1) 滑走路とターミナル配置

マニラ空港の西側にはマニラ湾があり、東側はバエ湖と呼ばれるフィリピン最大の湖に近く、この10kmほどの間に空港が位置している。航空機の進入はマニラ湾、バエ湖上空を通過する経路が中心となっている。マニラ空港は国際線の発着に必要な長さを満たす3,737mの主滑走路（06/24）と、旧空港時代からの短い2,258mの副滑走路（13/31）の2本を持ち、主滑走路は副滑走路の南端を阻むように位置するインターセクションの滑走路配置である。

都心の一角に位置する空港で、周辺の市街化は著しく、空港に食い込むように民家が密集する。騒音問題から副滑走路は専ら小型プロペラ機が使用し、南側への運用に限定されている。主滑走路は東西方向それぞれに離着陸が可能である。滑走路の北西側にターミナル1及び2が位置し、副滑走路を挟んで整備施設群が位置する。副滑走路の東側にはターミナル3、

同滑走路の北端にはターミナル4が位置する。

(2) ターミナル1

ターミナル1は、成田、関西、中部をはじめとする東アジア、オセアニア、中東、中国などを中心に21方面への国際線が就航している。ターミナルビルは1981年に完成し、成田空港の旧第1ターミナルのオープンと時期が近く、当時の基幹空港によく見られたメインターミナルから延びるコンコースの先にサテライトを配置するコンセプトである。熱帯の気候を考慮し、窓を少なく、日差しを抑制したシャープな外観をもつこのターミナルは、アジアの新たな玄関と話題を呼んだ。アプローチ道路は出発階、到着階へ接するダブルデッキであるが、ここでは道路上の一時駐車や客待ちにより渋滞が発生している。

長い間フィリピンの国際玄関という重責を担ってきたターミナル1であるが、今日に至り、就航機材の変化や旅客ニーズの高質化などによる陳腐化、狭隘化は否めず、また取り扱いのキャパシティを超えているため、ゲートラウンジ、カーブサイド、チェックインロビーなどいたる所で混雑がみられる。2015年にチェックインロビーの改装やイミグレーション・カウンターの増設などによるリノベーションが完了したものの、抜本的な改善には至らず、航空会社が重視するエアラインラウンジの

地図データ：Google

ターミナル3：2008年にオープンし、LCCのほか、ANAやエミレーツなどが利用

確保や旅行の楽しみを増す多様な物販、ひと時のくつろぎを提供する飲食店舗も不足している。

(3) ターミナル2

ターミナル2は，フィリピンのフラッグキャリアであるフィリピン航空と系列のPALエクスプレスが利用する。ニューヨーク、カナダ、ロンドン、ブリスベンなど欧米・豪州方面、また福岡などアジア方面への路線がある。また、ダバオ、イロイロ、バコロドなど国内主要都市へも路線が設けられている。ターミナルビルは、1999年に供用を開始し、滑走路の交差部に位置することから両滑走路に面するよう交差角に合わせた「くの字」の平面計画をもつ珍しい形状である。外観は直線基調で、モダンでシンプルな形状である。ターミナルコンセプトは建物のエアサイド側に一列に航空機を並べるフロンタル形式であり、旅客の動線は単純でわかりやすい。建物内部はエアサイド側、ランドサイド側とも大きなガラス面で構成され，明るく見通しがよい。色調も白を基調としており，要所に設け

られた中庭と相まって開放感が溢れる。

シンプルな平面計画とした反面、到着した旅客が搭乗橋を経由し、階下へ向かうコンコースと出発旅客が搭乗橋まで移動するコンコースが兼ねられているため、到着便があると出発客は到着旅客がコンコースを通り過ぎるまで、ゲート・ラウンジから搭乗橋へ向かうのを待たされることになる。

(4) ターミナル3

ターミナル3は、マニラ空港で最も新しく、最も大きなターミナルビルである。セブパシフィック、エアアジアなどLCCの他、ANA、エミレーツ、デルタなど海外大手

航空会社も使用しており、国内主要空港の他、アジア、中東への路線がある。本ターミナルビルは2008年完成し、ダイナミックな切妻屋根が連続する外観が旅客の目を引く。室内は高い天井、がっちりとした柱や梁、明るさを抑えたチェックインロビーなど、ターミナル1のクラシカルで落ち着いた雰囲気、ターミナル2の明るく開放的なデザインとは異なるコンセプトにより設計されていることがよくわかる。

ターミナルコンセプトは、ターミナルビル本館から両側に伸びるピアの両側にスポットが並ぶもので、関西空港の第1ターミナルと類似した形式となっている。シンプルな旅客動線でありながら、旅客の移動距離の短縮に効果がある方式である。ターミナル3の利点の1つに、都市部へのアクセス時間が他のターミナルに比べ大幅に短い点がある。ターミナル1、2は都心から見て滑走路の反対側に位置するため、空港周辺を迂回して都心へ向かうが、ターミナル3は空港の都市部側にあり、空港周

ターミナル4：LCC専用であり、もっとも古くからある

地図データ：Google

ジープニー：地元の人々の交通機関として親しまれている

photo / Torox~commonswiki

辺の渋滞部を通過しなくてすむためである。

(5) ターミナル4

ターミナル4は，空港の北端，雑然とした建物群の中にあり，空港周辺の道路を走っていても見過ごすかもしれない。平屋建ての最も古いターミナルであり、ネルソン飛行場から移転し、1948年に建てられた旧国内線ターミナルを改良して今日も使用している。エアアジア・ゼスト、セブゴーといったLCCが利用し、セブ、タクロバンといった国内路線を設けている。

(6) 貨物ターミナル

フィリピンの航空貨物取扱い量は2016年に65万トン、世界で42番目の取扱い量である。マニラ空港の貨物ターミナルは、ターミナル1とターミナル2の間にあり、3つの貨物専用機スポットを有する。フィリピンの全体の航空貨物（93万トン）の約7割を取

り扱っており、国際物流上もマニラ空港の存在は欠かせない。

3. アクセス

旅客の空港へのアクセスはバス、タクシーの利用が大半となっており、地元の人々はジープニー（Jeepney）と呼ばれる乗合いタクシーもよく利用する。マニラ都心から空港までは10kmと近いが慢性的な交通渋滞が終日発生しており、アクセス時間に十分な余裕を見込まなければならない状況にある。また、ターミナル間を乗り継ぐ旅客もフィリピン航空以外は一般道を走る乗継ぎバスを利用するため、この混雑に巻き込まれる。この状況の改善のため、都心部を走るLRT（Light Rail Train）1号線を延伸し空港アクセスの改善を図る計画が進められているが、整備の進捗は滞っている。高速道路（NAIA Expressway）の延伸事業はターミナル3近くにランプが開

設され一部改善したものの、残るターミナル1、2への延伸整備は遅れている現状である。

4. 将来計画

空港までのアクセスについては、現在進められている高速道路とLRTの延伸事業を加速させることが急務であり、さらに空港内の移動時間、乗継ぎ時間短縮のため、一般道から分離された移動経路の確保やAGTを導入したトランジット・システムの導入などによる抜本策を講じる必要があろう。アジアの基幹空港として近隣諸国と伍していくためには重要である。

また、エアサイドにおいても交通渋滞がしばしば発生している。これはスポットから平行誘導路へプッシュバックするスポットが多く、特にターミナル1ではスポットアウトの際のプッシュバックの距離も長く、エンジンスタートまで時間を要する。このような航空機動線の問題もあるが、何より主滑走路に対する負荷が過大なことにある。副滑走路が短く運用にも制約があることから27万回近い発着を主滑走路1本が担っている。ピーク時間では到着機を優先して処理しているため，出発機が誘導路上に渋滞することも日常化し、出発遅延は恒常的なものになりつつある。

これらを改善するためには、主滑走路と平行する滑走路の増設、使用頻度の低い副滑走路の廃止と

図／「フィリピン国マニラ首都圏新空港に係る情報収集・確認調査（2016年5月）」より

JICA調査で検討された5か所の候補地

スポットへの転用、ターミナルビルの増強など、エアサイドの交通混雑を抜本的に解決し、取扱い容量を増す大規模な空港改良を待たねばならないであろう。

一方では、現空港に代替する新空港の構想も囁かれている。なかでも現実的な対策は、マニラの北西100kmほどに位置するクラーク空港を活用する策であろう。敷地も広く日本企業も進出する工業団地が空港に隣接するこの空港は長さ3,200m2本の平行滑走路を有し，大きなポテンシャルをもつ空港である。マニラ空港の路線のうちLCCや遠距離国際線等を移すことができれば、現空港の取扱い能力に余裕を見出せる。マニラ市域からのアクセス時間については高速道路の整備や鉄道の整備が不可欠であるが、マニラ近郊まではともかく市域に入れば建物が密集し、その整備は簡単ではない。この点

が最大の課題となろう。

一方、新空港についてはJICAとフィリピン政府により「フィリピン国マニラ首都圏新空港に係る情報収集・確認調査」が実施され、2016年5月に報告書がまとめられている。この調査において、フィリピン側があげた9候補地のうち、不適とされた候補地を除く5候補地について、新空港立地上の適否についての様々な検討が行われている。候補地のうち有力であるとされるのは、現空港の西方10km程のカビテ市サングレー地区があげられている。軍のサングレー飛行場があり、この近傍を埋

め立て拡張するもので、事業費は1兆3,500億円と見込まれている。2025年を供用開始目標としているが、この調査自体はただちに新空港を整備しようとする調査ではなく、課題や現状整理といった主旨のものであり、最終的な候補地への絞り込みは行われていない。

さらに、2014年に地元有力企業が提案した構想もある。事業費の約1兆円をこの企業が負担するものである。建設場所は現空港から東へ5km、サングレー飛行場との中間付近である。滑走路4本、現在の2倍となる8,000haの空港を埋め立てにより整備し、主要航空会社を移転する構想とアナウンスされている。マニラ市域に近接しており、アクセス利便性は良好と思われるが，高層ビルが立ち並ぶ大都市マニラの都市計画への影響が懸念され、環境の保全、現空港が存続するのであれば重複するであろう空域の問題も残る。両計画とも、実現するために乗り越えなければならない課題は少なくない。

（渡邉正己）

■空港の諸元	■輸送実績 （2016 年）	
・空港運営者：マニラ国際空港公社 　（MANILA INTERNATIONAL 　AIRPORT AUTHORITY）	・総旅客数	39,534,991 人
	国際旅客	18,956,577 人
	国内旅客	20,578,414 人
・滑走路（長さ×幅）：2 本 　06/24：3,737m × 60m 　13/31：2,258m × 45m	・貨物量	631,854 トン
	・離着陸回数	289,232 回

#139
クラーク国際空港（フィリピン・マニラ）

Clark International Airport

RPLC / CRK

首都空港の補完的役割を期待されつつも、都心部から80kmという距離が壁で苦戦中

1. 沿革

クラーク国際空港の起源は米軍が設置した航空基地であり、1919年にクラーク飛行場と命名された。42年1月、同基地は日本軍によって占領され、同軍の主要航空基地となったが、45年1月米軍が奪還し、再び同軍の管理下に置かれた。冷戦時代のベトナム戦争を経て、同基地は米軍の重要な物流拠点として大規模航空基地に成長したが、フィリピン政府が同基地用地の賃貸借契約更新を拒否したことにより、90年代初めに閉鎖された。91年のピナツボ火山の噴火により同基地は大規模な被害を受け、その後米軍は基地用地の信用を再開しようとしたが、フィリピン政府はこれを拒否した。91年11月に米軍が撤退し、同基地はフィリピン政府の管理下に移管されたが、しばらくの間放置されて市民による組織的略奪に遭った。

1993年、空軍基地だったエリアはクラーク特別経済区（CSEZ）として再開され、同年クラーク国際空港が開港した。同空港は、ニノイ・アキノ国際空港を補完するマニラ首都圏の主要国際空港として位置付けられた。2007年には韓国国際協力機構の資金による同空港の拡張計画が承認され、08年その第1段階であるターミナル拡張が完了し、年間100万人の取扱容量となった。また、10年、13年の拡張によって、取扱容量はそれぞれ250万人、400万人に拡大した。

なお、2003年に同空港はジオスダド・マカパガル国際空港に改称されたが、12年にはクラーク国際空港の名称に戻された。また、中国による海洋侵出圧力を背景に、12年6月フィリピン政府は米軍のクラーク国際空港への復帰に合意した。

同空港と同様に米軍基地として発足し、フィリピン政府による用地返還要求に伴って基地が閉鎖された経緯をもつマニラ首都圏の空港としてスービック湾国際空港（Subic Bay International Airport：RPLB/SFS）がある。同空港は、ニノイ・アキノ国際空港の補完空港として期待されてターミナルが整備され、また一時フェデックスのアジア物流拠点として使用された。しかし、マニラから150kmの道のり（直線距離で85km）にあり、車で2時間かかることから、旅客定期便の就航はなされず、フェデックスも撤退し、現在は主にパイロット訓練に使用されている状況にある。クラーク国

空港全体図：クロースパラレル配置された3,200mの滑走路が2本ある

小型機地区
ターミナル
整備地区
02L/20R：3,200m
02R/20L：3,200m
地図データ：Google

旅客ターミナル：2本の滑走路からかなり離れて配置

photo / Clark International Airport

際空港との競争に敗れたといえる。

2. 施設

　クラーク国際空港はマニラ中心部の北西80㎞に位置し、標高は148mである。滑走路は平行に配置された2本で、02R/20Lは長さ3,200m、幅60m、コンクリート舗装で、ILS（Cat-Ⅰ）が設置されている。02L/20Rは長さ3,200m、幅45m、コンクリート舗装で、ILSはない。2本の滑走路の中心線間隔は428mで、若干

ずれたクロースパラレル配置である。2本の平行誘導路があり、滑走路と第1誘導路間の中心線間隔は約300m、2本の誘導路の間隔は約420mもあるが、2本の誘導路間には、軍用基地であった頃に使用された多数の軍用機駐機場と、それらを繋ぐ誘導路があるのみであり、広い空港用地を十分に活かしきれていない状態にある。なお空港東側には、オムニ・アビエーション社が所有する、方向02/20、長さ640m（02着陸は約360mに短縮運用）、幅15mの小型機用

滑走路があり、ここではフィリピン航空の初等訓練も行われている。

　旅客ターミナル地区は、02L/20R滑走路の中央部付近にあり、同滑走路とエプロンノーズ端の距離は約860mと相当の奥行きを有している。ターミナルビルは2000年に年間100万人対応で供用開始した後、10年に2基の搭乗橋が設置され、250万人対応となった。さらに13年には延床面積が2万㎡に増築され420万人対応となった。同ターミナルビルは1棟で、フロンタル方式であり、搭乗橋を有する2つの固定スポット及び遠隔スポットを有している。階層は1層方式である。

3. 運用状況

　当空港の運営者は国有企業であるクラーク国際空港会社（Clark International Airport Corporation：CIAC）である。施設の南側にはクラーク空軍基地

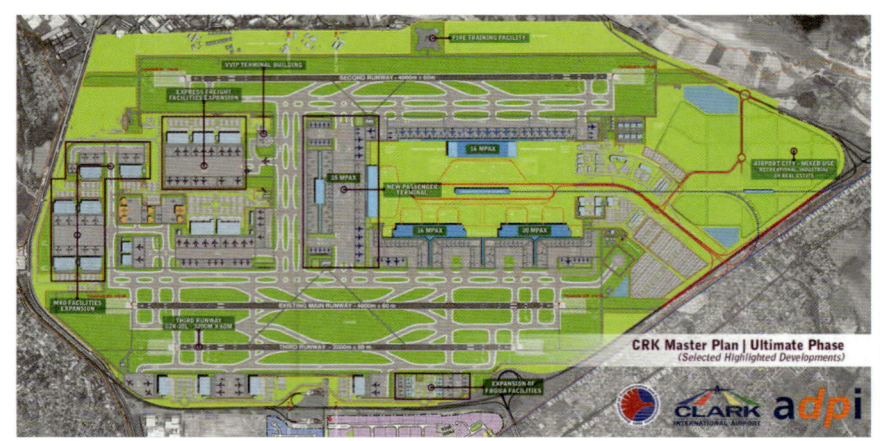

CRK Master Plan | Ultimate Phase
(Selected Highlighted Developments)

マスタープラン：拡張に限界のあるニノイ・アキノ国際空港を補完するため、施設の大規模な整備・拡張が計画されている

があり、フィリピン空軍が使用している。クラーク国際空港からは航空会社9社が10空港に就航している。また貨物専用便は2つの会社が3空港に就航している。2016年の離着陸回数は1.7万回、国際線旅客数は90万人、国内線旅客数は5万人、貨物取扱量は15万トンである。

4. 将来計画

マニラ首都圏の旺盛な需要をまかない、またフィリピンのゲートウェイという役割を果たしているニノイ・アキノ国際空港は施設拡張の限界にあり、将来の需要増大に十分応えることができない。このため、クラーク国際空港を同空港を補完する空港として拡張整備するという考えの下に、2015年、クラーク国際空港マスタープラン（最終目標：15年後）と関連土地利用計画が作成された。同プロジェクトはフランス政府の資金援助とADPI（パリ空港公団エンジニアリング）の技術支援によって実施される。マスタープランは

大きく4つのフェーズに分けられており、02R/20L滑走路の長さ4,000mへの延長、第3平行滑走路の新設、高速脱出誘導路新設を含む誘導路の建設、エプロンの新増設、第2、第3旅客ターミナルの建設、新貨物ターミナルの建設、新管制塔の建設などが含まれている。2020年をめどに8万3,000㎡、800万人対応の新ターミナルが整備されると、既存ターミナルと合わせ1,220万人対応まで容量が拡大される見通しである。仮にマスタープランがすべて実施されると、年間6〜8,000万人を取り扱う規模となる計画である。

また、直線で80kmのアクセス距離がある首都マニラとの間に高速鉄道と高速道路を建設する計画もある。

しかし、ニノイ・アキノ国際空港の容量限界を代替・補完するためのマニラ首都圏の空港整備の方向性については、本空港の本格展開のほかに、新空港の整備を含め様々な動きがある（ニノイ・アキノ国際空港の「4. 将来計画」を参照されたい）。

本空港全体図は広大な拡張用地を備える一方、アクセス面で大きなハンディを追っており、クラーク空港がマスタープランに沿って今後順調に整備拡張を進められるかどうか、疑問視する向きもある。今後の政府レベルの政策決定がどのような方向に進むのかが大いに注目される。

（唯野邦男）

■空港の諸元	■輸送実績（2016年）	
・空港運営者：クラーク国際空港会社（Clark International Airport Corporation：CIAC）	・総旅客数	950,732人
	国際旅客	899,382人
	国内旅客	51,350人
・滑走路（長さ×幅）：2本	・貨物取扱量	15,356トン
02R/20L：3,200m × 60m	・離着陸回数	17,154回
02L/20R：3,200m × 45m		

#140
イロイロ国際空港（フィリピン・イロイロ）

Iloilo International Airport

RPVI/ILO

中部の中心的交易都市に所在。2007年完成の新空港で、わが国も有償資金協力で貢献

1. 沿革

　現在のイロイロ国際空港が建設される以前、イロイロ市内には1937年から運用を続けてきたイロイロ・マンドゥリエオ空港があった。同空港は需要の増加に対応して施設拡張が繰り返されたが、90年代になると急激な状況の変化に対応しきれず、数多くの問題に直面していた。当初フィリピン航空1社のために作られた2,200㎡の旅客ターミナルビルは、フィリピンにおける航空の自由化と航空機利用の普及から、同時に4つの航空会社が使用するようになり、拡張する必要があった。またテロ発生の増加から、ターミナルビル内への立入りを旅客だけに制限し、ドアと窓を完全に閉じる必要が生まれたが、既存のビルはもともとは自然換気であったため、空調設備のない建物内部は航空旅客に大変不快な環境となり、この改善のためにエアコンユニットを設置せざるを得なかった。また、X線手荷物検査装置はこれを所有するフィリピン航空が独占使用していたため、他の航空会社は手荷物開披検査をせざるを得ないこと、1日1,700台の駐車需要に対して駐車場は129台分の容量しかないが、その拡張が難しいなどの問題が生じていた。

　1995年10月、イロイロ市政府は新空港を建設する意向を発表した。当初、交通通信部（DOTC）によって複数の候補地が提案され、新空港計画が策定されたが、国家経済開発庁（NEDA）が、内部収益率の低さと用地取得の困難性を理由としてその計画を拒否した。

　1998年11月、イロイロ空港調整委員会が設置され、同委員会は現空港拡張の困難性と新空港建設の必要性を改めて確認し、2000年3月、DOTCとJICAによる調査が行われ、カバトゥアン（Cabatuan）を新空港の用地に選定し、NEDAの承認を受けた。そして、その開発資金として日本国際協力銀行（JBIC：JICA有償資金協力部門の前身）を通じて、日本政府からの有償資金協力を受けることが決定された。その結果、イロイロ国際空港プロジェクトの建設工事が04年4月に開始され、07年3月に完成した。

2. 施設

　イロイロ国際空港は、イロイロ州の州都でフィリピン9番目の都市イロイロの空港である。市中心部の北西24kmに位置し、標高は51m、空港用地面積は188haである。

　滑走路は1本で、方位02/20、長さ2,500m×幅45mであり、

02/20：2,500 m

貨物地区　ターミナル

地図データ：Google

空港全体図：2,500mの滑走路が1本で平行誘導路はない。ターミナルは1棟でそのほとんどが国内旅客の利用

旅客ターミナル：将来の拡張に備え、周辺に用地が確保してある

地図データ：Google

アスファルト舗装である。20着陸用のILSが設置されている。平行誘導路はなく、滑走路とエプロンは2本の取付け誘導路で結ばれているが、将来平行誘導路を設置する用地が空港内に確保されている。また、現在のエプロン奥行きは150mであるが、大型航空機の就航に備え200m程度まで滑走路側に拡幅できる余地を残している。

　旅客ターミナルは1棟で、フロンタル形式であり、搭乗橋を有する3つのスポット及び地上歩行乗降用スポットがあり、最大6機の航空機を同時に取り扱うことができる。エプロン面積は4万8,000㎡あり、将来エプロンを北側に拡張する用地が空港内に確保されている。旅客ターミナルビルは年間120万人の旅客を取り扱う能力を有するよう設計されており、床面積は1万4,000㎡である。3層構造で、1階が到着と手荷物受取り、2階がチェックイン、3階が出発である。6基のX線手荷物検査装置と10基のチェックインカウンターが設置されている。出発ホールと到着ホールにはそれぞれポケットガーデンが配置され、室内空間の向上が図られている。貨物ターミナルは年間1万1,500トンを取り扱うことのできるよう設計され、床面積は1,300㎡である。駐車場の収容能力は415台である。また、高さ35mの管制塔がある。

3. 運用状況

　空港運営者はフィリピン民間航空局（Civil Aviation Authority of the Philippines）である。2016年の離着陸回数は1万回、旅客数は190万人、貨物取扱量は1万3,000トンであった。イロイロ国際空港からは3つの航空会社が国内外の8空港に就航している。

4. 将来計画

　イロイロ国際空港とイロイロ市を結ぶ鉄道アクセスの構想があり、外部委託によってイロイロ市が調査を進めているが、実現性は未知数である。

（唯野邦男）

■空港の諸元
・空港運営者：フィリピン民間航空局
　（Civil Aviation Authority
　of the Philippines）
・空港面積：188ha
・滑走路（長さ×幅）：1本
　02/20：2,500m × 45m

■輸送実績（2016年）
・総旅客数　　　1,943,719人
　国際旅客　　　　68,797人
　国内旅客　　　1,874,922人
・貨物量　　　　13,339トン
・離着陸回数　　　10,027回

#141 マクタン・セブ国際空港（フィリピン・セブ）

Mactan–Cebu International Airport

RPVM/CEB

世界有数の観光地。航海士マゼランが初めて上陸し、非業の死を遂げた地の国際空港

1. 沿革

セブ島はフィリピン中部の中心をなす島で、周囲の島々を含むセブ州の人口は300万人を超える。マクタン島はセブ島中央の沖合数kmにある小島で、風光明媚な景勝地であり、ホテル、ショッピング、観光スポットが立地する同国有数のリゾート地である。マクタン・セブ国際空港はこの小島に所在する。

歴史的には、1521年ポルトガル人の航海士マゼランが上陸し、ここにスペイン統治の歴史が始まるとともに、マクタン島は当時の領主との戦いでマゼランが戦死した終焉の地として有名である。

空港の歴史は、1956年、米空軍が建設したマクタン航空基地（マクタン飛行場）に始まり、60年代にはベトナム戦争の輸送機の拠点基地となった。セブの民間空

旅客ターミナル：その正面にはホテルが設置されている

地図データ：Google

港としてはそれまでラハグ空港が使用されていたが、安全性と物理的な問題から同空港を拡張することは困難であったため、60年代半ばにはマクタン飛行場がそれに代わる民間空港として使用されるようになり、マクタン・セブ国際空港（MCIA）として位置付けられた。

航空需要の増大と共にマクタン・セブ国際空港の拡張整備が必要となり、その基本計画がUSAID（米国国際開発庁）の資金、調査・設計がJICA資金を用いて

実施された。1990年5月、フィリピン政府はそれをもとに日本政府に対して同空港の拡張整備事業費の借款を要請し、91年7月に海外経済協力基金（OECF：JICA有償資金協力部門の前身）による円借款の契約が締結された。同事業の建設工事は93年3月に着工し、97年3月に完成した。本事業により、滑走路の延長（3,100m→3,300m）誘導路・エプロンの拡張、旅客ターミナルビル・駐車場の建設等が行われた。

空港全体図：高速脱出誘導路を備えた3,300m滑走路が1本。世界的な観光地だけに、空港西部にはゴルフ場が隣接している

地図内ラベル：ターミナル　貨物地区　軍用地区　04/22：3,300m　小型機地区　地図データ：Google

ターミナル2完成予想図：国際線利用客の増加に備え、2019年オープンを目指し建設中

image / GMR Megawide Cebu Airport Corporation

2. 施設

マクタン・セブ国際空港はセブ市中心部の東9kmに位置し、標高は11m、敷地面積は797haである、滑走路は1本で、方位04/22、長さ3,300m、幅45m、アスファルト舗装である。両方向にILSが設置されている。平行誘導路（滑走路との中心線間隔は318m）及び両方向の着陸に対応する高速脱出誘導路が設置されている。

旅客ターミナルは1棟で、フロンタル形式である。搭乗橋が設置された6つの固定スポット及び遠隔スポットがあり、全体で13の大中型機と29の小型機が駐機できる。エプロンの奥行きは300mあり、エプロン内誘導路を挟んで2重の駐機配置となっている。旅客ターミナルビルは2層方式で、1階に到着機能（手荷物受取、入国審査、税関検査等）、2階に出発機能（手荷物検査、チェックイン、出国審査等）が配置されている。滑走路に向かって左側に国内線施設（1.9万㎡）、右側に国際線施設（2万㎡）が配置されている。構内道路のカーブサイドはビルの内側と外側にずれたダブルデッキで、外側に2階出発道路、内側に1階到着道路が設置されている。2階出発道路のカーブサイドで降車した出発旅客は、1階到着道路上部を横断する歩行者デッキを使用してビル2階の出発エリアに入る動線となる。旅客ターミナルビルの正面にはホテルが設置されており、隣接して駐車場が配置されている。駐車場の収容能力は451台である。他に、航空機整備地区、ジェネラルアビエーション地区がある。

3. 運用状況

空港の運営者はGMR-メガワイド・セブ国際空港㈱（GMCAC）である。同社は、フィリピンの有力建設会社であるメガワイド社とインフラ開発者であるインドのGMRグループのコンソーシアムであり、フィリピン政府のPPP（Public Private Partnership program）に基づき設立され、2014年10月、マクタン・セブ国際空港公団（MCIAA）から同空港の25年間に渡る運営と維持管理を引き継いだ。同社による運営開始後、多数のインフォメーションデスク設置、ショッピング・飲食施設の充実等、同空港の品質が格段に向上したとの評価を得ている。同空港の運用時間は24時間である。

2016年の離着陸回数は7万2,000回、旅客数は880万人である。本空港からは、チャーター便を含め20の航空会社が46空港に就航している。

4. 将来計画

2008年、MCIAAは第2旅客ターミナルビルの新設を含むターミナル拡張計画を発表した。空港の運営・管理者となったGMCACは15年6月、この事業の建設を開始した。既存旅客ターミナルビルの隣接地に国際線専用の新旅客ターミナルビルを建設し、その後既存ビルを国内線専用に改修する計画である。国際線ターミナルビルは、年間取扱能力800万人、搭乗橋20基、タッチ式チェックインカウンター100台を備え、完成は18年6月の予定である。国内線ターミナルビルは、年間取扱能力450万人で、完成は19年の予定である。

（唯野邦男）

■空港の諸元
・空港運営者：
　GMR-メガワイド・セブ国際空港㈱（GMCAC）
・滑走路（長さ×幅）：1本
　04/22：3,300m × 45m

■輸送実績（2016年）

総旅客数	8,830,638人
国際旅客	2,436,355人
国内旅客	6,394,283人
貨物量	66,926トン
離着陸回数	71,543回

タグビララン空港 / 新ボホール空港 (フィリピン・ボホール)

Tagbilaran Airport

RPVT/TAR

現空港からほど近いパングラオ島に、ジェット機の就航可能な新空港がまもなく完成

1. 概要

　ボホール島はマニラから約600km、セブ海峡を挟んでセブ島の東側に位置する島であり、リゾート地として有名である。行政区はボホール州（人口110万人）で、その州都はタグビラランである。既存のタグビララン空港は、同市中心部の北2kmに位置し、標高は12mである。滑走路は1本で、方向17/35、長さ1,779m、幅30mであり、アスファルト舗装である。滑走路・エプロン間に2本の取付誘導路が設置されている。空港運営者はフィリピン民間航空局であり、航空機運航時間帯は日の出から日没までで、パイロットの目視による離着陸である。就航路線は、従来マニラのニノイ・アキノ国際空港との間の便のみであったが、近年路線網が拡大しており、セブ、ダバオ、カガヤンデ・オロ路線が開設されたほか、2017年12月からはクラーク空港との路線も新規就航する見込

空港位置図：拡張性の乏しい現空港に代わって、新ボホール空港を建設中

旅客ターミナル

みである。また、国際線についてもPALエクスプレスによりソウル

との直行便が運航を開始しており、新空港の整備を待たずに需要が先

空港全体図：1,779mの滑走路が1本で、端部に狭い奥行きのターミナルを配置。周辺には住宅地がせまっている

新ボホール空港旅客ターミナルビル完成予想図
image / 三菱商事㈱・千代田化工建設㈱

行して拡大している状況にある。

　しかしながら、現空港の施設は様々な問題を抱えており、現在就航している小型ジェット機（A320）の運航にも大きな支障があるのが実情である。

　滑走路長は1,779mであり、小型ジェットが就航するための最低条件をかろうじて満たしているが、着陸帯幅が約100mしかなく、その着陸帯の両側には住宅がぎりぎりの位置まで建っており、転移表面に相当する部分の空間が確保されていない。滑走路中心線と滑走路側エプロン端部の距離は35mしかなく、またエプロン奥行きも60mしかない。この結果、航空機が駐機するエプロンは本来障害物がない状態に保たれるべき着陸帯内に位置している。狭隘なエプロンには1機のA320が平行駐機するのがやっとであり、駐機時間を考えると増便には大きな制約がある。このように航空機運航の安全上、また空港運用上、多くの課題があるが、同空港の周辺には市街地が広がり、空港施設の拡張が可能な状況にはない。一方で、ボホールの航空需要は、恵まれた観光資源とLCC運航の拡大から急激に増加してきている（2008年から13年の旅客需要伸び率は年平均14.6%）。

2. 新ボホール空港建設の経緯と状況

　タグビララン空港のこのような状況から、国際基準を満たした安全で、十分な収容能力を備えた新空港の建設が必要となった。フィリピン政府はボホール島に隣接するパングラオ島に新空港を建設する方針を決定し、日本政府に対してプロジェクト実施のための協力を要請した。これを受け、日本政府はこのプロジェクトをJICAによる円借款事業とすることを決定し、2013年3月に借款契約が行われた。その後、設計と工事入札手続きが行われ、15年4月に建設工事に着手し、完成は18年の予定である。

3. 新ボホール空港の施設計画

　新ボホール空港建設地は、ボホール島に隣接して橋で繋がっているパングラオ島（ボホール州）であり、タグビララン市の南西約12kmに位置している。プロジェクトの対象施設は、滑走路（長さ2,000m×幅45m）、着陸帯、誘導路、エプロン（4万8,000㎡）、旅客ターミナルビル（8,800㎡：年間100万人対応）、アクセス道路、空港管理ビル・管制塔、供給処理施設、航空保安システム及びその他の付帯施設である。また本事業は、環境保全への配慮がなされており、太陽光発電システムの設置、海洋汚染防止用濁水流出防止フィルターの設置等も対象となっている。

4. 開港後の空港運営

　新ボホール空港は、フィリピン政府が計画する官民パートナーシップ（PPP）の運営・管理（O&A）の対象になっている。

（唯野邦男）

■空港の諸元
・空港運営者：フィリピン民間航空局
・滑走路（長さ×幅）：1本
　17/35：1,779m × 30m

■輸送実績（2016年）
・旅客総数　　870,814人
　　　　　　　（国内線のみ）
・貨物量　　　4,138トン
・離着陸回数　3,501回

インドネシアの空港概観

南北 2,000km、東西 5,000km の広大な海域の島嶼国にとって航空は不可欠な交通手段

インドネシアの主要空港分布：現在、インドネシア全体で237の民間航空用の空港があり、これを299まで増やす計画である

インドネシアは、赤道を挟んで南北約2,000km、東西約5,000kmに及ぶ広大な海域、約1万3,000の島々、日本の5倍に当たる189万km²の国土を擁する。人口は2.55億人（2015年）で、経済成長が後押しされる人口ボーナス（労働力増加率が人口増加率よりも高くなる状況）が2040年代まで続くとされている。

広大な海域に多数の島嶼からなる地理的条件から航空は重要な交通手段であり、さらに2000年以降の航空規制緩和によるLCC参入とそれに伴う航空運賃の低下で、利用者は富裕層から一般国民に広がってきた。これにより航空需要は拡大を続けており（直近10年間で2.5倍程度）、短期的変動はあるとしても中長期的には経済成長、国民所得の増大等により拡大傾向が続くものと考えられる。

インドネシアには大小合わせて700近くの空港がある。同国における民間航空用の空港は、「公共空港（以下、単に「空港」という。）」と「専用空港（非公共用）」に区分されている。既存空港の数は237空港であり、新空港を含め、今後299空港とする計画である。国際空港は27空港が指定されている。

2009年に制定された新しい航空法は、レギュレータとオペレータの分離を基本としている。レギュレータとして、空港の諸活動の監督のため、全国10か所に「空港管理局」が置かれている。

空港における事業活動（オペレータの活動）は、「空港サービス」と「空港関連サービス」に区分されている。このうち空港サービスとは、空港基本施設や旅客ターミナルビルなどの提供・開発による、航空機へのサービス、旅客・貨物等へのサービスのことである。この空港サービスの提供者は、運輸大臣の指定を受けて商業運営する空港については当該空港の「空港事業者」であり、商業運営に至っていない空港については政府・地方政府により設置された「空港運営部局」である。空港事業者により行われる空港サービスの提供は、「コンセッション契約」か「その他の形態」によって実施される。その際の空港運営収入は、空港事業者の収入となると規定されている。商業的に運営する空港、つまり、需要が大きく収益力のある26の空港は、国有企業である2つの空港会社（AP-Ⅰ、AP-Ⅱ）が空港事業者となっている。AP-Ⅰ（アンガサ・プーラ（Angkasa Pura）Ⅰ）とAP-Ⅱ（アンガサ・プーラⅡ）は2015年に運輸大臣との間でコンセッション契約を

Asia

締結した。おおむねバンドン以西の主要空港はAP-Ⅱが、以東の主要空港はAP-Ⅰが空港運営を担っている。また、シンガポールの対岸バタム島のハン・ナディム（Han Nadim）空港については、空港の土地及び主たる施設の所有者は島全体の開発を手がけるバタム事業庁であるが、空港運営は運輸省が実施している。

近年の国家財政が厳しい状況を受け、運輸省は2013年〜14年、運輸省管理の10空港を対象にPPP（官民パートナーシップ）の導入を検討した。しかし、その後大臣の交代などもあり、PPPの導入は一旦見送られ、現在は「公共サービス事業体BLU」としての運用などの方法で空港運営の効率化を検討している。

空港に関する最大の懸案は、社会問題化しているスカルノ・ハッタ国際空港の混雑・容量超過である。同空港は滑走路2本であるが、すでに2016年の発着回数が41万回と、羽田空港並みの利用状況であり、混雑解消・空港容量拡大が喫緊の課題である。特に、同空港の国際線旅客数がインドネシアの空港全体の5割、国内線旅客数が3割を占めるという一極集中構造であり、首都空港全体としての発着能力を向上させないと、インドネシア全体の航空の発展、ひいては経済の発展が制約を受けることになる。このような状況の下で、管制能力の向上、スカルノ・ハッタ国際空港の第3滑走路の整備、カラワン新空港の整備が政府内で議論されている。

（佐藤清二）

---

column ⑬

Runway number nine

（傍士清志）

古今東西、空港を取り上げた曲は多い。テレサテンの「空港」は、彼女が74年のレコード大賞新人賞を受賞した出世作だし、中森明菜の「北ウイング」は成田空港の北ウイングから恋人の元へ旅立つ女性の心情を歌ったヒット曲だ（ちなみに当時は第2ターミナルがオープンする前であり、成田空港のターミナルは北ウイングと南のウイングのみで区別されていた）。

そんな数々の名曲の中、筆者にとって忘れられない一曲がPPM（ピーター・ポール・アンド・マリー）の演奏で一躍有名になったEarly Morning Rain（邦題：朝の雨）である。この曲はカナダのシンガー・ソングライターであるゴードン・ライトフットの作で、タイトルにも歌詞にも "airport" の文字は出てこないが、空港での恋人との別れを歌った曲である。

"Out on runway number nine, big seven-o-seven set to go

But I'm out here on the grass where the pavement never growss"

「9番滑走路のはずれ、大きな707が離陸準備中。でも僕は舗装されることもない草の上にいる」

滑走路が9本もあるなんてすごい、外国はスケールが違う……当時そう感じたかどうか、また、セブン・オー・セブンがB707を指していることに気づいていたかどうかも記憶は曖昧だが、なぜか「Runway number nine」というフレーズがとても印象に残っている。

しかしもちろん「9」は滑走路の本数とは無関係で、滑走路方位を示す数字である。B707が東向き滑走路端で離陸態勢に入っている様を描写していることになる。後のゴードン・ライトフット自身へのインタビューによると、ホームシックにかかった彼のロサンゼルス空港での体験に基づく楽曲とのことだ。ただ、現在のロサンゼルス空港の滑走路方位に該当する滑走路はない。「Runway number nine」の響きが良かったからか、かつて本当に9/27滑走路が存在したのか、残念ながら調べ切れなかった。

#143
スカルノ・ハッタ国際空港（インドネシア・ジャカルタ）

Soekarno-Hatta International Airport **WIII/ CGK**

経済の急成長を受け、第2、第3のターミナルが次々オープンするもなお不足気味

1. 概要

　首都ジャカルタの中心部から北西20km、バンテン州タンゲランに位置し、発着回数、乗降旅客数ともに同国最大の空港であり、国有空港会社アンガサ・プーラⅡ（Angkasa Pura Ⅱ：AP-Ⅱ）が運営している。標高は10mである。

　空港の名称は初代の大統領及び副大統領の名に、また、IATAコードCGKは付近の地区名チェンカレン（Cengkareng）に由来する。

2. 沿革

　インドネシアは1945年に日本の敗戦の機を捉え独立を宣言したが、その後も49年までオランダとの独立戦争が続いた。戦後、ジャカルタではまず北ジャカルタのク

ジャカルタの空港分布：3空港と新空港予定地

マヨラン（Kemayoran）空港が首都の門戸として民間航空に使用された。その後、航空需要の増加を受けて74年、それまでは軍用航空基地専用であった東ジャカルタのハリム・プルダナクスマ空港（Halim Perdanakusuma）を軍民共用に転換してクマヨラン空港の

国際線を全面移転させるとともに、首都新空港の検討を開始した。

　首都新空港の検討は、まず米国国際開発庁（USAID）の協力を得て、候補地8か所のなかから現スカルノ・ハッタ空港の位置を選定した。次に、カナダのコンサルタントが空港計画調査を実施し、滑

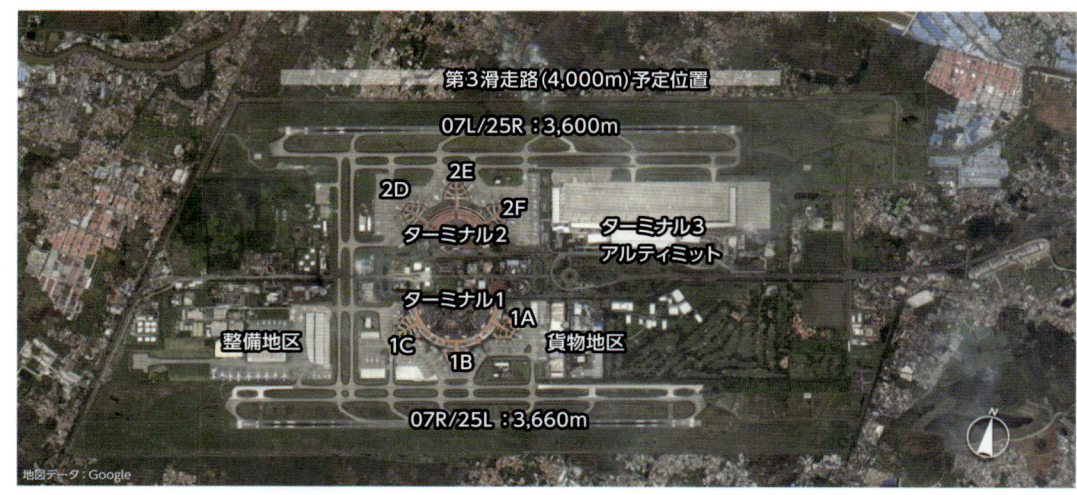

空港全体図：オープンパラレル配置された滑走路を有し、その間に特徴的な形状のターミナル

走路3本、ターミナルビル6棟等からなる計画を提案し、1975年に承認された。引き続き、約1,800haの用地取得が75年〜77年に行われ、本格的建設工事はフランスの借款を用いて80年〜84年に実施された。建設された主要施設は、南滑走路、北滑走路、ターミナル1及びエプロン、平行誘導路、連絡誘導路、貨物エリアである。

1985年3月にジャカルタ・チェンカレン空港が開港し、国際線及び国内線の定期便がクマヨラン空港及びハリム・プルダナクスマ空港から同空港に移転した。同年7月、ジャカルタ・スカルノ・ハッタ国際空港に改名された。

ターミナル2及びエプロンが1992年に、ターミナル3が2009年にそれぞれ供用し、16年にはターミナル3・アルティミットが暫定供用した。

空港運営主体として、政府は1984年、ジャカルタ・チェンカレン空港公団（Perusahaan Umum Pelabuhan Udara Jakarta Cengkareng）を設立した。同公団は86年にAP-Ⅱと改名され、92年には有限会社に、93年には株式会社になり、現在に至っている。

3. 施設

(1) 滑走路

滑走路は2本（南滑走路07R/25L：長さ3,660m×幅60m、北滑走路07L/25R：3,600m×60m）で、間隔2,400mのオープンパラレル配置である。いずれもILSが設置されている。舗装構造は、鶏爪（Cakar Ayam）工法と呼ばれるインドネシア独特の軟弱地盤向け工法で、地中に打ち込んだ中空管とコンクリート舗装のハイブリット構造である。

(2) エプロン

エプロンは、ターミナル1前のエプロン（計57スポット）、ターミナル2前のエプロン（計27スポット）、リモート・エプロン、ターミナル3前のエプロン、貨物エプロンがある。

(3) 旅客ターミナル

旅客ターミナルビルは、滑走路間の敷地中央南部に位置するターミナル1、それに向かい合って敷地中央北部に位置するターミナル2、敷地北東部に位置するターミナル3及び新たなターミナル3・アルティミットからなる。

ターミナル1は半円形のメインビルから3つのピア（1A、1B、1C）を突き出しており、各ピアには7つのゲートがある。現在、国内線ターミナルとして利用されており、床面積14.4万㎡、900万人対応であるが、まもなく床面積20.4万㎡、1,800万人対応にリノベーションする計画である。

ターミナル2はターミナル1より半径の小さな半円形のメインビルから3つのピア（2D、2E、2F）を突き出しており、各ピアには7つのゲートがある。2階が出発階、1階が到着階である。2016年のターミナル3・アルティミット暫定供用以前は、2D、2Eは各社の国際線、2Fはガルーダ・インドネシア航空の国内線に利用されていた。床面積15.5万㎡、900万人対応であるが、まもなく床面積17.4万㎡、1,900万人対応にリノベーションする計画である。

ターミナル1及び2の設計は、パリ空港公団（ADP）のフランス人建築家ポール・アンドリュウ（Paul Andreu）が担当し、ジャワ伝統建築の赤褐色の外観を取り入れ、現地の自然と気候に調和するデザインとしており、1995年にアガ・ハーン建築賞を受賞している。

ターミナル3は床面積2.9万㎡、400万人対応であり、ターミナル3の設計はアムステルダム・スキポール空港運営者が担当した。2016年のターミナル3・アルティミット暫定供用以前は、LCCの国内線及び国際線に利用されていた。ターミナル3は、ターミナル3・アルティミットの使用に伴い一時閉鎖して、改修後、アルティミットのサテライトになる計画である。

ターミナル3・アルティミットは床面積33.1万㎡、2,500万人対応で、時間当たり設計旅客は国内線2,500人、国際線2,500人である。この他の諸元はゲート数28（国際線10、国内線18）、搭乗橋44基、駐車場ビル床面積8万5,000㎡である。2016年の暫

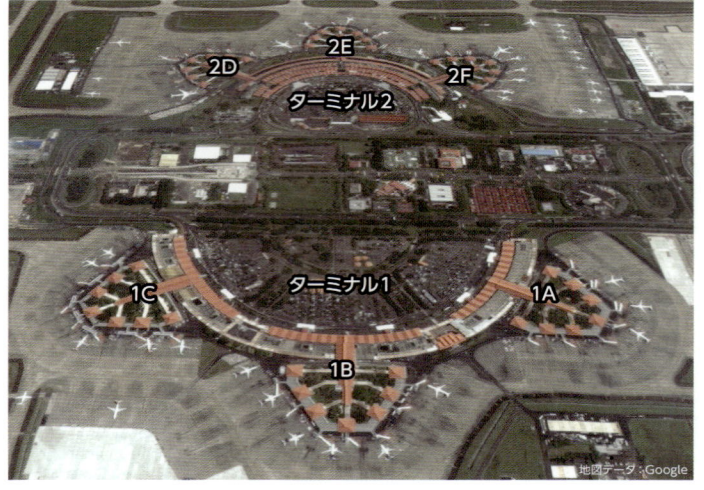

ターミナル1と2：それぞれのターミナルから3本のピアが突き出している

定供用時点では、ガルーダ・インドネシア航空の国内線のみがターミナル2から移転したが、その後国際線も順次移転しており、現在ガルーダ・インドネシア航空とスカイチームの航空会社が利用している。ターミナル3・アルティミットの設計は、シドニー拠点の建築設計事務所ウッドヘッド（Woodhead）が担当した。

(4) 貨物ターミナル・その他

貨物ターミナルは敷地南東部に位置する。同ターミナルは、国内線貨物及び国際線貨物を扱っているが、すでに手狭となっており、カーゴヴィレッジへの移転が計画されている。

空港敷地は1,843haで、ホテルやゴルフ場として利用されている土地を含めAP-Ⅱが所有している。

4. 運用状況

旅客数は、2016年に国際線1,310万人、国内線4,260万人で、これにトランジットを加えた合計旅客は5,820万人である。国際線では全国値の47％、国内線では全国値の30％を占める同国第1位であり、第2位のスラバヤ・ジュアンダ空港の1,950万人を大きく引き離している。2015年当時の旅客ターミナルの設計年間旅客数は合計2,200万人であったため、設計値の3倍近い旅客を扱う極めて混雑した状態であったが、16年にターミナル3・アルティミットが供用したことにより一定の混雑緩和が図られている。

航空機発着回数は、2016年で41.4万回であり、遅延や上空待機が恒常化している。

従来、市内との主たるアクセスは高速道路であり、恒常的な市内の渋滞に加え、空港内駐車場の収容能力不足による空港内渋滞もあり、上下両方向で深刻な渋滞が発生していた。この問題を解決するため、鉄道アクセス建設プロジェクトが2011年に決定された。その内容はジャカルタ市内からタンゲラン市内まで伸びている既存の鉄道コミューター路線から12km

の支線を設けてスカルノ・ハッタ国際空港に南西側から引き込むもので、AP-Ⅱと国鉄PTKIAの合弁企業PTレイリンク（Railink）が事業主体となった。土地取得や計画変更の問題を乗り越えて、18年1月に使用を開始した。各ターミナルと空港駅は無料のAPMS（Automated People Mover System）で結ばれており、無料シャトルバスも24時間運行されている。APMSはターミナル間の旅客移動のシステムであり、17年9月にターミナル2と3の間で運行開始され、17年末にはターミナル1とも結ばれた。

5. 将来計画

現在、工事中及び近々工事予定の施設として、第3滑走路、東側連絡誘導路、APMS（Automated People Mover System）、カーゴヴィレッジがある。

第3滑走路は、北滑走路の500m北側にクロスパラレルとして計画されているもので、2015年度政府予算（国有企業への資本注入予算）2兆ルピアを得て、約170haの用地取得に取り組んでいる。しかし、1,500～2,000戸の移転を伴うため用地買収が難航している。

東側連絡誘導路は、南滑走路及び北滑走路を連絡するものであるが、空港敷地内にある民間のホテル及びゴルフ場が障害物件となっており、これらとの調整が課題で

ターミナル3・アルティミット：2016年に供用開始

ある。

カーゴヴィレッジは、手狭となっている現貨物地区をターミナル2の西側連絡誘導路を挟んだ西側に拡大移転する計画で、民間投資を含む事業化の検討が進められている。

運輸省はスカルノ・ハッタ空港だけでは捌ききれない将来の首都圏の航空需要に対応するため、首都圏で陸域及び空域から最も立地条件が良い西ジャワ州カラワン県の丘陵地に新空港を建設すべく、

国家空港システム（2013年運輸大臣令第PM69号）にカラワン空港を位置づけた。カラワン空港は国家空港計画（2017年大統領令第13号）にも位置付けられているが、現在、地元西ジャワ州が建

設中のクルタジャティ空港に配慮し、本格的な検討はその供用開始後に先送りされている。

（佐藤清二）

■空港の諸元
- 空港運営者：国有空港会社アンガサ・プーラⅡ（Angkasa Pura Ⅱ：AP-Ⅱ）
- 空港面積：1,843ha
- 滑走路（長さ×幅）：2本
  07R/25L：3,660m × 60m
  07L/25R：3,600m × 60m

■輸送実績（2016年）
- 総旅客数　58,195,484人
  国際旅客 13,099,750人
  国内旅客 42,604,662人
- 貨物量　　601,329トン
- 離着陸回数　413,781回

---

column 14

大規模空港における航空機燃料供給

（唯野邦男）

エプロンに駐機している航空機に燃料が供給される。小中規模の空港では、レフューラー（ポンプ付のタンクローリー）が使用されるが、大規模空港になるとハイドラントシステムが使用される。これは燃料貯蔵タンクから地下のパイプラインを通して燃料を供給する仕組みであり、駐機スポットには給油バルブが設置されていて、ここに中継車両（サービサー）を繋いで給油する。サービサーには航空燃料の最終濾過装置、搭載量を計測する流量計、給油時の圧力制御装置等が装

備されている。

一方、大規模空港への燃料供給は、羽田空港や関西空港のような海に面した空港では燃料輸送船から直接行われることが多いが、内陸部にある空港では、揚陸港や燃料製造所と空港を繋ぐパイプラインや燃料輸送列車によって供給される。成田空港への燃料供給は、千葉港にある石油ターミナルに荷揚げされ、主に東関東自動車道沿いに設置された全長約47kmのパイプラインを用いた輸送により行われている。

#144
ハリム・プルダナクスマ国際空港（インドネシア・ジャカルタ）

Halim Perdanakusuma International Airport

WIHH /HLP

首都空港の補完的役割を担う軍民共用空港。同国トップのLCCライオン・エアが就航

1. 概要

　ジャカルタ首都特別州東ジャカルタ市内に位置し、軍用航空基地と公共空港の共用空港である。軍用機以外では、大統領専用機、VVIP機、チャーターフライト、ジェネラルアビエーションに限定されてきたが、2014年には、スカルノ・ハッタ国際空港の航空機離発着陸が処理能力の限界に達したことを受けた措置として、民間航空定期便の利用が再開された。公共空港としては、国有空港会社アンガサ・プーラⅡ（Angkasa PuraⅡ：AP-Ⅱ）が運営している。標高は25mで、空港の名称及びIATAコードHLPは独立戦争の英雄の名に由来する。

2. 沿革

　オランダ領東インド時代の1920年〜24年にチリリタン（Tjililitan）飛行場として建設され、オランダ及び日本の主に軍用航空基地として利用された。45年の日本の敗戦を機に、インドネシアは独立を宣言したが、その後も49年までオランダとの独立戦争が続いた。チリリタン飛行場は50年にインドネシア空軍に引き渡され、52年には空軍基地ハリム・プルダナクスマと改称された。戦後、ジャカルタではクマヨラン（Kemayoran）空港を首都空港として使用していたが、航空需要の増加を受けて、ハリム・プルダナクスマを軍民共用に転換して、ク

マヨラン空港の国際線を全面移転させ。74年にジャカルタ国際空港ハリム・プルダナクスマとして運用開始した。

3. 施設

　滑走路は1本で長さ3,000m、幅45m、方位は06/24である。滑走路の北側には、民間航空用の北エプロン、旅客ターミナル、管制塔があり、エプロンと滑走路は3本の取付誘導路で結ばれている。旅客ターミナルはユニット（フロンタル）方式で、搭乗橋は設置されていない。

空港全体図：平行誘導路のない3,000mの滑走路が1本。利用者のほとんどが国内線旅客

旅客ターミナル：搭乗橋は設置されていない

4. 運用状況

　旅客数は、2016年において国際線1.5万人に対し、国内線が560万人と大多数を占めている。14年に民間航空定期便の利用が再開されて以降は定期便就航便数の増加がめざましく、15年の航空機発着回数が3.1万回であったのに対し、16年には5.6万回まで拡大している。

　市内とのアクセスは、鉄道はなく、一般道の利用が主体である。

5. 将来計画

　同空港で定期便を運航しているライオン・エアは、同空港の利用拡大を図るため、エプロン、ターミナルの増設、平行誘導路の整備を希望している。一方、同空港

の運営者であるAP-Ⅱは、同空港の拡張計画を有しておらず、また、民間航空定期便の利用再開はスカルノ・ハッタ国際空港の航空機発着が処理能力の限界に達したことを受けた暫定措置として位置づけており、同空港の大規模な拡張には消極的である。

　スカルノ・ハッタ国際空港〜ジャカルタ都心部マンガライ〜ハリム・プルダナクスマ国際空港付近を結ぶ総延長33kmの快速鉄道の計画（PPP方式）があるものの、現時点では実施を希望する民間事業者は現れておらず具体化していない。

（佐藤清二）

■空港の諸元	■輸送実績（2016年）	
・空港運営者： 　国有空港会社アンガサ・プーラⅡ 　（Angkasa Pura Ⅱ：AP-Ⅱ） ・空港面積：1,700ha ・滑走路（長さ×幅）：1本 　06/24：3,000m × 45m	・総旅客数 　国際旅客 　国内旅客 ・貨物量 ・離着陸回数	5,613,039人 15,893人 5,597,040人 13,607トン 56,219回

column 15

世界の空港数

（唯野邦男）

　国際空港評議会（ACI）の世界空港交通報告に基づくと、世界中には17,700を超える商用空港がある。また民間・軍用を含めた飛行場全体の数は41,700を超えている。

　別のデータであるが、空港・飛行場の数が多い国を順に並べると、米国（約13,510）、ブラジル（約4,090）、メキシコ（約1,710）、カナダ（約1,470）の順であり、ロシア、アルゼンチン、ボリビア、コロンボ、パラグアイ、インドネシアと続き、後の6か国合計の空港・飛行場数は約5,520である。

イ・グスティ・グラー・ライ国際空港（インドネシア・デンパサール）

I Gusti Ngurah Rai International Airport

WADD/DPS

世界的な観光地の玄関口。2013年バリ・APECの開催に合わせ、国際線ターミナルを開業

1. 概要

　バリ州の州都デンパサール（Denpasar、北市場の意）の中心部から南西13km、バドゥン半島の付け根に位置し、発着回数、乗降旅客数ともにスカルノ・ハッタ国際空港、ジュアンダ国際空港に次ぐ同国第3位（国際線乗降客数は第2位）の空港であり、国有空港会社アンガサ・プーラⅠ（Angkasa PuraⅠ：AP-Ⅰ）が運営している。標高は4mである。

　空港の名称は独立戦争の英雄の名に、また、IATAコードDPSは都市名に由来する。

2. 沿革

　オランダ領東インド時代の1930年～31年、700mの滑走路を持つ軍民共用飛行場として建設

空港位置図：現空港はバリ島南部に位置する。島北部には新空港の建設が検討中

された。当時の空港名は地区名に由来するトゥバン飛行場（Tuban Airfield）であり、35年、オランダ領インド航空（KNILM）が定期便を就航させた。42年～45年に日本軍が占領し滑走路を1,200mに延長したが、45年の日本の無条件降伏及びインドネシアの独立宣言により、同空港の運用は航空局に移管された。トゥバン飛行場の改修は、ジャカルタの独立記念塔やブンカルノ国立競技場と同様に、スカルノ初代大統領の優先プロジェクトに位置づけられ、59

空港全体図：3,000mの滑走路が1本。旅客数が年々増加し、処理能力の限界に近づきつつある

バリ様式をふんだんに取り入れた国際線ターミナル

photo / BxHxTxCx

年には国際線が就航した。63年〜69年、既存の長さ1,200m滑走路の南側に2,700m滑走路が新設され、既存滑走路は平行誘導路に転用された。この滑走路新設では、空港西側の海を約1,000m沖まで石灰岩で埋め立てる工事が行われた。工事完成に合わせ、空港名が独立戦争の英雄の名であるイ・グスティ・グラー・ライ国際空港（I Gusti Ngurah Rai Airport）に変更された。

1975年〜78年に新国際線ターミナルが建設され、88年〜92年には、円借款（190億円）により、滑走路3,000m化、エプロン増設、新国際線ターミナル建設、既存ターミナル改修等が実施された。98年〜2002年、新たな円借款（約120億円）により、平行誘導路増設、エプロン増設、国際線ターミナル増設等が実施された。2013年10月にバリで開催されたAPECに合わせて、新国際線ターミナルを暫定供用し、従来の国際線ターミナルは国内線ターミナルとして利用転換した。

本空港の運営は、1980年に航空総局から現在のAP-Ⅰに移管されている。

3. 施設

滑走路は1本で、長さ3,000m×幅45m、方位は東西方向（09/27）である。滑走路の北側に平行誘導路（旧滑走路1,200mを含む）がある。滑走路の北には、国際線ターミナル、国内線ターミナル、管制塔、貨物上屋棟があり、南側には、ジェネラルアビエーション用ターミナルがある。エプロンは総面積32.4万㎡で、北側のエプロンに37スポット、南側のエプロンには16スポットの計53スポットがある。2013年暫定供用した国際線ターミナルは、本館の東側に長いピアを伸ばした形式であり、床面積13.6万㎡で、1,360万人対応である。エアポートシティとグリーンエアポートの概念を取り入れており、波打つ屋根はバリの海とビーチをモチーフにしている。国内線ターミナルはL字型のエプロンを有するユニット（フロンタル）方式で、床面積が6.6万㎡の660万人対応である。空港敷地は296haである。

4. 運用状況

旅客数は、2016年で国際線、国内線ともに約1,000万人の合計2,000万人である（15年は国際、国内ともに850万の合計1,700万人であった）。空港の周辺はすでに市街地化・観光地化されている。鉄道はなく、市内とのアクセスは一般道のみである。

5. 将来計画

航空機発着回数は2016年で13.9万回と、滑走路1本の処理能力の限界が見えてきたため、現在駐機場等の増設を行っているほか、長期的には滑走路増設の可能性等の検討を行っている。一方、地元自治体であるバリ州政府は、同空港の再拡張ではなく、バリ島北部に新空港を整備する構想を描き、航空総局もこのバリ島北部の新空港を国家空港システムに位置づけている。現在、海上案と陸上案の検討が進められているが、どちらの案も課題が多く、実現には時間がかかることが想定される。

（佐藤清二）

■空港の諸元	■輸送実績（2016年）	
・空港運営者： 　国有空港会社 アンガサ・プーラⅠ 　（Angkasa Pura Ⅰ：AP-Ⅰ）	・総旅客数	19,986,415人
	国際旅客	9,962,074人
	国内旅客	10,024,341人
・空港面積：296ha	・貨物量	51,620トン
・滑走路（長さ×幅）：1本 　09/27：3,000m × 45m	・離着陸回数	139,100回

#146
ジュアンダ国際空港（インドネシア・スラバヤ）

Juanda International Airport

WARR/SUB

同国最大の港湾都市に位置する空の玄関口。わが国も円借款事業で空港建設に貢献

1. 概要

ジュアンダ国際空港は、インドネシア最大の港湾を有する貿易都市で同国第2の都市スラバヤ（Surabaya、鮫と鰐の意）の中心部から南東15km、東ジャワ州シドアルジョ県に位置し、発着回数、乗降旅客数ともにスカルノ・ハッタ国際空港に次ぐ同国第2位の空港である。国有空港会社アンガサ・プーラⅠ（Angkasa Pura Ⅰ：AP-Ⅰ）が運営しており、標高は3mである。空港の名称は同空港新設に貢献したジュアンダ技師・大臣の名に、またIATAコードSUBは都市名に由来する。

2. 沿革

同空港は、海軍の軍用航空基地として1960～64年に新設され

た。用地面積2,400ha、滑走路長3,000m、幅45mの飛行場であった。その後、民間航空の利用が増加してきたことから、81年に民間航空部分の管理が防衛治安省から運輸省航空総局に移管された。85年以降は現在のAP-Ⅰが運営しており、87年には国際線が就航した。

わが国の援助に基づく円借款（1996年L/A調印約128億円、2004年L/A調印約150億円）により、空港北東部側のノースターミナル地区の整備が行われ、06年に新たな旅客ターミナル（T1）が供用した。しかし、航空需要の急増によりT1の処理能力を超過したことから、空港南西部側のサウスターミナル地区にターミナル2（T2）が建設され、14年に供用した。これに伴い、すべての国際線とガルーダ航空の国内線が

T1からT2に移転した。

3. 施設

滑走路は1本であり、長さ3,000m、幅45m。方位は東西方向（10/28）で、滑走路の両側（北側、南側）に平行誘導路がある。滑走路東端から約4km東に海があり、その間は養魚場や湿地である。

ノースターミナル地区には、ターミナル1（T1）、貨物地区、管制塔、AP-Ⅰの空港管理局がある。ターミナル1は2006年に、当時国際線及び国内線用として供用した（現在は国内線用）。リニアフロンタル形式で、搭乗橋が設置された11の固定スポットを有する、床面積6.3万m²、800万人対応のターミナルである。

サウスターミナル地区には、ターミナル2（T2）があり、同ター

空港全体図：3,000mの滑走路が1本。その南北に2棟のターミナルが分かれて位置する

ターミナル1：国内線を取り扱う主要ターミナル

地図データ：Google

ミナルは2014年に供用し、国際線とガルーダ航空の国内線が容量超過のターミナル1から移転した。フロンタルと横に伸びるピアを組み合わせた形式で、搭乗橋のある8つの固定スポットをもつ、床面積5万㎡、600万人対応のターミナルである。

エプロンは総面積28万㎡で、スポットはノースターミナル地区に31、サウスターミナル地区に14の計45スポットがある。

空港敷地は762haで、おおむね北側誘導路以南は海軍が、同以北はAP-Ⅰが所有している。

であり、国内線は国内第2位である。航空機発着回数は、16年に14.9万回で、国内第2位である。市内との主たるアクセスは高速道路である。

5. 将来計画

航空機発着回数が2016年で14.9万回と滑走路1本の処理能力の限界が見えてきたことから、AP-Ⅰは空港東側の養魚場と海面の埋立地を活用して滑走路を2本増設する構想を描き、空港基本計画改定の準備を進めている。それに先立ち、現在のターミナルビルの両側への拡張を計画している。

（滝澤裕）

4. 運用状況

旅客数は、2016年で国際線184万人、国内線1,650万人の合計1,950万人（トランジットを含む）である。国際線旅客数はスカルノ・ハッタ国際空港、バリのグラー・ライ空港に次ぐ国内第3位

■空港の諸元
・空港運営者：
　国有空港会社アンガサ・プーラⅠ
　（Angkasa Pura Ⅰ：AP-Ⅰ）
・空港面積：762ha
・滑走路（長さ×幅）：1本
　10/28：3,000m × 45m

■輸送実績（2016年）
・総旅客数　　　19,486,411人
・国際旅客　　　 1,836,296人
・国内旅客　　　16,545,025人
・貨物量　　　　　 96,281トン
・離着陸回数　　　 148,597回

---

column 16

制限表面

（唯野邦男）

空港においては航空機の離陸・着陸（また、その先にある出発・進入）が行われるが、この機能を果たすための施設として、滑走路・着陸帯の他に制限表面がある。

制限表面は空港周辺の空域に障害物のない状態を作り、航空機の安全な飛行を確保するものである。わが国においては航空法に基づき、その機能に応じた進入表面、転移表面、水平表面を必ず設置し、また延長進

入表面、円錐表面、外側水平表面を必要に応じて設置する。制限表面はその下にある土地利用を制限（抵触する建物建設の禁止等）することから、一度設置すると、その変更が難しい面がある。

このこともあり、ICAOが設定している現在の制限表面と日本の制限表面は形状が異なっている。またFAA（アメリカ連邦航空局）が設定している制限表面もICAOのものと異なっている。

#147
クアラナム国際空港（インドネシア・メダン）

Kualanamu International Airport

WIMM/KNO

スマトラ島最大の都市に近年開港。中東、アジア各地への地の利を生かし国際ハブ空港へ

1. 概要

　北スマトラ州の州都メダンは、スマトラ島最大の都市で、プランテーションによる農作物の集散地として栄えた町である。人口で言えばジャカルタ、スラバヤ、バンドゥンに次ぐインドネシア第4位の都市である。

　空港は、メダンの中心部から東北東24kmに位置し、発着回数では同国第6位、旅客数では同国第5位の空港であり、国有空港会社アンガサ・プーラⅡ（Angkasa PuraⅡ：AP-Ⅱ）が運営している。2013年に開港したばかりの新しい空港であり、標高は7mである。

2. 沿革

　メダンの中心部にはポロニア空港があり、2013年まで軍民共用の空港として利用されていた。し

メダンの空港分布：拡張が困難なポロニア空港に代わり、新空港が建設された

かし、空港周辺が市街地化し空港の拡張が困難だったことから、1994年の大統領令によりポロニア空港移転委員会が設置され、翌95年には運輸大臣令によりクアラナム国際空港の建設位置が決定された。この空港予定地はマラッカ海峡の海岸線から3kmに位置するパーム油プランテーションだった場所で、周辺に障害物はなく空

域から見ても空港適地がある。しかし、建設準備半ばの97年にアジア通貨危機が発生し、打撃を受けた国家経済の立て直しを優先するために本プロジェクトは当面凍結されることとなった。その後、経済の回復や航空需要の増大が見られる一方、2005年にポロニア空港離陸機の墜落事故が発生したこともあり、ようやく07年になっ

空港全体図：現在は3,750mの滑走路が1本だが、第2滑走路の建設も計画中

地図データ：Google

旅客ターミナル地域：T字型で左右対称の形状でフロンタルが長いのが特徴

て空港基本計画が見直され、08年の運輸大臣令により建設凍結が解除された。

　空港建設は、用地取得と旅客ターミナル等のランドサイドの整備をAP-Ⅱが、滑走路、誘導路、エプロン等のエアサイドの整備を運輸省航空総局が担当した。また、空港アクセス鉄道が、PTレイリンク（Railink）（インドネシア国鉄が60％、AP-Ⅱが40％出資）により敷設されている。

3. 施設

　滑走路は1本で、長さ3,750m、幅60m、方位は05/23である。滑走路の東側にエプロン、旅客ターミナル、管制者がある。旅客ターミナルはT字型のフロンタル形式で、搭乗橋が設置された8つの固定スポットが、滑走路に直交する方向に配置されている。ビルの延床面積は8.6万㎡で、年間800万人対応であり、エコ・エアロトロポリスの概念を取り入れたデザインとなっている。旅客ターミナルには空港アクセス鉄道が乗り入れている。エプロン面積は20.4万㎡で、総スポット数は35である。1,365haの空港用地はAP-Ⅱが所有している。

4. 運用状況

　旅客数は、2016年に国際線170万人、国内線710万人の合計900万人（トランジットを含む）であり、航空機発着回数は7.0万回である。市内とのアクセスとして、空港アクセス鉄道が設置されている。

5. 将来計画

　運輸省航空総局では、クアラナム国際空港がシンガポール及びクアラルンプールの北西、つまり中東・欧州寄りにあるという戦略的な地理的位置を踏まえ、同空港をシンガポール・チャンギ空港やクアラルンプール国際空港と並ぶ国際ハブ空港に育てていきたいと考えている。

　このため、空港基本計画では将来の需要増を見込みオープンパラレル配置の第2滑走路の計画をしているが、その整備は今後の需要の伸びを見ながら検討していくことになる。

（佐藤清二）

■空港の諸元	■輸送実績 （2016年）	
・空港運営者： 　国有空港会社アンガサ・プーラⅡ 　（Angkasa Pura Ⅱ：AP-Ⅱ） ・空港面積：1,365ha ・滑走路（長さ×幅）：1本 　05/23：3,750m×60m	・総旅客数　　8,959,483人 　国際旅客　　1,669,118人 　国内旅客　　7,091,906人 ・貨物量　　　　45,635トン ・離着陸回数　　69,593回	

#148
アジストジプト国際空港（インドネシア・ジョグジャカルタ）

Adisutjipto International Airport **WAHH /JOG**

ジャワ島中部の古都ジョグジャカルタに立地。世界的な仏教遺跡ボロブドゥール観光の玄関

1. 概要

アジストジプト空港は、ジャワ島中部南側にあるジョグジャカルタ特別州の州都ジョクジャカルタの東9kmにある空港で、州内の世界遺産ボロブドゥール遺跡の玄関口としても知られている。ボロブドゥールは世界最大級の石造仏教寺院遺跡であり、年間100万人の観光客が訪れる観光地となっていて、航空旅客需要に大きな影響を与えている。本空港の旅客数は国内第7位であり、国有空港会社アンガサ・プーラⅠ（Angkasa PuraⅠ：APⅠ）が運営しており、標高は107mである。

空港位置図：現空港と新空港予定地

2. 沿革

アジストジプト空港は軍用飛行場として1940年から建設され、42年に供用開始した。もともとの名称は近くのマグヴォハルジョ（Maguwoharjo）村にちなみマグヴォ（Maguwo）基地と名付けら

空港位置図：平行誘導路のない2,200m滑走路と1,337m草地滑走路が1本ずつ。周辺は市街地やゴルフ場が取り囲んでいる

Asia

403

新空港のターミナル完成予想図：沿岸部に計画されている

image / Istimewa

れていた。42年に日本軍に接収されたが、45年にインドネシア政府の手に戻り、インドネシア独立戦争において空軍パイロットとして活躍したアグスチナス・アジストジプト率いる航空学校の訓練にも使われることとなった。47年10月、オランダ軍に撃墜されたアジストジプトを称えて52年にマグヴォ基地の名称はアジストジプト基地に変更された。59年からはインドネシア政府空軍学校の基地となり、64年に航空総局と空軍の協議の結果、軍民共用空港となった。72年に最初のターミナルビルの拡張が、旅客需要の増加により77年にさらなるターミナルビルの拡張が行われた。92年にアジストジプト空港はAP-Ⅰの管理の下に入った。

3. 施設

滑走路は、長さ2,200m×幅45m、方位09/27で平行誘導路はない。09側への進入のみILSが装備されている。また同滑走路に平行する草地滑走路（09R/27L：長さ1,337m×幅81m）が設置されている。

滑走路09/27の北側に旅客ターミナルビル、エプロン、管制塔等がある。民航用のエプロンは総面積2.7万㎡で、スポットが8つある。旅客ターミナルビルはユニット（フロンタル）形式で、搭乗橋は設置されておらず、250万人対応となっている。

4. 運用状況

旅客数は2016年に国際線41万人、国内線680万人、計720万人であり、2010年の370万人から6年間でほぼ倍増している。

また、航空機発着回数は2016年に6.9万回で前年の4.8万回から大幅に増加している。

5. 将来計画

旅客数増大への対応と軍民分離を目的として、新空港の建設が計画されている。新空港はジョグジャカルタ郊外、クーロン・プロゴ（Kulon Progo）県の沿岸部に、長さ3,250mの滑走路をもつ、敷地面積637ha（第1期計画）の空港として計画され、現在調達の準備等が進められている。新空港においては津波対策が課題となっており、日本の事例の研究も行われている。

（滝澤裕）

■空港の諸元	■輸送実績（2016年）	
・空港運営者： 国有空港会社アンガサ・プーラⅠ （Angkasa Pura Ⅰ：AP-Ⅰ）	・総旅客数	7,216,872人
	・国際旅客	412,940人
・滑走路（長さ×幅）：1本 09/27　：2,200m×45m 09R/27L：1,337m×81m （草地滑走路）	・国内旅客	6,801,425人
	・貨物量	21,593トン
	・離着陸回数	69,242回

スルターン・アジ・ムハンマド・スレイマン国際空港 (インドネシア・バリクパパン)

Sultan Aji Muhammad Sulaiman Airport

WALL/BPN

同国最大の島カリマンタン島に位置。新設のターミナルは近代的デザインで最先端設備

1. 概要と沿革

バリクパパン市（Balikpapan）は、インドネシアの島々のうち最大のカリマンタン（Kalimantan）島の東部、東カリマンタン州に位置する人口約70万人を擁する都市である。空港敷地はインドネシアの主要航路の1つとして大型船舶が往来するマカッサル（Makassar）海峡に面している。航空輸送が一般化する前は、バリクパパンのスマヤン（Semayang）港からこの海峡を経て多くの人々が行き来していた。

スルターン・アジ・ムハンマド・スレイマン国際空港（バリクパパン空港）は、2016年実績で年間7万回を超える航空機の発着、利用旅客数約750万人を取り扱う主要空港の1つであり、アンガサ・プーラ I（Angkasa Pura I：AP-I）が管理・運営している。

空港位置図：マッカサル海峡に面している

1960年に民間航空輸送が開始され、87年のAP-I設立とともにその管理下となり、91年より、滑走路、誘導路、旅客ターミナルビル等が順次整備されている。

2011年、AP-I は空港能力拡大とサービスレベル向上を目指すためのターミナル地域の再整備に着手した。旅客ターミナルビル、立体駐車場及びダブルデッキのカーブサイドを新設し、エプロン

を拡張するこの事業は14年に完成して、近代的な空港に生まれ変わった。

2. 施設

空港の南側にインドネシアの国内路線、近距離国際路線の就航に十分な長さ2,500mの滑走路1本を配置している。

北側及び東側は住宅が迫り、南

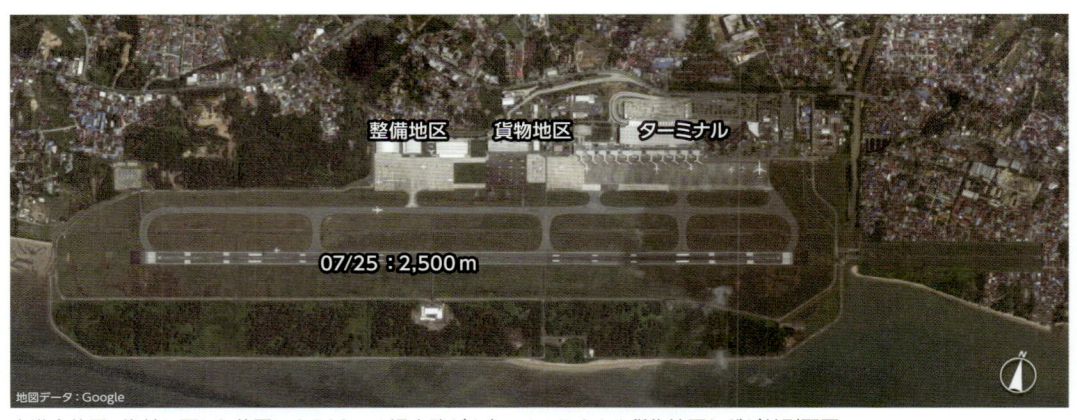

07/25：2,500 m

空港全体図：海峡に面した位置に2,500mの滑走路が1本。ターミナルや貨物地区などが並列配置

新ターミナルのチェックインロビー：2014年にオープン

側から西側はマラッカ海峡に面している。滑走路は、ほぼ東西（07/25）の向きに配置され、航空機はILS（計器着陸装置）の設置された東側から着陸、離陸は西側へと向かう運用が中心であり、騒音影響は海上に止まる。

エプロンと旅客ターミナルビルは滑走路の陸側に配置されており、駐機場へと向かう機内からは、フロンタル形式の真新しいターミナルビル、軒を接するように並ぶ旧ターミナルビルが目に入る。エプロンは東側から順にジェット機の定期便用スポット、中央部のヘリコプター用スポット、ジェネラルアビエーション用の小型機スポットが並ぶ。旅客ターミナルビルの西側には管制塔、貨物ターミナル、格納庫が並びターミナルエリアの西端部へ至る。

3. 旅客ターミナル

旅客ターミナルビルは2014年に供用を開始し、それまでのローカル色豊かなターミナルから一挙に近代的なものに生まれ変わっている。ランドサイド側は直線、エアサイド側は円弧を基調としたデザインであり、真っ白な外壁と大胆なガラスのトップライトは赤道下の日差しに映え、訪れた旅客に強い印象を与えるデザインである。

延床面積は旧ターミナルの1.5万㎡から11万㎡と7.6倍に拡大し、階層も1層から4層となり、チェックインカウンターも25から一挙に76カウンターに、バゲージクレームコンベアベルトは3から8基へと増加した。これらの能力拡大により、ターミナルビルの能力は年間170万人から1,000万人へと大きく拡大した。旅客の手荷物処理も作業員により手作業で仕分けされてい

たものが手荷物自動搬送・仕分け装置（BHS:Baggage Handling System）の導入により近代化が図られている。

ターミナルビルへのアプローチ道路はダブルデッキにより出発車両動線と到着動線が分離され、それぞれ旅客ターミナルビルの3階（出発階）、1階（到着階）に接する。これに伴い駐車場もターミナルビルの前面に立体化され、ターミナルビルの2階と連絡通路で結ぶことにより、自動車と歩行者の動線分離を図っている。

国内線、国際線が一体となったターミナルであるが、現状ではフライトの大半は国内線であり、国際線はカーブサイド側から見て左端の一部を利用するのみである。旅客ターミナルビルの1階はバゲージクレームエリアと到着ロビーで構成され、中央に設けられた熱帯樹の中庭とトップライトからの自然光が旅の疲れを癒す。バゲージクレームコンベアは6基を国内、2基を国際線が使用している。

2階は店舗と駐車場連絡通路及び航空機から降りた旅客が1階のバゲージクレームへ向かうコンコースがあり、またエアサイド側にはBHSのコンベアシステムがある。3階は出発フロアで、熱帯樹をモチーフとした造形がユニークなチェックインアイランド、セキュリティチェック、ゲートラウンジ、店舗などが並ぶ。最上階となる4階は航空会社ラウンジと飲食を中心とした店舗で構成されて

いる。

かつて日本のODAにより整備された旧ターミナルは、ジェネラルアビエーション用のターミナルとして利用されており、地域色豊かな姿を保っている。

4. 運用状況

旅客と発着回数は急増しており、新ターミナルの供用までの間に500万人ほどに至り、かつては著しい混雑を呈していた。

現在の発着回数は1日約170回で、ジャカルタ、スラバヤ、マッカサルといった国内基幹空港への路線である。そのほとんどの運航はライオン・エア、シルク・エア、シティリンクといったLCCであり、FSCであるガルーダ・インドネシアの比率は低い。国際路線はシンガポール、ジェッダといっ

た程度でわずかである。しかしながら、LCCイコール簡素なターミナル、徒歩による航空機への搭乗ということではなく、施設もサービスも充実した空港となっている。就航機材は大半が座席数130席前後のA320、B737等の小型ジェット機である。

5. 将来計画

新ターミナルが整備され、エプロンも拡張まもない現状であり、AP-Iはさらなる拡張計画を立案するに至っていない。しかし、近年の急激な航空需要の伸びが継続

すれば、早晩、新ターミナルの拡張や新滑走路の計画の検討は必要となろう。この場合、ターミナルの拡張は旧ターミナル側、エプロンはヘリコプター用エプロンの移転、新滑走路は現滑走路の海側クロースパラレルで配置する計画などがありうるが、都市部に接近し主要な海峡に隣接する空港であるだけに、都市部への騒音影響、海峡を航行する船舶への影響など課題は多いと思われる。

(渡邉正己)

■空港の諸元	■輸送実績（2016年）	
・空港運営者：国有空港会社 アンガサ・プーラI （Angkasa Pura I：AP-I)	・総旅客数	7,518,317人
	国際旅客	76,865人
	国内旅客	6,529,148人
・滑走路（長さ×幅）：1本 07/25：2,500m × 45m	・貨物量	53,644トン
	・離着陸回数	72,540回

---

column 17

CIQ （Custom, Immigration and Quarantine）

(傍士清志)

はじめて海外に出かける旅客にとってCIQはドキドキの関門だ。税関でいろいろと英語で話しかけられたけど、教えられたとおり「サイトシーイング」のひと言だけ繰り返して突破したと言うような武勇伝も耳にする。しかしちょっと待って欲しい。空港に着いて、長蛇の列の先に待ちかまえているのは税関（Custom）ではない。旅の目的を尋ねてパスポートにスタンプを押してくれるのは、もちろん入国管理局（Immigration）である。本書の読者には今更何をと、

顰蹙を買いそうであるが、検疫（Quarantine）も含めたCIQのそれぞれの機能とその所管官庁を理解している旅行者はさほど多くないように感じられる。

国によってCIQの体制は様々であるが、日本におけるCIQは、Cが財務省関税局、Iが法務省入国管理局、Q厚生労働省検疫所が担っているが、これらに農林水産省植物防疫所（Plant Quarantine：PQ）と農林水産省動物検疫所（Animal Quarantine：AQ）を加えた5つの官庁の組織・業務の総称である。

column 18

国内旅客数ランキング 50（2016 年）

順位	地域	国名	都市名	空港名	IATA	年間旅客数	掲載
1	南北アメリカ	アメリカ合衆国	アトランタ	ハーツフィールド・ジャクソン・アトランタ国際空港	ATL	92,696,320	p217
2	アジア	中国	北京	北京首都国際空港	PEK	73,770,595	p325
3	南北アメリカ	アメリカ合衆国	シカゴ	シカゴ・オヘア国際空港	ORD	66,128,079	p200
4	日本	日本	東京	東京国際（羽田）	HND	64,484,087	p601
5	南北アメリカ	アメリカ合衆国	ダラス・フォートワース	ダラス・フォートワース国際空港	DFW	57,235,520	p234
6	南北アメリカ	アメリカ合衆国	ロサンゼルス	ロサンゼルス国際空港	LAX	56,171,496	p246
7	南北アメリカ	アメリカ合衆国	デンバー	デンバー国際空港	DEN	55,962,262	p239
8	アジア	中国	広州	広州白雲国際空港	CAN	46,947,218	p335
9	南北アメリカ	アメリカ合衆国	ラスベガス	マッカラン国際空港	LAS	43,866,521	p250
10	アジア	インドネシア	ジャカルタ	スカルノ・ハッタ国際空港	CGK	42,604,662	p391
11	アジア	中国	成都	成都双流国際空港	CTU	41,340,296	p345
12	南北アメリカ	アメリカ合衆国	フェニックス	フェニックス・スカイハーバー国際空港	PHX	41,312,865	p243
13	南北アメリカ	アメリカ合衆国	シャーロット	シャーロット・ダグラス国際空港	CLT	41,310,624	p214
14	南北アメリカ	アメリカ合衆国	シアトル	シアトル・タコマ国際空港	SEA	40,870,654	p257
15	南北アメリカ	アメリカ合衆国	サンフランシスコ	サンフランシスコ国際空港	SFO	40,729,913	p252
16	アジア	インド	デリー	インディラ・ガンジー国際空港	DEL	40,519,193	p454
17	アジア	中国	深圳	深圳宝安国際空港	SZX	39,744,147	p337
18	アジア	中国	上海	上海虹橋国際空港	SHA	39,061,154	p333
19	アジア	中国	上海	上海浦東国際空港	PVG	38,845,057	p329
20	アジア	中国	昆明	昆明長水国際空港	KMG	38,339,899	p347
21	南北アメリカ	アメリカ合衆国	オーランド	オーランド国際空港	MCO	36,330,689	p221
22	南北アメリカ	アメリカ合衆国	ミネアポリス	ミネアポリス・セントポール国際空港	MSP	34,623,543	p211
23	アジア	中国	西安	西安咸陽国際空港	XIY	33,379,791	p341
24	アジア	インド	ムンバイ	チャトラパティ・シヴァージー国際空港	BOM	32,456,137	p457
25	アジア	中国	重慶	重慶江北国際空港	CKG	32,353,878	p343
26	南北アメリカ	アメリカ合衆国	デトロイト	デトロイト・メトロポリタン・ウェイン・カウンティ空港	DTW	31,478,732	p197
27	南北アメリカ	アメリカ合衆国	ヒューストン	ジョージ・ブッシュ・インターコンチネンタル空港	IAH	30,842,317	p231
28	南北アメリカ	アメリカ合衆国	ボストン	ジェネラル・エドワード・ローレンス・ローガン国際空港	BOS	29,700,569	p193
29	南北アメリカ	アメリカ合衆国	ニューヨーク	ニューアーク・リバティー国際空港	EWR	28,218,416	p188
30	南北アメリカ	アメリカ合衆国	ニューヨーク	ラガーディア空港	LGA	27,996,763	p185
31	アジア	中国	杭州	杭州蕭山国際空港	HGH	27,957,469	
32	南北アメリカ	メキシコ	メキシコ・シティ	メキシコシティ国際空港	MEX	27,354,171	p265
33	南北アメリカ	アメリカ合衆国	ニューヨーク	ニューヨーク・ジョン・F・ケネディ国際空港	JFK	27,324,138	p181
34	アジア	韓国	済州	済州国際空港	CJU	26,965,479	p321
35	オセアニア	オーストラリア	シドニー	キングスフォード・スミス空港	SYD	26,929,297	p515
36	南北アメリカ	アメリカ合衆国	フィラデルフィア	フィラデルフィア国際空港	PHL	25,963,459	p195
37	オセアニア	オーストラリア	メルボルン	メルボルン空港	MEL	25,000,694	p517
38	南北アメリカ	アメリカ合衆国	ボルチモア	ボルチモア・ワシントン国際空港	BWI	23,889,185	-
39	アジア	タイ	バンコク	ドンムアン国際空港	DMK	23,317,819	p435
40	南北アメリカ	アメリカ合衆国	ワシントン	ロナルド・レーガン・ワシントン・ナショナル空港	DCA	23,232,780	-
41	南北アメリカ	アメリカ合衆国	マイアミ	マイアミ国際空港	MIA	23,203,988	p226
42	南北アメリカ	アメリカ合衆国	フォートローダーデール	フォートローダーデール・ハリウッド国際空港	FLL	23,149,587	-
43	南北アメリカ	ブラジル	サンパウロ	グアルーリョス国際空港	GRU	23,111,887	p299
44	南北アメリカ	アメリカ合衆国	ソルトレイクシティ	ソルトレイクシティ国際空港	SLC	22,397,638	-
45	南北アメリカ	アメリカ合衆国	シカゴ	シカゴ・ミッドウェー国際空港	MDW	21,889,967	-
46	南北アメリカ	コロンビア	ボゴタ	エルドラド国際空港	BOG	21,254,292	p285
47	アジア	韓国	ソウル	金浦国際空港	GMP	20,801,363	p317
48	南北アメリカ	ブラジル	サンパウロ	コンゴーニャス空港	CGH	20,747,305	p301
49	アジア	ベトナム	ホーチミン	タンソンニャット国際空港	SGN	20,620,794	p428
50	アジア	フィリピン	マニラ	ニノイ・アキノ空港	MNL	20,578,414	p375

#150
ロンボク国際空港（インドネシア・マタラム）

Lombok International Airport　　　　　　　　　　　　　　　　**WADL/LOP**

バリ島の東、ロンボク島に完成した新空港。観光拠点の位置付けで、さらなる拡張も

1. 概要

　ロンボク国際空港はバリ島の東、西ヌサ・トゥンガラ州ロンボク島にあり、州都マタラム市の南東40kmに位置する。近くのプラヤ(Praya)にちなみ、プラヤ空港といわれることもある。本空港は2011年10月1日に開港しており、その際既存のセラパラン空港は廃止されている。ロンボク島はヌサテンガラ群島の小スンダ列島に属し、西はロンボク海峡によってバリ島と、東はアラス海峡によってヌンバワ島と隔てられている。本空港は国有空港会社アンガサ・プーラⅠ（Angkasa PuraⅠ：AP-Ⅰ）が運営しており、標高は97mである。

空港位置図：その北西にかつてセラパラン空港があった

2. 沿革

　ロンボクにおける航空史は1956年のレンビガ(Rembiga)空港の建設から始まる。57年に滑走路1,200mの空港としてスタートし、その後58年に1,400m、92年に1,850mと延長されてきた。

　レンビガ空港は、その名称を1994年の運輸大臣令によりセラパラン空港と変え、管理もAP-Ⅰに移管された。

　セラパラン空港の運用と並行して、中央政府、地方政府により、1992年の早い段階から新空港の検討が進められ、中央ロンボクのプジュット地区における土地収用が始められて、95年中頃にはほとんどの土地が取得された。

　しかし、1998年のアジア経済危機、政治改革の影響を受けて開発計画は中断した。その後、2006年にようやく土地造成事業

空港全体図：2,750mの滑走路が1本。需要増大に対応し、拡張計画が進められている

旅客ターミナルビル：2011年にオープン。国際空港ではあるが、現在のところほとんどが国内線

が開始され、07年に滑走路、ターミナルビルの建設等が始まった。第一期が11年に完成した。

新空港の完成を受け、セラパラン空港は閉鎖され、すべての機能がロンボク国際空港に移管された。

3. 施設

滑走路は1本で、長さ2,750m、幅45m、方位13/31で平行誘導路はない。

旅客ターミナルビルは、ユニット（フロンタル）方式で、年間240万人対応である。駐機場は総面積4万8,000㎡で10スポットあり、うち2つが搭乗橋を有する固定スポットで、大型機も使える仕様となっている。

4. 運用状況

旅客数は、2016年に国際線26万人，国内線320万人の計350万人であり、10年の140万人から6年間で2.5倍の伸びを示している。航空機発着回数は15年において2.5万回であったが、16年には3.7万回まで増加している。

5. 将来計画

旅客数の増大により施設が狭隘化している。現在の240万人対応に対して、AP-Ⅰはフェーズ2として325万人対応に拡張する計画を策定しているが、ロンボク島がインドネシアにおける今後の観光拠点開発地として指定されたことから、政府としても空港のさらなる機能の増強を重視し、現在拡張計画の検討を進めている。また、その拡張・運営についても、AP-Ⅰの子会社を作って委託する方策も検討されている。

（滝澤裕）

■空港の諸元
・空港運営者：国有空港会社アンガサ・プーラⅠ (Angkasa Pura Ⅰ：AP-Ⅰ)
・滑走路（長さ×幅）：1本
　13/31：2,750m × 45m

輸送実績（2016年）
・総旅客数　　3,543,823人
　国際旅客　　264,666人
　国内旅客　　3,156,918人
・貨物量　　　11,997トン
・離着陸回数　36,942回

スルタン・ハサヌッディン国際空港 (インドネシア・マカッサル)

Sultan Aji Muhammad Sulaiman Airport

WAAA / UPG

インドネシア東部地域と首都ジャカルタを結ぶ航空ネットワークの拠点を担う

1. 概要

　インドネシア中部の北に位置するスラウェシ島の南スラウェシ州の州都マカッサル（Makassar）は、古くから国内・国際交易の中継地として栄えた港町である。空港は、マカッサルの中心部から東北東16㎞に位置し、発着回数、旅客数とも国内第4位の空港であり、国有空港会社アンガサ・プラ I （Angkasa Pura I：AP- I ）が運営している。標高は14mである。

　同空港は、首都ジャカルタとインドネシア東部地域を連絡するハブ空港としての役割を果たしている。また、インドネシア東部上空を管轄とする航空路管制センターが置かれている（同国西部管轄のセンターはスカルノ・ハッタ国際

空港位置図：スラウェシ島の最南端に位置する

空港）。

　空港の名称は17世紀のインドネシアの英雄の名に、また、IATAコードUPGはマカッサルの旧都市名ウジュン・パンダン（Ujung Pandang）に由来する。

2. 沿革

　本空港の起源は、オランダ領東インド時代の1935〜37年、長さ1,600mの滑走路（方位08/26、未舗装）を有する軍民共用のカディエン飛行場（Kadien

空港全体図：3,100mの主滑走路と2.500mの副滑走路を有する

411

旅客ターミナルビル：建築デザインはこの地に根付いた文化と伝統を感じさせる

Airfield）として建設されたことに始まる。37年、オランダ領インド航空（KNILM）がスラバヤとの間で定期便を就航した。42〜45年に日本軍が同空港を占領し、未舗装だった1,600m滑走路にコンクリート舗装を行った。また空港名を地区名にちなみマンダイ飛行場（Mandai Airfield）と改名した。終戦後の45年、オランダ軍が新たに1,745mの滑走路（方位13/31）を整備した。

インドネシア独立後、同空港はインドネシア政府に引き渡され、同空港の運営は1955年から航空総局に移管された。80年、既存滑走路（方位13/31）を2,250mに延長し、あわせて空港名をハサヌッディン飛行場に改名した（後にスルタン・ハサヌッディン国際空港に改名）。87年、同空港の運営は航空総局から現在のAP-Ⅰに移管された。2004〜09年、新滑走路、平行誘導路、旅客ターミナル等からなる大規模な拡張が行われ、現在に至っている。

3. 施設

滑走路は2本あり、主滑走路は長さ3,100m×幅45m、方位03/21で平行誘導路がある。副滑走路は長さ2,500m、幅45m、方位13/31で、平行誘導路が部分的にしかないため両側にターニングパッドがある。滑走路31への進入のみVFR（有視界）である。

主滑走路の西側に位置する旅客ターミナルビルは2008年に供用したもので、700万人対応である。フロンタル形式で、搭乗橋付きの11固定スポットがある。大屋根のアーチ形は、この地に住むブギス人とマカッサル人の魂を表現し、またアーチの支柱は伝統木船であるピニシ船のマストをモチーフとしている。

副滑走路の西側に国軍の基地と既に廃止された旧旅客ターミナルビルがある。旧旅客ターミナルビル前面のエプロンは不定期の小型機が利用している。エプロンは総面積22.5万㎡で、合計37のスポットがある。

4. 運用状況

旅客数は、2016年に国際線17万人、国内線825万人（この他国内トランジットが230万人）であ

り、トランジットを含む総旅客数は1,080万人に上る。これは、スカルノ・ハッタ（ジャカルタ）国際空港、ジュアンダ（スラバヤ）国際空港、イ・グスティ・グラー・ライ（バリ）国際空港に次ぐ国内第4位である。また、国内線トランジットでは、スカルノ・ハッタ国際空港に次ぐ第2位であり、旅客数合計に占めるトランジットの割合で見ると国内で最も多い。航空機発着回数は、2016年で10.1万回であり国内第4位である。空港の周辺はまだ市街地化されていない。市内とのアクセスは、鉄道はないが高速道路が整備されている。

5. 将来計画

旅客数が旅客ターミナルビルの設計値700万人を超えたことから、旅客ターミナルビルの拡張が短期的課題となっており、また中長期的には滑走路の増設も視野に入ってきたことから、AP-Ⅰにおいて空港基本計画の見直しを検討している。

（佐藤清二）

■空港の諸元
・空港運営者：国有空港会社アンガサ・プーラⅠ（Angkasa Pura Ⅰ：AP-Ⅰ）
・滑走路（長さ×幅）：2本
　03/21：3,100m × 45m
　13/31：2,500m × 45m

■輸送実績（2016年）
・総旅客数　　10,757,445人
　国際旅客　　　165,680人
　国内旅客　　8,253,514人
・貨物量　　　　72,390トン
・離着陸回数　　100,851回

#152
プレジデンテ・ニコラウ・ロバト国際空港（東ティモール・ディリ）

Presidente Nicolau Lobato International Airport **WPDL/DIL**

21世紀最初の独立国東ティモールの首都ディリの国際空港。しかし滑走路は1,800m級

1. 概要

東ティモールの正式名称は東ティモール民主共和国である。ティモール島のおおむね東半分と同島西側にある飛び地（オエクシ）及び2つの島（アタウロ島、ジャコ島）から構成されている。総面積は1万5,000km²、人口は120万人で、全土の6割は山岳地である。主たる産業は同島南方のティモール海で産出される石油と天然ガスであり、GDPの8割を占めている。

ティモール島の西半分はインドネシア領であるが、同島が2つに分割されたのは、16世紀におけるポルトガルによる植民地化、その後のオランダの進出、1904年の両国間条約による東西分割に由来している。第二次世界大戦と戦後の様々な経緯と戦乱を経て、西ティモールはインドネシア領の一部となり、東ティモールは2002年に21世紀最初の独立国として独立を果たした。

東ティモールには唯一の国際空港であるプレジデンテ・ニコラウ・

プレジデンテ・ニコラウ・ロバト国際空港

East Timor
Dili

Dili

地図データ：Google

空港位置図

ロバト国際空港の他、各地方に7つの国内空港があり、本空港と各国内空港間が航空路線（ヘリ輸送を含む）で結ばれている。

2. 沿革

本空港は1983年インドネシア政権下で建設され、国内線用のコモロ空港として開港した。独立紛争時の99年には国連の管理下に置かれ、主に軍用機が使用する空港となったが、2004年に国連からティモール政府の管理に移管され、東ティモール独立宣言時の首相のニコラウ・ロバトの名を冠した現在の名称に改称されている。

国際線の運航は2000年にオーストラリアのエアノース（Airnorth）によるチャーター運航を経て、独立後の02年にインドネシアのメルパチ航空（Merpati Air）とエアノースが運航を開始したのが本格的な始まりである。

2004年に国連から管理運営を継承した民間航空部（Civil Aviation Department :CAD）が15年まで空港の管理運営を行っていたが、16年4月に東ティモール空港管理航空保安庁（Airport Administration and Air Navigation of Timor Leste（東の意）：ANATL）が発足し、CADから空港の管理運営が移管され現

08/26：1,849m

ターミナル

地図データ：Google

空港全体図：平行誘導路のない1,849mの滑走路が1本。周辺は市街地化

旅客ターミナルビル：エアサイド側の外観

在に至っている。

3. 施設

プレジデンテ・ニコラウ・ロバト国際空港は首都ディリ中心市街地から西方の6kmの海岸沿いにあり、標高は8mである。滑走路は長さ1,849m×幅30mで、アスファルト舗装されており、方位は08/26である。平行誘導路はなく、滑走路両端部に航空機の旋回用のターニングパッドを有している。滑走路長が短いことから、飛行機の離陸のための重量が制限され、機材と便によっては満席の旅客を収容できない場合もある。滑走路・エプロン間に長さ110mの取付け誘導路が設置されている。エプロンは面積1万9,000㎡で、4スポットを有し、最大でB737、A320の駐機が可能である。

旅客ターミナルは平屋建てで1983年の空港開港と同時に国内線施設として建設され、延床面積は3,800㎡である。国連管理下当時に大幅なリノベーションが行われ、ほぼ現在の姿となった。2002年の国際線運航開始に伴い、国際線用施設（税関、検疫、入出国管理等）が内部に作られた結果、国際線ターミナルとしては非常に狭隘な状況である。

貨物ターミナルビルは平屋建てで延床面積200㎡である。

4. 運用状況

2017年の本空港における旅客数は25万人で、ここ10年間で3.2倍に増大した。また、同年の発着回数6.4万回であった。

国際線では、メルパチ航空から運航を引き継いだスリウィジャヤ航空（Sriwijaya Air）と同グループのナムエア（Nam Air）、更にはガルーダ航空の子会社であるシティーリンク（City Link）が地理的・歴史的に関係の深いインドネシア（バリ空港）に、またエアノース（Air North）がオーストラリア（ダーウィン空港）に就航している。

また、シンガポール路線にはシルクエア(Silk Air)が就航しているが、これは旅行代理店として発足したエア・ティモール（Air Timor）が、2012年以降シルクエアから機材と乗務員の一体的リースにより運航を行っているものである。

5. 将来計画

東ティモール政府は、今後ディリ国際空港における航空需要が年間約7％の割合で増加し、2027年には43.5万人に達するものと予測している。このため、17年に策定した「国家航空セクター計画」において、ディリ国際空港の大規模な整備・改善を行うことを打ち出し、計画の実現に向けて、同国政府は日本に協力を要請した。

これを受けてJICAは18年4月、「協力準備調査」を実施し、事業の必要性と妥当性を確認の上、東ティモール側で行う事業と我が国で実施する事業とを区分し、具体的にどの様な協力を行うべきかを検討することとなった。

わが国側の概略の支援内容としては、約6,000㎡の国際線旅客ターミナルを新設した上で、現状のターミナルを国内線専用ターミナルとして転用する他、エプロン、誘導路、国際貨物施設や管制塔を新設することが想定されている。一方で、1,849m滑走路の2,000m〜2,500mへの延伸は東ティモール政府の事業として実施される予定である。

この事業が実現すれば、本空港の処理容量が増大し、現在より大型の航空機が安定して就航することが期待される。

（唯野邦男）

■空港の諸元	
・空港運営者： 東ティモール空港管理航空保安庁 (Airport Administration and Air Navigation of Timor Leste: ANATL)	
・滑走路（長さ×幅）：1本 08/26：1,849m × 30m	

■輸送実績（2016年）*	
・総旅客数	229,200人
国際旅客	212,700人
国内旅客	16,400人
・貨物量	284トン
・離着陸回数	5,944回
	*ACI以外のデータ

#153
チャンギ国際空港 (シンガポール・シンガポール)

Singapore Changi International Airport

WSSS/SIN

開港以来、ターミナル建築、サービスレベルで先駆的な役割を果たし続ける

1. 概要

シンガポールは赤道直下（北緯1度17分、東経103度51分）に位置し、国土面積が710k㎡（東京23区とほぼ同じ広さ）の島国で、菱型の本島であるシンガポール島及び60以上の小規模な島々から構成される。

シンガポール・チャンギ国際空港は本島の東端に位置し、中心部から17kmの距離にある。同空港には100社を超える航空会社が就航しており、世界80か国の320以上の都市と路線が結ばれている。2016年の航空旅客は5,900万人を超えており、世界の空港別旅客ランキングでは17位、国際線旅客に限定すれば世界6位の座を占

空港位置図：世界有数の空港品質と国際線旅客数を誇る

める。これは国内路線がなく、すべての旅客が国際旅客であるという空港特性による。

当空港はアジアで初めての欧米並みの近代的な空港といっても過言ではなく、建築デザイン、インテリア、サイン、豊富な物販・飲食店舗、旅客へのサービスレベルなど極めて高い水準の空港を実現し、いまなお意欲的な空港づくり

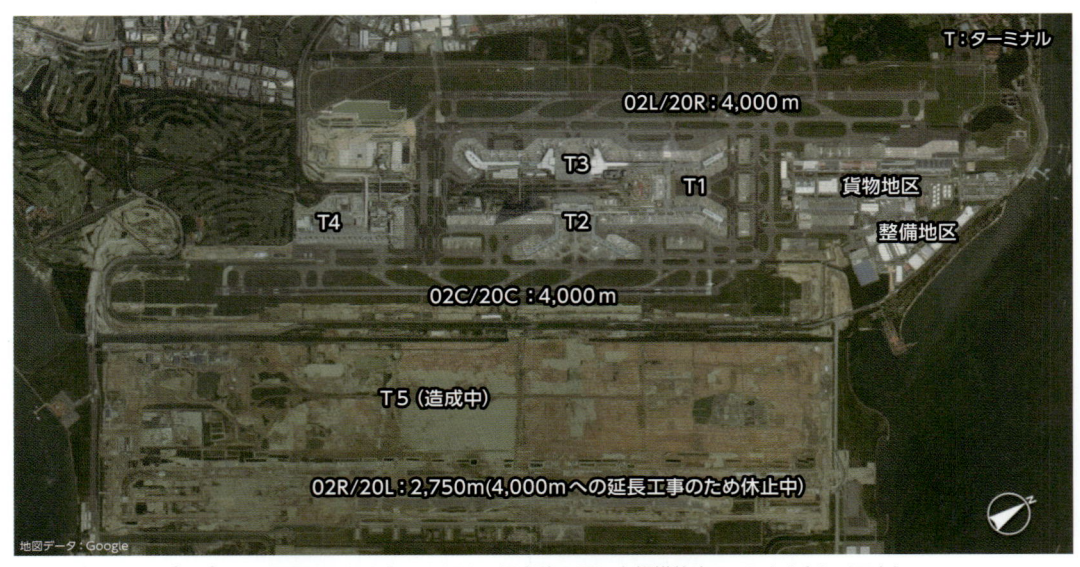

空港全体図：オープンパラレル配置された2本の4,000m滑走路の間に大規模旅客ターミナルをレイアウト

に取り組んでいる。

2. 沿革

　シンガポールにおける空港の歴史は、英国の植民地時代に遡る。本島の北部にセレター空港（Seletar Airport）が建設され、英国軍基地として1930年に供用開始されたのが始まりである。その後数か所の空港が建設されたが、55年以降はパヤ・レバー空港（Paya Lebar Airport）が民間空港として利用されていた。しかし、航空需要の拡大に伴って、次第にパヤ・レバー空港が手狭になってきたことから、同空港の拡張か、新たな空港を建設するかが比較検討された。チャンギ空軍基地は海に面した場所にあり、民間空港建設にあたって埋立てにより容易に拡張できること、航空機が住宅街上空を通過せず、騒音問題や重大な事故を避けることができることなどの利点が評価され、新しい民間空港をチャンギ空軍基地の隣接地に建設することとなった。工事は75年に着手され、2年間の埋立て工事を経て77年に用地造成が完了、引き続き施設建設が開始され、81年に開港した。埋立て・用地造成工事には大林組が、ターミナルビルの建築工事には竹中工務店がそれぞれ元請け企業として参画するなど日本企業にもゆかりのある空港である。

　2本の平行滑走路の中にターミナルがリニアに配置された空港のマスタープランは、シンガポール当局が台湾桃園空港（当時は蒋介石空港）の視察結果を基に策定したとされる。実際、両空港の基本レイアウトはよく似ており、どちらも平行配置された2本の4,000m級滑走路の間に、主動線となる道路が配置され、その道路に沿って背中合わせにターミナルが配置されている。ただし、桃園国際空港の滑走路離隔よりもチャンギ空港の主滑走路間隔が広く確保されており、結果的として高いターミナルの将来拡張性が付与された。チャンギ空港は需要の増大に合わせて、継続的にターミナルを増設・拡張してきたが、この奥行きを利用して触角状のフィンガーを滑走路の方向に向かって伸ばし、多くの固定ゲートを確保することが可能であった。

　滑走路の両端は海に面しており騒音問題の影響を受けにくく、開港当初より24時間運用されている。この24時間運用の特性を利用して、チャンギ空港はアジアのハブ空港とともにトランジット空港の地位をいち早く築くことに成功したといえる。カーフューなど運航制約の少ない空港には航空会社も運航計画を立てやすく、結果として様々な方面からの路線が開設されやすい。これがトランジット利用の需要を喚起することに繋がる。また、空港サイドもこの特性をより強化すべくトランジット旅客の誘致策を講じており、乗継ぎ客への商品券プレゼントや、市

内への無料観光ツアーの催行など様々なプログラムを提供している。

　チャンギ空港は、1981年の開港時から2012年まで様々な団体から、合計420あまりの賞を受賞している。18年にはスカイトラックス社のWorld's Best Airport Award of the Yearを6年連続で受賞しており、同賞の受賞は通算9回目となる。

　空港の所有者はシンガポール政府である。一方、空港の建設・運営は従来シンガポール民間航空庁（CAAS：Civil Aviation Authority of Singapore）の手で行われてきたが、2009年にチャンギ・エアポート・グループ（CAG）がCAASから分離独立し、民営化が図られた。なお、航空行政については引続きシンガポール民間航空庁が担っている。

3. 施設

(1) 滑走路

　滑走路は西側から順に02L/20R：長さ4,000m×60m、02C/20C：4,000 m×60m、02R/20L：2,750m×60mの3本であるが、東滑走路02R/20Lはシンガポール空軍（Republic of Singapore Air Force：RSAF）の専用であり、民間航空用の滑走路は4,000m滑走路2本のみである。西滑走路02L/20Rは航行する船舶との干渉を防ぐため20R側の滑走路端が740m南側に寄せられ、着陸長3,260mに短縮

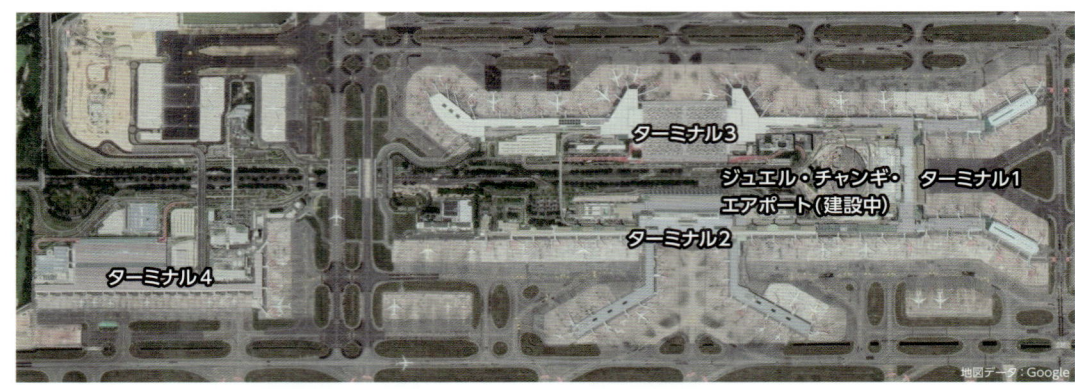

ターミナル3
ジュエル・チャンギ・
エアポート（建設中）
ターミナル1
ターミナル2
ターミナル4

地図データ：Google

ターミナル1、2、3、4：延床面積は合計125万㎡で8,200万人の旅客の取扱が可能

運用されている（離陸長としては4,000m確保されている）。2本の民間航空用滑走路には双方向にILS（計器着陸装置）が整備されている。

なお、先頃発表されたチャンギ空港の将来計画、「Changi East」によると、今後2,750mの東滑走路は4,000mに延長・整備され、3本すべての滑走路が民間航空機の離着陸に利用されることになる。

（2）旅客ターミナル

ターミナルビルは建設順にT1からT3までが供用中で、それらを合計した延床面積は105万㎡（6,600万人対応）である。搭乗橋を有する固定スポットは92スポットで、このほかに42のリモート（遠隔）スポットを有する。また、このほか現在T1の拡張工事、T4建設工事、複合施設ジュエル・チャンギ・エアポート建設工事が進行中である。さらにT5整備のための用地造成も進行中である。以下ターミナルごとに記述する。

①ターミナル1（T1）

T1はチャンギ空港が開港した1981年にオープンした最も古いターミナルである。ターミナル本館の両側にピアが伸びたH型のコンセプトで、できるだけ多くの固定ゲートが歩行可能距離のなかに配置されるよう工夫されている。これまで3回の大規模改修工事が行われている。最初の改修工事は1.7億シンガポールドル（当時で120億円程度）が投じられ95年に供用開始している。引続き96年にはフィンガーを延長し、固定ゲートを増設するための2回目の大規模改修工事が着手された。この工事には4.2億シンガポールドル（当時で300億円程度）が投じられ、99年にオープンした。また、3回目の拡張工事は2012年から進められ、この結果、16年時点でT1は延床面積30.8万㎡、2,100万人対応のターミナルビルとなっている。T1にはLCCであるジェットスター・アジアとスクートの両社が本社を置いている。また現在、

T1のリニューアル工事が進められており、これが供用開始すればT1の取扱容量は2,400万人対応まで拡大される。工事では、到着ロビーやバゲージクレームエリアが拡張されるほか、T2及びT3をつなぐ歩道橋も新設される。竹中工務店が邦貨換算約280億円で受注しており、19年にオープンの予定である。

②ターミナル2（T2）

T2は当初のマスタープランの2期計画に位置づけられたターミナルで、空港の開港から9年後の1990年に供用開始した。T1の南東に建設されたT2は、南北にリニア配置された本館部分と触角状に滑走路に突き出したフィンガーにより構成される。オープン当初は、シンガポール航空と同社の子会社であるシルクエアにマレーシア航空など近隣諸国の数社を加えた航空会社が入居していたが、その後ANAもT2に移転している。T3の供用開始に伴ってシンガポール航空の長距離路線が移行

ターミナル1（出発ロビー完成予想図）：リニューアル工事が進められている

image / Changi Airport

ターミナル4：年間1,600万人の旅客に対応可能

photo / Changi Airport

したため、現在T2ではシンガポール航空のうち主として短距離路線が取り扱われている。

③旧バジェット・ターミナル

旧バジェット・ターミナルは2006年にクアラルンプール国際空港に次いで、アジアでは2番目のLCC専用ターミナルとしてオープンした。T2に次ぐ3番目のターミナルであったが、T3とは命名されず、公募により「バジェット・ターミナル」と名付けられた。タイガー・エアをはじめとするLCCにできるだけ低いターミナルコストで施設を提供するため、搭乗橋のない平屋ターミナルとし、内外装にも極力コストをかけないシンプルな建物構造とされた。また、既存のT1及びT2との間のトランジット旅客の取り扱いを行わない完全独立ターミナルとして供用された。LCCの需要急拡大に伴って08年には拡張工事が行われ、それまでの270万人対応から700万人対応まで拡大した。

しかし、チャンギ空港におけるLCCの拡大が予想を超えたテンポで進んだことから、本格的LCCターミナルとしてT4（後述のようにLCC専用ではない）を建設することになった。このため、一旦バジェット・ターミナルで取り扱われていたLCCをT2に移転させ、バジェット・ターミナルは2011年に解体撤去された。供用期間はわずか5年間であった。

④ターミナル3（T3）

T3は7年の歳月と17.5億シンガポールドル（当時で1,200億円程度）を投じて建設され、2008年オープンした。建物は4層構成で、延床面積は38万㎡、28スポットの固定スポット（うち8スポットはA380対応）を有し、2,200万人に対応する。ガラス面が多用された明るい空間構成が特徴で、T1及びT2と共通したシンプルな動線を特徴とする。施工は清水建設である。

飲食・物販スペースが広いのが特徴で、T3全体で2万㎡のうち、制限区域内の飲食・物販スペースに8,600㎡が充てられている。T1とT2を合計した飲食・物販スペース2.8万㎡にT3の2万㎡が加わり、空港全体の飲食・物販スペースは4.8万㎡（7割増）となった。T3内における物販店は100店舗、飲食店は40店舗で、空港全体では230の物販店と110の飲食店が空港内に展開することとなった。

T3の供用開始に伴いシンガポール航空の主に長距離便がT2から移転し、メインユーザーとなった。このほか、サウディア（旧サウジアラビア航空）、カタール航空、ニュージーランド航空等が利用している。

T3の供用に合わせてスカイトレイン（無人軌道システム）がT3まで延伸された。T3には新たに3駅が設置され、従来路線と合わせ計7駅、全長6.5kmとなった。スカイトレインは1990年代にT1、T2を結ぶために整備されたもので、当初車両はボンバルディア製が使われていたが、2006年に三菱重工業製のクリスタルムーバー

ジュエル・チャンギ・エアポート：ショッピングモールやホテルを備える

に置き換えられている。料金は無料で5:30から翌日2:30まで運行している。

また、ターミナル間のトランジット旅客の手荷物搬送と一次蔵置のために、秒速7mの高速手荷物搬送システムが新たに整備された。T2とT3の間は地下トンネルで接続されており両ターミナル間を3分で搬送する。

⑤ターミナル4（T4）

T4は、これまでバジェット・ターミナルのあった場所に建設されており、2017年10月に開業した。延床面積は19.5万㎡で旧バジェット・ターミナルと比べると約7倍の広さとなる。セルフサービスの自動チェックイン機を多数導入し、ピークシーズン時の混雑解消を図る計画で、同ターミナルだけで年間1,600万人の旅客に対応できる。これにより空港全体の旅客処理能力が年間8,200万人に拡大した。T4には小型ジェット機用の固定スポット17スポット、大型ジェット機用固定スポット4スポットが設置されている。

設計は、シンガポールの都市鉄道（MRT）の設計を行なったSAAアーキテクツ(SAA Architects)が担当し、建設工事は開港当時T1の建設工事を実施した竹中工務店が邦貨換算約800億円で受注し、2014年に着工した。

この新しいターミナルは格安航空だけでなく、FSC（フルサービスキャリア）の一部も使用しており、他のターミナルとは無料シャトルで結ばれている。T4の建設に合わせてエプロン周りの航空管制機能を担う高さ68mのランプコントロールタワーも建設された。また、隣接して1,500台分の駐車場も設置されている。

⑥ジュエル・チャンギ・エアポート

ジュエルは、T1の前面に建設されるショッピングモール、ホテル、立体駐車場、空港関連施設などの複合的施設で、航空旅客のストップオーバー地点としてシンガポールの魅力を高めることが期待されている。設計は、シンガポールのランドマークとなったホテル「マリーナ・ベイ・サンズ」のデザインを手掛けたモシェ・サフディが担当している。建物の中央には世界最高の高さとなる40mの人工滝が配される。この工事は大林組の現地法人・大林シンガポールと現地ゼネコン・ウォーハップのJVが実施しており、2018年末の完成が見込まれている。

ターミナル2のカーブサイド：奥に管制塔が見える

4. 将来計画

2013年公表されたチャンギ空港の将来計画（Changi East）によると、20年半ば供用を目途に現空港の東側に新たに滑走路とターミナルを展開する計画が進められている。これによると、現在軍専用で利用されている2,750mの東滑走路（02R/20L）を4,000mに延伸整備し民間航空用とするとともに、中央滑走路との間に新たに大規模なターミナル用地を造成し、ここに単一ターミナルとしては世界最大規模となる第5ターミナル（T5）が建設される。T5は段階的に建設されるが、最終的に年間5,000万人に対応し、空港全体の容量は1億3,500万人以上へと拡大する。拡張エリアの面積は1,080ha（この拡張部分だけで成田空港や関西国際空港の面積に匹敵）で、ホテルや航空機整備施設の整備、都市鉄道（MRT）の延伸も含まれる。また、物流企業

や、航空産業の展開用地として産業ゾーンも合わせて造成される予定である。すでに用地造成工事が着手されており、工事は五洋建設と現地企業のJVが受注している。

5. アクセス

シンガポール市街地とチャンギ空港を結ぶ鉄道であるMRT（Mass Rapid Transit）は2002年開業した。MRTの空港駅はターミナル2と3の中間の地下に位置し、各ターミナルから徒歩でアクセスできる。チャンギ・エアポート駅は東西線のチャンギ・エアポート支線として開設された。

チャンギ空港から市内中心部まではおよそ30分で到達するが、空港側から2駅目のタナ・メラ駅（空港から所要約8分）で本線（東西線：East West Line）への乗換えが必要である。

バスはMRTが開通するまでは利用客にとって主要交通手段であったが、今も多くの旅客等に利用されている。各ターミナルの地下にバスターミナルがあり、市街地中心部に位置するほとんどのホテルまで運行している。交通渋滞がなければ約30分で市内までアクセスできる。

（傍士清志）

■空港の諸元
・空港運営者：
　チャンギエアポートグループ（CAG）
・滑走路（長さ×幅）：3本
　02C/20C：4,000m × 60m
　02L/20R：4,000m × 60m
　02R/20L：2,750m × 60m
　（4,000mへの延長工事のため休止中）

■輸送実績（2016年）
・総旅客数　　58,698,000人
　　　　　　　（国際線のみ）
・貨物量　　　2,006,300トン
・離着陸回数　365,460回

#154
クアラルンプール国際空港(マレーシア・クアラルンプール)

Kuala Lumpur International Airport

WMKK/KUL

10km四方の広大な敷地に4,000m級滑走路5本と4つの大規模ターミナル建設を構想中

1. 沿革と概要

　クアラルンプール国際空港はクアラルンプール中心部から南方約50kmに位置するセパンに1998年6月に開港した新空港である。従来のスバン国際空港（現在はスルタン・アブドゥル・アジズ・シャー空港：Sultan Abdul Aziz Shah Airport）が20世紀中に容量の限界（1,450万人）に到達するとの見通しに基づき建設された。本空港の建設プロジェクトはわが国のODA事業として実施され、マレーシア政府が100%出

資したクアラルンプール国際空港公団（KLIAB：Kuala Lumpur International Airport Berhad）

に対し、日本政府が約620億円の有償資金（円借款）を供与した。空港建設前の現地は、一面にパー

クアラルンプールの空港分布：新空港は世界屈指の敷地面積

地図データ：Google

14L/32R：4,019m
サテライトA
ターミナル 本館
貨物地区
整備地区
14R/32L：4,000m
KLIA2
（LCCターミナル）
15/33：3,960m

地図データ：Google

空港全体図：オープンパラレル配置された3本の滑走路を有する。いずれも4,000m級と長大である

高さ世界一の新管制塔（左）と第3位となった旧管制塔（右）

ム椰子のプランテーションが広がる丘陵地で、世界でも屈指の規模となる一辺がおよそ10km、総面積1万haの矩形の土地が空港用地として開発された。なお、現地には少数のオラン・アスリ (Orang Asli) と呼ばれるマレー半島の先住民族が居住していたが、マレーシア政府の手で集団移転が行われ、日本政府も問題なく移転が実施されたことを確認した上で援助が供与された。

マスタープラン上ではこの広大な空港用地に滑走路5本と、合計4つのサテライトを有する2つのメインターミナルが建設される計画であった。そのような壮大な計画を描いた背景には2020年までに先進国の仲間入りを果たすという当時の首相マハティールの空港にかける強い思いがあったが、1998年6月に4,000m級滑走路2本と1つのメインターミナル、1つのサテライトで空港が開港した後しばらくの間は需要が低迷し、マスタープランに沿った施設の拡張も滞った。

しかし、2006年3月、LCCであるエアアジアが当空港を拠点として運航を開始して以来、LCCの需要がめざましい伸びを遂げた。

これを受けて、長さ3,960m滑走路1本と、マスタープランにはなかったKLIA2（LCCターミナル）が追加整備され、現在では滑走路は3本となっている。

空港の所有及び運営者は、マレーシア国内の主要空港を運営する上場企業であるマレーシア空港会社（MAHB：Malaysia Airports）である。

2. 施設

(1) 滑走路

3本の滑走路はいずれも4,000m級で、平行に配置されている。第1滑走路（14L/32R）は長さ4,019m×幅60m、第2滑走路（14R/32L）は4,000m×60m、2013年10月に供用開始した第3滑走路（15/33）は3,960m×60mである。これら3本の滑走路はそれぞれ2kmの中心線間隔が確保されており、同時離着陸が可能である。ターミナル1を利用するFSA（フルサービスエアライン）は第1と第2の2本の滑走路を、KLIA2を利用するLCCは第2と第3の2本の滑走路をそれぞれ離着陸に使用している。計器着陸装置（ILS）は、第1滑走路（14L/32R）及び第2滑走路（14R/32L）は両側ともカテゴリーⅡであり、第3滑走路（15/33）はカテゴリーⅠである。

(2) 管制塔

開港当初に整備された管制塔は当時世界で最も高かったが、その後バンコク・スワナプーム空港の管制塔に抜かれていた。KLIA2の

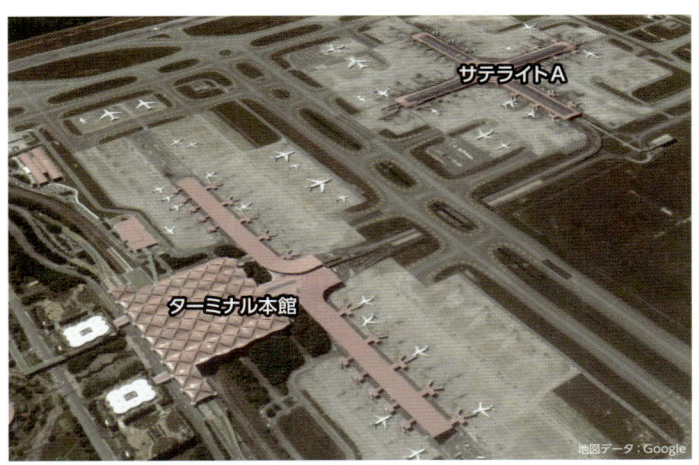

旅客ターミナル：本館とサテライトの間はエアロトレインで連絡されている

KLIA2：LCC専用のターミナル

供用開始に伴って建設された新管制塔は133.8mで、再び世界最高の高さとなった。

(3) 旅客ターミナル

　旅客ターミナルは、「森の中の空港：Airport in the forest,Forest in the airport」のコンセプトの下で、黒川紀章が設計を行った。マレーシア森林研究センターの協力の下で提唱されたこのコンセプトは、単に周辺が森に囲まれた空港というだけでなく、建物の中に森をイメージした植栽が配置され、建物と森林との調和を前面に押し出しているのが特徴である。このためガラスが多用され、たっぷりと自然光が降り注ぐ明るい空間構成となっている。

　ターミナルビルは本館とサテライトにより構成されている。本館の延床面積は39万㎡で、チェックインカウンターやバゲージクレームを含む国際線・国内線の主要な出到着機能が集約されている。本館から左右に伸びるウイング上の建物はコンタクトピアと呼ばれ、国内線の出到着ゲートとなっている。国際線の出到着ゲートは延床面積17.6万㎡のサテライトに配置されている。本館とサテライトの間（1.2km）は一部地下構造の軌道で結ばれ、エアロトレイン（Aerotrain）と呼ばれる無人車両が運行している。定員249名の車両は3両編成で、ドイツのアドトランツ（Adtranz）社製（現ボンバルディア）である。ターミナル1の開港時点での旅客処理能力は2,500万人対応であったが、当初の利用客は1,300万人程度にとどまっていた。その後2005年に年間旅客が2,300万人まで拡大し、ようやく当初想定した規模まで需要が追いついた形となった。しかし、その後の需要の増大は主にエアアジアなどのLCCに牽引される形となったため、当初想定していた2つ目のサテライトやその先に想定されていたターミナル2の建設は凍結され、後述するようにLCCTやKLIA2といったLCC専用ターミナルの建設が進められた。

(4) KLIA2（LCCターミナル）

　現在クアラルンプール国際空港の成長の原動力となっているのは、エアアジアを中心とするLCC（格安航空会社）である。マレーシアを拠点とするLCCであるエアアジアの設立は1993年に遡るが、急成長を遂げたのは2001年に同社が大手レコード会社、ワーナー・ミュージックのアジア地域役員だったトニー・フェルナンデス（Tony Fernandes）に買収されことが契機である。エアアジアの路線・便数の急拡大に対応すべく、06年3月、クアラルンプール国際空港の貨物地区に暫定的にLCCターミナル（LCCT：Low Cost Carrier Terminal）が供用開始され、08年以降もターミナルの増築工事が行われた。このLCCTはいわばLCCターミナルの基本に沿ったものであり、搭乗橋（PBB）のない簡易な平屋建ての建物であった。既存ターミナルとの間はトランジットサービスがなく、ダイレクトの鉄道アクセスもなかったことから、従来からのKLIAとは別の空港として利用者に認識されていた（もちろん実態は同一空港でターミナルビルが異なるだけであったが）。

　その後もLCCの路線・便数が急拡大を続けたことから、LCCを取り扱う本格ターミナルを建設することが決定され、2014年にメインターミナルに近い地区に恒久的なターミナル2（KLIA2）が新たに開業した。KLIA2の建設には約13億ドルが投じられ、将来的に4,500万人の旅客にも対応が可能な世界最大規模のLCCターミナルである。延床面積は25.8万㎡で、

PBBが備わった固定ゲート68スポットを有する。各ゲートは主に小型ジェット機であるA320対応で、これらはPBBが1基のみであるが、一部大型ジェット機対応として2基のPBBを有するゲートがあるためPBBの総基数は80である。KLIA2は本館とサテライト・ビルによって構成され、両者は長さ300m、幅60mのスカイブリッジによって連絡されている。本館出発階には4アイランドのチェックインカウンター、到着階には10カ所のバゲージクレーム（手荷物受取りコンベア）が設置されている。

KLIA2の供用開始にあわせてKLIAエクスプレス（後述）もKLIA駅からKLIA2駅までおよそ2km延長された。KLIA2開業に伴い、06年にオープンした従来のLCCTは閉鎖された。

なお、KLIA2は2017年2月に起きた北朝鮮の金正男殺害事件の現場となったターミナルである。

(5) 空港ホテル

ターミナル本館の正面、徒歩5分のロケーションに422室を備えた本格的な空港ホテル（サマサマ・ホテル）があり、ターミナル本館と直結している（カート・サービスもある）。

このほか、サテライトには客室数80室のトランジットホテル（サマサマ・エクスプレス）が整備され、トランジット旅客に利用されている。また、KLIA2の開業に合わせてサマサマ・エクスプレスKLIA2がトランジットホテルとしてオープンした。こちらは、利用客層をLCC利用者に絞った簡易なつくりとなっている。

3. 運用状況

クアラルンプール国際空港における2016年の取扱旅客数は5,300万人（うち国際線3,700万人）で、ここ10年で2倍以上になった。これほどの急成長を遂げた牽引車は、言うまでもなく当空港を拠点として路線を急拡大させたエアアジア及びエアアジアX（主にA330型機を使用して中・長距離路線を運航）を代表とするLCCである。

4. 受賞歴

開港以来スカイトラックス社、IATAなどの賞を受賞している。2005年にAETRA賞の年間旅客1,500万人～2,500万人の空港部門で世界一を、06年と07年にはACI-ASQ賞を受賞した。環境分野では04年に世界で初めてグリーン・グローブ21賞に認定され、以来今日まで継続している。

このほかにも環境分野での受賞歴を有している。

5. アクセス

空港とクアラルンプール市内を結ぶ鉄道であるKLIAエクスプレス（KLIA Express）は、空港開港から4年が経過した2002年4月に、KLセントラル駅からKLIA駅（空港ターミナル駅）までの間が開通した。また、KLIA2の供用開始にあわせて、14年5月にKLIA駅からKLIA2駅までのおよそ2kmが延伸されている。列車の運行形態には2種類があり、急行列車であるKLIAエクスプレスは、クアラルンプール国際空港―クアラルンプール・セントラル間の57kmを時速160km、ノンストップ28分間で結んでいる。運転間隔は混雑時15分、通常時20分で、運賃は片道35リンギット（日本円で900円弱）である。一方各駅停車に相当するKLIAトランジット（KLIA Transit）は、KL国際空港から途中3駅停車し、KLセントラルまでは33分である。運賃はKLIAエクスプレスと同一である。

（傍士清志）

■空港の諸元
・空港運営者：マレーシア空港会社
　　　　　　　（MAHB：Malaysia Airports）
・滑走路（長さ×幅）：3本
　14L/32R：4,019m×60m
　14R/32L：4,000m×60m
　15/33　：3,960m×60m

■輸送実績（2016年）
・総旅客数　　52,643,511人
　国際旅客　　36,962,822人
　国内旅客　　15,461,422人
・貨物量　　　　674,038トン
・離着陸回数　　356,614回

ノイバイ国際空港 (ベトナム・ハノイ)

Noi Bai International Airport

VVNB/HAN

首都ハノイ近郊 45km に位置する北の玄関口。ターミナル 2 は円借款事業で近年完成

1. 沿革と概要

ベトナム社会主義共和国は人口9,300万人、GDPが1,980億USドル、1人当たりGDPが2,100ドルと少額であるが、発展著しい国である。ハノイはベトナムの北部に位置する都市で同国の首都である。漢字では「城舗河内」と書かれ「河内」の漢字からは大河である紅河沿いに発展した都市であったことがうかがえる。2015年の人口は760万人である。国内の工業の中心地であるとともに農産物の集散地にもなっている。市内は、宗主国であったフランスの文化の面影が建築物や食料品などに色濃く残っている。ホーチミン市がベトナム経済の中心地である反面、ハノイはベトナムの政治・文化の中心地といわれている。

ベトナムの空港圏は大きく3つに分割され、北部はノイバイ国際空港、中部はダナン空港、南部

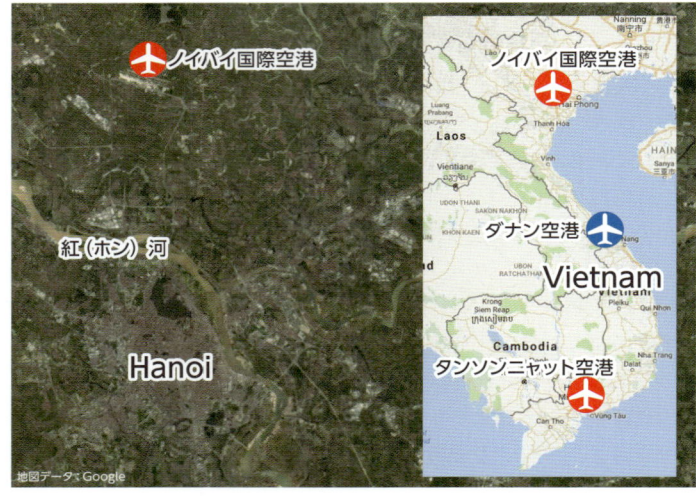

ベトナムの主要空港分布：ハノイ市北部にノイバイ国際空港がある

はタンソンニャット空港が国際空港であるとともにその地方のハブ空港としての役割を果たしている。国内の全空港の運営をベトナム空港公社（ACV: Airport Corporation of VIETNAM） が一括して実施しており、同社は2016年11月にベトナム株式市場

に上場した。

ノイバイ国際空港はベトナムのハノイ中心部から北に45Km離れた場所に位置する。同空港は軍民共用の首都空港として、1978年1月に開港した。2001年10月には航空需要増から600万人対応のターミナル1が供用され、13

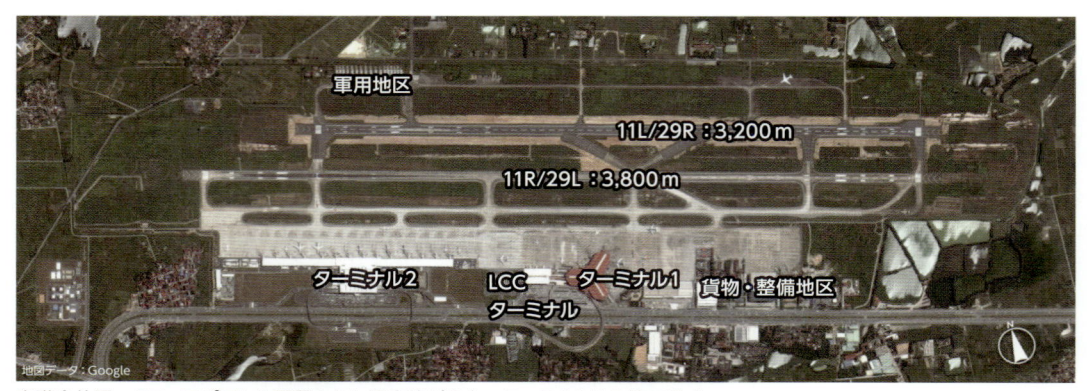

空港全体図：クロスパラレル配置された滑走路が2本。ターミナルは3棟で構成

ターミナル2：日本の資金とノウハウも活用して2014年供用開始
photo / S.Shibasaki

年12月には国内線LCC用として LOBBY E-T1が300万人対応規模で供用された。さらに14年12月には本邦のODAを活用して建設されたターミナル2が供用した。

2. 施設

空港面積は697ha、滑走路は東西にクロースパラレル配置された2本（11L/29R：長さ3,200m×幅45m、アスファルト、11R/29L：3,800m×45m、コンクリート）を有している。11L/29RにはILSが設置されている。卓越風は東風のためほとんどが西側からの離着陸となる。滑走路の東西方向には多くの田畑があり、騒音被害の影響は少ない。

空港の主な施設は、ハノイ市内との位置関係から最短のアクセスが可能な空港の南側に配置されている。具体的な配置は空港の西側からターミナル2、VIPターミナル、LCCターミナル、ターミナル1、貨物ターミナル、ユーティリティ施設となっている。航空機給油施設と排水処理施設は将来のターミナル2の拡張を考慮して、空港西側の制限区域外に配置され、航空燃料は埋設ハイドラントシステムでエプロンに供給されている。VIP施設は通常、混雑を避けるために一般客と動線を分離し、またセキュリティ対策から空港の目立たないところに配置される例が多いが、ここでは空港の中央に配置されている。管制塔は、空港軸を構成している幹線構内道路（空港連絡道）を挟んでさらに南側に単独の施設として配置されている。

3. 旅客ターミナル

ターミナル1は3つの矢羽根を組み合わせたような形状をしており、同ビルの4面にスポットを配したユニット（フロンタル）形式である。搭乗橋が設置された固定スポットを7つ有し、国内線専用として使用されている。隣接するLCCターミナルは単純な矩形のユニットターミナルで搭乗橋はない。ターミナル2は国際線専用で、本館の左右に全長1,000mのウィングを伸ばした形状で、前面には2基ずつの搭乗橋を有する14の固定スポットが配置されている。同ビルは地上4階、地下1階、延床面積約15万㎡であり、2階の出発階への寄付きは高架道路になっており、1階は到着階である。

4.JICA による支援

(1) 円借款事業

ノイバイ空港のメインターミナルであるターミナル2は円借款を利用して新設された。設計は日本空港コンサルタンツ、施工は大成・ビナコネックスJVが実施し、2014年12月末に供用を開始した。本円借款事業にはこのほかに、駐車場、空港特殊機械設備、汚水処理施設、航空機給油施設が含まれていた。

(2) 技術支援事業

本プロジェクトには円借款による施設の建設事業だけではなく、

ターミナル2：
チェックインロビー

photo / S.Shibasaki

日本の技術支援：新関西国際空港エンジニアリングによる給油施設の指導の様子

photo / S.Shibasaki

Asia

ノイバイ国際空港運営・維持管理計画策定支援事業として空港運営の技術支援が含まれていた。具体的な技術支援としては、利便性の高いターミナルビル運営に向けた準備作業やターミナルビルの機械設備、航空機給油施設の運用・保守などである。

特に新関西国際空港エンジニアリング㈱による航空機給油施設に関する建設段階から運用までの技術指導は、それを強く希望したベトナム側だけでなく、利用者である航空会社からも高い評価を受け、同国で初めて導入されたハイドラントシステムは順調に運用されている。

5. 運用状況

ノイバイ国際空港の2016年における旅客数は2,060万人であり、前年比20％の増加があった。運航している航空会社は国際線が38社、国内線が4社、貨物専用機が10社である。国際線の就航先都市として便数が多いのはバンコク（93便/週）、ソウル（70）、シンガポール（40）等、近隣アジア諸国の都市である。日本の都市としては、東京、大阪、名古屋、福岡に就航している。国内線で就航便数が多い都市はホーチミン（454便/週）、ダナン（231）である。

市内から空港までのアクセスは、以前はハノイ市内からノイバイ空港まで1時間弱の時間を要していたが、ターミナル2竣工と同時に開通したニャッタン橋（全長3,700m、円借款活用）及びニャッタン道路を利用すると30分程度で行き来できるようになり、空港の利便性が向上した。この沿線道路沿いは、その利便性の良さから将来の大規模開発が計画されており、ますますの発展が期待されている。

また、ノイバイ空港は技術支援の一環として実施された成田国際空港㈱による空港運営への技術指導により、旅客へのサービスが以前より格段に向上し、英国に拠点を置く航空サービス・リサーチ会社（スカイトラックス社）主催の "World's most improved airport 2016" においてNO.1に選ばれ、また、同社の世界の空港ランキングでも136ランクアップし、100位以内に入った。

6. 将来計画

2015年現在、ターミナルビルやユーティリティ設備の利便性が高くなり、また運用制約も少なくなったこともあり、旅客数が年率9％の伸びで発展している。このため、ターミナル2の西側への拡張が検討されている。さらに需要が増加した場合には、空港連絡道を挟んでターミナル2の南側に、新たな滑走路と旅客ターミナルを展開するマスタープランがある。土地の収用などの課題はあるが、将来の展開計画はきちんと準備されている。

航空燃料について、現在は1日40台のタンクローリーで空港へ搬入しているが、今後遠距離の国際線が増えると1日100台を超えることが想定されるため、安全や環境問題の観点から、諸外国の例にならい、パイプラインや貨車による燃料搬入が検討されている。

（古賀博）

■空港の諸元
- 空港運営者：ベトナム空港公社（ACV：Airport Corporation of VIETNAM）
- 空港面積：697ha
- 滑走路（長さ×幅）：2本
  11L/29R：3,200m × 45m
  11R/29L：3,800m × 45m

■輸送実績（2016年）
- 総旅客数　　20,596,622人
  国際旅客　 7,351,619人
  国内旅客 13,245,003人
- 貨物量　　　　565,653トン
- 離着陸回数　　139,719回

#156
タンソンニャット国際空港（ベトナム・ホーチミン）

Tansonnhat International Airport

VVTS/SGN

需要の伸びは著しく、旅客数はベトナム最大。さらにロンタインに新空港を計画中

1. 沿革と概要

タンソンニャット国際空港はベトナム社会主義共和国のホーチミン市タンビン区にある国際空港である。ホーチミン市の旧名がサイゴンであることから以前はサイゴン空港と呼ばれていた。当空港は1930年代に当地を植民地としていたフランス政府により建設され、56年にはアメリカ政府の支援により拡張された。ベトナム戦争では米軍やベトナム軍らこの空港を使用し、戦争の終焉を迎えた歴史的場所でもある。ベトナムの空港としては最大の利用客数を誇り、南ベトナムのゲートウェイともいえる空港である。空港の運営は、給油などの専門分野を除き、ベトナム空港公社（ACV：Airport Corporation of VIETNAM）が実施している。

ホーチミンの空港分布：現空港と新空港予定地

2. 施設

タンソンニャット国際空港は国内線と国際線にターミナルが分かれている。国内線ターミナル（ターミナル1）は1930年代に建設され、長い歴史を有している。国際線ターミナル（ターミナル2）は、80年代後半からの経済成長により利用客が伸び続けたため、その需要に対応するために日本のODAを活用し、付帯施設とともに整備された。本施設の設計は日本空港コンサルタンツ、建設は鹿島建設・大成建設・大林組・前田建設のJVが担当した。これにより国内線と国際線を合わせた利用可能客数が1,300万人に向上した。

滑走路は東風が卓越風のためほぼ東西にクロスパラレルで2本配置されている。07L/25Rは長さ3,050m×幅45mで、07R/25Lは長さ3,800m×幅45mであるが、07R着陸は約760m短縮運用

空港全体図：クロスパラレル配置された滑走路が2本。周辺をびっしり市街地が囲む

国際線ターミナル：日本のODAで整備された

国際線ターミナル：前面に展開する駐車場には緑豊かな樹木が植栽

されている。いずれもILSが設置されている。旅客ターミナルビル及び関連施設はホーチミン市内との寄付きから滑走路南側に配置され、航空機給油施設は滑走路東側端に、住宅に隣接して配置されている。市内とのアクセスは短時間で便利であるが、その反面住宅街の中に位置することから騒音問題が深刻であり、その対応としても新空港への移転が望まれている。

3. ターミナル施設

　旅客ターミナルは、滑走路に正対して配置された国際線ターミナルと斜めに配置された国内線ターミナルに分かれ、互いに隣接している。国際線ターミナルは本館の両側にウィングを伸ばした形状で、ビル前面に、2基ずつの搭乗橋を備えた10の固定ゲートが設置されている。カーブサイドはダブルデッキで、2層式のビル形式である。延床面積は9.3万㎡である。国内線ターミナルはユニット

（フロンタル）形式で、2基ずつの搭乗橋を持つ固定ゲートを4つ有している。延床面積は3.1万㎡である。エプロンは2万㎡あり、37スポットを有している。旅客ターミナルに隣接して配置されている駐車場は合わせて9万㎡の規模であり、貨物ターミナルビルは6万3,000㎡である。

4. 運用状況

　タンソンニャット国際空港の2016年における旅客数は3,200万人（対前年22％増：うち国際線旅客は1,200万人）、貨物取扱量は48万トンであった。本空港には50近くの航空会社が就航しており、また貨物専用便は8社が運航している。国際線の就航先都市としては、バンコク(105便/週)、シンガポール(102)、クアラルンプール(84)がベスト3で、近隣諸国が占めている。日本には東京、大阪、名古屋に就航している。国内線で多いのはハノイ(420便

/週)、ダナン(238)である。

5. 将来計画

　ホーチミンの航空需要の伸びは著しく、将来の需要増に対応するため、新空港（ロンタイン空港：Long Thanh Airport）がタンソンニャット国際空港の東方約40kmのドンナイ省ロンタイン郡に計画されている。この計画の総投資額は1兆7,000億円で、そのうち第1期が6,200億円となっており、滑走路1本と旅客ターミナルビル（年間旅客処理能力2,500万人、年間貨物取扱能力120万トン）などを建設する計画である。2021年4月に着工し25年に完成する見通しである。

　しかし需要の伸びが急でロンタイン空港を作る前にタンソンニャット国際空港の処理能力が足らなくなる可能性が高いため、当面の対策として、取付け道路の整備やタンソンニャット国際空港内での施設拡張が計画されてい

る。同計画では空港内にベトナム空軍が所有している土地が使用され、高速離脱誘導路1本、平行誘導路1本、エプロン、軍民共用ターミナルビル（T3）、旅客ターミナルビル（T4）が作られ、旅客処理能力を4,300万人に引き上げるとしている。

　新空港開港後は、騒音問題の解消のためにできるだけ早期にタンソンニャット空港を閉鎖すべきとの考えもあるが、少なくとも当分の間は両空港が併用される見通しである。

　これは、現空港のターミナル施設が未だ新しいことや、新空港へ全面移転するには巨額の資金を調達して一挙に4,500万人対応の施設整備が必要となること、またロンタイン国際空港の開港時点で鉄道アクセスの開業が見込めないことなどが理由である。

　両空港の使い分けとしては、ロ

新空港予定地：市内中心部からサイゴン川を隔てて東方40kmに位置

ンタイン新空港が主に国際線空港としての役割を担い、現空港がLCCや国内線空港として機能分担することが想定されている。

（古賀博）

■空港の諸元
・空港運営者：ベトナム空港公社
　（ACV:Airport Corporation of VIETNAM）
・滑走路（長さ×幅）：2本
　07L/25R：3,050m × 45m
　07R/25L：3,800m × 45m

■輸送実績（2016年）
・総旅客数　　32,486,537人
　国際旅客　11,865,743人
　国内旅客　20,620,794人
・貨物量　　　　479,204トン
・離着陸回数　　217,804回

世界最長滑走路の空港

（唯野邦男）

　滑走路の長さが5,000mを超える空港は世界中に4空港ある。最長は中国チベットにあるチャムド・バンダ空港（標高4,400m）で、滑走路としての舗装部分は長さが5,500mある。しかし短縮使用されており、実際に機能している滑走路長は4,200mである。次はロシアのジュコフスキー空港（標高123m）で滑走路長は5,402mであり、滑走路長5,000mの2つの空港、ロシアのウリヤノフスク・ヴォストーチヌイ空港（標高77m）と中国チベットのシガツェ・ピース空港（標高3,782m）がそれに続いている。従って実質的な滑走路長の順位は、ジュコフスキー空港が1位で、それに続く2空港が同列2位であるといえる。なお、ウリヤノフスク・ヴォストーチヌイ空港の滑走路幅は105mと世界最大である。

#157
スワンナプーム国際空港（タイ・バンコク）

Suvarnabhumi International Airport

VTBS/BKK

4,000m級の2本の滑走路と近代的なターミナルをあわせ持つアジア最大級の新空港

1. 背景

タイは日本の約1.4倍に相当する国土を有し、人口は日本の半分強にあたる6,600万人である。戦前はサイアム（Siam）を名乗り、日本人にはシャムの名で親しまれるが、現在はタイ王国が正式名称である。

インフラや裾野産業が充実しているタイは、ASEAN域内最大のエレクトロニクス、自動車生産拠点であり、ASEAN諸国内への輸出において重要な経済的拠点である。また、豊富な観光資源を有し、近隣諸国のみならずヨーロッパやアメリカ、オーストラリアなど世界各国から多くの観光客を集めて

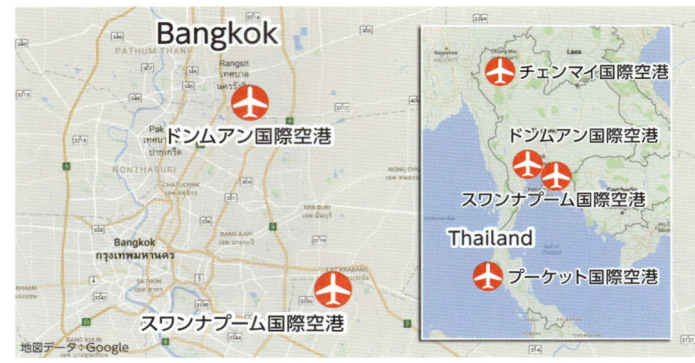

タイの主要空港分布：バンコクには航空需要の増加に合わせスワンナプーム国際空港が建設された

いる。このような背景からタイの航空需要は旺盛である。

タイ王国の首都であるバンコクは人口800万人を越えるタイ経済の中心であり、ラオスやカンボジア、ミャンマーを含むインドシナ

半島の経済圏の中心地でもある。

日本とタイ両国は600年にわたる交流の歴史を持ち、伝統的に友好関係を維持している。第二次世界大戦前より製造業や小売業をはじめとするさまざまな業種にわた

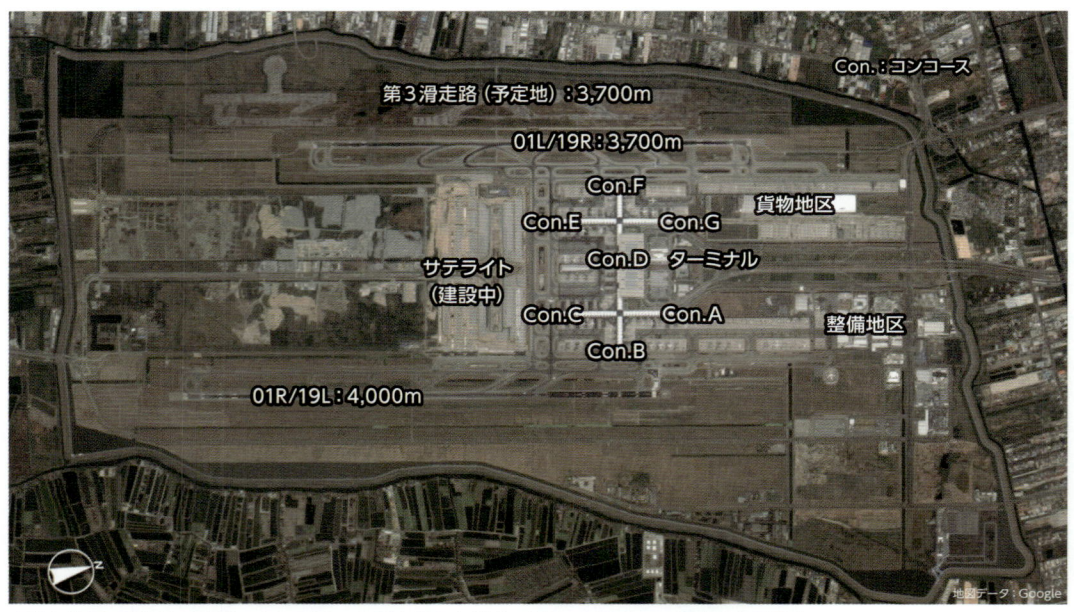

空港全体図：現在は4,000mと3,700mの滑走路2本だが、さらに3,700mの滑走路を建設中

旅客ターミナル：ヘルムート・ヤーンが設計。開港当時世界最大の規模を誇った

る日本企業が進出しており、現在バンコクの在留邦人は4万8,000人強にのぼる。

2. 沿革と概要

タイのゲートウェイ機能は、長らくドンムアン国際空港が担ってきたが、拡張余地が乏しく、また軍との共用空港であるとの制約もあり、いずれ航空旅客の増加に対応しきれなくなるとの見通しがあった。このため、新空港の議論は早くから行われており、すでに1973年時点でバンコクの東方約30kmに位置するサムットプラカン県ノングーハオ（Nong Ngu Hao：コブラのいる湿地という意味）地区にあらかたの用地の取得が完了していた。しかし政変による政権交代を経て計画が棚上げされ、その後何度か計画が浮上しては消えた経緯がある。

1990年代に入って我が国が新空港建設プロジェクトをODA事業として支援することとなり、1996年、タイ政府との間で円借款契約が締結されたことでプロジェクトが動き出した。

1996年に事業実施機関として新バンコク国際空港公社（NBIA：New Bangkok International Airport）が設立され、4年後の2000年には開港する予定であった。しかし、97年のアジア通貨危機や国内の政治的混乱を経て、正式開港したのは2006年9月であった。政治・経済的理由以外で大幅に事業が遅延した理由としては、①排水作業の遅れなどにより用地造成の開始が遅れ、また地盤改良にも多くの時間を要したこと、②ターミナルビルの設計コンペが行われた結果、大量のガラスや鉄骨を使用した大スパンの大屋根構造からなる建築設計が旅客ターミナルビルに採用され、その実現のための手続き、資材調達、建設工事に多大な時間を要したことなどが挙げられる。最終的にプロジェクトコストは3,800億円にのぼったが、円借款の供与額は当初契約額の範囲内の約2,200億円で収まっている。

当初、スワンナプーム国際空港がオープンすると同時にドンムアン国際空港はチャーター機やダイバート機のための空港に用途変更

される予定であり、現に全ての定期航空機は一旦スワンナプーム空港に移転した。しかし、一転してドンムアン空港は定期航空用の空港としても存続することとなり、LCC等が再びドンムアン空港に回帰した（詳細はドンムアン国際空港を参照）。

2006年9月のスワンナプーム空港開港直後は、滑走路や誘導路上の亀裂・損傷の発生や案内板、トイレの不足などに加えて、職員の不慣れによる受託手荷物の遅れや紛失など諸問題が生じ、日本のマスコミにも大きく取り上げられた。これらについては空港運営者により改善策が講じられ問題は解決されたが、もともと本空港は不同沈下が起こりやすい沼沢地を埋め立てて建設されており、雨季になると航空機荷重により地下水位が上昇し、舗装に亀裂が生じやすいという特有の問題を有している。

本空港の建設段階では第2バンコク国際空港と呼ばれていたが、開港時にスワンナプーム（タイ語で「黄金の土地」という意味）国際空港という正式名称が与えられている。

3. 計画と施設配置

スワンナプーム国際空港の敷地面積は3,240haであり、羽田空港（1,522ha）の2倍以上である。オープンパラレル配置（中心線間隔は約2,200m）の2本の滑走路（01R/19L：長さ4,000m×

432

幅60m、01L/19R：3,700m×60m) を有しており、両滑走路ともアスファルト舗装で、高速脱出誘導路とILSを備えている。

旅客ターミナルは、両滑走路の間に配置されており、本館の両側に両滑走路に向かって伸びる2本のピア（コンコース）とそれらにクロスする2本のピア（コンコース）で構成されている。ガラスを多用した明るく斬新なデザインのビルは、ドイツ系アメリカ人の建築家のヘルムート・ヤーンが設計したもので、総床面積56万3,000㎡は開港当時、世界最大規模を誇った。本館は地上7階、地下1階で、4階にチェックインカウンター、出国審査、出発ロビーなどが、2階にバゲージクレーム、入国審査、到着ロビーなどが配置されている。6階にはスカイラウンジ・スカイロフトというレストランフロアが配置され、最上階の展望フロアーに接続している。

1階にはバス・タクシー乗り場、地下にはエアポート・レール・リンクの鉄道駅がある。コンコースはA〜Gに分かれており、A、Bは国内線が使用し、それ以外は国際線で、C、Dはタイ国際航空とスターアライアンス航空会社が、E、F、Gはそれ以外の航空会社とタイ国際航空が使用している。ターミナルビル本館4階には客室数96のトランジット専用のホテルがあり、当空港での乗り継ぎの利便性を高めている。

ターミナルビル正面にはターミ

ミッドフィールド・サテライト・ビルディング完成予想図(手前)：2019年末の完成を目指して工事中

ナルと地下通路で結ばれたノボテル スワンナプーム エアポートホテルが立地している。客室数612部屋を数え、免税店も有するこのホテルは、チェックイン時間に制約がない24時間制で、チェックインから24時間が一泊とカウントされる。

4. アクセス

本事業の実施に合わせて、空港アクセス道路が既存の高速道路ネットワークと接続され、また空港周辺地区の既存道路の拡張や整備が行われた。

開港当初のアクセスはこれら道路系アクセスのみであったが、2010年、空港とバンコク市内のタイ国鉄マッカサン駅（Makkasan City Air Terminal）の間、28.5kmを結ぶエアポート・レール・リンク（Airport Rail Link）が開通した。マッカサン駅にはシティエアーターミナルとして、航空会社のチェックインカウンターや荷物取扱いなどの施設が整備され、空港との間をノンストップで結ぶ特急列車SA エクスプレスが運行（所要時間17分）された。しかしながら、市の中心

部までは地下鉄網との乗り換えが必要であり、想定されたほど航空旅客の利用が伸びず、2014年に運休、結局翌15年に直行列車は廃止された。現在は各駅停車であるシティライナーのみが運行されているが、シティライナーは周辺住民の足の色彩が強く、朝晩の通勤時間帯には通勤客で混雑している。

スワンナプーム空港の敷地内には、2015年12月に自転車専用トラック "Sky Lane"（1.6kmのショートコースと23.5kmのロングコース）が整備され、タイ人だけではなく、タイを訪れる外国人からも人気のスポットとなっている。

5. 運用状況

スワンナプーム国際空港の運用時間は24時間であり、東アジアと欧州・中東の乗り換え利便が高いロケーションと相まって、アジアのハブ空港の地位を築いている。約100社の航空会社が乗り入れており、また貨物専用便は21社が運航している。

本空港の2016年における旅客数は5,600万人（対前年5.7%

増）で世界55位であるが、このうち国際線旅客が8割強にあたる4,500万人を占め、国際線旅客では世界9位にランキングされる。

また、貨物取扱量は131万トン（同10％増）、離着陸回数は34.1万回（対前年6.1％増）と、いずれも急激に増加している。

スワンナプーム国際空港はアジアの国際拠点として、同国ナショナルフラッグキャリアであるタイ国際航空をはじめ、JAL、ANAなど多くのフルサービスキャリアによる中長距離路線が乗り入れている。乗り入れる機材もA380やB777などの多くの中大型機が見られる。トランジット空港としての役割も大きく、24時間、多くの国際線旅客で賑わっている。スワンナプーム国際空港の際内乗継サービスで特筆すべきものとして、国際線からチェンライ、チェンマイ、プーケット、ハートヤイ（ハジャイ）、サムイ、クラビ行きの国内線へ乗り継ぐ旅客用の専用通路が設けられており、国際線到着旅客は、国内線搭乗ゲートへ直結する専用通路を通り、入国審査を経て直接国内線ゲートラウンジへ向かうことが可能となっている（税関審査は最終目的地の空港で実施）。

スワンナプーム国際空港が開港し、2つの国際空港が存在することになったが、スワンナプーム国際空港は中長距離路線を中心としたフルサービスキャリア（FSC）空港、ドンムアン国際空港は短距離路線を中心としたローコストキャリア（LCC）空港という機能分担のもと、旺盛な航空需要に支えられてともに急成長を続けている。

6. 運営主体

空港の運営はスワンナプーム国際空港、ドンムアン国際空港ともに、タイ国内で6空港を運営するタイ空港公社（AOT：Airports Of Thailand）によって行われている。AOTは前身の国営企業であるタイ空港公社（AAT）が2002年に株式公開を行い、公社として設立されたものである。なお、本空港の建設事業の実施のために1996年に設立された新バンコク国際空港公社（NBIA）は2004年にAOTに吸収合併され、AOTが事業の実施機関となっている。

7. 拡張計画

2016年9月、タイ空港公社は長年の懸案でありながら政変などによって実施が遅れていたスワンナプーム空港の第2期事業に着手した。

第2期事業では現ターミナルの南側に新たなミッドフィールド・サテライト・ビルディング1が建設される。同ビルは延床面積26.1万㎡で、固定スポット28ゲートが新たに整備される。本館とは地下トンネルで接続され、無人交通システム（APM：Automated People Mover）が運行される。同時に駐機場等の増設や既存ターミナルの拡張などが行われ、2019年末の供用開始を目指している。総投資額は約550億バーツ（約1,900億円）とされ、タイ建設大手イタリアン・タイ・デベロップメント（ITD）などが手掛ける。本事業が完了すれば空港の取り扱い可能旅客数は6,000万人となる。

またその後、ターミナル2や第3滑走路の建設が予定されており、これらを合わせた投資額は1100億バーツ（3,800億円）超となる見込みで、すべての拡張工事が終わる21年には年間9,000万人対応となる。

（傍士清志）

■空港の諸元	
・空港運営者：タイ空港公社（AOT：Airports Of Thailand）	
・滑走路（長さ×幅）：2本	
01R/19L：4,000m × 60m	
01L/19R：3,700m × 60m	

■輸送実績（2016年）	
・総旅客数	55,892,428人
国際旅客	45,291,073人
国内旅客	9,825,177人
・貨物量	1,306,436トン
・離着陸回数	341,355回

#158
ドンムアン国際空港 （タイ・バンコク）

Don Mueang International Airport

VTBD/DMK

バンコク中心部に近く、100年に渡ってタイの経済成長を牽引してきた首都空港

1. 沿革と概要

　ドンムアン国際空港は現存する世界の空港の中でも最も長い歴史を有する空港の1つである。その開港は、ライト兄弟が世界初の有人動力飛行に成功してからわずか11年後の1914年で、タイ王室空軍の飛行場としてオープンしている。民間空港としての歴史も古く、1924年にKLM機が着陸したことがその始まりである。

　バンコク中心部から北へ20kmのドンムアン区に位置する本空港は、長きにわたってタイの空の玄関として重要な役割を担ってきた。しかし、増え続ける航空旅客に対応するため、新たに建設された第2バンコク国際空港（スワンナプーム空港）が開港すると、その役割は大きく変わることになった。

　スワンナプーム国際空港の開港に伴って、正式名称はバンコク国際空港からドンムアン国際空港へと変更された。IATAコードであるBKKも新空港に継承され、ドンムアン空港には新たにDMKというコードが与えられた。

　当初計画では新空港開港後は、ドンムアン国際空港にはチャーター機、貨物専用機、政府専用機、軍用機のみが就航し、これに伴って既存のターミナルビルは改装の上、展示場、ショッピングモールとして再利用されることになっていた。しかし、スワンナプーム国際空港の開港後に運用上の不具合が相次いだことから、新空港の開港1年にも満たない2007年3月、再び定期便がドンムアン空港に就航することとなった。

　2011年のモンスーン期にタイを襲った大洪水により空港が完全に水没する被害に見舞われ、12年3月に運用を再開するまでの半年近くの間、本空港は閉鎖を余儀なくされている。

　水害からの復旧を果たした後、スワンナプーム国際空港とドンムアン国際空港を運営するタイ空港公社（AOT）は、ドンムアン国際空港をLCCの拠点空港と位置付け、スワンナプーム国際空港のLCCを次々とドンムアン空港に移す戦略をとった。

　その後の急速なLCCの発展もあって、ドンムアン空港は急速に旅客取り扱いを増やし、バンコク都市圏に2つの大空港が共存する時代を迎えることになった。

2. 計画と施設配置

　ドンムアン国際空港の標高は3mで、クロースパラレル（離隔距離約400m）に配置された2本の滑走路（03L/21R：長さ3,700m × 幅60m、03R/21L：3,500m ×45m）を有している。両滑走

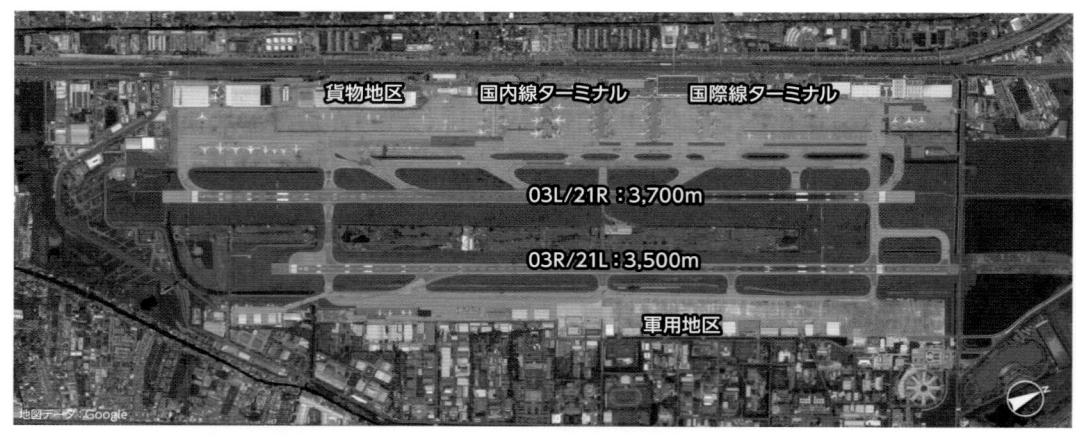

貨物地区　　国内線ターミナル　　国際線ターミナル

03L/21R：3,700m

03R/21L：3,500m

軍用地区

空港全体図：クロースパラレル配置された2本の滑走路と国際、国内線2棟のターミナルで構成

空港内ゴルフ場：二本の滑走路の間にあるロイヤルタイ・エアフォース・カンタラットゴルフ場（18H）

路ともアスファルト舗装で、ILSが設置され、離着陸能力は時間当たり60回である。03L/21Rは高速脱出誘導路を備えている。

旅客ターミナルは滑走路の西側に位置し、国際線ターミナルと国内線ターミナルから構成されている。北側にある国際線ターミナルは滑走路に垂直の4本と平行の1本のピアを持つ形式で、搭乗橋が設置された27の固定ゲートを有している。延床面積は10万9,000㎡で、年間旅客取扱能力は1,600万人である。

国内線ターミナルは18の固定ゲート（うち2ゲートは搭乗橋付き）を有し、延床面積2万2,000㎡で、時間当たり到着2,000人、出発2,500人の処理能力を有している。エプロンの総スポット数は101である。

3. 運用状況

ドンムアン国際空港においては24時間運用が行われている。

2016年の離着陸回数は26万回であり、旅客数は3,500万人（対前年16.2%増）で、うち国際線旅客は1,200万人（同29.6%増）、国内線旅客は2,300万人（同10.4%増）である。また、貨物取扱量はLCCの特性から少なめで、

6万8,000トンにとどまっている。

現在、本空港に就航する航空会社はタイ・エアアジアやノックスクートをはじめ、ほぼ全てがLCCであり、国際線、国内線とも "Point to point" の航空路線が構築され、乗り入れる航空機もA320やB737などの小型ジェット機が中心となっている。国際線は主として中国やマレーシア、ベトナム、ミャンマーなどの短距離路線が中心であるが、タイ・エアアジアXやスクートによる成田、関西、などの日本路線をはじめ中距離路線も拡大しつつある。

2015年にターミナル2の改修が完了し、年間3,000万人の処理能力に増強されたが、それでも需要に追い付かず、空港管理者であるタイ空港公社は更なる拡張を検討しており、2つのターミナルと駐車場を結ぶ輸送システム（Internal railway system）の導入についても計画中である。

就航航空会社はほぼすべてLCCではあるが、ターミナル施設は

バンコク国際空港当時の施設を継承しているため、多くの搭乗橋（PBB）が設置されており、利便性が高いことも特徴である。

4. アクセス

本空港とバンコク中心部の距離は20㎞しか離れていないが、かつては恒常的に激しい渋滞が発生する「近くて遠い空港」として知られていた。しかし今日では、高速道路ネットワークの整備が進み、市内まで40分程度でアクセスできる利便性の高い空港である。

空港に沿ってタイ国鉄の路線が走っており、ドンムアン駅がターミナルに隣接しているが、運航頻度が少ないローカル線であり、空港アクセスとしての利用はほとんどされていないのが実情である。しかし現在、2020年の開業に向けてバンコク市内に新しい鉄道ターミナルの整備が進んでおり、また、将来的にはスワンナプーム空港ともエアポート・レイル・リンクで直結される予定であり、空港アクセスの更なる改善が期待される。

（傍士清志）

■空港の諸元	■輸送実績（2016年）	
・空港運営者：タイ空港公社（AOT: Airports Of Thailand）	・総旅客数	35,203,652人
	国際旅客	11,779,546人
・滑走路（長さ×幅）：2本	国内旅客	23,317,819人
03L/21R：3,700m×60m	・貨物量	67,884トン
03R/21L：3,500m×45m	・離着陸回数	260,957回

#159
チェンマイ国際空港 (タイ・チェンマイ)

Chiang Mai International Airport

VTCC/CNX

タイ有数の避暑地、古都チェンマイへ向かう年間 1,000 万人の旅客が国内外から利用

1. 沿革と概要

チェンマイは、バンコクの北方720kmに位置するタイ第2の都市である。1296年にランナー王朝初代メンラーイ王により新しい首都としてピン川のほとりに建設された「北方のバラ」とも称される美しい古都で、チェンマイの名はタイ北部の言葉で「新しい街」を意味する。周辺はタイ最高峰ドイ・インタノンをはじめとした峰々が重なる緑豊かな山岳地帯となっており、乾季（11月〜1月）は平均気温が約25℃と平野部より過ごしやすいことから、避暑地としても人気がある。

チェンマイ国際空港は、1921年にシュテップ飛行場として開設されたのが起源である。チェンマイ市中心部から南西4kmに位置し、標高は316mである。チェンマイ中心部からタクシーで約15分とアクセスが良い。

2006年10月に国際線ターミナルが完成し、11年にはタイ・エアアジアの第2拠点空港となった。14年にはエプロンの拡張が行われて大型機が駐機できるようになり、国際線到着ホールや国内線出発ホールも拡張された。

タイ空港公社（AOT）が運営する国内6空港の1つであり、空港運用時間は6時から24時である。タイ空軍との共用空港であり、空港用地の所有者は空軍である。

2. 計画と施設配置

チェンマイ国際空港の滑走路は1本で、方位18/36、長さ3,100m×幅45mであり、アスファルト舗装で、ILSが設置されている。時間当たり24回の滑走路処理能力を有している。平行誘導路があり、滑走路との離隔距離は240mと十分にあり、さらに内側にエプロン誘導路があるので、将来のエプロンの奥行き拡張やサテライト設置などの必要が生じた場合にも対応できる。

旅客ターミナルは延床面積約6,000㎡のフロンタル形式で、搭乗橋付きの6つの固定ゲートを有している。

3. 運用状況

本空港における2016年の離着陸回数は7.2万回（対前年比6.9%増）であり、950万人（同12.9%増）の旅客数を取り扱っている。うち国際線旅客は210万人（同9.8%増）で、東南アジア、東アジアの25社が就航している。16年において旅客数の多かった路線は、香港（35万人）、上海（29万人）、クアランプール（23万人）の順となっている。また、地理的にタ

空港全体図：3,100mの滑走路が1本。チェンマイ市中心部から4kmに位置し、利便性が高い

旅客ターミナルビル

photo / Lerdsuwa

イ北部に位置していることもあり、ラオス、ミャンマーとの路線を有している。国内線には7社が就航しており、国内線旅客は740万人（13.％増）を取り扱っている。バンコク（ドンムアン空港）（390万人）、バンコク（スワンナプーム空港）（200万人）、プーケット（46万人）の順であった。

（傍士清志）

■空港の諸元	■輸送実績（2016年）	
・空港運営者：タイ空港公社	・総旅客数	9,446,320人
（AOT：Airports Of Thailand）	国際旅客	2,078,017人
・滑走路（長さ×幅）：1本	国内旅客	7,348,715人
18/36：3,100m × 45m	・貨物量	19,213トン
	・離着陸回数	72,139回

column 20

航空会社、飛行機会社、空港会社

（傍士清志）

　似て非なる3つの企業形態を並べてみた。落ち着いて字面を眺めれば一目瞭然だが、会話の上では、時として混同される。一般の旅行者にとってJAL、ANAをはじめとする「航空会社」は身近な存在だが、「ハワイ行きの飛行機会社はどこ？」などという誤問にも出くわすと、「多分ボーイングかエアバスだよ」などと、航空機メーカーの名を挙げて意地悪く答えてみたくなる。

　それはともかく、タイトルの三番目にあげた「空港会社」という企業形態は実はあまり世の中に浸透していない。滑走路、誘導路や空港ターミナルビルなど、空港の様々な施設の建設運営を一手に行い、着陸料や利用料、テナント収入等で収益を得るというのが「空港会社」のビジネスである。

　日本初の空港会社は1984年（昭59）に設立された関西国際空港㈱で、現在でも中部国際空港㈱や公団から転じた成田国際空港㈱などを入れて「空港会社」はわずか数社に過ぎないので、馴染みがなくて当然かもしれない。

　それでは、空港会社以外の空港はすべて役所仕事かといえば、もちろんそうではない。羽田空港でターミナルビルを営む「日本空港ビルデング㈱」は東証一部上場企業であるが「空港会社」ではなく「空港ターミナルビル会社」に分類される。

　ややこしいが、羽田空港は国土交通省が管理する空港なので、同社は「空港会社」には該当しないというわけだ。日本では空港整備の歴史的経緯から、滑走路を含む空港全体（「下物」ともいう）を国や県などの公的セクターが設置・管理し、ターミナルビルなどの「上物」の整備・運営を多くの「空港ターミナルビル会社」が担ってきた。

　しかしながら近年、空港の運営権売却（コンセッション）が進展するに伴い、仙台国際空港㈱を皮切りに徐々に「空港会社」が誕生しつつある。空港民営化は「空港会社」が担うのである。

#160
プーケット国際空港（タイ・プーケット）
Phuket International Airport

2004年のスマトラ島沖地震を克服し、真新しい新国際ターミナルで観光客をお出迎え

1. 沿革と概要

　プーケット島はエメラルドの海と真っ白な砂浜の美しさから「アンダマン海の真珠」と称えられるタイ国内最大の島であり、世界有数のリゾートである。

　プーケット国際空港はプーケット市中心部から32km離れた同島の北部に位置している。本空港は人気リゾート地であるプーケット島のゲートウェイとして、タイの観光産業において重要な役割を果たしており、首都バンコクのスワンナプーム、ドンムアンの両国際空港に次ぎタイで3番目に旅客数の多い空港である。プーケットは2004年のスマトラ島沖地震により発生した津波により、大きな打撃を受けたが、その後の復興が急速に進み、それとともに空港の利用客も増加が続いている。このよ

旅客ターミナル：手前が国内線で右手奥が国際線。タイ随一のリゾートに訪れる観光客は年々増加傾向

うな需要の急拡大に対応するため、14年にはターミナルX（エックス）がオープンし、次いで16年9月には国際線新ターミナルビルがオープンしている。

空港運営者はタイ空港公社であり、24時間運用である。

2. 計画と施設配置

　プーケット国際空港の標高は25mで、滑走路は1本である。滑走路の方位は09/27で、長さ3,000m×幅45mのアスファルト舗装であり、ILSが設置されている。東側端部を除き平行誘導路があり、高速脱出誘導路も設置されている。滑走路が西側の海岸線に直交する配置となっているのに対し、旅客ターミナルは滑走路の西側端部の南側に、海岸線にほぼ平行するように配置されている。

貨物地区
国内線ターミナル
国際線ターミナル
ターミナルX
09/27：3,000m

空港全体図：海岸線に直角方向の3,000m滑走路が1本。海に面した位置に国内線、国際線それぞれのターミナル

国際線ターミナル：モダンな空間構成の出発ロビー

アンダマン海上空からの09進入：海岸から航空機が間近に見えるスポットとして観光客にも人気

　新設された国際線ターミナルは4階建てで、3階に出発、1階に到着の機能が置かれた近代的な2層式ターミナルである。2階には隣接する国内線ターミナルや新設された立体駐車場への連絡通路がある。カーブサイドはダブルデッキ構造となっている。同ターミナルは航空会社のチェックインカウンター96か所、出国審査カウンター34か所、新型手荷物検査機などを完備し、年間500万人の旅客に対応している。既存のターミナルは従来国際線、国内線併用であったが、17年に国内線専用ターミナルに改修され年間750万人の利用が可能になった。これにより空港全体での旅客対応能力は年間1,250万人にまで増加したが、その一方で、最近の需要の急増によりすでに2016年の旅客輸送実績は1,500万人を上回っており、更なる対応が求められる情勢である。

　ターミナルXは、混雑回避のためにチャーター便（ジェットアジア・UTエア）のチェックイン手続専用として作られたターミナルであったが、新国際線ターミナルのオープンに伴って閉鎖された。

3. 運用状況

　本空港における2016年の離着陸回数は9万8,000回（対前年比15.4%増）、旅客数は1,500万人（同17.8%増）で、そのうち国際線は810万人（同16.6%増）、国内線は700万人（同18.5%増）である。国際線・国内線合わせて、約60の航空会社が就航している。18年4月現在、日本からの直行便は無いものの、プーケットの人気を背景にフランクフルト、ヘルシンキ、ドバイ、ドーハ、シドニーなどの長距離国際線が多数就航しており、多くの外国人観光客で賑わっている。ロシア（モスクワ・

ノヴォシビルスク）からの路線もあり、ターミナルビルにはロシア語の案内表示も見られる。

4. 将来計画

　タイ運輸省・輸送交通政策企画事務局（OTP）によると、2021年にプーケットでの運行開始を目指しているLRT（ライトレール）が、将来プーケット空港にも乗り入れる予定となっている。

（傍士清志）

■空港の諸元	■輸送実績（2016年）	
・空港運営者：タイ空港公社 　（AOT：Airports Of Thailand）	・総旅客数	15,107,185人
	・国際旅客	8,102,885人
・滑走路（長さ×幅）：1本	・国内旅客	6,996,767人
09/27：3,000m × 45m	・貨物量	43,214トン
	・離着陸回数	98,904回

#161

ワッタイ国際空港（ラオス・ビエンチャン）

Wattay International Airport **VLVT / VTE**

ASEAN唯一の内陸国ラオスでは航空交通が生命線。わが国の無償資金協力も大いに貢献

1. 概要と沿革

ASEAN唯一の内陸国であり、国土の8割が山岳部というラオスは航空交通への期待も大きい。その首都ビエンチャン中心部からわずか3kmに位置するワッタイ国際空港は、ラオスの玄関口として、また観光分野をはじめとする経済活動の拠点として重要な役割を担っている。本空港は、1962年に開港して以降、様々な資金を活用して拡張、改修等を行ってきた。69年から71年には日本の無償資金協力により滑走路を延長、高速脱出誘導路を建設し、95年から98年には日本の無償資金協力により国際線ターミナルビルを建設した。近年では、2011年から13年に日本の無償資金協力でエプロン拡張を実施し、また日本以外にもアジア開発銀行（ADB）や

タイ政府からの支援により、滑走路改修等を実施してきた。空港の所有及び運営者はラオス空港公団（Lao Airports Authority）である。

1999年には、ラオス空港公団と日本企業のJALUX、豊田通商（当時はトーメン）が国際線ターミナル運営会社L-JATS（Lao-Japan Airport Terminal Services Co.,Ltd.）を設立し、以来、本空港国際線ターミナルの運営を担っている。

2017年2月現在、ラオス航空及びラオ・スカイウェイが国内線8路線に就航、また、ラオス航空、エアアジア、中国東方航空、ベトナム航空等13の航空会社が国際線15路線に就航している。なお、日本とラオス間の直行便はない。

2. 施設

(1) 基本施設

滑走路（13/31）は長さ3,000m×幅45mのアスファルト舗装で、ILS（計器着陸装置）が整備されている。空港の東側にビエンチャン市街地及びタイ国境が隣接していることから、優先滑走路方式（可能な限り、13着陸・31離陸）となっている。滑走路の南端付近に位置するエプロンは、大型機10機の駐機が可能である。また、急増する航空旅客需要に対応するため、現在、日本の円借款により高速脱出誘導路の建設が行われている。

(2) ターミナル

ランドサイドからエアサイドに向かって右側から順に航空会社、オフィスビル、国内線ターミナル、国際線ターミナル、VIP施設、貨

空港全体図：3,000mの滑走路が1本のみだが、山岳地帯が広がる内陸国ゆえに航空交通への期待は大きい

旅客ターミナル：旅客の増加に対応するため国内線、国際線ともにターミナルの増築中

旅客ターミナルビル：中央部分は建設から半世紀が経過

旅客需要が急速に拡大し、現在では年95万人を超える旅客が利用しており、ピーク時に搭乗客の列がチェックインカウンター前のスペースに収まらないなどの問題が生じている。国内線ターミナルビルは、1965年から現在の国際線ターミナルビル建設までの間、国際線ターミナルとして使用されていた小規模な建物で、4,000㎡、1層式である。建設から約50年が経過し、老朽化が著しい。

そのため現在、日本の円借款により国際線ターミナルビルの拡張及び国内線ターミナルビルの新設事業が行われている。

3. アクセス

市街地と空港は近接しており、交通手段としてはタクシー、ミニバス、自家用車、トゥクトゥク（三輪自転車のタクシー）が利用されている。

（長谷川はる香）

物ターミナルが並んでいる。国際線ターミナルビルはフロンタル形式で、搭乗橋をもつ2つの固定ゲートを有しており、年間処理能力25万人、延床面積1.1万㎡、1.5層方式の建物である。1階に出発・到着ロビー、手荷物受取所等があり、2階には出発ロビー、出発ラウンジ、入国検査場等が配置されている。近年の年平均7％を超えるラオスの経済成長を背景に航空

■空港の諸元
・空港運営者：ラオス空港公団（Lao Airports Authority）
・滑走路（長さ×幅）：1本　13/31：3,000m × 45m

■輸送実績（2016年）*
・総旅客数　1,520,735人
・国際旅客　1,108,143人
・国内旅客　412,592人
・貨物量　3,173,785トン
・離着陸回数　16,112回
※ACI以外のデータ

#162
プノンペン国際空港（カンボジア・プノンペン）

Phnom Penh International Airport

VDPP/PNH

経済成長が著しく、増加の一途をたどる航空需要を担うカンボジアの首都空港

1. 概要と沿革

　当空港は、カンボジアの首都プノンペンの西5kmの場所にあるカンボジア最大の空港である。カンボジア政府は空港の拡張整備をBOT方式により行うこととし、このために設立された整備・運営会社であるカンボジア・エアポーツ（Cambodia Airports：資本構成は仏のVinciが70%、マレーシアとカンボジアの合弁会社が30%）に1995年7月から業務を移管した。以来、カンボジア政府との間に締結された協定に基づき大規模な空港施設の近代化が図られることとなり、1億1,000万米ドルの投資により、滑走路、旅客ターミナル、貨物ターミナル、格納庫などが整備され、2001年に完成した。

プノンペンの空港分布：ともに年間300万人超の旅客を取り扱う

2. 施設

　本空港の滑走路は1本で、方位05/23、長さ3,000m×幅44mでアスファルト舗装であり、ILSを備えている。滑走路中央部のみ平行誘導路が設置されている。

　旅客ターミナルビルはフロンタル方式で、3基の搭乗橋（PBB）が設置されており、そのうち2基

空港全体図：3,000mの滑走路が1本。周辺を市街地が取り囲んでいる

ポール、仁川など10都市に直行便が就航している。国内線は、世界遺産のあるシェムリアップとの間に1日6便が就航している。

2009年7月、カンボジアで待望のナショナルフラッグキャリアが運航を開始した。名称はカンボジア・アンコール航空で、カンボジア政府が51％、ベトナム航空が49％を出資して設立されており、当空港において中心的な役割を担っている。さらに、14年4月には中国系の投資によりカンボジア・バイヨン航空が設立され、同年8月から運航を開始している。立ち上がりは数機による運航であるが、30機程度の航空機発注が行われており、今後、急速に活動が活発化していくと考えられる。このほか、アジア系のエアラインが乗り入れており、わが国からは16年9月、ANAが成田との間でデイリーでの運航を始めている。

（干山善幸）

出発ロビー：2015年に新装オープン

photo / Cambodia Airports

旅客ターミナル：エプロンにはアジア近隣諸国の航空機が並ぶ

が国際線用、1基が国内線用として使用されている。1階が到着ロビー、2階が出発ロビーとなっており、2015年11月に出発ロビーが装い新たにオープンしている。今後、到着ターミナルの改装・拡張も随時完了していく見込みである。

国際線旅客が全体の約9割を占め302万人、国内線は33万人、また発着回数は3.3万回といった状況である。路線でみると、国際線では2016年9月時点で、1日37便のうち約1/3の11便がバンコクへの路線であり、続いてシンガ

3. 運用状況

当空港における2016年の旅客数は340万人で、内訳をみると、

■空港の諸元		■輸送実績（2016年）	
・空港運営者：カンボジア空港 　（Cambodia Airports）		・総旅客数	3,388,553人
		国際旅客	3,018,970人
・滑走路（長さ×幅）：1本		国内旅客	327,201人
05/23：3,000m × 44m		・貨物量	45,655トン
		・離着陸回数	33,435回

#163
シェムリアップ国際空港 (カンボジア・シェムリアップ)

Siem Reap International Airport

VDSR/REP

世界的な仏教遺跡アンコール・ワット観光はここからスタート。中国各地への直行便も

1. 沿革と概要

シェムリアップ国際空港は、世界遺産に登録されているアンコール・ワットの西側5㎞に位置する国際空港である。わずかながらプノンペン国際空港を上回り、カンボジアでは最も利用者が多い空港である。空港の運営は、プノンペン国際空港と同様、カンボジア空港（Cambodia Airports）によって行われている。

アンコール・ワットはカンボジアの国旗にも描かれており、インドネシアのボロブドゥール、ミャンマーのバカンとともに世界3大仏教遺跡として有名である。アンジェリーナ・ジョリーが出演した2001年の映画「トゥームレイダー」のロケ地ともなっている。

photo / Lerdsuwa

旅客ターミナル：一見、ターミナルとは見えないアンコール様式の建物

2. 施設

滑走路は1本で、方位05/23、長さ2,550m×幅45m、舗装はコンクリートである。ILSはなく、平行誘導路も設置されていない。

旅客ターミナルビルは国際線と国内線の建屋に分かれているが、双方とも平屋建てとなっており、搭乗橋（PBB）はなく、飛行機を降りた旅客は徒歩でターミナルに向かう。旅客ターミナルビルの外観はアンコール遺跡にちなんでアンコール様式のデザインとなっているのが印象的である。施設改修のため、1996年からアジア開発銀行（ADB）のローンが供与されており、2006年8月に新国際線ターミナルとしてオープンしたものである。

05/23：2,550m

貨物地区　国内線ターミナル
国際線ターミナル

地図データ©Google

空港全体図：2,550mの滑走路が1本のみだが、アンコールワットへのアクセスが良く、プノンペン国際空港を上回る利用客数

世界遺産アンコールワット：クメール建築の傑作といわれる。シェムリアップ空港の東方5kmに位置

なお、カンボジア政府は、シェムリアップから60km離れた位置に新空港建設の検討を行っている。

3. 運用状況

当空港における2016年の旅客数は350万人となっている。内訳をみると、国際線旅客が全体の約9割を占め300万人、国内線は42万人といった状況である。路線でみると、国際線では2016年9月時点で、1日37便のうち約1/4の9便がバンコクへの路線であり、アンコール・ワットを訪れる外国人観光客は、プノンペン経由よりもバンコク経由の利用者のほうが多い状況にある。このほか仁川、上海、成都などの都市との間に直行便が就航しており、プノンペン国際空港に比較して中国本土からの直行便が多い。国内線は、プノンペン国際空港との間に1日6便が就航している。

カンボジア観光省は、同国を訪れる外国人観光客数を2014年の450万人から20年には750万人まで引き上げる方針であり、今後ともアンコール・ワットを訪れる観光客を中心に、高い伸び率で推移していくことが期待されている。

（干山善幸）

■空港の諸元	
・空港運営者：カンボジア空港（Cambodia Airports）	
・滑走路（長さ×幅）：1本 05/23：2,550m × 45m	

■輸送実績（2016年）	
・総旅客数	3,478,300人
国際旅客	3,048,759人
国内旅客	417,082人
・貨物量	1,920トン
・離着陸回数	37,698回

#164
ヤンゴン国際空港（ミャンマー・ヤンゴン）

Yangon International Airport

VYYY/RGN

利用客数はミャンマー最大。さらなる需要拡大に備え北方80kmに新空港を建設予定

1. ミャンマーの空港

　ミャンマー連邦共和国（以下「ミャンマー」）の国土面積は、日本の約1.8倍に相当する68万k㎡で、南北に長い国土形状をしていることから航空の果たす役割が大きい。国内には69の民間航空用の空港があり、うち32空港が現在運用されている。

　同国は2010年に民政移管を果たし、11年に就任したテイン・セイン大統領が経済開放を進めたことにより、国際社会に復帰し、「アジア最後のフロンティア」と呼ばれるまでに経済成長が有望視される国家へと変貌を遂げた。

　ヤンゴンは同国最大の都市であり、かつての首都であったが、2006年から首都がネピドーに移されている。

ヤンゴンの空港分布：現空港と新空港

2. 概要

　ヤンゴン国際空港は、ミャンマー最大の都市であるヤンゴン市の中心部から北方7kmに位置する。24時間運用の国際空港で、航空需要の面ではミャンマー最大の空港である（2016年の年間利用客数は540万人）。滑走路長やターミナルビルなど空港の施設規模は1999年にマンダレー市近郊に開港したマンダレー国際空港に次ぐ。

　かつてヤンゴン国際空港は、1980年代にわが国の円借款を受けて一部が整備されたが、88年の軍事クーデターを契機としてわが国からの支援が中断し、以来長らく本格的な施設整備がなされてこなかった。しかしその後、

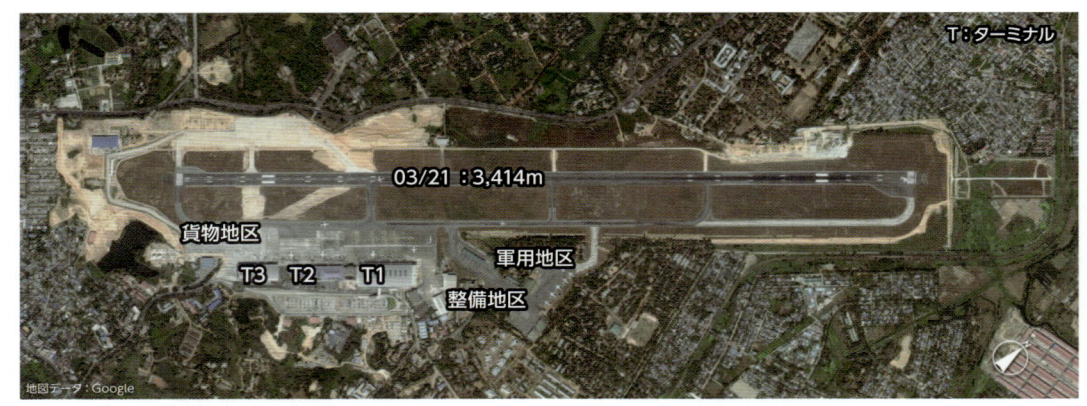

空港全体図：国際線就航可能な3,414mの滑走路があり、新ターミナが供用したが、航空需要増加に追いつかない状況

旅客ターミナル：2016年にリニューアル。手前からターミナル1、2、3の順に並ぶ

photo / Yangon International Airport

2007年には自国予算で同空港の新国際旅客ターミナルビルが建設され、08年には滑走路の延長が行われている。

　順調な経済成長を受けてミャンマーの航空需要は急激に増加しており、2005年に73万人であったヤンゴン国際空港の国際線旅客数は、11年には145万人へと倍増した。これにより、空港施設、特にターミナルビルの狭隘化が著しく進んだため、ターミナル施設の整備が民間資本により進められることになった。

　2013年、空港の運営主体にミャンマー最大の財閥であるアジア・ワールド・グループ（Asia World Group）の子会社であるパイオニア・エアロドローム・サービス（Pioneer Aero-drome Services：PAS）が、複数の国際企業を破って選出され、新ターミナルの建設と運営の契約が締結された。空港の運営はPASの子会社であるヤンゴン・エアドローム（Yangor Aerodrome Co,Ltd.：YACL）が行っている。PASは現在、ヤンゴン国際空港のほか、11年にミャンマーの首都ネピドーにオープンしたネピドー国際空港の運営・管理も行っている。

3. 運用状況

　ヤンゴン国際空港に就航する同国航空会社としては、かつて国営航空会社であったミャンマー・ナショナル航空（2014年民営化）、同社が出資するミャンマー国際航空のほか、ゴールデン・ミャンマー航空、ヤンゴン航空、バガン航空、エアマンダレー等、新興航空会社がある。一方外国航空会社としてはシンガポール航空、タイ国際航空、ベトナム航空などの近隣諸国の航空会社を中心に、最近ではジェットスター、タイ・エアアジアなどLCCの進出が進んでいる。

　就航都市別ではバンコク（スワナプーム及びドンムアン）、シンガポール、クアラルンプールがベスト3を構成する。

　日本との間の直行便としては、2012年10月から、ANAが週3便B737で成田-ヤンゴン間の就航を開始し、16年9月現在B767がデイリーで運航している。また、ミャンマー国際航空は14年2月にチャーター便でマンダレー/ヤンゴンと茨城空港路線を運航した実績があり、同年10月にはヤンゴン-大阪/関西線を週3便の予定でスケジュール・チャーター運航を開始したが、ひと月足らずで運休となっている。

4. 施設

　滑走路は2008年に延長整備された長さ3,414m×幅61mの1本で、方位は03/21であり、大型ジェットの長距離便の発着が可能である。北側進入（21進入）方向にはILS（計器着陸装置）が整備されている。

　PASは6億6,000万米ドルを投じてターミナル拡張プロジェクトを実施し、2016年3月にヤンゴン国際空港新ターミナル（ターミナル1）がオープンした。ターミナル1は3階建てで、延床面積は4万4,000㎡。B747の取り扱いが可能な固定スポット4スポットが設置されている。ターミナル1供用開始後、ターミナル2が改装され、1と2は一体的に国際線ターミナルとして供用されている。また、国内線専用のターミナル3も2016年12月に新たにオープンした。これら一連のターミナル整備に伴って、ターミナルのキャパシティが600万人にまで拡大し、需給の逼迫がとりあえず一息ついた形となった。しかし、今後さらに

需要が拡大を続ければ、遠くない時期に再び能力限界を迎えることが想定され、その際計画が進められているハンタワディ空港との需要分担が焦点となろう。

Asia

5. ハンタワディ空港（新国際空港）

ハンタワディ空港はヤンゴン市内から北へ約80kmに位置するバゴー地区に建設が予定されている新空港で、能力限界が近い現ヤンゴン国際空港の機能を代替することが期待されている。旅客取扱能力は年間1,200万人が見込まれており、ヤンゴン国際空港の2倍以上の規模となる。当初開港予定は2018年とされていたが、約15億ドル（約1,800億円）とされる事業費の手当ての目途がたたず、供用開始は22年に延期された。ハンタワディ空港供用開始後のヤン

ハンタワディ空港完成予想図：新たな国際空港として期待がかかる

image / EMG

ゴン空港との役割分担について16年時点において公式に明らかにされたものはない。

（傍士清志）

■空港の諸元	■輸送実績 （2016年）	
・空港運営者：ヤンゴン・エアロドローム（Yangon Aerodrome Co,Ltd.：YACL）	・総旅客数	5,447,820人
	国際旅客	3,635,775人
	国内旅客	1,812,045人
・滑走路（長さ×幅）：1本	・貨物量	35,227トン
03/21：3,414m×61m	・離着陸回数	74,974回

column 21

空港と旅客ターミナル

（傍士清志）

大方の人々にとって空港といえば旅客ターミナルビルを指すことが多いようだ。「新空港ができた」というので、どこの空港のことかと思えば、新しいターミナルがオープンしたことを指していたりする。航空旅客にとって、飛行機への乗り降り、買い物、食事などほぼ全ての空港での体験は旅客ターミナルビルの中でのことだから無理からぬことと思う。

それでは、ターミナル以外の部分は何かと問えば「滑走路」という答えが返ってくるのが一般的である。つまり空港の主たる部分はターミナルビルであり、他は滑走路で成り立っているというのが広く浸透している理解のようだ。

ある時、空港からの中継で、レポーターが「○○便が滑走路に止まっています」と言うので、さて異常事態かとテレビ画面を見ると、ごくごく普通にエプロン上に航空機が駐機中だったことがある。せめてマスコミ関係者には滑走路の概念ぐらいちゃんと理解して欲しいと思うのだが……。

#165
ネピドー国際空港 （ミャンマー・ネピドー）

Naypyidaw International Airport

VYNT/ NYT

2006年遷都の新首都の空港。国際線就航可能な滑走路と近代的ターミナルで構成

1. 概要と沿革

ネピドーはミャンマー連邦共和国（以下「ミャンマー」）の中央部に位置し、同国最大の都市ヤンゴンの北方320kmに位置する首都である。もともとは人口10万人ほどの都市であったが、ピンマナ近郊の軍用地において2003年夏より首都建設が始まり、06年にヤンゴンから遷都されて首都となった。ネピドーとは英語のRoyal Capital（王の都）を意味する。国会議事堂や各省庁などすべての行政機構が集約された結果、人口は115万人まで増加したが、ヤンゴン（735万）やマンダレー（614万人）にははるかに及ばない。

ネピドー国際空港は、同市中心部から南方16kmの場所にあっ

たエラ空港（Ela Airport）を遷都後に中国の援助で拡張整備し、2011年に開港した。ミャンマー運輸省により所有、運営されている。

2. 施設

滑走路は1本でコンクリート舗装されている。長さが3,657mあり、長距離国際線を大型ジェット機で運航できる。方位はほぼ南北（16/34）に向いており、北側からの進入（16進入）方向にはカテゴリーⅠのILS（計器着陸装置）が備わっている。

ターミナルビルは、本館の左右に伸びるウィングと中央に突き出たピアから構成されたコンセプトで、延床面積は6.3万㎡、1階部

分が到着、2階部分が出発の2階建てである。ボーディングブリッジを備えた固定スポットが10スポットある。国際線部分が200万人対応、国内線が150万人対応の合計350万人対応で、当面の需要に対して十分過ぎるほどの容量を有している。駐車場の面積は2.1万㎡である。

3. 運用状況

国際線は、バンコク・エアウェイズがスワンナプーム国際空港（バンコク）路線を、中国東方航空が昆明線をそれぞれ運航している。

国内線はヤンゴン国際空港、マンダレー国際空港との間の路線が国内航空会社各社により運航されている。

4. 将来計画

同空港はフェーズ1からフェーズ3までの3段階で順次拡張される計画となっている。フェーズ2では、現状に加えて固定スポット4スポット相当のエプロンの拡張やそれに伴うターミナルビル拡張、機内食工場などの整備が予定されている。さらにフェーズ3では平行誘導路の2重化や滑走路の増設などが計画されており、年間旅客1,050万人対応になるとされる。

（傍士清志）

空港全体図：3,657m滑走路が設置され、ターミナル各施設も当面の需要には十分対応できる容量

■空港の諸元	
・空港運営者：ミャンマー運輸省	
・滑走路（長さ×幅）：1本	
16/34：3,657m × 45m	

■輸送実績（2016年）	
・総旅客数	189,544人
国際旅客	33,247人
国内旅客	156,297人
・貨物量	データなし
・離着陸回数	5,998回

ハズラット・シャージャラル国際空港（バングラデシュ・ダッカ）

Hazrat Shahjalal International Airport

VGHS/DAC

バングラデシュの3つの国際空港のうち、国際線旅客の90％を担う首都空港

1. バングラデシュの空港

　バングラデシュには3つの国際空港と12の国内空港がある。国内空港のうち定期便が就航しているのは5つの空港のみで、3つの空港では許可を得たフライトのみの使用、3つは使用停止、1つが建設中となっている。3つの国際空港のうち、シャージャラル国際空港は首都ダッカの空港であり、バングラデシュにおける国際航空輸送の90％を占めている。第2の空港であるチッタゴン国際空港は日本の経済協力で拡張整備され、ワイドボディのジェット機が就航できることから、シャージャラル国際空港の代替空港ともなっている。第3の空港は同国の東北部に位置するシレットにあるシレット国際空港で、英国人居住者の多いこの地域の開発を進めるために設置された。

　1971年の独立前にパキスタン国際航空から提供された航空会社を基に1972年に設立されたビーマン・バングラデシュ航空がナショナルフラッグキャリアである。空港の整備、管理運営、航空管制などは民間航空局（Civil Aviation Authority of Bangladesh：CAAB)が行っている。CAABはすべての航空に関するレギュレーターで、かつ航空交通管制（ATC）のプロバイダーでもあり、安全に責任を有している。

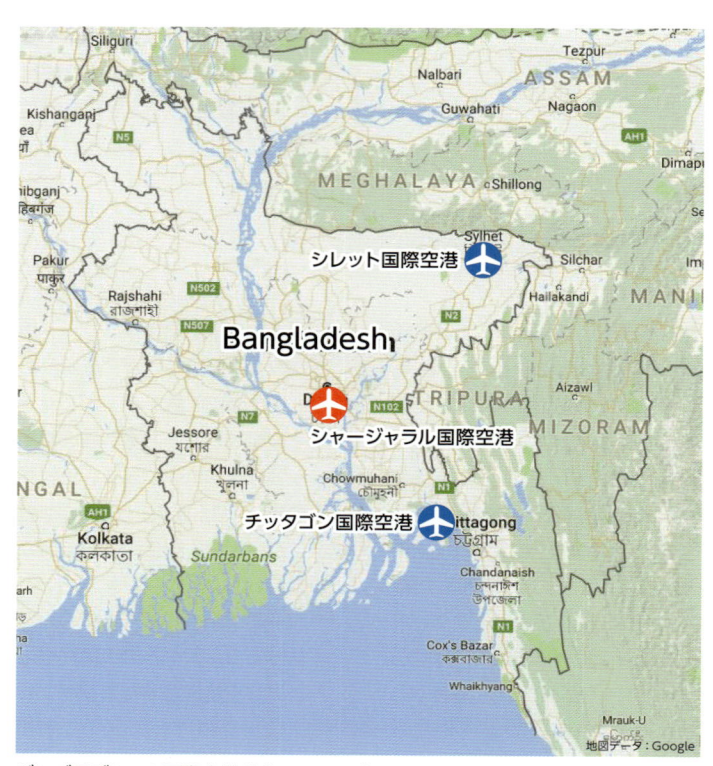

バングラデシュの国際空港分布：シャージャラル国際空港は中心的存在

2. 概要

　本空港はバングラデシュで最も重要な輸送拠点となる国際空港であり、バングラデシュの首都ダッカの北約20kmに位置する。国営航空会社であるビーマン・バングラデシュ航空のハブ空港となっている。2010年、当時の「ジア国際空港」より現在の「シャージャラル国際空港」へ名称が変更され、11年にICAO空港コードもVGZRからVGHSへ変更された。空港の管理運営は民間航空局が行っている。

3. 沿革

　1966年パキスタン政府は想定される需要に対応するため, それまでのテジガオン空港に代えてダッカのクルミトラ地区に新しい空港を整備する事業を開始した。建設工事は開始されたが、71年にパキスタン内戦のため中断した。内戦後独立したバングラデシュ政府は国の首都空港としてこの空港を整備することを決め、フランス

Asia

空港全体図：ターミナルから400mほどのところにバングラデシュ鉄道空港駅がある

のパリ空港公団をコンサルタントとして建設を進めた。運航は80年に開始されたが、完成にはさらに3年を要した。後にVVIPターミナル（超VIP用ターミナル）、国内線ターミナル、フライングクラブの3つの施設が増設された。88年から89年には洪水防止のため周囲に堤防が築かれた。93年から94年には6基のボーディングブリッジと関連するコンコース及び搭乗ラウンジが整備され、現在は8つのボーディングブリッジが設置されている。本空港は貨物輸送に重要な役割を果たしていたため、その取扱い能力の増強は不可欠であった。民間航空局は需要を満足するため貨物地区の建設に着手し、2000年までに1万9,000㎡の床面積をもつ貨物地区が整備された。その後、この施設はビーマン・バングラデシュ航空に引き渡され運営されている。立体

駐車場がターミナルの前に整備され02年には500台の収容が可能となった。旅客ターミナルビルも改修され、チェックインカウンターや出国検査施設が増強された。ビーマン・バングラデシュ航空はチェックインカウンターにCUTE（共同使用端末システム）を導入した。

4. 施設

　約800haの敷地の中に、北西–南東（14/32）の方向に滑走路1本が配置されており、長さ3,200m×幅45mで、アスファルト舗装である。誘導路はコンクリート舗装で、幅は23mである。

　滑走路の北東側にターミナル地域が位置し、ビル前面に直線的にスポットが配置されるフロンタル形式となっている。エプロンと滑走路の間には大きなスペースが

空いているのが特徴となっている。エプロンはコンクリート舗装である。旅客ターミナルビルは、搭乗橋が設置された8つの固定ゲートを有している。ビル内は出発客と到着客が混在しており、ゲートセキュリティチェックが行われている。国際線ビルは1階が到着階、2階が出発階となっており、カーブサイドはダブルデッキである。国内線ビルは出発到着とも1階である。そこから200m離れてVIPターミナルがある。貨物ターミナルは輸出と輸入でビルが分かれている。貨物取扱は国営企業であるビーマン・バングラデシュ航空の1社独占となっている。

　旅客ターミナルビルから直線距離で約400m、空港連絡道路を挟んで反対側にバングラデシュ鉄道空港駅があり、当空港のアクセス鉄道として利用できる。

国際線ターミナル：2層方式で、カーブサイドはダブルデッキ　photo / CAAB

5. 運用状況

　国際線は、ビーマン・バングラデシュ航空をはじめとする25社が、28都市へ就航している。東南アジア、南アジア、中東地域がほとんどであり、北米直行路線はなく、ヨーロッパはロンドンのみとなっている。また国内線はバングラデシュの航空会社4社が、チッタゴン、シレットなど7空港へ就航している。一方、貨物便は12社が18都市と結んでいる。2015年の旅客数は615万人、貨物取扱量は30万トンである。バングラデシュは近年、年6％以上の経済成長を遂げており、これを背景にこの空港における06年から15年の年平均増加率は、旅客数で7.88％、貨物量で8.92％と急速に増加している。

6. 将来計画

　バングラデシュ民間航空局は将来需要を、国際線旅客数は2025年に1,250万人、35年には2,270万人、国内線旅客数は25年に90万人、35年120万人、また、離着陸回数は25年10.3万回、35年16.6万回と予測している。これらの輸送量に対し、この空港の現在の輸送力は不足している。一方で、空港敷地約800haのうち約60％が未利用地となっていることから十分な拡張余地があり、同局は施設の拡張整備を計画している。その内容は次の通りである。

〇滑走路の延長拡幅：既存滑走路長さ3,200m×幅45mを延長・拡幅して、3,700m×60m化
〇新滑走路の整備：既存ターミナル地域と滑走路の間に余裕があるので、このエリアを利用し新たな滑走路を整備
〇誘導路の増設整備：高速離脱誘導路などの増設
〇アクセス道路の改良
〇エプロンの拡張：旅客ターミナルビルのピア設置が可能となるよう、エプロンの幅と奥行を拡張

〇新国内線ターミナルの建設と国際線ターミナルの拡張
〇貨物ビルの新設
〇航空保安施設の機能向上（CAT-Ⅰ→CAT-Ⅱ）
〇格納庫の整備（整備格納庫、GA格納庫）

7. 日航機ハイジャック事件

　本空港とわが国との関係において、多くの日本人の記憶に刻まれているのが1977年に当空港を舞台に日本赤軍が起こしたハイジャック事件である。パリ発羽田空港行きのJAL472便（乗員・乗客156名）が、武装した日本赤軍グループ5名によりハイジャックされ、ダッカ国際空港に強行着陸した。犯人グループは人質の身代金と、日本で服役中だった日本赤軍メンバー等の釈放を要求、同機はダッカ空港に6日間にわたってとどまり、緊迫したやり取りが続いた。最終的に日本政府の超法規的措置により、同機はアルジェリアへ向かい、人質全員が解放された。

（長谷川浩）

■空港の諸元
・空港運営者：CAAB(Civil Aviation Authority of Bangladesh)
・空港面積：800ha
・滑走路（長さ×幅）：1本
　14/32：3,200m × 45m

■輸送実績（2015年）＊
・旅客数　　　　6,742,150人
・貨物量　　　　320,125トン

＊ACI以外のデータ

#167
インディラ・ガンジー国際空港 (インド・デリー)

Indira Gandhi International Airport

VIDP/DEL

新ターミナルがオープンし、年間 6,000 万人の旅客を扱える名実ともにインド最大の空港

1. 概要

ニュー・デリーは英国領時代の 1911 年、コルカタからデリーにインドの行政府所在地が移された際に、デリー市街（現オールド・デリー）の南方約 5km の場所に建設された行政都市である。ニュー・デリーはインド独立後インドの首都となり、国会議事堂や中央官庁、大使館街もニュー・デリーに集中している。現在ではデリー大都市圏は大きく拡大し、行政機構改革によってオールド・デリーもニュー・デリーもその中心部を構成する一地区となっており、都市圏人口は 2,000 万人を超える。

空港位置図：首都の航空需要を一手に担う

インディラ・ガンジー国際空港は通常ニュー・デリー国際空港と呼ばれ、インド国内へのゲートウェイとなる空港で、ニュー・デリー市街中心部から南西へ 16km の場所（ウエスト・デリー ＝West Delhi）に位置している。インド最大の空港であり、年間旅客数は 3,900 万人に達する。所有及び運営はデリー国際空港㈱であ

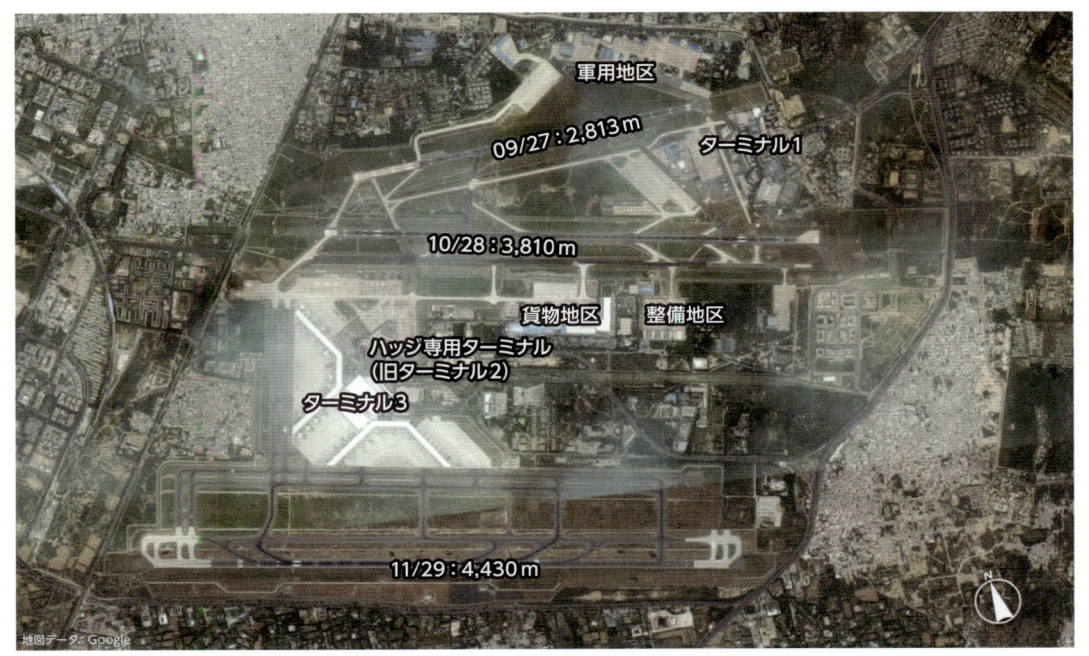

空港全体図：3 本の滑走路を有し、最長のものは 4,430m。オープンパラレル滑走路の間に巨大なターミナル 3 を配置

454

る。エアインディア、エアサハラ、インディゴ、ジェットエアウェイズ、キングフィッシャー航空がハブとして利用している。敷地面積は2,066haある。

2. 沿革

　第二次世界大戦中に英国の軍施設として建設されたパラム空港が本空港の始まりであり、独立以前にインド空軍に引き渡された。軍事利用は継続したが、1962年に新しいターミナルを利用して民間航空が移転してきた。その後需要は順調に拡大し、ターミナルは4倍に拡張された。86年5月に新しいターミナルがオープンした際、空港はインドの女性政治家で1984年、首相在任中に暗殺されたインディラ・ガンジーの名を冠した現在の名称になった。従来空港運営は空港当局が行ってきたが、2008年にジョイントベンチャーのデリー国際空港㈱に引き渡された。08年9月には長距離国際線用滑走路(11/29)が供用開始し、10年7月には新しいターミナル3がオープンした。また、翌11年にはターミナル3に地下鉄駅が開業した。

3. 施設

(1) 基本施設

　インディラ・ガンジー国際空港は、3本の滑走路を有しており、10/28滑走路と11/29滑走路は平行な配置で、おおむね2,600mの離隔距離を有している。これに対して09/27滑走路は、10/28滑走路に浅く斜めに配置されている。これらの滑走路配置は各滑走路方位番号からだけではイメージしにくい。滑走路10/28は長さ3,810m× 幅46m、09/27は、長さ2,813m× 幅46m、11/29は長さ4,430m× 幅60mで、すべてアスファルト舗装であるが、末端部がコンクリート舗装の部分もある。10、27にはCAT-Ⅰの、11、28、29に はCAT-Ⅲbの ILSが設置されている。29着陸の1,460mに及ぶ短縮運用は世界でも最も長いものの1つであり、同着陸に対しては長さが2,970mとなる。この短縮運用は主として騒音の影響軽減のためである。3本の滑走路によって、時間当たり離着陸能力80回を確保している。

(2) ターミナル

　現在主に使われているターミナルはターミナル1、ターミナル3とハッジ用ターミナル（旧ターミナル2）である。
ターミナル1は27端部と28端部の間に位置しており、フロンタル方式で、搭乗橋は設置されていない。国内線専用ターミナルとして機能しているが、ターミナル3の開業に伴い、多くの国内線航空会社がターミナル3に移転した。現在、インディゴ、ゴーエアー、スパイスジェットに使用されている。
　ハッジ用ターミナルは、2本の平行滑走路の間にあり、ハッジ（メッカ巡礼）用の航空機が臨時に使用するターミナルである。元々はターミナル2で、ターミナル3のオープンまでは国際線に使用されていたが、現在は臨時使用を除き、ほとんど閉鎖された状態にある。国際線ターミナルだった経緯から、フロンタル形式のビルには搭乗橋をもつ9つの固定ゲートが設置されている。

　ターミナル3はターミナル2に隣接する位置にあり、巨大な本館と長大な2本のL字型ピアで構成されている。米国の建築設計事務所HOKの設計によるターミナルは延床面積16.4万㎡に及ぶ2層のビルで、下層は到着階、上層は出発階である。特徴的な、国内線と国際線2つのL字型ピアには、48の固定スポットに78の搭乗橋が設置されている。168のカウンターがあるチェックインロビーには、様々な印相（ヒンドゥー教・仏教用語で、手で特別な意味を表すジェスチャー）が表現された多数の巨大オブジェが配置され、来港者を圧倒する。95のパスポートチェック、15のセキュリティチェックブースがあり、90本以上の動く歩道がターミナル内の移動を容易にし、バゲージクレームには14のターンテーブルがある。空港内にはレストランやバーなども数多く、航空会社や利用クラスに関わらず有料で利用できるラウンジ（Plaza Premium Lounge）も設けられている。ターミナル3

ターミナル3：チェックインロビーに並ぶ印相は圧巻

photo / Bharatahs

には、インドで初めての自動駐車管理システムを有する、7フロア、4,300台収容の立体駐車場がある。ターミナル3だけで、年間3,400万人の旅客への対応が可能であり、既存の2つのターミナルを合わせると、この空港の旅客処理能力は年間6,000万人と見込まれる。ターミナル2と3の間に地下鉄の駅がある。

　ターミナル1と3は約6km離れている。

4. 運用状況

　インディラ・ガンジー国際空港における2016年度の離着陸回数は41万匹であり、旅客数は5,600万人、貨物取扱量は85万トンであり、いずれの数字も大きく前年を上回っている。就航している航空会社は、国内線が5社、国際線が、インドの航空会社、JAL、全日空等を含め約60社である。貨物専用便は22社が就航している。

5. アクセス

　デリーの都市交通である地下鉄のオレンジラインが空港に乗り入れており、これが最も早いアクセス手段である。朝5時前から夜11時過ぎまで約15分間隔で運航している。また、バスが24時間20分間隔で運航している。このほかプリペイドタクシー、ツーリストタクシーがある。デリーの都市ハイウェイが空港の入り口に接続している。

6. 将来計画

　ターミナル3は、ターミナル4、5、6と続く拡張計画の第1フェ

イズと位置付けられている。ターミナル4、5、6は将来整備されることになっているが、当然のことながら、その建設着手のトリガーは需要の増大である。これらの施設の完成の暁には、すべての国際線をこの3つのターミナルに移転し、ターミナル3は国内線専用となる予定である。これらのターミナルの整備により年間旅客処理能力は1億人となることが計画されている。

　また、新たな貨物ターミナルも計画されている。

（長谷川浩）

■空港の諸元
・空港運営者：デリー国際空港㈱
・空港面積：2,066ha
・滑走路（長さ×幅）：3本
　09/27：2,813m × 46m
　10/28：3,810m × 46m
　11/29：4,430m × 60m

■輸送実績（2016年）
・総旅客数　　55,631,385人
　国際旅客　14,971,653人
　国内旅客　40,519,193人
・貨物量　　　　845,507トン
・離着陸回数　　406,506回

チャトラパティ・シヴァージー国際空港 (インド・ムンバイ)

Chhatrapati Shivaji International Airport　　　　　**VABB/BOM**

インド随一の商都の空港。白く輝く 3 万㎡もの大天井をもつ、先進的なターミナルデザイン

1. 概要

　ムンバイはマハーラーシュトラ州の州都であり、インド随一の商業及び文化の中心地で、国全体の工業製品の25%、海運の40%、金融の70%を占める。官民の金融機関、多数のインド企業の本社や多国籍企業の拠点が置かれ、首都のニュー・デリーを凌ぐビジネス・センターとなっている。また近年、オーケストラの結成や各種アーティストの輩出があり、この都市を題材にした出版物も多く、文化的価値も高まっている。

　チャトラパティ・シヴァージー国際空港（ムンバイ国際空港）は、インド第2の国際空港であり、ムンバイ市中心部から15kmほど北側にある。空港の名称は、以前はサンタクルズ空港であったが、1998年よりチャトラパティ・シヴァージー（マハーラーシュトラ州の英雄、17世紀のマラーター王国の国王）の名前を冠した空港名となっている。2014年1月、ターミナル2が一新され、その斬新な意匠が注目を浴びている。ターミナル1は周辺の地名から今も「サンタクルズ空港（Santacruz Airport）」と呼ばれる。2つのターミナル間の移動は、航空券を提示すれば無料のシャトルバスが利用できる。空港運営者はムンバイ国際空港㈱（Mumbai International Airport Limited：

MIAL）である。

2. 沿革

　この空港は、第二次大戦前の1932年、英国によって建設されたサンタクルズ空軍基地が始まりである。大戦後は民間空港となり公共事業省、後に航空省の管轄となった。旧ターミナル2が81年サハール地区にオープンし、96年には新しい管制塔がオープンした。その周囲は、無計画、無秩序に住民が居住し、拡張が難しい状況であった。2006年、民間の主導による機能向上を目的に、ムンバイ国際空港㈱が設立され、ターミナル改築、2本目の平行誘導路整備や地下鉄との連絡からなる長期計画を策定し、順次整備に取り組んで来た。この結果14年にターミナル2がオープンした。

3. 施設

　本空港の滑走路は2本で、東西方向の滑走路に北西-南東方向の滑走路が交差する配置である。09/27は長さ3,445m×幅60m、14/32は長さ2,925m×幅45mである。双方に一部を除き平行誘導路が設置されている。高速離脱誘導路は27方向に3本、09方向に1本、14方向に2本、32方向に1本が整備されている。誘導路は交差点に近づくにつれ幅員が拡

大するという特徴がある。両滑走路共ILSを備えている。

　09/27滑走路の北側西寄りにターミナル1（サンタクルズ地区）がある。フロンタル形式で、搭乗橋を有する11の固定ゲートが設置されている。1981年に旧ターミナル2が供用するまでは、国際線もこのターミナル1で運用されていた。ターミナル1Aは2015年9月までエアインディアが国内線ターミナルとして利用していたが、ターミナル2へ移転した後はゴーエアーの到着専用として利用されている。ターミナル1Bはスパイスジェット、インディゴ、ゴーエアー、ジェットエアウェイズ、ジェットコネクトが国内線に使用している。

　ターミナル2は、ターミナル1から滑走路14/32を挟んだ東側に位置し、前記5社以外の航空会社の国内線とすべての国際線が使用している。エプロン面積は87万5,000㎡であり、舗装の下にはハイドランド・システム（燃料供給設備）が設置されている。ターミナルビルはメインビルから2本のピア（一部はサテライト形状）が伸びる形であり、メインビルの側面にも固定ゲートが配置されている。平面形はメインビルとピアが緩やかな曲線で一体化されており、合計29の、搭乗橋付き固定ゲートがある。大型機用のスポットを小型機2機が使用するマルチ

空港全体図：2本の滑走路がX字型に交差。滑走路を挟み、メインのターミナル2とサブの1が分かれて配置

スポットもある。東側のピアは先端部が未整備であるが、この完成には水路の移設と多数の家屋を含む用地買収が必要である。ビルは柱と屋根が曲線で一体化された大屋根が特徴的で、国際線と国内線を合わせ年間4,000万人の旅客を取り扱っている。屋内には吹き抜けのある庭を含め、80種類、7万7,000本の植物が配置されている。また、全長6.4kmの手荷物コンベアがある。メインターミナルの屋根には鉄骨のフレームに組み込まれた大小272のスカイライトがある。これらのスカイライトは、3万㎡の白い天井にダイヤモンドが埋め込まれた宝飾のような様相を見せている。またインド各地から取り寄せられた5,000点にも及ぶ美術作品が3.2kmのアートギャラリーを飾る。カーブサイドは4階と1階レベルのダブルデッキで、ビル内は4階に出発機能、2階に到着機能が配置されている。

4. 運用状況

本空港は24時間運用で2016年の離着陸回数は32万回、旅客数は4,500万人、貨物取扱量は76万トンである。国際線は41の航空会社と15の貨物航空会社が45の都市へ就航している。国内線は航空会社8社と貨物航空会社1社が47の都市へ運航している。

5. アクセス

ムンバイ空港から市内までの交通手段としてはムンバイ郊外鉄道、バス、タクシー、オートリキシャがある。郊外鉄道はムンバイ市内への最も早いアクセス手段で、西路線、中央路線、ハーバー路線の3路線があり、ムンバイ市内及び郊外の主要地点にアクセスできるがターミナル2からは、直線距離で約1km離れたアンデーリー駅までタクシー等で移動する必要がある。ターミナル1からは、直線距離約500mにあるヴィレ・パルレ駅まで徒歩15分ほどである。

（長谷川浩）

■空港の諸元	■輸送実績（2016年）
・空港運営者：ムンバイ国際空港㈱ (Mumbai International Airport Limited)	・総旅客数　44,680,555人　国際旅客　12,011,745人　国内旅客　32,456,137人
・滑走路（長さ×幅）：2本　09/27：3,445m × 60m　14/32：2,925m × 45m	・貨物量　762,132トン　・離着陸回数　318,948回

バンダラナイケ国際空港（スリランカ・コロンボ）

Bandaranaike International Airport **VCBI/CMB**

スリランカ最大の空港。需要の増加が著しく、わが国の援助を活用して断続的な拡張整備が進む

1. 概要と沿革

　スリランカ民主社会主義共和国は、1948年英国からセイロンとして独立、78年から現在の国名となった。国土面積は北海道のおよそ8割程度に相当する6万5,000㎢で、人口2,027万人（2012年）のおよそ7割を仏教徒が占める。2009年、30年以上に渡る長い内戦が終結し、以来インフラ整備と観光産業を牽引車として年平均6%を超える経済発展が続いている。

　バンダラナイケ国際空港は、スリランカ最大の都市であるコロンボ（首都はコロンボに隣接するスリジャヤワルダナプラコッテ）から北に35㎞の位置にあり、同国最大の国際空港である。空港名称は、元首相のソロモン・バンダラナイケに由来する。また、同空港の所在地周辺の地名からカトゥナーヤカ国際空港と呼ばれたり、

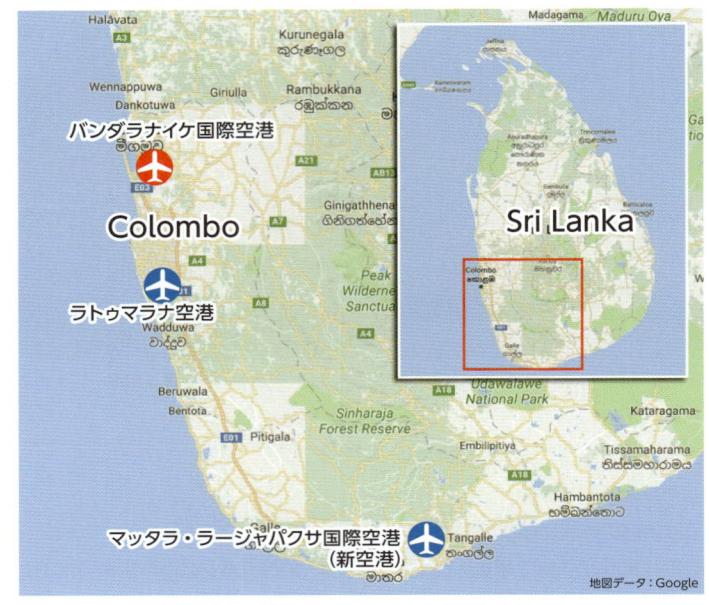

スリランカの主要空港分布：首都コロンボからかなり離れた位置に新空港が立地

母都市の名前からコロンボ空港と呼ばれたりすることもある。

　バンダラナイケ国際空港は1967年に開港したが、それ以前はコロンボの中心部から南に13㎞程の距離にあるラトゥマラナ空港（35年空港開港）がスリランカ首都圏唯一の空港であった。ラトゥマラナ空港は現在も国内線空港として存続しているが、滑走路長が1,833mしかなく、国際線の発着には適さない。

空港全体図：3,350mの滑走路が1本。滑走路を増設する計画もあったが、結果として新空港を建設

新ターミナル完成予想図：屋根の形が特徴的

photo / 日本空港コンサルタンツ

バンダラナイケ国際空港の運営者はスリランカ空港航空サービス ㈱（Airport and Aviation Services Sri Lanka Ltd：AASL）で、スリランカ政府がその株式の100%を所有する公社である。AASLは同空港のほか、前述のラトゥマラナ空港とマッタラ・ラージャパクサ国際空港（後述）をあわせて運営している。

2. 日本の支援

現在の空港施設のうち、滑走路を除くターミナル、平行誘導路、エプロンなどの主要な部分は、日本の支援（円借款）で整備されたものである。円借款は1999年から2007年に渡り総額120億円が供与され、大成建設と三菱商事の共同事業体（JV）が主契約社として建設工事を行った。整備事業着手前の1997年時点における年間旅客数は230万人であったが、この整備により旅客ターミナルの年間取扱可能容量は600万人まで向上した。

しかし、内戦終結後の空港旅客の急増により2016年には950万人、離着陸回数6.2万回に達し、再び施設の狭隘化が進んでいる。このため、日本政府は2012年度から再び同空港の再整備事業に資金支援することとし、「バンダラナイケ国際空港改善事業フェーズ2」と「フェーズ2（II）」の合計で約750億円の円借款を供与することを決定した。この事業により、

1,400万人対応の旅客ターミナルビル（18万㎡）、駐機場（21万㎡）、高架アクセス道路等が19年までに整備される見込みである。施設の設計作業などのコンサルティング業務は日本空港コンサルタンツと日本工営の共同事業体によって行われている。

3. 施設

滑走路は長さ3,350m×幅45m（04/22）の1本でアスファルト舗装されている。2組のILS（計器着陸装置）が設置されており、滑走路の両側からの精密進入が可能である。滑走路自体は本空港が整備された当時から長らく本格的な改修が行われておらず、2000年代始めにはICAOから舗装改修の勧告を受けている。しかし、滑走路1本の24時間運用空港であることや、資金手当の関係から舗装の本格改修工事は見送られてきた。ようやく17年になって中国の資金支援で滑走路のオーバーレイ（かさ上げ）工事が行われたが、この工事は4か月間にわたって昼間8時間も滑走路を閉鎖するとい

う、他に例を見ない方法で行われた。オーバーレイ工事は夜間空港を閉鎖して翌朝までに滑走路工事を終了して再開する夜間工事が通常であるが、バンダラナイケ空港は中継ハブとしての機能から夜間に国際線の発着が多く、深夜時間帯に工事のために閉鎖できないことから、このような方法が取られた。この間、国内線を中心とした昼間発着の便は早朝または夕方以降にスケジュール変更されたほか、一部の便は運休を余儀なくされた。

将来的には平行滑走路の整備計画もあるが、2本目の滑走路が計画されている位置にはスリランカ空軍のカトゥナーヤカ空軍基地の施設が点在しており、その計画を困難なものにしている。本来であれば、2本目の滑走路の整備が先に完了し、その後現滑走路の改良工事に着手すべきであり、そうすることにより長期間にわたる滑走路の閉鎖という事態は防げたはずである。しかし、当時の政権は軍施設の移転が必要な第2滑走路の整備ではなく、別の場所に第2国際空港を建設する（後述）との政治判断を行った。この判断が現空

シナモン航空の水陸両用機

photo / Cinnamon Air

港の整備が立ち後れるという結果を招いてしまっている。

4. 第2国際空港の建設と挫折

バンダラナイケ国際空港の混雑解消を目的として、2013年に当時のラージャパクサ大統領の出身地であった南部ハンバントタに、第2国際空港として同大統領の名前を冠したマッタラ・ラージャパクサ国際空港が中国の資金支援を得て開港した。

同空港は長さ3,500mの滑走路を有し、空港施設も近代的なものであるが、2015年、ラージャパクサ大統領が政権の座を降りるとともに、スリランカ航空が同空港から撤退して便数は激減した。

マッタラ・ラージャパクサ国際空港が建設されたハンバントタは、母都市コロンボから直線距離で150km以上も離れており、県全体でみても人口60万人ほどの人口集積の少ない地域である。このため、コロンボ圏の航空需要を代替するには立地的に無理があり、今や「世界で最も空いている国際空港（The world's emptiest International Airport)」などと揶揄する向きもある。

5. 利用状況

スリランカのナショナルフラッグキャリアであるスリランカ航空がバンダラナイケ国際空港をハブ空港としているほか、中東、アジア諸国の航空会社が数多く乗り入れている。日本からはスリランカ航空がJALの共同運航便として、成田から週4便直行便を運航している。

国内空港の整備の立ち後れなどから、国際線に比べ国内線の運航は少ないが、国内航空会社であるシナモン航空は水上飛行機（Cessna 208（8人乗り））を用いて、滑走路が未整備の地区との航空ネットワークを補完している。

6. アクセス

道路系の高速アクセスとして、2013年にスリランカで2番目の高規格道路となるコロンボ-カトゥナーヤカ路線25.8kmが開業し、コロンボと空港間のアクセス時間が大幅に短縮された。この路線を利用したコロンボ行きの高速バスが15分間隔で運行されており、所要時間は約30分である。

鉄道については、コロンボの郊外から中西部の都市プッタラムまでの路線（プッタラムライン）が空港の側を通っており、その分岐線が空港ターミナル近くまで引かれている。しかし、駅がターミナルに直結していないことと、鉄道の運行回数が少ないことから旅客のアクセス交通手段としてはほとんど利用されていない。

なお、コロンボと空港を直結する高速鉄道の構想もあるが、実現の見通しは立っていない。

（傍士清志）

■空港の諸元
・空港運営者：
　スリランカ空港航空サービス㈱
　(Airport and Aviation Services Sri Lanka Ltd：AASL)
・滑走路（長さ×幅）：1本
　04/22：3,350m × 45m

■輸送実績（2016年）
・総旅客数　　9,467,992人
　国際旅客　　9,460,787人
　国内旅客　　　　7,205人
・貨物量　　　　250,617トン
・離着陸回数　　　68,091回

#170
イブラヒム・ナシル国際空港 <small>（モルディブ・マレ）</small>

Ibrahim Nasir International Airport

VRMM/MLE

首都から1kmの島にあり、3,000m級滑走路のほか複数の水上飛行機用離着陸水域も

1. モルディブの空港

　モルディブの正式名称はモルディブ共和国である。スリランカの南西のインド洋にあり、東西200km、南北900km程の海域に、26の環礁とその中に点在する約1,200の島々で形成されている。そのうち人が住んでいる島は約200である。それぞれの島の面積は小さく、最高海抜が2.4mという平坦な島々である。国土面積は300km、人口は40万人である。同国の経済を支えているのは観光であり、GDPの3分の1を占め、最大の外貨獲得源となっている。首都は、カーブ環礁マレ島にあるマレである。1645年にオランダの保護国となり、1887年に英国の保護国に変わったが、1959年独立宣言を行った。そのような経緯から、イギリス連邦の加盟国となっている。

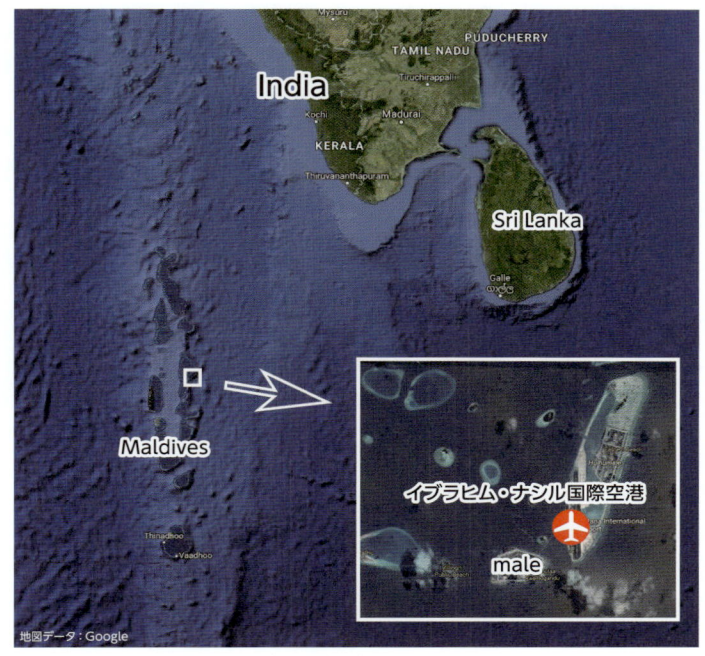

空港位置図：インド洋に浮かぶモルディブの島々

2. 概要

　モルディブの航空ネットワークは、首都マレに隣接した1つの国際空港（イブラヒム・ナシル国際空港）のほか、10の空港と多数の水上飛行場から形成されている。同国にはリゾート島が100近くあるが、マレからボートで行くには遠い位置にある多数のリゾート島へは小型水上飛行機が利用されている。各島の面積は大変小さく飛行場を作る余地はないが、一方で周辺海域は環礁内にあるため平穏であり、離着陸を遮るものがなく、水上飛行場としての条件が整っている。各水上飛行場には旅客が水上飛行機に乗降するための簡便な浮き桟橋が設置されている。すぐ近くにあるリゾート島と浮き桟橋の間は、ボートでのアクセスとなる。また、水上飛行機が利用できない、さらに遠く離れた環礁へはイブラヒム・ナシル国際空港から国内線で各国内空港へ飛行し、そこからボート等で各リゾート島へ向かう。

3. 沿革

　イブラヒム・ナシル国際空港の起源は、マレ島に隣接するフルレ島に作られた小さな着陸帯であった。その後、滑走路（長さ914m×幅23m）が鋼版で作られ、1960年に供用を開始した。最初の商業機がこの滑走路に着陸したのは62年のことであった。66年には、アスファルト舗装の新たな滑走路がオープンした。72年になるとモルディブの観光ブームが到来し、政府はリゾート島へ国際観光客を輸送するため、国際標準の空港建設を開始し、マレ国際

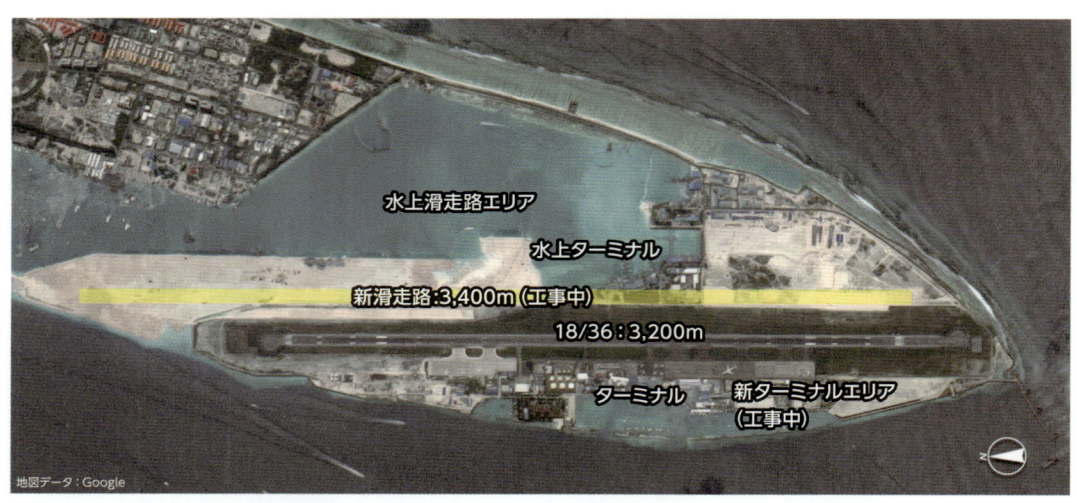

空港全体図：3,200mの陸上滑走路のほか、複数の水上滑走路を設置。3,400mの新滑走路を建設中

空港と名付けられて81年11月にオープンした。2010年に空港民営化の取組みが始まり、インドのインフラストラクチャー会社GMRとマレーシア空港の共同企業体（後にGMRマレ国際空港㈱）が選定され、14年までの空港の近代化と拡張及び25年の空港運営を行うことになった。11年には空港の名称がイブラヒム・ナシル国際空港に改名された。12年、新政府の方針で同空港会社が撤退し、モルディブ空港会社（MACL）が空港運営者となった。

4. 施設

イブラヒム・ナシル国際空港は、首都のあるマレ島の北東1kmにあるフルレ島にある。両島間は現在多数の旅客船の運航によって結ばれているが、2島を繋ぐ橋梁建設が進められており、2018年完成の予定である。モルディブには、1島1機能の島が多いが、フルレ島は空港とホテル機能の島で、標高は2mである。

同空港は、通常の航空機（国際線・国内線）が使用する陸上空港機能と小型水上機が使用する水上空港機能を有している。陸上空港の滑走路は長さ3,200m×幅45m、方向18/36で、アスファルト舗装である。平行誘導路はなく、滑走路末端にターニングパッドが設置されている。旅客ターミナルは国際線ターミナルと国内線ターミナルに分かれている。水上空港の水上滑走路は、NR/SL（長さ1,190m×幅60m）、NC/SC（長さ1,100m×幅60m）、NL/SR（長さ1,000m×幅60m）、E/W（長さ800m×幅60m）の4本がある。NLは離陸専用であり、SRは着陸専用である。水上ターミナルには平屋の旅客ターミナルビルと水上飛行機に乗降するための桟橋が設

水上ターミナル：浮き桟橋に駐機する水上飛行機と管制塔　photo / Martin Falbisoner

水上滑走路と陸上滑走路：他ではなかなか見られない光景

photo / Hussain Didi

5. 運用状況

　空港運営は、モルディブ政府が100％所有権を有するモルディブ空港会社（MACL）である。国際線は、33の航空会社がヨーロッパやアジア諸国の空港を含む40の地点に就航（6つの季節運航を含む）している。国内線は3つの航空会社が9地点に就航している。また、水上空港では、2社の水上航空会社が62の地点に運航している。水上飛行機はいくつかのリゾート島の水上飛行場を周回し、イブラヒム・ナシル国際空港に戻ってくる。

　2016年における本空港の国際線旅客数は440万人であり、前年

置されており、桟橋周辺には多数の水上飛行機用駐機スポットが設けられている。

比で8％増加している。旅客の国籍を見ると、ヨーロッパが71％と大多数を占め、アジア・太平洋の21％を加えると、92％に達している。この国に今後のリゾート島開発対象となる無人島が多数存在し、アジア諸国の観光客が急激に増加しつつある状況から、この傾向は今後も続くものと考えられる。また、首都マレから離れた環礁におけるリゾート島開発が行われることにより、国際線から乗り継ぐ国内線需要が高まることが想

定される。

6. 将来計画

　イブラヒム・ナシル国際空港の施設には、現時点及び将来の航空需要増に対して、いくつかの主要課題がある。第1は、エプロンの奥行きが狭隘であり、国際線ターミナルスポット駐機中に他の航空機がエプロン誘導路を走行できず、運用効率が悪い。第2は、そのエプロン誘導路と滑走路の中心線間隔が105mしかなく、ILS導入ができない（最小184m必要）。第3に、将来的に便数増が見込まれる国際空港にもかかわらず平行誘導路が設置されていないことである。

　これらの課題を解決し、将来の航空需要増大に対応するため、現在本空港の拡張プロジェクトが進められている。同プロジェクトは新滑走路（長さ3,400m×幅60m）、既存滑走路転用による平行誘導路、年間700万人対応の新旅客ターミナル、新貨物ターミナル等から構成されている。

（唯野邦男）

■空港の諸元
・空港運営者：モルディブ空港会社（MACL）
・滑走路（長さ×幅）：
　陸上1本：水上4本
　陸上：18/36：3,200m× 45m
　水上：NR/SL：1,190m× 60m
　　　　NC/SC：1,100m× 60m
　　　　NL/SR：1,000m× 60m
　　　　E/W　：　800m× 60m

■輸送実績（2016年実績）
・総旅客数　　　4,357,196人
　　国際旅客　　3,211,249人
　　国内旅客　　　966,884人
・貨物量　　　　　54,053トン
・離着陸回数　　　139,250回

トリブバン国際空港（ネパール・カトマンズ）

Tribhuvan International Airport

VNKT/KTM

ネパール首都近郊の山岳地に立地。高山に囲まれ運航条件が厳しく、安全性の向上が課題

1. 背景

　トリブバン国際空港は、ネパールの首都カトマンズの空港である。ネパールの正式名称はネパール連邦民主共和国であり、国土面積14万7,000km²（日本の34%）、人口2,600万人（日本の20%）である。国土は東西約800km、南北約200kmとやや細長く、世界最高峰のエベレスト山（チョモランマ）を含む北部のヒマラヤ山脈、中央部の丘陵地帯、南部のタライ平原から構成されている。鉄道は発達しておらず、バスと航空機が国内移動手段である。

　ネパールには48の空港があり、そのうち30空港に、ネパール航空、ブッダ・エア、イエティ・エアラインズ等による商用定期便が就航している。

2. 沿革

　本空港は初め、その立地場所の地名から、ガウチャウル空港と呼ばれていた。1949年にインドの

空港位置図：標高が高く山岳地帯が多いネパール

大使を乗せたビーチクラフト・ボナンザ機が同空港に降り立ったのが、ネパールの航空時代の幕開けで、50年には最初のチャーター運航がカルカッタ空港との間で行われた。同空港は55年にトリブバン空港、64年にはトリブバン国際空港に改名された。滑走路02/20はもともと芝生滑走路であったが、57年に長さ1,140mの舗装滑走路となり、67年には2,000m、さらに75年には

3,000mに延長された（66年には既存の滑走路16/34を廃止）。同空港に最初のジェット機（B707）が着陸したのは67年であり、72年にはロイヤル・ネパール航空会社がB727による運航を開始した。89年には国際線ターミナルビルが完成している。

　ネパール政府は、1992年にタイ国際航空311便とパキスタン国際航空268便の墜落事故が連続して発生したことを受けて、日本

空港全体図：滑走路長は3,050mであるが、標高1,338mの高地にあるため十分とはいえない

政府に運航の安全対策に関する政府開発援助を要請した。これに対し、94年に空港監視レーダーなどの設置及び航空管制官と機器保守要員用の訓練資器材の供与などの無償資金協力が決定され98年にレーダー管制業務が開始された。これと並行し、JICAによる技術協力としてスパール管制官・管制技術官の訓練事業が行われた。さらに2013年から15年にかけては、空港及び航空路監視2次レーダーの更新と新設の事業が日本政府の援助で実施された。

3. 施設

トリブバン国際空港はカトマンズ中心部の東約6kmに位置し、標高は1,338mである。滑走路は1本で、方向02/20、長さ3,050m×幅45mであり、アスファルト舗装である。ILSは設置されていない。滑走路中央部には平行誘導路が設置されているが両端部にはなく、代わりにターニングパッドが設置されている。旅客ターミナルは2棟で、国際線と国内線に分かれている。国際線ターミナルはノーズイン駐機タイプのフロンタル形式で、中型・大型航空機に対応するエプロンが9スポットある。搭乗橋はなく、地上歩行及びランプバスによる搭乗方式である。国内線ターミナルには小型機用のエプロンが17スポットあり、こちらにも搭乗橋は設置されていない。

4. 運用状況

本空港の運営者はネパール民間航空局（Civil Aviation Authority of Nepal）である。

2016年の航空旅客数は530万人、離着陸回数は9.9万回である。本空港からは33の航空会社が49空港（うち30空港が国際線、19空港が国内線）に就航している。

5. 将来計画

離着陸に必要な滑走路長は理論上、標高が300m上昇するにしたがって7%ずつ増加するので、本空港の滑走路長は標準的な2,100mに相当することになり、国際線が就航する滑走路として十分ではない。また本空港のあるカトマンズは周囲を2,000～3,000mの山岳地帯に囲まれた盆地（南北方向の距離約20km）の中にあり、盆地内と標高の高さという立地条件から視程・雲高条件が厳しいにもかかわらず、地形条件からILSが設置できていない。2010年代に入り、航空機自体が搭載する運航システムを使用する進入方式（RNP-AR：Required Navigation Performance -Authorization Required）による進入が可能となり、同システム搭載の航空機を使用する場合には従来の進入方式に比べ、障害物を避けて旋回しながら、より正確に進入することが可能となったが、根本的な課題解決には至っていない。

2010～28年のインフラ整備計画として、トリブバン国際空港基本計画がアジア開発銀行（ADB）の支援の下に作成されている。ADBはそれに基づき、本空港開発の第1段階として、航空輸送能力向上プロジェクト（ATCEP）を進めており、それには滑走路の南側への300m延長、平行誘導路の北側への延長、エプロンの拡張、航空照明施設の整備が含まれている。これらによって本空港の航空機処理能力を強化し、またICAO基準を満足することが意図されている。

一方、国際線旅客数は2016年に350万人と、国際線旅客ターミナルビルの設計能力（年間300～390万人）に達しており、20年には560万人になると予測されている。このためネパール政府は、融資又はPPPを活用して新国際線旅客ターミナルを建設することを検討している。

（唯野邦男）

■空港の諸元	
・空港運営者：ネパール民間航空局（Civil Aviation Authority of Nepal）	
・滑走路（長さ×幅）：1本 02/20：3,050m×45m	

■輸送実績（2016年）	
・総旅客数	5,276,403人
国際旅客	3,511,139人
国内旅客	1,765,146人
・貨物量	23,159トン
・離着陸回数	99,029回

#172
ジンナー国際空港（パキスタン・カラチ）

Jinnah International Airport

OPKC/KH

パキスタン最大の都市にあり、90年近い歴史をもつ。メインターミナルは1992年に開業

1. パキスタンの空港

パキスタンは1947年インドから独立を果たした。当初はインドを挟んで左右2つの地域に分かれており、東パキスタン、西パキスタンと呼ばれていた。東パキスタンがバングラデシュとして分離独立した後は西パキスタンが現在のパキスタン（パキスタン・イスラム共和国）となった。総面積は80.4万㎢（日本の2.1倍）、人口1億8,000万人、首都はイスラマバード（90万人）である。

最大都市はパキスタン南部のアラビア海沿岸にあるカラチ（1,200万人）で、世界でも有数のメガ・シティであり、パキスタンにおける商業・金融の中心である。

パキスタンは非共産国として初めて共産主義国中国へ就航した国である。パキスタンにおける航空

空港全体図：カラチ中心部から16kmに位置

輸送は当初パキスタン航空（PIA）の独占状態であったが、近年は多くの民間航空会社が運航している。空港は国の所有となっており、パキスタン航空局（Civil Aviation Authority of Pakistan）が空港を管理運営している。パキスタン第1の空港はカラチのジンナー国際空港であり、同空港を含め、国

内には公共用空港が45空港あり、そのうち3空港が軍との共用で、1空港は非商業航空用である。また45空港のうち、国際空港は14空港である。

2. 沿革

最初の空港は英国領インドのカ

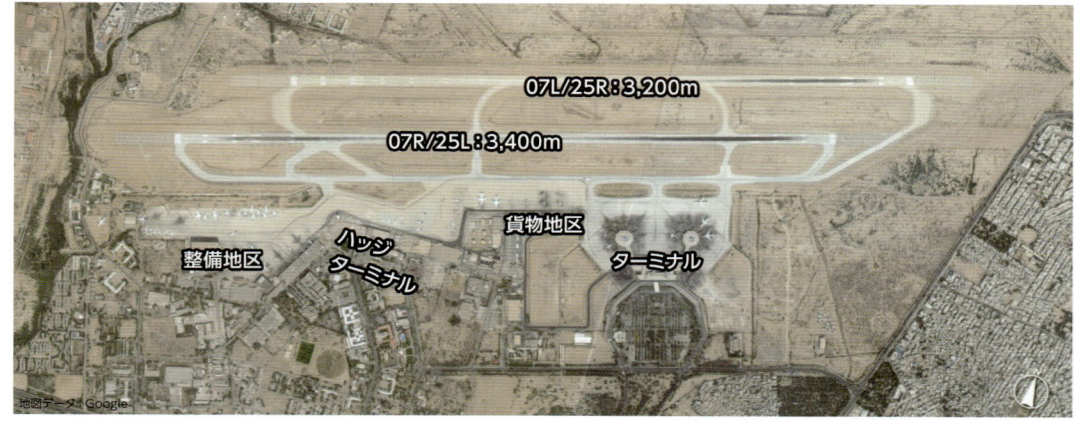

空港全体図：クロースパラレル配置された2本の滑走路を有する

旅客ターミナル：本館から2つの円形サテライトが突き出ている

ラチ空港として1929年にオープンした。英国の大型飛行船R101用の黒い巨大な格納庫が建設され、同空港の象徴であったが、1度も使用されることなく1960年に撤去された。空港は第二次世界大戦中、米、ビルマ、中国の軍によって使用されたが、大戦後の55年、パキスタン航空が同空港から初便を就航させ、61年にはジェット機用の滑走路が整備された。80年に2つのターミナルビル（ターミナル2、3）が整備されたが、それも新設のジンナー・ターミナル（現ターミナル）が92年にオープンすると旅客取扱機能はすべて移転した。

1947年のパキスタン独立以来、本空港はその初期の首都空港として、また燃料補給空港として重要性を増した。首都のイスラマバードへの移転や中東のハブ空港であるドバイ空港の台頭により本空港の重要性は後退したが、2000年に旅客数が増加に転じ、多くのエアラインが就航し始めた。ただし06〜07年には1.2%の旅客減少が見られた。

なお本空港は、パキスタン建国の父であるムハンマド・アリ・ジンナーの名前を取って、ジンナー国際空港と名付けられている。

3. 施設

本空港はカラチ市中心部の北東16kmにあり、標高は30mである。滑走路は離隔距離310mの2本のクロースパラレル滑走路で、07R/25Lは長さ3,400m×幅46m、07L/25Rは長さ3,200m×幅46mである。舗装は両滑走路ともコンクリートであり、07L/25Rには高速脱出誘導路とILSが設置されている。

旅客ターミナルは滑走路の南側にあり、形態はサテライト形式で、本館から東・西2つの円形サテライトが滑走路方向に突き出した格好となっており、それぞれ搭乗橋付の固定ゲートが6か所ずつ設置されている。東サテライトは国際線、西サテライトは国内線と使い分けられており、規模・外観は同様である。カーブサイドはダブルデッキとなっており、その向かいには平面駐車場が広がり、近傍は短期用駐車場、遠方は長期駐車用となっている。駐車場には樹木が数多く植えられ、緑がふんだん

な駐車場である。本ターミナルの両側には未利用地が広がっており、十分な拡張用地が確保されている。本ターミナルの西側に、以前の旅客ターミナルがあったエリアがあり、整備地区、管制タワーを含む管理地区などはそのエリアにある。

旅客ターミナルから約1km離れた場所にラマダ・プラザホテルがある。旧ターミナルに近接して建てられたもので、現ターミナルからはやや距離がある。

4. 運用状況

本空港の所有・運営者はパキスタン航空局（Civil Aviation Authority of Pakistan）である。

本空港はパキスタン第1の国際空港であり、パキスタン航空（PIA）、シャヒーンエア・インターナショナル、エアブルー等が本空港をハブとして利用している。2016年の旅客数は660万人、貨物量は12.9万トン、離着陸回数55万回である。本空港からは15の航空会社が40を超える空港に就航している。また貨物専用便は11航空会社が15空港に就航している。

（長谷川浩）

■空港の諸元
・空港運営者：パキスタン航空局
　（Civil Aviation Authority of Pakistan）
・滑走路（長さ×幅）：2本
　07R/25L：3,400m × 46m
　07L/25R：3,200m × 46m

■輸送実績（2016年）
・総旅客数　　6,596,891人
　国際旅客　　3,531,350人
　国内旅客　　3,037,278人
・貨物量　　　128,809トン
・離着陸回数　55,468回

ハミッド・カルザイ国際空港（アフガニスタン・カブール）

Hamid Karzai International Airport

OAKB/KBL

種々の戦争に巻き込まれた首都空港。ようやく治安が安定し、空港発展へスタート

1. アフガニスタンの空港

　アフガニスタンの現在の正式名称はアフガニスタン・イスラム共和国であるが、この100年の間に国名が10回変わっており、様々な紛争・内戦を伴う政権交代の激しさを物語っている。1980年代から90年代の内戦においては、空港を含む国内の交通施設が破壊された。その後、日本を含む各国の協力により再建事業が行われ、近年の同国経済発展に繋がっている。国土面積は65万2,000㎢（日本の1.7倍）、人口は3,100万人であり、首都はカブールである。

　アフガニスタンには約53の空港があり、このうち19の空港が舗装滑走路を有している。また19空港のうち、長さ3,000m以上の空港が4空港、2,500〜3,000mの空港が3空港ある。国際空港の数は4空港である。

空港位置図：首都カブールから5kmに立地

2. 沿革

　本空港の沿革を便宜的に分ければ、1952年の事業開始から79年のソ連侵攻による終焉までが第1期である。この間に、初期段階の滑走路（長さ1,700m、方向15/33）に代わる新滑走路（長さ2,800m、方向11/29）及び旅客ターミナルビルの建設が行われた。

この頃アフガニスタンは近代国家の仲間入りをし、北米、欧州、インド、ソ連などから多くの観光客がこの空港を経由して同国にやって来るようになった。

　79年から89年は第2期で、主にソ連軍が使用し、この間の88年に滑走路延長（長さ3,500m）、管制塔と空港管理施設を併設した

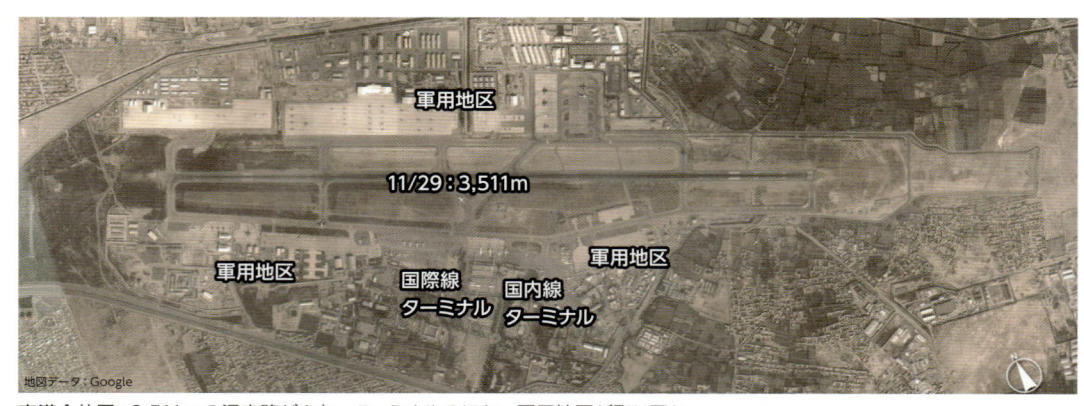

空港全体図：3,511mの滑走路が1本。ターミナルのほか、軍用地区が取り囲む

新旅客ターミナルビルの建設などが行われた。

その後92年までの間は、軍の管理下に置かれ、96年にはアフガニスタン・イスラム首長国の所有となり、さらにタリバン政権の時代には、国際的な制約のなかで、同空港は閉鎖された。この間が空白の第3期である。

2001年のNATO軍アフガニスタン侵攻後、国際治安支援部隊の管理に移行し、ようやく民間航空事業の第4期が始まり現在に至っている。

05年には滑走路のオーバーレイが行われ、その後日本の無償資金協力による国際線ターミナルビル、エプロン、駐車場の整備が行われて09年に供用し、既存のターミナルビルは国内線用に転用された。また13年には日本の無償資金協力によりエプロンの改良・拡張が行われた。

2014年、かつての大統領名をとって、ハミッド・カルザイ国際空港に名称変更された。

3. 施設

本空港は首都カブールの北5kmに位置し、標高は1,791mである。滑走路は1本で、方向は11/29、長さ3,511m×幅50m、アスファルト舗装であり、ILSが設置されている。滑走路の両側にはそれぞれ平行誘導路及び取付け誘導路が設置されており、総延長は約6,500mである。旅客ターミナル地域は滑走路の南側中央部付近に位置している。旅客ターミナルビルは、隣接する国際線用と国内線用の2棟から構成されており、いずれもフロンタル方式でノーズイン駐機であるが搭乗橋は設置されていない。

現在のアフガニスタンの国情から、同空港には様々な軍（米軍、NATO国際治安支援部隊（ISAF）、アフガニスタン軍）の基地が空港内の大きな面積を占めており、民間航空機用エプロンと軍用機用エプロンが滑走路を取り巻いている。

4. 運用状況

本空港は軍民共用空港であり、運営者として運輸民間航空省、防衛省、アメリカ軍、NATO国際治安支援部隊の名があげられている。空港運用時間は24時間である。2016年の民間航空機離着陸回数は1万3,000回である。このほかに固定翼機、回転翼機を含めて相当多数の軍用機離着陸が行われたと推測される。年間旅客数は国内線25万人、国際線70万人であるが、過去5年間増減を繰り返している。本空港からは13の航空会社が国内外27の空港に就航している。

5. セキュリティ上の課題

本空港はアフガニスタンの国情から、空港及び航空機運航のセキュリティ確保のため、通常の空港以上の対策が必要な状況にある。このため本空港においては、①空港エリア入場時（車両、手荷物、身体）、②旅客ターミナルビル入場時（手荷物、身体）、③チェックイン後（受託手荷物）、④出国審査後（機内持込み手荷物、身体）の4段階の保安検査が行われている。しかし、検問所の分散、検査スペースや器材の不足などにより十分な検査体制とはなっていない。

これらの対策として、2013年から16年を実施期間とする日本のJICAによる「カブール国際空港保安機能強化事業」が行われた。事業内容は、セキュリティセンタービルの建設、国際線旅客ターミナルビル増改築、保安検査機器（車両X線検査装置等）の設置などである。

（唯野邦男）

■空港の諸元
- 空港運営者：運輸民間航空省、防衛省、アメリカ軍、NATO国際治安支援部隊
- 滑走路（長さ×幅）：1本
  11/29：3,511m × 50m

■輸送実績（2016年）＊
- 総旅客数　　947,915人
  国際旅客　697,811人
  国内旅客　250,104人
- 貨物量　　　　　720トン
- 離着陸回数　　13,200回
  ＊ACI以外のデータ

#174
イスラム・カリモフ・タシュケント国際空港 (ウズベキスタン・タシュケント)

Islam Karimov Tashkent International Airport

UTTT/TAS

古くから東西交易の中心地に位置し、航空の果たす役割も大きい。成田にも直行便が就航

1. ウズベキスタンの空港

ウズベキスタンはシルクロードの中心地であり、古来から多くのオアシスの町が発展してきた。同国は12の州と1つの自治共和国、及び1つの特別市から構成されている。それぞれの州には少なくとも1つの空港がある。全国で53の空港があり、うち33空港は舗装された滑走路をもち、そのうち6空港（タシュケント国際空港、ウルゲンチ国際空港、サマルカンド国際空港、ナヴァーイ国際空港、フェルガナ国際空港、ブハラ国際空港）は長さ3,000m以上の滑走路をもっている。ウズベキスタン共和国の独立とともに、1992年に設立されたウズベキスタン航空がナショナルフラッグキャリアである。94年には大阪、名古屋、宮崎からチャーター便の運航を行

空港位置図：首都タシュケントの中心から12kmに立地

い、2001年以降、東京（成田）〜タシュケントに週2便の定期便を運航している。

2. 概要

タシュケント国際空港は首都タシュケントの中心地から12kmに位置する。ウズベキスタンの中心的空港であり、かつ中央アジアでアルマトイ空港に次いで2番目に旅客数の多い空港である。ウズベキスタン航空局が管理運営し、ウズベキスタン航空のハブ空港となっている。

空港全体図：クロースパラレル配置された2本の滑走路をはさみ、国際線と国内線のターミナルが分離配置

国際線ターミナル（ターミナル2）：2001年オープンし、容量限界を迎えつつある

photo / Uzbekistan Airways

国内線ターミナル（ターミナル3）：2011年にオープンし、真新しい

photo / Uzbekistan Airways

3. 施設

　滑走路は2本でほぼ東西を向いており、北側の滑走路08L/26Rは長さ4,000m×幅60m、南側の滑走路08R/26Lは長さ3,905m×幅45mで、両滑走路の中心線間隔は約210mである。

　滑走路の南側に国内線ターミナル（ターミナル3）が、北側に国際線ターミナル（ターミナル2）が配置されている。国内線側には平行誘導路がなく、国際線側には、平行ではないが平行誘導路機能を有する誘導路が設置されている。国内線と国際線を乗り継ぐためには1度空港を出る必要がある。

　国内線ターミナルには10の駐機スポットがあり、自走式エプロンでボーディングブリッジはない。ビル前には円形ロータリーがあり、これを経て駐車場に至る。国内線ターミナルは2011年に整備され、時間当たり400人の処理能力がある。

　国際線ターミナルには2本のピアがあり、合計9か所のゲートがある（うち4つは搭乗橋つき）。またその前面にはオープンスポットが配置されている。カーブサイド

はダブルデッキとなっており、1階が到着、2階が出発フロアで、出国手続き後の出発ラウンジとトランジットラウンジは本館に続く別棟となっている。2001年に整備され、時間当たり1,000人の処理能力がある。年間旅客にすると200万人強となるが、2016年の国際旅客は220万人を超えており、同ターミナルは処理能力の限界に近く、出入国手続きに長時間を要している。管制塔はターミナル地域のほぼ中央に位置している。国際線旅客ターミナルの東側には、広大なエプロンが広がり全体で80以上のスポットがあり、ビルの前面を中心に5スポットはB747の駐機が可能である。

4. 運用状況

　この空港で取り扱われた2016年の旅客数は270万人である。国際線は、ウズベキスタン航空、ロシアの航空会社等17社が、ロシア、ヨーロッパ、アジア等の55空港（成田を含む）に就航している。また国内線はウズベキスタン航空が、国内11空港に就航している。

（長谷川浩）

■空港の諸元	
・空港運営者：ウズベキスタン航空局	
・滑走路（長さ×幅）：2本	
08L/26R：4,000m × 60m	
08R/26L：3,905m × 45m	

■輸送実績（2016年）	
・総旅客数	2,740,914人
国際旅客	2,242,914人
国内旅客	494,143人
・貨物量	31,509トン
・離着陸回数	24,218回

#175
アルマトイ国際空港（カザフスタン・アルマトイ）
Almaty International Airport

東南アジアとヨーロッパを結ぶ中継地という地の利を生かし、さらなる発展を目指す

1. カザフスタンの空港

　カザフスタンは旧ソビエト連邦から独立した共和国のうち、最大の面積をもつが、国土のほとんどは乾燥したステップで占められている。西部のカスピ海沿岸地域はウラル山脈より西にあたり、ヨーロッパという見方もできる。国土面積272万㎢は世界第9位にあたり、人口は1,700万人である。首都はアスタナであるが、最大の都市はアルマトイである。1936年にカザフ・ソビエト社会主義共和国として、ソ連の共産党政権下に置かれ、領内にソ連のセミパラチンスク核実験場やバイコヌール宇宙基地が作られた。ソビエト連邦崩壊後の91年12月に、カザフスタン共和国として独立した。地下資源に恵まれ、成長著しい国である。アルマトイは98年までカザフスタン共和国の首都であったが、同年首都がアスタナに移され、政令指定地区となった。アルマトイにはカザフ国立大学をはじめ多くの高等教育機関、政府機関などがある。2014年時点の人口は約153万人で、遷都後の現在でもアルマトイはカザフスタンで最大の都市であり、商工業・文化の中心都市である。

　カザフスタンにはICAOコードがついた空港が約20あるが、国際空港と呼ばれているのは3空港である。

カザフスタンの主要空港分布

2. 概要

　アルマトイ国際空港はアルマトイ市中心部の北東16kmに位置する。カザフスタンのフラッグキャリアであるエア・アスタナがハブ空港として利用している。空港の運営者は、アルマトイ国際空港JSC（Almaty International Airport JSC：アムステルダムに本拠地を置くビーナス空港投資B,Vの100%出資会社）である。本空港は東南アジアとヨーロッパの中継地として格好の地理的位置にあり、かつての大シルクロードが通っていた地の利を生かし、アジアとヨーロッパを結ぶハブ空港を標榜している。

3. 沿革

　本空港は1935年に開港し、90年まではカザフ民間航空局（Kazakh Department of Civil Aviation）の一部として管轄されていたが、91年にアルマアタ空港に改組し、93年に独立採算事業体となった後、94年よりアルマトイ国際空港となる。2000年に初の貨物専用航空会社のエル・アル・イスラエル航空が就航し、FedExやカーゴルックス等が次々と貨物専用便を就航させている。また、ウクライナのアントノフ・エアラインは世界最大の航空機An-225を就航させている。これは当空港の地理的優位性を生かした香港、上海などアジア地域からアルマトイを経由してのヨーロッパ便である。

4. 施設

　クロースパラレル（中心線間隔約210m）に配置された2本の滑走路があり、南側の第1滑走路（05R/23L）は長さ4,400m×幅45mで、ILS（CAT-Ⅰ、Ⅱ）

空港全体図：標高が高く、クロースパラレル配置の滑走路は4,400m、4,500mと長い

旅客ターミナルビル：空港西端に位置し、2層方式 photo / ALMATY INTERNATIONAL AIRPORT

が設置されている。2008年に供用を開始した北側の第2滑走路（05L/23R）は長さ4,500m×幅45mで、ILS（CAT-Ⅱb）が設置されている。平行誘導路はなく、滑走路端部にはターニングパッドが設置されている。

2004年にオープンしたターミナルは滑走路端部に位置し、滑走路に対して直角に配置されている。フロンタル方式で、搭乗橋付きの固定スポットが4スポットある。その左右にオープンスポットが配置され、誘導路途中にもリモートスポットがあり、エプロン総面積は15.5万㎡である。ターミナル本館前面の道路はダブルデッキで、1階が到着、2階が出発である。また国公賓用VIPビルのほか、2007年にはイタリア人建築家が設計した民間VIP用のビ

ジネスターミナルがオープンした。これらのターミナルの床面積は全体で2万9,000㎡である。

駐車場はビル前面の平面駐車場とそれを隔てた位置に立体駐車場がある。15分までは無料で、それを超えると有料になる。

空港のカーゴターミナルは延床面積2万8,000㎡であり、貨物地区の面積は5.5haである。一時的保管倉庫、トランジット倉庫、危険物倉庫、重要物倉庫、温度管理倉庫(10℃〜-18℃)、積卸し用の国際的水準の設備が整っている。また、貨物ターミナル地区には鉄

道が引き込まれており、一部の上屋はこれに面している。

管制塔は滑走路を挟んでターミナルと反対側に位置している。また、旅客ターミナルに並んでホテルが立地している。

5. 運用状況

24時間運用であり、国内線はナショナルフラッグキャリアのエア・アスタナの他4社が、アスタナなど16都市へ、国際線はエア・アスタナの他26社が、サンクトペテルブルクなど36都市へ就航している。また、ヨーロッパとアジアを結ぶ地理的位置から燃料補給のために経由する便もある。

（長谷川浩）

空港の諸元	■輸送実績（2016年）	
・空港運営者：アルマトイ国際空港 JSC（Almaty International Airport JSC）	・総旅客数	4,878,450人
	国際旅客	2,250,074人
・滑走路（長さ×幅）：2本	国内旅客	2,628,376人
05R/23L：4,400m × 45m	・貨物量	46,326トン
05L/23R：4,500m × 45m	・離着陸回数	59,378回

column22

貨物量ランキング50（2016年）

順位	地域	国名	都市名	空港名	IATA	年間貨物量	掲載
1	アジア	香港	香港	香港国際空港	HKG	4,615,241	p349
2	南北アメリカ	アメリカ合衆国	メンフィス	メンフィス国際空港	MEM	4,322,071	p228
3	アジア	中国	上海	上海浦東国際空港	PVG	3,440,280	p329
4	アジア	韓国	ソウル	仁川国際空港	ICN	2,714,341	p313
5	中東・アフリカ	アラブ首長国連邦	ドバイ	ドバイ国際空港	DXB	2,592,454	p492
6	南北アメリカ	アメリカ合衆国	アンカレッジ	テッド・スティーブンス・アンカレッジ国際空港	ANK	2,542,526	p259
7	南北アメリカ	アメリカ合衆国	ルイビル	ルイビル国際空港	SDF	2,437,010	p209
8	日本	日本	東京	成田国際空港	NRT	2,165,427	p609
9	欧州	フランス	パリ	パリ・シャルル・ド・ゴール空港	CDG	2,135,172	p 31
10	欧州	ドイツ	フランクフルト	フランクフルト空港	FRA	2,113,594	p 55
11	アジア	台湾	台北	台湾桃園国際空港	TPE	2,097,228	p349
12	南北アメリカ	アメリカ合衆国	マイアミ	マイアミ国際空港	MIA	2,014,205	p226
13	アジア	シンガポール	シンガポール	チャンギ国際空港	SIN	2,006,300	p415
14	南北アメリカ	アメリカ合衆国	ロサンゼルス	ロサンゼルス国際空港	LAX	1,993,308	p246
15	アジア	中国	北京	北京首都国際空港	PEK	1,943,159	p325
16	中東・アフリカ	カタール	ドーハ	ハマド国際空港	DOH	1,758,074	p487
17	欧州	オランダ	アムステルダム	アムステルダム・スキポール空港	AMS	1,694,729	p 81
18	アジア	中国	広州	広州白雲国際空港	CAN	1,652,215	p335
19	欧州	イギリス	ロンドン	ヒースロー空港	LHR	1,640,400	5
20	南北アメリカ	アメリカ合衆国	シカゴ	シカゴ・オヘア国際空港	ORD	1,528,136	p200
21	アジア	タイ	バンコク	スワンナプーム国際空港	BKK	1,306,436	p431
22	南北アメリカ	アメリカ合衆国	ニューヨーク	ニューヨーク・ジョン・F・ケネディ国際空港	JFK	1,278,709	p181
23	日本	日本	東京	東京国際空港（羽田）	HND	1,224,478	p601
24	アジア	中国	深圳	深圳宝安国際空港	SZX	1,125,985	p337
25	南北アメリカ	アメリカ合衆国	インディアナポリス	インディアナポリス国際空港	IND	1,065,114	p207
26	欧州	ドイツ	ライプツィヒ	ライプツィヒ・ハレ空港	LEJ	1,047,881	-
27	欧州	トルコ	イスタンブール	イスタンブール・アタテュルク国際空港	IST	945,055	p135
28	中東・アフリカ	アラブ首長国連邦	ドバイ	ドバイ国際空港	DXB	897,998	p492
29	アジア	インド	デリー	インディラ・ガンジー国際空港	DEL	845,507	p454
30	中東・アフリカ	アラブ首長国連邦	アブダビ	アブダビ国際空港	AUH	810,885	p489
31	欧州	ルクセンブルグ	ルクセンブルグ	ルクセンブルク-フィンデル空港	LUX	800,894	-
32	欧州	ドイツ	ケルン	ケルン・ボン空港	CGN	770,978	-
33	アジア	インド	ムンバイ	チャトラパティ・シヴァージー国際空港	BOM	762,132	p457
34	日本日本	日本日本	大阪	関西国際空港	KIX	755,376	p642
35	南北アメリカ	アメリカ合衆国	ダラス・フォートワース	ダラス・フォートワース国際空港	DFW	752,784	p234
36	南北アメリカ	アメリカ合衆国	シンシナティ	シンシナティ・ノーザンケンタッキー国際空港	CVG	742,256	p204
37	南北アメリカ	アメリカ合衆国	ニューアーク	ニューアーク・リバティー国際空港	EWR	719,005	p188
38	南北アメリカ	コロンビア	ボゴタ	エルドラド国際空港	BOG	674,201	p285
39	アジア	マレーシア	クアラルンプール	クアラルンプール国際空港	KUL	674,038	p421
40	欧州	ベルギー	リエージュ	リエージュ空港	LGG	660,643	-
41	南北アメリカ	アメリカ合衆国	アトランタ	ハーツフィールド・ジャクソン・アトランタ国際空港	ATL	648,595	p217
42	アジア	フィリピン	マニラ	ニノイ・アキノ空港	MNL	648,595	p375
43	アジア	インドネシア	ジャカルタ	スカルノ・ハッタ国際空港	CGK	601,329	p391
44	アジア	中国	成都	成都双流国際空港	CTU	591,001	p345
45	アジア	ベトナム	ハノイ	ノイバイ国際空港	HAN	565,653	p425
46	欧州	イタリア	ミラノ	ミラノ・マルペンサ空港	MXP	548,769	p 68
47	南北アメリカ	アメリカ合衆国	オークランド	オークランド国際空港	OAK	511,780	p255
48	南北アメリカ	アメリカ合衆国	オンタリオ	オンタリオ国際空港	ONT	519,474	-
49	南北アメリカ	ブラジル	サンパウロ	グアルーリョス国際空港	GRU	508,185	p299
50	オセアニア	オーストラリア	シドニー	キングスフォード・スミス空港	SYD	500,176	p515

エマーム・ホメイニー国際空港 ●

Iran

Iraq ● バクダード国際空港

● ムハンマド5世国際空港

Morocco

ベン・グリオン国際空港 ●

Israel

Kuwait

● クウェート国際空港

カイロ国際空港 ●

キング・ファハド国際空港 ●

Qatar

● ドバイ国際空港

ハマド国際空港 ●

● アブダビ国際空港

キング・ハーリド国際空港 ●

United Arab Emirates

Egypt

Saudi Arabia

Nigeria

● ムルタラ・モハンマド国際空港

Kenya

● ジョモ・ケニヤッタ国際空港

St Helena

● セントヘレナ国際空港

● O.R.タンボ国際空港

South Africa

中東・アフリカの空港

エマーム・ホメイニー国際空港 （イラン・テヘラン）

Emām Khomeinī International Airport

OIIE/IKA

2004年に開港した首都テヘランの新国際空港

1. イランの空港

イランは面積165万km²（日本の4.4倍）、人口7,900万人で首都はテヘランである。ペルシャ人を中心とし、宗教はイスラム教（主にシーア派）が多い。1979年、ホメイニ師の指導のもとでイスラム革命が成就し、イラン・イラク紛争（80〜88年）を経て89年に大統領制となり現在に至っている。テヘランは同国最大の都市であり、人口1,200万人、イランの経済、文化、宗教の中心である。

イランにはICAOコードのついた空港が97あり、ほかに航空基地が12ある。国際空港と名付けられている空港は7つである。

イランの国際空港分布：これらを含め日本の4.4倍の国土に100ほどの空港がある

2. 沿革

テヘランには市の西部にメヘラーバード国際空港があるが、手狭になったこと、周辺が市街地化し拡張が難しいことから、エマーム・ホメイニー国際空港が建設され、2004年に開港した。

当初新空港の設計を行ったのは米国の設計コンソーシアムであるが、イスラム革命により同計画は凍結され、その後、政府の方針に

11L/29R：4,249m
11R/29L：4,198m
ターミナル
貨物・整備地区
第3滑走路（建設中）

空港全体図：クロスパラレル配置の4,000m級滑走路2本に加え、第3滑走路を建設中

よりイランの設計者・技術者により整備が進められた。さらに革命後設立された公共企業からなる財団が引き継ぎ、旅客ターミナルを建設した。以降、たびたび運営者が変更され移転が延期されたが、2007年に巡礼便以外のほとんどの国際線が新空港に移され、移転が完了した。

空港の名称は革命指導者ホメイニ師（アラビア語でエマーム）にちなむ。

なお、メヘラーバード国際空港はもっぱら国内線が使用する空港となったが、イラン空軍の基地も兼ねているほか、イラン航空や、アーリヤー航空の本部がある。

3. 施設

本空港はテヘラン市の南35kmにあり、標高は1,007mである。2本のクロースパラレル滑走路（離隔距離200m）があり、南側の滑走路（11R/29L）は長さ4,198m×幅45mで、北側の滑走路（11L/29R）は長さ4,249m×幅45mであり、双方ともアスファルト舗装である。北側滑走路には高速脱出誘導路とILSが設置されている。

滑走路の南側に平行誘導路が1本あり、旅客ターミナル地域はこれに面して配置されている。ターミナルはビル前面に搭乗橋付の7つの固定ゲートが並ぶフロンタル方式であり、ゲートの増加に従って左右にピアを伸ばす格好である。

ランドサイドはダブルデッキであり、下段デッキのさらに下のレベルの前面に短期駐車場がある。またその南側にある鉄道駅のさらに南側に長期駐車場が位置している。同駐車場からターミナルビルまで連絡通路があり、またシャトルバスが利用できる。

オープンエプロンを含めエプロンは幅約1,400mあり、このなかにはビジネスジェット用CIPターミナルのスポットも並ぶ。貨物ターミナル地区、整備地区も同じように滑走路に平行して展開しているが、滑走路前面をはずれて滑走路延長上に沿ったエリアにあり、幅は約1,700mある。

4. 運用状況

本空港の運営者はイスラム革命防衛隊である。

本空港からはイランのフラッグキャリアであるイラン航空をはじめとする航空会社37社が、中東、ヨーロッパを中心に62の都市へ就航している。

鉄道アクセスの建設が進められてきたが、テヘラン地下鉄1号線が2017年8月に乗り入れた。空港駅は旅客ターミナルビル前の短期駐車場と長期駐車場の間にあり、

ビルとの間がコンコースで繋がっている。テヘランの中心部とコム市を結ぶ高速道路から分岐する連絡道路が空港に乗り入れている。

5. 将来計画

現在、滑走路11R/29Lの南側に2,400m隔てて新しい平行滑走路が建設中であり、完成後は既存滑走路と同時離着陸が可能となる。長さは4,200mで、平行誘導路を2本もつことになる。既存滑走路に連絡する誘導路が旅客ターミナルと貨物ターミナルの間を通る形となる。

当初巡礼飛行専用として計画されたが、他のフライトにも使われることになったターミナル2（サラムターミナル）が2017年に完成し、年間500万人の乗客が取扱可能となった。またターミナル3（イランシャール・ターミナル）が2020年までのオープンを目途に建設される。これが供用すると年間2,000万人の乗客が取扱可能となり、空港全体の総旅客取扱容量は年間3,000万人になる。ターミナル3のオープン後、現在のターミナル1は国内線専用とする計画である。

（長谷川浩）

■空港の諸元
・空港運営者：イスラム革命防衛隊
・滑走路（長さ×幅）：2本
　11R/29L：4,198m × 45m
　11L/29R：4,249m × 45m

■輸送実績（2016年：Wikipedia）
・総旅客数　　7,821,369人
・貨物量　　　148,020トン
・離着陸回数　　53,359回

#177
バクダード国際空港（イラク・バクダード）

Baghdad International Airport

イラク戦争後は米軍管理下に置かれ、民航再開後も治安情勢を反映し軍民共用が続く

1. イラクの空港

イラクの正式名称はイラク共和国であり、首都はバクダードである。国土面積は43万7,000km²（日本の1.2倍）、人口は3,300万人である。

イラクにおいては、第2次世界大戦以降だけで見ても、内紛・革命が繰り返され、政治体制がめまぐるしく変化した。1979年7月サッダーム・フセインが大統領に就任、80年にイラン・イラク戦争が勃発し、88年まで続いた。クエート侵攻（90年）に伴う91年の湾岸戦争において同政権は敗北し、2003年には米国とのイラク戦争によって崩壊した。米英共同統治を経て、04年には暫定政権に主権移譲が行われ、06年イ

バクダード国際空港の位置図：空港の東にチグリス川が流れる

ラク共和国として再独立を果たした。11年までには駐留米軍がイラクから撤退した。そのようななかで過激派組織IS（自称Islamic State）が台頭、14年6月には同国北部にあるイラク第2の都市モスルを占領し、その後も急速にほかの都市を占拠していった。

2012年時点においてイラクに

は104の空港があり、舗装滑走路を有する空港は75（うち長さ2,438m（8,000ft）以上の空港数は56）、未舗装滑走路を有する空港は29（うち長さ2,438m以上の空港数は7）であった。しかし、1990年に民間空港となり、大規模改修後の2007年にリニューアル・オープンを果たしたばかりの

15L/33R：4,000m

ターミナル

整備地区

15R/33L：3,301m

軍用地区

空港全体図：オープンパラレル配置された滑走路2本の間にターミナル施設を配置

旅客ターミナル：六角形のユニットターミナルを3つ有する

地図データ：Google

モスル国際空港が、ISによる実行支配により14年6月から運航を停止するなどの事態もあり、現時点においては、イラクにおける空港の実態は明確ではない。

2. 沿革

バクダード国際空港は1979〜82年の間に、フランス企業の支援の下で建設されたが、80年に発生したイラン・イラク戦争のため、その完全開港は87年になった。B747型機等の大型ジェット機の就航が可能で、年間750万人の旅客を取り扱う容量と多数の搭乗橋つきスポットを有する空港として供用した。イラクの国情を反映して軍民共用空港として作られ、空港名は当時の大統領名を取り、サッダーム国際空港と呼ばれていた。イラクのフラッグキャリアであるイラク航空の拠点空港であり、日本を含むアジア、ヨーロッパ、アフリカの各国との間に多数の定期便が就航していた。イラクによるクエート侵攻（90年）に端を発する湾岸戦争が91年に起こり、その国連停戦決議に基づき同空港の民間航空事業はほぼ停止し、米英による飛行禁止区域設定により、同空港での民間飛行はイラク航空による限定期間の国内線就航とチャーター機による医療品、国際援助従事者、政府官僚の国際

輸送のみに限られた。2003年3月にイラク戦争が開始され、米軍は同空港を占領、支配下に置くとともに、空港名がバクダード国際空港に変更された。04年8月には空港の管理はイラク政府による文民統制に移管され、民間航空事業が再開された。

3. 施設

バクダード国際空港はバクダード中心部の西16kmに位置している。標高は35mである。滑走路は2本で、オープンパラレル（中心線間距離約2,650m）に配置されている。滑走路15R/33Lは長さ3,301m×幅45mで、コンクリート舗装であり、ILSはない。滑走路15L/33Rは長さ4,000m×幅60mで、コンクリート舗装であり、ILSが設置されている。両滑走路とも平行誘導路と高速脱出誘導路を有している。

旅客ターミナル地域は両滑走路の間に挟まれた位置にあり、最終的には変形六角形のビルが滑走路15R/33L、15L/33Rにそれぞれ面して3棟ずつ、また直交して2

棟の合計8棟が連続して配置されるターミナル形状の計画となっている。そのうち、現在は直交する2棟と15R/33Lに面する1棟が供用している。各ビルはフロンタル形式であり、6基ずつの搭乗橋を備えている。

4. 運用状況

空港の運営者はイラク政府である。紛争が続いている現在のイラク情勢を反映し、軍民共用空港である。

旅客運送は、24の航空会社が、46空港に就航している。貨物専用機は、7航空会社が7空港に運航している。輸送実績に関するデータはない。

5. 将来計画

2010年5月、旅客取扱容量を2倍の年間1,500万人にする計画が発表された。これは外国資本の投資により、3棟の新旅客ターミナルビルを建設し、また既存の3棟のビルを改修する計画であり、それぞれ250万人対応の容量を持つことになる。

（唯野邦男）

■空港の諸元
・空港運営者：イラク政府
・滑走路（長さ×幅）：2本
　15R/33L：3,301m×45m
　15L/33R：4,000m×60m

■輸送実績（2016年）
データなし

#178
クウェート国際空港 （クウェート・クウェート）

Kuwait International Airport　　　　　　　　　　**OKBK/KWI**

世界7位の原油埋蔵量に依存する砂漠の国。ペルシャ湾に面する首都クウェートの空港

1. クウェートの空港

　クウェートは面積1万8,000k㎡（四国とほぼ同じ）、人口428万人、主要産業は石油で、原油確認埋蔵量は世界第7位である。

　18世紀にアラビア半島中央部から移住した部族がクウェートの基礎をつくったが、1899年英国の保護国となる。1938年に大油田が発見され、61年6月英国から独立し、その直後から民主化を進めている。90年イラクからの侵攻を受けたが、91年2月の解放を経て、西側寄りの外交政策傾向が強まり、米、英、仏、ロシアそれぞれとの間で防衛協定を締結した。サッダーム・フセイン政権崩壊後のイラクとは2010年以降、国交が正常化されつつある。

　民間空港はクウェート国際空港のみで、ほかにICAOコードをもつ3つの軍事飛行場があるが民間航空定期便は就航していない。

空港位置図：クウェート市の南16k㎡と市街地からのアクセスが良い

2. 施設

　クウェート国際空港はクウェート市中心部から南へ16kmの位置にあり、敷地は約3,000haで、標高は63mである。

　滑走路はオープンパラレル（離隔距離1,960m）に配置された2本であり、東側の滑走路（15L/33R）は長さ4,120m×幅45mでアスファルト舗装、西側の滑走路（15R/33L）は長さ3,600m×幅45mでコンクリート舗装である。滑走路はそれぞれ平行誘導路と高速脱出誘導路を有し、ILSが設置されている。

　両滑走路の間の北側に旅客ターミナルがあり、アクセスは市街地の方向である北側からとなっている。本空港は1961年に開港したが現在の旅客ターミナルは80年にオープンしたものであり、設計は日本を代表する建築家の丹下健三による。本館から、滑走路と平行方向にまっすぐに伸びた単一のピアに搭乗橋付きの10の固定ゲートが並ぶ。ビル全体として後退翼のジェット機を思わせる平面形状となっている。ターミナルは地階を含め3層で、床面積4万㎡である。出発階と到着階のモールが2002年にアップグレードして

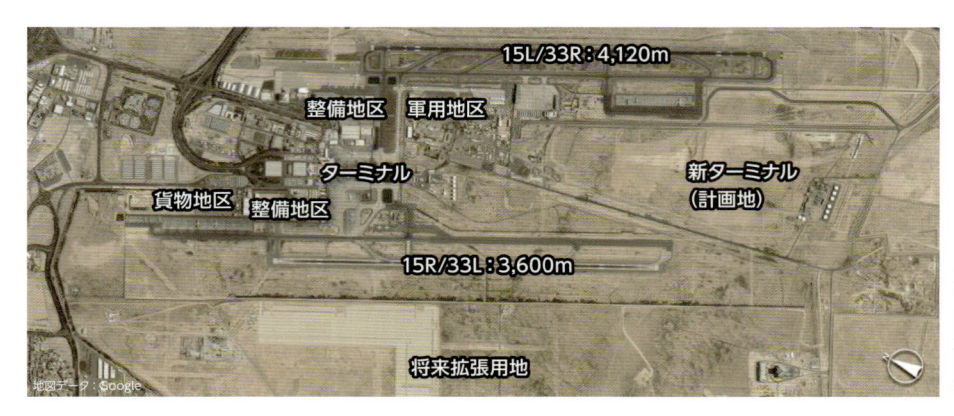

空港全体図：オープンパラレル配置された滑走路2本の間にターミナル施設を配置

旅客ターミナルビル：丹下健三が設計し、後退翼のジェット機を思わせる形状　　ターミナル2計画：3角形の1辺が1,200mの規模

オープンした。10の固定スポットのほかにオープンスポットが40ある。

駐車場は、約2,500台を収容できる短期及び長期駐車場で構成され、短期駐車場は動く歩道等でターミナルビル2階に連絡している。

アクセスとしてクウェート市へのバスがあり、移動時間は約30分である。

また、シェイク・サード・ターミナル（SHEIKH SAAD TERMINAL）と呼ばれるビジネスジェット、ジェネラルアビエーション用のターミナルが、旅客ターミナルの南方、東側滑走路に面して展開している。同ターミナルはロイヤル・アビエーション・カンパニーが運営し、13万㎡の敷地にVIP、VVIPラウンジやCIQ施設が完備した延床面積4,000㎡の3階建てメインビルがあり、この他ライン整備サービス機能を有した5,000㎡のハンガー、9万㎡のエプロンがある。このほか、エアタクシーなどの利用があり、航空会社ではフライドバイ（アラブ首長国連邦のLCC）のみがこのターミナルで運航している。

貨物ターミナルは旅客ターミナルの北西に位置する。

2本の滑走路の間の南側にターミナル拡張余地を残すほか、西側滑走路のさらに西側には広大な拡張余地を有している。

3. 運用状況

空港運営者はクウェート民間航空総局（Directorate General of Civil Aviation: DGCA）である。本空港は、クウェート航空がハブ空港として利用しており、45以上の航空会社が80以上の都市へ就航している。DGCAは2006年から、湾岸地域における商業航空のハブ空港化を目指してオープンスカイ政策をとっており、これが旅客・貨物の航空会社の増便や新規乗入れを促している。

2016年の旅客数は1,200万人、離着陸回数は10万4,000回である。

4. 将来計画

本空港においては、湾岸地域のハブ化に向けて増大する需要に対応するため、ターミナル2の建設、両滑走路の延長、第3滑走路の建設、貨物施設の増設等からなる拡張計画が進められている。ターミナル2は、三角形の形状で、1辺1,200mに渡るゲートエリアを有し、中央部の高さ25mに及ぶ天蓋をもつ設計である。この地域の素材の使用と酷暑の地という環境に根差したデザインとともに、わかりやすい動線と最小限の上下移動を達成するとしている。最初は1,300万人対応だが、段階的に2,500万人、5,000万人へと柔軟に拡張できる設計となっており、年間600万トンの貨物にも対応する。南側方面からのアクセスも計画されている。

(長谷川浩)

■空港の諸元
・空港運営者：クウェート民間航空総局（Directorate General of Civil Aviation:DGCA）
・滑走路（長さ×幅）：2本
　15R/33L：3,600m × 45m
　15L/33R：4,120m × 45m

■輸送実績（2016年）
・総旅客数　　11,828,770人（国際線のみ）
・貨物量　　　195,846トン
・離着陸回数　104,175回

179

キング・ハーリド国際空港 （サウジアラビア・リヤド）

King Khalid International Airport

OERK/RUH

急増する航空需要に対応するため、国内線専用のターミナル5が2016年にオープン

1. サウジアラビアの空港

　キング・ハーリド国際空港は、サウジアラビアの首都リヤドの空港である。サウジアラビアの正式名称はサウジアラビア王国であり、国土面積215万㎢（日本の5.7倍）、人口2,900万人（日本の23％）である。世界一の原油埋蔵量を有し、OPECの盟主的存在であって、石油の採掘と輸出が主な外貨獲得源となっている（石油が外貨収入の約90％）。西部にはイスラム教の2大聖地（メッカとメディナ）があり、世界各地から巡礼者が訪れる。一方で通常の観光ビザ発行は団体ツアーに対してだけで個人は対象外であるなど、観光産業の活性化は制約されている。

　サウジアラビアには約200の空港があるが、そのうち舗装滑走路を有する空港は約60空港であり、うち2,438m（8,000ft）以上の

空港位置図：サウジアラビアの主要空港。メッカとメディナには世界中から巡礼者が訪れる

滑走路を有する空港は約45空港、国際空港は6空港、地域主要空港は6空港となっている。

2. 沿革

　1983年後半まで、リヤドの商業航空輸送は現在のリヤド空軍基地の位置にあった旧空港で行われていた。しかし、国際線及び国内線の航空輸送需要増加により、同空港での運用を継続することが困難となったため、リヤド市中心部により近い、王立サウジアラビア空軍が運営するリヤド空軍基地と交換して、そこに新空港を建設することになった。設計は米国のヘルムス・オバタ・カッサバウム建築事務所、建設はアラビアン・ベクテル会社が担当した。ターミナル1～4を有するキング・ハーリド国際空港が83年に開港した。またその後、ターミナル5が新設され、2016年に供用を開始した。

　空港の名は同国の第4代国王ハーリド・ビン・アブドゥルアズィーズ（在位1975-82）にちなむ。

空港全体図：4,205mの2本のオープンパラレル滑走路と5つの旅客ターミナルを備え、拡張性も十分

3. 空港計画と施設の配置

キング・ハーリド国際空港はリヤドの北35kmに位置し、標高は623mである。滑走路はオープンパラレル配置（中心線間距離2,700m）の2本（15L/33R、15R/33L）で、いずれも長さ4,205m×幅60mでアスファルト舗装である。両滑走路とも両方向にILSと高速脱出誘導路が設置されている。滑走路とエプロン内誘導路の中心線間隔を570m程度確保するなど、エアフィールド施設は全体にゆったりとした配置である。

両滑走路の間の中央を空港道路が貫通して中心軸を形成し、同軸の北東側に旅客ターミナルが、南西側にロイヤル・ターミナルが配置されている。また15L/33R滑走路の北東側にはジェネラルアビエーション・ターミナルがある。旅客ターミナルは5棟あり、ターミナル1〜4はいずれもほぼ三角形をしたユニット（フロンタル）形式のターミナルで、それらが1列に並んでおり、屋内連絡通路で結ばれている。各ユニットの面積は4.7万㎡で、8つずつの固定ゲートがある。ターミナル5はこれらのターミナル群と離れ、2つの滑走路を結ぶ連絡誘導路を隔てた位置にあり、長方形の形状で、フロンタル形式である。床面積は10.6万㎡で、16機のナローボディ機又は8機のワイドボディ機に対応している。サウジアラビア初の私有の空港ターミナルビルで、アイルランドの空港運営者であるダブリン空港公社が運営している。

4. 運用状況

キング・ハーリド国際空港の所有者はサウジアラビア民間航空局であり、運営者はフラポート・サウジアラビア㈱である。

ターミナル2は、サウジアラビア航空がオペレーションを行っているスカイチームの航空会社（エア・フランス、大韓航空、中東航空）とフライナス航空が使用しており、ターミナル1は、その他のすべての国際線航空会社が使用している。ターミナル3は現在、改装工事のため閉鎖されているが、ターミナル5が供用するまではサウジアラビア航空とフライナス航空のすべての国内線が使用していた。ターミナル4は開港以来使われないままであったが、現在その使用に向けた整備が行われている。2016年に供用開始した最新のターミナルであるターミナル5は、サウジアラビア航空とフライナス航空の国内線が使用している。本空港からは、40社近い航空会社が、国内・国外の約100空港へ就航している。また、貨物専用機は6社の航空会社が22空港に就航している。本空港の2016年の旅客数は2,400万人（10年の1.8倍）、離着陸回数は19万回であり、それぞれ急激な増加を見せている。

5. 将来計画

ターミナル5の年間取扱容量を1,500万人から2,500万人に増強する事業が行われており、完成は2019年5月の予定である。建設は、ドイツ、インド、サウジアラビアの建設会社・エンジニアリング会社によって行われている。また、開港以来使用されて来なかったターミナル4に必要な設備を整え、活用する事業が進められている。サウジアラビア民間航空局はリヤド開発局との間で、空港と市内を新しい地下鉄システムで結ぶ契約を締結している。この地下鉄システムが完成すると、乗客は空港と市内中心部の間を素早く快適に移動することができるようになる。またサウジ鉄道会社は、空港の南東部に主要鉄道駅を建設し、地下鉄システムを介してターミナルに接続する計画である。

（唯野邦男）

■空港の諸元
・空港運営者：
　フラポート・サウジアラビア㈱
・滑走路（長さ×幅）：2本
　15L/33R：4,205m×60m
　15R/33L：4,205m×60m

■輸送実績（2016年）
・総旅客数　　23,868,984人
　国際旅客　　11,205,946人
　国内旅客　　12,379,537人
・貨物量　　　　354,188トン
・離着陸回数　　194,729回

#180
キング・ファハド国際空港 （サウジアラビア・ダンマーム）

King Fahd International Airport

OEDF/DMM

ペルシャ湾に面する都市ダンマームの空港。湾岸戦争に参加した連合軍基地を起源にもつ

1. 沿革

　本空港はもともと1991年初めの湾岸戦争に従事した連合軍の軍用機基地として、空港の基本施設が建設され、90年末に完成した飛行場であるが、サウジアラビア民間航空総局は、この空港を民間航空輸送用の国際空港として開発することを決めて今日に至っている。基本計画は、山崎＆アソ

シエイツ建築事務所とボーイング国際エアロ・システムズ社によって76年に開始され、77年に完了した。83年には施設建設が開始され、99年11月に開港し、それまでダーラン国際空港を使用していたすべての航空会社はキング・ファハド国際空港へ移転した。

　空港の名は同国第5代国王ファハド・ビン・アブドゥルアズィーズ（在位1982-2005）にちなむ。

2. 施設

　キング・ファハド国際空港は、サウジアラビア東部州の州都ダンマーム中心部の北西20kmに位置しており、標高は22mである。空港用地面積は7万8,000ha（羽田空港の1,500 haの52倍）と世界最大（ギネスブック）とされているが、空港としての実質面積は3,700haという説もあ

空港全体図：オープンパラレル配置された2本の滑走路の間にターミナルを配置。空港の敷地面積が世界最大という

地図データ：Google

旅客ターミナルビル：ウイングが南北に長く伸びる

る。　滑走路はオープンパラレルに配置された2本（16R/34L及び16L/34L）で、両滑走路ともに、長さ4,000m×幅60m、アスファルト舗装であり、両滑走路の中心線間隔は2,146mである。両滑走路の間のエリアに旅客ターミナルがあり、滑走路16L/34Rの東側にロイヤル・ターミナル（床面積1万6,000㎡）及びサウジアラムコ（国営石油会社）ターミナルが設置されている。両滑走路は2本の誘導路で結ばれているほか、滑走路16R/34Lには平行誘導路と高速脱出誘導路が設置されており、滑走路16L/34Rにはロイヤル・ターミナル側に平行誘導路と高速脱出誘導路があるものの、旅客ターミナル側には高速脱出誘導路が1本あるのみである。

　旅客ターミナルは1棟で、やや湾曲した形状のフロンタル形式であり、ノーズイン駐機方式である。最終計画ではターミナルビル全体面積が32万7,000㎡、搭乗橋付き固定スポット数が31となっているが、第1フェーズとして、そのうちの24万8,000㎡、11固定スポット（ゲート数15）が整備されている。ターミナルビルは6階建てで、6階は出発、4階は搭乗、3階は到着の階である。エプロンには、大型機用12、中型機用5、小型機用7の計24スポットがある。そのほかのスポットとしては、貨物専用機用3、ジェネラルアビエーション機用14があり、さらにロイヤル・ターミナルには

10、サウジアラムコ・ターミナルには14のスポットが設置されている。

　駐車場は3階建てで、4,930台の収容能力を有している。

　貨物ターミナルは2階建てで、9万4,000トンの取扱能力を有している。マルチレベルラックとコンテナ搭載システムを備えた完全自動システムの導入を可能とする設計であり、完全自動化されると17万6,000トンの能力を有することになる。

3. 運用状況

　空港運営者は民間航空総局で、運用時間は24時間である。通常、滑走路16R/34Lは商業航空機が使用し、滑走路16L/34Rはロイヤル・ターミナルとサウジアラムコ・ターミナルを利用する航空機が使用する。ロイヤル・ターミナルはサウジ王室、政府職員及び同国への公式訪問者が利用する。

　同空港の2016年の旅客数は

950万人（うち国際線520万人、国内線410万人）であり、10年の460万人に対して2.1倍で、毎年急激な勢いで増加している。貨物取扱量は13.8万トン（10年の4.6万トンの3倍）、離着陸回数は9万回（10年の4.6万回の2倍）である。

　同空港からは31の航空会社が54空港に就航している。また貨物専用機が7航空会社によって23空港に就航している。

4. 将来計画

　滑走路16R/34Lの西側にオープンパラレルの第3滑走路を整備する用地が確保されている。旅客ターミナルビルについては、マスタープランに基づく将来拡張が予定されている。また空港当局は2016年8月、現在建設の最終段階にあるダンマーム - ジュバイル鉄道を空港に接続すると発表した。

（唯野邦男）

■空港の諸元
・空港運営者：民間航空総局
・滑走路（長さ×幅）：2本
　16R/34L：4,000m × 60m
　16L/34R：4,000m × 60m

■輸送実績（2016年）
・総旅客数　　9,480,170人
　国際旅客　　5,174,648人
　国内旅客　　4,122,528人
・貨物量　　　137,559トン
・離着陸回数　　90,134回

ハマド国際空港（カタール・ドーハ）

Hamad International Airport

OTHH/DOH

経済を石油、天然ガスに依存する砂漠国。市街地隣接海岸を埋め立てて広大な空港を建設

1. 沿革と概要

カタール国はアラビア半島東部のカタール半島に位置し、国土面積は1万2,000㎢（日本の3％）、人口は220万人で、首都はドーハである。

国土が狭いため、民間空港はハマド国際空港とアル・ホール空港の2空港のみである。従来ドーハには、市街地に隣接してドーハ国際空港（滑走路1本）があったが、騒音問題、拡張性の限界から、2003年より新ドーハ国際空港の計画が進められた。05年から建設が開始され、09年には開港される予定であったが、建設コストの関係等から遅れることになった。13年になって開港が発表され、同年12月から貨物便が、14年4月から一部旅客便が運航を開

空港位置図：旧空港に代えて沖合へ展開

始し、同年5月にはすべての便が旧空港から移行した。新空港はカタール首長の名を取り、ハマド国際空港と命名された。同空港の開港に伴い旧空港は民間空港としては閉鎖され、現在軍が使用している。

ハマド国際空港は、カタール市中心部の東3Kmの海岸を埋め立て2,200haの用地を確保し、建設された空港である。

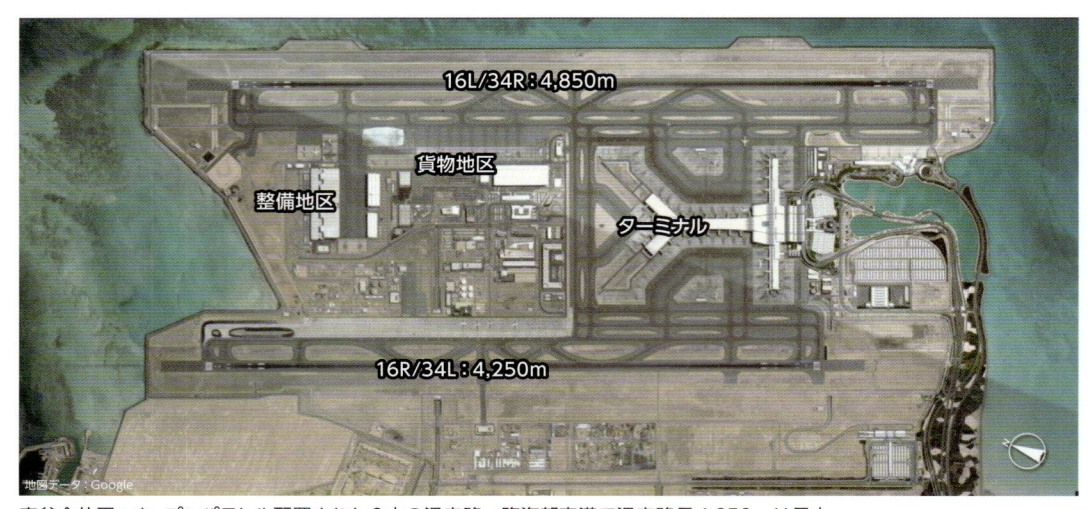

空谷全体図：オープンパラレル配置された2本の滑走路。臨海部空港で滑走路長4,850mは長大

2. 施設

本空港には、ほぼ南北方向に2本のオープンパラレル滑走路が設置されている。東側（海側）の滑走路（16L/34R）は長さ4,850m×幅60mで、西側（陸側）の滑走路（16R/34L）は長さ4,250m×幅60mである。両滑走路の離隔距離は2,000mあり、2本の誘導路で接続されている。両滑走路ともに平行誘導路、高速脱出誘導路、ILS（東側滑走路はCAT-Ⅲ）を備えている。

旅客ターミナルは1棟で、両滑走路の間に設置され、本館及びそこから東西に延びる直線型ピアと、北側に延びるY字型のピアで構成されている。ターミナル本館内にほとんどの店舗、免税売店、レストランがあり、ピアにも小規模ではあるが店舗、免税売店、レストランが配置されている。西側ピアはコンコースAと呼ばれ、搭乗橋付きの10の固定ゲートが設置されており、うち2つのゲートはA380対応である。対称形に配置された東側ピアはコンコースBと呼ばれ、同様に、10の固定ゲート（うち2つはA380対応）が設置されている。北側ピアは、コンコースC、D、Eから構成され、Cは、先端にあるD、Eに接続する通路ともなっており、13の固定ゲート（うち2ゲートはA380対応）が設置されている。またリモートスポット用の10ゲートが設置されている。コンコースDは、先端

旅客ターミナルビル：カーブサイドの外観

photo / Hamad International Airport

西側に位置し、1階に5ゲート、2階に4つの固定ゲートがある。コンコースEは、東側に位置し、1階に5ゲート、2階に4つの固定ゲートがある。旅客ターミナルの延床面積は35万㎡である。

3. 運用状況

本空港はフラッグキャリアのカタール航空のハブ空港として使用されており、アジアとヨーロッパ及びアフリカを結ぶ結節点の空港として発展を遂げている。2016年の輸送実績は、離着陸回数28.1万回、旅客数3,700万人であった。

海岸を埋め立て建設されているため大きな騒音問題はなく、24時間運用を行っている。

空港に鉄道は導入されていないが、市街地から3Kmと非常に近いことからタクシー利用で気軽に市街地にアクセスできる。公共用

路線バスも運行されている。

空港はカタール航空局（Qatar Civil Aviation Authority）が所有しており、運営はカタール航空が行っている。

4. 将来計画

コンコースD、Eの各先端部は将来の拡張が行える計画となっている。また、ターミナル2の建設構想もあるが、ターミナル1の需要動向を見極めながら判断されることとなる。2022年開催予定のFIFAワールドカップの動向が鍵を握ると思われる。

（武田洋樹）

■空港の諸元
- 空港運営者：カタール航空
- 空港面積：2,200ha
- 滑走路（長さ×幅）：2本
  16L/34R：4,850m × 60m
  16R/34L：4,250m × 60m

■輸送実績（2016年）
- 総旅客数　37,283,987人
  国際旅客 37,216,179人
- 貨物量　　1,758,074トン
- 離着陸回数　281,042回

アブダビ国際空港（アラブ首長国連邦・アブダビ）

Abu Dhabi International Airport

OMAA/AUH

石油・天然ガスで発展著しいアラブ首長国連邦の首都アブダビの国際空港

1. アラブ首長国連邦の空港

アラブ首長国連邦(UAE: United Arab Emirates)は、アラビア半島の東岸、ペルシャ湾の入り口に位置する。7つの首長国の連合国であり、国土面積は8万3,600㎢、人口は927万人である。首長国のなかでも、アブダビ首長国が国土の約80%を占め、同首長国の首都アブダビが連邦の首都となっている。これに次ぐ大国はドバイ首長国で、面積的には5%を占めるのみながら、政治のアブダビ、経済のドバイと並び称される大国である。そのほかの5首長国は比較的小規模である。

もともとの産業は沿岸部における真珠採取とペルシャ湾口の立地条件を生かした中継貿易であったが、1960年代後半にアブダビで石油の生産が始まり、今や石油と天然ガスの輸出を主力産業として、目覚ましい発展を遂げている。

アラブ首長国連邦には42の空港があり、うち舗装滑走路を有する空港は25、未舗装滑走路の空港は17である。ICAOコードを有する空港が22あり、アブダビ首長国に14空港（うち商業航空機使用空港5）、ドバイ首長国に3空港（同2）、3つの首長国に計5空港（同3）がある。

2. 沿革と概要

アブダビ国際空港は、アラブ首長国連邦の首都空港であり、同連邦ではドバイ国際空港に次いで2番目に旅客数の多い空港である。

最初、アブダビ空港はアブダビ島にあるアルバティーン空港（Al Bateen Airport）として1968年に開港したが、82年、内陸にある現在の空港に移転した。現在、旧空港はビジネスジェット専用空港として機能している。アブダビ国際空港は当時1本の滑走路及び半円形のメインターミナルと円形のサテライトで構成されていたが、2005年9月メインターミナルの

空港全体図：オープンパラレル配置された2本の滑走路の間に、X字型の巨大なターミナルビルを建設中

容量不足を補うためターミナル2が建設された。また08年10月には第2滑走路が建設され、09年1月にはメインターミナルに隣接する形でターミナル3が建設された。

3. 施設

アブダビ国際空港は、アブダビ市街地の東30Kmに位置している。ほぼ北西–南東方向に、オープンパラレル（離隔距離は2,000m）に配置された2本の滑走路が設置されており、北側の滑走路(13L/31R)、南側の滑走路(13R/31L)ともに長さ4,100m×幅45mで、平行誘導路、高速脱出誘導路、ILSが設置されている。両滑走路は2本の誘導路で接続されている。

旅客ターミナルは南側滑走路の南側に配置されており、北側滑走路からは遠い位置にある。ターミナルビルは、第1～第3の3つのビルで構成されており、ターミナル1とターミナル3は隣接している。

ターミナル1は、半円形のターミナル本館と円形のサテライトで構成されており、さらに5つの搭乗用サブサテライトが接続されている。ターミナル本館は、チェックイン機能、バゲージクレーム、免税店、店舗、レストラン機能が集中しており、乗降はサテライトで行う。このサテライトにも免税店、店舗、レストランが多く配置されている。ターミナル3がターミナル1に隣接して配置されてお

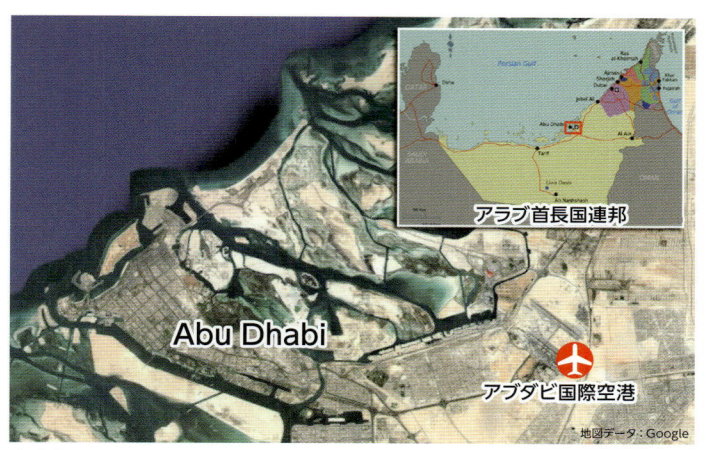

空港位置図：7つの首長国が連合したUAE。なかでもアブダビ首長国が国土の80%を占める

ターミナル1内部：蜂の巣状の照明がユニーク　photo / Ralf Roletschek

り、A380の受入れが可能で、また米国向けの事前入国審査も受けることができる。ターミナル1の内装では天井一面を覆う蜂の巣状の照明がユニークで、ロビーに足を踏み入れた旅客は、その奇抜さ、壮大さに驚かされる。また、ターミナル1とターミナル2を結ぶ連絡通路も同様のインテリアコンセプトで、アラビックな異国情緒を醸し出している。ターミナル2は、ターミナル1の容量不足を補うために建設されたが、搭乗橋は設置されておらず、リモートスポットへ移動するためのバスゲートの役

割を担っている。インド、パキスタン等の航空会社により利用されている。

3. 運用状況

アブダビ国際空港は、アブダビ首長国国営のエティハド航空のメインハブ空港となっており、アジアとヨーロッパ及びアフリカを結ぶ結節点の空港として大きな発展を遂げている。現在、40の航空会社が就航しており、54か国以上の93地点にサービスを行っている。2016年の輸送実績として、

離着陸回数17万回、旅客数2,400万人を記録している。空港はペルシャ湾に面し、また砂漠地帯に囲まれているため、騒音は大きな問題とはなっておらず、24時間の運用が可能である。

アクセスとして鉄道は導入されておらず、公共用路線バスが多数運行されている。

4. 将来計画

現在、空港容量拡大のため既存のターミナルに対して、A380対応の搭乗橋の増設、9つのナイトステイスポットの増設（コードF：2スポット、コードE：7スポット）、チェックインカウンターの増設等が計画されている。

また、アルファベットのXの形をした新旅客ターミナル（Midfield Terminal）が両滑走路に挟まれる形で建設されており、2017年12月オープンの予定

建設中の新ターミナル完成予想図：70万㎡の延床面積　　　image / TURNER & TOWNSEND

であったが、18年1月初めの時点では供用開始していない。新旅客ターミナルの延床面積は70万㎡で、エティハド航空専用となり

A380専用ゲートも多数設けられる予定である。

（武田洋樹）

■空港の諸元	■輸送実績（2016年）
・空港運営者：アブダビ空港会社 　（Abu Dhabi Airports Company： 　ADAC） ・滑走路（長さ×幅）：2本 　13L/31R：4,100m×45m 　13R/31L：4,100m×45m	・総旅客数　　24,481,539人 　国際旅客　24,202,536人 　国内旅客　　　149,441人 ・貨物量　　　　810,885トン ・離着陸回数　　172,069回

---

column㉓

世界最高標高・最低標高の空港

（唯野邦男）

中国四川省にあるダオチェン・ヤーディン空港（稲城亜丁空港：滑走路長4,200m）の標高は海抜4,411mで、世界で最も高い位置にある空港である。滑走路を海面上に立てた高さよりもさらに高い場所に滑走路が

あることになる。

一方標高が最も低いのは、カザフスタンのカスピ海沿岸低地にあるアティラウ空港（滑走路長3,000m）で標高は-22mである。

#183
ドバイ国際空港（アラブ首長国連邦・ドバイ）

Dubai International Airport

OMDB/DXB

超高層ビルが林立する世界的観光都市に所在し、9,000万人の取扱能力を目標に拡張中

1. 沿革と概要

ドバイ市はアラブ首長国連邦を構成するドバイ首長国の首都であり、同連邦の首都アブダビ市に次ぐ2番目に大きな都市である。（アラブ首長国連邦の概要は「アブダビ国際空港」を参照）

ドバイ市は同連邦における経済の中心地であり、商業・運輸の拠点として、また世界的金融センターとしてすさまじい勢いで急成長を遂げている。また世界的な観光都市でもあり、世界一高い「ブルジュ・ハリーファ」、巨大な人工島群である「パーム・アイランド」、世界一高い最高級の高層ホテルである「ブルジュ・アル・ア

ラブ」など話題には事欠かない。

ドバイ国際空港の始まりは、1960年、ダグラスDC-3機の使用に対応するため砂地を補強した長さ1,800mの滑走路を供用したことに遡る。63年には同滑走路の隣に、2,804mのアスファルト舗装滑走路の建設が開始され66年に供用した。さらにこの滑走路の北側360mに第2滑走路が建設され84年に供用した。この間、従来使用されてきたターミナルとは別に、98年にターミナル2が、2000年にターミナル1が、また08年にはターミナル3がオープンした。これらターミナルの整備により、現在の航空需要を賄うことが可能となった。

2. 施設

ドバイ国際空港は、ドバイの中心地の東5kmに位置している。ほぼ北西‒南東方向に、クロースパラレル配置（離隔距離385m）の2本の滑走路が設置されている。北滑走路（12L/30R）は長さ4,000m×幅60m、南滑走路（12R/30L）は4,450m×60mである。両滑走路ともアスファルト舗装で、平行誘導路、高速脱出誘導路、ILSが設置されている。12L着陸は450m、12R着陸は715m、30L着陸は130m、30Rは300m、それぞれ短縮運用されている。

旅客ターミナルは、3棟の本館（ターミナル1、2、3）と4つの

空港位置図：ホテルや別荘などからなる人工島群「パーム・アイランド」が見える

ザ・ワールド（人工島）
Dubai
ドバイ国際空港
ブルジュ・ハリーファ
ブルジュ・アル・アラブ
パーム・ジュメイラ
パーム・ジュベル・アリ

地図データ：Google

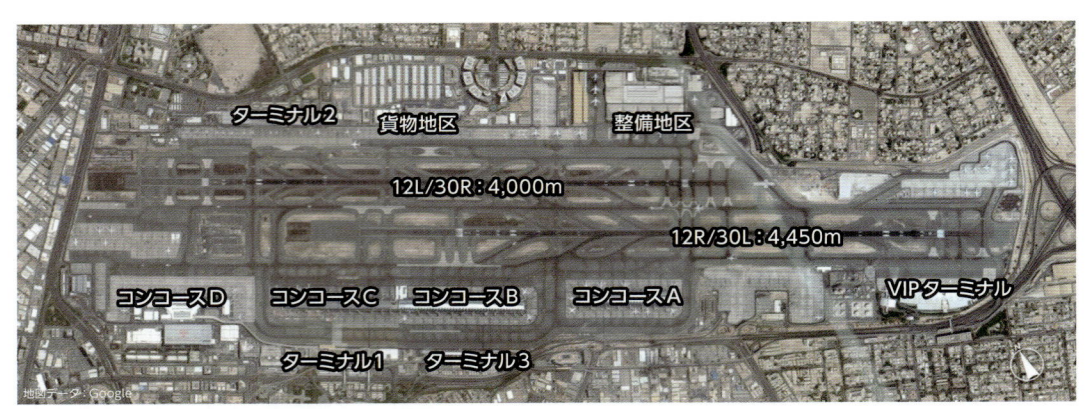

地図データ © Google

空港全体図：クロースパラレル配置された2本の滑走路を有する。コンコースA、B、Cを含むターミナル3の延床面積は機能が一体のターミナルとして世界最大

遠隔サテライト（コンコースA、B、C、D）から構成されている。コンコースA、B、Cは直線形状であり、Dは奥の浅いコの字形状である。

(1) ターミナル1

ターミナル1とそのサテライトであるコンコースD（16年2月供用）は南滑走路の南側に位置しており、両者は自動化されたピープルムーバーで接続されている。同ターミナルはエミレーツ航空とカンタス航空以外のフルサービスキャリアが使用している。コンコースDは延床面積15万㎡で、搭乗橋付き固定ゲートが17ある。

(2) ターミナル3

ターミナル3（延床面積52万㎡）とそのサテライトであるコンコースA（13年1月供用、延床面積54万㎡）、B（08年11月供用、延床面積68万㎡）、C（00年4月供用）は、同じく南滑走路の南側に配置されている。ターミナル3と3つのコンコース全体で171万

㎡の延床面積と年間6,000万人の取扱容量を有し、世界最大の旅客ターミナルビルである。

ターミナル3とコンコースB、Cとは地下通路で、Aとはピープルムーバーで接続されている。本ターミナルはエミレーツ航空とカンタス航空が専用で使用している。コンコースAには、A380対応の搭乗橋付き固定ゲートが20設置されており、そのほか13のリモートスポットにアクセスするための6つのバスラウンジゲートがある。コンコースBには搭乗橋付きの26の固定ゲート（内5ゲートA380対応）が設置されており、14のリモートスポットにアクセスするための5つのバスラウンジゲートがある。コンコースCには28の搭乗橋付き固定ゲート（内2ゲートはA380対応）が設置されており、22のリモートスポットにアクセスできるバスラウンジゲートがある。

(3) ターミナル2

ターミナル2は、北滑走路の北側に位置しており、1、3とは2本の滑走路を挟んで反対側にある。搭乗橋はなく、地上歩行搭乗方式であり、30以上のスポットが横一列に並ぶフロンタル形式である。フライドバイ（Flydubai）とエア・インディア・エクスプレス（Air India Express）を中心にした格安航空会社各社と中東アフリカ系の航空会社、約50社が利用している。最も古いターミナルであり、延床面積4万7,000㎡で、43のリモートスポットを使用している。

ターミナル2と1・3は無料シャトルバスで結ばれており、所要時間はターミナル1まで約20分、ターミナル3まで約30分である。

3. 運用状況

ドバイ国際空港は、アラブ首長国連邦（UAE）で最も大きな空港である。UAEフラッグキャリアの

エミレーツ航空のメインハブ空港となっており、アジアとヨーロッパ及びアフリカを結ぶ結節点の空港として大きな発展を遂げている。エミレーツ航空は1985年に就航を開始した新興エアラインながら、アジアとヨーロッパとの中継地としての地の利を生かし、A380などの新型機の大量導入と積極的な新規路線の展開により、世界最大規模を誇る航空会社の1つとなっている。また、カンタス航空、フライドバイ（Flydubai）、フェデックスもここをハブ空港として使用している。現在、130の航空会社により、270地点に運航が行われている。2016年の輸送実績は、離着陸回数が42万回、旅客数が8,400万人である。

　市街地からの空港アクセスは、ドバイ交通局が運航するドバイ地下鉄が利用可能である。ドバイ地下鉄レッドライン線の駅がターミナル1、ターミナル3の前に設置されている。また、ドバイ地下鉄グリーンライン線の空港フリーゾーン（Airport Free Zone）駅があり、ターミナル2から使用可

コンコースＡ：エミレーツ航空が専用で使用する

photo / Dubai Airports

能である。運行は朝6時から夜11時までで、金曜日のみ午後1時から真夜中までである。また、公共用バスも多数運行されている。

4. 将来計画

　現在、「戦略的計画（Strategic Plan）2020」が策定されており、2018年までに9,000万人の旅客処理容量を提供すべく施設拡張を行うとしている。ターミナル2の拡張、既存ターミナルにおける手荷物処理システムの高度化、航空貨物の処理能力向上等が計画されている。

（武田洋樹）

■空港の諸元
- 空港運営者：ドバイ空港会社
  （Dubai Airports Company）
- 滑走路（長さ×幅）：2本
  12L/30R：4,000m×60m
  12R/30L：4,450m×60m

■輸送実績（2016年）
- 総旅客数　83,654,250人
  国際旅客　83,105,798人
- 貨物量　　2,592,454トン
- 離着陸回数　419,657回

#184
ベン・グリオン国際空港 （イスラエル・テルアビブ）

Ben Gurion International Airport

LLBG/TLV

「3大一神教の聖地」エルサレムからも40kmにあり、世界一厳重な警備が行われる空港

1. イスラエルの空港

　ユダヤ民族とアラブ民族が対立するこの地域は、国際連盟の委任統治制度に基づいて、1922年、英国委任統治領パレスチナとして運営が開始された。両民族の対立が続くなかで第二次世界大戦後、48年に英国は委任統治を終了して紛争への介入を止めるが、同年5月のイスラエル独立宣言を経て、両者の紛争はますます激化し、その後第1次〜第4次中東戦争が発生した。93年には、イスラエルとPLOの双方が国と自治を認める旨のオスロ合意が成立したが、各陣営のなかにはこれを認めない勢力があり、その後も紛争は続いている。

　イスラエルの正式名称はイスラエル国であり、首都については、イスラエルはエルサレムであるとし、国連はテルアビブであるとしている。国土面積は2万2,000㎢（日本の5.8％）、人口は816万人である。

　国内には主要国際空港が2空港、そのほかの国際空港が3空港あり、国情を背景に、狭い国土の中に軍の駐留する国内・民営空港が9空港、軍飛行場が8飛行場ある。国際線を運航する航空会社として国営航空会社のエル・アル・イスラエル航空、アルキア・イスラエル航空、イスラエアーがある。

2. 沿革

　ベン・グリオン国際空港は、テルアビブの南東12km、3大一神教（ユダヤ教、キリスト教、イスラム教）の聖地エルサレムからは北西約40kmに位置する。

　本空港の起源は、パレスチナの英国委任統治時代の1936年に、リッダ町（現ロッド）郊外において英国によって建設された4本の交差滑走路（長さ800m、コンクリート舗装）であり、第二次世界大戦中は軍事航空輸送の主要基地に使用された。当初はウィルヘルマ空港と呼ばれていたが、43年に王室空軍ステーション・リダ（RAF Station Lydda）と改名され、最初の民航機の就航は46年のテルアビブ-ニューヨーク間の路線であった。48年4月に英国は同空港を放棄し、7月になるとイスラエル国防軍が同空港を管理下に置き、空港名をリダからロッドに

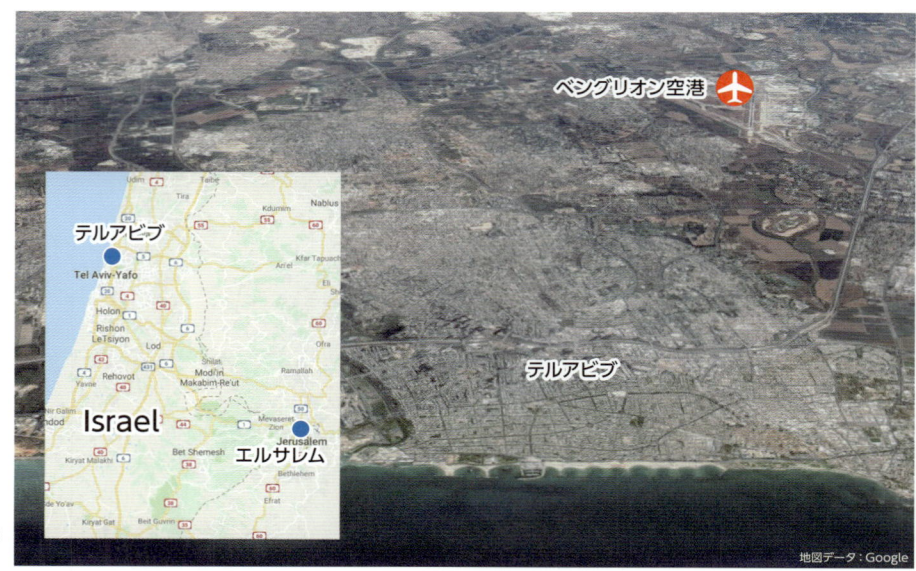

空港位置図：エルサレムと空港は40kmの距離

空港全体図：3本ある滑走路が三角定規の各辺のように置かれている

変更した。そして、民間航空の運航が同年11月に再開され、60年代半ばには14の国際航空会社が就航するようになった。73年には、空港名称がイスラエルの初代首相の名を取り、ベン・グリオン国際空港に変更された。

　航空機の種類の変化や離着陸回数の増加により、当初建設された4本の滑走路では不十分となり、新滑走路の建設や既存滑走路の撤去が繰り返された。主滑走路（12/30）は現在使用されているなかで最も古い滑走路であり、滑走路（08/26）は1960年代に、短滑走路（03/21）は70年代にそれぞれ建設された。滑走路

08/26（主に26離陸に使用）と03/21（ほとんど21着陸に使用）は双方の東側・北側末端付近で交差していたため、離着陸の安全リスクと容量制約という問題を抱えていた。このため08/26滑走路の延長による西方向への移動、及び03/21滑走路の南方への延長が計画され、97年に承認されて、2010年に建設が開始された。同施設は14年5月に完成し、滑走路が相互にクロスしないオープンV運航が行えるようになって安全性と容量が向上した。また、滑走路とターミナルの間にいくつかの新しい誘導路が整備され、地上走行時間が短縮された。

当初はターミナル1が国際線・国内線の旅客を取り扱う主要ターミナルであったが、2004年にターミナル3が供用を開始し、旅客取扱機能が移転した。ターミナル1は一時閉鎖されてイベントホールとして使用されたが、その後大規模改修され、07年には国内線、08年には夏期チャーターやLCC用に使用されるようになった。

3. 施設

　空港の標高は41mである。滑走路は3本あり、滑走路12/30は長さ3,112m（30着陸側は約3,030m）×幅45mである。滑走

路08/26は長さ4,280m（08着陸側は約3,650m、26着陸側は約3,460m）×幅45m、滑走路03/21は長さ2,772m×幅45mである。いずれもアスファルト舗装であり、ILSが設置されている。滑走路12/30はターミナルに最も近い滑走路であり、主に地中海及びテルアビブ市街上空を通過する西側からの着陸に使用されており、天候によっては東側への離陸にも使用される。平行誘導路及び高速脱出誘導路が設置されている。滑走路08/26は主として西側への離陸に使用され、離陸経路下への航空機騒音影響は比較的少ない。両端部付近には平行誘導路が設置されている。滑走路03/21はほとんど北側からの着陸に使用されており、平行誘導路と高速脱出誘導路が設置されている。

旅客ターミナルは2棟あり、ターミナル1及びターミナル3と呼ばれている。ターミナル1は、滑走路12/30に直交して配置されたフロンタル形式（ノーズイン方式）であり、搭乗橋は設置されていない。ターミナル3は円形サテライトから3本のピア（4本目のピアが建設中）が伸びている形式（ノーズイン方式）であり、各ピアに8基ずつ、計24基の搭乗橋が設置されている。

イスラエル鉄道がターミナル3のベン・グリオン空港駅に乗り入れており、テルアビブ・サビドール中央駅まで約20分の所要時間である。

4. 運用状況

ベン・グリオン国際空港の運営者はイスラエル航空庁（Israel Airports Authority）である。

本空港には77の航空会社が、世界の約170空港に運航（数多くの季節運航及びチャーター運航を含む）している。また貨物便は8つの航空会社が16空港に運航している。後記の2016年輸送実績とは出典が異なる統計データであるが、15年の離着陸回数は11万9,000回（国際線：11万2,000回、国内線：7,000回）であり、10年に比べ、国際線は1.30倍に増加し、国内線は0.75倍に減少した。旅客数は1,630万人（国際線：1,570万人、国内線：60万人）であり、10年に比べ、国際線は1.36倍に増加し、国内線は0.93倍に減少した。

5. 課題とセキュリティ

滑走路08/26と滑走路03/21の交差問題は解決されたが、主滑走路（12/30：主として12着陸使用）と滑走路（08/26：主として26離陸使用）が依然交差したままとなっており、安全性と容量制約の問題が残されている。

イスラエルという国情から、ベン・グリオン国際空港は世界で最もセキュリティ対策の厳しい空港の1つである。空港に入るゲートでは武装警備員の検問があり、ターミナルビル周辺には私服の武装警備員が巡回し、隠し監視カメラが作動し、さらにターミナルビルに入るポイントにおいては武装警備員の監視があり、不審者は尋問・荷物検査を受ける。ターミナルビル内部には制服・私服の武装セキュリティ要員が巡回しており、不審者は尋問や荷物検査を受ける。チェックイン後、すべての受託手荷物はX線とCTスキャンの検査を受け、爆発物装置を起動させる圧力室に入れて検査される。チェックイン後乗客は、セキュリティポイント前で搭乗券・パスポートの検査の後、金属探知機による身体検査とX線による機内持ち込み手荷物検査を受け、搭乗時は再度搭乗券とパスポートの検査を受けなければならない。

（唯野邦男）

■空港の諸元
・空港運営者：イスラエル航空庁
　（Israel Airports Authority）
・滑走路（長さ×幅）：3本
　12/30：3,112m×45m
　08/26：4,280m×45m
　03/21：2,772m×45m

■輸送実績（2016年）
・総旅客数　　17,937,421人
　国際旅客　17,342,687人
　国内旅客　　594,734人
・貨物量　　　316,733トン
・離着陸回数　127,628回

#185
カイロ国際空港（エジプト・カイロ）

Cairo International Airport

HECA/CAI

巨大ピラミッドと広大な砂漠が魅了する国に広がる、羽田空港の2.4倍の用地の国際空港

1. エジプトの空港

　エジプトの正式名称はエジプト・アラブ共和国であり、首都はカイロである。総面積は100万k㎡（日本の2.7倍）であり、その9割は砂漠である。人口は9,300万人である。

　1953年、エジプトは王政を廃止しエジプト共和国が成立した。81年に第3代大統領に就いたムバーラクは対米協調外交を進め、30年以上に渡る開発独裁的な政権運営を行ったが、2011年のエ

空港位置図：ギザの三大ピラミッドへのアクセスも良い

ギザの3大ピラミッド

地図データ：Google

ジプト革命により辞任した。その後いくつかの政変を経て、14年の大統領選挙で現在の政権となっ

た。15年には、新首都（700k㎡：マンハッタンの12倍）をカイロと紅海の間に建設する計画が発表

空港全体図：オープンパラレル配置された3本の滑走路を有し、その間にターミナルと将来展開用地を配置

498

された。

　エジプトの民間空港には3つの管理形態がある。1つは公共会社によって管理されている空港であり、エジプト空港会社が管理する19空港とカイロ空港会社が管理する1空港（カイロ国際空港）がある。2つ目は民間会社が管理する空港であり、16空港ある。3つめは民間会社がBOTによって管理している空港であり、カラフィー・グループ（Kharafi Group）によるマルサ・アラーム空港及びエル・アラマイン社（El-Alamein）によるエル・アラマイン空港の2空港がある。エジプト空港会社及びカイロ空港会社は、民間航空省が有する民間航空持株会社傘下の組織であり、航空管制㈱もその傘下にある。

2. 沿革

　第二次世界大戦中、米国空軍は連合軍の使用に資するため、既存のアルマザ空港から5km離れた位置にペイン飛行場を建設した。同空港は軍事物資や兵員の航空輸送における司令部として機能した。大戦終結により米軍が撤収した後、エジプトの民間航空局は同飛行場を引き継ぎ、国際民間航空のために使用することにした。1963年、古いヘリオポリス空港に代わって、カイロ国際空港が供用を開始した。

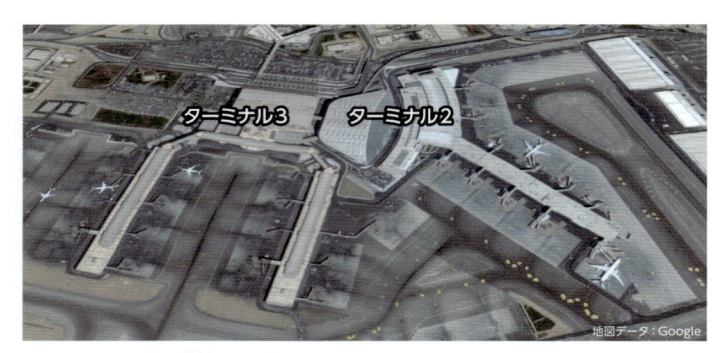

ターミナル3　ターミナル2

地図データ：Google

ターミナル2と3：隣接して配置

3. 施設

　カイロ国際空港は首都カイロ中心部の北東15kmに位置している。標高は116mである。空港敷地面積は約3,700haであり、東京国際空港（1,522ha）の2.4倍ある。

　滑走路は、相互にオープンパラレルに配置された3本で、滑走路05L/23Rは長さ3,301m×幅60m、05C/23Cは長さ3,999m×幅60m、05R/23Lは長さ4,000m×幅60mである。いずれの滑走路もアスファルト舗装であり、ILSが設置されている。また、3本の滑走路はいずれも平行誘導路と高速脱出誘導路を有している。05L/23Rと05C/23Cの中心線間距離は約2,810m、05C/23Cと05R/23Lの距離は1,520mである。以前は2本の滑走路に交差する16/34滑走路（3,178m×60m）があったが、2010年の新滑走路（05R/23L）供用開始に伴い改修され、05L/23Rと05C/23Cをつなぐ誘導路に転用されている。

　旅客ターミナル地域は滑走路05L/23Rと05C/23Cの間にあり、4つのターミナルで構成されている。ターミナル1は最も古いターミナルであり、建物は分散し、それぞれホールと呼ばれている。搭乗橋のない12のゲートを有している。ターミナル2は完全改修のために2010年4月に一旦閉鎖され、期間36か月の予定で12年に工事が開始され、16年9月に供用開始した。1本のピアを有するターミナル形式で、14の搭乗橋付き固定スポット（A380にも対応）と5つの遠隔スポットが設置されており、年間750万人の取扱能力を有している。ターミナル3は09年4月に供用を開始した。2つのピアをもつターミナル形式であり、23の搭乗橋付きゲート（うち2ゲートはA380対応）、9つのチェックインアイランド（110のチェックインカウンター）、7つのバゲージクレーム、52の固定・遠隔スポットを有し、年間1,100万人（国際線600万人、国内線500万人）の取扱能力を有する。ターミナル2と3は隣接し

ており、国際線部分において連絡橋で繋がっていて一体的な使用が可能である。季節運航ターミナルはメッカ巡礼航空機用のターミナルであり、11年9月に供用開始した。27のチェックインカウンターと7つの共用ゲートを有し、年間320万人（ピーク時1,200人）を取り扱う容量を備えている。旅客はターミナル3付近にある遠隔スポットとの間をバスで輸送される。各スポットの駐機方式は基本的にノーズイン方式である。

ターミナル3：カーブサイド外観

photo / Roland Unger

4. 運用状況

カイロ国際空港の運営者は民間航空省傘下のカイロ空港会社（Cairo Airport Company）であり、24時間運用を行っている。

同空港においては、季節運航、チャーター運航を含めて、50の航空会社の旅客機が130の空港に就航しており、また13の会社の貨物専用機が28空港に就航している。

2016年の旅客数は1,600万人であり、南アフリカのO.R.タンボ国際空港に次いで、アフリカで2番目に旅客数の多い空港である。

5. 将来計画

空港のアクセスとして、カイロ大都市圏を東西に横断するカイロ地下鉄を延長するプロジェクトが進行している。これが完成すると、同地下鉄の東側終着駅がカイロ空港になる。2019年の完全供用開始が期待されている。

空港内投資地区において、家族向けレジャー施設である「アエロシティ（Aerocity）」の建設プロジェクトが進行している。300haの用地を有するこのプロジェクトは2段階に分かれ、第1段階はビジネスセンターの建設であり、第2段階は米国のディズニー・ワールドのガイドラインに沿ったエンターテイメントパークである。そこには公園、人工湖、ゲームコート、ウォーターパーク、18映画館、レストランが作られる計画である。このプロジェクトはカイロ国際空港の新機能となるとともに、同空港の長期開発の一部を形成することになる。

（唯野邦男）

■空港の諸元	
・空港運営者：カイロ空港会社	
（Cairo Airport Company）	
・滑走路（長さ×幅）：3本	
05L/23R：3,301m × 60m	
05C/23C：3,999m × 60m	
05R/23L：4,000m × 60m	

■輸送実績（2016年）	
・総旅客数	16,467,844人
国際旅客	13,920,270人
国内旅客	1,925,931人
・貨物量	338,344トン
・離着陸回数	154,760回

ムハンマド5世国際空港（モロッコ・カサブランカ）

Mohammed V International Airport

GMMN/CMN

もとは米国が第2次大戦中に建設した空軍基地。現在は国王の名を冠したモロッコ最大の空港

1. モロッコの空港

モロッコの正式名称はモロッコ王国で、総面積は44万6,000㎢（日本の1.2倍）人口は3,300万人である。

1912年にモロッコの大半がフランス領となり、また北部リーフ地域はスペイン領となったが、第二次世界大戦後の56年にフランスから独立、スペイン領も順次モロッコに返還された。

モロッコには33の民間空港があり、そのうち19空港が民間航空定期便に使用されている。そのなかでムハンマド5世国際空港は、モロッコの最大都市カサブランカにある同国最大の空港である。空港の名称はフランスから独立を勝ち取った元国王の名にちなむ。

空港位置図：市街地から24kmの距離にある

2. 沿革

ムハンマド5世国際空港の起源は、第二次世界大戦中の1943年初めに、アンファ空港の補助飛行場として米国によって建設されたベルレキッド飛行場である。大戦中は米軍の軍事輸送や戦闘機基地として使用されたが、45年の終戦の後、民間航空部局に引き渡された。冷戦時代に入ると、同飛行場は米空軍基地として再開されたが、56年のモロッコ独立後の米国によるレバノン介入を契機に、

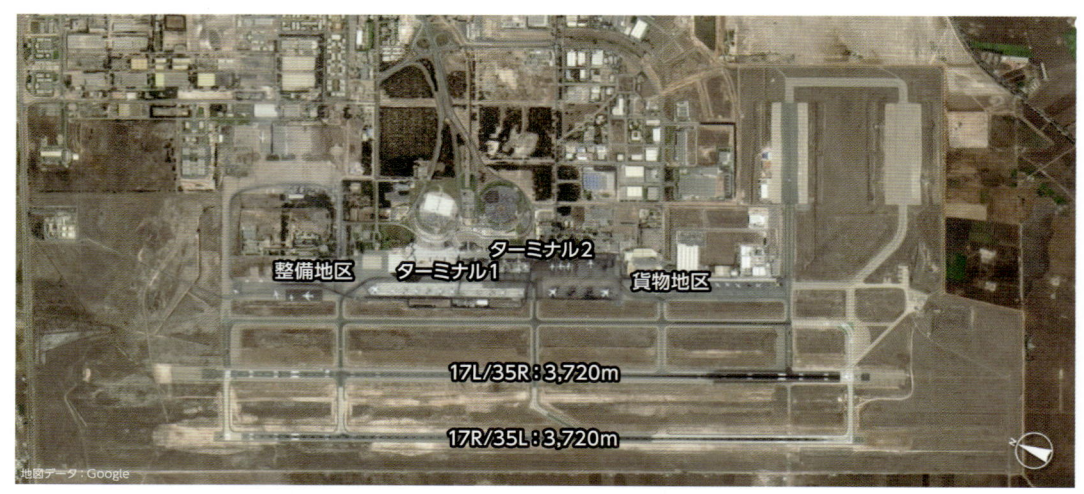

空港全体図：クロスパラレル配置された2本の滑走路と2つのターミナルで構成

整備地区　ターミナル1　ターミナル2　貨物地区

17L/35R：3,720m

17R/35L：3,720m

旅客ターミナル：ターミナル1は拡張工事中

ターミナル1（改装中）　ターミナル2

地図データ：Google

モロッコ政府は米空軍のモロッコからの撤退を要求、59年から63年までの間に米軍はモロッコから完全撤退し、モロッコ政府は同空港を国際空港として使用するようになった。

　1980年に新旅客ターミナルが完成した。それまで空港と航行支援業務はすべて運輸省によって直接管理されていたが、同ターミナルの供用開始を契機に、モロッコで最初の公共空港管理組織であるカサブランカ空港局（OAC）が設立され、同空港の管理運営を行うことになった。OACは当初同空港の管理のみを行っていたが、その権限は拡大されてモロッコ空港局（ONDA）に改組され、90年以降すべての空港運営と航行支援業務を担うようになった。

3. 施設

　ムハンマド5世国際空港は、カサブランカ市中心部の南24kmに位置しており、標高は200mである。

　滑走路はクロースパラレルに配置（中心線間距離380m）された2本で、17L/35Rは長さ3,720m×幅45m、17R/35Lは長さ3,720m×幅45mであり、いずれもアスファルト舗装である。ILS（CAT-Ⅲa）が設置されている。平行誘導路及び35L着陸用の高速脱出誘導路1本が設置されている。

　旅客ターミナルはターミナル1（T1）とターミナル2（T2）の2

棟である。既存のT1はフロンタル形式で、床面積4,000㎡であるが、「5.将来計画」で後述するように現在拡張工事が行われている。T2はフロンタル方式で、床面積は6万6,000㎡である。両ターミナル合わせて年間650万人の取扱容量を有している。エプロンは面積25万㎡あり、T2には10の固定スポット（搭乗橋付）及び多数の遠隔スポットが設置されている。

　道路アクセスのほかに鉄道アクセス（モロッコ国鉄アル・ビダウィ線）があり、T1地下にムハンマド5世国際空港駅が設置されている。

4. 運用状況

　本空港の運営者はモロッコ空港局（ONDA: Office National Des Aéroports）である。ONDAは1990年7月に設立された組織であり、モロッコ国内のすべての民間空港の管理運営を行っている。

　本空港においては、季節運航便

を含め約30の航空会社が120余の空港に就航している。また貨物専用機は7会社が34空港に就航している。

5. 将来計画

　4年間の作業中断の後、ターミナル1（T1）の拡張事業が2014年10月に再開した。本プロジェクトは、ハブ空港として増大が続く航空需要に対応した施設拡張であり、T1とT2間のすべての機能を接続し（12基の動く歩道を設置）、またサービス品質のレベルを向上させる事業でもある。この施設が完成すると、T1の旅客取扱容量は年間700万人に増大することになる。同ビルは完全ガラス張りの建築デザインであり、ランドサイド、エアサイドともに外部空間に対する開放感を感じさせ、またビル内にたくさんの自然光を取り込むことが意図されている。8基の搭乗橋が設置される。

（唯野邦男）

■空港の諸元	■輸送実績（2016年）	
・空港運営者：モロッコ空港局（ONDA）	・総旅客数	8,616,981人
・滑走路（長さ×幅）：2本	・国際旅客	7,742,464人
17L/35R：3,720m × 45m	・国内旅客	862,105人
17R/35L：3,720m × 45m	・貨物量	63,762トン
	・離着陸回数	83,603回

ジョモ・ケニヤッタ国際空港 （ケニア・ナイロビ）

Jomo Kenyatta International Airport

HKJK/NBO

1,600mの高地に立地する空港。そのため滑走路長4,117mでは不十分

Middle east
Africa

1. ケニアの空港

　ケニアの正式名称はケニア共和国であり、国土面積は58万9,000㎢（日本の1.5倍）、人口は4,500万人である。首都はナイロビに置かれている。1920年に英国直轄の植民地となったが、63年に独立し英連邦王国となり、翌年共和制へ移行した。

　ケニアには舗装滑走路を有する空港が16あり、そのうち2,438m（8,000ft）以上の滑走路長の空港は7空港である。ナイロビのジョモ・ケニヤッタ、モンバサのモイ及びキスムの各空港が国際空港に位置付けられている。また非舗装滑走路を有する空港・飛行場が181あるが、サファリロッジなどの私的な使用がほとんどである。

2. 沿革

　本空港は1958年に、エムベカシ空港として開港した。72年には世界銀行が新旅客ターミナル、貨物ターミナル、誘導路等からなる拡張整備プロジェクトへの資金融資を了承し、これにより78年3月、滑走路を挟んでそれまでのターミナルと反対側に現在の旅客ターミナルが供用を開始した。この時、名称を初代首相・大統領の名にちなんでジョモ・ケニヤッタ国際空港に変更している。

3. 施設

　ジョモ・ケニヤッタ国際空港はナイロビ中心部の南東15kmの位置にあり、標高は1,624mである。

滑走路は1本であり、方向06/24、長さ4,117m×幅45m、アスファルト舗装で、ILSが設置されている。一部に平行誘導路が設置されているが、滑走路東側端部付近にはなく代わりにターニングパッドが設置されており、高速脱出誘導路はない。

　旅客ターミナルビルは2棟であり、ターミナル1はほぼ円形で、その一部にピアが突き出ている形式である。同ターミナルは5つの部分に分かれ、1A、1B、1C、及び1Eは国際線に使用され、1Dは国内線に使用されている、18の搭乗橋付き固定ゲートを有している。ターミナル1から離れてターミナル2があり、LCCが使用している。滑走路北側の旧ターミナルはケニア空軍が使用している。

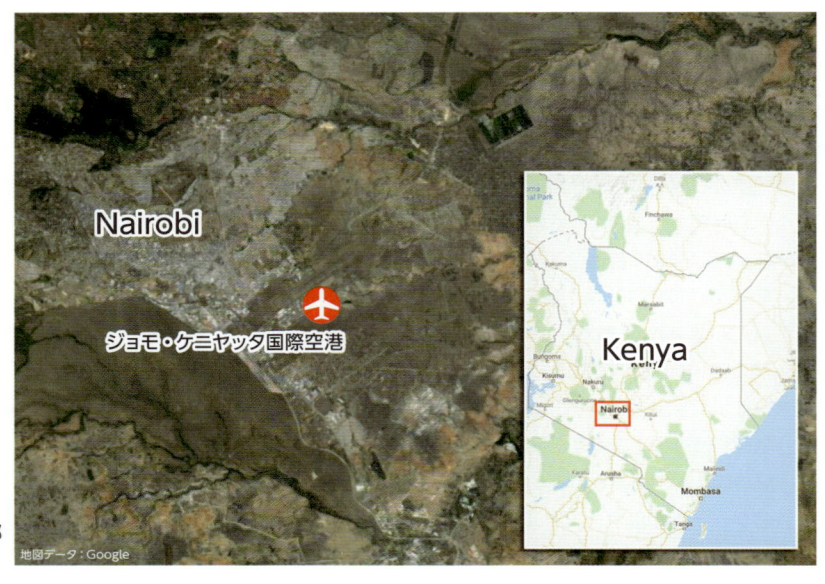

空港位置図：ナイロビ中心部から15kmに位置

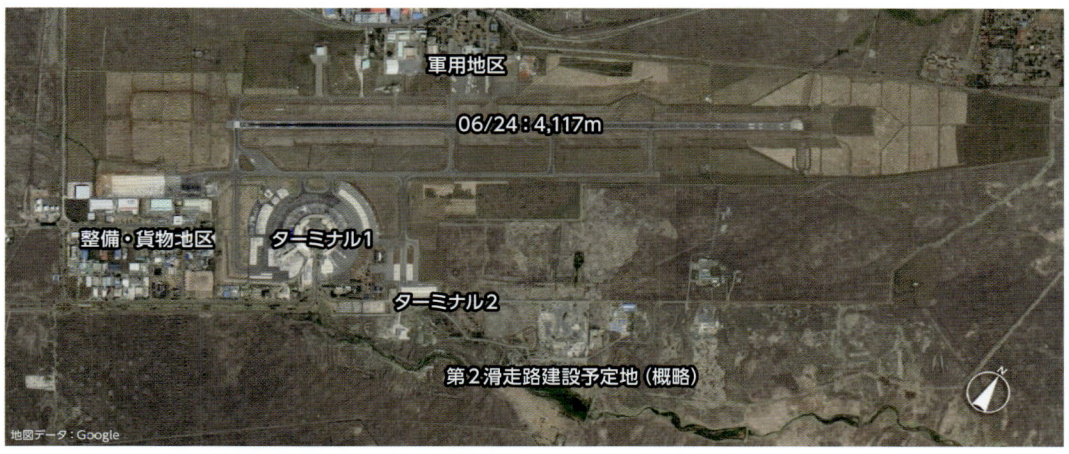

空港全体図：世界最長の第２滑走路（5,500m）を建設中

4. 運用状況

本空港の運営者は、1992年に公的独立組織として設立されたケニア空港庁（Kenya Airport Authority）であり、同庁は国内の９つの空港を所有・運営している。同空港の形態は軍民共用空港である。

2016年の旅客数は710万人であった。旅客便は27の航空会社が66の空港に就航しており、貨物専用機は12の航空会社が22の空港に飛行している。

5. 将来計画

2016年１月着工、17年12月完成予定で、長さ5,500mの第２滑走路建設プロジェクトが承認されている。18年１月時点では完成していないが、これが供用すると、最大32トンの旅客・貨物を搭載

して、ニューヨーク便等の長距離路線の就航が可能になると見込まれている。ジョモ・ケニヤッタ国際空港は標高1,624mの高地にあるため、低地の空港に比べて航空機の離陸距離が長くなり、そのため長い滑走路長が必要となる。現在の最長滑走路は中国チャムド・バンダ空港（標高4,334m）の滑走路で舗装部分は長さ5,500mであるが、実際には4,200mに短縮して運用されているため、この第２滑走路が完成すると、実質的に世界で最も長い滑走路を有する空港となる。

2013年12月に年間2,000万人の取扱容量を有する新旅客ター

ミナルの起工式が開催されたが16年３月に、費用が巨額になることを理由にキャンセルされた経緯がある。同プロジェクトは17年の完成を目途に、32の搭乗橋、8つの遠隔ゲートを有する、１棟としてはアフリカで最も巨大な旅客ターミナルを建設しようとするものであった。現在の旅客ターミナルの設計容量は年間約250万人であるが、本空港における年間旅客数は16年に710万人に達しており、遠からず新旅客ターミナルの建設が必要になると見込まれる。

(唯野邦男)

■空港の諸元	■輸送実績（2016年）	
・空港運営者：ケニア空港庁 　（Kenya Airport Authority） ・滑走路（長さ×幅）：１本 　06/24：4,117m × 45m	・総旅客数 　国際旅客 　国内旅客 ・貨物量 ・離着陸回数	7,111,501人 4,254,143人 1,639,530人 231,798トン 108,563回

#188
ムルタラ・モハンマド国際空港（ナイジェリア・ラゴス）

Murtala Muhammed International Airport

DNMM/LOS

アフリカ経済の4分の1を占める経済大国にあり、西アフリカのハブ空港

1. ナイジェリアの空港

　ナイジェリアは西アフリカに位置し1960年に英国から独立した連邦制共和国である。国土面積は日本の約2.5倍にあたる92.3万㎢,人口は1億8,400万人で、アフリカで最大（世界第7位）である。また、アフリカ経済の4分の1を占める屈指の経済大国であることから、「アフリカの巨人」と称される。その割に日本にはなじみが薄いが、一般にはサッカーの強豪国として知られ、日本で活躍するタレントのボビー・オロゴンは同国の出身である。昨今の資源価格の下落に伴いナイジェリア経済は悪化しており、順調に伸びてきた航空需要も減少に転じている。

　ムルタラ・モハンマド国際空港が所在するラゴス市は1991年に内陸部のアブジャ市に遷都されるまでナイジェリアの首都であった。都市圏人口は約1,300万人（2016

空港位置図：アフリカ随一の大都市圏の空港

地図データ：Google

年）で世界第24位（アフリカではカイロに次ぐ第2位）である。

2. 概要と沿革

　ムルタラ・モハンマド国際空港はラゴスの都心部から北西18kmに位置し、ナイジェリア最大の空港であると同時に西アフリカのハブ空港としての機能も有している。

　本空港は第二次世界大戦中に現在地に整備され、西アフリカ航空（West African Airways Corporation）の拠点として発展

を遂げた。当初はラゴス国際空港の名称であったが、ナイジェリアの第4代大統領であったムルタラ・モハンマドが1976年に暗殺されたことを受けて、ムルタラ・モハンマド国際空港と命名された。

　1980年代以降航空貨物の強奪、CIQ職員による賄賂要求が常態化する等、空港セキュリティ上の問題が大きくクローズアップされた。このような事態を重く見たFAA（米連邦航空局）は92年から2000年にかけて、アメリカ合衆国との間のフライトを禁止する

空港全体図：2本のオープンパラレル滑走路の間に国際線ターミナルを、外側に国内線ターミナルを配置

Middle east
Africa

措置を講じた。ナイジェリア政府は強奪犯をその場で射殺することを宣言するなど、空港のセキュリティを強化した結果、保安レベルが向上したとして01年にFAAの措置は解除されている。

また、その当時はバゲージクレームをはじめとする空港施設・設備のメンテナンスが適切に行われなかったため、機能不全に陥っていたとされる。

3. 施設

滑走路は、18R/36L（長さ3,900m×幅45m）と18L/36R（2,743m×60m）のオープンパラレル2本で、離隔距離は1,75Cmである。両滑走路ともに、平行誘導路、高速脱出誘導路、ILSが設置されている。

国際線ターミナルは、1979年に供用開始されたもので、現在もほぼ当時の姿で運用されている。2本の滑走路の間に配置されたこのターミナルは、アムステルダム・スキポール空港のコンセプトを模して計画・建設されたといわれ、実際、多角形の本館からフィンガーが伸びる形状はスキポール空港のターミナルビルのそれと類似している。2本のコンコースには搭乗橋（PBB）を備えた固定スポットがそれぞれ7スポットずつ配置されており、全部で14の固定スポットを有する。

国内線ターミナルは2棟（MMA1とMMA2）あり、どちらも滑走路18L/36Rの東側に位置し、国際線ターミナルとは直線距離で1km以上離れている。2棟の国内線ターミナルのうち古いターミナル（MMA1）は元の国際線ターミナルで、2000年に火災により焼失したが、その後再建されている。PBBはなく、すべてオープンエプロンで運用されている。MMA1は主にアリク・エアが利用している。また、07年には民間資本の手で建設された新しい国内線ターミナル（MMA2）が供用開始した。MMA2はPBBを6基備えており、エアロ・コントラクターズやメッド・ビュー航空をはじめとする複数の国内航空会社に利用されている。MMA1とMMA2の2棟のターミナルは600m程度離れている。

4. 運用状況

2016年におけるムルタラ・モハンマド国際空港の航空旅客は630万人であり、ここ2年間で120万人も旅客数が減じている。航空旅客数の世界ランキングでみると、14年には216位であったが、15年に238位、16年には275位までランクを下げた。国の経済低迷によって深刻な航空需要低迷に陥っていることがうかがわれる。内訳では国際線が280万人、国内線が350万人である。

本空港にはナイジェリア国内をはじめ欧州、中東、米国等の30の航空会社が、国内外47空港に就航している。また、貨物専用機は11の会社が22空港に就航している。欧州系の航空会社ではブリティッシュ・エアウェイズをはじめとする主要キャリアが、欧州の主要都市と結んでおり、中東地域ともエミレーツなどによってネットワークが形成されている。米国系の航空会社ではデルタが就航している。

ナイジェリアの航空会社で本空港をハブとして運航しているのは、アリク・エア（Arik Air）である。国内主要路線をネットワークするほか、一時はラゴス〜ロンドン線の運航も行い、ナイジェリアの航空需要の半分近くを占める規模にまで成長した。しかし、国の経済の低迷とともに航空需要の減少に見舞われ、路線縮小や便の遅延など混乱が続いた結果、同社は2017年に政府傘下に入っている。

(傍士清志)

■空港の諸元
・空港運営者：ナイジェリア連邦空港公社（Federal Airports Authority of Nigeria：FAAN）
・滑走路（長さ×幅）：2本
　18R/36L：3,900m×45m
　18L/36R：2,743m×60m

■輸送実績（2016年）
・総旅客数　　6,324,847人
　国際旅客　　2,785,785人
　国内旅客　　3,455,895人
・貨物量　　　180,816トン
・離着陸回数　87,079回

O.R. タンボ国際空港 (南アフリカ・ヨハネスブルグ)

O.R.Tambo International Airport

FAOR/JNB

4,418m もの長い滑走路を有するが、高地に位置するため長距離国際線は途中給油が必要

1. 南アフリカの空港

南アフリカの正式名称は南アフリカ共和国であり、英国連邦に加盟している。アフリカ大陸の最南端に位置し、総面積は122万km²（日本の3.2倍）、人口5,100万人である。3権が3つの都市に分散しており、行政府があるのはプレトリアである。

南アフリカではアパルトヘイト（人種隔離政策）がとられていたが、冷戦の終結した1990年代に入るとアパルトヘイト関連法の廃止、人種主義法の全廃が決定された。94年には同国史上初の全人種参加の総選挙が実施された。アパルトヘイト廃止に伴い、同国は英国連邦と国連に復帰し、アフリカ統一機構（OAU）に加盟した。新政権成立後、新しい憲法を作る

空港位置図：ヨハネスブルグ市街地から20kmほどの距離

ための制憲議会が設置され、96年には新憲法が採択された。

南アフリカにおいて舗装滑走路を有する空港数は143（うち、長さ2,438m（8,000ft）以上は15空港）、未舗装滑走路の空港数は584である。このなかで、民間航空会社による旅客輸送サービスが行われている空港は18空港である。O.R. タンボ国際空港は南アフリカの最大都市ヨハネスブルクを母都市とする同国最大の空港である。

空港全体図：オープンパラレル配置された2本の滑走路を有する。鉄道が乗り入れており、ヨハネスブルグまで14分ほど

2. 沿革

　本空港は1952年に、それまでヨハネスブルグの主要空港であったランド空港や欧州便が就航していたパルミエント・フォンテーン空港に代わって開港し、第二次ボーア戦争の指揮官の名を冠してヤン・スマッツ国際空港と名付けられた。70年代にはコンコルド機の試験空港として使用されるなど基幹空港の機能を果たしたが、80年代に入り、アパルトヘイト政策に対する国際的な批判が高まるなかで、国連による経済制裁によって各国の航空会社は同空港への就航を中止した。同国の南アフリカ航空などは、アフリカ諸国上空を飛行して欧州と結ぶ航空路を使用することができなくなり、長距離飛行に優れたB747SPなどを使用して、大西洋側の洋上を迂回する経路を飛行した。同空港はそれまで国によって所有され運営されていたが、93年7月に南アフリカ空港会社が設立され同社に引き継がれ、その後94年にアパルトヘイトの撤廃を受けて就航を禁止する制裁は解除された。また総選挙による新政府が発足し、同空港の名称は、政治家の名称を空港名に使用しないという方針のもと、一旦、ヨハネスブルグ国際空港に変更されたが、2006年、その方針に反しアパルトヘイト闘争の英雄の名を冠したO.R.タンボ国際空港に再度名称変更した。

旅客ターミナル地域：ターミナルAは国際線用、Bは国内線用

3. 施設

　O.R.タンボ国際空港はヨハネスブルグ中心部の東北東20kmに位置し、標高は1,694mである。滑走路はオープンパラレル配置（中心線間隔は1,870m）の2本で、03R/21Lは長さ3,400m×幅60m、03L/21Rは長さ4,418m×幅61mである。03L/21Rの滑走路長4,418mは世界でも長い空港の1つである。本空港の標高が1,694mと高く空気が薄いので、航空機の揚力を生み出しにくく、低地の空港に比べて離陸滑走距離が長くなる結果、より長い滑走路が必要となる。この長さの滑走路でも、例えば、米国便など長距離路線では搭載燃料を必要量よりも大幅に減じ、離陸重量を軽くして離陸したうえで、途中で燃料補給を行うという変則的な運航形態をとっている。両滑走路ともアスファルト舗装で、ILSが設置されており、平行誘導路・高速脱出誘導路を備えている。かつては、両滑走路に交差する第3滑走路が

あったが今は閉鎖され、一部は誘導路として使用されている。滑走路幅60mは、A380の就航が可能となるよう配慮されたものである。

　旅客ターミナルは、滑走路03L/21Rの西側に配置されており、東側にオープンパラレル配置されている滑走路03L/21Rからはかなり離れている。ターミナルビルは、隣接し一体化した3棟から形成されており、ターミナルAは国際線用であり、ピア形式（一部フロンタル形式）で12の固定ゲート（うち4ゲートはA380対応）を有している。ターミナルBは国内線用であり、L字状のフロンタル形式で、15の固定ゲートがある。両ターミナルともに、このほか、遠隔ゲートを有している。中央ターミナルは、ターミナルAのランドサイド側にあって、A、Bターミナルを繋ぎ、チェックイン機能が集中している。2010年に南アフリカにおいてFIFAワールドカップが開催されたが、これらのターミナル施設はその際に拡張

整備されている。

　鉄道アクセスとしてハウトレインが乗り入れており（10年6月開通）、ヨハネスブルグのサントン駅までの所要時間は14分である。

4. 運用状況

　空港運営者は、1993年に設立された南アフリカ空港会社（政府持ち株率74.6%）であり、同社は国内の9空港を運営している。

　ピーク時間帯には、ターミナルから離れ、また短い方の滑走路03R/21Lが着陸に、03L/21Rが離陸に使用される。離着陸は主に南から北に向かって行われる。

　2016年の離着陸回数は22万回であり、旅客数は2,100万人でアフリカの空港で最も多い。

　同空港からは、約50の航空会社が100余りの空港に就航している。また貨物専用機は17の航空会社が34空港に就航している。

空港俯瞰：空港アクセスは道路網も発達。ヨハネスブルグまで自動車で25分ほど

5. 将来計画

　2012年までの供用開始を目途に、2本の滑走路の間にターミナル2（国際線・国内線）を建設する構想があったが、キャンセルされた。現在の旅客ターミナルの年間取扱容量は2,800万人であり、16年の旅客数は2,100万人であったことから将来需要が増加した場合にはターミナル2の建設が想定される。

（唯野邦男）

■空港の諸元
・空港運営者：南アフリカ空港会社
・滑走路（長さ×幅）：2本
　03R/21L：3,400m × 60m
　03L/21R：4,418m × 61m

■輸送実績（2016年）
・総旅客数　　　20,803,950人
　国際旅客　　　9,892,657人
　国内旅客　　10,829,119人
・貨物量　　　20,803,950トン
・離着陸回数　　　223,424回

#190
セントヘレナ国際空港（セントヘレナ・ジェームズタウン）

Saint Helena Airport **FHSH/HLE**

3週間に1度の船便しか交通手段のなかった絶海の孤島に、待ちに待った新空港が完成

1. 沿革

　離島における空港整備は、建設工事のみならず用地の確保や資機材の調達、環境の保全など難儀することが多い。南大西洋にぽつんと浮かんだセントヘレナ島で整備が行われた本空港も例外ではない。セントヘレナ島は、英国の海外領土の1つであり、ナポレオン一世の流刑地として知られる。アフリカ大陸南西岸から1,900km余り離れ、3週間に1度、南アフリカのケープタウンから来る船は片道5日を要するという絶海の孤島である。

　2005年、英国政府は島民4,000人が長い間望んだ空港の建設を公表した。計画では1,650mの滑走路1本と非常用滑走路が示されており、本滑走路に何らかの異常があっても、非常用滑走路によって運航を継続させようとする考えからは、この島のライフラインとして空港が重責を担っているとうかがわせるものであった。

　2010年に予定されていた開港

空港位置図：セントヘレナ島は南大西洋に浮かぶ絶海の孤島だ

は、金融危機や事業者との契約問題などにより見直され15年へと延期された。事業は設計から運営までをDBO（Design Build Operation）方式により発注され、実際の整備は滑走路1本のシンプルなものとなった。工事は15年にほぼ完了し、同年9月に実機を使用した飛行検査の結果報告がなされている。開港時期は一旦、16年5月と決められ、ICAO等への諸手続きが進められた。しかし、定期便就航については、滑走路長の制約とそれを離陸して長距離路線を飛行する航空機性能の制約、またウインドシェア発生の問題などで遅れていた。ようやく17年10月14日にエアリンク（南アフリカ）が初飛行を行い、ヨハネスブルグとの間で週1便の定期便の就航が開始された。

2. 課題

　セントヘレナ島の東端にある空港用地の3方は海に向う急斜面である。南北方向（02/20）を向いた滑走路（標高310m）の北側（20側）用地は崖ぎりぎりまで利用され、南側（02側）用地はこれもぎりぎりのところまで盛土して確保され、それらの土地の上に滑走路が建設された。空港用地両端部の先は海に落ち込む崖である。そのようにして建設された滑走路であるが、離陸に使用でき

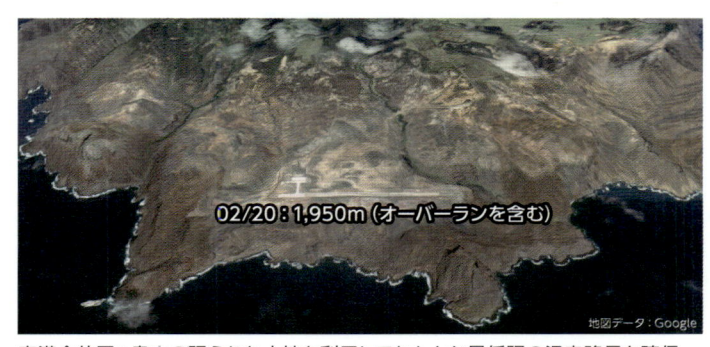

02/20：1,950m（オーバーランを含む）

空港全体図：島内の限られた土地を利用してなんとか最低限の滑走路長を確保

510

る長さは、滑走路本体とオーバーラン部分（滑走路と同強度）を含めて1,950mを確保するのがやっとであった。一方、着陸滑走路距離（LDA:landing distance available）は、オーバーラン・着陸帯確保の必要から、02着陸側が長さ1,535m、20着陸側が1,550mをやっと確保している状態である。なお、幅は45mで、コンクリート舗装である。

エアリンクは就航航空機を当初計画のB737-800からエンブラエル社のE190（104席）に変更し、さらに航続距離3,700kmのヨハネスブルグへの直行便ではなく、ナミビアのウィンドフック空港（同2,500km）経由便に変更して就航しているが、それでも滑走路制限のため99席のうち最大76席しか使用できず、搭載貨物重量も制限する必要がある。

3. 運用状況

現在、この島を訪れるのは毎年3,000人ほどで、英国からの来訪が40%、南アフリカが30%、米国、フランス、ドイツが10%弱の割合である。渡航目的は親類や友人との行き来が50%、ビジネスと観光が25%ずつである。定期便が就航したことにより今後観光客が増加し、空港利用者は2020年に1.3万人程になると見込まれている。

（渡邉正己）

■空港の諸元
・空港運営者：ランセリア空港
　　（Lanseria Airport：DBO事業者）
・滑走路（長さ×幅）：1本
　　02/20：1,950m × 45m
　　（オーバーラン部分を含む）

■輸送実績（2016年）
データなし

---

column 24

天正遣欧少年使節とセントヘレナ

日本からはとても遠く、縁のなさそうなセントヘレナ島であるが、ナポレオン一世が流刑される1815年より200年以上も前の1584年に日本の少年4人が立ち寄った記録がある。

天正遣欧少年使節として九州の大名の命を受け1582年に長崎を出発、ローマに向かう途中の84年に食料や水を補給のため、この島に立ち寄ったとのことである。彼らは旅を続け、リスボンを経て85年に目的地ローマに到着、時のローマ教皇グレゴリウス13世に謁見した。はるか東方の日出国からの客人は歓待を受け、ヨーロッパの人々に日本という国の存在が広まった。彼らは90年に長崎に帰還、長い旅を終えるが、グーテンベルク印刷機を持ち帰り、これにより日本の活版印刷の門戸が開いた。

photo / 京都大学図書館

サイパン国際空港
Guam ●アントニオ・B・ウオン・パッド国際空港

Palau
●ロマン・トメトゥチェル国際空港

Papua New Guinea
●ジャクソン国際空港

American Samoa
●ファレオロ国際空港

ケアンズ空港

New Caledonia
French Polynesia
ファアア国際空港●

●ヌメア・ラ・トントゥータ国際空港

Australia

ブリスベン空港
ゴールド・コースト空港

●パース空港

キングスフォード・スミス空港

アデレード空港●
キャンベラ国際空港
オークランド国際空港
メルボルン空港

ウェリントン国際空港
New Zealand
クライストチャーチ国際空港
クイーンズタウン空港

オセアニアの空港

オーストラリアの空港概観

都市が東海岸に偏在する、日本の20倍の広さの大陸国。国内・国際ともに航空交通が重要

1. オーストラリアの概要

オーストラリアの正式名称はオーストラリア連邦であり、立憲君主制国家である。実質的には共和制であるが、形式上は英国王（女王）を元首とする君主制である。これは1780年代に英国の植民地となり、1901年に同国から独立し、6つの植民地が連合してオーストラリア連邦を形成したことに由来する。人口は2,400万人（日本の19%）、国土面積は770万㎢（日本の20.4倍）で世界第6位である。同国はオーストラリア大陸本土、タスマニア島、多数の島嶼から構成されている。人口が集積する都市は大陸東海岸沿いにあり、西海岸等の一部にも見られる。内陸部は砂漠地帯がほとんどである。首都はキャンベラであり、シドニーとメルボルンの首都争奪戦の結果、妥協案として中間地点に建設した新都市キャンベラを首都にしたことによる。

2. オーストラリアの空港

オーストラリアには、私営空港を除き228の空港（飛行場）があり、そのうち7空港が国際空港である。現在は、いずれの国際空港も正式名称には「国際」が使用されておらず、例えば、「ケアンズ空港」のような名称が用いられている。また、11の制限国際空港がある。これは滑走路長の不足などにより短距離国際線に制限された空港である。その他の空港が210空港あり、大都市部の主要空港を補完する機能を果たすとともに、本土全域及び島嶼部に散在して、オーストラリアの航空ネットワークを形成している。このなかで、広大な国土と希薄な人口密度という状況からジェネラルアビエーションの役割も重要であり、各空港はそれに対応している。

■オーストラリアの州・地域別空港数（私営空港を除く）

州等	空港数				空港所在地数
	国際空港	制限国際空港	そのほかの空港	計	
オーストラリア首都特別地域	0	1	0	1	1（キャンベラ）
ニューサウスウェールズ州	1	3	52	56	56（シドニー大都市圏など）
ノーザン準州	1	0	14	15	15（ダーウィンなど）
クイーンズランド州	2	2	51	55	55（ブリスベンなど）
南オーストラリア州	1	0	19	20	19（アデレードなど）
タスマニア州	0	1	9	10	9（ポバート大都市圏など）
ビクトリア州	1	1	33	35	32（メルボルン大都市圏など）
西オーストラリア州	1	3	29	33	32（パース大都市圏など）
他の領土	0	0	3	3	3（クリスマス島など）
計	7	11	210	228	

オーストラリアの主要空港分布

3. 空港運営の状況

　オーストラリアにおいては従来、1988年に設立された連邦空港㈱（Federal Airport Corporation：FAC）が22の空港の所有・管理を行っていた。94年、競争原理の導入・サービス向上の観点から、これらFAC空港の民営化の方針が打ち出され、96年にFAC空港民営化法が成立した。同法に基づき97年に3主要空港、98年には8主要空港と7ジェネラルアビエーション空港と進み、22空港の民営化が完了している。

　民営化は、連邦政府が所有する空港用地を民間空港会社が長期リース（50年間＋45年間の延長オプション付き）し、滑走路や旅客ターミナルなどの空港施設を所有・運営する形態である。空港運営に当たる民間空港会社は、空港運営権を落札した事業者であり、空港施設の新設は各社が行うことになる。空港運営会社

が5年ごとに20年後を目標とするマスタープランを作成し、インフラ交通大臣の承認を受ける制度が導入されており、空港整備に必要な資金調達は同社が自前で行う原則である。主要空港間の経営主体分離と49％未満の外資規制という方針が導入されている。また国防法、航空セキュリティ法に基づく規制として、有事には政府が空港運営会社を監督下に置くことができる仕組みとなっている。

　民営化された22空港以外の空港のうち主な空港は、地方政府が設置・運営主体となっているが、クイーンズランド州のケアンズ、マッケイ両空港は州資産売却の一貫として2009年に民間会社に売却されている。その他の小規模空港の設置・運営主体は、地方公共団体、民間などさまざまである。

（唯野邦男）

#191
キングスフォード・スミス空港 （オーストラリア・シドニー）

Kingsford Smith Airport

オペラハウスとハーバーブリッジが出迎えるオーストラリア最大の都市シドニーの国際空港

1. 沿革

シドニーは500万人を超える人口を有するオーストラリア最大の都市であり、南半球を代表する金融センターである。また、世界遺産に指定されたオペラハウスに代表される、豊かな観光資源を有する国際的な観光都市でもある。

キングスフォード・スミス空港（シドニー空港）の起源は、軍退役パイロットがシドニーのマスコット地区に80haの牧草地を借りて、1920年に草地滑走路をもつマスコット飛行場を開設したことに始まる（初フライトは前年の19年）。連邦政府はそこに公共飛行場の整備を計画し、23年にマスコット飛行場を強制買収した。最初の定期飛行は24年に始まり、

空港位置図：シドニー市街地に近接

33年には砂利敷きの滑走路が建設された。そして49年までには、11/29（長さ1,085m）、16/34（1,191m）、04/22（1,787m）の3本の滑走路を持つようになっていた。マスコット飛行場という名称は、20年にはシドニー空港

に代わり、38年にはオーストラリアの民間航空のパイオニアの名を冠してキングスフォード・スミス空港と命名された。

最初のアスファルト舗装滑走路は07/25であり、大型ジェット機の使用に対応できるよう16/34

空港全体図：湾に突き出た2本のクロスパラレルと直交する横風用の3本の滑走路で構成。ターミナルは陸側に偏在

（現16R/34_）が海_の方向に延長する形で建設され、1970年代には4,400mまで延長された。そして、空港容量を増強するため、海を埋め立てて、16/34に平行な第3滑走路（16L/34R）が建設された。ターミナルについては、66年末に新国際線ターミナルの建設が開始され、70年に供用を開始し、92年に増築、その後2000年のオリンピックに間に合うように機能増強された。

2002年、連邦政府はシドニー空港会社をサザンクロス空港持株会社に売却した。

2. 施設

本空港は、シドニー市中心部の南方8kmに位置している。標高は6mである。滑走路は3本あり、主滑走路は16R/34Lで、長さ3,962m（実質は約3,880m）×幅45m、アスファルト舗装である。同滑走路と平行に16L/34R滑走路があり、長さ2,438m（16L着陸は約2,210m）×幅45m、アスファルト舗装である。両滑走路の中心線間隔は1,030mであり、クロースパラレル配置となっている。16_進入がターミナル地域上空を通過する滑走路配置である。16R/34L滑走路にほぼ直交して07/25滑走路があり、長さ2,530m×幅45m、アスファルト舗装である。3本の滑走路とも平行誘導路を有し、ILSが配置されている。また、2本の平行滑走路にはそれぞれ高速脱出誘導路が設置されている。

主滑走路を挟んで1つの国際線ターミナル（T1）が西側に、2つの国内線ターミナル（T2、T3）が東側に配置されている。T1はピアとサテライトの複合形式であり、25の（搭乗橋付き）固定ゲートといくつかの遠隔ゲートがある。ビルは3階建てである。T2はピア形式であり、20の固定ゲートとその他遠隔ゲートを有している。T3はフロンタルとサテライトの複合形式であり、16の固定ゲートといくつかの遠隔ゲートがある。

3. 運用状況

空港運営者は、サザンクロス空港持ち株会社傘下の民間会社であるシドニー空港会社であり、連邦政府から99年の借用をしている。

シドニー空港の国際線は35の航空会社が就航し、44の地点と結ばれている。国内線は6航空会社が22の地点に、地域航空は5つの航空会社が22の地点にそれぞれ就航している。2016年の年間実績を見ると、旅客数は4,200万人（国際線1,500万人、国内線2,700万人）であり、離着陸回数は34万回であった。

空港北側にシドニー市街地があり、飛行経路直下になるため航空機騒音問題を抱えている。このためカーフューがあり、運用時間は6時から23時までに制限されている。

4. 将来計画

シドニー空港は2030年までの需要に対応できないとし、市郊外に新空港を建設する提案があったが、04年に棚上げされた。14年2月、オーストラリア政府は「シドニー空港マスタープラン2033」を承認した。同空港の33年の需要は、年間旅客数が7,400万人（14年の約2倍）、離着陸回数が42万回（約1.3倍）と予測している。マスタープランはその需要に対応する空港計画の概要を示すものであり、離着陸エリア、ターミナルエリア、保安施設についての施設計画、また同空港で初めての統合型地上交通施設計画等を含んでいる。

（唯野邦男）

■空港の諸元
・空港運営者：シドニー空港会社
・滑走路（長さ×幅）：3本
　16R/34L：3,962m × 45m
　16L/34R：2,438m × 45m
　07/25　：2,530m × 45m

■輸送実績（2016年）
・総旅客数　　41,977,865人
　国際旅客　14,940,425人
　国内旅客　26,929,297人
・貨物量　　　　500,176トン
・離着陸回数　　346,437回

#192
メルボルン空港（オーストラリア・メルボルン）

Melbourne Airport | **YMML / MEL**

「世界で最も暮らしやすい都市」と評されたオーストラリア第2の都市メルボルンの国際空港

1. 沿革

メルボルンは都市圏人口400万人を擁するオーストラリア第2の都市で、大陸の最南に位置するビクトリア州の州都である。ポート・フィリップ湾の湾奥部に面して広がる中心部は豊かな緑を湛えた「ガーデンシティ」とも呼ばれる。1950年に州の内陸部で金鉱が発見され、一獲千金を夢見た人々が世界中から移住し、ゴールドラッシュに沸いた歴史を有する。

メルボルン空港が開港する前は、エッセンドン空港がメルボルンの国際空港であり、1950年代の半ばには年間1万人の旅客が利用していた。しかし航空旅客の増

空港位置図：草原を開拓し空港が建設された

地図データ：Google

加とともに、ターミナルは旅客で溢れ、滑走路は短か過ぎて新型ジェット旅客機の使用ができない状態となった。周辺を市街地に囲まれた同空港の拡張は難しく、連邦政府は59年、新空港の建設を発表した。タラマリン地区の草原5,300haを空港用地として入手、

建設を開始し、70年に新メルボルン空港が国際空港として開港した。同空港は開港時、3つの連結したターミナル（中央の国際線ターミナルと南北の国内線用ターミナル）を有していた。ビルの設計容量は最初、B707を対象にピーク時500人対応であり、73年に

T：ターミナル

T1 / T2 / T3 / T4

貨物地区

整備地区

09/27：2,286m

16/34：3,657m

地図データ：Google

空港全体図：交差した2本の滑走路を有する。ターミナルは4棟あり、国際線はターミナル2を使用

Oceania

メルボルン空港マスタープラン 2013：空港運営会社による

B747を対象に拡張されたにもかかわらず、80年代末にはピーク時900人の旅客需要となってビルは混雑した。88年、連邦政府は同空港を含む全国21空港を傘下に置く連邦空港㈱を設立し、94年には空港の段階的民営化を発表した。メルボルン空港は新たに設立されたオーストラリア太平洋空港㈱により買収された。91年に国内線ターミナル拡張と国内線第2ピア増設が行われ、93年に国際線ターミナル機能向上が図られた。95年には国際線既存コンコース端部に、3階建てで10基の搭乗橋を有するダイアモンド型サテライトが完成し、国際線旅客取扱能力は倍増した。2000年にはターミナル4がオープンし、05年にはA380対応として、主滑走路の15m拡幅が行われている。

2. 施設

メルボルン空港は、市中心部の北方24kmにあり、標高は132mである。滑走路は2本で、主滑走路は長さ3,657m×幅60m、方向16/34で、アスファルト舗装である。それと交差する滑走路09/27は長さ2,286m×幅45mで、アスファルト舗装である。両滑走路ともに平行誘導路・ILSが設置されており、主滑走路には高速脱出誘導路もある。

滑走路交差部の南東側にターミナルが配置されており、ピアとサテライトを有する複合形式である。

ターミナルは4つに分かれている。T1は国内線・地域航空用、T2はすべての国際線と一部国内線用、T3、T4は国内線用である。ゲート数は56あり、16が国際線、40が国内線用である。この他に5つの貨物機用エプロンがある。

3. 運用状況

空港運営はオーストラリア太平洋空港㈱（5つの投資機関によって構成される株式非公開企業）であり、連邦政府より1997年以降50年間のリースを受けている。空港所有者は連邦政府である。

メルボルン空港は24時間運用を行っている。国際線は35社が31の地点に、国内線は5社が37の地点に就航している。

2016年の旅客数は3,500万人であり、10年の2,600万人に比べて約35％増加している。また離着陸回数は24万回であった。

4. 将来計画

空港運営会社は2013年、「メルボルン空港マスタープラン2013」を公表した。33年度までの5年毎の需要予測では、総旅客数が23年度4,700万人（14年度の1.5倍）、33年度は6,400万人（2.1倍）と見込んでいる。離着陸回数はそれぞれ29万回（1.3倍）、34万回（1.5倍）と予測している。これらの予測に基づく、離着陸地域、ターミナル地域のさまざまな整備計画などを盛り込んでいる。滑走路は、既存の主滑走路（長さ3,657m）を4,500mに、第2滑走路（2,286m）を3,500mに延長し、さらに、長さ3,000mの第3滑走路を既存主滑走路に対してオープンパラレル配置で新設し、20年までに供用開始する予定である。第4滑走路は、既存第2滑走路に対しオープンパラレル配置で、長さ3,000mで新設する。旅客ターミナルの整備については、T1、T2、T3、T4のそれぞれについて、フィンガー、サテライトの拡張、また本館部分の拡張が計画されている。

（唯野邦男）

■空港の諸元───
・空港運営者：
　オーストラリア太平洋空港㈱
・滑走路（長さ×幅）：2本
　16/34：3,657m×60m
　09/27：2,286m×45m

■輸送実績（2016年）───
・総旅客数　　34,637,147人
　国際旅客　　9,562,542人
　国内旅客　25,000,694人
・貨物量　　　　294,119トン
・離着陸回数　　238,686回

#193
キャンベラ空港 （オーストラリア・キャンベラ）

Canberra Airport

YSCB / CBR

オーストラリアの首都キャンベラを母都市とする国際空港。だが国際線定期便は未就航

1. 沿革

　1908年、キャンベラが同国の首都に選定され新都市として建設されたが、キャンベラ空港はその後間もない20年代に草地滑走路をもつ空港として建設された。39年、同空港内の一部が民間航空用エリアとしてオーストラリア空軍から賃貸され、施設が整備された。98年、政府は空港用地を民間企業である首都空港グループ㈱に売却するとともに、空軍基地エリアは逆に同社から防衛省に賃貸され、2003年に空軍基地が廃止されるまで、本空港は民間航空と防衛基地の両方の機能を有していた。この間の数十年を通して、滑走路、誘導路、エプロンは、航空機の大型化、離着陸回数の増大に合わせて拡張・強化された。

　旅客ターミナルビルは東西2つのターミナル機能を有する一体の建物であったが、2009年に再開発されて、建物の西側部分に位置していたカンタス航空ターミナルは、カンタス・リンク、ブリンダベラ航空と合わせて、新設された南コンコースに移転し、その後空いた西側部分は、新しい西コンコース建設のために11年に撤去された。建物東側部分で、オーストラリア以外の航空会社が使用していた共同利用ターミナルは、南コンコースの供用後、一部機能のみを残して13年に取り壊された。

2. 施設

　キャンベラ空港はキャンベラ市中心部の東6kmに位置している。標高は575mである。滑走路は2本あり、滑走路17/35は長さ3,283m×幅45mで、アスファルト舗装である。35着陸に対しては2,700mに短縮されており、またILSが設置されている。滑走路12/30は長さ1,679m×幅44mで、アスファルト舗装である。滑走路17/35の35側には平行誘導路（幅23m）が設置されているが、17側にはなく末端部にターニングパッドがある（ただし、滑走路を挟んでターミナルと反対側に、空軍用の幅15mの平行誘導路がある）。

　2本の滑走路の交差部西側にターミナルエリアが配置されており、旅客ターミナルはやや湾曲したフロンタル形式である。ビルは中央のアトリウムを挟んで南コンコースと西コンコースが伸びている形状であり、10基の搭乗橋が設置されている。同ビルの西方の離れた位置にジェネラルアビエーション・ターミナルがある。空港用地北東側には、空軍が運航する政府専用機の基地があり、別の一角にはショッピングセンターなど

空港位置図：キャンベラはシドニーとメルボルンの中間に位置

空港全体図：滑走路は2本。首都空港ゆえに政府専用機格納庫を備える

の施設がある。

3. 運用状況

空港運営者は、かつて連邦政府から空港を買収した民間企業の首都空港グループ㈱である。

2017年現在、本空港の国際線定期便はシンガポール航空によるシンガポール、ウェリントン（ニュージーランド）との間の2路線である。このほか、メルボルン、シドニー両空港の代替空港使用、また国際チャーター機の使用などがある。国内線は主要8都市との間に定期便が就航している。オーストラリアの首都空港であるため、国内主要都市の空港との結びつきは強く、1日平均100便を超える就航がある。16年の旅客数は国内線が290万人、国際線が4万人であり、離着陸回数は6万1,000回であった。

4. 将来計画

首都空港グループ㈱は、2015年1月に承認された「キャンベラ空港マスタープラン(2014-2034)」を公表している。同マスタープランは、13年度の需要実績に対して、33年度までの5年毎の需要予測を行い、それをベースに、空港施設を含む空港全体の長期計画を策定したものである。33年度には、国内線旅客数が13年度の2.8倍になり、13年度時点では0であった国際線旅客が33年度には100万人になるとしている。また年間の航空機離着陸回数は、13年度に対して2.6倍になるとしている。離着陸施設に関しては、滑走路17/35の延長、オープンパラレル滑走路の新設、平行誘導路の増設などが盛り込まれている。また、エプロン、ターミナルビルの拡張を含むターミナル地域の整備やそのほか、空港内ビジネスパーク、商業パークの拡張が計画されている。

（唯野邦男）

■空港の諸元		■輸送実績（2016年）	
・空港運営者： 　首都空港グループ㈱		・総旅客数	2,932,744人
		国際旅客	44,809人
・滑走路（長さ×幅）：2本		国内旅客	2,887,935人
17/35：3,283m × 45m		・貨物量	265トン
12/30：1,679m × 44m		・離着陸回数	61,440回

#194
ブリスベン空港 （オーストラリア・ブリスベン）

Brisbane International Airport

YBBN / BNE

ゴールド・コーストの北70kmに位置するオーストラリア第3の都市ブリスベンの国際空港

1. 沿革

　ブリスベンはクイーンズランド州の州都で、シドニー、メルボルンに次ぐオーストラリア第3の都市である。緯度が赤道を挟んで沖縄とほぼ同じで、1年を通して温暖な亜熱帯性気候に属している。ゴールド・コースト、サンシャイン・コーストなど、オーストラリアを代表するリゾート地へのゲートウェイ機能を有する。

　1925年、ブリスベンの北東6km、現在のブリスベン空港国際線ターミナルの南西5kmの地に、ブリスベンで最初の空港であるイーグルファーム空港が建設され、翌年定期便の運航が始まるが、当時、ほとんどの航空機は、離着陸施設がより優れていたアーチャーフィールド空港（ブリスベンから12km）の方を使用していた。第二次世界大戦中、連合軍の最高司令官（マッカーサー）本部がブリスベンに置かれ、米軍がイーグルファーム空港を基準に適合するよう拡張整備したことにより戦後、同空港がブリスベンの主要民間空港となった。70年代に、同空港の施設はそのままでは増加する航空需要を満たせないことが明らかになり、すぐ北東側に新たな滑走路（長さ2,365m×幅60m、1,539m×30m）、国内線ターミナル、国際線ターミナル（現在は貨物ターミナルに転用）をもつ新空港が建設されることになった。88年には2本の滑走路と新国内線ターミナルが、95年には新国際線ターミナルがオープンしている。

2. 施設

　ブリスベン空港は、ブリスベン市中心部の北東13kmに位置している。モートン湾に面し、標高は4mである。2本の滑走路を有し、滑走路01/19は長さ3,560m×幅45mで、アスファルト舗装であり、ILSが設置されている。滑走路14/32は長さ1,700m×幅30m、アスファルト舗装で、ILSはない。滑走路01/19には　2本の平行誘導路及び高速脱出誘導路が併設されている。

　ターミナルは国際線ターミナル

空港位置図：同国有数のリゾート地へ需要は増加傾向で空港の拡張工事も進行中

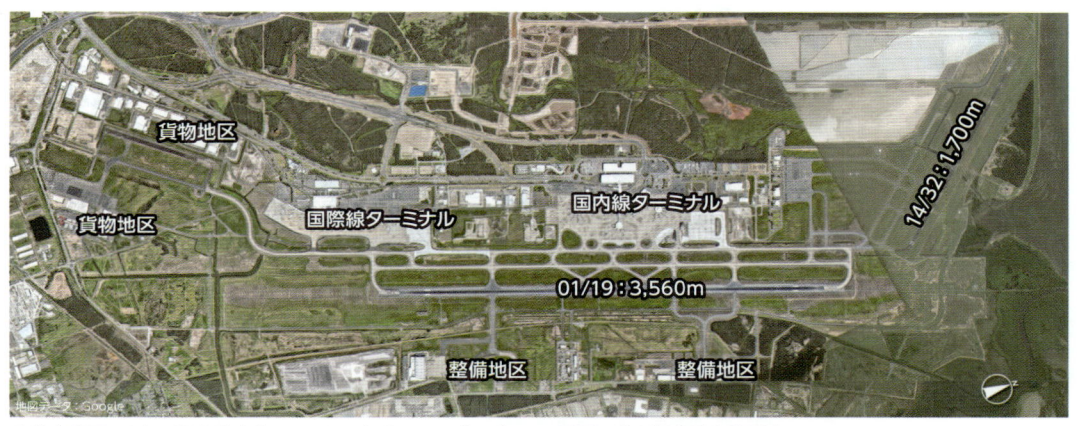

空港全体図：2本の滑走路を有し、これに加えてオープンパラレル配置の第3滑走路を建設中

と国内線ターミナルに分かれており、2kmほど離れて配置されている。国際線ターミナルは4階建ての本館の左右に、ややS字状に湾曲したフィンガーを伸ばした形状で、前面に搭乗橋を有する12の固定スポットが配置されている。国内線ターミナルは円弧を描くフロンタル形式の2階建て本館と3つのサテライトで構成される複合形式で、25の搭乗橋が設置された固定スポットが配置されている。そのほか、貨物ターミナル、ジェネラルアビエーション用施設、航空機メンテナンス用施設を有している。

3. 運用状況

　ブリスベン空港の運営者はブリスベン空港会社であり、同社の株主の80%はオーストラリア内の投資機関で、そのほかはアムステルダム・スキポール空港等が投資している。

　ブリスベン空港の2016年の離着陸回数は21.6万回であり、オーストラリアで3番目である。旅客数は国内線が1,700万人、国際線が540万人、その他を含めて、計2,300万人であった。国際線はアジア、ニュージーランド、太平洋等の29地点に週614便就航しており、国内線は50地点に週3,169便就航している。就航航空会社は国際線が24社、国内線が9社である。

4. 将来計画

　ブリスベン空港主要プロジェクトが示されている。もっとも注目すべきは新滑走路計画であり、既存滑走路（01/19）の西側に、オープンパラレル配置で、長さ3,300m×幅60mの滑走路（長さ12kmにおよぶ誘導路を併設）の建設が進められている。これは、航空機離着陸回数が35年には36万回を越えるという予測に対応するものである。建設期間は2014年から20年まで（舗装工事などは17-20年）と見込まれている。

　ターミナルについては、16年から17年に国内線ターミナルの再開発と拡張（北側にサテライト新設）、また同期間に国際線ターミナルの北方向へのコンコース延長が計画されている。

（唯野邦男）

■空港の諸元
・空港運営者：ブリスベン空港会社
・滑走路（長さ×幅）：2本
　01/19：3,560m × 45m
　14/32：1,700m × 30m

■輸送実績（2016年）
・総旅客数　　22,826,946人
　国際旅客　　5,431,027人
　国内旅客　17,258,469人
・貨物量　　　125,714トン
・離着陸回数　216,401回

ゴールド・コースト空港（オーストラリア・ゴールド・コースト）

Gold Coast Airport

YBCG / OOL

高層ホテルが林立するオーストラリア最大の観光保養地ゴールド・コーストの玄関空港

1. 沿革

ゴールド・コーストはクイーンズランド州の州都ブリスベンの約80km南方に位置するオーストラリア最大の観光保養地である。南北60kmにわたる海岸線には世界有数のサーフポイントが数多くある。

ゴールド・コースト空港の起源は、ブリスベン-シドニー間の郵便輸送航空機の緊急着陸用に1936年に作られた3本の草地滑走路であり、クーランガッタ飛行場と呼ばれていた。第二次世界大戦後、最初の旅客便が同飛行場を飛び立ち、国内の諸都市と結ばれた。58年までに滑走路と誘導路が舗装され、その後ジェット機の使用に耐えられるよう機能強化された。現在の旅客ターミナルは81年に供用を開始し、翌年、B767、A300が使用できるように主滑走路が長さ2,042mに延長

された。88年には同空港の所有権が政府から連邦空港㈱に移転されたが、98年にはクイーンズランド空港会社に引き継がれ、99年にはゴールド・コースト空港に名称変更した。その後、継続的に空港整備がすすめられ、2000年に新国際線ターミナルが供用開始、02年には旧単独航空会社用国内線ターミナルを国際線と国内線の両機能を有する共同使用ターミナルに再整備した。04年には滑走路の2,500mへの延長が計画承認され、07年に完成、あわせて平行誘導路、エプロン拡張も完成した。08年には滑走路下をトンネルで通るバイパス道路が完成し、アクセス時間が短縮された。

2. 施設

ゴールド・コースト空港はゴールド・コースト市中心部（サーファーズ・パラダイス）の南

20km、クイーンズランド州とニューサウスウェルズ州を跨ぐ位置にある。標高は6mである。滑走路は2本で、主滑走路は長さ2,492m（32着陸は約2,050m）×幅45m、方向14/32、アスファルト舗装である。小型機横風用の滑走路は長さ582m×幅18m、方向17/35、アスファルト舗装である。主滑走路には平行誘導路が設置されており、またILS（2015年設置）を有している。

ターミナルは北側端部が直角に曲がったフロンタル形式であり、ビル前面に12のノーズイン・スポットが配置されているが、ボーディングブリッジは設置されていない。そのほかに遠隔スポットがある。旅客ターミナルビルは2010年に再整備が完了して面積は2倍の2万7,000㎡となり、国際線、国内線両方の機能をもち、セルフ・チェックイン・キオスクと40の一般チェックインデスク

空港位置図：空港は海岸に面した位置に立地

ゴールド・コースト空港

Gold Coast

空港全体図：2本の滑走路を有し、17/35は小型機用。将来的には市街地と空港を結ぶ地下鉄も計画されている

を配置している。その旅客ターミナルビルから200mほど離れた位置に、LCCターミナルビル（10年供用開始）がある。

3. 運用状況

クイーンズランド空港会社が空港運営者であり、同社は完全にオーストラリア資本の民間会社であって、複数の投資会社等がその株を保有している。同社は国内の別の3空港も運営している。

1880年代から、州都ブリスベン居住の上流階級の保養地として発展したゴールド・コーストは、空港が整備された1980年代には巨大リゾート地に変貌し、今では世界中に知られるオーストラリア最大の観光・高級保養地である。これを背景として、ゴールド・コースト空港には、国内10路線及び国際10路線（アジア5都市、ニュージーランド4都市等）が就航している。2016年の年間旅客数は国際線が110万人、国内線が530万人であり、離着陸回数は3万7,000回であった。就航航空会社数は11社であり、また、1社が貨物専用機を4地点に就航させている。

4. 将来計画

空港会社は2012年に、次の20年間に向けて「空港マスタープラン2011」を作成し、連邦政府から承認された。それによると31年の空港旅客需要を1,630万人（国際線230万人、国内線1,400万人）と予測している。そのうえで、今後20年間の航空企業からの要請に対応する空港施設、インフラ施設の整備や、土地利用計画に対しガイドラインを示すものであるとしている。滑走路については、最初の5年間のうちに、現在32着陸時に長さ約2,050mに短縮運用している状態を解消し、2,492mのフル運用が可能なよう32側着陸端を南側に移設する計画が盛り込まれている（航空写真では、17年時点で実現していない模様）。また将来、地下鉄ゴールド・コースト線が空港まで延伸される場合に、旅客ターミナルに鉄道駅を含むマルチ・モーダルセンターを整備する計画となっている。

（唯野邦男）

■空港の諸元
- 空港運営者：
  クイーンズランド空港会社
- 滑走路（長さ×幅）：2本
  14/32：2,492m × 45m
  17/35： 582m × 18m

■輸送実績（2016年）
- 総旅客数　　6,451,385人
  国際旅客　　1,127,311人
  国内旅客　　5,324,062人
- 貨物量　　　　　6,646トン
- 離着陸回数　　　36,513回

#196
ケアンズ空港（オーストラリア・ケアンズ）

Cairns Airport

YBCS / CNZ

人口わずか15万ながら、世界最大の珊瑚礁グレート・バリア・リーフの観光拠点を抱える

1. 沿革

　ケアンズ空港の歴史は、この地で1人の飛行機乗りが砂丘の尾根から離陸した1928年に始まる。第二次世界大戦時にはオーストラリア空軍の基地となり、また米軍輸送機によって使用されて、43年には軍用機に適した舗装と長さをもつ滑走路が建設された。戦後の49年になると、より大型の航空機が使用できるよう、滑走路が長さ1,730mに延長された。同空港の施設は60年代に入るとさらにグレードアップされ、滑走路はジェット旅客機の使用に耐えられるよう、長さ2,020mでより強度の高いものになった。70年代には、オーストラリアの2つの国内線航空会社が同国のほとんどの州首都への定期便運航を開始し、75年にはポートモレスビーとの間の国際線が就航した。82年には再開発が始まり、84年に完成した

第1ステージでは国際線・国内線機能を有するターミナルがオープンし、第2ステージでは独立した国際線ターミナルが、関連する誘導路、エプロンとともにオープンし、滑走路は長さ3,196mに延長された。2007年に開始された国内線ターミナルの再開発が10年に完成し、ボーディングブリッジは既存の3基に加えて新たに5基が設置された。

2. 施設

　ケアンズ空港はケアンズ市中心部の北北東4kmに位置し、標高は3mである。滑走路は1本で、長さ3,150m×幅45m、方向は15/33、アスファルト舗装で、ILSが設置されている。以前は、最終進入経路がこの滑走路と交差するジェネラルアビエーション用の横風滑走路（長さ925m×幅18m、方向12/30、アスファルト舗装）

があったが、2011年に閉鎖されている。平行誘導路が設置されているが、滑走路末端部まではカバーしていない。またターミナルは、滑走路に直交する国際線ターミナルと平行する国内線ターミナルに分かれており、ともにフロンタル形式である。国際線ターミナルは10ゲートあり、6ゲートにはボーディングブリッジが設置されている。国内線ターミナルは17ゲートで、5ゲートにボーディングブリッジが設置されている。ターミナルビルは海洋リゾートの地らしく、シンプルながらも陽光にあふれた南国らしさを醸し出している。

3. 運用状況

　空港の所有・運営者は、ノース・クイーンズランド空港グループの一員であるケアンズ空港㈱である。同グループは、民間投資会社のIIF

空港位置図：ケアンズ中心部から4kmに位置

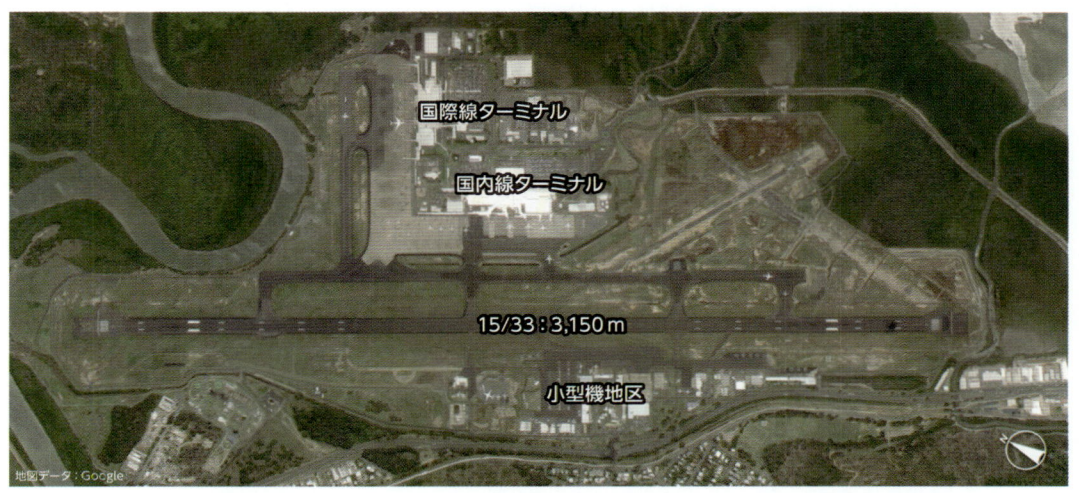

国際線ターミナル

国内線ターミナル

15/33：3,150 m

小型機地区

地図データ：Google

空港全体図：現在は滑走路が1本。オープンパラレル滑走路を含む拡張計画が進行中で、周囲にその土地を確保

が50％、同TIFが20％、不動産投資会社のペロンが5％、オークランド国際空港㈱が25％を所有する会社であり、ノースクイーンズ空港、マッカイ空港も傘下に置いている。

ケアンズは人口15万人の都市であるが、グレート・バリア・リーフなどの大きな観光資源を抱えている観光都市である。このためケアンズ空港は2016年に、420万人の国内線旅客、65万人の国際線旅客に利用されている。また同空港のオーストラリアにおける位置から、アジア・太平洋に対する同国の玄関口となっており、国際航空路線は、それらの地域の国との間で形成されており、32万人の乗継ぎ、乗越し客がいる。同空港の年間離着陸回数は10.5万回である。

4. 将来計画

2015年9月、ケアンズ空港の土地利用計画が示された。この計画は、ケアンズ空港の再開発を実施するうえでの計画フレームを提供するものである。本空港はオーストラリアにおけるアジア太平洋のゲートウェイとして成長し、地域の発展のために不可欠なインフラストラクチャーを提供し続けるという理念の下に、今後20年間に1億ドルの再開発が見込まれている。土地利用計画は、空港内及びその関連する周辺部に及んでおり、航空企業のためのサービス、貨物輸送、物流、エンジニアリング、メンテナンス、航空及び航空宇宙トレーニング施設、ヘリコプターの操作、政府や規制機関の運用と管理を含む、多様な航空活動のための長期的な持続可能性を提供するものとなっている。また、エアフィールドについて、オーストラリアの空港のための滑走路事業開発モデルとして、革新的で最先端の機能を提供するとしている。旅客ターミナル地域を挟んだオープンパラレル滑走路の新設、またそれに面する新旅客ターミナルの整備を見込んだ土地利用計画となっている。

（唯野邦男）

■空港の諸元
・空港運営者：ケアンズ空港㈱
・滑走路（長さ×幅）：1本
　15/33：3,150m × 45m

■輸送実績（2016年）
・総旅客数　　5,166,076人
　国際旅客　　　654,182人
　国内旅客　　4,200,108人
・貨物量　　　　　3,519トン
・離着陸回数　　105,440回

アデレード空港 (オーストラリア・アデレード)

Adelaide Airport

YPAD / ADL

英国王妃の名にちなんだ「貴婦人」の意味をもつ自由移民都市アデレードの空港

1. 沿革

アデレードはセントビンセント湾に面し、南オーストラリア州の州都で、人口はおよそ120万人である。19世紀の都市計画に基づいて整備された中心市街地は、公園と緑に囲まれ、芸術とフェスティバルの町として知られる。

1921年ヘンドン地区に建設された、面積24haの飛行場がアデレードで最初の飛行場である。同飛行場はシドニー空港との間の郵便輸送に使用されていた。航空需要の急激な増加に対応するため、27年にパラフィールド空港が建設された。しかし、航空需要の増加は47年までに同空港の容量を超えたため、新空港の建設が計画

された。その用地として現在のアデレード空港の地が選ばれて空港建設が行われ、54年に開港した。暫定ターミナルができるまで、格納庫の1つが旅客ターミナルとして使用された時期もあったというが、82年には国際線ターミナルが完成して国際線定期便が就航する本格的な空港となった。そして2005年、国際線と国内線の取扱機能をもつ新旅客ターミナルが供用を開始し、その後同ビルは拡張され、ボーディングブリッジも増設された。

なお、パラフィールド空港はプライベート機と空軍機が使用する空港として残された。同空港はアデレード空港の年間10万回に対し、21万回の離着陸が行われて

おり、アデレード空港の離着陸回数増加を抑制する代替空港機能を果たしている。

2. 施設

アデレード空港は市中心部の西6kmに位置しており、標高は6mである。滑走路は2本あり、主滑走路は方向05/23で、長さ3,100m×幅45m、アスファルト舗装であり、第2滑走路は方向12/30、長さ1,652m×幅45m、アスファルト舗装である。両滑走路共ILSが設置されており、また変形の平行誘導路を有している。

旅客ターミナルはリニア型フロンタル方式であり、国際線・国内線両方の機能を有している。3層

空港位置図：周囲には碁盤の目のような市街地が広がっている

Oceania

空港全体図：交差する2本の滑走路を有する。周囲には住宅街やゴルフ場

構造で、1階が到着であり、3階が出発でチェックイン及びボーディングブリッジ付きの15の固定ゲートがある。この他、ジェネラルアビエーション用のターミナルがある。

3. 運用状況

アデレード空港の所有者は連邦政府であり、運営者はアデレード空港会社である。

本空港の2016年の旅客数は800万人であり、国内線が88％（うち、地域航空が7％）、国際線が12％を占めている。航空機離着陸回数は10万回であった。国際線は、航空会社8社が8路線に、国内線は4社が10路線に、地域航空は5社が13路線に、それぞれ就航している。

4. 将来計画

「マスタープラン2014」が作成され、公表されている。計画は「14年から19年まで」と「20年から34年まで」の2つの期間に区分されており、20年間に航空旅客数は2.3倍に、離着陸回数は1.7倍になると予測している。施設開発計画の中心は旅客ターミナルであり、エプロンとそれに対応するターミナルビルの拡張、また立体駐車場拡張や空港ホテル新設が計画されている。

（唯野邦男）

■空港の諸元
・空港運営者：アデレード空港会社
・滑走路（長さ×幅）：2本
　05/23：3,100m × 45m
　12/30：1,652m × 45m

■輸送実績（2016年）
・総旅客数　　8,007,076人
　国際旅客　　924,304人
　国内旅客　7,082,647人
・貨物量　　　23,779トン
・離着陸回数　102,581回

#198
パース空港（オーストラリア・パース）

Perth Airport

YPPH / PER

オーストラリア西部の孤立都市パースの玄関。空港へのアクセス鉄道を建設中

1. 沿革

　パースはオーストラリア大陸の1/3の面積を占める西オーストラリア州の州都であり、200万人を擁するオーストラリア第4の都市である。

　1924年以降、パースの民間航空用飛行場はメイランド飛行場であったが、30年代により大きな航空機に対応するため新たな飛行場の建設が計画された。38年、新飛行場が現在のギルドフォード地区に建設されたが、完成後は第二次世界大戦の勃発により43年からオーストラリア空軍と米軍の基地として軍事使用されるなかで44年から民間航空機の運航が始まった。52年には空港の機能を充実し、パース国際空港と名称変更され、50年代末にはジェット旅客機の就航と、需要増加に対応するため空港施設の改良が続けられた。60年には従来の国際線ターミナルビルが取り壊されて、国際線と国内線が一体化した新旅客ターミナルが空港の北側に建設された。しかし71年にB747が就航すると同ターミナルの需要は容量の限界を超え、84年に空港の南東側において新旅客ターミナルと新管制塔の建設が開始されて86年にオープンした。2002年には、同空港はパース空港に名称変更している。

Oceania

空港位置図：市中心部から11km、パース川のほとりに立地

2. 施設

　パース空港はパース市中心部の東11kmに位置し、標高は20mである。滑走路は2本あり、主滑走路は長さ3,444m×幅45m、方向03/21、アスファルト舗装であり、両側に平行誘導路を有している。第2滑走路は長さ2,163m×幅45m、方向06/24、アスファルト舗装である。両滑走路共ILSを備えている。

　旅客ターミナルは、4つあり、T1は主滑走路の東側に位置し、曲線を描くフロンタル形状の国際線用ターミナルであり、5基の搭乗橋と8つのゲートを有している。2015年に、T1の西端部から伸びる国内線用ピア（搭乗橋付きの12ゲート）が建設された。T2はT1の南西側に隣接した位置にあり、フロンタルとフィンガーを組み合わせた形状で、国内線用であ

り、タラップ車などによる搭乗形式である。T3は主滑走路の西側に位置し、変形フロンタル形状で国内線用であり、5基の搭乗橋と9ゲートを有している。T4はT3の北側に隣接し、曲線を描くフロンタル形状であり、国内線用で4基の搭乗橋と9ゲートを有している。T4の北西方向にジェネラルアビエーション用のターミナルがある。滑走路を挟んで分離した位置にあるT1、T2とT3、T4の間は道のりで11kmあり、この空港の課題の1つである。

3. 運用状況

　パース空港は1997年以来、民間会社である「パース空港㈱（Perth Airport Pty. Ltd.）（旧ウエストリア空港㈱）」が連邦政府から99年間のリースを受けて運営している。空港所有者は西オース

T:ターミナル

03/21：3,444m　06/24：2,163m

小型機地区　整備地区

T3　T4

貨物地区　T2　T1

地図データ：Google

空港全体図：交差する2本の滑走路を有する。ターミナルは4棟あり、1が国際線用、2〜4が国内線用

トラリア州政府である。年間旅客数は2016年1,400万人であり、航空機離着陸回数は14万回である。国際線の運航航空会社数は18社で、ニュージーランド、東南アジア、中近東、アフリカ等の18地点へ就航している。国内線・地域航空の運航航空会社は12社で、国内の43地点に就航している。また8社のジェネラルアビエーション会社が運航を行っている。

4. 将来計画

2015年、「パース空港マスタープラン2014」が連邦政府に承認された。これは34年を最終目標とするパース空港の段階整備計画であり、パース空港の34年度旅客数は2,850万人（13年度比2.04倍）、離着陸回数は22万3,000回（13年度比1.47倍）と予測し、これを基にして、土地利用、航空系施設、非航空系施設、地上交通などの広範囲にわたる基本計画が盛り込まれている。

滑走路については、主滑走路に対してオープンパラレル配置で、長さ2,700m×幅45mの第3滑走路（03R/21L）の新設が計画されている。主滑走路と同滑走路はターミナルT1を挟む配置で、中心線間隔は約2,000mであり、新滑走路には2本の平行誘導路と高速脱出誘導路が併設される計画である。27年までに供用開始の予定であるが、将来需要の伸びによっては24年に早まる可能性もある。第2滑走路については3,000mへの延長が計画されている。

旅客ターミナルについては、国際線機能と国内線機能を1つに集約した新旅客ターミナルビルをT1の東南側に建設し、旅客ターミナル機能を2本の平行滑走路に挟まれた中央部エリアに集約する計画である。21年から24年の間の供用が企図されている。現在のアクセスは道路のみであるが、空港西側を走る鉄道を引き込む計画があり、2014年に州政府から同鉄道計画が承認され、16年に着工、20年までに完成の予定である。

（唯野邦男）

■空港の諸元―――――――
・空港運営者：パース空港㈱
　　（Perth Airport Pty. Ltd.）
・滑走路（長さ×幅）：2本
　　03/21：3,444m × 45m
　　06/24：2,163m × 45m

■輸送実績（2016年）―――
・総旅客数　　14,381,289人
　　国際旅客　 4,360,256人
　　国内旅客　10,002,838人
・貨物量　　　　143,751トン
・離着陸回数　　　135,833回

column24

ミクロネシアの空港と旧日本軍飛行場

（渡邉正己 / 岩見宣治）

　第1次世界大戦のドイツの敗戦により、1922年からかつての大日本帝国が国際連盟によって西太平洋の赤道以北の地域、すなわち北マリアナ諸島、パラオ、ミクロネシア連邦、マーシャル諸島などの委任統治を託され、島々の開拓や産業振興を行ったが、特に日本が33年国際連盟から脱退したのちは、軍属や軍相手の商人などが大挙移住し、各地で海軍停泊地としての港湾整備や飛行場の建設などが行われた。このうち多くの飛行場は、第二次世界大戦の戦前から戦中にかけて、日本軍、連合軍による建設と破壊、奪還と放棄が繰り返され、さらに戦後にはいくつかの飛行場が駐留軍の管理を経て民間空港へ移行し、今日の空港の礎となっている。

　たとえば、サイパン島のサイパン国際空港が辿ってきた道は以下のようなものである。

　現在の空港の位置は1920年代初めに日本企業がサトウキビ栽培を始めたアスリート村の農業区であった場所である。32年、アスリート村のサトウキビ畑に珊瑚礁石灰岩を敷き詰め転圧し、飛行場の形が整えられた。33年には「アスリート飛行場」となり、海上を輸送された三菱八九式艦上攻撃機がサイパン島に上陸し、初めて同飛行場から離陸した。その後、飛行場は放置され荒廃するが、日米の開戦が現実味を帯びる39年末に、飛行場は長さ1,200m、幅800mの滑走路を持つ航空基地として再整備された。41年、真珠湾攻撃により太平洋戦争が始まると、日本はそれまで米国下にあったグアム島を占拠した。他方、米国は日本本土を射程とする基地を必要とし、マリアナ諸島に目を向ける。44年3月、日米の戦火が激しくなるにつれ、日本防衛の不沈空母としてサイパン・アスリート基地の部隊の増強が図られた。小笠原、マリアナ、パラオ、トラック島を統括する中部太平洋方面艦隊司令部がサイパン島に置かれ、多くの零戦も配備された。同年6月には米軍上陸を迎え、激戦を経て基地は7月米軍の管理下となった。2,550mの滑走路2本と広大なエプロンを有する大規模な飛行場に変貌し、隣接地に第二飛行場も整備された。基地からは幾多のB29が日本本土へ向け送り出

され、45年の終戦を迎えた。飛行場は49年に閉鎖され、50年、60年代には民間航空は第二飛行場を利用していた。73年10月、新空港の整備が第一基地跡地で始まり、75年12月にサイパン国際空港として新空港が誕生した。

　このほか、ソロモン諸島国のガダルカナル島では、1942年に日本海軍が建設したルンガ飛行場を米海兵隊が奪取し、その後両国軍の激戦に発展するが、戦後は米国管理のヘンダーソン飛行場を経て、首都のホニアラ国際空港の開発整備へとつながっていく。

　また、現パプアニューギニア国のニューブリテン島ラバウルでは、オーストラリア軍の管理下にあったラバウルに日本軍が侵攻し、10万人近くの兵が駐留する一大拠点を築いたが、最終的には一切の補給路を断たれて敗戦に至った。日本軍が建設した飛行場は戦後民間航空用に利用されたが、1994年に近郊の複数の火山の噴火により、降灰被害が大きかったラバウル空港は使用不能となり、代わりに日本政府の資金援助によりトクアの地に新空港が建設された。実はこの敷地も旧日本軍が作ったトクア飛行場の跡地である。

　旧日本軍は飛行場を建設するにあたって、障害物がなく安定した地盤を持つ絶好の敷地を選定した結果、今なお飛行場に使えているともいえるが、戦争の悲惨さと住民の深い憤りを物語る遺物には違いない。

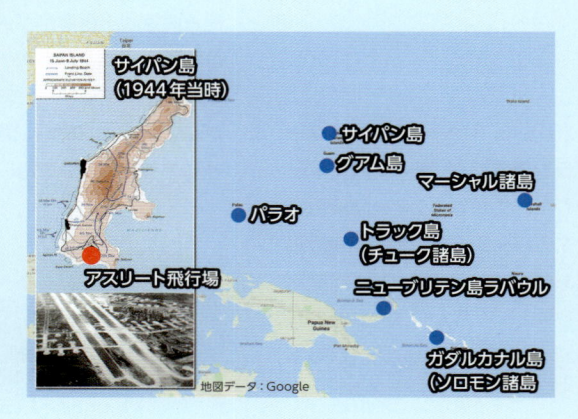

地図データ：Google

ニュージーランドの空港概観

2つの主島からなる国土に人間の10倍以上の家畜がいるという酪農・観光立国。人と物の移動に空港が重要な役割

1. ニュージーランドの概要

　ニュージーランドは、1840年英国直轄植民地となり、1907年英連邦内自治領となって、47年に独立した。同じポリネシアに位置するクック諸島、ニウエ、トケラウなどと共にニュージーランド王国を構成する立憲君主制国家であり、英連邦王国の一員である。北島・南島の2つの主要島及び多くの島々から構成されている。面積は26.9万km²（日本の71%）、人口は440万人（日本の3.5%）である。北島には首都ウェリントン、最大都市オークランドがあり、南島にはその中心都市クライストチャーチ、世界的に有名な観光地クイーンズタウンがある。主要産業は農業（特に酪農・畜産業）であり、畜産物加工業も盛んである。観光立国であり、年間250万人（うち45%がオーストラリアから）の旅行客が訪れる。

　なお、ポリネシアとニウエはニュージーランドの自治領であり、外交・防衛を同国に委ねる自由連合を構成している。

空港分布図

2. ニュージーランドの空港

　ニュージーランドは山岳部の多い地形であり、都市は長い海岸線に近接して立地しており、国土全体としての人口密度が低い。このような地理的条件から、この国では航空と道路が主要な輸送手段となっている。鉄道輸送は貨物輸送が主であり、長距離旅客サービスはクライストチャーチ-グレイマス、クライストチャーチ-ピクトン、ウェリントン-オークランドの3ルートに限定され、都市鉄道サービスはウェリントンとオークランドで運営されているだけである。

　重要な航空輸送を支える空港（飛行場）は全国に123あり、定期便が就航している空港として、国際空港（長距離国際線就航が可能）が2空港（オークランド、クライストチャーチ各国際空港）、制限国際空港（滑走路長不足からオーストラリア連邦・フィジー諸島共和国の空港との近距離国際線就航に制限）が5空港（ダニーデン、ハミルトン、パーマストンノース、クイー

ンズタウン、ウェリントンの各空港）、国内空港が30空港ある。この他のIATAまたはICAOコードを有する空港・飛行場が16空港ある。

　123空港（飛行場）のうち、舗装滑走路を有する空港が39あり、長さ3,047m（10,000ft）以上が2空港、2,438m（8,000ft）～3,046mが1空港、1,524m（5,000ft）～2,437mが12空港ある。非舗装滑走路を持つ空港が84あり、1,524m（5,000ft）～2,437mの滑走路長の空港は3空港で、他の空港の滑走路長はそれ以下である。

　ACIデータとは異なるが、各空港を2017年度の航空旅客取扱数で比較すると、オークランド国際空港が1,900万人と最も多いのに対して、クライストチャーチ国際空港の650万人、ウェリントン国際空港の600万人が同格で続く。100万人クラスはクイーンズタウン空港、ネルソン空港の2つだけであり、他はいずれも100万人未満にとどまる。

（唯野邦男）

532

オークランド国際空港 （ニュージーランド・オークランド）

Auckland International Airport

NZAA / AKL

「帆の街」とうたわれるニュージーランド最大の都市の空港

1. 沿革

オークランドはニュージーランド最大の都市で、国の人口のおよそ1/4強がオークランド都市圏に集積している。オセアニア有数の商業港湾であるオークランド港を擁する海上交通の拠点として発展し、19世紀の半ば（1841〜65）にはニュージーランドの首都であった歴史をもつ。

オークランド国際空港は、1928年に設立されたオークランド航空クラブが使用していた用地を使って建設された。その土地はマンゲレ飛行場と呼ばれていたが、同クラブが3機の所有航空機の離着陸のために酪農家から借用していたもので、航空機進入経路に電力線、建物などの障害物がなく、霧も少ないため、飛行場や訓練場

空港位置図：市中心部から20kmの地にマヌカウ港を埋め立てて建設

として最適であった。オークランド市北西部にあったフェヌアパイ空港に代わって同市の主要空港となるオークランド国際空港は、マンゲレ飛行場に隣接するマヌカウ港を埋め立てて滑走路用地が確保

された。60年から用地造成工事が開始され、66年1月に正式開港している。初飛行は、これに先立つ65年11月にシドニーに向けて飛び立ったニュージーランド航空のDC-8であった。後にジーン・

空港全体図：1本の滑走路と2つのターミナルで構成

旅客ターミナル地域：旅客数は国際線、国内線ともに800〜900万人とほぼ同数

バッテンと名付けられた新国際線ターミナルは77年に建設された。それまでは、現在は国内線に使用されているターミナルが、国際線を含むすべてのフライトに使用されていたが、国際線ターミナルは2005年に改築され、出発・到着の旅客動線分離がなされた。

2. 施設

　オークランド国際空港は、オークランド市中心部の南方20kmに位置する、ニュージーランド最大の空港である。標高は7m。滑走路は1本で、長さ3,635m×幅45m、コンクリート舗装である。指示標識は05L/23Rであり、これは同滑走路に平行に配置された誘導路（長さ3,108m×幅45m）を滑走路（05L/23R）として使用する場合があり、これとの識別のためである。平行誘導路（滑走路との中心線間隔はおおむね93m）と6本の高速脱出誘導路を有し、滑走路処理能力を高めている。

　エプロンは、合計65スポットあり、うち20が固定スポット（国際線11、国内線9）、45が遠隔スポットである。旅客ターミナルは、約500m離れた位置にある国際線と国内線の2つのターミナルから構成され、無料シャトルバスと歩道で結ばれている。ターミナルコンセプトは国際線がピア形式、国内線が変形のフロンタル形式である。国際線のチェックインカウンターはビル東端の地上階にある。

3. 運用状況

　空港を運営者しているオークランド国際空港会社は、ニュージーランドとオーストラリアの証券取引所に上場している民間企業である。

　2016年の需要を見ると、国際線旅客数が930万人、国内線旅客数が840万人の合計1,800万人であり、対前年11%の伸びを示している。また、同年の航空機離着陸回数は16.5万回であった。

　本空港の就航会社数は国際線が20社、国内線が9社である。就航地は国際線が38地点（季節運航を含む）であり、オーストラリア、オセアニアが多い。国内線は30地点に就航している。

4. 将来計画

　2014年初めに同空港の「30年間将来ビジョン」が発表された。

　計画は4つのフェーズに分かれている。フェーズ1は、今後5年以内に現在の国際線ビルの南側に国内線用の新たなピアを建設して、1つのターミナルにすべての機能を統合し、またビル周囲道路網を改良する。フェーズ2は、25年までに新たな長さ2,150mの北側滑走路の建設及びターミナル前面エリアの整備を行う。フェーズ3には、44年までの国際線・国内線両ピアの拡張が、またフェーズ4には北側新滑走路の約3,000mへの延長が含まれている。さらに将来、新たな鉄道と駅の建設によって既存鉄道ネットワークへ連結することが計画されている。

（唯野邦男）

■空港の諸元	■輸送実績（2016年）	
・空港運営者：オークランド国際空港会社	・総旅客数	17,970,488人
	国際旅客	9,290,398人
・滑走路（長さ×幅）：2本	国内旅客	8,351,420人
05R/23L：3,635m × 45m	・貨物量	225,416トン
	・離着陸回数	164,665回

#200
クライストチャーチ国際空港 <small>(ニュージーランド・クライストチャーチ)</small>

Christchurch International Airport

NZCH/CHC

英国の空気漂うクライストチャーチを母都市とする空港。南極観測拠点空港としても機能

1. 沿革

クライストチャーチはニュージーランド第2位、南島で最大の人口が集積し、南東のゲートウェイ機能を有する文化、経済の中心都市である。緑溢れる街並みから「ガーデン・シティ」と呼ばれ、街の中心に建つクライストチャーチ大聖堂が名高い。

クライストチャーチ国際空港の起源は1935年に遡り、同市ヘアウッド地区に新空港の建設が決定され、40年にヘアウッド空港として開港した。45年まではニュージーランド空軍の拠点基地として使われたが、46年頃に小規模なターミナルビル、格納庫などをも

空港位置図：市中心部から9kmに立地

つターミナル地域が形成された。50年には同国初の国際空港となり、クライストチャーチ国際空港と改称した。53年には滑走路02/20（長さ2,012m）と11/29（1,741m）が完成し、63年には02/20を2,442mに延長、さらに84年には北東側に延長し3,288m

となった。ターミナルは、75年に新たなピアの建設と国内線ターミナルの拡張（延床面積1万6,000㎡）が完成した。98年には、新国際線ターミナルビル（2万8,000㎡）が完成し、2004年には5バースの国際線専用エプロンと4基のボーディングブリッジが増設され

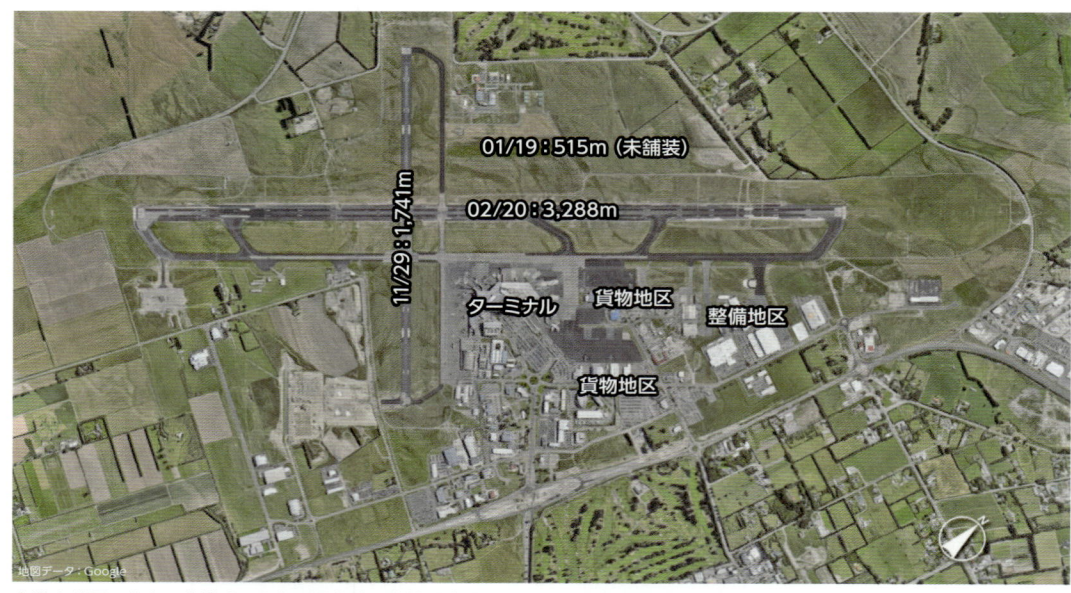

空港全体図：十字に交差する2本の滑走路と草地滑走路を有する。空港の周囲には緑が広がる

たが、ターミナルはさらに拡張され、11年には主要ウィングがオープンし、13年に機能向上工事が完成した。また、06年には5層の立体駐車場が完成している。

2. 施設

クライストチャーチ国際空港は、市中心部の西北西9kmに位置している。標高は37m。滑走路は3本で、主滑走路は02/20であり、長さ3,288m×幅45m、アスファルト舗装で、ILSを設置、第2滑走路は11/29であり、長さ1,741m×幅45m、アスファルト舗装で、ILSはない。同地域の卓越風は北東風であるが、ときおり北西方向からのフェーン風に見舞われるため、直交する2本の滑走路が設置されている。この2本の滑走路は空港名（キリスト教会）を示すかのように、十字を描いている。3本目は、主滑走路に平行な01/19で長さ515mの草地滑走路であり、ジェネラルアビエーション用である。主滑走路、第2滑走路にはそれぞれ平行誘導路が設置されており、前者には高速脱出誘導路が1本併設されている。滑走路・平行誘導路の中心線間距離はそれぞれ213m、167mである。ターミナルには合計32のスポットがあり、ビル南西ゾーンには地域航空用の12スポットがある。中央ゾーンには8スポットがあり、うち7つにボーディングブリッジが設置されている。北東ゾーンにあ

る国際線スポットは12あり、10スポットがボーディングブリッジ付きである。中央・北東ゾーン境界部の2スポットはスイングゲートで、国際線・国内線共用である。このほか、貨物機用が7スポット、南極観測用が9スポットある。旅客ターミナルビルは、国際線と国内線機能を合わせもった一体型で、フロンタル形式である。

3. 運用状況

空港の所有者はクライストチャーチ市議会で、運営者はクライストチャーチ国際空港会社であり、同社は1988年に、クライストチャーチ市議会が75%、ニュージーランド政府が25%を所有する民間会社として設立された。

同空港はニュージーランドで、オークランド国際空港に次いで需要が多い空港であり、2016年において旅客数が640万人、離着陸回数が9.7万回であった。就航航空会社は国際線が季節運航を行っている会社を含め9社あり、国内線は6社である。また、就航地は国際線が12地点（季節運航を含む）、国内線が16地点ある。また3社の貨物専用便が4地点に就航

している。

特筆すべきは、本空港が米国南極プログラムによる南極観測拠点空港になっていることであり、そのための施設が空港内にある。また空港隣接地には国際南極センターがあり、ニュージーランド・米国・イタリアの南極観測隊の活動拠点となっている。

4. 将来計画

2006年に、今後20年を超える期間の空港とその周辺地域の計画にあたっての指針を示す「クライストチャーチ国際空港マスタープラン2006年」が作成された。これは、空港会社が所有する721haの空港内用地と683haの空港外用地の土地利用計画を示すものである。同計画には、滑走路02/20の延長、滑走路11/29の機能向上と延長、誘導路網の拡充、駐機場エリアの建設、新旅客ターミナル施設の建設、構内道路と関連インフラの拡充・形成、空港の南東にある貨物専用施設の開発、商業施設の拡充などが含まれている。

（唯野邦男）

■空港の諸元
・空港運営者：
　クライストチャーチ国際空港会社
・滑走路（長さ×幅）：3本
　02/20：3,288m× 45m
　11/29：1,741m× 45m
　01/19： 515m×123m (草地滑走路)

■輸送実績（2016年）
・総旅客数　　6,439,703人
　国際旅客　　1,607,871人
　国内旅客　　4,831,832人
・貨物量　　　229 433トン
・離着陸回数　　97,265回

ウェリントン国際空港 （ニュージーランド・ウェリントン）

Wellington International Airport

NZWN / WLG

ニュージーランドの首都を母都市とする国際空港

1. 沿革

1. ウェリントンはニュージーランド北島の南端に位置し、南北両島を隔てるクック海峡に面する同国の首都である。

ウェリントンにおける空港の起源は1929年、ウェリントン市ロンゴタル地区に草地滑走路を持つロンゴタル空港が供用を開始したことに遡るが、航空機の安全な離着陸のためには草地滑走路の冬季間使用はできないという理由から47年に閉鎖された。同空港の閉鎖期間中、ウェリントンの北56kmにあるパラパラウム空港がウェリントン市の空港として使用され、49年には同国で最も旅客数の多い空港となっていた。しかし、同空港は市の中心部から遠く、また地形的に大規模空港化には適さなかったため、ロンゴタル空港のあった現在の場所に新たな空港が建設され、59年にウェリントン空港として開港した。

初期の滑走路長は長さ1,630mだったが、1970年代初頭に1,936mに延長された。初期の国内線ターミナルは、もともとデ・ハビランド航空機組立用のトタン張り格納庫を暫定的に転用したものだったが、86年にニュージーランド航空によって大幅に改修された。86年はちょうど、国内航空サービスが競争を開始した時期であった。また同年、アンセット・ニュージーランド航空は、国際線ターミナル機能拡張のため新ターミナルを建設した。91年には誘導路拡張が行われた。99年に新たなターミナル本館が完成し、77年に建設されていた国際線ターミナルと一体化した。

2. 施設

本空港はウェリントン市の中心部から南東6kmに位置し、標高は13mである。滑走路は1本で、方向は16/34、長さ2,081m×幅45m、アスファルト舗装であり、両方向にILSが設置されている。平行誘導路が設置されており、高速脱出誘導路はない。空港南東部にターミナルがあり、南ピア、南西ピア、北西ピアの3つのピアと本館から構成される1棟型のターミナルビルである。総床面積は3万2,000㎡。本館には小型機用の3つのゲートがある。南ピアには6つのゲートがあり、地域航空機とターボプロップ機用である。南西ピアは8つのゲート（う

Oceania

空港位置図：ニュージーランド北島の最南端に立地

空港全体図：滑走路は2,000m級が1本。海を埋めてて延長する計画が進行中

ち4つはボーディングブリッジ付き）があり、ニュージーランド航空などの国内線航空機が使用している。北西ピアには9つのゲート（うち8つはボーディングブリッジ付き）があり、国際線と国内線間で転用が可能なゲートである。

3. 運用状況

　空港運営者であるウェリントン国際空港会社はインフラティル社が66％を、ウェリントン市議会が34％を所有する共同事業体である。ウェリントンは首都であるため、本空港と国内各地の空港を結ぶ路線は23と、オークランド空港の30路線、クライストチャーチ空港の16路線と比べても遜色ない。一方、国際線は滑走路長が十分にないことから、オーストラリア西海岸とフィジーの計4路線

に限られており、制限のある国際空港として扱われている。2016年の取扱旅客数は600万人であり、オークランド、クライストチャーチに次いで、国内3番目である。離着陸回数は16年に9.5万回であり、国内4位である。

4. 将来計画

　2010年1月、ウェリントン国際空港会社は30年までを目標とするマスタープランを示した。滑走路については、南側の海を埋め立てての延長、及び既存用地内で

の北側への延長が将来の可能性として構想されている。これには資金面等様々な問題があるが、14年、空港会社とウェリントン市議会は共同で、滑走路延長を促進するためのウェブサイトを開設した。旅客ターミナルについては、国際線ターミナルの南西ピア、本館、北ピアの各拡張、また立体駐車場の拡張が含まれており、離着陸地域における施設整備も行う計画である。

（唯野邦男）

■空港の諸元
・空港運営者：
　　ウェリントン国際空港会社
・滑走路（長さ×幅）：1本
　　16/34：2,081m × 45m

■輸送実績（2016年）
・総旅客数　　5,964,906人
　　国際旅客　　888,427人
　　国内旅客　5,076,479人
・貨物量　　　データなし
・離着陸回数　　94,814回

クイーンズタウン空港 (ニュージーランド・クイーンズタウン)

Queenstown Airport

NZQN / ZQN

ヴィクトリア女王の気品が漂う観光地。人口3万人ほどだが、空港利用者は年間170万人

1. 沿革

　クイーンズタウンはニュージーランド南島の南部に位置する世界的に有名なリゾート地で、その美しさから「女王が住むにふさわしい町」と命名されたという。アウトドアスポーツのメッカであり、バンジージャンプ発祥の地として知られる。

　クイーンズタウン空港は1935年に草地滑走路で開港したが、最初の商業飛行が行われたのは51年に始まった遊覧飛行である。60年代に草地滑走路が延長され、定期運航が開始された。95年にはタスマン海を渡るシドニー空港との間の路線が開設され、運航が増加した。運航面の改良では、2004年にカンタス航空がクイーンズタウン空港での運航に、RNP-ARという最新運航技術を初めて導入した。それは、機上の性能監視機能と警報機能を使用した特別なRNAV進入航法で、地上からの無線援助を必要とせずに悪天候時の着陸を可能とし、運航が安定したため、それ以来、同空港への旅客は急激に増加した。11年には滑走路灯が設置され、15年6月には新国際線ターミナルが供用開始した。

2. 施設

　クイーンズタウン空港は市中心部の東方8kmに位置し、標高は357mである。滑走路は2本あり、主滑走路は長さ1,891m×幅45m、方向は05/23で、アスファルト舗装である。小型機横風用の第2滑走路は長さ890m×幅10m、方向は14/32で、アスファルト舗装である。以前、主滑走路以外に小型機用の草地滑走路が2本（05L/23R、14/32）あったが、2012年に前者を廃止し、後者を舗装した。また主滑走路に小型機専用の平行誘導路（幅8m）を設置し、同滑走路の運用効率を高めている。本空港は従来、夜間の離着陸ができず、冬期間の運航時間はおおむね8時間に制約されていた。これを夜間の離着陸を可能とし、6時から22時までの16時間運航に切り替える取り組みが行われ、16年冬期から実施された。これにより、離着陸ピーク時間帯の平準化、1日当たりの滑走路容量の増加が行われ、エプロン、ビルなどのターミナル施設などを拡張することなく旅客取扱容量を増やすことを可能にした。15年末に主滑走路を従来の幅30mから45mに拡幅し、滑走路全体のオーバーレイも行われた。また滑走路、

ワカティブ湖

クイーンズタウン空港

クイーンズタウン市街

空港位置図：周囲の山々とワカティブ湖の風景が美しいロケーションに立地

地図データ：Google

Oceania

空港全体図：十字に交差する2本の滑走路を有する。第2滑走路は小型機が使用

誘導路、エプロンの各灯火及び進入灯が設置された。（PAPIはすでに設置されていた。）これらは離着陸地域の安全性と効率の向上にも繋がった。

　ターミナルは、国内・国際一体型のビルで、曲線を描いたフロンタル形式である。9ゲートあるが、ボーディングブリッジは設置されていない。

であり、06年の2.8倍と急激な増加を見せている。16年の航空機離着陸回数は1万4,000回である。使用されている航空機は国内線ではA320などであり、国際線はA320、B737-800である。スキー客の多い冬期間の運航が多く、ピーク月にはオーストラリア東海岸から週に59往復の直行便がある。

置されていない。また、従来の滑走路両端の内側約60mの位置に滑走路末端標識を設置することにより、離陸滑走路長は従来の滑走路長1,891mを維持しながら、着陸滑走路長を短縮してオーバーラン（滑走路本体と同強度）を新設している。

（唯野邦男）

3. 運用状況

　空港運営者はクイーンズタウン空港㈱であり、1988年に設立され、クイーンズタウン湖地区協議会が75％、オークランド国際空港㈱が25％を所有している。

　クイーンズタウンは人口3万人弱であるが、世界的に有名な観光・保養地である。このため需要が多く、国内9地点とオーストラリア4地点を結ぶ路線がある。2016年の旅客数は180万人と国内4位

4. 滑走路改修上の処置

　前述のように、滑走路の改修が行われたが、建設コスト縮減の処置が取られている。幅は45mに拡幅されたが、舗装した路肩は設

■空港の諸元		■輸送実績（2016年）	
・空港運営者：		・総旅客数	1,779,868人
クイーンズタウン空港㈱		国際旅客	508,902人
・滑走路（長さ×幅）：2本		国内旅客	1,270,966人
05/23：1,891m × 45m		・貨物量	データなし
14/32：　890m × 10m		・離着陸回数	13,972回

サイパン国際空港 （北マリアナ諸島・サイパン）

Saipan International Airport

PGSN / SPN

透明な海に囲まれた観光島サイパンの玄関口。深夜・早朝便が多く、24時間運用

1. 大戦と空港の沿革

サイパン島は、テニアン島、ロタ島などの14の島々からなる北マリアナ諸島自治連邦区の1つであり、アメリカの自治領に属する。空港はサイパンの首都ススペから6km、繁華街のガラパンからも10kmと近い。

本空港の位置は1920年代初めに日本企業がサトウキビ栽培を始めたアスリート村の農業区であった場所である。32年、アスリート村のサトウキビ畑に珊瑚礁石灰岩を敷き詰め転圧し33年には「アスリート飛行場」が整備され、39年末に、飛行場は長さ1,200m、幅800mの滑走路を持つ航空基地として再整備された。44年7月には米軍との激戦を経て基地は7月米軍の管理下となり、隣接地に第2飛行場も整備された。戦後50年、60年代には民間航空は第2飛行場を利用していたが、73年10月、新空港の整備が第1飛行場跡地で

空港位置図：サイパン島の南端に位置

始まり、75年12月にサイパン国際空港として新空港が誕生した。

2. 計画と施設

北東から南西（7/25）に延びる長さ2,652m×幅61mの滑走路を中心に両側の用地に施設が展開する。主要施設は市街地に近い北西側に配置されている。24時間運用の空港であり、夜間の発着が多い。滑走路の維持工事時、緊急時においても空港の運用を継続するため、平行誘導路に2,134m×30mの滑走路機能（6/24）を付加している。かつて航空基地に

用いられていたことから、空港の用地は不整形で、この地形に沿うように各施設が配置されている。平行誘導路は滑走路から229mの位置に配置されており、エプロンにはそれとは別にエプロン内誘導路が設けられている。エプロンは空港の北西部に「くの字」に展開する。国際線を中心とする大型機用の6つのスポットが西端にあり、これに接し、サイパン島に隣接するテニアン島、ロタ島などへ向かう小型機エプロンが北側へ広がる。管制塔は滑走路北側の用地中央付近に設置されている。これに隣接し航空機事故の際に出動する消火

空港全体図：平行誘導路は緊急時等に滑走路（6/24）として利用される

Oceania

photo / Saipan International Airport

旅客ターミナル：屋根が特徴的な複数棟からなる国際線ターミナル
と平屋建ての離島便ターミナル（左手奥）

救難基地がある。

　旅客ターミナルビルは2か所に分散して設けられている。主要ターミナルビルは空港西端部に位置している。複雑な形状をしているのはチェックインを行う建物と搭乗待合の建物が別棟であり、また数度にわたり増築を行っているためである。小型機による離島便用の小規模ターミナルビルは東側に隣接している。駐車場は400台ほどの平面駐車場である。

3. 運用状況

　空港の管理・運営者は1981年、それまでのマリアナ諸島空港局（Mariana Islands Airport Authority）から北マリアナ諸島のすべての空港と港湾を管理運用するために設立された連邦港湾局（Commonwealth Ports Authority）に移り、今日に至っている。空港整備や運航等の諸規制は米国FAA（Federal Aviation Administration）の基準に則り実施され、保安検査についても米国のTSA（Transportation Security Administration）が実施している。2018年5月時点では、定期便は、ソウル、広州、香港、上海、パラオ、グアム・ロタ島等に就航している。その他、成田、中部、関西、ハバ

ロフスク、ウラジオストク、台北、天津、北京などに季節運航便やチャーター便が就航している。

　1日30便ほどの定期便のうち、40％ほどが深夜から早朝の発着となっている。就航先と大きな時差があるわけではなく飛行時間も短いにもかかわらず深夜便が多いのは、本来相手国において夜間駐機する機材を活用しているためである。かつては就航機材としてB747、B777等の大型機が見られることが特徴的であったが、近年はLCCによる小型機の就航が中心となっている。JALもB747を成田路線に投入していたが、2005年に路線が廃止され、その後も日本からの直行便を運航継続していたデルタ航空が2018年5月をもって路線を廃止したことにより、定期便としての日本路線は消滅した。ターミナルが最も混雑するのは深夜3時〜4時、午後3〜4時の時間帯であり、便の集中とTSAによる厳密な保安検査によりターミナルビルから出発旅客があふれている。

　2013年の運用実績は国際線旅客99万人、国内線旅客14万人の計113万人、発着回数は3.5万回である。貨物は1,500トンとわずかである。かつては、わが国でも海洋レジャー・リゾートとしての人気が高く、日本人の占める割合が最も多かったが、JALの路線が中止されて以降、中国、韓国からの旅客の増加とあいまって、日本人旅客の割合が急減している。

4. 将来計画

　空港当局の計画では、滑走路の延伸、ターミナルビルの拡張および貨物ターミナルエリアの設置が予定されている。現在のターミナルビルの半分ほどは1970年代の建設であり、老朽化が進み、サービスレベルもその時代のものであり、さらに時代とともに厳密化する保安検査についても対応しきれていない。豊富な観光資源を持ち、東アジアからのアクセスが容易なサイパン島は今後とも安定した需要が見込まれると考えられることから、観光旅客を快適に迎え、深夜早朝の利用の際にも十分な配慮を払うことのできるターミナルビルへの変貌が望まれる。

（渡邉正己）

■空港の諸元
・空港運営者：連邦港湾局
　　（Commonwealth Ports Authority）
・滑走路（長さ×幅）：1本
　　07/25：2,652m × 61m
　　06/24：2,134m × 30m（ただし、
　　平行誘導路を補助的に滑走路として使用）

■輸送実績（2016年）
ACIデータなし

アントニオ・B・ウオン・パット国際空港 （米領グアム・グアム）

Antonio B. Won Pat International Airport　　　**PGUM / GUM, FAA：GUM**

米軍用地が3分の1を占めるグアムの空港。同地から初めて米国下院議員になった人物名を冠する

1. グアムの空港

　グアム島は、マリアナ諸島最大の島でその南端に位置し、アメリカ合衆国の準州（一定の自治を所有し、米国憲法が完全には適用されていない未編入領域）である。面積は549㎢（淡路島より少し小さい）、人口は約16万人である。行政府はハガニアに置かれ、最大都市はタムニン（タモン）である。島の面積の1/3を米軍用地が占めている。年間100万人以上の観光客が訪れる観光業が産業の大部分を占め、島民の6割が観光業に従事している。わが国から比較的近い海外海洋リゾートとして人気を博しており、空港や市内では日本語表示の看板・インフォメーションが目につく。このほか、米軍基地関連産業、米国政府補助金、農業、漁業が主な経済基盤である。

　16世紀におけるスペインによる植民地化、1898年の米西戦争

空港位置図：アンダーセン空軍基地は米国軍の重要拠点

による米国植民地化、太平洋戦争中の日本軍の占拠と米軍による奪還が、グアムの現在の姿の由来である。グアムは大戦中、日本本土爆撃の拠点であったが、戦後も米軍の太平洋戦略上重要な基地の1つになっている。

　グアム観光の空の拠点がアントニオ・B・ウオン・パット国際空港（グアム国際空港）であるのに対し、米空軍の戦略上の拠点

が島の北部にあるアンダーセン空軍基地である。同基地には2本の平行滑走路（長さ3,218m×幅3,409m）を有する飛行場があり、滑走路の方向はグアム国際空港と同じ6/24である。

2. 沿革

　戦前、パンアメリカン航空がハワイ経由で、サンフランシスコ―

空港全体図：クロースパラレル配置された2本の滑走路を有する

グアム間に飛行艇による路線を開設していた。グアム国際空港の前身は、太平洋戦争中の1943年、グアム島を占拠していた日本軍により軍事飛行場として建設された。その後、同島を奪還した米軍は、同飛行場をアメリカ陸軍航空軍（アメリカ空軍の前身）のアガナ飛行場として使用し、49年に海軍へ移管した。同空港はアンダーセン空軍基地への軍機能全面移転の95年まで、米国の軍事基地として使用されていたが、その後は完全な民間空港として使用されている。64年より同空港における民間航空が開始され、パンアメリカン航空、コンチネンタル航空、ノースウエスト航空が就航し、70年にはJALが東京国際空港との間に定期便を就航させた。最初の本格的旅客ターミナルビルは82年に建設され、98年には、国際線旅客の増加に対応して、現在の旅客ターミナルビルが建設されている。

3. 施設

グアム国際空港は最大都市タモンの南側に隣接する位置にあり、標高は91mである。2本の平行滑走路を有し、ターミナルに近い方の滑走路6L/24Rは長さ3,662m×幅46m、滑走路6R/24Lは長さ3,052m×幅46mで、ともにアスファルトとコンクリート舗装である。両滑走路の中心線間隔は204mとクロースパラレル配置

である。1本の平行誘導路があり、滑走路との中心線間隔は117mである。2本の高速脱出誘導路が設置されている。

旅客ターミナルはフロンタル形式で、21の駐機スポットと17の共用ゲートを備えている。ビルの延床面積は5万1,000㎡で、国際線と国内線に対応している。なだらかな斜面に建設された同ビルは3層からなり、エプロン側地下階（道路側1階）に到着施設が、その上の2層に出発施設（チェックインカウンターは中階、出発ゲートは最上階）がある。構内道路はダブルデッキで、ビルの1階、2階に対応している。駐車場台数は710台である。旧ターミナルビルはコンチネンタル・ミクロネシア用ターミナルとして使用されている。貨物ターミナルも設置されている。

4. 運用状況

A.B.ウオン・パット・グアム国際空港局はグアム政府の機関であり、1995年から同空港の運営を行っている。グアム空港の2016年の離着陸回数は5万9,000回、旅客数は340万人で、貨物量は2万トンである。就航航空会社は旅

客便が13社であり、韓国系、米国系が多い。相手先空港は、日本が成田、関西等6空港と多く、パラオ、サイパン、ロタを含め、ミクロネシア諸国の7空港に就航している。米国本土への直行便はなく、ハワイ経由である。最も路線数の多いのはユナイテッド航空であり、17の空港に就航している。貨物便は米国の航空会社2社が、4つの空港に就航している。

5. 将来計画

A.B.ウオン・パット・グアム国際空港局は、空港境界、主要ターミナル、隣接工業団地、エアフィールド、南側駐機場に関するプロジェクトを示している。総額5億ドルの投資を計画し、2008年以来すでに1億5,000万ドルを超える投資を行ってきたとしている。

(唯野邦男)

■空港の諸元		■輸送実績（2016年）	
・空港運営者：		・総旅客数	3,354,180人
A.B.ウオン・パット・グアム国際空港局		国際旅客	3,284,025人
・滑走路（長さ×幅）：2本		国内旅客	70,155人
6L/24R：3,662m×46m		・貨物量	20,108トン
6R/24L：3,052m×46m		・離着陸回数	59,424回

ロマン・トメトゥチェル国際空港 (パラオ・コロール)

Roman Tmetuchl International Airport

PTRO / ROR

世界的なダイビングスポットが魅了するリゾート地パラオの玄関口

1. パラオの空港

ロマン・トメトゥチェル国際空港は、パラオの旧首都コロール（2006年にマルキョウへ遷都）を母都市とする空港である。パラオの正式名称はパラオ共和国で、太平洋上ミクロネシア地域に点在する大小200の島々（有人島は10以下）からなる国である。

かつてスペインの植民地であったパラオは1899年にドイツに売却され、同国の植民地となった。第一次世界大戦において日本海軍がドイツ軍を破ってパラオを占領し、1918年の終戦後に日本の委任統治領となったが、第二次世界大戦の終結（45年）により今度は米国の信託統治領となり、94年に独立した。

パラオ共和国は人口2万人、国土面積458㎢（種子島とほぼ同じ

空港位置図：コロール中心部から5㎞に立地

大きさ）の小国であり、経済的自立を図るため、観光資源と水産資源を主要収入源とし、それらの開発に力を入れている。同国は世界有数の海洋観光資源に恵まれており、海外からの観光客の増加が期待できる環境にある。産業及び生活を航空輸送に依存している同国にとって、ロマン・トメトゥチェル国際空港は大変重要な役割を果たしている。

同国には、当空港のほかにグラベル滑走路（砂利敷き）を有するアンガウル飛行場とペリリュー飛行場があり、両飛行場間及び本空港との間に民間航空定期便が就航している。

2. 沿革

本空港の旧旅客ターミナルは一種の民間委託契約により建設さ

空港全体図：滑走路は2,000mクラスが1本。豊富な観光資源を活用するため、空港の整備が着々と進行中

Oceania

新ターミナル完成予想図：JICAや日本の企業が全面的に関わっている

資料提供：双日㈱

れた2階建ての建物であるが、大きなひび割れやコンクリートの剥離が発生するなど大変危険な状態にあった。このため、パラオ政府は「パラオ国際空港ターミナルビル改善計画」を作成し、日本政府に援助を要請した。これを受け、日本政府は無償援助することを決定し、既存のターミナルビルを取り壊し、その跡地及び周辺に、旅客ターミナルビル新設、エプロン拡張、搭乗橋設置、駐車場新設等を行うプロジェクトを実施し、2003年に供用開始した。また、FAA（米連邦航空局）などによる援助で、搭乗橋の増設、滑走路オーバーレイ、消火救難施設整備が実施されてきている。

本空港は2006年、同国の政治家であり実業家でもあったロマン・トメトゥチェルの名を冠して、パラオ国際空港から現在の名称に変更された。

空港が位置するバベルダオブ島と同国の最大都市コロールがあるコロール島は、日本の政府開発援助（ODA）によって建設された「日本・パラオ友好の橋」で結ばれており、空港アクセスの役割も担っている。わが国のODAによって整備された2つの重要なインフラが同国の発展の礎を築いていることは感慨深い。

3. 施設

ロマン・トメトゥチェル国際空港はコロール中心部の東北東5kmに位置し、標高は54mである。滑走路は1本で、長さ2,195m×幅46m、方向09／27で、アスファルト舗装である。ILSは設置されていない。誘導路は滑走路と旅客ターミナルとを連絡する取付誘導路があるのみである。

旅客ターミナルは滑走路の南西端付近にあり、旅客ビルは1棟で、フロンタル形式である。1層半方式の建物で延床面積3,900㎡である。搭乗橋を有する3つの固定スポットと1つの遠隔スポットがある。

4. 運用状況

本空港の運営者はパラオ政府である。

2014年の利用状況は、航空旅客数が31万人、貨物輸送量が629トンである。新ターミナルの供用開始後、外国人、パラオ人ともに需要が増え、また産業面では

日本向けのマグロの輸出が増加している。

同空港からは、チャーター運航を含め、10の航空会社が11の空港に就航している。

5. 将来計画

今後予想される需要の増大に対応するため、JICAによる「民間提案型のPPPインフラ事業」の枠組みでターミナルの整備・運営が移管されることとなっている。総合商社双日と日本空港ビルデング㈱両社は、2017年8月、PPPのスキームに沿って、パラオ政府と共同で空港運営事業会社「パラオ・インターナショナル・エアポート」を設立し、パラオ政府との間で空港の今後20年間の事業権譲渡契約を締結した。同運営会社は、今後既存ターミナルの改修・拡張事業を実施するともに、運営及び維持管理を行う。総事業費は約35億円が予定されており、今後、パラオ政府からの現物出資・事業移管を経て、18年前半に同事業会社が空港運営及び改修・拡張工事を開始する予定という。

（唯野邦男）

■空港の諸元
・空港運営者：パラオ政府・（パラオ・インターナショナル・エアポートへ移管予定）
・滑走路（長さ×幅）：1本
　09/27：2,195m × 46m

■輸送実績（2016年）
ACIデータなし

ジャクソン国際空港 (パプアニューギニア・ポートモレスビー)

Jacksons International Airport

AYPY / POM

3,000m級の高地と1万近くの島々からなる島嶼国。そこに点在する町々を結ぶ航空網の拠点

1. パプアニューギニアの空港

パプアニューギニアは、ニューギニア島の東半分及びその周辺にある1万近くの大小の島々からなる国であり、正式名称はパプアニューギニア独立国である。首都やその他の主要都市が位置するニューギニア島の中央は3～4,000mの山脈が連なり、国土は分断されて、山岳部以外は深い熱帯雨林に覆われている。

ニューギニア島の西半分はインドネシアのイリアンジャヤ州である。これは19世紀植民地主義時代に同島を東西に分割し、西半分をオランダが、東半分をドイツ（北部）と英国（南部）が領有したことに由来する。東半分はオーストラリアの委任統治を経て独立し、西半分はインドネシアに併合された。

ニューギニア島の地形条件から

パプアニューギニアの主要空港分布：国土が山がちなため、航空網が発達

道路交通網は遮断されており、また数多くの島嶼を有することから、国内航空輸送網が人と物資の輸送に大変重要な役割を担っている。また国際線は、旧宗主国であり政治経済上の結びつきの強いオーストラリアとの航空路が発達している。同国には、首都ポートモレスビーにあるジャクソン国際空港を初め、ICAOコードを有する空港が27空港あり、うち22空港はNAC（国営空港会社）が、残り5

空港は地方政府又は企業が管理している。この他に未舗装滑走路の簡易飛行場を含めて300以上の飛行場があるといわれている。

なお、同国第2の都市であるレイ市のナザブ空港拡張整備の円借款契約（JICA事業）が2015年10月に締結されている。

2. 沿革

太平洋戦争中、この地における

空港全体図：クロースパラレル配置された2本の滑走路を有する

Oceania

飛行場の戦略的重要性が認識され、オーストラリア空軍によって最初の飛行場が建設されて、1940年に供用を開始した。滑走路はその後拡張され、さらにアメリカ空軍によって2本目の滑走路が増設された。これらの滑走路は穿孔鋼板（マースデンマット）を敷き詰めて建設されていた。戦後、53年に旅客ターミナルビルが、また63年にはエプロンと平行誘導路が完成した。

その後同空港は、当時の海外経済協力基金（現JICA）の有償資金協力（88年に円借款契約）による拡張整備等が行われている。

3. 施設

ジャクソン国際空港は、首都ポートモレスビーの西方8kmに位置している。同空港はパプアニューギニアで最も旅客数の多い空港であり、ニューギニア航空、PNG航空の拠点空港となっている。標高は38m、滑走路は2本で、滑走路14L/32Rは長さ2,750m×幅45m、アスファルト舗装で、ILSを設置している。14R/32Lは長さ2,072m×幅45m、アスファルト舗装で、ILSはない。平行誘導路があるが、32R端部には取り付いておらず、ターニングパッドが設置されている。

同空港には国際線ターミナルと国内線ターミナルがあり、屋根付きの歩道で結ばれている。国際線ターミナルは、エプロン面積3.5万㎡で、大型ジェット用2、中型ジェット用2のスポットがあり、フロンタル形式で、3基の搭乗橋を備えている。旅客ターミナルビル床面積は約1万㎡、駐車場台数は397台である。国内線は地上階フィンガーを有する形式で、エプロン面積3.8万㎡、中型ジェット用5、小型ジェット機用2、プロペラ機用3のスポットがあり、またフォッカー機用を備えている。旅客ターミナル床面積は7.3万㎡、駐車台数は274台である。

なお、管制塔は、円借款により1997年に新設されている。

4. 運用状況

運営者は国営空港会社（National Airports Corporation：NAC）で、同社は2000年に航空局の空港運営部門を独立させた機関であり、国内の22空港を運営している。本空港の国際線旅客数は06年の28万人が6年後の12年には48万人と1.7倍に、国内線は68万人が135万人と2.0倍に増加し、旺盛な航空需要増加が見られた。統計データが異なるため正確ではないが、16年の実績（国際線45万人、国内線113万人）と比較すると、最近はその伸びに停滞が見られる模様である。同国の航空会社はニューギニア航空とPNG航空の2社がある。前者は本空港からアジアとオセアニアの11空港と国内23空港に、後者は国内25空港に就航している。また、フィリピン航空（マニラ）、カンタス航空（ケアンズ）、ヴァージン・オーストラリア（ブリスベン）の各外国航空会社が就航している。

5. 将来計画

2010年に、オーストラリア開発庁の資金を用いて本空港マスタープランの作成が行われている。これに基づく短期（2015年目標）、中期（20年）計画の整備として国内線エプロン拡張などの事業（2009～13年、ADB資金）、国内線旅客ターミナルビル拡張事業（2014年、パプアニューギニア政府資金）、国際線旅客ターミナルビル拡張計画（BOT）、国際線エプロン拡張計画（パプアニューギニア政府資金）、滑走路延長計画、セキュリティ改良計画等が進められ、さらに長期計画（30年目標）も作成されている。

（唯野邦男）

■空港の諸元
・空港運営者：国営空港会社
　　（National Airports Corporation:NAC）
・滑走路（長さ×幅）：2本
　　14L/32R：2,750m × 45m
　　14R/32L：2,072m × 45m

■輸送実績（2016年）
・総旅客数　　1,583,908人
　国際旅客　　450,870人
　国内旅客　1,133,038人
・貨物量　　　ACIデータなし
・離着陸回数　ACIデータなし

#207
ヌメア・ラ・トントゥータ国際空港 <small>(ニューカレドニア・ヌメア)</small>

Nouméa La Tontouta International Airport　　　　**NWWW/NOU**

太平洋上に浮かぶ「天国に一番近い島」。フランス本土のみならず日本からも多数の観光客

1. ニューカレドニアの空港

　ヌメア・ラ・トントゥータ国際空港はニューカレドニアの首都ヌメアの空港である。ニューカレドニアはニューカレドニア本島とロイヤルティ諸島などからなるフランスの海外領土で、面積は1万8,500㎢（日本の約5%）、人口は27.5万人である。1774年に英国の探検家ジェームズ・クックによってこの島が「発見」され、1853年にナポレオン3世が派遣した提督によって、フランスの植民地とされた。戦後の独立闘争を経て、1998年に「ヌメア協定」が締結され、ニューカレドニア市民権の導入、独自の「国旗」の制定、これに沿って、2018年11月に住民投票が行われる。最も大きなニューカレドニア島は長さ350km、幅50〜70kmで、長

空港位置図：ヌメア中心部から52kmに立地

く高い山脈が中央部に伸びている。ニッケルを生産する鉱業の島であり、またその珊瑚礁が世界遺産に登録されているリゾート地でもある。ニューカレドニアには唯一の国際空港であるヌメア・ラ・トン

トゥータ国際空港を含め18の空港がある。

　ニューカレドニアは、1966年に出版された森村桂の旅行記「天国にいちばん近い島」で一躍日本人に知られるようになった。また、

空港全体図：平行誘導路のない滑走路が1本

Oceania

549

同書を原作に1984年に公開された同名の映画作品（監督：大林宣彦）もヒットし、より幅広い世代に「天国にいちばん近い島」ニューカレドニアが浸透した。このような背景もあって日本からの観光客が多く、エア・カレドニア・インターナショナル（エアカラン）の直行便が成田（週5便）、関空（週2便）から就航している（2017年夏ダイヤ）。

エアカランA330：ハイビスカスの塗装が鮮やか（関西国際空港にて）　photo/柴崎庄司

2. 沿革

　第二次世界大戦においてニューカレドニアはフランスの側につき、太平洋戦線での米軍の軍事拠点の1つとなった。米軍はここに軍用飛行場を整備し、1942年から43年にかけて、陸軍・海兵隊の軍用機（ベルP39エアコブラやグラマンF4Fワイルドキャットなどの戦闘機、ダグラスC47スカイトレイン等の輸送機）の基地として使用した。戦後民間空港に移管され、68年以来ヌメアの国際空港として運営されている。2008年には、旅客ターミナル主要施設の拡張が行われ、これにより機能面やサービス面でも、国際的な水準を満たすものとなっている。

3. 施設

　本空港はヌメアの北西52kmのパイタ市ラ・トントゥータ地区に位置し、標高は16mである。滑走路は1本で、方向11/29、長さ

3,250m×幅45mで、アスファルト舗装である。平行誘導路はなく、滑走路両端にターニングパッドが設置されており、2本の取付誘導路でエプロンと結ばれている。29進入用のILSが設置されている。旅客ターミナルはフロンタル形式で、エプロンはL字型に配置された2面があり、1面には搭乗橋付きの2スポットが、他の1面には歩行搭乗のスポットが複数ある。旅客ターミナルの年間取扱能力は200万人であり、13のチェックインカウンターと5つのゲートがある。駐車場は短期駐車場が220台、長期駐車場が120台の収容能力である。

4. 運用状況

　本空港の運営はニューカレドニア商工会議所が行っている。2016年の旅客数は52万人であった。4つの航空会社によって11の空港に就航し、貨物専用機は1社により1空港に就航している。

（唯野邦男）

■空港の諸元
・空港運営者：ニューカレドニア商工会議所
・滑走路（長さ×幅）：1本
　11/29：3,250m × 45m

■輸送実績（2016年）
・総旅客数　　515,166人
　　　　　　（国際線のみ）
・貨物量　　　5,301トン
・離着陸回数　6,394回

ファレオロ国際空港（サモア・アピア）

Faleolo International Airport

NSFA / APW

東経171度を境として西側に位置する独立国サモアにある首都空港。東側には米領サモア

1. サモアの空港

サモア諸島は、南太平洋上に位置する島々であり、ポリネシア地域に属する。13の有人島とその他の無人島から構成されている。これらの諸島は、西経171度線を境界として、西側の「サモア独立国」と東側の「米国領サモア」に分かれている。これは、1899年の米英独3国間協定によって、西側をドイツが、東側を米国が領有したことに由来する。

サモア独立国は、サバイィ島、ウポル島を主島とし、総面積2,830㎢、人口19.7万人、首都はウポル島のアピアである。主たる産業は農林及び観光業である。両島間は、フェリー航路及び航空路で結ばれている。

空港は2つの主島に5空港あり、ファレオロ国際空港がその中心となっている。両島間の航空路を構成しているのはサモアエアーであり、ファレオロ国際空港とマタオ空港間に、毎日5便就航している。同路線には、旅客の単位体重あたりの料金システム1.34サモアドル（日本円で約60円）／Kgが採用されている。

なお、アメリカ領サモアは、トゥトゥイラ島を主島とし、総面積199㎢、人口5.5万人、首都はパゴパゴである。首都に所在するパゴパゴ国際空港には、ハワイ、ニュージーランドとの間のほか、領内他島との間に空路が設定されている。

2. 沿革

ファレオロ国際空港は、太平洋戦争中の1942年に、米海軍建設工兵隊によって現在の地に建設され、当時はファレオロ飛行場と呼ばれた。米海兵隊は、予想される日本の侵攻からウポル島・サバイィ島などを守るため、滑走路完成後タフナ飛行場から移動した。初期の滑走路は長さ1,219m×幅61mであったが、43年に1,829m×107mに拡張され、誘導路と戦闘機用駐機場、管理建物、格納庫が整備された。

戦後民間空港として使用を開始した同空港において、85〜86年日本政府による無償資金協力（11億円）により、新旅客ターミナルの建設が行われ、87年には同資金援助により、サモアで初めてILSが設置された。滑走路延長は、85年に2,700m化、2000年に3,000m化が行われ、同年には駐車場と旅客ターミナルビルの増強なども行われている。

3. 施設

ファレオロ国際空港は首都アピアの西40kmに位置し、標高は18m、主に島の北岸沿いの道路でアクセスする。空港面積は151ha

空港全体図：海岸線に面して平行誘導路のない3,000mの滑走路が伸びる

空港位置図：首都アピア中心部から40kmに位置

であり、滑走路は1本で東西方向（08/26）を向き、長さ3,000m×幅45m、アスファルト舗装である。ILSは08方向で、平行誘導路はなく、東端部付近のエプロンと滑走路間の2本の取付誘導路と滑走路西端のターニングパットがある。エプロンは自走式で3スポットが配置されている。旅客ターミナルビルは平屋一部2階建てで、国際線と国内線の旅客取扱機能を備えているがボーディングブリッジはなく、乗降はステップ車などによって行っている。

　ファレオロ管制塔は、サモア独立国、アメリカ領サモア及びトンガの空域を管轄し、オークランドにある太平洋管制所の管理下にある。

4. 運用状況

　空港運営者は、1986年に設立された国営企業のサモア空港局（Samoa Airport Authority）である。ファレオロ国際空港の旅客数は、おおむね年間30万人で推移しており、2016年は33万人であった。国内線は、サモアのもう1つの主島であるサバイイ島にある3つの空港と結ぶ定期便がある。国際線は、オーストラリア、ニュージーランド、ハワイ、米国領サモア、上海、フィジー、トンガとの間の定期便が就航している。

5. 最新状況

　ファレオロ国際空港では、中国政府の資金援助を得て、上海の建設会社による新旅客ターミナルビル建設が進められている。着工は2015年7月であり、そのうちのフェーズ1事業が16年11月に完成した。引続きフェーズ2、3が、17年9月までの完成を目標に、同年1月に着工された。この開発の予算は5,500万ドルである。新旅客ターミナルビルは1.5層方式で、延べ床面積は1万2,600㎡である。B777とA340が設計対象航空機であり、3基のボーディングブリッジが備えられる。

（唯野邦男）

■空港の諸元	■輸送実績（2016年）	
・空港運営者：サモア空港局（Samoa Airport Authority）	・総旅客数	325,510人
	国際旅客	320,970人
・滑走路（長さ×幅）：1本 08/26：3,000m × 45m	国内旅客	3人
	・貨物量	12,335トン
	・離着陸回数	4,681回

ファアア国際空港（タヒチ・パペーテ）

Faa'a International Airport

NTAA / PPT

画家ゴーギャンが愛した南太平洋有数のリゾート島に位置する、ポリネシアの中心空港

1. タヒチの空港

タヒチ島は、フランス領ポリネシアの中心島であり、ソシエテ諸島に属する。大小2つの島が地峡で繋がるひょうたん型をしている。面積は1,048㎢、最高標高は2,241mである。同島北西端に、フランス領ポリネシアの行政中心地で、最大都市でもあるパペーテがある。

フランス領ポリネシアは、フランスの海外準県であり、250万㎢の海域に多数の島が散らばっている。陸域の総面積は4,167㎢であり、タヒチ島がその25％を占めている。推計人口は約26万人であり、その75％がタヒチ島に居住している。近代的リゾート地化というフランス政府の政策の下、タヒチ島を含め、ほとんどの主要島で観光業が発達しており、航空ネットワーク充実の背景の1つになっている。

同エリアは、1880年にフランスの植民地となり、戦後フランス海外領土に昇格し、1957年に大幅な自治権を獲得した。幾度かの独立運動にもかかわらず、フランス領という現状に留まっている。

タヒチ島にあるファアア国際空港（パペーテ・タヒチ国際空港）はフランス領ポリネシアの空港群の中心空港であり、唯一の国際空港である。フランス領ポリネシア内の島や環礁には、同空港を含めて、ICAO（IATA）コードをもつ空港が48空港ある。そのほとんどが1,000m前後の長さの滑走路であるが、なかには2,000mを超える滑走路をもつ空港もある。

2. 沿革

ファアア国際空港は、パペーテ市のファアア地区に隣接する珊瑚礁を海岸線に平行に埋め立て、その土地の上に建設された。タヒチ島は山岳部が海岸近くまで迫る地形をしており、市街地を避けて陸域に空港を建設する場合、傾斜した農地を大規模に平坦化する工事が必要であり、それを避けるためであった。開港は1960年である。

2006年フランス政府は、年間150万人を超える航空旅客に対応するため、同空港の施設を改修することとし、6,500〜7,600万ドルの開発投資を行うことを決めた。内容は滑走路改修、エプロン改修、旅客ターミナルビル拡張などであった。

3. 施設

ファアア国際空港は、パペーテ市中心部から西方5kmの海岸部に位置している。標高は2.1mである。滑走路は長さ3,463m×幅45mで、方向は04/22、アスファルト舗装である。04側にILSが設置されている。平行誘導路はなく、

空港全体図：海岸線に沿って埋め立てて建設された滑走路が1本

滑走路両端部にターニングパッドを設けている。滑走路とメイン・エプロンを繋ぐ取付誘導路は1本である。旅客ターミナルはターミナル1（国際線用）とターミナル2（国内専用）に分かれており、歩道で繋がっている。いずれもステップ車などによる乗降である。

4. 運用状況

　空港運営者はSETIL空港会社であり、2006年に15年間の運営を引続き請け負うことが公表されている。ファアア国際空港の航空旅客数（国際・国内）は、06年には150万人を超えていたが、ここ数年は120万人弱程度で推移している。国際線は、タヒチの航空会社が2社、外国航空会社が5社就航している。路線数は、直行路線が8路線あり、経由路線が2路線ある。フランス領という事情からロサンゼルス経由のパリ路線が含まれている。国内線は、フランス領ミクロネシア内の主要な島々にある26空港との間に路線が形成されており、2つの航空会社が就航している。

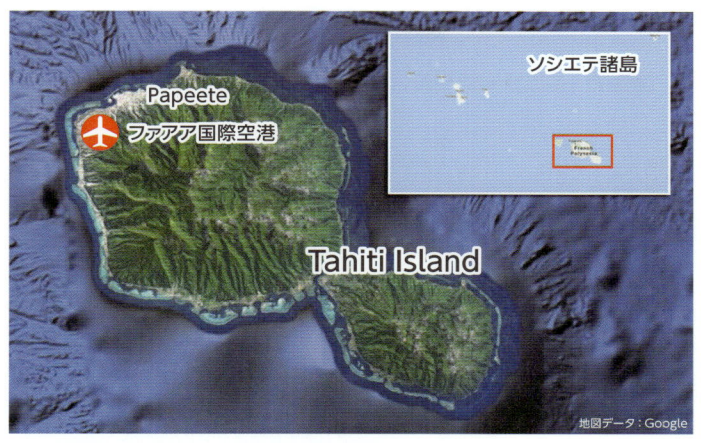

空港位置図：パペーテ中心部から5kmに位置

5. 課題

　フランス政府当局による将来計画は不明であるが、ファアア国際空港の空港施設にはいくつかの課題がある。ILSが設置されているにもかかわらず着陸帯の幅が150mしかなく、所要の300mに拡張する場合、珊瑚礁の埋め立て、既存人家の撤去、エプロン・旅客ターミナルビルの移設が必要になる。また、離着陸回数の多さを考慮すると、平行誘導路の新設が望まれるが、そのためには、滑走路の移設を要し、さらなる埋め立て、または人家移設、エプロン・旅客ターミナルビルの移設が必要になる。

（唯野邦男）

■空港の諸元		■輸送実績（2016年）	
・空港運営者：SETIL空港会社		・総旅客数	1,246,746人
・滑走路（長さ×幅）：1本		国際旅客	593,978人
04/22：3,463m×45m		国内旅客	647,882人
		・貨物量	11,430トン
		・離着陸回数	36,684回

旅客数（国際線＋国内線）ランキング100（2016年）

順位	地域	国名	都市名	空港名	IATA	年間旅客数	掲載
1	南北アメリカ	アメリカ合衆国	アトランタ	ハーツフィールド・ジャクソン・アトランタ国際空港	ATL	104,171,935	p217
2	アジア	中国	北京	北京首都国際空港	PEK	94,393,454	p325
3	中東・アフリカ	アラブ首長国連邦	ドバイ	ドバイ国際空港	DXB	83,654,250	p492
4	南北アメリカ	アメリカ合衆国	ロサンゼルス	ロサンゼルス国際空港	LAX	80,921,527	p246
5	日本	日本	東京	東京国際空港（羽田）	HND	79,699,762	p601
6	南北アメリカ	アメリカ合衆国	シカゴ	シカゴ・オヘア国際空港	ORD	77,960,588	p200
7	欧州	イギリス	ロンドン	ヒースロー空港	LHR	75,715,474	p 5
8	アジア	香港	香港	香港国際空港	HKG	70,305,857	p349
9	アジア	中国	上海	上海浦東国際空港	PVG	66,002,414	p329
10	欧州	フランス	パリ	パリ・シャルル・ド・ゴール空港	CDG	65,933,145	p 35
11	南北アメリカ	アメリカ合衆国	ダラス・フォートワース	ダラス・フォートワース国際空港	DFW	65,670,697	p234
12	欧州	オランダ	アムステルダム	アムステルダム・スキポール空港	AMS	63,625,534	p 95
13	欧州	ドイツ	フランクフルト	フランクフルト空港	FRA	60,786,937	p 55
14	欧州	トルコ	イスタンブール	イスタンブール・アタテュルク国際空港	IST	60,422,847	p135
15	アジア	中国	広州	広州白雲国際空港	CAN	59,732,147	p335
16	南北アメリカ	アメリカ合衆国	ニューヨーク	ニューヨーク・ジョン・F・ケネディ国際空港	JFK	59,105,513	p181
17	アジア	シンガポール	シンガポール	チャンギ国際空港	SIN	58,698,000	p415
18	南北アメリカ	アメリカ合衆国	デンバー	デンバー国際空港	DEN	58,266,515	p239
19	アジア	インドネシア	ジャカルタ	スカルノ・ハッタ国際空港	CGK	58,195,484	p391
20	アジア	韓国	ソウル	仁川国際空港	ICN	57,849,814	p313
21	アジア	タイ	バンコク	スワンナプーム国際空港	BKK	55,892,428	p431
22	アジア	インド	デリー	インディラ・ガンジー国際空港	DEL	55,631,385	p454
23	南北アメリカ	アメリカ合衆国	サンフランシスコ	サンフランシスコ国際空港	SFO	53,099,282	p252
24	アジア	マレーシア	クアラルンプール	クアラルンプール国際空港	KUL	52,643,511	p421
25	欧州	スペイン	マドリード	アドルフォ・スアレス・マドリード・バラハス空港	MAD	50,397,928	p 81
26	南北アメリカ	アメリカ合衆国	ラスベガス	マッカラン国際空港	LAS	47,496,614	p250
27	アジア	中国	成都	成都双流国際空港	CTU	46,039,637	p345
28	南北アメリカ	アメリカ合衆国	シアトル	シアトル・タコマ国際空港	SEA	45,736,700	p257
29	アジア	インド	ムンバイ	チャトラパティ・シヴァージー国際空港	BOM	44,680,555	p457
30	南北アメリカ	アメリカ合衆国	マイアミ	マイアミ国際空港	MIA	44,584,603	p226
31	南北アメリカ	アメリカ合衆国	シャーロット	シャーロット・ダグラス国際空港	CLT	44,422,022	p214
32	南北アメリカ	カナダ	トロント	トロント・ピアーソン国際空港	YYZ	44,335,198	p163
33	欧州	スペイン	バルセロナ	バルセロナ・エル・プラット空港	BCN	44,131,031	p 85
34	南北アメリカ	アメリカ合衆国	フェニックス	フェニックス・スカイハーバー国際空港	PHX	43,302,381	p243
35	欧州	イギリス	ロンドン	ガトウィック空港	LGW	43,136,795	p 10
36	アジア	台湾	台北	台湾桃園国際空港	TPE	42,296,322	p359
37	欧州	ドイツ	ミュンヘン	フランツ・ヨーゼフ・シュトラウス空港	MUC	42,261,309	p 61
38	アジア	中国	昆明	昆明長水国際空港	KMG	41,980,515	p347
39	オセアニア	オーストラリア	シドニー	キングスフォード・スミス空港	SYD	41,977,865	p515
40	アジア	中国	深圳	深圳宝安国際空港	SZX	41,975,090	p337
41	南北アメリカ	アメリカ合衆国	オーランド	オーランド国際空港	MCO	41,923,399	p221
42	欧州	イタリア	ローマ	レオナルド・ダ・ヴィンチ国際空港	FCO	41,738,524	p 76
43	南北アメリカ	アメリカ合衆国	ヒューストン	ジョージ・ブッシュ・インターコンチネンタル空港	IAH	41,622,594	p231
44	南北アメリカ	メキシコ	メキシコ・シティ	メキシコシティ国際空港	MEX	41,410,254	p265
45	南北アメリカ	アメリカ合衆国	ニューアーク	ニューアーク・リバティー国際空港	EWR	40,563,285	p188
46	アジア	中国	上海	上海虹橋国際空港	SHA	40,460,135	p333
47	アジア	フィリピン	マニラ	ニノイ・アキノ空港	MNL	39,534,991	p375
48	日本	日本	東京	成田国際空港	NRT	38,995,784	p609
49	南北アメリカ	アメリカ合衆国	ミネアポリス	ミネアポリス・セントポール国際空港	MSP	37,413,728	p211
50	中東・アフリカ	カタール	ドーハ	ハマド国際空港	DOH	37,283,987	p487

順位	地域	国名	都市名	空港名	IATA	年間旅客数	掲載
51	アジア	中国	西安	西安咸陽国際空港	XIY	36,994,359	p341
52	南北アメリカ	ブラジル	サンパウロ	グアルーリョス国際空港	GRU	36,844,190	p299
53	南北アメリカ	アメリカ合衆国	ボストン	ジェネラル・エドワード・ローレンス・ローガン国際空港	BOS	36,356,917	p193
54	アジア	中国	重慶	重慶江北国際空港	CKG	35,888,819	p343
55	アジア	タイ	バンコク	ドンムアン国際空港	DMK	35,203,652	p435
56	オセアニア	オーストラリア	メルボルン	メルボルン空港	MEL	34,637,147	p517
57	南北アメリカ	アメリカ合衆国	デトロイト	デトロイト・メトロポリタン・ウェイン・カウンティ空港	DTW	34,401,254	p197
58	欧州	ロシア	モスクワ	シェレメテェボ国際空港	SVO	34,030,427	p147
59	アジア	ベトナム	ホーチミン	タンソンニャット国際空港	SGN	32,486,537	p428
60	アジア	中国	杭州	杭州蕭山国際空港	HGH	31,594,959	p000
61	欧州	フランス	パリ	パリ・オルリー空港	ORY	31,237,865	p 39
62	南北アメリカ	コロンビア	ボゴタ	エルドラド国際空港	BOG	31,041,841	p285
63	中東・アフリカ	サウジアラビア	ジッダ	キング・アブドゥルアズィーズ国際空港	JED	30,165,799	-
64	南北アメリカ	アメリカ合衆国	フィラデルフィア	フィラデルフィア国際空港	PHL	30,155,090	p195
65	南北アメリカ	アメリカ合衆国	ニューヨーク	ラガーディア空港	LGA	29,786,769	p185
66	アジア	韓国	済州	済州国際空港	CJU	29,708,613	p321
67	欧州	トルコ	イスタンブール	サビハ・ギョクチェン国際空港	SAW	29,651,543	-
68	南北アメリカ	アメリカ合衆国	フォートローダーデール	フォートローダーデール・ハリウッド国際空港	FLL	29,205,002	-
69	欧州	デンマーク	コペンハーゲン	コペンハーゲン・カストラップ空港	CPH	28,986,461	p104
70	欧州	ロシア	モスクワ	ドモジェドボ国際空港	DME	28,500,259	p149
71	欧州	アイルランド	ダブリン	ダブリン空港	DUB	27,907,384	p 31
72	欧州	スイス	チューリッヒ	チューリッヒ空港	ZRH	27,614,849	p 91
73	欧州	スペイン	パルマ・デ・マヨルカ	パルマ・デ・マヨルカ空港	PMI	26,252,041	-
74	欧州	イギリス	マンチェスター	マンチェスター空港	MAN	25,702,321	p 23
75	欧州	ノルウェー	オスロ	オスロ・ガーデモエン空港	OSL	25,579,391	p115
76	日本	日本	大阪	関西国際空港	KIX	25,236,705	p642
77	南北アメリカ	アメリカ合衆国	ボルチモア	ボルチモア・ワシントン国際空港	BWI	25,122,651	-
78	アジア	韓国	ソウル	金浦国際空港	GMP	25,043,301	p317
79	欧州	スウェーデン	ストックホルム	ストックホルム・アーランダ空港	ARN	24,722,958	p109
80	中東・アフリカ	アラブ首長国連邦	アブダビ	アブダビ国際空港	AUH	24,481,539	p489
81	欧州	イギリス	ロンドン	ロンドン・スタンステッド空港	STN	24,320,071	p 16
82	中東・アフリカ	サウジアラビア	リヤド	キング・ハーリド国際空港	RUH	23,868,984	p483
83	アジア	中国	南京	南京禄口国際空港	NKG	23,749,315	-
84	南北アメリカ	アメリカ合衆国	ワシントン	ロナルド・レーガン・ワシントン・ナショナル空港	DCA	23,568,586	-
85	欧州	ドイツ	デュッセルドルフ	デュッセルドルフ空港	DUS	23,521,782	p 65
86	欧州	オーストリア	ウィーン	ウィーン国際空港	VIE	23,352,016	p 89
87	南北アメリカ	アメリカ合衆国	ソルトレイクシティ	ソルトレイクシティ国際空港	SLC	23,157,445	-
88	オセアニア	オーストラリア	ブリスベン	ブリスベン空港	BNE	22,826,946	p521
89	アジア	中国	廈門（アモイ）	廈門高崎国際空港	XMN	22,737,710	-
90	南北アメリカ	アメリカ合衆国	シカゴ	シカゴ・ミッドウェー国際空港	MDW	22,677,859	-
91	欧州	ポルトガル	リスボン	リスボン・ウンベルト・デルガード空港	LIS	22,449,289	p 87
92	南北アメリカ	カナダ	バンクーバー	バンクーバー国際空港	YVR	22,447,883	p166
93	アジア	インド	バンガロール	ケンペゴウダ国際空港	BLR	22,187,841	-
94	日本	日本	福岡	福岡空港	FUK	21,901,591	p677
95	南北アメリカ	アメリカ合衆国	ワシントン	ワシントン・ダレス国際空港	IAD	21,817,340	p190
96	欧州	ベルギー	ブリュッセル	ブリュッセル空港	BRU	21,789,327	p101
97	南北アメリカ	メキシコ	カンクン	カンクン国際空港	CUN	21,514,742	-
98	日本	日本	札幌（千歳）	新千歳空港	CTS	21,312,287	p567
99	アジア	中国	長沙	長沙黄花国際空港	CSX	21,296,675	-
100	欧州	ドイツ	ベルリン	ベルリン・テーゲル空港	TXL	21,253,959	p 53

南極大陸の空港

氷上に着陸帯とおぼしき平地が広がる簡素な施設。各国基地に付随し大小 40 ほどの空港が存在

1. 概要～雪と氷の空港～

南極大陸の空港は氷上に滑走路と着陸帯とおぼしき平地が広がるばかりで、レーダーや管制塔、ターミナルビルも見当たらない空港がほとんどである。空港というよりも離着陸場（Airfield）と呼ぶ方が相応しく、分厚い氷の上を航空機が離着陸する光景は他の地では見ることはできない。

南極大陸は地球上で最も寒冷な土地であり、ヨーロッパ大陸やオーストラリア大陸より広い約1,400万㎢の大地は氷床で覆われている。その厚さは平均1,900mにも上り、その重量で大地は沈み込む。地面や岩肌が氷河から露出するのは約28万㎢とごくわずかである。

1929年、ノルウェーの探検家アムンセンが初めて南極点に到達した18年後、米国の探検家リチャード・バードが南極点上空を飛行し、上空から米国国旗を投下し領有権をアピールした。航空機が初めて南極大陸に着陸するのは55年のこと、南極点へ到達するのは翌56年のこととなる。

南極の領有権については、古くから議論があるところであるが、1959年に領土権の凍結や軍事基地の建設禁止、平和的利用や科学的調査の自由と国際協力の促進を主な内容とする南極条約に日本、米国、英国、ソ連など12か国が調印し、今日、領土問題は棚上げ

photo / NV Logistics

トロール・エアフィールド：ノルウェーが設置

となっている。

南極大陸の周囲を太平洋、大西洋、インド洋の南端が囲み、他の大陸から隔離している。標高4,000mの山々が連なる南極横断山脈は、南極大陸を東半球側の東南極と西半球側の西南極に2分している。

西南極の東北端は南極半島を形成し、屈曲した半島の一部は南極圏の外側にまで伸びる。南極の他の地に比べれば少しは穏やかな気候であり、ここには各国の観測基地・空港が多く立地している。半島の延長線上にはサウス・シェトランド諸島、ドレーク海峡と続き、さらにはチリ、アルゼンチンのアンデス山脈へと至る。東南極では船舶によりアクセスしやすい沿岸部を中心に、わが国の昭和基地など多くの観測基地・空港が立地する。南極点や地球上の最低気温を記録したボストーク基地など、沿岸部以外にも観測上重要なポイントに基地は設けられている。

現在30か国の観測基地が設けられており、調査や研究のため年間を通し1,000人前後が滞在し、夏季（11～3月）には2万人ほどの観光客も南極を訪れるという。各国の資料によれば、基地近傍には航空機が離着陸できる空港が大小40ほどあげられ、大型航空機が離着陸できる空港から、そりを備えた観測業務用の小型航空機のための空港まで様々である。

極地の厳しい気候から航空機の運航は夏季を除けば困難であるが、夏季にはニュージーランド、オーストラリアなどから観光客も訪れ、B747等の大型航空機をチャーターし、身軽な装いのまま上空から南極見物をするツアーも人気があるという。

これらの航空機を着陸させる滑走路は、分厚い氷河を平滑に削り、雪を敷き詰め、重機で転圧して整備する。大型の輸送機や民航用のジェット機もこのような氷の滑走路で発着するが、氷上では路面の摩擦抵抗は極めて小さく機体は滑りやすい。着陸後の減速を車輪の制動力に頼ることは難しく、着陸後もエンジン推力をきめ細かく調整しながら減速し、大きなステアリング・アングル（操舵角）をとらずに駐機場まで航空機

を進めて行くなど独特な運用が伴うこととなる。

2. 空港の規模と配置

　南極内陸部への中継基地として利用されるユニオン・グレーシャー・ブルー氷上滑走路や燃料貯蔵機能をもつティール・マウンテン空港、あるいは南極の玄関口であるテニエンテ・ロドルフォ・マーシュ・マーチン空港等を除けば、南極の空港は基地に付随するものであり、調査や観測業務に供する小型航空機の発着する1,000m程度の滑走路をもつ空港と、大陸間の移動も可能な大型航空機が離着陸できる3,000mクラスの滑走路をもつ空港に大別できる。

　南極においては他大陸まで航空機を送り出せる空港は限られるため、例えば日本、ベルギー、フィンランド、ドイツ、インド、オランダ、ノルウェー、ロシア、南アフリカ、スウェーデン、英国の11か国では、3,000mの滑走路をもつロシアのノボラザレフスカヤ基地（空港）を南極へのゲート空港の1つとしている。アフリカ大陸のケープタウン国際空港（Cape Town International Airport）との間を大型航空機で共同輸送し、ここから各国がもつ1,000m級滑走路の空港との間を小型航空機で輸送する、という空港の機能分担を図っている。

　最も大きな空港は米国のマクマード基地に付随する空港である。マクマード基地は繁忙時期には1,000名近い人員が活動し、100以上の施設が立地している。貨物船舶の港も併設され、滑走路は米空軍の輸送機が発着可能な3,000m級の滑走路を複数有している。

　南極には、合計で約40の空港がある。その位置を南極大陸の図に示しており、近接する複数の空港は同じ番号を付している。多くの空港が南極半島と東南極の沿岸部に位置していることが分かる。また、同縮尺の日本列島を東京と南極点を重ね置き描いている。南極大陸の広さが理解されよう。

3. 代表的空港の概要

　南極大陸の代表的な10空港について、概要を以下に紹介する。

①ノボラザレフスカヤ基地（Novolazarevskaya Station：AT17）

　各国の基地からの人員や資機材を輸送する南極のゲート機能を担うロシアの基地であり、大型航空機が就航可能な3,000mの滑走路をもっている。南アフリカ・ケープタウンとの間を、イリューシンIL76など大型輸送機を用いて結んでおり、国際南極物流センター（Antarctic Logistics Centre International）社が空港の運営を行っている。

②トロール・エアフィールド（Troll Airfield：AT27）

　ノルウェー極地研究所が設け、1990年に運用を開始した。ノボラザレフスカヤ基地空港とともに、南極への人員物資のゲート機能の一翼を担っている。3,300mの滑走路を有し、イリューシンIL76、C-130等の輸送機のほか、B737、DHC-300、DO-228等の旅客機も就航している。

③昭和基地（Showa Station）

　観測基地は東オングル島に設けられており、滑走路は15kmほど離れた大陸側のS17ポイントと呼ばれる場所に位置する。雪上車により長さ1,200m、幅50mに渡り平滑化、圧雪することにより滑走路を整備している。

④テニエンテ・ロドルフォ・マーシュ・マーチン空港（Teniente Rodolfo Marsh Martin Airport：SCRM/TNM）

　南極の最北端、サウス・シェトランド諸島最大のキング・ジョージ島に位置する空港であり、1,319mの滑走路と小規模なエプロンを有し、空港の運用はチリ空軍が担っている。夏季は地表面が露わになり、南極において氷で作られていない最も規模の大きい滑走路を有している。双発の小型機（ビーチクラフト・キングエア100等）が就航している。

⑤ロゼラ研究基地（Rothera Research Station：EGAR）

　英国の管理する空港であり、900mの砕石を転圧した滑走路をもっている。DC-3、DHC-7等が就航し、フォークランド諸島への路線がある。

⑥ユニオン・グレーシャー・ブルー氷上滑走路（Union Glacier Blue-Ice Runway：SCGC）

　南極点まで訪れる際の中継点として利用されることが多く、国際間で共同利用し、チリ民間航空局が管理している。南極点観光の場合には、ここから小型航空機に乗り換え4〜6時間移動する。2015年11月に南極大陸初めてのB757が着陸している。

⑦ジャック F. パウルス滑走路（Jack F. Paulus Skiway：NZSP）

　南極点に位置する、アムンゼン・スコット基地への輸送のために整備された、3,658mの滑走路を有する空港であり、米国により管理されている。

⑧ボストーク基地（Vostok Station：AT28）

　旧ソ連時代の1957年に開設された基地であり、83年7月21日にマイナス89.2℃の世界最低気温を観測したことで知られる。3,000mの滑走路を有する、ロシアの主要観測基地の空港である。

（渡邉正己）

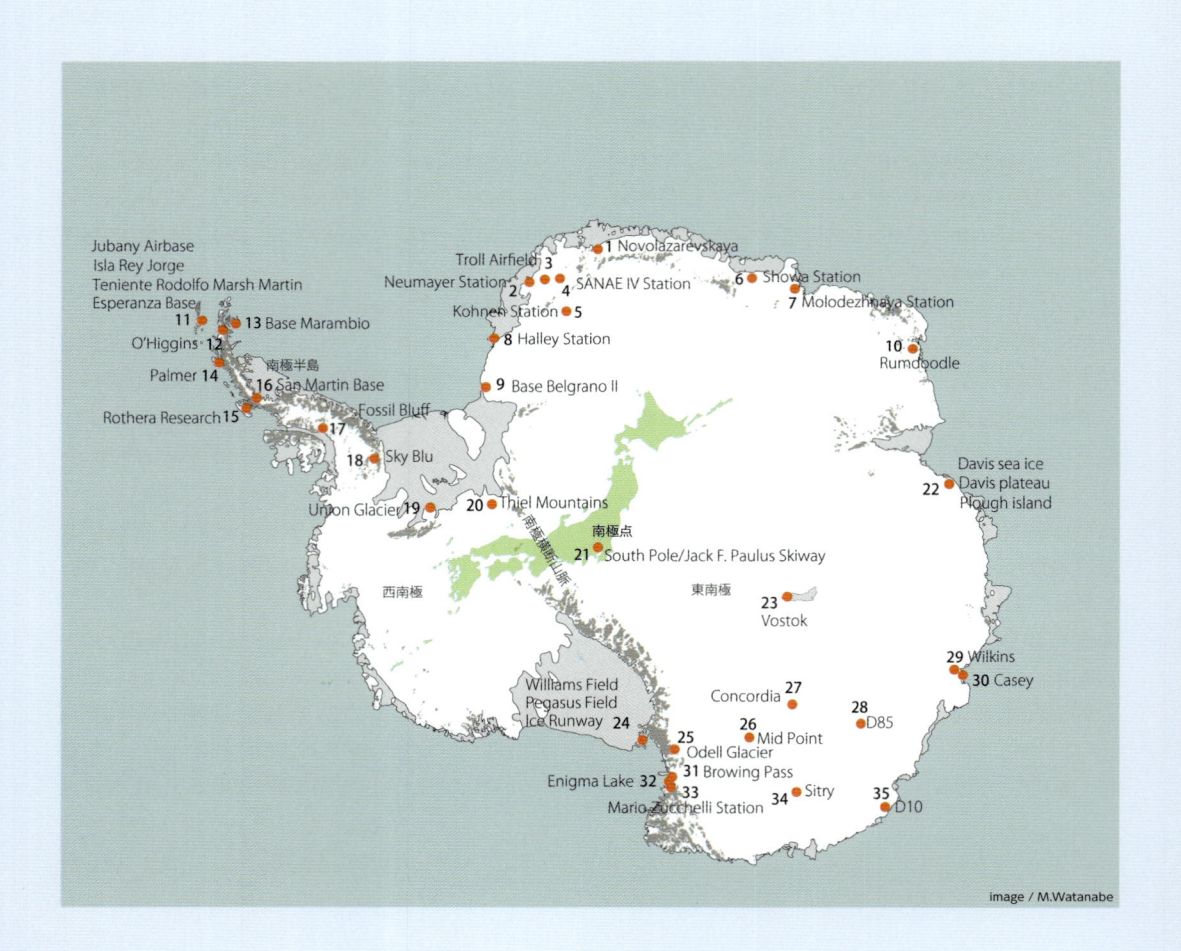

image / M.Watanabe

■ 南極の空港一覧

No.	空港/基地名		滑走路長	設置国	ICAO
1	ノボラザレフスカヤ基地	Novolazarevskaya Station	3,000	ロシア	AT17
2	ノイマイアー基地	Neumayer Station	1,000	ドイツ	AT16
3	サナエⅣ基地	SANAE Ⅳ Station	1,000	南アフリカ	AT22
4	トロール・エアフィールド	Troll Airfield	3,300	ノルウェー	AT27
5	コーネン基地	Kohnen Station	900	ドイツ	AT12
6	昭和基地	Showa Station	1,000	日本/インド	AT25
7	マラジョージナヤ基地	Molodezhnaya Station	2,560	ロシア	AT15
8	ハレー基地	Halley Station	1,200	英国	EGAH
9	ベルグラノⅡステーション	Base Belgrano Ⅱ Airport		アルゼンチン	SAYB
10	ランドゥードル	Rumdoodle		オーストラリア	AT21
11	テニエンテ・ロドルフォ・マーシュ・マーティン	Teniente Rodolfo Marsh Martin Airport	1,292	チリ	SCRM
	エスペランサ・ステーション	Esperanza Base	1,260	アルゼンチン	SAYE
12	オイギンス	O'Higgins	800	チリ	SCBO
13	マランビオ	Base Marambio	1,260	アルゼンチン	SAWB
14	パーマー基地	Palmer Station	762	米国	NZ12
15	ロゼラ研究基地	Rothera Research Station	914	英国	EGAR
16	サン・マルティン・ステーション	San Martin Base		アルゼンチン	SAYS
17	フォッシル・ブラフ	Fossil Bluff	1,200	英国	AT10
18	スカイ・ブル	Sky Blu	1,200	英国	AT24
19	ユニオン・グレーシャ・ブルー氷上滑走路	Union Glacier Blue-Ice Runway	3,000		SCGC
20	ティール・マウンテン	Thiel Mountains	1,580		AT26
21	ジャック F. パウルス滑走路	Jack F. Paulus Skiway/South Pole	3,658	米国	NZSP
22	デイビス・シー・アイス	Davis sea ice		オーストラリア	AT07
	プラウ・アイランド	Plough island		オーストラリア	AT07
	デイビス・プラトゥー	Davis plateau		オーストラリア	AT07
23	ボストーク基地	Vostok Station	3,000	ロシア	AT28
24	氷上滑走路	Ice Runway	3,048	米国/ニュージーランド	NZIR
	ペガサス氷上滑走路	Pegasus Ice Runway	3,048	米国/ニュージーランド	NZPG
	ウィリアムズ飛行場	Williams Field	3,048	米国/ニュージーランド	NZWD
25	オデル・グレイシャ	Odell Glacier	1,800	米国	AT18
26	ミッドポイント	Midpoint	2,560	イタリア	AT14
27	コンコルディア基地	Concordia Station	1,500	フランス/イタリア	AT03
28	D85	D85		フランス	AT05
29	ウィルキンス滑走路	Wilkins Runway	3,500	オーストラリア	YWKS
30	ケイシー基地	Casey Station Skyway	1,500	オーストラリア	YCSK
31	ブラウニング・パス	Browning Pass	915	イタリア	AT02
32	エニグマ・レイク	Enigma Lake	730	イタリア	AT09
33	マリオ・ズッケーリ基地	Mario Zucchelli Station	3,000	イタリア	AT13
34	シトリー	Sitry	1,000	イタリア	AT23
35	D10	D10	1,200	フランス	AT04

日本の空港

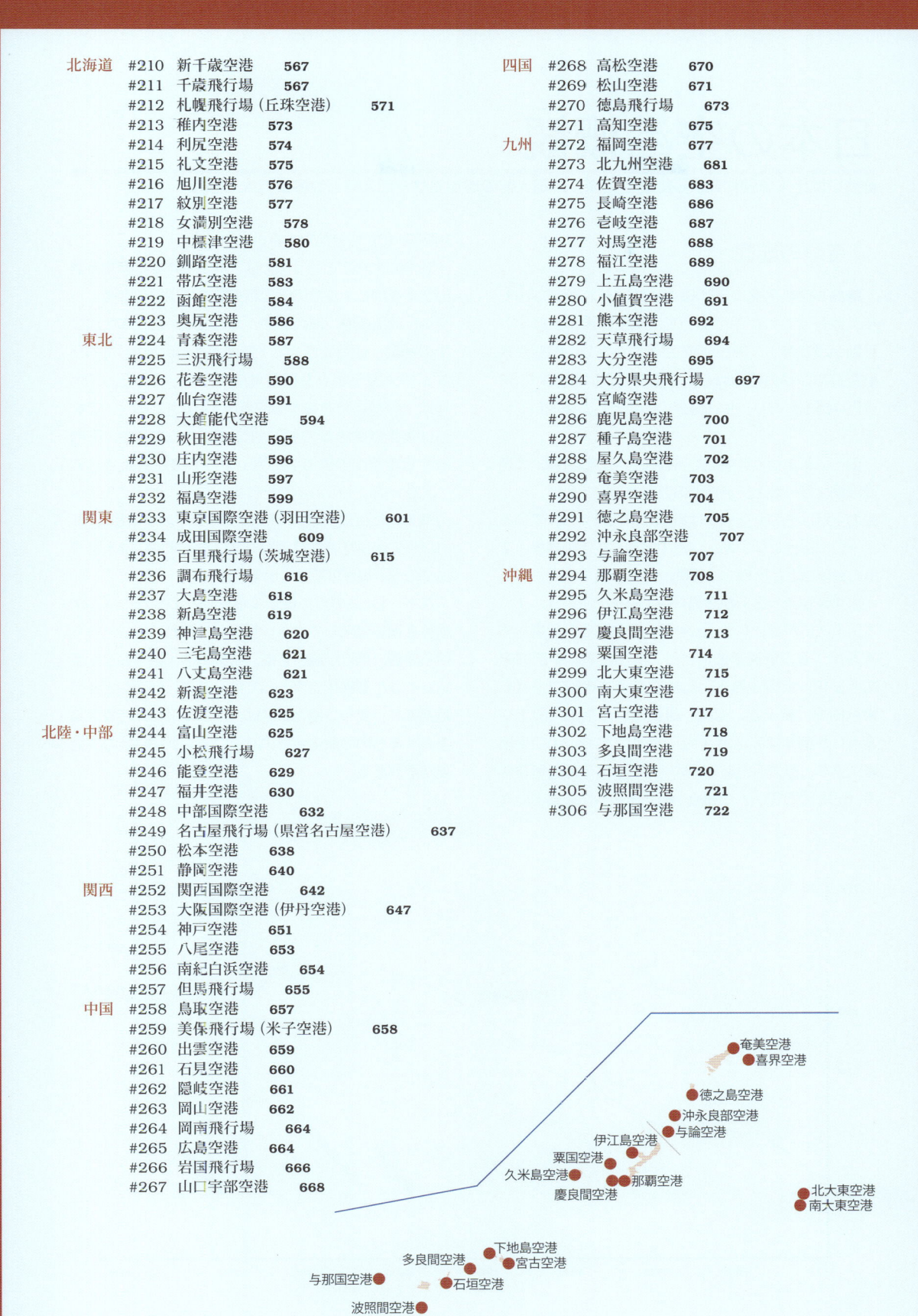

日本の空港概観

細長い国土に急速に発展した航空交通。外国人客の増加でサービス向上や容量拡大も課題

1. 空港の配置

　離島も含め南北に3,000kmと細長く、急峻な山も多く存在するわが国において、航空は極めて重要な移動手段である。現在97の空港が存在し、航空旅客、航空貨物の移動結節点として機能している。また34空港は離島にあり、生活路線の拠点として機能している。

　国土にあまねく発達した新幹線を含む鉄道網、高速道路網などの地上交通機関の充実を勘案すれば、わが国の空港はその配置面では概成したと考えられている。

　一口に空港とはいえ、空港の管理、空港の規模、空港の機能などから様々に分類される。

　まず管理者の区分から見れば、日本の空港は、すべて空港法に規定される「公共の用に供する飛行場」であるが、その管理形態により、成田国際、中部国際、関西国際、大阪国際といった空港会社管理空港（4）、東京国際、新千歳、福岡、那覇といった国（国土交通省）が管理する空港（19）、旭川、青森、山口宇部、屋久島など都道府県あるいは市が管理する地方管理空港（59）及び三沢、小松といった米軍や防衛省との共用空港（8）に分類できる。

　空港の大きさという面では、滑走路4本を有する羽田空港をはじめ複数の滑走路をもつ大規模な空港としては、成田国際、関西国際、大阪国際、新千歳と建設中の那覇、福岡を含めて7空港がある。また、B777などの大型ジェット機が就航できる、長さ3,000m級以上の滑走路を有する空港は19空港であり、これらは長距離国際線の就航も可能である。また、国内線や短距離国際線の中小型ジェット機が就航できる2,000m級以上の滑走路を有する空港は46（2,500mの滑走路には国内線大型ジェット機が就航可能）、それ以外の離島空港など800〜2,000m未満の滑走路ではプロペラ機が就航している。

　なお、「公共の用に供する飛行場」のなかには、定期旅客便が就航していない空港も含まれており、もっぱら報道、飛行訓練、空撮、物資輸送、観光などに使用される小型機用空港としては、八尾、岡南など4空港があり、変わり種としては、長さ3,000mの滑走路を有するものの航空会社のパイロット訓練専用の下地島空港がある。

Japan

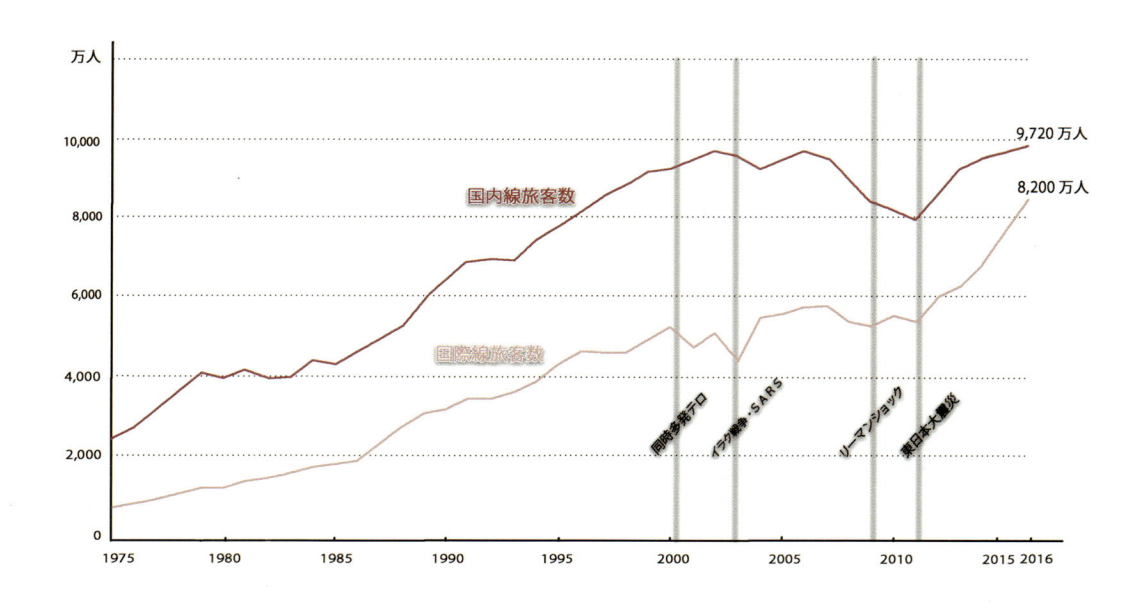

2. 航空需要の動向

わが国の国際航空需要は、戦後の復興期から高度経済成長期を経て、我が国経済・文化の国際化により、ほぼ一貫して増大してきた。

最近の国際線航空需要は、2001年（平13）のアメリカ同時多発テロ、03年（平15）のイラク戦争、ＳＡＲＳ、08年（平20）のリーマンショックといった外部要因により一時的に需要が落ち込むこともあったが、概してみれば右肩上がりの拡大傾向にあり、16年（平28）実績で、8,200万人に達している。

特にこの5年間は大幅な伸びを記録しているが、これは主に、訪日外国人の増加、インバウンド需要の拡大によるものである。また、入国外国人急増の結果、2015年（平27）には、外国人入国者数が1970万人に達し、日本人出国者数1,620万人を大きく上回り、観光地における消費拡大等、地域経済の活性化に一役買っている。

一方、国内線航空需要は、国内産業の成熟と総流動の増加、時間価値の向上による鉄道から航空への転移などにより増加の一途をたどって、2002年（平14）には9,800万人に達したものの、同時テロ等の影響で伸び悩み、リーマンショック以降大きく減少した。その後景気回復もあり、11年（平23）以降、再度拡大基調となり、16年（平28）には9,720万人を記録している。

長期的には少子化の影響や新幹線網の拡大などにより大きな需要の増加は見込めないといわれているが、今後LCC路線の更なる拡大や、急増する外国人旅行客の国内移動の増加、MRJの導入に伴う休止路線の再開等需要の拡大が期待されている。

3. 空港の整備

わが国では、著しい需要増加に対応するために、国の主導の下で首都圏、近畿圏をはじめ、幹線空港、地方空港の空港整備を進めてきた。その推進役は、制度・資金面では、1956年（昭31）制定の空港整備法と70年（昭45）制定の空港整備特別会計法である。これにより空港の設置管理者と空港の種別に基づき、国の直轄事業と補助事業を明確に区分し、着陸料収入などによる財源を確保して、空港整備事業を推進してきた。なかでも、滑走路などの空港基本施設は公共事業で行うが、収益性の高い旅客ターミナルビルなどは、民間資金を活用しその整備を進めるとした手法はわが国特有の制度である。

さらに、成田、関空、中部などの大規模空港の整備にあたっては、事業主体を公団あるいは国、県市や民間が出資する民間会社とするなど、様々な手法を活用し国の財政負担を軽減する工夫がなされた。

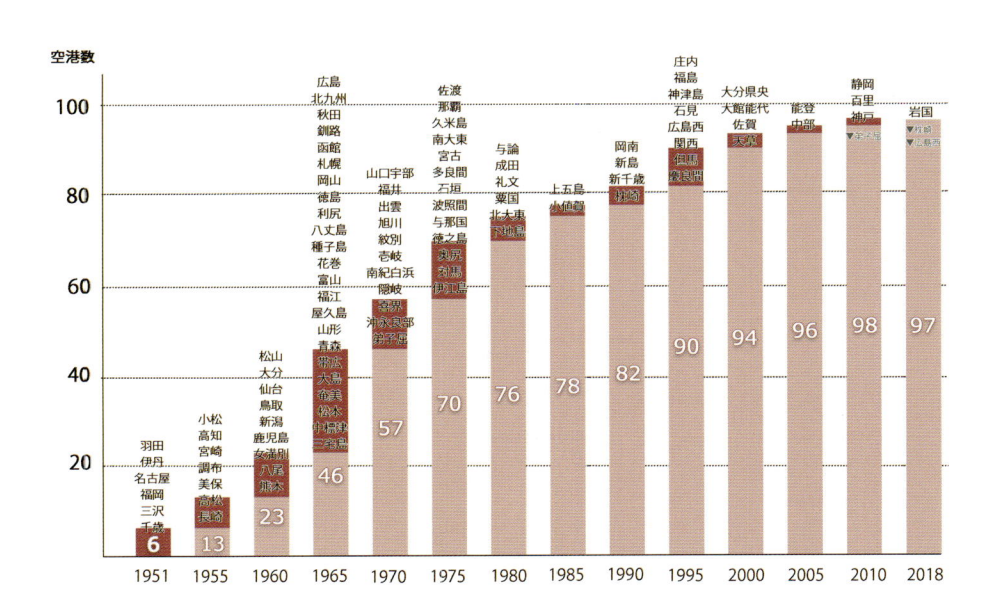

もう1つの空港整備の推進役は、高度な空港技術である。わが国は国土が狭いうえに、山岳地が多く、平野部はすでに市街地化していることから、空港の建設用地はいきおい海岸部や内陸の丘陵部に求めざるを得なかった。沿岸・海上空港では、2つの小島を崩して埋め立てた長崎空港、水深18mもの海を埋め立てた関西空港、東京湾で超軟弱地盤の建設残土処分場を地盤改良して用地造成した羽田空港（同空港はのちに桟橋工法による滑走路も建設している）、関門海峡の浚渫土砂で埋め立てた北九州空港などがある。丘陵地では山谷の多い地形を掘削・高盛土工法で用地造成して建設した広島、高松、秋田、釧路空港など、事例の枚挙にいとまがなく、高度な建設技術が駆使されたところである。また同時に、航空保安無線施設や航空灯火などの設置工事にあたっても、困難な地形・地質条件を克服しつつ整備が行われた。

4. 環境対策

わが国の狭い国土では、航空機の運航に伴い空港周辺地域における航空機騒音の被害が大きな社会問題となった。1974年（昭49）に航空機騒音防止法が改正され、航空機そのものが発生する騒音を低減させる発生源対策を進めるとともに、膨大な費用をかけて法令に基づく住宅等の防音工事や移転補償などの対策が進められ、ようやく環境基準を満たす水準を維持してきている。

5. 民間委託の流れ（コンセション方式）

会社管理の空港を除き日本の空港の多くは、その整備の経緯から滑走路といった基本施設を運営する航空系事業と、旅客ターミナルビルといった施設を運営する非航空系事業との運営者が異なる。このような状況の中、国管理空港を中心に進められている空港経営改革は、一般に「コンセション方式」といわれるもので、国が土地等の所有権を留保しつつ、民間に運営権を設定し、航空系事業と非航空系事業とを一体で運営するものである。これにより、運営者が、着陸料等の柔軟な設定や地域の魅力を発信するエアポートセールスやエアラインの誘致等を通じて航空ネットワークを充実し、賑わいのあるターミナルビルの運営などによる旅行客の誘致や地域の活性化が期待されている。

コンセッション方式は、まず関西国際空港と大阪国

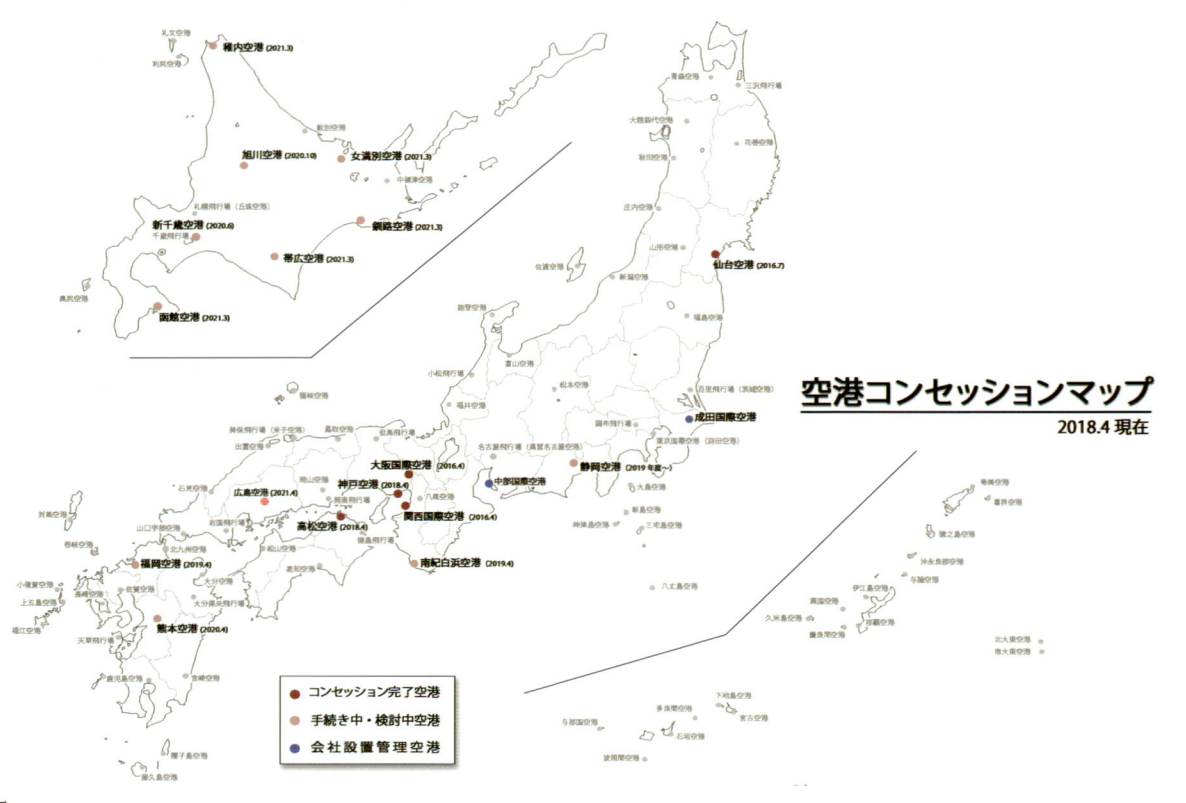

空港コンセッションマップ
2018.4 現在

際空港（伊丹）の一体的な運営について適用された。2015年（平27）にオリックスとフランスのヴァンシ・エアポートなど企業30社で構成されるコンソーシアムが運営事業者に選定され、16年（平28）4月から運営のために設立された「関西エアポート㈱」が両空港の運営を開始した。契約期間は60年までの44年間で、空港用地や構造物等の財産は引き続き新関西国際空港㈱が保有している。また、18年（平30）4月からは、従来市営であった神戸空港についても、「関西エアポート㈱」が100％出資する「関西エアポート神戸㈱」が運営を開始し、関西の主要3空港が一元的に運営されることとなった。

国管理空港の第1号事例の仙台空港では、複数の民間企業グループの競争の結果、東急、前田建設等で構成するコンソーシアム（仙台国際空港㈱）が運営権を獲得し、2016年（平28）年2月から旅客ターミナルビルの運営を、同年7月からは滑走路等も含むすべての空港事業について民間で運営を開始しており、路線網の充実、航空需要の拡大、魅力ある空港づくり等が期待されている。また、高松空港では、三菱地所、大成建設等からなる「高松空港㈱」が18年（平30）4月から同空港の運営を開始している。

この他、2018年4月現在、福岡空港、熊本空港、新千歳空港等北海道7空港及び広島空港で運営権の売却に向けた手続きもしくは検討が進められている。また、県営空港である南紀白浜空港、静岡空港においても、それぞれの自治体においてコンセッション手続きが進められている。

6. わが国の空港の今後の課題

空港の整備及び管理は、近年のLCCの登場と運営の民間委託の開始によって大きな転機を迎えている。

LCCは徹底的に経営効率を高めた新たなビジネスモデルにより、既存のフルサービスキャリアから旅客の転移を促すよりはむしろ鉄道、長距離バス等と競争しつつ新たな航空旅客層を開拓している。また、空港側も専用のターミナルの設置や低コストのサービス提供を求められている。

この結果、空港整備という視点では、那覇空港をはじめとする地方空港において、エプロンの増設やターミナルビルの拡張といったターミナル機能の拡充が期待されるとともに、首都圏におけるさらなる空港処理能力の向上も必要となる。

また、現在進められている日本の食文化・食産業のグローバル展開の一環として、例えば北海道産のホタテ貝を香港へ輸出するといった農林水産物・食品の航空貨物による輸出の動きが加速されるとともに、空港内・空港隣接地での保税加工への対応といった動きも本格化する可能性があり、空港としても対応を進める必要がある。

一方、空港運営の民間委託により利用促進が図られ空港自体が活性化することが大いに期待されるが、数十年に渡る契約期間を全うすることの困難さや民間委託からも取り残される不採算空港の取り扱いなど、未知の領域への不安もぬぐいきれない。

空港の多くは建設後数十年を経て、土木施設、建築施設ともに老朽化が始まっており、管理者による維持管理と適切なイノベーションが必要である。滑走路・誘導路・エプロンなどの基本施設はもちろんのこと、空港施設の安全を確保することが恒久的な基本的責務であり、日常的な施設管理に加え、大規模災害に備えたリスク管理、ハイジャック・テロ等の対策などを怠ることは許されない。このためのIT技術の活用や自動運転・制御、またAIの活用といった観点での新たな取り組みも必要となる。

旅客のニーズはますます多様化してきている。迅速な手続きと乗降を優先する人と充実したレストラン・ショップ・サービスと求める人、カプセルホテルのニーズからハイレベルの宿泊機能、チェックインや手荷物預けの自動化など従来のターミナルビルのコンセプトの変更につながる要因も多い。

次頁以降、日本の各空港の概要を紹介する。母都市の状況や整備の背景が違うなか、それぞれ特徴があり面白いものである。

日本の民間航空が再開し、早60年が経過した。これから50年、空港がどのように変化し、旅客へのサービスがどのように変化して行くのか期待するとともに、空港そのものが目的地となるツアーが売れる時代の到来を期待するものである。

（長谷川武）

新千歳空港／千歳飛行場

New Chitose Airport ／ Chitose Aerodrome　　　　　　　　　　　**RJCC / CTS**

北の守りの防衛基地と北海道の空の玄関が同居する。東京線は世界でも最大級の旅客数

　新千歳空港は札幌市の南西約40km、千歳市と苫小牧市にまたがり石狩平野南端と勇払原野に建設された国土交通省が設置・管理する空港で、自衛隊が管理する千歳飛行場に隣接している。両者は誘導路でつながっていて航空機の行き来が可能であり、管制は一括して航空自衛隊が行っている。1988年（昭63）に新千歳空港が開港するまでは、民間航空は専用の滑走路をもたず、千歳飛行場に面したターミナルビル（現在は撤去）とエプロン、取付誘導路のみを有する形態であった。

　現在も除雪作業時や緊急時等には民間航空機が千歳飛行場の滑走路に発着することがあるため、千歳飛行場は引き続き共用飛行場に指定されている。日本の空港（公共用飛行場）の総数は97空港であるが、それには、新千歳空港と千歳飛行場が2空港とカウントされている。

1. 沿革

　千歳における飛行場の始まりは1924年（大15）、村民の労働奉仕により建設された小さな離着陸場に小樽新聞社の北海1号が飛来したことであり、その後34年（昭9）飛行場として整備され、39年（昭14）には海軍がこの飛行場を拡張して長さ1,200mの滑走路2本をもつ千歳第1航空基地を建設した。39年（昭14）の毎日新聞社によるニッポン号の世界1周飛行は

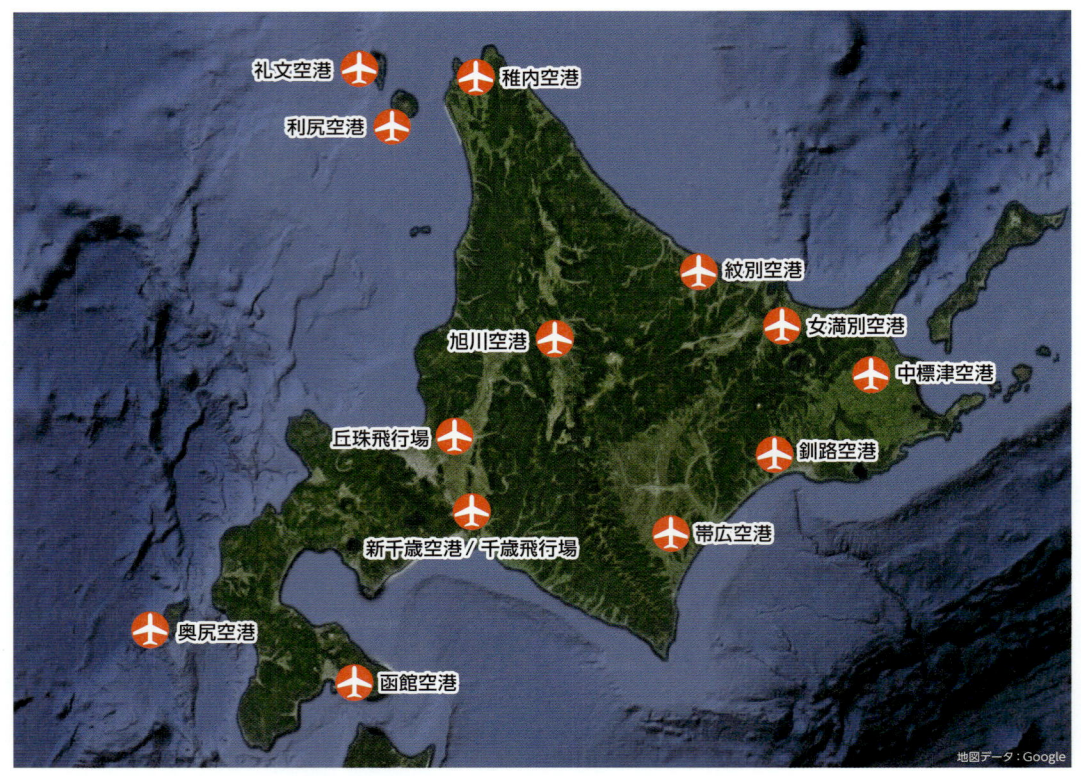

北海道の空港分布：13空港のうち新千歳空港が中心的な役割を担う

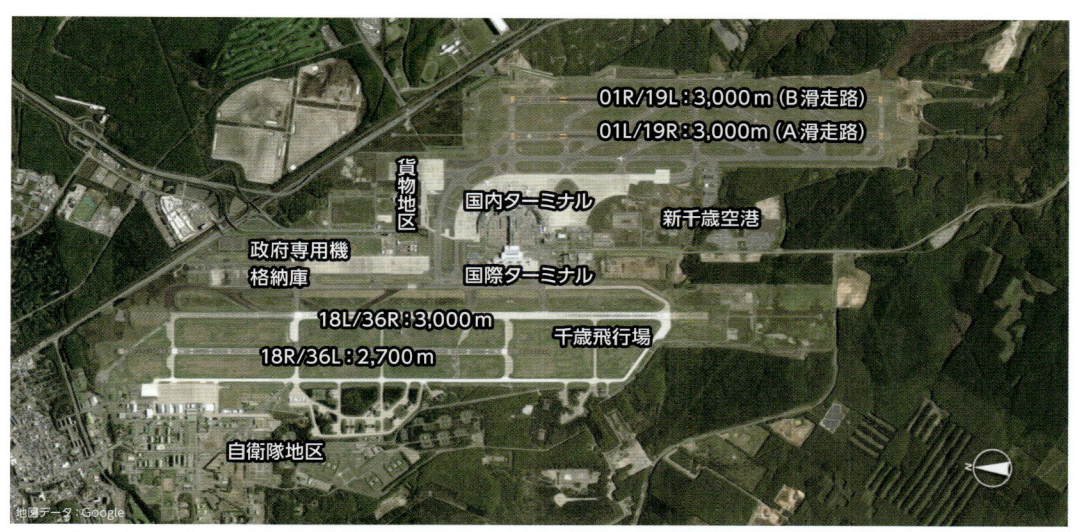

空港全体図：新千歳空港と千歳飛行場。両者は誘導路でつながっており、航空機の行き来が可能

戦前の民間航空の3大快挙の1つといわれるが、その最大の難関であった太平洋横断は、この千歳飛行場からアラスカのノームに向けての飛行であった。45年（昭20）には千歳第1の北東約5kmのところに千歳第2、千歳第3基地も建設され、長さ2,500m滑走路が終戦の当日8月15日に完成した。戦後は米軍が接収し、主として陸上部隊の駐屯地として利用され、当初は航空部隊も配備された。終戦連絡飛行を引き継いだ米軍のインペリアル・クーリエにも利用されたが、48年（昭23）三沢基地の拡張整備が完成した後は、三沢に移動した。朝鮮戦争が50年（昭25）に勃発すると千歳飛行場の拡張工事が始まり、53年（昭28）には長さ2,700mのコンクリート滑走路が完成し、54年（昭29）にはF-86を装備した米軍の第4戦闘迎撃航空団も配備され日本北部の防空任務にあたった。54年（昭29）に創設された航空自衛隊の第2航空団が57年（昭32）から千歳に移駐を開始し、米軍から日本の防空業務を引き継いだため、米軍部隊は撤退し、59年（昭34）には米軍から返還され、航空自衛隊の管理する千歳飛行場となった。なお千歳第2、第3の跡地が陸上自衛隊東千歳駐屯地である。

米軍が管理していた1951年（昭26）、日本の民間航空が再開され、JALは東京—千歳間の運航をDC-4、マーチン404で開始し、翌年には一部の便が三沢にも寄港、54年（昭29）には日本ヘリコプター輸送（ANAの前身）も東京—三沢—千歳にデハビランド・ヘロン

で参入した（JALは三沢寄港を取りやめ）。61年（昭36）12月、既設の滑走路の東側で2,700m平行滑走路の運用も開始された。ターミナル施設としても、民間航空が乗り入れた当初は、米軍基地内で滑走路西側の1角の平屋建て400㎡程度のターミナルビルであったが、基地内での不便さや、その後の目覚しい航空需要の増加から、民間専用のターミナル地区の整備が強く要望され、千歳飛行場の東側に隣接する用地に誘導路、エプロン、駐車場、約4,300㎡のターミナルビルを備えた民航専用地区が63年（昭38）にオープンした。72年（昭47）には札幌冬季オリンピックが開催されたこともあり、東側滑走路は70年（昭45）に300m延長され3,000mに、72年（昭47）に幅員が45mから60mに拡幅された。76年（昭51）から78年（昭53）にかけて、航空自衛隊のF-4配備に伴い、その騒音対策のため東側滑走路の1,000m南方移転工事が行われた。ターミナルビルは航空機の大型化、需要の増加により逐次増改築され、81年（昭56）の大規模増改築では延床面積が約4万6,000㎡となり、さらに80年（昭55）に開業した国鉄千歳空港駅（現南千歳駅）と直接連絡歩道橋で結ばれた。本州と北海道各地を移動する旅客の航空シェアは75年（昭50）頃には国鉄のシェアを上回り、札幌—東京間でいえば航空シェアは90%を超える状況になっていたため、80年（昭55）秋に国鉄は従来の函館経由の本州連絡が主体であった列車体系を、札幌・千歳空港の2つの核を中心

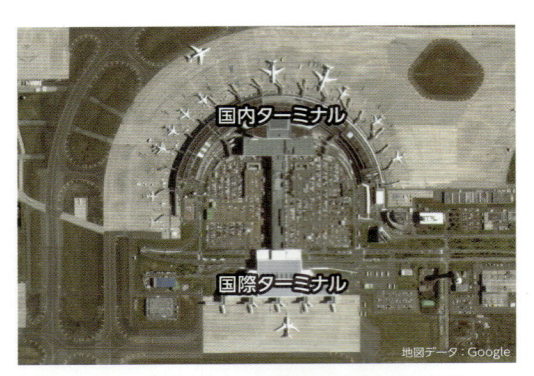

国内ターミナル

国際ターミナル

地図データ：Google

旅客ターミナル地域：国内、国際線は複合施設で連絡

とした道内都市間列車体系に変更しており、航空と鉄道が競合する時代から、相互に補完する時代に変遷した画期的な出来事であった。

　急増する航空需要を背景に1960年代の終わり頃から札幌地区に新たな民間専用空港を求める声が強まり、適地選定も行われたが、最終的には千歳飛行場の東側滑走路から、さらに1,500m離して2本の平行滑走路をもつ民間専用の「新千歳空港」を建設する計画が決定され、73年（昭48）から空港建設事業が開始された。その後オイルショックもあり、国の厳しい財政事情や用地買収の難航から、78年（昭53）の当初の開港予定は大幅に遅れ、最初の長さ3,000mのA滑走路が供用開始したのは88年（昭63）7月であった。この時はターミナル地区としては旧来の施設を使用する変則的なもので、その後92年（平4）7月に延床面積約15万㎡の近代的なターミナルビルとこれに直結する新しい空港駅などを備えた新しいターミナル地区がオープンした。長さ3,000mの平行滑走路であるB滑走路も96年（平8）4月には完成した。新千歳空港が建設された地域は古代から現在まで開発が行われなかった地域で、石器時代の埋蔵文化財の宝庫であり、大規模な遺跡調査の結果、貴重な遺物が発見されたことも特徴的である。

2. 計画と施設

　2本の滑走路はほぼ南北の方向で、300mの間隔で配置されている。ILSは2016年（平28）3月にB滑走路の北側からの進入に対しても整備されたことから、2本とも双方向に完備された。特にA滑走路の北側か

らの進入は11年（平23）にCAT-Ⅲaが整備され、その後Ⅲbにグレードアップしている。平行誘導路の間隔は除雪時のスノーヤードを考慮して、通常より広く130m確保され、ターミナルビルと滑走路南端の中間地点には航空機の防除雪作業専用のデアイシングエプロンが2バース設けられている。冬季には長さ3,000m滑走路1本を約20分で除雪するため90台を超える除雪車両が配備され、そのための車庫や雪捨て場をターミナル地区の南部に配置しているが、夏季にはこの雪冷熱をビルの空調に利用するという画期的な省エネ・システムを実現している。

　国内線ターミナルビルは1階が到着、2階が出発の一層半式のターミナルビルで、ダラス・フォートワース空港に似た半円形型のビルとなっている。エプロンもこのビル形状に沿って半円形にスポットが並んでおり、18の固定ゲートを有する。エプロンの周囲にはこれに沿うように誘導路が配置され、貨物エリア及び燃料貯蔵施設はこの誘導路の外側となっている。ターミナルビル中央部のセントラルプラザと呼ばれる、吹き抜け多目的広場と大規模に配置された飲食、物販の商業施設は拠点空港の1つのモデルとなっている。国内線ビルの地下にはJRの新千歳空港駅が設置され、札幌駅との間を約40分で結んでいる。半円形の内側には駐車場があり約4,200台収容となっている。

　国際線施設については従来国内線施設の北側の部分に設けられていたが、その後の国際線需要の急増により、2010年（平22）にはターミナル地区の西側に新しい国際線専用エプロンと約5万9,000㎡の新国際線ターミナルビルがオープンした。国際線ビルは2階が到着、3階が出発で、5つの固定ゲートをもつ。国内線ターミナルビルとは約300m離れているが、これを連絡する施設として、天然温泉付温浴施設や映画館など特徴ある店舗が入居した商業施設ビル約2万1,000㎡も11年（平23）に完成しており、JRや国内線からの乗り継ぎも容易な構造である。

　国内線ビルの増改築も2012年（平24）に完成し、その規模は約18万2,000㎡となったが、さらに15年（平27）から国内線ビルの大規模改修に着手しており、18年（平30）に完成の予定である。

　急増する国際線旅客に対応するため、2016年（平28）から国際線ターミナル地域の再編整備が開始され、エプロン3バース増設、南側誘導路の新設のほか、国

際線ターミナルビルに新たにホテルを併設し、約12.4万㎡に増築する工事に着手しており、ターミナルビルは19年（平31）夏に供用開始の予定である。

3. 運用状況

JALは1951年（昭26）から幹線の東京—千歳線の運航を開始しているが、59年（昭34）にANAにも念願の幹線乗り入れが認められ、東京—千歳線に新鋭機CV-440で参入した。東京—千歳線は東京—大阪線に並ぶ看板路線であり、両社はその後相次いで最新鋭機材をこの路線に投入し、激しい競争を行ってきた。74年（昭49）にはJALはB747、ANAはL1011を導入し、大量輸送時代が到来した。この年には東京—千歳の年間輸送量が400万人を超え、単独路線では旅客数世界一の路線といわれた。90年代の後半には航空の規制緩和が進み、98年（平10）には北海道の地元資本による新しい航空会社エア・ドゥがこの路線に参入し、2006年（平18）にはスカイマーク（SKY）も加わり新たな競争時代に入った。年間旅客数は06年（平18）には1,000万人を超えている。

大阪線では1961年（昭36）にJALが夏季限定、プロペラ機で伊丹線の運航を開始し、1964年（昭39）にジェット化、70年（昭45）に通年化、ANAも69年（昭44）からジェット機で参入している。

2012年（平24）から始まった日本国内のLCC時代では、千歳—成田・関空路線がその目玉であり、ピーチ・アビエーション、ジェットスター・ジャパン、エア・アジア（現バニラ・エア）、春秋航空日本の各社が路線を展開し、近年の需要の拡大に貢献している。

道内路線としては、1974年（昭49）のTDA、2010年（平22）のANKエアーニッポン・ネットワークの丘珠から千歳への拠点変更により、道内の主要空港の路線が形成されている。

その他の空港との間にも、相手空港の整備の状況に応じて便の開設や増強が行われてきた。2017年現在、国内線は10社が羽田、伊丹、関西、中部をはじめ27路線に就航している。

国際線については、千歳飛行場時代1972年（昭47）の札幌オリンピックで12か国25機の外国機が飛来し、臨時CIQも開設されたが、定期便としては、81年（昭56）にJALが開設した千歳—成田—ホノルル線がスタートであった。本格的には新千歳空港の開港後で、89年（平元）に大韓航空がソウル線を、90（平2）年にキャセイ航空が香港線を、92年（平4）カンタス航空がケアンズ線を開設するなど新規開設が相次いだ。97年（平9）にはKLMが名古屋—新千歳—アムステルダム線を開設し、ヨーロッパとも結ばれたが長くは続かなかった。年間の国際線旅客数は2005年（平17）頃までは30万～50万人の規模で推移していたが、その後韓国、台湾、中国、東南アジア方面からの旅客が急増し、路線開設も相次いで12年（平24）に200万人を突破し、その後も急増している。17年（平29）夏時点で、サハリン航空のユジノサハリンスクを含め23社が17空港と路線を開設している。当初の国際線は北海道民が海外に出かけるケースが主体であったが、最近は諸外国の北海道ブームにより、国際線旅客の9割近くが外国人旅行客で占められている。

なお、当空港を含め北海道の7空港の一体的な空港運営の民間委託（コンセッション）の手続きが進められている。

（横田和男）

■空港の諸元
・空港種別：国管理空港
・空港管理者：国土交通大臣
・位置：北海道千歳市
・空港面積：726ha
・滑走路（長さ×幅）：2本
　A R/W 01L/19R：3,000m×60m
　B R/W 01R/19L：3,000m×60m
・運用時間（利用時間）：24時間（24時間）

■ターミナルビル
・運営：新千歳空港ターミナルビルディング㈱
　＜北海道空港㈱から分社し2017年設立＞
・規模：国際　59,156㎡（PBB8基）
　　　　国内　182,517㎡（PBB26基）

■輸送実績（2016年/平成28年実績）
・総旅客数　21,311,918人
　国際旅客　2,579,899人
　国内旅客　18,732,019人
・貨物量　208,480トン
・離着陸回数　144,192回

#212
札幌飛行場（丘珠空港）

Sapporo Aerodrome（Okadama Airport）

RJCO / OKD

旧陸軍が丘珠の地の玉葱畑に造った滑走路が原型で、現在も防衛省との共用飛行場

　丘珠空港は札幌駅から東北約6kmに位置し、札幌市街地に近接した空港であり、陸上自衛隊が主要施設を管理する共用飛行場である。日本海側に近く、比較的積雪の多い場所に立地している。

1. 沿革

　札幌地区の飛行場の歴史としては、1926年（大15）札幌5番館の興農園耕地（北10条東1丁目）を北海タイムス、小樽新聞の航空基地として使用したことに始まり、その後北海タイムスによる自社の専用飛行場の建設と札幌—旭川の定期郵便飛行の開始、さらには遁信省航空局による飛行場の拡張や定期旅客輸送の実施などの歴史を刻むが、この基地は戦時の軍事転用を経て、戦後はほとんど使われることもなく、現在ではわずかに当時の飛行場の門柱のみが残っているに過ぎない。

　旧陸軍は北海道防衛のため、1942年（昭17）からこの飛行場以外にも、東北部の当時札幌村丘珠といわれていた玉葱畑に長さ1,200m、幅100mのコンクリート舗装の本格的な滑走路をもつ飛行場を建設しており、これが現在の丘珠空港の原型である。この飛行場は、戦後米軍が駐留し、47年（昭22）に真駒内に移駐後も空挺部隊の演習場として使用されていたが、52年（昭27）には返還、その後陸上自衛隊の航空隊が進出して現在に至っている。

　1953年（昭28）に北日本航空（NTA）が設立された時には、同航空はここを主基地として使用し、滑走路は長さ1,000m×幅80mの旧軍時代のものをそのまま使った。NTAは57年（昭32）から定期旅客輸送の拠点としても使用し61年（昭36）には航空法に基づき公共用の指定もなされている。

　YS-11の本格的な導入に伴い、1965年（昭40）に札幌振興公社が旅客ターミナルビルを建設し、67年（昭42）には、滑走路も北西側に400m延長され長さ1,400m×幅30mのアスファルト舗装となっている。91年（平3）にエプロンの拡張、92年（平4）には第3セクターによる新ターミナルビル（約3,500㎡）の建設も行われた。90年代後半のYS-11の退役に備えたジェット化の構想は、周辺の市街化が進んだ地元の反対により断念され、その後2004年（平16）に、YS-11の後継機であるDHC-8-300対策として滑走路を南東側に100m延長するとともに、エプロンや駐車場の拡張が行われた。

2. 施設概要

　滑走路は長さ1,500mを有し、南東—北西の方向を

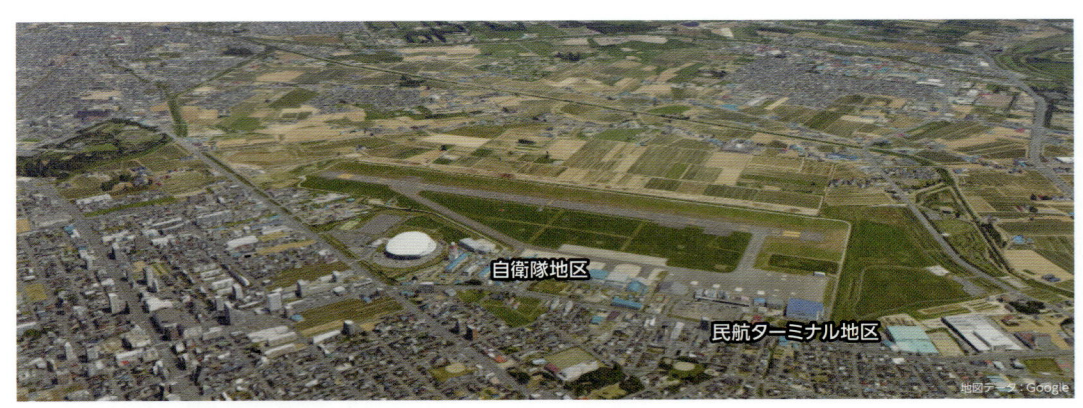

札幌飛行場全景：飛行場横の丸く白い建物はスポーツ複合施設「つどーむ」

ターミナル地域：北海道エアシステム（現JAL）が拠点として使用する

向いている。平行誘導路はないが滑走路両端に取付誘導路が設置されエプロンと連絡している。エプロンからランドサイドは自衛隊基地と民航エリアが2分している。民航エプロンには自走式の旅客機用スポットが4バースのほか、20以上の小型機用スポットがある。

　ターミナルビルには搭乗橋はなく、乗客はエプロン上を歩行して航空機に乗降するため、冬季の積雪対策として、乗客の通行部分にロードヒーティングの設備が設けられている。

　北海道の小型航空機の基地としての役割を担っており、1991年（平3）に札幌市消防航空隊、96年（平8）に北海道警察航空隊と北海道防災ヘリが進出しているほか、航空機使用事業者などの小型機が常駐している。約1.5km離れたところには地下鉄の駅がある。

3. 運用状況

　NTAは1957年（昭32）から女満別・西春別、59年（昭34）には稚内、60年（昭35）函館、釧路と道内路線の開設や秋田・東京の道外路線の進出まで行い、順次路線を拡大してきたが、当時の航空不況で後継の日本国内航空は赤字が続き、稚内などの不採算の道内路線は相次いで休止した。

　横浜航空は、NTAの穴を埋める形で紋別、女満別、中標津、稚内の路線を乗客5人乗りのセスナ206で開始した。しかし、1972年（昭47）の墜落事故により全線が営業停止となった。ANAも仙台線、新潟線を開設したが、札幌での拠点を千歳に統合するため撤退した。日本近距離航空（NKA）が74年（昭49）から順次、稚内—利尻、奥尻—函館、紋別、中標津の運航をDHC-6で開始した。一方、東亜国内航空（TDA）は地方路線のジェット化を進めるために同年に札幌での拠点を千歳に移し丘珠から撤退し、この影響で年間50万人程度の乗降客は2万人程度と離島空港並みの規模に激減した。

　NKAはANAの全面的な支援のもとにYS-11化を進め、函館・釧路路線などのビジネス客の利用の増加などもあり、1990年（平2）以降、旅客数は年間35万人程度で推移したが、使用していたDHC-8-300の後継機問題から2010年（平22）には札幌での拠点を丘珠から千歳に移した。

　このように丘珠空港は様々な航空会社が参入と撤退を繰り返しており、その都度旅客数も大きな変動を経てきた。

　現在、丘珠空港を拠点空港としている北海道エアシステム（現在はJAL）は道内のコミューター会社として1997年（平9）に設立され、函館、千歳を拠点に、丘珠にも2003年（平15）より乗り入れて、函館、釧路線をSAABで運航した。その後、地元の要請を受けて11年（平23）に本社も千歳から丘珠に移転し、丘珠空港を拠点に函館、釧路、女満別（12年より休止）、利尻、三沢との路線を運航しており、年間旅客数は20万人程度となっている。静岡を拠点としているフジドリームエアラインズ（FDA）は13年（平25）から小型ジェット機エンブレムでテスト飛行を重ね、周辺地域の理解のもと、16年（平28）から夏季限定で丘珠—静岡線の運航を開始している。

（横田和男）

■空港の諸元	・運用時間（利用時間）：13時間	■輸送実績（2016年/平成28年実績）
・空港種別：共用空港	（7：30〜20：30）	・総旅客数　　205,297人
・空港管理者：防衛大臣		（国内線のみ）
・位置：北海道札幌市	■ターミナルビル	・貨物量　　　　　2トン
・空港面積：103ha	・運営：札幌丘珠空港ビル㈱	・離着陸回数　15,348回
・滑走路（長さ×幅）：1本	＜1990年設立＞	
14/32：1,500m×45m	・規模：3,515㎡	

213

稚内空港
Wakkanai Airport

RJCW / WKJ

北国の観光資源を生かし夏季は羽田に中型ジェット機が就航する。わが国本土最北端の空港

1. 沿革と概要

　稚内空港は、北洋漁業の中心地の1つである稚内市の東約12km、宗谷湾に面した海岸砂丘地帯とその後方のメグマ沼の湿原地帯に建設された空港である。稚内空港の建設は戦後の地方空港整備の端緒を開くもので、1956年（昭31）に制定された空港整備法の最初の政令指定を受けた空港の1つで、長さ1,200mの滑走路をもつ国管理の空港（用地については稚内市が提供）として建設された。58年（昭33）には滑走路などが完成したため、59年（昭34）から北日本航空（NJA）が丘珠との路線を開設し、開港式典を行ったが、正式な供用開始は60年（昭35）である。この時のターミナル地区は滑走路の北側の国道沿いであった。その後83年（昭58）ジェット化のため、滑走路を西側に200m、東側に600m延長し、ターミナル地区を滑走路の南側に移転する事業が開始された。87年（昭62）には1,800mの滑走路とターミナル地区が完成し、札幌、東京路線にANAのB737が就航した。88年（昭63）には2,000m滑走路とILSも完成している。滑走路の方向が海岸線に平行で、冬季には横風が強く、豪雪地帯でもあることから、冬季の就航率は全国でも最も低い部類に入るため、その対策として2007年（平19）から滑走路を東側に200m延長する事業が開始され、09年（平21）には2,200m滑走路が供用開始した。平行誘導路はなく、滑走路の両端にはターニン

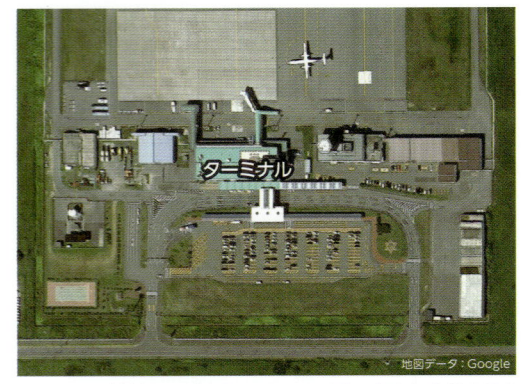

ターミナル地域：にぎわうのはやはり夏。東京からおよそ2時間

グパッドがある。エプロンはコンクリート舗装のスポット2バース、アスファルト舗装のスポット2バースである。ターミナルビルは、当初約3,100㎡の規模で一層半式、航空旅客の増大に伴い1998年（平10）に増築され、現在は約4,100㎡の規模となっている。固定橋が2か所あるが、PBBは1基である。

2. 運用状況

　NJAは1959年（昭34）から夏季のみ丘珠との路線をDC-3で1便運航していたが、65年（昭40）からは運航を休止している。新たに設立された日本近距離航空（NKA）が74年（昭49）にDHC-6で丘珠線、80年（昭55）にYS-11で千歳線にも参入するほか、81年（昭56）には丘珠線にもYS-11を導入している。

　1987年（昭62）の滑走路延長に伴い、ANAは夏期限定でB737を千歳線に導入するとともに、新たに東京便を就航させた。東京便の旅客は順調に増加し、95年（平7）には通年運航、夏期には2便体制となり、B767も就航した。95年（平

空港全体図：空港のすぐ横には宗谷湾が広がる。市街へは車で20分ほど

7）には大阪便、2004年（平16）には名古屋便が夏期限定で就航したが、両便とも13年（平25）には運休、丘珠線もエアーニッポン・ネットワークの丘珠からの撤退に伴い休止となり、現在では東京、千歳便のみの就航となっている。

そのほか、利尻線は1960年（昭35）頃からNJAがセスナで、礼文線は78年（昭53）から近距離がDHC6で運航を開始、その後、紆余曲折を経て、エアー北海道がDHC-6で1日1～2便運航していたが、99

年（平11）利尻空港の1,800mジェット化もあって、2003年（平15）には稚内から両島への路線は廃止された。

全体の航空旅客数は、ジェット化以前は年間9万人程度ながら、東京便の開設以来、離島観光ブームもあって急増し、1998年（平10）には30万人を超えていたが、2009年（平21）には17万人程度まで減少し、その後横ばいの状況が続いている。

（横田和男）

■**空港の諸元**
- 空港種別：国管理空港
- 空港管理者：国土交通大臣
- 位置：北海道稚内市
- 空港面積：99ha
- 滑走路（長さ×幅）：1本
  08/26：2,200m × 45m

・運用時間（利用時間）：10時間
　（8：30 ～ 18：30）

■**ターミナルビル**
・運営：稚内空港ビル㈱
　＜1985年設立＞
・規模：4,095㎡（PBB1基）

■**輸送実績（2016年/平成28年実績）**
・総旅客数　　　190,076人
　　　　　　　　（国内線のみ）
・貨物量　　　　　　298トン
・離着陸回数　　　　2,882回

#214
利尻空港

Rishiri Airport　　　　　　　　　　　　　　　**RJER / RIS**

1,800m 滑走路を有し千歳線にジェットが就航。近年の離島ブームでの観光需要増に期待

利尻島は稚内市の西南約45km（フェリーで約1時間半）、人口約4,700人、観光と漁業の島で、中央にそびえる利尻富士が有名である。利尻空港は島の北端の比較的なだらかな傾斜地に、海岸に平行に建設された北海道の離島では一番古い空港である。長さ1,800mの滑走路の北西側（海側）にターミナルがあり、3スポットのエプロンがある。

利尻空港の歴史は、稚内空港が開港した1960年（昭35）頃から北日本航空（NJA）が牧場を利用した場外離着陸場を使って、セスナによる旅客輸送を開始したことに始まる。61年（昭36）飛行場の設置許可を得て、62年（昭37）8月に滑走路600mで正式にオープンした。当初数年間はNJAが稚内との便を4人乗りセスナで3往復程度運航し、その後は横浜航空が継承したが、73年（昭48）には一旦空港を閉鎖して工事を行い、滑走路を長さ800mに延長した。74年（昭49）から日本近距離航空のDHC-6が利尻—稚内—丘珠線に就航した。稚内空港に格納庫が建設された84年（昭59）からは通年運航し、92年（平4）からはジェット化のための整備に着手した。99年（平11）に新しい1,800m滑走路とター

空港全景：島の中央に標高1,721mの利尻山（利尻富士）が鎮座し、夏季は多くの登山客でにぎわう

ミナルビルが完成し、夏季限定でエアーニッポン（現在ANA）のB737が千歳線に就航した。

2003年（平15）には稚内線は廃止、11年（平23）から北海道エアシステム（現在JAL）のSAABが丘珠線に就航している。

(横田和男)

■空港の諸元
・空港種別：地方管理空港
・空港管理者：北海道
・位置：北海道利尻郡利尻富士町
・空港面積：66ha
・滑走路（長さ×幅）：1本
　07/25：1,800m × 45m

・運用時間（利用時間）：8時間
　（9：00～17：00）

■ターミナルビル
・運営：北海道＜道営＞
・規模：1,936㎡

■輸送実績（2016年/平成28年実績）
・総旅客数　　　　41,932人
　（国内線のみ）
・貨物量　　　　　実績なし
・離着陸回数　　　1,042回

#215
礼文空港

Rebun Airport

RJCR / RBJ

高山植物の見事な "花の浮島" を訪れる人は多いが、フェリーの便もよく、空路は休止中

礼文島は稚内市の西約60km（フェリーで2時間半）、利尻島の北約10kmにある人口2,700人の観光と漁業の島で、高山植物が咲き乱れることで有名な島である。礼文空港は礼文島の北東端、金田の岬の台地の上に、海岸線に平行に建設された日本最北端の空港で、1974年（昭49）に建設が開始され、78年（昭53）6月に滑走路800mで供用開始した。滑走路の南端に2スポットのエプロンと平屋のターミナルビルがある。

日本近距離航空（NKA）が当初からDHC-6で稚内との間を1日1往復を冬季休航で、1984年（昭59）稚内空港に格納庫が整備されてからは通年で運航していたが、99年（平11）に利尻空港がジェット化され、NKAの最終的な後継会社であるエアー北海道が2003年（平15）稚内から撤退したため、唯一のこの路線は廃止された。開港後約25年間で年間輸送実績が1万人を超える年はなかった。その後は緊急輸送や自家用機の利用のみとなったが、その頻度も多くなく、09年（平21）から15年（平27）まで空港自体の供用を休止、さらに21年まで休止が延長されている。

(横田和男)

地図データ：Google

空港全景：空港は島の最北部に位置する。滑走路をはさんで東西に漁港がある

■空港の諸元
・空港種別：地方管理空港
・空港管理者：北海道
・位置：北海道礼文郡礼文町
・空港面積：11ha
・滑走路（長さ×幅）：1本
　14/32：800m × 25m

・運用時間（利用時間）：休止中

■ターミナルビル
・運営：北海道＜道営＞
・規模：342㎡

■輸送実績（2016年/平成28年実績）
・総旅客数　　輸送実績なし
・貨物量　　　同
・離着陸回数　同

Japan

#216
旭川空港

Asahikawa Airport

RJEC / AKJ

旭川市が管理する道央の拠点空港で年間100万人超が利用。冬期間も高い就航率を維持

1. 沿革と概要

旭川空港は旭川市の中心部から南に約16km、隣接する東神楽町にまたがり、水田、畑、カラマツ林が連なるなだらかな丘陵地に建設された旭川市が管理する空港である。旭川市は北海道の地理的な中心部に立地し、道北の政治、文化、経済の中心都市で、北海道第2の人口を有する都市である。

北海道で初めて民間航空輸送が始まったのは、1934年（昭9）の北海タイムスによる札幌―旭川間の郵便輸送であり、戦後も北日本航空が53年（昭28）から旧陸軍の飛行場（現在、陸上自衛隊旭川飛行場）を利用して広告宣伝飛行などを行っていたが、これにも関わらず空港整備への取り組みは遅れた。

建設事業の開始は1963年（昭38）で、66年（昭41）に1,200mの滑走路が完成した。ジェット化のための空港整備にあたっては、紆余曲折の末、従来の空港を拡張する案が決定され、76年（昭51）より滑走路を約3°東に振って2,000mの新滑走路を整備する事業が開始、82年（昭57）に新滑走路が暫定の1,640mで供用開始され、東亜国内航空（TDA）のDC-9が東京線に就航した。1層半式約6,000㎡の新ターミナルビルもオープンし、ILSを含めた全体（滑走路2,000m）の整備が84年（昭59）に完成した。

1992年（平4）からは大型ジェット機の就航のため、滑走路を長さ2,500mに延長する事業が開始され、滑走路は97年（平9）に、平行誘導路等その他の事業は98年（平10）に完成した。ターミナルビルも2000年（平12）には約7,000㎡増築され、改築された旧ビルとあわせて1万3,000㎡の近代的なビルに生まれ変わった。

滑走路はほぼ南北の方向で、平行誘導路を有し、東側中央部にターミナルエリアが配置されている。平行誘導路とエプロン内誘導路が分離されている。エプロンは中型ジェット機用5スポットを有し、PBBを4基備えたターミナルビルは全面ガラス張りの斬新なファサードをもつ。2006年（平18）に既存のビルを改築して国際線施設を整備し、ビル内部で国内・国際を使い分けている。しかし、これでは手狭なため、現在ビルの南側に2階建て約7,000㎡の新しい国際線ビルの建設を進めており、18年（平30）末には供用開始する予定である。

2. 運用状況

日本国内航空（JDA）は開港と同時にYS-11で旭川―丘珠―東京線の運航を開始し、1969年（昭44）には東京直行便も運航開始した。82年（昭57）のジェット化以降、需要は急激に増加し、翌年にはA300が就航し、92年（平4）にはANAも参入してダブルトラックとなった。

東京便以外の新規路線の開設も相次ぎ、1991年（平3）にJASが大阪線、92年（平4）にANAが名古屋線、95年（平7）以降には、福岡線、仙台線、新潟線と続いたが、福岡、仙台、新潟線はいずれも3年程度で運休し、関空線についても2010年（平22）にANAの参入があったものの、伊丹、関空線ともに夏期だけの季節運航に変更され

空港全景：北海道第2の都市の航空需要を担う。周囲には広大な田園風景が広がる

ている。スカイマークは08年（平20）に羽田線等に参入したが、14年（平26）には撤退、エア・ドゥは03年（平15）よりANAとの共同運航便として羽田線に加わっている。そのほか道内路線として北海道エアシステムが1998年（平10）函館、釧路線を開設したが、いずれも2013年（平25）までに運休した。

国内線の旅客数は、1982年（昭57）以前は年間10万人程度であったが、96年（平8）には100万人を超える急成長を示し、その後は100万人から120万人の間で増減し、北海道第3位の旅客数である。

国際線については、2002年（平14）頃から台湾、韓国からのチャーター便が急増し、06年（平18）アシアナ航空がソウルとの定期便を開設した。その後紆余曲折があったものの、14年（平26）には国際線

ターミナル地域：ターミナルに隣接する空港公園からは航空機の離着陸が見渡せる

旅客数は年間20万人弱まで増加し、アシアナ以外にもタイガーエア台湾他が台北、上海との定期便を開設したが、18年現在、台北線のみとなっている。また、積雪寒冷地空港として冬期も高い就航率（99.1%、2016年実績）を誇っている。

（横田和男）

■空港の諸元
・空港種別：特定地方管理空港
・空港管理者：旭川市
・位置：北海道上川郡東神楽町
・空港面積：214ha
・滑走路（長さ×幅）：1本
　16/34：2,500m × 60m

・運用時間（利用時間）：13時間
　（8：00 〜 21：00）

■ターミナルビル
・設立：旭川空港ビル㈱＜ 1980 年設立＞
・規模：13,526㎡（搭乗橋 4 基）

■輸送実績（2016年/平成28年実績）
・総旅客数　　1,140,822人
　国際旅客　　　152,082人
　国内旅客　　　988,740人
・貨物量　　　　　5,426トン
・離着陸回数　　　7,888回

#217
紋別空港

Monbetsu Airport

RJEB / MBE

オホーツク海に面した長大な海岸線沿いの空港。観光オフシーズンの需要喚起が課題

紋別空港は、オホーツク圏遠紋地区の中心都市紋別市の南東約7kmのオホーツク海に面する、なだらかな牧場と森林地帯に建設された道営空港である。滑走路は海岸線とほぼ平行に南東—北西方向で長さ2,000mを有する。海側である北東側に2バースのエプロンと約2,000㎡のビルがある。

前身である旧空港は、さらに海岸沿いに約10km南

東に行った場所に、紋別市により1963年（昭38）から66年（昭41）にかけて建設された。当初は横浜航空がセスナで運航したが、73年（昭48）に空港管理者が北海道に変わり、74年（昭49）以降は日本近距離航空が、DHC-6で丘珠との路線を夏季のみ運航していた。79年（昭54）からは通年運航に、81年（昭56）にはYS-11に機種変更された。

　1990年（平2）に千歳線が追加され順調に需要が増加したため、93年（平5）からジェット化整備が開始された。旧空港は両端を湖に挟まれ、拡張が困難なため、新たな場所に新空港を建設することとなり、99年（平11）に新空港は開港した。

　待望の東京線は、エアーニッポン（ANK）が2000年（平12）夏からB737で運航しているが、夏季と流氷観光期を除いては、需要は低迷しており、11年（平23）から14年（平26）の冬季は、東京便は千歳経由便に変更された。札幌との路線は当初ANKがB737で千歳線を運航したが、高速道路の延伸や高速バスの運航開始により、需要は減り続け、プロペラ機への変更、丘珠線への変更などを経て、03

年（平15）10月には休止した。その後、北海道エアシステム（HAC）が一時的に運航した時期もあったが、長くは続いていない。17年現在、ANAによる東京便が1日1往復となっている。

（横田和男）

空港全景：オホーツク海に面した位置にある。紋別市街からは車で10分ほど

紋別市街

地図データ：Google

■空港の諸元
- 空港種別：地方管理空港
- 空港管理者：北海道
- 位置：北海道紋別市
- 空港面積：129ha
- 滑走路（長さ×幅）：1本
　14/32：2,000m × 45m

- 運用時間（利用時間）：8時間
　（9：00 ～ 17：00）

■ターミナルビル
- 運営：オホーツク紋別空港ビル㈱
　＜1998年設立＞
- 規模：1,993㎡

■輸送実績（2016年/平成28年実績）
- 総旅客数　　　　　70,070人
　　　　　　　（国内線のみ）
- 貨物量　　　　　　　1トン
- 離着陸回数　　　　　774回

#218
女満別空港

Memanbetsu Airport

RJCM / MMB

道東北部の農耕地域にあり、着陸時は季節により一面の緑や雪景色に目を見張る

1. 沿革と概要

　女満別空港は北海道東北部の農業の中心地である北見市の東北約40km、網走市南西約20kmのなだらかな馬鈴薯、麦類等の農耕地帯に建設された道営空港である。

　女満別における飛行場の歴史は古く、1935年（昭10）に当時の中央気象台が村民の協力のもと、飛行機による流氷観測のため長さ500mの滑走路を競馬場の跡地に建設したのがその始まりである。42年（昭17）

には旧海軍の美幌第2航空基地として、長さ1,500m×幅80mのコンクリート舗装の滑走路が整備された。終戦後は米軍により爆破されたが、50年（昭25）の朝鮮戦争の勃発に伴い52年（昭27）には米軍が接収、補修して不時着用飛行場として使用した。56年（昭31）には米軍から滑走路の一部が返還され、女満別町管理の飛行場として供用開始し、翌年からは道内航空路として初めて、北日本航空（NJA）が丘珠―女満別―西春別の運航をDC-3で開始した。正式な飛行場としての供用開始は北海道に管理が移った63年（昭

38）である。

　1981年（昭56）に既存空港の約2km南に新しい空港の建設が開始され、85年（昭60）、予定より半年早く、滑走路2,000mの新空港がオープンした。空港西側の北見と網走を結ぶ国道39号線に接してターミナル地区を配置し、一層半式、一部3階建て3,500㎡のターミナルビルが供用開始して、東京、千歳線がジェット化された。

　1994年（平6）から、さらに南側に滑走路を500m延長し、平行誘導路を整備する事業が開始され、2000年（平12）に2,500mの滑走路が供用開始した。ターミナルビルも、従来のTDAに加えてANAの進出を契機に、1994年（平6）に増築されて5,800㎡となっていたが、2006年（平18）に再度増築されて、3基のPBBを有する8,900㎡の規模になった。6バースの旅客機用エプロンの北側には小型機用エプロンがある。

　ILSについては1985年（昭60）の新空港開設時には北側からの進入のみであったが、2008年（平20）には南側進入用も整備され、ILSが双方向化された数少ない空港の1つである。

網走湖

女満別町中心部

地図データ：Google

空港全景：周囲にはジャガイモ畑などが広がる。女満別のほか、網走へのアクセスも良い

2. 運用状況

　1957年（昭32）NJAにより開設された丘珠線は、一時中断したが、71年（昭46）にTDAが再開した後は、翌年の通年化もあり、需要は順調に伸びた。80年（昭55）から東京との直行便が開始されたが、この路線はYS-11による最長路線であった。85年（昭60）の新空港のジェット化後は急速に需要も増え、92年（平4）には東京線は千歳線を抜いて最大路線となり、97年（平9）には、JAL、ANAもこの路線に参入し、地方路線としては珍しく3社競合路線となった。

　ANAが1992年（平4）に大阪線、93年（平5）には名古屋線を開設した。ほかに広島線、福岡線、新潟線、仙台線、函館線が開設されたが、長いものでも7年後には休止となり、伊丹線（JAL）、関空線（ANA）も季節運航、中部線（ANA）のみ通年運航となっている。東京線も2000年（平12）のANAの撤退、03年（平15）のJAL、JASの合併により、一旦単独路線へ戻るが、06年（平18）エア・ドゥがANAとの共同運航で参入し、再度2社競合路線となっている。

　札幌線では、TDA、エアーニッポン、北海道エアシステム（HAC）が相次いで丘珠から千歳に移行し、現在は千歳線のみとなり、JAL、ANAの2社が就航している。

　全体の航空需要は1985年（昭60）のジェット化以来、順調に増加を続け、97年（平9）には旅客数で釧路空港を抜いて道内3位、100万人を超える空港に成長した。98年（平10）の113万人をピークにその後は横ばい状況で、2007年（平19）以降の航空不況で利用客数は減り続け、11年（平23）には62万人まで減少したが、その後は回復基調にある。

（横田和男）

■空港の諸元
・空港種別：地方管理空港
・空港管理者：北海道
・位置：北海道網走郡大空町
・空港面積：168ha
・滑走路（長さ×幅）：1本
　　18/36：2,500m × 45m

・運用時間（利用時間）：13時間
　　（8：00 ～ 21：00）

■ターミナルビル
・運営：女満別空港ビル㈱
　　＜1983年設立＞
・規模：8,934㎡（PBB3基）

■輸送実績（2016年/平成28年実績）
・総旅客数　　768,990人
　　国際旅客　　　370人
　　国内旅客　768,620人
・貨物量　　　1,700トン
・離着陸回数　9,892回

#219
中標津空港

Nakashibetsu Airport

RJCN / SHB

わが国最東端の空港で道内航空輸送の草分け。小規模ながら木造のターミナルも特徴

1. 沿革と概要

中標津空港は、根室地区のほぼ中心にある中標津町の市街地から北西約4kmの平坦な牧草地にある道営空港である。中標津町は人口よりも牛の数の方が多いといわれるほど、日本有数の酪農地帯である。

この地域は戦後の北海道の航空輸送の草分けの地で、北日本航空（NJA）が1957年（昭32）に初めて路線運航を始めたのは、中標津空港から南西約25kmにある西春別空港（現在航空自衛隊計根別飛行場）を利用した、丘珠―女満別―西春別―丘珠の周回路線である。その後、旧海軍の標津第1飛行場の跡地をNJAが中標津町と共同で再整備し、長さ1,200mの滑走路が使用可能となったため、60年（昭35）に運航は西春別から中標津に移った。

中標津空港はその後本格的な整備が行われ、1965年（昭40）7月に正式にオープンした。73年（昭48）には空港管理者は中標津町から北海道に変わった。85年（昭60）にはジェット化のため、既存の滑走路と約45度で交差する長さ1,800mの新滑走路の整備が開始された。工事中の運用を休止させないため、最初に1,200mの新滑走路を完成供用させた後、従来の滑走路を廃止して1,800mの新滑走路全体を整備する方法がとられ、90年（平2）に供用開始した。同時にILSも設置された。現在も旧滑走路の名残が見て取れる。97年（平9）には200m延長され、2,000m滑走路が完成した。

ターミナルビル（約2,400㎡）は新しい長さ1,200m滑走路にあわせて建設されたが、本格的な木造づくりを取り入れているのが特色である。その後ビルは2008年（平20）に増築されて約3,800㎡となっている。

2. 利用状況

NJAは1960年（昭35）に運航開始し、その後運航と運休を繰り返したが、67年（昭42）からは横浜航空が、74年（昭49）からは日本近距離航空が定期運航を開始した。80年（昭55）よりYS-11が導入され、84年（昭59）からは千歳線が開設されるなど、航空需要は順調に増加した。90年（平2）のジェット化により、東京便も開設され、93年（平5）から夏季繁忙期にはB767も就航した。89年（平元）に7万人程度であった年間旅客数は、90年（平2）には10万人、97年（平9）には20万人を超える急成長を示した。しかし、98年（平10）の約25万人をピークに、2007年（平19）頃から減少に転じ、千歳線が一時休止された09年（平21）には16万人程度まで減少した。その後は回復傾向にある。17年現在、路線はANAの東京線と千歳線であり、旅客数はこの2路線がほぼ半分ずつという状況が続いている。

（横田和男）

中標津町中心部

地図データ：Google

空港全景：周囲には広大な牧草地帯が広がる。千歳線と東京線を運航中

#220
釧路空港

Kushiro Airport

RJCK / KUH

この地特有の海霧による欠航を防ぐため、精密な着陸進入装置を備えた道東の拠点

1. 沿革と概要

　釧路空港は、道東の政治や経済の中心地である釧路市の北西約20km、海岸から約5kmの丘陵地帯に建設された国管理空港である。

　釧路地域の飛行場の歴史としては、1938年（昭13）、当時の市長の強い働きかけにより、釧路市の中心部から約3km北の泥炭地域に、民間の寄付を中心として、700m×600mの敷地と格納庫を1棟備えた「愛国飛行場」が建設されたのがその始まりである。この飛行場には定期便が就航することはなかったが、戦後も民間の小型機の飛行場として使用され、釧路空港の供用開始とともに廃止された。敷地は住宅地として転用され、今は「愛国」という地名がわずかにその面影を残している。

　1957年（昭32）に、現空港の位置にほぼ南北方向の長さ1,200m滑走路をもつ空港の整備が始まり、60

年（昭35）に空港は概成した。北日本航空（NJA）がCV-220により丘珠との間の運航を開始したが、正式な空港の供用開始日は61年（昭36）7月20日である。ジェット化整備が、71年（昭46）から始まり、南側に600m延長された1,800mの滑走路とILS、本格的なターミナルビル（約2,300㎡）がある新しいターミナル地区が72年（昭48）に供用開始し、翌年東亜国内航空（TDA）のDC-9が東京線に就航した。

　その後、航空需要も順調に増加したため、中型ジェット機の就航を可能とすることを目的として、滑走路の長さ2,300m化と平行誘導路の整備が1980年（昭55）から始まった。しかし、滑走路を北側に500m延長することは、空港北東部の軟弱地盤上に65mの高盛土を構築する難工事であったため、現地盤の整成等で可能な300mまで（滑走路2,100m）を当面の1期工事として84年（昭59）に供用開始した。中型機用のエプロンは奥行きを必要とするため、既設ターミナルビルの北側に既存のエプロンとL字型になるように配置され、ターミナルビルもそれに対応した形で部分的に増築（約4,200㎡）された。これによりANAのB767が翌年の7月から就航した。滑走路2,300mと平行誘導路については89年（平元）12月に供用開始した。

　1994年（平6）には冬期間のエアバスクラスの航空機の

空港全景：空港の東（写真左下）には広大な釧路湿原があり、南（上方）へ5kmほど行くと海岸線が広がる

Japan

運航性の向上を目指して、滑走路を南側に200m延長して長さ2,500mに整備する事業が開始された。また、新ターミナルビルを既存のビルから約100m近く東側にセットバックした位置で新築し、既存のビルは取り壊して大型機用エプロンを整備するターミナル地域の拡張事業も開始された。新ターミナルビル（約11,000㎡）は96年（平8）には完成し、滑走路の2,500mへの延長事業も2000年（平成12）に完成した。

ターミナル地域：滑走路長は2,500mで、大型機も駐機できるエプロンを備える

この空港の特徴としては、夏季の海霧対策がある。わが国の空港としては初めてとなるILSの高規格化が熊本空港とともに計画され、1995年（平7）にはCAT-Ⅲa、2006年（平18）にはCAT-Ⅲbにグレードアップされ、夏季の就航率も大幅に改良された。

2. 運用状況

開港当初のNJAの丘珠線は、1964年（昭39）の帯広空港の開港により帯広への寄港、65年（昭40）から夏季の中標津への延伸があり、67年（昭42）からは東京─帯広線が釧路まで延伸され、東京と直接結ばれた。東京線は73年（昭48）のジェット化と同時に直行化し、その後急激に需要を伸ばした。75年（昭50）にはANAも東京線に参入し、地方路線のダブル・トラック化の先駆けとなった。90年（平2）以降、丘珠線、大阪線、名古屋線、福岡線、仙台線と順調な路線網と旅客数の拡大が続き、年間旅客数は97年（平9）には95万人まで増加したが、その後は一進一退の状況が続き、2006年（平18）からは、急激に減少した。路線の撤退も相次ぎ、通年運航は東京線と千歳（ANA）・丘珠（JAL）線のみ、伊丹（ANA）線、中部（JAL）線は夏季のみの季節運航となり、全体の利用客数も60万人程度と最盛期の6割程度までに落ち込んだが、最近は回復基調にあり、18年（平30）夏にはLCCのピーチ・アビエーションが関西線に就航予定である。

国際線については、1989年（平元）の韓国へのチャーター便運航が始まりで、2000年（平12）ごろから、台湾を中心とするチャーター便の飛来が本格化し、12年（平24）からは台湾の復興航空の定期便が週1回就航するまでになっていたが、14年（平26）には休止している。

（横田和男）

■空港の諸元	■ターミナルビル	■輸送実績 (2016年/平成28年実績)

■空港の諸元
・空港種別：国管理空港
・空港管理者：国土交通大臣
・位置：北海道釧路市
・空港面積：160ha
・滑走路（長さ×幅）：1本
　17/35：2,500m × 45m

・運用時間（利用時間）：13時間
　（8：00 〜 21：00）

■ターミナルビル
・運営：釧路空港ビル㈱
　＜1972年設立＞
・規模：11,454㎡（PBB3基）

■輸送実績 (2016年/平成28年実績)
・総旅客数　　715,737人
　国際旅客　　　3,375人
　国内旅客　　712,362人
・貨物量　　　2,644トン
・離着陸回数　 10,314回

#221
帯広空港

Obihiro Airport

RJCB / OBO

十勝平野の農業地帯に 1981 年に建設された新空港。航空大学校のパイロット訓練も

1. 沿革と概要

　帯広空港は十勝地方の中心都市帯広市から南約25km、原野、耕地の広がる十勝平野の純農村地帯に建設された、帯広市が管理する空港である。

　北日本で最初の飛行場は、帯広市の北に隣接する音更町に民間有志により1924年（大15）に開設されたもので、当時の帯広町も32年（昭7）には中心部から約1km南に緑ヶ丘飛行場を建設し、北海タイムスが35年（昭10）に札幌との間の定期郵便飛行を実施している。この飛行場は37年（昭12）に陸軍飛行場に転換され、南側に大幅に拡張され、コンクリートの長さ1,200m滑走路も建設された。戦後は米軍が進駐し滑走路等を破壊したが、51年（昭26）には警察予備隊が進出し、滑走路を一部補修して訓練に使用した。62年（昭37）、飛行場の使用について協議が整い1,200m滑走路等の再整備が始まり、64年（昭39）に完成した。72年（昭47）には航空大学校帯広分校が開校、滑走路も西北側に300m延長されて1,500mになった。

　ジェット化にあたっては、航空機騒音問題等から新しい場所に新空港を建設することとなり、1975年（昭50）に市の南約25kmの田園地帯に長さ2,000m滑走路の新空港整備が始まった。この空港の特色としては、航空機騒音問題予防の観点等から290haに及ぶ広い

ターミナル地域：空港敷地内には操縦士を養成する航空大学校帯広分校が設置されている

用地を確保したことである。81年（昭56）3月に新空港はオープンし、航空大学校帯広分校も同時に移設され、旧空港は、陸上自衛隊の十勝飛行場として再出発した。

　1985年（昭60）には南側に500m延長して、長さ2,500m滑走路がオープンした。滑走路はほぼ南北方向で平行誘導路を有し、西側にターミナル地区が配置されている。南側からの着陸に対して計器着陸装置（ILS）が設置されている。エプロンには4スポットがあり一部小型機スポットと兼用している。新空港開港と同時に建設されたターミナルビルは、黒川紀章氏が設計した一層半式約5,600㎡の規模であった。92年（平4）には南側に、97年（平9）には北側に増築され約7,900㎡の規模となっており、牧歌調の独特の外観をもつ。ビルの北側に管制塔と消防車庫、500mほど離れて航空大学校帯広分校とそのエプロンがあり、南側に貨物ビルがある。約700台の駐車場があり、帯広駅までバスで40分、タクシーで35分である。

　国際線用の専用施設として、2016年（平28）からエプロンの増設にあわせて、ターミナルビルも北側に約2,500㎡増築する計画が始まり、17年（平29）3月完成した。

空港全景：帯広市中心部の南方25㎞の田園地帯に位置する

2. 運用状況

1964年（昭39）の旧空港の供用開始と同時に、日本国内航空（JDA）は丘珠—帯広—釧路線の運航をCV-240で開始したが、翌年にはこれに加えて東京便が八戸経由で夏期季節運航、66年（昭41）に直行便の夏期季節運航、69年（昭44）に通年運航を開始するなど、需要は順調に増加した。

新空港の開港により、東京線、千歳線は東亜国内航空（TCA）のDC-9によりジェット化されたが、この年に国鉄石勝線が開通し、千歳線は1986年（昭61）には廃止された。東京線は、92年（平4）にJASがA300を夏期導入、97年（平9）JALが参入しダブルトラック化した。2002年（平14）にはJALは撤退するが、11年（平23）にはエア・ドゥがANAとの共同運航で参入し再度ダブルトラック化している。その後、大阪、名古屋、福島、仙台など新たな路線も開設されたが、現在までに休止されている。

全体の航空旅客数としては新空港開港前の1980年（昭55）には年間20万人程度であったが、96年（平8）には60万人を超える急成長を示した。2001年（平13）の70万人超をピークに、11年（平23）には50万まで減少したが、その後は持ち直している。17年現在の就航便は羽田空港へ7往復、中部空港に季節運航となっている。

（横田和男）

■空港の諸元
- 空港種別：特定地方管理空港
- 空港管理者：帯広市
- 位置：北海道帯広市
- 空港面積：282ha
- 滑走路（長さ×幅）：1本
  17/35：2,500m × 45m

- 運用時間（利用時間）：13時間
  （8：00 〜 21：00）

■ターミナルビル
- 運営：帯広空港ターミナルビル㈱
  ＜1978年設立＞
- 規模：10,433㎡（PBB3基）

■輸送実績（2016年/平成28年実績）
- 総旅客数 621,100人
  国際旅客 7,702人
  国内旅客 613,398人
- 貨物量 2,394トン
- 離着陸回数 13,008回

#222
函館空港

Hakodate Airport

RJCH / HKD

湯の川温泉近くにあり、アクセス至便で道内第2の旅客数。新幹線開通の影響は軽微の模様

1. 沿革と概要

函館空港は函館市の中心部から東約8km、湯の川温泉から東約1.3kmの丘陵地に建設された空港で、海岸線に平行なほぼ東西の滑走路をもつ。

1957年（昭32）から長さ1,200m滑走路の本格的な空港建設が始まり、正式な空港の供用開始は61年（昭36）4月20日となっているが、前年8月にはターミナルビルも出来上がり、北日本航空（NJA）がDC-3で函館—丘珠線を、ANAも同じくDC-3で10月から東京—仙台—三沢—函館—千歳線の運航を開始した。地方空港のジェット化整備の第1陣として68年（昭43）から滑走路を2,000mに延長する事業が開始され、72年（昭46）に

空港全景：津軽海峡に面して滑走路が東西向きに配置され、函館市街からは車で十数分の距離

は完成して東京線にANAのB737が就航した。ターミナル地域も滑走路の北側に新設され、ターミナルビルも新築された。航空機の大型化に対応するため、引き続き、73年（昭48）から滑走路をさらに500m延長する事業が開始され、78年（昭53）に供用開始した。翌年の4月からは大型ジェット機L-1011が、82年（昭57）には滑走路直下の河川トンネルの補強等を終えてB747が就航した。その後も需要の伸びは順調で、大型ジェット機の冬季の運航の安定性を確保するため、滑走路をさらに500m延長する事業が開始され、埋蔵文化財の調査に手間取って予定より遅れたものの、99年（平11）には完成した。ターミナル地域も3,000m延長に合わせて東側に大々的に拡張することとされ、ターミナルビルを1万1,000㎡から2万3,000㎡へと倍近く増築する工事は、既存施設を利用しながらの厳しいものではあったが、2005年（平17）には完成した。

　滑走路の北側に平行誘導路があり500m毎に取付誘導路が設置されている。エプロンは固定スポット4つを含め幅約60Cmに及ぶ。エプロンに面してフロンタル形式のビルが建ち、その後ろに駐車場が配置されるが、丘陵地を掘り込んだ形である。市街地の東の端にあたり、東側は農地が多いが西側は市街地となっているため、騒音の影響が著しいとして、1974年（昭49）航空機騒音防止法の特定飛行場にも指定され、対策事業がなされてきた。当初の長さ1,200m滑走路をそのまま2,000m、2,500m、3,000mと延長していった数少ない空港であるが、この立地条件から、延長方向はいずれも東側となっている。

　西側からの着陸に対してのみ精密進入による計器着陸装置が設置されている。

2. 運用状況

　東京線は当初よりANAが東京―仙台―三沢―函館―千歳線の運航を開始したが、1963年（昭38）からは東京直行便が運航された。71年（昭46）のジェット化以降、急激に需要は増加し、79年（昭54）から大型ジェット機が導入されるとともに、78年（昭53）からTDAも参入してダブルトラック化された。80年（昭55）にTDAは撤退するが、JALが89年（平元）に参入し、2005年（平17）にはさらにエア・ドゥも

ターミナル地域：2005年には既存のターミナルビルを2倍以上に拡張

加わっている。17年からはLCCのバニラ・エアが成田線を運航開始した。

　札幌線はNJAが当初は丘珠線を運航していたが、1974年（昭49）東亜国内航空（TDA）の札幌の拠点変更により、千歳線に変更され、その後相手空港（丘珠、千歳）と就航会社が目まぐるしく変わる状況で、2010年（平24）から北海道エアシステム（現JAL）がSAABで丘珠線、ANAがDHC-8で千歳線を運航している。

　大阪線では1990年（平2）からANAが伊丹線を運航開始し、しばらくして関空に変更した。その後JALも参入して関空、伊丹の双方から運航する状況もあったが、長らく伊丹線（JAL、ANA）のみとなっていた。しかし、2017年（平29）からバニラ・エアが関空線を開始し伊丹・関空の両空港からの運航が行われている。中部空港の開港により名古屋路線は中部（ANA、エア・ドゥ）となっている。

　そのほか、仙台、秋田、福島、富山、庄内、山形、新潟、広島などへの路線が運航されたが、いずれも休止されている。

　離島路線としては奥尻空港が開港した1974年（昭49）からNKAがDHC-6での運航を開始し、その後もエアー北海道、北海道エアシステムへと引き継がれている。

　17年現在、国内線にはJAL、ANA、エア・ドゥ、バニラ・エアが就航している。

　全体の国内線旅客数は1971年（昭46）のジェット化以前は年間20万人程度であったが、その後急激に増加し81年（昭56）に100万人、92年（平4）に200万人を突破し、98年（平10）には250万人近くまで増加した。2003年（平15）からは路線の休止もあり大幅な減少が続き、11年（平23）には140万人程度まで落ち込んだが、その後は持ち直している。

国際線については、1994年（平6）ロシアのサハリン航空がユジノサハリンスクとの定期便を開設し、同じ年に大韓航空もソウルとの路線を開設したが、サハリンとの路線は2001年（平13）に新千歳からの路線が開設されたこともあり、09年（平21）には撤退、大韓航空も運休を繰り返している。一方で、台湾・中国からのチャーター便が急増し、12年（平24）からは台湾や中国の航空会社も台北、天津等との間に定期便を開設し、年間旅客数も20万人を超える状況となっている。1994年（平6）のサハリンとの定期便にあわせて整備された国際線ターミナル（約3,000㎡）も2016年（平28）に狭隘化を解消するための改修工事が実施された。

なお、1976年（昭51）、当時のソビエト軍のミグ25戦闘機が当空港に着陸し、中尉が亡命するという事件があり、さらに95年（平7）にはANA機のハイジャック事件の舞台ともなった。

（横田和男）

■空港の諸元
・空港種別：国管理空港
・空港管理者：国土交通大臣
・位置：北海道函館市
・空港面積：164ha
・滑走路（長さ×幅）：1本
　　12/30：3,000m × 45m
・運用時間（利用時間）：13時間
　　（7：30 ～ 20：30）
■ターミナルビル
・運営：函館空港ビルデング㈱＜1970年設立＞
・規模：国際　3,036㎡
　　　　国内　22,636㎡（PBB7基）

■輸送実績（2016年/平成28年実績）
・総旅客数　　1,744,682人
　　国際旅客　　200,947人
　　国内旅客　1,543,735人
・貨物量　　　　7,872トン
・離着陸回数　　18,226回

#223
奥尻空港

Okushiri Airport　　　　　　　　　　　　　　　RJEO / OIR

1993年の北海道南西沖地震は記憶に残る大災害。空港はここでも復旧復興に活躍

奥尻島は北海道南部渡島半島江差町の北西約60km（フェリーで2時間半）、人口約3,000人の漁業と観光の島である。奥尻空港は島の南端青苗地区の高台に海岸線と平行に建設された空港で、1973年（昭48）に整備事業を開始し、74年（昭49）に800m滑走路で供用開始、日本近距離航空がDHC-6で丘珠—奥尻—函館線の運航を開始した。76年（昭51）には奥尻—函館—丘珠線に変更され、77年（昭52）に通年化、84年（昭59）には函館空港にDHC-6の拠点が整備され、奥尻—函館線の単独運航となり、夏季には2便化された。93年（平5）7月の北海道南西沖地震では高台に位置していたため、滑走路に数か所亀裂が入った程度で大きな被害には遭わず、復旧まで5日程かかったが救難活動の拠点として大きな役割を果たした。99年（平11）にはDHC-6より大型の航空機が就航できるように新しい長さ1,500m滑走路を北東側に新設する工事に着手し、新しいターミナルビルも含めて2006年（平18）には完成した。函館線を運航していたエア北海道は大型機を導入することなく解散したため、北海道エアシステム（現在JAL）が4月より36人乗りのSAABで函館線を運航している。

（横田和男）

空港全景：空港は島の南端に位置する。函館線を運航中

■空港の諸元
・空港種別：地方管理空港
・空港管理者：北海道
・位置：北海道奥尻郡奥尻町
・空港面積：54ha
・滑走路（長さ×幅）：1本
　　13/31：1,500m×45m

・運用時間（利用時間）：8時間
　　（9：00～17：00）

■ターミナルビル
・運営：北海道＜道営＞
・規模：1,221㎡

■輸送実績（2016年/平成28年実績）
・総旅客数　　　　　10,099人
　　　　　　　　（国内線のみ）
・貨物量　　　　　　　　4トン
・離着陸回数　　　　　　766回

#224
青森空港

Aomori Airport

RJSA / AOJ

年間累積降雪量が10mを超えるわが国で最も雪の多い空港で、迅速除雪に大きな努力を傾注

1. 沿革と概要

　青森空港は、青森市の中心部から南に約15kmの丘陵地に建設された青森県が設置管理する空港である。1962年（昭37）から長さ1,200m滑走路の空港建設が始まり、64年（昭39）に供用開始され、65年（昭40）に青森—東京線がYS-11で運航開始された。引き続き、滑走路を200m延長する事業に着手し、73年（昭48）に供用開始した。76年（昭51）からは、東京線、千歳線に加えて大阪線にもYS-11が就航し、その利用率はきわめて高かったものの、ジェット機の離着陸ができないことや夏季の濃霧、冬季の雪国特有の気象条件と山岳性の気候により就航率が低下するという問題を抱えていた。

　このような背景により、大型ジェット機の就航可能な新空港の建設を望む機運が高まり、1979年（昭54）、新青森空港を旧青森空港に隣接した浪岡地区に建設することが決定された。82年（昭57）に滑走路2,000mを新設する第1期工事に着手し、87年（昭62）に供用開始した。開港と同時にTDA（JASを経て現JAL）が東京線、札幌線をジェット化し、その後、滑走路を500m延長して2,500mとする第2期工事が実施され、90年（平成2）に供用開始した。94年（平6）からはANAも就航した。さらに、大型ジェット機が通年で離着陸できるよう、滑走路を500m延長して3,000mとする事業が行われ、2005年（平17）に供

空港全景：冬期の雪対策のほか、夏の濃霧対策として高度の計器着陸装置を有する

青森市街地

小型機地区

貨物上屋　ターミナルビル

立体駐車場

地図データ：Google

ターミナル地域：雪対策も兼ねて、この規模の地方空港には珍しく立体駐車場がある

Japan

用開始している。また、濃霧による欠航便の改善を図るため03年（平15）から計器着陸装置等の高カテゴリー化（CAT-Ⅰ→CAT-Ⅲ）事業に着手し、07年（平19）からCAT-Ⅲaが、12年（平24）からCAT-Ⅲbが運用開始され、運航の信頼性の確保と利便性の向上に大きな効果をもたらしている。

2. 施設概要

長さ3,000m滑走路は北東―南西方向を向いており平行誘導路を有する。北側にターミナル地域が配置され、エプロンは固定ゲート4つを含む6バースがある。

旅客ターミナルビルは、RC造3階建、延床面積約1万1,000㎡である。この規模の空港には珍しく、冬期間の雪対策と空港利用者の利便性向上を目的に整備された立体駐車場があり、ビルと連絡橋で結ばれている。また、ターミナル地域とは離れた北端の旧空港用地には小型機用のエプロンが設置され、県警察航空隊、県

防災航空センターと使用事業者の格納庫がある。

3. 運用状況

東京線は、1987年（昭62）の新空港供用開始からTDAが就航し、94年（平6）にANAが参入しダブルトラック化したが、その後撤退し現在JALが就航している。札幌線と大阪線（伊丹）は、新空港供用開始からJASが就航し、2014年（平26）ANAが就航し、JALとのダブルトラックとなった。

なお、東北新幹線が2010年（平22）に新青森駅まで開通したことにより、2年後の12年（平24）には東京路線の旅客数が約13万人減少した。国際線は、1995年（平7）にソウル線とハバロフスク線（季節運航）が開設され、ハバロフスク線については、2006年（平18）に休止となった。現在は、ソウル線と17年（平29）5月に開設された天津線の2路線である。

（伊藤達也）

■空港の諸元
- 空港種別：地方管理空港
- 空港管理者：青森県
- 位置：青森県青森市
- 空港面積：241ha
- 滑走路（長さ×幅）：1本
  06/24：3,000m × 60m

運用時間（利用時間）：14.5時間
（7：30 ～ 22：00）

■ターミナルビル
- 運営：青森空港ビル㈱＜1985年設立＞
- 規模：11,C12㎡（PBB4基）

■輸送実績（2016年/平成28年実績）
- 総旅客数　　1,072,554人
  - 国際旅客　　42,593人
  - 国内旅客　1,029,961人
- 貨物量　　　　1,732トン
- 離着陸回数　　16,402回

#225
三沢飛行場

Misawa Aerodrome

RJSM / MSJ

米軍管理の飛行場の共用は三沢と岩国の2つのみ。基地と民航エリアは電動ゲートで仕切る

1. 沿革と概要

三沢空港（正式には、三沢飛行場）は、青森県の太平洋岸東南部、青森市から約60km、八戸市から約40kmの三沢市北西部に位置し、東は太平洋を臨み、西は八甲田山系、北は小川原湖に面している。日米相互協力及び安全保障条約第6条の規定に基づき、アメリカ合衆国が使用し、同空軍が管理している共用飛行場であり、長さ3,050mの滑走路1本を有する。

当飛行場は、1941年（昭16）日本帝国海軍航空基地として建設され、終戦後は、米軍管理の飛行場として運用されていたが、52年（昭27）、JALによる東京―三沢―札幌線が開設され、以来、約13年間に渡り民航機の運航が続けられた。しかし、65年（昭40）、種々の理由から中止されることとなり、同年以降は、八戸海上自衛隊高舘飛行場で運航された。その後、旅客の増大と航空機の大型化に伴って、再び三沢飛行場における民航機の運航の必要性が高まり、日米合同委員

会において共同使用が認められ、75年（昭50）から、TDAによる東京—三沢線、三沢—札幌線の運航が再開された。

　旅客ターミナルは、1977年（昭52）に第3セクターの「三沢空港ターミナル㈱」が設立され、同年9月には飛行場外の南東側にターミナルビルが完成した。旅客の搭乗は、飛行場内に駐機している航空機までバスによる移動であった。

　民航地区については、滑走路の南東側に国（運輸省：当時）によって誘導路、エプロンが整備され、1984年（昭59）に供用開始し、翌年4月にはターミナルビルの移転が完了した。ターミナルビルは、RC造2階建（一部3階）、延床面積3,000㎡でPBB1基をもつ。飛行場の誘導路から民航地区に至る入口には、航空機が通行する電動のゲート（全長106m）が設けられており、出入の毎に開閉されるという全国でも珍しい方式をとっている。

　三沢飛行場は、在日米軍、航空自衛隊及び民間航空の三者が使用している飛行場で、飛行場管理は米空軍、航空機に対する航空管制、消火救難業務は航空自衛隊が行っている。

2. 利用状況

　東京線は、前述のとおりであるが2004年（平16）

民航ターミナル地域：滑走路と民航地区の間に電動ゲートがあり、航空機の通行のたびに開閉する

の合併によりJAS（TDAから社名変更）からJALとなって、現在に至っている。札幌線は、1975年（昭50）TDAが運航を再開したが、2007年（平19）に休止となった。13年（平25）、北海道エアシステム（HAC）が三沢—丘珠線の運航を開始したが、現在はJALにより運航されている。大阪線は、1993年（平5）にJASが伊丹線の運航を開始し、その後関西線の就航、休止、伊丹線の休止もあったが伊丹線は、2013年（平25）再開され、現在に至っている。

　旅客数は、1975年（昭50）の運航再開後、順調に増加し、95年（平7）には50万人を突破。2000年（平12）には60万人近くまで増加したが、02年（平14）東北新幹線八戸駅の開業により急激に減少した。12年（平24）23万人弱にまで落ち込んだが、その後はやや持ち直している。

（伊藤達也）

空港全景：滑走路をはさんで北に米軍地区があり、南に航空自衛隊の基地がある

■空港の諸元
・空港種別：共用空港
・空港管理者：米軍
・位置：青森県三沢市
・滑走路（長さ×幅）：1本
　　10/28：3,050m × 45m

・運用時間（利用時間）：11.5時間
　（8：30 ～ 20：00）

■ターミナルビル
・運営：三沢空港ターミナル㈱
　＜1977年設立＞
・規模：3,000㎡（PBB1基）

■輸送実績（2016年/平成28年実績）
・総旅客数　　　246,635人
　国際旅客　　　　　70人
　国内旅客　　　246,565人
・貨物量　　　　　376トン
・離着陸回数　　　3,400回

Japan

589

#226
花巻空港

Hanamaki Airport

RJSI / HNA

岩手県広域を後背圏とする地方空港。東北新幹線の開業で東京便は休止、大阪便が中心に

1. 沿革と概要

　花巻空港は、盛岡市の中心部から南へ約31kmの花巻市に建設された空港である。1961年（昭36）から滑走路1,200mの空港建設が始まり、64年（昭39）2月に供用開始した。同年4月からコンベア240型機による東京線が運航を開始し、66年（昭41）からはYS-11型機による東京—花巻—八戸線が運航した。76年（昭51）から滑走路を長さ2,000mに延長する事業が開始され、83年（昭58）に供用開始した。DC-9型機による東京線が就航したが、東北新幹線の開業等の影響により、85年（昭60）東京線が休止となった。93年（平5）から、滑走路の嵩上げ、誘導路の拡幅等の整備が進められ、95年（平7）中型ジェット機対応空港として供用を開始し、大阪線にA300型機が就航した。98年（平10）から滑走路を2,500mに延長する事業が開始され、2005年（平17）に供用を開始した。また、空港ターミナルは、滑走路西側から東側に移設され、09年（平21）に供用開始した。旅客ターミナルビルは、岩手県空港ターミナルビル㈱が建設運営している。鉄骨造3階建て、延べ床面積は約9,300㎡である。

ターミナル地域：釜石自動車道の花巻空港ICがあり、車でのアクセスも至便

2. 利用状況

　東京線は、前述のとおりである。大阪線には、1977年（昭52）YS-11型機が就航し、83年（昭58）にジェット化した。関西線も一時就航したが、現在は伊丹線のみである。札幌線は、79年（昭54）YS-11型機が就航し、83年（昭58）にジェット化した。名古屋線には、東京線が廃止された85年（昭60）にDC-9型機が就航し、2005年（平17）には中部国際空港に変更となったが、同路線も10年（平22）に休止となり、11年（平23）からFDAが県営名古屋空港線に就航している。福岡線は、1996年（平8）MD-81型機で週3便就航したが、2007年（平19）に休止となり、12年（平24）にCRJ-200型機で再開され現在に至っている。国内線全体の旅客数は、開港後、順調に増加し、1996年（平8）には50万人を突破、97年（平9）には55万人近くまで増加したが、その後、路線の休止により減少し、2010年（平22）には27万人近くまで落ち込んだが、その後、名古屋、福岡路線を中心に持ち直している。

（伊藤達也）

空港全景：花巻市街からのアクセスがよく、盛岡市からも31kmほどの距離

■空港の諸元
・空港種別：地方管理空港
・空港管理者：岩手県
・位置：岩手県花巻市
・空港面積：171ha
・滑走路（長さ×幅）：1本
　02/20：2,500m × 45m

・運用時間（利用時間）：11.5 時間
　（8：00 ～ 19：30）
■ターミナルビル
・運営：岩手県空港ターミナルビル㈱
　＜ 1981 年設立＞
・規模：9,287㎡（PBB3 基）

■輸送実績（2016年/平成28年実績）
・総旅客数　　　421,825人
　国際旅客　　　　5,498人
　国内旅客　　　416,327人
・貨物量　　　　　 168トン
・離着陸回数　　　11,902回

#227

仙台空港

Sendai Airport

RJSS / SDJ

東日本大震災の甚大な被害を乗り越えて、民間企業の運営でさらなる発展を目指す

1. 沿革と概要

　仙台空港は、仙台駅から南南東に約14km離れ、宮城県中南部の海岸近くの名取市と岩沼市に跨がって位置する。

　1940年（昭15）に熊谷陸軍飛行学校増田分校教育隊練習基地として建設されて以来、戦後の米軍による接収、返還、防衛庁との共同使用などを経て、64年（昭39）3月に第2種空港仙台飛行場として指定され、また同年7月には、仙台空港に改称された。

　1967年（昭42）には第1次空港整備5か年計画にB滑走路2,000mの新設事業が位置付けられ、72年（昭47）に供用を開始した。その後、92年（平4）には滑走路が国内線大型ジェット機の就航が可能な2,500mに延長された。さらに、国際線の利用旅客数が増大していくなか、長距離国際線の就航に必要な滑走路3,000mへの延伸が、第6次空港整備5か年計画に位置付けられ、95年（平7）に工事着工、98年（平10）に供用を開始した。

　旅客ターミナルビルは、96年（平8）に国際線旅客ターミナルビルが先行して供用を開始し、97年（平9）には新旅客ターミナルがグランドオープンした。これら空港機能の強化により、仙台空港は東北と海外とを結ぶ拠点空港としての機能を発揮できる空港となった。

　空港アクセスについては、2000年（平12）に仙台空港と仙台都市圏を結ぶアクセス鉄道整備が事業化（第3セクター設立）し、同年に工事着工、07年（平19）に「仙台空港アクセス鉄道」が開業した。これにより、これまでバスや自動車で約40分を要していた仙台駅—仙台空港間は、快速電車利用で半分以下の時

Japan

空港全体図：A滑走路の南側には航空大学校岩沼分校や陸上自衛隊の訓練場がある

間で行けるようなった。

2. 施設概要

空港全景：太平洋に面した位置にあり、東日本大震災では空港の大部分が冠水した

　敷地面積は239haを有し、滑走路は2本（A：長さ1,200m×幅45m、B：3,000m×45m）がV字型に交わり、B滑走路にはILSが設置されている。双方の滑走路が平行誘導路を有し、ほぼ東西方向の主滑走路（B滑走路）の南側東端、V字型の滑走路に挟まれたエリアにターミナル地域が配置されている。エプロンは、大型・中型ジェット機用がそれぞれ4バース、小型ジェット機用が6バース、小型機用が38バースある。ターミナルビルは、鉄骨造4階建て（一部地下1階）、延床面積約3万9,000㎡で、1階が到着ロビーで、2階が出発ロビーであり、アクセス鉄道の改札口に接続している。また、隣接する駐車場は1,759台（2018年5月時点）収容可能な規模となっている。A滑走路の南側には航空大学校の岩沼分校や陸上自衛隊の訓練場がある。

3. 利用状況

　1957年（昭32）に、初の定期路線として日本ヘリコプター輸送（現ANA）の東京便が就航した。しかし、東京線は85年の東北新幹線の上野乗り入れにより廃止された。90年（平2）には、初の国際定期路線となるアシアナ航空のソウル便が就航した。現在は、国内線10路線、国際線3路線4都市である。滑走路延伸や新旅客ターミナルビルの供用もあり、99年度（平11）

ターミナル地域：空港には鉄道が乗り入れ、仙台駅まで25分ほど

には、乗降客数約338万人までに増加。その後横ばいを続けるが、燃油価格の上昇などにより2008年度（平20）に300万人を割り込んだ。さらに東日本大震災の影響により、11年度（平23）は約184万人まで減少したが、次年度には多くの路線も再開して回復した。13年（平25）には格安航空会社LCCのピーチ・アビエーションやスカイマークの初就航もあり、5年ぶりに旅客数は300万人を超えた。

4. 地震・津波被害からの復旧・復興

　2011年（平成23）3月11日に発生した東日本大震災では、津波により空港の大部分が冠水し、滑走路や航空保安施設が使用不能となった。滑走路等には車両約200台が漂着し、土砂・瓦礫が広範囲に堆積したうえ、旅客ターミナルビル等も浸水した。3月16日には、滑走路1,500mで暫定使用を開始し、以降、米軍や自衛隊の支援活動が本格化した。29日には滑走路3,000mを使用できるよう復旧され、震災発生から約1か月後の4月13日には民間航空機の就航再開を果たした。現在は、将来災害が発生した場合に備え、緊急物資輸送拠点及び空港ネットワークの拠点空港としての空港機能を確保するため、基本施設等の耐震機能強化が図られている。

5. 民営化

　国管理空港の運営権を民間企業に売却し、この運営権を取得した運営事業者が空港を一体的に運営する空港運営の民間委託において、仙台空港が全国初の実施事例となった。複数の民間企業連合が参加するプロ

ポーザル競争の結果、東急グループ、前田建設、豊田通商のコンソーシアムが優先交渉権を獲得し、2015年（平27）11月に運営事業者となる仙台国際空港㈱を設立し、16年（平28）7月より同社が滑走路等とターミナルビルの一体的な運営を開始した。同社によれば、年間旅客数を16年（平28）の316万人から2044年には550万人達成を目指している。十分な旅客取扱能力を拡充するため、現在搭乗施設「ピア棟」を建設している。

（鈴木純）

■空港の諸元─────────
・空港種別：国管理空港
・空港管理者：国土交通大臣
・運営者：仙台国際空港㈱
・位置：宮城県名取市・岩沼市
・空港面積：239ha
・滑走路（長さ×幅）：2本
　A R/W 12/30：1,200m × 45m
　B R/W 09/27：3,000m × 45m

・運用時間（利用時間）：14時間
　（7：30 ～ 21：30）

■ターミナルビル─────────
・運営：仙台国際空港㈱
　＜2015年設立＞
・規模：38,992㎡（PBB8基）

■輸送実績（2016年/平成28年実績）
・総旅客数　　　　3,110,363人
　　国際旅客　　　　187,366人
　　国内旅客　　　2,922,997人
・貨物量　　　　　　6,306トン
・離着陸回数　　　　49,760回

column 27

仙台空港の津波被災からの復旧オペレーション

（千山善幸）

　3月11日の大地震発生から約70分後、大津波が空港全体を飲み込んだ。旅客ターミナルビル1階部分にも濁流が侵入してきたため、人々は慌てて2階～3階に駆け上がった。

　翌12日には、水が引き始めたものの、ターミナルビルは孤立した状態になっており、旅客、従業員、周辺住民など総勢1,422人は身動きが取れない状況となった（空港外への脱出が完了したのは16日）。

　また、エアサイドの状況をみると、滑走路の東側半分が姿を現していたが、滑走路上には車両や瓦礫が漂着しており、救難機等の離着陸のためにはそれらの撤去が喫緊の課題であった。

　国土交通省航空局技術企画課の調査官をリーダーとする先遣隊が、13日早朝、現地に到着し、漂着物の除去作業等を指揮した。実作業は、仙台空港の維持管理を請け負っていた企業が総力をあげて多数の重機とオペレーターを現地に投入し、驚異的な早さで進めたことにより、発災から5日後の16日には滑走路の東側1,500mが使用可能となった。以降、トモダチ作戦と称して米軍の輸送機が次々と飛来し、物資輸送や、ターミナルビル周りの瓦礫撤去など多大なる支援を行った。

空港に浸入する津波

　一方、民間航空再開のためには、津波で流された場周フェンスの再建が必須であった。これについても、前述企業の貢献により、通常の工事ペースで考えると5か月かかる工事をわずか1か月という超短縮工程で完了することができた。この結果、約1か月後の4月13日には民間航空機の利用が可能となり、4月25日に復旧した東北新幹線に先駆けて、被災地に直結する交通手段として仙台空港が重要な役割を果たした。

Japan

#228
大館能代空港

Odatenoshiro Airport

RJSR / ONJ

1998 年に完成した秋田県で 2 つ目の新空港。長さ 2,000m の滑走路でジェット機が就航

　大館能代空港は、大館市の中心部から西へ約26km、能代市の中心部から東へ約36kmの北秋田市（旧北秋田郡鷹巣町）に建設された秋田県営空港である。1994年（平6）から建設に着手し、98年（平10）、滑走路2,000mの空港として供用開始した。秋田県内では2番目の空港であり、周辺には、世界自然遺産の「白神山地」や、十和田八幡平国立公園などの豊富な観光資源を有している。2010年には、空港ターミナルとしては能登空港に次いで、全国2番目に「道の駅」に登録されている。

　平行誘導路はなく、中型ジェット機用スポット3、小型ジェット機用スポット1のエプロンがある。旅客ターミナルは、鉄筋コンクリート造2階建て（一部3階）、延床面積約4,000㎡で、PBBを1基もつ。建設と運営は第3セクターの大館能代空港ターミナル㈱が行っている。

　開港後ANKが東京線、大阪線、札幌線に就航したが、札幌線は1999年（平11）に、大阪線は2011年（平

ターミナル地域：空港には珍しく「道の駅大館能代空港」がある

23）に休止となり、現在は東京線のみとなっている。

　全体の国内線旅客数は、開港後、順調に増加したが、2003年（平15）の約17万人をピークに減少に転じた。12年（平24）には10万人近くまで落ち込んだが、その後、持ち直している。

（伊藤達也）

空港全景：世界遺産の白神山地や十和田八幡平国立公園など豊富な観光資源を有する

■空港の諸元	・運用時間（利用時間）：11.5時間	■輸送実績（2016年/平成28年実績）
・空港種別：地方管理空港	（8：00～19：30）	・総旅客数　　133,968人
・空港管理者：秋田県		（国内のみ）
・位置：秋田県北秋田市	■ターミナルビル	・貨物量　　　　　71トン
・空港面積：121ha	・運営：大館能代空港ターミナルビル㈱	・離着陸回数　　1,638回
・滑走路（長さ×幅）：1本	＜1995年設立＞	
11/29：2,000m×45m	・規模：4,002㎡（PBB1基）	

229

秋田空港

Akita Airport

RJSK / AXT

周囲を取り囲む公園を空港と一体的に造成するなど、環境保全への努力も高く評価される

1. 沿革と概要

秋田空港は、秋田市中心部から南東約20kmに位置し、国が設置し秋田県が管理する空港である。

旧秋田空港は、1961年（昭36）、秋田市新屋町字割山に滑走路1,200mの空港として供用を開始し、YS-11型機による運航が始まった。その後、67年（昭42）には、滑走路が長さ1,500mに、69年（昭44）には1,620mに延長された。

その後の航空需要の増大に対処するため、ジェット化整備を図る必要があったが、旧空港は海岸沿いにあって横風が強く、またこの位置では滑走路の延長が難しかったため、新空港への移転が検討された。その結果、現空港のある旧河辺郡雄和町（現秋田市）が適地として選定された。1974年（昭49）に着工し、81年（昭56）、滑走路2,500mの新空港が供用開始した。空港敷地は山岳丘陵地で起伏が大きく、大規模な切り盛り土工を伴う難工事であった。

ターミナル地域：国際線はかつて韓国への路線があったが、現在は運休

2. 施設概要

長さ2,500mの滑走路は、ほぼ東西方向で幅60mである。主進入は東側からであり、この方向に計器着陸装置が設置されている。滑走路南側中央部にターミナル地域が立地し、エプロンは大型ジェット機用3ス

ポット、小型ジェット機用2スポットを有する。国内線の旅客ターミナルビルは、1981年（昭56）に完成、RC造、地下1階・地上3階建て、92年（平4）に増改築されて、延床面積約1万1,000㎡である。国際線ビルは、93年（平5）に完成し、2011年（平13）に増改築されたもので、S造2階建て（一部3階）、延床面積3,600㎡である。国内線には3基、国際線には1基のPBBが設置されている。ビル前には平面と5層の立体駐車場（960台）があり、2,200台を収容する。アクセスはバスで、秋田駅まで35分で結ばれている。

ターミナル地域の西方には航空自衛隊の基地が立地している。また空港の整備にあたって、航空機騒音の影響を予防するために周囲は公園として一体整備された。

空港全景：空港北部に秋田県立中央公園が隣接。公園内には野球場やキャンプ場も

3. 利用状況

開港時の路線は、東京線、千歳線、伊丹線であった。東京線は、ANAが運航していたが、1991年（平3）からJALが参入し、ダブルトラック化した。千歳線も開港時の日本エアシステムに加え、2013年（平25）ANAが就航し、ダブルトラックとなった。さらに伊丹線についてもJALにアイベックスエアラインズ（IBEX）が加わり、関西線は、1995年（平7）にJASが運航開始し、09年（平21）まで続いた。

国内線全体の旅客数は、91年（平3）に100万人を突破し、96年（平8）には150万人近くまで増加したが97年（平9）の秋田新幹線の開業により、減少した。09年（平21）には110万人程度まで落ち込んだが、その後7割を占める東京路線を中心に持ち直している。

国際線については、2001年（平13）大韓航空がソウル仁川との定期便を開設し、運航を続けていたが14年（平26）から利用客の低迷により運休している。

（伊藤達也）

■空港の諸元
- ・空港種別：特定地方管理空港
- ・空港管理者：秋田県
- ・位置：秋田県秋田市
- ・空港面積：159ha
- ・滑走路（長さ×幅）：1本
  10/28：2,500m×60m

- ・運用時間（利用時間）：15時間
  （7：00～22：00）

■ターミナルビル
- ・運営：秋田空港ターミナルビル㈱
  ＜1978年設立＞
- ・規模：国際　3,618㎡（PBB1基）
  　　　　国内　11,802㎡（PBB3基）

■輸送実績（2016年/平成28年実績）
- ・総旅客数　　1,233,827人
  　国際旅客　　　7,891人
  　国内旅客　1,225,936人
- ・貨物量　　　　1,381トン
- ・離着陸回数　　18,408回

#230
庄内空港

Shonai Airport

RJSY / SYO

山形県が管理する2番目の空港で、県北部日本海側の酒田、鶴岡などを後背圏に含む

1. 沿革と概要

庄内空港は、酒田市中心部から南へ約13km、鶴岡市の中心部から北へ約9kmの日本海沿いの砂丘地に建設された山形県営空港である。庄内地域は、高速交通網の空白地域となっていたことから、「庄内にも空港を」の気運が高まり、空港建設の運動が強力に展開された。1987年（昭62）建設工事に着手し、91年（平3）10月に供用開始した。

日本海

地図データ：Google

空港全景：愛称は「おいしい庄内空港」。味だけでなく、好ましい、見事だという意味も

2. 施設概要

長さ2,000mの滑走路はほぼ東西を向き、海側（西側）からが主進入である。平行誘導路はなくエプロンには中型ジェット機用3、小型ジェット機用1のスポットがある。旅客ターミナルビルは、庄内空港ビル㈱が設置・運営しており、1991年（平3）に竣工、RC造3階建て、延床面積約5,300㎡で2基のPBBを備えている。

日本海東北自動車道がすぐ東側を通り、庄内空港インターチェンジが直結している。

空港敷地は107haあるが、施設としての必要面積のほか、管制塔から着陸帯全体を見通すのに必要なエリアを空港敷地に取り込んでいる。

ターミナル地域：敷地内に大きく「こばえちゃ（いらっしゃい）庄内」と記されている

3. 利用状況

供用開始時、東京線及び大阪線にANAのA320が就航した。東京線には、1994年（平6）から中型ジェット機が就航し、現在に至っている。大阪線は、96年

（平8）伊丹から関空に変更され、2003年（平15）に元に戻ったが09年（平21）廃止された。札幌線は、1995年（平7）ANAが運航を開始したが、2008年に休止となった。

国内線全体の旅客数は、開港後順調に増加し、1999年（平11）には45万人近くまで増加した。その後札幌、大阪路線の休止等により減少し、2009年（平21）には34万人近くまで落ち込んだが、その後、機材の大型化等により持ち直している。

（伊藤達也）

■空港の諸元
・空港種別：地方管理空港
・空港管理者：山形県
・位置：山形県酒田市
・空港面積：107ha
・滑走路（長さ×幅）：1本
　09/27：2,000m × 45m

・運用時間（利用時間）：15時間
　（7：00 〜 22：00）

■ターミナルビル
・運営：庄内空港ビル㈱
　＜1989年設立＞
・規模：5,345㎡（PBB2基）

■輸送実績（2016年/平成28年実績）
・総旅客数　　386,178人
　国際旅客　　　　910人
　国内旅客　　385,268人
・貨物量　　　　　501トン
・離着陸回数　　4,366回

#231
山形空港

Yamagata Airport

RJSC / GAJ

新幹線開通により羽田線が急減。小型化の羽田路線と新千歳、名古屋、伊丹路線が中心

1. 沿革と概要

山形空港は、山形市の中心部から北へ約24km、山形盆地の中心部、最上川右岸の位置に建設された、国が設置し、山形県が管理する空港である。1942年（昭17）、旧日本海軍練習用飛行場として建設されたのが始まりで、終戦により米軍が接収し、引き続き、陸上

自衛隊第6師団が演習地として使用していた。62年（昭37）神町空港として長さ1,200m滑走路の空港整備に着手し、64年（昭39）に供用開始した。ANAのフレンドシップ機が神町—東京線に1日1往復就航し、翌年、山形空港に名称を変更した。73年（昭48）には滑走路が1,500mに延長され、76年（昭51）にはわが国で初めて滑走路のグルービング（排水性能を良

597

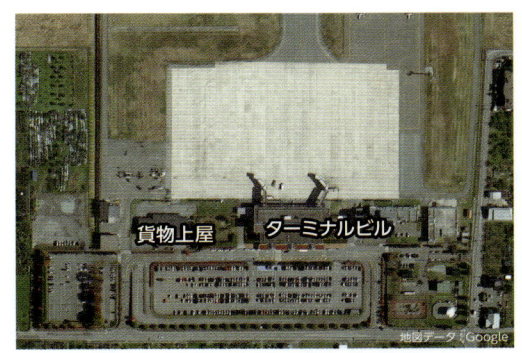

ターミナル地域：東京、大阪、名古屋、千歳各線が運航

らである。平行誘導路はなく西側に移設されたターミナル地域には中型ジェット機用2、小型ジェット機用1のスポットを有するエプロンがある。旅客ターミナルビルは、1984年（昭59）に供用開始した。RC造3階建て、延べ床面積約5,300㎡で、PBBが2基設置されている。同ビルの建設と運営は山形県等が出資する第3セクターの山形空港ビル㈱が行っている。ターミナルの北方には自衛隊と県警それぞれが専用エプロンをもつヘリコプター基地が立地している。

くし摩擦係数を向上させるための溝切り工事）が完成し、従来1,500mの滑走路では困難とされていたジェット機の就航が可能となったことから、ANAの東京線にB737が就航してジェット化空港となった。その後、81年（昭56）に滑走路が2,000mに延長され、東京線にB727が就航した。さらに、84年（昭59）、着陸帯の拡幅整備のため、滑走路東側にあったターミナル地域が西側に移設された。

2. 施設概要

長さ2,000m滑走路はほぼ南北を向き主進入は南か

空港全景：同じ県内の庄内空港と同様、愛称は「おいしい山形空港」

3. 利用状況

東京線は、開港時のF-27から順次大型化され1992年（平4）には中型ジェットが就航したが、山形新幹線の影響等により2002年（平14）に廃止となった。しかし、翌03年（平15）JASにより運航が再開され、現在はJ-AIRが就航している。

大阪線は、1979年（昭54）TDAがYS-11で運航を開始し、83年（昭58）にはDC-9型機が導入されたが、現在は伊丹線がJ-AIRにより運航されている。

国内線全体の旅客数は開港後順調に増加し、1989年（平元）には60万人を突破、機材の大型化等により91年（平3）には75万人近くまで増加した。その後、92年（平4）には4年の歳月をかけて開業した山形新幹線、99年（平11）12月の山形新幹線新庄延伸等もあり減少に転じ、2012年（平24）には11万人近くまで落ち込んだが、その後、東京便の増便、名古屋便の再開等により持ち直している。

（伊藤達也）

■空港の諸元
・空港種別：特定地方管理空港
・空港管理者：山形県
・位置：山形県東根市
・空港面積：91ha
・滑走路（長さ×幅）：1本
　01/19；2,000m × 45m

・運用時間（利用時間）：11.5時間
　（8：00～19：30）

■ターミナルビル
・運営：山形空港ビル㈱
　＜1982年設立＞
・規模：5,311㎡（PBB2基）

■輸送実績（2016年/平成28年実績）
・総旅客数　　　262,474人
　国際旅客　　　　5,049人
　国内旅客　　　257,425人
・貨物量　　　　　　21トン
・離着陸回数　　　7,144回

福島空港

Fukushima Airport

RJSF / FKS

須賀川市に立地する福島県管理の空港。当初から東京便はなく、大阪、札幌便が中心

1. 沿革

　福島空港は、福島県須賀川市と石川郡玉川村に跨がる阿武隈山系の丘陵地に位置する福島県営空港である。

　1977年（昭52）の福島県長期総合計画から検討が開始され、86年（昭61）に国の第5次空港整備5か年計画にその整備が位置付けられ、93年（平5）3月に滑走路2,000mを有する第3種空港として開港した。

　開港当初は、札幌、名古屋、大阪路線が開設され、1994～1995年（平6～7）には福岡、函館、沖縄、帯広路線も開設された。95年（平7）には、さらなる国内線需要への対応や国際化へ向けて、大型航空機が就航可能な長さ2,500m滑走路への延伸工事が開始され、2000年（平12）に供用を開始した。

　国際線については、1999年（平11）に国際旅客ターミナルビルが開館し、上海便とソウル便の国際定期路線が開設された。

2. 施設概要

　長さ2,500mの滑走路はほぼ南北を向いており、幅は60mで平行誘導路を有する。ターミナル地域は東

ターミナル地域：利用者は、ピーク時は年間75万人を超えたが、現在は25万人弱

側中央部に立地し、エプロンは大型、中型、小型ジェット機用各2スポットを有する。ターミナルビルは福島県等が出資する第3セクターの福島空港ビル㈱が建設・管理しており、S造3階建て、国際、国内を合わせて延床面積約1万3,000㎡で、PBBを3基有している。隣接する駐車場は約2,400台収容可能な規模となっている。

　ターミナル南方には県の消防防災ヘリ基地があり、周辺には自然や科学とふれあう大規模な福島空港公園（328.6ha）が整備されている。標高372mは松本空港の657.5mに次いで、全国で2番目に高い位置にあ

空港全景：ほぼ南北に伸びる2,500mの滑走路を有する。空港西部には阿武隈川が流れる

る空港である。

3. 利用状況

開港当初から順調に伸びていた乗降客数は1999年度（平11）には75万人を超えるが、その後、JALの路線撤退により減少が続くとともに、東日本大震災の影響もあって、2011年度（平23）は約20万人まで減少した。東日本大震災の際には、施設の被災状況が軽微であったため、地震発生直後より救援機や報道機、旅客機臨時便など24時間体制で受け入れを実施し、防災拠点としての役割を果たした。一方、定期国際路線（上海便、ソウル便）については、大震災及び原発事故の影響により運休となっている。

現在は、国内定期2路線（新千歳、伊丹）及び国際チャーター便が運航され、2014年度（平26）には乗降客数は25万人に回復しており、利用促進に向けた取り組みが進められている。

（鈴木純）

■空港の諸元
・空港種別：地方管理空港
・空港管理者：福島県
・位置：福島県玉川村
・空港面積：181ha
・滑走路（長さ×幅）：1本
　01/19：2,500m × 60m
・運用時間（利用時間）：13時間
　（8：00 ～ 21：00）
■ターミナルビル
・運営：福島空港ビル㈱＜1990年設立＞
・規模：国際　4,059㎡
　　　　国内　9,201㎡（PBB4基）

■輸送実績（2016年/平成28年実績）
・総旅客数　　　249,568人
　国際旅客　　　　4,424人
　国内旅客　　　245,144人
・貨物量　　　　　　80トン
・離着陸回数　　　7,504回

column 28

世界の混雑空港

（武田洋樹）

読者の方も、空港で経験されたことがあるだろうが、ターミナルビルを定刻に出発するものの、誘導路上で遅々として動かなくなる。しばらくする「管制塔の指示により、この機の出発順位は5番目でございます。約10分少々お待ちいただきます」と機内アナウンスがかかることがある。

1. 混雑空港の定義

IATAは混雑度に応じて、レベル1～3の3段階に分類している。レベル1は、混雑のない調整の必要ない空港で、航空機がいつでも飛び立てる、下りられる空港であり、航空会社に取ってベストな空港である。

レベル2は1日、1週間、あるいは1シーズンのどこかで潜在的な混雑が存在しているが、航空会社と発着調整事務局で比較的簡単に混雑解消できるもの。

レベル3は、航空需要が空港施設容量を大幅に上回っているが、空港施設容量を簡単には拡充できないため、容量増が達成できるまでの間、発着調整事務局が割り当てるスロットが必要になる空港。これが航空会社にとっては一番使い勝手の悪い空港になる。

2. 世界の混雑空港

IATAでは、世界中でレベル2が126、レベル3が175、合計301空港が混雑空港として登録されている。
①日本には民間空港が97あるが、成田、羽田、福岡がレベル3、新千歳、中部、関空がレベル2である。
②アジア太平洋では、どの国の首都空港もほとんどレベル3である。韓国でいうと、仁川、金浦、チェジュがレベル3、台湾は台北がレベル3、高雄がレベル2。オーストラリアでは、ダーウィン、ケアンズ、ブリスベン、ゴールドコースト、シドニー、メルボルン、アデレード、パースがレベル3である。アジア太平洋では、現在、レベル2が15、レベル3が50存在する。
③アメリカには400ほどIATAに登録されている民間空港があるが、JFKがレベル3、ニューワーク、オーランド、シカゴ、シアトル、サンフランシスコ、ロサンジェルスがレベル2の、合計7空港が存在。カナダは、トロント、バンクーバーがレベル3、ケベック、モントリオール、カルガリーがレベル2の、合計5空港。北米、中米、南米を通して、レベル2が17、レベル3が14存在する。
④ヨーロッパはレベル2が77、レベル3が101あり、主要空港のほとんどがレベル3である。この状況は日本に似ており、敷地が狭い、滑走路の本数が少ない、ターミナルビルの数が少ないのが原因である。
⑤中東、アフリカでは、レベル2が17、レベル3空港が10ある。

東京国際空港 （羽田空港）

Tokyo International Airport

RJTT / HND

わが国の航空史を体現する首都圏の大空港。発着枠の拡大ニーズは途切れることがない

首都圏の空港分布：東京国際空港は世界的に有数の旅客数

東京国際空港は、国内最大の空港であり国内の航空路線の中心であるとともに、国際線においてもその路線を拡大している。東京都大田区の南東端、多摩川の河口左岸の埋立地に建設された空港であり、都心から約15kmに位置し、鉄道と道路により首都圏各地と結ばれている。空港の設置管理者は、国土交通大臣である。

1. 沿革

◇東京飛行場

わが国の民間航空は、1929年（昭4）に立川陸軍

空港全体図：計4本の滑走路を有し、D滑走路が一番新しい。この空港からは北海道から沖縄まで国内48空港と結ぶ

開港時の東京飛行場。写真右上に「トウキャウ」の文字が見える

飛行場が軍民共用飛行場として使用されたのが始まりである。総面積は180ha、滑走区域は東西1,300m、南北1,250mの軍用飛行場の西寄りの部分を民間航空用として使用した。間借りではあったが、正式に東京飛行場として告示された。

しかし、立川は東京の中心部から遠く、しかも共用飛行場ゆえの制約も多いため、逓信省は民間専用飛行場の必要性を主張し、気象条件、交通アクセスの良さに加え、障害物がないことから羽田地区を新たな飛行場候補地として選んだ。1930年（昭5）に地権者から土地を購入し、着工、工事は約1年半で完了し、31年（昭6）、民間専用飛行場である「東京飛行場」が開設された。これにより立川で行われていた民間航空業務は、東京飛行場という名称とともにすべて羽田に移転した。

開設当初は、水陸両用の飛行場で、滑走路も長さ300mが1本、面積は52.8haであった。その後、航空機の大型化（単発のスーパー・ユニバーサル→双発のDC-3型）に対応するため、1938年（昭13）には滑走路800mが2本となった。

◇米軍による接収

1945年（昭20）、日本の敗戦により東京飛行場は占領軍（米軍）によって接収され、その後しばらくの間、その管理下におかれることとなった。終戦直後の9月21日、米軍による緊急命令によって海老取川以東全域（羽田鈴木町、羽田穴守町、羽田江戸見町）の民家、工場などはすべて48時間以内に一斉退去させられた。その後、米軍により、飛行場のある島と、これに隣接する島をつなぎ合わせるように埋め立てが行わ

れ、飛行場面積は従来の約3.5倍の260haとなり、A滑走路2,133m、B滑走路1,676mが整備された。この工事は45年（昭20）9月から2年間で実施された。米軍の接収により東京飛行場は「HANEDA AIR BASE」の名称で、米軍輸送部隊（MATS：Military Air Transport Service）の輸送基地として使用された。

◇東京国際空港の発足と返還後の空港整備

1952年（昭27）7月1日、サンフランシスコ対日講和条約の発効に伴い、「東京国際空港の共同使用に関する日本国と在日米軍との間の取極」が成立し、東京飛行場「HANEDA AIR BASE」の地上施設の大部分が日本に返還されることとなった。航空庁は7月1日から「東京国際空港」と呼称すると告示し、運輸大臣の所管する国際空港として「東京国際空港」が発足した。返還後も東京国際空港に駐屯していた米軍輸送部隊（MATS）は、58年（昭33）立川に移駐した。これにより東京国際空港における航空交通管制業務の権限も日本に返還され、東京国際空港は全面返還となり、正式に日本政府の管理のもとにおかれることとなった。A滑走路は、54年（昭29）から55年（昭30）にかけて工事が行われ、2,133mから2,550mに延長された。

◇ジェット機時代の到来とC滑走路の新設

1959年（昭34）まではDC-6B、DC-7C、コンスティレーションなどのレシプロ機の時代が続いたが、同年4月、東京国際空港にもジェット機の就航が開始された。ジェット機時代に対応するためにA滑走路の東側海面を埋め立て、新しくC滑走路3,150mを整備することとなった。64年（昭和39）、C滑走路3,150mの新設と、A滑走路3,000mへの延長が完成し、供用開始した。

◇B滑走路の延長と国際線の成田移転

当時の東京国際空港は、川を隔てて大田区、品川区及び川崎市の人家密集地域に隣接していたため、ジェット機の就航はこれらの地域に騒音の被害を与えることとなり、運輸省は発着制限等の対応をとってきた。そこでB滑走路を海側に延長して、大型機の離着陸が可能な2,500mとすることとし、1968年（昭43）に着工、71年（昭46）に供用開始され、空港の総面積は408haとなった。

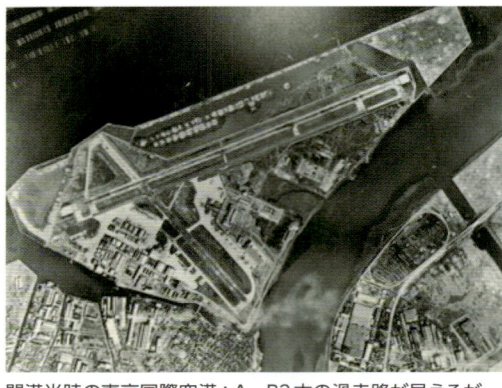

開港当時の東京国際空港：A、B2本の滑走路が見えるが、いずれも現在のものとは位置、長さが異なる

その後、78年（昭53）5月20日の新東京国際空港（成田）の開港に伴い、中華航空（台湾）を除き、国際線はすべて成田空港に移転し、東京国際空港は国内線用空港となった。これにより、限界に達していた処理能力に若干の余裕が生じることとなった。

◇沖合展開事業

1983年（昭58）、運輸省は沖合展開の整備基本計画を作成した。沖合展開事業の狙いは、第1に航空輸送力の確保とサービス水準の向上で、事業完了の第3期供用時には年間離着陸処理能力を23万回とし、相当の期間に渡り国内航空需要の増加に対処すること、第2には、騒音影響の軽減で、3本の滑走路を沖合に移転し、海から入り海へ出るという運航方式をとることによって、騒音を大幅に軽減させること、第3は建設残土を中心とする廃棄物埋立地の有効活用で、廃棄物の埋め立てにより造成された用地を空港用地として活用することにより、廃棄物処理事業と空港整備事業を両立させて貴重な海域の高度利用を図ることとされた。

・沖合展開第1期計画

第1期計画は、新A滑走路（長さ3,000m）の建設を行うもので、1984年（昭59）に着工、88年（昭63）に供用を開始し、空港の面積は408haから586haとなった。この整備により、滑走路は既存のB及びC滑走路に新A滑走路を加えて3本となり、滑走路の処理能力は従来の約16万回から18万回へと増大した。

・沖合展開第2期計画

第2期計画は新ターミナル地域のうち、湾岸道路西側の地域にターミナル施設を展開するものであり、1987年（昭62）の着工以来、6年の歳月を経て西側旅客ターミナルビル、誘導路、エプロン等の施設が完成し、93年供用開始された。空港用地の面積は、西側ターミナル施設と湾岸道路及び東側ターミナル施設の一部が供用し、894haとなった。

・沖合展開第3期計画

第3期計画は航空機騒音の解消、空港処理能力向上の観点から沖合展開事業の中核をなすものであり、当初は新C滑走路及び新B滑走路の同時供用を予定していた。しかし、東京都の埋立工事の遅れや想定された以上の超軟弱地盤であったことなどから計画の見直しを行い、第3期計画の前半では新C及び新B滑走路を整備し、後半では東旅客ターミナルビルを中心とした東側ターミナル地域の整備を行うという2段階の計画とした。

新C滑走路（長さ3,000m）の建設位置は沖合を埋め立てた超軟弱地盤であったため、1990年（平2）より大規模な地盤改良工事が実施され97年（平9）に供用開始された。新C滑走路の供用により空港面積は1,100haとなり、沖合展開整備前に比べて約3倍に増加した。新C滑走路は、沖合展開事業において最も沖合に配置されており、新A滑走路とは1,700mの間隔をもち、わが国では初の同時離着陸可能なオープンパラレル配置の滑走路である。また、新C滑走路の供用に伴い従来のC滑走路は廃止となり、空港周辺に与える騒音はほぼ解消されることとなった。

新B滑走路（長さ2,500m）は、主として南風時に航空機の着陸用として使用される滑走路で、既設のB滑走路を東側に300mシフトし、かつ380m延長方向沖側へ平行移動させることにより航空機騒音の大幅な低減を図ることを目的に整備され、2000年（平12）に供用開始した。

東側ターミナル地域については、2001年（平13）、ターミナルビルの建設に着手し、約3年の工程を経て、東側旅客ターミナルビル（本館部と北ピア）、誘導路、エプロン等の施設が完成し、04年（平16）供用を開始した。このターミナルビルは第2旅客ターミナルビルとされ、先に整備された西側のビルは第1旅客ター

603

ミナルビルとされた。その後、第2旅客ターミナルビルの増築（南ピア）が進められ、07年（平19）に供用開始した。南ピアはさらに増築され13年（平25）に供用開始した。

◇再拡張事業

増加する東京国際空港の航空需要に対して、沖合展開事業による発着枠の増加で対応してきたが、2002年（平14）の増枠以降は、大きな増枠は見込めなかった。そのため、2000年（平12）から、学識経験者、関係地方公共団体等からなる「首都圏第3空港調査検討会」を設置し、新空港建設を含む将来構想が検討されたが、結論としては現空港をさらに拡張する「再拡張案」を優先して推進することとされた。そして、01年（平13）、「羽田空港に関する基本的な考え方」をとりまとめ、東京国際空港の4本目の滑走路として、B滑走路とほぼ平行のD滑走路を建設する案が決定された。

新滑走路の工法については、敷地の一部が多摩川の河口に位置することから、多摩川の流れを妨げない構造が要求された。桟橋工法、埋立・桟橋組合せ工法、浮体工法の3工法について検討され、いずれの工法も建設が可能であるとの結論が得られたが、滑走路の設計・施工の一括入札を経て、埋立・桟橋組合せ工法による工事の請負契約が締結された。2007年（平19）、D滑走路建設工事に着手し、10年（平22）、D滑走路が供用開始した。

また、これと同時に国際線の一部を当空港で分担することになり、沖合展開前の旧ターミナル地区を利用して、国際旅客ターミナル、国際貨物ターミナル、エプロンをそれぞれ別のPFI事業で整備することとされた。各々、提案競争によって選定された事業者が施設整備を行い、同年10月31日、国際定期便の就航が再開され、東京国際空港が再国際化された。空港面積は1,522ha（海上制限区域：94ha含む）となった。

・C滑走路延伸事業

C滑走路3,000mを南側へ360m延伸し、離陸開始位置を南側に移設することにより、陸域（北側の市街地方面）への騒音を軽減するとともに、C滑走路を利用する国際線の離陸制限を緩和させることを目的に事業が実施され、2014年（平26）に供用開始した。

2. 利用状況

・返還直後の国際航空輸送

1952年（昭27）の返還の年、東京国際空港に就航していた国際線定期航空会社は、ノース・ウエスト航空（米国）、パンアメリカン航空（米国）、英国海外航空、カナダ太平洋航空、カンタス・エンパイア航空（豪）、フィリピン航空、民間空運公司（台湾）、タイ航空、スカンジナビア航空（北欧3国）、KLMオランダ航空、エールフランスの11社であった。すべて、外国航空会社で、この状態は54年（昭29）JALがDC-6Bで初の国際線である東京—サンフランシスコ線を開設するまで続いた。

・自主運航の開始

1952年（昭27）、戦後の民間航空の基本法である航空法が制定され、民間航空の自主運航が可能となったため、航空企業の設立が相次ぎ、日本航空（旧会社）は、52年（昭27）DC-4で自主運航を開始した。当時の路線は東京—大阪2往復（うち1往復は名古屋寄港）、東京—大阪—岩国—福岡1往復、東京—札幌1往復（上り、下りともに週1回は三沢寄港）であった。52年（昭27）の航空審議会の答申に基づき、国内線については、日本航空は幹線を運航し、地域的に東日本は日本ヘリコプター輸送（日ペリ）、西日本は極東航空が運航することとなった。日ペリは、53年（昭28）からデ・ハビランド・ダブを使用して東京—大阪の貨物便の運航を開始し、57年（昭32）全日本空輸に改称、翌年極東航空を吸収合併した。

・ジェット機輸送の到来

東京国際空港に国際線定期航空会社がジェット機乗入れを開始したのは、1959年（昭34）、英国海外航空の東京—ロンドン線（南回り）のコメット4型機が最初であった。この後、同年に、パンアメリカン航空が東京—香港線にB707型ジェット機を導入した。欧米社の相次ぐ導入に続きJALは、60年（昭35）、DC-8を東京—サンフランシスコ線に初就航させた。その後、国際航空輸送のジェット化は急速に進み、63年（昭38）には、ほぼ完了した。

国内線へのジェット機導入は、1961年（昭36）、JALが東京—札幌線にコンベア880型機を就航させた

のが最初であった。ANAは、64年（昭39）、東京—
札幌線にB727型機を導入したのが最初である。また、
新たに日本国内航空が誕生し、翌年の65年（昭40）、
東京—札幌線、東京—福岡線にコンベア880型機を就
航させた。

・大型機時代の到来

東京国際空港に初めてB747型機（ジャンボジェッ
ト）が就航したのは、1970年（昭45）、パンアメリ
カン航空が最初であった。同年にJALが太平洋線に就
航させ、その後、各国の航空会社も相次いでB747型
機を導入した。

国内線ではJALが1973年（昭48）、東京—那覇線
にB747-SRを就航させ、翌年からは東京—札幌線、東
京—福岡線に同型機を就航させた。

ANAは、L-1011トライスターを74年（昭49）東京—
那覇線に初めて導入し、79年（昭54）に、B747-SR
を東京—札幌線、東京—福岡線に就航させた。日本国
内航空は71年（昭46）、東亜航空と合併して東亜国
内航空となり、81年（昭56）、A300型機を東京—鹿
児島線に、翌年から、東京—熊本、東京—大分線に就
航させた。

・新規航空会社の参入

新規航空会社では、1998年（平10）からスカイ
マークが東京—福岡線に参入し、同年北海道国際航空
（現エア・ドゥ）が東京—札幌線に就航した。その後、
2002年（平14）には、スカイネット・アジア航空が
東京—宮崎線で運航を開始した。

・国際チャーター便の運航

東京国際空港には、1978年（昭53）の新東京国際
空港（成田）開港に伴う国際線の移転以来、台湾の中
華航空を除いて国際線は就航していなかった。このよ
うな状況のなか、97年（平9）新C滑走路の供用開始
による24時間運用が可能となったことから、国内定
期便が飛ばない深夜早朝の国際旅客チャーター便が運
航を開始した。

さらに、2003年（平15）から羽田—金浦間の国際
旅客チャーター便が昼間時間帯（6時～23時）に就航
を開始した。その後、07年（平19）からは羽田—上海（虹
橋）間、08年（平20）からは羽田—香港間、09年（平

21）からは羽田—北京間に国際旅客チャーター便が就
航した。

・国際定期便の運航再開

2010年（平22）10月21日、D滑走路の供用開始
にあわせて、新しい国際線旅客ターミナルビルが開業
し、10月31日から国際定期便が就航開始した。当時
のダイヤは、昼間時間帯（6時～23時）は、中国、韓
国をはじめとする東アジア地域の路線と、深夜・早朝
の時間帯（23時～翌6時）は、欧州、北米や東南アジ
ア諸国との路線で構成され、11か国・地域、17都市、
1日最大54便であった。

東京国際空港の国際化はさらに進められ、2010年
（平22）の国際線発着枠を年間6万回から9万回に増
加する方針に基づき、14年（平26）から昼間時間帯
の国際線枠が増便され、欧州、北米や東南アジア等へ
の路線が加わり、17か国・地域、24都市、1日最大
79便へと増加した。

・現在の利用状況

国内線については、国内の主要都市、地方都市と結
ばれ、北海道から沖縄まで48空港との間を、1日約
500便が就航しており、2016年（平28）の年間乗降
客数は6,500万人となっている。

国際線についても、欧州、中東、北米、アジア、オ
セアニアに路線が開設され、39社が35路線に就航し
ている。18か国・地域、32都市をカバーし、1日約
110便が就航しており、2016年（平28）の年間乗降
客数は1,500万人となっている。

3. 施設概要

・基本施設

滑走路は4本あり、北風時、南風時それぞれに同時
離着陸が可能となっている。最も新しいD滑走路には、
従来の空港用地から桟橋形式の2本の誘導路が連絡し
ている。この滑走路は施工JVが維持管理も行う方式
となっており、鋼製の桟橋部分にはチタンカバーや空
調などの防錆対策が施されている。A、Cの滑走路は
二重の平行誘導路を有している。エプロン前の交通の
輻輳対策や遠方の滑走路への交通のためでもある。エ
プロンは225バースあるが、全国への路線の基地と

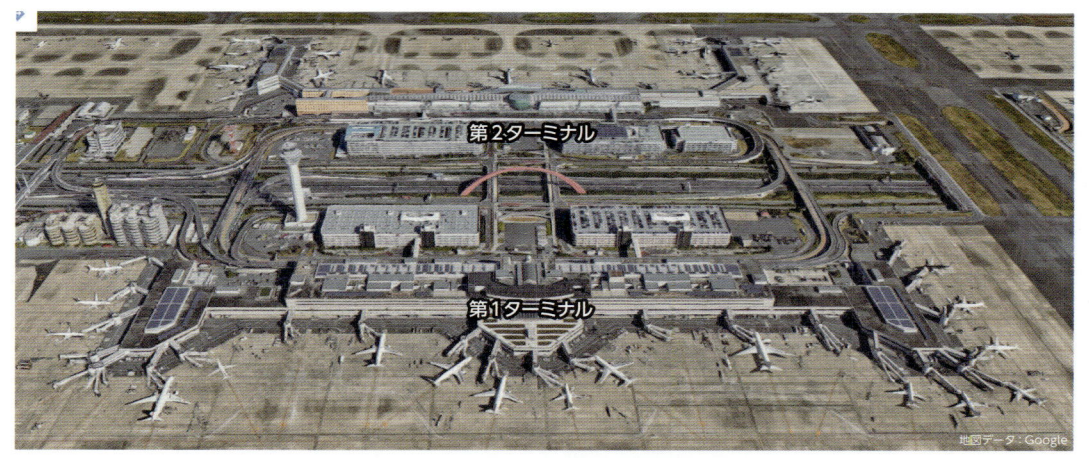

国内線ターミナル：第1ターミナル寄りの位置に、世界でも4番目の高さの管制塔がある

なっているためナイトステイの需要が大きい。

・国内線ターミナル

　A滑走路とC滑走路に挟まれたエリアの中央に首都高速湾岸線と国道357号線が通り、この両側に第1旅客ターミナルと第2旅客ターミナルが配置されている。ターミナルビルの整備・運営は、当初より日本空港ビルデング㈱が行っており、沖合展開後の現在のターミナルも同様である。

　第1ターミナルには24の固定ゲートがあるが、ビル前面と、そこから伸びるピアに多くのゲートを確保するため周囲の長さをもたせた格好である。今では基本となっている旅客の出発到着分離が唱えられる前の整備であったため、現在でも混合型である。1階は到着階、2階は出発階となっており、3階以上は事務所となっている。中央部だけが6階まで一般エリアとなっており、物販・飲食店、ホールなどが配置されている。地階にはモノレールの第1ターミナル駅と京浜急行の国内線ターミナル駅がある。カーブサイドはダブル・デッキで、3階レベルで向かいの立体駐車場への連絡通路が設置されている。

　第2ターミナルにはビルの両端にその延長から直角方向に配置されたピアがあり、大きなベイを形作っている。こちらも多くの固定ゲートの確保の要請に応えるものであることは同様であるが、同時にベイの中を袋小路にしないこと、一部オープンスポットも設けることにも配慮されている。固定ゲートは23、オープンスポットが4バースある。出発到着分離がなされてい

るが、ビル内の基本機能の配置は第1ターミナルビルと同様である。ビルの北端にホテルが併設されているところが新しい。

　これら旅客ターミナルの北側にそれぞれ国内貨物ターミナルが配置され、オープンスポットが並んでいる。南側には整備地区があり、格納庫や整備工場、訓練施設、航空関連企業などが立地している。

　旅客地区と貨物地区の間に庁舎・管制塔がある。現在の管制塔は、D滑走路建設による再拡張事業の一環として、D滑走路の視認性を確保することを目的に建設され、高さは115.7m、成田空港管制塔（87.3m）を超え、世界的にも4番目の高さで建設され、2010年（平22）供用を開始した。大規模地震による揺れや、強風により引き起こされる振動を低減するためRC構造を採用して剛性を高めるとともに、管制室の下の階に免震装置及び制震装置を設置し、地震時や強風時においても管制業務を円滑に継続できる構造としている。

・国際線ターミナル

　旅客ターミナルは日本空港ビル㈱、JAL、ANAホールディングスほかが出資するSPCの東京国際空港ターミナル㈱が運営している。ビル本館から南北に伸びたピアに10か所の固定ゲートが並び、オープンスポットも確保されている。オープン後需要が急増したため、国内線側へのアクセス道路を跨ぐ格好で、エプロンとともに8か所の固定ゲートをもつサテライトが北側へ増築された。ビル本館は2階が到着階、3階が出発階で4階5階が店舗・レストランとなっており、江戸の

国際線ターミナル：南北に伸びたピアには10か所の、北側サテライトには8か所の固定ゲートが並ぶ

町を模した意匠が施されている。3階にはホテルへの連絡通路がある。3階レベルのモノレール駅から出発ロビーへは直結し、到着階へは1階降りる。京浜急行は地下駅から2階3階へ連絡している。カーブサイドはダブルデッキとはなっておらず1階からエスカレーターでロビーに向かう。

　旅客ビルの南側には貨物ターミナルが展開している。これは三井物産が出資するSPCの東京国際エアカーゴターミナル㈱が運営する。1階に荷捌き場、その上を事務所に利用した貨物ビルが2棟、冷蔵倉庫を含む生鮮棟、CIQ棟がある。

　エプロンは大成建設を中心とした出資によるSPCにより整備・管理されている。

5. アクセス

・東京モノレール

　1964年（昭39）東京オリンピック開催前の9月、浜松町と羽田（沖合展開前の旅客ターミナル）間に開業し、93年（平成5）には沖合展開（第2期）西側旅客ターミナル（第1旅客ターミナル）の供用開始にあわせて延伸、さらに、2004年（平16）東側旅客ターミナル（第2旅客ターミナル）の供用開始にあわせて延伸した。10年（平22）10月の国際旅客ターミナル供用時には、経路を一部変更して、羽田空港国際線ビル駅が開業した。

・京浜急行電鉄

　1988年（昭63）より空港線の延伸工事（穴守稲荷～羽田駅　約1.0km）に着手し、93年（平5）より羽田駅（現：天空橋駅）で東京モノレールに接続する形で開業した。この時点では旅客ターミナルビルへの乗り入れはできなかったが、98年（平10）、旅客ターミナルビルに直結した羽田空港（現：羽田空港国内線ターミナル）駅が開業した。2010年（平22）の国際旅客ターミナル供用時には、路線の途中に羽田空港国際線ターミナル駅が開業した。

・道路

　道路アクセスは、国内線ターミナルには首都高湾岸線が、国際線ターミナルには環状8号線が近いが、空港内で双方は合流しており、また際内のアクセス道路もある。首都圏各地に直通バスの便があり、旅客の利便を補完している。

6. 滑走路の運用方式

　2010年（平22）10月のD滑走路供用開始とともに、飛行経路、滑走路の運用を変更し、原則として以下の運用方式がとられている。

北風時：A滑走路とC滑走路に海側（木更津沖）から着陸し、C滑走路とD滑走路の海側（浦安沖）へ離陸する。

南風時：B滑走路とD滑走路に海側（浦安沖）から着

陸し、A滑走路とC滑走路の海側（木更津沖）に離陸する。

7. 空港能力の拡大

　首都圏空港の機能強化に向けて、2020年までに空港処理能力を約3.9万回拡大する取り組みが進められている。既存の滑走路をより有効活用するためA及びC滑走路に北西から着陸する飛行ルートが提案されており、騒音対策や落下物対策の検討と平行して、関係住民へのきめ細かな説明会が行われている。

　また、旅客ターミナルビルについても、約3.9万回の拡大が急増する国際線に充てられる予定のため、それに対応する整備が必要となっている。現国際線旅客ターミナルビルの拡充は行うものの駐機スポットが足りないため、国内線第2ターミナルビルの南側ピア部分を国際・国内共用化することが予定されている。これに伴い、現在の国際線ターミナルビルを第3ターミナルに名称変更する予定である。

（伊藤達也）

■空港の諸元	■ターミナルビル	■輸送実績 (2016年/平成28年実績)	
・空港種別：国管理空港	・国際線	・総旅客数	80,109,802人
・空港管理者：国土交通大臣	運営：東京国際空港ターミナル㈱	国際旅客	15,042,728人
・位置：東京都大田区	＜2006年設立＞	トランジット	132,011人
・空港面積：1,522ha	規模：249,109㎡（PBB38基）	国内旅客	64,935,063人
・滑走路（長さ×幅）：4本	・国内線	・貨物量	1,150,792トン
A R/W 16R/34L：3,000m × 60m	運営：日本空港ビルデング㈱	国際	420,015トン
B R/W　04/22：2,500m × 60m	＜1953年設立＞	国内	730,777トン
C R/W 16L/34R：3,360m × 60m	規模：第1旅客ターミナルビル	・離着陸回数	448,458回
D R/W　05/23：2,500m × 60m	292,400㎡（PBB43基）	国際	78,754回
・運用時間（利用時間）：24時間（24時間）	第2旅客ターミナルビル	国内	369,704回
	255,600㎡（PBB40基）		

column㉙

鳥居と極東米軍シンボルマーク

（唯野邦男）

　東京国際空港の南西端部、多摩川と海老取川の合流部に赤い鳥居が立っている。鳥居はかつて旧旅客ターミナルの駐車場の中に立っていて、「祟りの鳥居」と呼ばれ、壊すと問題が起こると噂されていた。戦後同空港が米軍に占領されていた時、基地内にあったこの鳥居を解体しようとしたが、作業者にけが人が出てしまい、米軍はその撤去を断念した、という話であった。

　1998年、沖合展開事業の3期事業として新B滑走路の建設に入る状況にあったが、鳥居はその滑走路の南端部に位置していたので、その取り壊しか移転が必要であった。その処置についてはマスコミの関心を集めた。

　しかし、改めて行われた調査により、鳥居は極東米軍が自らのシンボルマークにしていること、鳥居を撤去しなかったのは、祟りを恐れたのではなく、基地のシンボルとして積極的に残したということが判明した。

日本各地にある米軍基地内で鳥居が使用されている。

　沖合展開事業の公聴会での地元要望を受け、国はその鳥居を移設することにした。鳥居は事故もなく移設され現在に至っている。

移設された鳥居（大田区羽田空港1丁目　弁天橋付近）

成田国際空港

Narita International Airport

Narita Airport

RJAA / NRT

開港まで苦難を重ねたわが国最大の国際空港。さらなる空港拡張へと舵を切る

成田国際空港は千葉県成田市の南東約6kmに位置する国際的拠点空港であり、開港以来日本の空の玄関口の役割を担ってきた。2004年（平16）からは成田国際空港㈱が経営するが出資は100％国である。

1. 沿革

1960年代ごろから当時の羽田空港だけでは増大する航空需要に対応することができないため、新空港の必要性が高まった。首都圏内の数か所が候補地として設定されたが、最終的には成田市三里塚に決定され、66年（昭41）、新空港の位置と規模が閣議決定された。同年、新東京国際空港公団（現在の成田国際空港㈱）が設立され、12月に同公団に基本計画が指示されたが、それは第1期計画（長さ4,000mのA滑走路1本とこれに対応する諸施設）を71年（昭46）4月に開港し、これに次ぐ第2期計画（2,500mのB平行滑走路、3,000mのC横風用滑走路の2本及びこれに対応する諸施設）を73年（昭48）度末までに完成するというものであった。

敷地の多くが宮内庁御料牧場であったことなどから用地買収は容易と考えられたが、一部地元農民は移転を拒み、騒音問題もあって「三里塚・芝山連合空港反対同盟」を結成し熾烈な反対運動を展開した。さらに過激派が加わり、実力行使やゲリラ行動など「三里塚闘争」を繰り広げた。用地取得が行き詰ったため1971年（昭46）、行政代執行が行われ、第1期計画の施設は73（昭48）年4月に完成したが、用地取得問題、航空燃料パイプライン敷設工事の中断による暫定輸送への転換、妨害鉄塔の撤去等の幾多の問題を克服する必要があり、さらに開港予定の年の3月に厳しい警備の隙をついた管制塔占拠・破壊事件が発生し、開港は1978年（昭53）5月20日となった。ターミナル1は同時に供用開始している。

開港後も執拗な抵抗運動とテロ・ゲリラ事件が多発することとなり、土地収用を含む強制的な手段による公共事業の進め方に重い課題を突き付けることとなった。その後、政府も対話路線に大きく舵を切り、1991年（平3）からは学識者主宰の「成田空港問題シンポジウム」が重ねて開催され、さらに「成田空港問題円卓会議」で議論が交わされ円滑化に向けた努力がはらわれた。

1992年（平4）にはターミナル2が供用開始し、翌

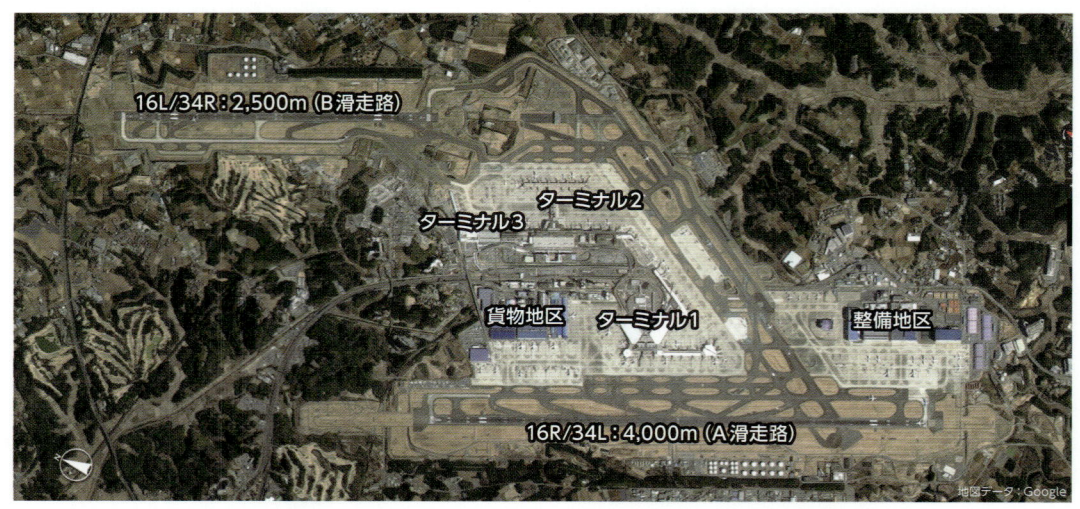

16L/34R：2,500m（B滑走路）

ターミナル2

ターミナル3

貨物地区　ターミナル1　整備地区

16R/34L：4,000m（A滑走路）

地図データ：Google

空港全体図：オープンパラレル配置された2本の滑走路を有する。この間に3つのターミナルが位置する

地図データ：Google

ターミナル1全景：北ウイング（左手）は主にスカイチーム、南ウイングは主にスターアライアンスに属する航空会社が主に使用

93年（平5）には高さ93mの新しい管制塔が供用開始した。ターミナル2のオープンを受け、ターミナル1の北ウイングが閉鎖され改修工事が開始された。99年（平11）にターミナル1の北ウイング改修が終了し、引き続き南ウイングの改修が開始された。南ウイングは2002年（平14）の部分オープン以来拡張工事を続けている。

その後、開港から24年を経て、2002年（平14）にB滑走路（長さ2,180m）が運用を開始し、さらに7年後の09年（平21）にB滑走路が延長され、2,500mとして運用を開始した。未買収地の関係で、当初計画よりかなり北にずれた位置となっているほか、平行誘導路の一部も「ヘ」の字に屈曲している。

2004年（平16）、新東京国際空港公団が民営化され成田国際空港㈱（NAA）が設立された。同時に空港名称も新東京国際空港から成田国際空港へと改名された。

2010年（平22）以降、空港容量拡大に向けて、成田国際空港都市づくり推進会議等、地域との協議を重ねながら、ヘの字誘導路の改良、誘導路、エプロン、ターミナル3の整備が進められている。15年（平27）には管制方式の工夫や地元の理解も得て、年間離着陸処理能力が30万回となった。国際的な空港間競争がますます激化するなか、選ばれる空港を目指し、国際競争力を一層強化していくため、航空ネットワークの拡充が図られている。

2. 施設概要

空港の敷地1,151haに滑走路（A滑走路：長さ4,000m、B滑走路：2,500m）、誘導路（約3万1,400m）、エプロン（約242ha：169スポット）のほか、3つの旅客ターミナルビル、貨物取扱施設、保安管理施設、航空機整備施設、給油施設等の諸施設が配置されている。

(1) 滑走路

滑走路の間隔は約2,500mあり同時離着陸を可能とする。この各滑走路にはそれぞれ2本の平行誘導路が計画されているが、B滑走路のそれは未完成である。当初計画された横風用のC滑走路は、開港後の状況では横風による運航制限はほとんどなく、その必要性は希薄となり、敷地は一部すでに誘導路として使用されている。

(2) 旅客ターミナル

滑走路の間にターミナル施設一式が配置され、A滑走路に面してターミナル1（T1）と貨物地区、B滑走路に面してターミナル2（T2）、ターミナル3（T3）が配置されている。T1、T2、T3の発着割合はT1は40%、T2は30%、T3は19%となっている。

◇ターミナル1

ターミナル1は北ウイングと南ウイングに分かれ、北ウイングではスカイチームを主とした外国航空会社19社が、南ウイングではスターアライアンスを主とした本邦航空会社4社と外国航空会社23社の計27社が運航しており、合わせて46社が運航している。

成田空港の航空旅客数は増加傾向に有り、2002年（平成14）のB滑走路の運用開始後はさらにその増加は著しい。NAAは便利で快適な施設やサービスを提

ターミナル2と3の全景：ターミナル2は主にワンワールドに属する航空会社、ターミナル3はLCCが使用

供していくため、また1978年（昭53）にオープンしたT1と92年（平4）にオープンしたT2とのサービス面における格差の是正を図り、将来の旅客増に対応するため、95年（平7）からT1の改修及び増改築工事を進めてきた。T1は当初、北ウイングと南ウイングにそれぞれ2か所のサテライトをもつ典型的なサテライト方式のビルとしてオープンしたが、南ウイングの再整備にあたっては固定スポット増設の必要性から、本館からピアが伸びる形に改修整備された。A滑走路と予定されたC滑走路の交差部の鋭角のエリアを利用してピアを伸ばした格好である。このピアの先端を第4サテライト、付け根を第3サテライトと呼んでいる。南ウイングの反対側にもピアを伸ばしこの付け根は第5サテライトとされている。第4と第5サテライトはエプロンの下を通る地下通路で連絡されている。改修工事は順次すすめられ、2006年（平18）にT1はグランドオープンした。

その後も施設改修及び増築を行っており、2007年（平19）に中央ビル新館3階と北ウイング3階のリニューアル、08年（平20）に内際乗り継ぎ施設を整備、同年7月にはインラインスクリーニング・システム導入に伴う北ウイング出発ロビーのリニューアルが行われた。

カーブサイドはダブルデッキでビルの1階到着階と4階出発階に接続している。北ウイングと南ウイングに挟まれた中央棟にレストランなどのサービス施設が集中している。

◇**ターミナル2**

1992年（平4）にオープンしたT2は地上6階・地下1階の本館と、地上3階のサテライトから構成されている。T2ではリニアなサテライトが計画された。第

2旅客ターミナルビルではワンワールドを主とした本邦航空会社1社と外国航空会社34社の計35社が運航している。92年（平4）の運用開始以降、当時のデザイン、スタイルを継続し運用されてきたが、航空会社再配置を契機として様々なリニューアル工事が実施された。

2008年（平20）、インラインスクリーニングシステム導入に伴う出発ロビーのリニューアルが行われた。本館とサテライトの間約300mには、当初、空港では世界初の空気浮上式シャトルシステムが導入されたが、13年（平25）をもって廃止され、現在はムービングサイドウォークを併設した連絡通路として運用されている。さらに、搭乗までの待ち時間を快適に過ごすエリアとして、15年（平27）に「NARITA SKYLOUNGE 和」がオープンした。

2015年（平27）12月には固定ゲートが増設されたが、これはマルチスポット対応であり、1スポットに中・大型機は1機、小型機であれば同時に2機の駐機が可能となっている。また、これに加えて、内際スイングゲート施設があり、コンコースに設けられた管理扉により、エリアを国際線用、国内線用に切り替えることができ、効率的な運用が可能となった。

2012年（平24）にはT2に隣接して、首都圏初のビジネスジェット専用ターミナル施設「Business Aviation Premier Gate」がオープンした。ビジネスジェットの利用者だけが利用できる空間としてプライバシーとセキュリティが確保され、また専用のCIQ施設が整備されており短時間での出入国の手続きが可能となっている。

◇**ターミナル3**

2015年（平27）4月8日にオープンしたT3は地上

3階の本館と、地上2階のサテライト、本館・サテライトを結ぶブリッジで構成されている。本邦航空会社3社と外国航空会社2社の計5社が運航している。T3はLCCのビジネス・モデルを意識した新ターミナルとして整備され、簡素化した設備により、建設コストを低減したことで、低コストで効率的な運航を可能にした。一方で単にコストを低減するだけでなく、わかりやすい案内表示やサービスレベルの向上も図り、使い勝手の良いターミナルビルになるように様々な工夫がなされている。

　運用開始後も、フードコートにおけるテーブル、ソファーベンチの増設や、案内図のデザイン変更、ウエイティング・エリアのオープンなどがなされ、17年（平29）には、国内線が発着するサテライトに固定ゲート2箇所がオープンした。さらに20年夏までにはオープンスポットも3か所整備される予定である。

⑶貨物ターミナル地区

　現在、成田空港の貨物取扱施設（上屋）は20万㎡で、貨物処理能力は年間240万tとなっている。ここ数年の貨物取扱量は200万t前後で推移しているが、今後、国際線ネットワークのさらなる拡充による、貨物需要動向、航空会社のニーズなどに合わせ、貨物取扱施設の展開計画を進めていくこととされている。

　2015年（平27）に着工した日航貨物ビル旧事務棟の撤去及び跡地への屋根がけ工事が17年（平29）に完成したことにより、トラックドックが12台分増設され、上屋からトラック・ドックへの動線も確保されることから、日航貨物ビルの機能向上が図られ、貨物処理能力も年間5万t増強された。また、貨物地区の混雑緩和対策として、貨物地区入構ゲートの変更、構内道路の線形変更もなされ、円滑な交通動線が確保された。

　また、空港の周辺地区にも多くの航空貨物取扱会社の基地が立地している。

⑷給油施設

　成田空港で使用する航空燃料は、成田空港が内陸部に位置しているため、東京湾の千葉港にある「千葉港頭石油ターミナル」に荷揚げされ、約47kmに及ぶパイプラインにより輸送される。燃料は、成田空港内の第1給油センターと第2給油センターに貯蔵され、ハ

ターミナル1内部：開港時からのターミナルが2006年にリニューアルオープン

ターミナル2：1992年にオープンし、地上6階、地下1階の構造

ターミナル3：2015年にオープンしたLCC専用ターミナルは設備を簡素化することで低コストでの運営が可能に

イドラント施設により、航空機に給油される。

　千葉港頭石油ターミナルには、揚油バース（4桟橋）とタンク13基が設置されている。航空燃料パイプラインは2条敷設されており、四街道石油ターミナルで再加圧することにより、1条1時間あたり700klの輸送能力を有している。

　空港内の第1給油センターには貯蔵・払出用のタンクが25基、第2給油センターには同タンクが8基設置されており、空港で消費される航空燃料の7日分以上

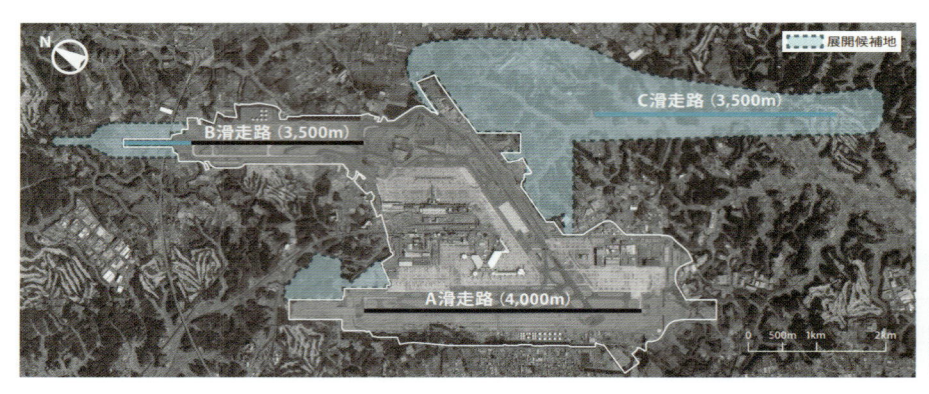

拡張計画：現状の2本の滑走路に加えて、3,500mのC滑走路の建設も計画されている

を備蓄している。両給油センターはそれぞれ平行滑走路の外側に配置されている。

　ハイドラント施設は2系統あり、第1ハイドラントは1時間あたり2,300klの排出能力があり、貨物地区とT1の一部の37スポットに供給している。第2ハイドラントは1時間あたり、4,500klの排出能力があり、残りの99スポットに供給している。

3. アクセス

　成田空港と都心は京成本線、成田スカイアクセス線、JR線の3つの線で結ばれており、行き先や利用目的によって各線を使い分けられる。成田スカイアクセス線は2010年に開業した新しい路線であり、生活路線を兼ねつつ、羽田・都心・成田を結ぶ。京成線を経由する「スカイライナー」は日暮里と空港第2ビル駅間を最短36分（在来線最速の160km/h）と最もスピーディーに空港と都心を結ぶ。JR線の特急「成田エクスプレス」は東京駅をはじめ新宿や池袋、大宮、横浜などから乗換えなしでダイレクトにアクセスが可能である。第1ビルと第2ビルの双方の地下に駅があり、第1ビルが終点となる。またリムジンバスも多路線・多頻度で運行されており、最近は格安のバスも多く利用されている。

　首都圏郊外を環状に結ぶ圏央道の内、「神崎IC―大栄JCT」間が2015年（平27）に開通し、東関東自動車道を介して成田空港と直結した。この区間の開通によって、常磐道や北関東自動車道とも結ばれ、都心を経由せずに東北や北関東方面から成田空港へのアクセスが可能になり、旅客のアクセスだけでなく、物流の観点からも大幅に利便性が向上した。

　一方、開港以来、空港の入場ゲートにおいてセキュリティチェックが行われてきたが、新たなカメラシステムなどが導入され、空港全体の警備レベルを向上させることで、2015年（平27）より入場ゲートのノンストップ化が実現された。これにより、入場ゲートのスムーズな通行や、車輌ゲートの交通渋滞解消など利便性・快適性が向上した。

スカイライナー：成田スカイアクセス線経由で日暮里と空港第2ビル駅を最短36分で結ぶ

成田エクスプレス：横浜、池袋、大宮、新宿などJR東日本の主要駅と成田空港を結ぶ

また、ホテルは空港内の1軒のほか、周辺には10軒以上の大型ホテルが立地している。2014年（平26）、ターミナル2の地下に24時間営業のカプセルホテルが開業した。

4. 運用状況

2016年（平28）の運用実績は航空旅客数3,700万人（うち国際線2,700万人）、航空機発着回数24.5万回、航空貨物量213万t、給油量462万klと高水準の実績を記録している。

ACIの2016年のランキングでは、国際線の航空旅客数が世界第18位、航空貨物量は第8位に位置している。

当空港は内陸にあって騒音の影響が避けられないことから、開港以来、運航は午前6時から午後11時までの時間帯に限るカーフューの措置がとられてきた。2013年より、ダイヤ設定の制限は変わりないが、悪天候による遅延などに限り午前0時まで延長が可能となった。さらに午前1時までと朝5時からの運航が提案されている。

滑走路の間隔は同時離着陸を可能とするが、それは離陸後左右に分かれることを前提としており、成田空港の場合はしばらく直線飛行が必要なため事実上同時離陸ができなかったが、特別な管制方式を適用してこれを可能とした。地元の理解も得て、処理能力は年間30万回になった。

国際線は70社以上が100余りの路線に就航しており、国内線は7社が18路線に就航している。貨物輸送については16社が就航し年間約200万トンを輸送しているが、航空貨物は重量に比べ高価値であることから、金額ベースでは輸入輸出とも約10兆円に達し海上の港を含めて日本最大の貿易港となっている。

5. 今後の空港整備計画（将来計画）

国土交通省は、今後の首都圏空港における航空需要について、国内線と国際線を合わせた発着回数は早ければ2022年度に、現在の計画処理能力である約75万回を超過すると見込んでおり、2032年には78～94万回に達すると予測している。首都圏の国際競争力強化や訪日外国人旅客数のさらなる増加等の観点から、空港処理能力の拡大を含めた首都圏空港のさらなる機能強化を図る必要があるとしている。

成田空港では、管制機能の高度化や高速離脱誘導路の整備を計画しており、2020年の東京オリンピック、パラリンピックまでには、年間約4万回の発着回数の拡大を目指している。また、旅客ターミナルビルにおいても既存施設で煩雑化、陳腐化がみられるエリアを中心にライフサイクルデザインの観点から、既存ターミナルビルがもっているポテンシャルを最大化する、バリューアップ改修なる計画が進められている。

また、離着陸回数の増加のため第3の滑走路整備計画の検討が進められている。長さ3,500mでB滑走路と平行であり、その延長線間隔は300mほどと近いが、延長方向に大きく離れており、B滑走路からの離陸と第3滑走路への着陸は、その逆とも独立運用が可能であるとされる。さらにB滑走路も1,000m延長して3,500mとする計画である。

2018年（平30）、これらの整備計画については騒音への配慮をすることとあわせて地元の了解を得て、環境アセスメント等の整備へ向けた手続きが開始されている。

（成田国際空港）

■空港の諸元
- 空港種別：会社管理空港
- 空港管理者：成田国際空港㈱
- 位置　千葉県成田市
- 空港面積：1,172ha
- 滑走路（長さ×幅）：2本
  - A R/W 16R/34L：4,000m×60m
  - B R/W 16L/34R：2,500m×60m
- 運用時間（利用時間）：24時間
  〈6：00～23：00〉

■ターミナルビル
- 運営：成田国際空港㈱＜2004年設立（それ以前は公団）＞
- 規模：第1旅客ターミナルビル
  - 463,000㎡（PBB76基）
  - 第2旅客ターミナルビル
  - 391,000㎡（PBB58基）
  - 第3旅客ターミナルビル
  - 67,000㎡

■輸送実績（2016年/平成28年実績）
- 総旅客数　　36,578,845人
- 国際旅客　　27,145,111人
- トランジット　2,429,158人
- 国内旅客　　7,004,576人
- 貨物量　　2,130,848トン
- 離着陸回数　　244,752回

百里飛行場 (茨城空港)

Hyakuri Aerodrome (Ibaraki Airport)

RJAH / IBR

首都圏北部の航空需要を取り込みつつ、LCC を中心に羽田、成田の補完機能を担う

1. 沿革と概要

　百里飛行場は、東京から約80km離れた霞ヶ浦の北側に位置し、旧海軍飛行場跡に防衛庁（当時）が1965年（昭40）に設置した飛行場であり、長さ2,700mの滑走路2本を有し、航空自衛隊の首都圏防衛の要の役割を担っている。

　当飛行場は、防衛庁（当時）が百里基地計画を発表した1956年（昭31）より、建設をめぐって反対運動が続けられてきた。93年（平5）、茨城県は地元小川町（当時）及び議会からの要望を受け、民間共用化に向けて、「百里飛行場民間共用化可能性調査」を実施し、その後95年（平7）に茨城県が「百里飛行場民間共用化構想」を発表した。運輸省（当時）、防衛庁（当時）と茨城県による調整の結果、98年（平10）に「主として民航が使用する新たな滑走路を現滑走路の西側210mの位置に設置する」との検討の方向性が確認され、その後の様々な調整を経て、2000年（平12）の空港整備法施行令（当時）改正により、百里飛行場が共用飛行場に指定され予算の執行が可能となった。これを受け、環境影響評価法に基づく諸手続きを経て、用地取得、現地工事が行われ、10年（平22）3月11日に民間共用化（茨城空港の開港）が実現した。

ターミナル地域：東京まで500円のバスが運行している

2. 施設概要

　最大就航機材として中型ジェット機を想定し、既存滑走路の210m西側に滑走路を新設するとともに、誘導路やターミナル諸施設が整備された。既存滑走路も民航機が使用できるよう改良が行われたが、新設滑走路も含め2本の長さ2,700mの滑走路はいずれも防衛省が管理している。

　茨城空港は、航空会社にとって運航コストの削減を図りやすい「日本初のLCC対応空港」として計画・整備され、航空機が自走する方式の駐機（PBBを設置しない）と、出発・到着動線を1階に集約したコンパクトな旅客ターミナルが特徴である。国土交通省が管理するエプロンは、自走式の中型ジェット機用が4スポットである。PBBがないため搭乗時に雨に濡れる問題の対策として、茨城県は、「可動式エプロンルーフ」を2017年（平29）7月に設置した。また茨城県の公益財団法人茨城県開発公社が旅客ターミナルビルの事業主体であるほか、特有の施設運用として、茨城県がGSE車

空港全景：滑走路をはさんで、航空自衛隊の基地と民航ターミナルがそれぞれ位置する

Japan

両、レフューラーや給油タンクを所有し、事業者に貸し出している。

アクセスについては、航空機利用者は東京まで直行バスで500円という低コストで利用可能であり、また駐車場が無料であるため、自家用車の利用者にとっても利用しやすい。駐車台数は、常時駐車用が約1,300台で、臨時を含めると最大3,100台まで駐車可能である。

3. 利用状況

2010年（平22）3月の開港時の就航路線は、アシアナ航空のソウル便週7便（東日本大震災以降運休）のみであったが、同年5月にSKYによる神戸1便、7月には春秋航空（LCC）が上海路線に週3便就航した。その後も、路線の拡充が図られ、現在、国内線については、SKYの新千歳2便、神戸2便、福岡1便、那覇1便、国際線は春秋航空が上海路線を週6便、イースター航空がソウル線を週3便運航している。旅客数は、開港から年々増加傾向にあり、16年（平28）には約61万

人まで増加している。

4. 利用促進

茨城県は、「空の旅を、もっと身近なものに」をコンセプトに、海外LCCへの誘致活動にも積極的に取り組んでいる。運用時間も、SKYの神戸早朝便に対応するため、2015年（平27）4月から8時〜21時（11.5h→13h）に変更された。また茨城県は、首都圏の北部3県（約700万人）の需要を取り込むため、北関東道及び圏央道沿線地域への重点的なPRを行い、県内の宿泊施設を利用した場合の1,000円レンタカー、茨城空港を利用した旅行商品造成費用の助成など様々な利用促進策にも取り組んでいる。また、アクセスの向上策として、石岡駅—茨城空港間に、鹿島鉄道の軌道敷跡を活用したBRT（バス高速輸送システム）が12年度（平24）から導入され、常磐道の石岡小美玉スマートインターチェンジと茨城空港を結ぶアクセス道路の整備が行われている。

(勝谷一則)

■空港の諸元
- 空港種別：共用空港
- 空港管理者：防衛大臣
- 位置　茨城県小美玉市
- 空港面積：425ha
- 滑走路（長さ×幅）：2本
  A R/W 16R/34L：2,700m × 45m
  B R/W 04/22　：2,700m×45m

- 運用時間（利用時間）：13.5時間
  （7：30〜21：00）

■ターミナルビル
運営：公益財団法人茨城県開発公社
規模：8,283㎡

■輸送実績 (2016年/平成28年実績)
- 総旅客数　　605,944人
- 国際旅客　　164,895人
- 国内旅客　　441,049人
- 貨物量　　　　304トン
- 離着陸回数　　5,012回

#236
調布飛行場

Chofu Aerodrome

RJTF / －

東京離島を結ぶ定期便のほか、空撮、飛行訓練などジェネラルアビエーションを受け持つ

1. 概要と沿革

調布飛行場は、東京都調布市、三鷹市、府中市に跨がる地域にある小型航空機用の飛行場であり、大島、新島、神津島など東京都離島への航空機が就航しているほか、測量、写真撮影等の小型航空機が使用している。設置管理は東京都港湾局が行っている。

調布飛行場は1941年（昭16）に公共用飛行場として設置されたが、45年（昭20）に米軍に接収された。戦後の54年（昭29）に日米共同使用が認められ、その後、73年（昭48）の全面返還を受けて国（運輸省：当時）が管理することとなった。このころは正式な飛行場ではなく、場外離着陸場の位置づけで運用され、79年（昭54）に調布—新島便が、83年（昭58）に調布—大島便が運航開始された。92年（平4）神津島空港の開港と期を一にして場外離着陸場のまま東京

都が国から管理を引き継ぎ、調布―神津島便が運航を開始した。この後しばらく東京都管理の場外離着陸場として運営されるが、国の空港事務所も存続され、場外離着陸場に管制官が常駐するという変則的な運用となる。この後98年（平10）東京都が飛行場の設置許可を取得し、2001年（平13）に正式な飛行場としての供用を開始した。

　一方で住宅密集地にある飛行場ということから、全面返還後、地元の調布、三鷹、府中の三市は各市の市長、市議会議長からなる「調布基地対策連絡協議会（略称「六者協」）を設置し、東京都及び六者協の間で返還後の跡地利用や調布飛行場の正式飛行場化、その利用方法等について協議、調整を行ってきた。その結果、周辺には味の素スタジアム等の施設が設置された一方、飛行場には年間の離着陸回数や休日の飛行回数の制限、事業者の新規参入を認めない、新たな機体の導入にあたっては各市と協議するなど、様々な制限が設けられている。

　正式飛行場化と同時に供用される予定であった離島便の旅客ターミナルビルは、東京都の予算不足から着工が見送られていたが、2013年（平25）4月に供用が開始された。ビルの運営は離島便を運航している新中央航空が行っている。

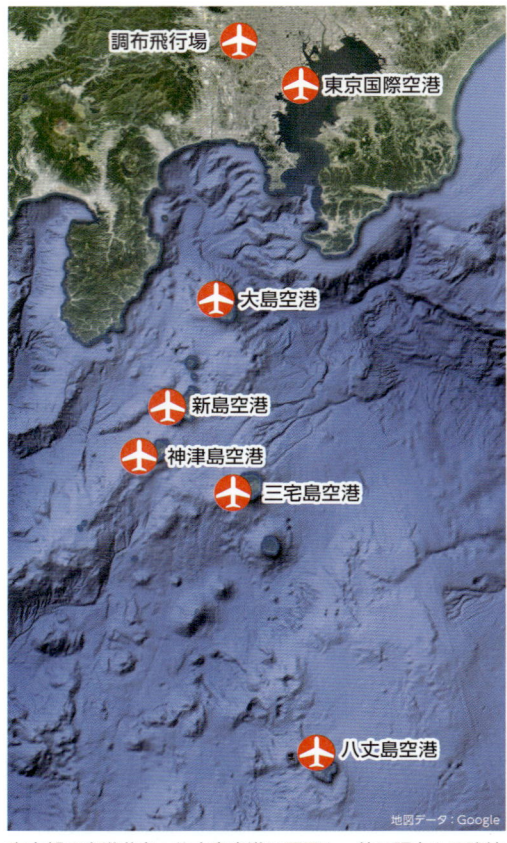

東京都の空港分布：八丈島空港は羽田と、他は調布との路線

2. 空港計画・施設配置

　滑走路は長さ800mで1本（17/35）。有視界飛行方式のみの運用であったが、2013年（平25）に離島便の航空機に限り、計器飛行方式が導入されている。

　また国の管制官が常駐している間は、半径5km、高さ750mの管制圏が設定されていたが、2006年（平18）の国の空港事務所の閉鎖とともに管制圏も廃止された。その後は東京都が運航情報提供を行っている。

空港全景：飛行場の周囲には味の素スタジアムや運動場などスポーツ施設が並ぶ

3. 運用状況

　現在路線は、新中央航空による大島3往復、新島4往復、神津島3往復に加え、2014年（平26）4月からは三宅島空港へも就航するようになり、現在1日3往復が運航している。旅客数は、16年（平28）実績で9.7万人、航空機離着陸回数は14.5万回。

　空港へのアクセスは、正式飛行場化と同時に調布駅から空港ターミナルまでのバスが小田急バスにより運行されている。

　市街地内にある空港であり、周辺住民からは騒音問題のほか、航空機事故への懸念も示されている。1980年（昭55）に離陸機が近隣の調布中学校の校庭に墜落したほか、2015年（平27）には、離陸機が近隣の住宅地に墜落し、住民を巻き込む大惨事となった。この事故以降、調布飛行場における自家用機の利用は

ターミナルビル：ターミナル内には飛行機を眺めながら食事を楽しめるカフェも併設

停止されている。

　また騒音対策については、場外離着陸場の時代から周辺住居等への防音工事を設置管理者である東京都が独自に実施している。

（滝澤裕）

■空港の諸元
- 空港種別：その他の空港
- 空港管理者：東京都
- 位置：東京都調布市
- 空港面積：39ha
- 滑走路（長さ×幅）：1本
　　17/35：800m × 30m

- 運用時間（利用時間）：9.5 時間
　　（8：30 ～ 18：00）

■ターミナルビル
- 運営：東京都＜都営＞
- 規模：1,442㎡

■輸送実績（2016年/平成28年実績）
- 総旅客数　　　96,772人
　　　　　　　　（国内のみ）
- 貨物量　　　　50トン
- 離着陸回数　　14,526回

#237
大島空港

Oshima Airport　　　　　　　　　　　　　　　　　　　**RJTO / OIM**

ジェット化を目指して滑走路を延長も、高速フェリーが便利で現在はプロペラ機が就航中

　大島空港は東京離島の大島にある空港で、羽田空港からANAが就航していたが、2015年（平27）で運休となり、現在は調布からの新中央航空のプロペラ機と東邦航空のヘリコプター輸送によるアイランド・シャトルが運航している。設置管理は東京都港湾局で、標高は約27mである。

　大島空港は1964年（昭39）に東京都設置管理の第3種空港として滑走路1,200mで供用を開始した。その後、当

空港全景：ジェット機も離着陸可能な1,800mの滑走路を有する

時就航していたYS-11型機の老朽化による退役を控え
ジェット化のための工事が行われ、2002年（平14）
に滑走路1,800mで供用を開始した。しかしながら、
そのころから東京—大島を約2時間で結ぶ高速船が運
航を開始したため、その後の航空需要は低迷し、滑走
路延長後に就航したB737型機も07年度（平19）か
ら1日1便に減便。さらに翌年度からは、B737型機
に代わり、プロペラのDHC8-300型機が就航すること
となった。それでも搭乗率（L/F）10%程度の運航が
続けられたが、15年度（平27）をもって羽田—大島
のANA便は運休することとなった。現在は1日3便の
調布への新中央航空が就航している。

　滑走路は長さ1,800mが1本（03/21）で、ジェッ
ト化にあわせて旅客ターミナルビルも新築されたが、
ボーディングブリッジは設置されていない（固定橋は

ターミナルビル：調布間を1日3便運航。約25分の空旅

あり）。

　2016年（平28）の旅客数は2.7万人、航空機着陸
回数は5,000回で、旅客需要は減少傾向にあるが、13
年（平25）の台風に伴う土砂災害時に果たした輸送
拠点としての重要性はますます高まってきている。

（滝澤裕）

■空港の諸元
・空港種別：地方管理空港
・空港管理者：東京都
・位置：東京都大島町
・空港面積：62ha
・滑走路（長さ×幅）：1本
　03/21：1,800m × 45m

・運用時間（利用時間）：8時間
　（8：30 ～ 16：30）

■ターミナルビル
・運営：東京都＜都営＞
・規模：2,643㎡

■輸送実績（2016年/平成28年実績）
・総旅客数　　　　　26,680人
　　　　　　　　（国内線のみ）
・貨物量　　　　　　　11トン
・離着陸回数　　　　5,134回

#238
新島空港

Niijima Airport　　　　　　　　　　　　　　　　　　　　　　　　RJAN / －

調布との間に定期便が就航し、生活路線や海のレジャーを含む観光路線の役割を担う

　新島（にいじま）は、東京の南方海上約150km
（東京・竹芝との間は高速ジェット船
で2時間50分）に位置し、人口は2,747
人（2017年（平29）6月現在）である。
北側の宮塚山と、南側の向山の2つ
の火山が接合した島である。866年
（仁和3）の向山噴火による溶岩で形
成された岩石である坑火石（こうかせき）は、イタ
リアのリパリ島と新島だけで産出さ
れる珍石として有名である。

　新島空港は1970年（昭45）に村
営場外離着陸場として開設され、中

空港全景：調布飛行場との間に1日4便運航。約40分の空旅

央航空が不定期、貸切便で、新島―大島間をピラタス式PC-6（7席）を就航させた。72年（昭47）にはブリテン・ノーマンBN-2（アイランダー9席）に機材を変更して運航が継続された。この路線は、79年（昭54）に中央航空から新中央航空（NCA）に事業譲渡されている。

1985年（昭60）に、それまでの場外離着陸場か

ら正式な空港とするための許可を得て整備事業が実施され、87年（昭62）に滑走路長800mの第3種空港として供用開始した。2000年（平12）からは調布との間で、Do228（ドルニエ19席）の運航が開始され、現在NCAが調布―新島間を1日4往復運航している。

（勝谷一則）

■空港の諸元
- 空港種別：地方管理空港
- 空港管理者：東京都
- 位置：東京都新島村
- 空港面積：18ha
- 滑走路（長さ×幅）：1本
　　11/29：800m × 25m

- 運用時間（利用時間）：8時間
　　（8：30 ～ 16：30）

■ターミナルビル
- 運営：東京都＜都営＞
- 規模：588㎡

■輸送実績 (2016年/平成28年実績)
- 総旅客数　　　33,406人
　　　　　　　（国内のみ）
- 貨物量　　　　　29トン
- 離着陸回数　　　3,018回

#239
神津島空港

Kozushima Airport

RJAZ / −

滑走路800mの小型機用空港。1992年開港と比較的新しく、東京都離島では最後に完成

　神津島は、東京の南方海上約170kmにあり、（東京・竹芝との間は高速ジェット船で3時間40分）、伊豆諸島のほぼ中央に位置するひょうたん形の島で、人口は1,897人（2017年（平29）12月現在）である。中央には天上山がそびえ、島全体が峻険で平地に乏しく、特に東側は断崖絶壁となっている。1970年（昭45）神津島村に官民合同の「空港建設促進協議会」が発足し、その後手続きと工事を経て92年（平4）に島の南端部に新空港が完成し、第3種空港として供用開始した。滑走路は800mで平行

神津島村中心街

地図データ：Google

空港全景：調布飛行場との間に1日3便運航。約45分の空旅

誘導路はなく、2スポットのエプロンがある。92年（平4）にNCAが調布―神津島間の路線を開設以降、現在1日3往復運航している。

（勝谷一則）

■空港の諸元
- 空港種別：地方管理空港
- 空港管理者：東京都
- 位置：東京都神津島村
- 空港面積：26ha
- 滑走路（長さ×幅）：1本
　　11/29：800m × 25m

- 運用時間（利用時間）：8時間
　　（8：30 ～ 16：30）

■ターミナルビル
- 運営：東京都＜都営＞
- 規模：586㎡

■輸送実績 (2016年/平成28年実績)
- 総旅客数　　　21,090人
- 貨物量　　　　実績なし
- 離着陸回数　　　2,072回

三宅島空港

Miyakejima Airport

RJTQ / MYE

2000年の雄山噴火により空港閉鎖。島民の全島避難を経て、現在は調布から1日3往復

三宅島は、東京の南方海上約180km（東京・竹芝からは6時間40分）に位置するほぼ円形の火山島で、伊豆諸島では大島、八丈島に次ぐ3番目の大きさ、人口は2,560人（2017年（平29）12月現在）である。玄武岩を主体に形成され、島の中央にある複式火山の雄山が海岸線まで美しい裾野を広げ、海岸はほとんど断崖となっている。頂上及び山腹に多数の火山があり、1085年（応徳2）以降2000年（平12）までの間に、記録にあるものだけで15回の噴火を繰り返している。

三宅島空港は1966年（昭41）に島の東側に、長さ1,100mの滑走路をもつ第3種空港として供用開始した。76年（昭51）には滑走路が100m延長され、1,200mとなっている。83年（昭58）には二男山の噴火災害により10月3日から8日まで空港が閉鎖された。さらに2000年（平12）の雄山噴火災害により再び空港が閉鎖され、定期便が運休した。05年（平17）2月に

地図データ：Google

空港全景：調布飛行場との間に1日3便運航。約50分の空旅

全島避難指示が解除され、同年5月から観光客受入が再開された。08年（平20）にはANAが羽田―三宅島間の定期便を再開したが、14年（平26）には廃止された。同年4月にNCA（新中央航空）が調布―三宅島間の路線を開設し、現在1日3往復運航している。

（勝谷一則）

■空港の諸元
- 空港種別：地方管理空港
- 空港管理者：東京都
- 位置：東京都三宅村
- 空港面積：28ha
- 滑走路（長さ×幅）：1本
  02/20：1,200m × 30m

- 運用時間（利用時間）：8時間
  （9：00 ～ 17：00）

■ターミナルビル
- 運営：東京都＜都営＞
- 規模：490㎡

■輸送実績（2016年/平成28年実績）
- 総旅客数　　23,140人
  （国内線のみ）
- 貨物量　　　2トン
- 離着陸回数　2,312回

八丈島空港

Hachijojima Airport

RJTH / HAC

伊豆諸島で最も遠い空港。航空輸送への依存度は高く35年前からジェット機が就航

1. 概要と沿革

八丈島空港は東京離島の八丈島にある空港で、羽田空港から1日3便、ANAが就航しているほか、青ヶ島や三宅島を結ぶ東方航空のヘリコプター輸送によるアイランドシャトルの基地となっている。設置管理は東京都港湾局で、標高は約90mである。

1927年（昭2）に旧海軍飛行場として設置され、62年（昭37）に滑走路1,200mの民間飛行場として供用開始した。その後、82年（昭57）に滑走路を長さ1,800mに延長してジェット化され、さらに2004年（平16）には機材の更新等に対応するため200m

延長され、現在、滑走路2,000mで供用されている。

2. 空港計画・施設配置

八丈島はNHKの人気番組「ひょっこりひょうたん島」のモデルともいわれるようにひょうたん型の島で、両側に八丈富士、三原山という標高700〜850m程度の山があり、集落はその間の平地に集中しているが、空港もその平野部に作られている。そのため、両側水平表面に山が抵触しており、進入復行経路も直線でとられているほか、山の気流の影響で運航が難しい空港といわれている。

滑走路は長さ2,000mが1本（08/26）で、LLZが設置されているが、用地の関係からオフセット配置となっている。旅客ターミナルビルは第3セクターの八丈島空港ターミナルビル㈱が運営しているが、採算がとりにくい東京離島の空港ビルのなかでは、株式会社方式で経営される唯一の事例である。ただ、空港のターミナルビルだけでは採算が合わないため、島内の温泉施設等の運営も手掛けて、収支を補っている。ターミナルビルの2階とカーブサイドは同一レベルとなっており、2階に出発、到着機能がある1層方式で搭乗ゲー

空港全景：東京国際空港との間に1日3便運航。約50分の空旅

ターミナル地域：ターミナルを運営する会社は、島内の温泉施設も手掛ける

トにはPBBが1基設置されている。

（滝澤裕）

■空港の諸元
- 空港種別：地方管理空港
- 空港管理者：東京都
- 位置：東京都八丈町
- 空港面積：76ha
- 滑走路（長さ×幅）：1本
  08/26：2,000m × 45m

- 運用時間（利用時間）：10時間
  （8：00 〜 18：00）

■ターミナルビル
- 運営：八丈島空港ターミナルビル㈱
  ＜1980年設立＞
- 規模：3,975㎡（PBB1基）

■輸送実績（2016年/平成28年実績）
- 総旅客数　191,270人
  （国内線のみ）
- 貨物量　1,027トン
- 離着陸回数　3,974回

---

column ③⓪

小笠原空港の構想

（岩見宣治）

小笠原諸島は、東京から約1,000km離れた孤島で、6日に1度の船便が唯一の交通機関である。人口約2,600人の島で、航空交通のサービスを受けられない唯一の地域といえる。

もちろんここ数十年の間に小笠原空港を建設するための調査は何度か行われた。1,000kmを飛ぶには本来はジェット機、少なくとも中型のプロペラ機が必要で、1,200m〜1,800mの滑走路が望ましいが、島には平地が少なくほとんど適地がない。また島民の安心・安

全と利便性は不可欠ながら、建設工事で貴重な自然環境を少しでも破壊すべきではない等々の異論反論もあり、一筋縄ではいかない困難な課題を抱えたまま、いまだに結論は得られていない。2018年（平30）6月30日、小笠原返還50年を祝う記念式典で、東京都の小池知事は1,000m以下の滑走路を建設して航空路を開設する計画案を検討することを表明した。一日も早く技術的にも可能な具体案を得て、住民のコンセンサスが形成されることを期待したい。

#242
新潟空港

Niigata Airport

RJSN / KIJ

古くからロシア・ハバロフスクへの国際線が就航し、環日本海交流の基幹空港として活躍

1. 概要と沿革

新潟市は新潟県の北東部に位置し、人口約80万人の県庁所在地であり、古くから「みなとまち」として栄えている。新潟県全体の人口230万人の3分の1を占めている本州日本海側最大の都市である。この新潟市を母都市として、新潟空港は市の中心部から東に約8kmの距離にあり、東側は阿賀野川左岸の河口に面し、西側は信濃川河口付近に接している。

新潟空港の歴史は、新潟市営飛行場として建設されたことに始まり、米軍の接収・管理時代を経て1958年（昭33）に現在のANAが初の定期路線（新潟─東京間）を開設した。当時の滑走路は現在のA滑走路のみであったが、63年（昭38）には長さ1,200mのB滑走路が新たにオープンした。初代のターミナルビルは62年（昭37）築であるが、64年（昭39）の大地震で不同沈下したため取り壊され、72年（昭47）に2代目のターミナルビルが誕生した。同年、B滑走路が1,900mへ延長された。その後81年（昭56）には2,000mに、96年（平8）には2,500mに延長された。

2. 施設の概要

滑走路は長さ1,314mのA滑走路、2,500mのB滑走路の2本がV字形に交差している。メインのB滑走路はほぼ東西方向で、西側は日本海に突き出し、東側は進入灯が阿賀野川に入り込んでいる。B滑走路中央部南側のエプロンは大型のジェット機用から小型のジェット機、プロペラ機用まで全9機分のスポットを有し、そのエプロンに面してターミナルビル（3代目）が整備されている。

またエプロンの西側には、航空自衛隊新潟分屯基地のエプロンやハンガーが整備されている。加えてA滑走路南端部付近には、サウス・エプロンと称する小型航空機のエリアがあり、新潟県警察航空隊、新潟市消防局消防防災航空隊の各基地、海上保安庁新潟航空基地、東北電力、中日本航空、朝日航洋の格納庫がある。

ターミナルビルの設置・運営は新潟県等が出資する第3セクターの新潟空港ビルディング㈱が担っている。現在のビルは1996年（平8）の竣工で、鉄骨造地上4階地下2階で、PBBを4基備えた延床面積約2万9,000㎡のビルであり、国際、国内線用に使われている。そ

04/22：2,500m（B滑走路）

10/28：1,314m（A滑走路）

ターミナル

小型機地区

空港全体図：交差する2本の滑走路を有する。日本海に面し、阿賀野川（右手）の河口部に接している

自衛隊格納庫
国内線 国際線
小型機格納庫
サウス・エプロン
地図データ：Google

ターミナル地域：敷地内には航空自衛隊や小型機専用の施設も

の特徴は、前面道路2車線を覆う大きな庇と大屋根構造により大空間を形成していることにある。また、シンボルゾーンとして、センタープラザの床に原沢ゆたか氏（彫刻家、大理石モザイク画を得意としている。）による「豊穣の国・新潟」をテーマとした直径14mのモザイクアートが設置されている。

また空港へのアクセスは、主に新潟空港─新潟駅の連絡バスで25分から30分で結んでいる。

3. 運用状況

1970年（昭45）には7.3万人であった旅客数は、オイルショックなど高度経済成長が終焉を迎えても81年（昭56）頃まで路線開設が続き増加した。73年（昭48）には初の国際線定期便となるハバロフスク線が開設され、79年（昭54）にソウル便、91年（平3）にイルクーツク線が開設された。

1982年（昭57）の上越新幹線の開業により羽田線が休止に追い込まれ、年間旅客数は40万人前後まで落ち込んだものの、86年（昭61）から増加し始め、仙台線が休止される一方で那覇便も新設され、年間旅客数100万人前後の空港となっている。

2004年（平16）10月の新潟県中越地震では、自衛隊輸送機（C-1、C-130）を受け入れるなど、被災地への輸送拠点となり、東京─新潟便の運航や24時間運用を行い、地域の復興に貢献した。

17年現在の国内線は、札幌、成田、名古屋（中部国際、県営名古屋）、大阪（伊丹）、関空、福岡、沖縄の8路線で、JAL、ANA、アイベックスエアラインズ、フジドリーム・エアラインズが就航しており、2016年（平28）利用実績で88万人である。

また国際線はソウル、上海、ハルピン、台北の4路線で大韓航空、中国東方航空、中国南方航空、遼東航空が就航しているが、いずれも週のうち、2～4便の運航であり、約11万人の利用客である。

4. 整備計画

利用頻度のほとんどないA滑走路をヘリコプターの離着陸専用のヘリパッドとして整備し、A滑走路近傍に、航空産業を誘致する計画がある。新潟市は、2009年（平21）に「新潟スカイ・プロジェクト」を立ち上げ航空機産業の誘致を進めており、市内の工業団地等において航空産業工場は稼働しているが、空港側の計画はあまり進展していない。今後は新たな航空需要の開発のためにも、これら産業誘致の進展が期待される。

（村田雅康）

■空港の諸元
・空港種別：国管理空港
・空港管理者：国土交通大臣
・位置：新潟県新潟市
・空港面積：197ha
・滑走路（長さ×幅）：2本
　A RW 10/28：1,314m×45m
　B RW 04/22：2,500m×45m

・運用時間（利用時間）：14時間
　（7：30～21：30）

■ターミナルビル
・運営：新潟空港ビルディング㈱
　＜1961年設立＞
・規模：28,649㎡（PBB4基）

■輸送実績（2016年/平成28年実績）
・総旅客数　　993,148人
　　国際旅客　114,899人
　　国内旅客　878,249人
・貨物量　　　　　478トン
・離着陸回数　　26,786回

佐渡空港

Sado Airport

RJSD / SDS

空港の歴史は古いが、高速フェリーの利便性が高く、2014年以降定期便は休止中

　新潟市から北西に70km離れた島「佐渡」は、島の中央部に国府川が流れ、この地域に開けた国仲平野を中心に、北に「大佐渡」、南に「小佐渡」の2つの山脈があり、島全体が豊かな自然環境に恵まれている。

　佐渡空港は佐渡島佐渡市にある新潟県営空港である。島東方部に位置し、北方に金北山を頂点とする大佐渡連峰を、また南東には小佐渡連山を望見する風光明媚な中にあり滑走路の末端は加茂湖に接している。

　その歴史は1958年（昭33）に佐渡空港組合による場外離着陸場として開港し、59（昭34）年に管理を県に移管したのち、富士航空㈱がビーチクラフト機により新潟―佐渡路線を開設したことに始まる。62年（昭37）にはコンベア240による東京―佐渡便も就航し、64年（昭39）にターミナルビル（鉄筋コンクリート平屋建）が完成した。

　その後1974年（昭49）に日本近距離航空㈱のツインオッターによる定期輸送が開始され、80年（昭55）

空港全景：島の中央付近に位置する佐渡空港。かつては東京便も運航した

には新中央航空のアイランダーが同区間を引き継ぎ、96年（平8）には旭伸航空㈱のアイランダーが同区間のコミューター空路を開設したが、2008年（平20）に廃止となった。その後11年（平23）に新日本航空により再開されたが、14年（平26）運休となっている。

　1985年（昭60）に発足した「佐渡新航空路開設促進協議会」は、本空港の滑走路を長さ2,000mに延伸し、大都市圏との新航空路を開設することを目指して、国や県への要望活動などを通じて拡張整備の機運を醸成すべく活動を継続している。

（村田雅康）

■空港の諸元
- 空港種別：地方管理空港
- 空港管理者：新潟県
- 位置：新潟県佐渡市
- 空港面積：14ha
- 滑走路（長さ×幅）：1本
　　10/28：890m × 25m

- 運用時間（利用時間）：8.5時間
　　（8：45 ～ 17：15）

■ターミナルビル
- 運営：新潟県＜県営＞
- 規模：256㎡

■輸送実績（2016年/平成28年実績）
- 総旅客数　　　　　　　86人
　　　　　　　（国内線のみ）
- 貨物量　　　　　　　　なし
- 離着陸回数　　　　　260回

富山空港

Toyama Airport

富山きときと空港
TOYAMA KITOKITO AIRPORT

RJNT / TOY

世界的にも珍しい河川敷に設置されたジェット機就航空港。ターミナルは堤防の外に立地

　富山空港は富山県中央部富山市に位置する、富山県が管理する地方管理空港である。富山県は3方を急

峻な山々に囲まれ、県庁所在地の富山市を中心に半径50kmにまとまった県であり、富山市の人口は42万

人で県の約4割を占めている。

　富山空港は富山市の中心部から南へ7km、同市内の中心部を流れる神通川の河川敷に位置している。1963年（昭38）8月に長さ1,200m滑走路を有する空港として開港し、当時はフレンドシップ機（プロペラ機）が東京便として活躍したが、その後84年（昭59）に滑走路が2,000mに延長されジェット機が就航した。

　本来の河川敷の機能を阻害しないように、滑走路、エプロンが河川敷に位置する一方、ターミナルビルや駐車場などは河川敷の外に設置したため、エプロンとターミナルビルの間には河川の堤防があり、搭乗橋（PBB）は、その堤防を跨ぐように設置されている。このような河川敷に立地する大きな空港の事例は，他に類をみない。

　また富山ICから車で5分、JR富山駅からバスで20分と好立地にあることから車でのアクセスが多く、幾度もの駐車場拡張を行い、現在1,500台規模になっている。

　就航状況については、国内線では東京、札幌便が就航し、国際線ではソウル便（エア・ソウル）、大連便（中国南方航空）、上海便（中国東方航空）、台北便（チャイナ・エアライン）が就航している。

　高速道路に近いためフル規格のILSが設置できないことにも起因し、冬季の就航率が低いこと、また

空港全景：神通川の河川敷にほぼ南北に伸びる2,000mの滑走路を有する

ターミナル地域：神通川の堤防をまたいでエプロンとターミナルが位置する

2015年（平27）3月開業の北陸新幹線による、東京便の旅客減への対応に課題を抱えている。

　ちなみに愛称の富山きときと空港の「きときと」とは、活きのいい状態の魚を表現した富山県の方言である。

（村田雅康）

■空港の諸元
・空港種別：地方管理空港
・空港管理者：富山県
・位置：富山県富山市
・空港面積：92ha
・滑走路（長さ×幅）：1本
　02/20：2,000m×45m

・運用時間（利用時間）：14.5時間
　（7：00～21：30）

■ターミナルビル
・運営：富山空港ターミナルビル㈱
　＜1982年設立＞
・規模：国際　6,803㎡
　　　　国内　9,459㎡（PBB4基）

■輸送実績（2016年/平成28年実績）
・総旅客数　　　589,249人
　国際旅客　　　112,026人
　国内旅客　　　477,223人
・貨物量　　　　1,066トン
・離着陸回数　　8,116回

小松飛行場

Komatsu Aerodrome

RJNK / KMQ

北陸の中心地金沢への玄関口だが、北陸新幹線開業で東京への主な交通機関はそちらへ

1. 沿革と概要

　小松飛行場は石川県小松市西部に位置し、北西1.5kmを隔てて日本海、南東に遠く霊峰白山を望む丘陵地帯に設置されている。金沢駅までは33kmの距離にある。日本列島の日本海側の中央に位置し、北陸地方の空の玄関口としての役割を担っている。航空自衛隊と民間航空の共用飛行場であるが、一般には小松空港と呼ばれる。

　小松飛行場は戦時中の1944年（昭19）、海軍航空基地として供用開始されたが、終戦とともに米軍に接収されて補助レーダー基地となった。民間航空輸送は、55年（昭30）日本ヘリコプター輸送（現ANA）による大阪不定期便の開設が始まりである。58年（昭33）に米軍の接収が解除され、59年（昭34）には航空自衛隊小松基地隊が編成されている。61年（昭36）に滑走路等の整備の完了に伴って、航空法56条に基づく公共用飛行場として告示され、自衛隊と民間航空の共用飛行場となった。

　施設面では1964年（昭39）に防衛庁（当時）により滑走路が長さ2,700mに延長され、民航用の平行誘導路が運輸省（当時）により94年（平6）に設置された。航空保安施設では、飛行場灯台及び滑走路関係の灯火は防衛省が、民間航空機の運航に利用されるVORや

ILS等は国土交通省が設置管理している。また、民航用エプロンや平行誘導路も国土交通省が設置管理している。

　旅客ターミナルビルの設置管理主体である北陸エアターミナルビル㈱は1960年（昭35）に設立され、RC造2階建て（延床面積約1,500㎡）のビルを61年（昭36）に竣工させた。

　その後、旅客需要の増加に対応して新旅客ターミナルビルを建設することになり、国内線専用の新ビルが1980年（昭55）9月に供用開始した。新ターミナルビルはS造3階建て（一部4階）延床面積1万3,000㎡であり、その後93年（平5）と94年（平6）に増改築を行い現在は延床面積約1万5,000㎡の規模となっている。

　一方国際線ビルは、1984年（昭59）、官庁（CIQ）部分も含めた延床面積が約3,600㎡、S造3階建の建物として供用開始し、初の定期便としてソウル行きのフライトが就航した。以後、外国航空会社の乗り入れが相次ぎ、ピーク時は検査施設の能力不足や滞留スペースの狭隘化が目立つようになったことから、96年（平8）国際線ターミナルビルの増改築が行われ、延床面積は、ほぼ倍増の約7,000㎡となった。この整備により出入国の検査場は分離され、出発・到着の動線は完全に分離された。さらに2013年（平25）には、出国待合室や免税売店をリニューアルするための増改修が完了し、これにより現在延床面積は約8,000㎡となっている。貨物については、国際物流の拠点化を目指すために1994年（平6）に第3セクターによる北陸国際航空貨物ターミナル㈱が設立され、同年12月には、輸入促進

空港全景：金沢の南西33kmの距離に位置する。2,700mの滑走路を有し、新幹線開業後も150万人を超す旅客数

地域（FAZ）の指定を受けた。2002年（平14）には、延べ床面積3,000㎡の第1国際貨物上屋が完成し、既存の貨物上屋を含めた延べ床面積は、約4,000㎡となった。また、15年（平27）4月より、北陸国際航空貨物ターミナル㈱の業務を北陸エア・ターミナル㈱が引き継ぐことになった。

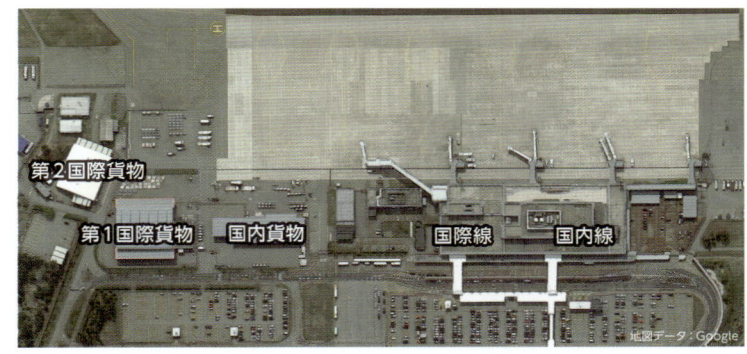

ターミナル地域：地方空港では珍しく、欧州への国際貨物便が就航しており、2棟の国際貨物専用上屋を有す

2. 利用状況

国内線は1963年（昭38）に東京線、65年（昭40）に名古屋線が開設され、67年（昭42）には不定期季節便として札幌線が開設された。73年（昭48）にはジェット化対策として滑走路、誘導路、エプロンの嵩上げ工事が完成し、同時にターミナルビルの増築工事（約1,700㎡）及び新設貨物棟（約200㎡）が完成し、東京線にB737（ANA）が就航した。東京線については36年（昭61）からはJALが参入してダブルトラック化、91年（平3）には日本エアシステムも参入してトリプルトラック化し、大幅な増便が実現している。

一方国際線では、1979年（昭54）にJALによりソウルとの間に定期路線が開設され、91年（平3）にはシンガポール航空のチャーター便が乗り入れた。防衛庁（当時）の設置管理する空港への外国航空会社の就航は画期的であった。貨物便については、94年（平6）にはカーゴルックス航空が貨物専用機により週3便の定期路線を開設した。2016年（平28）からはシルクウェイ・ウエスト・エアラインズにより小松―バクー（アゼルバイジャン）に国際貨物チャーター便が就航している。

現在、国内線は羽田便、福岡便、那覇便、札幌便、仙台便、成田便を有し、国際定期便は、ソウル便、上海便、台北便に加え、国際貨物便としてルクセンブルク便、バクー便を有している。

小松空港にとって最近の大きな出来事は2015年（平27）3月14日の北陸新幹線金沢開業であった。東京―金沢間は従来の最短3時間50分から2時間28分まで短縮された。これにより羽田便は大きな影響を受けたが、エアラインによる機材の小型化により運航頻度が維持され、旅客数の減少は予想を下回っている。

過去最高の旅客数が国内線251万（2002年（平14））であったのに対し、2016年（平28）の国内線旅客数は152万人であった。

周辺に立地する機械産業の競争力確保のための国際貨物便の維持・誘致や、石川県内の豊富な観光資源を背景とした国際旅客の獲得が今後の課題としてあげられる。

（杉村佳寿）

■空港の諸元
・空港種別：共用空港
・空港管理者：防衛大臣
・位置：石川県小松市
・空港面積：441ha
・滑走路（長さ×幅）：1本
　06/24：2,700m × 45m

・運用時間（利用時間）：14時間
　（7：30 ～ 21：30）

■ターミナルビル
・運営：北陸エアターミナルビル㈱
　＜1960年設立＞
・規模：国際　7,902㎡
　　　　国内　15,340㎡　（PBB7基）

■輸送実績 (2016年/平成28年実績)
・総旅客数　　1,705,320人
　国際旅客　　187,217人
　国内旅客　1,518,103人
・貨物量　　　16,581トン
・離着陸回数　　16,672回

能登空港

Noto Airport

RJNW / NTQ

首都圏からのアクセスが大きく改善。独自の施策「搭乗率保証制度」も高い評価を得る

1. 沿革と概要

　能登空港は能登半島の中央部、石川県輪島市、穴水町、能登町に跨がる木原岳周辺に位置し、石川県が設置管理する滑走路長 2,000m の地方管理空港である。

　空港の開港前は、能登地域は高速交通の空白地帯であり、首都圏からの移動は陸路で約6時間を要するなど観光客誘致において不利な「陸の孤島」であった。これを解消するため、1986年（昭61）に石川県が空港適地選定の予備調査を行ったことが空港計画の端緒である。87年（昭62）に閣議決定された能登地域半島振興計画において、国土幹線軸へのアクセス整備と航空ネットワーク形成の必要性が提起されたことが追い風となって事業が採択され、2003年（平15）に供用を開始した。

　能登空港は標高219mの山岳空港であり、用地造成では切土・盛土各約800万㎥を要し、最大盛土高55mの大規模かつ難工事であったが、これを約2年で概成させている。土木工事の面からも特徴的な空港である。

　ターミナルビルは、SRC造4階建で、延床面積3,400㎡であり、能登空港ターミナルビル㈱により運営されている。日本初の試みとして、空港ターミナルビルに行政機関の庁舎が複合されており、地方行政機関と生涯学習センター・会議室がある。交通にとどまらない奥能登地域の広域行政の拠点と位置付けられている。

　地元では空港の整備にあわせ、空港エリア内に日本航空高等学校石川（航空科）及び専門学校の日本航空大学校を誘致し、2003年（平15）に開校している。生徒は海外からの留学生も含め、多くは県外出身者となっている。また、開港の翌月には能登空港の旅客施設全体が、石川県道303号柏木穴水線にある「道の駅能登空港（現在は道の駅のと里山空港）」として開駅している。道の駅を空港の旅客施設と同一施設として運営しているのは、道の駅大館能代空港と本空港のみである。

　また、一定の搭乗率を下回った場合には県と地元自治体が航空会社に保証金を支払い、逆に上回った場合には航空会社から販売促進協力金を受け取ることができる搭乗率保証制度を導入した（開港後3年間は販売促進協力金を受け取っており、4年目からは目標搭乗率の上下4ポイントのゾーン内であれば保証金・協力金の支払いは行わないこととなった）。このように、空港を地域振興の核として捉えた地元の取り組みは、他地域にとっても先行的な成功事例となった。

　2007年（平19）3月25日、石川県輪島市西南西沖で発生したマグニチュード6.9の能登半島地震では、空港周辺で震度6強を観測した。能登空港も滑走路等に亀裂が見つかるなど被災し、当日は閉鎖されたが、緊急補修工事により翌26日の第1便から運航が再開され、空港が地域の復旧・復興に大いに貢献した。

　2014年（平26）、石川県と能登空港利用促進協議会が公募を行った結果、空港の愛称が「のと里山空港」と決定され、現在に至っている。

地図データ：Google

空港全景：能登半島北部の山岳地に建設され、「のと里山空港」の愛称をもつ

ターミナル地域：日本航空大学校、日本航空高等学校が隣接

2. 利用状況

　計画段階では、東京、名古屋、大阪便の3路線を見込んでいたが、開港以降定期便はANA（当初はエアー・ニッポン）による羽田路線2便／日のみとなっている。

2003年（平15）、初の国際便として光州空港（韓国）へのチャーター便がアシアナ航空により就航して以降、チャーター国際便の就航実績を重ねている。開港以来、国内線旅客は年間15万人程度、国際線は年により変動はあるが最高では1.3万人であり、16年（平28）で国内線16万人、国際線4,500人となっている。

　北陸新幹線金沢開業（2015年3月）後の影響について見ると、2014年の同時期と比べて減少しておらず、能登空港利用者への影響はそれほどないものと考えられる。能登空港利用者は8割程度が能登地域を出発・目的地としており、能登地域の経済や生活を支える重要な役割を果たしている。

（杉村佳寿）

■**空港の諸元**
・空港種別：地方管理空港
・空港管理者：石川県
・位置：石川県穴水町
・空港面積：106ha
・滑走路（長さ×幅）：1本
　07/25：2,000m × 45m

・運用時間（利用時間）：11.5時間
　（8:00～19:30）

■**ターミナルビル**
・運営：能登空港ターミナルビル㈱
　＜2000年設立＞
・規模：3,421㎡（PBB2基）

■**輸送実績（2016年／平成28年実績）**
・総旅客数　　　　163,196人
　国際旅客　　　　　4,517人
　国内旅客　　　　158,679人
・貨物量　　　　　　　8トン
・離着陸回数　　　　3,116回

#247
福井空港
Fukui Airport

RJNF / FKJ

開港以来プロペラ機による東京便が活躍も、今は定期便廃止のうえ小型機専用として機能

空港全景：福井市の中心部からアクセスのよい立地にあるが定期便は長らく休止中

　福井空港は、福井県の北部、福井平野のほぼ中央にあって、福井市の中心部から北へ約10kmに位置する福井県管理の空港である。最寄りのJR春江駅から車で約5分、JR福井駅から約20分でアクセスできる。また、北陸自動車道、国道8号線からも近く、利便性に優れている。

　福井空港は1961年（昭36）に策定された福井県総合開発計画に位置付けられ、翌62年

（昭37）には春江町江留中に建設が決定された。64年（昭39）に飛行場設置許可を得て現地着手し、66年（昭41）に開港した。滑走路は長さ1,200mで1本である。開港当初はANAが羽田線にフォッカーF27を1日1便（昭43からは2便）就航させた。しかし、73年（昭48）に小松空港へジェット機が就航して以降、旅客数が減少し、滑走路長の関係で機材のジェット化ができないことから74年（昭49）には羽田線は名古屋乗り継ぎとなり、76年（昭51）には路線が休止された。85年（昭60）には福井県がジェット化に対応するため滑走路を2,000mとする拡張計画を策定し、86年（昭61）の第5次空港整備5か年計画に組み入れられたが、地元の同意が得られず計画が実現することはなかった。

2001年（平13）には全国的な公共事業の見直しの気運もあり、当時の福井県知事が福井空港拡張整備計画の凍結を表明し、事実上ジェット化の構想は白紙となった。

しかし、その間も1991年（平3）に県警航空隊のヘリコプター、97年（平9）には県防災航空隊のヘリコプターが配備されるなど、空港の利用が拡充されている。また、管制機器の情報化の進展と航空管制運航情報官の配置合理化の一環として、2006年（平18）から、福井空港の管制業務（飛行場対空援助業務）が中部国際空港からの遠隔管制（RAG化：リモート対空通信施設）に移行された。あわせて、気象観測業務も大幅に器械化され、07年（平19）に従来の福井航空気象出張所から福井航空気象観測所に移行されている。

1976年（昭51）までは羽田便が運航されており、ほかにも、小松・名古屋・新潟便が設定されていた時期があるが、76年（昭51）以降現在に至るまで定期路線の就航はない。現在では、空撮の使用事業機や自家用プロペラ機、グライダーなどの発着が行われている。

（杉村佳寿）

Japan

■空港の諸元	
・空港種別：地方管理空港	・運用時間（利用時間）：8時間
・空港管理者：福井県	（9：00〜17：00）
・位置：福井県坂井市	■ターミナルビル
・空港面積：27ha	・運営：福井空港㈱＜1965年設立＞
・滑走路（長さ×幅）：1本	・規模：3,042㎡
18/36：1,200m × 30m	

■輸送実績（2016年/平成28年実績）
・離着陸回数　　7,550回

#248
中部国際空港
Chubu Centrair International Airport

RJGG / NGO

愛称は"セントレア"。ものづくり中部圏の需要を引き受け旅客のみならず貨物にも強み

2005年（平17）2月17日に供用を開始した中部国際空港は、愛知県常滑市沖の伊勢湾海上の人工島にある国際空港で、愛称はセントレアである。「セントレア（Centrair）」は、英語で「中部地方」を意味する"central"と「空港」を意味する"airport"を組み合わせた造語で、一般公募のなかから選ばれたものであり、空港内の施設の名称や空港島の地名にもなっている。

1. 沿革

中部圏の新しい空港の構想としては、1960年代後半から70年代前半にかけて、中部経済連合会の調査から生まれた「大規模国際貨物空港構想」が始まりである。

1985年（昭60）には中部空港調査会が発足し、構想実現への機運が高まり、地元では候補地の選定、絞り込みが進み、89年（平元）には地元3県1市の首長懇談会において、「伊勢湾東部の海上」が候補地として望ましいとの合意が得られた。また、中部空港調査会が91年（平3）に新空港の全体像を公表した。

公共事業の抑制の流れのなか、PFI（民間主導による社会資本整備）という事業方式をもって、「中部国際空港」の建設のための調査費と事業主体への出資が1998年度（平10）予算で認められた。

公共事業ではあるが民間が行ったことによる決定的な差異は、そのコスト意識であった。計画においても、必要なもの以外は造らないことが徹底された。計画段階でQS（Quantity Surveyor）を使い、建設段階から運用段階に至るまでVE（Value Engineering）を行うなど、徹底したコスト削減が行われ、当初の予算規模7,680億円を大幅に下回って事業が完了した。

2. 空港計画と施設の配置

空港の設置・運営は政府指定の民間会社である「中部国際空港㈱」（Central Japan International Airport Co. Ltd.：CJIAC）が行うこととなり、民間主導の公共事業が行われることとなった。国内海上空港の先駆けである関西空港建設の時に問題となった沈下や建設費の高騰などの教訓を考慮し、後発の強みを全面的に活かして建設された。

⑴空港島

埋立地の面積は、580ha（南北4.3km×東西1.9km）、

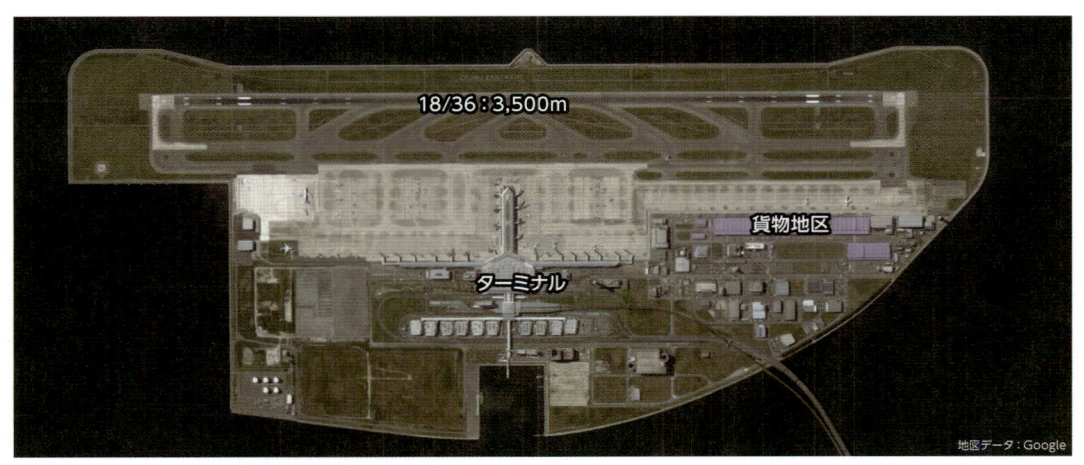

空港全体図：伊勢湾の海流を配慮し、Dの字の形をした人工島

国内第3の高さを有する管制塔

地図データ：Google

センターピアをはさんで北と南の両ウイングが伸びるターミナル

うち空港部分は470haで、残り110haは愛知県企業庁が地域開発用地として、常滑対岸部の123haとともに造成した「中部臨空都市（りんくう常滑駅を含む）」である。

　海流への配慮として、人工島である空港島によって伊勢湾を南下する海流を阻害しないように、空港島の平面形状をDの字のような形状としている。これにより対岸との最小海域幅を確保し、滞流を予防している。また直線部分についても、角を丸めることにより渦の発生を防止している。当初の狙い通り、空港島の周りに投入された大量のテトラポットが漁礁として機能したため、以前は常滑沖で釣れなかった魚介類も徐々に繁殖したことで、中部空港沖は新たな沖釣りポイントとして知られるようになった。

⑵滑走路

　長さ3,500m×幅60mの滑走路が1本である。ほぼ南北を向いているが、航空機の南側からの直線進入経路が知多半島の陸地にかからないよう配慮されている。また北側からの着陸は基本的に海上で旋回するが、直線進入する場合にも、木曽川河口の人家のない地域を通る方向となっている。

⑶管制塔

　円形の管制塔でターミナルビルの北東に位置する。滑走路端まで見渡せる高さということから計算されて、高さ86.75m（5階建）となった。2009年（平21）時点で国内では東京国際空港、成田国際空港に次ぐ高さである。また、中部国際空港における航空管制は、関西国際空港と同様に広域航空管制を実施している。

⑷旅客ターミナルビル

　旅客ターミナルビルは鉄骨造4階建で、名古屋鉄道中部国際空港駅、セントレア・ホテル、立体駐車場及び海上アクセス基地と直結されている。延床面積は約22万m²（南北約1,030m×東西約500m）でセンターピアをはさんで北ウイング（国内線）、南ウイング（国際線）が配置されたT字形の構成であり、旅客の移動距離の短さが特徴である。到着は2階部分、出発は3階部分にまとめられているほか、チェックインカウンターから最も遠い搭乗ゲートまでおよそ450mと近い。

　旅客ターミナルの基本計画では、プロポーザル方式が採られた。7つの共同企業体から提案が寄せられたが、日建・梓・HOK・アラップJVの提案が採択された。採用案の提案説明は「桜田（さくらた）へ鶴鳴き渡る年魚市潟潮干（あゆちがたしほひ）にけらし鶴鳴き渡る」という、高市黒人（たけちのくろひと）の歌から始まっていた。愛知県の県名の由来となった、「あゆちがた」を鶴が渡っていく様を歌ったものだが、これが提案のターミナルの形状を想起させた。このターミナルの形状は、折鶴を正面から見たようにも見える。

　開港直後のしばらくの間、見学者が押し寄せたが、この「目的地」としてのステータスは、今や未来の空港ターミナルデザインの1つの主題であり、それがこの20世紀の最後に設計されたターミナルデザインから生まれたと思うと興味深いものがある。

　そのデザインは米国人が考えた「和」がテーマで、直線主体の構造と、障子を思わせる（ガラス壁ではあるが）カーテン・ウォールが新鮮で、凛とした和のイメージとなり、またそれが折鶴を連想させる形状となっている。

　国際線施設は総2階建旅客機A380-800にも対応でき、2014年（平26）夏季スケジュールで、シンガポー

ル航空の380型が寄港して以来、不定期ではあるが時々飛来している。

　建築設計にあたっては、障がい者団体からの要望を受け、空港会社は、障がい者団体と契約を結び、計画案について意見をまとめてもらうこととした。学識経験者も入れた「ユニバーサルデザイン研究会」が設けられ、これは基本設計にとどまらず、実施設計、施工そして開港準備段階まで続いた。具体的にはトイレのモックアップ、既存施設の視察、工場視察、建設現場視察そして開港準備のためのトライアル運用などである。計画から建物完成まで、障がい者が参画するという前例のないことであったが、そのためか車椅子で空港を訪れる人は、他のどの空港よりも圧倒的に多い。

　また、滑走路に向けて大きく突き出した全長300mの屋外展望デッキ「スカイ・デッキ」が設けられ、離着陸する航空機を間近に見ることができる。毎年冬期には大規模なイルミネーションが点灯され、夏には盆踊りも行われる。

　ビル4階には総店舗面積5,500㎡で約70店舗以上の地元や東西の有名店、レストランが集合するスカイ・タウンがある。中央部のイベントプラザを挟んで、開放的なヨーロッパ調の街並みの「レンガ通り」と、照明を落として古い日本の商店街の雰囲気を作り出している「ちょうちん横丁」がある。「くつろぎ処」は、日本の空港初の展望風呂で、浴場内や屋外の休息場所から滑走路及び離着陸する飛行機を眺めることができる。

　センターピアのデッキ下のガーデンには、木々が立ち並び、ガラス窓の天井から光が差し込む吹き抜けのビル内庭園があり、突き当りにはレストランがある。1階の先端は結婚式が可能なスペース、施設が設けられており、参列者の参集から、挙式、披露宴、新婚旅行への旅立ちが、空港内だけで完結する。

　4階のイベントプラザ、1階のセントレアギャラリー、別館のセントレアホール等で各種展示会やショー、ミニコンサートなどのイベントが開催されている。開港後に建設されたオフィス棟の第2セントレアビルには、国際シンポジウム、セミナー、株主総会、室内楽、展示会、発表会、懇親会など、多目的に利用できる会議ホール「セントレアホール」が設けられている。

(5)アクセス・プラザ

　ターミナルビル東側には、交通アクセスを集約した「アクセスプラザ」がある。アクセスプラザには名鉄空港線中部国際空港駅と総合案内所、外貨両替及びATM、コンビニエンスストアなどが完備されており、地上階のバス乗車場・高速船乗り場・駐車場・タクシー乗り場が、まとめられている。バス及びタクシーでの空港到着時の降車場はターミナルビル本館1階にある。国内線及び国際線到着後、緩やかなスロープを上がるとアクセスプラザに到達する構造となっており、セントレアホテルとも直結している。2012年（平24）5月には常滑市の観光案内所と常滑競艇場の場外発売所を備えた「オラレセントレア」が開業した。

(6)貨物施設

　旅客ターミナルビルの北側に貨物ターミナルが設置されている。国内線・国際線共用で、トラック待機場の設置などリードタイムの短縮を図るとともに、総合保税地域の適用による税関手続きの簡素化を目指している。このほか、日本の海上空港で唯一の施設として大型貨物の荷役が可能な港湾施設「常滑港空港地区」があり、空港との連携が図られている。

　この港湾施設を活用して、愛知県内で製造されたB787の大型部品を空港まで海上輸送し、米国の工場へ空輸するB747-400LCF輸送機に積み替えている。他の日本の空港よりも特殊大型貨物機の受け入れ態勢が整っているため、このドリームリフター以外にも、ヴォルガ・ドニエプル航空のAn-124を使ったチャーター便が頻繁に飛来している。

　787型機主翼などシアトル等へ貨物輸送する大型航空機の主要部品を保管・管理する専用施設「ドリームリフター・オペレーションズ・センター」（DOC）が整備されている。

(7)駐車場施設

　24時間営業、収容能力は5,800台。さらに年末年始など繁忙期のみ開場する臨時駐車場や、電気自動車（EV）及びプラグインハイブリッド車（PHV）用充電スタンドも完備している。観光バス専用駐車場もターミナルビル近くに整備されている。ほかに空港島内のホテルに1,164台分の有料駐車場があり、ホテルの宿泊客は割引サービスを受けられる。

空港全景：伊勢湾に浮かぶ
人工島へは、名鉄空港線と
中部国際空港連絡道路

中部臨空都市（対岸部）

常滑市役所

地図データ：Google

⑻ホテルその他併設施設

　空港島内にはセントレアホテル、コンフォート・ホテル中部国際空港、東横INN中部国際空港がある。同時に造成された中部臨空都市にはりんくう常滑駅前に「Jホテルりんくう」（2棟）がある。また、物流施設事業者のグローバル・ロジスティック・プロパティーズ㈱（GLP）が整備した、プロロジスティックパーク・セントレアもある。

　国土交通省航空局の飛行検査センターがあり、セスナ社製サイテーションCJ4機等が常駐して、全国の空港の各種検査を担当している。2014年（平26）にそれまでの拠点であった東京国際空港（羽田空港）より中部国際空港貨物地区に移転され発足した。

　海上保安庁第四管区海上保安本部中部空港海上保安航空基地は2008年（平20）に発足し、巡視艇と航空機を運用する海上保安航空基地としては関西空港海上保安航空基地に次いで2か所目である。

　空港島内では名鉄グループの知多バスにより「空港貨物地区循環線（旅客ターミナルビル—貨物北—貨物事務所棟前・総合物流中央—旅客ターミナルビル）」が運行されている。

⑼臨空地域

　中部国際空港開港以来、前島と呼ばれる常滑市側の新規埋立地区は空き地が目立ったが、2013年（平25）に外資系大規模会員スーパーのコストコが進出した後、大規模小売店舗のイオンがりんくう常滑地区に大規模イオンモール（敷地面積は約20万2,000㎡、延床面積約8万9,700㎡、総賃貸面積約6万5,000㎡、店舗数は約200店）を建設し、2015年（平27）オープンした。

3. アクセス

　名古屋市街まで約40km、車で約40分の位置にある。

　空港連絡鉄道は第3種鉄道事業者（線路を所有し運行事業者に貸与）の中部国際空港連絡鉄道が設置しており、名鉄がこれを借り受けて空港線として乗り入れている。

　路線バスは、名古屋市内や尾張地方及び三河地方各所、静岡県浜松市及び三重県四日市市、京都駅（八条口）などに向かう定期バス路線が運航されている。そのほか、名古屋市郊外からは地下鉄東山線藤が丘駅前から空港連絡バスが出ているなど、三河地方からは三河豊田駅から中部空港までのバス路線がある。

　海上アクセスは、津エアポートラインが津なぎさまち（津市）との間を高速船で結んでいる。

　また、高速道路は、中部国際空港連絡道路（セントレア・ライン：愛知県道路公社）が知多半島道路経由で名古屋都市高速や湾岸自動車道に連絡している。

4. 運用状況

　中部国際空港を運営するのは中部国際空港㈱である。同社は1998年（平10）に商法上の株式会社として設立され、民間の手法を公共事業に活用するということで、国からの出資が行われた。最大の株主は国で株式の40％を保有し、10％を3県1市、残りの50％を民

間セクターが保有している。

年間利用客数は、愛知万博開催にあわせて開港し、開港景気もあった2005年（平17）度の年間利用客数1,200万人超をピークに、08年（平20）のリーマン・ショックに加え、10年（平22）にJALへの会社更生法の適用等の影響により路線縮小・撤退が相次ぎ、底となった´1年度（平23）は900万人を割っていたが、格安航空会社の就航や訪日外国人旅客の大幅増により回復傾向にある。

2015年（平27）初頭から、中国からの日本観光ブームも追い風となって、複数の路線を新設及び再開した中国東方航空や中国南方航空などのほか、春秋航空などの国外格安航空会社の本格進出が始まった。ヘルシンキ線を増便したフィンランド航空などの欧米線も含めて、中部空港から日本に入国する外国人入国者数は前年比30%程の急増が続いている。

2018年7月現在、国際線は28社が31都市へ、国内線は10社が19都市へ就航している。

5. 国際的評価

国際空港評議会（ACI）による評価で、年間利用者数500万から1,500万人のクラスの国際空港では2005年（平17）から4年連続の世界1位を獲得した。

2015年（平27）には航空業界の代表的格付機関であるスカイトラックス社が、世界の空港トップ100を決める「ワールド・ベスト・エアポート2016」賞を発表したが、中部国際空港は世界6位に入賞した。

6. 将来計画

⑴新旅客ターミナル建設

中国や台湾、韓国の格安航空会社就航やエアアジアジャパンの就航など格安航空会社の需要拡大を受け、新ターミナルを建設する計画がある。2019年（平31）上期の供用開始に向けて、現在の臨時駐車場エリアに建設するものであり17年（平29）度末に整備規模、配置計画等の施設計画が発表された。

一方、ボーイングから寄贈されたB787の初号機である飛行試験機「ZA001号」機の屋内展示を核とした、飲食、物販店等を展開する複合商業施設フライトオブドリームズを整備中である（2018年（平30）10月オープン予定）。

⑵滑走路の増設構想

2007年（平19）に発表された国土交通省交通政策審議会航空分科会の答申では、「完全24時間化を検討」という間接的な表現ながら2本目滑走路整備事業の必要性が示された。

中部国際空港㈱や地元財界は2本目滑走路整備事業の実現を強く求めているが、具体的な滑走路長などの仕様は未定である。

（荒尾和史）

■**空港の諸元**
・空港種別：会社管理空港
・空港管理者：中部国際空港㈱
・位置：愛知県常滑市
・空港面積：470ha
・滑走路（長さ×幅）：1本
　18/36：3,500m × 60m

・運用時間（利用時間）：24時間（24時間）

■**ターミナルビル**
・運営：中部国際空港㈱
　＜1998年設立＞
・規模：約22万㎡（PBB30基）

■**輸送実績（2016年/平成28年実績）**
・総旅客数　　　10,843,122人
　国際旅客　　　5,184,685人
　国内旅客　　　5,658,437人
・貨物量　　　　186,994トン
・離着陸回数　　101,718回

#249
名古屋飛行場（県営名古屋空港）

Nagoya Aerodrome

RJNA / NKM

中部圏の基幹空港として活躍後、現在は一部の地方路線が残り、MRJ の試験飛行も実施

1. 沿革

　名古屋空港は、名古屋市中心部から北方に約9km に位置する愛知県の運営する空港である。旧陸軍の小牧飛行場がその前身であり、1942年（昭17）に着工され、44年（昭19）に長さ1,500mの滑走路が完成し、戦闘機部隊と輸送機部隊による使用が開始された。45年（昭20）の終戦により、小牧飛行場は米軍に接収されて米軍基地となり、その後米軍により飛行場施設等の拡張整備が行われ、57年（昭32）に現在と同じ2,740mの滑走路を有する飛行場となった。

　1958年（昭33）に日本政府に返還され、翌年に航空自衛隊の基地となり、戦闘機部隊が駐屯したが、60年（昭35）に航空法に基づく飛行場設置告示がなされ、空港整備法により第2種空港に指定されて「名古屋空港」と改称された。滑走路と誘導路は防衛庁（当時）との共同使用という形で運用されることとなった。

　運用面では、1952年（昭27）に初の民間定期便（東京—名古屋—大阪）が就航し、66年（昭41）に初の国際線定期便（名古屋—台北—香港）が就航した。その後路線は拡大し、2004年（平16）には年間旅客数で国内線659万人国際線409万人を数えるに至っている。

　2005年（平17）の中部国際空港の開港により国管理の空港としての役目を終了し、定期航空路線は中部国際空港に一元化されることとなった。しかし現在は、名古屋都心から車でわずか20分という特徴などを活かして、多様化する航空需要に対応するコミューター航空やビジネス機などの拠点空港として愛知県が管理運営している。

2. 施設概要

　滑走路は長さ2,740mでほぼ南北を向き、南側からの着陸に対して計器着陸装置が設置されている。両側に平行誘導路を有し、西側を民間航空が、東側を自衛隊が使用している。民航エプロンは22haあり、コミューター、ビジネス用スポットが19、小型機用45、ヘリスポット30を有する。

　現在の旅客ターミナルビルは、1984年（昭59）に着工し、翌年に国内線ターミナルビルとして供用を開始した。3階建てであるが、旅客動線はすべて1階に集約して上下移動をなくすとともに、エプロン上の歩行を短縮して旅客を安全・快適に機体へ誘導する日本

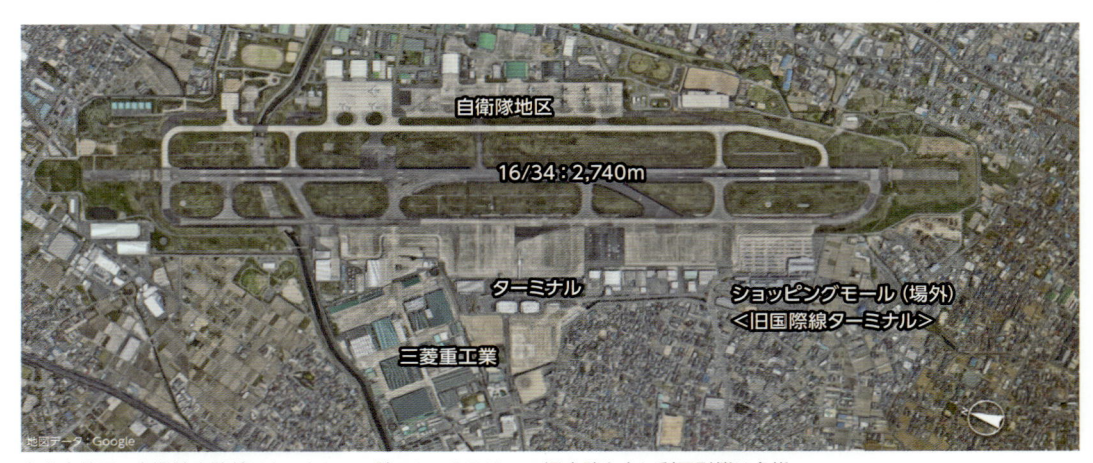

自衛隊地区

16/34：2,740m

ターミナル

ショッピングモール（場外）
＜旧国際線ターミナル＞

三菱重工業

地図データ・Google

空港全体図：定期航空路線はセントレアに譲るも、2,740mの滑走路を有し利用形態は多様

初の屋根付き搭乗用通路（フィンガーコンコース）が設置されている。また、ターミナル入口から搭乗口まではわずか200mとコンパクトな設計となっている。

旅客ターミナルビルの一部をビジネス機専用ターミナルとし、旅客の迅速な出入国を実現している。駐車場は立体を含め1,350台分が用意されている。

なお、中部国際空港開港以前の名古屋空港における国際線旅客需要増加に対応するため、1999年（平11）に供用開始した国際線ターミナルビルは、中部国際空港開港時に閉館し、周辺敷地とともに空港から切り離され、現在はショッピングセンターとして活用されている。また、三菱重工業の航空機工場が隣接しており、2015年（平27）には、わが国初の小型ジェットMRJの初飛行がこの名古屋空港で行われた。

3. 運用状況

運用時間は、午前7時から午後10時までであり、飛行場管制業務・着陸誘導管制業務は防衛省により実施されている。定期便就航路線は、国内9路線で、フジドリームエアラインズ（FDA）が青森、花巻空港へ、FDAとJALがコードシェアで山形、新潟、出雲、高知、北九州、福岡、熊本空港へ就航している。定期便以外では、チャーター便、国際・国内運航のビジネス機、報道取材、調査測量、航空撮影、消防等に利用されている。

（長谷川はる香）

■空港の諸元	
・空港種別：その他の空港	
・空港管理者：愛知県	
・位置：愛知県豊山町	
・空港面積：172ha	
・滑走路（長さ×幅）：1本 　16/34：2,740m × 45m	

・運用時間（利用時間）：15時間
　（7：00 ～ 22：00）

■ターミナルビル
・運営：名古屋空港ビルディング㈱
　＜1957年設立＞
・規模：22,932㎡

■輸送実績 (2016年/平成28年実績)	
・総旅客数	870,082人
国際旅客	898人
国内旅客	869,184人
・貨物量	データなし
・離着陸回数	43,868回

#250
松本空港

Matsumoto Airport　　　　　　　　　　　　　　　　　　　**RJAF / MMJ**

標高657mはわが国で最も高地の空港。空気が薄く、低地より長い離陸滑走路長が必要

1. 沿革

松本空港（愛称：信州まつもと空港）は、1965年

（昭40）、長さ1,500mの滑走路を有する第3種空港として供用開始し、長野県の空の玄関口として県内の社会、経済、文化等の発展に大きく貢献してきた。翌

空港全景：空港の周囲には、各種スポーツ施設を備えた信州スカイパーク

66年（昭41）に「アルプス空の旅」として松本―大阪間に臨時観光便（コンベア240型機）が就航したのを皮切りに、68年（昭43）にYS-11型機が就航。82年（昭57）からは念願の1日1往復の通年運航となった。さらに、85年（昭60）には1日2往復となった。

長野県は「全国1日交通圏」を標榜し、1985年度（昭60）に整備事業基本計画を策定、翌年度には松本空港の拡張整備が第5次空港整備五か年計画に組み入れられた。92年（平4）空港拡張工事に着手し、94年（平6）に滑走路2,000m延長工事が完成して、ジェット化空港として供用を開始した。供用開始と同時に、大阪便に加え、札幌・福岡便が開設され、2007年（平19）には空港開港以来の利用者数が300万人を超えた。

2010年（平22）からはフジドリームエアラインズにより札幌・福岡便が運航されている。

日本で最も高い位置にある空港で、標点標高が657.5mある。

ターミナル地域：周辺の景観との調和に配慮したターミナルに、無料の駐車場

港ターミナルビル㈱」が建設・運営する旅客ターミナルビルは、大自然とともに未来に飛翔するイメージで、日本アルプスの槍ヶ岳や松本城の大屋根を象徴する方形屋根のデザインを採用するとともに、随所に県産「からまつ材」を使用し、長野県らしさの創出に努めている。また、建物中央部の大きな吹き抜け構造と前面の連窓ガラス・スクリーンは、明るく開放感と軽快感を与える空間を演出している。加えて、アクセス方向からの動線がスムーズな、いわゆるリニアタイプ、セントラルチェックイン、一層半方式を採用している。

2. 施設概要

滑走路の中央南東寄りにターミナル地区が配置されている。旅客ターミナルビルの北側に貨物ターミナルビル、消防・除雪車庫、県警航空隊格納庫等が、南側には航空局庁舎、電源局舎、給油施設が配置されている。ターミナル地区は、都市的景観と自然景観をバランスよく組み合わせることを基本としており、建築物の高さは山岳への眺望を妨げないよう配慮されている。また、ターミナルビル前には約300台が駐車できる無料の駐車場がある。

1992年（平4）に設立された第3セクター「松本空

3. 周辺環境整備

空港の周囲には、公園及び緩衝緑地として約150haの信州スカイパーク（松本平広域公園）が整備され、単に航空機騒音の緩衝機能にとどまらず、空港と地域の共存のシンボルとして利用されている。信州スカイパーク内には、各種競技場や文化・情報の交流に対応したドームなどの多彩な施設が配置され、年間100万人以上が利用している。

（長谷川はる香）

■空港の諸元
・ 空港種別：地方管理空港
・ 空港管理者：長野県
・ 位置：長野県松本市
・ 空港面積：59ha
・ 滑走路（長さ×幅）：1本
　　18/36：2,000m × 45m

・ 運用時間（利用時間）：8.5時間
　　（8：30 ～ 17：00）

■ターミナルビル
・ 運営：松本空港ターミナルビル㈱
　　＜1992年設立＞
・ 規模：3,483㎡（PBB1基）

■輸送実績（2016年/平成28年実績）
・ 総旅客数　　　121,991人
　　国際旅客　　　　　　8人
　　国内旅客　　　121,983人
・ 貨物量　　　　　実績なし
・ 離着陸回数　　　7,298回

#251
静岡空港

Shizuoka Airport

富士山静岡空港
Mt.Fuji Shizuoka Airport

RJNS / FSZ

"富士山静岡空港"の愛称のもとに、東京至近の立地もあり国際線も増加

1. 沿革と概要

静岡空港は、静岡県が設置管理する地方管理空港で面積は190haある。静岡県の中央、牧之原台地の東端に位置しており、静岡市から車で約40分、浜松市から車で約50分、最寄りの高速道路インターチェンジから約´0分～15分と、車でのアクセス性に優れている。

当空港 は、1998年（平10）に空港本体用地造成工事に着手し、2007年（平19）には旅客ターミナルビル建設工事にも着手した。09年（平21）に滑走路2,200mで暫定運用を開始し、国内線3路線、国際線2路線が就航する空港として開港した。同年8月に滑走路2,500mの本格運用となり、その後は、11年（平23）に運用時間を11.5時間から13時間に延長、12年（平24）には西側拡張エプロン3スポットを増設するなどしている。

旅客ターミナルビルの運営、基本施設の管理等は、静岡県内の企業10社の出資により2006年（平18）に設立された富士山静岡空港㈱が行っている。

ターミナル地域：富士山が眺められるようガラス張りの吹き抜けを備える

している。

旅客ターミナルビルは、静岡県の玄関にふさわしく富士山を眺望できるよう、ガラス張りの中央吹抜部を富士山方向に向けて配置している。また、安全性と快適性を最優先とし、誰もが利用しやすいユニバーサルデザインに配慮するとともに、使い勝手の良いコンパクトな設計としている。

また、旅客ターミナルビルの西側に3,500㎡の貨物ターミナル地区が配置されており、航空貨物の取り扱い増加に伴い2011年（平23）に増築されたものも合わせて、床面積346㎡の航空貨物上屋が稼働している。

2. 施設概要

静岡空港は、長さ2,500mの滑走路1本、エプロン8バース、S造、延床面積約1万2,000㎡の旅客ターミナルビル、約2,000台が駐車できる無料駐車場等を有

3. 運用状況と拡張計画

現在静岡空港に就航している国内線は、札幌（新千歳及び丘珠）、福岡、那覇、鹿児島の各路線である。それらのうち札幌丘珠路線、福岡路線、鹿児島路線については、当空港の開港にあわせて設立されたフジドリームエアラインズ（FDA）が就航している。

国際線については、韓国（ソウル）及び中国（上海、寧波、杭州、武漢）、台湾（台北）に定期便が就航しているほか、多くのチャーター便が運航している。

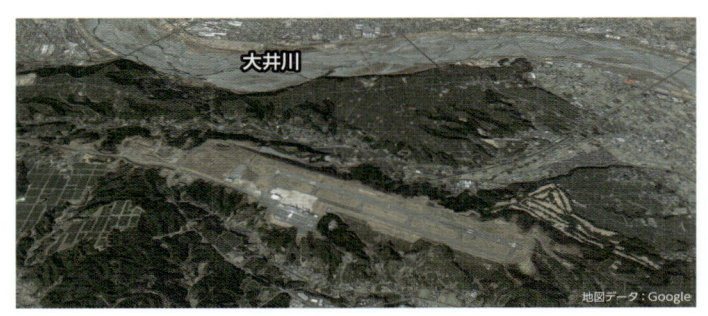

空港全景：空港北方には大井川が流れる

静岡空港の利便性向上や利用促進を図るため、旅客ターミナルビルの東西両側を増築し、延床面積を現在の1万2,000㎡から1万8,000㎡に拡大するとともに旅客搭乗橋（PBB）を現在の3基から4基に増設する工事が行われている。この整備事業では、西側の増築部に国内線の機能を集約する一方、東側の増築部は現在のターミナルビルとあわせて国際線の機能に充てる計画で、2018年（平30）10月に供用開始予定である。

また、本空港は滑走路等とターミナルビル等を一体的に管理・運営する空港の運営権を設定し、公募とプロポーザル競争により決定される事業者に運営を委託するコンセッションの手続きを行っており、静岡県は2018年4月、三菱地所、東急電鉄と基本協定を結んだ。19年度（平31）からの委託事業への移行を目指している。

（長谷川はる香）

■空港の諸元
- 空港種別：地方管理空港
- 空港管理者：静岡県
- 位置：静岡県牧之原市
- 空港面積：192ha
- 滑走路（長さ×幅）：1本
  12/30：2,500m×60m
- 運用時間（利用時間）：14.5時間
  （7：30〜22：00）

■ターミナルビル
- 運営：富士山静岡空港㈱
  ＜2006年設立＞
- 規模：12,090㎡（PBB3基）

■輸送実績（2016年/平成28年実績）
- 総旅客数　　　616,384人
  国際旅客　　　278,030人
  国内旅客　　　338,354人
- 貨物量　　　　　　576トン
- 離着陸回数　　　　9,420回

column 31

横浜根岸飛行場

（唯野邦男）

京浜東北線根岸駅の西500mのところに横浜プールセンターがある。その入口道路と国道16号線との交差点に、ここにかつて根岸飛行場があったことを示す案内板が設置されている。1940年、大日本航空㈱はこの埋め立て地に飛行艇専用の民間飛行場を建設した。同社は38年に、日本の航空輸送事業を飛躍的に発展させる目的を持って設立された、官民出資の国策会社であった。飛行場の用地は400m×900m程の広さであった。37年の日中戦争によって悪化した日米関係から、日本は南洋の委任統治領を日本の防波堤と考えるようになったが、当時この重要な島々と本土を結ぶ交通機関は船舶のみであり、横浜から3日ないし1週間を要した。そのため、当時、高速交通機関として力を発揮し始めた航空輸送が注目され、水上飛行艇による輸送の基地として、同飛行場が建設されたのであった。そして南洋諸島パラオ島への定期航空路が開設され、川西航空機製の97式飛行艇が15年3月に根岸湾からサイパン経由パラオに向け飛び立った。発動機4基、翼長40m、「綾波」「磯波」「黒潮」「白雲」など海や空にちなんだ愛称の優美な巨人機で、サイパンまで10時間、パラオまではさらに7時間の飛行時間であった。客席は18席、運賃はサイパンまで235円で東京・大阪間の7倍であった。戦時中は人員と機材のすべてが海軍に徴用され、南方の島々との連絡や人員・物資の輸送が行われた。空港ターミナルビルは近代的で1階には待合室や食堂、2階には通信室や所長室、屋上は総ガラス張りで冷暖房完備の管制室があった。根岸には飛行艇の乗員や空港関係者が大勢下宿し、南方の珍しい果物の味を運んでいた。地名の鳳町は巨大な翼にちなみ未来に羽ばたくようにという意味でつけられたという。

飛行場用地跡は今、プールセンター、根岸中学校、石油コンビナートの用地になっている。

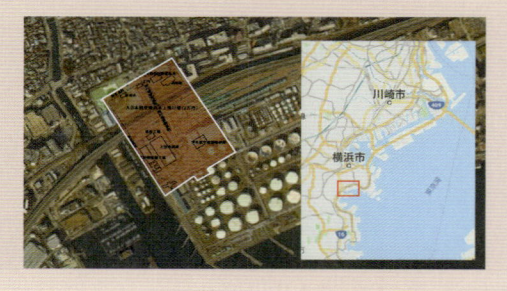

#252
関西国際空港

Kansai International Airport

RJBB / KIX

大水深の埋め立てによる空港建設は世界でも類を見ず、運営権の売却で大阪国際空港とともに民営化

　関西国際空港はわが国を代表する国際国内の拠点空港の１つであり、大阪湾南部の泉州沖約5kmの海上を埋め立てて整備された本格的海上空港である。国、地方公共団体、民間が出資する関西国際空港㈱により整備・運営されてきたが、2016年（平28）運営権の売却により純民間会社による管理となった。

1. 新空港建設の経緯

⑴ 新空港建設の背景

　関西圏の空の玄関口としては、大阪国際空港がその機能を果たしてきたが、周辺地域における深刻な航空機騒音問題に加え、高度経済成長により航空需要が増大する一方で空港周辺の市街化により拡張が困難であることから、新空港建設への機運が高まっていった。

　1968年（昭43）から新空港に関する調査が始まり、6年あまりの検討を経て74年（昭49）に8か所の候補地から泉州沖が選定された。陸域に騒音公害を及ぼ

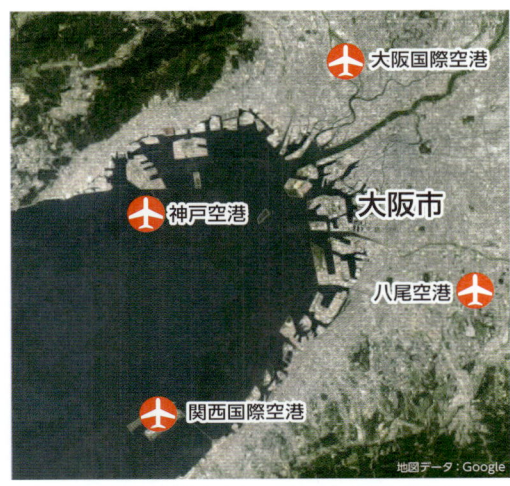

関西圏の４空港：関空を中心にそれぞれの役割を分担

さないため、沖合5kmの人工島に空港を作るという世界初のプロジェクトとなった。

　新空港が建設される大阪湾は、瀬戸内海環境保全特

空港全体図：オープンパラレルに配置された２本の滑走路。乗り入れ鉄道は、JR西日本と南海電鉄

別措置法により埋め立てが厳しく制限されており、事業着手前から徹底した環境への配慮が求められた。

1981年（昭56）に運輸省（現国土交通省）から「関西国際空港の計画案」、「関西国際空港の環境影響評価案」及び「関西国際空港の立地に伴う地域整備の考え方」のいわゆる3点セットが示され、84年（昭59）に地元3府県が合意した。しかし、当時の政府の厳しい財政事情等もあり、国、地方公共団体、経済界の3者が出資する「株式会社方式」を採ることとなり、政府の進めていた「行革・民活」政策のモデルケースとなった。同年10月に事業主体となる関西国際空港㈱（KIAC）が設立され、1期事業が始動した。

⑵ 1期事業

事業開始当時、新空港の全体規模は3本の滑走路を有し年間離着陸回数26万回に対応する計画とされていたが、まず1期事業として16万回／年の離着陸に対応する空港建設が開始された。平均水深18.5mという海域に主に大阪湾岸5か所の山から計約1.8億㎥の土砂を海上運搬・投入し、面積約510haの空港用地（1期島）が造成された。海底には沖積粘土層、さらにその下には洪積粘土層が砂層と交互に堆積しているという悪条件の下、沈下管理と急速施工が課題であった。埋立土の重量により12m程度の沈下が発生するため、水深よりはるかに多くの土砂を必要とした。空港施設としては、長さ3,500m滑走路1本と誘導路、駐機場、ターミナルビルや管制塔、給油施設、貨物ビルといった空港施設一式に加え、空港で発生する汚水やゴミを空港島内で処理するための排水処理施設や廃棄物処理施設も設けられている。

1987年（昭62）1月の埋立工事着工から約7年半後の94年（平6）9月4日に開港した。調査開始から空港の完成まで四半世紀に及ぶ大プロジェクトとなった。

⑶ 2期事業

1期事業は大阪国際空港の国際線のすべてと主要な国内線の移転を前提に、開港当初から年間離着陸回数10万回を超える需要の受け皿施設を一括整備するものであった。一方、2期事業は開港後の段階的な需要の増加に対応するという考えの下、敷地となる空港島（2期島）の造成は行うものの、空港施設整備について

埋立工事：1990年頃

photo / 関西エアポート

ては、長さ4,000mの第2滑走路と関連する最小限の誘導路に限定して供用し、需要動向、会社の経営状況等を見つつ段階的に行うこととされた。また、2期事業の実施にあたっては、KIACの経営収支への負担を軽減するために、上下分離方式が採用され、莫大な初期投資が必要な用地造成（下物）については、国と地元自治体が出資する関西国際空港用地造成㈱（KALD）が国の債務保証と公的無利子資金を確保しつつ実施し、KIACは民間資金を調達しながら滑走路等の空港施設（上物）の整備を行うこととされた。

1997年（平9）に着工した2期島の建設海域は、平均水深19.5m、面積約545ha、埋立土量約2.6億㎥と事業規模が大きく、きわめて難易度の高い事業となったが、1期事業の経験を踏まえた施工方法の採用に加え、施工機械の稼働率向上、IT技術の採用などにより、施工品質を向上しつつ25%以上のコスト縮減と工期短縮を実現し、2007年（平19）8月2日に供用を開始した。

⑷ 2期供用以降の整備

広大な2期島の施設整備は、段階的に進められている。第2滑走路の供用開始によって、日本初の完全24時間空港となり、深夜の貨物便需要に応える形で2008年（平20）に5スポットの貨物エプロンが供用開始された。その後、2014年（平26）には、FedExが、アジア各地から集荷した貨物をアメリカ向けに発送する北太平洋地区ハブとして2期島のエプロンの使用を開始した。

一方、欧米や東南アジアを中心に増加しつつあった格安航空会社（LCC）の需要を見据えて、2012年（平24）、日本初のLCC専用の第2ターミナルとエプロンが2期島に整備された。これは関西国際空港に本社を

Japan

イタリアを代表する建築家レンゾ・ピアノの手による第1ターミナル

第1ターミナルの出発ラウンジ

photo / 柴崎庄司

置くピーチ・アビエーションの国際線及び国内線のハブとなった。その後、LCCを中心とした旺盛な需要拡大を受け、17年（平29）1月に床面積が2倍以上に拡張された。

2. 空港施設の概要

(1) 空港島

1期島と2期島は2か所の連絡誘導路（1か所は未造成）部分のみで繋がっており、間には海面が残されている。これは1期島の沈下がおさまってきた後に2期島を造成するにあたり、連れ込み沈下の影響を回避するため離隔距離をとったものである。また、1期島と本土は、道路鉄道併用トラス橋としては世界最長となる約3.8kmの連絡橋を介して結ばれている。

(2) 滑走路

A滑走路（長さ3,500m×幅60m、1期島1994年（平6）供用開始）と、これに平行なB滑走路（4,000m×60m、2期島2007年（平19）供用開始）があり、両滑走路の中心線間隔は2,300mで、B滑走路の北東側末端とA滑走路の北東側末端とは365mずれている。両滑走路の両端に計4セットのILS-CAT-Ⅱが整備されている。方位はほぼ海岸線に平行な北東-南西方向で、特に南西側からの直線進入経路が大阪府西端の岬町の陸地にかからないよう配慮されている。低空では陸地上空を通らないという要請から、北東側の離着陸機も海上で旋回できるように配慮されている。この飛行経路の制約から、滑走路の間隔は十分ながら同時離着陸ができない。

(3) 1期地区ターミナル施設

開港とともにオープンした第1ターミナルビルは、

パリ空港公団が提案したコンセプトに基づき計画された。国際線の出発階と到着階の間に国内線を挟むサンドイッチ構造とした際内一体のビルは、世界的にも珍しい形態で、人工島の狭い用地の制約を解決しつつ、国際・国内乗り継ぎの利便性を最大限追求したものである。本館から南北にそれぞれ約700m伸びるウイング内をAGT（Automated Guideway Transit）が運行し、中間と先端に駅がある。スポットはこのウイングの両側にリニアに配置されている。41の固定ゲートが設けられ、うち中央部の9が国内線用、両側の30が国際線用、また南北境界部の2は切り替え（スイング）により国際・国内いずれにも対応できる。（その後、国際線用のうち南北各1か所には、総2階建てのA380の2階へ直接搭乗できる搭乗橋が追加設置された。）

このターミナルコンセプトに基づき、わが国初の本格的な国際建築設計コンペが行われ、イタリア人建築家のレンゾ・ピアノ氏が優勝した。この建物は、優美な流線型の大屋根が4階建ての本館部からウイング先端に向かって徐々に低くなり、空から見ると大きな翼を休めた鳥のような形をしている。本館大屋根の下は4階のチェックインロビーとなっているが、チェックインロビーを無柱の大屋根で覆い大空間を確保する手法は、その後の世界のターミナルビル設計に影響を与えている。カーブサイドはダブルデッキで1階の国際線到着と4階の国際線出発階に接している。2階の国内線出発到着階には鉄道駅への連絡通路があり、鉄道によるアクセスが多いと思われる国内旅客は上下移動なく搭乗ができるよう配慮されている。3階はランドサイドが一般利用ができるゲート外のレストラン・物販店街となっており、エアサイドは出国手続きと免税店などのゲート内店舗である。AGTはこの階を運行し、

3両編成でうち1両は出発専用、2両は到着専用で1編成が往復運行するなかで出発到着の分離を確保している。カーブサイドからビルに入ると、キャニオンといわれる1階から4階までの吹き抜け空間があり、各階が見渡せるようになっている。

渡り廊下で連絡する空港駅にはJRと南海電鉄が乗り入れており、ホームの上が駐車場となっている。駅の反対側にはエアロプラザと呼ばれる複合商業施設があり店舗やレストラン、ホテルが入っている。駅上部の立体駐車場とエアロプラザ隣接の平面駐車場を合わせ、6,400台が収容可能である。

ターミナルビルから500mほど南側に管制塔、庁舎がある。両滑走路を見渡せる高さをもち、揺れ防止のため制振装置が設置されている。庁舎内では関西空港のみならず、関西地区一円の空港をカバーする広域管制を行っている。

ターミナルビルをはじめとした大規模な建物には、不同沈下対策として各柱の根元にジャッキアップ装置がつけられている。

B滑走路への連絡誘導路を介した南側には貨物ターミナルがある。隣接して国際郵便局、ケータリング施設、整備用格納庫がある。またこのエリアには下水処理施設、廃棄物処理施設が設けられている。さらに航空機燃料貯蔵タンクがあり、タンカーバースで受け入れ、エプロンへのハイドラントシステムに接続している。

(4) 2期地区ターミナル施設

2012年（平24）にオープンした第2ターミナルビルは、わが国初のLCC専用ターミナルとして整備され、コスト削減を図るため延床面積約3万㎡の平屋建てで、内装もシンプルな仕上げとなっている。また、航空会社の運営コストを抑えるためPBBを設けず、小型ジェット機クラスの航空機は自走でスポットイン・アウトする設計となっている。館内は国際線エリアと国内線エリアに平面的に分けられ、境界部分には混雑状況によって扉の切り替えにより国際・国内いずれにも対応できるエリアを設けた。9スポット分のエプロンと約300台分の駐車場で供用を開始したが、LCC需要の急速な拡大を受け、延床面積を2倍以上の約6.3万㎡にする拡張工事が行われ、17年（平29）1月に供用開始した。拡張部分を国際線用とした後、従来部分は国内線専用に改修が行われている。拡張によってエプロ

ンは中大型機対応の6スポット分追加されたが、マルチスポット運用により小型機であれば11機が駐機可能である。

第2ターミナルは駅から離れているため、空港駅との間は無料連絡バスで結ばれている。また、拡張にあわせてリムジンバスはすべて第2ターミナルの発着となった。

第2ターミナル拡張部には、わが国初の「スマートセキュリティ」システムが導入された。スマートレーン、ボディスキャナ、インライン手荷物検査の組み合わせにより、旅客には検査の迅速化、エアラインには検査場混雑に起因する遅延リスクの低減のメリット、空港会社にはリスクに応じた効率的な人員配置が可能となるメリットがある。

また、免税店は日本初のウォークスルー型の配置となり、出国審査を終えた旅客は約1,000㎡の店舗内を通り抜けて搭乗口へ向かう設計とされた。セキュリティ検査時間の短縮とあわせて、非航空系収入の拡大に向けた取り組みである。

このほか2期地区にはFedExが使用する貨物ターミナル施設がある。また、この貨物施設の屋根と、将来の誘導路増設スペースを利用して太陽光発電を行っている。

3. アクセス

JR西日本と南海電鉄が乗り入れており、それぞれが運行する特急電車は天王寺、難波へ約30分で結んでいる。また、連絡橋の道路はNEXCO西日本の高速道路の一部であるとともに阪神高速道路湾岸線とも接続しており、これを利用して関西地域の各方面へリムジンバスが運行されている。一方、1期空港島北端部にある関空ポートターミナルから神戸空港と淡路島（洲本）へ高速船が運行しており、ポートターミナルとの間は専用シャトルバスが運行している。

4. 経営改革

2010年（平22）に公表された国土交通省成長戦略において、海上空港建設によって多額の負債を抱えた関西国際空港の経営改善が謳われ、具体的な方策として関西国際空港と大阪国際空港の経営統合を先行させ、

両空港の事業運営権を一体で民間にアウトソースすることとされた。

2012年（平24）7月1日、KIACはKALDの吸収合併を経て新関西空港㈱（NKIAC）と関西国際空港土地保有㈱（関西国際空港の用地の保有及び管理を行う主体）に分割され、関西国際空港の設置及び管理はNKIACへ承継された。また、同日、国土交通省が保有していた大阪国際空港の土地や基本施設がNKIACに現物出資されるとともに、設置及び管理がNKIACへ移管された。このことにより、関西国際空港と大阪国際空港の経営統合が成立し、NKIACが両空港を一元的に設置・管理することとなった。

NKIACは、基本方針どおり公共施設等運営権（コンセッション）を設定し、民間事業者に実施させるための公募手続きを行い、オリックス㈱とVINCI Airports S.A.S.（仏）を中核とするコンソーシアムが選定された。

2016年（平28）4月1日、同コンソーシアムにより新たに設立された関西エアポート㈱が、関西国際空港及び大阪国際空港の運営をNKIACから引き継ぎ、両空港の運営会社として事業を開始した。同社は、16年（平28）4月から44年間にわたり、滑走路を含む空港の管理と運営、将来的な施設整備などを進めていくことになる。

「モニュメント・オブ・ザ・ミレニアム」を授賞

用であることから効率的な航空機材の運用が可能なことや、東京より約1時間アジアに近いという地の利、また発着枠に余裕があったことから、国内外のLCCの乗り入れや拠点化が相次いでいる。折しも中国を中心としたアジア諸国における海外観光需要の急拡大と相まって、インバウンド需要の受け皿として発着回数、旅客数とも大幅な伸びを示すこととなった。16年（平28）度の旅客数は過去のピークを大きく超えている。

6. 受賞

アメリカ土木学会と工学アカデミーが、20世紀のチャレンジ精神に優れた10の建造物を顕彰する「モニュメント・オブ・ザ・ミレニアム」に、関西国際空港が選ばれた。世界初の本格的な海上空港を短期間で完成させたことは、世界的視野で画期的な成果であると評価されたものである。

また、英国の調査会社スカイトラックス社による「Airport of the year」（ビジネスマンに対する国際的アンケート）で2004年（平16）から09年（平21）までトップ10に入るなど利用者から高い評価を得ている。

（松井光市）

5. 運用状況

2018年（平30）夏ダイヤにおいて、国内定期旅客便は7社14都市、国際定期旅客便は59社68都市、国際定期貨物便は17社45都市へ就航している。

開港直後は年間旅客数2,000万人を数えたが、これがピークとなり以後増減を繰り返すものの、このピーク値を超えられない状況が続いていた。しかし2012年（平24）以降、LCCの就航、路線拡大により旅客数は急増している。関西国際空港は、完全24時間運

■空港の諸元
- 種別：拠点空港（会社管理空港）
- 設置管理者：新関西国際空港㈱
- 運営者：関西エアポート㈱
- 空港面積：1,068ha
- 滑走路（長さ×幅）：2本
  - A R/W 06R/24L：3,500m × 60m
  - B R/W 06L/24R：4,000m × 60m
- 運用時間（利用時間）：24時間（24時間）

■ターミナルビル
- 運営：関西エアポート㈱
  - ＜2016年運営を継承＞
- 規模：第1ターミナルビル
  - 303,944㎡（PBB84基）
  - 第2ターミナルビル
  - 67,103㎡

■輸送実績（2016年/平成28年実績）
- 総旅客数　　25,130,556人
- 国際旅客　　18,654,363人
- 国内旅客　　6,476,193人
- 貨物量　　　729,085トン
- 離着陸回数　177,106回

#253
大阪国際空港（伊丹空港）

Osaka International Airport

ITAMI
RJOO / ITM

深刻な騒音問題の歴史をもつが、利便性高く関西の国内航空に果たす役割大きい

大阪国際空港は関西圏の国内航空需要の大半を受け持つ基幹空港である。大阪府豊中市、池田市、兵庫県伊丹市にまたがり、長らく国が設置管理してきたが、コンセッションにより運営が民間に移された。

1. 空港建設の経緯

(1)黎明期

大阪に初めて民間飛行場が誕生したのは1923年（大13）、大阪市木津川尻の埋立地での「木津川飛行場」の開場に遡る。川に面した飛行場から水上機による運航が始まり、拡張整備の進捗とともに陸上機の運航がなされるようになった。

1929年（昭4）に逓信省航空局（当時）が管理する「大阪飛行場」となってからは、東京や福岡方面への定期便やソウル経由大連への郵便定期便などが開設され、国内でトップクラスの航空輸送を担う拠点に成長した。

しかし、大阪市の中心部に位置していたことから、周辺の障害物等による運航への影響が増大するとともに、航空機の大型化により手狭になったことから、新たな飛行場の開設を求める声が高まった。

1935年（昭10）、逓信省航空局は、兵庫県川辺郡神津村（現在の伊丹市）の約53haを新飛行場用地に決定し、翌年から建設に着手した。現在の大阪国際空港の前身となる「大阪第二飛行場」が開場したのは、39年（昭14）である。南北に680m、北東から南西へ830mの2本の滑走路を持ち、フォッカー・スーパー・ユニバーサル機（乗客6名）などの単発機を主な対象航空機とした。

その後、日本は太平洋戦争へ突入、戦争中は陸軍航空隊の基地となり、2度の拡張を経て滑走路4本（長さ1,100m、1,300m×2本、1,600m）、面積約185haとなった後、1945年（昭20）の終戦とともに米国に接収され「米軍伊丹航空基地」となった。

その後、航空機の大型化に伴い、221haまで拡張され、滑走路は2本（長さ1,300m、1,800m）とされた。1951年（昭26）には民間航空「伊丹飛行場」としての供用が開始された。

1958年（昭33）、アメリカから全面返還され公共用飛行場の「大阪空港」となり、長さ1,828m×幅45mの滑走路1本（現在のA滑走路）で供用された。翌年に空港整備法による第1種空港の指定を受けて「大阪国際空港」と改称された。

(2)高度経済成長期

高度経済成長に支えられ、航空旅客数は増加の一途をたどっていった。1964年（昭39）に海外旅行の自由化が認められたことにより、国際線旅客数が急速に増大し、ジェット機の乗り入れが始まった。

1970年（昭45）の日本万国博覧会（大阪万博）の開催が決定すると、空港の大幅な拡張・整備工事がさ

「木津川飛行場」現大阪市大正区　　「大阪第二飛行場」開場のころ

647

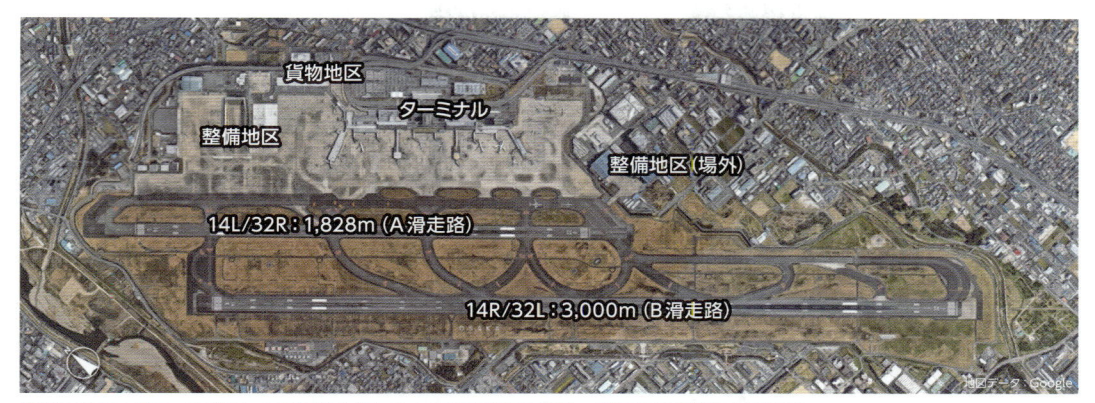

貨物地区
整備地区
ターミナル
整備地区（場外）
14L/32R：1,828m（A滑走路）
14R/32L：3,000m（B滑走路）
地図データ·Google

空港全体図：クロースパラレルに配置された2本の滑走路を有する。周囲には市街地が広がる

らに加速することとなった。

　用地買収を経て1965年（昭40）に伊丹市域、67年（昭42）には豊中市域への拡張工事が開始され、現在の大阪国際空港の敷地となった。

　1969年（昭44）新ターミナルビルが完成、翌70年（昭45）に長さ3,000m×幅60mのB滑走路が完成し供用を開始した。B滑走路の供用に伴い離着陸回数も増加し、71年度（昭46）には大阪国際空港として最高となる15.8万回を記録した。また、この時期の国内線旅客数は全国取扱数の50％を超え、東京国際空港を凌いで全国一となった。

　1960年代のジェット機乗り入れ開始に端を発する大阪国際空港の騒音公害問題は、発着回数が増大するにつれ、飛行差止め・騒音対策・賠償などを求めた5次に渡る訴訟や廃港を求める調停事案にまで発展するなど、深刻化・社会問題化していった。69年（昭44）の第1次提訴から各訴訟の結審・和解を経て86年（昭61）の最終調停成立に至るまで、実に17年間に及んだ。

　騒音問題への対応として、1972年（昭47）から、それまでのジェット機発着数の制限に加え、夜間運航

伊丹空港の騒音問題は大きな社会問題に　photo / Ryouhei Tsugami

の規制や総発着回数の制限が段階的に課されることとなった。76年（昭51）には運航を7時から21時までに制限する運航時間制限、77年（昭52）には1日あたりの発着を370回、うちジェット機を200回とする発着回数制限が課され、この枠組みが現在まで至っている。77年（昭52）以降、発着枠の制限により年間発着回数はほぼ13.5万回で横ばいである。並行して周辺騒音対策である住宅・学校への防音工事助成や激甚地における移転補償等が行われた。

　一方、航空輸送の需要は拡大が続き、騒音源対策としての低騒音大型機（当時は一括してエアバスと呼ばれていた）の導入による大量輸送の時代となった。発着回数は横ばいであったが、ジャンボ機の就航など航空機の大型化によって、1977年（昭52）に国際・国内合わせて1,410万人であった旅客数は、関西国際空港開港の直前となる93年度（平5）には過去最高の2,361万人を記録した。

　市街地にあって騒音問題を抱え拡張が困難な大阪国際空港に代わる、公害のない新空港（関西国際空港）建設への気運が高まることとなった。

　関西国際空港の開港後の大阪国際空港の存廃問題については審議会委員の間でも色々な考え方があったが、運輸省において行われた調査結果を受け、1990年（平2）11月に国と住民調停団、また12月に地元自治体による大阪国際空港騒音対策協議会との間で存続協定が締結された。協定においては、環境基準の達成に向けた努力と運航の安全確保を前提に関西国際空港開港後も存続することが謳われた。

　騒音問題改善への取り組みとあわせ、現空港の利便性の良さや空港がもたらす経済効果が地域住民から容

伊丹スカイパーク：空港に隣接し、高さ7m、長さ1.2kmの防音堤と一体になった公園。休日には多くの家族連れで賑わう

認を得たものである。

⑶環境と調和した都市型空港

1994年（平6）9月、関西国際空港の開港に伴い、すべての国際線と長距離路線を主とした国内線の一部が大阪国際空港から関西国際空港へ移された。ターミナルビル南側の国際線ブロックは閉鎖され、関西国際空港開港前の93年度（平5）に1,800万人を超えていた国内線旅客数は、95年度（平7）には、一旦1,280万人まで減少した。しかしながら、関西国際空港に比べ大阪・京都・神戸の主要都市に近い利便性に加えて、国際線が抜けた後の発着枠に余裕があったことから、徐々に利用が増加していった。97年（平9）にはモノレールが乗り入れ、アクセスの利便性がさらに高まった。閉鎖されていた旧国際線ブロックは、大改修のうえ99年（平11）に南ターミナルとしてオープン、続いて2001年（平13）には国内線ブロックも改修され北ターミナルとしてリニューアルオープンした。

便数及び旅客数は順調に伸び、2004年度（平16）には1,948万人となり、大阪国際空港の国内旅客数として過去最高を記録した。

一方、便数の増加に伴って航空機騒音値の上昇が見られてきたことから、2004年（平16）、国による運用の見直し方針が示され、高騒音機材の3発機及び4発機について、06年（平18）までに段階的に就航禁止の措置が講じられた。

2005年（平17）、地元経済界及び自治体からなる関西3空港懇談会で合意された「関西3空港のあり方について」のなかで大阪国際空港は、「国内線の基幹空港」、「環境と調和した都市型空港」と位置付けられ

るとともに、発着回数の上限370回／日（うちジェット200回／日）及び運用時間14時間（7：00～21：00）が改めて示された。

2. 空港施設の概要

⑴滑走路

A滑走路（長さ1,828m×幅45m）とB滑走路（3,000m×60m）があり、両滑走路は平行で中心線間隔は308m、B滑走路14R末端とA滑走路14L末端とは310mずれている。32L側にはILS-CAT-Ⅰが整備されている。

なお、A滑走路の一部は前身の大阪第二飛行場時代に整備された滑走路の位置であり、幾度の改修（嵩上げ）を経た現在の滑走路舗装の下には1943年（昭18）当時の舗装が残っている。

⑵ターミナル施設

旅客ターミナルビルにおいては、本館から6本のフィンガーが伸び、これらフィンガーとその中間部分に計22の固定ゲートがある。ほかにターミナルビル南北や整備地区周辺にオープンエプロンがある。ビルの運営は後述の空港経営改革までは、1966年（昭41）に大阪府、大阪市、兵庫県、神戸市及び地元経済界並びに航空会社の出資により設立された関西国際空港ビルディング㈱（2005年（平17）に大阪国際空港ターミナル㈱（OAT）に改称）が行っていた。

1994年（平6）9月に国際線が関西空港へ移転した後のリニューアルでは、屋上庭園を設置するなど、既存建築物を時代のニーズにあわせて広々と明るく機能的に改修するとともに、建物に賑わいが戻ったことが評価され、第20回大阪まちなみ賞奨励賞を受賞した。

ビルは、北ターミナルと南ターミナルに分かれ、中間部に店舗やレストラン、ホテルが配置されている。北ターミナルをJAL、日本エアコミューター（JAC）及び天草エアライン（AMX）が、南ターミナルをANA及びアイベックスエアラインズ（IBX）が使用している。カーブサイドは地上階のみで、ビルは基本的には1層半方式である。ビル前面の駐車場内にはモノレールの駅があり、1駅で阪急電鉄の蛍池駅に連絡し、その先千里中央駅や門真市駅、彩都西駅へと伸びている。旅客ターミナルの北側には貨物ターミナルが立地

photo / 関西エアポート㈱

ターミナルの改修イメージ（2020年完了予定）

し、さらにその北側には防音壁で囲まれたエンジンランナップ場を含む航空機整備地区がある。ビルの南側には高さ67mの管制塔がある。また、滑走路の反対側に消防基地と給油施設が立地している。阪神高速道路が空港内に乗り入れ、大阪、京都、神戸他の各都市ヘリムジンバスが運行している。

⑶整備計画

2016年（平28）1月から、旅客動線の見直しを含む全館リニューアル工事が開始された。具体的には、2か所に分散していた到着口を2階中央に集約し、ペデストリアンデッキの改良で地上交通機関（再配置）との接続を改善すること、小型機フィンガーの新設で、機材の小型化に対応すること、ビル中央の飲食、物販店舗を全面リニューアルすることなどを含む大掛かりな内容で、18年（平30）4月に中央エリアが先行オープンした。現在、2020年夏にグランドオープンの予定で工事が進められている。

3. 運用状況

国内5社が26空港へ就航している。特に羽田路線は500万人を超えるドル箱路線である。ほかに千歳、仙台、松山、福岡、宮崎、鹿児島、那覇路線が50万

人を超えている。

2006年（平18）の神戸空港開港等の影響もあり、旅客数は11年度（平23）には1,290万人まで一旦減少したものの再び上昇に転じ、17年（平29）で1,600万人にせまる水準となっている。

総発着回数枠370回と運用時間制限は堅持されているが、近年の低騒音ジェット機（騒音の影響がプロペラ機と同等以下のジェット機）への転換需要に対応するため、従来のプロペラ機枠の低騒音ジェット機枠への段階的な移行が実施され、2015年（平27）夏ダイヤからは170回／日すべてが低騒音機枠となっている。

4. 空港経営改革

2010年（平22）の国土交通省成長戦略において、関西国際空港と大阪国際空港の経営統合を先行させ、両空港の事業運営権を一体で民間にアウトソースすることとされた。

2012年（平24）7月1日、国土交通省が保有していた大阪国際空港の土地や基本施設が新関西国際空港㈱（NKIAC）へ現物出資されるとともに、設置及び管理がNKIACへ移管された。

さらに、NKIACは、公共施設等運営権を設定売却、オリックス㈱とVINCI Airports S.A.S.（仏）を中核とするコンソーシアムにより新たに設立された関西エアポート㈱が、関西国際空港及び大阪国際空港の運営をNKIACから引き継ぎ、16年（平28）4月1日、両空港の運営会社として事業を開始した。

なお、同日付で1966年（昭41）以来、大阪国際空港のターミナルビルを運営してきたOATがNKIACに吸収合併されるとともに、ターミナルビルの運営権が関西エアポート㈱へ引き継がれている。

(松井光市)

■空港の諸元
・種別：拠点空港（会社管理空港）
・設置管理者：新関西国際空港㈱
・運営者：関西エアポート㈱
・空港面積：311ha
・滑走路（長さ×幅）：2本
　A R/W 14L/32R：1,828m×45m
　B R/W 14R/32L：3,000m×60m

・運用時間（利用時間）：14時間
　（7：00～21：00）

■ターミナルビル
・運営：関西エアポート㈱
　＜2016年運営を継承＞
・規模：125,871㎡（PBB29基）

■輸送実績（2016年/平成28年実績）
・総旅客数　　14,923,678人
　　　　　　　　　（国内線のみ）
・貨物量　　　　133,962トン
・離着陸回数　　139,192回

神戸空港

KOBE

RJBE / UKB

Kobe Airport

神戸沖の海上で、市により整備・運営されてきた空港は関西、伊丹と統合経営へ

1. 沿革

　神戸空港はポートアイランドの沖合1kmを埋め立てて建設された、神戸市が設置管理する海上空港である。神戸市の中心部三宮から南8km、大阪市中心部から26kmとアクセスに優れた空港である。

　神戸沖はかつて、関西国際空港の有力な建設候補地であったが、神戸市長の反対表明などによって、1974（昭49）年、関西国際空港は泉州沖に建設されることが決定した。しかし、その後神戸市が方針を変更し、神戸への国際空港誘致運動に転じたことで、関西国際空港のプロジェクトに混乱を招いた経緯もあるという。

　曲折を経て、1982年（昭57）、神戸市が泉州沖での関西国際空港建設へ同意することを契機に、運輸省（当時）も同意して地方空港としての神戸空港の調査を始めたことが今日の神戸空港の出発点となった。しかしその後も道のりは平たんではなく、特に阪神淡路大震災を契機として神戸空港建設に対する大きな反対運動が巻き起こったが、神戸市は神戸空港を防災拠点と位置づけ計画を推進した。

　スタートラインから15年を経た1997年（平9）、運輸省から神戸市に飛行場設置許可がおり、99年（平11）に空港建設に着手、7年後の2006年（平18）2月に開港した。

　このような長い経緯のなかで、当空港の運用にはいくつかの制約がある。神戸空港を発着する航空機は、関西国際空港及び大阪国際空港の発着機と競合しないよう、明石海峡上空から進入し、同方向に出発する方式が設定され、この空域上の制約から1日の発着回数の上限が30便（60発着）と規定されている。また、関西国際空港の経営の阻害要因とならないよう、国際線が就航しない国内線専用の空港として運用されている。運用時間は朝7時から夜10時までの15時間であり、海上空港でありながら24時間運用ではない。ただし、これは設置管理者である神戸市が騒音問題を懸念する地元との協議に基づき設定したものである。

　開港時はJAL、ANA、スカイマークの3社が1日27便を就航してスタートした。JALが経営破たんする過程で全路線から撤退したものの、他社がそれを埋める形で就航し、開港以来ほぼ30発着の上限一杯で運用され今日に至っている。

2. 施設概要

　空港を含む埋立地は約270haあるが、うち空港として使用しているのは約160haであり、その他は関連施設用地である。

　長さ2,500mの滑走路はほぼ東西に向いており、西側からの着陸に対し計器着陸装置が設置されている。西側延長上には明石海峡があり、空港に離着陸する航空機は明石海峡上空を通ることで低空では陸地上空を飛行しないこととしている。

空港全景：大阪湾の神戸市沖にポートアイランドを越えて立地

Japan

エプロンには10バースのスポットがあり、うち5バースはPBBのある固定ゲートとなっている。

ターミナルビルは地方公共団体、航空会社、地方経済界が出資した神戸空港ターミナル㈱により運営されてきたが、同社はコンセッションによる空港管理者の変更により解散した。

ターミナルビルは神戸空港の開港にあわせて2004年（平16）に着工し、05年（平17）に完成した。旅客ターミナルビルはS造4階建て、延床面積約1万5,000㎡で、1階が到着階、2階が出発階、3階が店舗階（飲食）となっている。また、国際ビジネスジェットを受け入れるための専用のCIQ審査室が設けられている。ユニバーサルデザインの空港を目指しており、動線や案内サインのピクトグラム（絵文字）の工夫など、使いやすさへの配慮がなされている。

アクセスとしては三宮からポートライナーが18分で結ぶほか、バスの便がある。

ターミナル地域：空港駅にはポートライナーが市の中心部から18分で接続

3. 運用状況

現在は、スカイマーク（SKY）が22便／日、ANAとソラシド・エアが3便／日、エア・ドゥ2便／日の4社、30便が就航している（ソラシド・エアとエア・ドゥはいずれもANAとの共同運航）。2017年現在、路線別には、東京9便、新千歳6便、仙台2便、茨城2便、長崎3便、鹿児島2便、沖縄6便の合計7路線、30便／日となっている。

4. コンセッション

空港の設置管理者である神戸市は、神戸空港について、PFI法に則った公募を経て、これまで神戸市が管理してきた滑走路等の基本施設と、第3セクター（神戸空港ターミナル㈱）に委ねてきたターミナル施設等の運営を一体化するとともに、関西国際空港と大阪国際空港とも一体的に空港の運営が可能となるよう、コンセッション手続きを行った。

神戸市とのコンセッション契約に基づき、関西エアポート㈱の100％子会社である「関西エアポート神戸㈱」が2018年（平30）4月から42年間にわたって空港の運営を行うことになっている。

（増本美子）

■空港の諸元
・空港種別：地方管理空港
・空港管理者：神戸市
・運営者：関西エアポート神戸㈱
・位置：兵庫県神戸市
・空港面積：156ha
・滑走路（長さ×幅）：1本
　09/27：2,500m×60m

・運用時間（利用時間）：15時間
　（7：00～22：00）

■ターミナルビル
・運営：関西エアポート神戸㈱
　＜20 8年設立＞
・規模：17,058㎡（PBB6基）

■輸送実績（2016年/平成28年実績）
・総旅客数　　　2,697,927人
　　国際旅客　　　　　233人
　　国内旅客　　2697,694人
・貨物量
・離着陸回数　　　24,910回

#255
八尾空港

Yao Airport　　　　　　　　　　　　　　　　　　　　**RJOY / −**

伊丹空港でさばききれない小型航空機の発着を受け持つ、国交省管理の小型機専用飛行場

八尾空港は大阪府の中央部 JR 大阪駅から約20km
の八尾市を中心とする河内平野に位置している。空港
西側に大阪市営地下鉄谷町線の八尾南駅がある。

八尾空港の歴史は1934年（昭9）にさかのぼる。
現在地に操縦士の育成を目的とした民間学校である阪
神飛行学校が設立されたのが始まりで、38年（昭13）
には通信省の米子乗員養成所の分校が設置された。40
年（昭15）には陸軍に移譲され軍用飛行場となり、大
正飛行場へと改称した。その後、陸軍によって敷地が
拡張され、2本の滑走路がつくられた。終戦により米
軍に接収されたが、平和条約の発効により54年（昭
29）に全面返還され、56年（昭31）八尾飛行場と
して告示された。60年（昭35）にA滑走路（長さ
1,490m）とB滑走路（1,200m）が供用開始し、61
年（昭36）に空港整備法における第2種空港に指定
された。2008年（平20）には空港整備法が改正され、
現在は空港法における「その他の空港」であるが、設
置管理は国土交通省である。

1980年（昭55）、空港内耕作者との合意が成立し、

ターミナル地域：航空測量調査、パイロット養成、取材報
道、遊覧飛行などで使用

82年（昭57）からターミナル整備工事が開始された。
これは八尾南駅北側にあった旧エプロンを廃止し、2
本の滑走路に挟まれた三角地にターミナルを移転する
ものであり、84年（昭59）に供用開始した。その後、A、
B滑走路の改修、エプロンの増設等が行われ現在に至っ
ている。

八尾空港は小型航空機の専用空港であり、定期便の
就航はない。空港内には不定期航空運送及び航空機使
用事業を行う事業者が10社ほど所在しており、航空
測量調査、操縦練習・パイロット養成、取材報道、広
告宣伝、物資輸送、遊覧など
種々の産業航空活動を行って
いる。また、陸上自衛隊や大
阪府警察航空隊、大阪市消防
局航空隊の拠点にもなってい
る。さらには、企業所有のビ
ジネス航空機の運航整備基地
などのほか、自家用航空機に
も利用されている。

（増本美子）

空港全体図：小型機の離着陸には十分な1,490m、1,200mの滑走路

■空港の諸元
- ・空港種別：その他空港
- ・空港管理者：国土交通大臣
- ・位置：大阪府八尾市
- ・空港面積：70ha

- ・滑走路（長さ×幅）：2本
  A R/W 09/27：1,490m × 45m
  B R/W 13/31：1,200m × 30m
- ・運用時間（利用時間）：11.5 時間
  （8：00〜19：30）

■輸送実績（2016 年 / 平成 28 年実績）
- ・離着陸回数　　26,764 回

Japan

#256
南紀白浜空港

Nanki-shirahama Airport

RJBD / SHM

一大観光地南紀白浜へは関西からは陸路を利用。東京からは1日3便の航空路が至便

1. 沿革と概要

南紀白浜空港は、和歌山市から南に約90km、和歌山県内有数の観光地である白浜町に位置する県営空港である。

和歌山県は紀南地域の活性化と県土の均衡ある発展のため、1964年（昭39）に空港の建設を決定し、66年（昭41）に工事に着手した。68年（昭43）、南紀白浜空港は長さ1,200mの滑走路とYS-11型機クラスのエプロン2バースという規模で開港した。

開港時は東京、大阪、名古屋の3路線をもち利用者も多かったが、紀南地域の道路及び鉄道の整備が進むにつれて利用者が減少し、そのため大阪便・名古屋便は廃止され、1988年（昭63）には東京便のみとなった。

一方で県は1977年（昭52）、YS-11型機以降の対応を考慮し、南紀白浜空港のジェット化事業を県の長期構想に盛り込んだ。88年（昭63）に事業着手し、96年（平8）長さ1,800mの滑走路がオープンした。1,800m滑走路は従来の滑走路の東側に新たに整備され、旧滑走路は廃止された。現在もその跡地は見て取れる。2000年（平12）には、滑走路が200m延長され、中型ジェット機対応の2,000m滑走路を有する空港となった。

新滑走路オープン後、一時、福岡、広島西の2路線

ターミナル地域：ターミナルビルは白浜の海をイメージする波形の屋根

が開設されたものの廃止となり、現在は1日3便の東京便のみが就航している。

2. 施設概要

滑走路は北西-南東方向で、高台にあるため南東の端は急斜面で海に迫っている。海岸線を走る南白浜道路、白浜駅からのアクセス道路が滑走路の下を通っている。平行誘導路はなく、定期使用エプロンには3スポットがある。また、その北側には別に小型機用エプロンがあり、県警航空隊、小型機格納庫が立地している。

ターミナルビルは1993年（平5）に設立された第3セクターの南紀白浜空港ビル㈱が管理運営している。

旅客ターミナルビルは2階建て（一部3階建て）、延床面積約3,900㎡で、1階にチェックインカウンター、手荷物受取所、到着ロビーが、2階に店舗、保安検査場、ゲートラウンジがある。ビルは、設計にあたって、「やさしさ」「やすらぎ」「白浜らしさ」が基本方針とされ、外観は白を基調とし、白浜の海をイメージする波形の屋根と、黒潮と南国の陽光を象徴

空港全景：現滑走路は中型ジェット機も離着陸可能な2,000m

する前面ガラスのカーテンウォールで構成されている。

　近年、わが国全体で訪日外国人観光客が急増しているが、南紀白浜空港には税関や入国審査などに対応できる常設の国際線ターミナル機能がなく、海外の航空会社への誘致活動が展開しにくいとう課題がある。

　また、県は空港の所有権を県に残したまま、運営を民間企業に委託する「コンセッション方式」の導入を決定し、2018年（平30）年7月に特定運営事業者と実施契約を締結した。2019年4月から当事業者による空港運営が開始される。

（増本美子）

■空港の諸元
- 空港種別：地方管理空港
- 空港管理者：和歌山県
- 位置：和歌山県白浜町
- 空港面積：74ha
- 滑走路（長さ×幅）：1本
  15/33：2,000m × 45m
- 運用時間（利用時間）：11.5 時間
  （8：30 〜 20：00）

■ターミナルビル
- 運営：南紀白浜空港ビル㈱
  ＜1993 年設立＞
- 規模：3,883㎡（PBB1 基）

■輸送実績（2016年/平成28年実績）
- 総旅客数　　117,377人
  （国内線のみ）
- 貨物量　　　　　　6トン
- 離着陸回数　　　4,088回

#257
但馬飛行場

Tajima Aerodrome
RJBT / TJH

兵庫県北部の但馬地域は長年、高速交通の空白地帯。1994 年、念願叶って空港完成

1. 沿革と概要

　コウノトリ但馬空港として親しまれている但馬飛行場は、兵庫県北部の豊岡市の市街地から南西約4km、標高176mの高原に位置する空港である。空港の北側10kmには城崎温泉、東側3kmには円山川が流れて盆地が開け、南東9kmには城下町「出石町」がある。また西側14kmには標高1,000m級の山岳があり、その麓の神鍋高原を中心として多くのスキー場がある。空港の愛称のコウノトリは、コウノトリ最後の生息地で空港周辺地域の豊かな自然の象徴として2002年（平成14）にとりいれられた。

　空港の位置する但馬地域は、新幹線や高速道路などのない高速交通の空白地域となっており、神戸・大阪からわずか100km程度の位置にありながら、移動に多くの時間がかかっていた。このことから、但馬地域の高速交通の空白状態を解消し、交通の利便性を高めるとともに、但馬地域の過疎対策及び地域振興を目的として、兵庫県を事業者として整備された。1981年（昭56）に兵庫県の「21世紀の生活文化社会計画」において地域航空の導入が決定され、続いて行われた調査において現在の位置が空港の適地として選定された。90年（平2）に整備工事に着手、日本初のコミューター専用空港として94年（平6）5月18日に開港した。

空港全景：標高176mの高原を切り盛りして建設。周囲にはスキー場も

ターミナル地域：大阪国際空港で乗り継ぎ東京まで2時間半

開港当初より日本エア・コミューター㈱が、サーブ340B型機による伊丹便の定期運航を行っている。当初は1日1往復であったが、1995年（平7）より1日2往復の運航となった

乗降客数は、2便化した1995年（平7）以降、おおむね2万人台だったが徐々に増加を続け、2016年（平28）には3万人を突破した。また、13年度（平25）には初めて東京乗継ぎ利用者が年間1万人を突破（1万1,113人）している。

2. 施設概要

長さ1,200m滑走路の東側には、3バースのエプロンと別に小型機エプロンがある。

ターミナルビルは但馬空港ターミナル㈱が管理運営しており、同社の設立は1994年（平6）で、兵庫県と豊岡市が60％弱の株式を保有している。

旅客ターミナルビルはS造2階建て、延床面積約2,300㎡で、1階に出発、到着、店舗といった旅客機能が集約されており、2階は但馬空港ターミナル㈱の事務室や航空機安全支援センターなど空港管理者の施設となっている。また、ターミナル地域内には兵庫県旅券事務所が設置されている。

3. 空港の一体的な運営

但馬空港では従来、設置管理者である兵庫県が滑走路などの空港基本施設等を、指定管理者である但馬空港ターミナル㈱がターミナルビル施設や駐車場などの空港機能施設を、それぞれ別々に管理・運営してきた。しかし、空港のより効率的な運営体制を構築するため、地方自治体が管理する空港として全国初の取り組みとして「民間の能力を活用した国管理空港等の運営等に関する法律」等を活用して、空港基本施設等と空港機能施設の運営を一体化することとなった。

2014年（平26）に空港の公共施設等運営権が設定され、15年（平27）より但馬空港ターミナル㈱による一体運営が開始された。公共施設等運営権の存続期間は5年間であり、20年3月31日まで同社による空港の一体運営が行われる。

（増本美子）

■空港の諸元
・空港種別：その他空港
・空港管理者：兵庫県
・運営者：但馬空港ターミナル㈱
・位置：兵庫県豊岡市
　空港面積：38ha
・滑走路（長さ×幅）：1本
　01/19：1,200m × 30m

・運用時間（利用時間）：10時間
　（8：30 ～ 18：30）

■ターミナルビル
・運営：但馬空港ターミナル㈱
　＜1994年設立＞
・規模：2,255㎡

■輸送実績（2016年/平成28年実績）
・総旅客数　　　　　30,929人
　　　　　　　　（国内線のみ）
・離着陸回数　　　　4,094回

258

鳥取空港

Tottori Airport

RJOR / TTJ

市営飛行場に歴史を遡る古い空港。関西圏の高速バス、鉄道等の発展で、今は東京便のみ

空港全景：空港の東には鳥取港や鳥取砂丘。着陸帯の一部は海に

鳥取空港は、鳥取市にある鳥取県営空港であり、その愛称は「鳥取砂丘コナン空港」である。鳥取市の北西部に位置し、周囲は北に日本海、南に湖山池、東に鳥取砂丘という位置関係である。

鳥取空港の歴史は、1942年（昭17）民間軽飛行機会社の試験用滑走路の設置に遡る。57年（昭32）には鳥取市営飛行場として供用開始され、その後67年（昭42）滑走路1,200mをもつ、県営空港として生まれ変わった。当時はフレンドシップ機で米子—東京便の寄港地として利用されていた。その後滑走路が72年（昭47）に長さ1,500m、85年（昭60）に1,800m、90年（平2）には2,000mと順次延長され、現在では東京—鳥取間を5往復、小型ジェット機（B737クラス）が就航している。

現在の国内線ターミナルビルは1,800m滑走路供用時に竣工したものであり、延床面積3,000㎡、ボーディングブリッジ1基のコンパクトなビルである。また国際線ターミナルは、鳥取空港国際会館と称し、1階に

ターミナル地域：片道1時間15分の鳥取−東京間は5往復／日

（財）鳥取県国際交流財団鳥取県国際交流センターと国際線ターミナルの到着機能及びチェックインロビーがあり、2階は出入国審査場及び搭乗橋という複合的な用途のビルとなっている全国でも珍しいケースである。鳥取県はコンセッション方式による民営化を目指しており、2018年4月、鳥取空港ビル㈱と実施契約を締結した。同年7月からの運営開始が予定されている。

（村田雅康）

■空港の諸元
・空港種別：地方管理空港
・空港管理者：鳥取県
・位置：鳥取県鳥取市
・空港面積：105ha
・滑走路（長さ×幅）：1本
　　10/28：2,000m × 45m

・運用時間（利用時間）：14.5 時間
　　（7：00 ～ 21：30）

■ターミナルビル
・運営：鳥取空港ビル㈱
　　＜1966 年設立＞
・規模：2,975㎡（PBB1 基）

■輸送実績（2016年/平成28年実績）
・総旅客数　　376,322人
　　国際旅客　　　866人
　　国内旅客　375,456人
・貨物量　　　　506トン
・離着陸回数　　5,036回

#259
美保飛行場（米子空港）

Miho Aerodrome　　　　　　　　　　　　　　　　**RJOH / YGJ**

防衛省管理の美保基地を共用するが、民間航空の需要増に対応し滑走路を 2,500m に延長

美保飛行場は鳥取県境港市（敷地の一部は米子市）にある防衛省設置管理の飛行場である。米子空港と呼ばれることも多く、愛称は「米子鬼太郎空港」である。「鳥取砂丘コナン空港」とあわせ、鳥取県の2空港には同県ゆかりの漫画家の代表作にちなんだ愛称がつけられている。

米子市の北西12km、東に美保湾、西には中海を望む弓ヶ浜半島の中央部に位置し、防衛省航空自衛隊美保基地の滑走路を民間航空機も利用する共用飛行場である。

戦後の米軍の接収・管理を経て、1958年（昭33）に防衛省が管理する飛行場となり、69年（昭44）に共用飛行場に指定された。民間航空は、55年（昭30）に開設された伊丹線が最初であり、その後64年（昭39）に東京線が就航して以来、山陰地方の航空交通の基幹空港としてネットワーク上の重要な役割を果たしてきた。73年（昭48）には新しい滑走路（長さ1,500m×幅45m）が供用開始し、96年（平8）には2,000mに延長され、2009年（平21）に現在の2,500m滑走

ターミナル地域：片道1時間20分の米子−東京間は6往復／日

路が供用開始した。

滑走路の北側東端に国交省が管理するターミナル地域があり、5バースのエプロンとビル、駐車場があるほか、海上保安庁の基地もある。

現在のターミナルビルは1980年（昭55）に竣工し、その後96年（平8）、2001年（平13）、09年（平21）と増改築をくり返し、現在の延床面積8,400㎡となっている。滑走路を長さ2,500mに延長した際、空港運用に支障を来さないようJR境線を大きく迂回させるとともに空港最寄り駅として米子空港駅が整備され、この空港駅とターミナルビルを繋ぐ約250mの屋根付き歩道やエレベーター、歩道橋が整備され、鉄道による空港アクセスの利便性を高めている。

路線の就航状況は、かつては国内線に千歳便や茨城便、中部便が就航していたが、現在はANAによる米子—東京便（1日6往復）が、国際線は香港便（週2往復）ソウル便（週3往復）が就航している。

（村田雅康）

空港全景：空港の北東部でJR境線が敷地を大きく迂回

■空港の諸元	・運用時間（利用時間）：15時間	■輸送実績（2016年／平成28年実績）
・空港種別：共用空港	（7：00～22：00）	・総旅客数　616,910人
・空港管理者：防衛省		国際旅客　44,122人
・位置：鳥取県境港市	■ターミナルビル	国内旅客　572,788人
・空港面積：268ha	・運営：米子空港ビル㈱	・貨物量　1,505トン
・滑走路（長さ×幅）：1本	＜1977年設立＞	・離着陸回数　6,390回
07/25：2,500m × 45m	・規模：8,353㎡（PBB2基）	

#260
出雲空港

Izumo Airport

RJOC / IZO

出雲市の東 13km、宍道湖に面した県営空港。湖を一部埋め立てて滑走路延長を行う

1. 沿革と概要

出雲空港は島根県出雲市の中心部から東約13kmに位置し、宍道湖に面する県営空港で、出雲大社の縁結びにちなみ「出雲縁結び空港」の愛称で呼ばれている。

空港は1964年（昭39）に着工され、66年（昭41）に滑走路1,200mで供用開始している。開港当初は東亜航空（TAW）のYS-11型機による大阪—出雲線及びデハビラント・ヘロンによる出雲—隠岐線がそれぞれ1往復ずつ就航した。

1970年（昭45）にはYS-11就航の操縦性と安全性を高めるため、滑走路が長さ1,500mに延長された。また当時航空需要が急増している地方空港では、1,500mの滑走路でジェット機を就航させる暫定ジェット化の試みがなされており、当空港では80年（昭55）に滑走路強度を増強したうえで東亜国内航空（TDA）のDC-9が東京—出雲線に就航し、81年（昭56）には旅客ターミナルビルが供用開始された。さらに増加する需要に対応して中型ジェット機の就航を可能とするため、宍道湖を埋め立てて滑走路を東側に500m延長する事業を行い、91年（平3）に滑走路2,000mが完成した。宍道湖の公有水面を埋め立てる工事には治水上の代替水面を別途確保することが条件であり、大規模な土木工事に5年を要した。これによ

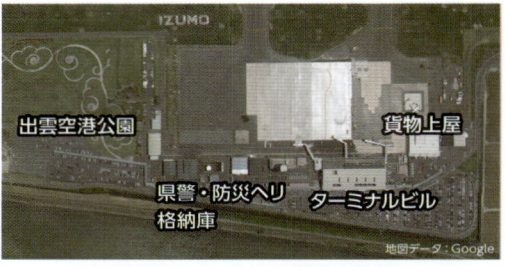

ターミナル地域：ターミナルの東側には航空機の離着陸を間近で見られる出雲空港公園

り91年（平3）にMD-81型機が就航し、92年（平4）にはB767、93年（平5）には、A300型機が就航し、あわせて、旅客ターミナル地域の移転を行い、約5,700㎡の国内線旅客ターミナルビルと国際線旅客ターミナルビルの供用が開始された。ターミナルビルは湾曲した大屋根を有する特徴のあるデザインである。97年（平9）にはビルが増築され、国際線部分が約3,000㎡となった。

2. 利用状況

東京路線については、JALがB767及びB737により、1日5往復を運航している。大阪路線は、ジェイ・エア（J-AIR）及び日本エア・コミューター（JAC）が1日5往復を運航している。また、離島路線である隠岐線には、日本エア・コミュータ（JAC）のSAAB340が1日1便就航している。このほか、定期便として福岡、仙台、静岡、名古屋路線が就航し、季節運航ながら札幌路線も就航している。国際線については、これまでのところチャーター便のみで定期路線は運航されていない。

（馬場由之）

空港全景：東京線だけでなく、大阪や名古屋、静岡、福岡への定期路線もある

Japan

■空港の諸元	■ターミナルビル	■輸送実績 (2016年/平成28年実績)
・空港種別：地方管理空港 ・空港管理者：島根県 ・位置：島根県出雲市 ・空港面積：57ha ・滑走路（長さ×幅）：1本 　07/25：2,000m × 45m ・運用時間（利用時間）：13時間 　（7：30 ～ 20：30）	・運営：出雲空港ターミナルビル㈱ 　＜1980年設立＞ ・規模：5,717㎡（PBB2基） 　国際線ビルは、島根県所有 　規模：3071㎡	・総旅客数　　897,181人 　国際旅客　　　　558人 　国内旅客　　896,623人 ・貨物量　　　　1,018㌧ ・離着陸回数　　12,458回

#261
石見空港

Iwami Airport　　　　　　　　　　　　　　　　　　**RJOW / IWJ**

既存空港への便の悪い島根県西部の利便性向上が目的。山口県萩市近辺の観光需要も見込む

1. 沿革と概要

.　石見空港は島根県益田市から西に約4kmの海岸に近い高台に位置している。1986年（昭61）に策定された第5次空港整備5か年計画に位置づけられ、88年（昭63）から空港建設が始まり、93年（平5）に滑走路2,000mの第3種空港（現在の地方管理空港）として供用が開始された。

旅客ターミナルビルは、島根県等が出資する第3セクターの石見空港ターミナルビル㈱が建設し、運営している。RC造2階建て（一部3階）、延床面積3,400㎡である。エプロンは3スポットあり、うち1スポットはPBBを備えている。

開港時は、ANAのA320による東京―石見線及び大阪―石見線がそれぞれ1便運航された。その後、1994年（平6）及び95年（平7）に石見―出雲空路

ターミナル地域：萩への観光ルートもあり「萩・石見空港」とも呼ぶ

開発実験運航を実施するなど、需要を喚起するための取り組みを行ったが、2011年（平23）には大阪―石見便が運休となり、以後、季節運航として現在に至っている。

2013年（平25）には、地域と航空会社とのパートナーシップを通じてニーズにあった需要喚起策等に取り組むことが重要との考え方のもと、国土交通省が「羽田発着枠政策コンテスト」を実施した。石見空港については地元の協議会と商工会議所や大学の連携による利用促進策、ANAと連携した旅行商

空港全景：片道1時間30分の石見–東京間を1日2往復し、夏季は大阪線も

品開発や2次交通の充実等による需要の開拓策、空港使用料減免等による航空会社と地元とのリスク分担を通じた運航コストの削減策が提案された。

最終的に、羽田空港の発着枠は山形空港・鳥取空港・石見空港に分配され、2014年（平26）3月より2年間限定ではあるが、東京—石見線が1日2往復での運航となった。その後、15年（平27）3月には、18年（平

30）3月までの2往復での運行継続が決定し、現在に至っている。

また、当空港は山口県の有名な観光地である萩市にも近いことから、「萩・石見空港」という愛称を使うこともある。

（馬場由之）

■空港の諸元
- 空港種別：地方管理空港
- 空港管理者：島根県
- 位置：島根県益田市
- 空港面積：111ha
- 滑走路（長さ×幅）：1本
  11/29：2,000m × 45m
- 運用時間（利用時間）：11.5 時間
  （8：00 〜 19：30）

■ターミナルビル
- 運営：石見空港ターミナルビル㈱
  ＜1991年設立＞
- 規模：3,418㎡（PBB1 基）

■輸送実績（2016年/平成28年実績）
- 総旅客数　　121,232人
  （国内線のみ）
- 離着陸回数　　2,150回

#262
隠岐空港

Oki Airport

RJNO / OKI

島根半島北東沖の離島空港。歴史は古く昭和中期には定期便、現在は出雲と大阪の 2 路線

隠岐空港は、島根半島の北東約40km〜80kmに位置する隠岐群島の島後にあり、島根県隠岐郡隠岐の島町の中心部から南に約3kmの岬半島に建設された空港である。1962年（昭37）から空港建設が始まり、65年（昭40）に場外離着陸場として開港、68年（昭43）7月に滑走路1,200mの第3種空港（現在の地方管理空港）として供用が開始された。

場外離着陸場としての開港時は、東亜航空（TWA）のデハビランド・ヘロンによる米子—隠岐線が1日1往復で就航した。その後、1966年（昭41）には同社

の同機材による出雲—隠岐線が1日1往復で就航した。

第3種空港としての供用開始後はYS-11が就航した。安全な運航を行うため、1974年（昭49）から滑走路を延長する事業が開始され、78年（昭53）11月から79年（昭54）3月までの空港閉鎖を経て、79年（昭54）4月より滑走路1,500mの空港として供用が開始された。

いずれの路線も冬季は運休していたが、1982年（昭57）以降は出雲—隠岐線で、95年（平7）以降は大阪—隠岐線で、通年での運航が開始された。

1996年（平8）からジェット機が就航可能となるよう、新たに長さ2,000mの滑走路を建設する事業が開始され、2006年（平18）に供用が開始された。新たな滑走路は従来の滑走路の南側に隣接しており、従来北側にあったターミナル地域は新滑走路の南側に整備された。現在も旧施設

空港全景：東京までは大阪国際空港で乗り継いで3時間20分

地図データ：Google

の名残は見て取れる。

　現在は、日本エア・コミューター（JAC）のDHC-8-400による大阪―隠岐線及び日本エア・コミューター（JAC）のSAAB340による出雲―隠岐が運航されてい

る。また、空港の愛称は開港50周年の2015年（平27）に一般公募により選ばれた「隠岐世界ジオパーク空港」である。

（馬場由之）

■空港の諸元		■輸送実績 (2016年/平成28年実績)	

- ■空港の諸元
  - ・空港種別：地方管理空港
  - ・空港管理者：島根県
  - ・位置：島根県隠岐の島町
  - ・空港面積：95ha
  - ・滑走路（長さ×幅）：1本
    　08/26　2,000m × 45m
- ・運用時間（利用時間）：8時間
  　（9：00 ～ 17：00））
- ■ターミナルビル
  - ・運営：島根県＜県営＞
  - ・規模：1,165㎡
- ■輸送実績 (2016年/平成28年実績)
  - ・総旅客数　　　　58,312人
    　　　　　　　（国内線のみ）
  - ・離着陸回数　　　　1,652回

#263
岡山空港
Okayama Airport

RJOB / OKJ

ジェット化を契機に海沿いから内陸側丘陵地に移転。東京便は新幹線と競合するも健闘中

1. 沿革と概要

　岡山空港は岡山市北部に位置し、岡山市中心部から約18km、倉敷市中心部から約22km、標高200～300mの丘陵台地に建設された県営空港である。

　1962年（昭37）、岡山市浦安地区に滑走路長1,200mの空港として岡山空港（現岡南飛行場）は開港したが、その後の旅客・貨物の増大等に対応するため、ジェット機の就航可能な空港の建設について調査検討が行われた。78年（昭53）に、現在の岡山市日応寺地区が新空港の最適地として選定され、83年（昭58）に

工事着工、丘陵地における大規模で困難な切盛土工を実施して、88年（昭63）に長さ2,000mの滑走路を有する第3種空港として「新岡山空港」（現岡山空港）が開港した。県は開港から30周年を迎えるにあたり、30年目の2018年（平30）に空港の愛称を認知度、インパクト、国内外から親しみを持ってもらえ覚えやすいとして「岡山桃太郎空港」に決定した。

　開港当初は、ANAによる東京線のほか、鹿児島線、那覇線が開設された。1991年（平3）に暫定国際線増改築工事が完了し、同年、大韓航空が岡山-ソウル線に就航した。これらの国際化の進展や航空需要の増加に対応するため、93年（平5）に滑走路を長さ2,500mに延伸し、2001年（平13）には、さらに500m延伸し、3,000mの滑走路が供用開始された。

　また、増大する航空貨物需要に対応する航空貨物基地を目指して、1996年（平8）にFAZ（輸入促進地域）の指定を受け、98年（平10）に新航空貨物ターミナルが開業した。

空港全景：片道1時間15分の岡山 - 東京間をANA、JAL各1日5往復している

2. 施設概要

　長さ3,000m滑走路の北側、中央付近に配置されたターミナル地域には、西側に管理地区（管制塔等）、その東側に旅客ターミナル地区並びに貨物ターミナル地区が配置されている。旅客ターミナルビルには5基のPBBがあり、1階に国際線・国内線のチェックインカウンター及び到着ロビー、2階に国際線・国内線の出発ロビー、3階に送迎デッキが設置されている。外観は和風建築をモチーフにしている。また、エプロンには、大・中・小型ジェット機用に7スポット、小型機用に6スポットが設置されている。駐車場は約3,000台とこのクラスの空港としては破格の規模であり、料金はビル前面の一部の駐車場を除いて無料としている。これにより新幹線との競争力を向上させている。

3. 運用状況

　東京線は新岡山空港開港当初より、ANAが1日2往復で運航していた。2002年（平14）からはJALも参入し、14年（平26）には各社1日6往復となった。なお、現在は、各社1日5往復となっている。

　那覇便については、開港当初から南西航空（後の日

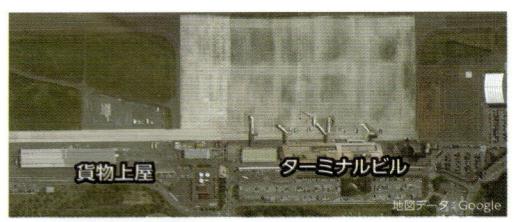

ターミナル地域：新幹線の利便性に対抗するため3,000台の無料駐車場

本トランスオーシャン航空）がB-737で運航を開始し、07年（平19）からは季節増便（毎年4月、5月）も行っている。札幌便については、1990年（平2）にANAが週3往復で運航を開始し、その後2013年（平25）からはエア・ドゥが1日1往復で運航していたが、現在はANAが運航している。

　そのほか、鹿児島線、仙台線、小松線、宮崎線が運航していたが、現在、すべて運休している。国際線については、ソウル線が暫定国際線供用開始の1991年（平3）から運航を開始して以来、上海線、グアム線、北京・大連線、香港線、台湾線が運航を開始した。その後、増減便や運休もあり、2018年（平30）4月現在、ソウル線が週7往復、上海線が週7往復、香港線が週2往復、台北線が週7往復の運航を行っている。

（中村大樹）

■空港の諸元
・空港種別：地方管理空港
・空港管理者：岡山県
・位置：岡山県岡山市
・空港面積：187ha
・滑走路（長さ×幅）：1本
　　07/25：3,000m × 45m

・運用時間（利用時間）：15時間
　（7：00 ～ 22：00）

■ターミナルビル
・運営：岡山空港ターミナル㈱
　　＜1986年設立＞
・規模：15,935㎡（PBB5基）

■輸送実績（2016年/平成28年実績）
・総旅客数　　　1,437,121人
　国際旅客　　　　192,642人
　国内旅客　　　1,244,479人
・貨物量　　　　　4,374トン
・離着陸回数　　　11,376回

#264
岡南飛行場
Konan Aerodrome

RJBK / －

旧岡山空港だが、今は小型機専用で空撮などの使用事業や消防、警察など公共機関も活用

　岡南飛行場はJR岡山駅から12km、岡山県庁から10kmの岡山市の南端、浦安南町に位置しており、飛行場周辺は児島湖、阿部池に囲まれている。

　1952年（昭27）より岡山県が空港適地調査を開始し、60年（昭35）に岡山市浦安を適地として選定した。第17回国民体育大会「歴史をつくる岡山国体」が開催された62年（昭37）に、第3種空港の「岡山空港」として開港した。開港当初は、岡山—東京便（1日2便）

空港全景：瀬戸内海に面した児島湖畔にあり、小型機での航空事業などに使用

が就航し、81年（昭56）からは、鹿児島便も就航した。

　しかし、旅客・貨物の増大等に対応するため、ジェット機の就航が可能な空港の設置が検討され、1988年（昭63）に、岡山市日応寺に長さ2,000mの滑走路を有する新岡山空港（現岡山空港）が開港した。

　これと同時に旧岡山空港は、「岡南飛行場」に名称変更を行い、全国で初めての地方公共団体の設置管理する「公共用その他飛行場」として再出発した。その後は、2001年（平13）にエプロンが拡張され、夜間着陸用灯火が整備された。

　長さ1,200mの滑走路には平行誘導路もあり、エプロンには小型機用ではあるが50以上のスポットがある。

　不定期航空輸送や撮影・宣伝などの航空機使用事業に利用されているほか、岡山県警察航空隊、岡山市消防航空隊の基地としても運用されており、年間7,000回程の離着陸回数となっている。

（中村大樹）

■**空港の諸元**
・空港種別：その他の空港
・空港管理者：岡山県
　位置：岡山県岡山市
・空港面積：60ha
・滑走路（長さ×幅）：1本
　09/27：1,200m × 30m

・運用時間（利用時間）：10時間
　（8：30 ～ 18：30）

■**ターミナルビル**
・運営：岡山県（県営）
・規模：60ha

■**輸送実績（2016年/平成28年実績）**
・離着陸回数　　　　　7,076回

#265
広島空港
Hiroshima Airport

RJOA / HIJ

広島空港
ソラミィ

内陸丘陵地に整備された新空港。3,000m滑走路で国際線も就航。アクセス時間短縮が課題

1. 沿革

　旧広島空港は、1958年（昭33）に第2種空港に指定され、58年（昭33）から61年（昭36）にかけて

建設工事が進められて、61年（昭36）に長さ1,200mの滑走路を有する空港として供用を開始した。

　立地条件が、広島市の都心から約8kmの太田川放水路沿いの埋立地と恵まれていたこともあり、利用者

は1965年度（昭40）には約26万人、70年度（昭45）には約41万人と増加を続けた。このため、72年（昭47）に滑走路を海側に600m延長し、滑走路1,800mのジェット機の就航可能な空港となった。その後、騒音問題、そのほか地元事情などによりジェット化は遅れたが、79年（昭54）に、滑走路及び無線施設等の整備が行われ、同年8月からジェット機

ターミナル地域：周囲には公園や広島エアポートホテルが隣接

が就航した。なおも増大する航空需要に対処するため、さらに82年（昭57）から83年（昭58）にかけて滑走路等のかさ上げ改修、エプロンの新設工事が着手され低騒音型ジェット機のB767が就航した。

　しかしながら、さらに大型ジェット機の就航可能な空港とする必要が生じ、現空港の拡張を含め新空港の検討が行われた。調査対象地点は広島県内の29地点に及んだが、建設コスト、周辺地域、アクセスの利便性等を評価して、広島市の東方約50kmの本郷町用倉地区に長さ2,500mの滑走路を有する新空港の建設が決定した。

　1986年（昭61）からの約7年の工期と約710億円（国直轄工事分）の建設費を費やし、93年（平5）に新広島空港は開港した。なお、94年（平6）に「新広島空港」から「広島空港」へ名称変更を行っている。その後、利用者の順調な伸びと長距離国際線需要に対処すべく、96年（平8）に滑走路500m延長工事に着手し、2001年（平13）に滑走路3,000mが供用開始された。

　また、本空港は、季節により霧・雲に覆われることが多く、視程不良による欠航、ダイバート、遅延等が発生していた。このため、安全性・利便性向上を目的として、2003年（平15）よりILSの高カテゴリー化整備事業に着手し、08年（平20）にCAT-Ⅲaを供用開始した。また、09年（平21）からは、より高度なCAT-Ⅲbに移行し供用開始した。

2. 施設概要

　長さ3,000m滑走路の北側、中央付近に配置されたターミナル地域には西側から、貨物ターミナル地区、旅客ターミナル地区、そして、管理地区（管制塔等）が配置されている。旅客ターミナルビルは3階建てで、1階に到着ロビー、各種案内所、2階に国内線・国際線の出発ロビー、3階に見学・送迎デッキのほか、フードタウンが配置されている。

　当時、米国との間で貿易摩擦があり、建設分野ではわが国の建設市場の開放を巡る日米建設協議が行われており、当空港のターミナルビル建設がその第1号案件となって、国際プロポーザル競争による設計者の選定と国際競争入札による建設業者の選定が行われた。

　エプロンは、大型ジェット機用に8スポット、小型ジェット機用に1スポットの9スポットを有している。

　また、旅客ターミナルから離れた西側地区に広島県防災航空センター、広島県警察航空隊、海上保安庁広島航空基地があり、専用の小型機用エプロン3スポットを備えてい

空港全景：3,000mの滑走路を有し、国内主要空港のほかソウルや台北、上海とも結ぶ

当空港の特色としては、起伏の多い地域に整備されたことから谷を埋めるため高低差が100mを超える切盛土工が必要となったことがあげられる。西側の周囲との落差は大きく、精密進入計器着陸装置用の人工地盤と進入灯の橋梁が目立つ。また、空港の整備と同時に周辺が公園として整備されたという特徴もある。日本庭園やサイクリングロードなどが整備され、ホテルも隣接して立地する。公園の駐車場は、ピーク時には空港の駐車場としても利用されている。

広島市内からはバスを利用するのが一般的であり、高速道路の整備によって約45分で到達できる。東京から広島へはアクセスを含めた時間、料金が新幹線と拮抗しており、利用者数もほぼ拮抗している。

3. 運用状況

2018年（平30）現在、国内線では新千歳便が1日2往復、仙台便が1日2往復、東京便が1日18往復、成田便が1日2往復、那覇便が1日1往復運航している。また、国際線では、ソウル便が週5往復、台北便が週7往復、上海便が週7往復、大連便が週5往復、香港便が週3往復、北京便（大連経由）が週5往復、シンガポール便が週3往復就航している。

旅客実績については、2016年（平成28）の国内線が253万人、国際線が32万人になる。貨物については、1.9万トンの取り扱いを行っている。

2015年（平27）、アシアナ航空が滑走路手前に着地し計器着陸装置を壊しながら停止した事故は記憶に新しい。

（中村大樹）

■空港の諸元
- 空港種別：国管理空港
- 空港管理者：国土交通大臣
- 位置：広島県三原市
- 空港面積：198ha
- 滑走路（長さ×幅）：1本
  10/28：3,000m×60m

- 運用時間（利用時間）：15時間
  （7：30～22：30）

■ターミナルビル
- 運営：広島空港ビルディング㈱
  ＜1961年設立＞
- 規模：28,033㎡（PBB8基）

■輸送実績（2016年/平成28年実績）
- 総旅客数　　2,851,436人
- 　国際旅客　　317,996人
- 　国内旅客　2,533,440人
- 貨物量　　　18,513トン
- 離着陸回数　　23,992回

#266
岩国飛行場

Iwakuni Aerodrome

RJOI / IWK

2012年に民航ターミナルが完成し、約50年もの長い休止期間を経て東京便が再開

1. 飛行場の概要

岩国飛行場は岩国市の中心部から南東に約2km、瀬戸内海に面し海岸線に平行な滑走路のある米海兵隊が管理する飛行場で、海上自衛隊と民間航空が共用している。

1939年（昭14）旧海軍の訓練飛行場として建設されたのがその始まりで、戦後は米軍に接収された後、46年（昭21）から中・四国地方に駐留した英連邦軍の空軍基地として使われた。50年（昭25）に始まった朝鮮戦争では、板付などの九州北部の基地とともに国連軍の支援基地として使用された。滑走路も56年（昭31）には長さ2,134mに、58年（昭33）には2,438mに延長された。

従来の岩国飛行場の滑走路の北側延長上には石油コンビナートが展開しており、また、市街地にも近く騒音問題も厳しかったことから、1970年（昭45）頃から滑走路の沖合移転を求める声が高まった。これを受けて、82年（昭57）に滑走路を沖合に1,000m移設することが決定されたが、錦川の三角州の軟弱地盤における工事となることから技術的な課題の検討に時間を要し、また運用を巡る様々な議論を経て、ようやく

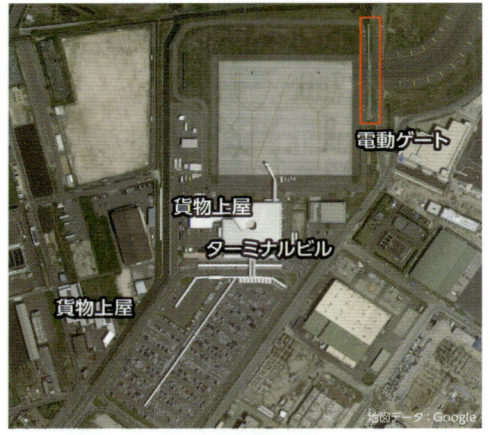

空港全景：民航地区は飛行場の一画にある

民航地区：空港北側にある民航地区には電動ゲートが
設けられている

97年（平9）に工事が着手された。厳しい条件下での工事には13年の工期と事業費2500億円を要したが、2010年（平22）に新滑走路の供用が開始された。これに伴って従来の滑走路は閉鎖されている。

2. 民間航空の沿革

　民間航空の歴史は古く、戦後岩国飛行場に英連邦軍が駐留した関係で、1947年（昭22）にBOACが飛行艇で日本に初めて乗り入れを行い、羽田に次ぐ2番目の国際空港となっている。BOACは1年足らずで岩

国への寄港を取りやめたが、その後もカンタスなどが路線を展開する状況が59年（昭34）まで続いた。

　国内線については、1951年（昭26）に民間航空が再開され、JALは東京—大阪—福岡線の運航を始めるが、52年（昭27）から岩国に寄港を開始、岩国空港が中国地方の空の玄関口となった。その後、大阪路線、九州路線は極東航空、ANAに引き継がれた。

　しかし、1961年（昭36）運輸省が管理する広島空港のオープンにより状況は一変し、中国地方の玄関口としての役割は広島空港に移った。ANAは広島を中心とした路線展開を図り、一部の路線移譲を受けた東亜航空も64年（昭39）には休航し、岩国飛行場の民間使用は一旦幕を閉じた。

　しかし、1990年代に入ると民間航空の再開を求める声が強まり、2005年（平17）には滑走路の沖合移転を契機に再開を図ることが日米間で合意された。これを受けて、10年（平22）から基地の北西部に一部民有地の買収も行って民間航空の専用施設を建設する事業が始まり、12年（平24）には一層式2階建て約3,600㎡のターミナルビルが完成した。

　エプロンは2スポットありPBB1基が設置されている。開設時、ANAが東京線1日4往復の運航を開始したが、2016年（平28）3月からは東京線5往復、那覇線1往復と増便されている。

　米軍との共用空港は三沢飛行場に次いで2番目で、米軍区域と民間専用区域を連絡するクランク状の誘導路には三沢飛行場と同じように境界線上に長大な電動ゲートが設けられ、セキュリティの確保が図られている。

　正式名称は岩国飛行場であるが、一般公募で選ばれた「岩国錦帯橋空港」の愛称でも知られている。

（横田和男）

■空港の諸元
- 空港種別：共用空港
- 空港管理者：米軍
- 位置：山口県岩国市
- 滑走路（長さ×幅）：1本
  02/20：2,440m × 60m

- 運用時間（利用時間）：15時間
  （7：30 〜 22：30）

■ターミナルビル
- 運営：岩国空港ビル㈱
  ＜2010年設立＞
- 規模：3,267㎡（PBB1基）

■輸送実績（2016年/平成28年実績）
- 総旅客数　　　435,423人
  国際旅客　　　　　352人
  国内旅客　　　435,071人
- 貨物量　　　　　198トン
- 離着陸回数　　　3,910回

#267
山口宇部空港
Yamaguchi-ube Airport

RJDC / UBJ

県西部は北九州、東部は岩国と勢力圏を争い、新幹線網とも競合しつつも旅客数増を図る

1. 沿革と概要

　山口宇部空港は山口県宇部市の中心部から南東約3kmの沿岸部に、埋め立てにより建設された空港である。1966年（昭41）に滑走路1,200mで供用開始し、ANAが東京―宇部線を、JALが大阪―宇部線を、それぞれ1往復ずつ運航した。当初は山口県営の空港であったが、79年（昭54）に第2種（B）空港（現在の特定地方管理空港）に変更された。また、名称も宇部空港であったが、80年（昭55）には山口宇部空港に変更された。

　航空機の大型化に対応するため、既存の滑走路の沖側を埋め立てて滑走路を新設する事業が開始され、1979年（昭54）に長さ2,000mの新滑走路が供用開始された。翌80年（昭55）には約3,600㎡の旅客ターミナルビル（2代目）やILSも供用開始され、東京―山口宇部線にジェット機が就航した。

　その後、2000年（平12）には約8,000㎡の国内線旅客ターミナルビルが整備され、それまで使用されていた旅客ターミナルビルは国際線旅客ターミナルビルとなった。01年（平13）には、滑走路はさらに東側に500m延長され、長さ2,500mとなった。平行誘導路を有し、エプロン内誘導路と兼用していない。国内線ビルにPBBが2基設置されているが、国際線ビル

ターミナル地域：片道約1時間30分の山口‐東京間を3社合計で1日10往復

から渡り廊下の連絡があり国際線にも使用できるようになっている。

　標高が7mと低く、1999年（平11）には高潮の影響で空港全体が冠水するという被害に見舞われた。

2. 利用状況

　開港以来、ANAを中心とする東京―山口宇部線は順調に便数を伸ばし、2002年（平成14）にはJALが参入し、14年（平成26）にはスターフライヤー（SFJ）が参入してトリプルトラックとなった。現在は、ANAがB767による3往復、JALがB737による4往復、スターフライヤー（SFJ）がA320による3往復の合計10往復となった。

　大阪―山口宇部線も開港以来、便数を伸ばしたが1977年（昭52）に運休となった。これは75年（昭50）に山陽新幹線が全線開業したことによる影響と考えられる。

　ほかに、札幌―山口宇部線、沖縄―山口宇部線も就航はしたが運休している。

空港全景：周防灘沿岸部を埋め立てて空港を建設。過去には高潮の影響で空港が冠水したことも

2016年（平28）11月より山口宇部―仁川線に、韓国アシアナ航空が出資した格安航空会社であるエア・ソウルが、週3往復就航した。山口宇部空港では初の国際線定期路線となった。

（馬場由之）

■空港の諸元
- 空港種別：特定地方管理空港
- 空港管理者：山口県
- 位置：山口県宇部市
- 空港面積：155ha
- 滑走路（長さ×幅）：1本
  07/25：2,500m × 45m

- 運用時間（利用時間）：14時間
  （7：30 ～ 21：30）

■ターミナルビル
- 運営：山口宇部空港ビル㈱
  ＜1965年設立＞
- 規模：国際 3,964㎡
  国内 8,690㎡（PBB2基）

■輸送実績（2016年/平成28年実績）
- 総旅客数　　945,021人
  国際旅客　　16,164人
  国内旅客　　928,857人
- 貨物量　　2,564トントン
- 離着陸回数　　8,600回

---

column32

空港の航空管制レーダー

（唯野邦男）

①ASR/SSR

離着陸回数の多い空港には、航空管制を行うための様々なレーダーが設置されている。その代表格はASR/SSRである。ASR（Airport Surveillance Rader：空港監視レーダー）は上空に向けて電波を発射し、航空機に当たって跳ね返って来た電波を捉えて航空機の位置を特定する。言ってみれば原始的なレーダーで、これから得られる情報は、航空機の位置だけである。これを補足するレーダーがSSR（Secondary Surveillance Rader：二次監視レーダー）で、上空に向かって質問電波を発射し、それを受けた航空機から発射された応答電波を受信する。応答電波には航空機の便名、高度、速度などの情報が載せられている。この2つのレーダーは、ASR/SSRとしてワンセットで使用されることが多い。下の湾曲した四角いレーダーがASRであり、その上に置かれた細長いレーダーがSSRである。送られて来た情報はARTS（Automated Radar Terminal System：ターミナルレーダー情報処理システム）を通して処理され、管制官が見るレーダー画面に、これらの情報を映し出す。航空機位置を明確にするターゲット番号が付され、逆に雲等の邪魔な映像は除去されて、大変鮮明な映像が提供される。これらのレーダー情報は主に、半径9km以遠の空港周辺空域を、レーダーによる管制を行う「ターミナル管制所」で使用される。

②ASDE

大規模な空港になると、誘導路やエプロンといった地上面を走行する航空機の管制も重要である。これらの管制は管制塔最上部に置かれた「飛行場管制所（半径9km以内の空港周辺空域と空港面を、主に目視で管制）」で行われるが、視界不良時には航空機の位置を目視で確認することは難しい。それを助けるのが、ASDE（Airport Surface Detection Equipment：空港面探知レーダー）で、レーダースコープに空港地表面上の航空機や車両の動きを刻々と描き出す。ASDEは多くの場合、管制塔の屋上に設置されている。

③PAR

ILS（計器着陸装置）と同様に、航空機の精密進入を援助する機能を持つレーダーとしてPAR（Precision Approach Radar：精密進入レーダー）があり、日本では主に自衛隊や米軍が管理する空港に設置されている。管制官に対して、着陸してくる航空機の進入経路・降下経路からのズレ、また接地点までの距離の情報を提供するレーダーである。管制官はそのレーダー情報を見ながら管制し、安全に着陸できるよう航空機を誘導する。

ASR/SSR：湾曲したお椀型のASRアンテナと、その上に載るSSRアンテナ。毎分15回の割合で回転する

ASDE：管制塔の最上部に設置された白いレドームの中にASDEのアンテナが入っている。

#268
高松空港
Takamatsu Airport

RJOT / TAK

コンセッション方式による民間運営が開始。国管理空港では仙台空港に続き2例目

1. 沿革

　1958年（昭33）に供用開始した高松市林町の旧高松空港は、戦後軍用飛行場を縮小整理して設置され、約33haの敷地に長さ1,200mの滑走路が1本設置されているのみで、市街地に隣接していたためYS-11型機の就航が限界であった。しかし、民間航空はジェット化や機材の大型化という流れのなかにあり、新たな空港の整備が急務となっていた。紆余曲折の末、高松市南方約16kmの香南台地を候補地とすることが決定し、総事業費450億円をかけて工事が進められた。建設工事に当たっては、高低差100mに達する地形のため1,760万㎡の土量を使い、最大50mに達する高盛土工事が行われた。滑走路は不同沈下が発生しないよう十分な密度や地盤支持力が得られる良質土で盛り立てるとともに、盛土体の安定を図るため浸透地下水が速やかに排出されるようフィルター層が配置された。このような土木技術をもって新高松空港は89年（平元）に開港した。

　新高松空港（1991年（平3）に高松空港に改称）のターミナルビルを建設・運営する高松空港ビル㈱は、87年（昭62）に設立された。ターミナルビルは、旅客数200万人を想定した延面積1万1,000㎡の国内線ビルに加え、92年（平4）ソウル線の定期便開設とともに国際線ビルが供用開始された。その後春秋航空の就航を契機とした国際線旅客の増加に対応するため、2013年（平25）国際線ビルが増築された。

2. 施設概要

　大型ジェット機が就航可能な、長さ2,500m×幅60mの滑走路と平行誘導路、北側にエプロン6バースを有するターミナル地区がある。その他、小型機用のエプロン18バースがある。ターミナルビルはドーム型の屋根をもつ斬新なデザインとなっている。また、航空機の安全のためのレーダー、ILS、VOR/DME等の各種航空保安施設が完備されている。東側からが主たる着陸方向であり進入灯が設置されているが、その橋梁は谷を越えて対岸に達している。南側は丘陵地を削って整備されているため、隣接する公園からは空港を一望できる。

3. 利用状況

　国内路線は開港当初、羽田、伊丹、福岡、熊本の4路線からスタート。1998年（平10）のピーク時には羽田、伊丹、福岡、新千歳、小牧、那覇、仙台、関西、鹿児島、小松、松本の合計11の国内路線が発着していた。しかし新幹線などの他の交通機関との競合や、規制緩和に伴う不採算路線からの相次ぐ撤退の影響を

瀬戸内海
高松市街

空港全景：高松市南方の丘陵地に立地

受け、現在では国内線は、羽田、那覇のほか、2013年（平25）にLCCのジェットスター・ジャパンが就航した成田の3路線のみとなっている。

国際線については1992年（平4）にソウル、2011年（平23）に上海、13年（平25）に台北、16年（平28）に香港がそれぞれ開設され、現在ではソウル線：週5便、上海線：週5便、台北線：週6便、香港線：週4便が運航している。

ターミナル地域：国際線の伸びが顕著で現在は年間20万人が利用

際内合計の旅客数は開港後順調に推移するも、2000年度（平12）の158万人をピークに減少傾向が続いた。しかし直近5年間は急激に増加し、16年（平28）には過去最高の184万人を記録した。特に国際線の伸びが顕著で、10年（平22）には4万人程度であったものが16年（平28）には20万人を突破した。

また、国管理空港の2例目となる空港運営の民間委託は三菱地所、大成建設、パシフィックコンサルタンツグループのコンソーシアムが設立した運営事業者の高松空港㈱が2017年12月にビルの運営を、18年（平30）4月からは滑走路等とターミナルビルの一体運営を開始した。自由な着陸料設定により新規路線を誘致するなど、柔軟な経営が期待される。

運用上の課題としては、濃霧による視界不良時に欠航及びダイバートがたびたび発生していることがあげられ、ILSの高カテゴリー化（CAT-Ⅲ）が求められている。

（高島稔）

■空港の諸元
・空港種別：国管理空港
・空港管理者：国土交通大臣
・運営者：高松空港㈱
・位置：香川県高松市
・空港面積：154ha
・滑走路（長さ×幅）：1本
　08/26：2,500m × 60m

・運用時間（利用時間）：15時間
　（7：00 ～ 22：00）

■ターミナルビル
・運営：高松空港㈱
　＜ 2017年設立＞
・規模：16,426㎡（PBB5基）

■輸送実績（2016年/平成28年実績）
・総旅客数　　1,844,518人
　国際旅客　　　201,646人
　国内旅客　　1,642,872人
・貨物量　　　　5,670トン
・離着陸回数　　17,818回

#269
松山空港
Matsuyama Airport

RJOM / MYJ

瀬戸内、道後温泉などの根強い観光需要が下支えし、順調に旅客・便数増が進む

1. 沿革と概要

松山空港は、広島湾防空のために旧海軍が設営した吉田浜飛行場が前身となっている。所在は松山市中心部から約7km、瀬戸内海の温暖な気候と豊かな自然に恵まれ、台風の通過も少ない。開港当時は600mのコンクリート舗装の滑走路2本をもち、内海空本部及び予科練航空隊が置かれていたが、戦後連合軍により接

収され、英連邦軍の連絡用飛行場として使用された。

　1952年（昭27）の接収解除後、運輸省は整備計画の検討に着手し、57年（昭32）より3か年かけて整備し、60年（昭35）に長さ1,200m×幅45mの滑走路を供用開始した。民間航空は、56年（昭31）の極東航空のDHダブ（9人乗り）による伊丹便の就航がスタートである。

　航空輸送の増加に対応するため、滑走路の延長や誘導路・エプロンの新設、計器着陸装置等の整備が計画され、1972年（昭47）には滑走路の長さ2,000mへの延長が完了し、ANAのB737型機の就航でジェット化が達成された。また74年（昭49）には航空機騒音防止法に基づく特定飛行場に指定され、周辺地域に防音工事などが施された。さらに増大する航空需要に対応するため、海側を埋め立てて滑走路の延長が行われ、91年（平3）に2,500m滑走路が供用を開始した。

　民間航空開始後は伊予鉄道がターミナル業務を担当しており、1960年（昭35）には200㎡の旅客待合所が、68年（昭43）には3,300㎡のターミナルビルが建設された。ジェット化により急増した旅客に対応するため、年間旅客200万人に対応する全長170m、延床面積8,600㎡の新ターミナルビルが79年（昭54）に開館した。その後91年（平3）の滑走路の長さ2,500m化や大型機就航のためのエプロンの大型化にあわせ、さらに新しいターミナルビルが建設された。

　空港ビル会社は県からの要請もあって1993年（平

空港全景：2,500mの滑走路を有し、その一部が瀬戸内海に突出

5）から国際線ターミナルビル建設の準備を始め、95年（平7）のソウル便開設と同時に国際線ターミナルビルをオープンした。

2. 施設概要

　長さ2,500m滑走路は北西-南東を向いており、主進入は北西側からである。計器着陸装置もこの方向に設置されている。市街地が近接しており、騒音の影響が大きいため離陸についても、状況が許せば海側の北西方向を優先している。滑走路北側にターミナル地域が立地し、固定スポット5を含む6バースのエプロンがある。大型ジェット機導入のため奥行きの深いエプロンとビルを再整備したため、残った旧エプロンは小型機用として利用されているが、この経緯が平面的に見て取れる。

　ターミナルビルの計画目標旅客数は年間310万人、延床面積は1万5,000㎡、外観は松山城の重層屋根をイメージし、館内には天然光を最大限取り入れた設計

ターミナル地域：四国で最も旅客数の多い空港であり、ターミナル施設も充実

となっている。情報化時代に対応した情報システム及びビジネスラウンジも完備されている。

　空港までのアクセスはバスか乗用車がほとんどとなっている。また、現在の伊予鉄道をJR松山駅から南江戸地区まで延伸することが決定しており、これは最終的には松山空港への乗り入れを視野に入れた計画となっている。

3. 運用状況

　国内路線は1956年（昭31）の極東航空の伊丹便がスタートであり、その後、新千歳、仙台、松本、小松、小牧、岡山、広島西、熊本、大分、宮崎の各空港へ路線が就航していたが、現在は新千歳、羽田、成田、関西、伊丹、福岡、那覇、中部、鹿児島の9路線となっている。LCCは2社が就航しており、ジェットスター・ジャパン（成田線）が2013年（平25）、ピーチ・アビエーション（関西線）が14年（平26）に運航を開始している。

　国際線については、1995年（平7）のソウル線の就航後、2004年（平16）に上海線が加わったが、その後、ソウル線は一時運休するなど利用が低迷している。

　際内合計の旅客数は、1997年（平9）の278万人をピークにリーマンショックに伴う景気の減退により、2011年（平23）の218万人まで落ち込んだが、その後急速に回復し、16年（平28）には過去最高の289万人を記録している。これは前述のLCCの就航による効果と見込まれる。

　特筆すべき事故としては、1966年（昭41）に発生したANA機墜落事故であろう。伊丹空港発松山行きANA533便のYS-11型機が、松山空港沖2.2kmに墜落し、乗客・乗員の50名の全員が犠牲となった。なお、この年は国内において旅客機の墜落事故が多発しており、この年5回目の事故となっている。また、この事故を契機に当空港のジェット化が緊急課題となって、地方空港としては比較的早い時期にジェット化が実現した。

（高島稔）

■空港の諸元
・空港種別：国管理空港
・空港管理者：国土交通大臣
・位置：愛媛県松山市
・空港面積：135ha
・滑走路（長さ×幅）：1本
　　14/32：2,500m × 45m

・運用時間（利用時間）：15時間
　　（7：00 〜 22：00）

■ターミナルビル
・運営：松山空港ビル㈱
　　＜1978年設立＞
・規模：国際 4,248㎡
　　国内 15,016㎡（PBB6 基国際含む）

■輸送実績（2016年/平成28年実績）
・総旅客数　　2,894,786人
　　国際旅客　　36,723人
　　国内旅客　2,858,063人
・貨物量　　　　7,685トン
・離着陸回数　　29,868回

#270
徳島飛行場

Tokushima Aerodrome

RJOS / TKS

滑走路は1本で、南側に自衛隊、北側に民航ターミナルが展開。大阪便は高速バスに転換

1. 沿革

　徳島飛行場は徳島市中心部より約9km、鳴門市中心部より約5kmに位置する。東は紀伊水道に面し、南は今切川、北には旧吉野川が流れる、いわゆるデルタ地帯にある。周囲10km以内には高い山もなく、また気象状況も良く空港の立地条件には恵まれている。

　海上自衛隊が管理する「徳島飛行場」が正式名称

であり、これを民間航空が共用する共用空港である。1942年（昭17）、徳島海軍航空隊の飛行場として発足したのが始まりで、終戦による米軍接収後は、一時、通信省航空保安部高松支所徳島出張所が設置されて維持管理に当たるが、58年（昭33）には海上自衛隊徳島航空隊の基地として供用開始された。61年（昭36）、日東航空が水陸両用機のグラマン・マラード（12人乗り）で徳島―大阪間を不定期就航したのが民間航空の

始まりであるが、定期便として
は63年（昭38）、日東航空が
大阪—徳島—高知間にコンベア
240型機（40人乗り）を就航
させたのが最初である。64年
（昭39）には日本国内航空（現
日本航空）がコンベア機で東
京便を開設した。旧民航地区の
整備は66年（昭41）に完成し、
その後の需要増に対処するた
め滑走路を延長する工事が着
手され、87年（昭62）に長さ
2,000m滑走路が供用開始され

空港全景：海上自衛隊の徳島航空基地と共用

た。その後も東京路線を中心に順調な伸びを示したこ
とから、99年（平11）に徳島空港の将来の航空需要
に対応した航空輸送を確保するための計画が示された。
大型ジェット機の就航を可能とする滑走路の500m延
長（東側）とターミナル地域を、その滑走路延長側に
移設し大型ジェット機の駐機を可能とするものであり、
2010年（平22）に滑走路2,500m及び新ターミナル
の運用が開始され、「徳島阿波おどり空港」の愛称が
付与された。

2. 施設概要

　空港面積としては191haで、うち防衛省が154.6ha、
国土交通省が36.4haとなっている。ほぼ東西を向い
ている滑走路の南側を防衛省が、北側を民間航空が使
用しており、双方に平行誘導路が設置されている。防

衛省は主として西端のエリアを使用しているのに対し、
民間航空のターミナルは東端の埋立地に立地している。
防衛省が所有しているILS（計器着陸装置）などを使
用し航空機が離着陸を行っている。民航エプロンは4
バースで約4.9haある。旅客ターミナルビルはターミ
ナル地域の移転に伴い新築され、鉄骨鉄筋コンクリー
ト造3階建て、延床面積約8,500㎡で、ボーディング
ブリッジを2基備えている。旅客ターミナルビルの西
側は航空局庁舎などの管理地区となっており、その管
理地区の北側は給油地区となっている。また、旅客ター
ミナルビルの東側には貨物ターミナルが配置されてい
る。

　ターミナルの移設に伴って埋め立てられたエリアは
滑走路の南北に跨がっており、北側にはほかに民間企
業が誘致され、南側には浄化センターや公園が整備さ

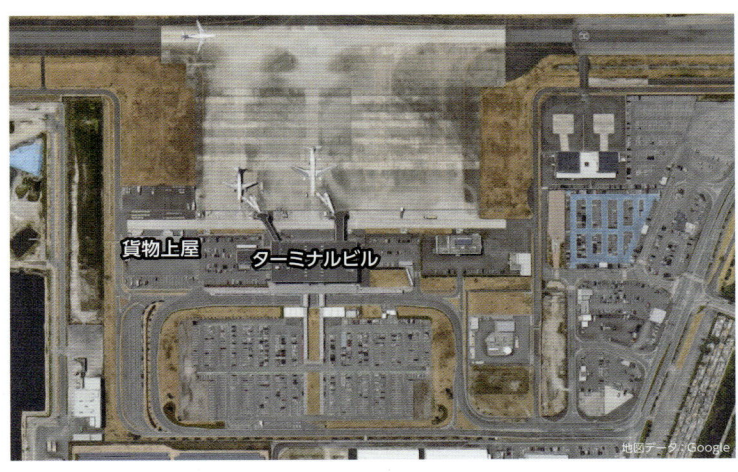

ターミナル地域：東京線を22便と福
岡線を2便運航。徳島 - 東京間は1
時間15分

れている。滑走路は延長整備に伴って東側にシフトし、その名残が見て取れる。また旧ターミナルの敷地は現在、県の運転免許センターとなっている。

国際チャーター便への対応を強化するため、従来からのターミナルビルを西側へ拡張整備する事業が行われ、3基目のボーディングブリッジや出入国検査機能を有する国際線ターミナルが2018年（平30）1月に供用開始した。これにあわせて香港や台湾と結ぶチャーター便が就航している。

3. 運用状況

2017年現在、国内線は1日当たり24便が就航しており、東京22便（JAL14、ANA8）、と福岡2便（JAL）である。就航機材は、東京便JALがB-767-300、B737-800を、ANAがA320を使用している。福岡便はE170である。

（山中俊直）

■空港の諸元	■輸送実績 (2016年/平成28年実績)	
・空港種別：共用空港 ・空港管理者：防衛大臣 ・位置：徳島県松茂町 ・空港面積：191ha ・滑走路（長さ×幅）：1本 　11/29：2,500m × 45m	・運用時間（利用時間）：14.5 時間 　（7：00 ～ 21：30） ■ターミナルビル ・運営：徳島空港ビル㈱＜1965年設立＞ ・規模：8,524㎡（PBB2 基）	・総旅客数　　1,059,428人 　国際旅客　　　　　136人 　国内旅客　　1,059,292人 ・貨物量　　　　2,177トン ・離着陸回数　　　9,730回

#271
高知空港

Kochi Airport

RJOK / KCZ

四国南部の高知県は、東京、大阪から海越え、山越えとなる航空優位の地。愛称は "高知龍馬空港"

1. 沿革

高知空港は高知市から東方約18kmに位置し、南国市物部（もの べ）の穀倉地帯と呼ばれる香長（か ちょう）平野の南端にある。すぐ東側を物部川が流れ、その河口近くにあたる。1944年（昭19）旧海軍航空隊基地として建設されたのが始まりで、当時の飛行場は長さ1,250m×幅60mのセメントコンクリートの滑走路であった。終戦とともに連合軍（英連邦軍）に接収されたが、52年（昭27）講和条約締結に伴い接収解除となり、民間飛行場としての利用が開始された。

1958年（昭33）には長さ1,200m×幅30mの滑走路が整備されて第2種空港の指定を受け、その後、61年（昭36）に長さ1,500mに、63年（昭38）には幅45mに整備され、83年（昭58）にはジェット機対応の2,000m滑走路となった。これにあわせ、航空局庁舎や旅客ターミナルビル等も新設された。これにより、東京・大阪など国内8路線が就航し、利用客数は東京路線を中心に順調に推移した。2003年（平15）には「高知龍馬空港」（愛称）と命名された。

さらに、航空機の離着陸時の安全性向上や大型

空港全景：ジェット機就航のため2,500mの滑走路を有する。高知市街へは車で30分弱

675

ターミナル地域：1日10便の東京線のほか、大阪や名古屋、福岡と結ぶ

ジェット機就航のため滑走路が長さ2,500mに延長され、2004年（平16）に供用開始された。

2. 施設概要

空港面積としては141haあり、滑走路は、北西・南東（14/32）の向きに配置され、航空機はILS（計器着陸装置）の設置された南東側から着陸、離陸は北西側へと向かう運用が中心である。滑走路北側にターミナル地域が立地し、エプロンは7バースで約7.6haある。旅客ターミナルビルはジェット化の整備にあわせ新築され、1983年（昭58）に供用開始したが、その後、旅客の増加に伴い増改築工事が実施され、2002（平14）年に竣工した。現在、鉄骨造2階建て延床面積約1万1,000㎡で、ボーディングブリッジは3基備えている。旅客ターミナルビルの東側には管制塔や庁舎といった管理施設地区があり、西側には貨物ターミナルなどが配置されている。また、高知県の消防基地が独自のヘリのためのエプロンを持っている。

アクセスはバスで、高知駅及び県庁から約40分で結んでいる。

3. 運用状況

旅客数は2006年（平18）に約150万人となって以降、11年（平23）には約114万人まで落ち込んだものの、16年（平28）には約141万人まで回復してきている。17年現在、国内線は1日当たり20便が就航しており、東京10便（JAL5、ANA5）、名古屋2便（FDA）、大阪6便（ANA）、福岡2便（JAL）となっている。就航機材は、ANAの東京便がB767-300を使用しているが、ほかの路線は小型の機材である。

2004年（平16）には、高知県初のジャンボジェット機によるアメリカ西海岸ツアー直行便が運航し、現在もアジア圏やハワイなどに国際チャーター便が運航している。

（山中俊直）

■空港の諸元
・空港種別：国管理空港
・空港管理者：国土交通大臣
・位置：高知県南国市
・空港面積：141ha
・滑走路（長さ×幅）：1本
　14/32：2,500m × 45m

・運用時間（利用時間）：14時間
　（7：00 ～ 21：00）

■ターミナルビル
・運営：高知空港ビル㈱＜1981年設立＞
・規模：10,947㎡（PBB3基）

■輸送実績 (2016年/平成28年実績)	
・総旅客数	1,408,326人
国際旅客	782人
国内旅客	1,407,544人
・貨物量	3,543トン
・離着陸回数	17,878回

福岡空港

Fukuoka Airport   **RJFF / FUK**

アクセス至便の市街地空港。需要逼迫にターミナル整備や滑走路増設が進み、民営化も進行中

1. 都市の概要

　福岡空港が所在する福岡市は、九州地方の行政・経済・交通の中心地であり、同地方最大の、かつ西日本では大阪市に次ぐ人口を擁している。これは全国第5位にあたり、また、全政令指定都市中で最も人口増加率が高い都市でもある。

　同市内には、福岡空港や博多駅、博多港といった陸海空の交通拠点が半径2.5km圏内にあり、地下鉄や都市高速も整備され、都部に近接して海や山の豊かな自然が残っている。博多どんたく、博多祇園山笠に代表される祭り、屋台や新鮮な素材を活かした豊かな食文化など、伝統と現代が調和した、世界を代表するコンパクトシティとして高い評価を得ている。

　ソウルや上海、台北から近いことから、クルーズ船寄港回数国内第1位である博多港が、福岡空港とともにアジアの玄関口として重要な役割を担っている。

　このような環境を背景に、国際コンベンションの都市別開催件数は、7年連続（2015年公表）で東京に次ぐ国内第2位であり、特に大学主催の会議やアジアに関連する国際会議が数多く開催されている。

2. 沿革

　福岡空港は、北部九州の防衛基地として旧陸軍により建設された「席田飛行場」が起源である。1945年（昭20）に長さ600mの滑走路を備えた飛行場として完成するも、間もなく終戦を迎え、飛行場用地は旧所有者に返還された。同年10月には占領軍の進駐と同時に接収されて米軍板付基地となった。51年（昭26）には、日本とアメリカの相互協力及び安全保障条約の締結により、基地の提供が正式に決定され、米軍了解のもとに国内線の開設に伴い民間飛行場として使用が開始された。56年（昭31）には民航ターミナル用地が米軍より返還され、民間航空ターミナルビルが建設された。72年（昭47）には米軍より空港が全面返還

され、運輸省（現国土交通省）所管の「第2種空港」として福岡空港の供用が開始された。

　その後の整備としては、1981年（昭56）に、国際線旅客に対応するための国際線ターミナルビル（現国内線第3ターミナルビル）が竣工し、93年（平5）には福岡市営地下鉄が東側ターミナル地域へ乗り入れ、アクセスの利便性も格段に向上した。99（平11）年には、現在の西側国際線ターミナルビルが供用開始し、2003年（平15）には東側平行誘導路の直線化の工事が行われ、供用が開始された。

3. 施設概要

　長さ2,800m滑走路がほぼ南北（16/34）の向きに配置され、その東側に国内線、西側に国際線の旅客ターミナル地区があり、貨物地区は国内・国際ともに国際線旅客ターミナル地区の北側に位置している。東西に平行誘導路があり、双方、両方向に高速脱出誘導路も設置されている。

　東側の国内線地区は県道が近接していて、全体的に敷地の奥行が浅く、北に行くにしたがって深くなるものの、奥行きの必要な大型機の駐機に対応するターミナルは北側のごく一部に限られている。また滑走路の端に位置することから単一の平行誘導路では窮屈な運用となっている。エプロンはジェット旅客機用の固定スポットが13バースあり、さらにオープンエプロンが南側へ続く。ビルの南には管制塔、給油施設が立地している。国内線ターミナルは再整備中であり、その計画は後述する。

　国際線のある西側は旅客ターミナル地区の奥行きは確保できるが、南側には防衛省、米軍の施設が立地している。貨物地区は国内貨物も処理しており、東側の国内地区から運搬する必要がある。

　国際線旅客ターミナルは、1999年（平11）に供用開始され、ボーディングブリッジを6基もつ、延床面積約7万㎡の鉄骨造4階建である。前面の道路もダブル・

デッキ化したいわゆる2層式のターミナルビルで、出発階は3階でチェックインからセキュリティチェック、出国審査、航空機への搭乗まで同一フロアでの移動である。2016年（平28）4月に福岡市内にオープンした空港型市中免税店で購入した商品は、出国手続き終了後のエリア内に設けられた免税品引渡しカウンターにて受け取ることができる。

空港全景：市の中心部に立地する福岡空港。博多港や博多駅までの距離も至近

到着階は2階で検疫・入国審査後、1階の手荷物受取、税関検査場を経て、到着ロビーに至る。4階には飲食店や展望デッキ等がある。

ス道路網を利用したバス路線も市内、県内各地の他に北部九州各地域の主要都市及び主要観光地等から逓行している。

4. アクセス概要

国内線ターミナルには地下鉄が乗り入れ、山陽・九州新幹線のターミナルである博多駅まで5分、商業の中心地である天神まで11分で、空港利用者の5割程度が地下鉄を利用している。わが国で最も利便性に優れた空港といえる。

2011年（平23）には九州新幹線が鹿児島まで開通し、博多駅から熊本駅まで最速33分、鹿児島中央駅まで最速1時間19分で結ばれることとなった。

道路についても、福岡都市高速が利用でき、さらに九州自動車道にも接続していることから、福岡市や県内主要都市だけでなく、北部九州各地域からも高速道路を利用したアクセスが可能である。これらのアクセ

5. 滑走路整備計画

将来的に需要が逼迫することが予想されたことから、その対応方策について、2003年（平15）度から国と地域が協力し、市民等に積極的に情報を提供して意見収集を行うパブリックインボルブメント（PI）の手法を取り入れて、調査・検討を行った。

将来需要への対応方策として、「現空港における滑走路増設」と「新空港」について詳細な比較検討を実施した。PIにおける、市民等の意見では、全体としては滑走路増設に積極的な意見が、新空港に積極的な意見より上回っていた。

福岡県知事及び福岡市長は、2009年（平21）にこれらの結果も踏まえ、滑走路増設に速やかに着手する旨を要請する意見書を国土交通大臣へ提出した。抜本的な能力の拡大より、アクセスの利便性や事業費を重視した格好である。国土交通省は、この意見やPI結果等を踏まえ、「現空港における滑走路増設」を選択し、環境影響評価手続き等を経て、16年（平28）に滑走路増設事業に新規着手した。2024年度末供用の予定である。

旧第1ターミナルビル（撤去・新設工事中）
第2ターミナルビル
第3ターミナルビル

国内線ターミナル地域：国内線ターミナルは大規模な再編事業が行われている

国際線ターミナル地域：年間500万人の旅客数を取り扱う

増設予定の長さ2,500m滑走路は、クロースパラレル方式を採用し、現滑走路の西側210mの位置に平行して設置される。同時離着陸はできないが、一方の滑走路で着陸を行うと同時に、もう一方の滑走路で離陸に備えて待機するといった効率の良い運用が可能である。国内では百里飛行場、世界では、同程度の発着回数を取り扱うベルリン・テーゲル空港が同じ離隔距離である。増設滑走路は、韓国、中国、台湾等の近距離便が約9割を占める国際線の離着陸にも使用される予定である。

現状の滑走路処理能力16.4万回に対して、滑走路増設により18.8万回、進入方式の高度化により21.1万回までの増加を見込んでいる。滑走路増設にあわせ、貨物地区、航空自衛隊施設及び米軍施設は西側にセットバックし、海上保安庁は北九州空港へ移転する計画である。

6. ターミナル整備計画

国内線ターミナル地域の平行誘導路部においては、航空機の対面通行ができないため、特に朝夕のピーク時間帯には、出発機と到着機との輻輳による遅延や待機が慢性的に発生している。この混雑を緩和するため、2012年（平24）から平行誘導路二重化事業が開始されている。このため旅客ターミナルビルの老朽化対策、利便性向上にあわせて、国内線ターミナルのセットバックも開始されており、2019年度の供用が予定されている。

国内線旅客ターミナルは、第1ビル（出発・到着）、

第2ビル（出発・到着）、第3ビル（到着）があるが、行先及び航空会社によって使い分けられていた。2019年度供用予定の国内線ターミナル再編事業により、第1ビルと第2ビル南側部分の撤去・新設、第2ビル北側部分と第3ターミナルビルの全面改修が実施される。これらの整備により、ビル中央に出発機能、その両側に到着機能が配置される。メインの出発機能は2階に、到着動線を3階に完全に分離することによりセキュリティが強化され、店舗配置も全面的に見直され、改修前に比べ3割程増床される予定である。地下鉄フロアも改修が行われ、1階（航空会社カウンター階）、2階（出発口）への直通エスカレーター、エレベーターが整備される。3か所に分かれていた駐車場は立体駐車場として1か所に集約され、2階連絡通路により旅客ビルに直結する。

7. 利用状況

福岡空港の利用者は2011年（平23）以降、増大しており、16年（平28）は利用者数が過去最高となる2,200万人に達した。

国内線は13社が26都市に362便／日（2017年12月時点）を運航している。国内主要都市の他、対馬や福江、屋久島といった離島路線にも運航している。羽田便だけで国内線旅客数の半数を占めており108便／日が運航している。12年（平24）にLCCが就航して以来、関空、成田便の旅客数が増加している。

国際線は23社が19都市に700便／週（17年（平28）12月時点）を運航している。ソウル（17便／日）や上海（4便／日）等の豊富なアジア路線とハワイやグアムへの直行便に加え、夏期限定ではあるが、九州唯一の欧州直行便（ヘルシンキ）が就航しており、西日本の空の玄関口としての役割を果たしている。福岡空港の国際線旅客数は近年増加傾向にあり、2011年（平23）から16年（平28）までの5年間で倍増しており、国内第5位の旅客数となっている。

8. 騒音影響

福岡空港は、市街地に位置することから深刻な航空機騒音問題を抱えている。

1961年（昭36）に初めてのジェット機が就航し、74年（昭49）からは第2旅客ターミナルビルの完成により大型ジェット機の就航が可能となった。ジェット機の便数増加・大型化により、航空機騒音問題が福岡空港にとって重大な課題となっていった。

1976年（昭51）と81年（昭56）には、空港周辺の住民が国を相手どり、午後9時から翌朝7時までの飛行差し止めと損害賠償を求めた訴訟を提起した。94年（平6）の最高裁判決で飛行禁止は却下されたものの、慰謝料の一部支払いを命じる判決がおりた。

一方で、国は1972年（昭47）、福岡空港を航空機騒音等による障害が著しい空港として、航空機騒音防止法に基づく特定飛行場に指定した、これ以降、同法に基づき、航空機騒音の影響軽減のため住宅への防音工事補助や移転補償事業等の空港周辺環境対策事業が順次実施された。96年（平8）当時80億円程度であった空港周辺環境対策事業は、事業等の進展や航空機自体の低騒音化の進捗などにより、2014年度（平26）には20億円程度にまで減少している。

また、現在の福岡空港では、航空機騒音の影響に配慮し、利用時間を7時〜22時としている。

9. 課題，将来計画

・需要への対応

2016年（平28）度の発着回数は、過去最高の17.6万回となっており、滑走路が1本の空港としては、旅客数・発着回数ともに全国第1位である。朝夕のピーク時を中心として航空機の遅延が発生している状況にある。国の需要予測では、35年度に発着回数が18.1万回〜20.5万回まで増加すると予想されており、滑走路増設事業の早期供用が第1の課題である。それまでの間、北九州空港や佐賀空港といった近隣空港との連携・役割分担も重要となる。

・用地借料

福岡空港は旧陸軍による収用、米軍の接収により建設されたという歴史的背景から空港用地の約3分の1が民有地のままとなっており、毎年数十億円に上る借地料の支出が必要である。

・ヘリコプター対策

福岡空港で活動している福岡県警、福岡市消防隊及び報道関係等のヘリは、緊急出動などの活動において、より迅速な運航が可能となるよう、現空港外のヘリ専用の運用施設への移転を計画しており、2015年（平27）度より環境影響評価手続きを実施している。

・空港経営改革

福岡空港の設置・管理者は国土交通大臣であるが、滑走路等の基本施設は国、旅客ターミナルビルは福岡空港ビルディング、駐車場は空港環境整備協会等、他のほとんどの空港と同様、それぞれ分離して運営されている。近年始まった空港経営改革のなかで、戦略的な路線誘致や効率化により本空港のポテンシャルを十分に発揮するためとして、公募により運営権者を選定し、運営権者に滑走路等とターミナルビル等を一体的に運営させ、設定した公共施設等運営権への対価を運営権者から収受する事業方式（いわゆるコンセッション方式）が提案された。

2014年（平26）福岡県と福岡市から国に対して、安全性の確保や借地料等の課題への対応を条件として、これに同意する意向が示された。これを受けて、国は手続きを開始し、19年度の実施を目指している。

（温品清司）

■空港の諸元
・空港種別：国管理空港
・空港管理者：国土交通大臣
・位置：福岡県福岡市
・空港面積：346ha
・滑走路（長さ×幅）：1本
　16/34：2,800m × 60m

・運用時間（利用時間）：24 時間（24 時間）
　（7：00 〜 22：00）

■ターミナルビル
・運営：福岡空港ビルディング㈱
　＜1967 年設立＞
・規模：国際　 69,542㎡（PBB6 基）
　　　　国内 111,347㎡（PBB19 基）

■輸送実績（2016年/平成28年実績）
・総旅客数　　21,994,977人
　国際旅客　　 4,990,675人
　国内旅客　 17,004,302人
・貨物量　　　 255,191 トン
・離着陸回数　　176,170 回

#273
北九州空港

Kitakyushu Airport

RJFR / KKJ

関門航路の浚渫土砂で埋め立てた海上空港は騒音影響も軽微で 24 時間運用可能

1. 沿革

北九州空港は、北九州市の中心部（JR小倉駅）から東南東約15kmの周防灘海上（陸域から約3km）に位置する海上空港である。航空機騒音の住宅地への影響がないことから、早朝や深夜の離着陸が可能であり、九州で唯一の24時間利用可能な空港となっている。

旧北九州空港は滑走路長が1,600mと短く、小型ジェット機が就航していたが、周辺の市街化が進んだため騒音に配慮し最大1日6往復12便の運航の制限があった。また、3方を山に囲まれ開けた東方は曽根干潟に面しているため、大型機就航のための拡張も困難で、さらに地形の影響で霧の発生が多く、欠航率が高いという問題もあった。

このような問題を解消し、北九州圏域の航空利用者の利便性向上を図るため、長さ2,500mの滑走路を有する新北九州空港が建設され、移転した。関門航路及び苅田港の航路整備等により発生する浚渫土砂の処分場として、旧空港の沖合約8kmの周防灘海上に埋め立てられた人工島を活用することで、建設費を抑えるとともに環境にも配慮した。1993年度（平5）に事業化され、99年（平11）には台風被害にあったが、当初予定より半年程度遅れて、2006年（平18）に開港した。

2. 施設概要

大型ジェット機が就航可能な長さ2,500mの滑走路1本を有する空港であり、滑走路はほぼ南北（18/36）の向きに配置されている。エプロンと旅客ターミナルビルは滑走路の陸側（西側）に配置されている。エプロンは南側から順に小型機用スポット、ジェット機の定期便用8スポット、そして貨物用スポットがそれぞれ並んでいる。建物も南側から、市消防の格納庫等の小型機用施設、管制塔等の管理施設、旅客ターミナルビル、北側には貨物ターミナルが配置されている。

空港島は北側が北九州市小倉南区、南側が京都郡苅田町に跨るが、空港施設の大半は北九州市側に位置する。陸地とは地域高規格道路である新北九州空港道路で結ばれており、苅田町側からのアプローチとなる。

3. ターミナルビル

旅客ターミナルビルはPBBを4基有し、延床面積が約1万8,000㎡の鉄骨造3階建てである。年間150万人の利用者に対応できる規模で、国内線、国際線が一体となったビルである。1階はバゲージクレームエリアと到着ロビーで構成され、バゲージクレームコンベアは1基を国内線、1基を国際線に使用している。2階は出発フロアで、チェックインロビー、セキュリティチェック、ゲートラウンジ、店舗などが並ぶ。最上階となる3階は展望台、航空会社ラウンジと飲食を中心とした店舗で構成されている。スターフライヤーのハブ空港であり、ターミナル内に本社が設置されている。

「小さく産んで大きく育てる」をコンセプトに、ビル設計においては当初はコンパクトだが拡

空港全景：周防灘海上にぽっかり浮かぶ人工島。本土とは新北九州空港連絡道路が結ぶ

Japan

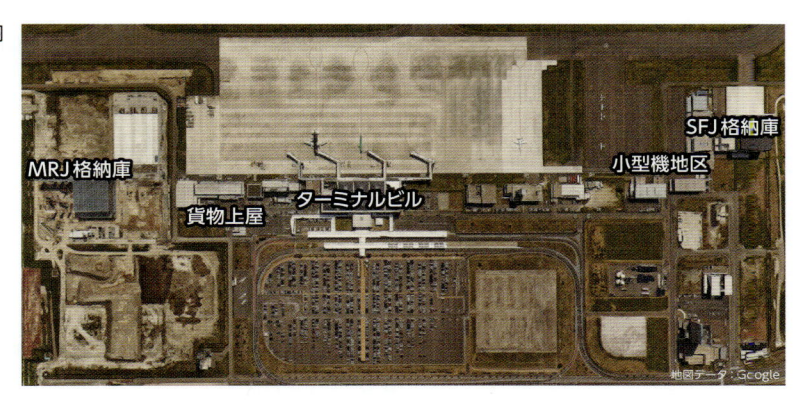

ターミナル地域：早朝5時半の羽田出発便、24時45分の到着便があり、ビジネスホテルも隣接

MRJ格納庫
貨物上屋
ターミナルビル
SFJ格納庫
小型機地区

地図データ：Google

張が容易な構造を採用し、需要が増大しても柔軟な対応が可能となっている。組柱（エココラム）と組梁（エコトラス）で構成した22.5m四方の大スパンモジュール構造の空間を1ユニットとし、そのユニットの連続でビルが形作られている。エココラム、エコトラスそれぞれの中に空調や電気など諸設備を集約することでパイプシャフトの代わりを担い、省スペースを図ることができる。

屋根も大型トップライトを備えたピラミッド型の屋根を1ユニット完結型として備えることで、増築時に屋根の付替えが不要であり、既存部分の隣に新たなユニットを接続して建設し、間の壁を取り払うことで、継ぎはぎのない綺麗な増築が可能である。

4. 運用状況

旧空港では、10万人台の利用が長く続いたが、新空港へ移る直前までには30万人台へ伸び、新空港になると旧空港時の約4倍の利用となり、2016年（平28）の旅客数は約133万人であった。特に新空港開港後に大幅に増便された東京便だけで約115万人（15年（平27））の旅客数を取り扱っている。新空港から取り扱いを開始した国際線旅客は13年度（平25）をピークに下降していたが、新規路線の就航もあり持ち直している。

24時間空港の特長を活かし、福岡空港が利用できない早朝・深夜時間帯にも運航されており、現在、羽田便は5時30分が始発便で、24時45分が最終到着便となっている。

貨物便については、これまでギャラクシー・エアラインズ、揚子江快運航空、日本貨物航空が定期貨物専用便を運航してきたが、現在は、生体馬の輸送などのチャーター便、臨時寄港便などが運航している。

2013年（平25）11月24日には、NASAとJAXAが共同開発した人工衛星（GPM主衛星）の輸送に北九州空港が利用された。この輸送が、北九州空港と空港島の護岸を使った初のSea & Air輸送となった。

2014年（平26）には三菱重工業が、北九州空港を国産初の次世代民間旅客機であるMRJの飛行試験や駐機の拠点にすることを発表した。三菱航空機が開発中のMRJの量産にあたり、飛行試験及び駐機場所のサブ拠点として本空港が活用される予定である。

現在の北九州空港における就航機材は、大半が座席数130席前後のA320、B737等の小型ジェット機であるが、貨物専用のチャーター便、臨時寄港便は大型貨物機による運航が行われており、大型・長尺貨物への対応も可能である。

空港には、JR小倉駅からバスで33〜49分、2015年（平27）からは深夜早朝便を対象にした福北リムジンバスの運行が開始され、博多駅から73分、天神から90分で結ばれている。

5. 将来計画

地元自治体である福岡県は2014年（平26）に「福岡県の空港の将来構想」を策定し、このなかで、福岡・北九州両空港の特色を活かして、施設整備、路線誘致などに取り組み、両空港の役割分担と相互補完を進めていくこと、特に北九州空港については、前述の福岡都市圏と空港を結ぶリムジンバスの導入のほか、必要

な空港施設整備として、貨物用エプロンの整備、滑走路の延長、貨物上屋の整備、旅客ターミナルビルの改修を提案している。

　北九州市も同年12月に「北九州空港将来ビジョン」を策定し、3つの将来像「九州・西中国の物流拠点空港」、「北部九州の活発な交流を支える空港」、「航空関連産業の拠点空港」の実現を目指し、そのための機能強化策として、貨物上屋の拡充、滑走路3,000m化等を提案している。

（温品清司）

■空港の諸元	
・空港種別：国管理空港	・運用時間（利用時間）：24時間（24時間）
・空港管理者：国土交通大臣	■ターミナルビル
・位置：福岡県北九州市	・運営：北九州エアターミナル㈱
・空港面積：159ha	＜1989年設立＞
・滑走路（長さ×幅）：1本	・規模：18,426㎡（PBB4基）
18/36：2,500m×60m	

■輸送実績（2016年/平成28年実績）	
総旅客数	1,330,777人
国際旅客	29,221人
国内旅客	1,301,556人
貨物量	8,787トン
離着陸回数	17,276回

#274
佐賀空港

Saga Airport

KYUSHU-SAGA International AIRPORT 九州佐賀国際空港 Smart & Casual

RJFS / HSG

三方を水域に接し騒音問題も少なく深夜貨物便が就航。高速道路網への接続も便利

1. 沿革と概要

　佐賀空港はJR佐賀駅の南約13kmの有明海沿岸の干拓地に建設された佐賀県設置の地方管理空港である。

　空港の整備が検討されたのは、1970年代であったが有明海で海苔養殖を行っている漁業者からの強硬な反対運動があって、着工は2度に渡って延期された。漁業者の理解を得て空港建設に着手したのは93年（平

5）である。干拓地であるため、空港建設には大量の土砂を要し、それを佐賀平野北側の山間部から運搬する必要があったが、道路沿線の住民の反対運動に繋がりかねない状況となった。県は沿線各地区での説明会を行い、40を超える土砂運搬ルールを取り決めたうえで、空港土砂運搬トラックが整然と通行したことで事業は進展し、98年（平10）、佐賀空港は開港した。

空港全景：有明海に面した佐賀空港。北方の佐賀市内まで13km

ターミナル地域：運用時間を19.5時間に延長し、深夜便や夜間の貨物便が可能に

小型機地区

貨物上屋 ターミナルビル

地図データ・Google

2. 空港施設概要

ジェット機が就航可能な長さ2,000mの滑走路を有する空港であり、滑走路は東西（11/29）の向きに配置されている。

エプロンと旅客ターミナルビルは滑走路の陸側に配置されており、エプロンは、中央に定期便用スポット、その東側に小型機用スポットがある。旅客ターミナルビルの東側には貨物ターミナルが、西側には管制塔や電源局舎等の管理施設が配置されている。空港東側には空港公園があり、YS-11が展示されている。

旅客ターミナルビルにはPBBが2基あり、国内線は延床面積が約8,300㎡の鉄骨3階建（一部4階建）、2013年（平25）に増築された国際線は延床面積約2,300㎡の鉄骨3階建てである。

1階はバゲージクレームエリアと到着ロビー、内際共有のチェックインロビーで構成され、バゲージクレームコンベアは1基を国内線、1基を国際線が使用している。2階は出発ロビー、国内線のセキュリティチェック、ゲートラウンジ、店舗などが並ぶ。3階は国際線のセキュリティチニック、レストラン等で構成されている。屋上階には展望デッキがある。

3. 運用状況

佐賀空港は、東京便、大阪便及び名古屋便の3路線で開港した。規制緩和により、佐賀空港の開港とほぼ同じタイミングで福岡空港に新規航空会社が就航したため、佐賀空港の利用者数は伸び悩み、2003年（平15）には名古屋便が、11年（平23）には大阪便が運休した。

2004年（平16）には、九州では初めてとなる夜間貨物便が羽田空港との間で就航し、05年（平17）、06年（平18）、そして、14年（平26）年の3度に渡る増便を果たし、現在は週5便が運航している。

近年は、2012年（平24）の上海便を皮切りに、13年（平25）、のソウル便、14年（平26）の成田便とLCCによる路線開設が相次いでおり、路線数や便数が着実に増加している。

また、官民一体の積極的な利用促進への取り組みや、有明海沿岸道路など佐賀空港へのアクセス道路の整備の進展等により、利用者数が増加し、2016年（平28）の利用者数は、過去最高の64万人であった。

現在の佐賀空港における就航機材は、座席数130席前後のA320、B737等の小型ジェット機であり、定期貨物便はB787が運航中である。

運用時間は開港直後の14時間から現在は19.5時間（6：30～22：00及び0：30～4：30）に延長され、深夜便の運航につなげている。

4. 将来計画

佐賀県は2015年（平27）に「佐賀空港が目指す将来像」を策定し、増便や路線誘致の状況に応じて、エプロン・駐車場の拡張や旅客ビルの機能強化を計画的・段階的に整備することとしている。また、滑走路2,500m化についても、その必要性や効果などの調査・検討を開始することとしている。

（温品清司）

■空港の諸元────────
・空港種別：地方管理空港
・空港管理者：佐賀県
・位置：佐賀県佐賀市
・空港面積：114ha
・滑走路：1本
　11/29：2,000m × 45m

・運用時間（利用時間）：19.5 時間
　（6：30～22：00）（0：30～04：30）
■ターミナルビル────────
・運営：佐賀ターミナルビル㈱
　＜ 1995 年設立＞
・規模：国際 2,418㎡
　　　　国内 8,290㎡（PBB2 基）

■輸送実績（2016 年 / 平成 28 年実績）
・総旅客数　　639,304人
　国際旅客　　 90,108人
　国内旅客　　549,196人
・貨物量　　　 4,216トン
・離着陸回数　10,150 回

column ③③

佐賀の熱気球　　　　　　　　　　　　　　　　　　　　　　　　（唯野邦男）

　背振山脈と有明海の間に広大な佐賀平野が広がっており、一部の市街地を除いてそのほとんどが稲や麦の作付け地帯である。秋、稲刈りが終わった田んぼの上空に、地元の人達が愛好する熱気球がゆったりと飛び始める。主要な離陸地点は佐賀市の横を流れる嘉瀬川の河川敷であるが、自由な操縦の効かない熱気球は、最後はどこかの田んぼに着陸せざるを得ない。降り立ったパイロット達は、その田んぼの持ち主に挨拶に行き、持ち主はそれを快く受け入れて楽しむ文化が形成されている。したがって、熱気球の飛行シーズンは主に秋から初春であり、熱気球にとっても冷えた空気が浮力を高めてくれる。

　毎年10月下旬頃になると、ほぼ10日間の日程で、嘉瀬川河川敷をメイン会場にインターナショナル・バルーン・フェスタが開催される。国内・国外の名パイロットが集まるアジア最大の熱気球大会であり、100機以上の熱気球が同時に空を舞い、様々な競技が行われ、有名企業がそれを後押しする。例えば、メイン会場を離陸し、一定時間経過後にそこに戻ってきて、会場設置のポールに掛けられた大きな車のキーに近づき、それを取るという競技がある。上手くゲットしたパイロットには支援メーカーの車が贈呈される。操縦機能をもたない熱気球が元の位置に戻って来ることのできる秘密は、「上空の高度によって異なる風の向きと強さ」、「それを読むパイロットの能力」そして「熱気球の上昇（バーナーを炊き気球内部を暖める）・降下（コードを引いて気球上部から熱気を逃がす）の性能」である。

　この期間、会場横のJR線には臨時の停車駅が設置され、遠くからも大勢の見物客がやって来る。観光資源の少ない佐賀市に

とって、ユニークな、そして集客性の高い一大イベントである。毎年75～95万人程度の人出があり、地域への経済効果は60億円程度とされている。

　同じ1つの空で航空機と熱気球が共存することはできないという理由から、かつて、この佐賀平野における熱気球飛行が佐賀空港開港後に中止されることが決まっていた。佐賀空港建設が本格的に開始した1993年、2種類の飛行体の飛行空域分離を行い、共存を図ることができないかを検討する技術研究会が、国、県、市、熱気球諸団体の協力の下に設立された。2年の期間を要した専門的な技術検討の結果、航空機と熱気球それぞれの飛行性能分析をベースに分離した各空域の設定、新たに考案した空域逸脱防止装置のすべての熱気球への搭載などの対策を行うこととした結果、両飛行の安全な両立が可能と判断された。

　今、運が良い乗客は佐賀空港に着陸する航空機の窓から、たくさんの熱気球が飛行する姿を見ることができる。

#275
長崎空港

Nagasaki Airport

RJFU / NGS

わが国初の海上空港は、離島路線のハブ機能をもち、歴史的経緯から上海などの国際線も

1. 沿革

　長崎空港は1955年（昭30）、旧海軍施設を改修して発足した大村空港（滑走路1,200m）がその前身である。翌56年（昭31）には管制塔も完成し、59年（昭34）ANAにより大村―福岡間の路線が開設された。翌60年（昭35）には、空港整備法に基づく第2種空港に指定された。

　1960年代に入ると急増する航空需要と航空機の大型化・ジェット化に対処するため、空港の拡張整備が強く要望され、68年（昭43）長崎県を中心とした「大村空港問題研究会」が発足し、多角的に検討された結果、69年（昭44）に海上空港建設案が採択された。

　1971年（昭46）より大村市の沖合970mに浮かぶ箕島（みしま）を活用し、長さ2,500m×幅60mの滑走路をもち、近代的かつ騒音公害の少ない新空港を目指して建設工事がスタートした。当時、箕島には13世帯66人が生活していたが、新空港建設のため移転、約3年半の工期と187億円の巨費が投じられて、75年（昭50）「長崎空港」と改称して開港した。

　その後、大型ジェット機に対応するため500mの滑走路延長が行われ、1980年（昭55）長さ3,000m滑走路が供用された。

2. 空港計画と施設の配置

　陸地部の旧大村空港と海上部の新空港部分を合わせて長崎空港と称し、旧空港の滑走路を主として自衛隊機と小型機が、新空港部分の滑走路を主として一般の旅客機が使用していたが、2011年（平23）に旧空港部分が防衛省へ移管された。新空港は大村市陸岸から1km離れて海岸線に平行に設けられており、滑走路の延長方向は北側約20km、南側約10kmに渡り海上となっている。このため、航空機による騒音は将来に渡り環境基準をクリアできるものと予測されている。

　長崎市中心部からは直線距離で約18kmに位置し、現在の空港面積は173.6haで、滑走路は長さ3,000m×幅60mを1本有している。陸側である東側にターミナル地域があり、エプロンは固定スポットが5、オープンスポットが6ある。

　2008年（平20）には旅客ターミナルビルがリニューアルオープンした。現在の建物は、鉄骨造地上3階建て、延床面積は約2万4,000㎡で、ボーディングブリッジを5基備えている。

　2014年（平26）には有料駐車場が増設された。長崎市内、諫早、島原等へバスの便があり、長崎市内までは約45分で結んでいる。また海上アクセスは、空港の対岸の時津から25分、ハウステンボスから50分の連絡船があり、空港の船着場まで連絡通路が設置されている。

　1994年（平6）には長崎国際航空貨物ターミナルが供用を開始し、現在の建物の概要は、鉄骨造及び鉄筋コンクリート造、延べ床面積約4,500㎡である。

　また、九州の空港で唯一FAZ（空港や港湾を通じて輸入を促進するための施設の整備や事業活動を集積する地域）に指定されており、国際航空貨物

空港全景：大村湾をはさんだ陸上には海上自衛隊の大村航空基地（旧大村空港）

ターミナル地域：長崎市内へはバスで約45分。連絡船でハウステンボスへ行くこともことも可能

年間乗降客数は、リーマンショックなどの影響で2009年度（平21）には約232万人まで減少したが、近年は「明治日本の産業革命遺産」の世界文化遺産登録効果、「ハウステンボス」や長崎市内への観光客やビジネス客で賑わっており、15年（平27）は約311万人まで増加した。開港以来の累計乗降客数は、05年（平17）に7,000万人を、16年（平28）には1億人を突破した。

が集積する国際物流拠点として期待されている。

3. 運用状況

1979年（昭54）にCIQ指定空港となり、同年に中国定期便（上海、北京）が就航し、88年（昭63）には韓国定期便（ソウル）が就航した。また、2010年（平22）にはスカイマークが長崎—東京路線（神戸経由）の運航を開始し、12年（平24）にはLCCのピーチ・アビエーションが長崎—大阪（関西）線の運航を開始している。

2017年（平29）現在、国内線就航会社はJAL、ANA、ソラシド・エア、ピーチ・アビエーション、スカイマークで、路線は東京（羽田）、大阪（伊丹、関西）、神戸、名古屋（中部）、那覇がある。また、オリエンタルエアブリッジがここを拠点として、五島（福江）、壱岐、対馬へ運航している。国際定期路線は上海（浦東）、ソウル（仁川）となっている。

（岸本治）

■空港の諸元
- 空港種別：国管理空港
- 空港管理者：国土交通大臣
- 位置：長崎県大村市
- 空港面積：174ha
- 滑走路（長さ×幅）：1本
  14/32：3,000m×60m

- 運用時間（利用時間）：15時間
  （7：00〜22：00）

■ターミナルビル
- 運営：長崎空港ビルディング㈱
  ＜1959年設立＞
- 規模：24,318㎡（PBB5基）

■輸送実績（2016年/平成28年実績）
- 総旅客数　　2,967,421人
  - 国際旅客　　24,932人
  - 国内旅客　2,942,489人
- 貨物量　　13,230トン
- 離着陸回数　　30,190回

#276
壱岐空港

Iki Airport　　　　　　　　　　　　　　　　　　　　　　RJDB / IKI

長崎県の離島空港の1つで長崎空港と結ぶ。福岡線もあったが、高速船に押されて休止中

壱岐島は福岡市の西北西約70kmに位置し、人口約2.9万人、東西約15km、南北約17km、面積約134㎢の、全国で20番目に大きい島である。最高峰213mの「岳の辻」となだらかな広がりを見せる平坦な島で、自然景観に恵まれ「壱岐対馬国定公園」や「海中自然公園」に指定されている。

壱岐空港は、島の南東部の筒城浜に位置し、1966年（昭41）に県内2番目の県営空港として滑走路長さ1,200m×幅30mをもって開港した。当初は長崎航空が福岡便にDC-3で就航し、その後ANAが同路線にF-27を就航させた。71年度（昭46）から、滑走路嵩上、エプロン拡張などの整備を行い、72年（昭

47）にはYS-11が就航した。77年（昭52）からは長崎便が就航し、2001年（平13）にはオリエンタルエアブリッジが福岡便及び長崎便にDHC-8を就航させている。

近年、海上交通の利便性が向上したことなどにより、航空利用者が減少し、2003年（平15）に福岡便が休止され、現在は長崎便が2往復運航している。（岸本治）

空港全景：玄界灘に面した島の南東部に位置する。空港の南には海水浴場も

■空港の諸元
・空港種別：地方管理空港
・空港管理者：長崎県
・位置：長崎県壱岐市
・空港面積：20ha
・滑走路（長さ×幅）：1本
　02/20：1,200m × 30m

・運用時間（利用時間）：11時間
　（8：00 ～ 19：00）

■ターミナルビル
・運営：壱岐空港ターミナルビル㈱
　＜ 1965 年設立＞
・規模：426㎡

■輸送実績（2016年/平成28年実績）
・総旅客数　　　　30,287人
　（国内線のみ）
・貨物量　　　　　実績なし
・離着陸回数　　　1,546 回

#277
対馬空港

Tsushima Airport

RJDT / TSJ

開港以来、堅調に需要が増加し数年後には滑走路を延長、離島空港ジェット化の先駆けに

対馬は長崎県本土から約100kmの北方海上、玄界灘に位置する人口約3.2万人の長崎県最大の島である。かつては本土との連絡を博多から約5時間の船便に頼っていたため、本土への交通時間の短縮、島の経済発展等を目的として早くから航空輸送の開始が望まれていた。

対馬空港の前身として1964年（昭39）美津島町竹敷に浅茅湾（あそう）の静かな海面を利用した水上飛行場が設置されたが、数年後には機材繰りの都合により廃止された。

次いで、同町の標高97m白連江山一帯の山地に陸上空港の建設が検討され、1975年（昭50）に、YS-11型機の就航可能な滑走路長1,500mの対馬空港が開港した。島のほぼ中央部にあたる山岳地帯を切り開いて建設された空港であり、南に遠く玄界灘を望み、北にリアス式海岸線の美

空港全景：対馬の上島と下島の中間にあり、ジェット機の就航が可能な1,900mの滑走路

しい浅茅湾を見下ろすことができる。

　路線は当初、ANAのYS-11型機による福岡便のみ
であったが、翌1976年（昭51）長崎便が開設された。
79年（昭54）に運航は日本近距離航空（現エアー・ニッ
ポン）に移管された。

　開港後旅客は順調に伸び、旅客増に対処するため
1983年（昭58）、県内離島空港ジェット化の先駆け
として、長さ1,900mの滑走路が供用開始された。こ
れにより福岡便にB737が就航した。

（岸本治）

■空港の諸元
・空港種別：地方管理空港
・空港管理者：長崎県
・位置：長崎県対馬市
・空港面積：63ha
・滑走路（長さ×幅）：1本
　14/32：1,900m × 45m

・運用時間（利用時間）：13時間
　（7：30 〜 20：30）

■ターミナルビル
・運営：対馬空港ターミナルビル㈱
　＜1963年設立＞
・規模：2,204㎡（PBB1基）

■輸送実績（2016年/平成28年実績）
・総旅客数　　　232,619人
　　　　　　（国内線のみ）
・貨物量　　　　328トン
・離着陸回数　　6,004回

#278

福江空港

Fukue Airport

RJFE / FUJ

五島列島で最大の島に長崎県で最初の離島空港として開港。愛称は "五島つばき空港"

　福江島は長崎県本土から約100km隔たった西方海
上にある五島列島の最南端に位置しており、人口約3.7
万人の五島列島最大の島である。かつては本土との連
絡を長崎から約4時間の船便に頼っていたため、本土
への交通時間の短縮、島の経済発展等を目的とした空
港建設が望まれていた。県は1960年（昭35）に、福
江島の東側、福江市の西海国立公園鬼岳麓において空
港建設工事に着手し、福江空港は63年（昭38）に滑
走路長1,100mで長崎県最初の離島空港として開港し
た。

　当初、長崎航空（現オリエン
タルエアブリッジ）により10人
乗りのDHダブ型機が大村便に就
航したが、翌64年（昭39）に
は利用客の増加によりDC-3型機
（30人乗り）に変更され、67年（昭
42）からANAのフレンドシップ
機（40人乗り）が就航した。

　1973年（昭48）には長さ1,200m滑走路が供用を
開始し、YS-11が就航した。続いて76年（昭51）に
は滑走路が1,500mに延長され、この時期には福岡便
が就航している。さらに、86年（昭61）には1,600m
に、88年（昭63）には2,000mへと滑走路が延長さ
れた。88年（昭63）には新ターミナルビルも整備され、
福岡便にB737型機が就航した。

　2014年（平26）、五島市により福江空港の愛称が
一般公募され、「五島つばき空港」に決定された。

（岸本治）

空港全景：当空港から福岡、長崎を結ぶ。空港脇に見えるのは標高315mの鬼岳

689

■空港の諸元
・空港種別：地方管理空港
・空港管理者：長崎県
・位置：長崎県五島市
・空港面積：58ha
・滑走路（長さ×幅）：1本
　03/21：2,000m × 45m

・運用時間（利用時間）：11.5 時間
　（8：00 ～ 19：30）
■ターミナルビル
・運営：福江ターミナルビル㈱
　＜1963 年設立＞
・規模：2,181㎡

■輸送実績（2016年/平成28年実績）
・総旅客数　　131,218人
　　　（国内線のみ）
・貨物量　　　204トン
・離着陸回数　5,118回

#279
上五島空港

Kamigoto Airport

RJDK／−

山岳地形の島の頂上部を造成して、滑走路 800m の小型用の空港を建設。定期便は休止中

　上五島とは、南北に連なる五島列島の北部、主に若松島・中通島をいい、西海国立公園に属している。これらの地域は、山岳地形とリアス式海岸からなっているため、平地に乏しく、主に埋め立てにより発達してきた。上五島空港が位置する頭ヶ島は、中通島の北東に位置する南北1km、東西2kmの離れ小島であり、中通島と全長300mの頭ヶ島大橋で結ばれている。

　上五島空港は頭ヶ島の山頂を切り開き、4番目の長崎県営空港として、1981年（昭56）に開港した。標高80mに位置しており、海に囲まれてはいるものの、切盛土量が多く山岳空港の様相を示している。また、気象条件的にも海上、山岳の両面をもち、特に滑走路端部が急激な崖となっているため、吹き降ろしの風が強く、着陸はパイロット泣かせといわれている。滑走路長さ800m×幅25mを1本有しており、STOL（短距離離着陸機）用空港として利用されている。

　頭ヶ島は小さな島であるが、国の重要文化財ともなっている頭ヶ島天主堂というキリスト教の聖堂があり、ターミナルビルは教会をモチーフとしたデザインとなっている。

　かつてはオリエンタルエアブリッジが就航していたが、福岡便が2004年（平16）、長崎便が06年（平18）をもって休止となって、17年（平29）現在、定期路線は就航していない。

（岸本治）

空港全景：難工事を乗り越え、島の突端に建設された800mの滑走路

■空港の諸元
・空港種別：地方管理空港
・空港管理者：長崎県
・位置：長崎県新上五島町
・空港面積：27ha
・滑走路（長さ×幅）：1本
　17/35　800m × 25m

・運用時間（利用時間）：6 時間
　（10：00 ～ 16：00）
■ターミナルビル
・運営：—
・規模：—

■輸送実績（2016年/平成28年実績）
・総旅客数　　データなし
・貨物量　　　データなし
・離着陸回数　122 回

280

小値賀空港

Ojika Airport

五島列島の北端に開港。小型プロペラ機による福岡、長崎便は、いずれも休止中

空港全景：上五島空港などと比べて比較的平坦な土地を利用して建設

地図データ：Google

小値賀町は、大小17の火山群島の島々で構成されており、なだらかな海岸丘地は黒松と芝生に覆われ、和牛が草をはみながら群遊ぶ牧歌的な風景が至るところで見られる。小値賀空港のある小値賀島は五島列島の北端に位置し、西海国立公園に属しており、古くは遣唐使船の航路の中継地点であった。

小値賀空港は、長崎県の5番目の県営空港として、1985年（昭60）に開港した。野崎島に面した小値賀島の東端部の海岸台地に一部埋め立てにより整備された。長さ800m×幅25mの滑走路を有し、STOL（短距離離着陸機）用空港として利用されている。標高7.7mの平坦な低地に建設が可能であったことから、同規模の空港としては、経済的な建設費で完成している。ターミナルビルは楕円の平面形状をもつ特徴あるものとなっている。

かつてはオリエンタルエアブリッジが就航していた

が、福岡便が2004年（平16）、長崎便が06年（平18）をもって休止となって、17年（平29）現在、定期路線は就航していない。

（岸本治）

■空港の諸元
- 空港種別：地方管理空港
- 空港管理者：長崎県
- 位置：長崎県小値賀町
- 空港面積：12ha
- 滑走路（長さ×幅）：1本
  03/21：800m × 25m

・運用時間（利用時間）：6時間
　（10：00 ～ 16：00）

■ターミナルビル
・運営：—
・規模：—

■輸送実績（2016年/平成28年実績）
・総旅客数　　　データなし
・貨物量　　　　データなし
・離着陸回数　　　148回

#281
熊本空港

Kumamoto Airport

RJFT / KMJ

熊本地震では3日目に運航を再開。被災したターミナルビルは建て替え事業を準備中

1. 空港と概要

熊本空港は熊本市の中心部から東約15km、阿蘇外輪山の一角高遊原台地と呼ばれる丘陵地の端、菊陽町、益城町、大津町に跨がり、阿蘇と熊本市内を結ぶ東西方向の滑走路を有している。

前身である旧熊本空港は、熊本市内の健軍町に立地した旧陸軍の飛行場跡地に戦後整備されたもので、1960年（昭35）に長さ1,200m滑走路で供用を開始した。その後、需要の増加にあわせ拡張計画も検討されたが、空港周辺地域の市街化が進むなか、騒音問題も憂慮され、74年（昭49）に、新空港整備が決定された。

当初計画はB727を対象機材とする滑走路2,000mであったが、ワイドボディ機の就航が現実的になったことから、滑走路長を2,500mに変更し工事を進め、1971年（昭46）に供用を開始した。その後さらなる需要増加に対応するため77年（昭52）に滑走路延長工事に着手し、80年（昭55）に長さ3,000mで運用を開始した。

2. 空港計画と施設配置

長さ3,000m滑走路の南側、中央付近に配置されたターミナル地域には、西側から管理地区（管制塔、空港事務所及び電源局舎）が配置され、その東に旅客ターミナル地区（国内線旅客ターミナルビル及び国際線旅客ターミナルビル）及び貨物ターミナル地区、拡張用地を挟み、さらにその東に給油施設が配置されている。

国内線旅客ターミナルビルは典型的な中規模空港対応のもので、1階にチェックインカウンターを、2階にゲートラウンジを配置する1.5層方式が採用されている。供用開始当初、小型ジェット機（B727）対応で整備され、その後機材の大型化、需要の増加にあわせ、都合4回の拡張を実施している。3回目までの拡張は、チェックイン機能、搭乗待合機能を滑走路と平行に横方向へ拡大するもので、機材の大型化、需要増加への対応がなされた。2012年（平24）に実施した最後の拡張では、受託手荷物の保安検査実施のために狭隘化が進んでいた1階のチェックインロビー前の奥行きを広げるとともに、カーブサイド上に大庇を掛け、利用

阿蘇山

空港全景：ほぼ東西に伸びる3,000mの滑走路を有し、東方には阿蘇山を望む

ターミナル地域：空港に隣接して崇城大学空港キャンパスが立地し、パイロットの養成も

者利便性向上を図った。

熊本空港の滑走路は当初、ILS CAT-Ⅰ（DH（着陸決心高度）：200ft、RVR（視程）：550m）で供用を開始したが、高遊原台地の西端に位置し標高が192.7mと高いことから、特に夏場6月を中心に濃い霧の発生に伴い欠航が多く発生した。このため1995年（平7）にILS CAT-Ⅲa（DH：0ft、RVR：200m）が、その後2006年（平18）にはILS CAT-Ⅲb（DH：0ft、RVR：100m）が供用開始され、就航率が格段に向上した。

熊本空港には、崇城大学が航空従事者養成コース（操縦過程）を設置しており、単発機（セスナ172型）及び双発機（バロン58型）を使用してパイロットの養成を行っている。また熊本県は空港に隣接して県警防災ヘリの基地を設置するとともに、ドクターヘリ等広域防災拠点活動に対応するヘリ基地を設置している。これらの施設はターミナル地域の東側に立地している。一方、西側には防衛省陸上自衛隊の基地が立地している。海上保安庁や自衛隊のヘリ等VFR機の取り扱いが多いが、滑走路処理能力に特段の問題は発生していない。

またエプロンは、国内線用に5スポット（大型ジェット機用4、中型ジェット機用1）、国際線用に3スポット（大型ジェット機用1、小型ジェット機用1）が設置されている。

3. 利用状況

国内線は現在、羽田（18往復／日）、成田：（2往復／日）、中部（3往復／日）、名古屋（3往復／日）、伊丹（10往復／日）、那覇（1往復／日）、天草（1往復／日）

の各空港へ就航している。

羽田路線は、新幹線を利用しても片道6時間以上を要することから堅調な利用があり、2016年（平28）度には183万人が利用している。また成田線にLCCが就航し、首都圏との交流に選択肢が広がるとともに、成田空港を経由した欧米からのインバウンド需要拡大に弾みをつけたところである。一方名古屋以西の路線は新幹線と競合するものであり、11年（平23）の九州新幹線全面開通を機に競争が激化し、伊丹路線、中部路線は需要が減少している。また国際線には高雄（台湾）、香港、仁川（韓国）線が就航している。16年（平28）4月に発生した熊本地震の影響で、香港及び仁川路線が一時運休したが、震災からの復旧・復興の進展に伴い、国際線需要も回復が期待される。

なお、国際線の3路線化、国内線LCC参入もあり、イレギュラー発生時においてスポット不足が発生している。このため、エプロンを2バース増設する計画がある。震災により一旦減少した需要であるが、復旧・復興の進展に併せ、整備を進めるものである。

4. 熊本震災

2016年（平28）4月に発生した熊本地震により、空港施設も震度7を2回経験した。幸い滑走路の舗装は、軽微なクラックが発生した程度で運用には問題ないものであった。また管制塔等空港を管理・運用する機能には損傷がなく、震災後3日目には定期便の運航を再開した。

しかしながら国内線旅客ターミナルビルは、4回の増築に当たっての構造継目やブロック積みの壁、天井や設備の一部が破損し、被災直後は立ち入りが制限さ

Japan

れた。このため、部分的に閉鎖したうえで、定期便の運航を再開した。また並行して復旧方法の検討を行い、復旧工事を続け、2017年（平29）1月下旬には、震災前と同じ状況まで復旧した。

一方地元関係者の間では、現状復旧は進めるものの、1971年（昭46）に供用を開始し、すでに40年以上経過したビルについて、地域防災拠点としてより高い耐震性能を有するべきではないか、インバウンド需要に十分対応できる国際線・国内線一体ビルとして建て替えるべきではないかといった議論がなされた。

これらの議論も踏まえ、最終的には、コンセション手法を活用し、国内線・国内線一体ビルを建て替えることとされた。その際、空港内には新たに旅客ターミナルビルを整備する適切な用地がないことから、一旦暫定ビルを整備したうえで、現在の国内線ビルを解体し、新たなビルを整備することとされ、暫定国内線ビルは国が整備することとされた。現在多くの空港でコンセッション導入の検討が進められているが、熊本空港のように、新たに旅客ターミナルビルを民間で整備することと一体でコンセッション化を進めるケースは初めてのものである。

(長谷川武)

■空港の諸元
・空港種別：国管理空港
・空港管理者：国土交通大臣
・位置：熊本県菊陽町
　空港面積：150ha
・滑走路（長さ×幅）：1本
　07/25：3,000m × 45m

・運用時間（利用時間）：14時間
　（7：30〜21：30）

■ターミナルビル
・運営：熊本空港ビルディング㈱
　＜1969年設立＞
・規模：国際　4,971㎡（PBB1基）
　　　　国内 22,590㎡（PBB7基）

■輸送実績（2016年/平成28年実績）
・総旅客数　　　2,986,686人
　国際旅客　　　　45,265人
　国内旅客　　　2,941,421人
・貨物量　　　　16,101トン
・離着陸回数　　　41,718回

#282
天草飛行場

Amakusa Aerodrome

RJDA / AXJ

熊本県天草地域の玄関口。1,000mの滑走路で小型プロペラ機が熊本、福岡線に就航

天草空港は、熊本県西部の天草下島の北部にある天草市に位置する熊本県営空港である。晴れた日には有明湾や島原半島、熊本市を一望できる見晴らしのよい高台に設置されており、天草地域の空の玄関、観光やビジネスの交流拠点として機能している。2000年（平12）に供用を開始したが、長さ1,000mの滑走路に、VORを利用した計器進入方式が設定されている。

現在、熊本県を拠点とする第3セクターのコミューター航空会社である天草エアライン1社が就航している。同社はATR-40を1機保有し、その1機が

日々、天草→福岡→天草→熊本→大阪/伊丹→熊本→天草→福岡→天草→福岡→天草の旅程を運航している。2015年（平27）より、天草エアライン運航便のすべてがJALとのコードシェア便となった。特に東京から

天草市街

地図データ：Google

空港全景：ユニークな経営で話題の天草エアラインが運航

の乗り継ぎは、福岡経由で3便、熊本経由で1便の計4便が設定され、天草を訪れる航空旅客の利便性向上・拡大に寄与している。

戦国時代以降、キリスト教（カトリック）の布教が広がり、キリシタン弾圧や島原・天草の乱などの悲劇もあったことから、キリシタンの島として知られる天草であるが、現在も3か所のカトリック教会があり、

イルカウォッチングや風光明媚な海岸線の風景とともに重要な観光資源となっている。また一部航空ファンの間では、天草エアラインに搭乗することそのものが来島の目的となるケースや、1日に一気に10フライトに搭乗するといったケースも発生するなど、天草地方の振興に一役買っている。

（長谷川武）

■空港の諸元
- 空港種別：その他の空港
- 空港管理者：熊本県
- 位置：熊本県天草市
- 空港面積：31ha
- 滑走路（長さ×幅）：1本
  13/31：1,000m × 30m

- 運用時間（利用時間）：12.8 時間
  （7：40 ～ 20：30）

■ターミナルビル
- 運営：熊本県＜県営＞
- 規模：1,065㎡

■輸送実績（2016年/平成28年実績）
- 総旅客数 　　　60,720人
  （国内線のみ）
- 貨物量 　　　データなし
- 離着陸回数 　　3,078回

#283
大分空港

Oita Airport　　　　　　　　　　　　　　　　　　　　　**RJFO / OIT**

手荷物用ターンテーブルを巨大な回転寿司に見立てた地元産品の宣伝などで話題

1. 概要

大分空港は大分市から約52km、別府市から約37kmの大分県北東部の国東半島東部の沿岸海域を埋め立てて、建設されたいわゆる海上空港である。ほぼ南北に配置された滑走路は海上空港であるため騒音問題はほとんどなく、大分県の空の玄関口としての役割を果たしている。

2. 沿革

旧大分空港は、1938年（昭13）大分海軍航空隊基地として大分市今津留に建設され、56年（昭31）に駐留アメリカ軍から返還された。翌年、長さ1,080mの滑走路をもつ第2種空港として供用を開始した。64年（昭39）には、富士航空のコンベアCV240が着陸に失敗して墜落し、20人が死亡している。

その後航空需要の増大に対応するため、空港施設の拡張、特に滑走路の延長が必要となったが、旧空港は両端を川に挟まれてい

たことや市街地に近接していたことから延伸が難しく、また大分市の新産業都市の指定に当たっても移転が必要だった。空港移転候補地として県内7か所から現在地が選定され移転した。1971年（昭46）に「新大分空港」として滑走路2,000mで供用開始し、73年（昭48）に「新大分空港」から「大分空港」に名称変更した。

1979年（昭54）大分県知事は、航空機で輸送可能な高付加価値の製品を製造する先端技術産業の立地を進める臨空工業地帯構想を打ち出し「豊の国テクノポリス構想」と称した。84年（昭59）には県北国東地

地図データ：Google

空港全景：伊予灘に面した沿岸部を埋め立てた滑走路は3,000m

Japan

域がテクノポリス（高度技術工業集積地域）に指定された。

1982年（昭57）には大型ジェット機の就航に対応するため滑走路を北側に500m延伸して長さ2,500mに、さらに88年（昭63）に滑走路を南側に500m延伸して3,000mでの供用を開始した。

ターミナルについては、大型ジェット機の導入にあたり奥行きの深いエプロンとそれに面したビルが必要であったことから、隣接地に段階的に移転整備した。現在のエプロンの奥行が2段階になっているのはそのためである。1982年（昭57）に第1歩となる出発ビルが整備され91年（平3）に、到着ターミナルビルが供用開始し、旧ターミナルビルの一般利用を終了した。

1992年（平4）に国際線ターミナルビルが、96年（平8）には新貨物ターミナルビルが供用開始し、2002年（平14）の増改築リニューアルの完了により現在の旅客ターミナルビルが完成した。

ターミナル地域：別府、大分のほか、一大温泉地である湯布院へもリムジンバスが運行

ル地区南側のS字型進入路は残っている。

またリムジンバスは大分交通の大分市内方面、大分交通亀の井バスの湯布院市内方面、大交北部バスの中津市内方面、大分交通大分バスの臼杵佐伯方面が運行されている。

最近では、国内線到着ロビーの無料足湯や手荷物受取所のアートワーク、また手荷物コンベアを回転寿司に見立てて、地元産品をコンベアに載せて展示するなど、旅客アミューズメントに工夫を凝らしている。

3. 施設概要

滑走路の陸側（西側）中央部にターミナル地域がある。エプロンは奥行きの深い定期使用エプロンに3つの固定を含む5スポットが、奥行きの浅い旧エプロンには5スポットがあるが、うち1スポットにはPBBが連絡している。管制塔等の管理施設は旧エプロン前にある。旅客ターミナルビルの南側には貨物地区が展開するが敷地の奥行は狭い。

海上アクセスとして大分ホーバー・フェリーが、大分市や別府市と結ぶ便を運航していたが、2009年（平21）に運航は終了した。かつて使用していたターミナ

4. 運用状況

国内線はかつて新千歳、名古屋、広島西、高松、松山、長崎、鹿児島、那覇の各空港にも定期就航していたが、現在は、JAL、ANAによる羽田、伊丹便、アイベックスエアラインズ（IBX）の中部、伊丹便、ソラシド・エア（SNA）の羽田、ジェットスター・ジャパン（JPP）の成田便となっている。国際線はかつて、上海浦東国際空港にも定期就航していたが、現在はティーウェイ航空（TW）による仁川便となっている。

(吉野康之)

■空港の諸元
- 空港種別：国管理空港
- 空港管理者：国土交通大臣
- 位置：大分県国東市
- 空港面積：148ha
- 滑走路（長さ×幅）：1本
  01/19：3,000m×45m

- 運用時間（利用時間）：15時間
  （7：30～22：30）

■ターミナルビル
- 運営：大分航空ターミナル㈱
  ＜1956年設立＞
- 規模：国際　2,834㎡
  国内　15,780㎡（PBB4基）

■輸送実績（2016年/平成28年実績）
- 総旅客数　　1,812,639人
- 国際旅客　　66,416人
- 国内旅客　　1,746,223人
- 貨物量　　　7,746トン
- 離着陸回数　22,344回

#284
大分県央飛行場

Oita Keno Aerodrome

-1-

朝どれ野菜などを空輸する「農道空港」として誕生。現在は防災・救助活動、遊覧飛行に使用

大分県央飛行場は大分県豊後大野市大野町の中心部から南へ約1kmの丘陵地に位置する。1988年（昭63）、農林水産省は農道離着陸場（通称「農道空港」）整備事業を開始したが、その1つとして整備されたものであり、92年（平4）に開港した。その後、97（平9）に「その他の飛行場」に指定され、名称が大分県央飛行場とされた。

施設は長さ800m×幅25mの滑走路、エプロン（コミューター用3バース、防災用1バース、小型機用6バース）、旅客ビル、格納庫等があり、防災・救急活動、遊覧飛行、農産物輸送等に使用されている。旅客輸送については、かつて九州航空がセスナ172スカイホークを使用して大分空港との間を週3便定期運航していたが、現在定期運航はなく、大分空港への貸切飛行や遊覧飛行に使われている。防災・救急活動としては、

飛行場全景：その名の通り、大分県内の中央部の丘陵地帯に立地

地図データ：Google

1997（平9）に発足した防災航空隊の出動基地となっており、救急・救助、災害等への緊急出動に備えている。また、空港に隣接する敷地には日本文理大学航空宇宙工学科が県央空港エクステンションキャンパスを設置し、エンジン運転や整備実習を行っている。

（吉野康之）

■空港の諸元
・空港種別：その他の空港
・空港管理者：大分県
・位置：大分県豊後大野市
・空港面積：12ha
・滑走路（長さ×幅）：1本
　　11/29：800m×25m

・運用時間（利用時間）：7.5時間
　　（9：00～16：30）

■ターミナルビル
・運営：—
・規模：—

■輸送実績（2016年/平成28年実績）
・総旅客数　　　データなし
・貨物量　　　　データなし
・離着陸回数　　2,056回

#285
宮崎空港

Miyazaki Airport

RJFM / KMI

南九州の観光・ビジネスの拠点空港でアクセス至便。ビルのオアシス広場はイベント満載

1. 沿革と概要

宮崎空港は宮崎市内中心部から南へ約7kmの平野部に位置し、日向灘に向かう東西方向の滑走路を有し

ている。その前身は1943年（昭18）に建設された海軍航空隊の飛行場であるが、戦後米軍に接収されていた。民間航空としての利用開始は54年（昭29）で、

Japan

697

運輸省航空大学校の訓練飛行場としてスタートし、極東航空（ANAの前身）によって宮崎―福岡路線が開設され、その後56年（昭31）に公用飛行場として告示された。当初長さ1,200mであった滑走路は、64年（昭39）には1,500mに、また66年（昭41）には1,800mに延長され、地方空港としては初めてジェット機（B727）が就航した。

空港全景：海に面してほぼ東西に伸びる2,500mの滑走路は日向灘に突出す形

その間、1963年（昭38）には宮崎空港ビルが落成し、航空旅客の利便性が向上した。その後、国内旅行ブームの到来とともに需要が拡大するのにあわせ、79年（昭54）には長さ1,900mへ、90年（平2）には2,500mへ滑走路が延長され現在に至っている。

市内から約7kmと比較的都心に近い空港であるが、アクセス道路の渋滞や、延岡等県北地域からのアクセスの改善といった課題があった。このため、1996年（平8）に、空港に隣接し走行する日南本線を途中分岐し、空港のターミナル地域へ直接乗り入れることとなった。これにより宮崎駅へのアクセスは、バスによる約25分から鉄道で約8分へ、また、延岡、日南、都城の各駅とは約60分とアクセス時間が短縮された。

2. 空港計画と施設配置

長さ2,500m滑走路の南側、中央付近から西側に配置されたターミナル地域には、西側から貨物地区、旅客ターミナル地区（国内線・国際線一体の旅客ターミナルビル）、ビル拡張用地を挟み管理地区（管制塔、空港事務所及び電源局舎）が配置されている。

1990年（平2）の滑走路2,500m供用開始にあわせ整備された国内線旅客ターミナルビルは、1階にチェックインカウンターを、2階にゲートラウンジを配置する1.5層方式、延べ床面積1万8,500㎡である。西側の出発系、東側の到着系の間のビル中央部に4階までの吹き抜けロビー「オアシス広場」を配置している。広場に面し神話の故郷を印象付ける「天孫降臨」のからくり時計が設置され、1時間おきに神楽を舞い、利用者の人気となっている。また「オアシス広場」は、プロ野球キャンプの歓迎セレモニーやクリスマス、空の日といった各種イベントで利用されるとともに、イブニングコンサートや県内各地の物産提示等様々な用途で活用され、空港利用者のみならず地域文化の発信や憩いの場として活用されている。またターミナルビルを中心にブーゲンビリア等の花ビロー樹といった南

ターミナル地域：宮崎市街から7kmとアクセス至便で、ターミナルには鉄道も乗り入れ

空港に隣接して航空大学校の本校が所在

国の木々が配置され南国リゾート地を演出するとともに、保安検査場の壁や天井には県内産の百年杉を使用し、検査場でありながら癒される空間作りをする等様々な工夫がなされている。

　1999年（平11）には、国際線需要に対応するため、国内線ビルの東側に隣接して、CIQ施設を有する国際線施設が増築された。

　またエプロンは、国内線用に5スポット（大型ジェット機4、中型ジェット機用1）、国際線用に3スポット（大型ジェット機用1、小型ジェット機用1）が設置されている。かつて東京路線にジャンボジェット機が就航していた当空港においても、近年航空機材の小型化が進展している。このため従来設置していたPBBでは勾配が急になりすぎ利用できないため、新たにMRJといった小型ジェット機にも対応できるPBBや、車いす利用に配慮し通路内に段差のないPBBを新たに設置するなど、旅客利便性の向上を図るための改修工事を進めており、2019年3月に完成の予定である。

3. 利用状況

　1997年（平9）当時、年間国内航空旅客数は350万人を記録したが、その後景気の低迷とともに減少した。2011年（平23）度の243万人を底に回復傾向にあり、16年（平28）時点で298万人と最盛期に近づ

いている。現在は、羽田（18往復／日）、成田（1往復／日）、名古屋（3往復／日）、伊丹（11往復／日）、関空（1往復／日）、福岡（13往復／日）、那覇（1往復／日）の各便が就航している。羽田路線が最大の路線で16年度（平28）には142万人が利用した。一方で福岡線は全便エンブラエル70やQ400といった小型機が就航しているのも特徴の1つである。一方国際線には、ソウル（韓国）、台北（台湾）香港の各便が就航し、2016年度（平28）は過去最高の9万5,000人が利用しているが、周辺空港と連携した訪日外国人誘致活動と相まった利用促進が期待されている。

4. 航空大学校

　宮崎空港の原点である航空大学校は、2001年（平13）、独立行政法人航空大学校として新たなスタートを切った。航空大学校は、宮崎の本校に加え、帯広空港及び仙台空港に分校があり、航空会社パイロットを目指す飛行機操縦学科を有している。養成は、仙台空港（学科）に始まり、帯広空港及び宮崎空港での単発機の訓練及び仙台空港での双発機の訓練を、約2年をかけて行い、航空機事業用操縦士（陸上単発・陸上双発）及び計器飛行証明のライセンスが与えられる。72名の定員（2018年から36人増）に対し500人あまりが応募する高倍率の選考であるが、卒業生の多くは民間航空会社に就職し、わが国の航空輸送を支えることとなる。今後LCCも含めさらなる拡大が期待される航空業界において、不足するパイロットを供給する貴重な機関であり、地元宮崎においても親しまれる存在となっている。

（長谷川武）

■空港の諸元	・運用時間（利用時間）：14時間	■輸送実績（2016年／平成28年実績）	
・空港種別：国管理空港	（7：30 〜 21：30）	・総旅客数	3,074,788人
・空港管理者：国土交通大臣		国際旅客	94,575人
・位置：宮崎県宮崎市	■ターミナルビル	国内旅客	2,980,213人
・空港面積：177ha	・運営：宮崎空港ビル㈱	・貨物量	8,094トン
・滑走路（長さ×幅）：1本	＜1962年設立＞	・離着陸回数	42,420回
09/27：2,500m × 45m	・規模：29,265㎡（PBB9基）		

#286
鹿児島空港

Kagoshima Airport

RJFK / KOJ

主要都市を結び、鹿児島離島へのハブ空港としても機能。桜島の火山灰被害が悩ましい

1. 概要

　鹿児島空港は、鹿児島市の北東約28kmに位置し、東に霧島連峰、南に鹿児島のシンボル桜島が眺望できる十三塚原の台地上に設置され、霧島市の溝辺町と隼人町に跨がっている。長さ3,000m滑走路を有する国営空港で鹿児島離島を結ぶ拠点となっている。

　また、交通アクセスとして、鹿児島市中心部と九州自動車道を利用して45分、大隅半島にある鹿屋市まで1時間20分、薩摩半島南端の指宿市まで1時間30分で結ばれている。

2. 沿革

　鹿児島市内にあった旧鹿児島空港（鴨池空港）は、北側に河川、国道があるほか民家が密集しており、南側は錦江湾で水深が深いことから、航空輸送の増大に伴う航空機の大型化、ジェット化に対応するために必要な滑走路延長、騒音対策等が困難であった。1963年（昭38）に鹿児島県の政財界と各種団体及び民間航空会社等で構成される「鹿児島県大型空港調査会」が新空港の候補地の選定に取り組み、その後十三塚原と決定された。長さ2,500mの滑走路を有する新空港を、鹿児島県が整備して国が買い取るという方式で建設することになり、1970年（昭45）に着工され、72年（昭47）に新空港として開港した。その後、一層の安全性と運航の効率性を向上させるため、滑走路が500m延長され、80年（昭55）3,000mの滑走路が供用開始した。

　旅客ターミナルビルは、1972年（昭47）の新空港の開港に伴い、300万人対応の施設として建設された。その後、旅客需要の増加に伴い、ゲートラウンジの拡充やPBBの増設等の整備が行われた。82年（昭57）には現在の国際線ターミナルビルが建設され、国内線と国際線が分離することで混雑の緩和が図られた。95年（平7）、2000年（平12）にさらなる増築が行われ、800万人対応の施設となっている。

3. 施設概要

　長さ3,000m滑走路はほぼ南北を向いており、空港用地及びその周辺は火山質質の黒ボク、シラス等の特殊土壌による台地である。標高は約270mあり、空港から南方の地形は大きく落ち込んでいる。主たる進入は南側からであり計器着陸装置が設置されている。周囲は茶を中心とした畑地が多く、その間に山林が散在している。

　滑走路の西側にはターミナル地域が広がりエプロンは大型ジェット機用10スポットや小型機用含め長さ1.3kmに及ぶ。プロペラ機のスポットが多数あるのが特徴となっている。北から国際線ビル、国内線ビル、管理地区、貨物地区と続き一番南が小型機地区である。国際線ビルは、定期便に加え大型機材によるチャーター便も就航したことで、ピーク時のCIQ施設、ロビー等の混雑が顕著になり、1997年（平成9）、飲食・物販店、VIPラウンジ等のサービス施設の充実が図られ、

空港全景：空港の南には鹿児島市街と桜島があり、北部に霧島山を望む

ターミナル地域：年間800万人の旅客に対応したターミナル。施設内には足湯も

CIQ施設も増改築されている。

消防基地だけが滑走路の反対側に立地しているのもめずらしい。

また、ターミナルレーダー情報処理システムや離島空港を一元的に監視し、連絡調整を強化するシステム統制施設等の最新の航空保安施設を有している。

4. 運用状況

鹿児島空港に就航している機材は、B767をはじめ、DHC-8、SAAB及びATR等、中型ジェット機からプロペラ機に至るまで多様であり、主要都市への交通手段だけではなく、鹿児島離島への重要な交通手段にもなっている。

JAL、ANA、スカイマーク、ソラシドエアによる羽田、JAL、ANAによる伊丹線のほか、スカイマークの神戸線、ジェット・スターの成田線、中部線、ピーチ・アビエーションの関西線、FDAの静岡線、JACの松山線、福岡線、JAC、JALの県内離島への便がある。国際線は、ソウル、上海、香港、台北に便がある。

なお、2016年（平28）の旅客実績は、国内518万人、国際19万人となっている。

（伊藤丈順）

■空港の諸元
- 空港種別：国管理空港
- 空港管理者：国土交通大臣
- 位置：鹿児島県霧島市
- 空港面積：188ha
- 滑走路（長さ×幅）：1本
　16/34：3,000m × 45m

- 運用時間（利用時間）：15時間
　（7：00 ～ 22：00）

■ターミナルビル
- 運営：鹿児島空港ビルディング㈱
　＜1969年設立＞
- 規模：国際　8,729㎡（PBB1基）
　　　　国内 36,501㎡（PBB9基）

■輸送実績（2016年/平成28年実績）
- 総旅客数　　5,372,961人
　　国際旅客　　193,234人
　　国内旅客　5,179,727人
- 貨物量　　　29,623トン
- 離着陸回数　　66,078回

#287
種子島空港

Tanegashima Airport

RJFG / TNE

種子島宇宙センターへの重要なアクセスを担う。愛称は「種子島コスモポート」

種子島は、西之表市、中種子町、南種子町の1市2町からなり、島の総人口は約3万人である。県本土の南方約43kmに位置する細長い島で、温暖な気候と平坦な畑地に恵まれ、さとうきび、さつまいも等の畑作物や肉用牛等の畜産が盛んである。戦国時代の戦いを革命的に変えた「鉄砲伝来の島」、宇宙センターを

有する「ロケットの島」、島全体が最高のサーフスポットである「サーフィンの島」としても有名である。

旧空港は、1962年（昭37）に中種子町の市街地に隣接して、滑走路長1,100mで供用開始し、その後、68年（昭43）に1,500mに延長され利用されてきた。

現在の空港は、旧空港を移転する形で、2006年（平18）に滑走路長2,000mを有する、鹿児島県の離島空港で3番目のジェット化空港として開港した。旧空港から約7km北方に位置するが、方位は同じ13/31である。島を縦断する県道が空港の真下を通っている。なお、空港開港にあわせて「コスモポート種子島」の愛称がつけられている。

現在、ジェット旅客機の就航路線はなく、種子島—大阪（伊丹）路線も2009年（平21）8月をもって廃止になっており、日本エア・コミューターが、SAAB340B、ATR42で種子島—鹿児島路線のみ就航している。16年（平28）の旅客実績（国内）は、7.7万人となっている。

（伊藤丈順）

空港全景：空港は種子島中央部に位置し、宇宙センターまで車で40分ほど

■空港の諸元
・空港種別：地方管理空港
・空港管理者：鹿児島県
・位置：鹿児島県中種子町
・空港面積：111ha
・滑走路（長さ×幅）：1本
　　13/31：2,000m × 45m

・運用時間（利用時間）：10時間
　　（8：30〜18：30）
■ターミナルビル
・運営：種子島空港ターミナルビル㈱
　　＜ 2004年設立＞
・規模：1,501㎡

■輸送実績（2016年/平成28年実績）
・総旅客数　　　　76,687人
　　　　　　　　　（国内線のみ）
・貨物量　　　　　132トン
・離着陸回数　　　3,224回

#288
屋久島空港

Yakushima Airport

RJFC / KUM

島は樹齢数千年の屋久杉で有名な世界遺産。伊丹、鹿児島への空路アクセスを担う

屋久島は、鹿児島県本土の南方約60kmの洋上に位置する円形の島で、屋久島町の1町からなり、島の総人口は約1.3万人である。九州最高峰の宮之浦岳（1,936m）をはじめ、1,000m以上の高峰40座以上を擁する山地が島の大部分を占める。海岸部は黒潮の影響を受け温暖である一方、内陸の山岳部では積雪があるなど、きわめて変化に富み、亜熱帯から冷温帯に至る植生の垂直分布がみられ

空港全景：島東部の種子島に面した沿岸に建設された1,500m滑走路

る。とりわけ、樹齢数千年に及ぶ縄文杉や屋久杉原始林等、優れた自然環境は世界的に貴重であることから、1993年（平5）世界遺産条約に基づく自然遺産として登録された。

空港は、屋久島東部沿岸の丘陵地に位置し、1963年（昭38）に滑走路長1,100mで供用開始した。その後76年（昭51）に滑走路は1,500mに延長された。

日本エア・コミューターが、当初の鹿児島線に加え、2009年（平21）からの大阪（伊丹）線、11年（平23）からの福岡線の3路線をDASH8-400、ATR42-600で就航しており、16年（平28）の旅客実績（国内）は、約17万人となっている。

（伊藤丈順）

■空港の諸元
・空港種別：地方管理空港
・空港管理者：鹿児島県
・位置：鹿児島県屋久島町
・空港面積：39ha
・滑走路（長さ×幅）：1本
　14/32：1,500m × 45m

・運用時間（利用時間）：10時間
　（8：30 ～ 18：30）
■ターミナルビル
・運営：屋久島空港ターミナルビル㈱
　＜1975年設立＞
・規模：638㎡

■輸送実績（2016年/平成28年実績）
・総旅客数　　　　168,020人
　　　　　　　（国内線のみ）
・貨物量　　　　　125トン
・離着陸回数　　　4,134回

#289
奄美空港

Amami Airport　　　　　　　　　　　　　　　　　　　　**RJKA / ASJ**

古くから航空交通が発達し、1988年にはジェット機が就航できる新空港が開港

奄美大島は県本土の南方380kmに位置する奄美群島中最大の島で、離島としては佐渡島に次ぐ第2位の広さを有する。

旧空港は、1964年（昭39）、現在の奄美パークの位置に滑走路長1,240mの空港として開港した。

その後、ジェット化整備のため、拡張の困難な旧空港に代えて新空港が計画された。1988年（昭63）、笠利半島の東の海岸線を埋め立てて、滑走路長2,000mを有する新空港が開港した。旧空港から2kmほど北東に位置する。その後、数年の間に、平行誘導路、精密進入用灯火、計器着陸装置が順次整備された。エプロンは中型ジェット機用1、小型ジェット機用2、プロペラ機用3のスポットがある。ビルにはPBBが1基設置されている。

長さ2,000mの滑走路の供用によって主力の大阪（伊丹）路線の輸送能力が向上するとともに、1992年（平4）には本土直行便に東京路線（羽田）が加わり、ネットワークの拡充が図られ、奄美地域の拠点空港として重要な役割を担っている。

2017年（平29）12月現在、東京（羽田、成田）、大阪（伊丹、関空）、福岡、鹿児島、那覇の主要都市のほか、喜界、徳之島、沖永良部、与論といった奄美群島を結ぶ路線が定期路線として開設されており、16年（平28）の旅客実績（国内）は、69.6万人となっている。

（伊藤丈順）

旧空港跡地
地図データ：Google

空港全景：島北部の海岸線を埋め立てて建設され、羽田への直行便も運航

■空港の諸元
・空港種別：地方管理空港
・空港管理者：鹿児島県
・位置：鹿児島県奄美市
・空港面積：110ha
・滑走路（長さ×幅）：1本
　03/21：2,000m × 45m

・運用時間（利用時間）：11.5 時間
　（8：00 ～ 19：30）
■ターミナルビル
・運営：奄美空港ターミナルビル㈱
　＜ 1986 年設立＞
・規模：4,495㎡（PBB1 基）

■輸送実績（2016年／平成28年実績）
・総旅客数　　　　695,804人
　　　　　　　　（国内線のみ）
・貨物量　　　　 1,043 トン
・離着陸回数　　 14,930 回

#290
喜界空港

Kikai Airport

RJKI / KKX

奄美の東 25km に位置する小さな離島の小ぢんまりした空港には空路、鹿児島と奄美から

　喜界島は、奄美大島の東海上25kmに位置する周囲48kmの隆起珊瑚礁の島で、最高標高は224mとおおむね平坦な地形をしている。視程がよい時には奄美空港から航空機の離着陸が遠望できることもある。

　喜界空港は、1959年（昭34）、喜界町が管理する場外飛行場として、島の西海岸沿いに設置された。その前身は旧海軍の飛行場で、太平洋戦争中は前線基地としても利用された。その後、74年（昭49）に鹿児島県に移管されて滑走路長1,200mの空港として供用開始した。

　日本エア・コミューターのSAAB340Bの導入で、一時運休となっていた喜界—鹿児島路線が復活

喜界市街地

地図データ：Google

空港全景：この空港から鹿児島空港で乗り継ぎ、羽田まで3時間半～4時間ほど

し、2017年（平29）現在、日本エア・コミューターが、鹿児島線と奄美線の2路線に就航しており、16年（平28）の旅客輸送実績（国内）は、約8万人となっている。

（伊藤丈順）

■空港の諸元
・空港種別：地方管理空港
・空港管理者：鹿児島県
・位置：鹿児島県喜界町
・空港面積：21ha
・滑走路（長さ×幅）：1本
　07/25：1,200m × 30m

・運用時間（利用時間）：10 時間
　（8：30 ～ 18：30）
　但し 10 ～ 3月は 17：30 まで
■ターミナルビル
・運営：㈱奄美航空＜ 1983 年設立＞
・規模：180㎡

■輸送実績（2016年／平成28年実績）
・総旅客数　　　　 81,064人
　　　　　　　　（国内線のみ）
・貨物量　　　　　　183 トン
・離着陸回数　　　 3,856 回

徳之島空港

Tokunoshima Airport

RJKN / TKN

サトウキビを中心とする農業の島。ジェット化は鹿児島離島で最も早く 1980 年のこと

空港全景：島北西部の
岩礁を埋め立て、ジェッ
ト機の離着陸も可能な
2,000mの滑走路

地図データ：Google

　徳之島は、奄美大島の南西に位置する周囲89kmの奄美群島内で2番目に大きな島で、徳之島町、天城町、伊仙町の3町からなり、島の総人口は約2.3万人である。島の主要産業は農業で、耕地面積とさとうきびの生産額は奄美群島中最大である。また、500年の歴史があるといわれる闘牛で有名な島でもある。

　空港は、東亜航空㈱の場外飛行場として、1962年（昭37）に島の北西部海岸のリーフ上に設置された。その後、70年（昭45）に鹿児島県に移管され、滑走路長1,200mの空港として供用開始したが、80年（昭55）には、長さ2,000mの新たな滑走路が整備され、鹿児島離島のなかでは最も早くジェット化を実現した。旧滑走路は新滑走路にとって代わられたが、旧ターミナル地域は貨物ターミナルとなっており、新たに旅客

ターミナルが整備された。かつて大阪（伊丹）、那覇、沖永良部線があったが、2018年（平30）2月現在、JALがERT170で鹿児島線、日本エア・コミューターがDASH8-400で鹿児島、奄美の2路線を運航しており、16年（平28）の旅客輸送実績（国内）は、17万人となっている。

（伊藤丈順）

■空港の諸元
・空港種別：地方管理空港
・空港管理者：鹿児島
・位置：鹿児島県天城町
・空港面積：53ha
・滑走路（長さ×幅）：1本
　　01/19：2,000m × 45m

・運用時間（利用時間）：10 時間
　　（8：30 〜 18：30）

■ターミナルビル
・運営：徳之島空港ビル㈱
　　＜ 1973 年設立＞
・規模：1,862㎡

■輸送実績（2016年/平成28年実績）
・総旅客数　　　170,258人
　　　　　　　　（国内線のみ）
・貨物量　　　　　　198トン
・離着陸回数　　　　4,908回

column 34

寒冷地空港　〜雪との闘い〜

（岩見宣治）

北欧、ロシア、北米などの寒冷地にある空港では、冬季の雪との闘いが大仕事である。もちろんわが国でも北海道、東北の空港では、その対策に苦労を重ねてきた。雪との闘いは、1つは航空機の翼に付着した雪と氷の除去作業（ディアイシング）であり、もう1つは滑走路などに降り積もる雪の除雪作業である。

新千歳空港の除雪車両：スノープラウやスノースイーパーをはじめ全92台が配備されている

　まずはディアイシングの話。雪が降れば当然ながら駐機中の航空機に雪が積もり、氷結して翼に付着する。これが飛行の安全を脅かすことになる。

　1982年1月激しい吹雪の中で、米国ワシントンDCのドナルドレーガン国際空港（当時はワシントン・ナショナル空港）を出発したエアフロリダ航空90便が離陸直後にポトマック川に墜落し、計78人が死亡する痛ましい事故が発生した。複数の原因が重なった事故ではあるが、翼に付着した雪氷を除去しないままに離陸し、直後に失速したことが主因であった。

　このような事故を防ぐため、①降雪が続いていないときは、航空機表面に付着した雪氷を取り除いて離陸する、②降雪が続いているときは、さらに防氷液を使用して、離陸までの間に付着し続ける雪氷を溶かし続ける、という作業を行う。①の除氷は、グリコール系の溶液と水を混ぜて高温にした除氷液をリフト式のディアイシングカーによって高圧で散布する。②の防氷は、同種の防氷液を翼表面にスプレーするように散布するが、有効時間は15分程度であり、それまでに離陸できなければ再度この作業を行う。

　もう1つの雪との闘いは、滑走路などに積もった雪の除雪作業であり、新千歳空港に例をとってその苦労話を紹介しよう。

　2016（平28）年12月22日から24日にかけて北海道地方は記録的な大雪に見舞われた。札幌市内では22〜23日に60cmの降雪があり、23日の積雪量は96cmに達した。比較的雪が少ないといわれる新千歳空港においても22cmの降雪があったという。

　新千歳空港では、長さ3,000m×幅60mの滑走路が2本あり、滑走路だけで広さは36万㎡あり、さらに誘導路、エプロン、構内道路などを含む除雪作業の対象面積は260haに及ぶ。一面に22㎝の積雪があったときの除雪量は想像を絶する規模となる。

　航空機は降り始めの数㎝の薄い積雪では離着陸を行えるが、それ以上の積雪で滑走路面の滑り摩擦係数が0.2未満に低下したとき、あるいは低下すると予想される場合には、原則として滑走路を閉鎖して、除雪作業を行う。新千歳空港の場合は90台もの除雪車両を配置して、滑走路1本を20分で除雪することを目指している。そのため幅60mある滑走路に、除雪車両が10台雁行状に並んで、スノープラウやスノースイーパーといった除雪車で雪を横に掻き出しつつ跳ね飛ばし、次に両サイドにできた雪堤をロータリー除雪車で粉砕して側方に投雪する。このように大がかりな作業を行っても、降り続く大雪を除去するのは実に困難で、この大雪の際は、3日間で延べ約600便の欠航を余儀なくされた。雪との闘いは、誠に終わりなき戦いである。

ディアイシング作業：ロシア・クラスノヤルスク空港

292

沖永良部空港

Okinoerabu Airport　　　　　　　　　　　　　　　　　　　**RJKB / OKE**

主要作物は花卉類で「花の島」の愛称。鹿児島、奄美、与論の3路線にプロペラ機が就航

　沖永良部島は、徳之島の南西約46kmに位置する周囲55kmの隆起珊瑚礁の島で、和泊町、知名町の2町からなり、島の総人口は約1.3万人である。主要作物は花卉類で、春になると島全体がフリージアやエラブユリに覆われ「花の島」とも呼ばれ、馬鈴薯の生産も盛んである。

　沖永良部空港は島の最北端にある国頭岬の丘陵地に位置し、1969年（昭44）に滑走路長1,200mの空港として供用開始した。その後、就航するSAAB340Bの旅客制限緩和のための滑走路延長及びDHC-8-Q400型機就航のための滑走路等の舗装強化が行われ、2005年（平17）に1,350mの滑走路長で供用を開始した。

空港全景：島の最北部の丘陵地に建設された1,350m滑走路

地図データ：Google

　2017年（平29）12月現在、鹿児島、奄美、与論の3路線が運航されており、同年の旅客輸送実績（国内）は、約10万人となっている。

（伊藤丈順）

■空港の諸元	・運用時間（利用時間）：9,10時間	■輸送実績（2016年/平成28年実績）
・空港種別：地方管理空港	（8：30～18：30）	・総旅客数　　98,801人
・空港管理者：鹿児島県	但し10～3月は17：30まで	（国内線のみ）
・位置：鹿児島県和泊町	■ターミナルビル	・貨物量　　　132トン
・空港面積：40ha	・運営：沖永良部空港ビル㈱	・離着陸回数　3,642回
・滑走路（長さ×幅）：1本	＜1968年設立＞	
04/22：1,350m×45m	・規模：448㎡	

293

与論空港

Yoron Airport　　　　　　　　　　　　　　　　　　　　**RORY / RNJ**

紺碧の海に囲まれたリゾートアイランドは沖縄に最も近い鹿児島離島

　与論島は、奄美群島最南端に位置する周囲24kmの隆起珊瑚礁の島で、与論町の1町からなり、島の総人口は約5,000人である。紺碧の海と珊瑚礁、白い砂浜に囲まれ、夏のリゾートエリアとして有名で、県外からの観光客で賑わう。農業はサトウキビを主体に畜産（肉用牛）などが行われている。

　与論空港は島の最西端の海に臨んで位置しており、1976年（昭51）に滑走路長1,200mの空港として供

用開始した。その後、日本エア・コミューターの、YS11からDHC-8-Q400への機材変更に伴い、滑走路等舗装の強化を行い、2005年（平17）に供用開始した。

2017年（平29）12月現在、鹿児島、奄美、沖永良部、那覇の4路線が運航されており、16年（平28）の旅客輸送実績（国内）は、8.5万人となっている。

（伊藤丈順）

与論町中心部

地図データ：Google

空港全景：島の西部の海に面した位置に建設され、その向こうには沖縄本島を望む

■空港の諸元	・運用時間（利用時間）：9,10時間	■輸送実績（2016年／平成28年実績）
・空港種別：地方管理空港	4/1～9/30：(8：30～18：30)	・総旅客数　84,628人
・空港管理者：鹿児島県	10/1～3/31：(8：30～17：30)	（国内線のみ）
・位置：鹿児島県与論町	■ターミナルビル	・貨物量　54トン
・空港面積：22ha	・運営：与論空港㈱＜1975年設立＞	・離着陸回数　2,932回
・滑走路（長さ×幅）：1本	・規模：592㎡	
14/32：1,200m×30m		

#294
那覇空港

Naha Airport

ROAH / OKA

本土各地や沖縄離島を結ぶハブ空港は国際線も12路線。滑走路増設工事が進行中

1. 概要

那覇空港は、人口約32万人を有し、沖縄県の政治・経済・文化の中心地である那覇市の西部に位置する。那覇市は東シナ海に面して、古くから港が整備されるなど、海外との交流拠点として文化が発展してきた街である。那覇市を中心とする1,500kmの円内には、東京、上海、香港、ソウル、北京、マニラといった主要都市が含まれ、当空港は、わが国の南の玄関口として地理的に好条件の位置にある。

2. 沿革

那覇空港は、旧日本軍の「海軍小禄飛行場」として建設されたのが始まりである。1931年（昭6）に建設計画が立てられた小禄飛行場は、33年（昭8）に2本の「く」の字滑走路（延長750m）を有する飛行場として完成した。その後、36年（昭11）に日本航空輸送㈱（日本航空の前身）が福岡-那覇-台湾の航空路を開設してからは軍民共同で使用されていた。

45年（昭20）に米軍の沖縄占領とともに小禄飛行場もその管理下におかれ、大規模な拡張工事によって今日の空港にほぼ近い姿となった。72年（昭47）の沖縄本土復帰に伴い、旧運輸省所管の第二種空港に指定され、名称も「那覇空港」と改められた。

同時に滑走路長が2,550mから2,700mに延長された。75年（昭50）には、沖縄国際海洋博覧会に対応するため、国内線第1ターミナルビル（現貨物ビルの位置）が建設された。その後、急増する航空需要に対応するため、82年（昭57）に滑走路長を300m延長

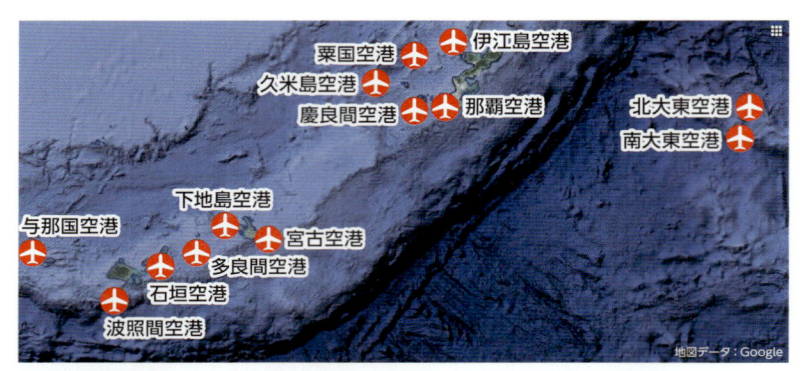

沖縄県内の13空港。北東-南西に島々が広く点在し、空路は重要な交通手段

15）には、都市モノレールが供用開始され、空港アクセスが向上した。また、09年（平21）に新貨物ターミナルビルが供用開始するとともに、当ビル内において、LCC専用ターミナルが12年（平24）に供用開始された。増加する国際線の航空需要への対応のため、14年（平26）には、新国際線旅客ターミナルビルが供用開始された。

する工事に着手し、86年（昭61）に3,000mへ延長された。

また、同年に新国際線ターミナルビルが完成し、87年（昭62）に国内線第2ターミナルビルが完成するなど、ターミナル地域の整備が進められた。

さらに、国内線第1ターミナルが利用客の増加により狭溢化していたことや、もともと滑走路の北端より北側に位置し走行効率が悪かったこと、第2ターミナルと分散立地していたことから、両ターミナルビルを統合した現在の那覇空港国内線旅客ターミナルビルが整備され、99年（平11）に供用開始された。2003年（平

2017年（平29）4月現在、那覇空港において、延長2,700mの滑走路の増設及びターミナル地域の再編が進められている。

3. 施設概要

南北（18/36）の向きに配置された延長3,000m、幅45mの滑走路の陸側（東側）は南側の半分以上が自衛隊の基地となっている。民航ターミナルは北側を

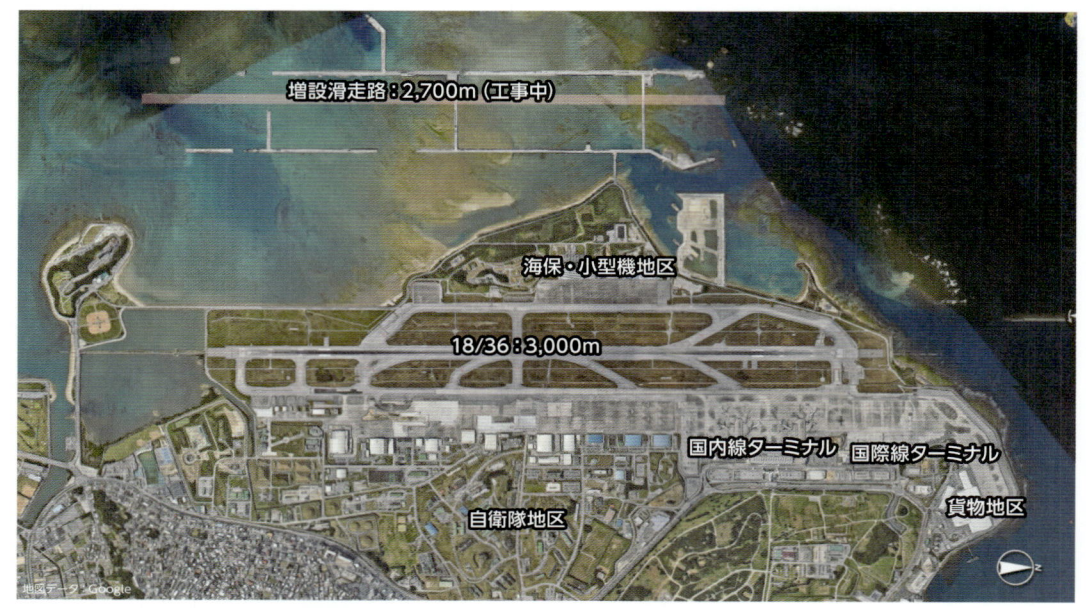

空港全体図：長さ2,700mの第2滑走路は2020年3月の供用を目指して鋭意建設中

709

使用しており、そのなかで南側から国内線旅客ターミナルビル、国際線旅客ターミナルビル、那覇航空交通管制部が配置され、一番北側に貨物ターミナル地区が、配置されている。滑走路の西側には海上保安庁や県警航空隊の基地がある。民間航空が使用する空港用地面積は、327ヘクタールである。

ターミナル地域：国内線はピア式ターミナル

国内線旅客ターミナルビルは、本館から2つのピアが伸び、あわせて13の固定ゲートを有する。鉄筋コンクリート造等の地下2階、地上5階建て（延床面積約8万6,000㎡）となっており、主に1階が到着ロビー、手荷物受取場、荷捌場、2階が出発ロビー、ゲートラウンジ、店舗、3階がチェックインロビー、4階が飲食店舗等となっている。2013年（平25）に北側増築部（延床面積約6,000㎡）が供用開始されている。

国際線旅客ターミナルビルは、ビルの前面に2つの固定ゲートを有する。鉄筋コンクリート造等の地上4階建て（延床面積約2万6,500㎡）となっており、主に、1階が到着ロビー、手荷物受取場、荷捌場、2階が出発ロビー、チェックインカウンター、ゲートラウンジ、3階が飲食店舗、4階が展望デッキ等となっている。16年（平28）に44番コンコース増築部（延床面積約3,000㎡）が供用開始されている。

現在、国際線、国内線の両ターミナルビルを増築して一体化する工事が進められており、18年（平30）末に完成予定である。

また、貨物ターミナルビルは、全5棟からなる延床面積約4万4,000㎡のターミナルビルであり、那覇空港貨物ターミナル㈱が管理・運営を行っている。2009年（平21）からANAにより、沖縄の地理的な優位性を活かし、那覇空港と国内外8方面（その後順次拡大）を深夜貨物便ネットワークで接続する沖縄貨物ハブの運航が実施されている。また、12年（平24）には貨物上屋の一部を改装してLCCターミナルが整備されており、ピーチ・アビエーション、バニラ・エアの2社が利用している。LCCターミナルへは、国内線ターミナルから約10分間隔で連絡バス等が運行されている。

空港内には、収容台数2,472台の立体駐車場が設置されている（P1立体駐車場621台、P2立体駐車場625台、P3立体駐車場1,226台）。

4. アクセス

2003年（平15）に開通した沖縄都市モノレール（ゆいレール）により、空港—首里間の約13kmが約27分で結ばれている。また、沖縄本島内の路線バス及び主要リゾートと直結するリムジンバス等が運行されている（那覇バスターミナルまで約20分、沖縄市まで約1時間、名護市まで約1時間40分）。

道路については、名護市を起点として那覇市に至る延長57.3kmの高速自動車国道である沖縄自動車道から那覇空港まで国道332号や空港自動車道等により接続されている。将来予定される那覇西道路や空港自動車道の全線開通によって、よりスムーズな交通アクセスが可能となる見込みである。

5. 運用状況

那覇空港の特徴の1つは自衛隊との共用である。民航だけで滑走路能力のすべてを使えないことに加え、近年増加しているスクランブル発進が優先される。これは夜間のメンテナンスにも影響している。様々な観点から滑走路1本では限界にきている。

那覇空港の旅客数は、2011年（平23）度以降増加し続けており、16年（平28）は、過去最高となる国内1,674万人、国際293万人、トランジット合わせ計1,967万人となっている。特に、訪日外国人旅行者の増加等による国際線の伸びが顕著であり、この4年間

で4倍以上に増加している。

就航路線について、国内線は県外に25路線107往復／日、県内に6路線42往復／日が就航し、国際線は15路線、約200往復／週が就航している。

貨物取扱量については、2009年（平21）のANAによる沖縄貨物ハブの運航開始以降、国際線の取扱量が大幅に増加しており、15年度（平27）は、国際17万7,709トン、国内22万1,927トンの計39万9,636トンとなっており16年（平28）は40万トンを超えている。

6. 課題、将来計画

那覇空港は、滑走路が1本の空港としては、旅客数、発着回数とも福岡空港に次ぐ全国第2位であり、将来の需要に適切に対応するため、沖合に延長2,700mの滑走路を増設する事業が行われている。現滑走路との間隔は1,310mであり、同時離着陸が可能となっている。2019年12月末の工事完了、20年3月末の供用開始が予定されており、総事業費は約2,000億円となっている。滑走路の増設により、処理容量が13.5万回／年から18.5万回／年に拡大することが見込まれている。

近年の国際線旅客数の急激な増加により国際線ターミナルビル、国際線エプロン等で混雑が発生している。さらに増加が見込まれる航空需要へ対応するため、CIQ施設を含む旅客ターミナルビルの拡張、エプロン拡張等のターミナル地域の機能強化が進められており、年間旅客数350万人の国際線需要に対応可能な体制が整えられる予定である。

（安藤慎）

■空港の諸元
・空港種別：国管理空港
・空港管理者：国土交通大臣
・位置：沖縄県那覇市
・空港面積：328ha
・滑走路（長さ×幅）：1本
　　18/36：3,000m × 45m

・運用時間（利用時間）：24時間（24時間）

■ターミナルビル
・運営：那覇空港ビルディング㈱
　　＜1992年設立＞
・規模：国際 26,500㎡（PBB4基）
　　国内 85,816㎡（PBB21基）

■輸送実績（2016年／平成28年実績）
・総旅客数　　　19,671,854人
　国際旅客　　　2,925,711人
　トランジット　　　1,800人
　国内旅客　　16,744,343人
・貨物量　　　　407,145トン
・離着陸回数　　　165,780回

#295
久米島空港

Kumejima Airport

ROKJ / UEO

那覇市西方100kmの離島で那覇と結ぶ。7月中旬〜8月の夏季限定ながら羽田路線も

空港全景：島の西部に海に突き出した、ジェット機の離着陸可能な2,000m滑走路

久米島は、沖縄本島那覇市の西方約100kmの東シナ海に位置し、総面積約63㎢の沖縄県内で5番目に大きな島である。

空港の歴史は比較的古く、1963年（昭38）、米国民政府援助資金により当初の久米島空港が建設され、65年（昭40）には民間機の運航が開始された。また、68年（昭43）からは南西航空（現日本トランスオーシャン航空）がYS-11型機（64人乗り）を就

航させた。沖縄の本土復帰に伴い、適用を受けることとなった日本の航空法に基づく改修工事が72年度（昭47）から実施され、77年（昭52）には滑走路1,200mの滑走路が供用開始した。

その後、航空需要の増大や大型化に対応するため、ジェット化空港として拡張整備され、1997年（平9）に滑走路2,000mで供用開始した。また、これに伴ってターミナルビルも新規に整備され、これを運営するため、「久米島空港ターミナルビル」が沖縄県の第3セクター方式で設立された。ターミナルビルは琉球石灰岩の外観を特徴としており、延床面積5,000㎡、旅客搭乗橋（PBB）1基を有している。

就航路線としては、那覇空港との間をJTAがB737（145人乗り）で、RACがDHC8-Q400/Q300（50人乗り）型機でそれぞれ運航している。また夏期限定でJTAによる羽田空港との直行便運航も行われている。

（傍士清志）

■空港の諸元
・空港種別：地方管理空港
・空港管理者：沖縄県
・位置：沖縄県久米島町
・空港面積：62ha
・滑走路（長さ×幅）：1本
　　03/21：2,000m × 45m
・運用時間（利用時間）：11.5 時間
　　（8：00 ～ 19：30）

■ターミナルビル
・運営：久米島空港ターミナルビル㈱
　　＜ 1997 年設立＞
・規模：4,984㎡（PBB1 基）

■輸送実績（2016年/平成28年実績）
・総旅客数　　　　254,949人
　　　　　　　　　（国内線のみ）
・貨物量　　　　　1,428 トン
・離着陸回数　　　5,750 回

#296
伊江島空港

Iejima Airport　　　　　　　　　　　　　　　**RORE / IEJ**

1975 年の沖縄国際海洋博覧会にあわせて建設されたが、1977 年から現在まで定期便はない

伊江島は沖縄本島の本部（もとぶ）半島から北西9kmに位置し、人口およそ4,500人、周囲22.4kmの離島である。

伊江島空港は、1975年（昭50）に開催された沖縄国際海洋博覧会の関連事業として建設され、同年、滑走路1,500mで供用開始した。同海洋博覧会期間中はANA、南西航空（現日本トランスオーシャン航空）のYS-11型機が就航したが、博覧会終了に伴い運航が一時休止された。博覧会終了の76年（昭51）から、南西航空のDHC-6型機（19人乗り）が運航を行ったが、旅客減により翌年、これも運休となった。

その後、2006年（平18）から08年（平20）までの間、エアー・ドルフィンによる乗り合い方式のチャーター便が那覇空港との間に運航されていたが、同社の事業休止により路線は廃止され、現在は緊急輸送等のみに供されている。

同空港の西側には米軍の演習場である伊江島補助飛行場があり、米軍によるパラシュート降下、物資投下訓練などが行われるため、伊江島空港には運用等の制限が課せられている。また、伊江島補助飛行場のさらに西側にもう1本の米軍滑走路があり、合計3本の滑走路が平行して配置されている。

（傍士清志）

空港全景：空港は島の中央部にあり、西側には米軍施設。東側が島の市街地

■空港の諸元
・空港種別：地方管理空港
・空港管理者：沖縄県
・位置：沖縄県伊江村
・空港面積：36ha
・滑走路（長さ×幅）：1本
　04/22：1,500m × 45m

・運用時間（利用時間）：8時間
　（9：00 ～ 17：00）
■ターミナルビル
・運営：沖縄県＜県営＞
・規模：504㎡

■輸送実績（2016年/平成28年実績）
・総旅客数　　　　　　70人
　　　　　　　　（国内線のみ）
・貨物量　　　　　データなし
・離着陸回数　　　　　82回

#297

慶良間空港

Kerama Airport　　　　　　　　　　　　　　　　　　　ROKR / KJP

民間が運営する非公共用飛行場を、県の管理に変更した珍しい経緯をもつ

　慶良間諸島は、那覇市の西約40kmに位置し、大小20余りの島嶼群から構成されている。

　慶良間空港は、慶良間諸島の外地島に位置し、1982年（昭57）に民間航空会社（㈱公共施設地図航空）が設置・管理する非公共用飛行場として滑走路延長800mで運用開始された。86年（昭61）には、航空会社の倒産等により運航が停止されたが、飛行場の設置・管理の地位が琉球エア・コミューターへ継承され、87年（昭62）に運航が再開された。その後、92年（平4）に、離島の民生安定と地域振興に寄与するため、沖縄県が設置・管理する公共用飛行場（第3種空港）として指定され、94年（平6）に供用が開始された。

　2006年（平18）に定期便は運休となり、現在はアイラス航空が那覇空港との間でチャーターヘリを運行している。

（安藤慎）

空港全景：慶良間諸島南部の無人島である外地島に所在

地図データ：Google

Japan

■空港の諸元
・空港種別：地方管理空港
・空港管理者：沖縄県
・位置：沖縄県座間味村
・空港面積：13ha
・滑走路（長さ×幅）：1本
　02/20：800m × 25m

・運用時間（利用時間）：10時間
　（8：00 ～ 18：00）
■ターミナルビル
・運営：沖縄県＜県営＞
・規模：402㎡

■輸送実績（2016年/平成28年実績）
・総旅客数　　　　　　493人
　　　　　　　　（国内線のみ）
・貨物量　　　　　データなし
・離着陸回数　　　　　282回

#298
粟国空港

Aguni Airport

RORA / AGJ

那覇の北西60kmの孤島に800mの滑走路を持つ空港。かつては小型機の定期便就航

粟国島は那覇市の北西およそ60kmの洋上に位置し、人口800人ほどで孤島性の強い島である。

粟国空港は島の北東部に位置する滑走路800mの空港である。第3次空港整備5か年計画（1976～80）及び沖縄県振興開発計画に基づき、76年（昭51）に建設工事が着手され、78年（昭53）に供用開始された。

開港と同時に南西航空（現日本トランスオーシャン航空）が、DHC-6（19人乗り）を使用して那覇路線を運航開始したが、1992年（平4）、同路線は琉球エア・コミューター（RAC）に移管された。DHC-6の老朽化による退役に伴い、RACはBN-2（9人乗り）へと機材を小型化して運航を継続したが、採算性や安定就航の面から、路線維持が危ぶまれる厳しい就航を強いられた。このため、RACは将来滑走路拡張が実現すれば、機材の大型化（DHC-8型機39人乗り）を検討するとしつつ、パイロットの定年退職を契機として、2009年（平21）、路線を一時運休した。

これを受けて、大阪に本社を置く第一航空がRACの路線を引き継ぎ、BN-2B型機を就航させた。

一方、RAC定期便再開の条件とされた滑走路の1,200mへの延長事業については、「粟国空港協議会」のもと、沖縄県と粟国村が協働で事業化の前提となるパブリックインボルブメントを実施したが、拡張用地に多数の地権者が存在するなど権利関係が複雑なことから行き詰まった。このため、用地の拡張を要しない滑走路のかさ上げにより対応することとなり、第一航空が2015年（平27）8月より19人乗りDHC-6-400型機（ツイン・オッター）を投入し、2地点旅客輸送で1日3往復の運航を開始し、輸送力の強化が図られた。ところが、就航間もない8月28日、同機が着陸時に滑走路を右側に逸脱しフェンスに衝突、乗員乗客11人がけがを負う航空機事故を起こし、17年（平29）末まで粟国空港の定期路線は運休していた。翌年の1月から2年5か月ぶりに運航を再開したが、3か月あまりで再び運休となった。同年4月時点で再開のめどは立っていない。

なお、この機材は退役したかつてのDHC-6ではなく、ボンバルディア社から製造権を取得したバイキング・エア社が、独自の改良型シリーズとして製造している新造機である。

（傍士清志）

粟国町中心部

地図データ：Google

空港全景：観光地としての注目度は高くないが火山の痕跡を残した海岸や、大規模な鍾乳洞も

■空港の諸元
- 空港種別：地方管理空港
- 空港管理者：沖縄県
- 位置：沖縄県粟国村
- 空港面積：9ha
- 滑走路（長さ×幅）：1本
  01/19：800m×25m

- 運用時間（利用時間）：10時間
  （8：00～18：00）

■ターミナルビル
- 運営：沖縄県＜県営＞
- 規模：165㎡

■輸送実績（2016年/平成28年実績）
- 総旅客数　　　　1,505人
  （国内線のみ）
- 貨物量
- 離着陸回数　　　702回

北大東空港

Kitadaito Airport

RORK / KTD

近くの南大東島の弟分。人口600人あまりの小島ながら1,500m滑走路

　北大東島は、沖縄本島の東方約340kmに位置し、沖縄県島尻郡北大東村に属する人口600人余りの離島である。直線距離で12km南方に位置する南大東島と両村で大東諸島を構成する。20世紀初頭、東京の八丈島からの開拓団により開拓され、以来燐鉱石採掘事業が盛んに行われてきた。しかし、終戦後、鉱山は閉山され、現在はサトウキビ農業が島の中心的産業として村民の生活を支えている。

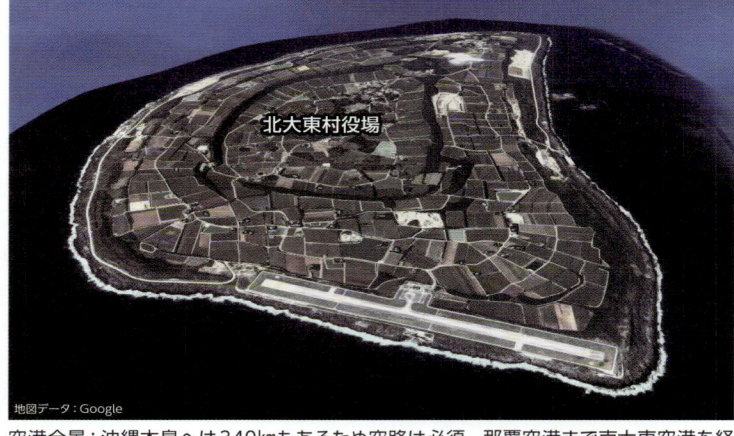

北大東村役場

地図データ：Google

空港全景：沖縄本島へは340kmもあるため空路は必須。那覇空港まで南大東空港を経由して1時間半

　北大東空港は、1971年（昭46）米国民政府援助資金により緊急着陸飛行場として建設された。本土復帰後の79年（昭54）、滑走路800mに再整備され、DHC-6型機（19人乗り）により週3便の運航が開始された。

　しかしながら、DHC-6型機では輸送力が小さく、小型機材がゆえに就航安定性も低かったことから、同じ問題を抱えていた南大東空港と並行して長さ1,500m級の滑走路整備を図ることとされ、1997年（平9）滑走路長1,500mを有する現在の北大東空港が供用開始した。沖縄県が設置・管理する地方管理空港であるが、日常の運用は北大東村に委託されている。また、ターミナルビルは北大東村の村営である。

　2018年（平30）1月時点での運航路線は、DHC8-Q400（定員50名）の1日1便で、那覇と南大東を結んでおり、月・金・土・日曜は那覇空港→北大東—南大東→那覇空港の時計回りに、火・水・木曜には反時計回りに運航されている。北大東—南大東間のフライトは所要時間15分と、わが国の定期航空路線としては最も短く、付与されるマイレージは8マイルである。

（傍士清志）

Japan

■空港の諸元
- 空港種別：地方管理空港
- 空港管理者：沖縄県
- 位置：沖縄県北大東村
- 空港面積：36ha
- 滑走路（長さ×幅）：1本
　　03/21：1,500m × 45m

- 運用時間（利用時間）：10時間
　　（8：00 ～ 18：00）

■ターミナルビル
- 運営：沖縄県＜県営＞
- 規模：731㎡

■輸送実績（2016年/平成28年実績）
- 総旅客数　　　　19,299人
　　　　　　　（国内線のみ）
- 貨物量　　　　　74トン
- 離着陸回数　　　792回

#300
南大東空港

Minamidaito Airport

ROMD / MMD

那覇の東方 340km にある絶海の孤島。船便は那覇から 15 時間あまりと、航空便が不可欠

　南大東島は、沖縄本島の東方約340kmに位置し、沖縄県島尻郡南大東村に属する人口1,300人余りの離島である。直線距離で12km北方に位置する北大東島と両村で大東諸島を構成する。20世紀初頭、東京の八丈島からの開拓団により開拓され、開村以来サトウキビの生産が村の中心的産業である。

　空港の歴史は古く、1934年（昭9）日本海軍の飛行場として建設されたことに始まる。戦後米国基準により滑走路が整備され、南西航空（現日本トランスオーシャン航空）のYS-11（64人乗り）型機が那覇空港との間で就航した。しかしその後、沖縄の本土復帰に伴いわが国の航空法の適用を受け、有効滑走路長が短縮されたことから就航機材がDHC-6型機（19人乗り）へと小型化され、輸送力や就航率が低下するに至った。

　この状況を打開すべく新空港の整備計画が策定され1997年（平9）、滑走路長1,500mを有する現在の南大東空港が供用開始した。沖縄県が設置・管理する地方管理空港であるが、日常の運用は南大東村に委託されている。また、ターミナルビルは南大東村の村営である。

　2018年（平30）1月時点の路線は、午前便は

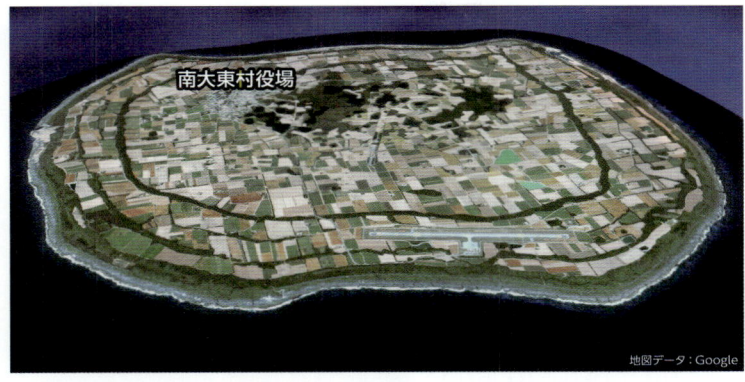

南大東村役場

地図データ：Google

空港全景：島内は一面のサトウキビ畑。かつてはこれを運ぶ総延長30kmの鉄道も存在

DHC8-Q300（定員50名）による那覇空港—南大東空港—那覇空港の単純往復、午後便はDHC8-Q400（定員50名）によって三角ルート運航され、その運航状況は北大東空港の記述のとおりである。

（傍士清志）

■空港の諸元
- 空港種別：地方管理空港
- 空港管理者：沖縄県
- 位置：沖縄県南大東村
- 空港面積：36ha
- 滑走路（長さ×幅）：1本
　02/20：1,500m × 45m

- 運用時間（利用時間）：10時間
　（8：00 ～ 18：00）

■ターミナルビル
- 運営：沖縄県＜県営＞
- 規模：910㎡

■輸送実績（2016年/平成28年実績）
- 総旅客数　　　　　　45,720
　　　　　　　　　　（国内線のみ）
- 貨物量　　　　　　　258トン
- 離着陸回数　　　　　1,598回

宮古空港

Miyako Airport   **ROMY / MMY**

石垣島と並ぶ沖縄離島の要衝。今後もスポーツ、観光による需要喚起に期待が集まる

1. 沿革と概要

　宮古島は、沖縄本島の南西約300km、石垣島の東北東約130kmの宮古列島東部に位置する離島である。島全体が、おおむね平坦で低い台地であり、一番高いところでも海抜114mにすぎない。地盤は、ほとんどが隆起珊瑚礁の琉球石灰岩が重なり合って形成されており、平坦な地形は農業に適し、総面積の52%が耕作地である。

宮古市中心市街

地図データ・Google

空港全景：元々観光資源に恵まれるうえに伊良部大橋が開通し、旅客数が年々増加

　宮古空港は、宮古島西部に位置する沖縄県営空港である。1943年（昭18）に旧日本海軍の飛行場として建設され、56年（昭31）に宮古―那覇―石垣間にチャーター方式による民間航空が初就航し、翌年に同路線の民間定期運航が開始された。また、68年（昭43）には、最初のターミナルビルが建設された。

　その後、1975年（昭50）に滑走路が長さ1,500mに延長され、78年（昭53）には、航空保安施設等の整備による暫定ジェット化がなされた。同年、宮古空港ターミナル㈱（設立は前年11月）によるターミナルビルが供用開始した。ビルは花笠をイメージした独創的な意匠で「花笠空港」と呼ばれたこともある。83年（昭58）には滑走路を2,000mに延長するなど、航空需要の増大や機材の大型化に対応した空港機能の向上が実施されてきた。さらに、92年（平4）よりターミナル地区は西側から東側へ移転され、鉄筋コンクリート3階建て（延床面積9,406㎡）の旅客ターミナルビルが97年（平9）に供用を開始した。赤煉瓦を多用した特徴あるデザインである。2001年（平13）には、混雑解消のため、誘導路が増設された。

　伊良部大橋の開通等による近年の好調な観光需要等を背景としたさらなる空港機能強化のため、2017年（平29）よりエプロンが拡張されている。

2. 利用状況

　那覇便、石垣便については、南西航空（現在の日本トランスオーシャン航空）が1967年（昭42）から運航している。那覇便については、93年（平5）にANAが運航開始し、2006年（平18）には琉球エア・コミューター（RAC）が季節運航を開始した。また、石垣便については、03年（平15）からRACが定期運航を開始している。

　多良間便については、多良間空港開港にあわせ、南西航空が宮古―多良間―石垣便を開設し、1992年（平4）に同便は琉球エア・コミューターに移管された。

　東京便については、南西航空により1989年（平元）にB737で運航開始され、2016年（平28）にはANAも参入した。

　そのほか、関西便については、一時中断したが16年（平28）からANAが1日1往復の直行便を運航している。

　2018年（平30）4月現在、羽田便、中部便、関西便、那覇便、石垣便、多良間便が運航されており、年間乗降客数は、16年（平28）で国内153万人と過去最高を記録した。

（安藤慎）

Japan

■空港の諸元
　・空港種別：地方管理空港
　・空港管理者：沖縄県
　・位置：沖縄県宮古島市
　・空港面積：121ha
　・滑走路（長さ×幅）：1本
　　04/22：2,000m × 45m

　・運用時間（利用時間）：13時間
　　（8：00 〜 21：00）

■ターミナルビル
　・運営：宮古空港ターミナル㈱
　　＜1977年設立＞
　・規模：9,406㎡（PBB3基）

■輸送実績（2016年/平成28年実績）
　・総旅客数　　　　1,530,294人
　　国際旅客　　　　　　2,528人
　　国内旅客　　　　1,527,766人
　・貨物量　　　　　　11,734トン
　・離着陸回数　　　　17,904回

#302
下地島空港

Shimojishima Airport　　　　　　　　　　　　　　　　　　　　　**RORS / SHI**

わが国唯一のパイロット訓練用飛行場としての機能は衰退するも、リゾート空港として再出発

下地島は沖縄本島から南西約300km、面積約9㎢の隆起サンゴ礁の島で、ごく細い水路で隣接する伊良部島との間には6本の橋がある。伊良部大橋の開通で宮古島ともつながった。

下地島空港は、当時米国の飛行場に頼っていたパイロットの訓練を国内でも行えるようにするため、訓練用飛行場として1972年（昭47）に着工され、79年（昭54）に供用が開始された。翌年11月より本格的な訓練が開始され、以降、パイロット訓練空港として活用されてきた。

空港全景：ほぼ南北に伸びる3,000mの滑走路のほか施設は充分

滑走路は長さ3,000mあり、平行誘導路、高速離脱誘導路を有するほか、計器着陸装置も完備され、エプロンは6スポットある。

1980年（昭55）には、南西航空（現在の日本トランスオーシャン航空）が那覇空港との間に定期便を運航したが、94年（平6）に運休となっている。また、パイロット訓練事業についても、2012年（平24）にJALが、14年（平26）にANAがそれぞれ撤退している。

このような状況を踏まえ、沖縄県や宮古島市において利活用方策の検討が進められ、2017年（平29）に「下地島空港及び周辺用地の利活用実施計画」が策定された。これを受けて、三菱地所㈱と県との間で基本協定

が締結され、同社が中心となって設立された下地島エアポートマネージメント㈱によって、国際線機能を有する「みやこ下地島空港ターミナル」の整備が行われた。

ターミナルビルは、「空港から、リゾート、はじまる。」をキーコンセプトに、宮古諸島の豊かな緑や自然の光を取り込むとともに、板の方向が層ごとに直交するように重ねて接着した大判のパネル「CLT（直交集成板）」を使用するなど、環境にも配慮した施設になっている。

2019年（平31）3月のターミナル開業と同時にジェットスタージャパンによる成田便の運航が開始され、同7月には同社による関西便及び香港エクスプレスによる香港との間の国際定期便も就航開始している。

（安藤慎）

#303
多良間空港

Tarama Airport　　　　　　　　　　　　　　　　　　**RORT / TRA**

本土復帰当時から小型機が就航していたが、現在は 1,500m 滑走路に DHC-8 が就航中

（たらま）多良間島は宮古列島の南西端に位置し、人口およそ 1,100 人の離島である。

多良間空港（旧空港）は、1971 年（昭 46）、米国民政府援助資金により主に救急患者の輸送の目的で緊急着陸飛行場として建設された。72 年（昭 47）の本土復帰に際して適用されることとなった日本の航空法に基づき、滑走路長 800m

多良間町中心部

地図データ：Google

空港全景：多良間島は宮古島と石垣島の中間に位置するが、定期路線は宮古空港のみ

に拡張整備され、南西航空（現日本トランスオーシャン航空）の DHC-6 型機（19 人乗り）が宮古、石垣両空港との間に就航した。76 年（昭 51）からは同じく DHC-6 型機により那覇便が就航したが、87 年（昭 62）に休止している。2001 年度（平 13）には老朽化のため DHC-6 型機が退役し、9 人乗り BN-2B 型機に代替されたことから、輸送力が減少した。また、短い滑走路長と小型機材のため、多少の悪天候でも欠航することから、村民生活に不便が強いられた。このため、機材の大型化による輸送力の拡大と安定運航及び快適性の向上を図るべく、1999 年（平 11）度より旧空港の西側用地に、滑走路長 1,500m を有する新たな空港建設が開始され、2005 年（平 17）10 月、現空港が供用開始した。運航路線は、琉球エア・コミューター（RAC）による宮古空港路線のみで、ボンバルディア DHC8-Q100 型機（39 人乗り）が 1 日 2 往復運航している。

（傍士清志）

Japan

#304
石垣空港

Ishigaki Airport

ROIG / ISG

八重山群島中心地は古くから需要が旺盛。自然環境問題をクリアして新空港が誕生

1. 沿革と概要

　石垣島は、沖縄本島から約400km離れた八重山列島の東に位置する離島である。石垣空港は、石垣市街より北東約14kmの石垣島東部に位置する地方管理空港であり、八重山圏域の観光産業及び農水産業等、物流の拠点となっている。

　旧石垣空港は、1943年（昭18）に旧日本軍により海軍飛行場として石垣島南部に建設され、56年（昭31）に民間航空輸送が開始された。その後、航空需要の増大や機材の大型化への対応が求められるなか、旧空港では滑走路長を1,500m以上に延伸することが困難であったことから、新空港建設の検討が長年に渡り重ねられた。沖縄県は当初、島東部の白保集落の沖合を候補地としたが、サンゴ礁の中に位置していたため、自然保護団体や研究者が「八重山・白保の海を守る会」を結成し反対運動を繰り広げ、やがて国際的な保護団体の圧力も強まるなか、計画案は撤回された。その後、計画は二転三転し、2000年（平12）に、地域を主体とした新石垣空港建設位置選定委員会や新石垣空港建設位置地元調整会議の議を経て、新空港の位置は「カラ岳陸上案」に決定された。06年（平18）より滑走路長2,000mを有する新たな空港の建設が行われ、13年（平25）3月7日に新石垣空港が供用開始するとともに旧石垣空港が廃止された。これにより、従来の小型ジェット機から新たに中型ジェット機の就航が可能となり、これまで就航できなかった石垣島から羽田空港等への直行便の就航が実現した。

　旅客ターミナルビルについては、第3セクターの石垣空港ターミナル㈱（2009年設立）が運営しており、国内線ビルは鉄筋コンクリート4階建て（延床面積1万2,164㎡）、国際線ビルは鉄筋コンクリート2階建て（延床面積1,336㎡）となっている。

　近年の急増する海外観光客の受入に対応するため、現在、石垣空港ターミナル㈱が国際線ターミナルビルの増改築を行うとともに、沖縄県がエプロン拡張を進めている。

2. 利用状況

　旧石垣空港では、沖縄県内の那覇便、宮古便、与那国便、多良間便、波照間便、沖縄県外の羽田便、中部便、関西便、広島便、福岡便が就航していた。

　2013年（平25）の新石垣空港供用開始により羽田空港等との中型機による直行便が可能となったが、同年、ソラシド・エアが那覇便を開設するとともに、ピーチ・アビエーションも関西国際空港便、那覇空港便を就航させた。

　また、国際線では、2013年（平25）にチャイナ・エアラインが初の定期便となる台湾便を運航するとともに、16年（平28）に香港エクスプレスが香港便を運航している。

　17年現在、国内線として羽田便、中部便、関西便、福岡便、那覇便、宮古便、与那国便、国際線として台湾便、香港便を有しており、年間乗降者数は、16年（平28）で国内242万人、国際3.8万人となっている。

（安藤慎）

空港全景：2013年に供用開始された新空港により、東京への直行便も運航可能に

■空港の諸元──────────
・空港種別：地方管理空港
・空港管理者：沖縄県
・位置：沖縄県石垣市
・空港面積：143ha
・滑走路（長さ×幅）：1本
　04/22：2,000m × 45m

・運用時間（利用時間）：13時間
　（8：00〜21：00）

■ターミナルビル──────
・運営：石垣空港ターミナル㈱
　＜2009年設立＞
・規模：国際　1,335㎡
　　　　国内 12,164㎡（PBB4 基）

■輸送実績（2016年／平成28年実績）
・総旅客数　　　2,421,529人
　　国際旅客　　　 38,011人
　　国内旅客　 2,383,518人
・貨物量　　　　18,931トン
・離着陸回数　　 25,326回

#305
波照間空港

Hateruma Airport　　　　　　　　　　　　　　　　　　**RORH / HTR**

人口500人の日本最南端の有人島。かつて石垣路線が就航も高速フェリーの登場で休止中

波照間中心部

空港全景：新ターミナルが2015年に建設されたこともあり、運航再開の期待

Japan

波照間島は沖縄県八重山郡竹富町に位置し、面積12.73km²、人口500人余りの日本最南端の有人島である。島の主な産業はサトウキビ栽培と製糖で、入手困難で幻の泡盛として知られる「泡波」が島内の酒造所で生産されている。

波照間空港は、沖縄の本土復帰前の1972年（昭47）3月、米国民政府援助資金により緊急着陸用飛行場として建設され、同年9月から沖縄航空のセスナ機によって石垣島線が運航開始されている。

その後、本土復帰に際して日本の航空法に適合するよう、新たに場所を移転して整備が進められ、1976年（昭51）6月、滑走路800mの第3種空港として現空港が供用開始した。これにあわせて、南西航空（現日本トランスオーシャン航空）が19人乗りのDHC-6を使用して石垣島線を開設した。同路線は92年（平4）に琉球エア・コミューター（RAC）に移管され、2001年（平13）からは運航機材がBN-2B（9人乗り）に変更となった。

しかし、石垣—波照間間を1時間強で結ぶ高速船が就航したことにより、航空旅客は低迷し、2007年（平19）、RACによる石垣空港線は廃止されるに至った。これを受けてエアー・ドルフィンが石垣空港へ不定期便運航を開始したが、これもわずか1年余りで運休し、それ以降は緊急輸送等で利用されるのみとなった。

今度は第一航空が石垣島線を再開することとなり、これにあわせるべく老朽化が激しかった旅客ターミナルビルが解体撤去され、2015年（平27）、新ターミナルが建設された。ところが就航する見込みであった第一航空の19人乗りDHC-6-400型機（ツイン・オッター）の同型機が粟国空港で事故を起こし、原因究明や再発防止に時間を要していることから17年（平29）12月現在で運航開始時期のめどは立っていない。

（傍士清志）

■空港の諸元
・空港種別：地方管理空港
・空港管理者：沖縄県
・位置：沖縄県竹富町
・空港面積：9ha
・滑走路（長さ×幅）：1本
　02/20：800m × 25m

・運用時間（利用時間）：10時間
　（8：00～18：00）
■ターミナルビル
・運営：沖縄県＜県営＞
・規模：264㎡

■輸送実績（2016年/平成28年実績）
・総旅客数　　　データなし
・貨物量　　　　データなし
・離着陸回数　　　　　52回

#306
与那国空港

Yonaguni Airport

ROYN / OGN

わが国最西端の島からは彼方に台湾の山々も。現在は石垣島との間にDHC-8が就航

与那国島は、沖縄本島から南西に約500km離れ、八重山列島の西に位置する日本最西端の離島である。

与那国空港は、島北部に位置する地方管理空港であり、1943年（昭18）に旧日本軍の飛行場として建設された。57年（昭32）に民間航空輸送が開始され、翌年滑走路等が拡張整備された。72年（昭47）の本土復帰後、航空法が適用されたことによって滑走路は短縮運用となり、75年（昭50）に滑走路800mで供用開始した。その後、航空需要の増大や機材の大型化に対応するため、87年（昭62）に滑走路が1,500mに延伸され、99年（平11）には舗装構造も強化され暫定ジェット化した。さらに2007年（平19）には、滑走路が長さ2,000mに延伸され、本格ジェット化空港として供用開始した。

旅客ターミナルビルは、沖縄県が1987年（昭62）に建設・供用開始したが、99年（平11）には増改築

空港全景：この空港から石垣空港まで35分、那覇空港まで1時間15分の空旅

が行われ、鉄筋コンクリート造一部2階建て（延床面積1,620㎡）で供用開始した。

2000年（平12）に、それまでの日本トランスオーシャン航空（JTA）の就航に加え、琉球エア・コミューター（RAC）が那覇線、石垣線をDHC-8により開設した。しかし、2013年（平25）に日本トランスオーシャン航空（JTA）が撤退し、現在は琉球エア・コミューター（RAC）のみが就航している。乗降客数は、16年（平28）で国内9万9,395人となっている。

（安藤慎）

■空港の諸元
・空港種別：地方管理空港
・空港管理者：沖縄県
・位置：沖縄県与那国町
・空港面積：58ha
・滑走路（長さ×幅）：1本
　08/26：2,000m × 45m

・運用時間（利用時間）：11.5時間
　（8：00～19：30）
■ターミナルビル
・運営：沖縄県＜県営＞
・規模：1,620㎡

■輸送実績（2016年/平成28年実績）
・総旅客数　　　　99,395人
　　　　　　　（国内線のみ）
・貨物量　　　　　　407トン
・離着陸回数　　　　3,166回

国内空港総旅客数ランキング

（2016年空港管理状況調書より）

順位	空港名	総旅客数(人)	うち国際線	うち国内線	離着陸回数
1	東京国際空港	80,109,802	15,174,739	64,935,063	448,458
2	成田国際空港	36,578,845	29,574,269	7,004,576	244,752
3	関西国際空港	25,130,556	18,654,363	6,476,193	177,106
4	福岡空港	21,994,977	4,990,675	17,004,302	176,170
5	新千歳空港	21,311,918	2,579,899	18,732,019	144,192
6	那覇空港	19,671,854	2,927,511	16,744,343	165,780
7	大阪国際空港	14,923,678	0	14,923,678	139,192
8	中部国際空港	10,843,122	5,184,685	5,658,437	101,718
9	鹿児島空港	5,372,961	193,234	5,179,727	66,078
10	仙台空港	3,110,363	187,366	2,922,997	49,760
11	宮崎空港	3,074,788	94,575	2,980,213	42,420
12	熊本空港	2,986,686	45,265	2,941,421	41,718
13	長崎空港	2,967,421	24,932	2,942,489	30,190
14	松山空港	2,894,786	36,723	2,858,063	29,868
15	広島空港	2,851,436	317,996	2,533,440	23,992
16	神戸空港	2,697,927	233	2,697,694	24,910
17	石垣空港	2,421,529	38,011	2,383,518	25,326
18	高松空港	1,844,518	201,646	1,642,872	17,818
19	大分空港	1,812,639	66,416	1,746,223	22,344
20	函館空港	1,744,682	200,947	1,543,735	18,226
21	小松飛行場	1,705,320	187,217	1,518,103	16,672
22	宮古空港	1,530,294	2,528	1,527,766	17,904
23	岡山空港	1,437,121	192,642	1,244,479	11,376
24	高知空港	1,408,326	782	1,407,544	17,878
25	北九州空港	1,330,777	29,221	1,301,556	17,276
26	秋田空港	1,233,827	7,891	1,225,936	18,408
27	旭川空港	1,140,822	152,082	988,740	7,888
28	青森空港	1,072,554	42,593	1,029,961	16,402
29	徳島飛行場	1,059,428	136	1,059,292	9,730
30	新潟空港	993,148	114,899	878,249	26,786
31	山口宇部空港	945,021	16,164	928,857	8,600
32	出雲空港	897,181	558	896,623	12,458
33	名古屋飛行場	870,082	898	869,184	43,868
34	女満別空港	768,990	370	768,620	9,892
35	釧路空港	715,737	3,375	712,362	10,314
36	奄美空港	695,804	0	695,804	14,930
37	佐賀空港	639,304	90,108	549,196	10,150
38	帯広空港	621,100	7,702	613,398	13,008
39	美保飛行場	616,910	44,122	572,788	6,390
40	静岡空港	616,384	278,030	338,354	9,420
41	百里飛行場	605,944	164,895	441,049	5,012
42	富山空港	589,249	112,026	477,223	8,116
43	岩国飛行場	435,423	352	435,071	3,910
44	花巻空港	421,825	5,498	416,327	11,902
45	庄内空港	386,178	910	385,268	4,366
46	鳥取空港	376,322	866	375,456	5,036
47	山形空港	262,474	5,049	257,425	7,144
48	久米島空港	254,949	0	254,949	5,750
49	福島空港	249,568	4,424	245,144	7,504
50	三沢飛行場	246,635	70	246,565	3,400

順位	空港名	総旅客数(人)	うち国際線	うち国内線	離着陸回数
51	対馬空港	232,619	0	232,619	6,004
52	札幌飛行場	205,297	0	205,297	15,348
53	中標津空港	202,701	316	202,385	3,166
54	八丈島空港	191,270	0	191,270	3,974
55	稚内空港	190,076	0	190,076	2,882
56	徳之島空港	170,258	0	170,258	4,908
57	屋久島空港	168,020	0	168,020	4,134
58	能登空港	163,196	4,517	158,679	3,116
59	大館能代空港	133,968	0	133,968	1,638
60	福江空港	131,218	0	131,218	5,118
61	松本空港	121,991	8	121,983	7,298
62	石見空港	121,232	0	121,232	2,150
63	南紀白浜空港	117,377	0	117,377	4,088
64	与那国空港	99,395	0	99,395	3,166
65	沖永良部空港	98,801	0	98,801	3,642
66	調布飛行場	96,772	0	96,772	14,526
67	与論空港	84,628	0	84,628	2,932
68	喜界空港	81,064	0	81,064	3,856
69	種子島空港	76,687	0	76,687	3,224
70	紋別空港	70,070	0	70,070	774
71	天草飛行場	60,720	0	60,720	3,078
72	隠岐空港	58,312	0	58,312	1,652
73	南大東空港	45,720	0	45,720	1,598
74	利尻空港	41,932	0	41,932	1,042
75	多良間空港	36,892	0	36,892	1,488
76	新島空港	33,406	0	33,406	3,018
77	但馬飛行場	30,929	0	30,929	4,094
78	壱岐空港	30,287	0	30,287	1,546
79	大島空港	26,680	0	26,680	5,134
80	三宅島空港	23,140	0	23,140	2,312
81	神津島空港	21,090	0	21,090	2,072
82	北大東空港	19,299	0	19,299	792
83	奥尻空港	10,099	0	10,099	766
84	粟国空港	1,505	0	1,505	702
85	慶良間空港	493	0	493	282
86	佐渡空港	86	0	86	260
87	伊江島空港	70	0	70	82
88	下地島空港	25	0	25	524
	八尾空港	0	0	0	26,764
	福井空港	0	0	0	7,550
	岡南飛行場	0	0	0	7,076
	大分県央飛行場	0	0	0	2,056
	小値賀空港	0	0	0	148
	上五島空港	0	0	0	122
	波照間空港	0	0	0	52
	礼文空港	0	0	0	0

Japan

column 36
国内路線別旅客数ランキング 100

(2016年空港管理状況調査書より)

順位	路線	旅客数(人)	順位	路線	旅客数(人)	順位	路線	旅客数(人)
1	羽田―新千歳	8,949,481	35	成田―那覇	820,458	69	福岡―仙台	295,334
2	羽田―福岡	8,198,474	36	羽田―秋田	791,819	70	関西―石垣	269,441
3	羽田―那覇	5,445,311	37	中部―福岡	787,637	71	伊丹―高知	259,913
4	羽田―伊丹	5,185,814	38	羽田―神戸	734,917	72	関西―鹿児島	256,533
5	羽田―鹿児島	2,279,068	39	仙台―新千歳	721,406	73	成田―松山	250,345
6	羽田―熊本	1,820,899	40	伊丹―鹿児島	647,715	74	那覇―久米島	242,004
7	羽田―広島	1,775,952	41	羽田―出雲	572,813	75	成田―広島	238,164
8	福岡―那覇	1,754,658	42	伊丹―福岡	569,844	76	羽田―中部	226,803
9	成田―新千歳	1,707,052	43	羽田―帯広	557,949	77	鹿児島―奄美	222,192
10	羽田―長崎	1,689,804	44	羽田―美保	539,335	78	伊丹―大分	211,491
11	羽田―松山	1,464,629	45	関西―福岡	534,690	79	名古屋―福岡	209,124
12	羽田―宮崎	1,413,881	46	羽田―青森	531,740	80	中部―仙台	203,114
13	中部―新千歳	1,333,356	47	福岡―宮崎	526,406	81	伊丹―青森	195,983
14	羽田―関西	1,237,548	48	伊丹―松山	520,102	82	神戸―鹿児島	188,705
15	羽田―高松	1,224,462	49	伊丹―宮崎	504,243	83	新千歳―女満別	186,751
16	那覇―石垣	1,202,835	50	福岡―新千歳	495,726	84	成田―高松	184,345
17	羽田―大分	1,193,625	51	羽田―長崎（神戸経由）	486,815	85	羽田―三沢	183,704
18	関西―那覇	1,153,151	52	羽田―釧路	486,342	86	成田―鹿児島	178,747
19	羽田―北九州	1,148,534	53	羽田―石垣	484,924	87	伊丹―秋田	178,570
20	成田―福岡	1,139,665	54	神戸―新千歳	473,307	88	成田―熊本	177,853
21	関西―新千歳	1,119,355	55	成田―伊丹	460,616	89	羽田―宮古	174,282
22	那覇―宮古	1,117,584	56	羽田―女満別	455,437	90	鹿児島―那覇	172,140
23	中部―那覇	1,108,904	57	伊丹―新潟	413,263	91	成田―大分	170,288
24	伊丹―那覇	1,091,018	58	伊丹―熊本	404,353	92	羽田―八丈島	169,972
25	伊丹―新千歳	1,067,811	59	羽田―佐賀	395,988	93	福岡―対馬	162,539
26	羽田―函館	1,063,336	60	中部―鹿児島	386,411	94	伊丹―福島	160,103
27	羽田―小松	1,003,591	61	羽田―岩国	376,256	95	福岡―小松	157,521
28	羽田―岡山	988,303	62	羽田―富山	371,932	96	中部―宮崎	156,626
29	羽田―徳島	952,369	63	伊丹―長崎	361,892	97	羽田―能登	151,775
30	羽田―高知	927,464	64	羽田―庄内	360,602	98	中部―長崎	144,871
31	伊丹―仙台	895,365	65	羽田―鳥取	355,031	99	那覇―百里	143,597
32	羽田―山口宇部	856,469	66	神戸―那覇	353,070	100	新潟―新千歳	143,200
33	羽田―旭川	852,730	67	成田―中部	352,822			
34	成田―関西	834,785	68	関西―仙台	327,511			

空港で使われる特殊車両（GSE 車両）

（岩見宣治）

空港では、一般には見かけない特殊な形をした車両が動き回っている。これらは「GSE車両」（Ground Support Equipment：地上支援車両）と呼ばれるもので、特定の機能、目的に使用される車両である。以下に主な車両を紹介する。

トーイングトラクター　Towing tractor

航空機のノーズギア（Nose gear：前脚）にトウバー（Tow bar）を取り付けて、駐機中の航空機をスポットから押し出したり、誘導路を牽引して移動させる車両。トウバーを持たずに、前脚を浮かせて抱え込む方式のトーイングトラクター（トーバーレストラクター）もある。

ステップ車　Passenger step car

送迎バスで、あるいはエプロン上を歩いて搭乗・降機するために航空機の搭乗口に横付けする階段つきの車両。国賓等の専用機でもボーディングブリッジは使用せず、このステップ車により乗降する。

マーシャリングカー　Marshaling car

航空機のスポットインが正確に行えるよう誘導する車両で、マーシャラー（誘導員）はリフト付きの作業台に乗って手に持ったパドルによってパイロットに適正な位置を指示する。なお、適切な立ち位置があれば特に車両は使用しない。

コンテナドーリー　Container dolly

貨物専用機や中・大型ジェット機のベリー（床下貨物室）に搭載するコンテナを載せて航空機と旅客ビルや貨物ビルを往復する台車。台車には、コンテナの向きを変えるためのベアリングが設置され、通常5-6台のドーリーをトラクターで牽引して走行する。

ハイリフトローダー　High lift loader

コンテナやパレットをリフトにより搭載口まで持ち上げて積み込む車両。

ベルトローダー　Belt loader

コンテナに収容しないバラ積みの貨物（バルク）・手荷物などを斜路のベルトコンベアにより搭載口まで持ち上げて積み込む車両。

給油サービサー　Fuel servicer

エプロン上の給油用ハイドラントピット接続し、航空機の給油口につないで、燃料を給油する車両。

ケータリング車　Catering car

機内食工場から機内食や飲料を機内に積み込む車両で、航空機の搭乗口まで荷台を持ち上げるリフトを装備している。

ラバトリーカー　Lavatory service vehicle

航空機の汚水タンクに接続し、汚水を回収してタンクを洗浄する。汚水タンクは空港に設置されている航空機汚水処理施設に運ばれ、一定基準以下の水質に処理したうえで、公共下水等に放流される。

Japan

725

column38

離着陸回数ランキング 50 (2016 年)

順位	地域	国名	都市名	空港名	IATA	離着陸回数	掲載
1	南北アメリカ	アメリカ合衆国	アトランタ	ハーツフィールド・ジャクソン・アトランタ国際空港	ATL	898,356	p217
2	南北アメリカ	アメリカ合衆国	シカゴ	シカゴ・オヘア国際空港	ORD	867,635	p200
3	南北アメリカ	アメリカ合衆国	ロサンゼルス	ロサンゼルス国際空港	LAX	697,138	p246
4	南北アメリカ	アメリカ合衆国	ダラス・フォートワース	ダラス・フォートワース国際空港	DFW	672,748	p234
5	アジア	中国	北京	北京首都国際空港	PEK	606,086	p325
6	南北アメリカ	アメリカ合衆国	デンバー	デンバー国際空港	DEN	565,503	p239
7	南北アメリカ	アメリカ合衆国	シャーロット	シャーロット・ダグラス国際空港	CLT	545,742	p214
8	南北アメリカ	アメリカ合衆国	ラスベガス	マッカラン国際空港	LAS	541,428	p250
9	欧州	オランダ	アムステルダム	アムステルダム・スキポール空港	AMS	496,256	p 95
10	アジア	中国	上海	上海浦東国際空港	PVG	479,902	p329
11	欧州	フランス	パリ	パリ・シャルル・ド・ゴール空港	CDG	479,199	p 35
12	欧州	イギリス	ロンドン	ヒースロー空港	LHR	474,983	p 5
13	南北アメリカ	アメリカ合衆国	ヒューストン	ジョージ・ブッシュ・インターコンチネンタル空港	IAH	470,780	p231
14	欧州	トルコ	イスタンブール	イスタンブール・アタテュルク国際空港	IST	466,396	p135
15	欧州	ドイツ	フランクフルト	フランクフルト空港	FRA	462,885	p 55
16	南北アメリカ	カナダ	トロント	トロント・ピアーソン国際空港	YYZ	456,536	p163
17	南北アメリカ	アメリカ合衆国	ニューヨーク	ニューヨーク・ジョン・F・ケネディ国際空港	JFK	452,415	p181
18	南北アメリカ	アメリカ合衆国	サンフランシスコ	サンフランシスコ国際空港	SFO	450,388	p252
19	南北アメリカ	メキシコ	メキシコ・シティ	メキシコシティ国際空港	MEX	448,181	p265
20	日本	日本	東京	東京国際空港(羽田)	HND	445,822	p601
21	南北アメリカ	アメリカ合衆国	フェニックス	フェニックス・スカイハーバー国際空港	PHX	440,643	p243
22	南北アメリカ	アメリカ合衆国	ニューアーク	ニューアーク・リバティー国際空港	EWR	435,907	p188
23	アジア	中国	広州	広州白雲国際空港	CAN	435,231	p335
24	アジア	香港	香港	香港国際空港	HKG	422,060	p349
25	中東・アフリカ	アラブ首長国連邦	ドバイ	ドバイ国際空港	DXB	419,657	p492
26	南北アメリカ	アメリカ合衆国	マイアミ	マイアミ国際空港	MIA	414,234	p226
27	アジア	インドネシア	ジャカルタ	スカルノ・ハッタ国際空港	CGK	413,781	p391
28	南北アメリカ	アメリカ合衆国	ミネアポリス	ミネアポリス・セントポール国際空港	MSP	412,872	p211
29	南北アメリカ	アメリカ合衆国	シアトル	シアトル・タコマ国際空港	SEA	412,170	p257
30	アジア	インド	デリー	インディラ・ガンジー国際空港	DEL	406,506	p454
31	欧州	ドイツ	ミュンヘン	フランツ・ヨーゼフ・シュトラウス空港	MUC	394,430	p 61
32	南北アメリカ	アメリカ合衆国	フィラデルフィア	フィラデルフィア国際空港	PHL	394,022	p195
33	南北アメリカ	アメリカ合衆国	デトロイト	デトロイト・メトロポリタン・ウェイン・カウンティ空港	DTW	393,427	p197
34	南北アメリカ	アメリカ合衆国	ボストン	ジェネラル・エドワード・ローレンス・ローガン国際空港	BOS	391,222	p193
35	欧州	スペイン	マドリード	アドルフォ・スアレス・マドリード・バラハス空港	MAD	378,150	p 81
36	南北アメリカ	アメリカ合衆国	フェニックス	フェニックス・ディアー・バレー空港	DVT	370,034	p —
37	南北アメリカ	アメリカ合衆国	ニューヨーク	ラガーディア空港	LGA	369,987	p185
38	アジア	シンガポール	シンガポール	チャンギ国際空港	SIN	365,460	p415
39	アジア	マレーシア	クアラルンプール	クアラルンプール国際空港	KUL	356,614	p421
40	オセアニア	オーストラリア	シドニー	キングスフォード・スミス空港	SYD	346,437	p515
41	アジア	韓国	ソウル	仁川国際空港	ICN	342,936	p313
42	アジア	タイ	バンコク	スワンナプーム国際空港	BKK	341,355	p431
43	南北アメリカ	コロンビア	ボゴタ	エルドラド国際空港	BOG	331,263	p285
44	アジア	中国	昆明	昆明長水国際空港	KMG	325,934	p347
45	南北アメリカ	アメリカ合衆国	ソルトレイクシティ	ソルトレイクシティ国際空港	SLC	320,137	p —
46	南北アメリカ	カナダ	バンクーバー	バンクーバー国際空港	YVR	319,593	p166
47	アジア	中国	成都	成都双流国際空港	CTU	319,382	p345
48	アジア	インド	ムンバイ	チャトラパティ・シヴァージー国際空港	BOM	318,948	p457
49	アジア	中国	深圳	深圳宝安国際空港	SZX	318,582	p337
50	南北アメリカ	アメリカ合衆国	グランドフォークス	グランドフォークス国際空港	GFK	318,506	p —

空港用語の解説

■空港種別

飛行場 (Aerodrome)

わが国で定められた定義はないが、ICAOは飛行場の定義を、「その全部または一部が航空機の離陸・着陸・地上走行のために使用される、建物・設備・機器を含む、陸上または水上の定められた区域。」としている。

空港 (Airport)

日本の空港法では、空港は「公共の用に供する飛行場 (共用空港を除く)」と定義されている。公共の用に供するとは誰もが使えるということであるが、用途は主となる旅客・貨物輸送の他、使用事業、自家用などがある。

わが国における法律上の空港種別

(1)空港法上の種別

①拠点空港

国際航空輸送網または国内航空輸送網の拠点となる空港。
・会社管理空港 (空港会社が設置・管理)
・国管理空港 (国が設置・管理)
・特定地方管理空港 (国が設置、地方自治体が管理)

②地方管理空港

国際航空輸送網または国内航空輸送網を形成する上で重要な役割を果たす空港。(地方自治体が設置・管理)

③共用空港 (飛行場)

防衛省・米軍が設置・管理する飛行場の滑走路等を使用し、また国土交通省が設置・管理する民間航空地域(誘導路・エプロン・ターミナル施設等) を使用して、旅客定期便が就航している飛行場。

④その他の空港

拠点空港・地方管理空港・共用空港以外の空港。

(2)旧空港整備法上の種別

①第1種空港

国際航空路線に必要な空港であり、会社が設置管理する成田、関西、中部の各空港および国が設置・管理する羽田、伊丹の各空港。

②第2種空港

主要な国内路線に必要な空港であり、主として国が設置管理する空港 (第2種A空港)。国が設置し地方自治体が管理する空港 (第2種B空港) を含む。

③第3種空港

地方的な航空輸送を確保するため必要な空港であり、地方自治体が設置・管理する空港。

④共用空港 (飛行場)

防衛省・米軍が設置・管理する飛行場の滑走路等を使用し、また国土交通省が設置・管理する民間航空地域(誘導路・エプロン・ターミナル施設等) を使用して、旅客定期便が就航している飛行場。

(3)その他

関税法、検疫法などその趣旨に応じて各種の種別がある。

水上飛行場

水面 (海面・湖面) 上に滑走路が設置されている、水上機用の飛行場。

特定飛行場 (航空機騒音防止法による)

航空機騒音の影響が特に著しいとして国土交通省告示で指定された空港。これらの空港周辺においては、移転補償や住宅防音工事補助の対象区域などが設定され、騒音対策事業が行われている。

幹線空港

わが国では一般に、新千歳、羽田、成田、関西、伊丹、福岡、那覇の各空港間を結ぶ路線を幹線と称し、これらの空港を総称して「幹線空港」と呼んでいる。

ハブ空港 (Hub Airport)

広域航空路線網の中心として機能する空港。通常使用されている「ハブ空港」には2つの意味があり、ひとつは、特定の航空会社が自社の運用の拠点として利用する空港 (航空会社ハブ空港、拠点空港) を指す。もうひとつは、航空会社を問わず数多くの路線が集まり、利用者側の観点で航空路線網の中継を役割とする空港を指す。このハブ空港を中心とする航空ネットワークを、自転車の車輪に見立てて「ハブ&スポーク」という。

セカンダリー空港 (Secondary Airport)

都市圏の主たる空港以外の空港。アクセスが不便なことや、ターミナルビルが簡素なつくりで、空港施設使用料が安い場合があり、格安航空会社が活用しやすい。また、主たる空港の発着枠に入れなかったチャーター便やビジネスジェットの利用もある。

■関連法令・組織

国際民間航空条約 (＝シカゴ条約)

国際民間航空が安全にかつ秩序を持って発達し、また国際航空運送業務が機会均等主義に基づいて健全かつ経済的に運営されるように、各国の協力を図ることを目的として1944年に採択された条約 (通称シカゴ条約)

国際民間航空機関

(ICAO；International Civil Aviation Organization)

国連の専門機関のひとつで、シカゴ条約に基づいて設立された。民間航空の安全な運航や運送事業の健全な運営を図ることを目的とし、各種の技術的基準や法的な問題を扱う。本部はモントリオールにあり、わが国は1953年に加盟している。

航空法

わが国において1952年 (昭27) に制定された法律で、飛行方法、空港、航空従事者、航空輸送事業など航空に関する各種の基本的事項を規定している。

空港法

空港の設置や管理に関する基本的な事項を定めた法律。わが国の空港整備が配置的には概成し、運営の時代に入った

との認識から、空港整備法（1956年制定）が、2008年（平20）に改正されたもの。空港の管理者、供用規程、費用の負担、機能施設設置者などに関する事項が定められている。

シェンゲン協定 (Schengen Agreement)

欧州において国境での検査なしで自由に国家間の移動を許可する協定。ルクセンブルクのシェンゲンで署名されたことから協定にその地名が付いている。

IATA (International Air Transport Association)

国際航空運送協会のことで、各国の定期国際航空会社が加盟している。安全、確実、経済的な航空運送の発展を助成し、航空企業が互いに協力することを目的としており、運賃水準の設定なども行っている。またIATAにおいて独自の空港コードを設定している。わが国からはJAL、ANA、日本貨物航空が加盟している。

FAA (Federal Aviation Administration)

米国連邦航空局。米国運輸省の下部機関で、航空機の型式証明、管制システムの開発、航空機の製造・修理の承認、運航に関する承認、施設整備に関する基準、パイロットの資格認定、空港整備への補助など、航空に関するあらゆる事項をつかさどる。

TSA (Transportation Security Administration)

米国運輸保安庁のことであり、交通機関における安全対策を管轄する。米国に向けた出発便については旅客の搭乗に際しTSA基準に基づく保安検査が求められる。航空機事故分析などの安全対策はNTSB (National Transport Safety Board：国家運輸安全委員会) が行っている。

国際空港評議会 (ACI：Airports Council International)

世界の空港設置管理者等が加盟する評議会。共通の課題に関する議論や統計データの共有などが行われる。わが国からは成田空港、関西空港、中部空港、羽田空港が加盟している。

■航空機離着陸・駐機施設

基本施設

わが国で使用されている名称で、着陸帯・滑走路・誘導路・エプロンの総称。

着陸帯 (Runway Strip)

離着陸に際し、仮に航空機が滑走路を逸脱しても重大な事故に繋がらないように設定されている、障害物のない平地であり、滑走路とその周囲を含む矩形のエリア。長さと幅は滑走路長により異なるが、1,280m以上の滑走路の場合は次のとおり。
長さ：滑走路の両端にそれぞれ60m以上を加えた長さ。
幅：精密進入用の滑走路では300m以上、それ以外は150m以上。

滑走路 (Runway)

航空機が離着陸するために設けられる陸上の平坦な帯状の施設、または水上の区域を指す。空港の最も基本的な施設で、

就航する機種に応じて一定の長さと幅を有し、定められた強度と勾配を満たす必要がある。

オープンV滑走路 (Open V Runway)

複数の滑走路の配置パターンのひとつであり、2本の滑走路をV字形に配置する形式で、末端部が重ならないもの。滑走路が交差するインターセクション滑走路に比べ、処理能力が高い。

交差滑走路 (Intersecting Runway)

複数の滑走路の配置パターンのひとつで、2本の滑走路を交差して配置する形式。

過走帯 (Overrun)

離着陸の安全のために滑走路の両端部に設置される舗装帯で、わが国では、幅は滑走路幅に等しく、長さは60m以上である。

ターニングパッド (Turn around Pad)

航空機が滑走路末端において180°回転を行うために設置されている舗装拡張部分。平行誘導路のない、比較的便数の少ない空港に設置される。

誘導路 (Taxiway)

滑走路とエプロン等を結ぶ航空機の地上走行路。取付誘導路、平行誘導路、高速脱出誘導路、エプロン誘導路などがある。

ホールディングベイ (Holding Bay)

滑走路末端部において、取付誘導路の一部を拡幅して航空機の離陸順序を入れ替えることができるようにした部分。大型機に対して小型機が先行して離陸した方が、滑走路処理能力が向上するため、離陸順序入れ替えに使用される。

エプロン (Apron)

航空機が駐機するための一体の施設。旅客や貨物の積み卸し、給油など、各種の地上支援作業が行われる。用途、配置により以下の種類のエプロンがある。

①ローディングエプロン (Loading Apron)
旅客や貨物の積み卸しを行うためのエプロン。

②オープンエプロン (Open Apron)
ローディングエプロンのうちターミナルビルから離れた位置にあるエプロンで、通常は搭乗橋を持たず、旅客をバスで送迎する。

③ナイトステイエプロン (Night-stay Apron)
航空機の夜間駐機のみに使用するための専用エプロン。ローディングエプロンの一部も夜間駐機に使用される。

④貨物用エプロン (Cargo Apron)
ローディングエプロンのうち貨物専用機用のエプロン。貨物ターミナル前面に設置されことが多く、貨物専用機が駐機し、貨物の取り卸し、積み込みを行う。

⑤メンテナンスエプロン (Maintenance Apron)
航空機整備のために使用されるエプロン。

スタンド (Stand) ／スポット (Spot)

エプロン上に設定された航空機の駐機位置。通常、番号が

振られる。

固定スポット (Fixed Spot)
旅客ターミナルビル前面のエプロンに配置され、ビル側の搭乗ゲートと1対1の関係で結び着いた駐機スポット。通常は搭乗橋が設置されており、旅客はそれを使って乗降する。

オープンスポット (Open Spot)
旅客ターミナルビルから離れたオープンエプロン上に配置され、ビル側のゲートとはランプバスや歩行で連絡される。通常はタラップ車や航空機内蔵タラップを使用して乗降するが、空港によっては、搭乗橋やエスカレータを備えたボーディングステーションが配置されているオープンスポットもある。

自走方式 (Taxi-in / Taxi-out)
航空機が自走で駐機し、自走で出発する方式。搭乗橋のないローカル空港に多い。同じ航空機で比較するとノーズイン・プッシュアウト方式に比べ、より広いスポット幅を必要とする。緊急出発操作などがありうるVIP機も自走式で駐機する。

ノーズイン・プッシュアウト方式 (Taxi-in / Push-out)
航空機駐機方式のひとつであり、スポットインは機首をターミナルビル側に向けて自力走行で駐機し、スポットアウトは牽引車により尾翼方向に押し出す方式。搭乗橋を有する場合はほとんどがこの方式である。

マルチスポット
一つの大型ジェット機用スポットを2機の小型ジェット機が使用するなど、複数の利用ができるスポット。

制限表面
航空機の安全な離着陸に必要な障害物のない空間を確保するために、空港周辺に設定される、物件の設置等を規制する表面。わが国では、航空法によりこの表面から突出する物件は基本的に設置が禁止されている。目的により種類があり大規模空港にのみ設定されるものもあるが、全ての空港に設定される基本的な表面は下記の通りである。

①進入表面
　航空機の離着陸のための安全な空間を確保するため、滑走路の延長線上に設定される。

②転移表面
　着陸しようとする航空機が前方の障害を避けて進入復航する場合に、左右に旋回上昇するための安全な空間を確保するため、着陸帯の側方に設定される。

③水平表面
　主として場周経路を飛行するための安全な空間を確保するため、空港を中心とする円形の水平面として設定される。

■旅客ターミナル (PassengerTerminal)
ターミナル地域
空港区域のうち、航空機の駐機（エプロン）、旅客・貨物の取扱（旅客・貨物ターミナルビル）、地上交通（道路・駐車場・鉄道駅など）、航空機整備（格納庫など）、航空燃料の保管・

供給、空港管理（管理事務所・管制塔など）等の機能施設が配置された地域。

旅客ターミナルコンセプト (Passenger Terminal Concept)
旅客ターミナルビルの形状と航空機が駐機するスポットの配置を一体的に捉えた、旅客ターミナル配置計画パターン。

旅客ターミナルビル (PTB: Passenger Terminal Building)
航空旅客の出発・到着手続き、搭乗のための待合・ゲート、手荷物の受け渡し、コンセッション（売店・レストラン）、航空会社事務室等の機能を持つ建物。搭乗待合・ゲートの部分を他の機能から分離して配置する旅客ターミナルビル形式もある。

ダブルデッキ (Double Deck)
旅客ターミナル前面における上下2層構造の構内道路。ターミナルビルも2層式になり、通常、上階が出発旅客用で各種車両の降車場、下階が到着旅客用で各種車両の乗車場となっている。

出発ロビー／チェックインロビー (Check-in Lobby)
出発時のチェックインを行うためのカウンター前を含むロビー。カウンターの配置でロビーの様子は大きく変化する。正面の壁を背にしたカウンターの場合は横に長く拡がり、アイランドと呼ばれる島式カウンターの場合は奥行きを持ち、アイランドの間に行列スペースが取られる。出発旅客に対する空港の顔となっており最近の空港では無柱の大空間など建築的に工夫が凝らされている例が多い。

セントラルチェックイン (Central Check-in)
全ての便のチェックインをビルの1か所ででを行う方式。これに対しゲート毎にチェックインする方式や複数のゲートのブロックごとにチェックインする方式がある。

ゲートラウンジ (Gate Lounge)
出発手続きを終えた旅客が搭乗を待つスペース。

固定ゲート (Fixed Gate)
ゲート前面に設置された駐機スポットと1対1の関係で結び着いた、旅客ターミナルの航空機乗降ゲート。一般に搭乗橋が設置されたゲートを言う。駐機スポットの側は固定スポットと呼ばれる。

スイングゲート (Swing Gate)
ひとつのゲートを、時に応じて国際線用と国内線用に使い分けること。またはそのゲート。

ウォークスルー型 (Walk Through)
ビル内の免税売店等の配置方法であり、旅客が航空機に搭乗するために通過する動線上に店舗を配置する。非航空系の収入を増やす狙いがある。

バスラウンジ (Bus Lounge)
オープンスポットに駐機している航空機への送迎手段としてバスを利用する場合の搭乗用バス待合室。

トランジット (Transit)
正確には、寄港した空港において同一の航空機に乗り継ぐこと。これに対して、別の航空機に乗り継ぐことをトランス

ファーという。但し、トランスファーを含めてトランジットという場合も多い。

バゲージクレーム（Baggage Claim）

受託手荷物を旅客に返却するための施設。中規模以上の空港では返却用のターンテーブルが配置されるが、小規模の空港では固定式のテーブルの場合もある。

到着ロビー（Arrival Lobby）

到着階の保安区域外にあるエリアで、出迎え客のスペースや両替、交通機関案内など各種サービスカウンター等が設けられている。

カーブサイド（CurbSide）／接車フロント

旅客ターミナルビル前面のバス、タクシー、自家用車などが寄り付くエリアを指す。カーブサイドが長いほど同時に多数の車輌が停車して乗降ができる。必要長が長い場合には、平面での二重化（島状カーブサイドの設置）や道路のダブルデッキ化で対応する。

ムービングサイドウォーク（MSW：Moving Sidewalk）

動く歩道。旅客用のベルトコンベアであり、ターミナルビル内、ターミナルビル間等の旅客歩行距離が長くなる場合に、歩行距離短縮のために使用される。

ランドサイド／エアサイド（Landside / Airside）

空港内で航空機が走行・駐機するエリア及びこれに面する側をエアサイドといい、地上交通の行き交うエリア及びこれに面する側をランドサイドという。旅客ターミナルは両サイドの境界に位置する。

ロタンダ（Rotunda）

搭乗橋の付け根の動かない円筒形の部分。搭乗橋はロタンダを支点に回転と伸縮を行うことにより、航空機のドアへ接続ができる。

自動運転軌道システム（APM / AGT）

空港内旅客移動のために、自動運転により軽車両を運行するシステムであり、シャトル軌道やループ軌道を高速・高頻度で走行する。一般名称ではAPM：Automated People MoverあるいはAGT：Automated Guideway Transitと呼ばれるが、空港により様々な名称がついている（ダラスフォートワース空港：スカイリンク、パリシャルルドゴール空港：CDGVALなど）。

保安検査／セキュリティーチェック（Security Check）

ハイジャック、爆弾テロ等の防止を目的として、搭乗旅客が爆発物や銃刀類を所持していないかをチェックするための検査。通常、金属探知機を使用した搭乗旅客検査、X線検査装置を使用した機内持ち込み手荷物検査が行われる。最新鋭の検査機器として、前者用に「ボディスキャナー」が、後者用に「CT（Computed Tomography）型X線検査装置」がある。保安検査場を通過したエリアは保安区域となる。

スマートセキュリティ（Smart Security）

旅客手荷物検査の待ち時間を減らすため、最新の保安検査機器を導入するなどして、効率化が図られた保安検査。

スマートレーン（Smart Lane）

機内持ち込み手荷物の保安検査を効率的に行うため、複数の手荷物を同時にレーンに乗せることや、トレイの返送を自動で行うなどの仕組みを有する検査レーン。

CIQ（Custom, Immigration and Quarantine）

国際線取扱い空港において、出入国関連の検査を行う機関である税関、入国管理局、検疫所、動物検疫所、植物防疫所の総称。また、これらの機関が行う検査をCIQ検査という。

手荷物処理システム（BHS：Baggage Handling System）／オートソーティングシスム（Auto-sorting System）

受託手荷物を搬送中に便別に仕分けるシステム。旅客がどのチェックインカウンターで預けても手荷物は搭乗する便に振り分けられる。航空会社がカウンターの共用を行う場合に特に必要となる。最近は搬送途中に爆発物等検査装置を組み込んだ「インライン検査システム」が主流。

ターンテーブル（Turntable / Carousel）／バゲージクレイムコンベア（Baggage Claim Conveyer）

到着客が受託手荷物を受け取るために、手荷物受取り場に設置されるベルトコンベア。大中規模空港では回転式が多い。

ファストトラック（Fast Truck）

搭乗旅客の保安検査その他の入出国手続きにおいて、ファーストクラスや特別会員等の旅客を優先して処理すること。またそのための優先レーン。

■他の空港施設

格納庫（Hangar）

航空機の機体、エンジン、装備品などを点検・整備するために航空機を格納する建物で、ハンガーまたはメンテナンスハンガー（Maintenance Hangar）ともいう。

貨物上屋（Warehouse）

航空貨物を取扱う上屋で、航空会社が使用する上屋と代理店が使用する上屋がある。持ち込まれた貨物を便毎に仕分けし、航空機に搭載するためコンテナやパレットへの積み込みなどの作業が行われる。国際線の場合は通関手続きや引取りを待つ貨物の蔵置機能もある。

貨物取扱施設（Cargo Handling Facilities）

航空貨物を取扱う施設群で、通常、貨物上屋、トラックヤード、コンテナ置き場などの施設が貨物ターミナルを構成している。国際線貨物を取扱う場合には、税関、動物検疫、植物防疫などの管理施設が併設される。

管制塔（Control Tower）

航空機の離着陸や地上走行の管制を行うための施設で、空港全体を見渡せる高さを必要とするため多くは塔状（羽田空港では高さ116m）をなす。最上階に管制室を置き、管制官が管制業務を行う。空港のランドマークともなり、世界の空港でそれぞれ独自のデザインが施されている。

管理施設 (Administration Office)
空港施設の維持管理、運航管理、管制、警備など各種の空港管理を行う施設の総称。

ケータリング (Catering)
航空機に機内食を供給すること、またその製造施設。国際便の多い大空港では空港内に機内食工場が設置される。

航空機整備施設 (Aircraft Maintenance Facilities)
格納庫をはじめとする航空機の整備を行う施設であり、格納庫の他、部品工場などがある。対象機種や整備内容（軽整備、重整備など行う整備の種別）により設備も異なる

GSE車両通行帯
GSE車両が通行する通路であり、エプロン上やエプロンとターミナルビルの間に設けられる。

航空燃料施設 (Aviation Fuel Facilities)
航空機に燃料を供給する施設であり、貯油施設は共通であるが、給油方法にはハイドラントシステムとレフューラー (Refueler) システムがある。

POL (Petroleum Oil and Lubricant)
空港で使用する航空機燃料などの油類を示す用語であるが、燃料タンクなどの関連施設をさすこともある。POLは油種の頭文字をとったもの。

ハイドラントシステム (Hydrant System)
空港の燃料貯蔵タンクから地中に埋設された管路によりエプロン上の航空機へ給油するシステム。エプロン上には給油ピットがあり、サービサーと呼ばれる車輌が航空機との間を繋ぐ。

レフューラーシステム (Refueler System)
燃料タンクと給油装置を備えたレフューラーと呼ばれる車輌が駐機中の航空機へ燃料を給油する方式。ハイドラントがないスポットへの給油はこの方式となる。

構内道路
ターミナル地域内の道路システム。空港境界部と旅客ターミナル部を結ぶ主要幹線道路は、円滑な通行確保の観点から一方通行とし、できるだけ信号機を設置しない構造となっている。旅客ターミナルビルが2層方式の場合は、その前面道路はダブルデッキとなる。

消防施設 (Fire Fighting Facilities)
航空機事故に際して必要な消火・救難活動を行うための施設（消防車やその基地、消防水利等）で、就航する航空機の大きさにより完備されるべき能力と規模が規定されている。

■航空保安施設／管制
飛行場管制
管制塔最上階に設置された管制室において、主として視認により、空港9km以内の空域を飛行する航空機、また空港地上面を走行・駐機する航空機に対して行われる管制。

ターミナルレーダー管制
通常、管制塔下部の管理施設にあるレーダー管制室において、レーダースコープを見ながら、空港の9km以遠から航空路までの空域を飛行する航空機に対して行われる管制。

広域管制
「ターミナルレーダー管制」について、近隣の複数空港の管制をひとつの空港で一元的に実施すること。例えば、羽田、成田空港の空域を羽田空港で、関西、伊丹空港等の空域を関西空港で一元的に管制している。

遠隔管制 (RAG : Remote Air-Ground Communication)
日本の空港において、交通量が少ないため航空管制官や航空管制運航情報官が配置されていない空港で、空港から離れた地にある飛行援助センターにより飛行場援助業務が提供されること。これらの空港はリモート対空通信施設 (RAG : Remote Air-Ground Communication) を介して情報が提供されるため、RAG空港とも表記される。

精密進入
計器着陸装置 (ILS) 使用による進入、または精密進入レーダー (PAR) を用いた管制を受けての進入のように、降下経路を誘導する支援を得て行う進入方式。

■空港整備手法
航空需要予測
整備すべき施設の規模設定や旅客対応策を決定するため、将来の航空旅客数や貨物量を推定すること。従来の輸送量実績のトレンドを単純に伸ばすものや、他の交通機関の整備状況、時間価値、経済指標の将来見込みなど多くの要素を取り込むものなど様々な手法がある。

上下分離方式
「上物」（空港の諸施設）と「下物」（土地造成）を異なる事業者に建設させる方式。関西空港の2期事業で用いられた。

パブリックインボルブメント (PI : Public Involvement)
計画の早い段階から住民が意見を言える場を設け、そこでの議論を事業の計画・立案に反映させる手法。国土交通省のガイドラインでは、事業の必要性と課題の共有、複数案の設定、評価項目の設定、複数案の評価などの手順が示されている。

メガフロート (Mega-float)
海上に建設される巨大な浮体式の構造物。水深の深い海上に空港を設置する必要がある場合、空港全体を浮体構造物で建設する構想があった。羽田空港のD滑走路建設工事においてもこの工法が研究された。

BOT (Build-operate-transfer)
公共事業に民間の資金やノウハウを利用するPFI手法のひとつ。建設と一定期間の運営を民間に委ね、その後、公共に返還する方式。運営に関する民間ノウハウを必要とする発展途上国のプロジェクトに多い。

■航空会社関係、運航関係

アライアンス (Alliance)
航空同盟のこと。航空会社がグループを構成し、共同運航、マイレージの共有など各種の融通を行いながらグループとしての利益につなげる狙いを持つ。現在、大手アライアンスとしてANAの加入するスターアライアンス、JALの加入するワンワールド、本邦社の加入がないスカイチームの3つがある。

共同運航
同じ便に複数社の便名を付けて双方の会社が自社便として運航すること。それぞれが座席を販売するなど互いに便宜を図るが、どこまで共同するかはまちまちである。

格安航空会社／ローコストキャリア (LCC：Low Cost Carrier)
サービスの簡素化や運航の効率化などにより低運賃を実現した航空会社で、欧米に続きアジアでも確固たる地位を築いている。わが国でも便数は増加しており、新たな需要の掘り起こしに寄与している。

フルサービスキャリア (FSC：Full Service Carrier)
格安航空会社の登場を受けて、従来型の航空会社を示す言葉として使われる。運賃は高いがサービスを省略せず、顧客満足度は高い。レガシーキャリア (Legacy Carrier) とも呼ばれる。

コミューター航空 (Commuter airline / axiation)
比較的小型の航空機によって、限られた地域内を運航する航空輸送。

インテグレーター (Integrator)
国際貨物輸送で、貨物取扱いの代理店業務や通関業務、最終目的地までの輸送を含む一切の航空貨物輸送を行う貨物専門の航空会社。

定期航空運送事業
航空機を使用して定期的に、旅客・貨物を輸送する事業。

航空機使用事業
写真撮影、農薬散布、報道、操縦訓練、遊覧飛行など、旅客・貨物輸送以外の目的で小型航空機を使用して行う事業。

ジェネラルアビエーション (GA：General Aviation)
通常、定期航空運送事業機及び軍用機（自衛隊機）以外の小型機の運航を指す。運航の目的から見ると、報道関係、航空機使用事業、企業の社用機、個人の自家用機、航空スポーツ（グライダー、動力式パラグライダー 等）、エアラインによる定期便以外の輸送（チャーター機やエアタクシー）等がある。個人的なものか商業目的のものかは問わない。

シーアンドエア (Sea & Air) 輸送
貨物を船舶で空港に運びそこから航空輸送する、あるいはその逆コースで、海運と航空を組み合わせて行う輸送方法。

フォワーダー (Forwarder)
貨物代理店。荷主の依頼を受けて、有償で他の運送事業者の事業手段（航空、貨物自動車、船舶、鉄道）を使って貨物の運送を引き受ける事業を行う者。

ダブルトラッキング
同一区間の路線に2社の航空会社が乗り入れることをダブルトラッキングといい、競争原理が働くとされる。3社が乗り入れればトリプルトラッキングとなる。

ナショナルフラッグキャリア (National Flag Carrier)
国を代表する航空会社。

チャーターフライト
航空券を購入した人が誰でも利用できる定期便とは異なり、ある利用者の要請によりその利用者だけのために仕立てられる航空便。ツーリストがエアラインに注文して仕立てることも多い。

シャトル便
大都市間を高頻度で往復する航空便で、予約なしで搭乗できるシステムもある。比較的短距離の路線で実施されており、ニューヨーク-ワシントン、ロサンゼルス-サンフランシスコ、アジアではシンガポール-クアラルンプールなどがある。

ダイバート (Divert)
目的地空港の気象条件の悪化、急病人、機体の不具合、空港での事故など、種々の理由で目的地以外の空港へ着陸すること。飛行に当って、目的地空港の気象条件の悪化に対しては常に代替空港を設定しておく。

■地上支援車両

GSE車両 (Ground Support Equipment)
航空機に対し、人と物の積み卸し、給水、廃棄物回収、給油、牽引などの各種地上支援作業を行う特殊車両の総称。

レフューラー (Refueler)
航空機に対し燃料を供給する車輌。燃料タンクと給油装置を持つ。

除雪車両
降雪時には航空機の運航に支障とならないよう、滑走路、誘導路、エプロンの除雪作業が行われるが、それに使用する車両。機能に応じてプラウ、スイーパー、ロータリー等の種類がある。

ディアイシングカー (Deicing Car)
降雪時に離陸航空機の揚力を確保するため、翼に付着した雪氷を除去し、また凍結防止剤を散布するディアイシング作業を行うが、それに使用する車両。降雪量の多い空港では、滑走路末端周辺に固定式のディアイシング装置を設置しているところもある。

ランプバス (Ramp bus)
旅客ターミナルビルから離れた場所に駐機する航空機へ旅客を輸送するバス。低床式大型バスを使用することが多い。

■環境関係

うるささ指数
間欠的に繰り返し発生する航空機騒音の特殊性を考慮した騒音の評価指標で、環境基準で定義・使用されているも

のの俗称。従来WECPNLが使われてきたが2013年より
L-denが使われている。

L –den／時間帯補正等価騒音レベル
(Level-day, evening, night)
航空機騒音の単位で、騒音の大きさ、発生頻度、発生時間
帯を総合評価した指標。従来のWECPNLに比べ、航空機
騒音のエネルギー量がより忠実に反映されている。

WECPNL／加重等価平均感覚騒音レベル
(Weighted Equivalent Continuous Perceived Noise Level)
航空機騒音を総合評価した指標であるが、L-denに比べ、
航空機騒音エネルギー量の反映方法が簡略化されていた。
現在はL-denが用いられているが、空港周辺騒音対策事業
の多くがWECPNLを使用していた時代に実施されている。

騒音軽減運航方式
居住地域に対する航空機騒音の影響をできるだけ軽減する
ための運航方式であり、急上昇方式、ディレイドフラップ進
入方式、低フラップ着陸方式、優先滑走路方式、優先飛行
経路方式などがある。滑走路と周辺居住地域との位置関係
等、その空港の条件に応じて、効果のある方式が採用され
ている。

環境アセスメント (Environmental Assessment)
国によって制度は異なるが、わが国では、新空港建設や既
存空港における滑走路建設など、大規模な開発行為を行う
場合に、事前に環境に与える影響を評価し、公表し、住民
や関係者の意見を聞く環境アセスメントの手続きが義務付
けられている。

エコエアポート (Eco-airport)
地球環境にやさしい空港を目指す活動であり、省エネ、省
資源を実行しつつ、廃棄物のリサイクル、雨水・下水処理水
の利用、刈り草の資源利用などが取り入れられている。

■航空機関係

コンコルド (Concorde)
英仏共同で開発された超音速旅客機で、ブリティッシュエ
アウェイズ、エールフランスが1976年に就航させた。100
席程度の座席しかなく、経済的効率性や騒音の問題から
2003年には退役した。わが国への定期便就航はなかった
が数回飛来している。

B787
中型機で航続距離の長い機材としてボーイングによって開発
され、2011年に就航した。ローンチカスタマー（真っ先に
まとまった購入を表明し設計・製造計画にも参画できるユー
ザー）はANAである。炭素繊維を大量に使い軽量化が図ら
れ、燃費は在来機に比べ20%程度向上している。多数の国
で分担生産され、わが国からも中部空港を通して部品の輸
送が行われている。

A380
エアバス社が開発した世界初の総2階建て、史上最大・世
界最大のジェット旅客機。初飛行は2005年。翼幅と主脚
外縁間距離が、従来の最大機であったB747よりも長いため、
滑走路と誘導路の幅、スポットの幅、固定障害物等とのクリ
アランスに新たな設定が必要となる。また、座席数が多
く上下階に分かれていることから、効率的な乗降を確保する
ため、上階向けに1本、下階向けに2本の搭乗橋が求めら
れた。このため空港によっては必要な施設改修が行われた。

MRJ (Mitsubishi Regional Jet)
YS-11型機以来の国産旅客機として三菱重工業を中心に
開発が進められている100席以下クラスのジェット旅客機。
2015年に初飛行を終えて現在試験飛行を行っている。就航
は2020年頃の予定とされる。

ビジネスジェット (Business Jet)
一般に小型の自家用ジェット機をさす。時間価値の高いビジ
ネスマンが定期便を待たずに移動するために多く使われるこ
とからこう呼ばれる。

フレーター (Freighter)
貨物専用機。航空貨物は通常、旅客機の客室下部にある貨
物室 (Belly) に搭載して輸送するが、大量の貨物を輸送す
る場合には、貨物専用機が用いられる。ちなみに貨物専用
機のB747F型機は130t以上の貨物を搭載できる。

ICAOコード、航空機コード
ICAOが定めている、大きさによる航空機の区分。区分はA
からFまでの6つに分かれ、翼幅と外側主脚車輪外縁間距
離の組み合わせで区分している。最大のコードFは、翼幅が
65m以上80m未満、外側主脚車輪外縁間距離が14m以
上16m未満で、A380が該当する。

逆噴射 (Reverse Thrust)
着陸時に滑走路に着地した後の制動のため、エンジンブラ
ストを前方に向けて噴射すること。

■空港経営

SPC (Special Purpose Company)
特別目的会社のことで、特定の目的のため本社から切り離し
て設立されるものが基本。空港関連では空港の民営化にお
いて、その運営者としてSPCが設立される。

空港経営改革
わが国において、国一律の制度でなく、個々の空港に応じ
て民間の資金や発想・ノウハウをもって空港を経営し、空港
及び地域の活性化を目指す方針。空港の所有権を国に残し、
滑走路と空港ビルなどの一体的な運営を目指す方式が多
い。

空港使用料
航空機が空港に着陸するたびに支払う着陸料や停留料など
運航者が空港管理者に納める空港使用料のほか、旅客が支
払うターミナルビルの施設使用料や保安サービス料、航空
会社がビルに支払う搭乗橋使用料などがある。

着陸料

空港のインフラ使用料として、着陸1回毎に航空機の重量に応じて課せられる料金であり、航空会社から空港管理者に支払われる。騒音の大きさにより増減されることや、航空会社の就航を誘致する場合に減免されることがある。空港の民営化にあたってはその料金設定が経営戦略の一つとなる。

停留料

空港内に停留する航空機の重量や停留時間に応じて課せられる使用料。

航行援助施設利用料

航空機は国が設置している各種の航行援助施設を利用して飛行しており、その利用料を国が徴収している。

航空系収入と非航空系収入
(Aeronautical / Non-aeronautical Revenue)

空港運営者の収入は、航空系収入と非航空系収入に分けられる。航空系収入は航空会社からの着陸料、停留料、旅客からの旅客サービス施設使用料、燃料会社などからの給油施設使用料等から成る。非航空系収入はリテール事業(物販・飲食収入・テナント賃料)、施設貸付事業 (事務所、駐車場使用料など)、鉄道事業 (鉄道施設使用料) 等である。航空路線・便数の誘致に当たっては、非航空系収入の割合を高めることが求められる。

コンセッション (Concession)

空港の設置者が用地や滑走路等公共施設の所有権を保有したまま、その運営権を設定し、これを売却して民間会社に空港の運営を行わせる手法。

これとは別に、空港内で営業が許された飲食物販などのテナントを示す場合もある。

PFI手法 (Private Finance Initiative) 手法

民間の資金、経営能力、技術力を活用し公共事業を実施すること。建設のみを対象にする方法や維持運営も含める方法など多様。

搭乗率保証制度

路線就航に際し採算に不安を持つ航空会社に対し、搭乗率が低かった場合に一定の搭乗率までの収入を空港設置者が補填し、逆に搭乗率が高かった場合に報奨金をもらうという制度で、能登空港にその成功事例がある。

空港名索引（和文）

738

空港名索引（欧文） ※和欧混合を含む

索引（和文）

⊕：空港／空港ターミナル運営主体　✈：航空会社

745

😀：空港／空港ターミナル運営主体　✈：航空会社

🏢：空港／空港ターミナル運営主体 ✈：航空会社

⊕：空港／空港ターミナル運営主体　✈：航空会社

索引（欧文） ※数字、和欧混合を含む

🛫：空港／空港ターミナル運営主体　✈：航空会社

⊕：空港／空港ターミナル運営主体　✈：航空会社

【編者略歴】
岩見宣治 Yoshiharu Iwami
空港施設㈱ 顧問
1948年兵庫県生まれ
東京大学大学院修士課程修了（都市工学専攻）
運輸省航空局建設課長、国土交通省航空保安大学校長、大阪航空局長、独立行政法人航空大学校理事長を歴任。
著書に「空港の管理と運用」（航空振興財団）、「空港のはなし」（成山堂書店）など。

唯野邦男 Kunio Tadano
技術士事務所空港研究センター
1950年埼玉県生まれ
北海道大学大学院修士課程修了（建築工学専攻）
国土交通省大阪航空局飛行場部長、関西国際空港計画部長、成田国際空港長、港湾空港総合技術センター審議役などを経て2015年より現職

傍士清志 Kiyoshi Hoji
新関西国際空港エンジニアリング㈱ 代表取締役社長
1955年高知県生まれ
大阪大学大学院修士課程修了（環境工学専攻）
国土交通省航空局国際業務室長、大阪航空局空港部長、国土技術政策総合研究所空港研究部長、関西国際空港長などを経て2016年より現職

本文レイアウト：スペースワイ（渡辺葉子　北村尚美　加藤栄子）
地図制作：内藤憲明
表紙ターミナル図：橋本祐太

世界の空港事典（せかいのくうこうじてん）

2018年 9月28日　初版発行
2019年10月18日　3版発行

定価はカバーに表示してあります。

編者　岩見宣治（いわみよしはる） 唯野邦男（ただのくにお） 傍士清志（ほうじきよし）
発行者　小川典子
印刷　株式会社シナノ
製本　東京美術紙工協業組合

発行所　**株式会社成山堂書店**
〒160-0012　東京都新宿区南元町4番51　成山堂ビル
TEL：03（3357）5861　FAX：03（3357）5867
URL：http://www.seizando.co.jp

落丁・乱丁本はお取り換えいたしますので、小社営業チーム宛にお送りください。

ISBN978-4-425-86311-2

交通ブックス 312
航空無線と安全運航
杉江 弘［著］

航空無線の仕組みやルール、実際について元 JAL のパイロットが基礎から解説。また、事故事例を通して安全運航に対しても提言。

四六判／164p／定価 本体1,800円

災害と空港
救援救助活動を支える空港運用
轟 朝幸・引頭雄一［著］

今後予測されるさまざまな災害における空港の救助救援活動拠点としての役割について事例を交えて解説。また、そのあり方について提言。

A5 判／212p／定価 本体2,800円

交通ブックス 310
飛行機ダイヤのしくみ
杉江 弘［著］

鉄道ダイヤと異なる飛行機ダイヤ。運航ダイヤと乗務ダイヤ、ダイヤはいかにして組まれるのか、条件とは何かなど、その特異性解き明かす。

四六判／180p／定価 本体1,800円

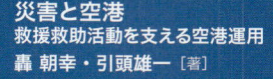

空港オペレーション 空港業務の全分野の概説と将来展望
ノーマン・J. アシュフォード他［著］ 柴田伊冊［訳］

空港の運用・管理について網羅的にまとめられた書。複数の研究者と実務者が運用システムや空港騒音対策など多岐にわたり解説。

B5判／392p／定価 本体6,000円

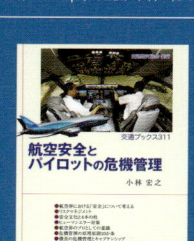

交通ブックス 307
空港のはなし【2 訂版】
岩見宣治・渡邉正己［著］

全国各地の空港の紹介のほか、滑走路やエプロンなど施設、建設や管理、法律、歴史まで空港のすべてがわかる入門書。

四六判／238p／定価 本体1,800円

空港経営と地域
航空・空港政策のフロンティア
加藤一誠・引頭雄一・山内芳樹［編著］

地域における空港の役割とは何か？ 多彩な研究者たちが現状分析と将来への指針を示した「空港経営」の研究書。

A5 判／320p／定価 本体3,000円

航空ブックス 311
航空安全とパイロットの危機管理
小林宏之［著］

パイロット（機長）が安全運航のために実施しているさまざまなリスクマネジメントを豊富な経験、経歴による事例を交えて解説。

四六判／256p／定価 本体1,800円

航空法【改訂版】
国際法と航空法令の解説
池内 宏［著］

パイロットだけではない！ 整備士や多くの航空従事者に必要かつ重要な法律を解説。航空法の学科試験にも対応、出題問題も解説。

B5 判／402p／定価 本体5,000円

※定価はすべて税別です。

成山堂書店の航空図書